国家古籍整理出版专项经费资助项目

上党赛社古钞本辑校

李天生 —— 校注

上

本项目由长治市委宣传部支持出版

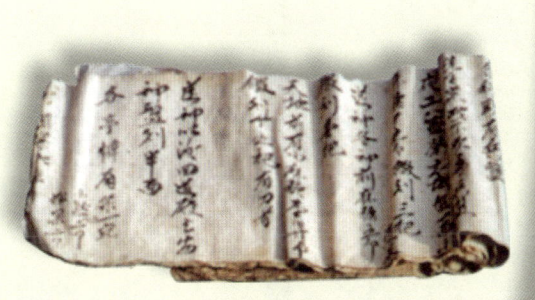

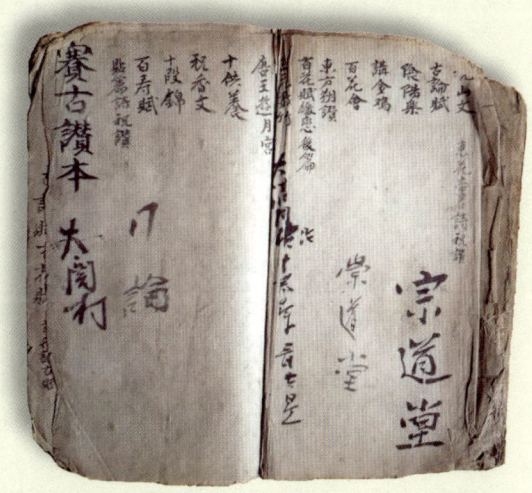

赛社主礼保存的文字抄本

乐户艺人保存的工尺乐谱

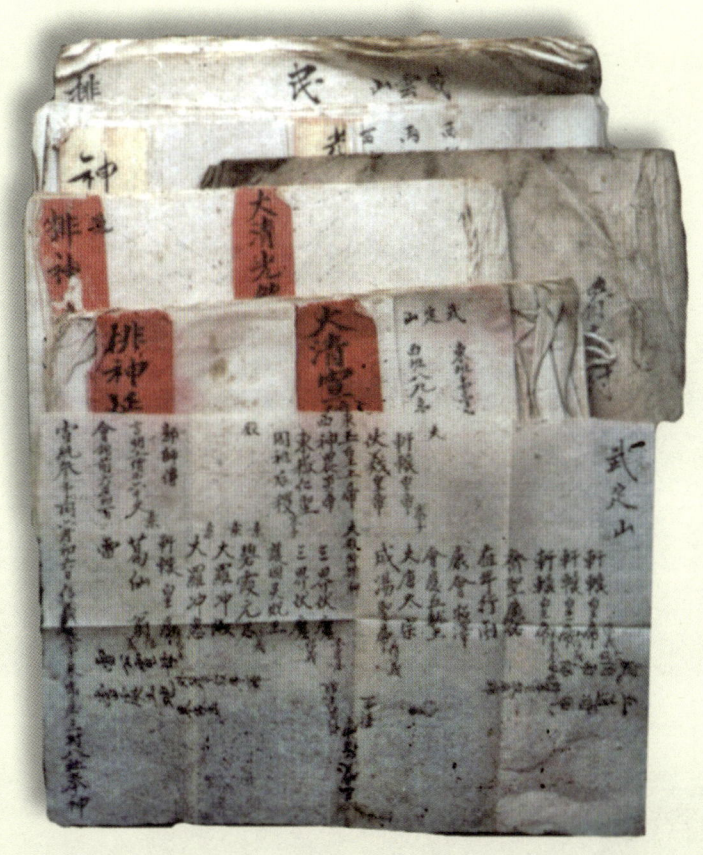

民间赛社保留的排神簿本

田野拓碑掠影

乐户艺人神前吹奏

社众殿外祭祀叩拜

神殿外面的祭棚制作

乐台上乐户的院本表演

凡 例

一、凡引用的历史文献与民间史料，原皆为繁体字，偶有通行的简写字，今统一使用规范的简体字。

二、所录山西上党地区（指今山西长治、晋城两市）的赛社资料，原用毛笔竖行抄写，今改为横排。原竖行旁批的文字，一般改为横行偏下的小字旁批，或改置括号内。

三、因赛社资料发现地、抄立时间、用途不同，一些藏本篇章互有重复。若内容基本相同，第一本照录，以后各本只列题名，并加说明；若重复篇的个别字句有异，在第一本照录处加注指明；若重复篇的内容差异较大，则各照录并存。这样既可显示各本原貌，又可避免内容重复，还可比照资料流传中的差异。

四、各赛社藏本，一般分篇有题。若偶遇原篇无题，需今加题，则置[ ]内，并注明加题理由，以免与其原有题名混淆。

五、为不失引用资料的原貌，又便于阅读，凡遇错、别、误、衍、俗、异的字词，对于明显的错字径改不注；其他则先照录，再将校改字词置于其后（ ）内，必要时出注说明校改理由。

六、民间资料若有脱漏、残缺之字，凡今补者均置[ ]内，并出注说明依据。若无依据可补，每个缺字以□表示。若缺字较多，又无法断定字数，则加括号说明。

七、民间资料原无标点，今加。有的抄本偶有自设的抄记符号，先照录，再出注说明所设符号的原意。

八、凡属赛社应用的书表、榜文等资料，旧有一定的书写格式，一般不变，以显示原貌。其中遇到"神"字、神名，原文每见另起一行，或之前空开两三格，以示敬重,今不取,按普通文字处理。

九、为说明校改依据,今加的注释或再引介相关的文献记载、方志史料,并注明出处,以便读者参考。

十、对于民间赛社史料校注的原则是尽量不失原貌,以便与相关文献记述比照,以利阅读和研究。

引 言

一、赛社缘起

"赛",古又通"塞",含有报答土地神灵赐福之义。"社",古指祭祀土地神灵,由此形成村社、里社,社又兼指祭祀的场所和群体。

先民出于自然崇拜,认为土生五谷属神所赐,于是形成"后土""后稷"之类神灵,报其恩赐正是"赛社"所由。依《史记·封禅书》记,周秦民间早有"春秋泮涸祷塞""冬塞祷祠"之类祭祀活动。其"塞",见唐司马贞索隐曰:"与'赛'同。赛,今报神福也。"就是说,周秦民间之"塞"早属"古赛"。从而,见其"春秋泮涸祷塞"正类封建帝王"春祈社稷""秋报社稷",与"春祈秋报"相关,属赛社发端;"冬塞祷祠"正属"腊祭",或称"蜡祭",也与"古赛"相关。

于是,由《周礼》而《礼记》,"是故夏礿、秋尝、冬烝、春社、秋省而遂大蜡,天子之祭也",帝王秋祭(秋报)又可与冬祭合一,届时"祭百种",百神共祀,其中早含驱邪逐疫之神,与"驱傩"相关。随着"春祈风调雨顺,秋报五谷丰登",汉代早多"春社""秋社",唐代"祈报"活动已称"赛神",北宋称"赛社"。随着唐、宋商业发展,宋代"诸行市户"也类"村社",组成"社团","社日"而会,时称"社会",仍属"赛社"。随着唐、宋帝王的不断倡导,宋代赛社早类皇帝庆寿之制,假名为神"庆诞",且见宋徽宗自称"教主道君皇帝",以倡兴道教为己任,亲制"五礼新仪""大晟乐","与天下共之"。民间赛社又"礼乐"一新,如其"上寿仪"。

上党赛社今存的《听命文集》等本仍言,"享赛出自大宋","出自赵上皇(宋徽宗)遗留此事,传留后世,至今不绝也",今仍多存相关的文字资料。直至民国,其赛社"礼乐"仍类唐、宋宫廷"宴乐",如宋徽宗的"上寿仪",正是其"传留后世"的实证。

二、"乐星"之说

我国自古崇尚"天人合一"的思想,早将人间之"乐"与天上之"星"关联对应。于是,见与《周易》相关,杂糅"图谶"之说,就有了"乐星图",其"图"又含"法度"之义。

与此相关,唐《乐府杂录》已记有"五音轮二十八调图",《宋史》记有"为图十二"的论述,南宋陈元靓《事林广记》已言及"乐星图谱"的有关内容。上党赛社至今仍存《周乐星图》《唐乐星图》《宋乐星图》等本,仍言"周唐宋代起立乐星""古今传三本乐星""乐星古圣遗留",强调"周乐星八十四调""唐乐星二十八宿""宋乐星珍馐百味",不但各有特色,而且"三本乐星"都留有宋代痕迹,都"按四季造盏调羹","依宫调奉献神灵"。

而与"宫调"相关,《周礼》早有"八音克谐,无相夺伦"一说。所谓"八音",指金、石、丝、竹、革、土、匏、木八种乐器,至宋代仍有"金为钟、石为磬、竹为管、革为鼓、土为埙、匏为笙、木为板"之说,且先秦各种乐器用于合奏早已"克谐",说明早有了统一的音高标准,已涉及"宫调"理论。于是,既有了"五声"音阶,依次称为宫、商、角、徵、羽,又加变徵、变宫二声,形成"七声"。与现代七声音阶比照,大致对应如下:

宫	商	角	变徵	徵	羽	变宫
1	2	3	4	5	6	7

其中,"宫"属定调的基音,早又形成十二个标准音,称"十二律",由低到高,依次称黄钟、大吕、太簇、夹钟、姑洗、中吕、蕤宾、林钟、夷则、南吕、无射、应钟,互为半音关系;或再按阴阳分为两类,奇数六者为阳,称"律",偶数六者为阴,称"吕",合称"律吕"。关于其由来,传说黄帝时的乐官"伶伦"截竹为管,效法自然,与十二个月对应,每月用对应之"律"定音。或又与神农氏炎帝有关,传说其早在上党地区的羊头山兴稼穑,得秬黍(黑黍),以"黍垒"定律。与此相关,《汉书·律历志》言:"以子谷秬黍中者,一黍之广,度之九十分,黄钟之长。"由此确定"黄钟",再用"三分损益法"推算,就可制成十二个律管。《宋史·乐志》记载,

宋仁宗时为校定"律钟"音高,"别诏潞州(今长治市)取羊头山秬黍",刻意沿袭古制。

然而,由于朝代更迭、战乱佚亡,历代宫廷每每为考订乐律争论不休,莫衷一是。以至《宋史》言,宋徽宗以其手指为度,才制成"大晟"乐律。而按杨荫浏先生考证,"大晟律所以能经得起考验,合于长期的应用",属"民间的音高标准"。也就是说,所谓"大晟律"出自唐宋民间,早经实践,"经得起考验"。随着宋徽宗"与天下共之",已用于宫廷,且"合于长期的应用",明清赛社仍用。

理论上讲,十二律皆可为"宫"(基音),"旋相为宫",每宫七调(调式),可得八十四调,或按五声可得六十宫调。但因十二律皆是半音关系,随着"移宫转调",宫与调每有重复,实际并不全用。因此,隋唐宴乐只用宫、商、角、羽四声,只有"二十八调";宋代宫廷所用的"四十大曲",实际只有"十七宫调"。而上党赛社,不但记有唐宋大曲歌舞,见有"二十八调""十七宫调"之说,且因"移宫转调"有"正、傍、侧、逆"等犯,仍言"先验日之于辰,次验星之于宿",也仍遵从"乐星"之说。

这种源于先秦的"乐星"说,考其所由,与先民观察日月运行有关。《尚书·尧典》已有"钦若昊天,历象日月星辰"云云,早就重视日月运行,已由"天象"制有"历法"。于是,就如汉代浑天仪所见,先民视天体如球,日月运行周而复始,早有了赤道、黄道、五行、七政、二十八宿之说,且与十二月、十二辰次关联对应。其所谓"赤道",指"天球赤道",与太阳公转有关;其所谓"黄道",指太阳在天球上的运行轨迹,与地球自转有关,是一种视觉效果,由太阳"周年视运动"而来;其所谓"五行",指天上"五星",对应地上"金木水火土"而名;其所谓"七政",指日月又加五星,也称"七曜",同属行星;其所谓"二十八宿",指二十八个星座,每个星座由若干小星组成,皆属恒星,可标识日月五星运行。将黄道两侧各扩九度,称"黄道带",日、月、五星都在带里运行,且将其分为十二等分,称"黄道十二宫",又与十二月、十二律关联对应。《礼记·月令》已记有如下的对应关系:

孟春之月(一月)	律中太簇
仲春之月(二月)	律中夹钟
季春之月(三月)	律中姑洗
孟夏之月(四月)	律中中吕
仲夏之月(五月)	律中蕤宾

季夏之月（六月）　　　　　　律中林钟

孟秋之月（七月）　　　　　　律中夷则

仲秋之月（八月）　　　　　　律中南吕

季秋之月（九月）　　　　　　律中无射

孟冬之月（十月）　　　　　　律中应钟

仲冬之月（十一月）　　　　　律中黄钟

季冬之月（十二月）　　　　　律中大吕

所谓"律中"，即"律应"，指每月只能用其对应之"律"作为"宫"音。与《周易》牵涉，又有如下对应关系：

五季：春　　夏　　季夏　　秋　　冬

五行：木　　火　　土　　　金　　水

五方：东　　南　　中　　　西　　北

五声：角　　徵　　宫　　　商　　羽

由于"季夏"六月太阳正盛，可比拟帝王居于宫中掌管"四方"，将二十八宿又分四组，称"天区四象"，各含七宿如下：

东方苍龙七宿：角　亢　氐　房　心　尾　箕

北方玄武七宿：斗　牛　女　虚　危　室　壁

西方白虎七宿：奎　娄　胃　昴　毕　觜　参

南方朱雀七宿：井　鬼　柳　星　张　翼　轸

于是再与地上"列国"牵涉，又有了如下的对应关系：

十二月	十二辰	十二次	十二宫	二十八宿	列国
十二月	丑	星纪	摩羯宫	斗牛女	吴越
十一月	子	玄枵	宝瓶宫	女虚危	齐
十月	亥	娵訾	双鱼宫	危室壁奎	卫
九月	戌	降娄	白羊宫	奎娄胃	鲁
八月	酉	大梁	金牛宫	胃昴毕	赵
七月	申	实沉	双子宫	毕觜参井	晋
六月	未	鹑首	巨蟹宫	井鬼柳	秦
五月	午	鹑火	狮子宫	柳星张	周

四月	巳	鹑尾	室女宫	张翼轸	楚
三月	辰	寿星	天秤宫	轸角亢氐	郑
二月	卯	大火	天蝎宫	氐房心尾	宋
一月	寅	析木	人马宫	尾箕斗	燕

隋唐宴乐只用四声（宫、商、角、羽）形成的"二十八调"，与"二十八宿"有了如下的对应关系：

东方苍龙七宿　　　　　　　　　　　　七　宫

角木蛟　　　　　　　　　　　　　　　　正　宫

亢金龙　　　　　　　　　　　　　　　　高　宫

氐土貉　　　　　　　　　　　　　　　　中吕宫

房日兔　　　　　　　　　　　　　　　　道调宫

心月狐　　　　　　　　　　　　　　　　南吕宫

尾火虎　　　　　　　　　　　　　　　　仙吕宫

箕水豹　　　　　　　　　　　　　　　　黄钟宫

北方玄武七宿　　　　　　　　　　　　七　羽

斗木獬　　　　　　　　　　　　　　　　中吕调

牛金牛　　　　　　　　　　　　　　　　正平调

女土蝠　　　　　　　　　　　　　　　　高平调

虚日鼠　　　　　　　　　　　　　　　　仙吕调

危月燕　　　　　　　　　　　　　　　　黄钟羽

室火猪　　　　　　　　　　　　　　　　般涉调

壁水貐　　　　　　　　　　　　　　　　高般涉调

西方白虎七宿　　　　　　　　　　　　七　商

奎木狼　　　　　　　　　　　　　　　　越　调

娄金狗　　　　　　　　　　　　　　　　大食调

胃土雉　　　　　　　　　　　　　　　　高大食调

昴日鸡　　　　　　　　　　　　　　　　双　调

毕月乌　　　　　　　　　　　　　　　　小石调

觜火猴	歇指调
参水猿	林中商
南方朱雀七宿	**七　角**
井木犴	越　角
鬼金羊	大食角
柳土獐	高大食角
星日马	双　角
张月鹿	小食角
翼火蛇	歇指角
轸水蚓	林中角

宋循唐制,名义上仍有"二十八调",实际只用"十七宫调",仍类唐制,只用"四声"。

上党赛社则"古今传三本乐星",仍有《周乐星图》《唐乐星图》《宋乐星图》遗存,且其皆依宋规,只是体例不同,重点有别。如其《周乐星图》仍按"二十八宿值日"而记,重在记述供盏乐次;《唐乐星图》则依礼规、书表、剧目等分类而记,重在记其具体内容;《宋乐星图》仍类"唐乐星图卷",重在记述"按四季造盏调羹"。上党赛社所记的"队戏",仍属唐宋"大曲"歌舞,所记的"杂剧"仍类宋元民间"搬演词话",都留有宋代痕迹。

三、赛社常规

由于"享赛出自大宋","出自赵上皇遗留此事",民间赛社"礼乐"早类宋徽宗的"上寿仪"。上党赛社直至1937年抗战全面爆发才中断,通过考察,仍可知其基本情况。

依上党所见,存"春祈秋报"古风,赛社活动仍多在春秋两季举行;又类宋代"圣诞酬神",赛社仍以各庙主神"诞日"为期;又类宋代皇帝"圣节"所见,"放假三日",正式办赛仍为三天,"礼乐"节次依宋代皇帝"寿宴"规制。

这种为神庆寿的赛社,尤其是正规的"大赛",共需五至六天。第一天称"下请",类如宴会之前下请柬,以邀在境诸神到庙享宴。第二天称"迎神",以迎诸神一起到庙。之后正式赛社三天,分称头场、正场、末场,或称头赛、正赛、末赛。

正场是例定的庙神诞日，庆寿活动最为隆重。三日之后"送神"，若末场当晚送神，前后共五天；若第二天送神，前后六天。每天都有一定的仪式和表演。

庙赛规模的大小，既循旧例，又由办赛实力决定。正规的庙赛规模较大，用人较多，规制从严，开支也大，每由多村多社合办。凡官府承办、介入者（多在官府所在地），俗称"官赛"；凡多村多社合办者，每年由一村社主办，其他村社协办，俗称"转赛"。凡规模较大而正规者通称"大赛"，其余则属"小赛"。

赛社的主要活动是神前"供盏"，即向诸神献酒献食，依礼而行，分有盏次，每盏伴有敬神表演。神宴制作，例由社方操办，类如宋代分"四司六局"，也有茶司、酒司、果局、厨局等；敬神表演，历由专执伎乐的"乐户"承应，表演唐宋队舞队戏、宋金杂剧、金元院本等。届时，有大小社首、香老、亭士、帏士、排军（执棍）、打伞、棚户、铳手等，皆由村民担任，各负其责；请有主礼先生（由阴阳先生担任），神厨制作者每也外请。至于"乐户"，历代编在贱籍，属于贱民，隶籍于官，有"支官应差"的义务，赛社伎乐也由其"支应"。到了后期，或因当地已无乐户，或人数不足，每办"大赛"则与乐户科头（班头）立有"筹帖"（合同），言明要求，讲明"腔价"，实际也需外请。故俗云："赛社赛三行，王八（乐户）、厨子、鬼阴阳。"足见三者属于重要职色。

再说各种职色的职责。"社首"是赛社活动的发起人、组织者、总负责；多社联办时，主办者称主社首或总社首，负全责，其他社首分工协助。主礼先生是赛社礼规的掌握者、主持人，相当于赛社活动的总导演、总指挥，不仅需要博古通今，精于阴阳八卦，还要粗识文墨，略懂音乐表演，每见往来神前，唱礼执法，读文念表，沟通人神，不是随便一个阴阳先生皆可胜任。乐户表演时的首领，称"前行（hang）"，每与主礼配合，一呼一应，亦礼亦乐，见有"在上主礼官掌了大礼，在下我前行掌了大乐"之说。其装扮与一般乐户不同，头戴展脚幞头（类如丞相帽），身穿红蟒袍，足蹬乌靴，手执一根"戏竹"，以指挥乐舞。凡神前供盏，由其致语祝赞；凡队戏表演，由其勾队、遣队，讲说故事大意。其由唐宋"参军色"而来，金代已称"前行"，早已见于民间赛社。

至于村民职色，如"亭士"，也称"亭子"，因各负责一亭神位而称。其人数与所供神位相等，一般为双数，如二十四亭、三十六亭等，凡神出行，亭士捧其神位而行；凡祀神供盏，各端神盘，分东西两班，向其神位敬酒献食。又如"帏士"，也称"帏子"，每人手执响杖或小伞，跟随亭子，人数相同，合称"亭帏"。供盏时又有"报食""押盏"两名,前者排在亭帏之前,每盏向神报唱食名;后者走在队尾,多扛大刀,以示押盏。其余香老、司茶、司酒等,各负其责。

　　再说赛社礼规。第一天"下请",每由土地神代劳,主要活动在土地庙举行。一般午后开始,届时人员先集合于赛庙,由社首、主礼一行上殿,向主神"奏禀",告以办赛之由;随后鼓乐引导,抬桌执伞,前往土地庙,四拜三献,念"请状文",请土地爷"速驰云御,远达神宫"去请诸神。第二天"迎神",俗称"上香会",最为热闹。不但庙内进香人多,而且庙外设有"神场",俗称"圆神地",要举行迎神仪式。届时,庙上执役人员先将主神大驾、玉皇銮驾抬往神场,各村社亦用神楼、神马将受邀客神(各村庙神)送来。至正午,正式举行"圆神"活动,先是接神表演,表示诸神到齐,接请诸神"上马",鞭炮齐鸣,鼓乐大作,仪仗銮驾、神楼神马、乐户装扮、社火表演等依次而行。又有社首、香客、亭帏等众随行,浩浩荡荡,游村转巷,观者如堵。最后转回大庙"安神",将诸神位牌安放大殿,排定座次,供"下马宴"三盏结束。迎神之日,参赛村社争奇斗艳,每见外乡、外县,乃至相邻的河南、河北所属各县也有来者,庙外商贸集会随之兴隆。之后,正式办赛三天,依照例规,每日清晨先要到神前"报晓",请神"盥漱",接着出庙"祭太阳",回庙"卯筵"三盏;中午接供七盏(正赛十二盏),午后出庙"祭风";晚夕供八盏(或简为三盏),再接晚上乐台演出,最后送神安寝。除这些例规外,"头场"加有念"听命文"仪式,届时参赛人等列于大殿之前,主礼先向玉皇神位叩拜"请旨",再假借玉皇神旨,向社众发布命令,宣读有关礼规、注意事项;头场用乐时,乐户先要祭楼台(乐台),卯筵头盏时又有"狮虎冲殿"表演,皆为驱邪。"正场"假名为神"庆诞",每加寿星、王母、八仙一行的"祝寿"仪式,届时类如迎神,庙外设有"寿场",将寿星、八仙一行(乐户装扮)迎回赛庙,依次向玉皇、主神、在位皇帝祝寿,之后"卯筵"三盏。这一天最忙。"末场"卯筵最后,以"打太平鼓"代替队戏,以示天下太平。上党乐户传本仍记有"太平鼓板踏排场",类如队戏,其前行讲唱仍言出自宋徽宗诏令,且至今流行于上党,变为坐场吹打,属曲牌连套体。最后一天"送神",卯筵之后加有"划坛""打采",届时先将诸神位牌请于香亭,由主礼先生在地上画一坛符,是为"划坛";接以"跳探子"表演,送众神升天,社众齐跪,将彩榜、纸钱、纸马焚化,随之鞭炮齐鸣,鼓乐高奏,众人高呼"打中了",是为"打采",以示神灵有应;接着前行高念"赛罢了风调雨顺,赛罢了国泰民安"云云,每念一句,跪众高声重复一遍;结尾前行再念"打扫堂前地,两班一炉香,诸神都退位,全国免实殃"，跪众每又"长佛"三声（念三声"阿弥"），最后由亭士将诸神位牌背转（表示神已离去）送入大殿，赛社即告结束。

凡赛社供盏，至少三盏。每供盏，先献"一茶三酒"，接着每盏两趟，头趟献果，二趟进食，有"果为正盏，食为补空"一说，神前敬酒又有一套"供盏规矩"。届时，神前用"细乐"，笙箫笛管，细吹细打，并由前行导引，伴以亭帏供盏，每有侑盏吹唱；乐台表演属于"粗乐"，大锣大鼓，伴以队戏歌舞，借以陪衬供盏，因时间有限，只用队戏片段，称"衬队"。前三盏规矩较严，"三盏以后各无所管"，可舞可唱，甚至有"杂耍"。但最后一盏仍以队戏收场，以"打曲破"结束。其"供盏规矩"类唐宋帝王庆寿之制，每晚乐台演的"正队、杂剧、院本"仍类宋元所见。其"正队"也称"大队"，相对"衬队"而言，属大型完整的队戏，与唐宋宫廷"大曲"歌舞相关；其"杂剧"既沿宋杂剧而来，又类元代民间"搬唱词话"，仍属"诗赞体"；其"院本"既沿金元而来，又类唐宋"弄参军"，仍多"说白调笑"，与宋代勾栏的"猜谜"等有关。这些表演，直至清末民初仍由乐户承应。

四、乐户简介

乐户的身份如同古代的奴婢，人属贱民，户隶贱籍，早就有了"乐籍"制度。与其相关，先秦时期便将战俘、罪犯贬没为奴，其中早有"乐人""女乐"，以"丹书"为籍，可"立市"而卖；汉代军中的"营伎"类此，立有"军市"买卖。至北魏，见将此类男女匹配成户，不但军中已多"营户"，而且执乐为业者已称"乐户"。如《魏书·刑罚志》记载："诸强盗杀人者，首从皆斩，妻子同籍，配为乐户。"对此，唐初孔颖达解说："近世魏律，缘坐配没为工乐杂户者。皆用赤纸为籍，其卷以铅为轴。"其籍仍类先秦"丹书"，执乐者已有"乐籍"，而且籍没者已经不限于战俘。于是，隋炀帝时"奏括天下周、齐、梁、陈乐家子弟，皆为乐户"；唐代更多鬻卖而来者，如薛涛，"父卒后，因家贫而入乐籍"。由此而下，宋元沿袭下来，"明灭元，凡蒙古部落子孙流寓中国者，令所在编入户籍。其在京省，谓之乐户，在州邑，谓之丐户"。燕王朱棣夺其侄建文皇帝之位，"建文末不附燕兵，编为乐籍，世世不得自拔为良民"，仍类奴隶，子孙永执其业。至清代雍正时，虽然诏令废除乐籍制度，然而名去实存。如山西在民国年间仍有乐户的遗存形态，被称之为"龟家""王八"，社会地位低贱，民间赛社仍见由其承应。

历代乐户地位虽贱,却对文化艺术有着独特的作用和贡献。由于其既有供职于宫廷教坊、军队、府衙者,又有卖艺于城市勾栏、青楼歌馆者,还有行艺于山村乡野、冲州撞府流动作场者,属于一种独特的文化传媒和载体,其对雅、俗艺术的传承、交流和发展多有贡献。

五、赛社伎乐

上党赛社的伎乐,仍由乐户传承着唐宋以来的音乐、歌舞、戏剧。如属于队戏的大曲歌舞,依《周乐星图》《唐乐星图》本所记,仍类《宋史》所列,与宋宫歌舞所用的"四十大曲"相关。具体比照如下(不计宫调):

可对应比照者			
宋宫四十大曲	《周乐星图》本	《唐乐星图》本	说明
梁州	梁州	梁州	
齐天乐	齐天乐	齐天乐	
中和乐	中和乐	中和乐	
道人欢	道人欢	道人欢	
千春乐	千春乐	千春乐	
胡渭州	胡渭州	胡渭州	
长寿仙	长寿仙	长寿仙	
倾杯乐	倾杯乐	倾杯乐	
三台	三台	三台	
瀛洲	瀛洲	瀛洲	
剑器	剑器令	剑器令	其令曲正由同名"大曲"而来
绿腰	六么	六么	同曲异名
薄媚	卜媚	薄媚	实同
保金枝	保金枝	保金枝	
彩云归	彩云归	云归高梦	实同
新水令	新水令	新水	实同
大圣乐		大圣乐	

宋宫四十大曲	《周乐星图》本	《唐乐星图》本	说明
万年欢	万年欢		
延寿乐	延寿乐		
清平乐		清平乐	
大明乐		大明乐	
伊州	伊州		
石州	石州		
嘉庆乐	嘉庆乐	升平乐	实同
降圣乐	降圣乐		
庆云乐		庆云乐	
君臣相遇乐		遇乐	实同
贺皇恩		贺皇恩	
泛清波		泛清波	
满宫花	万岁	万岁	实同
罢金钲	降黄龙	降黄龙	实同
无对应关系者			
宋宫四十大曲	《周乐星图》本	《唐乐星图》本	说明
采莲	喜新春令	龙池会	
	粉妆	梦新妇	
	菩萨	得胜乐	
	夜叉	安乐	
		顺圣乐	
		镇幽关	

其中不同者，如《菩萨（蛮）》《龙池会》《安乐》，唐代教坊也用于歌舞；如《得胜乐》，出自唐代《破阵乐》，元代仍有由此而来的《得胜令》。如《镇幽关》，虽然史籍未记，《唐乐星图》本却记有"镇幽关·据峪口冲八将复锁介休县"一目，属"队子"歌舞，其故事发生在唐代山西"介休县"，与唐初李世民降服尉迟敬德有关，说明其曲可能出自唐代。如《喜新春令》《粉妆》《梦新妇》，多属"小令"，或由唐宋大曲简化而来，或由宋代"吟叫"野唱加工而成，早可用于"队戏"。

这种"队戏"源于唐代列队而舞的"队子"，因装扮人物故事，早又称"戏"。其表演，先由手执戏竹的"前行"勾队上场，舞跳一段，舞者坐之当场（宋代见称

"歇帐"），再由前行从旁讲说人物故事，最后遣队下场。如与唐《霓裳》歌舞相关，上党赛社《唐乐星图》本"队子"类记有《传（得）胜乐·唐元（玄）宗梦进月宫》，类《霓裳》属于大曲歌舞；上党其他存本记有《唐王游月宫》故事"话本"，正可用于前行讲唱。类此，《唐乐星图》本记有"队子"剧名三十七个，记有此类"一单舞"排场角单二十八个，上党赛社其他存本也有相关记述，如《跳监斋》仍可完整表演，包括表演提示与前行讲说所用的话本。

再说上党赛社所见的"杂剧"，既类宋杂剧，也包括队戏歌舞（或称"队杂剧"），又类元代民间"搬唱词话"，其"唱"类如宋元民间卖物的"吟叫""叫声"。其"词"仍属"诗赞体"，其"话"与唐代佛道"俗讲"、宋代勾栏"说话"艺术相关。宋元早多此类"话本"，用于"搬演"，且见元代早又盛行于各地赛社，即使时有禁令，也是禁而不止，明清民间仍多此类"土戏"。

与此相关，见如宋元南戏，起于浙江永嘉杂剧，其初"徒取其畸农、市女顺口可歌而已"，其畸农、市女包括"乐户"，其"顺口可歌"仍类宋代卖物"叫声"，且见明代四大声腔最初皆类此，"淫哇"乱唱。之后经过魏良辅等艺人加工打磨，才形成了曲牌体"昆腔"。又如江西弋阳腔，即使曾受曲牌体音乐戏剧的影响，类如"元曲""昆曲"的"曲牌连套"，但由于"干唱"，仍在"淫哇"乱唱，"其节以鼓，其调喧"，不但见其"祇沿土俗"，且见其"适从其变"，早又变成安徽青阳腔。由此形成"滚调""滚板"，早与"板腔"戏曲的形成有关。今见存的安徽池州傩戏、贵州地戏、河北赛戏、山西运城锣鼓杂戏等，也都类如上党赛社"杂剧"、元代"搬唱词话"，与赛社相关，都属"诗赞体"，仍"干唱"。不但都类永嘉杂剧，早属民间"土戏"，且类弋阳腔变成青阳腔，随着各种声腔同台乱唱，早又形成"乱弹""梆子"，最终使各地板腔成熟。

显然，起于民间的土曲、土戏，以及相关的乐户、戏子，对于中国音乐、戏剧的发展，有着独特的作用与贡献。而且，民间赛社还涉及民俗、礼仪等，又涉及唐宋杂戏、杂剧，金元院本，明清传奇的传承发展，还涉及历代乐户的生存状态、历史地位、独特作用等。

这些，笔者在《上党赛社与乐户研究》一书中已有详细考述，可供参考。

目 录

上 册

凡 例 ·· 1
引 言 ·· 1

一 《唐乐星图》本校注

唐乐星图听命文 ·· 2
［告白榜文摘录］ ······································ 15
杂 剧 ·· 17
 大 唐 ·· 17
 三 国 ·· 17
 杂剧大唐 ·· 17
 三 国 ·· 18
 大 宋 ·· 18
 东 汉 ·· 18
 西 汉 ·· 18
 春 秋 ·· 19
 佛 家 ·· 19
 拐 捧 ·· 19
 残 唐 ·· 19
 ［补 遗］ ·· 19

队　子 32
　[三场乐次摘要] 40
　　头　场 40
　　正　场 41
　　末　场 41
　[正赛之日的寿词] 44
　　祝寿讲山赋 44
　　迎寿讲山祝水赞 45
　　又祝山歌 46
　　又祝山歌 46
　　又讲山歌 49
　　又论讲山歌 50
　[书表通例部分] 55
　　[书表用语摘记] 55
　　香　文 56
　　祝极长生表文 56
　　厶帝尊神圣诞之辰枢电呈祥之表 56
　　祝皇文 57
　　古论对曰云 57
　　古论又对曰云　又祝皇文 57
　["补加"屯留县清代赛社书表实例] 61
　　头场乐次 61
　　三场乐次 61
　　今开应用盏数于后 61
　　三场食次 62
　　今开应供盏数于后 62
　　文书同前　头场 63
　　正赛食次文　同前 63
　　[禹王庙排神] 64
　　[附"早乐"剧名实例] 64

[队舞排场角单] …… 69

《齐天乐·鬼子母揭[钵]》一单舞 …… 69

《巫山神女阳台梦》一单舞 …… 69

《五岳朝后土》一单舞 …… 69

《樊哙脚党(荡)鸿门会》一单舞 …… 69

《二仙行道老子开御》一单舞 …… 69

《关大王破蚩牛(尤)神》一单舞 …… 70

《习(悉)达太子游四门》一单舞 …… 70

《王母娘娘蟠桃会》一单舞 …… 70

《炽盛光佛降九曜》一单舞 …… 70

《周琼姬[王]子道(高)遇三清》一单舞 …… 70

《二仙行道[朝]后土》一单舞 …… 71

《二十八宿朝三清》一单舞 …… 71

《泾河龙王难神课》一单舞 …… 71

《曹公赐袍》一单舞 …… 71

《李卫公夜看杨州(扬州)》一单舞 …… 71

《武王伐纣》一单舞 …… 71

《香山子斧辟(劈)华山》一单舞 …… 72

《霸王设朝封官》一单舞 …… 72

《徐福采菉(灵)芝》一单舞 …… 72

《王昭君和北番》一单舞 …… 72

《青铁(提)[刘]氏游地狱》一单舞 …… 73

《四公子斗富》一单舞 …… 73

《二十八宿闹天宫》一单舞 …… 73

《杨六郎大破天门阵》一单舞 …… 73

《五龙朝圣母》一单舞 …… 74

《关大王独行千里》一单舞 …… 74

《大会坛(垓)》一单舞 …… 74

《二十八宿朝玉皇》一单舞 …… 74

[含"出戏"的乐次实例] …… 81

[二十八宿值日妆扮] ·················· 84

二 《宋乐星图·供盏实例》本校注

唐乐星图早七晚八图卷 ·················· 89
　春季盏衬 ·················· 90
唐乐星图卷 ·················· 92
　夏季盏衬 ·················· 92
　又食次单　扶（伏）疏式　疏封上俱焰（照） ·················· 94
　秋季盏衬 ·················· 95
　又食次单　状文疏　疏封上详注前 ·················· 97
　冬季盏次 ·················· 97
　又食次单　状文疏式　疏封上详注珠语 ·················· 102
　又乐次单　状文疏式　疏封□□□ ·················· 104

三 《乐次全部》本校注

序 ·················· 107
序 ·················· 107
[二十八宿值日乐次] ·················· 108
　角宿值日 ·················· 108
　亢宿值日 ·················· 110
　氐宿值日 ·················· 111
　房宿值日 ·················· 112
　心宿值日 ·················· 113
　尾宿值日 ·················· 114
　箕宿值日 ·················· 115
　斗宿值日 ·················· 116
　牛宿值日 ·················· 117
　女宿值日 ·················· 118
　虚宿值日 ·················· 118
　危宿值日 ·················· 119

室宿值日 …………………………………………………… 120
　　壁宿值日 …………………………………………………… 121
　　奎宿值日 …………………………………………………… 121
　　娄宿值日 …………………………………………………… 122
　　胃宿值日 …………………………………………………… 123
　　昴虚值日 …………………………………………………… 124
　　毕宿值日 …………………………………………………… 124
　　觜宿值日 …………………………………………………… 125
　　参宿值日 …………………………………………………… 126
　　井宿值日 …………………………………………………… 127
　　鬼宿值日 …………………………………………………… 128
　　柳宿值日 …………………………………………………… 129
　　星宿值日 …………………………………………………… 130
　　张宿值日 …………………………………………………… 130
　　翼宿值日 …………………………………………………… 131
　　轸宿值日 …………………………………………………… 131
　［二十八宿的相关对应］ ……………………………………… 132
　［供盏乐次选用剧目］ ………………………………………… 133

四 《周乐星图》本校注

周乐星图本正传四十曲宫调 ……………………………………… 139
　［讲二十八宿］ ………………………………………………… 139
二十八宿值日开后 ………………………………………………… 144
　角木蛟值日 ……………………………………………………… 144
　亢金龙 …………………………………………………………… 147
　氐土貉 …………………………………………………………… 148
　房日兔 …………………………………………………………… 149
　心月狐 …………………………………………………………… 150
　尾火虎 …………………………………………………………… 151
　箕水豹 …………………………………………………………… 152

斗木獬	153
牛金牛	154
女土蝠	155
虚日鼠	156
危月燕	157
室火猪	158
壁水貐	159
奎木狼	160
娄金狗	161
胃土雉	162
昴日鸡	163
毕月乌	164
觜火猴	165
参水猿	167
井木犴	168
鬼金羊	169
柳土獐	169
星日马	171
张月鹿	172
翼火蛇	173
轸水蚓	174

[队舞排场角单] 174

《齐天乐·鬼子母揭钵》一单舞 175
《巫山神女阳台梦》一单舞 175
《五岳朝后土》一单 175
《樊哙脚党(荡)鸿门会》一单 175
《二仙行道老子开御》一单 176
《关大王破蚩尤》一单 176
《习(悉)达太子游四门》一单舞 176
《王母娘娘蟠桃会》一单 176

《炽盛光佛降九曜》一单舞 …………………………………… 176
《二仙行道朝后土》一单舞 …………………………………… 177
《周琼姬[王]子道(高)遇三清》一单舞 ……………………… 177
《二十八宿朝三清》一单舞 …………………………………… 177
《泾河龙王难神课先生》一单舞 ……………………………… 177
《唐僧西天取经》一单舞 ……………………………………… 177
《武王伐纣》一单舞 …………………………………………… 178
《霸王设朝封官》一单舞 ……………………………………… 178
《徐福采灵芝草》一单舞 ……………………………………… 179
《王昭君和北番》一单舞 ……………………………………… 179
《二十八宿闹天宫》一单舞 …………………………………… 179
《八仙过海》一单舞 …………………………………………… 180
《文殊菩萨降狮子》一单舞 …………………………………… 180
《[关]圣道化论春秋》一单舞 ………………………………… 180
《八百诸侯朝武王》一单舞 …………………………………… 181
《十二湘江(相将)会》一单舞 ………………………………… 182
《青铁(提)刘氏游地狱》一单舞 ……………………………… 182

五 《听命文集》本校注

听命奏禀 ………………………………………………………… 184
迎寿赞 …………………………………………………………… 190
又　赞 …………………………………………………………… 191
又　赞 …………………………………………………………… 192
又　赞 …………………………………………………………… 192
八仙赞 …………………………………………………………… 193
王母赞 …………………………………………………………… 194
十字八仙赞 ……………………………………………………… 195
诗赞三首 ………………………………………………………… 196
词篇(四边)静 …………………………………………………… 196
前行念起首 ……………………………………………………… 199

东方朔赞 ·· 200

[祝皇诗三首] ·· 200

请神上马文 ·· 201

诸神下马文 ·· 202

安神升殿奏禀文 ······································ 202

入寝文 ··· 203

归寝文 ··· 203

出寝文 ··· 203

祭太阳文 ·· 204

祭太阴文 ·· 204

送寿文 ··· 204

祝山文 ··· 205

又一篇 ··· 205

词　篇 ··· 210

前行戏竹放盏规矩讲说 ··························· 210

计开　十二元辰故事 ······························· 217

祭楼台卜厨讲监斋 ·································· 218

打太平鼓板 ·· 221

[抛绣球的前行词] ·································· 225

正赛放生前行讲说 ·································· 226

正赛迎寿安寿杂[集]　小杂剧 ················ 228

部太阳　前 ·· 239

部太阴 ··· 239

小队则(子) ·· 240

送神跳探则 ·· 242

送神打彩 ·· 243

前行讲三台 ·· 244

前行讲响杖 ·· 246

[前行讲享赛] ·· 248

监斋押盏四句诗 ····································· 248

值宿押盏四句诗 ………………………………………… 249
　　前行分戏竹 ……………………………………………… 249
　　又想一个四句 …………………………………………… 254
　　［后续牛氏补加文字］ …………………………………… 255
　　　　小张领（岭）单则 …………………………………… 255
　　领牌一节 ………………………………………………… 257
　　安神一节 ………………………………………………… 260

六　《赛场古赞》本校注

　　细开八仙赞 ……………………………………………… 263
　　贴篇诗祝赞 ……………………………………………… 269
　　东华帝君诗祝赞 ………………………………………… 269
　　十供养　前行祝 ………………………………………… 270
　　十段锦　前行念 ………………………………………… 272
　　百寿赋老人星念 ………………………………………… 277
　　又老人星赞 ……………………………………………… 279
　　又老人星赞 ……………………………………………… 279
　　报晓文 …………………………………………………… 280
　　请阴神文 ………………………………………………… 280
　　祝香文 …………………………………………………… 281
　　正赛放生前行讲说 ……………………………………… 281
　　正赛迎寿安寿杂集小杂剧 ……………………………… 282
　　剖太阳 …………………………………………………… 282
　　剖太阴 …………………………………………………… 282
　　小队则 …………………………………………………… 282
　　送神跳探子 ……………………………………………… 282
　　送神打彩 ………………………………………………… 282
　　前行讲三台 ……………………………………………… 283
　　前行讲响杖 ……………………………………………… 283
　　前行讲享赛 ……………………………………………… 283

监斋押盏四句	283
值宿押盏四句	283
前行讲戏竹	283

七　《赛乐食杂集》本校注

[前行讲三台]	285
[供盏时的前行念词]	286
[上香诗赞三首]	286
[跑太阳、跑太阴各一首]	287
[讲酒诗赞六首]	287
[东方朔赞]	288
[何仙姑仙诗]	289
□(祝)山诗	289
报晓文	289
前行讲古论	290
[观　筵]	290
讲古论	291
（讲古论一篇）	292
供八仙诗偏(篇)	296
南极老人星诗	296
词谝(四边)静	298
讲安天治世诗　讲混沌赞	300
供八仙诗　迎寿诗篇	302
好鹿也	303
[祝寿山水诗赞两段]	303
[祝寿贴篇诗赞一首]	304
[祝山诗赞片段]	304
迎寿应[用]物件	304
[讲混沌赞另篇]	305
二十八宿值日	308

前行讲酒　尧王显圣酒诗	308
前行讲百花赋	311
[十样锦诸葛论功]	316
前行讲五台山	322
前行讲八仙一转	326
讲琼花名一篇(百花赋)	326
前行讲戏竹一篇	328

八　《赛古赞本》校注

祝山文	334
古论赋	334
前行讲阴阳乐	337
前行讲金鸡	340
《百花会》前行念	341
[《三元戏竹》开篇八句诗赞]	345
前行念起首	345
东方朔赞	345
百花赋缴恋	346
又《三元戏竹》	346
唐王游月宫	348
十供养	356
祝香文	356
十段锦	356
百寿赋	356
贴篇诗祝赞	356
东华帝君诗祝赞	357
[下]请行礼节次	357
接神　到神场	359

九 《唐乐星图应用本》(残卷)校注

听命奏禀 ··· 361
迎寿赞 ··· 362
又　赞 ··· 362
又　赞 ··· 362
又　赞 ··· 362
东方朔赞 ··· 362
八仙赞 ··· 362
王母赞 ··· 363
十字八仙赞 ··· 363
诗赞三首 ··· 363
祝皇诗三首 ··· 363
请神上马文 ··· 363
请神下马文 ··· 363
安神升殿奏禀文 ··· 363
入寝文 ··· 364
归寝文 ··· 364
出寝文 ··· 364
祭太阳文 ··· 364
送寿文 ··· 364
祝山文 ··· 364
又一篇 ··· 364
词篇(四边)静 ··· 365
古论赋　百花赋 ··· 365
前行念起首 ··· 365
东方朔赞 ··· 365
百花赋缴恋 ··· 365
前行戏竹放盏规矩讲说 ····································· 366
计开　十二元辰故事 ······································· 366

祭楼台下厨讲监斋	366
打太平鼓　毕前行讲说	366
[前行分戏竹]	367
[十样锦诸葛论功]	367
[队舞排场角单]	367
[《巫山神女阳台梦》一单舞]	368
《五岳朝后土》一单	368
《樊哙脚党(荡)鸿门会》一单	368
《二仙行道老子[开御]》一单	368

下　册

十　《前后行讲古论有十论》本校注

前后行古论开细乐说诗	370
细开八仙	373
又开众八仙恋诗	377
四边静	378
百寿福(赋)	379
观　筵	382
杨保(宝)放生	382
祝　赞	384
祝　香	384
祝　赞	385
祝　山	386
又祝山	388
阴阳乐	389
说响杖	391
祝　赞	392

混沌赞	394
八仙诗	396
踏　词	397
放　盏	398
春　词	401
太平鼓	402
白雀寺	405
监　斋	406
修武庙	408
古论诗句	414
路　台	417
戏　竹	418
百花盏	424
[庆寿时讲二十八宿]	428
[庆寿时讲寿星献画]	429
祝　山	430
祝　山	431
祝　山	432
祝　山	432
祝　山	432
祝　山	434

十一　"书表"五本校注

(一)《告白文书本》校注　　435
　　神传十村香老人等知悉　　436
　　告　白　　437
　　告　白　　438
　　告　白　　438
　　告　白　　439
　　宥罪文　　440

三宗(崚)下请文 ……………………………… 440

土地下请神 ………………………………… 441

领羊文 ……………………………………… 442

寿生(星)表 ………………………………… 442

[朝天表] …………………………………… 443

玉皇表 ……………………………………… 444

三宗(崚)表 ………………………………… 444

请寿文 ……………………………………… 445

祭风文 ……………………………………… 446

祭太阳文 …………………………………… 446

祭太阴文 …………………………………… 446

祈祷雨泽文 ………………………………… 447

祭风祝文 …………………………………… 448

[交排文] …………………………………… 448

祭太阳文 …………………………………… 449

祭太阴文 …………………………………… 449

正(末)赛送神表 两道 …………………… 449

虔诚春祈享赛 肃静榜文 ………………… 450

虔诚春祈享赛 乐场榜文 ………………… 451

虔诚春祈享赛 食局榜文 ………………… 452

[赛社对联] ………………………………… 453

队剧花名 …………………………………… 456

[队舞角单] ………………………………… 457

(二)《乾隆告白文一本》校注 ……………… 457

交排文 ……………………………………… 458

[祈祷消冰雹文] …………………………… 458

祭风文 ……………………………………… 458

太阳文 ……………………………………… 459

祭太阳文 …………………………………… 459

祭太阴文 …………………………………… 459

又　文	459
送神文	460
禀状文	460
请状文	460
领羊文	461
接寿文	461
表	461
表	462
食次文	462
乐次文	464
送神文	466
正请状文	467
扶（夫）山文	467
送寿文	467
轮流周转神牌	468

（三）《乾隆告白文二本》校注 …… 469

[交排文]	469
[祈祷消冰雹文]	469
祭风文	470
三场太阳文	470
三场太阴文	470
三场乐次文	470
[奏禀文]	471
下马文	471
请寿表	471
神传十村香老人等知悉	471
告白局长并厨局人等知悉	472
虔诚享赛　食局榜文	472
虔诚享赛　乐场榜文	473

虔诚享赛春祈秋报肃静榜文 …… 473

[小关馆排神] …… 474

[赛社对联] …… 474

[会馆书式] …… 475

(四)《告白文通例本》校注 …… 476

　神传十村香老人等知悉 …… 476

　虔诚享赛　乐场榜文 …… 477

　虔诚享赛　食局榜文 …… 478

　[虔]诚春祈秋报献戏榜文 …… 478

　虔诚享赛　肃静榜文 …… 479

　局长并厨房人等知悉 …… 479

　谕优伶人等知悉 …… 480

　告　　白 …… 480

　[会]馆祝文 …… 481

　会馆书式 …… 482

　[八仙诗赞] …… 482

　虔诚致祭　肃静榜文(单张之一) …… 483

　队戏杂(单张之二) …… 483

(五)《祝告表文》本校注 …… 486

　下马文 …… 486

　上马文 …… 486

　奏　禀 …… 486

　归寝文 …… 487

　入寝文 …… 487

　报晓文 …… 487

　盥洗文 …… 488

　请阴神文 …… 489

　祝　香 …… 489

　[祝山文] …… 489

十二 《赛上杂用神前本》校注

[筹　帖] …………………………………………………… 492
[龙泉山迎盘] …………………………………………… 494
[下请礼规] ……………………………………………… 495
二月十三日　下请 ……………………………………… 496
十四日　接神　篆香　留（流）队 …………………… 497
十五日　请二仙　篆香　领羊　寿面 ………………… 498
十六日　请二仙　接寿到寿厂（场）　篆香 ………… 499
末场　太平鼓 …………………………………………… 501
十四日夜晚　上下马宴三盏　一样办事 ……………… 502
三场卯筵盏　三盏开列于后 …………………………… 503
头场听命本（文） ……………………………………… 505
[八仙庆寿诗赞] ………………………………………… 509
[剧　目] ………………………………………………… 512
纸马单　各村各社老爷开列于后 ……………………… 512
盥漱用 …………………………………………………… 513
碾张村社　排神簿老爷　在于紫云山庙 ……………… 514
大关村　东老神社排神簿老爷 ………………………… 516
邵村社　排神簿老爷　在于龙泉山 …………………… 517

十三 《千字文·曲谱·仪规》本校注

"千字文"说明 …………………………………………… 520
"五个工尺曲谱"说明 …………………………………… 520
□（头）场 ……………………………………………… 520
正　赛 …………………………………………………… 521
末　场 …………………………………………………… 523
送　神 …………………………………………………… 523
□□（初祀）一应队戏开列于后 ……………………… 524
□（下）请 ……………………………………………… 525

迎　神 …………………………………………… 526

《月儿高》曲谱说明 ……………………………… 527

十四　"祭文"三本校注

(一)《祭文簿全书》本校注 ………………………… 528

崇道村三月十八日转赛 ……………………… 529

天宫(贡)村三月十八日转赛 ………………… 531

瞿店村三月十八日转赛 ……………………… 533

打围香鼓式 …………………………………… 535

(二)《祭文簿》校注 ………………………………… 536

三月十八日祭唐王文 ………………………… 536

八月初一日下请文 …………………………… 537

八月初一日请文 ……………………………… 537

八月初一日请神奏表 ………………………… 537

协天大帝位前表文 …………………………… 538

玄天上帝表文 ………………………………… 538

八月十五表方 ………………………………… 539

送神文 ………………………………………… 539

诸神开光表文 ………………………………… 539

护国表文 ……………………………………… 540

护国灵贶王表文 ……………………………… 540

护国榜文 ……………………………………… 540

关帝表文 ……………………………………… 541

关帝缴愿文 …………………………………… 541

关帝缴愿文 …………………………………… 541

昊天金阙玉皇上[帝]表文 …………………… 541

上元一品赐福天官表文 ……………………… 542

天地水府三官大帝表文 ……………………… 542

夏祖大禹表文 ………………………………… 543

大禹夏后之神表文 …………………………… 543

北极玄天上帝表文 543
大唐太宗虫王表文 543
大唐文武太宗虫王表文 543
四海龙王位前求雨表文 544
贺龙王榜文 544
谢雨文 544
送龙神表文 545
康惠昭泽王接神表文 545
安神文 545
护国灵贶王接神文 546
九天圣母元君接神文 546
安神文 546
祭风文 547
祭风文 547
祭风文 547
祭风文 547
祭风文 548
祭风文 548
祭风文 548
祭风文 548
抛（跑）太阳文 548
抛太阳文 548
抛太阳文 549
抛太阳文 549
抛太阳文 549
祭风文 549
省晨式 550

(三)《祭文全本》校注 550
诸神开光表文 551
大唐太宗蝗王表文 551

昊天玉皇上帝表文 …………………………………………… 551
护国灵贶王 …………………………………………………… 551
天仙圣母 ……………………………………………………… 551
康惠昭泽王接神表文 ………………………………………… 551
安神文 ………………………………………………………… 552
护国灵贶王接神文 …………………………………………… 552
九天圣母接神文 ……………………………………………… 552
安神文 ………………………………………………………… 552
风伯雨师祭风文 ……………………………………………… 552
祭风文 ………………………………………………………… 552
祭风文 ………………………………………………………… 552
祭风文 ………………………………………………………… 553
祭风文 ………………………………………………………… 553
祭风文 ………………………………………………………… 553
太阳火德星君 ………………………………………………… 553
抛太阳文 ……………………………………………………… 553
抛太阳文 ……………………………………………………… 553
抛太阳文 ……………………………………………………… 554
抛太阳文 ……………………………………………………… 554
关圣帝君表文 ………………………………………………… 554
昊天玉皇上帝表文 …………………………………………… 554
昊天玉皇上帝表文 …………………………………………… 554
护国灵贶王表文 ……………………………………………… 555
护国灵贶王榜文 ……………………………………………… 555
天地水府三官大帝表文 ……………………………………… 555
又表文 ………………………………………………………… 555
夏祖大禹表文 ………………………………………………… 555
上元一品赐福天官表文 ……………………………………… 556
玄天上帝表文 ………………………………………………… 556
玄天上帝表文 ………………………………………………… 556

关圣帝君表文	556
关圣帝君表文	556
关圣帝君缴愿文	556
大唐太宗蝗王表文	557
四海龙王位前求雨表文	557
谢雨文	557
贺龙王榜文	557
送龙神表文	557
祷雨文	557
贺雨榜文	558
护国榜文	558
禹王榜文	559
诸神榜文	559
秋报榜文	560
娲皇圣母回香榜文	560
庆贺井渊泉表文	560
五龙王表文	561
昊天玉皇上帝表文	561
虫王表文	561
祭冰雨文	561
祭瘟神表文	562
又表文	562
又表文	562
又表文	562
祭玄天上帝表文	563
祭渊泉表文	563
祭观音表文	564
复设坛表文	564
又表文	564
土地正神表文	565

当境土地正神表文 ················· 565
送神文 ····················· 565
鲁班祖师合同诸神表文 ··············· 565
霜神娘娘表文 ·················· 565
马牛王位前请表文 ················ 566
马牛王菩萨表文 ················· 566
马牛王表文 ··················· 566
关帝同子孙表文 ················· 567
痘痱麻疹疮 ··················· 567
又表文 ····················· 567
子孙嗣(祠)表文 ················ 567
又表文 ····················· 568
广生帝君酬愿表文 ················ 568
子孙嗣(祠)还愿文 ··············· 568
请子孙表文 ··················· 569
迎亲祭天地文 ·················· 569
五土五谷合境诸神表文 ·············· 569
娶亲告知(祖)文 ················ 569
祭中堂文 ···················· 569
行奠告知(祖)文 ················ 570
行奠祭文 ···················· 570
行奠祭文 ···················· 570
祭后土表文 ··················· 570
祭父母表文 ··················· 570
祭父母文 ···················· 571
灵前祭文 ···················· 571
祭棚文 ····················· 571
茔中祭祖父 ··················· 571
祭中堂文 ···················· 571
回灵祭中堂文 ·················· 572

回灵祭门文 ……………………………… 572
　　回灵文 …………………………………… 572
　　祭门文 …………………………………… 572
　　祭灶文 …………………………………… 572
　　回灵祭灶文 ……………………………… 573
　　首七祭文 ………………………………… 573
　　告迁祭文 ………………………………… 573
　　告祖文 …………………………………… 573
　　十周年文 ………………………………… 573
　　酒行初献文 ……………………………… 573
　　酒行亚献文 ……………………………… 574
　　酒行三献礼（文）………………………… 574
　　祭姑娘文 ………………………………… 574
　　祭伯叔及母文 …………………………… 574
　　［瘟神之神位］…………………………… 575

十五　民国十四年潞城赛社用本

　　正殿禀状 ………………………………… 576
　　［下请文］………………………………… 577
　　圆神文 …………………………………… 578
　　请寿文 …………………………………… 578
　　寿星赠筵主表 …………………………… 579
　　社首奉筵主表 …………………………… 579
　　筵主回赠寿星表 ………………………… 580
　　社首奉寿星表 …………………………… 581
　　普祝众圣表 ……………………………… 581
　　祭太阳文 ………………………………… 582
　　太阳文 …………………………………… 582
　　太阳文 …………………………………… 582
　　太阳文 …………………………………… 583

祭风文 ………………………………………………… 583

祭风文 ………………………………………………… 583

又［祭］风文 …………………………………………… 583

祭风文 ………………………………………………… 583

三门外下马文 …………………………………………… 584

升殿文 ………………………………………………… 584

安神文 ………………………………………………… 585

盥洗文 ………………………………………………… 586

省令文 ………………………………………………… 586

开封文 ………………………………………………… 587

讲山文 ………………………………………………… 588

祝皇文 ………………………………………………… 589

祝赞文 ………………………………………………… 590

送神文 ………………………………………………… 593

奉神规矩榜 …………………………………………… 593

讲山文 ………………………………………………… 594

预　白 ………………………………………………… 596

［祭文封皮］ …………………………………………… 596

请（安）寿文 …………………………………………… 597

送神文疏 ……………………………………………… 597

［请状文］ ……………………………………………… 598

接神文 ………………………………………………… 598

队　名 ………………………………………………… 599

十六　《尧庙山大赛底账》本校注

鞠躬听令 ……………………………………………… 601

陶唐文 ………………………………………………… 602

开铮文 ………………………………………………… 602

禀状文稿 ……………………………………………… 603

请状文稿 ……………………………………………… 603

迎神文 …… 604
上马文 …… 604
下马文 …… 605
安神文 …… 605
酒文　连三 …… 605
抛盏文 …… 606
报晓文 …… 606
盥漱文 …… 606
出寝文 …… 606
接二仙文 …… 607
祭风文 …… 607
祭太阳文 …… 607
祭太阴文 …… 607
送二仙文 …… 608
入寝文 …… 608
接寿文 …… 608
接寿表文 …… 609
玉帝表文 …… 609
席主表文 …… 610
抛（跑）太阴文 …… 611
小香文 …… 611
大香文 …… 611
放生文 …… 612
安席主文 …… 612
送寿文 …… 613
送神文 …… 613
又接寿文 …… 613
（又）大香文 …… 613
又小香文 …… 614
三场食次文 …… 614

头场七盏开列于后 … 614
　　正场十二盏开具于后 … 614
　　末场八盏开具于后 … 615
三场乐次文 … 616
　　头场七盏开具于后 … 616
　　正场十二盏开具于后 … 616
　　末场八盏开具于后 … 617
香　文 … 618
茶　文 … 618
安玉帝文 … 619
土地、五道太尉告坐文 … 619
领羊文 … 619
又入寝文 … 620
又接二仙文 … 620
又祭风文 … 620
又祭太阳文 … 620
二十八宿姓名诗 … 621
十二元神诗 … 624
八仙庆寿诗 … 625

十七　"享赛"三本校注

(一)《享赛用》本校注 … 627
　　初六日 … 628
　　初七日 … 630
　　初八日 … 632
　　初九日 … 636
　　初四日下请 … 637
(二)《享赛文疏》本校注 … 638
　　入寝文 … 638
　　领羊文 … 639

放生文	639
放赦文	639
又放赦文	640
酒　文	640
又酒文	640
茶　文	640
上马文	641
下马文	641
请三仙文	641
送三仙文	641
安神文	641
接驾文	642
报晓文	642
出寝文	642
盥漱文	642

(三)《享赛祭文》本校注 …… 642

秋报榜文	643
享赛榜文序	644
席主表	644
玉帝表	645
寿表文	645
禀状稿	646
请状文	646
迎神文	646
祭风文	646
又祭风文	647
祭太阳文	647
又太阳文	647
祭太阴文	647
迎盘文	648

庆祝圣寿文	648
本庙请神文	648
送神文	648
虫王祭文	649
秋报祭文	649
秋报送神文	649
三峻祭文	650
玉皇祭文	650
观音祭文	650
谢雨祭文	650
广生祠祭文	651
结秀祭文	651
关帝祭文	651
白云龙王祭文	651
还愿祭文	652
因为儿还愿祭文	652
执事榜文	652
混祭文	653
牛王祭文	653
牛马王祭文	653
祖师庙开光文	654
土地开光	654
龙王开光文	654
观音开光文	654
黄龙王开光文	654
闭神文	655
牛马王开光文	655
祭瘟灾(神)文	655
又	655
瘟疫榜文	656

瘟疫对 656
又瘟灾榜文 656
牛马王瘟疫祭文 656
瘟疫大字 657
五瘟牌位 657
珏山牌位 658
秋报牌位 658
寿表文 659
玉帝表 659
席主表 659
香停（亭）晓论（谕） 659

十八 《赛场杂选》本校注

（第一部分） 662
横水赛通用 662
大殿奉神榜文 662
戒厨榜文 663
寝　榜 663
局　榜 663
庭帐榜 664
乐　榜 664
神榜文 665
又厨榜 666
又乐榜 666
又厨榜 667
寝　榜 667
规矩榜 667
三[头]场乐次 668
三末场乐次 670
[三正场乐次] 671

［三场食次文］ …………………………………… 673
　　二十八宿宫调 …………………………………… 675
　　十二元神 ………………………………………… 678
　　中八仙左右次序 ………………………………… 679
　　又一诗诀 ………………………………………… 683
　　二十八宿星诀 …………………………………… 683
　　二十八宿姓名面貌开呈于后 …………………… 686
　　乐戏都本 ………………………………………… 691
　　大　字 …………………………………………… 692
　　神　对 …………………………………………… 693
（第二部分）………………………………………… 694
　　对联祝文通用 …………………………………… 694
　　［对　联］ ……………………………………… 694
　　［"横水赛"所需用物］ ………………………… 699
　　［"横水赛"所需祝文］ ………………………… 700
　　本庙下请状文 …………………………………… 701
　　禀状祝文 ………………………………………… 701
　　祝水文 …………………………………………… 702
　　牌神祝文 ………………………………………… 702
　　上马祝文 ………………………………………… 702
　　（又）上马祝文 ………………………………… 703
　　（又）上马祝文 ………………………………… 703
　　接神祝文 ………………………………………… 703
　　下马祝文 ………………………………………… 703
　　（又）下马祝文 ………………………………… 703
　　玉皇放赦祝文 …………………………………… 704
　　请命放赦祝文 …………………………………… 704
　　（又）［玉皇］放赦祝文 ……………………… 704
　　（又）请命放赦祝文 …………………………… 704
　　安神祝文 ………………………………………… 704

（又）安神祝文 ………………………………… 705
（又）安神祝文 ………………………………… 705
（又）安神祝文 ………………………………… 705
安席主祝文 …………………………………… 705
迎盘祝文 ……………………………………… 706
放生祝文 ……………………………………… 706
（又）放生祝文 ………………………………… 706
领羊祝文 ……………………………………… 707
（又）领羊祝文 ………………………………… 707
（又）领羊祝文 ………………………………… 707
请寿祝文 ……………………………………… 707
接寿祝文 ……………………………………… 708
安寿祝文 ……………………………………… 708
玉皇表文 ……………………………………… 708
广佑王表文 …………………………………… 708
南极老人星表文 ……………………………… 709
送寿祝文 ……………………………………… 709
（又）送寿祝文 ………………………………… 710
送神祝文 ……………………………………… 710
初十日辞神祝文 ……………………………… 710
祭风祝文 ……………………………………… 710
（又）祭风文 …………………………………… 711
（又）祭风文 …………………………………… 711
（又）祭风文 …………………………………… 711
（又）祭风文 …………………………………… 711
祭太阳文 ……………………………………… 711
（又）祭太阳文 ………………………………… 712
（又）祭太阳文 ………………………………… 712
（又）祭太阳文 ………………………………… 712
（又）祭太阳文 ………………………………… 712

（又）祭太阳文 ················· 712
送三仙文 ····················· 712
（又）送三仙文 ················· 713
（又）送三仙文 ················· 713
入寝文 ······················· 713
（又）入寝文 ··················· 713
（又）入寝文 ··················· 713
报晓祝文 ····················· 713
（又）报晓祝文 ················· 714
（又）报晓祝文 ················· 714
出寝祝文 ····················· 714
（又）出寝祝文 ················· 714
请三仙文 ····················· 714
（又）请三仙文 ················· 714
（又）请三仙文 ················· 715
盥洗祝文 ····················· 715
（又）盥洗祝文 ················· 715
（又）盥漱祝文 ················· 715
（又）盥洗祝文 ················· 715
（又）盥洗祝文 ················· 715
（又）祭太阳文 ················· 716
祭太阴文 ····················· 716
（又）祭风祝文 ················· 716
（又）祭太阳文 ················· 716
（又）祭太阴文 ················· 716
（又）出寝文 ··················· 717
香文 ························· 717
（又）香文 ····················· 717
（又）香文 ····················· 718
（又）香文 ····················· 718

(又)香文 …………………………………………………… 718
　　(又)香文 …………………………………………………… 718
　　(又)香文 …………………………………………………… 718
　　(又)香文 …………………………………………………… 719
　　(又)香文 …………………………………………………… 719
　　茶　文 …………………………………………………………… 719
　　酒　文 …………………………………………………………… 719
　　(又)酒文 …………………………………………………… 719
　　(又)酒文 …………………………………………………… 720
　　表　文 …………………………………………………………… 720
　　祭马鸣(明)王文 …………………………………………… 721
　　祭祖师文 ……………………………………………………… 721
　　接玉皇驾祝文 ………………………………………………… 722
　　抛太阳酒文 …………………………………………………… 722
　　抛太阴酒文 …………………………………………………… 722
　　谨将诸神礼叙开载于后 ……………………………………… 723

十九　《牒疏抄本》校注

　　礼请监斋文牒 ………………………………………………… 729
　　预报城隍文牒 ………………………………………………… 730
　　礼请水府文牒 ………………………………………………… 731
　　消灾文疏 ……………………………………………………… 732
　　呈供疏文 ……………………………………………………… 732
　　礼请三界文牒 ………………………………………………… 733
　　骷髅真言 ……………………………………………………… 734

二十　"筹帖、盏单、排神簿"校注

　　一　"筹帖"八张 ……………………………………………… 735
　　　　[苗庄郭家乐户揽赛筹帖] ……………………………… 736
　　　　[小关馆赛社筹帖] ……………………………………… 736

[碾漳社紫云山赛社筹帖] ………………………… 737
　　　[石室村义济王庙赛社筹帖] ……………………… 738
　　　[前窑社龙泉山赛社筹帖] ………………………… 740
　　　[大关村东老社赛社筹帖] ………………………… 740
　　　[大关村东老社又一筹帖] ………………………… 741
　　　[灵贶王庙赛社筹帖] ……………………………… 742
　二 "盏单"三张 ………………………………………… 743
　　　记(计)开盏单 ……………………………………… 743
　　　[潞城县城隍庙赛社盏单] ………………………… 744
　　　[壶关县城关赛社盏单] …………………………… 746
　三 "排神簿"四本 ……………………………………… 747
　　　营里村于紫云山《神簿》 ………………………… 747
　　　前窑村于龙泉山《排神簿》 ……………………… 750
　　　信义等村于武定山《排神延(筳)簿》 …………… 752
碾张村于紫云山《排神簿》 …………………………… 757

二十一　山西赛社碑刻选

　　(唐)娘子关妒神颂碑 ………………………………… 761
　　(唐)壶关县乐氏二女父母墓碑 ……………………… 764
　　(宋)万荣县后土圣母庙记碑 ………………………… 766
　　(宋)沁县新建关侯庙碑 ……………………………… 769
　　(宋)平顺县九天圣母庙碑 …………………………… 771
　　(宋)长子县紫云山灵贶王庙碑 ……………………… 775
　　(金)长子县成汤庙记碑 ……………………………… 777
　　(金)陵川县重修二仙庙碑 …………………………… 780
　　(金)陵川晋阳里汤王庙记碑 ………………………… 783
　　(金)潞城县重修灵泽王庙碑 ………………………… 784
　　(元)壶关县重修真泽庙记碑 ………………………… 786
　　(元)潞城县合室村武安王庙碑 ……………………… 788
　　(元)洪洞县明应王庙碑 ……………………………… 789

(元)长治县崔府君庙碑 ……………………………………………… 792
(元)长治县神霄玉清万寿宫记 ………………………………… 794
(元)平定县灵赡王庙碑 …………………………………………… 796
(明)屯留县重修三嵕庙碑 ………………………………………… 798
(明)翼城县曹公村重修四圣宫庙碑 …………………………… 800
(明)长治市重修昭泽王庙碑 …………………………………… 802
(明)长治市重修崔府君庙碑 …………………………………… 804
(明)洪洞县明应王庙碑碣 ……………………………………… 808
(清)长子县重修神农庙碑 ……………………………………… 812
(清)高平县建宁村春祈秋报之粟碑 …………………………… 814
(清)平顺县北社村重修关帝庙碑 ……………………………… 816
(清)晋城市五聚堂纪德碑 ……………………………………… 817
(清)平顺县东峪沟重修舞楼碑 ………………………………… 821
(清)黎城县王家庄创建社房碑 ………………………………… 823
(民国)长子县西范村重修唐太宗庙碑 ………………………… 824

参考文献

专著部分 …………………………………………………………… 826
期刊部分 …………………………………………………………… 831

一 《唐乐星图》本校注

《唐乐星图》本发现较早，所记内容多样，故列诸本之首，并加以校注。

1989年，该本由长子县东大关村牛希贤（小名黑女，时年六十七岁）老人献出。发现者是该县戏剧工作者张振南先生（时年七十八岁）。张老早年经商，又爱戏剧，当地赛社几乎必到。1954年成为该县剧团编剧，1964年又回村当了农民。因笔者帮其落实政策，多有交往，遂托张老调查长子赛社，发现该本。后经牛家同意，与笔者办理了献出手续。其间，笔者又在牛希贤之弟牛小五家发现一批赛社资料，牛小五亦献出。

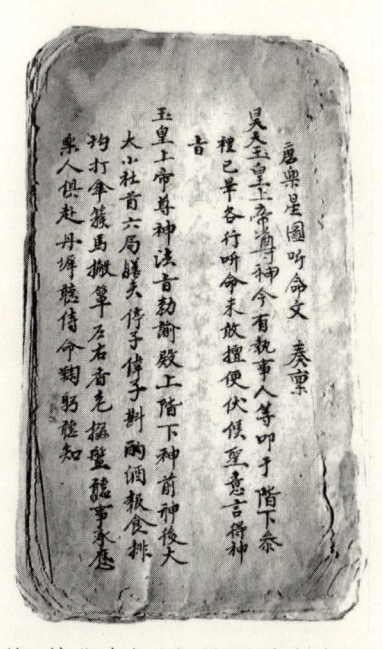

据牛氏兄弟讲，其祖上执阴阳业，历任赛社主礼；其父牛振国，民国时办赛仍任主礼，有关资料曾积一屋，后因"四清""文革"多已焚毁，现存仅属残留。

今考所存，清光绪年间的赛社筹帖记有"主礼先生牛东林"，属其祖父；清道光年间也有赛社筹帖残存，不知名，当是其曾祖父所写；《唐乐星图》本又记有清嘉庆二十三年（1818）办赛实例，当与其更上一辈有关。由此推断，牛家执业阴阳业并任赛社主礼，当在五代以上。

该本献出时基本完好，唯封皮（封面与封底）似非初装成册的原物，但也非献出时所加。其封皮是用写有毛笔大字的麻纸双层裱糊制成，故没有依惯例写于封面的抄本之名、抄立时间、抄立者及其堂号。所幸该本开篇题为"唐乐星图听命文",其中言"至周唐宋代起立乐星","古今传三本乐星",因上党赛社今有《周乐星图》《宋乐星图》遗存,从而断定该本是《唐乐星图》存本。

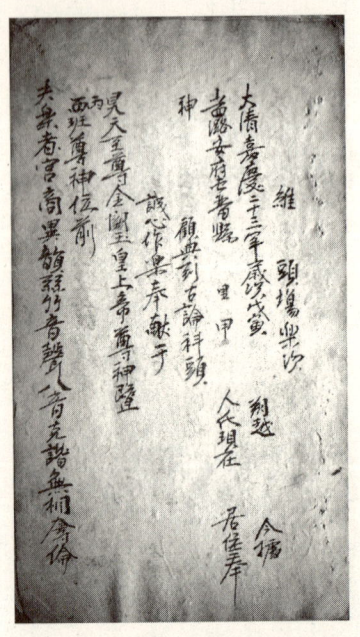

除封皮不计,《唐乐星图》本内容共五十二个双面页,计一百零四个单面,页以麻纸双折而成,字以毛笔竖抄成行。高25厘米,宽17厘米,纸捻装订成册。其内容又分"原文""补加"两部分。原文部分属于主体,纸质细匀,水纹清晰,类似宣纸,字迹工整(见前图),当是最初抄立的内容。补加部分夹于其间(原本六十五面至七十八面,共七页),纸质粗劣较厚,无水纹,属普通麻纸,抄写潦草(见左图),是"大清嘉庆二十三年"在"屯留县"某处办赛的实例。由于屯留、长子两县相邻,牛氏所居的东大关村正处两县边界,补加内容或属牛氏高祖在屯留办赛时亲记,或为参考屯留办赛而抄,总之与牛氏祖上办赛相关。之所以补加在原文中间,非依惯例加在原文最后,可能与所加封皮有关,或属错加,或有意为之。由此认定,"嘉庆二十三年"当属该本的传抄下限。

该本1990年初次校注完成,并附笔者《唐乐星图散论》,时由山西《戏友》杂志"专辑"刊载,参加当年国际学术交流会。1993年又加校订,并附笔者调查采访材料五篇,发表于《中华戏曲》杂志第十三辑。这次修订,结合上党赛社后期发现,注释条目又多补充。

以下遵从原本次序,依类抄录校注。

唐乐星图听命文[一]

奏禀昊天玉皇上帝尊神:今有执事人等叩于阶下,参礼已毕,各行听命。未敢擅便,伏候圣意。

言得神旨[二]:

玉皇上帝尊神法旨敕谕[三]:殿上阶下,神前神后,大大(衍一"大"字)小社首,六局膳夫,停(亭)子、伟(帏)子,斟酒,报食,排均(军),打伞,簇马,搬罩,左右香老,掇盘听事,承应乐人,俱赴丹墀听侍命〔四〕。

鞠躬听知〔五〕:

盖闻,春祈秋保(报),夏赛冬祭,自古迄今〔六〕。今者幸遇厶位尊神圣诞之辰〔七〕,圣筵已展,伞盖张转,谨请皇天圣众升临宝殿,后土诸神降于香坛。正社首〔八〕　　当前谨敬,众香老各尽虔诚〔九〕。

今者,晓谕知悉〔一〇〕:

夫大礼者,威仪也〔一一〕。与天[地]同和之气,礼之大也〔一二〕。孔圣文章,始立仁义礼智。蜂有君臣,雁有次序,何况于人乎。国家以民为本,小民以食为先。谓曰:今有社首厶等,谨发虔心,报贺天宫雨露之恩。施云行雨,风吹万邦。稼穑雨润,五土发生五谷,山川草木滋荣;园林茂盛,皆是风雨及时,阴阳有准。西成有望〔一三〕,为人立命,无思所报天地神祇,诚心祭赛。圣寿之辰,谨请馆下,诸闻香听(亭)礼乐〔一四〕。[《语》]云:"动容貌,斯远暴慢矣。正颜色,斯近信矣。[出辞气],斯远鄙[倍]矣。"〔一五〕此三者,修身为本,道之正也。训教于上,立教于下,无不决君臣上下、父子兄弟。言非祷告神祇〔一六〕,供献鬼神,非礼不成。不庄不严,不恭不敬,即为小人。樽节以明其礼〔一七〕,即为君子。如此者分别君子小人。皆(比)于禽兽〔一八〕,鹦鹉能言,不离于禽,猩猩能语,不离于兽。为人知人得(德)之礼也!《礼》云〔一九〕:"非礼勿示(视),非礼勿听,非礼勿言,非礼勿动。"四者人之礼也。酒以为人,奉亲养老,祭祀鬼神,邀宾待客,岂不(可)无也。暑(庶)而洁(结)之饮,太(大)过〔二〇〕。得(德)行男女,乡间有别(幼伯)〔二一〕。赌博争讼,除恶积善。勿贫勿富,勿贵勿贱,耕者让畔,行者让路〔二二〕。少避老,贫避贱(贵)。目不睹非礼之色,口不道非礼之言,耳不听非礼之语,足不踏非礼之地。为人善,恶不取,贤良如避蛇蝎。

晓谕社众君子,岂不自知己之心〔二三〕,忍耐万事。如违纤毫,失度操恶,尊神降罪匪轻。

一奉神社首〔二四〕。自今以后,斋戒沐浴,严整衣冠。昼则诚心恭敬,夜则赴宿神前。既是虔诚心愿,社众报贺龙天。享赛神祇三日,行香进酒供筵。每日迎盘退食,早晚请送二仙〔二五〕,致祭太阳、风伯,正赛请送寿星,俱是奉神节次,执炉跪伏神前〔二六〕。早晚穿衣鞋须要齐整,到晚来脱衣鞋远离神前。每日香烟不断,切要谨趁精严〔二七〕。毋得带酒酗醉,衣冠邪带(斜戴)偏歪;行香进酒不到,在外玩赏贪欢;昼则饮酒作乐,夜则游荡行奸;欺瞒在筵众圣,搪蓦(塞)降会圣贤。

精严者,降千祥百福;怠慢者,万罪千愆。诚心奉祀,有感递年。雨顺风清,田蚕万倍。母加毫[二八],所生儿女容貌。社众共同商议,乐动享赛三朝[二九]。金银纸马神前烧,醮答谢龙天保佑。

一奉神香老。自今以后,斋戒沐浴身边[三〇]。衣冠鞋履要新鲜,勿得欺神怠慢。专听五更鸡叫,齐来同赴神前。焚香祈祷龙天,祸福无量便现。

一每日寅酉二时行香辞神[三一]。不到,轻则议,重责者罚。重者罚烛一斤。若不先行禁约,只(滋)事饮酒行凶。若是抗拒神明,社众公同责令。

一停(亭)子者。自今以后,行须缓步,语言低声。进食高捧,退[食]自供(躬)。更衣沐浴,须要殷勤,斋戒诚心恭敬。若是欺侮怠慢,神灵暗降灾星,招愆染祸,造恶匪轻。务要谨慎,奉侍尊神。

一伟(帏)子者。自今以后,务要锦衣绣袄护肷腿,崩(捧)攧接迎引上下[三二]。端正手执围(帏)杖,随身进食往来。预先惊唬空飞蝇蒙(蠓),低(提)防设落食上,神灵不享难明。叮咛省谕,须要小心,俱要诚心恭敬。

一食[局]者[三三]。上古之时,未有火化。以用牺牢,乃割烹而俎豆;以用鸟兽之肉,饮血茹毛。祭宗庙之祠奉、朝廷之享宴,按节依食,调成五味[三四]。暑天蝇蚋,盥手庖厨。常时洁净,碗碟新鲜。变生造熟,珍馐百味;宰割羹衬[三五],祭祀为先。依大礼行,奉献尊神。

一香局者。圣贤起造,通于天地,感于鬼神。白(百)和氤氲,馥郁明(名)香。宝鼎金炉,霭霭祥云,盖化云化雾奉献尊神[三六]。

一膳夫人等。自今以后,置造一应神盘,底(提)防蚊蚁。盆边说话,低声背面。秉袭(系)常时悬带(戴)[三七],喷嚏远离神前。造食精心,洁净羹衬,果品新鲜。若是怠意把神瞒,横祸到临,身体休怨。

一神盘人等。自今以后,攒聚神钱。买办油面,置造神盘。分明算账,出入花单。戒其饮酒,沐浴身边。斋戒洁净,齐整新鲜。毋得行凶喧闹,带酒乱言;餐(馋)尝羹衬,未祭先餐;不尊供圣,克落神钱;买物食用,巧写花单;欺瞒社众,毁慢龙天。若有违者,神目循环。精严降福,怠慢招愆。神明报应,后悔迟延。

一买办人等。自今以后,买办供筵。各各(衍一"各"字)样果品,大料茶盐;胡椒姜酱,粉米齐全;竹笋木耳,十味香烟;木梳篦笼(拢),刷牙(牙刷)新鲜[三八];手巾纸马,花镜粉胭;木勺匙箸,俱配花单。照项收买,供祀神筵。毋得使一说二,指画落钱;不买贵物,贱物多贪;品短少料,物[缺]不全[三九];匙箸故旧,梳笼(扰)残患;替钱入己,巧变花言。瞒过社众,瞒不过在筵圣贤。倘降非灾横祸,交(叫)你后悔迟筵(延)。自今听令知悉,俱要改恶从贤。

一茶局者[四〇]。龙(嫩)芽采就,妙手修成。云气琥珀,雪琅琉璃。清风盏内,[双手谨捧][四一]。上可祭于天地(神),下可祭于神(地)祇,须要诚心洁净,毋生怠慢之心,自护(获)慢神之祸。

一酒局者。狄希置造,杜康通仙[四二]。可用田家米曲,洞庭湖内水[四三],熬成碧玉酝酿[四四],煎成香酥美味。献天地诸神有感,奉朝延(廷)帝尊位前,千神可受。孔圣文章三千字,李白斗酒诗百篇。亦要清(精)心洁净,毋得宿(续)旧残(掺)浑,慢敬不谨。

一斟茶酒执生[四五]。自今以后,齐(斋)戒沐浴,站立神前。斟茶斟酒,金瓶款倒。遇盏低斟,斋(需)戒言语,恭敬奉神。

一纸马局者。蔡伦始造,万古留名。云烟锦绣,印成驼(驮)马信幡[四六]。楼修五凤之成编[四七],行国家万邦之事。敬天敬地,答报神灵[四八]。

一果品[局]者。三皇之时[四九],神农喜其花果。桃红李白,仙桃金果。诸品果子,鲜色时新。嘉其诚敬,勿得怠慢之心[五〇]。

一灯局者。满铺银灯,连(莲)台谨奉以蜡烛[五一],俱要常明。恭敬尊神,毋得断缺。

一陈设[者]。大殿之内,张挂顶幕。地铺花毡,陈设桌椅。彩幔帏桌,勿得故旧,务要新鲜。

一寝局者[五二]。陈设床帐,应时铺陈。枕席齐备,谨慎精严。

一山棚者[五三]。齐心收什彩结,清(青)山绿柏,怪石枯松。严峰叠翠,高耸昆仑。妆山如似,结木如同。毋得推辞,神目鉴明。

一花棚者人等。自今以后,预备钉麻面糊,一齐早赴神前。办到文书,花棚攒掇,张挂齐全。诚心祭祀,保佑神众安然。明知无有营落[五四],推故不来神前;麻绳钉线有缺,拖揩绵扎(锦扎)神钱;虽是搪蓎(塞)社众,即系侮慢圣贤。倘有凶灾祸恶,莫怨过往龙天。虔诚赐千祥百福,贪心降万罪千愆。预先省令知悉,须要改恶从贤。

一奉神诸众人等。自今以后,神前供奉行走,齐(斋)戒沐浴身边。专要诚心洁净,奉祀在筵圣贤。早晨间穿衣鞋务要齐整,到晚来脱衣鞋远离神前。虽是暑天炎热,不许衣服裸袒邪(斜)偏。毋得露头赤脚,行凶待(带)酒胡言。身带醒(腥)臊秽臭,亵渎系社众贤。虽有姐夫郎舅,勿得耍笑宣(喧)谈。不失大礼大节,神灵万喜千欢。虔诚赐福安乐,怠慢惹祸招愆。自今晓谕知悉,俱要谨慎心虔。

一报食者。自今以后,斋戒沐浴,衣鞋齐整。神牌高捧,往来殷勤。进食报数,献酒分明。敬天敬地,报答神灵。

一排均(军)者。自今已后,安排纸马,前那(挪)后行,催攒社众,安插乱人。查点社众,撺掇乐工。财纸齐备,整率道纵。同盟祭祀,各尽虔诚。须谨低(伺)候,奉祭尊神[五五]。

一管饭者。自今已后,三街共祀。乐人饭食,先令通知。大家小户,须论高低,依时送来,休要误迟。该用物件,务要整齐,尝(赏)钱等物,实写花支。社众财物,毋得侵欺。若有贪心之人,指称奉祀神祇,希图乐人酒食;不管社众整齐,带酒行凶;来庙言语不顾高低,动则乱说秽语,止则痕(恨)齿翻眉;不遵奉神规矩,逞恶伏(负)力施威。虽是社众人人畏服,神灵岂忍凶徒之人,未曾举意,神明必然先知。倘有非灾横祸,一时追悔不及。恐有前项不公(恭)之心,预先省谕知悉[五六]。

一备羊人等[五七]。自今已后,已买羊只,估就价钱,依实说出,毋得欺瞒。先须领过,杀在神前。割除羹衴,敬备供筵。毋得使一说二,安抬价钱,克钱入己,巧语花言,不遵奉神,未祭先餐,哄瞒社众,亵渎圣贤。降于非灾横祸,交(叫)你后悔迟延。早宜省令知悉,休得误犯罪愆。

一主神者[五八]。自尧王设立,敲有(皋繇)礼而奉神[五九]。至周唐宋代起立乐星,设选主神,膳写书办,祭赛皇天后土。翰林院撰通五音[六〇],轩辕氏调成律吕[六一],合作阴阳曲调,依乐星次序承应。承应精传书表,写办一应文书,真谨利落不差;往来神前,取仗(趋伏)节次,香文酒启[六二],开读圣赞文书。专心着意,莫要心粗,自有神天保护。庶通上圣之礼,堪为主神[六三]。

乐人听令:

一科头[六四]。古论,自今点到大小乐人,随带衣甲头脑[六五],奉神往来披穿。诸般乐器等件,务要俱各齐全。大小夥伴人口,衣(依)实上写花单[六六]。每日送到饭食,须要公道分捻[六七]。社众已赏钱物,应当照分均摊。毋得指称社众,顽滑侵欺各项赏钱,克减散乐茶饭,将夥伴尽各欺瞒。虽是夥伴不揩(肯)声说,神灵鉴察循环。

一大乐教坊司[六八]。古论,自伏羲始造琴瑟,琴长七尺二寸[六九]。神农所造五弦之琴,改琴二尺六寸六分。周文王增二弦,谓之七也。舜王弹五弦之琴(按,下行将"改琴二尺六寸六分。周文王增二弦,谓之七也。舜王弹五弦之琴"又抄一遍,盖因古本竖写,传抄不慎,错行重抄,今删去),长短增弦,音不应合,改琴长三尺六寸六分[七〇]。商王造一弦之琴[七一]。瑟者,原造五十之弦,黄帝时又破为二十五弦。轩辕时轇(考)八音,调八风,造其律吕[七二]。汉武帝置乐府之名。唐明[皇]开元二于蓬莱,改立教坊[七三]。夏桀时王治,立女乐;夏后妃(妃)、陶唐氏置歌舞之兴[七四]。黄幡悼(绰)置下拍板[七五]。唐明皇造羯鼓,诸乐烈(列)尊[七六]。女娲所造笙簧[七七]。汉丘仲造吹笛一尺四寸,七孔内辩(辨)五音。舜王造箫,长二尺,后改为一尺五寸,合中吕之宫。汉乌孙人(公)主嫁与混(昆)弥,路途窎远,思念汉君,造下琵琶,怀中紧抱,呼为马上乐,弹父之音[七八]。筝,原氏(是)蒙恬所造[七九],[岳阔三分以]象三才[八〇],长六寸,一十三弦,每一弦按一月,剩下一根也案(按)着五年两头闰月,用骨瓜(刮)调,弹律吕八音。伊(仲)容造下一阮,十三柱,内有四弦;唐中宗收得阮,重新改造,改为民(木)色,唤做月琴[八一]。凡乐器皆是圣人置造,传留下享赛奉神。

一大小散乐。古论,自今以后,奉祀神筵,比方、院本、行队、杂剧,从人索唤。诗按太平古传,曲依乐府梨园[八二]。男记四十大曲,女记小令三千[八三]。但事承应节次[八四],务要衣甲新鲜;诸般乐器,俱要完全。供盏挨次索唤,不违妆办(扮)伺候,神灵喜庆开颜。寿词寿曲,奉神前献,莫得蒙头盖面。科头首当前谨慎,锣鼓谨奏喧天。笙簧嘹亮,奉神法筵,勿得欺神怠慢。若是作威把神瞒哄,招灾星显验。

一三日前行。古论,自今以后,开呵立盏务要分明[八五]。亘古至今,乐星古圣遗留,礼仪先人定规。今朝圣会,邀请尊神坐于宝殿。而为领袖[八六],率领夥伴,动乐三日,承应依时。按乐星图内,春动七宫,夏动七角,秋动七商,冬动七羽。上有凤鸣之声,中有律吕之韵。承应四十大曲,十七宫调,奏八天乐事:金、石、丝、竹、匏、土、革、木[八七]。天行曲,地行曲,年行曲,月行曲,日行曲,时行曲,俱按着二十八宿五音律吕。花帽齐整,衣甲新鲜。歌舞承(呈)献供盏,承应吹打宫商。前衙按文[八八],丝竹管弦,韵(埙)、虎(箎)、龙笛、筝、篆、琵琶、响铁。晚衙武,播(百)戏,跳索,蛮舞,杖鼓。各调奉神,谨慎殷勤。毋生怠惰之心,自护(获)怠慢之罪。

一弦管淡(弹)色。自今以后,歌唱奉祀神祇,往来应着新衣,筝、篆随身莫离。早晚寿词呈献,应有艳曲休题(提)。诚心着意,莫要心粗,自有龙天佑你。

一看玩人等。男贤女德。佳人入庙,观看谐(偕)行,毋得搅乱相趁。男左女右。众位切莫饮酒行凶,撒泼搅扰。冒犯龙天,岂无报应!追悔不及,听令闻知:凡诸人等,各要虔诚,依遵规矩,丹心奉神。享赛之后,伏愿诸天默佑,万福洪庥;皇帝万岁,臣宰千秋;天下太平,万民乐业;雨顺风清,买卖和合;五谷丰登,百事大吉。各要虔诚,盗贼永息;神灵有感,逐户均宁。年年祭赛,俱乐升平。遵依前项,万罪不生;如违此禁,非罪不轻〔八九〕。小心小心,在意在意。听令已毕,免礼平身。

听令文终〔九〇〕。

【注释】

〔一〕所谓"乐星",源于我国的"天人合一"思想,涉及人间之乐与天上之星的对应关联。其"图"与先民占卜有关,含"图谶"之说,有"法度"之义。由于民间赛社源于唐代赛神,时已明立典制,就有了"唐乐星图"。所谓"听命文",是赛社主礼先生假借玉皇法旨向参赛人等发布的命令,借以宣告赛社礼规以及注意事项,每用于赛社头场开始时。为表示对神的虔诚,宣读时又有一定仪式。另,此文亦见于上党赛社《听命文集》本(以下称"另本"),内容大同小异,个别部分所记更详,以下校注时将参照。

〔二〕此句"言"字,用作动词的词头,无实意。如《诗经·邶风·泉水》中的"驾言出游",《左传·僖公九年》所记的"既盟之后,言归于好",皆属此类。

〔三〕以下是由主礼先生传达玉皇法旨。因其仍类古巫,是沟通人与神的中介,故一般仍由阴阳先生担任。

〔四〕此处"丹墀"指主神殿前,即香亭(或献殿)。届时一应人等俱站其下,拈香跪拜,由主礼先生站立一旁发令。

〔五〕按"另本"记,主礼先生念完此句,乐户中的"前行"要站在香亭下呼应重复一句:"鞠躬听知。"

〔六〕此句所言祈、报、赛、祭,均属祭祀酬神活动。与此相关,见《礼记·明堂位》言"夏礿、秋尝、冬烝、春社、秋省而遂大蜡,天子之祭也";见民间"春祈风调雨顺,秋报五谷丰登",早也"祈报"酬神。于是"酬神为赛",就见唐称"赛神",宋称"赛社",民间赛社每又假名为神庆诞,在庙神的"诞日"举行。

〔七〕厶,即"某"。陆游《老学庵笔记》卷六云:"今人书某为厶,皆以为俗从简便,其实古'某'字也。"并加以考证,可见宋时已常用。由于不同庙赛的主神不同,此处用"厶位"代指,作为旁批说明。届时则依具体庙赛,填入具体主神之名,并写进正文。

〔八〕正社首,即主办社的社首,又称大社首。其后空开处,届时需填具体社首姓名。

〔九〕香老一般由村社中有一定地位的老者担任,专司敬神上香。此句是指当社首上香叩拜时,诸位香老亦需上香敬拜,以表合社人等对神的虔诚。

〔一〇〕此句及以下,是主礼者宣讲的礼规要义和注意事项。

〔一一〕此句"威仪",不仅是一般的"俨然之威,俯仰之仪",还强调属于"大礼",正如《礼记·中庸》言:"礼仪三百,威仪三千。"言指相关的礼规仍须遵从。

〔一二〕所谓"气",在此指构成万物的本源,是一种古代哲学概念。正如《礼记·乐记》所说,由于"地气上齐,天气下降,阴阳相摩,天地相荡……而百化兴焉",从而要求"大乐与天地同和,大礼与天地同节",以便人神相通,以利化生万物。

〔一三〕按五方与四季的对应关系,秋位在西。故秋熟又称"西成"。

〔一四〕香亭,为祀神上香的亭台。宋时已见是称(参见陆游《放翁家训》)。因其历代构建不同,又有"抱厦亭""卷棚""献殿"等,但用途基本一致。赛社"供盏"的礼乐活动,多在亭前进行。

〔一五〕这段话出自《论语·泰伯》,另本就明记"《语》云",故一并补全校正。

〔一六〕此句为主礼者插入的补白解说。意思是:这些话是讲给大家听的。纵观"《语》云"之下所讲,出自《礼记·曲礼上》。原文曰:"教训正俗,非礼不备。分争辨讼,非礼不决。君臣、上下、父子、兄弟,非礼不定。……祷祠祭祀,供给鬼神,非礼不诚不庄。是以君子恭敬撙节退让以明礼。鹦鹉能言,不离飞鸟;猩猩能言,不离禽兽。今人而无礼,虽能言,不亦禽兽之心乎?……是故圣人作,为礼以教人,使人以有礼,知自别于禽兽。"可供参考。

〔一七〕"樽"通"撙",止也。"樽节",指抑止、节制。

〔一八〕此句,另本记为"比似禽兽"。

〔一九〕此"《礼》云",出自《论语·颜渊》。

〔二〇〕此句,另本记为"庶而结,饮之大过",均通。"庶",众多,指许多人。"结"言聚集,指聚而饮酒。此句大意指:许多人聚而酗酒,容易失礼闹事,乃饮酒"大过",易犯对神不恭的罪过。《礼记·经解》云:"乡饮酒之礼废,则长幼之序失,而争斗狱繁矣。"正言酗酒的罪过。

〔二一〕此句,另本记为"乡里幼伯",故校。"伯"与"幼"相对,言指长者。

〔二二〕"勿"在此作助词,常用于句首。

〔二三〕此句,另本记为"岂不知自己之心"。

〔二四〕句首"一"字,是一种段落标记,表示另起一段、另有一项内容。以下不再出注。

〔二五〕"二仙"是上党地区特有的地方神,传说壶关县两个民女成仙,俗称二仙奶奶。按《山右石刻丛编》《潞安府志》等书记,唐代已见"土人立祠,祈祷悉应","名传九府,声布三京"。北宋政和元年(1111)祈祷有应,宋徽宗敕封二仙,长曰冲淑,次曰冲惠,赐其庙号真泽。

今壶关真泽宫大庙犹存，仍存宋代敕封碑，传说中的二仙升天处仍在。各县早前多有二仙庙，如高平市河西镇西李门的二仙庙，今仍遗存金代赛社的伎乐石刻。由于二仙属女神，受邀到他庙享赛时不便同宿，就有了"早晚请送二仙"的仪规。

〔二六〕赛社的社首参加祭祀时，手执龙头木杖，杖头系一较小的铜香炉，炉内燃着特制的神香（一般为檀香），执炉跪拜。故有此语。

〔二七〕切要，一定要。谨趁，谨慎随行，指对神恭敬貌。

〔二八〕"母加毫"，依句意，可释为"母亲（给神）加上毫微的供礼"，结合下句可通。若与上下文对照，校正为"每家好"更妥。因另本无此句，无从参校，存疑。

〔二九〕三朝，指正式的赛社三日，即头场、正场、末场。三日之前，实际还有下请（请神）、迎神二日，之后又要送神。

〔三〇〕身边，指身体。

〔三一〕寅时，凌晨三时到五时，一天的祭祀活动将要开始，届时先有"行香"仪式。酉时，晚五时到七时，全天祭祀活动基本结束，又有一个"辞神"上香仪式（晚上虽还有娱神兼娱人的演出，却无祭祀礼规）。由于一早一晚的上香最易拖延迟误，故特别强调。

〔三二〕肰，指身体两旁从肋骨至胯的部分。攞，持也，此处指帊子手持的帊杖。

〔三三〕"局"字依另本补入。

〔三四〕"上古之时……调成五味"一段，是从《礼记·礼运》的相关记述化出。原文曰："昔者先王……未有火化，食草木之实，鸟兽之肉，饮其血，茹其毛……后圣有作，然后修火之利……以事鬼神上帝，皆从其朔。"意在说明，献牲（茹毛饮血）和供盏（调成五味）各有所本，皆类其初。

〔三五〕羹衬，又作"羹趁"，泛指供盏中的汤菜类。按供盏规制，每盏两趟，先果后食，"果为正盏，食为补空"。食属"陪衬"，且分主副，故汤菜泛称羹衬。所谓"宰割羹衬"，指宰割之后用作汤菜的肉料。

〔三六〕此段文字似有漏脱。另本记为："香局者。香有数种，种种有分。花曰鸡舌，胶曰赓动，节曰占坛，根曰降真。灵灵之香，十步可闻。安息之香，出于昆仑。金郁暖阁，苾苾芬芬。"之下才接"圣贤起造"一段，结尾处又加四句诗赞。其中鸡舌、赓动、占坛、降真、百和，以及十味（见下文），皆为香名。有时又用其一（如百和）代指各种神香。

〔三七〕秉系，指神厨膳夫随身所用的围裙（系）、毛巾（秉）之类，属卫生用品。

〔三八〕木梳、篦拢（梳头用）、牙刷、手巾、花镜、胭粉等，皆为神的盥漱用物。依规，赛社每日清晨必有盥漱仪式，男神女仙分别而行。其中"牙刷"古亦有之，如元郭钰《静思集·郭恒惠牙刷得雪字》有："南州牙刷寄来日，去腻涤烦一金直。"（《辞源·牙刷》，商务印书馆，1982年版）

〔三九〕此句原本先抄为"物全不全"，再将第一个"全"字用墨笔点破（去掉），遂成为"物不全"。依文意,并考虑语气贯通,当为"物缺不全"较妥。

〔四〇〕此段亦有脱漏。另本内容与其大同小异,字句稍有出入。按另本,先述数句茶史,才接"嫩芽采就"等语。

〔四一〕此句,参照另本补全。

〔四二〕狄希、杜康是传说中的最早造酒者。狄希,是古代传说中能造千日酒的人。《说文解字》曰:"古者仪狄作酒醪,禹尝之而美,遂疏仪狄、杜康作秫酒。"(《说文解字》"酒"条,中华书局,1985年版,页311)因以"杜康"代指美酒,如曹操《短歌行》就言:"何以解忧,唯有杜康。"此处"杜康通仙"亦有此意。

〔四三〕此句"内"字似为衍字。另外,本句在已发现的其他抄本中又记为"江水熬成"或"江南熬成",可供参考。

〔四四〕"酝酿"本指酒的制作过程,此处代指"酒"。

〔四五〕此处"执生",指司茶、司酒的执役者。供盏时立于神前,与主礼先生相互呼应,负责神前斟茶倒酒。

〔四六〕"驮马",指驮神之马。"幡"本指长条形的挑旗,古时将官员官号标于幡上,可传命令,成为信符,又称"信幡"。此处"旗幡"泛指为神制作的旗帜。

〔四七〕"五凤楼",本指建筑形制,其造型华丽精美,唐及后梁时洛阳皆有。后用来比喻善文者,称其为造五凤楼手。如宋曾慥《类说·谈苑》记:"韩浦、韩洎咸有词学,洎尝轻浦,语人曰:'吾兄为文,譬如绳枢草舍,聊庇风雨。予之为文,是造五凤楼手。'"(《词源》,商务印书馆,1979年版,页144)此句属化用。

〔四八〕此段文字,另本记为:"纸马局者。蔡伦起造,万古留传。郑溪奇宝,绵瑞佳张。罗纹之帛,京川之连。圣人注经,贤人作传。作赋当颂,价贵洛阳。人元秀气,亘古名扬。文房四宝,唯此居先。南丹真经,道德五千。释迦宝忏,屡屡成篇。图书圣像,画彩圣颜。积成驮马,默佑万邦。香老社众,最宜饮仰。"接有四句诗赞。因出入较大,照录以供参考。

〔四九〕此句,另本记为"三皇治世",均通。

〔五〇〕此段在另本中列有许多果名,最后照例也有四句诗赞,出入较大。

〔五一〕莲台,本指莲花形的佛座。此处借指神座乃至神殿。

〔五二〕寝局者,负责大殿内的陈设布置,包括神的寝帐之类。另本记为"陈设寝帐者"。

〔五三〕山棚,是赛社时搭的一种彩棚,类如神居住的仙山,源于宋代多见的鳌山。

〔五四〕营落,指营造落成,即完工。

〔五五〕这段文字另本中记为:"管则(棍子)者。安排备马,安排导从,圪杂棍棒,高叫音声。各谨伺候,安排乱人。"其中"圪杂"属俗语,指"夹杂"。关于"排军"之职,见《金瓶梅》四十二回写及观赏元宵时,西门庆说:"我吩咐留下四名青衣排军,拿杆栏(俗语'圪栏',指棍棒)拦人伺候,休放闲杂人挨挤。"其维护秩序作用与此处相仿。

〔五六〕"管饭"一项,后期上党赛社已无,届时乐户自己支灶。

〔五七〕"备羊"而献,属于献牲。后期赛社多见将羊牵到神前,用酒洗羊耳以示。

〔五八〕主神者,即赛社中主持祀神礼规的主礼先生。由所记内容可知,非一般阴阳先生能够胜任。

〔五九〕皋繇,即"皋陶",或记作"咎繇",传说为尧舜时人。依《尚书·尧典》记,皋陶主刑,时为律官,与乐律有关。且《尚书·皋陶谟》记,舜继尧位,皋陶对舜讲了许多重视修德尊礼的话,表示要以此助舜治理国家,最后还记了君臣祭祀的盛况,以及皋陶和舜相互勉励的唱和。按此,皋陶应该是尧舜时"礼而奉神"的重臣。

〔六○〕翰林院始设于唐,是将各种文艺人才备于别院以供皇帝宴见的机构。至宋,以此院总管天文、书艺、图画、医官四局。宋之后,将制诰、修史等文学之士统归该院。此句另本记为:"赵上皇(宋徽宗)命翰林院选(撰)通五音。"语称"赵上皇",正留着宋末金初讲说者的口气。

〔六一〕轩辕氏,即黄帝。传说其乐官伶伦首创乐律(见《吕氏春秋·古乐》),故有此语。

〔六二〕启,告也,信也,古指官信。"香文酒启",言指以香代文,以酒代启(信),祭告上苍。

〔六三〕"上圣之礼"其源虽古,用于赛社,则依宋徽宗亲制的"大晟"礼乐。依《宋史》,宋徽宗于政和年间先后制成"五礼新仪""大晟乐","与天下共之"。

〔六四〕科头,指赛社中乐户艺人的班主。后期每以家庭组班,其科头多由家长担任。

〔六五〕此"头脑"指乐户演出所用的头饰、帽子之类,属俗语。

〔六六〕正规的大型赛社,所用乐户可多至数十或上百,远非一家乐户所能胜任。届时,先由乐户科头与办赛社首写好"筹帖"(合同),科头再依要求联络同行,组班承应。社首一方怕其以次充好、以少顶多、虚支冒领,故要求写出人名"花单",以便核查。

〔六七〕"捻"通"拈",取也。分捻,即分取。

〔六八〕"教坊"属于宫廷宴乐机构,始兴于唐,与民间俗乐相通相关,历代相沿,明清又称"教坊司"。

〔六九〕琴、瑟皆属先秦早有的乐器,形制相近,古时相伴,合称"琴瑟"。《乐府诗集·琴曲歌辞》中引《广雅》曰:"伏羲造琴,长七尺二寸,而有五弦。"(中华书局,1979年版,页821)为此句所本,且早有长度相同的瑟,或称"颂瑟"(见《礼书通考》)。

〔七○〕《乐府诗集·琴曲歌辞》所引《世本》曰:"琴,神农所造。"又引扬雄《琴清英》曰:"舜弹五弦之琴而天下化。"且引《琴操》曰:"琴长三尺六寸六分,象三百六十六日……五弦,象五行也。(周)文王、武王加二弦,以合君臣之恩。"(同上,页821)正见此句所本。另外,此句顺序错乱,应整理为:"神农氏所造五弦之琴。舜王弹五弦之琴,长短增弦,音不应合,改琴长三尺六寸六分。周文王增二弦,谓之七也。"较妥。

〔七一〕见于《宋史·乐志》,记有商纣王的乐官"师延抌一弦之琴"之说(《宋史》,中华书局,1985年版,页3010),正见"商王造一弦之琴"所据。

〔七二〕"考"在此指"敲"。用如"金石有声,不考不鸣"(《庄子·天地》)。"八音"指金、石、丝、竹、革、土、匏、木八类乐器。"八风"犹言八面来风,与"八音"对应。按《吕氏春秋·古乐》,黄帝时的乐官"伶伦"截竹为管,始制十二律,又言黄帝之孙颛顼时,有名"飞龙"者,早效八风,制有《承云》曲。故此处有"轩辕时"云云。

〔七三〕唐高祖时,始立教坊于禁内,武则天曾改名"云韶府"。至唐玄宗时,置内教坊于蓬莱宫侧,又于长安、洛阳另设二教坊(《中国戏曲曲艺辞典》"教坊"条,上海辞书出版社,1981年版,页14)。故有"二于蓬莱"云云。

〔七四〕按《管子·轻重甲》记:"昔者桀之时,女乐三万人。"故言桀时"立女乐"。"夏后姒"指禹。"陶唐氏"指尧。传说尧时有乐舞《咸池》,舜时有乐舞《箫韶》,禹时有乐舞《大夏》,故言其时"置歌舞之兴"。

〔七五〕拍板,打击乐器的一种,也称檀板、绰板。用坚木数片,以绳串联,用以击节。唐宋时拍板为六或九片,以两手合击发音,今拍板常由三片木板组成。《乐府杂录》"拍板条"曰:"拍板本无谱,明皇遣黄幡绰造谱,乃于纸上画两耳以进。"因此就有了"黄幡绰置下拍板"一说。

〔七六〕羯鼓,形似戏曲用鼓,由西域羯地传入,故名。羯鼓见于唐代,玄宗"好羯鼓",称"羯鼓,八音之领袖,诸乐不可方也"(《新唐书·礼乐十二》)。故言"唐明皇造羯鼓,诸乐列尊"。

〔七七〕笙簧,即笙,因管底有簧片而名。《乐府杂录》"笙条"记:"笙者,女娲造也。"可见此句也有所本。

〔七八〕此句本事见晋傅玄《琵琶赋》有记:"汉遣乌孙公主嫁昆弥,念其行道思慕,故使工人裁筝、筑,为马上之乐,欲从方俗语,故名曰琵琶,取其易传于外国也。"

〔七九〕《乐府杂录》"筝条"记:"筝者,蒙恬所造也。"

〔八〇〕"岳阔三分以"五字,依另本补入。岳,指筝、琴支弦的木码。三才,指天、地、人三者。《宋史·乐志》言:"五等之琴……岳阔三分,以象三才。"

〔八一〕依明代《三才图会》记:"武后时,蜀人蒯朗于古墓中得铜器,似琵琶而圆,时人莫识之。元行冲(名澹)曰:'此阮咸所造。'命匠人以木为之,以其形似月,声似琴,名曰月琴。杜佑以晋《竹林七贤图》阮咸所弹与此同,谓之阮咸。"(参考《辞海》"阮咸条",民国版,页1414)由此可见,此琴或为"阮咸所造",早以其名称之,唐武则天时"以木为之",又名之"月琴"。

〔八二〕与"诗按太平古传,曲依乐府梨园"相关,元人杨朝英编有《太平乐府》,且见《山右石刻丛编》(山西人民出版社,1988年影印版)卷二四所载的元代《兴真观记》碑言,唐代山西闻喜县早有"梨园太平乐府,李唐之教坊也","英王(唐中宗封名)避暑台矗矗乎其后","裴相(裴度)读书堂巍巍乎其前","此一规地,古帝王练习歌舞之离宫也"。据该书所录开元十七年(729)《庆唐观纪圣铭》碑(版同前,卷六)、天宝二年(743)《庆唐观金箓斋颂》碑(版同前,卷七)载,唐初老子李耳曾显圣于浮山县龙角山(与李世民讨伐刘武周有关),遂改名神山县,尊老子为先祖,山中建庆唐观,"三元表辰,八月降诞,每至是日,展法于斯","内使高真自王城而至,纶音秘旨从天而来,诸侯肃临,郡邑葳蕤"。开元十六年(728),唐玄宗命高力士重修其庙,天宝二年平阳郡(今临汾地区,时辖闻喜、神山二县)太守裴胐(也属闻喜裴氏家族)并僚属前往致祭。正因此,就见旁近的闻喜早有"古帝王练习歌舞之离宫",而且"自唐而宋而金而元,勒羊角之石而颂老君之异者仍复不绝"(《山右石刻丛编·庆唐观纪圣铭》,原编者按语),甚至相邻的上党地区赛社早也"诗按太平古传,曲依乐府梨园"。

〔八三〕所谓"大曲",见于唐宋宫廷,每多摘其节奏较快的"曲破"部分伴舞。北宋陈旸《乐书》言,时因宫廷"乐工不能遍习,第以大曲四十为限"(见《四库全书》台湾版,211册,页849),且南宋《梦粱录》有"葛守诚撰四十大曲(之词)"(见《东京梦华录·外四种》,版同前,页308)。所谓"小令",相对大曲而言,多用于小唱,宋元已盛行。元代燕南芝庵《唱论》有"词山曲海,千生万熟,三千小令,四十大曲"之说(见《中国古典戏剧论著集成》,一册,中国戏剧出版社,页162),说明"男记四十大曲,女记小令三千"是艺人熟语。

〔八四〕"但"用于此处,作"但凡"讲,即"凡是、只要是"。节次,此处特指赛社祀神依礼而行的乐次,依规需由乐户艺人"承应"。

〔八五〕开呵,即开喝,指开场致语,宋、金早有。明人徐渭《南词叙录》说:"宋人凡勾栏未出,一老者先出,夸说大意以求赏,谓之开呵。"明代李开先所作《园林午梦》院本,开呵四句为:"轮转心长不动,争长竞短何用。拨开尘世闲愁,试听《园林午梦》。"(以上见《中国戏曲曲艺辞典》"开呵"条,版同前,页240)上党赛社每供盏"前行"先致语,仍属"开呵";每供盏献酒,前行又先止乐祝赞,是为"立盏"(之后放盏);加之乐台伴有侑盏歌舞,其间节次交错,唯恐错乱,故见强调"开呵立盏务要分明"。

〔八六〕所谓"前行",源于唐代"参军戏"的"参军色","队子"歌舞由其引领。至宋,"参军色"仍手执"竹竿拂子"引领歌舞,致语祝赞,或又从旁讲唱人物故事,由此形成"四人或五人"的表演体制。金元或称"五花爨弄",其表演已属行院的"院本",其中的"末尼色"仍类唐宋"参军色","主张"全局、参与表演,且见其引领乐舞时手执戏竹,已称"前行"。上党赛社的前行色,类唐宋参军色,手执戏竹导引乐舞,致语祝赞,"勾队""遣队",从旁讲说人物故事;参预"古弄",仍类唐宋"弄参军";言"在下我前行掌了大乐",仍属乐户"领袖"。上党赛社今存的《讲古论》(详后)说:"夫古论者……一名古论,一名古弄,一名古领……谈天论地为之论,喜之当场为之弄,率领伙众为之领。"正见前行色"而为领袖"的由来与作用。

〔八七〕见于《宋史·乐志》所记的"四十大曲",既言"所奏凡十八调",又言其中"正平调""无大曲",可见"承应四十大曲,十七宫调"的由来、内涵和原因。所谓"八天",言指天上八位好乐的星神,与"八音"对应。如上党赛社《周乐星图》本就记:"何为乐阴乐阳八乐星君?第一,阴阳宫,居申,是昊益广府星君,好乐也,置下金:钟也。第二,宝瓶宫,居子,是惠灵上境星君,好乐也,置下玉(石):磬也。第三,人马宫,居寅,是乐籍星君,置下丝弦:琵琶、琴瑟也。第四,狮子宫,居午,是昭祐齐代星君,置下竹:箫管也。第五摩羯宫,居丑,是度稷庆悯星君,置下匏:笙也。第六,天秤宫,居辰,是金泉襕板星君,置下土:埙也。第七,双女宫,居巳,是听师步光星君,置下革:鼓也。第八,白羊宫,居戌,是护坛宣扬星君,置下木:柷敔也。"其他存本也有类似记述,正见"八天乐事"所指。

〔八八〕此处"衙"取排列成行之义。其"前衙"正指赛社"细乐",正多用于神前供盏;其"晚衙"(后衙)正属赛社"粗乐",多用于乐台歌舞。

〔八九〕"非",在此作责怪、非难讲。

〔九○〕此句属原抄的批注说明。

[告白榜文摘录]〔一〕

一厨局之设,原为营备盏食,供奉神明〔二〕。宜洁净,不宜喧杂。除庖人之外,一应闲杂人等不许擅入点火吃烟,饮茶吞水。亵渎神明,获罪匪轻。预白〔三〕。

示谕科首〔四〕知悉:点摘(择)男女散乐人等,须体正规,毋得紊乱。男乐,须要颇晓古今,精通乐器,供盏分明,开呵立盏,毋得粗心。女乐,须摘(择)喉咽响喨,弹唱精明,衣服新鲜,甲锁明亮〔五〕。倘若杂剧混乱,调弄差错,应唱不唱,应供不供,戏侮神灵,立见灾祸〔六〕。各宜小心,竭力殷勤。

特牓(榜)

列节奏神听令〔七〕:

一奉神社首〔八〕　一散社首并香老　一执生停伟(亭帏)人等〔九〕　一买办人等　一神前跪炉烧香〔一○〕　一主神阴阳　一社局主事之人〔一一〕　一厨局膳夫人等〔一二〕　一供盏厨人等　一香场人等〔一三〕　一乐部人等

【注释】

〔一〕此标题原无,今加。盖因以下所抄同属"告白榜文"的摘记,分别告白厨局、乐户、听令人员。这种告白文字,赛社中很多,不止三个。届时,或张贴于墙,或写在红纸上挂于神庙两廊,形成一道庄严肃穆的景观。今见的上党赛社藏本,有《告白文书本》一册,属榜文专辑,有固定的书写格式,其开头、结尾更有固定的"套话"。此类格式、套话,此处基本省略未写。

〔二〕句中的"一"字,仍是一段、一项的意思,正式出榜时或可不写。按榜文格式,凡遇"神"字、神名,或"破格"高出其他文字,或另起一行写于开头,或之前空开二格,均为表示对神的敬重。

〔三〕此榜张贴于厨局门口。正式赛社之前,随着神厨制作的开始,早已张贴此榜,故言"预白"。

〔四〕"科首",即乐户"科头",是乐户艺人中行政事务的头人,即领班、班主。后期赛社,每由乐户中的家长担任。此篇榜文,是对科头及其率领的艺人的一种要求和警示。

〔五〕甲锁,指衣饰,如肩披、项环、臂珠之类。女乐队舞时,前行致语有"八宝妆腰带,珍珠络臂鞲"云云。

〔六〕调弄,在此特指乐舞的演奏或表演。唐代方干《听段处士弹琴》诗:"几年调弄七条丝,元化分功十指知。"调弄,指演奏。唐崔令钦《教坊记》,记歌舞戏《踏摇娘》时曰:"调弄又加典库,全失旧旨。"调弄又指表演。凡赛社演出有错,轻则罚跪,重则罚罪,故言"立见灾祸"。

〔七〕此篇摘记,正类头场"听命文"所列,是通知参赛人员的公告。盖因头场有关人员要依次齐聚香亭,要由主礼先生假借"玉皇神旨"发布命令,故言"列节奏神听令"。

〔八〕奉神社首,即主办赛社的社首,也是"主社首"。凡大赛,多由各村各社轮流主办,其余社首协办,即以下所称的"散社首"。

〔九〕"亭帏"属亭士、帏士合称,盖因两人一对,前后相随。

〔一〇〕"跪炉烧香",指执神炉敬香者。多由德高望重的老者担任,又称"香老"。

〔一一〕"社局",指赛社所设的四司六局,如厨局、香局、茶司、酒司等。

〔一二〕"膳夫",古官名,原指王者的食官之长。此处用指神厨负责人,犹如乐户科头。

〔一三〕"香场人等",泛指赛场上香的香客、看玩等众。

杂　剧[一]

大　唐[二]

杨宗保周(铜)台救驾[三]　　　黑雄(熊)精盗宝[四]

鞭打翰林判[五]　　　　　　鞭打黄劳(痨)鬼[六]

病协(挟)高鬼计(思继)[七]　双揲纸[八]

薛金莲骂城[九]　　　　　　黄毛打兔[一〇]

勾引王氏[一一]　　　　　　大战广武山[一二]

太祖立秦(契)[一三]　　　　陈桥兵变[一四]

杨宗保取僧代卷(郡)[一五]　李存孝显魂[一六]

三　国

诸葛亮(朱温)火烧上元(源)驿[一七]　孔明火烧新野县[一八]

张飞大闹水南寨[一九]　　　孔明火烧葫芦峪

孔明六出祁山　　　　　　　诸葛亮祭风[二〇]

关大王水淹张汉(章邯)[二一]　大安寺设宴[二二]

秋胡过关[二三]　　　　　　大战长板(坂)坡

杨宗保招亲

杂剧大唐[二四]

黑李密四马投唐[二五]　　　龙(临)虎殿三王定正(政)[二六]

唐大(太)宗御宴食(餐)飞蝗[二七]

罗时(士)信鬼捉义(苏)定方[二八]　五虎锁秦王[二九]

三 国

虎牢关战吕布[三〇] 三请诸葛
关大王月下斩刁(貂)蝉[三一] 关大王独行千里[三二]
关大王义勇思(辞)金[三三] 关大王独赴单刀会[三四]
三气张飞[三五] 关大王正直斩关平[三六]
古城聚义[三七] 关大王斩华雄[三八]
诸葛亮七擒孟获 诸葛亮火烧战船

大 宋

赵二舍三下河东[三九]
保鸾(銮)舆八虎出(闯)幽州[四〇]
杨六郎击鼓告御状 杨六郎铜台破天门阵
杨六郎私下三关[四一] 孟良盗骨什(殖)[四二]
瓦桥关孟良错配 杨六郎三捉孟良[四三]
杨清(庆)赫(吓)退李王朝[四四] 罗成显魂[四五]

东 汉

二十八宿应武举[四六] 二十八宿闹坤(昆)阳[四七]
绕(饶)阳城姚其(铫期)夅(降)站[四八]
报冤殿五鬼七(齐)下生[四九] 倒马战裴通(邳彤)[五〇]
王昭君[出]赛(塞)和北番[五一] 二十八宿擒王莽[五二]

西 汉

脚踏鸿门会[五三] 九里山大会垓[五四]
十面埋伏 对(队)子是大会垓[五五]

捧股(毂)推轮[五六]　　　　　　　席卷三秦[五七]
周亚夫屯军一("一"字衍)细柳莹(营)[五八]

春　秋[五九]

六(十八)国临潼斗宝[六〇]　　　　子胥走樊城[六一]
吴艳(无盐)女采桑遇齐王[六二]
崔怀宝夜遇(月夜)文争(闻筝)[六三]
庞捐(涓)夜走马灵(陵)道[六四]

佛　家[六五]

观音斗六筹[六六]　　　　　　二郎变化捉李云[六七]
降九曜[六八]　　　　　　　　真武降十帅[六九]

拐　捧[七〇]

钉钉铛铛盆里鬼[七一]　　　　福臣(拂尘)子讲仁义礼知(智)信[七二]
李三娘打水浇(绕)磨[七三]　　羊角哀鬼战荆可(轲)[七四]
哭韩(酷寒)亭赛娘僧住[七五]　秦太士(师)东窗争妃(事犯)[七六]
晋谢安东山高卧[七七]　　　　鲁御士(史)夜断六臣梦[七八]
李太白醉写赫(吓)蛮书[七九]

残　唐

李存孝打虎破黄巢[八〇]　　　十八计(骑)误入长安[八一]
朱乐(岳)争亲[八二]　　　　　存孝复挂午时牌[八三]
五虎困彦章[八四]

[补　遗][八五]

周(赵)氏孤儿大报仇[八六]　　五虎锁秦王[八七]

从(丛)台赴会〔八八〕	队子大闹昆阳〔八九〕
五鬼齐下生〔九〇〕	岳飞征南〔九一〕
按巡河北〔九二〕	荣(荥)阳纪信〔九三〕
五台焚香〔九四〕	大破池牛(蚩尤)〔九五〕
鞭打李云(仁)都〔九六〕	尉迟战八将〔九七〕

【注释】

〔一〕"杂剧"属下列剧目的"类别"标题,指其同属此类。由于宋金时的"杂剧、院本其实一也",所以下列"杂剧"也仍含有金元院本,甚至有些与曲牌体的元杂剧同题材,甚至同名,可见元杂剧多由前者加工而来。而宋元以来的杂剧又可分为曲牌体和诗赞体。依上党赛社遗存的藏本、角单、表演形态所见,其杂剧都以大锣大鼓节奏"诗赞念唱"为特征,类似山西晋南的锣鼓杂戏、河北邯郸的赛戏、安徽池州的傩戏、贵州的地戏等。其源与唐代"俗讲""说话"相关,宋代"队戏"歌舞已用相关"话本"从旁讲唱人物故事,直接用于"搬演"。元代民间盛行"搬说词话""搬唱词话",流行赛社,屡禁不止,明清仍多此类"土戏"。与此相关,由文人加工,又形成曲牌体的元杂剧、明清传奇,而且这种"诗赞体"杂剧、土戏与各地板腔的形成相关。

〔二〕"大唐"指其所列剧目的取材范围(以下类似不注)。然而考其所列剧目,又不尽然,当属传抄者混误所致。另,原本将"大唐"二字写在"杂剧"二字之后,同行,中间空开;为与下列的"三国""大宋"等统一对应,今将"大唐"二字也移在另行,单列。

〔三〕与《杨宗保铜台救驾》相关,该杂剧类又有《杨六郎铜台破天门阵》一目(见下)。该本"队子"类记有《杨六郎大破天门阵·一单舞》(详后),属宋元"队戏",其角色有"宋真宗""八王""寇准""六郎""柴郡主""木(穆)桂英"等。显然,其故事与宋真宗伐辽相关,涉及"澶渊之盟",宋元已有"话本"。既可搬演而称杂剧,与元代"搬唱词话"相关;又明代已有《杨家将》《杨家府演义》刊行,由宋元"话本"加工而来,其中正涉及杨宗保招亲、穆桂英大破天门阵,与《杨宗保铜台救驾》相关。

〔四〕此目故事,大略见于《西游记》十六、十七两回,大意写黑风山熊精盗取唐僧袈裟,孙行者与战,未果,终请观音帮其收服。虽然《西游记》成书于明代,但其故事早于唐宋时期。如今存的《大唐三藏取经诗话》,即可见南宋"中瓦子张家印"。

〔五〕《鞭打翰林判》,疑与元代郑光祖《翰林风月》(明刊本)同题材。郑作属于元杂剧,写唐代白敏中与裴小蛮相爱成婚事,故事类《西厢记》;郑乃元代平阳(今山西襄汾)人,作有《崔怀宝月夜闻等》,与该抄本所记的诗赞杂剧《月夜闻等》有着承继改编的关系(详下)。由此推断,"鞭打翰林判"故事见于宋元,早有"话本",可"搬唱",而且郑作的《翰林风月》正由此加工而来。若此,"翰林判"当由唐代白敏中故事演义而来。依史,白敏中是白居易从弟,祖籍太原,进士及第,曾为翰林学士(后为宰相)。《宋史·职官志一》记:"唐承隋制,至天授中始有试官之格,又有员外之置,寻为检校、试、摄、判、知之名。"将白敏中演义为"翰林判",因"风月"之事而遭"鞭打",其故事在山西流传,正宜由平阳人郑光祖加工改编。

〔六〕"痨"指结核类顽症,人痨而黄,视为有鬼作祟,就有了"黄痨鬼","鞭打"以逐,是一种驱傩表演。上党赛社一直保留下来。据长子县城关镇办赛主礼冯贵钰(1989年,时年79岁)讲,届时一人穿红裤头,身缠黄布,扮黄痨鬼,后面伴随执戈大将两员,分扮红脸、黑脸(分称方相、方弼,属镇殿将军),由赛庙追其跑四街,再追回赛庙,绕香亭,追上乐台,再由阎王一伙用钩子吊起,开膛破肚,剜眼割舌,最后下油锅,放烟火散场。此戏在河北武安县(与山西上党相邻)固义村赛戏中也有,大同小异,衍化为正月社火集体参与的广场艺术。

〔七〕"病挟高思继"故事,今仍见于《残唐五代传》第三十一回。五侯犯太原时,李存孝带病迎敌,生擒高思继,受封于沁州(今山西长治市沁县)。与此相关,沁县至今流传着许多李存孝故事,已辑于该县《民间故事集》。《残唐五代传》署名"罗贯中编辑",罗正是元末山西太原人,与沁州相近。其"编辑"的故事早已流行于沁州,且该书多"诗曰""有诗为证",正类诗话、词话,应由"话本"加工而来。显然,此目由元代民间"搬唱词话"而来。

〔八〕与此目相关,元人陶宗仪《辍耕录》一书,所列"院本名目"中记有《双揲纸爨》一目,其"爨"正指宋元"五花爨弄",为金元院本表演,说明此目《双揲纸》实即金元院本《双揲纸爨》。与此相关,元人杜仁杰的《庄家不识勾栏》说:"念了会诗共词,说了会赋与歌……爨罢将么拨。"说明金元"爨弄"多诗词歌赋,与元代"搬唱词话"相关,且见《辍耕录》言"院本、杂剧其实一也",又说明此目仍属宋金杂剧。

〔九〕此目当与传统戏《樊江关》同题材,写唐薛仁贵征战被困,其妻柳迎春、儿媳樊梨花一行亲赴樊江关救助,时薛金莲怪其嫂未克日往救,姑嫂口角以至动武,故见该剧又名《顶嘴》。若此,此目当写薛金莲至樊江关骂城一节。另由《都城纪胜·瓦舍众伎》知,宋代"说话"已盛,不但早见"讲说前代书史文传,兴废争战之事",且已用于"敷演",已见"其话本或如杂剧"。因此,可知上党赛社《薛金莲骂城》属诗赞体,类如"说话",早有"话本",宋代已可"敷演",属"杂剧",且仍与传统戏《樊江关》相类,有着承继关系。

〔一○〕此目故事,既见于《新五代史》,又见于宋元《五代史平话》。金代已有《刘知远诸宫调》(存残本),宋元南戏也有《刘知远白兔记》(存残曲),明代仍有同名"传奇"(今存),故事大体相同。写刘知远(山西人)入赘于太原李家,继而投军。其妻李三娘在家受苦,磨房生子,送于知远。十多年后其子"打兔认母",一家团圆。本目"黄毛打兔"当演其子"认母"一节。与此相关,《东京梦华录》记,北宋东京瓦舍已有"尹常卖,说五代史",早将刘知远故事用于"说话",且宋代上党泽州孔三传"首创诸宫调",将其故事用于"说唱"。金代残存的《刘知远诸宫调》发现于甘肃,属于"平水版"(见《文物参考资料》第七期,1958年,赵万里《崇高的友谊》一文),出自山西平阳,与上党地区相邻。这说明金元时的上党早有其故事话本,用于

"搬演",不但正属宋金杂剧,且类元代"搬唱词话",用于民间赛社。

〔一一〕此目当为《东窗事犯》片段,之下记有《秦太师东窗事犯》一目。宋元南戏早有同名剧,且元人孔文卿作《地藏王证东窗事犯》杂剧,均为同题材。依写,秦桧与妻王氏东窗定计,害死岳飞,之后事发,地藏王派小鬼勾王氏到地狱对证、受审。显然,其故事元代已有,且早有"话本",可供"搬演"。此目当写其中"勾引"一节。

〔一二〕《广武山》,今上党梆子仍有同名剧,演罗成助秦琼战杨林。与此相关,见明代诸圣邻编有《大唐秦王词话》,其目录前题曰"重订唐秦王词话目次"。显然,其"词话"出自宋元,早有"话本",且与元代"搬唱词话"相关,已流行于民间赛社。上党赛社直至民国初年仍演。与上党毗邻的河北涉县赛戏,仍存此目剧本,类上党所见,为诗赞体。

〔一三〕《太祖立契》,乃宋太祖赵匡胤故事。言其称帝前曾与陈抟老祖下棋,输掉华山,"立契"而卖,属"发迹变泰"故事,与下目《陈桥兵变》有关。

〔一四〕与此目《陈桥兵变》相关,见于《四库全书总目提要》(中华书局,1997年版)"史部八""杂史"类,存目中录有《飞龙记》一卷,出自《永乐大典》,言"旧本题赵普撰。书作于建隆元年,记太祖受禅事"。可见其故事宋元早有,用于"说话",有"话本"。《辍耕录》所记的金元院本,记有《陈桥兵变》一目,与元代民间"搬演词话"相关。元末明初经罗贯中加工后,作有《宋太祖龙虎风云会》一剧。

〔一五〕此目与前《杨宗保铜台救驾》有关,写杨宗保上五台山向出家的杨五郎求助。由于五台山属代郡,故称《杨宗保取僧代郡》。

〔一六〕此目属五代故事,写李克用被王彦章追赶,情急之下,望空向已死的李存孝哀告。李存孝显灵救助,惊死彦章。今见《残唐五代传》第三十七回"宝鸡山存孝显圣",正写其事。

〔一七〕此目亦属五代故事,而非三国诸葛亮事。见《残唐五代传》第二十三回正写"朱温火烧上源驿",言朱温在汴梁宴请李克用,欲伏兵诛杀李克用。李克用死里逃生至上源驿,朱温围之火烧,突降雨,克用再逃,遇存孝得救。

〔一八〕此目写诸葛亮初出茅庐,计诱曹仁等入新野空城,先是火烧,继而水淹,使其全败。与此相关,由唐而宋已有"说三分"(见《东京梦华录》),早有"话本"用于"搬演"。《辍耕录》所记的金元院本已有《赤壁鏖兵》一目,元明有《三国志平话》《三国演义》相继出现。至今三国剧目甚多。以下熟知者不再详注。

〔一九〕与此目相关,元代花李郎作有《莽张飞大闹相府院》;元人佚名作有《诸葛亮博望烧屯》,第三折也写张飞不服孔明,"赌头争印",极生动;元明杂剧《黄花峪》(见《元曲选外编》),在写李逵"大闹水南寨"时,唱"恁兄弟一似个张飞"。这说明,"张飞大闹水南寨"故事早有,至迟元代已有"话本"用于搬演,且不断加工。明胡侍《真珠船》卷四"元曲"部记有《三气张飞》一目,今传统戏又有《闯辕门》,都循同一故事而来。

〔二〇〕与"诸葛亮祭风"相关,《辍耕录》所记的院本有《赤壁鏖兵》一目,元人王仲文作有

《破曹瞒诸葛祭风》杂剧,说明宋元有同一题材的"话本"。

〔二一〕此目依上党赛社今存的演出角单所见,应为《水淹章邯》,属诗赞体,写韩信暗度陈仓后水淹章邯事。"关大王"指关羽,应是传抄者穿凿误加,若写其事,应为《水淹庞德》或《水淹七军》。

〔二二〕"大安寺"或应为"太安寺",内容未详。

〔二三〕"秋胡过关"是春秋故事,非三国故事。现有晋南锣鼓杂戏《潼关》存本(见《山西地方戏曲汇编》第一辑),此为其中一段,演春秋时秦穆公邀十八国临潼斗宝,令柳展雄把守潼关,想借以施威称雄。时有伍奢、伍员等众赴会,难以通过,鲁大夫秋胡夸口保众过关,与柳巧言相辩,险遭刀劈剜心,幸有伍员将柳打下马来,并与之结为兄弟,秋胡一行始得过关。"过关"一剧以秋胡为主,以说白滑稽见长,既类"说话",又类唐宋"弄参军"表演,与"五花爨弄"相关,有"院本"特征。

〔二四〕此处又写"杂剧大唐"四字,或属误加,或在强调,下列五目"杂剧"仍属"大唐"部分,之后才接"三国"内容。

〔二五〕此目本事见于《旧唐书·李密传》。《孤本元明杂剧》(涵芬楼藏版)存有《四马投唐》一剧,且明代《大唐秦王词话》第十二回也写其事。显然,此目也与元代"搬唱词话"相关。

〔二六〕此目属西汉故事,早见于元刊《前汉书评话》。写刘邦死后,吕后篡权,刘姓三王(刘号、刘泽、刘长)拥兵讨诸吕,卒定天下。至明,朱权《太和正音谱·杂剧十二科》有"铍刀赶棒"一科,注云"即脱膊杂剧",并举有《老令公刀对刀》《小尉迟鞭对鞭》《三王定政临虎殿》三剧为例说明(转引自《中国戏曲曲艺辞典》)。可见此目故事出于宋元"话本",与元代民间"搬演词话"相关。

〔二七〕唐太宗"餐蝗"事,"新旧唐书"及《通鉴》均记,非在御宴上。但民间流传,用于戏剧。上党地区早奉唐太宗为"蝗王",立庙祭祀,不但每遇蝗灾必祭,每遇其诞辰必赛,且如长子县团城村,清道光二十七年(1847)所立的《重修蝗王圣帝庙碑》(今存),仍记其"吞蝗"事。

〔二八〕《罗士信鬼捉苏定方》写罗士信(罗成)被苏定方设计害死于淤泥河,仍以鬼魂助李世民捉苏定方。其故事见于清代褚文获所撰《隋唐演义》,又该书自序云:"《隋唐志传》创自罗氏。"按此,其故事源出于元明时罗贯中的《隋唐志传》,不但类似罗氏《残唐五代传》,且故事早在元代时已在罗氏故乡山西流传,此剧该出于元代民间"搬演词话"。

〔二九〕《五虎锁秦王》故事亦见于《隋唐演义》,亦应早见于《隋唐志传》。写李世民讨伐王世充时游北邙山,误至金墉城界,而李密正居于此。于是,李世民遭程咬金、秦琼、罗成、单雄信、王伯当"五虎"围困,"锁"于李密处问斩。幸有魏征、徐茂公改诏搭救,方脱险。上党赛社不但存此剧的"秦王"角单,属"诗赞体",而且今存赛社抄本有段"祝山"诗赞,也述及其事。

〔三○〕《虎牢关三战吕布》,民国初年上党赛社仍演,今存吕布角单。写刘、关、张三人于虎牢关前战吕布事,仍属"诗赞体"。与此相关,元代山西人郑光祖、山东人武汉臣作有同名杂剧(见《录鬼簿》),且山西人罗贯中《三国演义》第五回结尾存"古人"赞词,类上党赛社吕布角单所记。显然,此目杂剧早见于元代民间。

〔三一〕与此目《关大王月下斩貂蝉》相关,金元院本记有《刺董卓》(见《辍耕录》),元杂剧记有佚名作《关大王月下斩貂蝉》(见《也是园书目》)、《锦云堂美女连环记》(见《元曲选》),宋元南戏有《貂蝉女》(见钱南扬《宋元戏文辑佚》),明传奇有《连环记》(见《古本戏曲丛刊》)。

〔三二〕与此目同题材,元杂剧有两种版本。或以甘夫人主唱,名《关云长千里独行》(脉望馆抄本),或以关羽主唱,名《千里独行》(《雍熙乐府》存曲词一折)。见于上党赛社,直至民国初年,潞城县南舍村仍在演《过五关》(今存录像),届时村中搭有五个草台,名为五关,关羽、皇嫂一行骑马、坐轿,由赛庙出来,每至一台(一关)均有一段念唱表演,最后返回庙台演《古城相会》。既类宋元"队戏"表演,又类元代民间"搬演词话",扮角也可自念自唱,仍属诗赞体,是一种由广场队舞向舞台表演的过渡形态,由宋元赛社而来,属形制古朴、较为原始的《千里独行》。

〔三三〕《关大王义勇辞金》,属《千里独行》的开头片段。明代朱有燉作有《关云长义勇辞金》杂剧,正也说明其故事早有"话本"。

〔三四〕与此目同题材,关汉卿作有《关大王单刀会》。其他作者还有《独赴单刀》《单刀赴会》,均为北曲杂剧,南戏亦有《关大王独赴单刀》。显然,其故事早见于宋元,已有"话本"。

〔三五〕《三气张飞》,早有同名元杂剧(前注)。所谓"三气",或为全部三气,或为第三气。若是后者,此目或为《张飞大闹水南寨》(见前)片段。

〔三六〕元佚名作《寿亭侯怒斩关平》杂剧。与此目同题材,写孔明遣五虎上将之子共讨张虎、张彪时,关平驰马误将王荣之子践死。关羽怒斩关平,张飞等四人急劝救,无果,亦欲各斩其子与关平同死,关羽只得释关平。而元代以下的三国故事(平话、演义)无此情节,可见本目故事也应出在宋元。

〔三七〕《古城聚义》,与《千里独行》有关,按南舍村赛社《过五关》所见,属其最后片段,在赛庙乐台搬演。

〔三八〕见于上党赛社,如潞城县贾村、南舍,平顺县东峪沟等,其赛社供盏时均演有《斩华雄》。届时,关大王将华雄从乐台追至台下,绕香亭,转大殿,又过神厨、账房(扮华雄者借机讨赏),最后再追至乐台将华雄斩之,也是一个由广场队舞向诗赞杂剧过渡的表演。

〔三九〕依《宋史》,赵匡胤为征北汉,曾两下河东,后由宋太宗(赵二舍)再征,北汉灭亡,故称"三下河东"。

〔四〇〕《八虎闯幽州》,属杨家将故事,写杨业(杨令公)率八子征辽事。既与宋太宗有关,又涉及宋真宗"澶渊之盟"。杨业在《宋史》有传,且南宋罗烨《醉翁谈录》卷首《舌耕叙引》一文早言,宋代已有杨令公故事话本。明代《杨家将》《杨家府演义》,以杨业为中心,已述及

"七郎八虎闯幽州"。可见此目杂剧出于宋元话本，正类元代民间"搬演词话"，与传统戏《双龙会》《金沙滩》有关。

〔四一〕与此目同题材，见于"元杂剧"，既有王仲文的《杨六郎私下三关》，又有佚名所作的《谢金吾诈拆清风府》。写奸相王钦若假借圣旨，差其女婿谢金吾拆毁杨府无佞楼，至杨六郎私下三关探母，其随从焦赞杀谢一家。

〔四二〕与此目相关，元杂剧有朱凯《昊天塔孟良盗骨》（又名《孟良盗骨殖》，见于《元曲选》），有关汉卿《孟良盗骨》（残曲见存《全元戏曲》第一卷，人民文学出版社，1990年版）。上党地区传统戏仍有《昊天塔》，或名《孟良盗骨》。

〔四三〕见于上党赛社，今存的《孟良全本》仍记有孟良角单，属诗赞体，每以"有诗为证"引出诗赞念唱，显由宋元"搬说词话"而来。依角单所记，孟良曾在佳山寨占山为王，被杨六郎设计收服，故有"三捉"。

〔四四〕此目属隋唐故事。依《隋书》，杨庆乃隋炀帝族亲杨弘之子，曾为荥阳太守。时李密称王，率兵来攻，杨庆拒之，后被劝降，当即此目故事所本。

〔四五〕《罗成显魂》，属《罗士信鬼捉苏定方》（见前）片段。

〔四六〕此"二十八宿"，指东汉开国二十八将，即邓禹、铫期、岑彭、马武等。东汉明帝永平三年（60），为昭其功，绘像于云台。由此演义，就有了"二十八宿归天"之说。见于上党赛社《周乐星图》本，开篇讲东汉二十八将封神，类如"说话"，结尾诗赞仍言："王莽欲将刘氏倾，皇天降下紫微星（指刘秀）。七四星君（二十八宿）扶圣主，炎刘从此后（复）中兴。"其后又记有"二十八宿值宿妆扮"，并与"二十八调"对应。记有《岑彭马武夺状元》一目，正写二人在科场比武造反事，与此目《二十八宿应武举》相关。河北武安一带，仍有《岑彭马武夺状元》存本，属"诗赞体"，仍称"赛戏"。传统戏《上天台》也由此而来，写刘秀与二十八人同归于天。

〔四七〕昆阳是河南一地名。依史，刘秀随叔父举兵于此，王莽遣王寻、王邑征讨，遂大战。此目即演义其事。

〔四八〕饶阳城属河北省。依史，刘秀起兵后，先从更始帝刘玄。此目写其奉命"按巡河北"，一行到了河北蓟州，遭邯郸王郎派兵追捕，由铫期斩关夺路，逃至饶阳，饥肠辘辘。刘秀索性冒称王郎的使者，率众趋入驿站索食，其从者抢食，致驿吏生疑，捶鼓诈称邯郸有将军至，以试刘秀等人。秀等初惊，继而识破其计，要请邯郸来将一见，驿吏遂释疑。此目因夸铫期之功，故名"铫期降站"。与此目相关者，《周乐星图》开篇有"王郎邯郸起战争，萧王（刘秀）河北聚雄兵"云云（前引），之下又记有《按巡河北》一目，也属杂剧。

〔四九〕此目写司马貌阴司断狱故事，早见于元刊本《三国志平话》头回。《五代史平话·梁史平话》（卷上）也有相似记述，明代冯梦龙《古今小说》有《闹阴司司马貌断狱》一篇。大意写：汉灵帝时，司马貌怀才不遇而死，玉帝怜其才，令其代阎君阴司断案。适逢报冤殿有刘邦枉杀韩信、彭越、英布一案，司马貌断韩信转世为曹操，彭越转世为刘备，英布转世为孙权，三分汉室，并让刘邦转为汉献帝，受三人凌辱。玉帝认为断得公正，又令司马貌转为司马懿，施展才能，再享人间富贵。于是，就有了"报冤殿五鬼齐下生"。

〔五〇〕与此目同题材，元佚名作有《汉铫期大战邳彤》一剧（见《孤本元明杂剧》）。

〔五一〕昭君故事早见于《汉书》《西京杂记》。唐代已有《王昭君变文》（见《敦煌变文集》），已属"话本"，早可用于搬演。元杂剧有关汉卿的《汉元帝哭昭君》、张时起的《昭君出塞》、马致远的《汉宫秋》等。

〔五二〕"二十八宿擒王莽"与前记的"二十八宿应武举"出于同一演义，写刘秀率二十八将攻克洛阳，终于擒王莽，斩于云台观。

〔五三〕此目本事早见于《史记》。《晋书·乐志》记有《公莫舞》，将鸿门会故事用于歌舞。唐代，唐昭宗宫中演《樊哙排君难》，唐末徐寅作有《樊哙入鸿门会》赋，颂樊哙"匡君而直入鸿门……诣闾阖而飞步……手擘朱扉，信春冰之可履，走电呀雷，金柜洞开"云云（见《全唐文》，中华书局，1983年版，页830）。至南宋，刘克庄《田舍即事》诗曰："儿女相携看市优，纵谈楚汉割鸿沟。"史浩《鄮峰真隐漫录》记有《剑舞》，更属鸿门会故事的大曲歌舞。上党赛社有《樊哙脚踏鸿门会·一单舞》（见下），属舞队角单，正由唐宋而来，又见此目已属同名杂剧，也存角单，其结尾诗曰："樊哙本是大身才（材），脚践鸿门两扇开。拳打丁尧践雍齿，鸿门会保住汉王。"仍类唐代徐寅所作的赋，属"诗赞体"杂剧。

〔五四〕霸王故事早有，"宋官本杂剧"已记有《霸王中和乐》《霸王剑器》《诸宫调霸王》，《辍耕录》所记金元院本也列有"霸王院本"六目，元代张时起作有《霸王垓下别虞姬》杂剧。显然，宋元以来，霸王故事早用于各种表演，广泛见于宫廷和民间。上党赛社有《大会垓·一单舞》（见下），属舞队表演，有此目杂剧，属《大会垓》片段。民国时潞城南舍村赛社仍演全本《大会垓》，且河北涉县今存《大会垓》一本，称之"赛戏"，与南舍村所见一致，同为诗赞体。

〔五五〕此目剧名应为《十面埋伏》。"队子是大会垓"原应为剧名批注，传抄中才又衍入正文，意指：杂剧《十面埋伏》原属"队子"表演，乃《大会垓》歌舞的片段。这与该抄本又记的《大会垓·一单舞》（见下）一致。

〔五六〕此目又名《登台拜将》，写刘邦重用韩信为帅事。"捧毂推轮"，本是古代帝王任命将帅的隆重仪式，届时帝王立于将台，手捧画毂（彩画的车轮，毂为轴心），象征战车；任命的将帅登台，推轮而转，以示君臣同心，顺利向前。与此相关，《史记·荆燕世家》记有"本推毂高帝就天下"云云，《七国春秋平话》卷上写："燕王并大臣捧毂推轮，邀乐毅上黄金台，受天子百官之礼，与乐毅挂印为帅。"《三国志平话》卷上有"（韩）信创立汉朝天下，如此大功，高祖全然不想，捧毂推轮言誓"云云。明代冯梦龙《喻世明言·闹阴司司马貌断狱》中言："（韩信）一遇汉祖，筑坛拜将，捧毂推轮，后封王爵，以酬其功。"可见"韩信筑台拜将"故事早有"话本"，与此目相关，且元杂剧有武汉臣作的《穷韩信筑台拜将》（见《录鬼簿》），宋元南戏有《韩信筑台拜将》（见谭正璧《话本与古剧》，上海古籍出版社，1985年版，页276）。

〔五七〕《席卷三秦》，写韩信用"暗度陈仓"之计，月内尽收关中事，其势如"卷席"。因霸王封雍王章邯、塞王司马欣、翟王董翳三分关中，故称"三秦"。

〔五八〕西汉为防匈奴，曾令周亚夫屯军"细柳"（地名，今属西安），军威森严。一日，汉文帝亲往劳军，不得直入，帝甚赞赏。本事见于《史记》《汉书》。现存元刊《全相平话前汉书续集》下卷也见记，不但已有话本，也可搬演，与本目相关，且元代王廷秀作有《周亚夫屯细柳营》，郑光祖作有《周亚夫细柳营》。

〔五九〕按以下所列剧目，春秋指春秋战国。

〔六〇〕由于原本竖行抄写，致传抄中误将"十八"合写为"六"。"十八国临潼斗宝"属演义故事，主要歌颂伍子胥（伍员）。唐代已有《伍子胥变文》（见《敦煌变文集》），元代有《七国春秋平话》（今存后集，为元至治刊本）、《吴越春秋连像平话》（孙楷第《中国通俗小说书目》据日本毛利家藏书目著录），且元杂剧已有《十八国临潼斗宝》（见《孤本元明杂剧》）。显然，此目杂剧早见于宋元，与民间"搬演词话"相关。今存的山西晋南"锣鼓杂戏"，有《潼关》一剧，写秦穆公邀十八国诸侯临潼斗宝，仍属"诗赞体"。

〔六一〕此目故事早见于唐代《伍子胥变文》。写楚平王父纳子妻，事泄杀子，伍奢与子伍尚斥君，均遭斩。楚王恐伍奢的次子伍员复仇，遂令养由基前往樊城捉拿。伍员却得其保护，出逃吴国，最终借兵复仇。传统戏《出樊城》亦演其事。

〔六二〕此目在抄本中将"无盐"先误写为"吴炎"，再圈涂，旁改为"吴艳"。应为"无盐"，指"钟离春"，因其生于无盐县（今山东省东平县），又称"钟无盐"，是战国时齐宣王后妃。依史，言其特丑，四十未嫁，自诣齐宣王，陈说国之四殆（四险）。宣王纳，拜为无盐君，立为后。演义夸饰，言其采桑时与齐王相遇，故有此目。山西传统戏即名《采桑》。

〔六三〕此目属大唐故事，早见于宋代《丽情集》《岁时广记》等。金元院本已有《月夜闻筝》一目（《辍耕录》），元杂剧又有郑光祖的《崔怀宝月夜闻筝》、白朴的《薛琼琼月夜银筝怨》（均见《录鬼簿》），宋元南戏亦有《月夜闻筝》（《九宫正始》等书有遗曲）。写唐玄宗时，崔怀宝与薛琼琼相爱，因琼琼善弹筝，被召入宫，怀宝至宫私会。高力士助二人逃走，终成眷属。今存崔怀宝《忆江南》词，言："平生愿，愿作乐中筝。得近玉人纤手子，砑罗裙上放娇声，便死也为荣。"

〔六四〕此目属"孙庞斗智"故事，写庞涓误中孙膑"减灶计"，于马陵道自刎事。今存元刊本《全相平话乐毅图齐七国春秋后集》的"入话"，写有"孙子用计，捉了庞涓"语。按孙楷第先生推断，其"前集"必写"孙庞斗智"，今存明刊本《孙庞演义》应出于元刊"前集"。可见其故事宋元早有"话本"，用于搬演。元杂剧佚名作也有《夜走马陵道》一目（据《太和正音谱》）。

〔六五〕其下所列，含佛道两家故事。

〔六六〕"筹"指计划、计策。斗六筹，即斗六法。与《观音斗六筹》相关，《敦煌变文集》中有《降魔变文一卷》，写舍利佛与六师和尚斗法，六斗六胜。

〔六七〕所谓"二郎神",历代说法不一。或指秦朝李冰,或又指其次子,或与隋代赵昱牵涉有了"赵二郎"(又称"清源真君"),《西游记》则又有了二郎杨戬。南宋时,《朱子类说》记:"蜀中灌口二郎庙,当初是李冰因开凿离堆有功,立庙。今来现许多灵怪,乃是他第二儿子。"《梦粱录》卷十四"东都随朝祠"条记:"二郎神,即清源真君,在(临安)官巷,绍兴(年间)建祠。旧志云:(北宋)东京有祠,随朝立之。"宋代高承《事物纪原》卷七言:"(北宋)元丰时,国城之西,民立灌口二郎神祠……王即秦李冰也。《会要》所谓冰次子郎君神也。"用于戏剧,南宋《武林旧事·官本杂剧》已记有《鹘打兔变二郎神》《二郎神变二郎神》之类;《辍耕录》所记的金元院本有《变二郎爨》,仍属"五花爨弄"。此目《二郎神变化捉李云》,"李云"便是被捉的"灵怪",正如前引的《朱子类说》所言,其表演属于杂剧,类似宋代《鹘打兔变二郎神》,金元的《变二郎爨》,正说明"院本、杂剧其实一也"。

〔六八〕"曜"为梵历的一种历象,九曜指九位星宿:一日、二月、三火、四水、五木、六金、七土、八罗睺、九计都。将其神化,便有了"降九曜"故事。此目全名应为《炽盛光佛降九曜》,与之下"队舞角单"的《炽盛光佛降九曜·一单舞》相关。按佛家转世说,"炽盛光佛"属佛祖如来转世的现身,又称定光佛。对此,宋代朱弁《曲洧旧闻》卷一曰:"五代割据,干戈相侵,不胜其苦。有一僧虽佯狂而言多奇中,尝谓人曰:汝等望太平甚切,若要太平须在定光佛出世始得。至太祖一天下,皆以为定光佛后身,盖用此僧之语也。"《东京梦华录》卷三"相国寺内万姓交易"条记:"大殿两廊,皆国朝明公笔迹。左壁画炽盛光佛降九曜百戏,右壁佛降鬼子母揭盂。"显然,宋代早视宋太祖为转世的炽盛光佛,早借"降九曜"歌颂其一统天下,与此目相关。

〔六九〕"真武"原称"玄武",用称北方七宿。宋真宗时,言其圣祖名曰赵玄朗,为了避讳,诏令改玄曰真,遂称真武大帝,尊为荡魔天尊。至元代,因兴于北方,忽必烈遂下诏,在大都(北京)建"大昭应营",以祀真武大帝,元成帝加其封号"元圣仁威玄天上帝"。至明,明成祖朱棣由北京起兵,加封其为"北极镇天真武玄天上帝"。正是在这种背景下,宋代有了《炽盛光佛降九曜》(见前),元明有了《真武降十帅》。因此,"十帅"或称"十祟",指十方恶魔,被"荡魔天尊"降服,实为"驱傩",山西民国初年仍演。如阳高县鳌石村所演,称《真武降十祟》,收场诗仍念:"武当山修行自在,割断了夫妻恩爱。脚踏着龟蛇二将,真武爷降了十祟(帅)。"(参考任光伟先生《赛戏、饶鼓杂戏初探》,载《中华戏曲》第三辑,1985年,页198—200)又如上党地区潞城的城隍庙大赛、南舍村玉皇庙小赛,均仍扮演"真武降十帅",戴"假面",类宋元赛社的队舞装扮。

〔七〇〕"拐棒"指一种表演形态,类如说相声,至少有两个角色。一者花言巧语,形同拐骗;一者装傻,借以捧场。源出古代"参军戏",唐宋或称"弄参军",或称"古弄"。见于宋代,前者每以"磕瓜"(皮棒槌)扑打后者,或又称"扑棒"。如南宋《西湖老人繁盛录》记有"霍山行祠,正赛……路(露)台上相扑棒,正殿妓乐、社火酌献"(参见《东京梦华录·外四种》,版同前,页114)。其"扑棒"正类"拐棒"(甚至后者是前者误写)。因与金元"五花爨弄"相关,就见"院本、杂剧其实一也",其副末、副净仍类"古弄","花言巧语说许多"。其用于赛社,正类《秋胡过关》表演(前引),正可将同类表演称为"扑捧"或"拐捧"。

〔七一〕此目故事出自宋代。元杂剧有《玎玎珰珰盆儿鬼》(《元曲选》),宋元南戏有《包待制判断盆儿鬼》(见《永乐大典》,今佚)。1967年在上海嘉定县古墓中发现的"明成化刊本说唱词话"(文物出版社,1979年影印本),其中仍存《新编说唱包龙图公案断歪乌盆传》,属"话本",与元代"搬唱词话"相关。故事写有一制盆的"盆儿赵",因贪财杀一商人,将其尸灰制成乌盆,其魂借盆鸣冤,终被包公昭雪。用于"拐捧"表演,一扮"盆儿赵",一扮受骗者,类如说相声,以演其事。

〔七二〕与此目相关,元杂剧有《拂尘子仁义礼智信》(见《太和正音谱》)。《录鬼簿续编》亦录,简称《仁义礼智》,并在剧名下注云:"陶伯龄赚甲袍马令,拂尘子[讲]仁义礼智"(脱一"讲"字)。所谓"拂尘子",即宋代手执"竹竿拂子"者,出自唐宋"参军色",队戏歌舞时从旁"讲唱"人物故事。所谓"赚",与南宋"唱赚"以及"元杂剧"形成相关。由此可见,此目故事宋元已有"话本",借"陶伯龄"的故事宣扬"仁义礼智"。按此,"陶伯龄"当指"陶朱公",即春秋时的范蠡。依史,范蠡助越灭吴,功成而退,继而经商,富甲天下,三散其财,最终隐居山东"定陶",世人誉其"忠以为国,智以保身,商以致富,成名天下"。世人尊其为"商圣",今传有《陶朱公生意经》,仍在宣扬"仁义礼智",正类本目所"讲"。若此,"陶伯龄"即"陶朱公",且因其高寿,故曰"陶百龄"。

〔七三〕此目故事取自《刘知远》片段(详前)。

〔七四〕此目故事早见于《后汉书·烈士传》。《文选》《独异志》《六朝事迹编类》也皆有记述。大意写羊角哀与左伯桃为友,共欲仕楚,途遇雨雪,饥寒难以俱生。伯桃自死,将衣粮给角哀。角哀至楚为上大夫,礼葬伯桃,梦其告曰:冢与荆轲墓近,不相容,将大战。角哀遂自杀,鬼魂助伯桃战荆轲。元杂剧已有《羊角哀鬼战荆轲》(见《也是园书目》),明代仍有此类话本(见冯梦龙《古今小说》等)。

〔七五〕与此目同题材,元杨显之作有《郑孔目风雪酷寒亭》(见《元曲选》),宋元戏文亦有同名剧(见《永乐大典》卷一三九八八)。显然,宋元早有同名话本。故事中,郑州有位孔目郑嵩,续娶妓女萧娥,萧娥虐待前妻子女"赛娘、僧住"。萧娥与祇候高成私通,郑怒杀娥,自首,充军沙门岛,由高成押解。至城外酷寒亭遇风雪,高欲杀郑,而郑孔目一双孩儿乞讨恰遇山大王宋彬,告其因,宋往酷寒亭相救得脱。此目《酷寒亭赛娘僧住》正讲其事。

〔七六〕"秦太师"指秦桧。元孔文卿、金志甫均作有《秦太师东窗事犯》,宋元南戏亦有同名剧。故事见前《勾引王氏》所注。

〔七七〕此目本事见《晋书·谢安传》。安少有重名,前后征辟皆不就,隐居会稽东山,每与妓游,以山水自娱。至四十余岁始有仕进之志,征西大将军桓温请为司马,位至台辅,是有"东山高卧""东山再起"之说。唐李白《梁园吟》言,"东山高卧时起来,欲济苍生未应晚",即指其人其事。元李文蔚、赵公辅均作有《东山高卧》杂剧（见《太和正音谱》），可见其故事早有话本流行于宋元。

〔七八〕此目本事未详。

〔七九〕按唐范传正《唐左拾遗翰林学士李公新墓碑》言，天宝初年，李白被玄宗召见，"论当世务，草答蕃书，辩如悬河，笔不停辍"。由此演义，就有了李白醉酒应诏，使高力士脱靴，杨贵妃捧砚，醉草吓蛮书故事，不但《酒史》卷上、《野客丛谈》卷七、《国色天香》卷三均有记述，且见元杂剧已有《李太白贬夜郎》《李太白醉写秦楼月》（《永乐大典》卷二〇七三九、卷二〇七四六见录）。显然，宋元早有李白故事话本，与本目相关。

〔八〇〕本目故事见于罗贯中《残唐五代传》。少年安敬思山中牧羊，力伏虎，被李克用见而收为义子，赐名李存孝，随军征讨，终破黄巢。《东京梦华录》记，北宋瓦舍艺人尹常卖已在说《五代史》，今存的《五代史平话》是宋元话本，且《辍耕录》所记的金元院本已有《打虎艳》《破巢艳》，其"艳"指艳段（即精彩片段）。元明杂剧亦有《存孝打虎》。

〔八一〕本目故事亦见于《残唐五代传》。写李克用与黄巢大将葛从周对阵于黄河岸边，存孝大破葛军，率十八骑直捣长安，乃烧永丰仓，杀黄巢弟，射黄巢平天冠，终又杀出。元杂剧已有陈以仁的《十八骑误入长安》。

〔八二〕依《残唐五代传》写，朱温胁迫沧州节度使王铎，欲使铎女玉翠嫁于其子朱友珍，不想铎女已许岳彦真之子岳存训，于是"朱岳争亲"，一场大战。岳彦真手下大将刘知远大显神威，助存训杀死朱友珍等。传统戏《战潼台》（见《戏考大全》，上海书店，1990年版）亦演其事。

〔八三〕依《残唐五代传》写，朱温与李克用同讨黄巢时，李存孝当着朱温面立下军令状，不过午时当擒黄巢猛将孟截海，朱则以玉带为赌，与李克用同在鸦关楼观战，正要挂出午时牌，存孝擒孟至，遂夺朱的玉带。元杂剧已有佚名作《压关楼迭挂午时牌》（又名《压关楼夺带》）。

〔八四〕《残唐五代传》第四十二回名"五龙逼死王彦章"，写"五龙"李存勖（后唐庄宗）、李嗣源（后唐明宗）、石敬瑭（后晋高祖）、郭彦威（后周太祖）、刘知远（后汉高祖）在狗家疃围战王彦章，迫其自刎身亡。关汉卿作的《刘夫人庆赏五侯宴》第三折写李嗣源遣李亚子（李存勖）、石敬瑭、孟知祥、刘知远、李从珂，号称"五虎大将"，大战王彦章。元明杂剧有佚名作《狗家疃五虎困彦章》，传统戏亦有《苟家滩（疃）》，均写"五虎困彦章"。显然，本目故事早见于宋元。

〔八五〕抄本原无此小标题，但却在前后空开一行，以示下列各目不属"残唐"，另为一类。考其所列，见含之前各代题材，甚至有的剧目重复，显属原抄者加补，故今标以"补遗"。

〔八六〕此目本事，见于《春秋》《左传》《史记》。故事发生于春秋时的晋国，山西今有遗迹。写晋景公时，奸臣屠岸贾欲灭赵盾一门，韩厥、程婴、公孙杵臼三人用计保护赵家遗腹子赵武(赵盾孙),并抚养成人,杀奸报仇事。因宋代帝王是"赵氏"的后裔,格外垂青三人,建有"祚德庙"。南宋吴自牧《梦粱录》卷十四"忠节祠"条记:"祚德庙,在(杭州)车桥西青莲寺南,其神忠义。有祠墓俱在绛州太平县赵村(今山西襄汾县赵村),因以本州沦陷之久,庙庭存废不可知,降旨就杭建庙,赐额加美号,升三侯为王爵,以表忠节。程婴封忠济王,杵臼封忠祐王,韩厥封忠利王。"至金元,人们因借"赵氏孤儿"抒发忠于赵宋的民族情绪,元杂剧已有纪君祥作的《赵氏孤儿大报仇》,宋元南戏亦有《赵氏孤儿报冤记》。显然,此目故事早见于金元。

〔八七〕《五虎锁秦王》,见前,此处重复。

〔八八〕"丛台",历史上有两处。一在河北邯郸,战国时赵武灵王筑;一在河南商水,春秋时楚灵王筑。此处指前者,上党赛社今存《丛台赴会》杂剧角单,属诗赞体。写王莽被灭,刘玄称更始帝,让刘秀按巡河北,而邯郸王郎时拥刘林称帝,假请刘秀"丛台赴宴",欲图之,计被邓禹识破,刘秀终脱险。

〔八九〕此目剧名为《大闹昆阳》,剧情同前《二十八宿闹昆阳》。不过,其强调仍属"队子"歌舞。之所以列入"杂剧",盖因"宋杂剧"早含此类"队子",早可从旁讲唱人物故事,属"队戏""队杂剧"。正因此,见如上党赛社《周乐星图》本,其"杂剧"也仍记有《齐天乐·鬼子母揭钵》"等。由此可见,前记的《二十八宿闹昆阳》杂剧,也与舞队表演相关。

〔九〇〕此目同前《报冤殿五鬼齐下生》,也属重抄。

〔九一〕《岳飞征南》,依《说岳全传》写,其征南有三次:一次收太湖杨虎,一次剿鄱阳湖罗辉等,一次征洞庭湖杨幺。依现存的上党赛社角单,本目写征杨幺事。秦腔传统戏有《水战杨幺》(又名《洞庭湖》),同题材。

〔九二〕《按巡河北》,与前《饶阳城铫期降站》《丛台赴会》《倒马战邳彤》相关,演刘秀兴汉事。今见的上党赛社另一藏本,在此剧名下注明:"更史(始)刘秀巡接(按)河北,至战邳彤。"即全剧由《按巡河北》开始,演至《战邳彤》结束。盖因邳彤初属王莽,旋归刘秀,又从王郎,引出"铫期大战邳彤",再收邳彤而灭王郎。

〔九三〕《荥阳纪信》,演项羽与刘邦争战事。本事见《史记·高祖本纪》。写楚霸王围刘邦于荥阳,日久,"汉军绝食","将军纪信乃乘王驾,诈为汉王,诳楚……以故汉王得与数十骑出西门遁",项王怒,火烧纪信死。因宋金杂剧早已多演楚霸王事(前述),元杂剧也有顾仲清作的《荥阳城火烧纪信》(见《录鬼簿》)。

〔九四〕"五台焚香"若属宋代事,当演宋太宗五台焚香还愿事。由其幽州观景,遭辽兵围困,引出杨家将"八虎闯幽州"(见前)。见于上党赛社另本,又有《前行讲五台山》诗赞一篇,篇首副题(或说明)写"唐明王皇帝出游五台山玩景",具体讲唱(文字有残缺)皇帝五台山玩景,遇佛点化,将五台山封为佛地故事,并写及五台山各处景致。依史,五台山成为佛教圣地,始于汉明帝,时建的显通寺今仍是五台山规模最大的寺庙。按此,"唐明王皇帝"或属"汉明帝"之误,或是二者都曾在五台焚香,供参考。

〔九五〕此目又名《关大王破蚩尤》，故事发生在山西解州（今运城市）。传说，上古时黄帝战蚩尤于坂泉，胜而戮之，其血化卤，正在解州盐池。北宋沈括《梦溪笔谈》记，解州盐池"卤色正赤，在版（坂）泉之下，俚俗谓之蚩尤血"。"蚩尤"方言误为"池牛"，今运城盐池之南仍有池牛村，本目《大破池牛》留着当地痕迹。与此相关，《蒲州府志》《关帝志》记，故事出自唐人小说，属李晟镇守河东事；该本之下记有《关大王破蚩牛（尤）神·一单舞》，角单又记与"宋真宗"有关（见后）；《大宋宣和遗事》又记，宋徽宗崇宁五年（1106），解州盐池的蚩尤"祠宇顿弊"，"故变为蛟，以妖是境"，"欲求祀典"，"诏命嗣汉三十代天师张继先治之"，天师遂借"蜀将关羽"去战蚩尤（见民国二十六年"万有文库"版，商务印书馆发行，页15—16）。显然其故事唐宋早有，宋元已有话本用于搬演。元杂剧今存佚名作《关云长大破蚩尤》（见《孤本元明杂剧》），晋南（包括解州）今存的"锣鼓杂戏"有此目，属诗赞体。

〔九六〕《鞭打李仁都》，与刘秀有关，属演义故事。上党赛社现存铫期角单（未显剧名），言用"明出暗进"之计，明喊休叫走了刘秀，暗引李轶出城，并有"若说走了李仁都，此人败进洛阳，就是红剪子也夹不去（出）他来"，"喊叫一声秦（擒）李义（轶），双阳叉（岔）口救肖（萧）王"，"救下有仁有义刘小主，打死无仁无义李仁都"云云。显然，"李仁都"即李轶。史载，李轶初随刘秀举兵，后帮刘玄害死其兄刘縯。当刘秀在河北消灭王郎后，李轶又想归附刘秀，终被刘秀借刀杀之。正见"鞭打李仁都"所由。

〔九七〕《尉迟战八将》，赛社另本又记为《敬德战八将》。由唐史演义，明万历年间重订的《大唐秦王词话》第二十五回仍写。依其写，尉迟敬德曾为刘武周部下先锋，率兵攻唐营，直追李元吉军至红龙山，连胜唐营八员大将，后秦王李世民率兵与其战于美良川（或称米粮川），遂收服。与其相关，此本再下"队子"类记有《大圣乐·据峪口冲八将复锁介休县》一目，早属同一故事的队戏歌舞（详下）；"介休县""美良川"都在山西，正是当年李世民率兵交战处；上党赛社今存杂剧《美良川》中李世民的角单，仍属诗赞体，正由"话本"而来，类如宋元民间"搬唱词话"。显然，《大唐秦王词话》出在明代重订之前，宋元已有，正与此目相关。

队　子〔一〕

张天师判断风花雪月〔二〕

樊哙鸿门会〔三〕

十羞李密〔四〕

五官（关）斩将〔五〕

贺皇恩·创立天子班〔六〕

顺圣乐·十八国临潼斗宝〔七〕

大圣乐·惧隙(据峪)口充(冲)八将复锁界丘(介休)县〔八〕

龙池会·坤(昆)阳大战汉光武〔九〕

千春乐·关大王千里独行〔一〇〕

清平乐·孙宾(膑)排九宫八卦〔一一〕

安乐·虎牢关破夏王〔一二〕

顺圣乐·六郎大破天门阵

遇乐·百花林作会〔一三〕

长寿乐·老人星过关添寿〔一四〕

中和乐·马践杨妃〔一五〕

清平[乐]·四公子斗富〔一六〕

喜(泛)清波·诸葛亮赤壁熬(鏖)兵〔一七〕

剑器·湖(胡)渭州·中吕宫·鸿门会〔一八〕

体依嬴(瀛)府·五虎将下西川〔一九〕

呈王梁州·顺圣乐·李靖捕(甫)夜看扬州〔二〇〕

新水二司·六么·道人欢·八仙朝三真〔二一〕

大明乐·七国七龙会〔二二〕

高平调·顺圣乐·镇(锁)五龙〔二三〕

平宫·万岁·梁州·悉达太子游四门〔二四〕

湖(胡)渭州·升平乐·五女混清堂〔二五〕

带剑·湖(胡)渭[州]·宜和乐·郡鬼游九陵〔二六〕

范(泛)清波·越范蠡归湖〔二七〕

云归高梦·宋玉悲秋〔二八〕

锁(镇)幽关·湖(胡)渭州·齐公子出秦〔二九〕

倾杯乐·细腰单舞盘中曲〔三〇〕

拨(插)花梁州·那(哪)吒太[子]降牛魔王〔三一〕

喜(泛)清波·水兵破肖铁(萧铣)〔三二〕

新水·降黄龙·潮(朝)清江圣母〔三三〕

保金支(枝)·十八学士明立文学官(馆)〔三四〕

桔(击)梧桐·杨妃单舞盘中曲〔三五〕

梦新妇·定(顶)针〔三六〕
庆云乐·英(迎)[仙]客·三灵侯五瘟使者〔三七〕
传(得)胜乐·唐元(玄)宗梦进月宫〔三八〕

【注释】

〔一〕"队子"指列队歌舞，若装扮人物故事，又称"队戏"，此处指后者。其源可追溯到先秦羽舞、帗舞等，唐宋以来多属"大曲"歌舞。唐《教坊记》曰："楼下戏出队，宜春院人少，即以云韶添之……必择尤者为首尾。首既引队，众所属目，故须能者。"不但其"队"已见称"戏"，且记有大曲歌舞《圣寿乐》实例及诸多曲名。由于"队子"歌舞在唐仍属"杂戏"，在宋又属"杂剧"，就见《东京梦华录》所记北宋汴京情况，既有"诸军缴队杂剧"云云，又言"内殿杂戏，为有使人预宴，不敢深作谐谑，惟用群队装其似像"，其"队杂剧"正指"队戏"，"群队装其似像"为装扮人物，仍属队戏。《武林旧事》所记的南宋官本杂剧仍多大曲歌舞；《太平清话》《东维子集》皆有南宋宫中"队戏为李瑞娘"的记述；《辍耕录》所记金元院本亦有"和曲"的队戏；《元史·祭祀六·国俗旧礼》言，宫廷"兴和署掌妓女杂扮队戏一百五十人"，用于正月十五"游城隍"，仍见"间阎齐观"；南宋陈淳《上赵寺丞论淫祀》札中早记，每见民间赛社"四境闻风鼓动，复为俳优戏队"（见《北溪先生全集》卷二十三，乾隆版）。上党赛社仍有此类"队子"表演。

〔二〕与此目相关，宋官本杂剧已记有《风花雪月》（《武林旧事》），金元院本"诸杂院爨"中亦有同名剧（见《辍耕录》），今存的元杂剧仍有吴昌龄所作的《张天师断风花雪月》。人意写：有位陈世英，中秋夜抚琴，感动月宫桂花仙子下凡欢好，并约明年此夕再会。后仙子未至，世英病，张天师勾来风神、花仙、雪神勘问，断知实情，又勾月宫仙子前来一会。显然，此目故事宋代早有，属"队戏"，可从旁讲唱人物故事，属"宋杂剧"。或因此，此目记于"队子"题名之后，仍类之前所记的"杂剧"，未列曲名。究其实，或类宋代流行的"迓鼓队"，以鼓节奏，不限于特定之曲。另，此"队子"类未列曲名者共四目，皆类此。

〔三〕此目已列于"杂剧"类，后又列有"队舞角单"（详下），属于"队子"。

〔四〕此目故事，元杂剧《四马投唐》（《孤本元明杂剧》载）已写，言李密投唐后封邢山公，其位不高。时逢李世民西征薛举得胜班师，李渊令其为馆伴使，往十里长亭迎接，受殷开山、马三保等十员唐将羞辱，故言"十羞"（后李密叛逃被杀）。可见其故事宋元早有，早可用于"队子"。

〔五〕《过关斩将》写关羽过五关斩六将事，上党赛社今存队戏《过五关》（前注）。

〔六〕"贺皇恩"属唐宋大曲，又名"荷皇恩"，多用于歌颂皇帝功德。与此相关，《唐会要》记有"《圣寿荷皇恩》词四首"；《宋史·乐志》记，宋太宗曾作"黄钟宫《宇宙荷皇恩》"，并说"若《宇宙贺皇恩》……皆藩邸所作，以述太祖美德"。宋代《荷皇恩》又易名《贺皇恩》，借以歌颂"太祖美德"。正因此，此目仍用《贺皇恩》表演宋太祖"创立天子班"，属"队子"歌舞；"元杂剧"早有武汉臣作的《赵太祖创立天子班》,至今仍存。

〔七〕《顺圣乐》属唐代大曲。《新唐书·礼乐志》记,代宗时"山南节度使于頔又献《顺圣乐》……(所舞)雄健壮妙,号《孙武顺圣乐》"。正因其曲宜演"雄健壮妙"故事,此处用于"十八国临潼斗宝",仍属"队子"歌舞,且见早又有同名"杂剧"(见前)。

〔八〕《大圣乐》属"四十大曲"之一,依《宋史·乐志》记,正由唐代而来。所演"据峪口冲八将复锁介休县"故事,与前"杂剧"《尉迟战八将》同题材。依史,尉迟敬德原为刘武周大将,属宋金刚部下,武德三年(620),秦王李世民与宋金刚在介休附近曾有一场大战。《资治通鉴》记:"金刚尚有众二万,戊午,出(介休)西门,背城布阵,南北七里。世民遣总管李世勣与战,小却,为贼所乘,世民帅精骑击之,出其阵后,金刚大败……尉迟敬德收余众守介休,世民遣任城王道宗、宇文士及往谕之,敬德与寻相举介休及永安降。"此目所演,即尉迟敬德初战时冲李元吉八将,复败于李世民,退守介休事。

〔九〕"龙池会"出自《龙池乐》,唐属坐部伎。见《新唐书·礼乐十二》记:"初,帝(玄宗)赐第隆庆坊,坊南之地变为池,中宗常泛舟以厌其祥。帝即位,作龙池乐。"显然,此曲正可预兆龙兴称帝。用于"昆阳大战",预兆汉光武中兴。所演故事,与前《二十八宿闹昆阳》杂剧同题材。

〔一〇〕《千春乐》也属唐宋四十大曲之一,唐《教坊记》与《宋史·乐志》皆记。剧情见前同名杂剧。

〔一一〕《清平乐》也属唐宋大曲。唐《教坊记》与《宋史·乐志》均记。所演"孙膑排九宫八卦"故事,与前"杂剧"所记的《庞涓夜走马陵道》同题材。另,元明杂剧见有《宋公明排九宫八卦阵》(见《孤本元明杂剧》),则演水浒故事。

〔一二〕依《旧唐书·音乐志》记:"《安乐》者,后周武帝平齐所作也。"可见此曲创于北周,早属唐代大曲。所演"虎牢关破夏王",为李世民虎牢关大战窦建德,将其擒拿事。显然,此目属唐代"队子"。值得注意的是,宋代宫廷"四十大曲"又未见列《安乐》,说明此目由唐代民间传来。

〔一三〕遇乐,即《君臣相遇乐》,是唐宋大曲。《新唐书·礼乐志》记,玄宗时,太常卿韦绍"制商调《君臣相遇乐》曲";《宋史·乐志》所记"四十大曲"亦列。所演"百花林作会",写北宋靖康时,洛阳城有位风流公子王焕,于清明郊外游园,与伎女贺怜怜相遇于"百花亭",一见倾心,终成眷属。与其相关,元杂剧有《逞风流王焕百花亭》今存(简称《百花亭》,见《元曲选》),宋元南戏有《王焕》《百花亭》《贺怜怜烟花怨》等(见《宋元戏文辑佚》),说明其故事宋元早有,可用于"队子"歌舞。

〔一四〕《长寿乐》,亦名《延寿乐》,是唐宋大曲。按《唐会要》记,"武太后长寿年作",时名《长寿乐》。按《宋史·乐志》记,宋太宗曾作"仙吕调《齐天长寿乐》","四十大曲"中又记有《延寿乐》,属"仙吕宫"。所演"老人星过关添寿",为老子李耳过函谷关故事。本事早见于葛洪《神仙传》，宋代《太平广记》卷一《老子》篇亦记，明代《警世通言》卷四十《旌阳宫铁树镇妖》的入话亦叙此事。依写，老子骑着青牛西出函谷关，欲往昆仑仙境，守关的尹喜求为众生"添寿"，遂得真经五千言，书为《道德经》，尹喜亦成仙。由于老子可以添寿成仙，又与南极星附会而称"寿星"，主寿昌，或称"南极注生延寿帝君"。加之唐奉老子为李氏远祖，宋真宗又处处效法唐明皇，宋徽宗更自封"教主道君皇帝"，可见唐宋早有相关的"大曲"，用于歌舞。上党赛社此目仍属大曲歌舞，"正赛"之日（正场）仍有"迎寿添寿"仪式，届时由乐户装扮成寿星、王母、八仙等，要为赛庙诸神、在位皇帝添寿，礼规又加表演，有念、有唱、有舞，属于"供盏"节次，统称"八仙庆寿"。

〔一五〕《中和乐》属唐宋大曲。按《唐会要》记："先时有太常乐人刘玠流落至潞州，虔休（昭义军节度使王虔休）因令造此曲以进。今《中和乐》起于此。"《宋史·乐志》记属"四十大曲"。"马践杨妃"，写杨贵妃死于马嵬坡事，唐史有记，白居易《长恨歌》有写。元杂剧有《唐明皇启瘗哭香囊》（关汉卿作）、《唐明皇秋夜梧桐雨》（白朴作），宋元南戏《宦门子弟错立身》言及的剧名也有《马践杨妃》。可见其故事宋元早用于"队子"。

〔一六〕《清平》即《清平乐》，见前注。"四公子斗富"，演春秋战国时平原君、孟尝君、信陵君、申春君四人携宝比富，属民间演义。

〔一七〕《喜清波》即《泛清波》，《宋史·乐志》记属"四十大曲"，应由唐而来。与此相关，见《开元天宝遗事》记，唐有《凌波曲》，玄宗作，其梦一女子拜而言曰："妾凌波池中龙女，久护宫苑。陛下知音，乞赐一曲。"于是帝作此曲，奏之池上，神出波间。《明皇杂录》云，"女伶谢阿蛮善舞《凌波曲》"。《杨妃外传》言，"后于凌波池奏新曲，池中波涛涌起，有神女出池心，乃梦中所见女子，因立庙池上，岁祀之"。按此，《泛清波》当由唐代《凌波曲》而来，因其早用于"舞"，见此目仍属"队子"，且其又能招神，用于"赤壁鏖兵"也正相宜。

〔一八〕此目连用《剑器》《胡渭州》二曲，是宋元早见的带过体。所谓带过，可在同一宫调下连用二至三曲（不超过三曲，超过则属套曲），以解一曲之不足，因曲与曲之间常缀以"带、过、兼"字，故称。以上两曲，属唐宋"四十大曲"，宋代早用于队戏歌舞，表演"鸿门会"故事（见南宋史浩《鄮峰真隐漫录》），与本目相关。本目后面的《樊哙脚踏鸿门会·一单舞》，仍记有"范增定计""项庄、项伯双舞剑""樊哙喝开鸿门会"等情节（详下），正见连用二曲的原因。

〔一九〕《瀛府》属唐宋大曲，见于《宋史·乐志》。"四十大曲"中记有《瀛府》，由唐代而来，且"法曲部"记有《望瀛》，与唐代"法曲"有关，是《瀛府》的变体。或因此，此目强调"体依瀛府"，即不用《望瀛》，留着宋代队戏痕迹。所演"五虎下西川"是三国故事，写张松向刘备献图，遂使五虎上将下西川事。

〔二〇〕《梁州》，出自唐代《凉州》大曲（见《教坊记》），《宋史·乐志》所记"四十大曲"中有四种不同宫调的《梁州》。显然，《呈王梁州》也是其变体。《顺圣乐》见前注，也是唐宋大曲。两曲连用也属"带过"。所演"李靖甫夜看扬州"，写唐李靖事。"甫"是古代对男子的美称,犹如今称"阁下"。其事见唐代李复言《续玄怪录》,写李靖微时捕猎山中,逐鹿迷途,夜宿山庄,乃龙宫所化,遂替龙婆行雨,属玄怪故事。李靖发迹后手握兵权,曾下江南、擒萧铣、荡吴越,故又演义其"夜看扬州",示其早有发迹预兆。其所遇的"龙婆"类如唐玄宗梦见的"龙女",与宋真宗泰山封禅牵涉,言山有"玉女池",池中波涛涌起神像,被真宗封为"碧霞元君"(见《古今图书集成·神异典》卷二一)。该本后有《李卫公夜看扬州·一单舞》,是此目队舞角单。古代上党地区奉李靖为神,宋金庙碑至今仍存,称其"显应王";平顺县东峪沟村有座九天圣母庙,今存宋、元、明、清重修碑。蒙古中统二年(1261)的《重修九天圣母庙记》曰:"九天圣母者,在天为玄妙玉女,在地为太一元君。驱雷举电,叱风咤云……葛井乡之东社(东峪沟),曰圣母谷……卫公假宿之地也。其庙自隋唐以来有之。"可见该庙早有,与李靖"假宿"之地附会,由"龙婆""玉女"演义成了"九天圣母"。且该庙今存的宋徽宗建中靖国元年(1101)《重修圣母之庙》碑记,言时已"创起舞楼",可见民间祀神已用"舞"。可知,此目"队子"正由唐宋而来,见于上党赛社。

〔二一〕曲名《新水》,《宋史·乐志》所记"四十大曲"中有《新水调》,宋元已有《新水令》。"新水二司"或为"新水令"之误,或指《新水调》之后所接的《六么》《道人欢》二曲,可能仍属带过体,且此二曲同记于《宋史·乐志》。所演"八仙朝三真",指八仙一行朝拜玉清、太清、上清三真人。"八仙"一说宋代已有,已用于"队子"歌舞。

〔二二〕《大明乐》,也属《宋史》所记四十大曲。"七国",指战国七雄,故演义出"七龙会"。

〔二三〕《高平调》,指此目大曲《顺圣乐》所属宫调。其剧、曲见前注。

〔二四〕《平宫》,即《正宫》,指其曲所属宫调。《万岁》,即《万岁乐》,属唐宋大曲。依《碧鸡漫志》载,"唐时太簇商乐曲有《万岁乐》",宋时"黄钟宫亦有《万岁乐》"。然而,宋"四十大曲"未见记,当属宋徽宗之前流行的大曲。此目《万岁》与《梁州》连用,亦为带过体。"悉达",即"悉达多",乃释迦牟尼为太子时之名。"悉达太子游四门"出自佛经,唐代已用于俗讲,《敦煌变文集》所记的《太子成道经一卷》《太子成道变文》均述其事。写其为太子时游都城四门,见生、老、病、死,厌世出家,终创佛教。抄本再下舞队角单有《悉达太子游四门·一单舞》,其中杂糅西施、杨妃、玄宗等人物,故事已中国化。

〔二五〕此目连用二曲,也为带过体。《胡渭州》前注。《升平乐》亦属唐宋大曲,《唐会要》记有《升平乐》,商调曲也";元周德清《太和正音谱》录有《卖花声》一曲,其下注云"即《升平乐》"。与所演"五女混清堂"相关,上党赛社另本记有"十二元辰故事"(按十二元辰列的十二个歌舞剧情),第五个名《五花梁州》,并提示:"此出唐明皇戏巫山神母,崔怀宝、张子春戏西宫。着宫女扮五个州官为戏。"若此目故事源于《五花梁州》,则与金元时的"五花爨弄"相关,可由"宫女扮五个州官"表演"戏巫山神母"故事。因其表演早见于庙堂,或由此演义出"五女混清堂"。供参考。

〔二六〕此目中"带"指带过体,"剑"指《剑器》,"胡渭"即《胡渭州》,"宜和乐"似指《中和乐》,三曲均为唐宋大曲。"郡鬼游九陵"中的"陵"字,原本见于下目开头,应上属,乃传抄者断句之误。"九陵"似指北宋九个皇帝之陵,"郡鬼"当与北宋亡国有关。此目当作于金元之际,借以凭吊旧国,抒发亡国之悲。

〔二七〕此目开头原多记一个"陵"字,如前注,应上属。《泛清波》,见前注,属唐宋大曲。"范蠡归湖",写范蠡助越灭吴后退隐事,早见于《吴越春秋》《越绝书》等。金元院本已有《范蠡》一目(见《辍耕录》),元杂剧也有关汉卿的《姑苏台范蠡进西施》、赵明道的《灭吴王范蠡归湖》(均见《录鬼簿》),《永乐大典》二〇七五一卷也记有《陶朱公范蠡归湖》杂剧。前"杂剧·拐捧"类也涉及其事,记有《拂尘子仁义礼智信》一目。由此可知,其故事宋元早可用于"队子"歌舞。

〔二八〕此目与楚襄王牵涉,源于宋玉《高唐》《神女》二赋。《神女赋》开篇曰:"楚襄王与宋玉游于云梦之浦,使玉赋高唐之事。其夜王寝,果梦与神女遇。"言及《高唐赋》,且见其赋结尾曰:"(宋玉)情独私怀,谁者可语,惆怅垂涕,求之至曙。"其"惆怅"乃"宋玉悲秋"所由。唐《教坊记》已记有《巫山女》《巫山一段云》两曲,《宋史·乐志》所记四十大曲有《彩云归》;宋官本杂剧记有《梦巫山·彩云归》(见《武林旧事》);元杂剧有杨景言的《楚襄王梦会巫娥女》(见《录鬼簿》)、王子一的《楚阳台》(见《太和正音谱》)、佚名作的《巫娥女醉赴阳台梦》(见《也是园书目》)。显然,《巫山女》《巫山一段云》《彩云归》一脉相承,早属唐宋大曲,用于"队子"歌舞,已可表演"巫山神女"故事,类此目的"宋玉悲秋"。此目所用的《云归高梦》与大曲《彩云归》相关,或是其变名、变体,已见于宋元。

〔二九〕"镇幽关",似也是唐宋大曲的变名或变体,类上《云归高梦》,也与所演故事"齐公子出秦"相关。本事见于《史记·孟尝君列传》,写齐国孟尝君在秦为人质,被秦昭襄王幽禁难归,幸其门客有"鸡鸣狗盗"之术,骗得函谷关于天明前早开关门,才使孟尝君一行逃出秦国。

〔三〇〕《倾杯乐》属唐宋大曲。《新唐书·礼乐志》记,唐太宗"诏长孙无忌制《倾杯》曲";唐《乐府杂录》载,"新《倾杯乐》,唐宣宗善吹芦管,自撰此曲";《宋史·乐志》记,《倾杯乐》已用于多种宫调,并已有了由此而来的令曲。元代仍有《倾杯序》(见《中原音韵》),上党赛社或称《劝倾杯》,至今仍存。此目所演"细腰单舞盘中曲",与唐《霓裳》歌舞有关。依上党赛社另本所记的《唐王游月宫》言,玄宗梦游月宫,梦见嫦娥舞《霓裳》甚妙,梦醒追思,遂使杨妃舞盘中之曲,玄宗以竹杖自击梧桐,按其节拍。与此相关,唐代有《霓裳》《拂霓裳》《看月宫》《望月婆罗门》等曲(见《教坊记》);宋人石曼卿"取作传踏"而舞(见《碧鸡漫志》);金元院本记有《击梧桐》(见《辍耕录》);元杂剧记有白朴的《唐明皇游月宫》等(见《录鬼簿》)。元人王伯成作的《天宝遗事诸宫调》仍存残曲(见明《雍熙乐府》),其引子云:"笑携玉箸击梧桐,巧称雕盘按霓裳。"与此目相关,元杂剧《唐明皇秋夜梧桐雨》今存(见《全元戏曲》第一卷),其第二折高力士云"请娘娘登盘演一回《霓裳》之舞",仍由"正旦作舞",正类此目表演。显然,此目由唐代而来,宋元民间已盛传。

〔三一〕"插花梁州",即《梁州》大曲的"曲破"段。所谓"插花",指其曲破段用以伴舞时插有"花拍"。正如《碧鸡漫志》言:"乐家者流所谓花拍,盖非其正也。"所演"哪吒太子降牛魔王"故事,《西游记》也记。

〔三二〕《泛清波》曲前注。所演"水兵破萧铣"故事,出于唐史,言李靖率领水军进击江陵萧铣,破而擒之,与前"李靖捕(甫)夜看扬州"有关。

〔三三〕《新水》曲前注。《降黄龙》,南宋张炎《词源》卷下记:"如《六么》,如《降黄龙》,乃大曲。"可见《降黄龙》也如《六么》,是唐宋大曲。与此相关,《新唐书·礼乐十二》记,"《大定乐》又加金钲",《宋史·乐志》所记的四十大曲有《罢金钲》,与《六么》同属"南吕调"。上党赛社今存的《周乐星图》,所记的高平调为《六么》《降黄龙》二曲。显然,《降黄龙》即宋代《罢金钲》,由唐"《大定乐》又加金钲"而来。为何宋代《罢金钲》又称《降黄龙》,盖因辽金兴于"黄龙府"(今辽宁、吉林一带),"降黄龙"有"直捣黄龙"之意。后来,宋官本杂剧有《列女降黄龙》《双旦降黄龙》等五目(见《武林旧事》)。元代令曲有《降黄龙滚》(见《太和正音谱》)。本目所演"朝清江圣母",其后所列队舞角单也记有《五龙朝圣母·一单舞》,可见本目全称为《新水·降黄龙·五龙朝清江圣母》,所演故事详后。

〔三四〕《保金枝》,属唐宋大曲,《宋史·乐志》见记。所演"十八学士登瀛洲"故事,出自唐史,言唐初李世民延揽杜如晦、房玄龄等人,起设文学馆,后令阎立本绘像,褚亮作赞,称"十八学士",并题写每人名字与爵里,时天下慕向,谓之"登瀛洲"(比喻登天)。

〔三五〕《击梧桐》一曲,如前引,与《唐王游月宫》相关,由《霓裳》曲而来,因玄宗击梧桐伴"杨妃单舞盘中曲"得名。按《碧鸡漫志》考述,《霓裳》曲为"西凉进《婆罗门曲》,明皇润色,又为易美名,最明白无疑"。正因此,唐《教坊记》已记有《望月婆罗门》《看月宫》《霓裳》《拂霓裳》曲,《宋史·乐志》记宋太宗所制小曲中也有《游月宫》《月中归》等曲,金元院本有《击梧桐》一目(见《辍耕录》),元散曲亦有《梧桐树》(见《中原音韵》),《九宫大成谱》中更明确记有《击梧桐》一曲,商调,多用于"过"(带过)。见于本目"杨妃单舞盘中曲",正类前见的"细腰单舞盘中曲",同演玄宗游月故事,从而用《倾杯乐》表现玄宗凭舞而饮,用《击梧桐》表现玄宗击节伴舞,正宜两者连用而属"带过"。

〔三六〕《梦新妇》曲,与所演故事相关。本事见于《晋书·窦滔妻苏氏传》,言窦戍边,其妻织锦"回文诗",诗用"顶针"手法,回环可读,借以寄情。正由此,就有了此目所用之曲、所演之事。

〔三七〕《庆云乐》属唐宋四十大曲。《迎仙客》,唐《教坊记》、元《中原音韵》皆记,上党赛社迎神时必用,今存曲谱,也仍吹奏。本目两曲连用仍属带过体。所谓"三灵侯五瘟使者",依山西稷山县元至正十四年(1354)所立《三灵侯历代封号赞》碑记(见《山右石刻丛编》卷三十九),"三灵侯"乃周宣王所封唐、葛、周三人,分称孚灵侯、威灵侯、浃灵侯,宋真宗泰山封禅时,

"驾幸泰山门,见三人道服仙装"迎接,加封三者为"真君",且见封有"五方圣者",按东西南北中,依青白红黑黄,即隋代所封的"五瘟使者"。此目或正演宋真宗敕封事。

〔三八〕与《得胜乐》有关,见元《中原音韵》记有《德胜令》,并注曰"即阵阵赢,凯歌回"。显然,《德胜令》即"得胜令",正由《得胜乐》而来。与此相关,见唐代早有《破阵乐》《大定乐》,宋代又称《罢金钲》《降黄龙》,早属唐宋大曲,早含"阵阵赢,凯歌回"之意,都可称《得胜乐》。所演"唐玄宗梦进月宫",即"唐王游月宫"(前注)。依南宋王灼《碧鸡漫志》卷三记,唐代《拂霓裳》与《霓裳》歌舞有关,表演"唐王游月宫"故事。宋代"石曼卿取作传踏",仍属"转踏"歌舞。而石曼卿正是宋真宗时人,曾官至大理寺丞,其"取作传踏"须避讳。依上党赛社存本所见,另本记有《唐王游月宫》故事,为"话本",可用于此目,由"竹竿子"从旁讲唱,且其中提到叶净大师作法,引玄宗游月,类似《敦煌变文集》所记的唐"叶净能诗",乃诗话讲唱。由此可见,此目应出于宋代。

[三场乐次摘要]〔一〕

头　场

迎盏仙乐八名〔二〕。讲《百花盏》〔三〕。直(值)宿厶神〔四〕。奉献

正对(队)〔五〕:《风花雪月》

　　　　(汉)〔六〕《樊哙鸿门会》

　　　　(唐)《十羞李蜜(密)》选用〔七〕

衬对(队)〔八〕:(唐)《五虎锁秦王》

　　　　《从(丛)台赴会》

　　　　《二郎捉李云》〔九〕

　　　　(三国)《关圣斩华雄》〔一〇〕

　　　　《鞭打李云(仁)都》〔一一〕

　　　　(唐)《尉迟战八将》

晚杂剧〔一二〕:(列国)《十八国临潼斗宝》

　　　　(汉)《筑台拜将》〔一三〕选用

正　场

迎盏仙乐同前〔一四〕。讲《分戏竹》〔一五〕。直（值）宿ㄙ神。奉迎（献）

正对（队）：（汉）《已（纪）信妆高祖》〔一六〕

（宋）《风（疯）和尚扫秦》〔一七〕

（汉）《九里山大会垓》

《十八计（骑）误入长安》

衬对（队）：《五鬼齐下生》

（残唐）《鸦关[楼]夺带》

（三国）《独行千里》

（汉）《霸王斩（封）官》〔一八〕

《大破池牛（蚩尤）》

（残唐）《复挂午时牌》

晚杂剧：（后汉）《二十八宿擒王莽》

《龙（临）虎殿三王定正（政）》

末　场

照同前。讲《路台》。直（值）宿某神。

大对（队）〔一九〕：（汉）《十面埋伏》

正杂剧〔二〇〕

（宋）《大破天门阵》

衬对（队）：《五虎下西川》

（宋）《一下河东》〔二一〕

（残唐）《五龙擒颜（彦）章》〔二二〕

（宋）《六郎私下三关》或《告御状》〔二三〕

《三下河东》

《陈忽（江）流》〔二四〕

（三国）《独赴单刀》〔二五〕

《五侯返（犯）太原》[二六]
　　（残唐）《存孝打虎》
晚杂剧：《周（赵）氏孤儿大报仇》
　　　　《二十八宿破坤（昆）阳》

【注释】

〔一〕此标题今加，因其另属一类。以下所记，与赛社三场（头场、正场、末场）"供盏"有关。依规，三场供盏有一定乐次，每以"乐次文"告白公布，有固定格式。此处从简，重在记其可选的"队戏""杂剧"，故称"三场乐次摘要"。

〔二〕"迎盏仙乐"，即供盏时的"细乐"，用于神前而称"仙乐"。届时笙箫笛管细吹细打，人员成双成对，至少需要八名。

〔三〕《百花盏》属前行（执戏竹者）讲唱的篇名，用于供盏开始，从而成为一个节次。每场供盏又分早、午、晚，每次头盏都有类似的讲唱（后期赛社多只用于三场午盏前）。本篇多用于头场，今存另本记有具体内容。依记，开篇先讲祀神的"茶、果、香、灯、花"名称、种类，最后以六十多句诗赞夸赞赛社，每句至少含一"花"字，故称《讲百花头盏》，简称《百花盏》，又名《百花赋》。表演形态类似唐代俗讲。之所以"讲百花"，与唐宋宫廷有"花队"（即执花女队）有关。民间赛社也有，金元院本早记有《讲百花爨》（见《辍耕录》），其"爨"正指用于"院爨"表演，与本篇相关。

〔四〕古代可按二十八宿纪日，每日对应一宿，轮流值日，为值宿神。此处"值宿厶神"，届时需具体填写神名。见于上党赛社，值宿之神需由乐户装扮，并有装扮要求（后记）。按"乐星"规制，二十八调需与二十八宿对应，赛社当日用乐须用对应宫调，值宿之神负有监察之责。因此，赛社每日供盏时装扮值宿者立殿前，作监察状，且见赛社另本记有值宿念词，可做仪式性表演。

〔五〕"正队戏"，指正规完整的队戏，每由前行从旁讲说故事，一般用时较长，或称"大队戏"。相对于只用队戏片段、陪衬供盏的"衬队"而言，正队戏多用于供盏结尾，多用于每晚演出，借以娱人。

〔六〕原抄中的"汉"字，旁批于剧名《樊哙鸿门会》之前，属提示，指该剧取材于汉代故事，今置于括号内。以下类似不注。

〔七〕"选用"，指前列三目"正队戏"可供头场选用。所选队戏的用曲，该用何宫何调，需依"乐星"对应规制，符合当日值宿要求；如若不合，则需"旋宫转调"。后期上党赛社，主礼先生及有关各方，包括乐户，已对"乐星"对应规制及宫调理论不甚了了，只是照搬旧例。因此，主礼先生每将办赛用过的实例汇总抄记，供不同庙赛"选用"。以下所记亦皆大略如此，不再注。

〔八〕"衬队",即陪衬供盏的队戏,多属队戏片段,用于侑盏。见于上党赛社,仍类唐宋宫廷宴乐,既有"吹头盏、唱二盏、舞三盏"的礼规,又见供盏结尾仍用"妇人舞",也仍以其"收队"。以下所列六目,届时"选用"。

〔九〕此目故事,与前"杂剧"所记的《二郎变化捉李云》相同。盖因"队戏"早属宋杂剧范畴,金元仍见"杂剧、院本其实一也"。以下类似。

〔一○〕此目内容,与前"杂剧"《关大王斩华雄》相关,详前注。

〔一一〕前"杂剧"类亦见同名剧目,写铫期事,详前注。

〔一二〕"晚杂剧"用于"晚场"表演,名为娱神,实为娱人。《周乐星图》本见分"正队"(大队)、"院本"、"杂剧"三类而记,其中"杂剧"见类元代民间"搬演词话",早也用于赛社,晋南见称"锣鼓杂戏",晋北见称"赛戏",且类河北武安、涉县一带的"赛戏",安徽池州的"傩戏",贵州的"地戏"等,皆有存本,属诗赞体,皆由赛社而来。显然,此处"晚杂剧"早也形态多样,不仅含有队戏、院本,还含有"诗赞体"杂剧,与"搬演词话"相关。

〔一三〕此目《筑台拜将》,与前记的杂剧《捧毂推轮》同题材。

〔一四〕"同前"二字,抄本在竖行中旁批于右。意在说明:与之前头场所写相同,仍用"八名"人员吹奏。

〔一五〕《分戏竹》又名《三元戏竹》,类如头场《百花盏》,亦属前行讲唱,上党赛社亦有存本。见其开头诗曰:"三元戏竹古今留,先朝历代起根由。黄帝春秋卫灵公,大唐明皇月宫游……"讲到"三竿戏竹,原来是天元戏竹、地元戏竹、人元戏竹","人元戏竹者,出自大唐明皇所治遗留,上有二十八枝散头",并具体叙述唐明皇由"游月宫"引发其"击梧桐",将手中竹杖击为二十八枝散头,交给黄幡绰作为领舞的"人元戏竹"。正见赛社中前行手执的"戏竹"所由。

〔一六〕此目故事与前杂剧《荥阳纪信》同题材。

〔一七〕此目又名《疯僧扫秦》,与前"杂剧"中的《秦太师东窗事犯》同题材。依元孔文卿所作《东窗事犯》(见《新校元刊杂剧三十种》,中华书局,1980年版),地藏王(佛说的阎王)化身疯和尚,当面拆穿秦桧夫妇"东窗定计"事,正见"疯和尚扫秦"所由,且见该剧最后以"地藏王队子"表演作结,说明其故事金元早也用于"队子"表演。

〔一八〕与本目相关,见该本再下记有《霸王设朝封官·一单舞》的队舞角单。写霸王灭秦之后分封有功诸将,本事见于《史记·项羽本纪》。

〔一九〕"大队",亦即前见的"正队"。

〔二○〕此目未列具体剧目,只强调其属"正杂剧",即"正队戏",亦即"大队戏"。为何如此?或因队戏早属宋杂剧范畴,含"诗赞体"杂剧,唯强调"正杂剧"即可,早可省略如此;或传抄中早失具体剧名,只好如此。

〔二一〕"一下河东",指赵匡胤随周世宗(柴荣)前往河东征北汉事。因属第一次征讨,故称"一下"(之后又有二下、三下)。

〔二二〕此目内容,与前"杂剧"类中的《五虎困彦章》基本相同。区别在于人物稍有变化。"五虎"中见有孟知祥、李从珂,二人未称帝,故只可言"虎"。此目换为李嗣源、郭彦威,连同原有的石敬瑭、李存勖、刘知远,后来都称帝,故称"五龙"。

〔二三〕原本竖行抄写时,"六郎"二字之下,右写"私下三关",左写"或告御状"。意即"六郎私下三关"或"六郎告御状"故事,实一,内容前注。

〔二四〕《陈江流》,演义唐三藏身世,源出早期的《西游记》故事。与此相关,见金元院本记有《唐三藏》(见《辍耕录》);宋元南戏已有《江流记》(全名《陈光蕊江流和尚》,见《南词叙录·宋元归篇》)。按《曲海总目提要》卷三十所记的故事梗概,言唐贞观时陈光蕊娶妻殷氏,赴江州上任,误乘水贼刘洪船。刘见殷氏貌美,推陈入江,冒陈赴任。时殷氏有孕,勉强随其生子,将子盛于木匣浮江活命。金山寺僧救起后,取名江流,稍长,法名玄奘。此目即演"江流"一段。

〔二五〕本目演关羽"单刀赴会"事。

〔二六〕此目故事,早见于《残唐五代传》,与前"杂剧"类的《病挟高思继》相关。写朱温勾结王重荣等五路诸侯,兵犯太原,与晋王李克用连战数日,被李存孝大败,高思继不服又去搦战,存孝带病出战,"病挟高思继",大胜而归,五侯遂败,各返其镇。若写"犯",则重在伐太原;若为"返",则重在败退。此目名为"五侯犯太原"或较准确。

[正赛之日的寿词]〔一〕

祝寿讲山赋〔二〕

夫南山者,丹青巧笔彩色装成。描上境之云台,岩峰垒(叠)翠;尽(画)南山之果木,松柏常清(青)。东[西]密排侵碧汉,南北成行彻云霄。穿林过涧猿猴要(耍),倘(峭)壁岩前虎啸吟。越岭爬山狐兔蟒(奔),黑龙潭内雾云生。老梅枝上鸣(鸟)啼月,怪石岩前水流清。麋鹿衔花来供寿,猿猴献果奉神灵。正是精潜怪(精怪潜)身处,虎豹彪熊家业门。花香稀(馨)处松花会,拱(恭)祝南山万万春。

迎寿讲山祝水赞[三]

望南山万万道霞光影影[四],
观北极千千条瑞气祥云。
［乘龙车驾凤辇西王圣母,
坐鸾辂金花轿东华帝君］[五]。
执幢幡张宝盖遮天美色,
持精结（旌节）旗招搌（展）罩合乾坤[六]。
列嫔妃排彩女谨动仙乐,
排宫娥共美女谨奏笙簧。
有麋鹿衔仙花香坛进酒,
有野猿献仙果来赴花（华）筵。
见宫中驾彩云诸仙下降,
见碧霄祥云罩八洞来临[七]。
蓝彩（采）和鸳鸯板高歌献舞[八],
韩相（湘）子冬天献双头牡丹[九]。
张果老骑白驴赵州桥倒[一〇],
曹国舅捶（摔）金牌弃职修行[一一]。
药（岳）孔目有仙分（份）借尸铁拐[一二],
汉钟离十八年一梦黄梁（粱）[一三]。
吕洞宾剑随身神通广大,
张四郎吹凤管弓道（弹）神仙[一四]。
右（左）韩（寒）山降火灾绿毛狮子[一五],
右石（拾）得除风灾白象为殃[一六]。
簇扶定老人星升临宝殿[一七],
乘凤（龙）车并凤辇来赴花（华）筵。
面如霜垂三柳（绺）胡须美鬓（髯）,
鬓如银面扶（傅）粉貌如童颜[一八]。
垂雪白寿长眉银丝两道,

鬓笼(拢)着万万根雪发如霜。
头带(戴)着透玲珑七星冠子，
脚穿着云风履踏雾腾云。
穿一领云鹤氅长生仙服，
包天地藏日月海岳山川。
柱(拄)一条龙头杖喷烟吐火，
唉邪魔吞妖怪撬(搅)海翻江[一九]。
指一本救苦难黄庭经卷[二〇]，
度群迷超凡世来赴香坛。
与尊神添圣寿寿同天地，
赞尊神圣寿无疆，圣寿无疆！

又祝山歌[二一]

瑶(遥)望南山翠巍巍，红光紫气雾腾腾。
山顶上常青松贵(桧)柏，山涧下双双(涮涮)响流水波津。
山前边生就的凹凹凸凸，山背后走不尽叁叁(叠叠)层层。
也(野)鸡飞兔儿走猿猴献果，有豺狼并虎豹赶进山林。
者(这)山中影(隐)藏着蓬莱仙岛，者(这)山中影(隐)匿者(着)洞府仙君。
诗曰：
　　瑶(遥)望南山朱顶，班班飞舞腾空。
　　金童玉女执幢幡，更有灵支(芝)彩凤。
祝尊神圣通天地，感(愿)尊神圣寿无疆。又重[二二]。

又祝山歌[二三]

听吾说混沌初分，吾列说开天辟地。
吾与天地同生，那时乾象初分。
云雨变作山河，不辨东西南北。
那时上下不明，那时天地昏暗。
清气上升为天，浊气下降为地。

自从太极初分,任(壬)时剖开天地。

才显出东西南北,安(按)日月星斗定位。

天地人三皇起立,自(至)伏羲三百三十万年,

分与五龙十纪[二四]。

历代千百余君,明王三百余位。

燧人氏黄水涛(滔)天,淹四州八百余岁。

无名氏绝了后代,则(只)留下女娲伏羲[二五]。

也曾六合初辰[二六],也曾滚磨成配[二七]。

二人祷告皇天,兄妹配做夫妻。

伏羲是属蛇己巳,女娲[是]癸酉属鸡。

巳酉相合成一处,配成他姻缘之礼。

伏羲是乾属老公,定世界他在西北。

女娲是坤为老母,住在他西南定位。

乾生三男为阳,坤生三女配对。

震长男配合长女,坎中男配合中女。

艮少男配合少女,共成八卦夫妻。

后生下百姓人民,才初有三皇五帝。

禹治九州布政,洪水通流一处。

流(疏)三江尊取(浚聚)九河,贤(咸)成功一十三岁。

三过而其门不里,那时洪水通流。

才知道禹王治水,府州县设官分职。

教百姓父子有亲,垂郡职(制)君臣有义[二八]。

议论夫妇有别,长幼敬让序礼。

朋友以信为约,才是无(五)常之礼[二九]。

伏羲氏始画八卦,结绳计数为礼(札)[三〇]。

造书契以(因)无文字,使(始)行明(命)走马报启[三一]。

人民草衣木仓(巢),神农治谷尝味。

惟有小麦最毒,药死人三番在地。

将小麦腹内恰(掐)破,才出了伤人毒气。

轩辕氏整其衣冠[三二],为人民尊俾(卑)行礼。

今(令)后稷调马耕牛[三三],又与蚩牛(尤)相敌。
先拜了封侯(风后)上将[三四],破蚩牛(尤)才交(教)耕地。
造舟船运度(渡)粮饷,鲁班做犁耧砘石。
张荣铸鎝铜(犁)铧[三五],播种五谷稼稼。
燧人民(氏)钻木取火,那时人民乃立。
蚕官初养丝棉,那时始有衣被。
天布云雷电雨,润下土发生五谷。
五将(教)人八洞神仙,寒山石(拾)得下世。
见凡人喜笑喧喧,二人欢笑无比。
笑世间颠倒多端,笑凡夫失却尊俾(卑)。
儿娶娘配对成亲,母嫁儿却做夫妻。
儿骑爷背上达(搭)鞍,幔(鞔)大鼓自擂己皮。
为众生愚顽不醒,四神州(洲)度化群迷[三六]。
初来到东天东东四大(东胜)神州(洲),
与众生分尊俾(卑)长幼序礼。
却来到西天西西华州界(西牛贺洲),
与众生分尊俾(卑)长幼序礼。
又来到南天南南膳(赡)部洲,
与生民[序人伦度化群迷][三七]。
却来到北天北北国(俱)卤(芦)洲,
与众生别善恶立定根基。
上天宫灵虚殿朝礼三清,
下地府见五当(无常),十阎王心寒胆碎。
护国泰民安乐永享泰平,施清风降细雨民无饥寒。
天降福好收成丰稔时世,
古圣遗留春祈[三八],春祈秋报夏赛冬祭,古与今同。
答报西成,达遇(于)尊神,
圣延(诞)之辰,闻召请以来临。
谨赠仙桃仙果,献灵丹[寿]酒,
动一派仙音仙乐,列两行笙歌韵美。

祝尊神圣(寿)同天地,赞尊神圣寿无疆,圣寿无疆。

又讲山歌[三九]

则(只)听的仙音响亮,见辉光罩合天衙。
满天上仙人彩雾,匝(匝)地下瑞气云霞。
野猿献仙桃仙果,麋鹿献匪(翡)翠仙化(花)。
金童执幢幡宝盖,女玉(玉女)掌宝印玉匣。
西王母得(特)来添寿,南山老人延寿筭[四〇]。
彩云中诸仙下降,将神仙圣号开匣(下)。

头带(戴)搌角(展脚)汉(幞)头[四一],胁(荔)枝金带绿罗袍。
闹市常供(共)儿童顽(玩),拍板高歌蓝彩(采)和。

头晚(挽)丫角宰相家,身穿破衣纳丹霞。
冬天手提竹蓝(篮)儿,盛放双头牡丹花[四二]。

天地同生寿筭高,骑驴踏倒赵州桥。
扬州度脱华阳女,大罗神仙张果老。

功名富贵都参透,龙楼凤阁皆不就,
白云深处学修仙,玉叶金枝曹国舅。

六案行(刑)通无人比[四三],不幸死在阴司里,
焚烧形骸化为尘,借尸还魂铁拐李。

沉醉黄粱梦转生,玄机飞剑有谁知,
造化玄微人不识,招财利市汉钟离。

爱带(戴)青纱一字巾,金龙飞凤剑紧随身,
升天入地神童(通)广,乃是唐朝吕洞宾。

识破尘凡不坚牢,深山伴道学修山(仙),
也曾俗世沽油卖,凤管龙笛张四郎。

头带(戴)冲天一字巾,未分天地我先生,
主人寿禄居南极,年年添寿老人星。

日月未分吾先生,神通天地大罗女,
益筭延年降吉祥,注寿延生西王母。

昔日火起烧世间,烧了乾坤百余年,
降了绿毛狮子怪,东正文书(殊)是寒山[四四]。

风蛊乾坤人丧生,刮了世界人灾疾,
降了白象庶民安,正东普贤是石(拾)得。

老人星升临宝殿,西王母降临香坛,
诸仙擎散(献)寿酒,众真赍俸(奉)灵丹[四五]。
列金童挡筝卜(拨)木[四六],排玉女歌舞吹弹。
宝鼎内焚沉檀瑞霭,金炉燃降贞香烟[四七]。
祝尊神圣(寿)同天地,赞尊神圣寿无疆,圣寿无疆!

又论讲山歌[四八]

望天宫红光罩瑶池王母,观南极紫雾笼添寿星君。
天台山崦峡着蓬莱仙岛[四九],须弥山遮藏着洞府仙君。
霞光耀照延年长生大帝,[祥云笼辉光射紫府帝君][五〇]。
东王公龙凤辇初离宝殿,西王母金华轿乍别天宫。
列金童骑仙鹤后执宝盖,排玉女乘凤飞前执幢幡。
宫娥张绛锁伞盘龙飞凤,彩玉女龙凤扇左右维从。

有金线绿毛龟当前引路,有珠鼎(朱顶)有銮(鸾)凤往来飞腾[五一]。

亲奉着长寿表得来添寿,擎尊着玉帝宣降临香坛。

簇扶定西王母天宫下降,乘龙车并凤辇得赴花(华)筵。

粉脸儿吹弹破柳眉凤目[五二],绛朱唇樱桃口颜貌如花。

头顶圆额卢(颅)方粉鼻端正,鸡子皮长胭项腻粉搽成。

赛海棠芙蓉貌怎生打扮,听从头二(一一)数话说端的。

乌云发鬓鸦翅斜插金凤,娇滴滴风流母耳坠珠环。

头带(戴)着凤凰冠千娇百媚,脚穿着云凤履踏雾登云。

着九宫八卦裤缕金挑绣,穿山河地埋裙绒线织成。

身穿着降(绛)红袍盘龙飞凤,体挂着纺丝带玉佩叮哨。

背带(佩戴)着八方环长生不老,手执着白玉圭寿箓齐天[五三]。

有元天大圣后羞花之貌,有后土皇地祇闭月之颜。

有南海观世音沉鱼之色,有月里嫦娥女兔(儿)落雁之[容]。

亲奉着长寿表与尊神添寿,愿尊神圣寿无疆,圣寿无疆!

【注释】

〔一〕此标题今加,用以概括以下内容。古规,正赛之日是庙神诞辰,庙外设有"寿场",例由乐户装扮成寿星、王母、八仙等;社众类如"迎神",抬着神桌迎请,称"迎寿";迎回赛庙,再由寿星一行向在庙各神敬酒祝贺,以示"添寿",其间仪式加杂表演,属于原初形态的广场队子。寿星一行见称"八仙队子",其表演称"八仙庆寿",表演之语统属"寿词"。

〔二〕此篇讲唱,用于寿场仪式开始时。届时先祭寿星神位,前行念《祝寿讲山赋》,借以祝赞寿星所居的"南山"仙境。见于上党赛社,同类讲唱存有多篇,每由前行和主礼先生一递一篇分别吟诵,形同比赛。

〔三〕此篇《迎寿讲山祝水赞》,也由前行讲唱,既可用于寿场"起寿"前,借以抬起寿星神位,起身回庙,又可用于寿星一行进庙后,作为"八仙队子"表演前的致语。因此,见于上党赛社《听命文集》藏本,又将此篇命名为《十字八仙赞》,内容相同,以下校注将用以参照。

〔四〕"影影",《听命文集》本记作"炎炎",均欠妥。依上下文意,或应为"炎影"。

〔五〕以上两句,依《听命文集》本补入。"西王母",俗称王母娘娘。早在《竹书纪年》见记,言周穆王十七年"西征昆仑丘,见西王母"。《穆天子传》《山海经》亦记。后世演义,成了一位能延生添寿的女神。"东华帝君"是与西王母对应的男仙,又称"东王公"。

〔六〕"旌节",是古代官员出行所持的信符。以竹为柄,饰以三重旄尾,用作使者的信物。《周礼》已记,历代相沿。此处借指仪仗用物。

〔七〕"八洞"指八洞神仙，即八仙。唐宋已有八仙传说，但历代人名并不统一。至明，吴元泰作《八仙出处东游记》，才见确定为铁拐李、汉钟离、张果老、吕洞宾、韩湘子、蓝采和、曹国舅、何仙姑八人。此篇八仙，无何仙姑而有张四郎，当是明代之前传说的八仙，留有宋元痕迹。

〔八〕蓝采和，八仙之一。南唐沈汾《续仙传》见记，可见唐代早有传说。依该书记，蓝采和破衣烂衫，一足着靴，一足跣行，手持大拍板，每于城市行歌乞讨，常唱"踏踏歌"。与此相关，元杂剧有佚名作《蓝采和》，写其原名许坚，为乐户艺人，后成仙。所谓"鸳鸯板"乃拍板一种。唐宋拍板一般为六片或九片，"鸳鸯板"当为两片，南宋无名氏《大傩图》绘有此种拍板，已用于舞。

〔九〕韩湘子，传说为韩愈侄，由吕洞宾度其成仙。其成仙后又曾点化韩愈，致空樽见佳酿，聚土即开花，花为双头牡丹，中有诗联"云横秦岭家何在，雪拥蓝关马不前"，后果应验。依史，韩愈因谏迎佛骨遭贬潮州，途经蓝关曾作《左迁至蓝关示侄孙湘》一首，诗中确有以上二句。"韩湘子"即由此演义而来，且将"侄孙"变为其侄了。唐段成式《酉阳杂俎》已有其传说，宋刘斧《青琐高议》亦见有"韩湘子记"。

〔一〇〕"张果老"亦即"张果"，唐史有传。依记，其自称尧时人，久隐中条山，往来汾晋间，玄宗时曾召见。本句典故出自民间传说，言张果老一日倒骑白驴，过鲁班所建赵州桥（为隋代建筑），故意施法要压倒此桥，亏鲁班也施法力，将桥扶住。

〔一一〕"捶"，《听命文集》本记为"插"，均欠妥。曹国舅，传说为宋时人，曹太后之弟，故称国舅。后因其弟仗势作恶，恐受牵累，乃散财济贫，入山修道，经汉钟离、吕洞宾度化成仙。按此，"捶"应为"摔"。

〔一二〕此句指"铁拐李"，属其传说之一，言宋代郑州孔目岳寿，因贪财得罪高官韩琦，惊恐而亡，在地狱受油镬之罪时有吕洞宾说情，收其为徒，但岳死尸焚，只得借屠夫李某之尸还魂。李某原瘸，拄拐，遂称铁拐李。元杂剧有岳伯川作的《吕洞宾度铁拐李》（见《元刊杂剧三十种》），即沿此说而来。

〔一三〕"汉钟离"的传说，起于五代北宋间，宋《宣和书谱》已录其事。传说其本姓钟离，名权，为汉将，后成仙，自称"天下都散汉钟离权"，后人误将"汉"字下属，称"汉钟离"。"一梦黄粱"出自唐人小说《枕中记》，写卢生上京求取功名，经邯郸，客店为其做黄粱饭时入睡，梦中历经荣辱苦难，参透人生，醒后决意修行成仙。后将其与吕洞宾附会，并将黄粱梦说成汉钟离有意点化而为。见元杂剧已有《邯郸道省悟黄粱梦》（见《金元戏曲》第二卷），剧中汉钟离已云："汉朝得道一将军，故来尘世度凡人。十八年来一梦觉，点化唐朝吕洞宾。"与此处所言"汉钟离十八年一梦黄粱"相合，正见此说宋元早有。

〔一四〕张四郎，《续文献通考》见记。传说原名张远霄，四川眉山人，有四目老人传以弓弹而成仙，以此为世人击散灾难。其画像见挟弹弓，且因弹弓用以送"子"，竟转为"送子"之神。

〔一五〕"寒山",唐代高僧。据传,贞观时(或说大历时)居天台翠屏山(又名寒岩),自号寒山子,喜为诗偈,类疯狂,有仙术,与国清寺僧"拾得"友善。宋《太平广记》记其事。或因二人友善,有仙术,后被民间奉为"和合"二仙(此为一说)。苏州寒山寺今存青石碑,有二人画像和刻名。"绿毛狮子",传说是火烧世间的怪物,为寒山降伏,故有"左寒山降火灾绿毛狮子"一语。后又将寒山与文殊菩萨附会。

〔一六〕"拾得",本孤儿,被国清寺僧人丰干拾得,故名。故事见于《太平广记》。传说"白象怪"风盅乾坤,被其降伏,并与普贤菩萨附会。

〔一七〕"老人星",又称南极老人星,即寿星,本为星名。因此星"见则天下理安,故祠之以祈福寿"(见《史记·封禅书》"索隐"语),后演义成添福增寿的神仙,又与道家"老子"附会。

〔一八〕此句"如银",《听命文集》本记为"银丝"。

〔一九〕唻,意为"吃"。

〔二〇〕"指一本",《听命文集》记作"取一本",均通。"黄庭经卷"指《黄庭经》,即道经《云笈七签》,见该书云:"黄者,中央之色也;庭者,四方之中也……即脑中、心中、脾中。"内含《黄庭内景经》等共七篇,属道家养生之书。

〔二一〕此篇也属赞颂"南山"的讲唱。与前"祝山祝水"不同的是,此篇一般用于寿场供盏。旧规,"迎寿"出发前要向寿星神桌供三盏,前行可用此篇。

〔二二〕"又重",指再重复一遍"圣寿无疆"。

〔二三〕此篇,用于赛庙向众神"添寿"时,即"八仙庆寿"时。届时,先有一段八仙一行自报家门式的讲唱,之后供盏,其间又加寿星、王母、八仙依次添寿的礼规节次,相当烦琐。此篇用于寿星添寿时,由扮者自念,故有"听吾说混沌初分""吾与天地同生"云云。上党赛社《赛乐食杂集》亦记,称《安天治世诗》,又名《讲混沌赞》。

〔二四〕"五龙",指五龙氏。传说人皇之后,分为皇伯、皇仲、皇叔、皇季、皇少兄弟五人,分治五方。《史记·三皇纪补》见言:"自人皇以后有五龙氏。"所谓"十纪"犹言多代,非确指。见于此处,正言五龙氏之后又经多代才到了伏羲时代。

〔二五〕伏羲、女娲,传说为人类始祖。又说二人本为兄妹,相配成婚才繁衍了人类。相关传说早见于《山海经》《楚辞》等。至汉代,既见于石刻砖画(参见常任侠《汉画艺术研究》),又见东汉《风俗通》也有记述。可见其说早已广传于民间。

〔二六〕"六合"指结婚所选的良辰吉日。古俗,结婚需选月建与日辰相合。如子与丑合,共有六合为吉日。"初辰"乃指"初婚"。

〔二七〕"滚磨成婚"出自典故,据袁珂《中国神话传说》(中国民间文艺出版社,1984年版)载,至今我国西南少数民族仍有相关故事流传,并举湖南瑶族古歌《发习冬奶》为例,言远古洪水滔天,人民全淹死了,只留下伏羲、女娲兄妹二人,唱其成婚时仍言"妹打主意难哥哥……各把磨石滚下坡,两扇磨石叠合起,磨石相合人也合。"(见该书上册86页,注16)。由此更见,"滚磨成婚"传说早已流传各地,与先民的生殖信仰有关。

〔二八〕"垂",此处取"自上施于下"之意,古书多见,如垂询、垂念等。

〔二九〕"五常"即"五教",指父子有亲、君臣有义、夫妻有别、长幼有序、朋友有信。《尚书·泰誓下》早言:"今商王受,狎侮五常。"《尚书·尧典》早又记:"汝作司徒,敬敷五教,在宽。"

〔三〇〕"札"指古时记事的小木片,书写而称木简,借指公文、书信等。

〔三一〕"启"指官信。古时骑马传达官方命令,每执其旗幡作为凭信,故见此处仍有"始行命走马报启"一说。

〔三二〕"轩辕氏"即黄帝,传说生于轩辕之丘,以其为"氏"。

〔三三〕依《史记》,"后稷"乃周之始祖,原名弃,尧时封为稷官,因古称官长曰"后",故曰"后稷"。子孙世袭此职,十五传而至周武王,遂有天下。

〔三四〕"风后",古人名,传说为黄帝臣。《史记》载,黄帝"举风后、力牧、常先、大鸿以治民";《帝王世纪》云,黄帝因梦求访,"得风后于海隅,登以为相";《汉书·艺文志》记有"《风后兵法》十三篇",其又擅长用兵;以至《山西通志》曰:"风后,解州人,黄帝得六相而天下治,风后其一也。解,旧号渤澥之海,所谓海隅,即此。今解州西南蒲州风陵乡有风后墓,因号风陵渡。"不但解州(今属山西运城地区)见有盐池,且有黄帝战蚩尤传说(前引),应与"先拜了风后上将"有关。

〔三五〕"张荣",见《赛乐食杂集》同篇记为"张勇",供辨。"钨"(xiě),范金也。"铸钨"亦即铸造。

〔三六〕"四神洲"即四大神洲。依佛典,大海中有须弥山,为帝释天所居,周围有大洲四:东胜神洲、南赡部洲、西牛贺洲、北俱芦洲。此处已将佛说引入道教,留有三教合流的痕迹。

〔三七〕原本此句缺失,今依上党赛社另本《赛乐食杂集》补。

〔三八〕"春祈"二字属重抄。

〔三九〕此篇《听命文集》亦记,见名《八仙赞》。这是赛庙"八仙庆寿"时的前行讲唱,借以介绍寿星、王母、八仙一行。

〔四〇〕"筭"通"算",原指计数之筹(筹码)。《说文》:"筭长六寸,计历数者。""寿筭"指寿数,即寿龄。

〔四一〕由此句起,每四句介绍一位神仙,今将前后空开。此句,《听命文集》中记作"头戴着夹纱幞头",亦通。

〔四二〕以上四句,写韩湘子。

〔四三〕此句写"铁拐李",与元杂剧《岳孔目借铁拐李还魂》所言一致。依其写,岳寿"在这六房中做一个都孔目,人顺口叫我做岳孔目","凭着我拗曲作直取状笔,胜如那图财致命杀人刀",曾借刑案索贿。"孔目"属官名,是掌管文书的小官,宋代专管稽核文簿;"六房"又称"六案",泛指六曹法典之事,正见此句"六案刑通无人比"所由。

〔四四〕"文殊"属佛教四大菩萨之一。此处,既将唐代高僧"寒山"与其附会,正合佛家"转世"说;又见演义出降服"绿毛狮子怪"故事,正是文殊塑像骑着狮子的原因。类此,见之下普贤菩萨也与唐代高僧"拾得"附会,演义出"降了白象"故事。从而,见宋《东京梦华录·元宵》条已记:"正月十五日元宵……采山左右,以彩结文殊、普贤,跨狮子、白象。"可见其说宋代早已盛行。

〔四五〕"众真",即众真人,亦即众仙。此句在《听命文集中》就记为"众真人呈奉灵丹"。

〔四六〕"挡",弹也。见《新唐书·礼乐》所记"琵琶"就说,"旧以木拨弹,乐工裴神符初以手弹……后人习为挡琵琶"。"挡筝拨木"指弹奏各种乐器。

〔四七〕"沉檀""降贞",均是敬神所用的名香。

〔四八〕此篇,《听命文集》中亦见,题名《王母赞》。属王母向诸神祝寿时,前行所用的讲唱。

〔四九〕"崦"泛指山,"峡"指山谷。"崦峡"本名词,古语中活用为动词,有"崦遮峡隐"之意。

〔五〇〕此句,原本传抄时有脱漏,今依《听命文集》补。

〔五一〕"朱顶"指丹顶鹤,传说仙者常驾。

〔五二〕"吹弹破",用以形容脸之娇嫩,不经吹弹。

〔五三〕"圭",一种玉器。古时帝王诸侯用作礼器,朝会或祭祀多用。

[书表通例部分]〔一〕

[书表用语摘记]〔二〕

盖闻:自盘古混沌初分以来,天位乎上,地位乎下,而鬼神往来于其中。然而复(覆)载生成之职操于天地,风云雷雨之权掌于鬼神,则有功于群生也,成(诚)大矣,所以自古及今而有陈设之事焉。然,春祈者有之,秋报者[有之]。春乃祈其风调雨顺,而秋则报其五谷丰登。今时,上年或是旧规,或是见(现)择日期,旋颠俭(掂捡)使用〔三〕。

八音乐器名色:金为钟,石为磬,竹为管,匏为笙,土为埙乌〔四〕,革为鼓,木为板,丝为弦。

天行曲日月星,地行曲万物生,月行曲玉兔东生(升),日行曲红轮西坠。

香　文[五]

　　夫香者,上奉天界高贞,下供地狱威灵;五方行云布雨,得泽龙神水界;海藏龙宫水府,贞(真)宰中请阳间[六]。庙貌诸位尊神,共临宝殿,会吾(晤)一堂。祈福者以香为信,以酒为先,香烟起处,万圣遥知。俯鉴凡筵,增福延寿。

　　香诗曰:

　　　　香焚一炉达上苍,诸般执事祈祯祥。
　　　　风调雨顺家家乐,五谷丰登谢高皇。
　　　　无灾无难人安太(泰),有福有寿把名扬。
　　　　合社焚香同祈祷,共愿年年保安康。

　　恭焚一炉,祈祷神祇,除灾降福。每逢旦夜,须要恭敬焚香,社众虔诚,伏惟尚享。

祝极长生表文[七]

　　南极注生人帝老人星君位前[八],曰:惟星君煌煌在于混沌之前,朗朗显于宇宙。神恩广大,与天地以齐年;圣寿无疆,同乾坤而永固。皇图国祚,祈赖以安宁。伏望星君,万寿万寿。

　　　　太上皇帝诏,飘云下九霄[九]。
　　　　金童捧寿酒,玉女进仙桃。
　　　　来添神圣寿,国祚永坚牢。
　　　　绿毛龟后引,朱顶鹤飞绕。
　　　　圣寿无疆福无疆,万寿万寿万万寿。

　　右谨[一〇]。

厶帝尊神圣诞之辰枢电呈祥之表[一一]

　　圣哲千龄之庆,布云亦晏交臣[一二]。怜四海之欢,共集神庭,同修善祝。臣厶人等,俯罄遇(愚)诚,仰酬先愿。惟神圣兹(滋)陛下,恩行万国,道冠百王。山河带励(厉),万车书之同轨[一三];九州八荒,一统乾坤大柄。臣等庸俗,冒渎灵聪。九品乐奏[一四],声腾海阔之欢;一办(瓣)香烟,赞祝天齐之寿。仰祝千秋,嵩呼圣寿无疆福无疆[一五]。下情无任瞻天拜圣,皎洁(急切)屏营之至[一六]。

右谨具表以闻。
年　　月　　日

祝皇文[一七]

伏以皇帝万岁万万岁:智同日月,寿并乾坤。万邦歌有道之长,四海乐无穷之化。恭惟太上皇帝圣体永安,太后、皇后崇增瑞算[一八]。文武官僚感臻禄位。河清海晏,五谷丰登。干戈偃息,迁(边)鄙和平。伏乞圣寿无疆福无疆,万岁万岁万万岁。

古论对曰云[一九]

伏以皇帝万岁万岁万万岁:乾坤并寿,日月齐明。常居九重之宫,永镇千秋之殿。天兹(滋)广博,圣智渊深。天元太后[二〇],福祉如海阔山高;中宫国妃,寿龄同天长地久。宠垂圣训,四维覃箸(著)于门迁(庭)[二一];大布严风,八表皆成乎轨范。兹当保佑太子诸王,遐龄并于山河。福祉通江,人民安堵[二二],帝商流长。朝中仪式[二三],四海不动。烟尘阁下,论文一国咸遵[二四]。度(庆)伏愿寿,伏愿:寿筹延如太(泰)山,福禄坚如盘(磐)石。出言典则,行事有规。风调雨顺,国太(泰)民安。家家享太("太"字衍)丰稔之年,户户贺太平之世。伏乞圣寿无疆福无疆,万岁万岁万万岁。

古论又对曰云　又祝皇文[二五]

伏以皇帝万岁万万岁:明并日月,德合乾坤。万邦仰一人之庆,兆民沾无穷之恩。九德端拱,万国咸宁。正人正己,常行仁义之金章;为祥为瑞,永祚国家之王柱。皇图巩固,帝道遐昌。伏乞圣寿无疆福无疆。

古论云:妓者身穿黄袍,大拜皇帝位牌,口云毕,四拜完[二六]。

【注释】

〔一〕此分类标题今加,盖因下列文字均为赛社"书表"所用,都是呈给神的,借以人神相通。呈神书表有一定书写格式,写在黄表纸上,类同书信,要用红纸信封装好。用时,由主持礼规的阴阳先生在神前跪读,读毕焚化神前,以示呈于神灵。赛社书表很多,几乎每一敬神仪式都用,以下所抄并非全部。书表开头和结尾的格式用语,因属熟套故舍去,或只抄其主体内容,或只抄部分词语,以供选择使用,只可视为备用的"通例"。

〔二〕此小标题亦为注者加。盖因以下三段文字互不关联,均属书表内容的"摘记"。经核查,第一段文字每用于赛前向神"奏禀",以向主神禀告办赛(春祈或秋报)之由。第二段所记"八音乐器名色",各种书表中多用。第三段更与用乐相关,强调二十八调应与二十八宿值日对应,以遵"大乐与天地同合"的古规。三段文字均属摘要,以供届时选用。如《唐乐星图应用本》所记的《听命文》,就对二、三段运用如下:"[八]天乐事:金、石、丝、竹、匏、土、革、木。金为钟,石为磬,丝为弦,竹为笛,匏为笙,土为埙,革为鼓,木为板。天行曲日月星,地行曲万物生,日行曲红轮西坠,月行曲玉兔东生(升)。尽按着二十八宿、五音律吕……"

〔三〕"旋"作副词,取"临时""随即"义。"掂捡"意即"掂量选择最佳的"方案或办法。考察当地选择赛社日期的办法,的确有两种。或沿古规旧例,赛社日期相对固定(一般以赛庙主神的诞日为准);或每年现择吉日,如平顺县九天圣母庙大赛,大致确定为每年农历三月,具体日期则要现择,选"三个己日中间一个"。遇有特殊情况,更可现定,如抗日战争爆发,不少庙赛都因战火挪动了日期。正因此,就见"或是旧规,或是现择日期,旋掂捡使用"。

〔四〕"乌"字,可能是衍字,或指埙的呜咽之声。

〔五〕"香文"是上香仪节中跪念的表文。类似的香文很多,此文权为代表。

〔六〕"真宰"犹言造物主,是假想中的主宰宇宙万物的神灵。"中请"犹言"民请",盖因人居天地之间。《左传·成十三年》记:"民受天地之中以生"。

〔七〕这一表文,是正赛之日(主神诞日)由寿星一行向主神祝寿添寿时所读表文之一。该日,专有迎请寿星、王母、八仙一行前来添寿的仪节,加有许多表文和表演。大致说来,当寿星一行从"寿场"接回赛庙后,要向玉皇、主神、所请诸神、当今在位皇帝(赛庙立其神位)依次祝寿添寿,每受祝贺者又有回贺,每贺三次供盏,礼节烦冗,表文甚多。此表用于祝寿开始,属社首代表社众请寿星添寿的表文。按另本记,届时"社首奉寿星表"献于寿星位前(牌位),由主礼代读,开头例行文字为:"维×年×月×日之辰,今据×府×县×乡×里人氏,现村居××社人等,敢昭告于……"接下才是正式文字。

〔八〕"南极注生大帝",另本记为"南极赐寿注生大帝",即寿星。与此相关,见《史记·封禅书》已有唐代司马贞索隐说:"寿星,盖南极老人星也,见则天下理安,故祠之以祈福寿。"《史记·天官书》又有唐代张守节解释说,"老人一星,在弧南(天狼星东南),一曰南极,为人主占寿命延长之应……见国命长,故谓之寿昌,天下安宁,不见,人主忧也。"所以,"寿星"又叫"老人星",又叫"南极注生大帝",也叫"长生大帝"。故见社首向寿星祝贺时用此《祝极长生表文》。

〔九〕此"太上皇帝"云云,与"宋徽宗"有关。《续资治通鉴》记,宋徽宗以倡兴道教为己任,自封"教主道君皇帝",自称"昊天上帝(玉皇大帝)元子",即"长生大帝君",不但京城建有"万寿宫",其中早列"长生大帝君",属"当今在位皇帝"神位,且言其"御制御笔《神霄玉清万寿宫记》,令京师神霄宫刻记于碑,以碑本赐天下,摹勒立石"。于是,见于上党地区的《长治县志》(清乾隆版),仍存宋"宣和元年八月十二日奉圣旨立石"的碑文,是其"御制御笔"的手诏,正记有"乃诏天下,建神霄玉清万寿宫,以严奉祀……属者,三元八节按冲科启净,供风马云车来顾来飨";海南省的海口市,至今仍存宋碑,一如《长治县志》所记,也见"宣和元年八月十二日奉圣旨立石"。由此可见,当年各地多有"万寿宫",属民间"以严奉祀"的样板,早与各地赛社相关。正因此,就见此篇《祝极长生表文》仍有"太上皇帝诏,飘云下九霄"云云。

〔一〇〕"右谨",为表文结尾的套式用语。全写应为"右谨具表以闻",之后还应署以"×年×月×日,××人等(具表呈献)"。此为简写省记。

〔一一〕此篇,赛社另本记为"社首奉筵主表",即社首代表社众向主神祝寿的表文(仍由主礼先生代念)。该表既用于"厶帝尊神圣诞之辰",正为主神"庆寿",又属"枢电呈祥之表",正留有宋代痕迹。与此相关,《史记·黄帝本纪》"正义"释,黄帝是由其母"见大电绕北斗枢星,感而怀孕"所生,与"枢电呈祥"相关;《续资治通鉴》记,宋真宗时,假借天书下降改元"大中祥符",大中祥符五年(1012)"天尊"下降,对真宗说:"吾人皇九人中之一也,是赵之始祖。再降,乃轩辕皇帝……母感电梦天人,生于寿丘",不但黄帝成了"赵之始祖",且因教坊"宴辞"滥用"大电绕枢"典故,真宗早又下诏:"黄帝故事,自今凡降书诏,非圣母文字外不得引用。"正因此,既见宋代赛社类如皇帝"圣节"而为,假名为神"庆诞",每也"圣诞酬神";又见本篇仍有"臣厶人等"云云,仍类宋代皇帝庆寿时"百官上寿"所见。

〔一二〕"交",此处作接洽、交合讲。正如《周易·泰》记:"天地交而万物通也,上下交而其志同也。"所谓"交臣",正指可使天地相交的神灵,如雷公、电母。

〔一三〕所谓"山河带厉",借指江山永久,《史记·高祖功臣侯者年表》记:"封爵之誓曰:使河如带,泰山若砺,国以永宁,爰及苗裔。"所谓"万车书之同轨",亦言天下统一、江山永久,语出《礼记·中庸》:"今天下车同轨,书同文。"

〔一四〕"九品",指下下类,谦词。佛家分万物为九品,第九品为最下。

〔一五〕"嵩呼",或作"呼嵩""山呼",乃颂祝帝王之词。

〔一六〕"不任",犹言"不胜任""不堪""不配"。"屏营",惶恐貌。二者均为谦词。

〔一七〕《祝皇文》,是对在位皇帝祝颂之文,亦属社首所用书表。与此相关,既见《敦煌变文集·破魔变文》记有"谨奉庄严我当今皇帝贵位";又见该书《卢山远公话》抄于宋太祖"开宝五年",仍有"开经已了,叹佛威仪,先表圣贤,后谈帝德"云云。宋徽宗早又将其神位列于庙中,民间赛社供有"当今在位皇帝"位牌(前引)。见于上党赛社,据长子县当过赛社主礼先生的冯贵钰(1989年,时年79岁)讲,每赛必供"当今皇帝"位牌,即使民国废了皇帝,其初也仍换成"大总统之位"供于神殿,也仍"祝皇"。每祝皇添寿也供三盏,每盏念有一篇《祝皇文》,本篇即其一。

〔一八〕"算"指寿算,即寿龄。"崇增瑞算",言指多添福寿,词含敬意。

〔一九〕"论"是古代一种文体,以论说见长。"对"也指文体,特指臣下应诏对答皇帝的文章,如策对、奏对。本文"论对",即又一篇"祝皇文"。因祝皇添寿每供三盏,每盏念一篇,共需三篇,本篇实其二。"曰",在本句作语气辞,无实意。

〔二〇〕"天元",本指天之元气及其运行,属"天之正道"。于是,周有"天元历",北周宣帝早又自称"天元皇帝"。本文"天元太后"正也缘此而来,借以恭维皇太后。

〔二一〕"四维",指"礼、义、廉、耻"。古人认为,四者为治国之纲,故称四维。见《管子·牧民》就记:"何谓四维?一曰礼,二曰义,三曰廉,四曰耻。""覃"取延伸、延续之意,"覃著"指延续而更加昭著。

〔二二〕"安堵"犹言"安居"。《史记·田单传》记:"愿无虏掠吾族家妻妾,令安堵。"

〔二三〕"仪"指法度,"式"言规矩。

〔二四〕此句或与李世民有关。据《封氏闻见录》卷五记,贞观十七年(643),唐太宗曾诏令,将开国二十四位功臣图画于凌烟阁,亲自作赞,由褚遂良书之,"其后侯君集谋逆,将就刑,太宗与之诀,流涕曰:吾为卿不复上凌烟阁矣"。本句或援于此,指一国臣民都要像唐太宗在凌烟阁下作论要求的那样,永远孝忠皇帝,而不像侯君集先忠而后叛。若此,则"烟尘阁"或为"凌烟阁"之误。

〔二五〕"古论又对曰云"原写于上篇结尾,指下篇"又对",即此篇"又祝皇文",属祝皇第三篇,故移此篇题首。

〔二六〕本篇结尾的"古论云……四拜完",非正文,属说明语。意指,依照"古论","妓者"(乐户艺人)念《祝皇文》时,需"身穿黄袍",先"大拜皇帝位",念毕,再"四拜"结束。从而,既类唐代佛教俗讲,讲者"身穿黄袍",早也"谨奉庄严我当今皇帝贵位",又类宋代宫廷"百官上寿",早用女乐,且见设有"皇帝"神位,用其"祝皇"。由此可见,以上"祝皇文"以及相关礼规,正沿唐宋而来。

["补加"屯留县清代赛社书表实例]〔一〕

头场乐次〔二〕

维大清嘉庆二十三年岁次戊寅　　朔越〔三〕，今据山西潞安府屯留县　里　甲　人氏，现在　居住（处）奉神，顾典到古论科头〔四〕诚心作乐奉献于昊天至尊金阙玉皇上帝尊神暨两班尊神位前〔五〕。夫乐者，宫商异韵，丝竹音声，八音克谐，无相夺伦〔六〕。将见傋物（霖）告虔〔七〕，合百神而禋祀；居韵赓歌，敛五福以锡民〔八〕。恐惧中间丝竹乖音，遗落脚数〔九〕，触犯神祇，尚期神明宽赦罪愆。尚享。

三场乐次〔一〇〕

大清嘉庆二十三年岁次戊寅　　朔越　　之辰，今据山西潞安府屯留县　里　甲　人氏，现在　居住（处）奉神，执香社首人暨领十村人等〔一一〕，敢昭告于昊天金阙玉皇上帝尊神暨两班尊神位前。谨奉前衙，合当表祭。备到金银纸马礼乐奉神。今典到大散乐伶工人〔一二〕　　护国灵贶王尊神位前〔一三〕，享赛三朝。

诚惶诚恐，稽首百拜，上启诸神位前：乐奏宫商异韵，丝竹音声。先验日之与（于）辰，次验星之与（于）宿〔一四〕。绥调律吕，欢奏笙簧。须舞治世之音，呈献安阜之曲。聊为节次或然〔一五〕。灵明值宿之神当值，正傍（旁）测（侧）逆等[犯]〔一六〕，八音克谐，未敢陈明。

今开应用盏数于后〔一七〕

第一盏　寿南山歌曲子〔一八〕　　　　　补空　新花三台
散花三台〔一九〕
散水三台

第二盏　　靠乐歌唱　　　　　　　　补空　　本调惊（倾）杯乐[二一]
　　　　　道宫薄媚[二〇]　　　　　　　　　　念双乔[二二]

　　　　　王子[高]六么花十八[二三]
第三盏　　檀（五）花梁州[二四]　　　　补空　　再撞再煞[二五]
　　　　　杨妃单舞盘中曲

　　　第四盏，第五盏，六、七、八或十二盏　　　补空
　　三盏已毕各无所管，俱事补空完[二六]。
　　右件前项，乐依古调，曲按宫商，奉神歌舞精严，供献箫韶韵美，衣甲新鲜，巾冠整顿，双歌队无（舞），勿得失错。殷勤音（者）降福，[急]慢者招愆，丝毫失度，罪责非轻。各谨伺候。
　　神明照鉴，尚飨。

三场食次[二七]

　　维大清嘉庆二十三年岁次戊寅　　朔越　　日之辰，今据山西潞安府屯留县　里　甲　人氏，现在　居住（处）奉神，执香社首人敢昭告于昊天金阙玉皇上帝尊神暨两班尊神位前。谨奉前衙，[合]当表祭。备到金银纸马食味奉神，今命到膳夫[二八]　　。今有[二九]护国灵贶王尊神位前，享赛三朝。
　　诚惶诚恐，稽首顿首百拜，上启西（两）班诸神位前：窃以享祀多方，众圣饮食为先。虔心洁净，供献诸神，按阴阳烹煎美味[三〇]。殷勤者降福，怠慢者招愆。丝毫失度，罪责非轻。当该正傍（旁）测（侧）逆等祀（犯）[三一]，未敢陈明。

今开应供盏数于后[三二]

　　第一盏　补空　七宝看盘簇顶茶食　　　正海茶趁
　　第二盏　补空　景样馒饳[三三]　　　　八宝云蒙羹
　　第三盏　补空　月样饽脆　　　　　　　鸡汁汤趁

第四盏　补空　开洛糖饼　　　　　　　头蹄羹
第五盏　补空　粉面馂儿[三四]　　　　鸡皮水花羹
第六盏　补空　鲍洛耳鲁饼　　　　　　香秦(蓁)肺趁
第七盏　补空　八卦龟儿　　　　　　　红丝羹
第八盏　补空　粳米饭　　　　　　　　白肉下饭

右前食次，按本宿当值，务要虔心洁净。勿行怠慢，丝毫失度。若有差错，谨呈神圣，必招慢神之愆。尚享[三五]。

文书同前　头场[三六]

第一盏　补空　凤楼看盘寸金定则　　　火炼金茶趁
第二盏　补空　桃花馒食　　　　　　　七宝天头羹
第三盏　补空　香禾(酥)馂脆　　　　　金丝粉趁
第四盏　补空　插花糖饼　　　　　　　鸭子羹
第五盏　补空　蛾眉馂儿　　　　　　　熊掌羹
第六盏　补空　金丝龟儿　　　　　　　散翠(碎)杂庄(妆)羹趁
条七盏　补空　黎(梨)花饭　　　　　　煎鱼下饭

正赛食次文　同前

第一盏　补空　凤楼看盘金丝钉则　　　撒星酥茶趁
第二盏　补空　然(染)尖馒饺　　　　　菊花杂庄(妆)羹
第三盏　补空　香酥馂脆　　　　　　　金丝肺趁
第四盏　补空　菊花糖饼　　　　　　　鸭子羹
第五盏　补空　烙面馂儿　　　　　　　木耳竹笋趁
第六盏　补空　菊花盏罗　　　　　　　玉蝉羹
第七盏　补空　三色耳鲁饼　　　　　　清茶趁
第八盏　补空　撮五然(染)尖馒饺　　　珍珠粉趁
第九盏　补空　沙糖鱼儿　　　　　　　鹅掌羹
第十盏　补空　望口消定则　　　　　　蜜汁趁
第十一盏　补空　延寿龟儿　　　　　　金丝粉趁

第十二盏　补空　珍珠饭　　　　　　　铮(铛)烧肉

众圣饮食为先,虔心洁净,供献(至前事至后也是)〔三七〕神祇,诚心者获福无边。杯盘原女(屡)洗〔三八〕,匙箸频楷(揩),依大礼奉献诸神,按阴阳烹煎。

一前右指,少(稍)诚心者获福一行(项)。

[禹王庙排神]

```
                        禹王
                玉皇上帝尊神      仙师(素)
              南无佛祖尊神(素)      祖师(素)
                观音(素)          西宫(素)
              天齐                至圣伯益
            东宫                    至圣后契
          先农后稷(素)                二郎
        至圣皋陶                        义济王
      孔子                              冲淑(素)
    圣贤                                  冲惠(素)
  大(太)宗                                行雨广禅侯
五土五谷                                    雷公　土地
三宗(嵕)
五龙
风伯    五道
天地
                    禹王庙上排神
                    神簿荤素俱清
```

【按】以上所记为"禹王庙排神"。由于各庙赛社所请之神不尽相同,各神次序不可错乱,因而主礼先生每记有各庙的"排神簿"。一般而言,从中间向两边,由高到低依次"竖排"。此为屯留县禹王庙排神实例,其中所记的"三宗"指三嵕神;所记"大宗"指唐太宗,即当地敬奉的"蝗王爷",今加校注于(　　)内。另有一些神名,原本在其旁下批一小写的"素"字,指其食性,今亦置(　　)内,从而供盏时"荤素俱清"。

[附"早乐"剧名实例]〔三九〕

早乐《斩华雄》。早乐《子龙救主》《穆氏招亲》。

【注释】

〔一〕此分类标题今加。之下一类，均属"大清嘉庆二十三年"在"潞安府屯留县"某处办赛用过的书表，保留着应用时的书写格式，故可称作"书表实例"。细审发现，这一部分内容自成一体，共七个双面页，计十四个单面，用纸与字迹皆与前后其他部分不同。其他部分纸质细匀，有水纹，几近宣纸，抄写工整。这一部分见用普通麻纸，纸质较粗厚，无水纹，抄写较潦草。从而判知，这部分属于后期补加内容。之所以补加于此，或因其所记仍属"书表"，正可补前"书表通例部分"的不足。其所记，见有"乐次文""食次文""排神簿"等，既是赛社的重要内容，又是当地赛社曾用的"实例"，确有"补加"必要。

〔二〕此"头场乐次"，另本记称《宥罪文》。盖因头场卯筵属于"三场"用乐的开始，乐户先要神前焚香祭拜，祝告用乐之由，请神宽宥用乐的失误。依规，神前用乐需按"乐星"对应规制，不能错乱宫调，稍有失误，触犯神规，获罪匪浅，故在"头场乐次"之前，先念《宥罪文》，正如所写。又因其用于"头场"，可将头场卯筵（早三盏）"乐次"列入，故又见称"头场乐次"。

〔三〕"戊寅"乃"嘉庆二十三年"的干支纪年。又因其后尚需填写具体月日，亦用干支，所以每月某些特殊日子又有特定名称，如每月初一称"朔"，中间一天（大月十六、小月十五）称"望"，最后一天称"晦"。所谓"朔越"，指该月初一后的某天（该天或再用干支以记）。

〔四〕"顾"，在此用作副词，相当于"而"。"科头"指乐户的头目，即领班，其后需填具体人名。此处之所以特别点明科头，盖因祭祀时由其代表一班人向神祭告。届时科头跪于神前，仍由主礼代读此文。

〔五〕所谓"两班尊神"，即所请众神。由于每神有一位牌，按地位高低依次排列于大殿，高位者居中，分东西而列，故称两班。

〔六〕"伦"指顺序。语见《尚书·尧典》："八音克谐，无相夺伦，神人以和。"

〔七〕"见"通"现"，显现也。"偻䎗"（gòu méng），亦作"偻瞀"或"佝愁"，作愚昧讲，谦词。

〔八〕"赓歌"，指相继作歌。"敛五福以锡民"，指把五种福气收敛集中起来赐给臣民。《尚书·洪范》有"敛时五福，用敷锡厥庶民"，并言"五福：一曰寿，二曰富，三曰康宁，四曰攸好德（喜好皇帝倡导的道德规范），五曰考终命（长寿而善终）"。"锡"通"赐"。

〔九〕"乖音"，指不谐之音。"脚数"指曲调的音节"拍数"。

〔一〇〕"三场乐次"四字，原本写在上篇结尾空白处，因属之下篇名，今移于此篇开头，正合以下所记。其所记，既属"三场"（头场、正场、末场）通用的"乐次"，又属"合记"形式。依上党赛社所见，前三盏仍依古规，"吹头盏、唱二盏、舞三盏"，"三盏已毕，各无所管"，或舞或唱，或戏剧，或杂耍，灵活自由，届时填写。因此，作为"合记"形式，见只列有前三盏曲名、舞名，以供三场选用。届时将"三场乐次"写好，既类"表文"，用于神前祭告，又类"榜文"，可以张榜公布，告白社众。

〔一一〕"执香社首人"五字，原本旁加于"现在"二字左侧，属遗漏后的补添，但位置放错，今依行文规范，移于"暨"字之前。

〔一二〕"大散乐伶工人"，另本记为"大散乐伶工［古］论科头某人"。其下空开处，应具体填写乐工科头的姓名。"大散乐"或又称"大行散乐"，言指其散乐来自大型正规的"行院"。如山西洪洞县明应王殿元代戏曲壁画，就写有"大行散乐忠都秀在此作场"。

〔一三〕"护国灵贶王"，指传说中的后羿，与其射日故事有关。见于上党地区，在长子、屯留两县交界处有座三嵕山，上有三嵕庙，祀后羿。依《潞安府志》（乾隆版）载，因祈雨有灵，"宋崇宁二年封显应侯，赐（庙）额'灵贶'。"因此，上党各地多有其庙，每以农历六月六为其"寿诞"，赛社不绝，清末民初仍有。此篇乃清代当地庙赛所用的乐次文。

〔一四〕"先验日之于辰，次验星之于宿"，与"乐星"对应。届时，既要依十二律与十二辰次的对应关系，确定选用何宫，又要依二十八调与二十八宿的对应关系，选定该用何调。

〔一五〕"或"在此作语气词，无实意。"或然"，意即是这样、就是这样。

〔一六〕"正旁侧逆等犯"，皆言乐曲的"犯调"，即转调。依乐星对应关系，某宿值日只能用其对应的宫调，若用他调之曲则需转调。宋陈旸《乐书》说："乐府诸曲，自古不用犯声，以为不顺也。唐自天后末年《剑气》入《浑脱》，始为犯声之始。《剑气》宫调，《浑脱》角调，以臣犯君（按，宫为君，角为臣），故有犯声。"又说："五行之声所司为正，所欹为旁，所斜为偏，所下为侧。故正宫之调正犯黄钟宫，旁犯越调，偏犯中吕宫，侧犯越角之类。"由此类推，正合此处所言。

〔一七〕"应用盏数"本指供盏次数，不但有对应的"食次"，而且有对应的"乐次"，此处正指后者。其规制，既类唐宋宫廷"宴乐"之制，又与宋徽宗亲制"大晟"礼乐、"与天下共之"相关（见《宋史·乐志》）。

〔一八〕《寿南山》属唐宋大曲，宋宫寿筵多用。如《武林旧事·圣节》条所记南宋理宗朝"天基圣节排当乐次"，就见"第六盏，笛起《寿南山慢》"。"慢"指散板慢拍，曲调从缓，正见《寿南山》早有，皇帝庆寿时早用于"吹"。

〔一九〕"补空"即填空。盖因供盏中每盏两趟，先果后食，"果为正盏，食为补空"，故献食时的音乐歌舞均属补空节目，均与该盏供果（正盏）时的节目属于同类，仍依"头盏吹、二盏唱、三盏舞"的古规，为正盏节目的补充。因此，其第一盏补空仍"吹"，依"三场乐次"列有三曲，不但皆属《三台》变体，正由唐宋大曲而来，且见《宋史·乐志》记，仅宋太宗"因旧曲造新声"就制有多种宫调的《三台》，早变出新的花样，与此处所列的《新花三台》等曲相关。

〔二〇〕"靠乐歌唱"指伴乐而唱。此处所用的"道宫"（道调宫）《薄媚》，亦属唐宋大曲。《宋史·乐志》就记："道调宫，其曲三，曰《梁州》《薄媚》《大圣乐》。"此处用于"靠乐歌唱"，非其全曲，而属"摘遍"（选段）。所唱内容，见另本记有唱时前行致语："夜听古今三五论，猛风吹透月光（广）寒。知音可对知音操，不对知音不可谈（弹）。"所唱或与《唐王游月宫》有关，仍言玄宗梦游月宫事。

〔二一〕《倾杯乐》亦属唐宋大曲,亦可变调。或因此,此处强调"本调",即"本"前曲所用之调,仍用"道宫"。

〔二二〕《念双乔》与《念奴娇》相关,或因传抄致误,或属其曲别名。由于苏轼作有《念奴娇·赤壁怀古》,见之后每用该曲填词,或又取其词语作曲名,如《赤壁词》《大江东去》《酹江月》等。类此,见苏轼词中又曾用大乔、小乔典故,从而将该曲名为《念双乔》亦有可能。

〔二三〕此目,即宋官本杂剧见记的《王子高六么》(见《武林旧事》)。与此相关,见南宋赵彦卫《云麓漫钞》记,"王迥,字子高……旧有周琼姬事,胡徽之作传,或用其传作《六么》"。南宋朱彧《萍洲可谈》记:"朝士王迥美姿容,有才思,少年时不甚持重,间为狎邪辈所诬,播入乐府。今《六么》所歌'奇俊王家郎'者,乃迥也。(北宋)元丰中,蔡持正举之可任监司,神宗忽云:'此乃奇俊王家郎乎?'持正叩头谢罪。"见南宋王灼《碧鸡漫志》记:"欧阳永叔(欧阳修)云:'贪看六么花十八。'此曲内一迭,名花十八。前后十八拍,又四花拍,共二十二拍。乐家者流所谓花拍,盖非其正也。曲节抑扬可喜,舞亦随之。"由此,既见"六么花十八"乃《六么》加有"花拍"之一叠,又见《王子高六么花十八》即宋杂剧《五子高六么》,清嘉庆二十三年仍见于屯留县庙赛。

〔二四〕此目,赛社另本记为"五花梁州",《听命文集》本记有故事大略:"此出唐明皇戏巫山神母,崔怀保、张子春戏西宫。着宫女扮五个州官为戏。"

〔二五〕"再撞再煞"或记作"再撞再杀",乃"补空"时表演的"队戏"片段。见《听命文集》本记,"三盏已毕,少不得再撞再煞,或再煞再撞",并记有对应的前行词:"再撞再煞:楚霸王生得怒发,身披了乌油铠甲,九里山撞见张敖,拨回马再撞再煞。再煞再撞:汉张飞生得莽撞,忙把盔来戴上,虎牢关撞见吕布,拨回马再煞再撞。"显然,前者属《大会垓》片段,后者属《虎牢关》片段,都属队戏,合"舞三盏"之规,正可用其"补空"。

〔二六〕正因"三盏已毕各无所管",就见"第四盏,第五盏,六、七、八或十二盏"可以任选,不再详记。见于上党赛社,既见《宋乐星图》记有"早七、晚八、中十二"之说,即早供七盏、午供十二盏、晚供八盏;又见后期略有变化,或早晚皆供三盏,或晚盏仍供八盏,三场午盏则有"前七、后八、中十二"说,即头场午供七盏,正场午供十二盏,末场午供八盏。不过仍见"俱事补空完",各盏仍需"补空"(供食),最后以"打曲破"结束。

〔二七〕"三场食次"四字,原写在上篇结尾的空白处,为下文标题,今移正。"食次"指"食次文",类似"乐次文",三场各有一篇。此"三场"实指"第三场",即"末场",故见此篇记有"八盏",其后又列有"头场"七盏、"正赛"十二盏食次(详下),正合"前七、后八、中十二"之说,正指三场"午盏"。为何三场早晚食次未记?盖因早晚可供三盏,皆类"卯宴"已有定规,即使晚供八盏,也与当天午盏类同,故省。正因此,就见三场午盏不宜合记,分别单列。所列食次,或写成书表,神前焚化;或又张榜告白,见称"食局榜文"。

〔二八〕"膳夫"指神厨制作者,亦需填写人名。

〔二九〕"今有"二字之后,还应填写"×村在×庙"。另本实例就写"今有某村在小关馆(庙名)"。

〔三〇〕"按阴阳烹煎美味"之语,源于五行说。依其说,天地万物生于"阴阳"二气,二气生五行(金、木、水、火、土),五行生万物,从而五行与五星、五音、五味、五色、五脏等都有对应联系。五行说早见于《尚书》,汉以后杂糅"八卦",是为阴阳学。用于祀神赛社,不但有了"乐星"对应规制,而且五音、五味也都与四时(五季)对应关联。如"大明嘉靖元年"记属"重抄"的食次文(见另本),就见写"须按时依节,谐五行而调五味"。

〔三一〕"该",古又可作"具备"讲。"正旁侧逆等犯"本指音乐犯调,由于五音与五味对应关联,故也"当该",如同其"犯",也可随着四时变化活用,言其皆可用于神前供盏的食品制作。

〔三二〕下列"应供盏数",即具体"食次"。按赛社供盏规制,每盏两趟,头趟"供果",再趟"供食","先果后食","食为补空"。由于"果"非膳夫制作,故见以下省略未记(按规需写),只记"补空"食次。其食,又分主食副食,副食有菜有汤。凡汤,或称"羹",或称"趁",合称"羹趁"。

〔三三〕"役"音"豆"。"馒役"即"馒头",见如《梦粱录》,既记有"馒役",又记有"馒头"。

〔三四〕"铗"音"甲",指饼类。唐宋见称,如唐代僧人慧琳《一切经音义》已记。

〔三五〕此结尾顺序有误,应校正为:"若有差错,必招慢神之怨。谨呈神圣,尚享。"

〔三六〕"头场",是"头场食次文"的省记。"文书同前",言其开篇的套话与前篇相同。

〔三七〕"至前事至后也是"应校正为"之前是之后也是",属正文中插入的说明语(或为传抄时误)。因此,原抄在此语之前加有前半个圆括号,今补全。意指:供献"之前"的神厨制作和"之后"的"杯盘屡洗",都该"虔心洁净"。

〔三八〕"原女"二字,为"屡"字之误。盖因原本竖行抄写,传抄中误为二字所致。

〔三九〕此标题为注者加。所记皆为"早盏"剧名,且见写在"排神"背面的空白页上(双面页的另一面),字迹较小,当属"附加"。所谓"早乐",指清早卯筵三盏所用的乐舞。依规,每场卯筵皆见"吹头盏、唱二盏、舞三盏",其舞皆为队戏片段,即"衬队"。故记有《斩华雄》(前注)、《子龙救主》(属《长坂坡》片段)、《穆氏招亲》(属《天门阵》片段)三目,为三场卯筵选用其舞的片段。显然,这是对前"乐次文"的补充,至此"补加"部分完。

[队舞排场角单]〔一〕

《齐天乐·鬼子母揭[钵]》一单舞〔二〕

曲破〔三〕。八大金刚八个〔四〕，四揭神四个〔五〕，诸佛子十个，佛留鬼二个〔六〕，[鬼]子母一个，石头一个〔七〕，观音一个，佛祖一个，飞天夜叉十个，附马〔八〕。上，散。

《巫山神女阳台梦》一单舞〔九〕

舞。屈源（原）宰相，楚襄王驾头一个，九天玄女一个〔一〇〕，崔怀保（宝）一个〔一一〕，长（张）子春一个〔一二〕，山神一个，土地一个，城隍一个，巫娥女。上，散。

《五岳朝后土》一单舞

《齐天乐》曲破。夜叉二个，开路鬼二个，孟（监）坛一个，关公一个，二郎一个，后土娘娘，五岳五个。四渎一个，江河一个，淮济一个〔一三〕。

《樊哙脚党（荡）鸿门会》一单舞〔一四〕

范增定计。陈平斟酒。雍齿，丁么（公）。项庄、项伯双无（舞）剑。樊哙喝开鸿门会。西楚霸王，八千子弟兵，韩信执战（戟）[郎中]。汉王，张良保驾。上，散。

《二仙行道老子开御》一单舞〔一五〕

毛女〔一六〕，蓝彩（采）和等八洞神仙，三清〔一七〕，汤药夫人，[二仙娘娘]〔一八〕，老子，青牛。接舞《剑器今（令）》。上，散。

《关大王破蚩牛(尤)神》一单舞

三帝真宗驾头[一九]。寇准,紫金园,归伏臣[二〇]。急脚鬼,宰相王钦[若],张天师,鬼怪,炳灵公[二一],风伯,雨师,雷公,电母,揭地(帝)神,关公,关平,周仓,五岳阴兵,降蚩牛(尤)。上,散。

《习(悉)达太子游四门》一单舞[二二]

护法神四个,散花童子一个,净水瓶[二三],梵王太子驾头[二四],揭地(帝)神四个,八大金刚八个,菩萨[二五],罗汉十八个,十地(帝)菩萨十人[二六],木叉(吒)行者,童子二个,善(美)女十人:阳(杨)妃、西施、丽(骊)姬、昭君、保(褒)[姒]、姮[娥][二七]、[妲]己、绿珠、巫山娥女、华山三娘。药青(叶净)君师[二八],唐玄宗驾头,月宫婵(嫦)娥,掌扇官一对,俱天衣缓(绶)带,舞。上,散。

《王母娘娘蟠桃会》一单舞[二九]

青龙,白虎,朱雀,玄武,青衣童子,左辅,右弼,天蓬,天猷,太白金星,雷神,三清上圣,杜康,九天玄女,肖(萧)夫人,白莲皇后,献花童子二个,后土娘娘。上,散。

《炽盛光佛降九曜》一单舞[三〇]

护法神二个,散花童子,九耀(曜)星官九个,二十八宿,金刚八个,四大天王四个,观音一个,木义(吒)行者,维摩行者,炽盛光佛(二十四颗头,本像四十八只手),铁车。上,散。

《周琼姬[王]子道(高)遇三清》一单舞[三一]

蓝彩(采)和。毛头女一对。八洞神仙八个,佩宝且(具)上。青龙,白虎,朱雀,玄武,金童,玉女,王子高,周琼姬,玉清,上清,太清。上,散。

《二仙行道[朝]后土》一单舞〔三二〕

毛头女,八仙,天逢(蓬),天猷,雷神,紫团先生〔三三〕,五岳仙,夫子,二仙,九天玄女,王母娘娘,后土娘娘。上,散。

《二十八宿朝三清》一单舞

毛女二个。八仙,各随宝物。[二十八宿二十八个]〔三四〕,三清三位。上,散。

《泾河龙王难神课》一单舞〔三五〕

唐太宗驾头,十宰总管〔三六〕,袁天罡,李淳风,袁守成(诚)〔三七〕,四鱼(渔)夫四个,天佛使者,天曹,地曹,人曹,浴(泾)河龙王,清河圣母〔三八〕,四海龙王,四渎龙王,魏征承(丞)相,巡河夜义(叉)。上,散。

《曹公赐袍》一单舞〔三九〕

甘梅(糜)二夫人,阿头(斗)太子,关公,曹操,许褚,张僚(辽),曹千,曹方(万),曹龙,曹虎,曹胜,曹仁,夏侯墩(惇),一切军卒。上,散。

《李卫公夜看杨刎(扬州)》一单舞〔四〇〕

六丁六甲神将,四揭地(帝)神,披发爷爷,娘娘,接舞《长寿乐》〔四一〕。金童,玉女,青龙,白虎,贪、巨、禄、文、廉、武、破,左辅、右弼,十二元辰,玉皇,哪吒太子,李靖君(军)师。上,散。

《武王伐纣》一单舞〔四二〕

苏颜(护),费仲,妃妲几(己)女,毕公高,召公失(奭),荣公,弘(闳)夭,秦(泰)颠,南宫适,散宜生,宜来,逢远。八士:伯达、伯适、仲宓(突)、仲忽、叔夜、叔夏、季随、季骅。周武王,周公旦,千邑寻,万邑降[四三],管叔铎(鲜),蔡叔鲜(度),唐叔政(虞),梁叔季(康),别(伯)邑考,姜太公,内外诸侯将佐。取照妖镜。上,散。

《香山子斧辟(劈)华山》一单舞[四四]

真宗驾头,刘向秀才,西台御使。张抵家[四五]。八判官,千里眼,耳顺风(顺风耳),风伯,雨师,雷公,电母,张明承(丞)相,山神,土地,许季儿四真君[四六],金化龙王,炳灵王,五岳圣众。辟(劈)开华山救母[四七]。华岳三娘,净水童子,木叉(吒)行者,观音。上,散。

《霸王设朝封官》一单舞[四八]

霸王驾头,封:范会(增)亚夫(父),左承(丞)相;项白(伯),尚书令;钟离[昧,左司马];[龙且],右司马;英布,武[英大将军];丁乙(公)、雍齿,镇[殿]大将军;刘季,前将军[四九];刘存(孝),后将军;陈平,护国都御使;韩庄(生),左谏仪(议);武涉,右谏仪(议);[闵]子琦,为宫内大将军;桓楚,引战将军。[张]子方(房)献秦宝一十八件:厥马珠、夜明帘、逼(避)尘珠、照殿[珠]、夜明珠、温凉盏、珊瑚枕、定颜珠、如意珠、水晶帘、轩辕镜、雌雄剑、聚宝盆、磨沙(摩挲)石、龙发布、镇风石、照星宝、如斗印。百官上,散。

《徐福采菉(灵)芝》一单舞[五〇]

秦始皇驾头,鬼谷子,徐福宰相,录(卢)生,绿衣使者,东吴先生,公安期先生,大力鬼,壁听鬼,五瘟使者,三灵猴(侯)[五一],娘娘,浮(孚)灵侯,浮夹(浃灵)侯,[威灵侯],接舞右刴(《瀛洲》)[五二]。

《王昭君和北番》一单舞[五三]

汉元帝驾头。和北番通使者迷达达,嚛察地细(纽)狗牵骆[驼][五四]。驾(架)鹦鹉䴔鹚(鸪)的咒师央赤[五五]。毛延寿,妳(奶)母,二十一府君,内右(有)

二番[五六],王昭君。上,散。

《青铁(提)[刘]氏游地狱》一单舞[五七]

千里眼,顺风耳,牛头,马面,判官,[善恶二簿],青铁(衣)童子二个,追魔大(太)尉四个,把金桥[大使者]。牛(刘)氏游十八[层]地狱。目连僧救母。十地(帝)阎君,净[水]瓶,童子,木叉(吒)行者,观音。上,散。

《四公子斗富》一单舞[五八]

齐国孟赏(尝)君,门下三千客,项廉(链),孔雀。魏(楚)国春申君,珍珠伞,各自提继(携),摖(操)乐部。楚(赵)国原安(平原)君,实(宝)马酒器,穿戴锦衣。晋(魏)国信陆(陵)君,极束安平[五九],玉宝希(稀)[奇]。各与(夸)富象[六〇]。《大明乐》。上,散。

《二十八宿闹天宫》一单舞[六一]

玉皇驾头,镇殿将军,十二元辰,四直(持)符,三官,关公,二郎,五斗星,九曜星,二十八宿,左辅,右弼,天蓬,天猷,雷神,真武,紫微星,六丁,六甲,上元将军刘忠信,哪吒,中元将军甲(田)季笃,下元将军赵进达,李天王。上,散。

《杨六郎大破天门阵》一单舞

宋真帝(宗)驾头,八王子[六二],寇准,王强,孟良,焦赞,岳胜,张盖,木(穆)桂英,六郎,钟道人,杨和尚[六三],扮[炽]盛光佛[六四],九曜,硕(佘)太君,[梨]山老母,柴郡主,二十四指挥,肖(萧)太后,[吕]洞宾,韩延寿,韩延广,肖太(萧天)佐,肖大(萧天)佑,镇领八百万番兵,摆天门阵:按五斗星、四真星、紫微大帝、九天玄女,摆三百六十小阵、一百八十大阵。天宝大将,按五(接舞)《梁州》。上,散。

《五龙朝圣母》一单舞[六五]

雷公,电母,风伯,雨师,文簿判官,逃(巡)海[夜]叉,龟鳖水类,圣母娘娘,五龙王,左金童,右玉女。上,散[六六]。

《关大王独行千里》一单舞[六七]

曹操,夏侯墩(惇),许褚,张辽,甘梅(糜)二夫人,阿头(斗)太子,关公。出[许]昌,霸凌(陵)桥赐酒,刀挑红袍。上,散。

《大会坛(垓)》一单舞[六八]

刘沛公驾头,承(丞)相肖河(萧何)。汉八将:王凌(陵)、鲁管(卢绾)、曹参、英布、彭越、周勃、张耳、藏蔡(臧荼)。樊哙[六九],韩信、粟高引战[七〇],陆角(贾)下书一个。张子方(房)一个,吹散八千子弟兵,领(令)五侯江边战霸王。闵子奇[七一],干霸(霸王),虞姬女。张敖、汉王、肖河(萧何)饮酒。霸王自刎乌江。上,散。

《二十八宿朝玉皇》一单舞[七二]

玉皇驾头,左辅,右弼,十二元辰,四帅,天蓬,天猷,雷神,二十八宿,舞夜叉(夜叉,舞)《梁刎(州)》。上,散。

【注释】

[一]"队舞排场角单"属今加的分类题目。以下所记,已非"附加部分"。此类既属"队舞",又因装扮人物故事可称"队戏",与前记的"队子"属于同类。区别在于,此处所列各目,详列人物及其装扮,含有表演提示,类如戏剧排练的"角单",见称"一单舞",故加此题。其表演,仍类唐宋宫廷所见。如北宋《东京梦华录》所言的"群队装其似像",是装扮人物的"队子",由"参军色"出场致语,接着"勾队"上场,舞跳一段,所扮人物坐立当场("如祠庙中神鬼塑像",宋代称"歇帐"),再由其一旁讲说人物故事,最后"遣队"下场,正属"队戏"。南宋史浩

的《鄘峰真隐大曲》,如其所记的《剑器舞》,更是"队戏"的具体记述。上党赛社《听命文集》所记的《监斋》队戏,出于元明之际,延续至清末民国,其表演仍类宋代所见。

〔二〕原角单题目、内容只有文字,标点符号皆今加,以下类此,不再出注。此目《齐天乐》属唐宋大曲;"鬼子母"系佛说之神,梵名"诃利帝",意译为"欢喜",为五百鬼子之母,故名,其"揭钵"故事早见于唐宋。《大唐三藏取经诗话·入鬼子母国处第九》已记,又见《东京梦华录·相国寺内万姓交易》条记,"大殿两廊"绘画中正有"右壁佛降鬼子母揭盂"。宋元戏文和元杂剧均有《鬼子母揭钵》同名剧,明代杨景贤《西游记》杂剧仍有《鬼子母皈依》一折。故事写:唐僧西天取经途中,被"鬼子母"之子爱奴儿捉去,孙行者请出如来佛祖,将爱奴儿罩于佛钵下,鬼子母揭钵不起,遂皈依佛门。其情节《西游记》小说未见,正见此角单出自宋元。

〔三〕"曲破",指大曲的"入破"段。按大曲先慢后快的"三段"结构,入破后节奏加快,多用以伴舞。至宋,更见单独摘出"曲破"以伴队舞。此目曲破,指《齐天乐》大曲的入破段,用伴此目队舞。

〔四〕"八个",属提示语。原本竖行抄写时,以小字旁批于"八大金刚"右下侧,意指其扮角有八人。以下类似不注。

〔五〕"揭神",又称"揭帝",佛说的神名。明杨景贤《西游记》杂剧第三本《鬼母皈依》中,见世尊(佛祖)道:"那小孩儿唤做爱奴儿……我已差揭帝将我钵盂去把小孩盖将来……鬼子母必来救他,因而收之。"(转引于钱南扬辑录《宋元戏文辑佚》,上海古典文学出版社,1956年版,页127)

〔六〕"佛留鬼",当指被佛祖留于钵下的"鬼子"。其提示"二个",说明不止爱奴儿一人,或与明杂剧《西游记》稍异。

〔七〕"石头"本指"石头和尚",唐代高僧,俗姓陈,天宝中居衡山南寺,寺东有大石如台,其结庵台上得此佛名(见民国版《辞海·希迁》条)。或因唐三藏俗姓陈,与其附会,才演义为西天取经的唐僧。

〔八〕附马,当指归附唐僧之马,即小龙王。依《西游记》所说,其在龙宫曾为驸马,"附马"或又为"驸马"之误。

〔九〕此目"巫山神女"故事,与前"队子"类所记的《云归高梦·宋玉悲秋》相关,或是其队舞"角单"。

〔一〇〕"九天玄女",又称"九天圣母""碧霞元君"。见于上党地区,如平顺县东峪沟有座"九天圣母庙",今存蒙古中统二年《重修九天圣母庙记》碑曰:"九天圣母者,在天为玄妙玉女,在地为太一元君,驱雷举电,叱风咤云。"如潞城贾村有座"九天圣母庙",奉"碧霞元君",早又见称"碧霞宫"。因此,就见"九天玄女"如"巫山神女",也善云雨变化,可附会此目之中。

〔一一〕崔怀宝乃唐玄宗时人,为风流情种(详前《崔怀宝月夜闻筝》注),正可与"巫山神女"牵涉。

〔一二〕今上党赛社《听命文集》记有队舞《五花梁州》，见附记曰："此出唐明皇戏巫山神母，崔怀宝、张子春戏西宫，着宫女扮五个州官为戏。"按此，不但张子春、崔怀宝同为玄宗时人，且见本目故事与《五花梁州》有关。

〔一三〕"四渎"即"江、河、淮、济"四水之神。此目最后原文应校正为："四渎四个：江、河、淮、济。上，散。"

〔一四〕"鸿门会"故事源出《史记》。至晋已用于《公莫舞》，见《晋书·乐志》就记："《公莫舞》，今之巾舞也。相传云，项庄舞剑，项伯以袖隔之，使不得害汉高祖，且语项庄云'公莫'。"至唐，又有《樊哙排君难》戏，见《唐会要》卷三十三记："光化四年正月……上（唐昭宗）制曲，名曰《赞成功》。时盐州雄毅军使孙德昭等杀刘季述反正，帝乃制曲以褒之，仍作《樊哙排军难》戏以乐焉。"见唐末徐寅《樊哙入鸿门赋》言，"沛中之智兮勇鹏翻，舞阳侯（樊哙）兮威曷论！冒死而尝轻白刃，匡君而直入鸿门！……手擘朱扉，信春冰之可履！走电吐雷，金枢洞开"（见《全唐文》，中华书局1983年版，页830）。至宋，见北宋陈旸《乐书》（卷一百八十六）记，唐"始作《樊哙排闼》剧"，即《樊哙排君难》戏；南宋史浩《鄮峰真隐漫录》记有《剑器舞》，其中"别二人汉装出"，仍在表演鸿门会故事；南宋刘克庄《田舍即事》诗言"儿女相携看市优，纵横楚汉割鸿沟"，民间早有相类表演，不但与此目相关，且与同题材的诗赞体"杂剧"（见前）有着关联。另外，此目所列"丁公""雍齿"属鸿门会把门将军，所列"定计""斟酒""舞双剑""喝开鸿门会"等属表演提示。

〔一五〕"二仙"，即上党地区敬奉的"二仙奶奶"，由唐而宋早见敕封（见前注）。另，"开"作驾驭讲，"开御"即驭车。

〔一六〕"毛女"指华山毛女。《列仙传》（卷下）早记："毛女者，字玉姜，在华阴山中，猎师世世见之，形体生毛。自言秦始皇宫人也，秦坏，流亡入山避难，遇道士谷春，教食松叶，遂不饥寒，身轻如飞。"《宋人小说类编·华山毛女》条更记："李平仲云，蔡元长（即蔡京）自长安易镇西川，道华山。旧闻毛女之异，思得一见。向晚，从者见岳庙烧纸钱炉中有物盛异，以告元长。亟往视之，乃一妇人也，遍身皆毛，色如绀碧，而发若漆，目光射人，顾元长曰：万不为有余，一不为不足。言讫而去，其疾如飞。既之成都，命追写其像以祀之。"

〔一七〕"三清"，既指玉清、上清、太清三界，又指三界首领，即元始天尊、太上道君、太上老君。

〔一八〕对照《周乐星图》本（见后）所列的同一角单，其"汤药夫人"之后记有"二仙娘娘"，即上党传说的"二仙奶奶"，此处显属缺漏，故补。

〔一九〕宋真宗是北宋第三位皇帝，故称"三帝"。

〔二〇〕按前同题材的"杂剧""队子"所记，"归伏臣"疑应为"归伏陈"，当指寇准从蚩尤作乱的解州归来，在紫金园向真宗"伏陈"当地所见，从而引出"关大王破蚩尤神"（内容前注）。

〔二一〕"炳灵公"属泰山之神。后唐长兴三年(932),封泰山三郎为威雄将军;宋真宗大中祥符元年(1008)泰山封禅时加封,并于兖州立祠,后世遂称"炳灵王",俗称火神。

〔二二〕"悉达",属"悉达多"的省称,即佛祖释迦牟尼,原为古印度北部迦毗罗卫国(今尼泊尔境内)净饭王之子,故称"太子"。其二十九岁时游都城四门,见"生老病死"之苦,遂生厌世之心,出家修行,创立佛教。此目即写其"游四门"事,故事已中国化,见列有杨妃、西施等,以示人间富贵如过眼烟云。另,见前"队子"类列有《平宫·万岁·梁州·悉达太子游四门》一目,此目即其"角单"。

〔二三〕"净水瓶",指执瓶的童子。

〔二四〕"梵王太子",即悉达多。

〔二五〕"菩萨",指观音菩萨。

〔二六〕"十帝菩萨",与"十地菩萨"有关,由佛教中的"地藏菩萨"演义而来,即唐末见称的"十殿阎君"。

〔二七〕此"姮娥",即之后又记的"嫦娥"。

〔二八〕"叶净君师",即唐代法师叶静,或称叶静能、叶法善,属道家,与《唐王游月宫》相关,且见《敦煌变文集》记有其事(均前注),早与佛家牵涉。正因此,就见"悉达太子游四门"早又佛道杂糅,记有相关人物。

〔二九〕与此目"王母娘娘蟠桃会"相关,见南宋官本杂剧有《宴瑶池爨》,金元院本有《瑶池会》《蟠桃会》,元明杂剧有《宴瑶池王母蟠桃会》《瑶池会八仙庆寿》《群仙庆寿蟠桃会》等。显然,此目宋元早有,早属"队子"表演,与上党赛社见有的"八仙庆寿"相关。

〔三〇〕"炽盛光佛",即如来佛祖,属其又一法身,因全身毛孔皆放出炽盛光芒,故名。宋代传言,赵匡胤即其降世,已有相关的绘画和表演(前注)。

〔三一〕与此目相关,见苏轼《苏文忠公诗集》卷十四记有《芙蓉城》诗一首,其下引《王子高芙蓉城传略》(宋胡徽之作)云:"王迥,字子高,虞部员外郎王路之次子。初遇一女,自言周太尉女,语王曰:'以夙契当侍巾帨,是以奉寻。'王初见周,惧不敢寝。更深甚困,视窗户掩阒,及入解衣,女郎已脱衣而卧。自是朝去夕至,凡百余日。忽一夕,梦周道服而至,谓王曰:'我居幽僻,君能一往否?'喜而从之。及一门,殿阁金碧相照,遂与王自东厢门入,循廊至一殿亭,甚雄壮。逡巡东廊之门启,有女流道装而出者百余人,俄闻殿上卷帘,有美丈夫朝服凭几,而庭下之女循次而上。少顷,凭几者起,复下帘,诸女流亦复不见。周命王登东厢之楼,一女郎复登是楼,容色娇媚,亦周之比。周曰:'此芳卿也,与我最相爱。'梦之明日,周来,王语以梦,周笑曰:'芳卿之意甚勤也。'王问:'何地?'周曰:'芙蓉城也。'王问:'芳卿何姓?'曰:'与我同。'周临别留诗,有'临行惟有相思泪,滴在罗衣一半斑'之句。"(转录于钱南扬《宋元戏文辑佚》一书,上海古典文学出版社,1956年版,页8)显然,本目正由"王子高梦游芙蓉城"演义而来,与前记的《王子高六么花十八》同题材,甚或属其"一单舞"片段。

〔三二〕本目题名中缺一"朝"字,今依《周乐星图》本同名角单补入。该目正演"二仙升天"故事,正类"《二仙行道老子开御》一单舞"所记(见前)。

〔三三〕此"紫团先生",即前《二仙行道老子开御》一单舞"见记的"紫团真人"。与其相关,壶关县今有"紫团山",仍存"紫团洞",附近仍有"二仙升天"处,存宋徽宗敕封二仙的"真泽宫"。《山西通志》(光绪版)"风土记上"载有"紫团山三十六景诗",注云"北宋政和年间王案"作,言其"惟好延道流,谈丹砂、神仙事","自言天神可祈而下",被"徽宗召见",令施术,天神未至,"狱成弃市"。《宋史》卷三二八"王韶传"将其事附后,正如《山西通志》所言。显然,所谓"紫团先生""紫团真人"宋代早有,与"二仙升天"传说相关。

〔三四〕此目中遗漏"二十八宿"一项,今参照《周乐星图》同名角单补入。

〔三五〕本目情节,见于《西游记》第九回。写泾河龙王与号称神卦的袁守诚打赌,故意将雨行错,犯了天条,玉帝令魏征监斩,于是龙王求唐太宗拦住魏征,却被魏征梦中斩之。今见《永乐大典》残存"梦斩泾河龙"片段,可知其故事出自宋元。

〔三六〕"十宰总管"出自唐代。因唐太宗将天下州郡分为十道,各有主宰,故称。

〔三七〕李淳风、袁天罡,皆初唐术士,《新唐书》有传。传说,袁守诚是袁天罡的叔父。

〔三八〕"清河圣母"又称"清江圣母"(见后)。清河乃渭河支流,其水清,泾河亦入渭河,水浊,早有"泾渭分明"之说。此目以清河圣母为善神,以泾河龙王为恶神,亦见"分明"。

〔三九〕此目《曹公赐袍》,为"队子"类所记的《千秋乐·关大王千里独行》开头段。再下列有"《关大工独行千里》单舞",其中明写"霸陵桥赐酒,刀挑红袍",即此目所演。此处独列成目,重在表演关云长从曹营出走前"义勇辞金"。上党赛社演出的《过五关》(前注)也有此目。

〔四〇〕此目,与前"队子"类见记的《呈王梁州·顺圣乐·李靖甫夜看扬州》同题材,也属"队戏"歌舞,且见"接舞长寿乐",属另一大曲歌舞的片段。另,其中"卅"字为"州"字俗写,以下多有,径改,不注。又,下列"贪、巨、禄、文、廉、武、破"乃北斗七星之名。

〔四一〕"长寿乐",见《新唐书·礼乐》记属坐部伎,武则天"长寿年"作,故名。见《宋史·乐志》记有"长寿仙",属四十大曲。

〔四二〕此目本事,源出《史记·周本纪》。见于宋元讲史,有《武王伐纣书》,今仍见存元至治年刊本(见《古本小说集成》,上海古籍出版社,1981年版)。见于元杂剧,早有赵文殷作的《渡孟津武王伐纣》(见《录鬼簿》)。显然,此目歌舞宋元早有。

〔四三〕"千邑寻""万邑降"均为人名。

〔四四〕此目"香山子",宋元多称"沉香太子"。宋元南戏有《刘锡沉香太子》一目(见《南词叙录》),元杂剧亦有张时起作的《沉香太子劈华山》(见《录鬼簿》)。显然,其故事宋元早用于"队子"歌舞。

〔四五〕"张抵家",或指角单中的"张明丞相"抵家,或是"张氏家"之误,当与刘向赴京后在张承相家招亲有关（今传统戏如《宝莲灯》，见也有招亲王宰相家一节）。

〔四六〕"许季儿"疑指"许旌阳"，晋代人，名逊，字敬之，曾官旌阳令，宋代见封"神功玄济真君"，世称许真君或许旌阳。

〔四七〕"劈开华山"，指"香山子劈开华山"，与"救母"均为表演提示。

〔四八〕本目故事，源出《史记·项羽本纪》。依记，项羽兵入咸阳，火烧秦宫，"欲自王，先王诸将相"，正见本目"霸王封官"所由。另，原本中缺漏字词较多，今依《周乐星图》本同名角单补入。

〔四九〕"刘季"即刘邦。依史，项羽封刘邦为汉王。

〔五〇〕此目故事，源出《史记·秦始皇本纪》。依记，"齐人徐市等上书，言海中有三神山，名曰蓬莱、方丈、瀛洲，仙人居之。请得斋戒，与童男女求之。于是遣徐市发童男女数千人，入海求仙人"。徐市，即徐福（"市"乃古"韨"字，音同"福"）。至宋，又见《太平广记》云：始皇时，大宛中多枉死者，有鸟含草覆死人面，即活，鬼谷子谓该草是东海中祖洲上的不死之草，始皇乃遣徐福求之。此目表演接近后说，当出宋元间。

〔五一〕"三灵侯"，具体指浮灵侯、浃灵侯、威灵侯。前两者已见列出，故再补入"威灵侯"。

〔五二〕"瀛洲"为曲名。《宋史·乐志》记为《瀛府》，属四十大曲之一。

〔五三〕昭君故事，最早见于《汉书·匈奴传》。晋葛洪《西京杂记》已言及画工毛延寿为昭君画像事。见于唐代，有《王昭君变文》（见《敦煌变文集》）。唐末吉师老《看蜀女转昭君变》诗言"清词堪叹九秋文"，"画卷开时塞外云"（《全唐诗》）。元杂剧有了马致远的《破幽梦孤雁汉宫秋》、关汉卿的《汉元帝哭昭君》、张时起的《昭君出塞》、吴昌龄的《月夜走昭君》等（见《录鬼簿》）。显然，此目是唐宋早有的"队子"，正演昭君出塞时汉元帝留恋片段。

〔五四〕"迷达达"，人名，属北番和亲的"通使者"。"嚜察地"云云，是对其行为举止的描摹，言其"嚜"而不语，"察"而观色，手里牵着狗和骆驼（活道具），为表演提示，显示其北番特征。

〔五五〕"咒师"指北番派来祝告吉祥（念咒）的法师（和尚），"央赤"当为其名。"架鹦鹉"云云，亦为表演提示。

〔五六〕"府君"是汉代对太守的称呼。"内有二番"，指"二十一府君"中有两位番人（管理着汉属的番地）。

〔五七〕此目表演"目连救母"片段。目连故事，源出于《佛说盂兰盆会》。唐代俗讲早有变文，如《目连缘起》《目连变文》《地狱变文》等（均见于《敦煌变文集》）。至北宋，《东京梦华录》记："构肆乐人，自过七夕，便搬《目连经救母》杂剧，直至十五日止，观者增倍。"可见当时影响之大。因此，元有《目连救母出离地狱升天宝卷》杂剧，明有《目连救母劝善戏文》，清有《劝善金科》传奇，近代仍有"目连戏"遗存，故事大体一致。大意写，目连之母刘氏青提，生前作恶,堕入十八层地狱受苦。目连信佛,修成正果,冥间寻母,历尽艰辛。其母罪孽深重,佛祖如来令目连每于七月十五设"盂兰盆会",广济饿鬼,终使其母脱离苦海。本目所演正是其地狱救母片段。另,之下校补的字词,均参照《周乐星图》同名角单。

〔五八〕与此目相关,见前"队子"已记有《清平[乐]·四公子斗富》一目,区别只是此目用"大明乐",或是"清平乐"流传至大明时的改称,供参考。

〔五九〕"极",本指屋脊横梁。"极束"指束插头发的头饰,名"安平"。

〔六○〕此处"二十八宿"指东汉开国的二十八将,因汉明帝时绘像云台,并与天上二十八宿对应,故称。之所以"闹天宫",类如孙悟空大闹天宫,也为向玉皇讨封,纯属演义。

〔六二〕"八王子",指"八王千岁"。

〔六三〕"杨和尚",当指杨五郎。因其在五台山出家,故称。

〔六四〕"炽盛光佛"见前注,既是如来又一法身(战斗时常显此身),又说宋太祖乃其降世,故见"杨六郎大破天门阵"来助宋兵。

〔六五〕"五龙"的说法不一。或指上古五龙氏,或指金、木、水、火、土"五行"之神,等等。见于上党,长治县有座五龙山,依宋《太平寰宇记》言,"本名上党山,西燕慕容永时有五龙见山上,因名"。据光绪《山西通志·金石记》言,宋熙宁三年(1070)"始塑五方龙像于正殿之后堂",宋徽宗大观戊子(1108)"敕赐曰'会应王'(庙)。五龙以锡号:东方曰广仁,南方曰喜泽,西方曰义济,北方曰灵泽,中方曰孚惠"。或因此,上党赛社有了《五龙朝圣母》,正类前列的《新水·降黄龙·朝清江圣母》。

〔六六〕此目最后数语,调整为"五龙王,圣母娘娘,左金童,右玉女。上,散"更妥。

〔六七〕此目类前"队子"所记的《千春乐·关大王千里独行》,其角色又与前《曹公赐袍·一单舞》基本相同,因此记为"霸陵桥赐酒,刀挑红袍。上,散"。显然,本目重在表演关羽"刀挑红袍",是其"千里独行"的又一片段。

〔六八〕此《大会垓·一单舞》,见前"杂剧"类记:"十面埋伏,队子是《大会垓》。"两者取材相同,表演形态有别。

〔六九〕"樊哙"之所以记于"汉八将"之后,与剧情有关。上党赛社也有《大会垓》一剧,属杂剧。民国时潞城县南舍村仍演,其中樊哙紧随韩信,属"摩旗"大将,执旗为号,指令众将进退,与"八将"有别。

〔七○〕依史,《大会垓》由韩信、灌婴"引战"。上党《大会垓》杂剧,由刘邦引战。按此,"粟高"或为杜撰的人名,或为韩信"立高引战"误写。

〔七一〕"闵子奇",即假扮朗公等在乌江,而使项羽自刎者。

〔七二〕此目与前"《二十八宿闹天宫·一单舞》"为姊妹篇。前者"闹"而受封,正宜接此"二十八宿朝玉皇"。

[含"出戏"的乐次实例][一]

|第一盏|老人星
万寿歌　曲子[二]
寿南山|补空|天净沙
金殿乐　三台[三]
万花[乐]|

第二盏　靠乐歌唱[四]　　补空　本调倾杯乐
　　　　　　　　　　　　　　五方慢词　大(太)清歌游湛(侑盏)[五]
　　　　　　　　　　　　　　莲花小桃红

第三盏　温习
　　　　万寿　曲破[六]　　补空　再撞再杀(煞)
　　　　大乐　　　　　　　　　迁古(迓鼓)令[七]

第四盏　出戏或是　群送箫管[八]　　　　斩韩信汉[一一]
　　　　　　　　　八仙庆寿[九]　补空或是　关公出许昌三国[一二]
　　　　　　　　　潘葛思妻[一〇]　　　　四马投唐唐[一三]

第五盏　出戏或是　东方朔偷桃[一四]　　　鞭打平王列国[一七]
　　　　　　　　　逼嫁王门[一五]　补空或是　赶杨令宋[一八]
　　　　　　　　　三元捷报[一六]　　　　二气周瑜三国[一九]

第六盏　出戏或是　佛殿奇风(逢)[二〇]　　秋胡过关列国[二三]
　　　　　　　　　姑阻嫁(佳)期[二一]　补空或是　目连救母[二四]
　　　　　　　　　班超投比(笔)[二二]　　　小儿难夫子[二五]

第七盏　合唱　　　　　　　　补空　收队[二六]

【注释】

〔一〕此分类标题今加。以下所列，类前"补加"所记的"三场乐次"，仍为供盏乐次实例，仍属三场合记形式。区别在于，由于"三盏以后，各无所管"，此处三盏以后见用"出戏"。上党赛社另本记有《献戏榜文》一篇，见说："夫乐戏者，所以致敬而告虔诚也……今者，对越展诚……亚旅乐输南风之歌，则唱随之。"可见其"献戏"与"南风"有关，正由"亚旅"（达官显贵）从南方带来，早也"对越展诚"用于赛社。与此相关，《泽州府志》卷四载有清代樊度中的《东岳庙赛神曲五首》，有"台上弋阳唱晚晴"云云。山西人侯七乘曾任江西广信府同知，康熙十二年为《弋阳县志》作序时说："予童时闻里社演戏，即相传所谓弋阳腔者。"明代凌蒙初《谭曲杂札》说，"弋阳土曲，句调长短，声音高下，可以随心入腔"，"祇沿土俗"流变，变为"青阳腔"，并已流入山西。显然，上党赛社的"出戏"早属此类。另外，上党赛社后期从简，每天早晚皆供"三盏"，中午皆供"七盏"，正如所列，可供三场选用。

〔二〕"第一盏"所列三曲，皆属可供选用的"寿曲"。其中《寿南山》见前"补加"的"三场乐次"已记；《老人星》《万寿歌》与其相类，也属唐宋大曲。《宋史·乐志》记，仅宋太宗"因旧曲创新声"，就制有《齐天长寿乐》《降圣万年春》《金觞祝寿春》等。何况，《宋史》记的"四十大曲"中又有《齐天乐》《延寿乐》《长寿仙》等，也可花样翻新。

〔三〕此处《万花乐三台》《金殿乐三台》《天净沙三台》，类前《新花三台》等（见"补加"的"三场乐次"），也出《三台》人曲而来。

〔四〕"靠乐歌唱"所用乐曲，或同头盏，或依古规另选，如前"补加"实例就另选《道宫·薄媚》。

〔五〕《本调倾杯乐》前注。《莲花小桃红》属《小桃红》变体，元《中原音韵》中记有《小桃红》《秋莲曲》，或由两曲带过体加工而来。《五方慢词》出自唐代，据《唐会要》载，"《太平乐》亦谓之五方狮子舞"，"五狮子各位其方色"，有"五方狮子词五首"。正因唐代大曲《太平乐》早用于"舞"，又有"词"，不但早可"靠乐歌唱"，且见《五方慢词》类如《西江月慢》《卜算子慢》等，早也成了"词牌""曲牌"。《太清歌》属宋元令曲，《中原音韵》见记。其所谓"侑盏"，《诗经·小雅·楚茨》云"以为酒食，以享以祀，以妥以侑，以介景福"；《周礼·天官·膳夫》条记"以乐侑食"；上党赛社另本所记供盏礼规也仍强调"妇人唱慢词毕，（主礼）唱盏：二盏完。彻盏，打侑盏锣鼓"（见后）。正因此，此处"补空"可选用《五方慢词》等曲，且见"撤盏"之际（以换下一盏）强调"打侑盏锣鼓"，"以乐侑食"，用于"补空"。

〔六〕"曲破"指唐宋大曲的"入破"段，节奏较快，每伴以舞，故见此处用于"舞三盏"。"温习曲破"指重复之前用过的曲破，"万寿"即前《万寿歌》，"大乐"指此类大曲。此三者并列，不但各有所指，且可连读为"温习《万寿》大乐曲破"，意思不变。

〔七〕"迓鼓令"，与宋代"迓鼓队""舞迓鼓"相关（前注），既属令曲，又可用于"再撞再煞"

（前注），类宋代彭乘《续墨客挥犀》所记，属"进兵奋击"，类队舞。金元院本记有《迓鼓儿熙州》《迓鼓二郎》《迓鼓孤》等（见《辍耕录》），上党壶关县今存"打迓鼓"，仍用大鼓、拍板，类唐宋所见。

〔八〕出戏《群送箫管》，属"钟馗嫁妹"片段。与其相关，《孤本元明杂剧》（涵芬楼版）存有《庆丰年五鬼闹钟馗》一剧，且见明代昆山张大复作有《天下乐》一剧，后改称《财神记》，今存《嫁妹》一折，写钟馗"特备笙箫鼓乐"送妹出嫁，既歌又舞，属昆曲。显然，此处《群送箫管》类昆曲《嫁妹》一折，"供盏"时间有限，可或"唱"或"舞"其中片段。

〔九〕"八仙庆寿"（前已注），与"出戏"相关，见明代朱有燉作有《瑶池会八仙庆寿》。

〔一〇〕与本目相关，明传奇有《苏英皇后鹦鹉记》（见《古本戏曲丛刊》）。写周王的苏妃有孕将为正宫，遭梅妃构陷，故意损坏西番所献二宝嫁祸于苏，苏被赐死，丞相潘葛以妻代。苏子被人收养，十三年后母子相认，周王亦因无嗣而悔，潘葛奏明真情，以大团圆结局。其中一折，正演潘葛思念亡妻事。

〔一一〕《斩韩信》，元杂剧已有太原人李寿卿作的《吕太后使计斩韩信》（见《录鬼簿》），且见其故事秦腔、潮剧等仍演，说明早有"出戏"。

〔一二〕《关公出许昌》，剧情同前《曹公赐袍》。

〔一三〕《四马投唐》写李密投唐事，前注。

〔一四〕"东方朔偷桃"，本事出《汉武故事》，《敦煌变文集·前汉刘家太子传》已记，汉武帝七月七见西王母于殿上，"西王母将桃五枚，在殿上奉帝……当此之时，处有东方朔在于殿前过见，西王母指东方朔曰：'此小儿三度到我树下偷桃，我捉得，系着织机脚下，放之去之，今已长成。'"唐代已演义为"东方朔偷桃"，用于俗讲，且见元明杂剧有《东方朔》（佚名作）、《偷桃献寿》（杨维中作），明传奇亦有《偷桃记》（吴修德作）、《偷桃捉住东方朔》（杨潮观作）。

〔一五〕《逼嫁王门》出自明传奇《荆钗记》第十出"逼嫁"。

〔一六〕涉及"三元捷报"，明传奇有二。一是《冯京三元记》（沈龄作），写宋代富人冯商因善行感动天神，老来生子冯京，连中三元，皇帝嘉奖其门。另是《商辂三元记》，写明代商霖死，其未婚妻秦雪梅守节，往其家，抚养其妾遗腹子商辂，备受艰辛，辂连中三元，帝亦嘉奖其门。《永乐大典》目录中所列南戏见有《冯京三元记》（文佚），本目疑即演此。

〔一七〕《鞭打平王》，写伍子胥借吴兵伐楚复仇，鞭打楚平王之尸。明代孟称舜所作传奇《二胥记》有此情节。

〔一八〕本目既标为宋代故事，又称《赶杨令》，疑写杨业征辽事。与此相关，见南宋罗烨《醉翁谈录》已言及"杨令公"话本，见传统戏有《两狼山》（又名《李陵碑》），正写潘仁美行令使计，使杨业兵败两狼山，碰死李陵碑一节。若非宋事，或为《赶杨林》之误，与《隋唐演义》有关，写罗成等追赶杨林事。

〔一九〕《二气周瑜》，属《三气周瑜》一折。写周瑜用美人计以图荆州，被诸葛亮识破，结果孙权将妹嫁了刘备,"赔了夫人又折兵",气得周瑜箭疮复发。

〔二〇〕《佛殿奇逢》,属《西厢记》片段,写张生赴京赶考途经普救寺,佛殿巧遇崔莺莺事。故事源出唐元稹《莺莺传》,北宋赵令畤据此作有《商调蝶恋花·会真记》鼓子词,宋官本杂剧也有《莺莺六么》,金董解元作有《西厢记诸宫调》,元杂剧《西厢记》早已传入南方,明代又改作"传奇"。

〔二一〕《姑阻佳期》,写潘必正与女尼陈妙常相爱事。本事见《古今女史》等,元明杂剧早也有《张于湖误宿女贞观》(佚名作),明代高濂据以改编,见称《玉簪记》,已将张于湖易名潘必正(谐音"盼必正"),且见分为三十四出,其中正有"姑阻佳期"一出。

〔二二〕"班超投笔"故事,早见于《后汉书·班超传》。言其少时家贫,替官佣书养母,一日投笔叹曰:"大丈夫当效傅介子、张骞,立功异域,以取封侯,安能久事笔砚间乎!"于是"投笔从戎",立功封侯。元杂剧已见高文秀作有《志封侯班超投笔》、鲍天佑作有《忠义士班超投笔》,明传奇《投笔记》正与此目相关。

〔二三〕《秋胡过关》见前注,早有同名杂剧。

〔二四〕《目连救母》,与《青提刘氏游地狱·一单舞》同题材,详前注。

〔二五〕《小儿难夫子》,写项橐七岁以"问"难倒孔子,而为孔子师。本事早见于《战国策·秦策五》及《淮南子》。《敦煌变文集》早I已有《孔子项托(橐)相问书》,且见王重民在该篇校注中言:"此故事在敦煌所有俗文中,传本最多,流传亦广……明本《历朝故事统宗》卷九有《小儿论》篇……明本《东园杂学》也有这一故事,又中华人民共和国成立前……还有铅印《新编小儿难夫子》在出售。"正因此,见近世秦腔仍有《小儿难孔夫子》一剧。

〔二六〕"收队"是供盏结束时的收场形式,与开场时的"勾队"对应,仍用大曲歌舞。凡供盏,先有前行致语祝赞,"勾"舞队上场,是为"勾队";最后表演结束,前行再念四句诗赞,用以遣队下场,是为"收队",也称"放队"。这一规制,早见于宋宫宴乐。《东京梦华录》"宰执亲王宗室百官入内上寿"条,其中"小儿队舞"和"女童队"都有类似的规制。上党赛社类此,第三盏先勾大曲队舞表演("舞三盏"),最后一盏仍须队舞"合唱、收队",收队时前行每念:"八宝妆腰带,珍珠络臂韝,笑时花近眼(尽艳),舞罢锦缠头。"仍类唐宋"花队"(女队)表演。

[二十八宿值日妆扮]^{〔一〕}

角木蛟^{〔二〕}:其宿虎头人面,披发,青衣白袖,绿裙,朱履。左(右)手执曲尺而立^{〔三〕}。

亢金龙:其宿豹头女面,披发,黄衣白袖,绿裙,朱履。左手执曲尺而立。

氐土貉:其宿男面披发,长角,宝花扶衣(附依)〔四〕,长(赤)抹额,[裸]体,白裙,赤足,朱履〔五〕。左手执黎(藜)杖而立。

房日兔:其宿牛头人形,青道衣,赤裙,朱履。左手执莲花而立。

心月狐:其宿黑头人形,毡魁(冠),绛衣白裙,骑麒麟,朱履。左手[执]金鞭而立。

尾火虎:其宿女面长角,赤抹额,青衣大细(袖),白裙〔六〕。

箕水豹:其宿女面人形,毡冠,青衣白袖,绿裙,朱履。右手执剑而立。

斗木獬:其宿男面长角,青衣白裙,朱履。右手执黎(藜)杖而立。

牛金牛:其宿女面人形,红发长角,白袖绛衣(绛衣白袖,白裙),[白履]。[右]手执莲花而立。

女土蝠:其宿男面人形,替(簪)毡冠〔七〕,青衣白袖,绿裙,朱履。右手执剑而立。

虚日鼠:其宿女面,长角青发,赤衣青袖,白裙,朱履。两手开垂而立。

室火猪:其宿女面,红衫大袖,白裙,[朱履]。乘垂("垂"字衍)赤云而立。

壁水貐:其宿女面长角,青衣赤裙,黑抹额,朱履。手执鱼(榆)杖而立〔八〕。

奎木狼:其宿女面长角,青衣赤裙,黑抹额,朱履。手执新(鲜)花一朵而立〔九〕。

娄金狗:其宿[男面]人形,毡冠,赤衣白袖,青裙,朱履。右手执秤[而立]。

胃土雉:其宿女面长角,青花抹额,黄衣窄袖,白裙,黑朱履。手执黎(藜)杖而立。

昴日鸡:其宿耳耸人形,白发,白裙(衣)绿袖,翠蓝裙,朱履。手执戟而立。

毕月乌:其宿男面,戴毡冠帽("帽"字衍),白衣红袖,赤裙,朱履。手执弯弓而立。

参水猿:六(十)星九度〔一〇〕。林钟宫(商),第七星(品)〔一一〕。子时交宫,喜子午巳亥,怨戌〔一二〕。其宿男面,长角披[发],瑈(裸)身,烟衣白裙。右手执男面〔一三〕,左手执黑索而立。

觜火猴:觜火猴(衍出),参(三)星十一度(一度)。歇指[调],第六宫(品)。申时交宫,喜午申,怨酉辰。其宿人面青冠,赤衣黄裙,朱履。手执弓箭而立。

井木犴:八星廿二度。大石角[调],第一品。寅时交宫,喜寅申未,怨子丑。其宿牛头,穿赤衣白裙,朱履。手执黎(藜)杖而立。

鬼金羊：卯时交宫，喜卯酉巳，怨寅。其宿羊头，青衣白带，赤裙而立。

柳土獐：六（八）星十四度。小石调，第三品。子时交宫，喜子午戌，怨巳。其宿人形，披发，赤身，青袖（裙）。手执青碗而立。

星日马：其宿狮子头，红衣，白裙锦带。手执两刀而立。

张月鹿：其宿女面，长角红发，青衣白裙。蹉坐。

翼火蛇：其宿女面长角，青衣白裙，朱履。手执骨朵花而立。

轸水蚓：其宿鹿头人面，红衣绿裙，黑靴，披黄金掩心甲。手执宝剑而立。

危月燕：黄钟〔羽〕，第五品。三星十八度。子时交宫，喜寅申巳亥，怨丑。其宿豹头女面人形，皂衣，青裙，白袖（白袖，青裙），朱履。右手执剑而立〔一四〕。

【注释】

〔一〕此分类标题今加。"二十八宿"源于古人观察天象，由二十八组恒星组成（每组若干小星），借以标识日月五行的运动。后与东汉开国二十八位功臣附会，又有了"值宿"之神，且将二十八宿分为"天区四象"，见唐《乐府杂录》记有"别乐识五音轮二十八调图"，已言二十八调只用"宫、商、角、羽"四调。正沿此，就见上党赛社《唐乐星图》本仍记有"二十八宿值日妆扮"。另外，上党赛社今存的《周乐星图》本、《乐次全部》本，也有相类的"二十八宿妆扮"记述，以下校注时将作参考。

〔二〕古人将二十八宿按方位分为四组，每组七宿，各以动物象形，称"四象"，即东方苍龙、西方白虎、南方朱雀、北方玄武（龟蛇）。其中，"角木蛟"属东方苍龙中一宿，"角"指其位于龙角，"木"言其位于七政（木、金、土、日、月、火、水）最前（称第一品），"蛟"属该宿的动物象形。其他各宿的名称也都循此原则，名中三字各有所指。

〔三〕此句，《乐次全部》《周乐星图》两本中均记为"右手"，故改。

〔四〕"宝花扶衣"四字，原本旁批于"披发长角"（竖写）右下侧，属补写。对照另两本，言"披发长角"的头上簪有花朵，即"簪花"。故应改为"宝花附依"，指其头上附依着宝花。

〔五〕"朱履"二字，似属衍出，因之前已明记该宿"赤足"。

〔六〕该宿结尾处，未按惯例写其或坐或立的姿势。《乐次全部》记为"而立"，《周乐星图》记为"盘坐"，供参考。

〔七〕此句另两本均记为"簪力士冠"，言指簪花于力士冠上。簪花之风宋代盛行，或用于绾发，或插于头冠，皇宫寿宴时文武官员皆见。

〔八〕"壁水貐"的装扮，另两本所记差别较大。依《乐次全部》本，该宿"男人形，毡冠，赤衣皂大（带），绿领，白裙，白履，执象简而立"。供参考。

〔九〕此宿不应"而立"。见另两本分别记为"盘脚而坐""盘脚花朵上而坐"。

〔一〇〕"参水猿"一宿,由"十星"组成,故校改。又,古人将黄道带一周天分为三百六十五度(对应三百六十五天),以观日月运行。此处"九度",指参宿十星所占的宽度。汉代测为八度,宋代测为十度,"九度"属唐代所测(见《新唐书·天文志》)。可见该处所抄正出于唐,与《唐乐星图》相关。

〔一一〕"参水猿"属白虎七宿中最后一宿,在七政序列中属"水",为"第七品"。按乐星对应,该宿用乐对应"七商"第七品,即"林中商"调。故此句应为"林中商,第七品"。

〔一二〕"子时交宫"与日月运行有关,指半夜子时阴阳交替,对应的十二宫(辰次)、十二律(宫调)随之交替,日月由一宿过渡到另一宿,对应的"值宿"也该交替,且与"五行"相关,牵涉阴阳八卦,依其相克相生之说,就见此宿"喜子午巳亥,怨戌"。以下类似不注。

〔一三〕此句"执男面",另两本记为"执魂袋""执鬼气袋",意思相通。

〔一四〕"危月燕"属北方玄武第五品,依四象七品排列顺序,应记在"虚日鼠""室火猪"两宿之间,可能由于抄者疏漏,才见补于最后。

二 《宋乐星图·供盏实例》本校注

该本发现于长子县东大关村牛小五家，献出时封面已失，纸属细薄含丝的绵纸，质量较高，折成双面，纸捻装订成册。现存二十个双面页，计四十个单面，中间一页背面缺失已成单面，实为三十九个单面。本高25.5厘米，宽17厘米，毛笔竖抄。

该本首页（见右图）写"大明嘉靖元年厶月厶日重抄"，说明之前早有"原抄"，又见记属"山西潞安府长治县"办赛实例。而"潞安府"，则因嘉靖八年（1529）平定了当地一次农民起义，取"长治久安"义，将潞州改称"潞安府"，并有了附属的"长治县"（府县两衙均在今长治市区）。这说明，该本嘉靖八年以后曾用于长治县办赛，曾将"嘉靖元年"重抄本再次"重抄"。

值得注意的是，该本列有"食次"文多篇，按"四季"分列，题名皆有"唐乐星"云云，强调"察四时而备筵宴""按四时而调五味"。与此相关，见前《唐乐星图·听命文》言，"至周唐宋代起立乐星"。牛小五家献有《听命文集》本（详后），其中有篇《前行分戏竹》言，"古今传三本乐星"，"宋乐星珍馐百味，按四季造盏调羹"，另有篇《唐王游月宫》也言，"宋乐星珍馐百味，按四季奉献尊神"。显然，该本既与"唐乐星"相关，又属《宋乐星图》本。

对此，《宋史·乐志》正有相关记述。其记有"为图十二：一曰五声，二曰八音，三曰十二律应二十八宿，四曰七均应二十八宿"云云，正与《唐乐星图》相关，且见宋徽宗亲制"大晟"礼乐,重定"十二律"音高,"与天下共之",正是《宋乐星图》所由。按杨荫浏先生在《中国古代音乐史稿》中考证(人民音乐出版社,1980年版,页390),"北宋的音高标准,在(宋徽宗)政和三年以前,是相当复杂和混乱的","所谓大晟律","拆穿了说,实际是将当时教坊律黄钟作为夹钟,从而推得的民间的黄钟音高标准"。这种民间音高标准,不但唐代"燕设用之",且"合于长期的应用",早已用于"赛社"。从而所谓《宋乐星图》,就"乐"而言,所用"大晟律"正由唐代而来,正与上党赛社遗存的《唐乐星图》一致;就"礼"而言,则属宋徽宗亲制的"五礼新仪",即"大晟礼",因"与天下共之",正是"宋乐星珍馐百味,按四季造盏"所由。

而与"大晟礼乐"相关,清代光绪版《长治县志·金石》仍存"宣和元年八月十二日奉旨立石"的宋徽宗"御笔手诏","诏天下建神霄玉清万寿宫,以严奉祀","与天下共之",也与上党赛社相关。且"诏"后附记言,元代至顺时,长治县"神霄宫有道士曰刘知寅,长子县北军人氏","礼本官宗门提点",而"宗门提点"正是宋置,是监督、管理祭祀的官员。元代长治县"神霄宫"仍有"宗门提点",时任此官的刘知寅为相邻的长子县人,说明两县祀神规制相通。况且长治县明代重抄的此本,流传于长子县,存于赛社主礼牛家,仍作办赛参考。

综上可见,该本由宋元而来,乃民间流传的《宋乐星图》抄本。不过,由于该本已经残缺,只记有较为完整的"食次",且属明代办赛的"实例",故将该本称作《宋乐星图·供盏实例》较妥。以下依次校注。

唐乐星图早七晚八图卷[一]

维大明嘉靖元年厶月厶日(重抄)[二]山西潞安府长治县厶乡厶里厶村居住(处)奉神。致祭社首厶等。

夫食者黍稷之精,粮故国家之宝。上圣传留,告于满席神明。染盛有向[三],谦牺牲备[四],方堪荐与(于)尊神。亦变生办熟,陈其笾簋之中,设于俎豆之内。须按节依时,协(谐)五行而调美味,察四时而备筵宴[五]。

值宿[六]

春季盏衬[七]

早七

第一衬	红枣成对[八]	羊羔美酒[九]
第一盏	寸金钉子	清汁茶
第二衬	柿饼成对	羊羔美酒
第二盏	八宝糖饼	七宝群羹
第三衬	支（栀）成对	羊羔美酒
第三盏	鸳鸯馒头	细丝粉羹
第四衬	元（杬）成对	羊羔美酒
第四盏	鹅（蛾）眉角儿	竹笋羹
第五衬	白果成对	羊羔美酒
第五盏	菊花糖饼	云蒙羹
第六衬	瓜子一衬[一〇]	羊羔美酒
第六盏	金丝龟儿	银丝粉羹
第七衬	核桃成对	羊羔美酒
第七盏	粳米饭 稷米[一一]	木耳羹

晚八

第一衬	黑枣成对	羊羔美酒
第一盏	寸金钉子	清汁茶
第二衬	柿饼成对	羊羔美酒
第二盏	平坐馒头	细丝粉羹
第三衬	支（栀）要成对	羊羔美酒
第三盏	香酥卜翠（饽脆）	鸭子水花羹
第四衬	元要成对	羊羔美酒 厨子画字[一二]
第四盏	白熟角儿	竹笋羹
第五衬	白果成对	羊羔美酒
第五盏	梨花糖饼	白素羹
第六衬	栗子成对	羊羔美酒
第六盏	月样糖饼	木耳羹

第七衬	瓜子一衬	羊羔美酒
第七盏	元神龟儿	细粉羹
第八衬	核桃成对	羊羔美酒
第八盏	白米饭	煎肉下〔一三〕

逢要起羹,食筵见真(蒸);若不起羹,蒸食是汤者,食见茶〔一四〕。

【注释】

〔一〕本篇所记,正合之前"按语"所言。所谓"早七晚八",正指"早七晚八中十二"的供盏规矩,即每天早、中、晚的供盏次数。其中见缺的"中十二"盏次,该本后有补记(详后)。另,以下所记食名,一般不作校注。

〔二〕此句结尾"重抄"二字,非正文,属传抄人所加的说明。今置括号内,以下类此不再出注。可有三种解释:或指此文"大明嘉靖元年厶月厶日"重抄,或指应用时须将"厶月厶日"按干支纪年法具体重抄,或指将此开头文字"重抄"于敬神的"疏封"(类如信封)。正见此篇属于"嘉靖八年"之后的办赛实例。

〔三〕"染"指习俗所化,"习俗积渐曰染"。"向"通"飨",即"享"。"染盛有享",言依盛行的赛社俗规祀神供盏。联系上句"上圣传留",正见与宋徽宗有关(详按语)。

〔四〕"谦",敬也。"牺牲"指神前献牲。

〔五〕此"谐五行而调美味,察四时而备筵宴"的供盏食次,正合"宋乐星珍馐百味,按四季造盏"之规,正见所记属于《宋乐星图·供盏实例》。

〔六〕"值宿",类如"乐次文"所见,届时也须填写具体宿神。

〔七〕见于后期赛社的供盏,每盏两趟,"先果后食"。供果时献酒,供食时有汤,称"果为正盏,食为补空"。此处则见相反,供果称"衬",供食称"盏",或属早期用法。由于两趟合称"盏衬",皆可说通。

〔八〕"红枣成对",言指供盘所放红枣成双成对,不可单数。以下类似不注。

〔九〕"羊羔美酒",泛指好酒。见明代《事物绀珠》就记:"羊羔酒出汾州,色白莹,饶风味。"故可代指美酒。

〔一〇〕"瓜子一衬",即神前各献瓜子一盘,属于一衬,故言。以下类似不注。

〔一一〕"稷米"是对"粳米饭"的用料说明。

〔一二〕"厨子画字",属说明语。依规,供盏结束后,全部供盏食品照数收回神厨,由"厨子画字"收清。若再赐给有关办赛人等(如亭帷、香老、乐户、厨师等)亦需各自画字,示其支用。此处或属后者,表示该趟所供事后应当分给厨子。

〔一三〕"煎肉下",其"下"字属提示说明,指供盏至此结束,应将所供食品全部端下。

〔一四〕此段是对以上所记的说明。言指,当供盏的食品属于"蒸"类,如"糖饼""馒头"等,还需献"羹";若所供蒸食已变成"汤煮",如"寸金饤子"等,届时还需献"茶"。

唐乐星图卷〔一〕

维大明嘉靖元年厶月厶日(重抄)山西潞安府长治县厶县(乡)厶里厶村居住奉神。社首厶人人等,今命致(到)膳夫厶等,诚惶诚恐,稽首顿首百拜。一切(窃以)树头鹊噪,仍摧(催)网纸凿钱〔二〕。上鸠所报,盘食破碎爽嘉〔三〕。肴指(脂)酒歌,席牺然鱼,六味馨香以应。按四时而调五味,察八节而备三筵。精细刀砧[之]上,或在于锜釜之间。造馔厨工之手,据三食之所具。

今日合当厶值宿,应供盏数食次于后。

夏季盏衬

头场

  第一衬   红枣成对   羊羔美酒
  第一盏   寸金饤子   上品茶
  第二衬   柿饼成对   羊羔美酒
  第二盏   平坐馒头   细丝羹
  第三衬   支(栀)要成对   羊羔美酒
  第三盏   白红糖饼   南果羹
  第四衬   元要成对   羊羔美酒
  第四盏   水晶角儿   清什衬
  第五衬   水白果成对   羊羔美酒
  第五盏   二色饼   盘丝羹
  第六衬   杏儿成对   羊羔美酒
  第六盏   透糖鱼儿   里肉羹
  第七衬   鹦(樱)桃一对   羊羔美酒
  第七盏   珍珠饺   煎肉下

正赛

第一衬	枣儿成对	羊羔美酒
第一盏	金丝定(钉)子	锦绣美(羹)
第二衬	柿饼成对	羊羔美酒
第二盏	平坐馒头	玉笋美(羹)
第三衬	支(栀)要成对	羊羔美酒
第三盏	菊花糖饼	红丝肚羹
第四衬	元要成对	羊羔美酒 厨子画字
第四盏	金色鱼儿	喜(嬉)水羹
第五衬	水果成对	羊羔美酒
第五盏	主金角儿	黄龙羹
第六衬	樱桃一衬	羊羔美酒
第六盏	金鼎奈香儿	长寿羹
第七衬	青果一衬	羊羔美酒
第七盏	肥凤侠儿	圆龟羹
第八衬	门东(莓果)一衬	羊羔美酒
第八盏	酥油饽脆	舌莲羹
第九衬	青丝一衬	羊羔美酒
第九盏	糯米凉糕	羊鼻羹
第十衬	红丝一衬	羊羔美酒
第十盏	双睡馒头	头蹄羹
第十一衬	瓜子一衬	羊羔美酒
第十一盏	二色龟儿	银丝细粉[羹]
第十二衬	核桃成对	羊羔美酒
第十二盏	糯米饭	烧肉衬

今具末场供献八盏食次于后

第一衬	枣儿成对	羊羔美酒
第一盏	凤楼大茶盘	玲珑茶
第二衬	柿饼成对	羊羔美酒
第二盏	平坐馒头	七玉聚仙羹
第三衬	支(栀)要成对	羊羔美酒

第三盏	飞凤糖饼	金丝肚羹
第四视(衬)	元要成对	羊羔美酒
第四盏	分心饤子	舌连(莲)羹
第五视(衬)	水白果成对	羊羔美酒
第五盏	主金筷儿	羊鼻羹
第六视(衬)	樱桃一衬	羊羔美酒
第六盏	登(橙)糖龟儿	银丝细粉羹
第七视(衬)	梨儿一衬	羊羔美酒
第七盏	金色鱼儿	喜(嬉)水羹
第八视(衬)	核桃成对	羊羔美酒
第八盏	莲花糖饼	烧肉下

【注释】

〔一〕此篇是"夏季供盏"食次，分头场、正场、末场而记，合"早七晚八中十二"之说。

〔二〕"网纸凿钱"，言指将纸剪成网状，类如凿洞，使成纸钱。此处泛指祀神的纸扎祭品，用以代指赛社祀神。

〔三〕所谓"上鸠所报"，"卜"指上圣，"鸠"言集也，"报"即报神福也。这与宋徽宗集历代礼乐之大成亲制"大晟"礼乐，"与天下共之"，"以严奉祀"，正见相符。所谓"盘食破碎爽嘉"，其中"破碎"，用如《汉书·夏侯胜传》所言"章句小儒，破碎大道"，指未能领会大道深义；其中"爽"取损伤、损减义，总言所献"盘食"虽依古规，仍有断章取义之嫌，属谦词。

又食次单　扶(伏)疏式〔一〕　疏封上俱炤(照)〔二〕

［维］大明国山西潞安府长治县厶乡厶里厶村居住奉神。社首厶人等，今命致(到)膳夫厶等，诚惶诚恐，顿首百拜。切(窃)以树头鹊噪，仍摧(催)网纸凿钱。上鸠所报，盘食破碎爽嘉。肴指(脂)酒歌，席牺然鱼，六味之馨香以应。［造馔厨工之手］，［据］三食之祈(所)具。今日其宿在真(值)，应供盏数食次于后。

秋季盏衬

头场

第一衬	枣儿成对	羊羔美酒
第一盏	明珠茶食	金顶店(奠)汤茶
第二衬	柿饼成对	羊羔美酒
第二盏	平坐馒头	七宝妆带羹
第三衬	支(栀)要成对	羊羔美酒
第三盏	蛾眉饺儿	缠丝玛瑙羹
第四衬	元要成对	羊羔美酒
第四盏	自(白)红糖饼	蜜汁衬
第五衬	水白果成对	羊羔美酒
第五盏	简令饤子	红丝肚羹
第六衬	西瓜一衬	羊羔美酒
第六盏	水晶饺儿	群累(螺)羹
第七衬	核桃成对	羊羔美酒
第七盏	玉蒸饭	煎

今只(具)正赛应供盏数食次于后

第一衬	黑枣成对	羊羔美酒
第一盏	凤楼茶食	散星茶
第二衬	柿饼成对	羊羔美酒
第二盏	葵花馒役	银丝粉羹
第三衬	支(栀)要成对	羊羔美酒
第三盏	简花凉糕	蜜粉羹
第四衬	元要成对	羊羔美酒
第四盏	银样饽脆	合屯羹
第五衬	水白果成对	羊羔美酒
第五盏	开花糖饼	锦绣羹
第六衬	圆片一衬	羊羔美酒

第六盏	金丝糖钉子	肚肺羹
第七衬	青果一对	羊羔美酒
第七盏	三色露耳饼	玲珑茶
第八衬	门东(莓果)一衬	羊羔美酒
第八盏	金火食	梨而(儿)竹笋羹
第九衬	青丝一衬	羊羔美酒
第九盏	酥方鱼	戏(嬉)水羹
第十衬	红丝一衬	羊羔美酒
第十盏	炮老(烙)食	四和羹
第十一衬	西瓜一衬	羊羔美酒
第十一盏	寸金小茶食	长寿羹
第十二衬	核桃成对	羊羔美酒
第十二盏	珍珠菊花饭	牛肉下

今具末场应供盏数食次于后

第一衬	枣儿成对	羊羔美酒
第一盏	对妆茶食	茶汤趁
第二衬	柿饼成对	羊羔美酒
第二盏	笑魇(靥)儿	五花心羹
第三衬	支(栀)要成对	羊羔美酒
第三盏	湖济糖饼	云蒙羹
第四衬	元要成对	羊羔美酒
第四盏	酥皮湖侠	炒燔(鳝)羹
第五衬	水白果成对	羊羔美酒
第五盏	菊花糖饼	红丝肚羹
第六衬	圆片一衬	羊羔美酒
第六盏	鸳鸯馒饺	杂肉起羹
第七衬	西瓜一衬	羊羔美酒
第七盏	登(橙)糖龟儿	银丝羹
第八衬	核桃成对	羊羔美酒
第八盏	利(梨)花米饭	片白肉羹

【注释】

〔一〕"食次单"即食次文,因抄于纸单而名。此单又属"秋季"用文,故言"又"。"疏"指文疏,有一定格式,伏跪而读,是为"伏疏式"。读毕焚化神前,以示祝告。

〔二〕依规,呈神文疏事前写好,还须封装,称"疏封",类如信封,上写"××(主神)位前年月日××(社首人等)谨封"。"疏封上俱照",指疏文封皮均照固有格式,属附加的说明。

又食次单　状文疏〔一〕　疏封上详注前〔二〕

维大明国山西潞安府长治县厶乡厶里厶村居住奉神。社首[厶]人等。用味祭祀,点到六局膳夫厶等。诚惶诚恐,顿(稽)首顿首百拜。为致祭于满席尊神等众神明。

夫食者,作备庖厨。牺牲之备,取羊豕宰烹之礼,以(亦)必变生造熟。(按)四时而调五味,察八节而修三筵。精细砧刀之上,或在于锜釜之间,造馔厨工之手。据今辰厶宿在直(值),谨呈盏数于后。

冬季盏次

[头场]〔三〕

第一衬	枣儿成对	羊羔美酒
第一盏	金锭满望	雁(鸡)汁趁〔四〕
第二衬	柿饼成对	羊羔美酒
第二盏	簇顶茶食	七宝群仙羹
第三衬	支(栀)要一衬	羊羔美酒
第三盏	金火食	软肉羹
第四衬	元成对	羊羔美酒
第四盏	天花饼	宝妆羹
第五衬	白果一衬	羊羔美酒
第五盏	髓饼	菊花饭(羹)
第六衬	瓜子一衬	羊羔美酒
第六盏	水晶角儿	滥素羹

第七衬	核桃一衬	羊羔美酒
第七盏	笑魇(靥)儿	香和饭

右具前项,谨启。

虔诚严洁者降福,堕(惰)慢如(勿)有。厨所怠,自速戾。于阙躬行谨呈,神明锡。大明厶年厶月厶日奉奉神食局膳夫厶[五]。

又　正赛

第一衬	黑枣成对	羊羔美酒
第一盏	凤楼茶食	玉梅汤
第二衬	柿饼成对	羊羔美酒
第二盏	撒(馓)花饽脆	玉饭肺[羹]
第三衬	支(栀)要成对	羊羔美酒
第三盏	鸳鸯睡馒役	七宝群仙羹
第四衬	元要成对	羊羔美酒
第四盏	开落(烙)翠花饼	鲈鱼羹
第五衬	白果一衬	羊羔美酒
第五盏	粉面饻儿	肚肺羹
第六衬	栗子一衬	羊羔美酒
第六盏	月系饼	聚宝元霄羹
第七衬	青果一对	羊羔美酒
第七盏	银丝饺子	金丝细粉[羹]
第八衬	门(莓)果一衬	羊羔美酒
第八盏	三色糖透食	圣寿羹
第九衬	青丝一衬	羊羔美酒
第九盏	耳露饼	桃花锦绣羹
第十衬	红丝一衬	羊羔美酒
第十盏	芙蓉盏锣[六]	炒馐(鳝)羹
第十一衬	瓜子一衬	羊羔美酒
第十一盏	酥皮胡饻	看花羊头羹
第十二衬	核桃成对	羊羔美酒
第十二盏	竹蒸凉糕	蜜汁趁

又　正赛食次盏数于后[七]

第一衬	枣儿成对	羊羔美酒
第一盏	金丝钉子	锦绣羹
第二衬	柿饼成对	羊羔美酒
第二盏	平坐馒饺	玉笋羹
第三衬	支（栀）要成对	羊羔美酒
第三盏	糯米凉糕	云蒙羹
第四衬	元要成对	羊羔美酒
第四盏	邓（橙）沙糖馅[八]	珍珠粉羹
第五衬	白果一衬	羊羔美酒
第五盏	一色糖饼	穿金长寿羹
第六衬	圆片一衬	羊羔美酒
第六盏	邓（橙）糖奈香儿	春髓羹
第七衬	落花参（生）一衬	羊羔美酒
第七盏	香酥馒饺	肚肺羹
第八衬	鸡头一衬	羊羔美酒
第八盏	桃花饭	煎肉羹
第九衬	榛子一衬	羊羔美酒
第九盏	二妆丝	天花羹
第十衬	苓米一衬	羊羔美酒
第十盏	自（白）红糖饼	三岁羹
第十一衬	瓜子一衬	羊羔美酒
第十一盏	燃（染）尖馒饺	银丝粉羹
第十二衬	核桃成对	羊羔美酒
第十二盏	桃花饭	聚仙羹

末场食次谨呈盏数于后[九]

第一衬	枣儿成对	羊羔美酒
第一盏	容（溶）头酥	清汁衬
第二衬	柿饼成对	羊羔美酒
第二盏	平坐馒饺	玉笋羹

第三衬	支（栀）要成对	羊羔美酒
第三盏	梨花裹蒸	七宝乳汁羹
第四衬	元要成对	羊羔美酒
第四盏	馈糖枣	元鱼羹
第五衬	白果一衬	羊羔美酒
第五盏	白熟饼	姜摔（拌）皮羹
第六衬	栗子一衬	羊羔美酒
第六盏	银丝糖饼	群仙羹
第七衬	瓜子一衬	羊羔美酒
第七盏	桃花饺儿	玉丝窝粉羹
第八衬	核桃成对	羊羔美酒
第八盏	对妆桑葚	云花羹

又　末场

第一衬	枣儿成对	羊羔美酒
第一盏	寸金钉子	散星茶
第二衬	柿饼成对	羊羔美酒
第二盏	银丝饽脆	玛瑙羹
第三衬	支（栀）要成对	羊羔美酒
第三盏	葵花馒饺	三色羹
第四衬	元要成对	羊羔美酒
第四盏	白熟饼子	莳芦羹
第五衬	白果一衬	羊羔美酒
第五盏	簇七蜜浮酥饼	香酥杂参羹
第六衬	栗子一衬	羊羔美酒
第六盏	丁香馒饺	蜜蝶趁
第七衬	栗（梨）子成对	羊羔美酒
第七盏	金丝龟儿	银丝细粉
第八衬	核桃成对	羊羔美酒
第八盏	雪花米饭	姜芽卤咸豉羹

又　末场

第一衬	枣儿成对	羊羔美酒
第一盏	开烙糖饼	云蒙羹
第二衬	柿饼成对	羊羔美酒
第二盏	平坐馒饳	春髓羹
第三衬	支(栀)要成对	羊羔美酒
第三盏	金茶环饼	头蹄羹
第四衬	元要成对	羊羔美酒
第四盏	酥皮胡饺	玉蝉羹
第五衬	白果成对	羊羔美酒
第五盏	春蛹儿	苔苗羹
第六衬	栗子成对	羊羔美酒
第六盏	蛾眉饺儿	梨儿竹笋羹
第七衬	瓜子一衬	羊羔美酒
第七盏	月样戏饼	梅花羹
第八衬	核桃成对	羊羔美酒
第八盏	粉面饺儿	穿肺羹

【注释】

〔一〕此"状文"亦即"疏文"。届时跪伏而读，属于"禀状"，故称。

〔二〕"疏封上详注前"，与前"疏封上俱照"意思相同，仍属说明语。

〔三〕"头场"二字今补，以与下记的"正赛""末场"对应。可以省略不写。

〔四〕此处为"鸡"，较实际，故改。另，"趁"字用同"衬"。

〔五〕此段文字，为主礼先生假借神旨对膳夫（神厨首领）的告诫。盖因敬神表文皆由主礼的阴阳先生代读，借以沟通人神。届时，膳夫将食次文献于神前，陪跪一旁，主礼读毕正文，将"右具前项，谨启"于神，又可传达神旨，告诫膳夫，故有此段。"钖"通"赐"。

〔六〕"芙蓉盏锣"即供盏所用的"芙蓉饼"。

〔七〕此"冬季盏次"连记两个"又正赛"，有三种可能。一种可能是，以下所记的正赛食次"又"可作为一种选用的实例。另种可能是，有两个正赛日，称"双正赛"（见后），从而每天各用其一。还有一种可能，或将每场中午供盏均称"正赛"，可有三个正赛，见其"末场"就记有三个（详下）。依后期上党赛社所见，第一种可能较大。

〔八〕"餹"，即糕饼也。

〔九〕以下"末场食次"列有三个。如前注，或供盏时选用，或将每场晚盏皆称"末场"。

又食次单　状文疏式〔一〕　疏封上详注珠语〔二〕

夫食者,然黍稷之精,故[粮]国家之大宝〔三〕。[上圣留传],可以告于满席神明。染[盛]暨[向],谦牺牲暨备,方堪荐[于]神明。亦变生生(造)熟,陈其簠簋之中,设于俎豆之内。又须按节[依]时,协(谐)五行而调美味,察四时而修筵宴。具今日厶宿在直(值),谨呈[三]场应供盏数食次于后。

备间盏数〔四〕

第一盏　云云　其羹云云

第二盏　云云　云云

【按】接下所记,应在双面页的另一面(背面),但此面已失(成单面页)。依前书写惯例,约缺九行文字,正缺"第三盏云云,第四盏云云……";下页接记的"正赛"十二盏食次,缺失开头"第一衬"内容。所幸,缺失的多属"云云"类,不必再补;即使缺失接记的"正赛"开头"第一衬",前皆记为"枣儿成对　羊羔美酒",也可参照补全。

[正赛]〔五〕

[第一衬	枣儿成对	羊羔美酒]〔六〕
第一盏	凤楼茶食	金顶店(奠)汤茶
第二衬	柿饼成对	羊羔美酒
第二盏	平坐馒头	七宝聚仙羹
第三衬	支(栀)要成对	羊羔美酒
第三盏	三色糖饼	金丝肚羹
第四衬	元要成对	羊羔美酒
第四盏	蛾眉角儿	缠丝玛瑙羹
第五衬	白果成对	羊羔美酒
第五盏	自(白)红糖饼	群仙羹
第六衬	栗子成对	羊羔美酒
第六盏	寸金钉子	白王(玉)肺羹
第七衬	瓜子一衬	羊羔美酒
第七盏	柰香儿	锦绣羹

第八衬	核桃成对	羊羔美酒
第八盏	罗角儿	肚肺羹
第九衬	青丝一衬	羊羔美酒
第九盏	三色耳露饼	玲珑茶
第十衬	红丝一衬	羊羔美酒
第十盏	寸金小茶食	长寿羹
第十一衬	梨一衬	羊羔美酒
第十一盏	金丝龟儿	银丝细粉
第十二衬	核桃成对	羊羔美酒
第十二盏	菊花饭	烧肉下

右件前项所呈盏数,如有乖差,臬辜非轻[七]。神明焀(照)监。

大明厶年厶月厶日点到六局膳夫厶人。

又　盏数食次双正赛用[八]

第一衬	枣儿成对	羊羔美酒
第一盏	凤楼茶盘	玲珑茶
第二衬	柿饼成对	羊羔美酒
第二盏	平坐馒头	七宝聚仙羹
第三衬	支(栀)成对	羊羔美酒
第三盏	飞凤糖饼	金丝肚羹
第四衬	元成对	羊羔美酒
第四盏	圭金角儿	羊鼻羹
第五衬	白果成对	羊羔美酒
第五盏	寸金钉子	舌连(莲)羹
第六衬	栗子成对	羊羔美酒
第六盏	登(橙)糖龟儿	银丝细粉
第七衬	瓜子一衬	羊羔美酒
第七盏	金色鱼儿	喜(嬉)水羹
第八衬	门东(莓果)成对	羊羔美酒
第八盏	莲花糖饼	烧肉下
第九衬	青丝一衬	羊羔美酒

第九盏	鹅（蛾）眉角儿	头蹄羹
第十衬	红丝一衬	羊羔美酒
第十盏	金鼎茶香儿	长寿羹
第十一衬	梨一衬	羊羔美酒
第十一盏	薄海馒头	粉羹趁
第十二衬	核桃一衬	羊羔美酒
第十二盏	三色宝妆茶食	（按，以下因抄本残损缺失）

【注释】

〔一〕此"食次单"，经查，为该本开篇"唐乐星图行早七晚八图卷"的重复补充，也仍用于"春季"。盖因开篇只记有"早七晚八"，正缺"中十二"盏次，故见其"状文疏式"同开篇，唯见详记"正赛"的十二食次。

〔二〕此句属"疏封"说明语。"珠语"犹言"妙语"；"珠"又通"朱"，或又与疏封要用红纸有关，见如平顺县九天圣母庙今存的《光绪十四年下社赛传账》就记，"外用红表纸壹张吊角封住"。

〔三〕"粮"字，参照开篇同文所补。以下类似不注。

〔四〕"备间盏数"属说明语，指以下所列"第一盏云云，第二盏云云"等，只是写出其间应备的盏数。盖因开篇"早七晚八"已详记。

〔五〕"正赛"二字，属补加。因所记内容正是开篇所缺的"中十二"盏次。

〔六〕因该本残损，缺失"第一衬"内容，今参照前例补全。

〔七〕"臬"指刑法，"辜"言罪，"臬辜"言指以法治罪。

〔八〕"双正赛"，指同一赛社有两个正场。依例，"正赛"之日属赛庙主神"诞日"，"双正赛"意味该庙有两位主神，需同时"庆诞"。按上党赛社所见，该庙必为"二仙庙"，所敬"二仙奶奶"即冲淑、冲惠二真人。传说二人为姊妹，同时升天成仙，或因此有了"双正赛"。

又乐次单　状文疏式〔一〕　疏封□□□〔二〕

维大明国山西潞安府长治县厶乡□□□（按，约缺七字）神。社首厶人等，同盟报谢，恭陈□□□（按，约缺七字）于满席尊神等众神明。□□□（按，以下因抄本破损，全部缺失）。

【注释】

〔一〕此"乐次单"，既属供盏所用的"乐次文"，又类"食次单"，也需神前祭拜祝告。故见也有"状文疏式",按规也应分为头场、正场、末场,各列盏次。可惜该本破损,唯存此篇开头数语。值得注意的是,与前记的"食次单"比照,虽然该篇属于"乐次文",却见其题名未再写"唐乐星"三字。从而正见,该本属《宋乐星图》,不但见其正合"宋乐星珍馐百味,按四季造盏调羹"之说,且见"宋乐星"与"唐乐星"有别,正如该本开头"按语"所言,正见其"礼乐"规制与宋徽宗有关,留着宋代痕迹。正因此,就见上党赛社《听命文集》本仍言,"出自赵上皇遗留此事,传留后世,至今不绝也",不但长治县明代"重抄"留有此本,且见今存《乐次全部》《周乐星图》等本(详后),都记有"乐次文",都与《宋乐星图》相关。故虽然该本缺失"乐次单"的具体内容,并未造成太大的遗憾。

〔二〕显然,此句仍属"疏封"说明语,如前见的"疏封上详注珠语""疏封上详注前"。所缺字,今以□□□表示,以下类似。

三 《乐次全部》本校注

该本发现于潞城北庄村李过卖（1995年，时年八十岁）老人处，笔者多次走访，李老终于献出（如图）。李老讲，其家世执阴阳业，祖居县城（城南接北庄），明代曾任该县"阴阳官"。民国初，其族叔李兰芳主办该县城隍庙大赛，重抄此本。该本今存内外

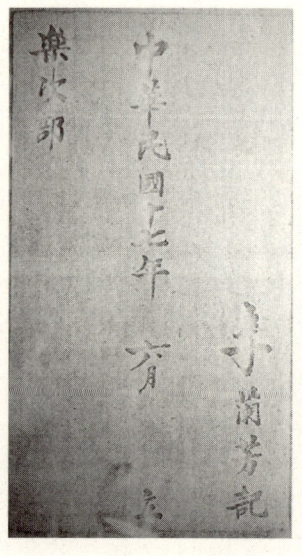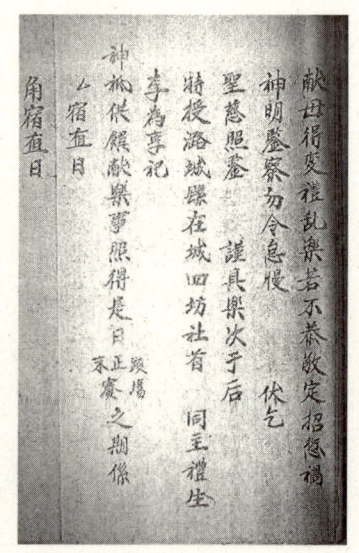

两个封面，外封面左上写"乐次全部"，右下写"李宅记"；内封面左上写"乐次部"，中间写"中华民国十七年六月立"，右下写"李兰芳"。该本以细线装订，保存完好。本高20厘米，宽12.5厘米。麻纸双折成页，共三十四个双面页，计六十八个单面。每面以毛笔竖抄，均为九行，笔迹、用纸与两个封面一致，显为同一人所写。故仍取其外封面之名。

笔者又曾调查过该县城隍庙赛社，据县城老人讲，其赛历有县府介入，属于"官赛"。赛期以农历四月十五日为准，前后六天，用乐例由在境乐户支应，清末民初仍然。据其说，该庙赛社曾由合室村阴阳王平方及其侄王圪计（音）先后任主礼，之后才由李兰芳等人接任。考查合室村王氏阴阳，又见其主持过贾村（旧称南贾村，县城西南五里处）赛社，直至清代也仍见有官府介入，今仍有《周乐星

图》本遗存(详后),与《乐次全部》体例相同,内容相类。从而,《乐次全部》见与《周乐星图》同源,同由合室村王氏阴阳所传,同属明清传本,正可补前《宋乐星图·供盏实例》本残缺的"乐次",且类《唐乐星图》本所记的"乐次文",也留着宋元赛社痕迹。

因此,继《唐乐星图》《宋乐星图》之后接着校注该本,凡前已注者不再重复出注。以下依次抄校。

序〔一〕

夫乐者,通声音之道理,辅天地之宫商。故调适于众部,致协和于四时。太平摠〔二〕音,曲曲尽宣扬之美;叩陈法部,渺[渺]成节奏之宜。滥食吹竽之曲,载听击磬之歌〔三〕。聊为节次,诚荐灵明,开列于后。

【注释】

〔一〕此"序",为"乐次文"开头的祝语,届时需按固定格式而写,类前《宋乐星图》本所记的"乐次单状文疏式",之后再将当日值宿、乐次依次开列。此处仅记祝语内容,以备之后选用,届时按格式套用即可。

〔二〕"摠"或同"总",或作"持揽"讲。此处当属后者。

〔三〕"滥食吹竽"出于"滥竽充数"典故。又,"载"作动词词头用,无实义。

序〔一〕

夫乐者,礼之基。礼者,乐之本。五音既奏,美教化之能兴;八音克谐,得神人之胥悦。按合六律政调〔二〕。乐使厶人等猥鄙贱工〔三〕,叩陈法部。滥食吹竽之曲,载听击玉罄(磬)之音。仰渎宸聪,惟弹末艺。今乐犹古乐,今神是古神。乐按宫商致奏,宜奉神灵歆享。上下交欢,扮作队戏节次。对"蠢"〔四〕呈献,毋得变礼乱乐。若不恭敬,定招愆祸。神明鉴察,勿令怠慢。伏乞圣慈照鉴,谨具乐次于后。特授潞城县在城四坊社首〔五〕同主礼生李〔六〕为享祀神祇供馔献乐事,照得是日头场(或正赛、末赛)〔七〕之期,系厶宿值日〔八〕。

【注释】

〔一〕这是类前的又一"序"。之下见记有"潞城县""主礼生李",或正是民国十七年(1928)李兰芳办赛所用之序。

〔二〕"政"通"正",有法则、标准义。"六律"指"十二律",因其可分为六律、六吕,故可代指。"六律政调",既指十二律为标准的二十八调,又指对应的二十八宿。

〔三〕"乐使厶人",指乐户中的"科头";"猥鄙贱工",指其所领的乐工,含贬义。盖因乐户历代属于贱民,编于贱籍,故有此说。

〔四〕"毒",应是用于祭祀的"组合字",意即"三王",指天、地、人"三皇",用于代指"三界"诸多神灵。

〔五〕由于潞城县城隍庙赛社属于"官办",具体由各社承办,故见此处写有"特授潞城县在城四坊社首"一语。见于《周乐星图》本,因用于贾村赛社,则见写为"潞城县南贾村维首"。

〔六〕依规,此处只写办赛主礼之"姓",不具其名。

〔七〕原文是将"头场、正赛、末赛"并列竖写,意指此"序"三场皆可用。今因横排,借括号处理,加一"或"字。

〔八〕赛社三场"系厶宿值日"时,既要由乐户装扮当日"值宿",又要将对应的"乐次"具体开列,"悬挂乐台"。贾村的《周乐星图》本见记,"乐台出牌,不写值日姓名,只开形容、衣色、物件",正类以下所记。

[二十八宿值日乐次]〔一〕

角宿值日

木蛟(邓禹)〔二〕:虎头女面,披发,身着黄衣,垂白袖,腰缠绿裙,穿朱履。右手执曲尺,向东而立。上居天秤宫,下临郑地〔三〕。分并前后两衙,队戏陈列于后〔四〕。

计开:前行《百寿福》〔五〕

第一盏　《万寿乐》歌曲子　　　　补空　《折(插)花三台》〔六〕

第二盏　靠乐[歌]唱　　　　　　补空　《齐下生》〔七〕

第三盏　温习"曲破"　　　　　　补空　《封官》〔八〕

第四盏	弦子合昌(唱)〔九〕	补空	《庄子叹骷髅》〔一〇〕
第五盏	《二犯伴妆台》〔一一〕	补空	《猿猴脱壳》〔一二〕
第六盏	《四朝元》〔一三〕	补空	《关大王破蚩尤》
第七盏	曲破〔一四〕	补空	《古城聚义》〔一五〕
正队	院本	杂剧〔一六〕	
厶月	日	悬挂乐台	

【注释】

〔一〕此分类标题今加。盖因以下所记是按"二十八宿值日"顺序，将每宿对应的"乐次"逐一开列。为何如此？盖因后期办赛的主礼，乃至乐户，早对"乐星"对应规制不甚了了。于是如其"序"言，为使"今乐犹古乐"，或仿宫廷规制（如明初壶关县杜敩，曾被朱元璋召为"四辅官"，主持过宫廷礼乐，告老还乡时带回一班家乐，均属乐户），或沿前代办赛所用（如潞城县贾村碧霞宫赛社，不但见类县里城隍庙赛社，也属"官赛"，且见早与当地的"沈王府"牵涉），事前排定"二十八宿值日乐次"，届时就可根据当日"值宿"套用，用于不同日期的各赛，这正是主礼先生每见传抄保存"二十八宿值日乐次"具体内容的原因。当然应用中也有变通，见如《唐乐星图》所记的"乐次"，就见"三盏以后各无所管"，早又引入"出戏"。

〔二〕"邓禹"二字，原本横批于正文上额，属说明语。意指"角木蛟"即东汉开国二十八将中的邓禹。由于"乐台出牌，不写值日姓名"，不宜列在正文中，故见原本横批正文上额，今移括号内，仍合原意。以下各宿类此，不注。

〔三〕"天秤宫"属黄道十二宫之一，角木蛟一宿正在该宫的天区，故言"上居"，且与古代州国对应，正见"下临郑地"。以下类似不注。

〔四〕赛社用乐，分粗乐、细乐两班，即两衙。粗乐用大锣大鼓，主要用于队戏歌舞，或出行时列于细乐之后，或供盏时用于乐台演出，故称"后衙"或"晚衙"。细乐恰相反，笙箫笛管细吹细打，供盏时来往神前，故称"前衙"。粗细两班，有分有合，供盏时相互配合，故言"分并前后两衙"，且因队戏歌舞可代指整个供盏表演，就有了"队戏陈列于后"一说。

〔五〕《百寿福》，也称《百寿赋》，用于供盏开始时，属前行长篇讲唱，每句含有"寿"字，以应"百寿"。前行讲毕，神前才开始供盏，故见列于盏次之前。以下各宿类此，不再出注。

〔六〕"插花三台"，指《三台》曲的中间插有"花拍"，前《唐乐星图》本已记。

〔七〕《齐下生》，即《五鬼齐下生》，前《唐乐星图》本记为"杂剧"。此处用于第二盏"补空"，属其片段。

〔八〕《封官》，即《霸王设朝封官》队舞。

〔九〕"弦子合唱"指其演出形态，非剧名。

〔一〇〕《庄子叹骷髅》，源于《庄子·至乐》篇，言庄子妻死，庄子鼓盆而歌。由此演义，或写庄子假死化为楚王孙，诱妻再嫁，妻劈棺，庄子复生；或写庄子出游，见一妇扇坟，急待前夫坟干再嫁，庄子慨叹，鼓盆而歌。金院本有《庄周梦》，元杂剧有《鼓盆歌庄子叹骷髅》，明传奇有《蝴蝶梦》等，《警世通言》仍有"庄子鼓盆成大道"一篇，正宜"弦子合唱"。若此，或第四盏通唱其事。

〔一一〕《伴妆台》亦名《傍妆台》。"犯"指犯调。南曲有《苏州伴妆台》《扬州伴妆台》，皆为变体，与"二犯"有关。

〔一二〕《猿猴脱壳》，按上党赛社遗存所见，届时一人扮猴伏于地毡，旁立者筛以糠麸，留影毡上，献于神前，以示神功造化。与《西游记》有关，属仪式性表演。

〔一三〕与《四朝元》相关，见《宋史·乐志》记有《万国朝天乐》，南宋"官本杂剧"亦有《四国朝》（见《武林旧事》），元明乐曲仍有《四国朝》（见《九宫词谱》）。

〔一四〕"曲破"本属伴舞的大曲片段，该有具体曲名。此处未记，正如后期上党赛社所见，通用大锣大鼓伴奏"队子"，泛称"打曲破"。

〔一五〕《古城聚义》，即关羽过五关最后一段，又名《古城会》，属队戏歌舞。前记的"曲破"或正伴此队戏。若此，通盏演此目，正可借以"合唱收队"。

〔一六〕此处列的"正队、院本、杂剧"，用于晚上乐台演出。届时当天供盏全部结束，用乐已无限制，假名娱神又可娱人，剧目较自由，故见此处只列演出形态，剧目可任选。按上党遗存所见，"正队"指大型完整的队戏，"院本"每含"滑稽调笑"，"杂剧"则以"诗赞念唱"为特色。

亢宿值日

金龙（吴汉）：豹头女面，披发，身着黄衣，白袖，白裙，朱履。左手执曲尺而立。上居天秤宫，下临郑地。分并前后两厢，队戏陈列于左。

计开：前行说《细分路台》〔一〕

第一盏	《老人星》歌曲子	补空	《金殿三台》
第二盏	靠乐[歌]唱	补空	《平（本）调倾杯》
第三盏	接舞《湖（胡）渭州》	补空	歇帐〔二〕
第四盏	《群逆（送）箫管》〔三〕	补空	《韩（翰）林判》
第五盏	全部细乐	补空	《琵琶》〔四〕
第六盏	《长寿仙》曲破	补空	《聚八仙》〔五〕
第七盏	接舞《庆云乐》	补空	歇帐〔六〕

正队　　院本　　杂剧

厶月　　日　　悬挂乐台

【注释】

〔一〕《细分路台》，又名《讲路台》，也属前行讲唱，正讲路台（乐台）的由来。上党赛社存本记有具体内容。

〔二〕所谓"歇帐"，出于宋代。按《东京梦华录》"驾登宝津楼诸军呈百戏"条记，"诸军百戏，呈于楼下"，既多"枪对牌、剑对牌之类"队舞，又见"出散处以青幕围绕，列数十辈，皆假面异服，如祠庙中神鬼塑像，谓之'歇帐'"。显然，其"歇帐"正指人物"坐之当场"的造型。此处用于"接舞《胡渭州》"之后的"补空"，前行从旁讲说人物故事，也正用于"出散处"，正宜讲毕"遣队"下场。与其相关，见《唐乐星图·队子》记有《剑器·胡渭州·中吕宫·鸿门会》一目（见前），既是"剑对牌之类"队舞，又"接舞《胡渭州》"，与此处所记相合。按此，此处第三盏正可通演《鸿门会》，类似宋代队戏歌舞，仍留"歇帐"痕迹。

〔三〕《群送箫管》，前《唐乐星图》本已注。

〔四〕此盏通演《琵琶记》片段，不但"全部细乐"伴奏，而且演的仍是"出戏"。

〔五〕此盏通属"八仙队子"表演，且见其"补空"为"聚八仙"，正类"歇帐"，正宜前行从旁介绍人物故事，如上党赛社"八仙庆寿"所见。

〔六〕此盏"接舞《庆云乐》"，接前盏"八仙庆寿"，仍属队子歌舞，其最后也见"歇帐"，正宜"遣队"结束。

氐宿值日

土貉（贾复）：披头，宝花抹额，裸身，腰缠白裙，赤足。右手执犁（藜）杖而立。上居天蝎宫，下临宋地。分并前后两衙，队戏陈列于左。

计开：前行说《细分路台》

第一盏　《老人星》歌曲子　　　　　补空　《金殿三台》

第二盏　靠乐[歌]唱　　　　　　　补空　《本调倾杯》

第三盏　温习"曲破"　　　　　　　补空　《再撞》

第四盏　全部细乐　　　　　　　　补空　《欢（劝）金杯》〔一〕

第五盏　接舞《庆云乐》　　　　　　补空　歇帐

第六盏　《神后乐》　　　　　　　　补空　《五老房送鬼》〔二〕

第七盏　接舞《剑器乐》　　　　　　补空　大（打）曲破"歇帐"〔三〕

| 正队 | 院本 | 杂剧 |
| 厶月 | 日 | 悬挂乐台 |

【注释】

〔一〕《劝金杯》，又名《劝倾杯》，由唐宋《倾杯乐》而来，属元明令曲。与其相关，见前《唐乐星图·队子》已记有《倾杯乐·细腰单舞盘中曲》一目。

〔二〕此盏当用《神后乐》大曲，表演《五老房送鬼》故事。其曲无考，若"神后"指土地神"后稷"，则其由来与宋官本杂剧《土地大明乐》相关，甚或《神后乐》即《大明乐》。所谓"五老"属道家之神，由五行、五土、五岳演义而来，类似五帝、五圣、五显、五通、五路、五道神，可用于驱鬼。正因此，不但此盏所用《神后乐》见与神灵有关，而且《五老房送鬼》亦与"驱傩"牵涉。

〔三〕此"接舞《剑器乐》"属大曲歌舞，接前盏《五老房送鬼》队子。与其相关，见于《唐乐星图·队子》类，既有《剑器·胡渭州·中吕宫·鸿门会》，又有《带剑器·胡渭州·郡鬼游九陵》。若此盏用《剑器》表演"郡鬼游九陵"，不但正可"接舞"，且属最后一盏，正见其"歇帐"之后接着"补空 打曲破"，正可借以遣队下场。见于后期的上党赛社，遣队下场时前行每念"八宝妆腰带"云云四句，代表固有的"花队"表演，仍以"打曲破"收场。

房宿值日

日兔（耿弇）：牛头人形，首披，青衣，白袖，赤裙，朱履。左手执莲花而立。上居天蝎宫，下临宋地。分并前后两衙，队戏陈列于左。

计开：前行说《百花赋》

第一盏	《老人星》歌曲子	补空	《天净三台》
第二盏	靠乐[歌]唱	补空	《群送箫管》
第三盏	《单舞盘中曲》	补空	《绣定针》〔一〕
第四盏	温习"曲破"	补空	双羌管〔二〕
第五盏	接舞《菩萨梁州》	补空	《观音锁水母》苗（妙）庄王将〔三〕
第六盏	《蛮牌》队子〔四〕	补空	歇帐
第七盏	接舞《长寿乐》	补空	收队《三清朝玉帝》亦大（打）曲破〔五〕
正队	院本	杂剧
厶月	日	悬挂乐台

【注释】

〔一〕《绣定针》用于第三盏,依规应"舞"。与《唐乐星图·队子》所记的《梦新妇·定针》当为同一表演。

〔二〕"羌管"即觱篥,俗称管子,原出羌族。"双羌管"当属提示,言指用一种特殊羌管。《隋书·音乐志下》记有"双觱篥",元马端临《文献通考·乐十一》说:"胡部安国乐有双觱篥,《唐乐图》所传也。"可见,"双觱篥"已见于隋唐宫廷,早属"胡部",随《唐乐星图》流向民间。今潞城仍有村名"羌城",与县城相近。因此,该本所记的潞城县赛社可能仍用"双羌管"。

〔三〕此盏也应通演一目队戏。所用《菩萨梁州》曲,元《中原音韵》已记。所演故事《观音锁水母》,元陶宗仪《辍耕录》卷二九记:"泗州塔下,相传泗州大圣锁水母处。"南宋罗泌《潞史·余论九》"无支祁条"也说:"释氏乃以为泗州僧伽之所降水母。"此目队戏出自宋元,传统戏《泗州城》(又名《虹桥赠珠》)亦演其事。大意写,泗州有水怪自称水母,因爱慕州官之子,强欲婚。该子骗得其避水珠逃出,水母怒,水淹泗州。观音圣母遣将与斗,不敌,遂亲自化为卖面老妇,诱水母食,面化为锁,锁水母脏腑而擒之。另,"妙庄王将"属批注说明,言观音的身世。元赵孟頫妻管道升作的《观世音菩萨传略》依俗传,言观音原是妙庄王的第三女,或见其"妙庄王将"所由。

〔四〕《蛮牌》属宋曲,多用于击刺类的队舞。《东京梦华录》卷五"京瓦伎艺"记有"掉刀、蛮牌",卷七"驾登宝津楼诸军呈百戏"记有"乐部复动《蛮牌令》,数内两人出阵对舞,如击刺之状……出场凡五七队,或以枪对牌、剑对牌之类"。本目属此类"队子"。

〔五〕本盏通演《三清朝玉帝》,既是《长寿乐》伴舞的队戏,又用于最后一盏,故见"收队"时"亦打曲破"。

心宿值日

月狐(寇恂):黑[头]人形,头顶毡冠,腰缠白裙。右手执金鞭而立。上居天蝎宫,下临宋地。分并前后两衙,队戏陈列于左。

计开:前行说《酒词》〔一〕

第一盏	《万寿乐》歌曲子	补空	《折(插)花三台》
第二盏	靠乐[歌]唱	补空	《群送箫管》
第三盏	教坊司"曲破"	补空	《牙(迓)鼓令》
第四盏	《韩(翰)林判》	补空	《单舞酸胡林》〔二〕
第五盏	接舞《伊州》	补空	《三限江东》〔三〕

第六盏	全部细乐	补空	《聚八仙》
第七盏	接舞《大圣乐》	补空	收队《二郎降健龙》歇帐[四]
正队	院本　杂剧		
ㄙ月	日　悬挂乐台		

【注释】

〔一〕《酒词》亦属前行讲唱,上党赛社存本记为《讲酒诗》,正讲酒与赛社的关系,并讲及刘伶醉酒的故事。

〔二〕"酸"属角色分类,宋元戏剧中多指读书人。"胡林"为"翰林"之误,可见该盏通演《翰林判》,与《唐乐星图·杂剧》记的《鞭打翰林判》相关,其"补空"正是"单舞"片段。

〔三〕《三限江东》属三国故事,与关汉卿所作《关大王独赴单刀会》有关。依其写,东吴鲁肃为讨回荆州曾定三条妙计,骗关羽过江赴宴。关羽假说所佩神剑早有"剑戒","怒则跃匣铮铮而有声",头遭曾诛文丑,二遭又斩过蔡阳,警告鲁肃别犯了"第三遭"剑戒。当鲁肃谈及讨荆州时,果然匣中剑响,"恼犯我三尺无情铁",于是关羽一拉鲁肃,"好生送我船上者",使其三计落空,埋伏无用。"三限"当缘此。可见本目故事宋元早有,可用《伊州》大曲伴舞,此盏通演其事。

〔四〕"二郎降健龙",与《唐乐星图·杂剧》中见记的《二郎变化捉李云》同题材。此盏通用《大圣乐》以演其事,"补空"也仍类前最后一盏所记。

尾宿值日

火虎(岑彭):女面长角,赤绢扶头,身着青衣大袖而立。上居人马宫,下临燕地。分并前后两衙,队戏陈列于左。

计开:前行说《三元戏竹》[一]

第一盏	《万寿乐》歌曲子	补空	《天净三台》
第二盏	靠乐[歌]唱	补空	《倾杯乐》
第三盏	温习"曲破"	补空	《再撞》
第四盏	群送箫管	补空	《单蝉(蟾)戏水》[二]
第五盏	接舞《延寿乐》	补空	《三清朝玉帝》歇帐
第六盏	《神后乐》	补空	《五老房送鬼》
第七盏	接舞《伊州》	补空	《三教天门阵》[三]

正队	院本	杂剧
厶月	日	悬挂乐台

【注释】

〔一〕《三元戏竹》，上党赛社存本有记，属长篇诗赞，仍由"前行说"，讲天元、地元、人元三种戏竹的来历。"人元戏竹"正是其执的"竹竿子"，与唐明皇游月、杨妃单舞盘中曲有关。

〔二〕《单蟾戏水》出自"刘海戏蟾"故事。依史，刘海为五代时人，本名刘操，先为辽国进士，后出家修道，号"海蟾子"。由此民间传说，言其终南山修行，后骑在金蟾上，手里舞着一串钱，有"刘海戏金蟾，步步钓金钱"之说。传说金蟾为仙宫灵物，得可致富，又演义出"刘海戏蟾"故事。人们将其剪纸、绘画请回家中，求财祈福。与此相关，见北宋柳永《巫山一段云》词，早有"贪看海蟾狂戏"云云，其"海蟾"正指"刘海"，且见早用于"戏"，与"刘海戏蟾"牵涉。明代李晔《六砚斋笔记》，更有"黄越石携来四仙古像……一为海蟾子，哆口蓬发，一蟾玉色者戏踞其顶"，可见"海蟾"早有"古像"，且见"一蟾"戏踞其顶，早与"单蟾戏水"相关。

〔三〕《三教天门阵》即《唐乐星图》"舞队角单"中见记的《杨六郎大破天门阵》。依其角单所列，见有"炽盛光佛""钟道人""紫微大帝""九天玄女""宋真宗""寇准""六郎""穆桂英""杨和尚"等，儒、释、道三教俱全，各助一方，演兵斗阵，正合此处所记。

箕宿值日

水豹（冯异）：女面人形，头顶毡冠，身穿赤衣、绿裙、朱履。右手执剑而立。上居人马宫，下临燕地。分并前后两厢，队戏陈列于左。

计开：前行说《细分路台》

第一盏	《老人星歌》曲子	补空	《金殿三台》
第二盏	靠乐[歌]唱	补空	《倾杯》
第三盏	温习"曲破"	补空	《再撞》
第四盏	《群送箫管》	补空	《单蝉（蟾）戏水》
第五盏	接舞《万寿（岁）梁州》	补空	唐明王《马践杨妃》《李靖夜看扬州》〔一〕
第六盏	《神后乐》	补空	《五老房送鬼》
第七盏	接舞《伊州》《齐天乐》	补空	《二十八宿闹天宫》变大（打）曲破〔二〕

正队　　院本　　杂剧
　　厶月　　日　　悬挂乐台

【注释】

　　〔一〕此盏记述有些错乱。其中，"唐明王"指"唐明皇"，属说明，言其与"马践杨妃"有关；《万岁梁州》乃唐宋大曲《梁州》变体，南宋"理宗朝禁中寿筵乐次"有记，正也伴"舞"（见《武林旧事》卷一"圣节"条），用其伴舞"马践杨妃"，正类《唐乐星图》"队子"中见记的《中和乐·马践杨妃》。《李靖夜看扬州》也见《唐乐星图》"队子"中有记，并记有"舞队角单"。按此，该盏应记为"接舞《万岁梁州·马践杨妃》，补空《李靖夜看扬州》"。

　　〔二〕此盏记述亦错乱。《二十八宿闹天宫》，见《唐乐星图》也记有"舞队角单"，正宜"接舞《伊州》《齐天乐》"二曲。"变打曲破"属说明语，盖因此处用于最后一盏，或言所用二曲已变成"打曲破"，或言"收队"时需"变打曲破"。

斗宿值日

　　木獬（朱祐）：男面长角，赤衣、白裙、白袖、白履。右手执梨（黎）杖而立。上居磨蝎（摩羯）宫，下临吴地。分并前后两衙，队戏陈列于左。
　　计开：前行说《百花赋》〔一〕
　　第一盏　《万寿乐》歌曲子　　补空　《天净三台》
　　第二盏　靠乐［歌］唱　　　　补空　《双箫管》〔二〕
　　第三盏　全场大乐　　　　　　补空　《天（太）清歌》游（侑）［盏］〔三〕
　　第四盏　《捉李云》　　　　　补空　《群送箫管》
　　第五盏　《王子商（高）周琼妃（姬）》
　　　　　　　　　　　　　　　　补空　《市（带）花六么十八》顶锦衣花帽〔四〕
　　第六盏　全部细乐　　　　　　补空　《琵琶》〔五〕
　　第七盏　接舞《剑器令》　　　补空　《鸿门会》〔六〕
　　正队　　院本　　杂剧
　　厶月　　日　　悬挂乐台

【注释】

　　〔一〕《百花赋》，上党赛社存本亦记，属长篇诗赞，每句均含"花"字，故名。

〔二〕《双箫管》,或为前见的"双羌管"之误,或强调歌唱时要用两支箫管。

〔三〕按规,三盏为"舞",故其"全场大乐"指全场皆用"大曲歌舞"。"补空"所用的"《太清歌》侑盏",见前《唐乐星图》所记的"出戏供盏"用于第二盏"靠乐歌唱",也属"补空",也与"侑盏"有关,详前注。

〔四〕此盏包括"补空",通演《王子高六么花十八》,前《唐乐星图》本"补加"部分所记的屯留赛社实例已记,即宋官本杂剧《王子高六么》。不但如前述,此盏《王子高周琼姬》即宋官本杂剧《王子高六么》,其《六么》大曲早带有花拍,且此盏"补空"正记为"带花六么十八",正指"六么花十八",与《王子高六么花十八》相关。"顶锦衣花帽"指其舞者装扮,属附加的说明。

〔五〕此盏通演《琵琶》,即南戏《琵琶记》,故见"全部细乐"。

〔六〕此盏不但通演《鸿门会》,且见"接舞《剑器令》",属大曲歌舞。从而如前引,正类《郧峰真隐漫录》见记的《剑舞》,正与《唐乐星图·队子》所记的《剑器·胡渭州·中吕宫·鸿门会》相关。

牛宿值日

金牛(祭遵):女面长角红发,黄衣白裙,白履。右手执莲花而立。上居磨蝎(摩羯)宫,下临吴地。分并前后两衙,队戏阵列于后。

计开:前行说《百花赋》

第一盏	《老人星》歌曲子	补空	《金殿三台》
第二盏	靠乐[歌]唱	补空	《本调倾杯》
第三盏	《长寿仙》曲破	补空	《聚八仙》
第四盏	全部细乐	补空	《欢(劝)金杯》
第五盏	接舞《伊州》	补空	《三虚(灵)侯朝玉帝》歇帐
第六盏	变大(打)曲破	补空	《五岳朝后土》《五龙朝圣母》〔一〕
第七盏	接舞《醉(齐)天乐》	补空	收队《三限江东》
正队	院本 杂剧		
厶月	日 悬挂乐台		

【注释】

〔一〕此盏所列《五岳朝后土》《五龙朝圣母》二目,前《唐乐星图》本的"舞队角单"均记,不但皆属"队子"歌舞,且此处强调"变打曲破",皆变为大锣大鼓伴奏,如"收队"所见。

女宿值日

土蝠(景丹):男子形,簪力上(士)冠,朱衣红裙白袖。骑朱(赤)龙,手执铁鞭而立。上居宝瓶宫,下临齐地。分并前后两衙,队戏陈列于后。

计开:前行说《百寿福》

第一盏　《老人星》歌曲子　　补空　《折(插)花三台》
第二盏　靠乐[歌]唱　　　　　补空　《本调倾杯》
第三盏　《群送箫管》　　　　　补空　《掉木儿》[一]
第四盏　温习"曲破"　　　　　补空　双羌管
第五盏　接舞《菩萨梁州》　　　补空　《四(泗)州大圣镜(锁)水母》歇帐[二]
第六盏　全部细乐　　　　　　　补空　《太清歌》游(侑)[盏]
第七盏　《千春乐》　　　　　　补空　《武(五)关斩将》[三]
正队　　院本　　杂剧
厶月　　日　　悬挂乐台

【注释】

〔一〕《掉木儿》或为《啄木儿》之误,属曲名(元《中原音韵》见记),则此盏通用其曲表演《群送箫管》;或属《掉刀儿》之误,《东京梦华录》卷五"京瓦伎艺"条记有"掉刀、蛮牌",且见其卷七言,《蛮牌令》北宋早用于队舞,"或以枪对牌、剑对牌之类",正好用于"补空"。

〔二〕该盏通演《泗州大圣锁水母》,即前面的《观音锁水母》。从而,"接舞《菩萨梁州》"仍属队舞,其"补空"也仍"歇帐",类宋代所见。

〔三〕此盏通演《千春乐·五关斩将》,与前《唐乐星图》"队子"类所记的《千春乐·关大王独行千里》相同。

虚宿值日

日鼠(盖延):女面,垂长角,发青色,赤衣白裙,朱履。手执(此二字衍出)[开垂]而立[一]。上居宝瓶宫,下临齐地。分并前后两衙,队戏陈列于后。

计开:前行说《三元戏竹》

第一盏　《老人星》歌曲子　　　　　　补空　《天净三台》

第二盏	靠乐[歌]唱	补空	《倾杯》
第三盏	温习"曲破"	补空	《再撞》
第四盏	教坊司"曲破"	补空	《张良卖剑》[二]
第五盏	接舞《湖(胡)渭州》	补空	《打二十八宿》[三]
第六盏	《群送箫管》	补空	《弯(蛮)牌子》[四]
第七盏	接舞《千春乐》	补空	《古城聚义》[五]
正队	院本　杂剧		
厶月	日　悬挂乐台		

【注释】

〔一〕"开垂而立",指两手分开,垂下而立,手中未执物。"开垂"二字依《唐乐星图》本所记补。

〔二〕此盏通演《张良卖剑》,写张良以卖剑为名,劝韩信弃楚归汉事。元杂剧已有吴仁卿所作的《子房货剑》(见《录鬼簿》)。此处仍用"曲破"而舞,与"教坊"有关,应早见于宋代。

〔三〕《打二十八宿》,即表演《二十八宿》。"打"在宋元剧名中多用,含有"采用、使用动作,表演"等义。《辍耕录》所记的"院本名目",就列有《打白雪歌》《打王枢密爨》《打论语》等,"打略拴搐"类正列有《二十八宿》一目。正沿此,不但有了《打二十八宿》,且见《唐乐星图》仍记有《二十八宿闹天宫·一单舞》《二十八宿朝玉皇·一单舞》,正见"打"的所指,与"二十八宿"相关。

〔四〕《蛮牌子》实指《蛮牌令》表演的队子,正属刀对牌、枪对牌之类(前注)。从而与前"女宿"第三盏比照,所记实同。不但皆记有《群送箫管》,而且其"补空"皆用《蛮牌令》表演着"掉刀儿"之类。

〔五〕此盏通演《千春乐·古城聚义》,是《唐乐星图》本"队子"类所记的《千春乐·关大王独行千里》最后一段,正好用于"第七盏",借以"收队"结束。

危宿值日

月燕(坚镡):豹头人形,青衣青裙,白袖,朱履。斜缠一脚。右手执剑而立。上居宝瓶宫,下临齐地。分并前后两衙,队戏陈列于后。

计开:前行说《酒词》

第一盏	《老人星》歌曲子	补空	《金殿三台》
第二盏	靠乐[歌]唱	补空	《倾杯》

第三盏	《长寿仙》	补空	《聚八仙》
第四盏	全部细乐	补空	《酸胡林》
第五盏	接舞《伊州》	补空	《破蚩尤》[一]
第六盏	《神后乐》	补空	《欢(劝)金杯》
第七盏	《三多(灵)侯朝玉皇》变大曲破[二]	补空	双箫(羌)管

正队　　院本　　杂剧

厶月　　日　　悬挂乐台

【注释】

〔一〕此盏通演《破蚩尤》，即《唐乐星图》记的《关大王破蚩尤神》，属队舞，正宜"接舞《伊州》"。

〔二〕《三灵侯朝玉皇》，与《唐乐星图》记的《庆云乐·迎仙客·三灵侯五瘟使者》相关。或因其连用两个大曲，用于第七盏，最后也要"收队"，提示"变大(打)曲破"。

室宿值日

火猪(耿纯)：女面，红衣大袖，白裙，朱履。乘赤云而立。上居双鱼宫，下临卫地。分升前后两衙，队戏陈列于后。

计开：前行说《酒词》

第一盏	《万寿乐》歌曲子	补空	《折(插)花三台》
第二盏	靠乐[歌]唱	补空	《太清[歌]》游堪(侑盏)
第三盏	教坊司"曲破"	补空	《再撞》
第四盏	《五老房送鬼》	补空	《绣定针》
第五盏	接舞《夜叉梁州》	补空	《夜看扬州》
第六盏	双箫管	补空	《大红袍》[一]
第七盏	接舞《庆云乐》	补空	《三多(灵)侯朝玉帝》变大(打)曲破[二]

正队　　院本　　杂剧

厶月　　日　　悬挂乐台

【注释】

〔一〕此《大红袍》，或属《红袍会》片段，写薛仁贵征东事(详后)；或属《千春乐·关大王独行千里》片段,演关羽"刀挑红袍"。

〔二〕此《三灵侯朝玉帝》,即前"危月燕"一宿所记的《三灵侯朝玉皇》。不过,按二十八宿与二十八调对应关系,危宿对应黄钟羽,室宿对应般涉调,或因后期赛社皆已变为"打曲破",见仍强调"变大(打)曲破"。

壁宿值日

水㺄(臧宫):男人形,毡冠,赤衣,皂大绿领,白裙,白履。手执象简［而］立。上居双鱼宫,下临郑地。分并前后两衙,队戏陈列于后。

计开:前行说《细分路台》

第一盏	《万寿歌》曲	补空	《折(插)花三台》
第二盏	靠乐［歌］唱	补空	《本调倾杯》
第三盏	温习"曲破"	补空	《再撞再杀(煞)》
第四盏	《群送箫管》	补空	《鬼伯(百)戏》〔一〕
第五盏	接舞《长寿乐》	补空	《三清［朝］玉帝》歇帐
第六盏	《神后乐》	补空	《张飞大闹水南寨》
第七盏	接舞《伊州》	补空	《白门［楼］斩吕布》

正队　　院本　　杂剧

厶月　　日　　悬挂乐台

【注释】

〔一〕《鬼百戏》实指戴着面具的百戏表演。见于宋代,如《东京梦华录》"驾登宝津楼诸军呈百戏"条,就列有《抱锣》《硬鬼》《舞判》等,皆属"鬼百戏"。此盏或指通演《群送箫管》,或指"补空"仍属同类表演,仍见戴有"鬼面"。

奎宿值日

木狼(马武):女面长角,赤衣黑领。右手执花朵,盘脚花朵上,上坐而立。上居白羊宫,下临鲁地。分并前后两衙,队戏陈列于后。

计开:前行说《三元戏竹》

第一盏　《老人星歌》曲子　　　　补空　《金殿三台》

第二盏	靠乐[歌]唱	补空	《倾杯》
第三盏	《单舞盘中曲》	补空	《倾杯》
第四盏	全部细乐	补空	双羌管
第五盏	接舞《伊州》	补空	《欢（劝）[金]杯》
第六盏	《神后乐》	补空	《单舞酸胡林》
第七盏	接舞《庆云乐》	补空	《黄良借钱》[一]

正队　　院本　　杂剧

厶月　　日　　悬挂乐台

【注释】

〔一〕《黄良借钱》用于"第七盏"，与"收队"有关。见于上党赛社《听命文集》（详后），收队时每见"妇人舞念"："拾遗怜，赠诗篇，要甚么，胭粉钱。"用此以讨赏。这些"妇人"仍属"女乐"，"官给衣食"，如唐宋宫廷"花队"，借"胭粉钱"讨赏。从而以"黄良"谐音"皇粮"，以"借钱"代指"讨赏"，由"胭粉钱"编出一段《黄良借钱》极有可能。

娄宿值日

金狗（刘隆）：人形，青毡冠，赤衣白袖，赤裙，朱履。右手执秤而立。上居白羊宫，下临鲁地。分并前后两衙，队戏陈列于后。

计开：前行说《百花赋》

第一盏	《万寿乐》歌曲子	补空	《天净三台》
第二盏	靠乐[歌]唱	补空	《本调倾杯》
第三盏	接舞《庆云乐》	补空	《再撞》
第四盏	《群送箫管》	补空	《纪信》[一]
第五盏	《戏像》[二]	补空	《三跳涧》[三]
第六盏	全部细乐	补空	《达习（习达）太子游四门》[四]
第七盏	合唱《四朝元》	补空	收队《细柳营》[五]

正队　　院本　　杂剧

厶月　　日　　悬挂乐台

【注释】

〔一〕《纪信》，即《火烧纪信》。《唐乐星图》本"杂剧"类正记有《荥阳纪信》一目。

〔二〕《戏像》,疑为《劈山救母》片段,写刘向上京赴试,途经华山圣母庙,题诗以戏圣母神像事。《唐乐星图》本列有其"舞队角单"。

〔三〕《三跳涧》,又称《秦王跳涧》,写秦王李世民事。依史,初唐时李世民屯兵于山西新绛县柏壁,曾与刘武周的大将尉迟敬德大战于美良川(米粮川)。演义成剧,写其夜探白壁关,被敬德追至涧边,秦琼往救,敬德"三鞭换两锏"而去。上党赛社今存《美良川》李世民角单,诗赞体,结尾诗云:"尉迟本是英雄汉,秦琼保驾来征战。米粮三鞭换两锏,敬德叔宝三跳涧。"今传统戏《美良川》仍有"秦王跳涧"一节。

〔四〕《习达太子游四门》,见前《唐乐星图》记有"角单",乃队戏歌舞。

〔五〕《细柳营》即《周亚夫屯军细柳营》,《唐乐星图》"杂剧"类见记。

胃宿值日

土雉(马成):女面长角,青花扶(傅)额,黄衣窄袖,白裙,黑履。右手执丝杖,侧坐而立。上居金牛宫,下临赵地。分并前后两衙,队戏陈列于后。

计开:前行说《百寿福》

第一盏　《老人星》歌曲子　　　补空　《金殿三台》
第二盏　靠乐[歌]唱　　　　　　补空　《本调倾杯》
第三盏　温习"曲破"　　　　　　补空　《再撞》
第四盏　全部细乐　　　　　　　补空　《反(犯)太原》〔一〕
第五盏　《湖(胡)渭州》　　　　补空　《五龙行雨朝云(圣)母》〔二〕
第六盏　《神乐后》　　　　　　　补空　《三清》〔三〕
第七盏　合唱《天长地久》　　　　补空　《武王灭纣》〔四〕

正队　　院本　　杂剧
厶月　　日　　悬挂乐台

【注释】

〔一〕《犯太原》即《五侯犯太原》,《唐乐星图》"杂剧"类见记。

〔二〕《五龙行雨朝圣母》即《五龙朝圣母》,《唐乐星图》本见记。

〔三〕《三清》即《三清朝玉帝》,《唐乐星图》"舞队角单"亦记。

〔四〕此盏通演《武王灭纣》,即《唐乐星图》见记的《武王伐纣·一单舞》。其"合唱《天长地久》"与"合唱收队"的规制有关。

昴虚值日

日鸡(王梁):人形,头上披矮箕(俱),身穿白袍,绿袖,朱翠履。双手执戟而立。上居金牛宫,下临赵地。分并前后两衙,队戏陈列于后。

计开:前行说《细分路台》

第一盏	《老人星歌》曲子	补空	《金殿三台》
第二盏	靠乐[歌]唱	补空	《倾杯》
第三盏	温习"曲破"	补空	《再撞》
第四盏	《群送箫管》	补空	《镞(锁)秦王》[一]
第五盏	接舞《菩萨梁州》	补空	《观音镞(锁)水母》
第六盏	《神乐后》	补空	《五老房送鬼》
第七盏	接舞《千春乐》	补空	《三清朝玉帝》
正队	院本	杂剧	
厶月	日	悬挂乐台	

【注释】

〔一〕《锁秦王》即《五虎锁秦王》,《唐乐星图》"杂剧"类见记。

毕宿值日

月乌(陈俊):男面,头带(戴)毡[冠],簪[花],赤衣赤裙,白袖,朱履。手执草刀、弯弓,面向前坐(坐字衍)而立。上居金牛宫,下临赵地。分并前后两衙,队戏陈列于后。

计开:前行说《三元戏竹》

第一盏	《万寿乐》歌曲子	补空	《天净三台》
第二盏	靠乐[歌]唱	补空	双箫管
第三盏	温习"曲破"	补空	《再撞》
第四盏	《群送箫管》	补空	《寒(翰)林判》
第五盏	接舞《胡渭州》	补空	《大会垓》
第六盏	《长寿乐》	补空	《打二十八宿》

| 第七盏 | 合唱《石榴花》[一] | 补空 | 《三(玉)虚侯("侯"字衍)禅师解闻虎》[二] |

正队　院本　杂剧

厶月　日　悬挂乐台

【注释】

〔一〕《石榴花》一曲,元《太和正音谱》有记。

〔二〕《玉虚禅师解闻虎》,演黄飞虎投西岐事。按《封神演义》写,黄飞虎不满纣王,反出朝歌,闻太师(闻仲)领兵追至临潼,黄飞虎被清虚道德真君搭救。由于清虚道德真君"三教并谈",故又称"玉虚禅师";因其迫使闻太师兵退,黄飞虎得以解脱,故称"解闻虎"。宋元讲史早见有《武王伐纣书》(今存元至治年刊本),已具《封神演义》雏形,可见此目宋元早有。

觜宿值日

火猴(傅俊):人形[男]面,戴青冠,赤衣,系蛇皮,朱靴。登青云,骑马,足上有赤云。上居阴阳宫,下临晋地。分并前后两衙,队戏陈列于后。

计开:前行说《百花赋》

第一盏	《老人星歌》曲子	补空	《金殿三台》
第二盏	靠乐[歌]唱	补空	《本调蛮(慢)词》[一]
第三盏	接舞《菩萨梁州》	补空	《再撞》
第四盏	全部细乐	补空	《金乐》[二]
第五盏	接舞《湖(胡)渭州》	补空	《假妆风(疯)魔》[三]
第六盏	《神后乐》	补空	出像《何良救驾》[四]
第七盏	合唱才郎去(曲)	补空	《周文王领兵拨贼兵》[五]

正队　院本　杂剧

厶月　日　悬挂乐台

【注释】

〔一〕《本调慢词》疑指前记的"五方慢词",强调仍用"本调"。

〔二〕《金乐》疑即《金盏儿》,又名《醉金钱》,元《太和正音谱》见记。

〔三〕《假妆疯魔》疑即《疯僧扫秦》,属《东窗事犯》片段,正见地藏王假装疯和尚,并有

"地藏王队子"（前注）。

〔四〕此《何良救驾》，演萧何、张良救刘邦事，类前"鸿门会"队子歌舞。"出像"属说明提示，指刘邦不用人扮，而是抬其驾头塑像。按明代法令，"凡乐人搬做杂剧戏文，不许妆扮历代帝王后妃"，"如有亵渎帝王圣贤，法司拿究"（详王晓传辑《元明清三代禁小说戏曲史料》，北京，作家出版社，1958年版）。或因此只能"出像"。

〔五〕此属最后一盏，故见"合唱"，借以"收队"。所唱"才郎曲"，指其词曲由文人才子所作。此盏通演《周文王领兵拨贼兵》，按前惯例应记为"第七盏《周文王领兵拨贼兵》 补空合唱才郎曲"，仍属"队子"歌舞。所演《周文王领兵拨贼兵》，与文王征讨崇侯虎有关。依《东周列国演义》言，文王用姜子牙计，以替纣王剪除奸佞为名，修书于曹州守将崇黑虎，使其大义灭亲，亲缚其兄崇侯虎至周营枭首。由于百姓免遭兵灾之苦，故称"拨贼兵"。其"拨"正有"整治""拨转"意。

参宿值日

水猿（杜茂）：男面长角，披发，裸身，腰缠白裙。右手执鬼气袋，左手执黑索而立。上居阴阳宫，下临晋地。分并前后两衙，队戏陈列于后。

计开：前行说《酒词》

第一盏	《老人星歌》曲了	补空	《金殿三台》
第二盏	靠乐[歌]唱	补空	《再撞》
第三盏	单舞《曲破》	补空	《单斗子》〔一〕
第四盏	全部细乐	补空	《大（太）清歌》游（侑）[盏]
第五盏	接舞《赵太祖》	补空	《一下河东》〔二〕
第六盏	《神后乐》	补空	《捉李云》
第七盏	合唱《掉（啄）木儿》〔三〕	补空	收队《月下追韩信》
正队	院本 杂剧		
厶月	日 悬挂乐台		

【注释】

〔一〕《单斗子》即《单兜》，出自宋代"官本杂剧"（见《武林旧事》）。见于《辍耕录》所记的金元院本，记有《单兜望梅花》一目，属于"院爨"类，"望梅花"正属曲名（见元《中原音韵》），且元代曾瑞作的《中吕宫·红绣鞋·风情》散曲早又有"望梅花子弟单兜"云云（详《全元散曲》），言及"子弟"卖弄"风情"，正属单人表演。显然，此盏"单舞《曲破》"，通演《单兜》，既合

"舞三盏"之规,又类宋代所见的《曲破》歌舞,正见元曲《望梅花》所由。

〔二〕此盏通演与"赵太祖"相关事。依史,赵太祖随周世宗往征北汉正属"一下",最后又由宋太宗亲征才灭了北汉。《宋史·乐志》见记,宋太宗所作"《平晋普天乐》者,平河东所制","以述太祖美德"。从而,《平晋普天乐》实由《普天乐》加工而来,仍可用于歌舞,"以述太祖美德",正宜用于"一下河东",而且此盏可通名《赵太祖一下河东》,与《唐乐星图》本"三场乐次摘要"所记相同。甚至此处所记的"接舞《赵太祖》"仍用了唐代早有的《普天乐》。

〔三〕此盏应记为"第七盏《月下追韩信》 补空合唱《啄木儿》收队"。《啄木儿》属曲名,元《中原音韵》记有《啄木儿煞》,其"煞"正指尾段,正类《啄木儿》用于该盏"合唱"。

井宿值日

木犴(铫期):黄牛首,面戴(带)赤色,黄衣白袖,白裙,朱履。右手执犁(藜)杖而立。上居巨蟹宫,下临秦地。分并前后两衙,队戏陈列于后。

计开:前行说《百寿福》

第一盏	《老人星》歌曲子	补空	《天净三台》
第二盏	靠乐[歌]唱	补空	《本调倾杯》
第三盏	温习"曲破"	补空	《再撞》
第四盏	[《群送箫管》	补空	《捡才(柴)》]〔一〕
第五盏	[《错立身》系原本〔二〕	补空	《三请诸葛》]
第六盏	[《出像》	补空	《斩关平》]〔三〕
第七盏	曲破[合唱《梁[梁州]序》	补空	《病挟高思继》]〔四〕

正队　　院本　　杂剧

厶月　　日　　悬挂乐台

【注释】

〔一〕原本从"第四盏"起,以下各盏只写盏次(第×盏),具体内容空缺。究其因,或因"三盏以后各无所管",届时可以任选所演内容。而与该本发现地相邻的潞城贾村,今存《周乐星图》本,不但同源(前述),且见所记类同,正可补全此处空缺。以下类此空缺,皆参照而补,不再出注。另,所补《捡柴》一目,今存乐户演用本,属"出戏",写姜秋莲受继母迫害,同乳母往荒郊捡柴,恰遇公子李春发怜爱施银事。今传统戏《春秋配》仍有此折。

〔二〕《错立身》即《宦门子弟错立身》,南戏今存同名剧,元杂剧早也有李直夫、赵文殷各作的同名剧(见《录鬼簿》)。所写正是金代故事,写宦门子弟完颜寿马与乐妓王金榜相恋事。

显然，其故事出自金元，早用于搬演，以至流传南北各地，早由不同文人加工改编。或因此，此处仍见强调"系原本"，又或者其"原本"实指"院本"。

〔三〕此盏通演《斩关平》，即《关大王正直斩关平》，《唐乐星图·杂剧》中见记，且因关羽封王称圣，明代法令不许由人妆扮，故其只能"出像"。

〔四〕"曲破"二字，原本见记。意在提示，该盏不论选何剧目，因属最后一盏，仍需"曲破"伴舞，以遵"合唱收队"的古规。

鬼宿值日

金羊（王霸）：羊头，青衣白裙，白带，垂佩。合市而立〔一〕，衣衫袖盖手而立〔二〕。上居巨蟹宫，下临秦地。分并前后两衙，队戏陈列于后。

计开：前行说《细分路台》

第一盏	《万寿乐》歌曲子	补空	《天净三台》
第二盏	靠乐［歌］唱	补空	《倾杯》
第三盏	教坊司曲破	补空	《再撞》
第四盏	［《群送》	补空	《醉（酸）胡林》］
第五盏	［出像	补空	《张良卖剑》］
第六盏	［合唱	补空	《三人齐》］〔三〕
第七盏	［出像	补空	收队《逢湛》（奉盏）］〔四〕

正队　　院本　　杂剧

厶月　　日　　悬挂乐台

【注释】

〔一〕"市"（fú），又作"韨"，上古遮身之布。古代早有了前后皆蔽的"合市"，实即古裙。此处即指该宿的"白裙"。

〔二〕"衣衫袖盖手而立"，是对"合市而立"的补充解释。

〔三〕《三人齐》，见于上党赛社仍属"院本"，也仍说白"调笑"，以至见类宋代"诨说"，夹杂不少"荤话"。笔者曾访平顺县西社村乐户老人王运来，其临终前对笔者讲，他小时候负责办赛"看箱"（看守衣箱），记得在潞城县贾村办赛时也仍有此表演。大意写，一个小伙赶会，夜里宿店，店主让他"靠墙根睡"，小伙听错了，和店主姑娘闹下"那事"。店主告状，偏遇上一位昏官，反断女方不是，说给小伙那儿闹出了"内伤"，让姑娘再给小伙"铺劳铺劳"（俗音，抚摩抚摩），中间加有不少两性荤话。这是后期民间赛社所用的"俗本"，以小伙、店主、昏官三人胡说取悦观众，故称《三人齐》。

〔四〕此"奉盏"既用以"收队"，当属队戏歌舞，又与前记的"出像"有关，其队子也仍涉及"帝王圣贤"。按此，其"奉盏"或为"降站"之误，即前《唐乐星图·杂剧·东汉》中见记的《饶阳城铫期降站》（可简称《降站》），正涉及刘秀等，详前注。

柳宿值日

土獐（任光）：披头散发，双手[执]腕（碗），赤身露体，不着衣服。在瓮中而立。上居狮子宫，下临周地。分并前后两衙，队戏陈列于后。

计开：前行说《三元戏竹》

第一盏	《老人星》歌曲子	补空	《天净三台》
第二盏	靠乐[歌]唱	补空	《倾杯》
第三盏	《盘中》曲破〔一〕	补空	《再撞》
第四盏	[全部细乐	补空	《纪信》]
第五盏	[出像〔二〕	补空	《打瓦罐》〔三〕]
第六盏	[《神乐后》	补空	合唱《八声甘州》]〔四〕
第七盏	曲破[《古城聚义》	补空	收队《误入长安》]〔五〕

正队　　院本　　杂剧

厶月　　日　　悬挂乐台

【注释】

〔一〕"《盘中》曲破"，实指队子《细腰单舞盘中曲》所用的"曲破"。《唐乐星图·队子》类正记有《倾杯乐·细腰单舞盘中曲》。按此，其所用的"曲破"或正出自唐宋大曲《倾杯乐》。

〔二〕此盏"出像"，实言选用一个有"出像"的剧目即可，即任选一个有关"帝王圣贤"的剧目，或是将前盏补空的《纪信》（即《火烧纪信》）继续用于此盏，其中刘邦应"出像"。

〔三〕《打瓦罐》故事，出自唐代《李娃传》，原属说唱"话本"，写郑生赴京赶考，与青楼女子李娃相爱，沦为乞丐，沿街卖唱，几乎丧命，被李娃相救，后登第为官，二人终成夫妻。沿此，将郑生名"郑元和"、李娃称"李亚仙"，宋元南戏有了《李亚仙》，元杂剧有了石君宝的《李亚仙诗酒曲江池》、高文秀的《郑元和风雪打瓦罐》（见《录鬼簿》），明传奇有了《绣襦记》，传统戏也有了《李亚仙》。陕西华阴的眉户剧团、河北的蔚县秧歌、山西的晋北道情等，今仍存《打碗罐》。

〔四〕《八声甘州》，属宋元令曲，《中原音韵》见记。

〔五〕"曲破"二字，原本见记。另，《误入长安》即《十八骑误入长安》，《唐乐星图》本所记供盏乐次"通例"已记，属队戏。

星宿值日

日马(李忠)：狮子头，赤衣，白裙，垂佩，绵带，穿朱履。右手执刀而立。上居狮子宫，下临周地。分并前后两衙，队戏陈列于后。

计开：前行说《百花赋》

第一盏　《老人星歌》曲子　　　　　补空　《金殿三台》

第二盏　靠乐[歌]唱　　　　　　　补空　《本调蛮(慢)词》

第三盏　[《盘中》曲破　　　　　　补空　《再撞》]

第四盏　[全部细乐　　　　　　　　补空　《本调蛮(慢)词》]

第五盏　[《丁香女》〔一〕　　　　　补空　合唱]

第六盏　[《神后乐》　　　　　　　补空　《劝金杯》]

第七盏　[接舞《大圣乐》　　　　　补空　收队《出幽州》]〔二〕

正队　　院本　　杂剧

厶月　　日　　悬挂乐台

【注释】

〔一〕《丁香女》，山西梆子的传统戏有同名剧，演丁香"割股奉母"事。与此相关，有春秋时晋国介子推"割股奉君"，唐代山西孝义人郑兴(或说郭兴)"割股奉母"故事(见清乾隆版《孝义县志》)。金代"二十四孝"砖雕早含"丁兰刻木奉亲"故事，今仍见存于山西的博物馆。

〔二〕《出幽州》，即《唐乐图》杂剧类所记《保銮舆八虎出幽州》，此盏用以"接舞《大圣乐》"，属队戏，宜最后"收队"。

张宿值日

月鹿(万脩)：女人面，绾长角儿，赤头发，青衣白裙。跌(趺)坐于鲤鱼背上。上居狮子宫，下临周地。分并前后两衙，队戏陈列于后。

计开：前行说《酒词》

第一盏　《万寿乐》歌曲子　　　　　补空　《天净三台》

第二盏　靠乐[歌]唱　　　　　　补空　《倾杯》
第三盏　[《长寿乐》曲破　　　　补空　《聚八仙》]
第四盏　[《盘中》曲破]
第五盏　[接舞"出像"]
第六盏　[《假装风(疯)魔》]
第七盏　曲破[合唱《石榴花》]
正队　　院本　　杂剧
厶月　　日　　悬挂乐台

翼宿值日

火蛇(邳彤)：女面长角，青衣白裙，红鞋。手执白裙而立。上居双(室)女宫，下临楚地。分并前后两衙，队戏陈列于后。

计开：前行说《百寿福》

第一盏　《老人星》歌曲子　　　　补空　《金殿三台》
第二盏　靠乐[歌]唱　　　　　　　补空　《太清歌》游堪(侑盏)
第三盏　温习曲破　　　　　　　　补空　《再撞》
第四盏　[《绣定针》　　　　　　　补空　《五老房送鬼》]
第五盏　[接舞《夜游(夜叉)梁州》　补空　《[李靖甫夜看扬州]》]
第六盏　[双箫管　　　　　　　　　补空　《大红袍》]
第七盏　曲破[接舞《庆云乐》　　　补空　《三台多(三灵)侯朝玉帝》]
正队　　院本　　杂剧
厶月　　日　　悬挂乐台

轸宿值日

水蚓(刘植)：獐鹿头面(獐头鹿面)，人形，披金甲，穿黑鞋。手执宝剑而立。上居双(室)女宫，下临楚地。分并前后两衙，队戏陈列于后。

计开：前行说《三元戏竹》

第一盏　《老人星》歌曲子　　　　补空　《折(插)花三台》

第二盏	靠乐[歌]唱	补空	《本调蛮(慢)词》
第三盏	全部细乐	补空	《[三灵侯]朝玉帝》
第四盏	[《八仙庆寿》	补空	《逼嫁王门》]
第五盏	[《目莲(连)救母》	补空	《姑阻家(佳)期》]
第六盏	[《秋胡过江(关)》	补空	《斩韩信》]
第七盏	曲破[合唱《四朝元》	补空	《十捧(棒)鼓》]
正队	院本	杂剧	
厶月	日	悬挂乐台	

[二十八宿的相关对应]〔一〕

角亢	天秤宫	郑地	辰
氐房心	天蝎宫	宋地	卯
尾箕	人马宫	燕地	寅
斗牛	磨蝎(摩羯)宫	吴地	丑
女虚危	宝瓶宫	齐地	子
室壁	双鱼宫	卫地	亥

奎娄	白羊宫	鲁地	戌
胃昴毕	金牛宫	赵地	酉
觜参	阴阳宫	晋地	申
井鬼	巨蟹宫	秦地	未
柳星张	狮子宫	周地	午
翼轸	双(室)女宫	楚地	巳

【注释】

〔一〕此分类标题今加。盖因以下所列,乃二十八宿与"十二宫""分野""十二辰"逐一对应的关系。然而有些记述欠准确。如"女"宿,对应"摩羯宫"下临"吴地",此处却记为相邻的"宝瓶宫""齐地"。

[供盏乐次选用剧目]〔一〕

征南〔二〕 征北〔三〕 洗马〔四〕 泗(汜)水关〔五〕 大会垓 长板(坂)坡 过五关 三战吕布〔六〕 斩华雄 红袍会〔七〕 鸦关楼〔八〕 跳间(涧)〔九〕 封

官[一〇]　拜帅[一一]　扫秦[一二]　夺状元[一三]　勾捉[一四]　偷油[一五]　戏伴（判）[一六]　双揲纸[一七]　土地堂[一八]　三人齐　错立身　张端借鞋（靴）[一九]　问卜勾捉[二〇]　皂勾旗[二一]　捉王氏下[二二]　清戏[二三]

【注释】

〔一〕此分类标题今加。以下所列，乃前"二十八宿值日乐次"中可供选用的剧目。查其所记的剧目形态，见含队戏（舞）、院本（说）、杂剧（诗赞念唱），以及与南戏有关的"出戏"。不但供盏可以选用，而且每晚"正队、院本、杂剧"也可从中挑选。以下凡熟知剧情，或前已注者，不再详注。

〔二〕《征北》即《潘杨征北》。写潘仁美为帅，杨继业率子征辽事。早在宋代，已有杨家将故事话本，今仍有《杨家将演义》《金枪传》等。此目所演，见上党仍存乐户演出角单，以诗赞念唱为特征，类元代民间"搬唱词话"，属"诗赞杂剧"。今传统戏《两狼山》仍写此，言潘仁美为报私仇，设计使杨家父子兵困两狼山，致杨业碰碑而死。

〔三〕《征南》即《岳飞征南》。《唐乐星图》本"杂剧"类记有此目，上党乐户今存角单，仍属诗赞体。

〔四〕《洗马》即《尉迟洗马》，其故事见于《大唐秦王词话》《隋唐演义》等。写李世民征王世充时被单雄信追杀，尉迟恭正在河中洗马，见况急救，赤身上马，打败单雄信。

〔五〕此《汜水关》，按上党赛社今存乐户演出角单所见，为"黄飞虎过五关"一段，仍属诗赞体。大意写黄飞虎不满纣王，反出朝歌，先遇潼关守将陈桐与战，几乎丧命，亏其子黄天化奉清虚道人之命前来搭救，一时得脱。至汜水关，又遇余化使用妖术，亏太乙真人派哪吒救助，打死余化，终保黄飞虎一行过关。

〔六〕《三战吕布》亦名《虎牢关》。上党赛社仍有乐户存留的演出角单，属诗赞体杂剧。

〔七〕与此目相关，在长子县牛小五家发现一张"队戏杂"单子，夹于《告白文通例本》中（今附录该本之后），所记剧名有《红袍会跨海征东》一目。显然，《红袍会》写薛仁贵"跨海征东"事。

〔八〕《鸦关楼》即《鸦（压）关楼夺带》，亦名《存孝复挂午时牌》，写李存孝事。《唐乐星图》所记"杂剧"中见有此目。

〔九〕《跳涧》，即《三跳涧》，前注。

〔一〇〕《封官》即《霸王设朝封官》，《唐乐星图》正有其"一单舞"的队戏角单。

〔一一〕《拜帅》，又名《筑台拜将》，写韩信拜帅事。《唐乐星图》"杂剧"类记有《捧毂推轮》一目，亦写其事。

〔一二〕《扫秦》即《疯僧扫秦》，与秦桧夫妇"东窗定计"害死岳飞有关，属《东窗事犯》一剧片段，与元代孔文卿所作的《东窗事犯》第二折情节相类（见《元刊杂剧三十种》）。依其写，秦桧害死岳飞，被其忠魂缠绕难安，往灵隐寺烧香，遇疯僧（地藏王化身）手执扫帚曰："昔日边上扫烟尘，今日殿上扫奸臣。"即《扫秦》所指，可见其故事宋元早有。正因此，见于《唐乐星图》本，不但"杂剧"类记有《秦太师东窗事犯》，为元杂剧《东窗事犯》所由，且见其"乐次通例"中的"正队"记有《疯和尚扫秦》，与此目相关。

〔一三〕《夺状元》，即《岑彭马武夺状元》。与其相关，《唐乐星图》本的"杂剧"类记有《二十八宿应武举》一目（详其注），河北武安县固义村的赛戏也存有《岑彭马武夺状元》，属诗赞体，演二人科场造反事。

〔一四〕《勾捉》，也属《东窗事犯》片段。依前引元杂剧写，"疯僧扫秦"后，秦桧曾派人捉拿疯僧，反倒是地藏王派的牛头鬼吏将秦桧与其妻勾捉至地府，得到报应。

〔一五〕《偷油》，全名应为《二鬼偷油》。《残唐五代传》写黄巢起事于藏梅寺，时有二鬼夜里偷油，听其密谋，泄密于该寺长老。上党赛社今存的《告白文通例本》夹有"队戏杂"剧名（前注），其中正有《二鬼偷油》一目。

〔一六〕《戏判》，指《五鬼戏判》。"判"指钟馗，因其死后被封为"判官"而称；下有"鬼头"，又率"平安吉祥"四鬼，故有"五鬼"。其表演，源于唐宋驱傩。《东京梦华录》"除夕"条记，北宋宫中"大傩"已有"装钟馗、小妹"者，与"钟馗嫁妹"相关；《武林旧事》记，宋官本杂剧早有《钟馗爨》，用于戏剧表演。元明杂剧已有《庆丰年五鬼闹钟馗》，明传奇又称《天下乐》，庆贺"平安吉祥"，且《辍耕录》所记的金元院本在"冲撞引首"类中早记有《天下乐》。显然，本目《戏伴》早见于宋元。

〔一七〕与《双揲纸》有关，《辍耕录》所记的金元院本"诸杂院爨"类早记有《双揲纸爨》。"揲"言"数蓍"，指"揲蓍以占卜"。《双揲纸》指二人占卜，属"爨弄"，类"弄参军"，正可借以"调笑"。

〔一八〕《土地堂》，又称《大闹土地堂》，上党乐户老人王福云临终前有口授本，见属"院本"。与此相关，明代李开先曾作《三枝花大闹土地堂》（已佚），仍称"院本"，且其《闲居集·一笑散序》云，正由"改窜旧作"而来。显然，金元院本早有此作。

〔一九〕《张端借靴》，按《周乐星图》本记（见后）也属"院本"。沿此，见京剧有《张三借靴》，豫剧有《张栓借靴》，湘剧有《张旦借靴》，剧情皆类。从而推知本目大意：张端受邀赴宴，因太寒酸，向朋友借靴，偏偏朋友吝啬，却又碍于情面不好当面拒绝。于是，二人由"借靴"引出一堆笑料，仍类唐宋"弄参军"。

〔二〇〕《问卜勾捉》，类前《勾捉》所见，也与《东窗事犯》有关。依前引"元刊杂剧"言，"疯僧扫秦"后，秦桧令虞候何宗立前往灵隐寺去捉疯僧，见僧早留诗云："丞相问我归何处，家居东南第一山。"于是，秦桧再下钧旨，令何去寻，路遇卖卦先生卜了一卦，又遇"牧童吹笛"（皆地藏王所化）指引，"直引鬼门关上"，不但将何勾捉至地府，且秦桧早被勾捉至此，"泪诉艰难"，让何转告其妻王氏"东窗事犯"。

〔二一〕《皂勾旗》,属《潘杨征北》(又名《两狼山》)片段。写杨继业率六郎、七郎为先锋,与辽兵战于两狼山,元帅潘仁美公报私仇,不但派弱兵老将为伍,且令"黑道日"出战。战而不利,七郎搬兵遇害,六郎搬兵不至。杨继业孤军奋战,碰死于李陵碑。今上党乐户仍存《潘杨征北》中杨继业和六郎角单,属诗赞体,言杨家父子陷入辽邦"饿虎餐羊阵","皂刁(勾)旗,空中舞;反古(番鼓)嘈,连天响"。由此可知,《皂勾旗》演杨家父子与辽兵交战一段。所谓"皂勾旗",与辽邦"饿虎餐羊阵"有关,是辽兵勾引杨家将入阵之旗。"皂"指黑色,宜"黑道日"而用。手执黑旗"勾"以索命,正类勾魂小鬼。上党传统戏《两狼山》,仍有小鬼拦杨继业马头、压刀等情节,使其刀被石狮叼走,马也不见,赤手空拳碰死于李陵碑,仍见"黑道日"入阵不利。

〔二二〕《捉王氏下》也属《勾捉》内容(前注)。"下"属提示语,或因先捉了秦桧,才又勾捉王氏,有上下之分,指其属于下段,或指《勾捉》至此结束,该下场了。

〔二三〕"清戏"非剧名,指一种戏剧演出形态,与弋阳腔有关。见清乾隆时李调元《剧话》(约作于1775年)中说,"弋阳腔"即今"高腔",楚蜀之间谓之清戏,"向无曲谱,袛沿土俗,以一人唱而众和之,亦有紧板、慢板"(详见《中国古典戏曲论著集成》第八册,中国戏剧出版社,页46)。见于后期的上党赛社,由于明清已演"出戏",多变为"唱戏三天",不但"赛社"多已变成"庙会",且见庙会也仍唱一种"清戏",由乐户支应,以便俗众烧香还愿(多在正赛日)。届时,见用乐户数人,唢呐吹奏,伴以小锣小鼓,每由敲锣者代唱,连唱三段,或称"愿戏",或称"小三出"。后来还愿人多,支应不暇,竟变成依乐乱哼的"哈哈依哈哈",俗称"哈哈戏"。这种"清戏",以唢呐吹奏,也"干唱",既类弋阳腔、青阳腔,又类罗腔、秧腔,与清代勾腔、卷戏兴起有关。后来,上党地区"昆、梆、罗、卷、黄"同台乱唱,又兴起上党梆子。

四 《周乐星图》本校注

该本属潞城贾村（旧称南贾村）赛社用本，与前《乐次全部》本同源，正可比较研究。

贾村历有"每年一小赛，四十年一大赛"之说，直至1944年还办过最后一次赛社，时由本村阴阳牛金贵任主礼。1953年，牛金

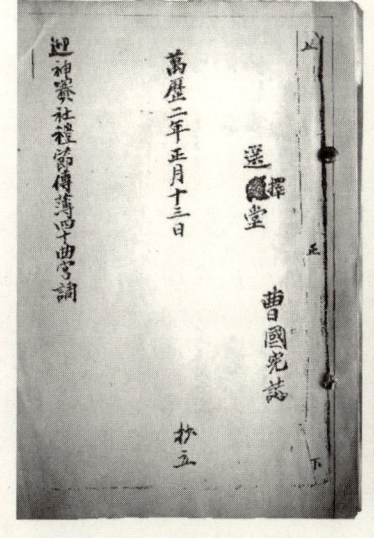
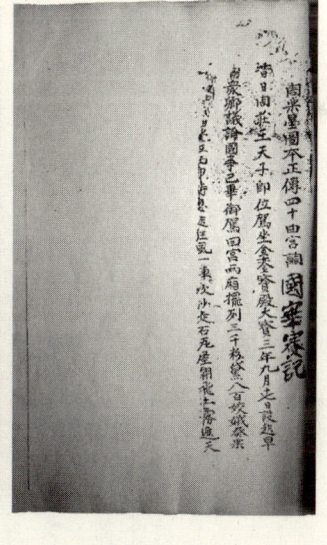

贵病故，无嗣，南舍村（位于贾村西二里）的阴阳曹占鳌（小名曹满金，1908年生）为其亲勘坟地，牛妻遂将一些阴阳用物相赠，包括此本。至1985年，山西省文化厅配合"戏曲集成"调查，在上党地区录像时，该本遂由曹占鳌之弟曹占标（小名曹双枝，1925年生）献出，保存于当时的上党剧院。

该本献出后，为协调有关各方共同研究，笔者曾将其复印件提供给省戏剧研究所、潞城县文化局。同时发现，其封面并非原物，今作说明。

该本献出时的封面（左图），字迹粗劣，正文则较工整，显非同一人所写。封面左上侧竖写"迎神赛社礼节传薄四十曲宫调"，为该本之名，将"簿"字误写为"薄"；封面右下侧写"选择堂曹国宪志"，其堂号的"择"字也写错，是某字涂黑（已难辨认）后的旁加；正文首页（右图）原题"周乐星图本正传四十曲宫调"，题

下又加"国宰赛记"四字,所加之字与封面之字同样粗劣,且见其"宰"字留着由"宪"字改描而成的痕迹;封面正中竖写"万历二年正月十三日抄立",也与正文抵牾,不但正文所记多有明清"出戏"(详后),绝不会"万历二年"便流行上党,且见"正月十三日"与南舍村村民自办的小赛有关,正文却记有"南贾村"云云。为此,笔者曾问过曹占鳌、曹占标,这是否原来封面,原封面可在。两人答曰:"原有封面因破而换,文字照旧,原封面顺手丢火炉烧了。"由于笔者存疑,曹占标又领笔者查看该村中尚存的大明崇祯十年(1637)石碑,碑阴刻"阴阳曹国宰",以证该本确属其祖"曹国宰"抄立。然而,笔者更疑,此或正是封面更换的缘由?为此,笔者又曾去贾村等地调查,才发现该本转手北舍曹满金的过程和原因。

在此期间,该本已由他人校注,于1986年刊发于《中华戏曲》第三期,并将封面与正文同时影印发表。依影印本所见(下图),封面字体已类正文笔迹,"簿"字已无误,无涂抹痕迹,工整写着"选择堂曹国宰志",已无"曹国宪"踪迹,与正文首页添加的"国宰赛记"一致(此四字仍粗劣)。显然,其封面又换。然而未作任何说明,使人认为封面与正文同属"原物"。于是,见以《迎神赛社礼节传簿四十曲宫调》为名(或简称"礼节传簿"),在同期《中华戏曲》已有其他学者论说万历二年的山西戏剧,包括见记的"出戏"。

而依笔者考查,该本为潞城贾村后期赛社传本,类前《唐乐星图》本、《宋乐星图》本、《乐次全部》本,也由明清传来,与宋代"大晟"礼乐相关。如其开篇题名"周乐星图本正传四十曲宫调",不但见类《唐乐星图》本开篇题名,且见"四十曲宫调"正指宋代"四十大曲"。再如其所记

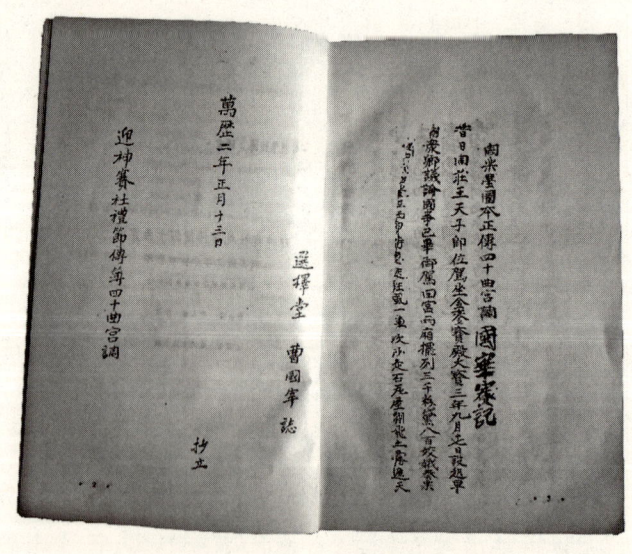

内容,依"二十八宿值日"顺序列成"乐次",正合"古今传三本乐星""周乐星二十八宿"之说,正类该县北庄民国时的《乐次全部》本所记内容。以至该本记有"潞城县南贾邨维首同主礼"云云,正是贾村赛社传本,与笔者调查的情况一致。

由此断定,该本为潞城贾村传存的《周乐星图》本。

该本高约23.3厘米,宽约14.5厘米。除其新加的封面不计,其正文现存二十四个双面页,即四十八个单页,毛笔竖写,每页八行,字体较工整。除首页稍有残损,其余基本完整。其内容,既类《唐乐星图》本所见,又与《乐次全部》本趋同,凡前出注者不再重注。

以下,从原本首页开始录校。

周乐星图本正传四十曲宫调〔一〕

[讲二十八宿]〔二〕

昔日周庄王天子即位〔三〕,驾坐金銮宝殿。大宝三年九月十七日设起早朝〔四〕,众卿议论国事已毕,御驾回宫。两厢摆列三千粉黛,八百姣娥,奏乐□□□曲〔五〕。光位丙申时〔六〕,忽起狂风一阵,吹沙走石,屋瓦飞翻,土雾遮天。(今按,以下缺失双折页半张,计两个半面,共缺约八行,二百余字,接下页)君臣不解其意〔七〕。诗曰:

鼓乐从来暗(按)五音,喜春喜夏喜秋冬。

吹动教坊四十曲,感动神灵侧耳听。

上禁了一宫二调不行曲〔八〕,是那(哪)一宫二调?《高宫》《高搬步(高般涉)调》《高大[石调]》不行曲也〔九〕。上帝玉皇面前有八宫,八星乐君内有宫院〔一〇〕。何为乐阴乐阳八位星君?第一阴阳宫,居申,是昊益广府星君,好乐也,置下金钟也。第二宝瓶宫,居子,是惠灵上境星君,好乐也,置下玉磬也。第三[人]马宫,居寅,是乐籍星君,置下丝弦琵琶也。第四狮子宫,居午,是昭佑齐代星君,置下竹箫管也。第五磨蝎(摩羯)宫,居丑,是度稷庆懆星居,置下匏笙也。□□(第六)天秤□(宫),居辰,是金泉裰(褫)板星君,置下土坎(埙)也。第七双女宫(室女宫),□□(居巳),是听师步光星君,置下革鼓也。第八白羊宫,居戍(戌),是护坛宝揭星君,置下木梲歌(柷敔)也。八位天星是天府八星,八音大乐是金、石、丝、竹、匏、土、革、木,是乃八星[八音]。

又按《汉》本正传,司马肃(彪)为(谓)〔一〕:后汉光武设朝,登九五之位,云台二十八宿诏宣阙下〔一二〕。朝贺万岁已毕,圣主开言问曰:"朕今设起早朝,选(宣)你众将班齐。朕当初登大宝,皆赖众将之功,灭本(王)莽,平苏[献]〔一三〕。朕欲各封官职,同享富贵,与国同休。封官倘有一时轻慢职徽(微),卿等勿稳(隐),直言谏奏,朕当酌量。"邓禹俯伏金阙出班启奏:"升(陛)下圣明。欲封臣等官职,共享天禄,是仁君之大宝〔一四〕。臣等具(俱)叩遵王命,岂敢擅便。"

圣主传宣有故由,亲呼众将殿当头。

炎汉倚杖(仗)典(兴)刘氏,灵(云)台擅(缮)写尽封侯。

第一[天]星角木蛟:邓禹,为左承(丞)相,授封高蜜(密)侯〔一五〕。

第二[天]星亢金龙:吴汉,为大司马,授封广平侯。

第三天星氐土貉:贾复,为执金吾上将,授封怀安(胶东)侯。

第四天星房日兔:耿耳(弇),为建武(威)大将,授封安南(好畤)侯。

第五天星心月狐:寇恂,为金吾上将,授封恕(雍奴)侯。

第六天星尾火虎:岑彭,为枣(棘)阳太守,授封枣(舞)阳侯。

第七天星箕水豹:冯翼(异),为征西大将军,授封武建(阳夏)侯。

第八天星斗木獬(獬):宋佑(朱祐),为谏(建)义大将军,授封南阳(鬲)侯。

第九天星牛金牛:蔡尊(祭遵),为征房大将军,授封乐(颍)阳侯。

第十天星女土蝠:景丹,为标(骠)骑大将军,授封频云(栎阳)侯。

第十一天星虚日鼠:盖延,为虎牙大将军,授封安平侯。

第十二天星危月燕:坚潭(镡),为镇殿大将军,授封和阳侯(合肥侯)。

第十三天星室火猪:耿纯,为宁威大将军,授封临川(东光)侯。

第十四天星壁水瑜(壁水貐):藏(臧)宫,为城门校尉(辅威将军),授封眼灵(朗陵)侯。

第十五天星奎木狼:马武,为捕勇(虏)大将军,授封虚阳(杨虚)侯。

第十六天星娄金狗:刘除(隆),为汉上五州(骠骑)大将军,授封军御(慎)侯。

第十七天星胃土雉:马成(成),为中山太守,大将,授封成事(全椒)侯。

第十八天星昴日鸡:王良(梁),为河南尹,授封卓城(阜成)侯。

第十九天星毕月乌:陈俊,为银耶(琅琊)太守,授封祝河(祝阿)侯。

第二十天星觜火猴:传(傅)俊,为积势(弩)大将军,授封混(昆)阳侯。

第二十一天星参水猿:杜貌(茂),为骠骑大将军,授封参剧(蕖)侯。

第二十二天星井木犴(犴):姚(铫)期,为列卫(虎牙)大将军,授封安城(成)侯。

第二十三天星鬼金羊:王霸,为正国(上谷)太守,授封淮阳(陵)侯。

第二十四天星柳土獐:任光,为信都太守,授封河灵(阿陵)侯。

第二十五天星星日马:李忠,为豫章太守,授封中水侯。

第二十六天星张月鹿:万脩,为东郡太守,授封成事(槐里)侯。

第二十七天星翼火蛇:邳仝(彤),为太常卿,授封灵寿侯。

第二十八天星轸水蚓:刘植,为骠(骁)骑大将军,授封镇阳(昌成)侯。

四斗睺星(木、金、火、水)[一六]:

第一东斗星:王常,为[横野]大将军,授封山乘(桑)侯。

第二西斗星:宝(窦)融,为御史丞相(大司空),授封安丰侯。

第三南斗星:李通,为大司空,授封临植(固始)侯。

第四北斗星:车(卓)茂,为龙虎大将军(太傅),授封显宁(褒德)侯。

又八星[一七]:

第一天星武曲:马援,为伏波大将军,授封安汉(新息)侯。

第二天星廉贞:邓辰(晨),为殿前太尉(汝南太守),授封宣德(西华)侯。

第三天星计都:苏成,为镇国大将军,授封临曲侯[一八]。

第四天星罗睺:纪鼞,为护国大将军,授封晋阳侯[一九]。

第五天星破军:郅郓(郅恽),为殿前都检点,授封间定侯[二〇]。

第六天星禄存:李班,为镇西大将军,授封定原(远)侯[二一]。

第七天星左辅:刘演(縯),死后追封齐[武]王[二二]。

第八天星右弼:刘仲,死后追封[鲁]哀王[二三]。

刘盆子授封赵王[郎中][二四],其余汉将各封官职。众臣于殿前谢恩礼毕,帝传旨:御厨司造膳,光禄司(寺)进酒,翰林院捧茶,教坊司奏乐。金鸾(銮)殿君臣饮酒,筵排八盏八趁[二五],选乐部徵工大吹大擂。歌舞奏乐,君臣欢醉而散。汉将候驾入宫,众臣各归本帐。

按本传,史官有诗为证:

> 王莽欲将刘氏倾,皇天降下紫微星。
> 七四星君扶圣主[二六],炎刘从此后(复)中兴。

王郎邯郸起战争,肖(萧)王河北聚雄兵[二七]。
农民岂有君王福,搅乱慌慌(惶惶)庶不宁。
手提宝剑度春秋,宛城起意(义)聚诸侯[二八]。
暗(按)巡河北王郎子,赤眉同(铜)马一时休[二九]。
四斗星君来取(趋)主[三〇],二十八将尽封侯。
六载苦战平天下,汉宝(室)江山复姓刘。

【注释】

〔一〕《周乐星图本正传四十曲宫调》,为该本总题。"正传"指"正史所传","四十曲宫调"指唐宋"四十大曲"。《宋史·乐志》有具体记述,且见之下讲及"周乐星图"的由来,正依"二十八宿"记有各宿对应的"乐次"。

〔二〕此小标题今加,为篇名。其所记,类前见记的《讲戏竹》《讲路台》等,正讲"二十八宿"的由来,属前行讲唱。与其相关,见《唐乐星图》本记有《二十八宿闹天宫》《二十八宿朝玉皇》《二十八宿朝三清》角单(一单舞),是队戏歌舞,正需前行从旁"讲二十八宿";宋代"队戏"结尾时人物坐之当场,谓之"歇帐",早有可供讲唱的"话本";《辍耕录》所记的金元院本,"打略拴搐"类,记有《二十八宿》一目,其"打略"指省略歌舞,正属"讲唱",其"拴搐"有拴紧、束缚之义,与"主张"全局相关,正属前行讲唱;前《乐次全部》本所记的"序"中言,"今乐犹古乐",清末民国也仍"扮作队戏节次",仍有前行讲唱,而且笔者采访平顺县西社村乐户时,有位王运来老人,仍能背诵此篇开头片段,言其属"前行讲唱"。故将此篇名为《讲二十八宿》。

〔三〕依史,"周庄王"属东周第三代君主,姓姬名佗。之所以由其讲起,盖因从其开始,诸侯并起,由春秋争霸继而进入战国时代。从而与《周礼》《周易》牵涉,既可宣扬"审乐以知政",又涉及"周乐星图"的由来。

〔四〕"大宝"非年号(汉以前只有干支纪年),用如"初登大宝",实指登基称帝。"大宝三年",指周庄王继位第三年(岁在丁亥,即公元前694年)。依史,该年见有周公黑肩(周公旦后代)欲杀周庄王,以立其弟姬子仪为王,谋泄,庄王杀黑肩,其弟奔燕(见《史记·周本纪》)。由此,周庄王才又登基,故见记其"设起早朝"云云。所谓"九月十七日",当指其登基吉日。

〔五〕此句因原本残损,中间约有三字难辨,故空。最后"曲"字,仅残存右半,类如"日"字,今依句意复原为"曲"字。

〔六〕本句"光"字,因残缺仅存上部,今补全。或疑应为"当"字,均可说通。"光"为敬词,犹言"荣"。"光位"指光复帝位,亦即"当位"。"丙申"是干支纪年,即公元前685年。该年齐桓公继位,起用管仲为相,遂成春秋第一霸主,从此东周一蹶不振。所言"光位丙申时,忽起狂风一阵"即指此,预示东周由此衰落。再联系前句"奏乐"云云,实正宣扬"审乐以知政""大乐与天地同和"的重要。

〔七〕"君臣不解其意"一句之前,缺失约200字。依上下文,"其意"正该由"忽起狂风"言及《周礼》《周易》,宣扬"乐星"说,讲及《周乐星图》的由来。如此正可衔接之下所记。

〔八〕"上禁",指宋徽宗所制"大晟"礼乐颁行后的所禁,正留着宋代"说话"艺术的痕迹。从而正如《宋史·乐志》所记,与"教坊四十曲"相关,正见"不用者有十调",涉及此处所禁的"一宫二调"。

〔九〕按《宋史·乐志·教坊》条载:四十大曲"不用者有十调:一曰高宫,二曰高大石,三曰高般涉,四曰……"此句"不行曲"的由来,乃所禁"一宫二调"的具体所指。

〔一〇〕此句由"黄道十二宫"而来,与"十二辰次"相关。附会于"神",不但每宫各有一位星君,且见其正属"乐星"。于是"八宫"对应"八音",正如之下所记,皆见"好乐也"。

〔一一〕此"《汉》本正传",既指所讲是由汉代正史所传,又见与"司马彪"相关,实指其作的《后汉书》。依史,继东汉班固《汉书》之后,晋司马彪曾作《续汉书》(唐存,后佚),南朝范晔又作《后汉书》(无"志"),不但皆写东汉,且见范晔《后汉书》是将司马彪《续汉书》中的"志"三十卷补入而成,故见此处仍言"司马彪谓"。后来,范晔作有"后汉书二十八将传论"(见《文选》以此为题选载),既言东汉"永平中,显宗(即东汉明帝)追感前世功臣,乃图画二十八将于南宫云台。其外又有王常、李通、窦融、卓茂,合三十二人",又言"中兴二十八将,前世以为上应二十八宿"。显然,东汉"二十八将"早与"二十八宿"对应附会。

〔一二〕此"云台二十八宿"正指二十八将。

〔一三〕"苏献"其人,正史未见。见于演义,属王莽大将,曾率兵追赶刘秀,有"昆阳大战"之类。

〔一四〕此"宝",取"善道、美德"之义。《广雅·释诂三》曰:"宝,道也。"《论语·阳货》曰:"怀其宝而迷其邦,可谓仁乎?"

〔一五〕依正史,邓禹为大司徒(非左丞相),封高密侯。以下类似情况不再校后出注。

〔一六〕"四斗睺星",为以下四星小标题。古人将天区恒星分为五组,中央七星称"北斗七星";其余四组,依东西南北而称天区"四象",或仿北斗也称"四斗",又有了东斗、西斗、南斗、北斗(此北斗又称"斗宿")之说。"四斗"中各有一"罗睺星",亦称"睺星",就有了"四斗睺星",又因其分居东西南北,正对应"木金水火",故见标题中又加说明,今置括号内。

〔一七〕"又八星"为小标题。依之下所记,实为九星,即北斗七星再加计都、罗睺二星。北斗七星与日月五行(金木水火土)有关,用以占卜人事,见又分称"武曲""廉贞"等。

〔一八〕"计都"与下记的"罗睺"都出自佛说,东汉以后随着"西天法"(西方的天文历法,即梵历)传入,早又中国化。后来,受道家影响,与日月五行合称"九曜"。另,"苏成"未见于正史,疑应为"苏纯",时封"中陵侯"。

〔一九〕"纪氅",正史未见。疑指"祭彤",乃祭遵从弟。光武初,封黄门侍郎,后镇守辽东。

〔二〇〕郅恽，东汉初为将兵长史，因耻军功取位，后举孝廉任上东门侯，最后迁长沙太守。

〔二一〕"李班"，正史未见。或为"李封"之误，但其为"尚书令"，属文职。或是"来歙"之误，初官中郎将，因征陇右有功，死后追封为"征羌侯"。

〔二二〕刘縯，乃刘秀长兄，二人起兵反王莽，曾共拥刘玄为"更始皇帝"。后来刘縯与刘玄争权，被杀，故见东汉"死后追封"。

〔二三〕刘仲，刘秀兄，因刘縯事而死。

〔二四〕刘盆子，亦西汉刘皇苗裔，曾沦为牧童，被赤眉军拥立为帝，后随赤眉军降刘秀。此处未见其对应星宿，只见"八星"。

〔二五〕"八盏八趁"，指皇宫宴乐的酒食。此处类赛社所见，"盏"时供果，"趁"时供食。

〔二六〕"七四星君"指二十八宿，即所封二十八将。

〔二七〕王郎乃邯郸人，因冒称西汉成帝之子，被宗室刘林拥立为帝，割据河北（都邯郸）。时刘秀臣服于更始帝刘玄（都长安），奉命到河北，遂与战，灭王郎后刘秀被封萧王。此处上下两句即言此。

〔二八〕"宛城起义"，指刘秀与兄刘縯起兵事。此"宛城"指河南"宛县"（即今河南的南阳），而非湖北宛城（属荆州）。

〔二九〕"赤眉、铜马"，指西汉末年两支农民起义军。赤眉起义于山东，眉染赤色而称；铜马起义于河北，因河北巨鹿县旧有铜马祠而称。刘秀先灭王郎，后降服两支义军称帝，故言"农民岂有君王福""赤眉铜马一时休"。

〔三〇〕"四斗星君"，指四象二十八宿之神，即二十八将。按星象说，刘秀属北斗七星中"紫微星"下凡，其周的二十八宿之神"来趋主"共扶刘秀。这正是东汉开国二十八将封于"云台"而为各宿之神的缘由，纯属附会之说。

二十八宿值日开后[一]

乐台出排（牌）不写执（值）日姓名，只开形荣（容）、衣色、物件[二]。

角木蛟值日[三]

潞城县南贾邨维首同主礼生姓[四]为享祀神祇供馔献乐事。照得是日头场（或正赛、末赛）之期，系星宿值日。虎头女面，披发，白袖朱履，右手执曲尺子向东而立。置下筝〔五〕。正宫,第一品,行三曲:《粉妆》《夜叉》《梁州》〔六〕。好食素物〔七〕。上居天秤宫,下临郑地。分并前后两衙,队戏陈列于后〔八〕。

  计开:前行说《三元戏竹》〔九〕

第一盏	《长寿歌》曲子〔一〇〕	补空	《天净沙》《乐三台》〔一一〕
第二盏	靠乐歌唱	补空	《大(太)清歌》
第三盏	温习曲破〔一二〕	补空	再撞再杀〔一三〕
第四盏	《尉迟洗马》	补空	《五虎下西川》
第五盏	《天仙送子》〔一四〕	补空	《敬德战八将》
第六盏	《周氏拜月》〔一五〕	补空	《尉迟赏军》〔一六〕
第七盏	合唱	补空	收队〔一七〕

  正队《大会垓》 院本《土地堂》 杂剧《长板(坂)坡》〔一八〕

【注释】

  〔一〕此标题,指以下是依"二十八宿值日"顺序开列的乐次。其用途、体例与前《乐次全部》相同,所记内容也可比照。其内容,"乐次文""乐场榜文""乐台出牌"均要用到,正式书写时均有固定格式。此处用于"乐台出牌"(详下),具后期赛社特点。

  〔二〕此小段是针对"乐台出牌"所加的说明语。言指:乐台出牌时不写值日宿神的具体姓名(如"角木蛟"值日,不须写"邓禹"姓名),只开列该宿的"形容、衣色、物件"即可。

  〔三〕此"角木蛟值日",下写着"潞城县南贾邨维首"云云,正留着贾村办赛的痕迹。据今调查,该村赛社以碧霞宫(祀碧霞元君)最为正规,每年一小赛(小办)、四十年一大赛(官府参加大办),均以农历四月初四为期,前后六天。每逢大赛,周围各县乃至相邻的河北、河南等县亦有人前来观看,庙会甚隆,民国初年仍在举办。当地村民传言"先有碧霞宫,后有潞城县",更见该庙历史悠久,赛社早已有之。

  〔四〕"姓"乃旁批提示。届时要将主礼先生之姓旁填此处(可不写名)。

  〔五〕赛社另本记有《前行分戏竹》一篇,言"二十八宿置了二十八般乐器",每宿对应一种乐器。故角木蛟一宿"置下筝"。以下类似不注。

  〔六〕此句言指该宿对应的宫调,可用的乐曲。"正宫"即正宫调,属二十八调之一,对应角宿。因角木蛟属东方苍龙七宿中的第一宿,依"七政"(木、金、土、日、月、火、水)序次排列,该调又属"第一品"。按《宋史·乐志》记,"正宫调"其曲三,曰:《梁州》《瀛府》《齐天乐》。与此处所记比照,三曲中唯《梁州》相同,至于所记的《粉妆》《夜叉》,或属《瀛府》《齐天乐》应用中的变名,或同属《梁州》变体,或为他曲,无考。

  〔七〕"好食素物",指该宿食性,由五方、五行、五味、五脏之类的对应关系而来。角木蛟一宿属木,对应春季,位东,喜酸,由酸而言其"好食素物"。以下类似情况不再细注。

〔八〕此句的"前后两衙",指赛社的细乐、粗乐分前后两班。细乐用于神前供盏,笙、箫、笛、管,细吹细打;粗乐用于乐台表演,供盏时多演队戏,甚至以其代指供盏表演,故有"队戏陈列于后"一说。值得注意的是,之下所列的供盏剧目,已见可用南戏传奇的出戏代替队戏(衬队),留着明清赛社的痕迹。

〔九〕此"前行说"见于供盏开始,属较长的诗赋讲唱。依今见,可供选用的篇目仍有多个。一般"头场"多用《讲路台》《讲戏竹》之类,"正赛"多用《百寿赋》《百花会》之类。因此,同属角木蛟一宿,《乐次全部》选用的是《百寿福》,当用在正赛日;此处选用《三元戏竹》,当用在头场。以下类似不注。

〔一〇〕《长寿歌》,类似唐宋大曲《长寿乐》《长寿仙》,既属曲子,用于头盏"吹",又可用于二盏"唱",属"靠乐歌唱"。

〔一一〕《天净沙》属宋元令曲;《乐三台》类如《插花三台》,可插"花拍"。按"二十八宿"与"二十八调"对应关系,用于此宿皆为"正宫调"。以下类似不注。

〔一二〕"温习曲破",指重复前两盏已用的大曲"曲破",借以"舞三盏"。由于"曲破"伴舞的队戏早见于唐代教坊,与梨园弟子相关,因此又记为"梨园曲破"。

〔一三〕"再撞再杀",即《唐乐星图》中的"再撞再煞",指两个队戏片段;"再撞"属《大会垓》片段,"再杀(煞)"属《虎牢关》片段,届时可选。

〔一四〕《天仙送子》演董永故事。本事见于汉刘向《孝子传》、晋干宝《搜神记》等。写董永与七仙女成婚后,仙女虽返天庭,却将所生之子送还董永。宋元已有无名氏《董秀才遇仙记》戏文,今存残曲。明代更有《遇仙记》《织锦记》传奇,民间年画《天仙送子》正由此而来。按此,本目或属南戏传奇。

〔一五〕《周氏拜月》写战国苏秦事。其妻周氏,为使在外求官的苏秦早日衣锦还乡,遂于中秋夜焚香拜月。宋元南戏有《苏秦衣锦还乡》(见《南词叙录》载),元明南戏又有《金印记》(苏复之作,见《古本戏曲丛刊》据明刊本影印),明代高一苇又有改编的传奇本《金印合纵记》(又名《黑貂裘》或《黄金印》)。按此,本目乃南戏传奇中一出。

〔一六〕《尉迟赏军》,明刊本有《白袍记》,《古本戏曲丛刊》据以影印,写薛仁贵跨海征东事。依写,尉迟恭奉命犒赏三军,唯恐不周,扮作小军查访,终于发现张士贵冒领薛仁贵军功事。按此,本目也属传奇中一出。

〔一七〕此盏因是最后一盏,按规矩应演队戏。其结尾既有"合唱",又有前行"遣队"诗赞,借以"收队"。故一般记为"合唱,收队"。

〔一八〕此项"正队、院本、杂剧"所记的剧目,用于晚上乐台演出,已无供盏乐规的限制,具体剧目可任选,此处所记为实例。

亢金龙

其宿豹头女面,披发,黄衣白履绿裙,右手执曲尺子而立。置下乡食铁(响铁)〔一〕。好食腥咸物。高宫,第二品,行二曲《清平乐》《大[明]乐》;为尊(遵)高宫不行曲,高[宫]《湖(胡)渭州》《庆云乐》《降黄龙》正犯大石调,忌二曲二调〔二〕。上居天秤宫,下临郑地。分并前后两衙,队戏陈列于后。

计开:前行说《三元戏竹》

第一盏　《万寿歌》曲子　　　　　补空　《金殿乐》〔三〕

第二盏　靠乐歌唱　　　　　　　　补空　《倾杯乐》

第三盏　梨园曲破　　　　　　　　补空　再撞再杀

第四盏　《芦林相会》〔四〕　　　　补空　《鸿门会》

第五盏　《南蒲(浦)嘱别》〔五〕　　补空　戏《访友》〔六〕

第六盏　《雄(熊)精盗宝》〔七〕

第七盏　合唱　收队

正队《告御状》〔八〕　　院本《错立身》〔九〕　　杂剧《战吕布》〔一〇〕

【注释】

〔一〕"乡食"二字,实应为"飨"字。盖因原本竖行抄写,传抄中误为二字。"飨"通"響"(响)。"响铁",是一种由铁片组成的打击乐器,用如钟磬,隋唐燕乐又称"方响"。

〔二〕此长句或传抄中不明原意,颠乱顺序,见其字句间留着前后勾改的痕迹。今照原有文字,将顺序依意整理而记。大意是:按"乐星"对应,亢金龙一宿对应高宫调,属七宫中的"第二品"。但按《宋史·乐志》记,"不用者有十调",其中包括"高宫",故此处有"为遵高宫不行曲"一语;又见"行二曲","正犯大石调",用了"大石调"的《清平乐》《大明乐》,正与此处所记相同;此处强调,原属高宫的《胡渭州》《庆云乐》《降黄龙》(可能原来流行于唐宋民间)"为遵高宫不行曲",也要"正犯大石调",若选其中之曲而用,仍"忌二曲二调"。总之,该宿值日时所用的乐曲,"为遵高宫不行曲",皆应改用大石调。

〔三〕《金殿乐》,即《金殿乐三台》,与前记的《乐三台》同。

〔四〕《芦林相会》,属明代传奇《跃鲤记》中一出。明传奇本乃陈黑斋(或顾觉宇)作,今存明刊本,写姜诗之妻庞氏被婆母所逐,仍孝敬如初,最终感动婆母,接其回家。后人加工,多只演单出戏《安安送米》《看谷》《芦林》等。其《芦林》一出即本目,写姜氏寄居邻家,闻婆母生病想吃鱼,遂织布换鱼送去,途经芦林,恰遇为母请医的姜诗,夫妻相会。

〔五〕《南浦嘱别》，乃明初高明《琵琶记》第五出，该出原题即此。其题取南朝江淹《别赋》中"送君南浦，伤如之何"的句意。盖因此出写蔡伯喈与妻赵五娘新婚两月，便被父母逼着赴京赶考，于是一家伤情别离，夫妻相嘱。

〔六〕《访友》出自梁山伯与祝英台故事，唐宋早已流传。见于戏曲，元杂剧已有白朴的《祝英台死嫁梁山伯》（见《录鬼簿》），宋元戏文亦有《访友记》（见《曲海总目提要》）、《同窗记》等，传统戏更多。本目《访友》特标以"戏"，显指明清传奇"出戏"，写梁祝二人同窗分别后，梁去访祝，尽识前情。

〔七〕《熊精盗宝》，即《黑熊精盗宝》，出自《西游记》。通盏演此。

〔八〕《告御状》，即《杨六郎告御状》，前已释。

〔九〕《错立身》，即《宦门子弟错立身》，元杂剧、宋元南戏皆有同名剧。值得注意的是，此处记为"院本"，应出自金元行院。

〔一〇〕《战吕布》，即《三战吕布》，也称《虎牢关》，全称《虎牢关三战吕布》。

氐土貉

其宿人形，披头臻（簪）花，抹额裸身，腰缠白裙，赤足，右手执梨（藜）杖而立。好食酸咸物。置下水盏。三宫，第三品，行二曲《万年欢》《剑器会（令）》〔一〕。忌四曲：正犯高大石调，傍（旁）犯南吕宫二曲《万年［欢］》《梁州》〔二〕。此星行六十度。上居磨蝎（摩羯）宫，下临宋地。分前衙七盏〔三〕，队戏陈列于后。

计开：前行讲《百花赋》

第一盏	《万寿歌》曲	补空	《万花乐》〔四〕
第二盏	靠乐歌唱	补空	慢词
第三盏	《单舞盘中曲》	补空	再撞再杀
第四盏	《张生戏红娘》〔五〕	补空	《破蚩尤》
第五盏	戏《周（邹）氏辱齐》〔六〕	补空	《送米》〔七〕
第六盏	《三请诸葛》		
第七盏	合唱　收队		

正队《四马投唐》　　院本《三人齐》　　杂剧《夺状元》

【注释】

〔一〕"三宫"指"中吕宫"。按天区四象与"宫商角羽"对应，东方苍龙七宿对应"七宫"，其中"氐土貉"一宿对应"中吕宫",属"第三品",可称之"三宫"。按《宋史·乐志》记,"中吕宫,其曲二,曰《万年欢》《剑器》",与此处所记相合。

〔二〕此句所言的"忌四曲",与《万年欢》《梁州》二曲相关,指其"忌正犯高大石调""旁犯南吕宫"形成的"四曲"。这种"忌",又与宋徽宗亲制的大晟乐相关。按《宋史·乐志》记,宋太宗"因旧曲创新声"早将诸多旧曲移宫变调,"亲制"过许多乐曲,已有不少犯调,而且民间早也如此。正因此,才见"大晟乐"重新规定,"中吕宫,其曲二,曰《万年欢》《剑器》",此处也强调"忌四曲"。

〔三〕此句"分"字原本磨损不清,今依其他各宿所记(见后)校订如此。所谓"分前衙七盏",指其前衙细乐按七盏而记,与前见的"分并前后两衙"同。

〔四〕《万花乐》,即《万花乐三台》,类前《金殿乐三台》,都是《三台》曲又加花拍的变体。

〔五〕《张生戏红娘》,源于唐代元稹《莺莺传》(又名《会真记》),金代董解元作有《西厢记诸宫调》。依其写,崔母赖婚后,红娘为张生谋划,让其月夜抚琴引莺莺相会。至夜,张生在窗前抚琴,红娘引莺莺花园偷听。张生听咳嗽声响,开门急出,误扑红娘于怀,莺莺反悄悄离去,或正是"张生戏红娘"所由。

〔六〕与《邹氏辱齐》有关,京剧有《黄金台》(又名《乐毅伐齐》),汉剧有《晒尸台》。它们皆写战国时齐湣王宠妃邹氏,因诬告太子田法章乱伦,引起内乱,导致乐毅伐齐、湣王被弑。后亏田单等才使太子田法章登基,是为齐襄王。此目所演,正是邹妃乱齐一节,故言"辱齐"。另,明传奇又有《灌园记》一剧,情节大致相类。很显然,此目出自明清"出戏"。

〔七〕《送米》,即《安安送米》,出自《跃鲤记》(详前)。写姜诗之妻被逐之后,在邻家暂住。其子安安见母困苦,遂送米。

房日兔

其宿牛头人形,青衣白袖,赤裙朱履,右手执莲花而立。好食煮米素物。置下胡琴。行道宫〔一〕,第四品,行三曲:《菩萨[蛮]》、《梁州》(正犯双角调,逆犯般涉调)二曲么,《长寿乐》〔二〕。上居磨(天)蝎宫,下临宋地。分前衙七盏,队戏陈列于后。

计开:前行说《细分路台》〔三〕

第一盏　《老人星》歌曲　　　　　补空　《净沙乐》〔四〕

第二盏　靠乐歌唱　　　　　　　　补空　"慢词"侑食

第三盏　温习曲破　　　　　　　　补空　再撞再杀

第四盏　《走番(樊)城》〔五〕　　补空　《下河东》

第五盏　戏《闯(闯)辕门》〔六〕　　　补空　《神杀忤逆子》〔七〕
第六盏　《古城聚议(义)》
第七盏　合唱　收队
正队《过五关》　　院本《错立身》　　杂剧《擒彦章》〔八〕

【注释】

〔一〕"行道宫",指该宿值日用"道调宫"。

〔二〕此句是对"行三曲"的具体解说。原本有类似"括号"的勾括,故今仍将有关内容置于括号内。意指《菩萨蛮》《梁州》二曲可"正犯双角调,逆犯般涉调",此处用其"幺(尾段)",并与《长寿乐》同用"道宫",故道宫"行三曲"。

〔三〕《细分路台》,即前行《讲路台》,前注。

〔四〕《净沙乐》与宋元令曲《天净沙》相关,当属唐宋大曲。

〔五〕《走樊城》,写伍子胥事。本事见于《史记·伍子胥列传》,唐代俗讲早有话本(见《敦煌变文集》)。元杂剧有高文秀作的《伍子胥走樊城》,《唐乐星图·杂剧》记有《子胥走樊城》,仍类元代民间"搬唱词话"。

〔六〕《闯辕门》,写张飞不服初出茅庐的诸葛亮,传统戏多演。与其相关的元杂剧有《博望烧屯》,《唐乐星图·杂剧》有《莽张飞大闹相府院》。

〔七〕《神杀忤逆子》,显属因果报应故事,如传统戏《清风亭》(由明代同名传奇本改编,又名《天雷报》)就属此类。见于山西赛戏,有《神斩赵万牛》一剧。本目或正演此。

〔八〕《擒彦章》,前《唐乐星图》杂剧类见记,传统戏又名《苟家滩》。

心月狐

其宿黑头人形,头带(戴)毡冠,黑面,赤衣白裙,穿皂靴,右手执金鞭。好食酒、硬物。置下乐篆〔一〕。南吕宫,第五品,行三曲:《瀛洲(府)》《卜眉(薄媚)》《湖(胡)渭州》。(三月季春建辰,节号青龙宫,律吕姑洗,南吕宫生应钟,季春之月动起二宫)〔二〕。此宿五度。上居磨(天)蝎宫,下临宋地。分并前后两衙,队戏陈列于后。

计开:前行说《百寿福》

第一盏　《万寿歌》曲　　　　　补空　《金殿乐》
第二盏　靠乐歌唱　　　　　　　补空　《倾杯乐》
第三盏　温习曲破　　　　　　　补空　再撞再杀

第四盏　《霸王封官》〔三〕

第五盏　《天仙送子》

第六盏　第七盏　《拜帅》〔四〕

正队《大会垓》　　院本《三人齐》　　杂剧《当箱》〔五〕

【注释】

〔一〕篆，指一种乐器，唐宋多见，又名"轧筝"。

〔二〕此句"括号"类前，也依原文旧有而加，也属附加说明。其说甚古，今加解说。古有十二月与十二地支对应的"月建"，并以夏历冬至所在的十一月对应"子"，称"建子之月"，由此类推，三月对应辰，故言"三月季春建辰"。二十八宿与"日月五行"（共称"七政"）相关，分属天区四象，"心月狐"正属东方苍龙第五品，位东，故言"节号青（苍）龙宫"。十二月、十二律、二十八宿、二十八调对应关联，形成了一套"宫调"理论。所谓十二律吕依次名为：黄钟、大吕、太簇、夹钟、姑洗、中吕、蕤宾、林钟、夷则、南吕、无射、应钟。《礼记·月令》言，"季春之月"（三月），"律中姑洗"，故此处仍言"律吕姑洗"。从理论上讲，首先确定"黄钟"音高，十二律音高随之确定，依月"旋相为宫"，乐器用对应的律音为"宫"（基音），就确定了乐曲的"调性"；再按五声或七声，就可形成不同"调式"。即使同一乐曲，也可"移宫转调"。至迟在唐代，已见只用"宫、商、角、羽"四声，由此形成"二十八调"，与"二十八宿"对应关联，既依"乐星图"说（前引），见宫廷"雅乐"仍遵古制，仍以"黄钟"确定音高标准；又见民间"俗乐"，包括教坊宴乐，实际用乐高了一度，相当于"太簇"为宫。于是，由于"南吕"相当于"应钟"音高，就见此处言"南吕宫生应钟"；由于"黄钟"为宫、"太簇"为宫同时存在，就见此处仍记"季春之月动起二宫"。这种"二宫"现象，直到宋徽宗制成大晟乐，才将律音统一为民间俗乐标准，"合乎长期应用"（详《中国古代音乐史稿》）。可见，此处"动起二宫"云云，出在宋徽宗之前，正留着之前民间赛社的痕迹。

〔三〕《霸王封官》，即《霸王设朝封官》，属队舞队戏，《唐乐星图》及此本均记有"一单舞"角单。

〔四〕《拜帅》，即《筑台拜将》，写韩信事。因其情节较长，可六七盏连演，故见此处合记。

〔五〕《当箱》，今见于民间小戏。大意是有个当铺掌柜与一少妇偷情，妇男突归，少妇急将情夫藏于箱内，恰好其男人赌输要当衣箱，至当铺开箱验物时，掌柜暴露出丑。此处记为"杂剧"，或属早期的"调笑"形态。也或因此，今晋中秧歌又有《当板箱》，上党地区的泽州秧歌也有《当皮箱》，情节类似。

尾火虎

其宿长角抹额，青衣大袖，赤裙，盘坐。好食腥野物。置下笙。仙品（吕）

宫,第六品,行三曲:《梁州》《保金枝》《延寿乐》。此星行十七度。上居人马宫,下临燕地。分并前后两衙,队戏陈列于后。

  计开:前行说《三元戏竹》

  第一盏 《长寿歌》曲   补空 《天净沙》

  第二盏 靠乐歌唱   补空 《大(太)清歌》

  第三盏 温习曲破

  第四盏 《两郎(狼)山》《藩(潘)杨征北》〔一〕

  第五盏 《射七郎》

  第六盏 《六郎拌(搬)兵征北》

  第七盏 合唱 收队

  正队《告御状》 院本《张端借鞋(靴)》 杂剧《看兵书》《六郎报仇》〔二〕

【注释】

  〔一〕《两狼山》亦即《潘杨征北》,该盏通演此剧,且之下第五盏《射七郎》,第六盏《六郎搬兵征北》,皆与该剧相关。也就是说,从第四盏起直至第七盏"合唱收队"前,皆属该剧表演。盖因其故事既有诗赞休"杂剧",又有歌舞的"队子",加之"三盏以后俱无所管",故可选用不同形态的片段用于之下各盏。

  〔二〕原本"杂剧"之下(竖行)先记有《看兵书》,旁右又记《六郎报仇》,字迹较小,显为补入,今先后照录。《看兵书》或演关羽身在曹营夜读《春秋》。《六郎报仇》仍属《潘杨征北》故事,写杨继业碰碑死后,六郎回京告御状,由八王相助杀潘,为父报仇事。其旁补《看兵书》或也演六郎事,或言可用《六郎报仇》代替,供参考。

箕水豹

  其宿女面人形,头带(戴)毡冠,赤衣绿袖,朱履,右手执剑而立。好食油物。置下杖鼓。应钟,第七品,行三曲:《万岁[乐]》《梁州》《中和乐》。(忌三调,不忌曲:正犯商调,旁犯高般涉调,逆犯正平调)〔一〕。此四星行十一度。上居人马宫,下临燕地。分并前后两衙,队戏陈列于后。

  计开:前行说《百花赋》

  第一盏 《万寿歌》曲   补空 《插花乐三台》

第二盏　靠乐歌唱　　　　　　　补空　《倾杯乐》
第三盏　温习曲破　　　　　　　补空　再撞再杀
第四盏　《斩华雄》[二]
第五盏　《射七郎》
第六盏　第七盏　《战吕布》
正队《过五关》　　院本《错立身》　　杂剧《天门阵》

【注释】

〔一〕此句"括号"类前,仍依原本的勾括而置,属抄者所加的说明,仍留着宋代痕迹。所言"忌三调",正指其记的"正犯商调,旁犯高般涉调,逆犯正平调",正与所列的三曲皆用"应钟"相关。所谓"正犯商调",即将"应钟"之曲变为"商调",由于"应钟"恰属"七宫"之一,"商调"(即"林中商")恰属"七商"之一,按《礼记·乐记》言,"宫为君,商为臣",正忌"臣犯君",故忌用"商调";又因"高般涉调"正是宋代四十大曲"不用者有十调"之一,正属"上禁了一宫二调"所指(见此本开篇),故亦忌用;"正平调"虽不犯忌,但《宋史·乐志》见记,"正平调,无大曲,小曲无定数",而"应钟"所用的三曲属大曲,不能突破"无大曲"的规制,从而亦忌"正平调"。因此,既见其列的三曲"忌三调",又见"不忌曲",即三曲可用"应钟"调。

〔二〕与"关公斩妖"有关,上党赛社仍存《关大王破蚩尤神》队戏;元杂剧有戴善甫作的《关大王三捉红衣怪》(《录鬼簿》见记,已佚);明代封关公为"伏魔大帝",明清传奇《青石山》也写"关公斩妖"(《戏考大全》第二册见载)。

斗木獬

其宿男面长角,赤衣白裙,白履,右手执梨(藜)杖而立。好食腥物。置下竹管。中吕调,第一品[一],行三(二)曲[二]:《六幺》《道欢人(道人欢)》。《伊州》《降黄龙》(又行二曲,忌六曲)[三]。此星行二十四度,上居磨蝎(摩羯)宫,下临吴地,丑[四]。分并前后两衙,队戏陈列于后。

计开:前行说《细分路台》
第一盏　《寿南山》歌曲　　　　补空　《天净沙》
第二盏　靠乐歌唱　　　　　　　补空　"慢词"侑食
第三盏　温习曲破　　　　　　　补空　再撞再杀
第四盏　《土地词(祠)》[五]　　补空　《斩华雄》《战吕布》[六]

第五盏　《钟魁(馗)显圣》[七]　　　　补空　《四马投唐》

第六盏　《三气周瑜》　　　　　　　补空　《李魁(逵)下山》[八]

第七盏　合唱　收队

正队《观音斗六筹》　　院本《三人齐》　　杂剧《岳飞征南》

【注释】

〔一〕"中吕调"属七羽之一，依七政序列排在第一，故亦称"第一品"。以下类推，不再注。

〔二〕按《宋史·乐志》记，"中吕调"有大曲二，即此处所记的《六么》《道人欢》，故应校正为"行二曲"。

〔三〕该句括号仍依原本中的勾括而加。按《宋史·乐志》记，《伊州》《降黄龙》不属"中吕调"规定之曲，但宋太宗"因旧曲造新声"，又有"中吕调《倾杯乐》《菩萨蛮》《瑞鹧鸪》《三台》"四曲。可见当时"中吕调"乐曲已有很多。或因此，此处"又行二曲"，且强调"忌六曲"。

〔四〕"丑"指"斗木獬"一宿对应十二辰次之"丑"，再对应"十二宫"，"上居摩羯宫，下临吴地"。以下类似不注。

〔五〕《土地祠》，即院本《土地堂》，前注。

〔六〕此盏补空所记的《斩华雄》《战吕布》故事关联，但因补空时间有限，不可能连演二目，实为选一。

〔七〕《钟馗显圣》与"钟馗捉鬼"有关。按《梦溪笔谈·补笔谈》卷二记，唐明皇开元问，忽患"疟"病。一夕，梦见钟馗前来捉鬼，"刳目而啖之"。唐明皇问之，答曰："臣钟馗氏，即武举不捷之士也，誓与陛下除天下妖孽。"明皇梦醒病愈，遂召画工吴道子依梦图形。《钟馗显圣》正源于此。正因此，唐宋以来有关钟馗的表演很多，既见于宫廷，又流行于民间。见于上党地区，仍借钟馗"抓凶"驱傩，赛社仍作"钟馗镇宅"表演。

〔八〕《李逵下山》，演《水浒》故事，写李逵投奔梁山后下山往沂州搬母事。今京剧《黑旋风李逵》也仍演此。

牛金牛

喜酉卯，怨寅时[一]。其宿女面人形，长角披发，身穿赤衣绿袖，白裙白履，右手执莲花而立。好食咸硬物。置下大鼓。正平调，第二品，不行曲；外行二曲《伊州》《降黄龙》[二]。上居磨蝎(摩羯)宫，下临吴地。分前衙七盏，队戏陈列于后。

计开：前行说《酒词》

第一盏　《老人星》歌曲　　　　　　补空　《金殿乐》

第二盏	靠乐歌唱	补空	《倾杯乐》
第三盏	《杨妃单舞盘中曲》	补空	再撞再杀
第四盏	《雄(熊)精到(盗)宝》	补空	《伏(复)挂午时牌》
第五盏	《武林赶脚》[三]	补空	《阵(陈)桥兵变》
第六盏 第七盏	《咬齐(脐)》《打韦(围)》[四]		
		补空	《火烧上元(源)驿》

正队《十八骑误入长安》　　院本《错立身》　　杂剧《七擒孟获》[五]

【注释】

[一] 此句与五行八卦相关。按二十八宿与十二辰次对应,该宿对应"丑"。依十二地支、十二生肖与五行的配属关系,"丑"属土、属牛,"酉"属金、属鸡,"卯"属木、属兔。由于土可生金、生木,故该宿(丑)"喜酉卯"。同理,"寅"属木、属虎,虽土可生木,但牛、虎不配,故言"怨寅"。以下类似不注。

[二] 按《宋史·乐志》记,"正平调,无大曲",故此处记其"不行曲"。于是该宿值日只好"外行二曲",用《伊州》《降黄龙》,与"斗木獬"一宿"又行二曲"相类。

[三] 与《武林赶脚》相关,清初李玉作有《占花魁》一剧,取材于明末《醒世恒言》中的《卖油郎独占花魁》。故事写南宋武林(杭州)有个卖油郎秦重,因战乱从河南汴梁流落至此。一日,挑担卖油,经过妓院门口,偶见花魁王美娘,探得其亦从汴梁流落至此,遂萌生情爱,借卖油出入妓院,以真诚感动对方,使王自赎,最终成婚。至今山东吕剧、河南曲剧,山西晋北的秧歌、道情,仍存小戏《赶脚》,均由"丑"(驴主人"王小")与"旦"(雇驴的"二姑娘")二人表演。

[四] 《咬脐》《打围》同属五代刘知远故事。金院本有《刘知远诸宫调》,元明南戏有《刘知远白兔记》。"咬脐"写刘妻李三娘磨房生子。"打围"写其子成人,打猎追兔,母子相认,促成夫妻团圆。正因此,此处"第六盏、第七盏"接演两出。剧情详前《唐乐星图》所注。

[五] 《七擒孟获》属三国故事,见称"杂剧",正与宋元民间"搬唱词话"相关,盖因宋代勾栏艺人"说三分",早有"话本"。

女土蝠

[喜]子午戌,怨巳时。其宿男形,簪力士冠,赤衣白裙,骑龙,左手执铁鞭而立。好食素物硬(素硬物)。置下琵琶。高[平]调,第三品,行二曲:《六么》《降龙》乐[一]。二曲二角,[犯]高石(平)调(角正犯、旁犯、侧逆)。上[二]居磨蝎(摩蝎)宫,下临吴地,丑。分前衙七盏,队戏陈列于后。

计开:前行说《三元戏竹》

第一盏	《寿南山》歌曲	补空	《万花乐》
第二盏	靠乐歌唱	补空	《大(太)清歌》
第三盏	《单舞盘中曲》	补空	再撞再杀
第四盏	《尉迟洗马》	补空	《五虎下西川》
第五盏	《天仙送子》	补空	《敬德战八将》
第六盏	《尉迟赏军》		
第七盏	合唱 收队		

正队《田令孤(孜)卖国弄权》〔三〕　　院本《张端借鞋(靴)》　　杂剧《五关斩将》

【注释】

〔一〕《降龙》即《降黄龙》,也称《罢金钲》(见《唐乐星图》本所注)。按《宋史·乐志》记,"南吕调,其曲二,曰《绿腰》《罢金钲》"。而宋代"南吕调"实即唐代宴乐的"高平调",此处"高平调"所记的《绿腰》《降龙》与《宋史·乐志》一致,而且仍称"高平调",正见留着唐代痕迹。

〔二〕此句括号仍依原有的勾括而加。由于"女十宿"属于"北方玄武七宿",对应"七羽"中的"高平调",然而"二曲二角",即所用的《六么》《降黄龙》二曲原属"角调",故见强调"犯高平调"。"括号"正是对其解说,所谓"角正犯、旁犯、侧逆",正指角调之曲仍可通过"正旁侧逆"四犯而用。正因角调之曲可以"犯调","转调"而用,见于《宋史·乐志》所记,角声七调皆属"不用者",实际只用"十七宫调"。

〔三〕《田令孜卖国弄权》演唐末宦官田令孜专权,与朱温勾结卖国事。

虚日鼠

其宿女面垂发,青衣白裙,朱履,抄手执("执"字衍)而立。好食素硬物。置下管笛。仙吕调,第四品,行二曲〔一〕。此宿行十二度。上居宝瓶宫,下临齐地。分并前后两衙,队戏陈列于后。

计开:前行说〔二〕

第一盏	《长寿歌》曲	补空	《天净沙》《三台》
第二盏	靠乐歌唱	补空	慢词

第三盏	温习曲破	补空	再撞再杀
第四盏	《闯辕门》《打牙》[三]	补空	《戏英英(莺莺)》[四]
第五盏	《斩华雄》《战吕布》	补空	《斩关平》[五]
第六盏	第七盏 《单刀赴会》	补空	《古城聚义》

正队《过五关》　　院本《三人齐》　　杂剧《四马投唐》

【注释】

〔一〕此"行二曲"缺曲名。依《宋史·乐志》记，见"仙吕调，其曲二，曰《绿腰》《彩云归》"。供参考。

〔二〕此"前行说"亦缺篇名。因其说可任选有关一篇，不写篇名亦可。

〔三〕《打牙》，疑属"耍牙"剧目。届时，人物嘴含二或四根较长的假牙，互击作响。见于上党地区，旧时扮赵公明者(助殷纣王的仙家)有此表演。

〔四〕《戏莺莺》出自《西厢记》，前注。

〔五〕《斩关平》，即《关大王正直斩关平》，《唐乐星图》记为"杂剧"。

危月燕

其宿豹头人形女面，青衣白袖，皂带，朱履，缠足，左手执剑而立。好食熟热素物。置下双韵笛。黄钟羽，第五品，行一曲：《千春乐》[一]。此星行十一度。上居宝瓶宫，下临齐地，子。分前衙七盏，队戏陈列于后。

计开：前行说

第一盏	《万寿歌》曲	补空	《金殿乐三台》
第二盏	靠乐歌唱	补空	《万花乐三台》
第三盏	《单舞盘中曲》	补空	再撞再杀
第四盏	《关公斩妖》	补空	《诸葛祭风》[二]
第五盏	《猿猴脱甲》	补空	《杨妃醉酒》[三]
第六盏	第七盏《五鬼戏胖(判)》	补空	《三请诸葛》

正队《火烧芦(葫)芦峪》[四]　　院本《改婚姻簿》[五]　　杂剧《三王定正(政)》[六]

【注释】

〔一〕此宿所行曲，正如《宋史·乐志》言："黄钟羽，其曲一，曰《千春乐》。"而此宿下列的供盏用曲不止一个,盖因皆可"转调"犯入"黄钟羽"。

〔二〕《诸葛祭风》,《三国演义》写有其事,元杂剧早有王仲文作的《七星坛诸葛祭风》(见《录鬼簿》),说明其故事早见于宋元。

〔三〕《杨妃醉酒》,亦称《贵妃醉酒》,又名《百花亭》,今属梅派经典剧目。写杨贵妃与唐明皇相邀,次日百花亭赏花饮酒,届时贵妃久候,闻玄宗竟往江妃处,遂愁肠自饮而醉。按《戏考大全》二册记,此戏早见于清代《缀白裘》所收的单本剧,原出"昆班中",正见本目明代早有。

〔四〕《火烧葫芦峪》,演孔明火烧司马懿父子事。《唐乐星图》本记为"杂剧",此处又属"正队"(队戏)。显然,宋元早有相关话本。

〔五〕《改婚姻簿》此处记为"院本",或与前见的《三人齐》相关。也有"装官"一人,属"酸孤旦"表演,借说白调笑演一个滑稽故事。

〔六〕《三王定政》即《临虎殿三王定政》,《唐乐星图》见记。

室火猪

其宿女面人形,着赤衫大袖,白裙,朱履,乘赤云而立。好食酸咸温物。置下箫管。[般涉]调〔一〕,第六品,行二曲:《六幺》《长春乐》。此星行十七度。上居双鱼宫,下临魏(卫)地,亥。[分]并前后两衙,队戏陈列于左。

计开:前行说

第一盏	《[寿]南山歌》曲	补空	《金殿乐》
第二盏	靠乐歌唱	补空	《大(太)清歌》
第三盏	温习曲破	补空	再撞再杀
第四盏	《广(旷)野奇逢》〔二〕	补空	《六出祁山》
第五盏	《玄坛伏虎》〔三〕	补空	《鸿门会》
第六盏 第七盏	《偷诗》〔四〕	补空	《张飞大闹水南寨》〔五〕

正队《存孝暗(按)巡河北》〔六〕　院本《错立身》　杂剧《五关斩将》

【注释】

〔一〕原本只有"调"字,今依二十八宿与二十八调的对应关系,将其补全为"般涉调"。按《宋史·乐志》记,"般涉调,其曲二,曰《长寿仙》《满宫春》"。与此处所记二曲不同。

〔二〕《旷野奇逢》,见元施君美所作南戏《幽闺记》已有此出。写金人入中原,书生蒋世隆与王瑞兰二人避难,相逢旷野,相伴而行,后于旅店成婚一段。见关汉卿早又作有《闺怨佳人拜月亭》(见《录鬼簿》),今存元刊本,后世多称《拜月亭》或《拜月记》,南戏或正由此加工而来。

〔三〕《玄坛伏虎》,演赵公明事。其属道教玄武神,见称玄坛元帅。所演"伏虎"事,按《封神演义》言,赵公明前往西岐助殷伐周途中,山中遇一黑虎,其以二指伏之,并将符印一道画在虎项,那虎竟成其坐骑。

〔四〕《偷诗》,乃明代高濂《玉簪记》传奇中一出。写潘必正寄居女贞庵时,与女尼陈妙常相爱,乘陈熟睡之际偷其诗笺,窥其"思凡"之意。后世昆曲及其他剧种依原作加工,多演《琴挑》《偷诗》《秋江》等出。

〔五〕《张飞大闹水南寨》,见《唐乐星图》本"杂剧"类有记,详其注。

〔六〕此"按巡河北"演"存孝"事,当写李存孝破黄巢有功,封勇南公,奉李克用之命,率军巡视河北,途经淤泥河,力服时为草寇的王彦章,致王发誓:存孝在世永不出来。本事见《残唐五代传》第二十三回。此目"正队"正由此而来。

壁水貐

其宿男人形,头带(戴)毡冠,赤衣皂绿裙,白袖绿领,白履,双手执象剑(简)而立。好食素物。置下凤笙。[高般涉调,第七品,不行曲]〔一〕。(正犯商调,旁犯黄钟羽,侧犯角调,逆犯仙吕宫调:《六么》《彩云归》)〔二〕。此二星行十七度。上居双鱼宫,下临魏(卫)地。采前衙七盏〔三〕,队戏陈列于后。

计开:前行说

第一盏 《万寿歌》曲子　　　　　补空 《万花乐》
第二盏 靠乐歌唱　　　　　　　　补空 《倾杯乐》
第三盏 温习曲破　　　　　　　　补空 再撞再杀
第四盏 《许真君点化》〔四〕　　　补空 《雪夜访贤》〔五〕
第五盏 《织锦回文》〔六〕　　　　补空 《周(邹)氏辱齐》
第六盏 第七盏 《存孝显魂》　　　补空 《病胁(挟)高思计(继)》
正队《七狼八虎展(战)幽州》　　　院本《土地堂》　　杂剧《周亚夫细柳营》

【注释】

〔一〕此句原本无,依前惯例应有,故依《宋史·乐志》有关记载补入。

〔二〕此句括号内文字仍依原本旧有勾括而加。其所记,与《宋史·乐志》一致。由于该宿对应"高般涉调",《宋史·乐志》也见记属"不用者",故也见用"犯调",正如括号内文字所言。从而,既见其也有正旁侧逆"四犯",又见其言"逆犯仙吕宫调:《六么》《彩云归》",《宋史·乐志》正记,"仙吕调,其曲二,曰《绿腰》《彩云归》"。

〔三〕"采前衔七盏",指以下采用"前衔七盏"形式而记。

〔四〕《许真君点化》属神仙故事。"许真君"指许逊,江西南昌人,西晋时曾为旌阳县令,故又称"许旌阳",东晋时退隐南昌西山,唐初《十二真君》已记其事,故又称"许真君"。随着宋真宗大中祥符三年(1010)将其西山游帷观升格为玉隆宫,宋徽宗时上其尊号为"神功妙济真君",北宋王安石早作有《重修许旌阳祠记》,且见南宋"真君垂迹遍于江左湖南北之境,因而为观府、为坛靖者,不可胜计"(见《道藏》)。于是就多了相关传说,如言许为四川旌阳令时有仙术,曾点石成金,使交不起官税之人得以解危;曾将符水置竹中,使病疫之民俱愈;曾以忠孝仁慈教化于民。本目或演此。

〔五〕《雪夜访贤》,演赵匡胤称帝后雪夜访赵普事。二人共confирm大计,确定先平定江南,遂分兵四路,终使后蜀、南唐、南汉、吴越四国皆降。罗贯中曾作《宋太祖龙虎风云会》杂剧(今有多种明刊本),其第二折《访贤》(或称《访普》)后改为传奇,本目当也由此而来。

〔六〕《织锦回文》,本事见《晋书·列女传》。言东晋窦滔为秦州刺史时,被人陷害徙沙州,其妻织锦,巧构"回文诗"以寄。对此,武则天作有《窦滔妻苏氏织锦回文记》,关汉卿作有《苏氏进织锦回文》杂剧,明清传奇也有《回文锦》等。此目当出自传奇。

奎木狼

其宿女面,人形长角,青衣黑履,抹额,右手执鲜花一朵,盘脚而坐。好食腥荤物。置下摇(瑶)琴。越调,[第一品]〔一〕,[行]二曲:《伊州》《石州》。上居白羊宫,下临鲁地,戍(戌)。[分]并前后两衔,队戏陈列于左。

计开:前行说

第一盏	《寿南山》歌曲	补空	《金殿乐》
第二盏	靠乐歌唱	补空	慢词
第三盏	《舞盘中曲》	补空	[再撞再杀]
第四盏	《杨宗保救主》〔二〕	补空	戏《送米》〔三〕
第五盏	《赵云救主》〔四〕	补空	《偷诗》
第六盏 第七盏	《雪梅吊孝》〔五〕	补空	《丛台设宴》〔六〕

正队《孔明诡(鬼)计斩魏延》〔七〕   院本《三人齐》   杂剧《赤壁鏖(鏖)兵》〔八〕

【注释】

〔一〕"第一品"三字,原本无。因"越调"属于"七商"第一品,故补。

〔二〕《杨宗保救主》,即《唐乐星图》见记的《杨宗保铜台救驾》,前注。

〔三〕《送米》称"戏",正属"出戏",即前记的《安安送米》。

〔四〕《赵云救主》,即《长坂坡》。"主"指阿斗。

〔五〕《雪梅吊孝》,即《秦雪梅吊孝》。出自明代《商辂三元记》(又名《断机计》),今存明刊本,《古本戏曲丛刊》据以影印,写明代有个商霖早死,未婚妻秦雪梅前往吊孝,于是守节于商,培养商霖之妾所生的遗腹子商辂,断机教子,终使商辂连中三元。其中《雪梅吊孝》《断机教子》等出流传颇广。

〔六〕《丛台设宴》,与《唐乐星图》杂剧类记的《丛台赴会》同题材。写刘林助邯郸王郎,假邀刘秀来丛台赴会,谋以图之,邓禹为刘秀设计得脱。

〔七〕《孔明诡计斩魏延》,事见《三国演义》。写诸葛亮于五丈原病逝前,察觉魏延有反意,遗书于马岱,终于"魏延反,马岱斩"。按此,"诡"或应为"鬼"更妥,指孔明死后计成。

〔八〕《赤壁鏖兵》,与《唐乐星图》本所记的《诸葛亮祭风》实同,正也见属"杂剧"。

娄金狗

其宿男面人形,头带(戴)毡冠帽("帽"字多余),赤衣白袖,青裙朱履,右手执秤而立。好食腥物。置下竹笙。仲冬之月建子,节号金曜宫〔一〕。《万岁》《梁州》《中和乐》〔二〕。上居白羊宫,下临鲁地,戌(戍)。[分并前后两衙],队[戏陈列于后]〔三〕

计开:前行说

第一盏	《老人星歌》曲	补空	《净沙乐》
第二盏	靠乐歌唱	补空	《倾杯乐》
第三盏	温习曲破	补空	再撞再杀
第四盏	《二气周瑜》〔四〕	补空	《单蟾戏水》
第五盏	《压馆(关)楼夺带》	补空	《唐儿送行》〔五〕
第六盏 第七盏	《私下三关》	补空	《鞭打翰林院(判)》〔六〕

正队《火烧新野县》〔七〕　　院本《错立身》　　杂剧《三下河东》

【注释】

〔一〕"仲冬之月建子",指从农历十一月(仲冬)冬至这天开始的"月建",对应十二辰次的

"子"。从而,"娄金狗"一宿对应九月,属"戌"(下记)。再按七政(木、金、土、日、月、火、水)对应"金",故见该宿"节号金曜宫"(下记),即"白羊宫"。

〔二〕此句所记的《万岁》《梁州》《中和乐》,即该宿所用之曲。按"乐星"对应关系,该宿对应"大食调",即"大石调"。按《宋史·乐志》记,"大石调,其曲二,曰《清平乐》《大明乐》",与此处所记明显不同。

〔三〕此句缺字较多,依前记惯例补入。

〔四〕《二气周瑜》,属《三气周瑜》中的第二气,写刘备招亲东吴,依诸葛亮之计返回荆州,吴国"赔了夫了又折兵",周瑜气极疮发事,传统戏多演。

〔五〕《唐儿送行》,与《水浒》中宋江杀阎婆惜有关。依《水浒》写,宋江在恽城县当差时,娶了阎婆惜,因梁山来信事泄,怒杀之。其母阎婆拉宋江告官,恰遇卖糟姜的唐二(名唐牛儿),因唐二得过宋江好处,又遭过阎婆辱打,于是当街把阎婆打了一顿,放宋江得逃。或因此,见有《唐儿送行》。与此相关,见明传奇有许自昌作的《水浒记》,存明刊本,其中着重写宋江、阎婆惜、张文远(婆惜情人)三人纠葛。本目或缘此。

〔六〕《鞭打翰林判》,《唐乐星图》本记于"杂剧"类。详其注。

〔七〕《火烧新野县》,事见《三国演义》。本目"正队"正属宋元队戏。

胃土雉

其宿女面人形,长角,见青(靓)抹〔一〕,黄衣窄袖,白裙黑领(履),右手执采(彩)杖而坐。好食清鲁(素)硬物。置下咸角策(置下窝䇲)。高大石调,第三品,不行曲〔二〕。此星行一十四度。上居金牛宫,下临赵地,酉。队戏陈列于后〔三〕。

计开:前行说

第一盏　《万寿歌》曲　　　　　　补空　《折(插)花三台》
第二盏　靠乐歌唱　　　　　　　　补空　慢词
第三盏　温习曲破　　　　　　　　补空　再撞再杀
第四盏　《杨妃醉酒》　　　　　　补空　《玉连(莲)投江》〔四〕
第五盏　《张良卖剑》〔五〕　　　补空　《相逢》〔六〕
第六盏　第七盏　《群送箫管》　　补空　《太安寺设宴》
正队《尧王舜子登基》〔七〕　院本《三人齐》　杂剧《姜维九伐中原》〔八〕

【注释】

〔一〕原本将"靓"字误为"见青"二字。"靓抹",指以脂粉抹脸,即靓妆。以下仍有类似错误,如将"觿筴"误写为"咸角策"三字,校改后不再出注。

〔二〕"高大石调",依《宋史·乐志》记,属"不用者有十调"之一,故见"不行曲"。若遇该宿值日,只能"移宫换调",或因此未记曲名。

〔三〕此句乃原本抄写时的省略写法。用于出牌时,则须照规不省,写如"分并前后两衙,队戏陈列于后"。以下类似不注。

〔四〕《玉莲投江》,乃南戏《荆钗记》中一出。初由元人柯丹丘作,现存明改的传奇本见于《六十种曲》,写王十朋与钱玉莲故事。依写,王十朋以荆钗为聘礼,与钱玉莲结为夫妻,后王中状元,万俟丞相欲招为婿,钱玉莲也遇富豪孙汝权谋娶,演义出一段悲欢离合故事。本目写王寄的家书被孙改为休书,玉莲投江一折。

〔五〕《张良卖剑》,写张良扮作卖剑者游说韩信,劝其弃项羽而投刘邦。元杂剧有吴弘道作的《子房货剑》(见《录鬼簿》),元明杂剧《衣锦还乡》头折亦写其事(见《孤本元明杂剧》)。后来,明代沈采作《千金记》传奇(见《六十种曲》),更以韩信为主写楚汉相争故事,本目当由此。

〔六〕涉及"相逢"的剧目很多,尤其写及男女相爱的故事,如《西厢记》《拜月记》《蕉帕记》等。就此处而言,用于《张良卖剑》之后,属其"补空",或演张良、韩信相逢片段。

〔七〕《尧王舜子登基》,演尧舜禅让事,见属"正队",显由宋元而来,仍属"队子"歌舞。与此相关,见上党长子县有座丹朱岭,古传尧王之子丹朱不肖,遭封在此。或因此,见当地仍有尧山、尧庙,上党赛社仍有此目表演。

〔八〕《姜维九伐中原》见属"杂剧",与宋代"说三分"相关,正也早有"话本",与元代"搬演词话"相关。

昴日鸡

其宿男人形,披发,青衣白袖,乌履,双手执象戟(简)而立。好食硬物。置下拍枝(板)。双调,第四品,行三曲:《新水令》、《降圣乐》、《采云归》(《采莲》)〔一〕。此七星行十一度。上居金羊(牛)宫,下临赵地,酉。队戏陈列于后。

计开:前行说《酒词》

第一盏	《老人星》歌曲	补空	《天净沙》
第二盏	靠乐歌唱	补空	本调慢词〔二〕
第三盏	温习曲破	补空	再撞再杀
第四盏	出《收岑彭》〔三〕	补空	《独行千里》〔四〕
第五盏	《水淹张韩(章邯)》〔五〕	补空	《秋胡过关》

第六盏　第七盏　《风花雪月》　　　　补空　《考(拷)打高童》[六]

正队《唐僧西天取经》舞[七]　　院本《错立身》　　杂剧《赵氏孤儿大报仇》[八]

【注释】

〔一〕依《宋史·乐志》，"双调，其曲三，曰《降圣乐》《新水调》《采莲》"。比照此处所记，《采云归》则应为《采莲》之误。

〔二〕"本调"，指第二盏"靠乐歌唱"仍用"原有曲调"，即"吹头盏"所用的《老人星》歌曲。其"慢词"属慢板词唱，正合"唱二盏"之规。

〔三〕"出"指"出戏"。《收岑彭》写岑彭为王莽镇守棘阳关，刘秀攻关难下，改用计取，接其母至汉营，劝其降汉。传统戏或又名《棘阳关》，情节基本相同。

〔四〕《独行千里》即关羽《过五关》。此处用为"补空"，实演片段。

〔五〕《水淹章邯》，属楚汉相争故事。章邯原属秦将，后降项羽，封雍王，属"三秦王"之一。韩信归刘邦后，暗度陈仓，首战章邯，引水淹其废丘城，终致章邯败而自杀。前《唐乐星图》本"杂剧"类记有《席卷三秦》一剧，此目当属其中一段。上党赛社今存章邯角单，属"诗赞体"，仍类"搬唱词话"。

〔六〕《拷打高童》，疑演拷打高俅、童贯，二人正属宋徽宗重用的奸臣。此处实用于第七盏"补空"，借以"合唱收队"，仍是"队戏"舞跳。与此相关，见《大宋宣和遗事》(宋人话本)中已记有"水浒"故事；见《水浒传》具体写有梁山好汉先后打败童贯、高俅的两次用兵。由此推断，《拷打高童》应出自宋元之际，与当时人们愤恨奸贼弄权有关，正可借此泄其亡国之恨。

〔七〕《唐僧西天取经》提示为"舞"，见该本后记有此目"一单舞"角单，由一百六十余人装扮，与《西游记》人物不尽相同。由此判断，该目应出于《西游记》成书之前，早见于宋元民间。

〔八〕《赵氏孤儿大报仇》，亦见于《唐乐星图》本"杂剧"类，详前注。

毕月乌

其宿人形，头带(戴)毡冠，赤衣红裙，朱履，手执弯弓向前而立。好食热物。置下龙笛。小石调，第五品，行三曲：《加(嘉)庆乐》调、《湖(胡)渭州》、《喜新春》令[一]。并鱼[二]。此八星行一十六度。上居金牛宫，下临赵地。队戏陈列于后。

计开：前行说

第一盏　《长寿歌》曲　　　　　　补空　《万花乐》

第二盏	靠乐歌唱	补空	《倾杯乐》
第三盏	温习曲破	补空	撞杀[三]
第四盏	《闯辕门》	补空	《下河东》
第五盏	《鞭打黄劳(痨)鬼》[四]	补空	《考(拷)打小桃》[五]
第六盏 第七盏	《杨宗保取僧代卷(郡)》[六]		
合唱	《四朝元》	补空	《十捧(棒)鼓》[七]
正队《霸王设朝封官》舞	院本《神杀忤逆子》	杂剧《罗成显魂》	

【注释】

〔一〕依《宋史·乐志》记，四十大曲中"小石调，其曲二，曰《胡渭州》《嘉庆乐》"，见"云韶部"（属黄门乐，用于内宫）"奏大曲十三"，其中又有"小石调《喜新春》"。从而，宋宫所用的"小石调"也"行三曲"，与此处所记相符。此处《喜新春》见记为"令"，属大曲而来的"小令"，仍留宋元特征。

〔二〕"并鱼"二字，其"鱼"或作代词，相当于"吾"，用如《列子·黄帝》中"姬，鱼语女（吾语汝）"，正为强调《喜新春》也可"并吾"所用。或是"并用"之误，或是"并鱼"属于"并西"之误，按十二宫、十二辰次、二十八宿的对应关系，"胃、昴、毕"三宿同居"金牛宫"，对应"酉"，"毕月乌"对应酉、申两个辰次，下与赵、晋两地对应，故见此处"并鱼"之后，又强调该宿"上居金牛宫，下临赵地"，从而其"并鱼"或又是"并申"之误。供辨。

〔三〕"撞杀"，即"再撞再杀"的简记。

〔四〕《鞭打黄痨鬼》，乃含驱傩之意的队戏表演，上党赛社多演，前注。

〔五〕《拷打小桃》，本事见明代洪楩所辑的《雨窗欹枕集·曹伯明错勘赃记》。大意写曹州有妓谢小桃，被曹伯明娶为妻，而谢却想与倘都军做永久夫妻。于是，谢、倘二人设计，丢包裹让曹捡回，再以贼赃陷曹。后经蒲左丞拷问，小桃只好从实招来，终获其罪。与此相关，元杂剧早有武汉臣、纪君祥同名作《曹伯明错勘赃》（见《录鬼簿》），宋元南戏也有同名剧，这说明宋元早有话本，且南戏尚存残曲（见《永乐大典》）。此目或出自明清传奇。

〔六〕《杨宗保取僧代郡》，《唐乐星图》杂剧类记有此目，详前注。

〔七〕此"合唱"用于第七盏，也仍借以"收队"。由于该盏先演《杨宗保取僧代郡》，接"合唱《四朝元》"，又因遣队下场时也仍"讨赏"，故又记有《十棒鼓》。元《中原音韵》有记，因"十棒鼓"属于民间鼓舞，明代多用于乞钱，此处记为"补空"，用于最后讨赏。

觜火猴

其宿人面男形，头带(戴)青冠，赤衣黄袖，朱履。手执钢鞭，弯弓箭，骑坐青马,足下有赤云。好食杂果物。《瀛洲》《卜(薄)媚》〔一〕。行三十度。上居阴阳宫〔二〕,下临晋地,申。队戏陈列于后。

计开:前行说

第一盏	《寿南山》歌	补空	《天净沙》
第二盏	靠乐歌唱	补空	"本调慢词"侑食
第三盏	温习曲破	补空	撞杀
第四盏	《周氏拜月》	补空	《断机教子》〔三〕
第五盏	《杨宗保取僧代卷(郡)》	补空	《追信》〔四〕
第六盏 第七盏	《五虎下西川》〔五〕		
合唱	《四朝元》	补空	《十捧(棒)鼓》

正队《九龙峪八王被困》〔六〕　　院本〔七〕　　杂剧《四公子斗富》〔八〕

【注释】

〔一〕此句曲名之前,依前例,应有"置下××(乐器名),歇指调,第六品,行曲"。按《宋史·乐志》记,"歇指调,其曲三,曰《伊州》《君臣相遇乐》《庆云乐》",此处见记的《瀛洲(府)》《薄媚》二曲,皆属"南吕宫",实对应"心月狐"而不是"觜火猴"。或传抄有误,或属"犯调",以下类此不注。

〔二〕"阴阳宫",又称"双子宫",正属"觜火猴"所居之宫。

〔三〕与《断机教子》相关,有"孟母断机""雪梅断机""三娘断机",皆为"教子"。此处所演,或出《商辂三元记》传奇,属《秦雪梅吊孝》(见前)之后一出,演雪梅教子。

〔四〕《追信》,即《追韩信》,亦即《萧何月下追韩信》。元杂剧见有金仁杰作的《萧何月下追韩信》,且见明代沈采《千金记》传奇正有《追信》一出,正用金仁杰的《追韩信》第三折词曲,本目当由此。

〔五〕《五虎下西川》,写刘备遣五虎上将(关、张、赵、马、黄)取西川事。此处仍见六、七两盏连演,仍与"合唱收队"有关,仍属队戏歌舞。

〔六〕《九龙峪八王被困》,演杨家将故事。大意写辽邦在九龙峪设会,请宋王赴会以图,致宋王被困潼台(或作"铜台"),随行的八王及杨宗保被困九龙峪,后由杨六郎救驾。此目所演即"九龙峪八王被困"一段,见称"正队",仍属队戏歌舞。与此目相关,《唐乐星图》本"杂剧"类记有《杨宗保铜台救驾》《杨六郎大破天门阵》;赛社另本所记的前行讲唱,有"杨六郎铜台大救驾"云云。传统戏有《反潼台》《破洪州》《大破天门阵》等,人物剧情不尽一致。

〔七〕"院本"之后未见剧名,盖因可任选。

〔八〕《四公子斗富》,《唐乐星图》本所记队舞角单列有此目"一单舞",演战国时孟尝君、平原君、信陵君、春申君各携奇宝夸富。此处称"杂剧",盖因宋代"队戏"也属"宋杂剧"范畴,或正沿袭而称。

参水猿

其[宿男]面〔一〕,长角,披头,裸身,腰缠白裙。右手执鬼袋,左手执拿黑索一条而立。好食果子。置下羌笛。林中商调,第七品,行三曲:《梁州》《保金枝》《延寿[乐]》〔二〕。此十星行九度。上居阴阳宫,下临晋地,申。队戏陈列于后。

计开:前行说

第一盏 《万寿歌》曲　　　　补空 《折(插)花乐》〔三〕
第二盏 靠乐歌唱　　　　　　补空 《新水令》
第三盏 《万寿》曲破　　　　补空 撞杀
第四盏 《张飞祭马》〔四〕　　补空 《破蚩尤》〔五〕
第五盏 《秋江送行》〔六〕　　补空 《三(关)圣道化[论]春秋》〔七〕
第六盏 《四公子斗富》
第七盏 合唱　收队

正队《诸葛亮赤璧(壁)鏖(麞)兵》　　院本《错立身》　杂剧

【注释】

〔一〕此句原缺"宿男"二字,今参照《乐次全部》本补。

〔二〕依《宋史·乐志》记,"林中商,其曲三,曰《贺皇恩》《泛清波》《胡渭州》",应对应此宿。此处所记的三曲则属"仙吕宫",对应"尾火虎",见前已记。

〔三〕《插花乐》,类如《乐三台》,实指《插花三台》。

〔四〕《张飞祭马》属明代"出戏"。与其相关,元代已有《三国志平话》,元杂剧已有《张翼德单战吕布》《虎牢关三战吕布》(见《孤本元明杂剧》);明传奇又有《连环记》《古城记》。《词林一枝》《尧天乐》《徽池雅调》《歌林拾翠》《八能奏锦》等明清选集仍收有《翼德祭马》一出。大意写虎牢关战吕布,孙坚轻视张飞,于是二人打赌,孙坚先败,张飞祭马(马神)出战,果胜吕布。

〔五〕《破蚩尤》,即《关大王破蚩尤》,前注。

〔六〕《秋江送行》,简称《秋江》,乃《玉簪记》中一出。写潘必正与陈妙常相恋后,潘的姑母(老尼)逼其赴试,妙常赶赴秋江为其送行。

〔七〕与《关圣道化论春秋》有关,该本有"《关圣道化论春秋》一单舞"的角单(见后),涉及关公"道化"升天，与《春秋》有关。

井木犴

其宿人形，牛头马面，赤衣赤冠，白裙朱履。右手执犁（藜）杖而立。好食热物。置下土埧。高（大）石调，第一品，不行曲〔一〕。外行三曲：《湖（胡）渭州》《插花梁州》《降黄龙》〔二〕。此八星行三十度。上居巨蟹宫，下临秦地，未。队戏陈列于后。

计开：前行说

第一盏　《长寿歌》曲　　　　　补空　《金殿乐》

第二盏　靠乐歌唱　　　　　　补空　《莲花小桃红》〔三〕

第三盏　《单舞盘中曲》　　　　补空　撞杀

第四盏　《安安送米》　　　　　补空　《岳（压）关楼夺带》

第五盏　戏《断机教子》　　　　补空　《挡曹》〔四〕

第六盏　第七盏　《收岑彭》　　补空　《书房相会》〔五〕

正队《三曹大对案》〔六〕　　院本《劈马庄（桩）》〔七〕　　杂剧《吴（误）入长安》〔八〕

【注释】

〔一〕依二十八调与二十八宿对应关系，"井木犴"一宿属"南方朱雀"七宿第一品，对应七角第一运"越角"。但随着宋代以"应钟"为宫，比"黄钟"为宫高一调，"越角"随之高了一调，等同第二品"大石角"，"井木犴"实也对应"大石角"，且因"天区四象"对应"宫商角羽"四声，"七角"实又等同"七商"，"大石角"实又等同七商中的"大石调"。《宋史·乐志》将七角之调皆定为"不用"，此处"井木犴"也言"第一品不行曲"。从而，"南方朱雀"七宿对应的"七角"之调，皆可用对应的"商调"替代。以下类此不注。

〔二〕正因《宋史·乐志》七角皆属"不用"，皆可替代，故见"外行三曲"。

〔三〕《莲花小桃红》，或属《莲花》《小桃红》两曲连用的带过体；或为《连花小桃红》之误，指《小桃红》一曲"连"用了"花拍"。供辨。

〔四〕《挡曹》，当演关羽在华容道挡曹操。本事见《三国演义》，昆曲等剧种多演。加之该盏前已用"戏"，其"补空"极可能仍属"出戏"片段。

〔五〕"书房相会"的剧目较多。如《琵琶记》就有"书馆悲逢"一出，如《霞笺记》也有"书房私会"一出，均属传奇。此处或演后者，《六十种曲》本见载，写元代妓女张丽容，偶见书生李彦直霞笺题诗，非常爱慕，亦以诗笺相和，致"书房私会"。

〔六〕《三曹大对案》，与《五鬼齐下生》有关，写司马貌阴司断案，使刘邦、韩信等五鬼转生三国事。《唐乐星图》本记为"杂剧"。

〔七〕此《劈马桩》属"院本"。《辍耕录》所记的金元院本名目，在"诸杂院爨"类也正记有《四偌劈马桩》一目，当即此目。本事未详。

〔八〕《误入长安》即《十八骑误入长安》，前注。

鬼金羊

其宿羊头[人]面，披[发]，身着青衣，白带绿袖，赤裙朱履。手执采(彩)杖而立。好食咸物。置下揭(羯)鼓。双角(大石角)，第二品，不行曲。外行二曲：《齐天乐》《降黄龙》。此五星行三度。上居巨蟹宫，下临秦地，未。队戏陈列于后。

计开：前行说

第一盏	《万寿歌》曲	补空	《万花乐》
第二盏	《新水令》	补空	"本调慢词"侑食
第三盏	教坊司曲破	补空	再撞再杀
第四盏	戏《五娘官粮》〔一〕	补空	《齐下生》〔二〕
第五盏	戏《三元捷扱》〔三〕	补空	《鸿门会》
第六盏 第七盏	戏《班超投北(笔)》〔四〕	补空	《赶杨铃(令)》

正队《关大王独行千里》　　院本《双揲纸》　　杂剧《樊哙脚党(踏)鸿门会》

【注释】

〔一〕《五娘官粮》见称"戏"，即《琵琶记》中的《义仓赈济》一出。写蔡伯喈上京赶考后，其妻赵五娘在家侍奉公婆，遇大灾之年，官府开放义仓救济，五娘前往讨米，苦情感动里正。

〔二〕《齐下生》，即《五鬼齐下生》，前注。

〔三〕《三元捷扱》，出自《冯京三元记》或《商辂三元记》，均见前注。

〔四〕《班超投笔》见称"戏"，属"出戏"，应出自传奇《投笔记》，前注。

柳土獐

其宿男面，青衣白裙，披红发而立。好食酸咸物，双手二封〔一〕。[……]〔二〕。

上居狮子宫,下临周地。分前后两衙,队戏陈列于后。

  计开:前行说《酒诗》〔三〕

第一盏	《寿南山歌》曲	补空	《金殿乐》
第二盏	靠乐歌唱	补空	《倾杯乐》
第三盏	梨园曲破	补空	撞杀
第四盏	戏《于权夸富》〔四〕	补空	《陈林(琳)救主》〔五〕
第五盏	《鬼子母捧(揭)钵》〔六〕	补空	《打磨房》〔七〕
第六盏	《岑彭马武夺状元》	补空	《三气周瑜》〔八〕
第七盏	合唱	补空	《十捧(棒)鼓》

  正队《大破天门阵》 院本 杂剧《关大王破蚩尤》

【注释】

〔一〕"而立"一语似不全。按《乐次全部》本记,应为"赤身露体,不着衣服,在瓮中而立"。"双手二封",《乐次全部》本记为"双手腕(挽)",即双手相挽而立,故言"双手二封"。

〔二〕按前记各宿惯例,此处实缺"置下××(乐器)。高大石角,第三品,不行曲。外行×曲"云云。今以[……]表示。

〔三〕《酒诗》,即前行所讲的《酒词》,上党赛社他本见记。

〔四〕《于权夸富》称"戏",显属"出戏"。"于权"未考知。今见《荆钗记》有"孙汝权",欲娶王十朋之妻,与"夸富"有关。若此,"于权"或是"汝权"之误。

〔五〕与《陈琳救主》有关,元杂剧有《金水桥陈琳抱妆盒》,简称《抱妆盒》(见《元曲选》);明传奇有《金丸记》,或名《妆盒记》(见《古本戏曲丛刊》)。大意写,宋真宗的李妃生子,刘后忌妒,遣宫人将婴儿弃之金水桥,太监陈琳知,以盒藏婴送八贤王,是为后来的仁宗。传统戏《狸猫换太子》即由此而来,并加入了包公有关情节。本目当出自传奇本,演金水桥下"救主"一节。

〔六〕《鬼子母揭钵》,该本又记有"一单舞"角单(详后),属队戏歌舞,与《唐乐星图》本所记相同。前注。

〔七〕《打磨房》,当是《白兔记》传奇一出。写刘知远从军后,其妻李三娘被兄嫂虐待,打入磨房推磨,生子"咬脐郎"事。

〔八〕《三气周瑜》,此处作为"补空"节目,当演第三气。写周瑜假意伐蜀,以图刘备,计被诸葛亮识破,周瑜气死(引出"诸葛亮吊孝")。此处用作第六盏"补空",正可接第七盏"合唱"。

星日马

其宿狮子头,赤衣白裙,朱履。右手执刀剑而立。好食素物、酸咸物。置下太平鼓。歇指调(角),第四品,不行曲。外行三(六)曲:《齐天乐》《夜叉梁州》《伊州》《加(嘉)庆乐》《湖(胡)渭州》《喜新春》〔一〕。此七星行十三度。上居狮子宫,下临周地。队戏陈列于后。

计开:前行说《酒诗》

第一盏　《长寿歌》曲　　　　　　补空　《万花乐》
第二盏　靠乐歌唱　　　　　　　　补空　《大(太)清歌》
第三盏　温习曲破　　　　　　　　补空　《迓古(鼓)令》
第四盏　戏《山伯访友》〔二〕　　补空　《鞭打楚平王》〔三〕
第五盏　戏《雪夜访贤》　　　　　补空　《哭倒长城》〔四〕
第六盏　第七盏　《暗(按)巡河北》〔五〕　补空　《四马投唐》
正队《十面埋伏》　附末(副末)院本《神杀忤逆子》〔六〕　杂剧《巫山神女阳台梦》〔七〕

【注释】

〔一〕因其所记实"六曲",故校。其中《夜叉梁州》,实即《梁州》,因用于"夜叉"角色的队舞而得名。如《唐乐星图》本所记《二十八宿朝玉皇》一目,就见记"二十八宿舞《夜叉梁州》上"。《喜新春》,《宋史·乐志》记属"云韶部"(黄门乐),所用大曲"小石调《喜新春》",即此曲。

〔二〕《山伯访友》,写梁山伯去访祝英台,即前所记的《访友》。

〔三〕《鞭打楚平王》,《唐乐星图》本含"出戏"供盏乐次中亦记,前注。

〔四〕《哭倒长城》,演孟姜女哭长城事。唐变文已有《孟姜女》,金元又有同名院本,元杂剧有郑廷玉《孟姜女送寒衣》,宋元南戏亦有同名剧,明有《长城记》(存曲词残篇)、《杞梁妻》(已佚),清有《孟姜女》(见《纳书楹曲谱》载)。此处所演仍属"出戏",应出自明清传奇。

〔五〕此《按巡河北》用于"第六、七盏",乃队戏歌舞。按《唐乐星图》本所记,当演刘秀平河北王郎事,而非《存孝按巡河北》。详前注。

〔六〕《神杀忤逆子》,剧情前注。此处见称"副末院本",盖因由副净、副末表演,仍类唐宋"弄参军",也称"古弄",仍以调笑说白见长。

〔七〕《巫山神女阳台梦》,故事前注。此处见称"杂剧",或如"宋杂剧"所见,仍属"队戏"

歌舞；或如元代民间"搬演词话"，仍属"诗赞体"。

张月鹿

其宿女面鹿头，长角，青衣白裙，朱履。好食酸物。五音"商角"不行曲，外行二曲：《降黄龙》[一]。忌七曲[二]。此三星行十九度。上居狮子宫，下临周地。分前衙七盏，队戏陈列于后。

计开：前行说《三元戏竹》

第一盏	《老人星》歌曲	补空	《金殿乐》
第二盏	靠乐歌唱	补空	《倾杯乐》
第三盏	《五花梁州》[三]	补空	再撞再杀
第四盏	《五虎下四川》	补空	《丛台会》[四]
第五盏	《单刀赴会》	补空	《周氏拜月》
第六盏	《尉迟偿(赏)军》		
第七盏	合唱 收队		

正队《捧股(毂)》[五]　　院本《劈马庄(桩)》　　杂剧《齐天乐·鬼子母捧(揭)钵》[六]

【注释】

〔一〕"五音"指"宫、商、角、徵、羽"，"商角"指其用的"商调"等同"角调"，与宋代以"应钟"为宫有关（前注）。由于"张月鹿"一宿对应七角中的"小石角"，就见此处用了七商中的"小石调"。按《宋史·乐志》记，"小石调，其曲二，曰《胡渭州》《嘉庆乐》"。与此处所记比照，既见其"外行二曲"所由，又见其只记《降黄龙》一曲，明显有误。

〔二〕所谓"忌七曲"，似指该宿原来对应的"小石角"实有七曲，被忌。这与《宋史·乐志》将七角之调皆定为"不用"有关。

〔三〕《五花梁州》为一个"队戏"节目。所谓"五花"，由宋代四人或五人表演而来，与"五花爨弄"相关。见于上党赛社用本《听命文集》，与"十二元辰"对应，记有十二个队戏歌舞，其中正有《五花梁州》一目，注曰"着宫女扮五个州官为戏"，而且《梁州》正属唐宋大曲，正见本目所由。

〔四〕《丛台会》，即《丛台赴会》，又名《丛台设宴》，前注。

〔五〕《捧毂》，即《捧毂推轮》，亦即《筑台拜将》，演韩信事，前注。

〔六〕《齐天乐·鬼子母揭钵》为队戏歌舞，前注。此处记为"杂剧"，属"宋杂剧"，正留着宋代痕迹。

翼火蛇

其宿鹿头人形,女面〔一〕,手执宝剑而立。好食素淡之物。上居双鱼(女)宫〔二〕,下临楚地。分并前后两衙,队戏陈列于后。

计开:前行说《三元戏竹》

第一盏　《万寿歌》曲　　　　　　补空　《万花乐》
第二盏　靠乐歌唱　　　　　　　　补空　《倾杯乐》
第三盏　梨园曲破　　　　　　　　补空　撞杀
第四盏　《潘葛思妻》〔三〕　　　　补空　《关公出许昌》〔四〕
第五盏　《佛殿奇逢》〔五〕　　　　补空　《小儿难夫子》〔六〕
第六盏　《古城聚议(义)》　　　　补空　《东方朔偷桃》〔七〕
第七盏　合唱《四朝元》　　　　　补空　《十捧(棒)鼓》
正队《五虎(侯)返(犯)太原》〔八〕　院本《三人齐》　杂剧《赵氏孤儿大报仇》

【注释】

〔一〕此句似有缺失。依《乐次全部》本记,"女面"之后接记"青衣白裙,红鞋"。

〔二〕"双女宫",即"室女宫"。另,此句之前缺"置下××(乐器)。歇指角,第六品,不行曲。外行×曲"云云。

〔三〕《潘葛思妻》,《唐乐星图》本记属"出戏",详前注。

〔四〕《关公出许昌》,为关公"独行千里"(过五关)开端,写关公离开曹营时"义勇辞金""曹公辞袍"事。

〔五〕《佛殿奇逢》,出自《西厢记》,前注。

〔六〕《小儿难夫子》,《唐乐星图》本记为"出戏",详其注。

〔七〕《东方朔偷桃》,《唐乐星图》本记为"出戏",详前注。

〔八〕《五侯犯太原》,《唐乐星图》本记属"衬队",只表演片段。此处记为"正队",则全部表演,内容详其注。

轸水蚓

其宿女面鹿头,长角,青衣白裙,黑靴,披金甲,手执剑而立。好食腥荤物。置下玉管。上居双女宫,下临楚地,巳。[分]并前后两衙,队戏陈列于左。

计开:前行说

第一盏	《老人星歌》曲	补空	《金殿乐》
第二盏	靠乐歌唱	补空	《大(太)清歌》游淇(侑食)
第三盏	《万寿乐》曲破	补空	《迓古(鼓)令》[一]
第四盏	《八仙庆寿》	补空	《逼嫁王门》
第五盏	《目莲(连)救母》	补空	《姑阻家(佳)期》
第六盏	《秋胡过江(关)》	补空	《斩韩信》[二]
第七盏	合唱《四朝元》	补空	《十捧(棒)鼓》

正队《八阵图智伏》[三]　　院本《宦门子弟错立身》　　杂剧《二十八宿朝三清》[四]

【注释】

〔一〕此《迓鼓令》用于第三盏"补空",仍舞,类宋代"迓鼓队"所见。

〔二〕《斩韩信》写吕后依萧何之计,将韩信诓入未央宫斩之,前注。

〔三〕《八阵图智伏》,本事见《三国演义》,写东吴陆逊"火烧连营",乘胜追击,误入诸葛亮入川时布置的"八阵图",被困难出,亏孔明岳父指引脱身,由此叹服孔明而回军。元杂剧有《诸葛亮石伐陆逊》(见《今乐考证》)。此处见属"正队",仍为队戏歌舞。

〔四〕《二十八宿朝三清》,该本后记有"一单舞",仍为队戏歌舞。

[队舞排场角单]

【按】该本接记的是一组"队舞排场角单",故加此标题。其所记,与《唐乐星图》本见记的一组角单基本相同,正可相互参照补充。因此,凡《唐》本已记者,不再重复注释,只作必要的校正说明。

《齐天乐·鬼子母揭钵》一单舞

曲破。八大金刚八位，四揭地（帝）神四个，诸天［佛］子［十个］〔一〕，观音，古伏（佛）〔二〕，飞天夜叉十个，伏（佛）留鬼，［鬼］子母，石头附马。上，散。

【注释】

〔一〕"诸天佛子"之下，原本似有字迹，缺损难辨。今参照《唐乐星图》本该角单，将对应处补入"十个"二字，仍为旁批。

〔二〕"古佛"，当指佛祖释迦牟尼。《唐乐星图》本该角单，就明确记为"佛祖"。

《巫山神女阳台梦》一单舞

屈原宰相，楚王驾［头］，九天玄女，催（崔）怀保（宝），常（张）子春，山神，城皇（隍），土地，巫娥。上，散。

《五岳朝后土》一单

《齐天乐》曲破。夜叉二个，监坛，关公，二郎，五岳五位，四渎（江、河、淮、济）四个。上，散。

《樊哙脚党（荡）鸿门会》一单

范曾（增）定计。陈平斟酒。丁么（公）、雍齿〔一〕。项壮（庄）、项伯双舞剑。樊哙喝开鸿门会。收兵〔二〕。韩信执战（戟）郎军（中）。汉王，张良保驾。上，散。

【注释】

〔一〕"丁公、雍齿"为鸿门会时的把门将军。

〔二〕"收兵"二字，见于《唐乐星图》本该角单，对应处记为"西楚霸王，八千子弟兵"。可见"收兵"与此有关，属表演提示。

《二仙行道老子开御》一单

毛女二对(个)，蓝莱(采)[和]等八洞神仙，三清，汤药夫人，二仙娘娘，老子，青牛。接舞《剑器会(令)》。上，散。

《关大王破蚩尤》一单

三帝真宗驾头，寇准，金紫(紫金)园，归使臣，城皇(隍)，土地，千里眼，顺耳风(顺风耳)，急脚鬼，宰相王钦[若]，张天师，鬼怪八个，炳灵公，风伯，雨师，雷公，电母，四揭地(谛)神，关公，关平，周仓，五岳阴兵，降蚩尤。上，散。

《习(悉)达太子游四门》一单舞

护法善神四个。散花童子，净水瓶，梵王太子驾[头]，揭地(谛)神，金刚八个，菩萨，十八罗汉十八位，十帝菩萨十位，木叉(吒)行者，童子二个。十美女：杨妃、西施、丽(骊)姬、昭君、褒[姒]、姮[娥]、[妲]己、绿珠、巫山娥女、华岳三娘。约清(叶净)君师，唐玄宗驾[头]。月宫婵(嫦)娥，掌扇宫[女]一对，俱天衣绶带，舞。上，散。

《王母娘娘蟠桃会》一单

青龙、白虎、朱雀、玄武，左辅、右弼，天蓬、天猷，雷神，太白，三清上圣，杜康，九天玄女，肖(萧)夫人，白莲皇君(后)，献花童子四位，后土娘娘，王母。上，散。

《炽盛光佛降九曜》一单舞

护法神一对，散花童子，九曜星君九个，二十八宿二十八位，八大金刚八个，四天王四人，观音菩萨，木叉(吒)行者，维摩行者，炽盛光伏(佛)本像(二十四颗头，八十四只手)，铁车。上，散。

《二仙行道朝后土》一单舞

毛女二个,八洞神仙八位,天蓬,天猷,九天玄女,王母娘娘,后土娘娘。上,散。

《周琼姬[王]子道(高)遇三清》一单舞

蓝菜(采)和,毛头女一对;八洞神仙(八位),珮(佩)宝具上;青龙,白虎,朱雀,玄武,金童,玉女,王子高,周琼姬,玉清、上清、太清天尊。上,散。

《二十八宿朝三清》一单舞

毛女二个,八洞神仙八位,二十八宿二十八个,三清道德(君)。上,散。

《泾河龙王难神课先生》一单舞

唐太宗驾[头],十宰总管十个,袁天罡,李淳风,袁守城(诚),四鱼(渔)夫四个,天佛使者。天曹、地曹、人曹,泾河龙王,清江圣母,四海龙王,四渎龙王四个,魏征丞相,巡海夜叉。上,散。

《唐僧西天取经》一单舞[一]

唐太宗驾[头],唐十宰相;唐僧领孙悟恐(空)、朱(猪)悟能、沙悟净、白马[二]。行至师陀(狮驼)国:黑熊精盗锦兰(襕)袈纱(裟),八百里黄风大王,灵吉菩萨飞龙柱杖[三]。前到宝象国:黄袍郎君,绣(羞)花宫(公)主,销(镇)元大仙献人参果,蜘蛛精,地勇(涌)夫人;多用(目)妖怪,一百只眼;菎波(毗蓝婆)降,金光霞帔;观音菩萨,木叉(吒)行者,[红]孩儿,妖精。到车宅(迟)国:天仙,李天王,哪吒太子降地勇(涌),六丁六甲将军。到乌鸡国:文殊菩萨降狮子精。八百里[火焰山]:小罗女,铁扇子,山神,牛魔王,万岁(圣)宫(公)主,胡王宫(公)主,九头附(驸)马,夜叉。到女儿国:蝎子精、昴日兔下降,降观音,张伏(佛)儿起僧伽帽。频波(贫婆)国:西番大使,降龙伏虎。到西天雷音寺:文殊菩萨,伽舍(耶),十八罗汉,四天王,护法神,揭地(谛)神,九天玄女,天仙,地仙,人仙,五岳四渎,七星九曜,十山真君,四海龙王,东岳帝君,四海龙王(按,见前已记,重复),金童玉女,十大高僧,释迦佛。上,散。

【注释】

〔一〕此目演唐僧取经故事,由唐太宗送行开始,经狮陀国、宝象国、车迟国、火焰山、女儿国、贫婆国,直至西天的过程,与《西游记》不尽相同,当早见于宋元。类如上党所见的《过五关》队戏,也可沿街表演。

〔二〕此长句写唐太宗送行。其中"唐十宰相"实指"十宰总管",盖因唐太宗分天下为十道,有十位主宰官,故称。

〔三〕"行至狮陀国"一段,记其主要情节、人物表演提示。以下类似不注。

《武王伐纣》一单舞

苏颜(护),费仲,妲妃己女(妃妲己女),毕公高,召公失(奭),荣公,弘(闳)夭,泰颠,南宫适,散宜生,朱寂〔一〕,逢远。八士:伯达、伯远、仲突、仲忽、叔夜、叔夏、季叔(随)、季锅(騧)。九将:周武王、周公旦、千邑寻、万邑降、管叔铎(鲜)、蔡叔鲜(度)、唐叔政(虞)、梁叔季、伯宜(邑)考、姜太公〔二〕。内外诸侯将佐,取照妖镜。上,散。

【注释】

〔一〕"朱寂",《唐乐星图》本记作"宜来",见该本《八百诸侯朝武王》角单(详后)又记为"许寂"。供辨。

〔二〕此句"九将",见列十人,实言周武王率其九将。

《霸王设朝封官》一单舞

楚[霸王驾头,封]〔一〕:范曾(增),亚夫左承(丞)相;项伯,尚书令;钟离[昧],左司马;龙沮(且),右司马;英布,武英大将军;丁么(公)、雍齿,镇殿将军;刘季,前将军;刘孝,后将军;陈平,护国御使;韩生,左谏义(议);武涉,右谏义(议);子奇,为宫内大将军;桓楚,引战大将军。子房献秦宝十八件:饭(钣)马

[珠]、夜明帘、逼尘珠、照殿[珠]、夜明珠、温凉盏、珊瑚枕、雌雄剑、聚宝盆、磨沙（摩挲）石、龙须友（龙发）布、镇风石、照星宝、如斗印。百[官上，散]〔二〕。

【注释】

〔一〕此句原本只写"楚"字，有失漏。今依《唐乐星图》本补全。

〔二〕此句原本记在该行最下端，有磨损，致"官"字仅存上半部，以下缺失。今依《唐乐星图》本补全。

《徐福采灵芝草》一单舞

秦始皇驾头，鬼谷子，徐福宰相，采生〔一〕，绿衣使者，东吴先生，公安期先生，大力鬼，辟（壁）听鬼，五温（瘟）使者，浮灵侯，浮夹（浃灵）侯，[威灵侯]，接[舞《瀛洲》。上，散]〔二〕。

【注释】

〔一〕"采生"指徐福所率的"采灵芝"者。《唐乐星图》本记为"录（卢）生"，供辨。

〔二〕此句不全，今依《唐乐星图》本补。

《王昭君和北番》一单舞

汉元帝驾[头]。和北番通使者迷达达，噤察帝绁狗牵骆驼。架鹦鹉[鹈]鸪的咒师央赤。毛延寿，奶母，王（应为"二十一"）府君，内有二番，王昭君。上，散。

《二十八宿闹天宫》一单舞

玉皇驾[头]，镇殿将军，十二元辰，[四持符]〔一〕，天地水符（府）三官，关公，二郎，五斗星君，九曜星君，二十八宿，左辅、右弼，天蓬、天猷，雷神，真武北极紫微大帝，六丁六甲，上元神将刘中（忠）信，哪吒，中元神将[田季笃]〔二〕，下元神将赵进达，李天王。上，散。

【注释】

〔一〕"四持符",依《唐乐星图》本补。

〔二〕"田季笃",依《唐乐星图》本补。

《八仙过海》一单舞

毛女,八洞神仙各取宝物,东海龙王敖广王,龙子龙孙,眷(眷)属收(牧)卒〔一〕,夜叉,东华帝君。上,散。门者大闹〔二〕。

【注释】

〔一〕"眷属牧卒",指龙王的眷属及其兵卒,即虾兵蟹将类。

〔二〕"门者大闹"一语,非正文。在原本中,与正文最后的"散"字空有距离,之后才写,为抄者加的说明。所谓"门者",实指承应赛社的"乐户",语含贬义,因其承办红白事时每见守在门口,故称。所谓"大闹",言此表演用人较多,需要乐户大搞,比较热闹。

《文殊菩萨降狮子》一单舞〔一〕

散花队子,护法善神,狮子精,积善太子,禅院寺长老,孙行者,猪八戒,唐僧,沙和尚,文殊。上,散。

【注释】

〔一〕此目所演,与前《唐僧西天取经》角单中"文殊菩萨降狮子精"有关。其故事《西游记》(三十六回至三十九回)亦记。大意写:文殊菩萨坐的狮子下凡成精,将乌鸡国的国王投入井中,自做国王三年。时遇唐僧一行至此,夜宿禅寺,国王魂灵前来告冤求救,孙悟空引其太子问明真情,请文殊菩萨收降狮子,才又救活国王。

《[关]圣道化论春秋》一单舞〔一〕

真武、关公、关平、周仓、二郎。郭押直(衙值)、双厮儿、老建平设鼓板〔二〕。舞《湘江乐》〔三〕。上,散。

【注释】

〔一〕此目见前"二十八宿值日开后"所列的供盏剧目亦记。此题目见缺"关"字,今参照以补。

〔二〕此句属表演提示,所记三位属"乐户"艺人。所谓"郭衙值",因其隶籍官府,在府衙轮值办事而称,甚或属于领班的科头;"双厮儿""老建平"与其相类,其名都属诨号。此目由其"设鼓板",正类宋代"鼓板之戏",仍用鼓、笛、拍板伴奏;仍"舞",类宋代"舞迓鼓""迓鼓队""迓鼓戏",属"队戏"歌舞。因此,"郭衙值"三人或属宋元宫廷乐人,与此目表演有关。

〔三〕此"舞"所用的《湘江乐》,当类唐代《教坊记》见记的《泛舟乐》《回波乐》等,也属唐宋大曲,早也用于歌舞。

《八百诸侯朝武王》一单舞[一]

后稷驾头,镇殿将军,武王发[二]。周公旦,伯夷(邑)考,千邑寻,万邑降,管仲,鲍叔牙,蔡叔鲜(度),唐叔政(虞),梁叔季(康),鲁叔文(管叔鲜),上八位[三]。东伯侯姜还(桓)楚,南伯侯崇飞(侯)虎,西伯侯姬昌,北伯侯鄂崇禹,[苏]护,毕公高,召公爽(奭),大(泰)颠,究(闳)夭,散宜生,南宫适,太任(太姒),逢达,许寂[四]。八士:伯达,伯适,仲突、仲忽、叔夜、叔夏、季随、季锅(騧)。接舞《湖(胡)渭州》。上,散。

【注释】

〔一〕此目演"八百诸侯会盟津",与《武王伐纣》(前记)相关,故言"朝武王"。两者角单人物基本相同,正可比照。

〔二〕后稷乃周之始祖。按《史记·周本纪》言,"会盟津"时,"武王自称太子发,言奉文王以伐,不敢自专",且见"为文王木主,载以车,中军"。从而类如"文王木主",此目更置其始祖"后稷驾头"。因"武王自称太子发",故此处仍记为"武王发"。

〔三〕"上八位"属说明语,指以上所记的"周公旦"等人。然而,实际记了十位,盖因"管仲、鲍叔牙"属齐臣,衍入错记。

〔四〕以上人名中,"太姒"乃武王母、文王妻;"逢达、许寂",《武王伐纣》角单记为"逢远、朱寂",孰对孰错,难辨。

《十二湘江(相将)会》一单舞[一]

韩国炎(严)仲子,宋国陈平,吴国噪(僚)王、官(光)王,齐国晏婴、申能(俞)[二]。《庆云乐》。

【注释】

〔一〕此目所演实乃装扮春秋战国时文武将相的队舞,故其"湘江"应为"相将"。以下"十二相将"实列六人,恰如"六律"可代指"十二律吕"。从而与"十二地支""十二个月"牵涉,其"会"与春秋争霸相关。

〔二〕"严仲子"时属韩国人,曾暗中结交聂政,刺杀韩相韩傀。对此,见《史记·韩世家》记,"(韩哀侯)六年,韩严弑其君哀侯",并见"索隐"曰:"《战国策》又有严仲子,名遂,又恐是韩严也。"按此,严仲子,名遂,因属韩人,又称"韩严"。"陈平"是河南阳武人,其地春秋时属宋,故称"宋国陈平"。"吴国僚王、光王",即春秋时的吴王僚、吴王阖闾(名光),为争王位,光曾派"专诸刺僚"。晏婴属齐国大夫,齐景公时为相。申俞(依《管子》记),即申繻(依《左传》记),鲁国大夫,曾谏鲁桓公不要入齐,后来鲁被齐灭,正应其言,故见将其归入齐国人。

《青铁(提)刘氏游地狱》一单舞

千里眼,顺耳风(顺风耳),牛头,马面,判官,善恶二簿,青衣童子二个,白(追)魔太尉四个,把金桥大使者,青铁(提)刘氏游十八[层]地狱,目莲(连)僧救母,十殿阎王,净水[瓶],童子,木叉(吒)行者,观音。上,散。

五 《听命文集》本校注

　　该本发现于长子县东大关村牛小五家,由其献出。当时,由于牛希贤(小名黑女)献出《唐乐星图》本,笔者曾多次走访牛家,由此结识牛小五。在 1989 年初夏一次访谈中,知其与兄牛希贤分居多年,与母原住的旧院仍在,于是在笔者说服下,在其旧院土楼上发现了一捆遗忘多年用铁丝束缚的废旧

残卷,其中即含此本。据其讲,牛家原有的赛社抄件很多,"政治运动"中怕受牵累,曾悄悄焚烧,其母不忍,顺手从火中拣得一些,捆放在土楼大梁上,早被遗忘。因此所存有火烧痕迹,并因楼上鼠啮,有的已经破碎。

　　该本以普通麻纸毛笔墨抄,双折页,右侧以细线装订成册。本高 25 厘米,宽 24 厘米。除去封面,正文含二十五个双折页,计五十个单面。后又加有办赛实例,分别为"小张岭单子""初祀应用队戏"角单,共两个双折页(最后一页因破损仅存其半),用细白棉纸抄写,与正文所用粗麻纸明显不同,属补加。或因此,该本有内外两个封皮(上图)。内封皮保存尚好,用纸与正文相同,也为粗白麻纸,双折成页,当属正文原有封皮。左上角竖写"听命文集",当属原抄本名;右下角竖写"堪舆堂李子欣应用便事",当属原抄本主人的堂号、人名、抄立目的。外封

皮用灰蓝色厚纸双折,中间夹衬一层白棉纸,又可分为外、中、里三层。其外、中两层已毁,装订处尚存残迹,见其夹层用纸与补加部分相同,说明外封皮也属后加;其里层蓝纸尚存,右上方竖写"同治六年岁次丁卯桃月置",左下角写"崇道堂"(属牛家堂号)。由其两个封皮判知,该本先属"堪舆堂李子欣"所有,名"听命文集",之后转手崇道堂牛家,同治六年(1867)重新装订,才加了灰蓝纸外皮,并补加了最后两页实例文字。由此,可知该本正文早有,且其正文中记有"千思万想""又想"云云(详后)。其"想"或与元代"禁赛"有关,其正文或属元末明初一位故老结合回想抄立,或者"堪舆堂李子欣"就是其人,曾当过赛社主礼。

由于该本转手牛家后经过火烧,前十多页的左下角皆有焚毁痕迹,致部分字句缺失。所幸,牛小五又献有其他抄本,其中有与该本内容重复者,正可相互比照,将所缺字句基本补全。以下,顺次抄校。

听命奏禀[一]

玉皇上帝尊神:今有诸执事者,大小社首,六局社头,左右香老,膳夫乐人,叩于阶下。参礼已毕,前来刀墀。自排均[二]以下,侍立听命,未敢擅专。玉皇尊神发旨,方敢鞠躬听命。鞠躬听命[三]:

春祈秋报,夏赛冬祭,古与今同。今者,幸遇[诸(某)神]^{春祈秋报}圣诞之辰[四],谨请皇王圣众升临宝殿,后[土诸神]降临香坛。正社首当先谨敬,众香老各尽[虔诚,今有]礼宜(仪)"听命"。

盖闻威仪者,礼之大也。与天地同和之气,孔圣仁义礼[智][五]。[蜂有君臣],雁有次序,何况于人乎。国家以民为本,民[以食为天。谓曰]:今有社首人等谨发虔心,报贺天宫雨露[之恩。施云行雨],风吹万邦,稼穑雨润,五土发生五谷。山川草木滋[荣,园林茂盛],皆是风雨吉(及)时顺荫(应)。西成有望,为人立命,无[思所]报天地之弘恩,诚心祭赛圣寿雨露之恩。[谨请馆下]诸神,闻香听乐[六]。《语》云[七]:"君子贵乎道者三:动[容貌,斯远]暴慢矣;正颜色,斯近信矣;出辞气,斯远[鄙倍矣]。"此三者,修身之要,道之正也。训教于上,立教于[下,无不绝(决)]君臣上下父子兄弟。言非祷于神祇,不严不威,[不恭不敬,即]为小人。尊(撙)节以分明[八]。此(比)于禽兽,鹦鹉、猩猩能言,不离于禽兽。非礼勿视,非礼勿听,非礼勿言,非礼勿动四者,人之礼也。酒以为先,奉亲养老,祭祀鬼神,邀宾待客,其不(可)无也?庶而结,饮之大过〔九〕!德行男女,乡间有别。赌博争讼,除恶积善。或贫或富,行者让路,少避老,贫避贵。眼不观非礼之色,口不道非礼之言,耳不听非礼之声,足不踏非礼之地。为人善,恶不趣(趋),贤良如避蛇蝎。晓谕四方君子,岂不知自己之心?忍耐万事!如违者,织毛(纤毫)失度,造恶尊神,降罪匪轻。

夫赛者,所以报天地生成之德,而乐丰年之庆也。自《载栈(芟)》《梁(良)耜》,俱报赛田事之乐〔一〇〕。随代代相沿,至今不[废。盖]国以民为本,民以食为天。食之所赖,莫[外五谷;谷]之得熟,不过东作西成二者。东作之事,不[过人力所为];西成之功,实本神明之赐。既享大有之例(利),[干望降福之]由。于是琴皮(瑟)击鼓,迎迓诸神,而报赛举[焉]。[《语》云]:"祭神如神在。"《诗》云:"神之格思,不可度思,[矧可射思]。"[夫]礼莫大于祭,祭莫大于敬。敬则神享,不敬[神吐,慎勿忽也]。谨请以一,汝等告知。遵吾约束,各发虔心。

香局者。香有数种,种种攸分。花曰鸡舌,胶[曰廖(蓼)薰,节曰梅]檀,根曰降真。灵灵之香,十步可闻。安息[之香,劈(避)除妖氛]。苏合之香,出于昆仑。金郁暖阁,苾苾芬芬。圣[贤所造,通于]神明。鬼神拥护,百福氤氲。宝炬呈祥,霭霭祥[云。银炉献端],馥馥鲜明。化云化雾,奉献诸神。香老社众,[各发虔心]。

今日迎神答上苍,虔诚礼拜各惶惶。

问余何物可将主,全凭金炉一炷香。

食局者。祭祀之事,古今大典。庖厨之供,宁容或缓〔一一〕。春夏秋冬,禴祠蒸尝,乐既和(合)奏,磬鼓锵锵。洗醑奠斝,升降阴阳。陈簋设簠,黍稷馨香。肥牸肥腯,菜(采)蘋菜(采)蘩。或燔或炙,或肆或将〔一二〕。洁粢丰盛,报答皇王。修于神明,来格来享。以介景福,万寿无疆。香老社众,最宜钦仰。

每逢祭祀设庖厨,器洁精物成大烝。

苾苾芬芬勒(勤)拜献,惶惶诚恐达明资。

茶局者。素厥由来,茶有攸分。蒙山有茶,石上生津。无疑(武夷)之茶,福建最真。灵芽采就,妙手修成。如意盛之,玉器之中。琉璃琥珀,玳瑁水晶。双手捧玉,抠衣鞠躬。衔枚(献)肃气〔一三〕,奠于神明。神[人]胥悦,百福骈臻。

今日礼接(节)式无差,先献江南上[品茶]〔一四〕。

盏内斟时浮雪浪,瓯中点处[落梨花]。

酒局者。夷(仪)狄传方,杜康先通。田家米曲,江南熬[成。酒有数种],种种不同。鲁酒流霞,菊花蜜淋,麻姑金花,[留传至今。或用商]卮,或用周樽,或用玉盏,或用金钟。敬备[香酥,供奉千真]。诸神感应,凤辇遥临。帝位尊前,美味可[馨]。

味压江南新馥香,黄流满献[供上苍]。

杜康传下神仙术,年年是我[作灌将]。

果局者。三皇治世,果木初生。西域得种,中国留名。[荔枝龙眼,薰]枣茯苓。蒲桃(葡萄)金菊(橘),甘(柑)榄香灯(橙)。柘(石)榴甘蔗,胡桃[松榛]。[后人治之],煮果春饼。半出人为,半由天成。可左(佐)饫馔,五味[八珍]。[依时敬]备,供奉千真。帝位尊前,美味可馨。

龙眼荔枝及甘揽(柑榄),今(苓)米鸡头银杏端。

蒲桃(葡萄)松子蓁(榛)与栗,进献尊神要新鲜。

纸马局者。蔡伦起造万古流传,郑(刻)溪奇宝绵瑞佳张[一五]。罗纹之帛,京川之连。圣人注(著)经,贤人作传。作赋留颂,价贵洛阳。人元秀气,亘古名扬。文房四宝,惟此居先。南丹真经,《道德》五千。释迦宝忏,屡屡成篇。图书圣像,画彩圣颜。积成驼马,默佑万邦。杳老社众,最宜钦仰。

金银纸马供诸神,五色妆成假亦真。

焚尽灰飞烟直上,至金(今)千载发彩(蔡)伦。

灯蜡局者。钻木取火,始自燧人。卦属离方,三极之精[一六]。炙阳性柔,惟物之灵。鲜色煌煌,瑞气纷纷。写载其形,[托于金]灯。耿耿不灭,烛具长明。遍步(布)神前,廷燎之[勋]。[金乌西坠],玉兔东生(升)。灯光普照,福耀常臻。

金萧(宵)祭祀合馨香,蕃(燔)时气[味达上苍]。

金盏银台灿灼灼,下民宜(亦)得[沐浴光]。

寝局者。事神之道,无异事人。幽明一理,惟□□□(此为重)[一七]。[神之]格思,潜影随形。昼而运气,夜而思神。□□□□(晚来铺陈),西方界境。罗纹锦帐,如意福陈(拂尘)。雕梁[玉柱],□□□□(龙幔象床)。屏风香几,画彩仙灵。床榻息净,不近枭[禽]。□□□□(既宁既安),载寝载兴。琴台案卓(桌),皆看(堪)奉神。

大抵凡民宜敬神,晚来寝处[要铺陈]。

　　象床设下尘不利(到),锦帐铺来作[神寝]。

簇马者。锦衣花帽,绣袄蓝裙。丹盘奉献,[食选高盘]。

卫则(帏子)者。锦衣花帽,绣袄蓝裙。攒揖迎引,上下交正[一八]。

厅则(亭子)者。行须缺(款)步,语要低声。进食高奉,退食自恭。

斟酒者。金瓶缺(款)倒,遇盏低斟。斋戒言语,恭敬奉神。

打伞者。奉神张盖,侍立停停(亭亭)。或冷(令)压幔,执事恪恭。

管则(棍子)者。安排备马,安排导从。谷朵等(棍)棒,高叫音声。各谨侍候,安排乱人。

报食者。神牌高奉,往来殷勤。进食报数,献酒分明。

膳夫者。祭祀为先[一九]。庖厨洁净,碗碟新鲜。变生造熟,美味馨香。秉既(系)务要,诚心洁净。

教坊司古论者[二〇]。三本"乐星",古圣遗留。率领大小夥伴,有名乐役[二一]。衍衍(行院)之祖,旦末以黄旛彻(绰)古本院本,院本按老郎家[二二]。今朝圣会,^{春祈秋报}邀请诸神,坐于宝殿。安排三日动乐,依乐星图[内]。春动七宫:正一(一正)宫,高二(二高)宫,三中吕宫,四道宫,五南吕宫,六仙吕宫,七林中宫。夏动七角:一大石角,[二双角,三小石角,四歇指角],五林中[角,六越角,七高大石角]。秋动七商:一越调,二大石调,三高大石调,四双调,五小石调,六歇指调,七林中调(商)。冬动七羽:一中吕调,二正[平调,三南吕调,四仙吕调],五黄中(钟)羽,六[般涉调,七高般涉调]。上有凤鸣之声,其中(集钟)律之韵。律者有六律有六吕。太[簇一月,姑洗三月,蕤宾五月,夷则七月,无射九月,黄钟十一月],此之谓六律。夹仲(钟)二月,中(仲)吕四月,林钟六月,南吕八月,应钟十月,大吕十二月,此之谓六吕。呈四十[大曲,十七宫调,奏八]天乐事:金、石、[丝]、竹、匏、土、革、木[二三]。金为钟,石为磬,丝为[弦,竹为笛],匏为笙,土为埙,革为[鼓,木为板。天行曲],日月星;地行曲,万物生;日行曲,红轮西坠;月行曲,玉兔[东升。尽按着二十八宿]五音律吕。五音者,宫、商、角、徵、羽,土、金、木、火、水。花帽整齐,衣甲新鲜。歌[舞呈献,恭端承应],音吕(依律)吹打宫商。前衙按文,丝竹管弦:埙、篪、龙笛、筝、篆、琵琶、响铁。晚衙按武,博(百)戏跳索,边牌迓鼓[二四]。各调奉神,也要你弄碗踢瓶,把旗跟斗,踢弄上杆,攒枪妙(抄)手[二五]。也胜(呈)仙[桃仙果,也胜(呈)仙]花仙酒,要好单

（旦）色抹眉，要好"古论"今（吟）古〔二六〕。男记四十大曲，女记三千小令。列两行朱秀（袖）红裙，排一堂乖乖美女〔二七〕。一个个风流体态，一个个美貌人物。云轻支（肢）轻，撒撒弹舞。单（旦）目起来嘹亮之声，展罗裙袖扬好舞。

主神者，微通五音，粗识律吕。前衙按文，后衙按武，合盏分明，依八卦排班，按六壬引礼〔二八〕。自周朝至于唐宋，起立"乐星"，奏皇天报后土。赵上皇命翰林院选（撰）通五音、审清律吕，造经（精）曲承应〔二九〕。精传书表，写字无差，堪通上圣。

众香老惶恐诚意，无物可报皇天帝，无物可达后土神。只凭一炷明香，只凭三钟清酒，只凭金纸银钱，只凭香花灯烛，谢天地覆载之德，报皇王水土之功。中间有无籍（稽）之徒，不思祭祀为重，不遵榜内规矩，不敬神灵，私自饮酒，以酒撒泼；徒顽交头接耳，笑语喧哗，因而入庙搅闹［赛场，籍］头有面亵渎神灵，必招非（飞）殃横祸！正社首当［先谨敬，众］香老各尽虔诚。自今三日后（内），各谨诚心。今［日头场之日］，听命已毕，免礼平身。

【注释】

〔一〕此篇"听命奏禀"，实即"听命文"。按前《唐乐星图·听命文》记，"奏禀"二字应属正文开头语，单列。或因传抄者将其与题目连记，最终变成了"听命奏禀"。另外，同由牛小五所献，见"民国拾肆年"抄立的《赛上杂用神前本》也记有大体相同的一篇，称"头场听命本文"；其所献的《唐乐星图应用本》（残卷）开篇也为"听命奏禀"，更与此篇几乎全同。还要注意的是，此篇有"赵上皇命翰林院撰通五音、审清律吕，造精曲承应"云云，"赵上皇"指宋徽宗，属宋金之际的口语，所言与史实相合，与《宋乐星图》相关。显然，此篇实属《宋乐星图·听命文》。正因此，其与《唐乐星图·听命文》相类，与《唐乐星图应用本》（残卷）所记相同，直至"民国拾肆年"仍在沿用，正如牛小五所献赛社另本言（见后），"赵上皇遗留此事，传留后世，至今不绝也"。

〔二〕"排均"，源出"排军"，盖因早期赛社多有官府介入，多用衙役等维持秩序。后期民间赛社多用村社中青壮年以代，手中执棍，称"排均"，俗称"执棍""棍子"。

〔三〕此"鞠躬听命"一语，乃主礼祭神之后对社众发布的命令语。表示其已得到玉皇"发旨"（或"法旨"），要向社众传达玉皇神旨了。为强调威严，届时乐户中的"前行"色亦重复呼应。《赛上杂用神前本》该篇就记："前行答曰：两班香老，鞠躬听命！"属重复。

〔四〕"诸神"二字，原本因残破而失，今依《唐乐星图应用本》（残卷）补，以下类此而补者不再出注。另，原句中"春祈""秋报"并列，以适应不同需要，届时选一即可。以下类此并列者，不再出注。

〔五〕此处,《唐》本对应为:"大礼者,威仪也。与天地同和之气,礼之大也。孔圣文章,始立仁义礼智。"既可见其原意,又可见此句所由。

〔六〕此句,《唐》本对应为:"谨请馆下,诸闻香亭礼乐。"较妥。

〔七〕《语》,指《论语》。之下《诗》,指《诗经》。

〔八〕此句,《唐》本对应为"撙节以明其礼"。源于《礼记·曲礼上》:"是以君子恭敬撙节退让以明礼。"孙希旦集解:"有所抑而不敢肆谓之撙,有所制而不敢过谓之节。"

〔九〕"庶而结,饮之大过",言庶众结伙而饮酒,容易酗酒闹事,故言"大过"。

〔一〇〕《载芟》《良耜》,乃《诗经·周颂》中相邻两篇(篇名),分别言及春祈和秋报。

〔一一〕此句中的"宁容或缓",见《唐乐星图应用本》(残卷)中记为"六合(和)或缓",均通。"容"有礼仪、礼法、礼规之容的含义,故"庖厨之供,宁容或缓"就有先重礼规仪容之义。"六和",出自《礼记·礼运》:"五味六和十二食,还相为质也。"(疏:"酸苦辛咸加之以滑与甘,为六和也。")故"庖厨之供,六和或缓"亦言所供馔食在后,即依礼规"先酒后食"。

〔一二〕"肆"言陈列,"将"指进献。

〔一三〕"枚"字,见原本旁批为"献"字。"衔献",言指感激而献。

〔一四〕赛社每供盏,依规先献一茶,故有此语。

〔一五〕"剡溪"属浙江曹娥江的上游,自古产纸,以藤竹纸最出名,称"剡纸"。唐皮日休曾有诗曰:"宣毫利若风,剡纸光与月。"

〔一六〕此处"三极"指日、月、星,其"精"言光。因光属火,火在八卦中又对应南方"离"卦,故又言"卦属离方"。

〔一七〕此段文字,唯与《唐乐星图应用本》(残卷)所记相同,但其残缺,故不能全部补出。凡不能补出处,先依字数以□表示,再参照相关记述,以便疏通段意,仅供参考。以下类此不注。

〔一八〕"交"在此作副词用,"俱"也。用如《尚书·禹贡》:"庶土交正。"(众土俱得其正)此处"上下交正"实言供盏时帏子手执的响杖需端正。

〔一九〕此句可能缺失上半句。依《赛上杂用神前本》,对应为"古今大典,祭祀为先"。

〔二〇〕"古论者",即乐户中的"前行"。因其赛社中每见谈古论今,故称。又因历代乐户由教坊管辖,故又称"教坊司古论者"。

〔二一〕"乐役",即支应赛社的"乐户",因其仍类支官的差役,故称。

〔二二〕此句涉及"行院"历史,"祖"言其初。依史,宋代卖艺勾栏中的乐户早属市肆一行,金元更多见由家庭组班,正式见称"行院",明清以来或又记为"衖衖""衖衖"。从而,就见金元院本仍类宋代"四人或五人"的表演,称"五花爨弄",其中的"末尼色"类唐宋"参军色",参与"古弄",正与唐代"弄参军"的"黄幡绰"牵涉。宋元每以"旦色"引舞,金代引舞的参军色已称"前行",故见此处言"旦末以黄幡绰古本院本"。又因唐宋"参军色"引领歌舞时早可讲唱,已有"话本",与宋元说话艺人"老郎家"相关,就见此处又有"院本按老郎家"一说。

〔二三〕依"乐星"对应说,"八音"对应天上"八星",每星见居一宫(即"十二次"中的双子宫、宝瓶宫、人马宫、狮子宫、摩羯宫、天秤宫、室女宫、白羊宫),是为"八天"。所谓"奏八天乐事",即用各种乐器演奏乐曲。

〔二四〕"边牌",指以边地为名的曲牌,如唐宋大曲中《伊州》《凉州》《胡渭州》等。"迓鼓"起于宋代戍边军中,早多用于队舞。所谓"边牌迓鼓"正可代指队戏歌舞,及其所用音乐。

〔二五〕"弄碗踢瓶……攒枪抄手"等表演,皆属百戏类,宋元勾栏多见。如《都城纪胜·瓦舍众伎》条所记南宋杭州,见言"百戏,在京时"早有"踢弄"表演,且列有"上竿、打筋斗、踏跷、打交棍、脱索"以及"踢瓶、弄椀、踢磬、弄花鼓槌"等节目。元人高安道《嗓淡行院》散曲,言及行院表演也仍有"扑红旗""拖白练""踏跷""番跳"等。显然,宋元赛社早多此类表演。

〔二六〕此句,指赛社供盏及相关表演。言呈献"仙桃仙果""仙花仙酒"时,既须"好旦色"伴以歌舞,又需"好古论"(好前行)讲唱,仍类宫廷燕乐所见。

〔二七〕此句,言赛社时女乐"坐排场"。元散曲《嗓谈行院》就写:"坐排场众女流,乐床上似兽头。"见于民间赛社,女乐仍多坐在乐台,借以招徕众人。

〔二八〕此句是言供盏礼规。届时,随主礼者喝礼,"前衙按文"的细乐、"后衙按武"的粗乐,需配合献酒献食交替演奏,节次分明,即"合盏分明"。所谓"依八卦排班,按六壬引礼",是对供盏亭帏而言,强调其列队排班、行进路线等,按《周易》《周礼》而行,遵"八卦""六壬"之规。

〔二九〕"赵上皇"正指宋徽宗。所谓"造精曲"与其亲制"大晟乐"相关,正涉及"四十大曲"。

迎寿赞[一]

遥望南山朱顶,翩翩飞舞腾空。
仙音[齐奏一时鸣],更有灵龟彩凤。
仙女撒撒檀板,仙童[渔鼓咚咚]。
东王公霞光万道,西王母五彩祥云。
南[极赐寿老人星],满天飞仙彩凤。
红光罩龙车凤辇,紫雾锁鹤辂凤轮。
幢幡[宝盖前引],龙凤掌扇后跟。
排一堂仙人美女,列两[行歌舞随行]。

一个个风流体态,一个个颜貌多端。
品笙箫[凤管龙笛],抚琴筝牙板齐弹。
歌一曲长生不老,舞一曲谨[按宫商]。
宝鼎内祥云霭霭,金炉内瑞气氤氲。
金童进仙桃仙果,玉女献寿酒灵丹。
赞尊神寿同天地,祝尊神圣寿无疆。

【注释】

〔一〕依规,"正赛"(正场)之日属庙神诞辰,要扮寿星、王母、八仙一行赴宴添寿。届时庙外设有寿场,先迎寿星一行进庙,类如迎神,称"迎寿",亦有仪式表演。此篇,即其表演时的前行诗赞。因原本残破缺字,今依《唐乐星图应用本》(残卷)补全。之下"又赞"属其续篇,用于庙内表演,也皆类此而补,不再出注。

又　赞

祥云霭霭,瑞气氤氲。
金童取宝盖前执,玉女掌扇随后跟。
仙音嘹亮,仙乐齐鸣。
龙凤车辇下降,乘鸾辂来下九重。
金童玉女来到,朱顶仙鹤飞腾。
鸾飞彩鸟凤舞,簇捧定一尊星君。
年年添寿老人星,金丝银龟前引。
寒山石(拾)得随后跟,排列着八洞神仙。
汉钟离呈献仙桃,吕洞宾寿酒灵丹。
采和手擎鸳鸯板,相(湘)子冬景献牡丹。
四郎去深山修道,曹国舅弃职修仙。
果老过桥显神通,拐李过海有应。
八洞仙赴宴作乐,都来临祝筵圣寿。
今日群仙下降,乘云共祝凡筵。

玉女持丹诏，王母赠寿篇。
星君奉寿酒，尊神降□□（寿筵）。
一派仙乐奏，两行歌舞弹。
共祝[诸神寿]，寿眉[金□□（灿灿）]。

又　赞

金阙[玉]皇阶前，安排珍馔华筵。
左[列妆花百玉瓶]，右排珊瑚玛瑙器。
喷香瑞兽金三尺，[舞乐娇娥玉一围]。
仙果排设般般异，进上筵前件件奇。
[玉液金浆夸□□（不尽）]，龙肝凤髓献瑶池。
皇帝万岁万万岁。

又　赞

合社虔诚祝圣寿，尚衣方进紫云丧（裳）。
九天□□□□，万国衣冠拜冕旒。
日色才临仙乐动，一□□□□□。
众仙朝罢归来处，数声仙乐绕凤楼。
皇帝万岁万万岁。
至此念"东方朔赞"，在后抄[一]。

【注释】

〔一〕此句属传抄者补加的说明。意指：前行念完以上祝赞，依照顺序，"至此"该接"东方朔赞"，然而此处未抄，发现"抄在后"。

八仙赞[一]

则(只)听得仙音响亮,见辉光罩合天涯。
满天上祥云彩雾,偏(遍)地下瑞气云霞。
猿猴献仙桃仙果,麋鹿献配对仙花。

金童执幢幡宝盖,玉女掌宝印玉匣。
西王母特来添寿,南极老人星霞(遐)筭。
彩云中诸仙下降,将神仙圣号开明:
头戴着夹纱幞头,荔枝金冠绿罗袍。
闹市常共儿童耍,拍板高歌蓝彩(采)和。
头挽丫髻宰相家,身穿破衲绿单纱。
手内常提花篮儿,冬献仙景牡丹花(指韩湘子)。
天地同生寿筭高,白驴踏倒赵州桥。
扬州度脱花养(华阳)女,大罗神仙张果老。
功名富贵都参透,龙楼凤阁皆不就。
白云深处学修仙,金枝玉叶曹国舅。
律案刑通无人比,不幸死在阴司里。
焚烧[形骸化为尘],借尸还魂铁拐李。
头戴青纱一字巾,龙泉飞剑紧随身。
[升天入地神通广],乃是唐朝吕洞宾。
沉醉黄粱梦转迷,玄机奥妙有谁知。
造[化玄微人不识],招财利市汉钟离。
识得沉(尘)凡不坚牢,深山办(伴)道学修仙。
也曾[俗世沽油卖],凤管龙笛张四郎。
日月未分五(吾)先有,神通天地大罗女。
益筭延[年降吉祥],注寿赠表西王母。
头戴天生一字巾,苦楚县内有家门。
梨树下生[发先白],年年添寿老人星。

昔日火起烧世间，烧了乾坤百余年。
降了绿毛狮子怪，正果文殊是寒山。
风鼓（盅）乾坤民丧失（生），刮坏世界民灾疫，
降了白象庶人安，正果普贤是石（拾）得。

老人星升临宝殿，西王母来降香坛。
谁先（诸仙）敬献寿酒，众真呈奉灵丹。
左金童凤管龙笛，右玉女歌舞吹弹。
宝鼎内焚起沉香，金杯里酒献美味。
赞尊神圣寿无疆，祝尊神寿同天地。

【注释】

〔一〕此"八仙赞"，用于庙内"八仙队子"表演时。前《唐乐星图》本也有基本相同一篇，名"又讲山歌"，可比照。

王母赞 〔一〕

望天宫红光罩瑶池王母，观南极紫雾笼添寿星君。
天台山暗（掩）映着蓬莱三岛，须弥峰遮藏着洞府仙翁。
霞光照罩延年长生大帝，祥云笼辉光射紫府帝君。
东王翁（公）龙凤辇初离宝殿，西王母金花桥（轿）乍别天宫。
列金童骑仙鹤前执宝盖，排玉女乘飞凤后［掌幢幡］。
宫娥掌凤绣伞盘龙瑞气，彩女执日月扇左右［随跟］。
有金线绿毛龟当先引路，有朱顶鸾凤鸟［往来飞腾］。
簇捧定西王母天宫下降，乘龙车驾凤辇［来赴凡筵］。
亲捧着长生酒尊前添寿，钦遵着玉帝敕［降临香坛］。
粉脸上吹弹着柳眉凤目〔二〕，樱桃口降（绛）朱唇［颜貌如花］。
头顶圆额上方粉鼻端正，鸡子皮颜面体［腻粉搽成］。
赛海棠芙蓉花怎生体态，从头赞一一讲［话说端的］。
乌云发鬓鸦翔（翅）斜插金凤，娇的的（滴滴）风流母［耳坠珠环］。

头戴着凤凰冠千娇百眉(媚),足穿着云凤[履踏雾登云]。
着九宫八卦裤垒(缕)金挑绣,穿山河地理裙[绒线织成]。
身穿着绛红袍盘龙飞凤,体挂着朱丝绦玉佩[玎珰]。
耳戴着八方环长生不老,手执着白玉珪寿算齐天。
有天元大圣后绣(羞)花之貌,有后土皇帝(地)祇开目(闭月)之容。
南海里观世音沉鱼之色,有月里姮娥女洛(落)雁之容。
赞尊神圣通天地,祝尊神圣寿无疆。

【注释】

〔一〕此"王母赞",前《唐乐星图》亦记,名"又论讲山歌",可比照。

〔二〕此句,《唐乐星图》本记为"粉脸儿吹弹破柳眉凤目"。另,"吹弹破"或应为"春澹波",言其脸上春光宁谧。

十字八仙赞〔一〕

望南山万万道霞光炎炎,观北极千千条瑞气腾腾。
乘龙车驾凤辇西王圣母,坐鸾辂金花轿东华帝君。
左金童张宝盖遮天蔽日,右玉女执幢幡罩合乾坤。
列嫔妃排玉女谨动仙乐,有宫娥共美女谨奏笙簧。
有麋鹿献仙花香坛进酒,有野猿献仙果来赴凡筵。
见空中驾祥云诸仙下降,见霹雳祥云罩八洞来临。
蓝彩(采)和鸳鸯板高歌戏舞,韩湘子冬景献双头牡丹。
张果老骑白驴赵州踏(桥)倒,曹国舅插金牌[弃职修仙]。
岳孔目有仙分借尸拐李,汉钟离十八年[一梦黄粱]。
吕洞宾剑随身神通广大,张四郎吹凤管[弓弹神仙]。
左寒山降火灾绿毛狮子,右石(拾)得降风[灾白象为殃]。
众神仙来庆寿今年下降,乘麋鹿跨仙□□□□。
貌堂堂垂三楼(缕)胡须美髯,鬓银丝[万万根雪发如霜]。
头戴着透玲珑七星冠子,足穿着登[云履踏雾腾云]。
身穿着云鹤裓(氅)长生仙服,包天地藏日[月海岳山川]。

特(持)一条龙头杖喷烟吐火,挡邪魔吞妖[怪搅海翻江]。

取一本救苦难黄庭经卷,度群迷劝凡[人普渡人间]。

赞尊神圣通天地,祝尊神圣寿[无疆]。

【注释】

〔一〕此"十字八仙赞",与《唐乐星图》本所记"迎寿讲山祝水赞"基本相同。另,本篇有的残缺字句无参照可补,以□表示。

诗赞三首〔一〕

巍巍上帝,神人之胥(君)。
阴阳分职,流布弘恩。
诚敬报祀,恪荐苾芬。

巍巍上帝,万古父母。
化育无疆,是覆下土。
诚敬报祀,典隆今古。

巍巍上帝,临下有赫。
鉴观四方,生成广洽。
诚敬报祀,愚忱略达。

【注释】

〔一〕此"诗赞三首"用于八仙庆寿时,是向玉皇祝寿(供三盏)所念诗赞。

词篇(四边)静〔一〕

四篇(边)静天下乐民安国泰,
混江龙行雨布(部)五谷丰登。

正宫乐圣宇(药)王长生万岁[二],
愿诸邦朝天子拱手来臻。
包(鲍)老儿安排下香花灯果,
尽都是五供养奉献诸神。
请一个唐(倘)秀才前来掌礼,
从小儿会(伴)读书学念文章。
长乐(快活)三朝(胡)十八和(伙)同商议,
宰上个山坡羊去典伶伦。
每一年十二月人人听赛,
齐唱起摇呜(尧民)歌户户安宁。
迎仙客只听得村里迓鼓,
集贤宾来赠(奉)神与[你表清]。
现挂着巧排(乔牌)儿闻名大字,
传与你新水令[各自知闻]。
忙扶着上小楼接接(节节)高座,
内中有夹事板(搅筝琶)[嘴似蝉弓(蟾宫)]。
不要你要(耍)孩儿神前作戏,
若不听刀刀(叨叨)令[斩在阶厅]。
不知礼脱布衫往来行走,
又恐怕惹灾[殃亵渎神灵]。
只恐怕到晚来刮地风起,
净天沙(天净沙)夜沉(深)沉[添进银灯]。
愿社众满厅房(庭芳)儿女欢庆,
沽美酒斟得满[沉醉东风]。
只吃得雁儿落西江月下,
又恐怕曲儿小(江儿水)侍(带)[过黄钟][三]。
取(娶)下他乐人得(女)端好(正)好看,
愿古论太平歌[每日争嵘(荣)]。
一锭金(银)纽秋(柳青)娘休交(叫)脱了,
十段锦赏花时也要[消亭(停)]。

舞的是鬼三台娇娆体态,
唱的是普天乐美耳[中听]。
吹的是得胜之(令)宾(本)朝美乐,
打的是十棒鼓庆贺当今。
赠赏俺金焦(蕉)叶连忙收住,
白鸽(鹤)子取出来休嫌心痛。
驻马听一江风傍妆台上,
休吊(掉)下生儿瓶(净瓶儿)藏在家中。
要(耍)和尚打跟斗世间少有,
就地下滚绣球播(簸)土扬尘。
红(醉)娘子赛观音天下无比,
十(虞)美人腰系着小桃红裙。
水仙子手执着幢幡宝盖,
攒(簪)一朵柘(石)榴花却(去)赴龙宫。
愿社家(众)献黄莺年年降福,
讽(颂)一卷金字经绕地云生。
愿经商夜行船清江引数(富),
货郎儿便回程听(厅)赛神灵。
逍遥乐金菊赏(香)乐海小圣(呈),
元和令太平令写得分明。
锁南枝桂枝香香焚宝鼎,
一枝花红芍药满插金瓶。
宜春令扫幽听(亭)堂上奏乐,
皂罗袍四朝元五花梁州。
画锦堂(画堂锦)洞仙歌喜春来近,
贺圣朝感皇恩金盏儿斟。
今日是一声雷风云际会,
排列下众八仙庆贺生辰。
今日奉祭寿星君,彭祖寿命一般同。
天宫一时[行雨部],普降甘霖教(救)万民。

龙须一染长衣(依然常依)归[四],永坐[中华万年春]。

四夷八恋(蛮)来进宝,八方归顺圣明君。

文武[享祭石崇富][五],大清一统灭烟尘[六]。

四十八调宫音响,礼乐相和定太平。

黄卷约词(乐次)来呈献,一卷文章进[表文][七]。

【注释】

〔一〕此篇亦用于"八仙庆寿",亦属前行讲唱。题名取自头句,内容由主篇、副篇组成。主篇由诸多曲名连缀而成,至"排列下众八仙庆贺生辰"结束,其中所含曲名考知有四边静、天下乐、混江龙、圣药王、万岁乐、朝天子、鲍老儿、五供养、倘秀才、伴读书、快活三、胡十八、山坡羊、十二月、尧民歌、迎仙客、村里迓鼓、集贤宾、乔牌儿、新水令、上小楼、节节高、搅筝琶、蟾宫曲、耍孩儿、叨叨令、脱布衫、刮地风、天净沙、夜深沉、满庭芳、沽美酒、沉醉东风、雁儿落、西江月、江儿水、黄钟尾、端正好、太平歌、一锭银、柳青娘、十段锦、赏花时、鬼三台、普天乐、得胜令、十棒鼓、金蕉叶、白鹤子、驻马听、一江风、傍妆台、净瓶儿、耍和尚、滚绣球、醉娘子、赛观音、虞美人、小桃红、水仙子、石榴花、黄莺儿、金字经、夜行船、清江引、货郎儿、逍遥乐、金菊香、元和令、太平令、锁南枝、桂枝香、一枝花、红芍药、宜春令、扫幽亭、皂罗袍、四朝元、五花梁州、画堂锦、洞仙歌、喜春来、贺圣朝、感皇恩、金盏儿等,共86曲,元《中原音韵》皆记。副篇介绍"寿星",言其依"乐次"前来"进表",以为"明君"添寿,以歌颂天下太平、江山永固。篇中所缺字句,今依另本《赛乐食杂集》《前后行讲古论有十论》同名之篇校补。

〔二〕"正宫乐"指其乐曲用正宫调,非曲名。

〔三〕"带过",属一种联曲体,前注。

〔四〕"龙须",在此指天雨(雨丝如须)。

〔五〕"享",言献。此句指文武大臣祭神之后,将如东晋石崇一样富有。

〔六〕此句"大清",《赛乐食杂集》本对应处记为"大明"。可知该篇实由宋元而来,"大清"仍用,与该本"同治六年"重新加皮有关(见该本开头按语)。

〔七〕最后两句类似前行"勾队"之词,意指:以下该由寿星手拿《黄庭经》,依"乐次"而行,"进表"添寿了。

前行念起首[一]

尧王在位留主神,因祭南郊起根[源]。

周汉唐宋国朝内，三本乐星至今[传]。
礼从天生乐地长，礼乐相合奉神[前]。
主神若是高抬举，人人精神喜笑忻（欢）。
若是主神差一二，滚水泼菜也一般。
大小夥伴站立定，知音谐曲主神官。

【注释】

〔一〕此篇用于前行长篇讲唱的开头。如《赛乐食杂集》本记有一篇"尧王显圣酒诗"，其"酒诗"开篇类此，可供此篇参照校改。供盏时"大小夥伴站立定"，前行作《讲戏竹》《讲响杖》《讲古论》等长篇讲唱，都可用此"书帽"，故将此"前行念起首"单列。

东方朔赞[一]

晏集蟠桃庆太平，开花结实整三年。
祥光遥映南山酒，紫气光浮太史篇。
岳降有时来世上，凫飞此日到人间。
当朝汉殿东方朔，原是蓬莱第一仙。

【注释】

〔一〕此赞，即前见的"至此念东方朔赞，在后抄"所指。因东方朔"原是蓬莱第一仙"，故"八仙庆寿"时先念此赞，再接"八仙赞""王母赞"等，直至下记的"祝皇赞"。

[祝皇诗三首][一]

五（午）夜漏声催晓箭，九重春色醉神桃。
旌旗日暖龙蛇动，宫殿风微燕雀高。
朝罢香烟携满袖，诗成珠玉在挥毫。
欲知世掌丝纶美[二]，池上于今有凤毛。
皇帝万岁万万岁。

千条弱柳垂青锁(琐)〔三〕,百啭流莺绕还(建)章〔四〕。

剑佩声随玉墀步,衣冠身惹御[炉香]。

共沐恩波凤池上,朝朝染翰侍[君王]。

皇帝万岁万万岁。

鸡鸣紫恒(陌)曙光寒,莺啭皇州[春色澜]。

金阙晓钟开万户,玉阶仙[扶拥千官]。

花迎剑佩星初落,柳拂龙旌[露未干]。

独有凤凰池上客,阳春一曲和[皆难]。

皇帝万岁万万岁。

【注释】

〔一〕此题名原无,因《唐乐星图应用本》(残卷)有相同一篇,题"祝皇诗三首",故补。所谓"祝皇",与宋徽宗诏令天下建立"万寿宫"(前述)有关,届时立"当今在位皇帝"神位,向其祝寿,供三盏,故有三首诗赞。

〔二〕"丝纶",出于《礼记·缁衣》:"王言如丝,其出如纶。"故称皇帝诏令为"丝纶"。

〔三〕"青琐",指古代门窗的青色饰纹。

〔四〕"建章",汉代宫名,借指皇宫。

请神上马文〔一〕

伏望诸神:天上灵明,非凡尘瞻仰之职(至)。人间[祭祀],上车马以相邀,揽崎岖之便策。伏望圣慈揽辔所入,谨请诸神上马。

【注释】

〔一〕此文用于"迎神"日。届时庙外设有"神场"(又称"圆神地"),各村社先将所请诸神用神桌、神椅、神轿、神马等送到神场,正午举行"圆神"仪式,表示各路客神均被请到,然后"请神上马",念此"上马文"。

诸神下马文〔一〕

伏望诸神：香清（请）俯顺，早降尘凡。优请（幽情）莫测，圣意难知。奉请天府，上启仙宫，下游凡境。久烦车马之劳，远步路涂（途）之异（役），谨请诸神下马。

【注释】

〔一〕此文用于赛庙门前的"下马"仪式，也须焚香奠酒，届时念此文。

安神升殿奏禀文〔一〕

奏禀玉皇上帝尊神：今有一行神祇在于丹墀，不敢升阶上殿，未敢擅专。玉皇尊神发旨〔二〕。言得神旨，合行参礼〔三〕。

【注释】

〔一〕此文用于迎神时的"安神升殿"仪式。届时众神进庙，先将玉皇神位（位牌）安放大殿，亭士则抱其他神位立于香亭之下。接着，主礼向玉皇神位"奏禀"读此文，请其"发旨"（或"法旨"），然后传达玉皇"神旨"，其他各神才能依旨升殿，按序排座。

〔二〕此句表示主礼已得到玉皇"发旨"，于是面向香亭，对抱着其他神位的亭士发布命令。

〔三〕此句中，"言"作虚词，"言得神旨"，即得到神旨；"合行参礼"，指诸神一起先向玉皇参拜（亭士抱神位代行），然后依次升殿入座。《唐乐星图应用本》（残卷）在该句下有一旁批："三参、分班、圆拐、升阶、上殿。"意指：亭士先在香亭下各抱神牌"三参"，再按东西分成两班（分班），分别绕至殿前东西两阶（圆拐），再登阶、上殿，依次入座（亭士依序将神位安置大殿，再绕行而下）。

入寝文〔一〕

伏以香消（销）宝鼎，酒奠金樽。朝朝玉美（羹）更新，时时银红夜（冶）容〔二〕。曲劳圣意，俯顺凡情。明朝早请，伏候圣意。

【注释】

〔一〕"入寝文"与下"归寝文"，皆用于迎神之日当晚。
〔二〕"银红"，指银台红烛；"冶容"，指红烛照耀着众神面容。

归寝文

伏以神仙景（境）界，辉辉而无昼无昏；尘世[光阴]，荡荡而有朝有夕。既在奉神之处，所内好音（存忍），[内则铺陈]〔一〕。是以凡俗之荒庭，作明玲（灵）之宝室。伏请诸神各归寝帐。

【注释】

〔一〕此句依另一《祝告文本》同篇校改、增补。全句是说由于"奉神之处"比较简陋，请众神"所内存忍"，用此"铺陈"就寝，属谦词。

出寝文〔一〕

伏以侍寝小爽，天晓日悬。焚其一炷明香，乐奏和音之曲。日黄珠帘，天明宝殿。攘动滚（衮）衣之期，宫人禀正之形（行）。鸡鸣报晓，诸色将分。潮清（朝请）三界，拱出人户〔二〕。赞（暂）蒙上圣之容（荣），再正朝筵之会。伏望诸神逍遥出寝。

【注释】

〔一〕赛社每天皆用"出寝文"，此为一篇。

〔二〕两手抱拳曰"拱",恭敬貌。唐因避李世民讳,改"民"曰"人","人户"实即"民户",可见赛社留有唐代痕迹。

祭太阳文[一]

恭惟日宫炎光太阳帝君:日出扶桑,普照辉煌。万民赖德,群黎沾光。赐民弘恩,薄奠一觞。启神鉴纳,来格洋洋。尚享。

【注释】

〔一〕祭太阳,一般清晨在赛庙外举行,来去匆匆,俗称"跑太阳"。

祭太阴文[一]

恭惟月府素曜太阴皇君:混沌初分,盘古治世。三才已定,万象包含。阴阳生成,天地定位。民感洪恩,谨陈菲祭。尚享。

【注释】

〔一〕祭太阴(月亮),类似祭太阳,但朝西北方设祭,且多用于晚上。

送寿文[一]

恭惟南极赐寿注生大帝星君:南极寿筹,保命长生。驾云轩而暂离紫府,乘白鹤而远至荒[坛]。共贺皇王之圣寿,添赠尊神之遐龄。前有猿猴献果,后有麋鹿衔花。仰劳尊星,云格回驾。尚享。

【注释】

〔一〕此篇用于寿星一行祝寿毕,送其走时(将神牌送出庙外即可)。

祝山文〔一〕

夫山者,丹青彩画,巧笔妆成。积土巍巍,万物能生。石嶝棱者(青),翠蓝(盖)八百。石怪枯(古)松,桃红李白。耐岁青松,冷寒贵(桧)柏。柳绿影影,出云行雨。近水山河,东西潮(朝)阳。万水出九州,振(宸)地为南山〔二〕。则(只)见獐狍对对,虎豹成群,莺鸦齐噪,蛇虫乱行。花虫(蜂)去采食,樵夫打柴行,黑云遍处如猛虎,涧下青松似苍龙。龙洞内白云滚滚,霞碧(壁)[上]紫雾腾腾。积土巍巍万物生,苍苍怪石几千层。桃红李白千年景,耐岁青松万载荣。桂乐(桧柏)双双飞鸾舞,獐狍对对闹成群。白云飞群(起)红光色,年年添寿老人星。

【注释】

〔一〕此篇"祝山文",与前《唐乐星图》所记的"祝寿讲山赋"基本相同,也属"迎寿"时的祝赞。届时,主礼与前行可一递一篇轮念,形同比赛,俗称"对山水"。

〔二〕宸地,古指帝王所居之地,此处借指南山。

又一篇〔一〕

远观南山翠巍巍,近趣(觑)北辰雾腾腾。翠巍巍上冲斗牛,雾腾腾下彻黄泉。山前边生就得凹凹达达,山背后走不尽垒垒层层。野鹤飞,兔儿跑,狐香(虎狼)跳崖柴狗咬。野猪惊,酥(鼠)儿崩(蹦),麋鹿成群山鸡鸣。蛇行寸草赤历历响,兔儿咬蒿根圪拔拔(啪啪)行。东山上猿猴摘果,西山上麋鹿成群。南山上狼虫虎豹,北山上鸦(野)鸟飞禽。山远路又深,山花雪(绚)满林。山云层片片,山草绿青青。山风一阵起,山云百朵生。山上大雨下,山下水流声。山夫犁山地,山牛山地耕。山妇送山饭,山孩山内行。山鸟朝朝叫,山灯夜夜明。山人说山话,山僧讽山经。红山红似火,白山粉妆成;蓝山蓝如靛,黄山黄金顶;黑山黑如墨,五色可爱人。高得(的)是山,峻得(的)是岭,陡得(的)是崖,阔得(的)是涧。高山峻岭,陡崖阔涧。山头蓬撒撒,山顶石嵯峨。赞罢山中景,方是寿山歌。

夫山者，一派青山，景色幽幽。山中好景，尽在里头。遥看山中景，山中景色新。山中多树木，山中松柏青。山左金娇枝，山右玉芙蓉。山前太虎（湖）石，山后木香亭。山上风扫地，山下月为灯。山头乌云罩，山峡水流声。闷来山前坐，渴来山泉饮。山中有贤士，山中有圣人。山中隐宰相，山[中]藏朝臣。游尽山中尽（景），山中无故亲。要知山下路，还问在山人。

夫山者，巍峨高耸，岭接云端。峰连霄汉，顶透青天。来（青）山起伏势绵绵，砂水绕抱形屈曲。般般怪石色苍苍，涧下流水响叮咚。万木风声如虎啸，千鸟音声似龙吟。猿猴献果，麋鹿献花。山前始见百花明，山后只听鸟啼声。乔松上千年白鹤，深涧下万载灵龟。樵夫执斧站山破（坡），野老扶梨（犁）过峻岭。山崖如壁，山路崎岖。山公有酒弈围棋，山童歌舞由（犹）聒耳。何足羡蓬莱阆苑，入山中竟思忘归。

　　一山未尽一山行，十里多无半里平。
　　借问老僧遥指处，远观一带南山景。

夫山者〔二〕，
北宸（辰）是紫微帝星，天降下治世安民。
剿除了八九草寇，扫灭了二九烟尘。
前来在芒山之下，蒙（猛）抬头景致绝伦。
石牌上题诗作赋，上写着山水根源。
盘古王初分天地，有天地就有山名。
先有那昆仑为主，后才有五岳为尊。
东岳是太（泰）山绝顶，管幽府人之生死。
再说起南岳衡山，管江河虾蟹鱼鳞。
二郎坐西岳华山，管世上铜铁金银。
再说起北岳常山〔三〕，管的是走兽飞禽。
嵩山顶占了中岳，管沟渠树木果品。
着（这）才是五岳名山，再说起聚仙山名。
少林山神拳僧棍，灵山上出了世尊。
老逢（峰）山仙人访景，五台山辈辈高僧。

白云山生云长雾,终南山八仙修行。
天台山老君治世,落伽山南海观音。
龙虎山天师护国,凤凰山鬼谷仙先(贤)。
伏牛山道童学艺,扶桑山日出其中。
泰(太)行山有头有尾,泰(太)和山玄帝行宫。
三岛山蓬莱方丈,众神仙跨鹤飞升。
崆峒山黄帝问道,富春山严光子陵。
天下有名山万坐(座),论景致处处不同。
胜似他蓬莱三岛,高不压王母昆仑。
绝顶上青(清)风撒撒(飒飒),半山中紫雾腾腾。
东山上猿猴摘果,西山上麋鹿成群。
南山上狼虫虎豹,北山上鸦(野)鸟飞禽。
赤立立蛇尖(钻)寸草,圪拔拔兔咬蒿根。
青松柏遮住山顶,翠绿影罩住山门。
秦王游景看芒山,题诗作赋在此间。
高叫茂功接了笔,再将芒山和一篇。
一山又看一山岩,往来客旅恸伤情。
头顶青草年年有,涧下泉[水]一(日)日生。
石山石岭一(依)然在,不见周秦汉魏人。
周秦汉魏人不见,不知又换几千般。

夫山者,
远观一坐(座)山,近趣(觑)绿斑斑。
顶头风撒撒(飒飒),涧下水川川(湍湍)。
山藏千般鸟,禽兽在里边。
要知禽与兽,从头赞一篇。
麋鹿衔花走,猿猴把树班(扳)。
南山虎着尾,熊豹在此山。
东山獐狍过,西岭野猪欢。
柴狗嘡嘡咬,唐(苍)狼去过山。

兔儿咬蒿根,石山川(蛇善串)山岩[四]。
黄妖(鹞)拘着猫,鼠狼在后边。
绍(貂)鼠上枯(古)松,水獭在河边。
银鼠白如雪,天马皮值钱。
青狮齐头嘴,浑身毛谷炼(毛圪连)。
涧下象喝水,鼻则(子)祝着天[五]。
走兽说不尽,飞禽说一翻(番)。
石鸡丫丫叫,半天鸡留连。
黄莺捉板雉,野鸡飞过山。
有样寒毫(号)虫,上下赤圪年(蔫)。
鹁鸽一身灰,老鸦穿皂衫。
鹦鹉会说话,八歌(哥)也能言。
胖嘴足绿绿,乌(梧)桐也一般。
飞禽映山红,落地老仓(苍)难。
齐来马不鹭,黄雀叫绿蚕。
野雀树颈(头)叫,乌鸦白颈圈。
绵鸡十样锦,鸳鸯水上欢。
啄木嘴巨长,孔[雀身躯短]。
凤凰鸟中王,常在中(终)南山。
禽兽说不尽,□□□□□。
山高遮住半壁天,诸般禽兽在里□(边)。
见了此山夸不尽,丹青难画中(终)南山。

夫山者,
一座青山景色幽,诸般景致在里□(头)。
丹青看山难描画,才人赞景无尽□(头)。
山中景,四时绿青青;云雾罩,霞光瑞气生。
山中景(春),芳草碧如云;落花处,洞洞水之云。
山中夏,昼永人间暇;柳荫中,黄鸟啼初罢。
山中秋,风(枫)叶凉飕飕;东篱下,黄花对白头。

山中冬,深雪断人踪;谁伴侣,石上一株松。

四时景,春夏秋冬各不同。

高山顶上祥云罩,半山岩中瑞气生。

龙楼凤阁夸紫府,水阁凉亭赛瑶宫。

山中路上转山涯(崖),山人山僧山里来。

山客看山山景好,山桃山杏满山开。

夫山者,这山中,东五垛,西五垛,岩前坪,日落何(河),日光里边多塞罗(赛啰)。适才吕望寻少主,西宫又唱太平歌〔六〕。一塌就凹地,一塌眼见(沿涧)池〔七〕。人来粗细椿柳树,背脖(臂膊)粗细滕则(藤子)蒿。指头粗细细根苇,灵甲(菱角)花,剪甲补(尖角蒲)。水面上鸳鸯相斗,半山中獐狍成群,展手一摊(探)壁,彻地撒勒(哩)红。转山再看,高低不等为之山,窄石当道为之径。风吹或(荷)叶哨哨响,雨洒涧边滴滴鸣。梭(蓑)草鲤鱼赤立立跳,惊得猴孙(猢狲)谷六六(骨碌碌)惊。噪时人心圪滴滴怕,惊得山鸡圪勒勒鸣。左壁远(渊),右壁硬(埂),后面撞下崖,樵子往来径。青松立住得(的)塔,白云飞了得(的)鹅,绿水走了得(的)蟒。转山再看,高得(的)是山,峻得(的)是岭,陡得(的)是崖,阔得(的)是涧。高山峻岭,陡崖阔涧。山高路不[平],山花开满岭。山云成片片,山草绿青青。山鸟[朝朝叫],山灯夜夜明。山人说山话,山僧讽山经。山人请山[客,山酒待山宾]。此山奚(蹊)险险奚(蹊)漫,樵夫斧弱(搦)路湾宽。麋鹿放筐筐(狂狂)到底,猿猴紧把把(紧紧把)树般(攀)。行了多少反(翻)陡路,不似这[座难行山]。[青]靛染做千块玉,[碧]纱笼罩终南山。

【注释】

〔一〕此"又一篇"实含多篇。以下凡以"夫山者"开头,即属一篇。凡赋体之篇皆属主礼所念,凡诗赞体之篇皆属前行讲唱,用于二人"对山水"。

〔二〕此"夫山者"属诗赞体,既属前行讲唱,又与杂剧《五虎锁秦王》中的李世民唱词牵涉。上党赛社今存该剧的李世民角单,就有"秦王游景看芒山"一段,记有"高叫茂公接了笔"云云。

〔三〕"常山",指北岳恒山,因避汉文帝刘恒之讳改名为常山。

〔四〕此句,《唐乐星图应用本》(残卷)对应记为"石苍(时常)川山岩",供辨。

〔五〕"鼻子祝着天"言大象鼻子朝天如祝拜状,或其"祝"实应为"触"。

〔六〕以上两句概言山中"赛"时所演。所谓"吕望寻少主",与姜太公钓鱼、文王渭水访贤、武王伐纣有关,故见"西宫又唱太平歌"。

〔七〕此句写其赛场环境。"塌",言场所、地方,乃俗语。如元杨显之《潇湘雨》杂剧第二折"但不知那塌儿里,把我来勒死"。在此实指山中赛场,一处就着凹地,一处沿着涧池。

词　篇

少《古论[赋]》[《百花赋》]〔一〕。

【注释】

〔一〕以上两行文字,原本斜批于上篇结尾处,字迹与正文不同,显属后加。与此相关,清光绪年间抄立的《唐乐星图应用本》(残卷)与此本篇目顺序、内容基本相同,唯其《四边静》之后接记有《古论赋》《前行念起首》《东方朔赞》《百花赋》,接后两本所抄又同。两相比照,可知此本缺《古论赋》《百花赋》。可见此处斜批为"词篇,少《古论赋》《百花赋》",应为后加。写此批语者,显然与《唐乐星图应用本》(残卷)有过比照,发现少记了两个"词篇",才又特加斜批于此。

前行戏竹放盏规矩讲说〔一〕

清晨起来不再忙,塞勒打板按宫商〔二〕。
鼓台架作攻书案,权且勾栏作教坊〔三〕。

鼓乐宜成第一功,一声锣响换(唤)先锋。
笛吹美令如鸾叫,板撒六扇凤凰音。
金钉钉就驼皮鼓,伶伦之字(敕赐)在扣中。
上告恩官且雅静,打一怕(拍),千里灵神侧耳听〔四〕。

暂停车马仁,略等川(片)时间。今日是广阳头场(或正赛、末场)。广者,呼为大也。阳者,按升(阴)阳二气。在上主神官掌了大礼,在下我前行掌了大乐。礼云礼云,乐云乐云。礼云是玉帛云乎哉,乐云是钟鼓云乎哉。天攒五星者,东西南北中,金木水火土。地攒五土者,常衡泰华嵩,青红白黑黄。人有五德者,温良恭俭让。乐按五音者,宫商角徵羽。天气和,四时顺;地气和,万物生;人气和,五腑六脏皆安;乐气和,打八音皆响。回转[过来],天气不和,四时不顺;地气不和,万物不生;人气不和,五腑六脏不安;乐气不和,打八音不响,要者胡谓(为)乱响。

  律吕调和偕(谐)五音,按春按夏按秋冬。
  休听小鼓偏悬(喧)闹,鼓乐响处必太平。
自此念《百花赋》《戏竹》《楼台》《古论赋》[《大排乐》]〔五〕。

三盏不放盏念〔六〕:
  北山靠南崖,黄河水[捞柴]。
  这回下去了,戏文又上来〔七〕。
做队[戏毕]〔八〕。

(吹头盏)〔九〕
放第一盏念〔一〇〕:
  华筵殿内酒食初分,一盏才[开头杯满劝]。
  神前献琥珀之杯,乐奏了长生之曲〔一一〕。
头[杯酒盏]圆了,《寿南山歌》曲子呈献〔一二〕。
  江南数根竹,[选就一笛才]。
  吹出天外去,镇压八方灾〔一三〕。
吹一曲,小煞鼓三遍。唱盏,进食补空〔一四〕。
  金殿上皇王进酒,玉阶前文武公侯。
  念吾王江[山]永久,三代夏商周〔一五〕。
一盏周全,《万花落(乐)三台》呈献〔一六〕。
  苏武和番十九载,休教(叫)寒雁稍(捎)书来。
  前殿诸神献上寿,后行罗(锣)里献三台〔一七〕。

  三台三台,百步(部)照牌,
  天上有三台之星,地上有三台之曲〔一八〕。

炀帝官家喜开怀,去看琼花遍可(汴河)开。

前殿尊神献上寿,后行罗(锣)里献三台[一九]。

殿上流三台,台上妇人舞调,罢,唱盏,完一盏[二〇]。

(唱二盏):

三皇氏五帝传朝,讲得(的)是禹舜唐尧。

八方静干戈宁息,感天地风(雨)顺风调。

二盏就到,靠乐歌唱。

地下伶伦,天上月雁,

二盏就到,歌唱呈献。

妇人歌唱一曲,唱盏,补空。

夜听古今三五论,猛风吹透月光寒。

知音可对知音操,不对知音不可谈(弹)[二一]。

果为正盏,食为补空。

唐明皇一人有庆,教坊司歌舞比并。

丹墀内击散梧桐,食变了慢词补空[二二]。

妇人唱慢词,毕,唱盏,二盏完。彻盏打侑盏锣鼓,妇人对舞[二三]。

(舞三盏):

子楚打马到安埏,此地何能福里闻。

请问赵王无所处,黄金台上草连天[二四]。

吹头盏,唱二盏,少不得舞三盏。排下着(这)堂仙女,各有花名:一个《杨妃单舞[盘中曲]》,二个《并头莲》,《三生薄媚》,《四比(北)和番》,《五[花梁州]》,六个是《王子高带六么婿(序)》,《美天七圣》,《八难观音》,[《九天仙女》],《十代明君》,《十一福德》,《十二元辰》[二五]。

头上初分绣带(戴),列两行胭脂齐排。

排一堂宫娥美女,娇娆体态[身材]。

蛾眉花帽凤头鞋,头上宫花插满,腰软粉脸[香满腮]。

歌一曲仙音嘹亮,舞宫调一齐上来[二六]。

大鼓三煞,[三回]九转,小鼓[三煞]。未煞鼓唱盏,后煞鼓[二七]。

补空：
>云梦山中鬼谷仙，教学孙宾（膑）共庞涓。
>兄弟则（刎）了哥哥足，三卷天书永不传[二八]。

三盏已毕，少不得再撞再煞，或再煞再撞[二九]。

再撞再煞：
>楚霸王生得怒发，身披了乌油铠甲。
>九里山撞见张敖，拨回马再撞再煞。

再煞再撞：
>汉张飞生得忙（莽）壮（撞），忙把盔来带（戴）上。
>虎牢关撞见吕布，拨回马再撞再煞（再煞再撞）。

大鼓三煞，三回九转，小鼓三煞。
>尧王圣明君，四海罢烟尘。
>吾王多有道，上献舞乐神[三〇]。

妇人舞念：
>失遣连（拾遗怜），赠诗篇，
>要甚么，烟（胭）粉钱[三一]。

唱盏，进四盏；果毕或曲破[三二]。

前衙七盏毕，舞唱或曲破[三三]。

晚衙盏加：三盏已毕，各无所管[三四]。

清唱几词：
>唱二唱，声哓（嘹）亮，
>双手推开象牙板，翻身（芳声）跳出水晶宫[三五]。

妇人清唱五盏，八盏后上饭，打拜鼓。供茶毕，送阴神[三六]。

【注释】

〔一〕此"前行戏竹放盏规矩讲说"，与赛社"供盏"有关，既记有前行供盏时的"讲说"，又记有相关规矩的说明提示。所谓"放盏"，相对"押盏"而言。依规，每向神献酒，前行先"高摇戏竹，暂止乐声"，押住酒盏（押盏）讲说一段，之后又起乐献酒，是为"放盏"。其间须依主礼先生唱礼（亦称喝礼）节次而行，故又有相关提示。因此，主礼阴阳与乐户前行所抄的底本，都记有基本相同的"规矩"。随着"三盏以后俱无所管"（见前《唐乐星图》本），此处三盏之后也仅有提示说明（要求不严）。另，此规矩可用于三场赛社，故见原本文中将"头场、正赛、末场"三者并列竖写,今写为"头场(或正赛、末场)",意思不变。

〔二〕"塞"通"赛","塞勒"即"赛哩"。如《史记·封禅书》中的"冬塞",唐司马贞索隐曰:"(塞)与'赛'同。赛,今报神福也。"

〔三〕"权且勾栏作教坊"一语,留有宋元痕迹。《东京梦华录》记载,北宋宫廷用乐早可"按籍召之"勾栏乐户,且宋徽宗亲制"大晟礼乐",颁行天下,使民间赛社伎乐与宫廷相通,故有此语。另,以上四句类如"引语",借以"开篇"。

〔四〕此段诗赞,类如前行讲说故事的"书帽",可用于赛社"三场"清晨的不同讲唱内容。如《赛乐食杂集》记有前行《讲路台》一篇,就用了同一"书帽",其中"伶伦敕赐在扣中"一语,比此处对应一句所记较妥,故校改。盖因前句所言的"驼皮鼓"即唐明皇酷好的"羯鼓",按唐《羯鼓录》记,唐明皇曾言其属"八音之领袖",与"敕赐"相关。另,"扣",敲也。

〔五〕"自此念……"云云,属提示说明。意指:以上"书帽"讲毕,"自此"须接之下所记的一个长篇,才属完整的前行讲唱,才可用于每日供盏开头。以下所列的五篇,即可选的长篇,正如前一篇《词篇》所指,该本实缺《百花赋》《古论赋》两个"词篇"。另,该段所缺字句,皆依《唐乐星图应用本》(残卷)而补。

〔六〕"三盏不放盏念"亦属提示说明。依照古规,第三盏应"舞",前行应该"勾队"上场,但因明清每以"出戏"代舞,故见提示,前行可念以下四句,借以"勾戏"。

〔七〕此处"戏文"泛指南戏,包括昆腔、弋阳腔、青阳腔等。与此相关,上党赛社另本记有《献戏榜文》一篇,有"乐输南风之歌"云云。《唐乐星图》等本所记的供盏乐次,有用"出戏"的实例,也见以"戏"代"舞"。

〔八〕此句意指,若只供三盏就结束(如卯筵),结束时仍依古规,以"队戏"歌舞收尾。

〔九〕"吹头盏"三字,原本记在"第一盏"三字之前,属眉批,今置括号内,言指该盏以"吹"为特征。以下二盏、三盏也有类似眉批,也置于括号内。

〔一〇〕"放第一盏念"属提示,内容如下,正属第一盏"放盏诗赞"。

〔一一〕依规,前行念完以上四句,随着"乐奏了长生之曲",酒司开始神前斟酒,亭子再将酒杯放置神前,是为"放盏"。

〔一二〕此句提示语实属主礼先生"唱礼"(喝礼)之词。因其"开呵立盏,务要分明",故先强调"头杯酒盏圆了"(头杯已经斟满),再命令"《寿南山歌》曲子呈献"。于是,前行接念以下四句,吹《寿南山歌》,献酒三次,行叩拜之礼。

〔一三〕以上四句,属前行"勾"《寿南山歌》的念词。由于"吹头盏"需用"竹笛",正与"伶伦"牵涉,与"竹崇拜"有关,故仍认为竹可通神,言"吹出天外去,镇压八方灾"。

〔一四〕此段是头盏转入第二趟(供食)的说明。"小煞鼓"即殿前细乐所用的小鼓。由于"果为正盏,食为补空",所以第二趟进食的伎乐皆属"补空"节目。

〔一五〕以上四句用于头盏第二趟(供食)献酒前。最后一句"三代夏商周"似不全,然而今存各本皆如此传抄,无可参核。臆测句前当缺"堪比"或"胜过"之类文字。

〔一六〕此段亦属主礼先生的唱礼之词,与前"头杯酒盏圆了"类似。以下类此者不再出注。另,《万花乐三台》由《万花乐》与《三台》的"带过"体变化而来,属《三台》曲的变体。

〔一七〕以上四句,用"勾"乐台以《三台》伴奏的舞跳。而如前引,供盏伎乐又分"前后两衙",分属"细乐""粗乐",分由"前行""后行"引领,届时相互配合。因此,既见神前"一盏周全,《万花乐三台》呈献",又见"后行锣里献三台",乐台以大锣大鼓伴舞。这种殿前细乐与乐台粗乐相互配合的表演形式,正类宋代皇宫寿宴所见。如《东京梦华录·宰执亲王宗室百官上寿》条就记:"第一盏御酒……先笙与箫笛各一管和;又一遍,众乐齐举……三台舞旋……舞曲破撷前一遍。"其头盏先献"酒",用"笛";且其"又一遍"(再趋),"众乐齐举",配合"三台舞旋",与此处所记相类。尤其宋金时,神庙乐台多属露台,与大殿相接,赛社用乐更近于宫廷寿宴的形制。

〔一八〕"三台三台"云云,类前四句,亦属可供选择的念词。盖因赛社三日可选三个不同的舞跳,此其二(再下又有四句,为其三)。届时"众乐齐举",同照牌调而奏,故言"百部照牌"。

〔一九〕以上四句,仍用"勾队",且勾出一个与"隋炀帝开汴河"有关的舞跳,实即后列的《九天仙女》队戏(详下)。

〔二〇〕此段亦属提示说明。"殿上流三台",指细乐吹奏三台曲。"台上妇人舞调",指乐台配合相应的队舞。

〔二一〕以上四句,用以勾出"妇人歌唱一曲"。见于该本后,前行又用以上四句勾出一目"小杂剧",名《陈抟高卧》(详后),此处"妇人歌唱"的内容或与其相关。

〔二二〕以上四句,用于二盏"补空"时,借以勾唱"慢词"。按《唐乐星图》等本所记,多唱《五方慢词》。

〔二三〕此段亦属提示说明。言二盏完后,"彻盏打侑盏锣鼓",乐台上"妇人对舞",以接第三盏。

〔二四〕以上四句,属前行出场致语的开头,类如话本开头的"诗引",借以引"舞"。其"子楚"云云,应出自宋金之际。依史,"子楚"属战国时秦孝文王庶子,曾质于赵,后在邯郸结识吕不韦,由吕帮助,逃回秦国,终登王位,即秦庄襄王。其曾娶赵姬,生子"赵政",即嬴政,亦即一统天下的秦始皇。嬴、赵同祖同源,皆属赵氏后裔。此处借"子楚"喻指宋代赵氏。且"康王赵构"正与子楚相似,曾在河北金营为人质,也从赵地逃出称帝,才又成了南宋高宗。"子楚打马到安埏,此地何能福里闻",与当时人们盼望康王收服中原有关。"请问赵王无所处,黄金台上草连天",与徽、钦二帝被掳有关。且由"赵王"谐音"昭王",借用战国时的燕昭王"黄金台"招贤典故,早对高宗一味媾和发出不满。尤其原属北宋的河北、山西一带,随着岳飞被害,复国无望,更会发出"草连天"的感慨。由此可见,此段"引诗"应出自金人占据中原之后,说明其用于宋金之际的民间赛社。

〔二五〕以上长段,属前行致语的主体,用以介绍"舞三盏"的女乐。依宋元勾栏所见,届时女乐坐于乐床,形同展览,借以招徕观众。民间赛社相类,女乐也多列于乐台。赛社时其属"花队",表演的队戏各有"花名"。此处共列十二目,称"十二元辰故事",与十二辰次、十二律吕对应相关。如《王子高带六么序》一目,仍留着宋元痕迹,宋"官本杂剧"记有《王子高六么》(见《武林旧事》),《唐乐星图》本记有《王子高六么花十八》。其早类宋代加有"花拍"(详前注)。此处《六么序》,正属宋元令曲,且类所加"花拍"形成带过体,故见此处记为《王子高带六么序》。

〔二六〕此段诗赞,属前行致语的"尾诗",既与开头的"诗引"呼应,又可用以"勾"出女乐舞跳,故见"舞宫调一齐上来"。

〔二七〕此段属第三盏"头趟"的说明提示。言指,届时乐台"大鼓三煞",舞者"三回九转",不但与殿前"小鼓三煞"相互配合,而且结尾时先"唱礼","后煞鼓",以接之下的"补空"队舞。

〔二八〕以上四句,属第三盏"补空"(供食)时的前行念词,用以"勾"一段队戏表演(衬队)。依词,应搬演"孙庞斗智"故事。见前《唐乐星图》本"队子"类,记有《清平乐·孙膑排九宫八卦》一目,此处或正演其片段。

〔二九〕此段亦属表演提示。言指,若"三盏已毕"还要供盏(见下),第三盏"补空"就不必扮演"孙庞斗智"之类,而可改用"少不得"所记,即"再撞再煞"或"再煞再撞"。依《唐乐星图》本记,前者属《大会垓》中霸王战张煞片段,后者属《虎牢关》中张飞战吕布片段,都有前行"勾"其表演的念词。

〔三〇〕以上四句,"勾"以下"妇人舞",并可借以"遣队",正可与前"勾队"出场的诗赞呼应。之所以抄在三盏结尾处,盖因只供三盏也可结束(如卯筵)。

〔三一〕以上"妇人舞念"之词,用于花队收场时"讨赏"。所念"拾遗怜"云云,与白居易有关。因其曾官"左拾遗",后被贬为江州司马,所作《琵琶行》对流落卖艺的女子有所怜悯,故有"拾遗怜,赠诗篇"云云,借以唤起同情,给些"胭粉钱"。此钱,按明代谢肇淛《五杂俎》一书记,称"脂粉钱",原属官府对乐户的税收。这种税收见于上党,直至民国初年仍存,故此处仍借"胭粉钱"讨赏。

〔三二〕此小段也属三盏时的说明。意指:若三盏之后不结束,则由主礼"唱盏,进四盏";若三盏之后就结束,则三盏第一趟"果毕"要用"曲破"队舞,借以收队。凡收队,如前引,前行先念"尧王圣明君……上献舞乐神"四句,勾"妇人舞";舞毕,前行再念"八宝妆腰带,珍珠络臂韝,笑时花近眼(尽艳),舞罢锦缠头"四句,用以赏红,之后"高摇戏竹,暂止乐声",结束一场。这种"果毕"以花队舞跳收场,见于后期上党赛社,每用固定的"打曲破"代舞,故见此处笼统而言"果毕或曲破"。

〔三三〕此小段亦属说明语。意指：若七盏之后仍有供盏（如八盏、十二盏），则继续"舞唱"；若七盏之后结束，亦用"曲破"收队，仍类三盏收场所见。

〔三四〕此段是对"晚衙盏"（晚宴）的提示说明。依规，晚宴八盏（后期赛社或从简，也可只供三盏），前三盏仍遵"吹头盏、唱二盏、舞三盏"之规，之后的盏次可唱可舞，任选。进入四盏时前行"加"说："三盏已毕，各无所管。"

〔三五〕以上四句，属于"清唱几词"的前行致语。正如接下所记，用于"妇人清唱五盏"。由于在前已"二盏唱"，故此处称"唱二唱"。其唱，每由女伎的首领担任，称"标首"。唱时双手各执一板，击节而歌，故言"双手推开象牙板"。所谓"芳声跳出水晶宫"，乃夸其声清亮，如从水晶宫中跳出。

〔三六〕此段亦属"晚宴"的礼规说明提示。"妇人清唱五盏"，"八盏"属于最后一盏。之后先上酒，"后上饭"（供食），仍"打拜鼓"，亭子叩拜如前，最后接供一趟"茶"，全部供盏才算结束。如前记，因属"晚宴"，乐台接有"队戏、院本、杂剧"的大型演出。其"院本"每加"荤谜素猜"，言及两性，妇女不宜，与此处"供茶毕，送阴神"相关。且如前引，后期上党赛社每晚演出或清场，禁止妇女观看，同此处所言。

计开　十二元辰故事〔一〕

一个是《杨妃单［舞］盘中曲》：此出唐明皇梦游月宫。杨妃在御花园单舞盘中曲，明皇持竹杖击梧桐按节拍〔二〕。

两个是《并头莲》：此出周幽王宠褒姒。女美，见王不笑，一笑［价值］连城。后宫中选二女，双舞《并头莲》，［褒姒大笑］。

三个是《三生薄媚》：此出卫灵公与后同饮。选三宫女扮上中下三台，舞曲〔三〕。

《四北和番》：此出汉文帝［遣］王召（昭）君和番人。毛眼（延）寿遣四女作伴〔四〕。

《五花梁州》：此出唐明皇（楚襄王）戏乌（巫）山神母。崔怀宝、张［子春］戏西宫，着宫女扮五个州官为戏〔五〕。

《王子皋（高）六么》：此出王子高和国，带六美女故事〔六〕。

《美天七圣》：此出楚梦杨（阳）台。选七宫女，扮北斗七星作伴：贪、巨、禄、文、廉、武、破〔七〕。

《八仙朝玉皇》：此出秦始皇西（兴）建阿房宫，十里一楼，五里一阁，内住无数宫人。选八个绝色者扮仙，始皇扮玉帝，作戏歌舞。

《九天仙女》：此出隋炀帝开汴河，纳黍（赋）行船。上户纳黍（赋），中户开河，无水（税）下户女子勒（拉）船。内选九个绝色，扮九天仙舞唱[八]。

《十代明君》：此出后周武则天篡大唐天下。武三思姑侄通情，选十个宫女，扮十美女作乐夜饮。

《十一福德》：此出楚霸王饮宴。选美女十人扮福德十星，并虞姬共成十一人[九]。

《十二元辰》：此出唐明宗（皇）梦游月宫。见月[里]嫦娥有十二元辰宫女，妙舞倪商（霓裳）之曲。

【注释】

〔一〕此"十二元辰故事"，前"舞三盏"的前行致语已经讲及。皆属装扮人物的"队戏"歌舞，正可由前行从旁讲说故事大略，与此处所列各目故事相关。其故事多属杜撰。另，本篇残缺文字，凡参照《唐乐星图应用本》（残卷）而补者，不再出注。

〔二〕此目《唐乐星图》本有记，《赛古赞本》更记有《唐王游月宫》一篇（详后），用于前行讲唱，与此目相关。

〔三〕此目"上中下三台"，指三台（中台、宪台、外台）之"官"，故由"三宫女"扮而作舞。舞曲《薄媚》属唐宋大曲。

〔四〕《四北和番》，出自《唐乐星图》所记的《王昭君和北番·一单舞》，属其片段。

〔五〕此目出自《唐乐星图》所记的《巫山神女阳台梦·一单舞》，"楚襄王"已被杜撰为"唐明皇"。

〔六〕此目出自前记的《王子高带六么序》，详前注。

〔七〕北斗七星之名，由元明道家所定，分称：贪狼、巨门、禄存、文曲、廉贞、武曲、破军。

〔八〕此目演"隋炀帝开汴河"故事，前"放盏规矩"前行念有"炀帝官家喜开怀，去看琼花汴河开"云云，与此目相关。

〔九〕"福德十星"由五福五德而来，各与天星对应，共十星。此处为凑成"十一福德"，故又"并虞姬"，故事显属杜撰。

祭楼台下厨讲监斋[一]

安排下香蜡果罩，众神煞一齐来到。

上堂乐击响御鼓,机揭(偈)神出鸟(马)先到[二]。

掉(调)机揭(偈),监斋上殿参神,入厨脱壳,掉(调)罢正坐,前行开说[三]。

皆道(脚到)乾坤窄[四],睁睛日月昏,

抬头天外看,四下长愁云。

东海似点水,泰山如捏尘,

天上和地下,可[有这尊神]?

此位尊神出在何朝,封在那帝?出于大元顺帝[在位天下]。辛卯十一年,红军(巾,以下径改)贼造反,杀官劫库,夺取州[郡,掳掠]良民。堪堪(看看)杀至少林寺不远,护法伽蓝三鼓时分于长老托一大梦。梦见伽蓝言曰:"长老休推睡,休推梦,吾乃护法伽蓝。今有红巾贼造反,堪堪(看看)杀至少林寺,火烧寺院,镢打泥胎,满寺僧人不留半个。"长老梦中答曰:"满寺僧人事小,毁坏我佛金身怎了?老爷何不[救]满寺僧人!"伽蓝答曰:"香积厨下有烧火小小行[者],[他生有]一身风癣疥癞,他可救你性命。"到了天明,香[积厨下]果有一小小行者。长老鸣动钟鼓,聚满寺僧人,来[香]积厨下言曰:"红巾杀至少林寺,菩萨何不显圣救我满寺僧人。"菩萨言曰:"我是小小行者,有何本领,救你满寺僧[人]。"众僧跪于地下则(只)是不起,苦苦哀告。逼得菩萨无奈,从火门进去,烟突出来,显出丈二金身,青脸红发,锯(巨)口獠(獠)牙。将破柴板斧削(揳)在敢(擀)面杖上,在肩上横担。高叫众僧:"跟我来!"众僧取棒,菩萨取斧,出离寺山门外。红巾贼领兵只(直)至鹅口岭上,离少林寺不远。菩萨带领僧兵大喝一声:"红巾还不受死,待等何时?"红巾抬头一看,青脸红发,锯(巨)齿獠牙,丈二金身,唬得心寒胆碎。言曰:"你看元朝顺帝有福,感得天神下降。"不敢前进,将红包巾掷于地下,化乡民而去。众僧簇拥菩萨回寺,只(直)至寺院山门外。身躯教(较)大,难[以]回转,一只脚踏了嵩山,一只脚踏了玉寨,立化山门。长老报于登丰(封)县知县,知县写表申上。元顺帝一见,龙心大悦,敕封菩萨南无大慈大悲紧那罗王、天灵(龙)八部神、香积[厨下监]斋神。恐君不信,有诗为证:

此位菩萨住少林,威灵赫赫镇[乾坤]。

金容本是菩萨面,自幼削发做僧人。

顺宗皇帝失仁政,宠爱西域一番僧。

教养宫中天魔舞,天下荒荒(惶惶)起群凶。

李二老朋(彭)招军用,田贵毛凤住(驻)山东[五]。

可恨山贼陈有亮(友谅),又反妖人刘福[通]。
称皇称帝三五载,为国为君十数[春]。
聚就凶兵数十万,反上中源(原)抢少林。
伽蓝托梦呼长老,红巾杀至少林门。
杀了僧人还则可,镢打泥胎坏金身。
长老回言告伽蓝,何不显圣救我们。
伽蓝回言说厨下,烧火小僧救你们。
长老醒来叫徒弟,大雄殿上叫连声。
徒弟法堂鸣钟鼓,聚就寺内许多僧。
来在厨下忙哀告,菩萨显圣救残生。
烧火小僧回言到(道),身小力微显神通。
火门进去烟突出,显出丈二一金身。
青脸红发神通大,锯(巨)齿獠牙唬杀人。
面(擀)面杖上削(揳)板斧,显出菩萨八部神。
肩上横担开山斧,统领寺内众僧兵。
出向寺出(山)门外走,鹅扣(口)岭上大交兵。
红巾　见心胆战,四散奔走各逃生。
顺宗皇帝多有福,感得天神下天宫。
众僧簇拥菩萨驾,回首只(直)至寺山门。
身躯教(较)大难回转,立化山门现(显)金[身]。
左脚踏住嵩山顶,右脚踏了玉寨林(门)。
增福财神前引路,判官小鬼随后跟。
长老报在登丰(封)县,知县写表奏朝廷。
顺宗一见心欢喜,敕封菩萨八部神。
大慈大悲紧那罗,嘱咐厨下要[用心]。
清油白面多爽利,那罗厨下监斋[神]。

失遣连(拾遗怜),赠诗篇,
　监斋罢,要赏钱〔六〕。

【注释】

〔一〕此篇用于"监斋"队戏,属前行讲唱。所谓"楼台",也称舞楼、乐台,是由宋元舞厅、露台演变而来,赛社时用以歌舞。故乐户先要"祭楼台",以求"乐神"保佑。依佛说,此神又是"紧那罗王"的化身,原属"天帝法乐神,能作歌舞"(见《辞海·紧那罗》条),是为"乐神"。《古今图书集成·神异典》卷八九引《河南府志》记,元"至正初,忽有一僧至少林,蓬头裸背跣足,止着单裩,在厨中作务,数年殷勤,莫晓姓名。至十一年,颖州红巾贼率众突至少林,欲行劫掠,僧乃持一火棍出,变形数十丈,独立高峰。贼见惊怖遁。僧大叫:'吾,紧那罗王也!'言迄遂没。人始知为菩萨化身,塑像寺中,遂为少林护法伽蓝"。少林寺至今仍存紧那罗殿。此神既为"乐神"又兼"厨神",故见"祭楼台下厨讲监斋",祭台、祭厨两义兼有。后期的上党赛社仍存其表演形态。如潞城城隍庙赛,直至民国初年,仍用于头场卯筵时。依笔者调查,届时扮者一行先在乐台作祭、起舞,继而下台祭厨,最后返回乐台造形(即宋代"歇帐"),再由前行"讲监斋",所讲仍如此处所记。本篇所记属完整的"队戏"。

〔二〕以上四句属前行致语,借以勾出"机偈神"舞跳。"机偈",又称"机捷"或"急脚",如戏曲中的兵卒,属随从的小神。

〔三〕此小段是对整个表演的提示说明。大意是:前行念毕以上四句,先勾出"机偈"扮者(四人)舞跳一段,类如戏曲"调四角"(故言"调机偈"),随之与扮监斋者同"祭楼台";接着一行下台,行至大殿,"上殿参神";继而"入厨",向神厨所供的"监斋"神位再拜,之后扮监斋者头戴面具,手执板斧,显出三头六臂的金身,鼓乐中从神厨走出,是为"脱壳";最后,一行又上乐台,接舞一段,"调罢正坐",类宋代队舞"歇帐",扮者坐于当场,"前行开说",由其手执戏竹从旁讲以下故事。

〔四〕此句,赛社另本记为"展皆(脚)乾坤至",亦通。

〔五〕依史,"李二"即芝麻李,"老彭"即彭大,"招军用"为"赵君用"(又称"赵均用")之误,三人属徐州起义者;"田贵、毛凤"则为"毛贵、田丰"之误,亦属红巾军首领。

〔六〕此四句用于"要赏钱",类花队讨要"胭粉钱"。

打太平鼓板〔一〕(名单杖鼓,毕前行讲说)〔二〕

清晨起来不在(再)忙,赛勒打板按宫商。
鼓台架作攻书案,权且勾栏作教坊。
前三皇后五帝分为清浊,夏商周排八卦子丑寅虎。孔圣人造诗书仁义礼智,周公旦保成王制礼作乐。今有太平鼓板得[来]呈用[三]。

清凉伞儿把儿长,遮了日头蔽了凉。

后行古论齐攒(揝)掇,太平鼓板蹅(踏)排场[四]。

细乐全部走一回,排齐,打单杖鼓,三回九遍,毕。开说[五]:

太祖雄心不可档(挡),九朝八帝坐龙床。

一根杆棒等身齐,创立新君在汴梁。

清晨早起,焚了一炷明香,奠罢三杯清酒,进上寿馔,吹[了]一套,打了一拍。这个故事,出自"大宋书"一回。大宋非姓宋,本然姓赵称国,号大宋江山,赵家社稷。一帝太祖,二帝太宗,三帝真宗,四帝仁宗,五帝英宗,六帝神宗,七帝哲宗,八帝徽宗。坐[天下]四方宁静,八方安宁。枪刀计(寄)库,马奔(归)南山。千[国来朝],万邦进贡。有交趾缺少三年进奉,进奉官[进来一本书]。此书原来是五味调和之书,天子看了此书,要他无用,赏与了御厨司官。御厨看了书中之意,与天子造膳。水用升合量就,调和用等(戥)般(盘)兑就,造了一餐早膳进上。天子用膳,美味香甜,入口中吃。天子曰:"长(常)时造膳,不是酸就是咸。今日造膳因何美味香甜,入口中吃?这是[御厨]司私餐寡人御膳。"将御厨司绑赴杀场,要开刀[问斩]。[御厨]司口叫冤屈:"斩者为何?"天子曰:"时常造膳,不是酸就[是咸]。[今日]造膳美味香甜,入口中吃。莫非私餐寡人御膳?因此将你斩首。"御厨司曰:"微臣不敢私餐御膳。昨日万岁赏与微臣那一本书,原来是五味调和之书。微臣看了书中之意,水用升合量就,调和用戥盘兑就,造了一餐早膳,原来美味香甜,入口中吃。""寡人不信。将行灶炉火抬到金殿,与寡人造一餐午膳。若要是和早膳一样相似,不将你斩首。如果差了味道,合当斩首。"御厨在金殿对着天子造了一餐午膳,果然美味香甜,入口中吃。天子曰:"寡人有福,御厨司善能造膳了。"赏他半只汤羊,一坛醇醪酒。白日造膳,顾不得所用,夜晚所用,古(故)道:"有酒无乐,而不当契(其)怀。咱四人,一人吃酒,三人动乐。"御厨司曰:"那将有乐器?"把汤羊皮剥将下来,瞒(鞔)在姜椒锣(箩)儿上边,权为一面鼓。吹火筒烙下五个眼儿,权当五眼西夏笛。谷碌捶映(应)在案板上,权为六扇鸳鸯板。一人吃酒,三人动乐,吹了一套,打了一拍。吹了一个上平西(曲)[下平调],到好(打了个)纽秋娘(柳青娘)、温热乐、煞克驻、圪叮珰[六]。徽宗皇帝夜[晚游宫],[只]听得声音嘹亮,鼓板齐鸣,笙簧迭奏,入耳中[听]。[心下自]想:莫非寡人有福,感得仙乐来朝?宫官奏到:"[那]

里是仙乐来朝,不过是教坊司不请我主明白圣旨,私动我主御乐作戏。"天子曰:"然也。"徽宗皇帝宿在宫中,恨明不明,盼晓不晓,[恨不得]双手不(捕)落满天星,从东滚出扶桑日。

东方发亮海水朝,架上金鸡把翅摇。

从东滚出太阳来,正是天子设早朝。

天子设起早朝,文东武西□□(一齐)朝罢,宣教坊司上殿。天子曰:"昨夜不听寡人明[白圣旨],私动御乐,合当斩首。刀斧手,将教坊司绑缚[杀场]斩首。"御厨司跪在金殿,口叫冤屈。天子问曰:"寡人斩教坊司,你御厨司口叫冤屈所为何事?"御厨司奏道曰:"昨夜晚上,非是教坊司私动我主御乐。原来是我主赏与我御厨司半只汤羊,一坛醇醪酒,白日造膳顾不得所用,夜晚所用,古(故)道:有酒无乐,而不当其怀。微臣一人吃酒,三人动乐。"徽宗曰:"那里乐器来?"教坊(御厨)司曰:"把汤羊皮剥将下来,瞒(鞔)在姜锣(箩)儿上边,权当一面鼓。吹火筒烙下五个眼儿,权为五眼西下(夏)笛。谷碌捶映(应)在案板上,权为六扇鸳鸯板。吹了一套,打了一拍。吹了个上平西(曲)下平调,到好(打了个)纽秋娘(柳青娘)、温热乐、圪叮珰、煞克驻。"天子曰:"信子不及(稽),御厨司怎么就会动乐了?既然如此,将寡人宝藏库打开,凤管龙笛等一切乐器那(拿)在金殿,当面吹一套打一拍。与夜间一般模样就则罢了,若是差了曲调,御厨司、教坊司一齐斩首。"在金殿吹了一套,打了一拍,与夜间一般模样。徽宗曰:"寡人有福,御厨司作乐了。"

一面好鼓也:

百木攒腔数载威(匠围),也曾临阵把军催。

太平年不用[高悬挂],鼓不打人间主怎知。

一面好鼓,赶不上一串好板:

此板本是扶桑械(解),五音律吕谁不爱。

两眼拴着红绒绳,曾与(赠予)乐人呈(成)器械。

一串好板,赶不上一管好笛:

江南数根竹,选就一笛才,

吹出天外去,镇压八方灾。

天子龙心欢喜,赏了御厨司十两黄金。教坊司[跪在]金殿口叫冤屈:"斩就斩我教坊司,赏就赏他御厨司。[教坊司往]常奏乐不曾受赏,今日御厨司聊且作乐,赏他[十两黄金]。"天子曰:"赏他十两赏金,价不多。"

  [十两黄金价不多],五音律吕要相和。

  清朝还动清朝乐,太平年重打太平鼓[七]。

  尧王圣明君,四海罢烟尘。

  我王多有道,上献歌舞(舞乐)神[八]。

[妇人舞念]:

  失遣连(拾遗怜),赠诗篇,

  要甚么,烟(胭)粉钱。

【注释】

〔一〕与此"打太平鼓板"相关,南宋吴曾《能改斋漫录》卷一"禁番曲毡笠"条记,宋徽宗"崇宁大观已来,内外街市鼓笛拍板,名曰'打断'。至政和初,有旨立赏钱五百千,若用鼓板改作北曲子,并着北服之类,并禁止支赏。其后民间不废鼓板之戏,第改名太平鼓"。上党地区高平市西李门村二仙庙今存金代石刻,仍绘着当年表演形态(如图),见前行一人手执戏竹在前导引,其后徒手舞色二人,击"单杖鼓"二人,吹笛一人,吹筚栗二人,拍板一人,擎扇鼓(单面圆鼓,也称太平鼓)一人,列队而行,皆属簪花女伎,仍类宋代"花队"踏歌而舞。显然,此篇讲唱沿宋金而来,早用于上党庙赛。当地仍存"打太平鼓"套曲。依今所见,其"鼓"已改为普通的大鼓小鼓,变为男乐坐场吹打。不过也用于后期的上党赛社,用于末场,以庆贺太平。上党乐户今存有《前后行讲说古论有十论》本,仍记有此篇,正可参照校注。以下凡参照所补的缺失文字,不另出注。

〔二〕此两句原本列于篇名之后,且空开,是对篇名的解说,今置于括号内。所言的"单杖鼓",既包括细腰长鼓(今朝鲜族仍见),唐代多以双杖左右敲击,宋改为"右击以杖,左拍以手",故名"单杖鼓",又包括"扇鼓",状如手执的圆扇,也用单杖敲击。两者皆见用于"打太平鼓板"表演,且强调"毕前行讲说",其表演正属"队戏",由宋代而来。

〔三〕以上四句,正类"勾栏"开场致语,每以"鼓板"配合节奏。说毕,正式开演。

〔四〕以上四句,用勾"太平鼓板踏排场"。依念词,其"踏排场"类宋代"转踏",仍属"队戏"。"清凉伞儿"类南宋朱玉《灯戏图》所绘的广场舞队引舞者手执的"伞儿"。"后行古论齐揎掇",正如南戏《张协状元》开场语:"后行脚色,力齐鼓儿,饶个揎掇,末尼色饶个踏场。"显然,其表演正类南宋所见,由北宋而来。

〔五〕此段属表演提示。见类队戏,也仍"三回九转"。

〔六〕此句所言,既与宋徽宗"禁番曲"牵涉,又与"中原音韵"有关。宋元流行的"平水韵"(山西平阳刘渊作)无"入声",而分平声为上平、下平各十五韵,正与"上平曲、下平调"有关。元代周德清的《中原音韵》记有宋元令曲"柳青娘",此篇记的"温热乐""煞克驻""圪叮珰"正属民间俗曲,正类宋徽宗禁止的"番曲"。

〔七〕以上四句,类如话本"题目正名",故其题目又可称"打太平鼓"。所谓"清朝还动清朝乐",乃是将"清晨"改为"清朝",语义双关,留下了清代曾用的痕迹。

〔八〕"尧王圣明君"云云,用于"遣队",与之下的"妇人舞念"相接,为常见的收场程式。

[抛绣球的前行词]〔一〕

道事复悠悠,吹打最为头。
后行[古论]齐攒(揎)掇,浪子佳人抛绣球〔二〕。

二十年前抛绣球,抛得绣球崩星流。
一抛抛在青云里,一心分免帝王忧〔三〕。
高摇戏竹,斩(暂)止乐声〔四〕。

【注释】

〔一〕此标题原无,今依内容而加,故置括号内。与"抛绣球"相关,古代见有"蹴球",又名"蹴鞠""踢鞠""蹴圆""筑球""踢圆"等,属于百戏"杂耍"。对此,宋《文献通考》载:"蹴球,盖始于唐。植两修竹,高数丈,络网于上,为门以度球,球工分左右朋,以角胜负。"《东京梦华录》卷九记北宋皇帝寿宴时"百官上寿",第五盏记有"筑球"表演。南宋《事林广记》又记:"四海齐云社,当场蹴气球。作家偏著所,圆社最风流。"元代萨都剌《妓女蹴鞠》散曲说:"毕罢了歌舞花前宴,习学成齐云天下圆。"正沿此,就见此处记有"抛绣球的前行讲唱",其后"正赛迎寿杂集"(详下)也列有"杂耍"一项,见用于庙神诞日(正赛),正类宋宫寿宴所见。可见此处"抛绣球"仍与宋代"蹴球"相关。

〔二〕此四句,用于勾"抛绣球"表演,正如南宋《事林广记·遏云要诀》所言,"夫唱赚一家,古谓之道赚",其"唱"称"道",早可"道事复悠悠";其"唱赚"用于"蹴球",绘有图,正类"抛绣球";其图绘有鼓笛拍板,正类宋代"鼓板之戏",不但早也"吹打最为头",且类宋代"打太平鼓",早也"后行古论齐撺掇"(原本缺"古论"二字,今补);以至其"浪子佳人抛绣球"仍类元代萨都剌《妓女蹴鞠》散曲(前引)所言。

〔三〕此四句,为前行"遣队"诗赞,留有金代痕迹,与宋徽宗相关。所谓"二十年前",指北宋未亡之时,其时"抛绣球"正类皇宫寿宴"筑球",如《水浒传》所记的徽宗"蹴球",为"一心分免帝王忧"。

〔四〕此两句出自前行止乐念词。一般应为四句:"万民乐业,五谷丰登,高摇戏竹,暂止乐声。"此处简记,意在提示结束。

正赛放生前行讲说〔一〕

昔日撒网在空中,打住一个俊飞禽。

万两黄金不旨(肯)卖,来在神前要放生。

夫放生者,昔日毛宝放龟,杨宝放鹊(雀)。话分两头,不题(提)杨宝放雀,且说毛宝放龟。毛宝是山西平阳府红通(洪洞)县人氏。夥计三人,领了千两本银,出门行至汴国宜梁(阳)城中,见一人手取金丝绿龟,在街上货卖。毛宝[曰]:"[此物]卖价多少?"其人曰:"要卖三百文铜钱。"使了[三百文]铜钱,将龟买在手中。细看灵龟,原来是灵性之物。我买生放生,随[将]此物放入[河中],顺水而去。不觉光阴似箭,日月如梭。三人行到南京做买做卖,住了三载,收拾行李回家。一日来到江边上船,夜宿船内,梦见一人曰:"毛宝休推睡梦,我是上方灵龟。你上年救我一死,知恩不报非君子,遇后忘恩是小人。今日你三人上了贼船,夜此(至)三鼓,[财命不保]。等待动静时候,不可顾财,只可逃命。我化作一只[小舟],[你]三人逃在[上]边,渡你过江。失了本钱,你回荫城镇上[烧土坡,收]拾三驮红土,着你度日富贵。"毛宝醒来,却是一南柯景梦,将(唤)夥计醒来,将梦中之言一一说透。到了夜至三鼓,果然来了数个强人。唬得三人慌忙走近船前,果于水中滚(浮)上一只小舟,三人跳在舟中渡江而去。回至荫城镇上,果一个烧土坡。依梦中之言,收拾了三驮红土。回至家中拆开观看,变成了三驮黄金。买生放生,到了落了个满门富贵,妻子园(圆)圆。诗曰:

三人各(合)一心,黄土变成金。

要得多富贵,还是积善人。
　　这是毛宝放龟,再说杨宝放雀。杨宝是陕西西安府红浓(弘农)县人氏,其家七辈好善。一日行至化影(华阴)山前经过,见一黄雀在地,蝼蚁嚼之。文谈文语是蝼蚁,常言续(俗)谈是马(蚂)蚁。堪堪(看看)至死,不久身亡,杨宝曰:"见死不救,堕入[人]间地狱。"随即抱在家中,修了一个金镶木笼,养喂七七四十九日,养得羽毛俱全。杨宝曰:"我在化影(华阴)山前收得此鸟,我还到化影(华阴)山前[去放]此鸟。"手提金镶木笼,行至化影(华阴)山前,将笼打开,[将鸟放将]出去,此鸟又归木笼来。杨宝曰:"此鸟有恋笼之意。"将金镶木笼摔在漫汉(颟顸)石上,击了一个粉碎,那鸟腾空而去。话分两头,那鸟非是凡间之鸟,原是玉帝老爷面前左执书童子,皆因打了玻璃龙凤盏,贬他下方受百日磨难。日期已觳(够),还归花落天宫。童子归在天宫,朝见玉帝,问曰:"下方受难,何人将你恩养?"童子一一诉说原因。玉帝曰:"下方有这样好善之人,赐他三颗宝珠,玉环一对。"珠是夜[明珠]、[避]水珠、逼尘珠;三朝皇帝是隋文帝、隋炀帝、隋[恭帝]。遣差童子复去下方送宝。那童子持宝,至三更时候进了杨宝家中,托得一梦:"杨宝休推睡梦,我非邪魔外道魍魉之神,我原来是玉帝面前左执书童子。只因我打了玻璃龙凤盏,贬我下方受其百日磨难,多亏你是好善之人。赐你三颗宝珠、玉环一对,后积三朝皇帝。"言罢,童子还归花落天空(宫)。杨宝醒来,却是南柯景梦,复至天明看时,果然扇(善)桌上有三颗宝[珠]、玉环一对。后来三朝皇帝,乃是隋文帝、隋炀帝、隋恭帝。合社人等买生放生,莫说积三朝皇帝、宝珠玉环、三驮黄金,只求积一个陇(垄)里田(添)苗,穗头加籽,买卖和合,六畜兴旺,田禾茂盛,五谷丰登,风调雨顺,国泰民安,凡事遂意。诗曰:
　　眼似乱灵(銮铃)挝(爪)似锥,混(浑)身上下花毛羽。
　　今日落在前行手,让你滕(腾)空任意飞。

【注释】

　　〔一〕此篇用于"正赛"之日的放生仪式,以示积德行善,以期添福增寿。依上党赛社所见,当寿星、八仙一行入庙祝寿时,前行先讲此篇,再将带来的鸽子之类放飞,是为"放生",与北宋民间"放生会"相关。依之下所记,讲有"毛宝放龟"和"杨宝放生"两个故事。毛宝,晋代阳武(今属河南)人,《晋书》有传,言其镇守武昌时,属下有一军人曾经放龟得报。《警世通言》卷五《吕大郎还金完骨肉》也言及其事。本篇称其是"山西平阳府洪洞县人氏",经商河南,回家时路经"荫城镇",而上党地区长治县正有此镇,为商业古镇,以铁货闻名全国。显然,其故事经过山西艺人加工,早与当地赛社有关。"杨宝放生"故事,出自东晋《搜神记》,《醒世恒言》卷六《小水湾天狐贻书》头回中亦写,言杨宝乃"汉时一秀才",情节与本篇大体相同。显然,此篇早见于上党赛社,与宋元"放生会"有关。另,此篇他本亦记,用以参校。

正赛迎寿安寿杂[集] 小杂剧〔一〕

唱戏(说八仙,舞寒山,猿猴脱壳,排八仙,妇人唱,开八仙[队子],[杂耍,毕])〔二〕。

启寿〔三〕。前行念:

小仙下山来,黄花遍地开。

打起迓鼓攒,请起寿星来〔四〕。

细乐打迓鼓,煞鼓。罢,前行拿生念〔五〕:

盘古王混沌初分,天地人三皇治世。

且莫说外国他邦,则表咱中原之地。

周汉唐宋不可言,则说那大清皇帝。

顺治康熙驾崩了,雍正老爷登龙位〔六〕。

四海丰收万万年,十三布政两直隶。

十三布政直隶所(数),就所(数)潞安第一春。

出得东门[打一至(址)],就所(数)壶关老爷们〔七〕。

说起爷们多富贵,说起爷们好敬神。

择下好日要享赛,家家户户费金银。

麦子磨了十来石,香油打了二万斤。

煮得(的)麻糖铡床大,煮得(的)徽子赛盘龙。

赛过三朝并五日,一个谷穗打半升。

赛过三朝并五日,结得(的)南瓜大似钟。

赛过三朝并五日,一科(棵)麻上剥半斤。

赛过三朝并五日,一个麦子打三升。

赛过三朝并五日,生下一个好儿童。

无灾无祸六七岁,送去学内把书攻。

本县堂上考案首,潞安府内进头名。

山西省上去应举,北京城里就连登。

晚(宛)平县内作知县,北京城内管朝廷。

回在家内来祭祖,猪羊献上拜坟茔。

房上安着大厦兽,张牙大口唬杀人。

看家狗儿赛狮子,叫鸣金鸡似凤形。

使奴唤辈(婢)人出入,子子孙孙拜天恩。

我把生才煞克主(住)〔八〕,摇名(尧民)歌儿唱几声〔九〕。

标首[妇人唱《摇名(尧民)歌》]〔一〇〕:

罢(摆)列下文官来武识(职),今日是吾王来寿日〔一一〕。

东王公西王母都来着做生日,老人星今日下瑶池。

八洞仙来站丹墀,有金丝绿毛龟。

一年那又一年,一年年享福贵,

领(愿)吾王只(直)寿了千千寿。

酒饮千杯只嫌少,今(人)生百岁古来稀,

一年那又一年,年年享富贵。

按(安)寿处,扮《钟魁(馗)镇宅》,掉(调)罢,念〔一二〕:

钟魁(馗)进门来,进喜又进财。

推出凶煞神,迎进喜神来。

老人星诗〔一三〕:

龙麝香焚宝鼎,盏内酒献羔羊。

天边一朵瑞云飘,门外有八仙来到。

先献丹纱一领,后献王母蟠桃。

年年祝寿年年高,庆贺长生不老〔一四〕。

祝寿四句〔一五〕:

青酒频频献,寿乐到管弦。

寿山并福海,福[寿万万年]。

又〔一六〕:

南极老人星,头与身相停。

矩矩(短短)无三尺,天地一[般]齐。

[又]:
　　头带(戴)簪冠按七星,初生下界鬼神惊。
　　双双(刷刷)两道长寿眉,一对仙眼似流星。
　　左手拿定龙头杖,右手拿定一卷经[一七]。
　　名牌标写七个字,年年添寿老人星。
祝寿四句。

寒山诗[一八]:
　　将纸笔忙拿定,竹帚尘手内悬。
　　自幼离家奔山岩,手攀肩角笑闹市,在云端。
　　身不恋鸾堂画阁,粗布袍紧跨(挎)身边,游游荡荡作神仙。
　　修仙右石(拾)得,辩(伴)道左寒山。
石(拾)得诗:
　　二人空中自叹嗟,自从下方(凡)不离别。
　　一个张着嘴儿哈哈笑,一个抿着嘴儿则不日。
　　写不尽人间是和非,左寒山牵定右石(拾)得。
张四郎仙诗[一九]:
　　不再工夫(苦)不再忙,一心跳出是非场。
　　散旦(淡)逍遥[龙泉县],炼叶(药)勿使炼药璜(黄)。
　　渔鼓响,戏秋凉,蓬莱三岛是家乡。
　　笛吹美令如鸾叫,久住蓬莱张四郎。
柳树精仙诗:
　　家住尧(岳)州尧(岳)阳城,尧(岳)阳城内有家门。
　　洞宾师夫(傅)来渡(度)我,鱼(肉)眼凡胎认不得人。
　　稍又大,根又深,小名唤做顺河清(青)。
　　炀帝无道栽下我,千年不老柳树精。
蓝采和仙诗:
　　磨途踏灰(抹土搽灰)去过河(活),善知今古起张罗。
　　手内拿定[鸳鸯板],口内常念道情歌。
　　人笑我,我疯魔,街前认(引)[得小儿多]。

蟠桃会上人不识,拍板高歌蓝采和。

吕洞宾仙诗:

麻袍草履布袍新,爱戴青纱一字巾。

剑谈(弹)一阵黄粱梦,间(吕)州货卖做营生。

渔鼓响,简声鸣,仙童歌舞暗相云。

岳阳楼上饮三醉,乃是唐朝吕洞宾。

曹国舅仙诗:

麻袍草履布袍袖,我把世界都参透。

朝中宰相有逸臣,神仙还是神仙做。

天亡(忘)忧,地亡(忘)愁,拜罢王母金精(经)绶(授)。

千山万水去修仙,玉叶金枝曹国舅。

汉钟离仙诗:

丫髻幼讨(又绦)大肚皮,老(络)腮胡须不过齐(脐)。

福寿人间增百福,不恋朝中将帅衣。

人笑我,世间稀,脚蹅(踏)金线绿毛龟。

千年不老蓬莱客,首洞神仙汉钟离。

铁拐李仙诗:

生在人间天地里,钟离点化心中喜。

有福有分是神仙,散旦(淡)逍遥谁似你。

脚难那(挪),势难比,头发蓬[松面皮灰]。

谁知孔目是神仙,借尸还魂铁拐李。

张果老仙诗:

拜罢王母离仙岛,入山去采灵芝草。

扬州渡(度)脱花养(华阳)女,骑驴踏得(倒)赵州桥。

面如玉,胡须老(少),赛过蓬莱千年老。

渔鼓简板唱道情,大罗神仙张果老。

韩湘子仙诗:

知人知面知生死,有缘有分福中取。

仙花对(队)内作神仙,蟠桃会上精神使。

识凡机,晓凡事,在府发下神仙志。

十冬腊月献牡丹,能(篮)盛仙花韩湘子。

仙鹤诗[二〇]:

化德化仙鹤,化德仙鹤却飞了。

两条腿儿鞦韉(踘踳)住,嘴儿好似八方刀(祷)。

绵(锦)鸡诗[二一]:

好鸡也,鸡鸣晓五德。何为五德?头上有冠是文德,足下有爪是武德,吃食呼唤是义德,鸡能好斗是勇德,鸡鸣报晓是信德。

鸡鸣晓五得,送钟窗下鸣。

头上红冠正,身披紫锦文。

心中常怀义,大叫两三声。

唤出扶桑日,重叫天下鸣(明)。

贴篇[二二]:

玉皇敕令九重天,王母蟠桃宴八仙。

南山松柏株株绿,北海灵芝朵朵鲜。

东山猿猴来献果,西山麋鹿把花衔。

双双玉女捧寿酒,对对金童赠诗篇。

醒来三岛宴前饮,醉后王母洞中眠。

龟鹤齐筹来庆寿,愿神圣寿万万年。

祝寿四句。后行讲前诗[二三]。

[又曰]:

帝王传宣出内京,摆列花果供香灯。

执扇掌扇(煽)[龙凤扇],筒则(铳子)金枪摆几层。

左有三千打虎将,右有五万护驾军。

两壁厢摆列文共武,有德有感(威)圣明君。

祝寿四句。

又曰:

一曰炼丹出府城,二来江上独为尊。

三岛蓬莱寻伴侣,四在江边吊(钓)金龙。

五虎浪里逃生死,六到终南问仙踪。

> 七在深山炼丹药,八仙闻我也来迎。
> 九九是我安身处,十到黄泉不负恩。
> 采药炼丹归山去,那有贤(闲)心伴圣人。

祝寿四句。

东华帝君诗[二四]:
> 自古长安地,周秦汉魏修。
> 三川花似锦,八水绕城流。
> 起盖咸阳殿,凤阁对龙楼。
> 地舆图上看,长安最为头。

祝寿四句。

后行又曰:
> 答报当今圣明帝,天降真龙临凡世。
> 征旗不动酒旗悬,战马撒放桃园内。
> 满朝文武贺千秋,龙子龙孙登龙位。
> 八方恋(蛮)夷来进宝,金殿吾王万万岁。

祝寿四句。

又赞:
> 此处好风光,冬暖夏天凉。
> 人人多秀气,个个赛孟尝。
> 绿水绕街过,荷花喷鼻香。
> 高楼望(往)下看,雾罩小阳春(小洛阳)[二五]。

祝寿四句。

前行《四篇(边)静》、《混沌赞》(另本有)、《十段锦》、《百寿赋》[二六]。

"曲破"通用。排开细乐,妇人排站齐,前行念(迎神一礼迎神一节,迎寿一礼诗用是也)[二七]:
> 三皇氏五帝传朝,讲得(的)是禹舜唐尧。
> 八方静干戈宁息,感天地雨顺风调。

> 赵太祖立位登龙,修武庙办步行官(关部兴工)。
> 正佐为(争座位)韩侯斗智,十样锦诸葛论[功][二八]。

下请一礼下请一节,降香花队子曲破得来呈献[二九]。
念罢,妇人手舞[三〇]。

  八宝妆腰袋(带),珍珠落宾勾(络臂鞲)。
  笑杀(时)花金眼(尽艳),舞罢锦缠头。

  黎(万)民乐业,五谷丰登。
  高摇戏竹,暂止乐声[三一]。
毕。

又,迎寿可用[三二]:
  半夜三更宝殿开,玉皇亲把小童差。
  金童玉女临凡世,曾(争)与我皇添寿来。

  太祖雄心不可当(挡),九朝八帝坐龙床。
  未讲六十年前话,说起幽州赵上皇。
迎寿一礼迎寿一节,降香花队则(子)曲破得来呈献。
[念罢,妇人手舞]。

  八宝妆腰袋(带),珍珠落宾勾(络臂鞲)。
  笑杀(时)花金眼(尽艳),舞罢绵(锦)缠头。

  万民乐业,五谷丰登。
  高摇戏竹,暂止乐声。

小杂剧[三三]。
前行说[三四]:
  三皇五帝夏商周,秦汉三分魏吴刘。
  晋宋梁齐南北纪,隋唐五代宋元明。
  朱李石刘郭,梁唐晋汉周。
  六姓十二帝,拨乱五十秋。

高高山上陈团(抟)睡,一堆仙火一堆垒。

若知杂剧名和姓,单(旦)色上来便知讳。

标首唱[三五]：

四面端正好,又曰赏花时。

千里围绕线,起首第二词[三六]。

标首又唱：

楼台方方似屈池,盘古论今讲是非。

上来下去看作相,折辩(谪贬)伶伦是非知[三七]。

标首又唱：

夜诤(筝)古今三五论,猛风吹透月广寒。

知音可对知音操,不对知音不可谈(弹)[三八]。

又唱：

头一着(折)有增(赠)有喜,第二着(折)折(拆)散分离。

第三着(折)探子来报,第四着(折)团圆聚会[三九]。

诸国来朝罢战争,太宗皇帝是真龙。

一人有庆安天下,风调雨顺贺太平[四〇]。

又想祝皇一攒(赞)后添[四一]：

初分五帝三皇祖,清气为天浊气生(土)。

画(划)野分州帝王师,九宫八卦排今古。

扫尽东夷并西祁(狄),收尽南蛮并北卢(虏)。

天下地舆四百州,风光不似河南府。

祝寿四句。

【注释】

〔一〕以下所记,涉及"正赛"之日"迎寿安寿"的多种表演,内容繁杂,且记有"小杂剧",故有此题。依规,正赛之日属主神"圣诞",清晨加有寿星、王母、八仙(皆乐户装扮)一行的祝寿表演。庙外设有寿场,先要抬着神桌香案前往"迎寿",回庙后类如安神而称"安寿"。要将寿星、玉皇、在位皇帝三者神位置于香亭神桌,各供三盏,每盏加有祝寿表演。由于在前已记有寿场《迎寿文》《迎寿赞》等,故本篇寿场从省,从"启寿"回庙记起。另,《赛场古赞》本也记有相同一篇,凡本篇参照校补者,不再出注。

〔二〕此段原本先写"唱戏"二字,之下又加两行小字,即"说八仙……毕",为批注说明,今置括号内。所说的"唱戏"包括"说八仙,舞寒山,猿猴脱壳,排八仙,妇人唱,开八仙队子,杂耍"等,正属"杂集"。

〔三〕"启寿",即"起寿",言指抬起寿星神桌,"迎寿"回庙。

〔四〕以上四句,用于"启寿"时。届时"前行念"毕,"打起迓鼓","请起寿星",乐户装扮的八仙等各戴面具随行,正属"小仙"。行进中仍类宋代"舞迓鼓""迓鼓队",见称"八仙队子"。

〔五〕此段乃迎寿回庙的表演提示。言指回庙路上"细乐打迓鼓",行至庙门"煞鼓",需接一段"唱戏"。由于前行手里拿着"放生"用的鸽子等,故提示"前行拿生念"以下之词。

〔六〕乐户之所以要歌颂"雍正老爷",盖因其废除乐籍,尤其诏令中特别提到"山西等省有乐户一项","令各属禁革,俾改业为良",犹如"放生"。故见此处前行"拿生念"时特别提及。

〔七〕由于历代乐户属于贱民,见了平民也要称其"老爷",直至民国初年上党一仍其旧。此处"壶关老爷们"即其所指。此篇出自壶关赛社,属前行讲唱,正为"勾"出以下"唱戏",且见壶关赛社的"打迓鼓"至今仍存。

〔八〕"生才",指放生所用鸽子类。其与"生财"谐音,将其"煞克住"(捉住),含积善发财之义。

〔九〕此句用于勾之下见记的"妇人唱《尧民歌》",《尧民歌》属宋元令曲。

〔一○〕"妇人唱《尧民歌》"一语,依《赛场古赞》本补入。"标首"乃乐户中一标女乐的首领。

〔一一〕此"吾王"指赛庙主神。壶关县城有座"关王庙",此篇(乃至全本)或与该庙赛社有关。

〔一二〕此句乃神庙"安寿"的提示。届时,为迎接寿星、八仙一行进庙,庙内先作《钟馗镇宅》表演,然后迎进寿星一行"喜神"。

〔一三〕此"老人星诗"乃祝寿表演时的"前行"诗赞,借以勾寿星一行祝寿。依规,八仙一行进庙后,要将寿星、玉皇、在位皇帝神位(位牌)置于香亭,各供三盏。届时,先由前行"说八仙",即之前见记的"八仙赞";接供头盏,前行念此诗,以勾寿星祝寿,故称"老人星诗"。之后又有"西王母"等,也要祝寿,礼节又加表演,总称"八仙庆寿"。

〔一四〕以上八句,用如头盏"押盏"诗。所言"羔羊",指"羊羔美酒"。依明代黄一正《事物绀珠》载:"羊羔酒出汾州(今山西汾阳),色白莹,饶风味。"

〔一五〕"祝寿四句",用如前行"放盏"诗。以下类此,凡"放盏"皆念以下四句。

〔一六〕"又",指寿星祝寿又献一盏。礼规同前,也应有"祝寿四句"(原本脱漏)。因献三盏,故见记有两"又"。

〔一七〕"一卷经",指《黄庭经》,属道家养生书,正宜寿星祝寿时手拿。

〔一八〕"寒山诗"及之下"拾得诗",由二人转踏而念,总称"舞寒山",用于寿星祝寿三盏结尾。

〔一九〕从"张四郎仙诗"开始,凡称"仙诗",皆由扮者自念,类如自我介绍,总称"排八仙"。

〔二〇〕"仙鹤诗",用于"放生"仪式。届时先有"放生前行讲说"(前记),讲毕,前行放飞手拿的禽鸟,念"仙鹤诗",取鹤寿延年之意。

〔二一〕"锦鸡诗",原属清晨"报晓"时的前行念词。若放生用鸡(代鹤),则用其取代"仙鹤诗"。所言鸡有"五德",汉代韩婴《韩诗外传》曰:"夫鸡,首戴冠者,文也;足傅距者,武也;敌在前敢斗者,勇也;得食相告,仁也;守夜不失时,信也。鸡有此五德……"

〔二二〕"贴篇",即"贴加之篇"。依规,正赛每用前行二人,装扮相同,一正一副,称"前后行"或"双前行"。贴篇每由后者念。以下贴篇,用于西王母祝寿,亦献三盏,类同寿星祝寿。

〔二三〕"后行讲前诗"属说明语,言指前诗是由"后行讲"。以下"又曰"亦同。

〔二四〕"东华帝君诗",类前"老人星诗",也属"前行"诗赞,用于东华帝君(又称东王公)向"在位皇帝"(神位)添寿时所念,故以下三段诗赞皆与帝王相关。又因其由"前后行"二人分担,故其第二盏有"后行又曰",仍类"贴篇"。

〔二五〕"雾罩小洛阳"一语,依《赛场古赞》本校改,比较合韵,似合原貌。

〔二六〕此段是对"庆寿供盏"的提示说明。因其供盏开头,前行仍有长篇讲唱,类前"自此念《百花赋》《戏竹》《楼台》《古论赋》《大排乐》",庆寿供盏则可选用《四边静》《混沌赞》《十段锦》《百寿赋》。其中,《四边静》前已记,《混沌赞》已注明"另本有"(今《赛乐食杂集》本见记),《十段锦》《百寿赋》则《赛场古赞》本有记。

〔二七〕此段是对"迎寿"的提示说明。届时,类如"迎神",寿场也供三盏,结尾仍以"花队"表演收场,故伴舞的"曲破通用",须"排开细乐,妇人排站齐",然后"前行念",所"念"内容如下。原本在"前行念"三字之后加有小字批注(今置括号内):"迎神一礼迎神一节,迎寿一礼诗用是也"。言指"迎寿"类如"迎神",不但两者"礼"同,而且念"诗"也可通用。

〔二八〕以上八句,今依其意分为两段。前段用以勾队,后段用以遣队。其遣队四句,乃《十样锦诸葛亮论功》讲唱的结尾诗赞(今《赛乐食杂集》本记有其全篇)。按此,前行所勾的"队舞",也该表演相类的故事。与此相关,《辍耕录》所记的金元院本记有《十样锦》一目,今《孤本元明杂剧》仍记有《十样锦》一剧。显然,此处所勾的"队舞"已见于宋元。

〔二九〕此句既属说明提示,言指"下请"之日要用"花队"表演,又属前行念词,借以勾花队上场。所谓"降香花队子",即神前上香时的队子歌舞,因用女乐而称"花队",且属大曲歌曲,故言"曲破得来呈献"。后期的上党赛社,见如前引,每用"打曲破"代替"花队"表演。

〔三〇〕所谓"手舞",已见于唐宋花队,指"大垂手""小垂手"之类。

〔三一〕以上八句,分为两段。前四句,以"舞罢锦缠头"表示收队;后四句,以"暂止乐声"表示供盏结束。

〔三二〕"又,迎寿可用",意指:迎寿时又可选用以下前行念词。盖因"迎寿"也用"降香花队子",类"下请"所见。随着前行念词不同,"花队"也有不同表演。因此,以下记有两段前行念词,可用于不同的花队表演,而且每段最后需念"迎寿一礼迎寿一节,降香花队则(子)曲破得来呈献",借以勾队上场。

〔三三〕此"小杂剧",依下记,"前行说"接以"标首唱",类前记的"尧民歌儿唱几声",仍属"唱戏"。其"唱"共用"四着(折)",同演一事,已类"元杂剧"形制,留有宋元戏剧发展的痕迹。

〔三四〕此"前行说"的内容,依下记实为两段。前八句,属开场致语,类宋元"说话"的引子。如宋元《武王伐纣平话》,其开头先念四句诗:"三皇五帝夏商周,秦汉三国魏吴刘。晋宋梁齐南北史,隋唐五代宋金收。"与此处前八句比照,唯"宋金收"改为"宋元明"了,正留着"元明"改用的痕迹,可见出自宋元"话本",属于说话艺人惯用的套话。后四句,转说所演的故事,类如勾队之词,正为勾出"旦色"上场,其表演与"高高山上陈抟睡"有关。与其相关,元杂剧有《西华山陈抟高卧》一剧,其故事宋代早有。因与"宋太祖"相关,宋人正需避讳,故此处见言"若知杂剧名和姓,旦色上来便知讳"。显然,此"小杂剧"应出自宋代。

〔三五〕"标首唱",属表演提示。其"唱"与"高高山上陈抟睡"有关,且以下各段类此,一说一唱,一诗一曲,两腔互迎,往复循环,正类宋代"缠达",正属"转踏"歌舞。

〔三六〕以上四句,用于勾"起首第二词",其唱用《端正好》接《赏花时》。依元《中原音韵》记,此二曲同属"仙吕宫",正可像"千里围绕线"一样连用,正类宋代"缠达"。且共有"四折",正类"元杂剧",乃"四面端正好"所指。

〔三七〕以上四句,弦外有音。所言"楼台方方似屈池","方"指"曲尺"(又名"鲁班尺",俗称"拐尺"),如"矩",正如《正字通·失部》言:"矩,为方之器。"于是就有了"无规不成圆,无矩不成方"之说。可由"楼台方方"想到与"乐户"相关的"规矩",且由"曲尺"谐音"屈池",言及"谪贬伶伦是非知",其弦外之音正指乐户的悲惨命运。

〔三八〕此四句,似用了"月夜闻筝"的典故。唐玄宗时,崔怀宝踏青,偶窥宫中筝首薛琼琼,遂生爱慕之心,以诗相赠,"愿作乐中筝"。薛视为"知音",二人私奔,唱和为乐。后因中秋夜抚筝事露,上追寻赴阙,杨贵妃讲情,玄宗恩准,二人终成夫妻。显然,玄宗也属二人的"知音"。将其典故用于此处,乃是将宋太祖与陈抟老祖比为知音,甚或仍含弦外之音:希求在位皇帝也能还乐户艺人自由之身。

〔三九〕以上四句,属该剧结尾时的前行讲唱,借以总结"标首唱"的剧情。对照元杂剧《陈抟高卧》四折所写,其"头一着(折)有赠有喜",当写陈抟赠卦;"第二(折)拆散分离",当写赵匡胤与陈抟离别,直至称帝;"第三着(折)探子来报",当写宋太祖邀请陈抟事;"第四着(折)团圆聚会",当写二人金殿相见,赵不忘前诺,"共享太平"。

〔四〇〕此四句既属遣队下场词,又类元杂剧"题目正名"。该剧或可称《一人有庆》("庆"在此作"福"讲),或又称《贺太平》。与此相关,宋官本杂剧早记有《天下太平爨》(见《武林旧事》),《辍耕录》所记金元院本早也有《天下太平》《丰稔太平》《一人有庆》等。

〔四一〕此"祝皇一赞",仍类之前"祝皇",有"祝寿四句",且"又想",乃"后添"于此。这说明,该本之前所抄,乃至全本,也都与"想"有关,原由精熟此道者回想抄立。为何需要回想?盖因元代"聚众赛社"曾被"禁止",如洪洞县(今属临汾市)明应王殿延祐六年重修碑记,时"设以历禁,莫能也"。其赛社情况只能"询之故老",故与"想"有关。那么,此本又由何人所想,何人抄立?明初壶关县有位杜教,曾被朱元璋召为四辅官,告老还乡时带回一班乐户艺人,可能与当地赛社有关。该本言及"壶关老爷们",原有封皮写着"堪舆堂李子欣应用便事"(俱前引)。由此推断,该本原出壶关,与赛社主礼有关,明初为了"应用便事",才由故老"想"而抄立。壶关县正有姓"李"者曾任赛社主礼,其后裔今仍执阴阳业。

部太阳〔一〕 前〔二〕

自从盘古立三皇,金乌玉兔月中王。
清晨执盏朝东跪,万道霞光捧太阳。
煞吹,鼓三遍,奠酒起〔三〕。

部太阴〔四〕

自从盘古立初分,部(剖)开天地正人论(伦)。
清晨执盏朝西跪,万道霞光捧太阴。

【注释】

〔一〕"部",通"剖""蔀",蔽也,有"部发"之意。"部太阳",本指清晨太阳出山之际,"先蔀而后发",其光愈大。在此指清晨"祭太阳",俗称"跑太阳"。依赛社礼规,清晨庙内先有报晓、盥漱等仪式,然后出庙,朝东南方祭拜太阳,再回庙接供卯筵,来去匆匆,故言"跑"。若是正赛之日,之前又加迎寿、安寿,故此处也记在迎寿之后。

〔二〕"前"指前行。以下所记,即前行祭太阳时的念词。因赛社每日皆祭太阳,故前行词不止一个,此属一例。

〔三〕此句属祭太阳的礼规说明。依规,届时也献三盏,由前行讲酒,也须"煞吹","鼓三遍"。敬第三杯时,主礼念"祭太阳文",之后"奠酒起",再接"打曲破"(代替"花队"表演),表示收队,才算结束。

〔四〕"部太阴",即"祭月亮",朝西北方叩拜,礼规与"部太阳"相同。

小队则(子)〔一〕

前行:
　　五帝为君属圣明,少昊颛顼至唐尧。
　　有道明君登宝位,一人扶唐志气高〔二〕。

　　三皇在位真帝王,五帝为君掌华夷。
　　盖世明王多有道,一人有德说伏羲。
　　又推一朵彩云出,显出一轮明月来〔三〕。

壮士曰〔四〕:
　　二将飞临阵,飕飕起怪风。
　　两条龙戏水,一对虎争风(峰)。
标首上,舞蹈唱〔五〕。
壮士又曰:
　　二虎争宇宙,一龙掌乾坤。
　　五星来聚会,同起一明君。
又〔六〕:
　　年少英雄将,哪怕刀剑灾。
　　鸣锣夺战鼓,刨(闯)进杀场来。
标首又唱。
前行开说。开说由前行,开名不拘〔七〕。
　　一条枪杀得番兵怕,肖(萧)太后领兵城脚[下]。
　　八王剑(铜)打佞臣头,杨六郎铜台大救驾〔八〕。

诸国来朝罢战争，太宗皇帝是真龙。

一人有庆安天一，雨顺风调贺太平〔九〕。

【注释】

〔一〕"小队则（子）"相对故事较完整的"大队"而言，多属队戏片段。本目所演，依下记，与"杨六郎铜台大救驾"相关，由前记的队戏《杨六郎大破天门阵》而来。类前"小杂剧"，既见其"壮士曰"属于诗赞念唱，正类元代民间"搬演词话"；又见其"标首"作"舞蹈唱"，正含队戏歌舞。从而一诗一曲，两腔循环，已将"诗赞""歌舞"进一步"综合"，向"歌舞演故事"的戏曲跨出了重要一步。

〔二〕以上四句为前行致语，相当于"引诗"。所言"一人扶唐"，指扶助唐尧的虞舜。

〔三〕以上六句，用以"勾队"。其队戏所演，正涉及"伏羲"。由于伏羲为"三皇"之一，"人皇"之首，宋代皇帝早将其与赵氏先祖牵涉。依《续资治通鉴》记，宋真宗大中祥符五年（1012），称宫中有"天尊"下降，曰："吾人皇九人中之一也，是赵之始祖。再降乃轩辕皇帝……后唐时七月一日下降，总治下方，主赵氏之族。"真宗于是下诏："圣祖名，上曰玄下曰朗，不得斥犯。"按此，不但伏羲、黄帝同属"人皇"，同是"赵之始祖"，且见其圣祖名"玄朗"，正与"胤"字相关，正与"赵匡胤"牵涉，正须避讳，"不得斥犯"。故见此处仍类宋代惯用的"字谜""隐语"，仍言"又推一朵彩云出，显出一轮明月来"，隐喻"玄朗"，暗指赵匡胤这位"人皇"。

〔四〕此处"壮士"，指扮如兵将的舞者。其"曰"如下记，属"诗赞"念唱。其舞，如"再撞再杀"之类，或作对阵状，或也"调四角"。

〔五〕此句属表演提示。其"标首"类前"小杂剧"所见的"舞蹈唱"，也仍一诗一曲，两腔交替。

〔六〕此"又"，指"标首又唱"以及"壮士又曰"，从而接下四句。

〔七〕此小段属表演结尾的提示说明。依队戏表演规制，结尾处舞者坐于当场（即宋代所称"歇帐"），由前行从旁讲说故事大意，故提示"前行开说"。依下所记，此目与"杨六郎铜台大救驾"有关，属"大破天门阵"故事化出的"小队子"。"壮士""标首"皆非具体人物，演唱其中哪个片段皆可，故又提示"开说由前行，开名不拘"，意即前行讲唱的内容，乃至剧名，届时依据表演的片段而定。

〔八〕以上四句，属"前行开说"的结尾诗赞，类似宋元话本的"题目正名"。从而可知，其故事原名《杨六郎铜台大救驾》，即使用其片段的"小队子"，其结尾诗赞不变，仍是以上四句，与《唐乐星图》本见记的《杨六郎大破天门阵·一单舞》情节基本相合。

〔九〕最后四句为遣队诗赞，与前"小杂剧"结尾全同，盖因同属"贺太平"表演。

送神跳探则〔一〕

前行、标首〔二〕。

　　三皇在位真帝王,五帝为君掌华夷。

　　盖世明王多有道,一人有德说伏羲。

　　探子生得实丑差,身披一副黑披挂。

　　金盆里边净了口,对着吾皇说大话〔三〕。

先打起"云游游",画家绵〔四〕。

标首唱:云游游,化家绵〔五〕。

行又曰(舞蹈):鸣金也,声嘹亮〔六〕。

标首曰〔七〕:鸣金也,声嘹亮。

云云以了〔八〕。

行又曰:

　　诸国来朝罢战争,太宗皇帝是真龙。

　　一人有庆安天下,雨顺风调贺太平。

【注释】

〔一〕"送神"属赛社结束仪式,与开赛时"迎神"对应。届时,先将众神位牌由大殿请在香亭,焚香化表,念"送神文",再接"跳探子"表演,借以送诸位客神上路。其表演如下记,其前行引诗、遣队念词仍同之前"小队子"一样,唯"壮士"变为"探子"。所谓"探子",属于开道小神,戴着面具,只舞。

〔二〕"前行、标首"四字,原本抄在题名之后,因属表演提示,今移另行。意指,以下所记仅为前行、标首二者之词,其他未记。

〔三〕以上八句,属前行词。前四句,类前引诗;后四句,用以勾"探子"上场。因探子也要先在神前焚香化表,故言"金盆里边净了口,对着吾皇说大话"。

〔四〕此句属提示。意指,在"跳探子"之前,"先打起云游游"鼓曲,由主礼先生"划坛",即"画家绵"。所谓"家绵",出自《诗经·大雅·绵》,歌颂文王兴周,言其祖上有德,福庇子孙。此处借喻赛社积德,也可福庇子孙,绵绵无穷。所谓"画",依上党后期赛社所见,届时主礼先生手抓麦麸(谐音"福"),在香亭前(神坛)画一直径数米的符。随后"探子"随着鼓曲舞跳,正式送神。

〔五〕此"标首唱",既用于"划坛"时,又用于"跳探子",反复唱着"云游游,化家绵"。将"画家绵"唱成"化家绵",指化成了绵绵无穷的福路。

〔六〕"舞蹈"二字,原本批注于"行又曰"之后,属提示,今置括号内。意指,随着前行"又曰","跳探子"开始,"舞蹈"送神。又因"跳探子"类如"队子"表演,属于乐台用的"粗乐",加之"跳探子"之后,整个赛社行将结束,故前行强调"鸣金也,声嘹亮"。

〔七〕此"标首曰"而非"唱",盖因其属重复强调前行所"念"之词。

〔八〕"云云以了"属说明。意指,接着又有念词(之下有记),直至结束,此处仅作提示。

送神打彩〔一〕

前行念:
　　诸神赴会在坛中,合社人等进虔诚。
　　今年今日降罢香,雨顺风调贺太平〔二〕。
唱(是合唱)〔三〕:
好赛,赛着了!
　　风调雨顺,五谷丰登。
　　人马平安,田禾茂盛。
　　买卖和平,诸事通亨。

　　打扫堂前地,满烧一炉香。
　　诸神都退位,除祸免灾殃〔四〕。
长佛三声,完〔五〕。

【注释】

〔一〕"送神打彩",接前"跳探子"表演,属赛社最后的结束仪式。届时,社众将赛社所用的纸榜、纸扎、纸钱放在香亭神位前,上香、叩拜、焚化。随之鞭炮齐鸣,鼓乐高奏,众人高呼:"赛着了!"表示神灵有应,社众如愿以偿,犹如"中彩",故言"打彩"。之后,再将神位背转(表示众神已被送走)送入大殿,整个赛事就算结束。

〔二〕念完以上四句,开始上香,焚化纸钱等物。

〔三〕"是合唱"三字原为眉批,属于"唱"的说明文字,今置括号内。届时,前行领唱一句,跪地众人应和一句(每句间以鼓乐击节),故称"合唱"。依上党赛社所见,其"唱"为高声念诵。之下所记的前六句诗赞,每句加有"赛罢了"三字,变成了"赛罢了风调雨顺"等等。

〔四〕以上四句念毕,先"满烧一炉香",再将众神位牌背转,送入殿内,以示"诸神都退位"。

〔五〕"长佛三声",用于"满烧一炉香"时。届时上香三次,跪拜三次,鼓乐三次,众人合掌"阿弥"三次。所谓"长佛",也称"掌佛",可见赛社又受佛教影响。

前行讲三台（又名曰《楼台》）〔一〕

诸神殿上两下排,社首急(及)早赴蓬莱(棚来)〔二〕。

上便(边)掌礼主神官,五音律吕在心怀。

两边站着合社人,(乐家)搬(扮)神弄鬼搬上来〔三〕。

大小伙伴站立定,起首开山讲楼台。

夫楼台者,一台有三名:一名会台,一名戏台,一名乐台。汉明[帝]在位,欲修此台,方才造就石台,未得落成,名(明)帝驾崩,废而不修。后来传国至大唐,玄宗皇帝登龙继位,称为大唐明皇。帝初登宝位,入武庙行香,观见此台,问曰:"此是何台?"近臣奏曰:"此台是汉明帝修造。此台兴工未完,明帝驾崩,废弛至今。"明皇曰:"寡人要修理此台,择日兴工。"有二臣奏曰:"汉明帝欲修此台,兴工未完明帝驾崩。我主今日要修此台,恐于国不利。"再三苦谏不听,定要造台。二臣又谏,明皇大怒,将二臣送于形(刑)部寄监。未知此二臣是谁? 原来是袁罡(袁天罡)、李顺(李淳风)。此台未完,二臣囚死监中。修得台高有三丈,象天地人,上中下三才。台有四角,按一年四季,春夏秋冬。东西三十三尺,按三十三天:东八天、西八天、南八天、北八天,四八三十二天,中按一天道理。天(宽)南北二十四尺,按一年二十四气:立春、雨水、惊蛰、春分、清明、谷雨、立夏、小满、芒种、夏至、小暑、大暑、立秋、处暑、白露、秋分、寒露、霜降、立冬、小雪、大雪、冬至、小寒、大寒。台上盖造一楼,名曰楼台。楼柱高一丈二尺,按其十二律吕:大(太)簇、沽(姑)洗、蕤宾、夷则、无射、黄钟,此为六律;侠仲(夹钟)、仲吕、林钟、南吕、应钟、大吕,此为六吕。六雌六雄共合一处,成十二律吕。明柱八条,按一年八节:正月十五元宵节,二月二龙蛇节,三月寒食清明节,五月初五端阳节,六月六日荷连(莲)节,八月十五中秋节,九月[九]重阳节。住(柱)下有柱鼎八座,按其八音八乐:金、石、丝、竹、匏、土、革、木。金为钟,石为磬,丝为弦,竹为笛,匏为笙,土为埙,革为鼓,木为板。楼修五间,按五行五音:土金木火水,宫商角徵羽。台上有铺地砖三百六[十]五方,按周天三百六十五度。楼造外方四角,又按春夏秋冬、内方八角,取象八卦:乾、坎、艮、震、巽、离、坤、兑。乾三连,坤六断,离中虚,坎中满,兑上缺,巽下矩(短),震仰盂,艮覆完(宛)。上盖九檩、五脊、六兽、一宝瓶。九檩按其九宫:坎一、坤二、震三、巽四、中五、乾六、兑七、艮八、离九。又按九星,九星者:贪狼、巨门、禄存、文曲、廉贞、武曲、破军、左辅、右弼。五脊者按其五岳:东岳泰山、南岳衡山、西岳华山、北岳常山、中岳嵩山。四个小兽一个瓶,按其五星:岁星、太白、荧惑、宸(辰)星、镇星。两个大兽按其日月,左为太阳,右为太阴。前后琉璃铜(筒)瓦三百六十个,按一年三百六十日。前按冬至一阳,生一百八十日;后按夏至一阴,生一百八十日。阴死阳生,阳死阴生,一呼一吸,共为三百六十日。四面王(龙)嘴斗拱二十八个,按周天轮二十八宿。东列七宿:角木蛟、亢金龙、氐土貉、房日兔、心月狐、尾火虎、箕水豹。北列七宿:斗木獬、牛金牛、女土蝠、虚日鼠、危月燕、室火猪、壁水貐。西列七宿:奎木狼、娄金狗、胃土雉、昴日鸡、毕月乌、参水猿、嘴(觜)火猴。南列七宿:井木犴、鬼金羊、柳土獐、星日马、张月鹿、翼火蛇、轸水蚓。栏杆一十二竖,按其十二地支:子丑寅卯,辰巳午未,申酉戌亥。夹杆石板十块,按其十天干:甲乙丙丁,戊己庚辛,壬癸。倒十干者:癸壬辛庚,己戊丁丙,乙甲。内修东鼓楼门道、西鼓楼门道,按阴阳二气。东鼓楼门道放几般乐器:大鼓、杖鼓、铜锣、唢呐、号头。西鼓楼门道放几般乐器:笙、箫、笛、管、板。将此台修完,将袁罡(袁天罡)、李顺(李淳风)一个埋在台东,一个埋在台西,一个口朝上,一个口朝下。乐人上场开口,下场合口,开口出阳,合口含阴,东进西出。男乐上场,走了五步,按了五音。女乐上场,走了六步,按了律吕。将此台修完,明皇传旨,晓谕天下人民、各州府县:凡祭神祇,修造楼台,一台有三名,一名会台,一名戏台,一名乐台。般(搬)词作乐,名曰会台;黎(梨)园戏监司,名曰戏台;乐人上场,名曰乐台。享赛祭神,乐人先祭楼台[四]。恐君不信,有诗为证:

　　汉明帝广有铺派(排),唐明皇御祭到来。
　　一台封三个名讳,会戏乐才为三台。
　　上按了九宫八卦,下按了天地三才。

五脊是五岳山川，二兽是日月徘徊。
鼓楼门阴阳二气，乐器响律吕和谐。
四角按春夏秋冬，按天地星辰当该。
唐明皇遍传圣旨，普天下遍盖楼台。
每一年答报神灵，享赛罢永无殃灾。
主神官殿前掌礼，伶伦们奏起乐来。
掌礼是仁义礼智，奏乐是鼓响锣筛。
伶伦伦（们）上边奏乐，唐明皇敕封三台。

【注释】

〔一〕此篇《前行讲三台》，因用于"祭楼台"，又简称《楼台》，故其题名之后记有"又名曰《楼台》"。因属说明语，今置括号内。依规，赛社用乐先要祭台，届时前行讲此，前"祭楼台下厨讲监斋"正源于此。另，《赛场古赞》本亦记此篇，并开篇加有书帽《前行放盏规矩讲说》。此本《前行放盏规矩讲说》，篇尾注："自此念……《楼台》……"此篇又名《楼台》，可见其用时也加"书帽"。

〔二〕此"棚"，赛社时搭于殿前，类如献殿，以供社众祭祀，属于"祭棚"。

〔三〕此句开头，原本批加"乐家"二字，今置括号内。意在强调，"扮神弄鬼"为乐户艺人装扮的表演。《赛乐食杂集》本则将此句记为"妆神扮鬼排上来"，亦通，供参考。

〔四〕此句，《赛乐食杂集》本记为："若论祭祀者，天子祭为山川，诸侯祭为社稷，百姓祭为祖宗，端公祭为神鬼，古轮（论）祭为路（楼）台。"之下才接"有诗为证"云云，出入较大。尤其所言的"端公"，与古"巫"相关，指"神汉"（男巫），至今四川、湖北、湖南等地仍用于驱傩，与"神鬼"相关。

前行讲响杖〔一〕（此杖三名：一名摇杖，一名响杖，一名通天杖）〔二〕

夫响杖者，卫（帏）子手中拿得（的）那一条响杖。出自何朝，立自何帝？原来出自周末。春秋战国之时，越国有越王勾践在位。一日是越王万寿之辰，诸臣庆祝万[寿]〔三〕，摆列御宴，十分整齐。御厨司造膳，教坊司动乐，翰林院捧茶，光禄[司]进酒，内官公公膳膳（进膳）。进膳中间，忽见空中一飞禽，抛粪落在盏盘里边。越王看见，心中大怒，即时将进膳官绑出取斩。众臣奏曰："斩进膳官因为何故?"王曰:"他进膳官不用心,空中飞禽抛粪落于膳中。因此将他斩首。"众臣奏曰:"进膳之事,原是伊所司。飞禽抛粪,未有[伊罪]。伊知何时飞禽经过?要是知之,岂不躲避。未有伊等之罪,乞我主宽宥放赦。"越王沉吟半向(晌)放赦,内官谢恩。毕,众臣议论:进膳之事,一时遇飞禽经过,抛粪落于盏盘,圣上观之大家不便。一人言说:"造一纱笼可以遮之。"一人又说:"纱笼虽好,抛粪落在纱笼之上,有污于(御)膳。不若再造一杖,用人一手摇其杖。杖上拴定金钱响铃,摇动此杖,金钱响铃鸣处,飞禽远远飞云,可勉(免)污膳之罪。"随时造了一条竹杖,长数尺,上系金钱铜铃。用一人手摇此杖,飞禽闻声早早高飞远走,不敢近来。越王大喜,重赏功臣。封此杖三名:一名摇杖,一名响杖,一名通天杖。越王传旨,凡有春祈秋报享赛神明,供盏奉神,此杖当先引领。恐君不信,有诗为证:

春秋越王圣明君,万寿朝臣把宴陈。
金銮殿上排筵宴,御厨造膳奉当今。
教坊司奏箫韶乐,翰林院捧茶味味声(馨)。
光禄殿前进御酒,内官曾是造(进)膳人。
偶遇空中飞鸟过,抛粪落在盏盘中。
越王观见心中恼,要斩宴前进膳人。
众臣却来宴前保,今日屈斩无罪人。
越王忽然回心转,放赦不斩进膳人。
从此曾把纱笼造,又造通天杖一根。
又名响杖名摇杖,摇动飞禽远飞腾。
卫(帏)子响杖从此设,遍传圣旨天下闻。
春祈秋报有享赛,奉神照依进膳行。
卫(帏)子响杖头前走,后随听(亭)子进馔羹。
当初原是越王造,从此才有响杖名。
瑶池未献头一盏,鞠躬起拜先参神[四]。

【注释】

〔一〕《前行讲响杖》,类同《讲百花赋》等,均可用于供盏开始。

〔二〕此小段,是对题名的解说,原本批注于题名之后。

〔三〕该句原缺"寿"字,今参照《赛场古赞》本补入。以下类此不再出注。

〔四〕由最后两句所言，既见此篇用在"未献头一盏"时，又见"鞠躬起拜先参神"，届时需先在神前叩拜，然后才献头盏，正合供盏规矩。

[前行讲享赛]〔一〕

夫享赛神祇者，春祈秋报属于今者。祈一年之雨露，报一岁土功之养长，此系祈赛报赛之说。享赛出自大宋。幽州赵上皇，夜梦穿青穿白二位将军，手取弓箭，将二目射了。次日早朝，双目疼痛，对众臣说透此话。众臣圆梦；此事原系龙虎二将施威，注天下龙神不喜，速速享赛神祇。享赛之后二目即痊，传旨着天下百姓春祈秋报，享赛土神。出自赵上皇遗留此事，传留后世，至今不绝也。

【注释】

〔一〕此篇原无标题，今依所讲内容而加。值得注意的是，此篇所讲，既合史实，又留着宋金赛社痕迹。如"享赛出自大宋"，"出自赵上皇遗留此事"，与宋徽宗自称"教主道君皇帝"、亲制"大晟"礼乐、"与天下共之"的史实相合；如"幽州赵上皇"一语，应出在宋徽宗被掳幽州时，正属宋金办赛人的口吻；如梦见"龙虎二将施威"，将"二目射了"，正可暗指金人分兵两路，将徽、钦二帝掳往"幽州"。以至如"速速享赛神祇"，"传留后世，至今不绝"，也都符合宋金实际。另，此篇结尾未见诗赞，似与惯例不符。不过之前"又，迎寿可用"见有四句诗赞，正也"说起幽州赵上皇"，或与此篇有关。

监斋押盏四句诗〔一〕

此位菩萨住少林，威灵赫赫镇乾坤。
清油白面多爽利，那罗厨下监斋神。
又曰：
天高三二寸，地厚一鱼鳞。
天上和地下，可有这尊神。

【注释】

〔一〕所谓"监斋押盏四句"，正与前记的《祭楼台下厨讲监斋》相关，仍属"前行"讲唱。由于"祭楼台"可用前记的《前行讲三台》(即讲《楼台》),就见有的赛社从简,省去"跳监斋"表演,仍按"放盏规矩"只用"押盏四句"。因此,不但之下记有两个"四句",都与"讲监斋"相关,且见前者取了《祭楼台下厨讲监斋》最后"有诗为证"头尾各两句,正留着由其简化的痕迹。

值宿押盏四句诗[一]

　　殿前烧下纸钱灰,人心举意天早知。
　　善恶到头终有报,只争来早与来迟。
厶值宿当值[二]。
又曰:
　　荡荡威灵圣帝差,休将闲事闹吾怀。
　　只说空中无神道,闪电雷声那里来。

【注释】

〔一〕"值宿"由"二十八宿"纪日而来,与"二十八调""二十八将"对应相关,早由"乐星"而成"乐神"。从而,"值宿"正类佛说的"紧那罗"神,不但也与"祭楼台"相关,且见赛社时扮如"金刚",立于殿前,作监察状,正类"监斋神"。正因此,既见类如"监斋押盏四句"又有了"值宿押盏四句";又见《唐乐星图》《周乐星图》等本仍记有二十八宿装扮,不但各戴面具正类"金刚",且见赛社乐台"出牌"仍写"值宿",仍存其"祭楼台"之义,仍要写其"形容、衣色、物件"等。

〔二〕"厶(某)值宿当值"一语,属提示说明。

前行分戏竹[一]

　　三元戏竹古今留,先朝历代起根由。
　　黄帝春秋卫灵公,大唐明皇月宫游。
　　虽无降龙伏虎藝,善治龙蛇振千秋[二]。
　　当初不是伶伦造,鼓板全凭话语周。
　　夫戏竹者,是我前行手中拿得这一杆戏竹。[有]三杆戏竹,那三杆戏竹?

原来是天元戏竹、地元戏竹、人元戏竹。出自何朝,立自何帝?天元戏竹者,出自轩辕皇帝所治遗留。上有三百六十枝散头,按一年三百六十日。上挂香球一个,按上方混元一气。上挂绣锦头绳两条,一条长,一条短。长者按天,短者按地。地元戏竹者,出自春秋卫灵公所治遗留。上有七十二枝散头,按一年七十二应候[三]。上挂香球一个,按上方太极图,动而生阳,静而生阴。上挂绣锦头绳两条,一条长,一条短。长者按阳,短者按阴。人元戏竹者,出自大唐明皇所治遗留。上有二十八枝散头,按上方周天轮二十八宿。上挂香球一个,按上方破军星。上挂绣锦头绳两条,一条长,一条短。[长]者大月三十日,短者按小月二十九日。这为三元戏竹。上除二元莫讲,单讲人元戏竹。出自唐明皇梦游月宫,嫦娥妙舞倪商(霓裳)之曲。回来撒(霎)然惊醒,却是一南柯景梦,郁郁不乐。杨妃奏曰:"小妃能舞盘中之曲。"在此御花园排宴,杨妃单舞盘中之曲,明皇手取班(斑)竹杖,击梧桐树按其节拍。杨妃单舞盘中之曲(此句与前重复,多余)将班(斑)竹击散九分之所,分散头二十八枝,按上方周天轮二十八宿。明皇曰:"要此竹成何用?封为人元戏竹,赐于黎(梨)园戏谏(监)司、教坊司黄方彻(幡绰)。凡奏乐者,此竹当先引领。"诗曰:

  明皇击梧桐甚里[四],击散了九分之数。

  敕封作人元戏竹,黄方彻(幡绰)而道(导)拍数。

  戏竹长五尺六寸,按了五音,外分六寸按了律吕。戏竹上青下黄,青者按天,黄者按地。戏竹上有五般艳(颜)色:青红白黑黄。按东西南北中,金木水火土。上有八节,按其一年八节。是那八节?立春是一节,立春四十五日春分是一节,春分四十五日立夏是一节,立夏四十五日夏至是一节,夏至四十五日立秋是一节,立秋四十五日秋分是一节,秋分四十五日立冬是一节,立冬四十五日冬至是一节,此之谓八节。上造八卦:乾坎艮震,巽离坤兑。乾三莲(连),坤六断;离中虚,坎中满;兑上缺,巽下短;震仰盂,艮覆宛。上造九宫:坎一、坤二、震三、巽四、中五、乾六、兑七、艮八、离九。上造十二地支:子丑寅卯,辰巳午未,申酉戌亥。上造十天干:甲乙丙丁,戊己庚辛,壬癸。倒十干者:癸壬辛庚,己戊丁丙,乙甲。上造十二月建:正月建寅,二月建卯,三月建辰,四月建巳,五月建午,六月建未,七月建申,八月建酉,九月建戌,十月建亥,十一建子,十二建丑。上造十二宫:黄钟宫、林钟宫、夹仲(钟)宫、中吕宫、南吕宫、商调宫、大吕宫、正宫、高宫、道宫、仙吕宫、太簇宫。上造八乐八音:金石丝竹,匏土革木。金为钟,石为磬,丝为弦,竹为笛,匏为笙,土为埙,革为鼓,木为板。戏竹上有二十八枝散头,按了二十八宿。二十八宿置了二十八般乐器,按上方五星日月各分四枝。恐君不信,有诗为证:

　　唐明皇竹击梧桐,将斑竹击散九分。
　　敕封作人元戏竹,分散头二十八根。
　　四根竹按了东方,甲乙木春动七宫。
　　各列宿尽按乐器,角木蛟置下银筝。
　　斗木狼置下夏笛,井木犴置下弦(箫)管。
　　奎木狼置下弦琴,[各调动音美声清]〔五〕。
　　四时顺阴阳和合,结束了春动七宫。
　　四根竹按了南方,丙丁火七角之宫。
　　各列宿尽按乐器,尾火虎置下凤笛。
　　室火猪置下韵钟,翼火蛇置下皂镲。
　　嘴(觜)火猴置下鹧鼓(鸪)〔六〕,[各调动音美声清]。
　　四时顺阴阳和合,结束了七角之宫。
　　四根竹按了西方,庚辛金七商之宫。
　　各列宿尽按乐器,牛金牛置下大鼓。
　　亢金龙置下方响,鬼金羊置下揭(羯)鼓。
　　娄金狗置下三弦,[各调动音美声清]。
　　四时顺阴阳和合,结束了七商之宫。
　　四根竹按了北方,壬癸水七羽之宫。
　　各列宿尽按乐器,箕水豹置下杖鼓。
　　壁水貐置下双韵,参水猿置下腔(羌)笛。
　　轸水蚓置下凤管,[各调动音美声清]。
　　四时顺阴阳和合,结束了七商之宫。
　　四根竹按了中央,戊己土林钟之宫。
　　各列宿尽按乐器,柳土獐置下月琴。
　　氐土貉置下水盏,胃土雉置下排箫。
　　女土蝠置下琵琶,[各调动音美声清]。
　　四时顺阴阳和合,结束了林钟之宫。

四根竹按了太阴,正谨按商调之宫。
各列宿尽按乐器,心月狐置一乐篆。
危月燕置下凤箫,毕月乌置下龙笛。
张月鹿置下肖(箫)管,[各调动音美声清]。
四时顺阴阳和合,结束了商调之宫。
戏竹上分得无差,戏竹上分得分明。
头一盏南山歌曲,万花落三台奉神。
第二盏靠乐歌唱,女乐唱慢词补空。
第三盏梁州之乐,再撞与再煞奉神。
舞乐当场奉神献,按官商谨祭神灵。
吹头盏歌唱二盏,舞三盏乐奏和平。
第四盏各无所管,唱几词享赛神明。
唐明皇人元戏竹,古今传三本乐星。
周乐星八十四调,按本传三千小令。
唐乐星四十八(大)曲,依官调享赛神明。
宋乐星珍馐百味,按四季造盏调羹。
春正月二月三月,谨按了春动七官。
夏四月五月六月,夏可动七角之宫。
秋七月八月九月,秋可动七商之宫。
冬十月十一腊月,冬可动七羽之宫。
按四季宫角商羽,结束了五音八声。
阴人动其阳乐,除[非]是古[论]伶伦。
阳人动其阴乐,阴[应]是和尚道人〔七〕。
孔圣人文章之祖,礼乐诗书为君(尊)。
若是差了曲调,教坊司灾害临身。
晚曲不动商调,早曲不动黄钟。
动商调斯(似)捶垒(擂)打,动黄钟不敢奉神〔八〕。
瞒则(只)瞒过看的,瞒不过诸位神灵。
明皇留下戏竹,伶伦乐奏古令。
尧王设立主神,享赛掌礼奉神。

无礼神明不享,无乐鬼神不歆。
　　礼乐和者神喜,宫调和者神歆。
　　大小和(伙)伴齐整,衣物花帽新鲜。
　　奉献神明来宴,享赛众神来歆。
　　社首们时刻洁净,三昼夜不离庙中。
　　宰黑猪又杀白羊,每日尽心殷勤。
　　则愿得诸神来享,则愿得众圣来临。
　　则愿得风调雨顺,则愿得五谷丰登。
　　则愿得皇帝万岁,则愿得海晏河清。
　　则愿得四方明净,则愿得永无战争。
　　则愿得神明护佑,则愿得天下太平。
　　则愿得民安物阜,则愿得贼盗不生。
　　则愿得神明有感,则愿得降福无穷。

　　明皇戏竹古今传,大小文武立殿前。
　　戏竹摇动臣施礼,戏竹分明奏管弦。
　　谨领宫商角徵羽,二十八般乐器全。
　　明皇敕封为戏竹,上祝吾皇万万年。
　分戏竹终。此者,费尽千思万想,难书难书,牢记〔九〕。

【注释】

　〔一〕"分戏竹"又称"讲三元戏竹",是赛社中前行每要用到的讲唱。除此本见记,今存《赛场古赞》《赛乐食杂集》《赛古赞本》等本亦记。除《赛场古赞》本与此处所记相同,他本又提供一些不同内容,校注时一并参考。

　〔二〕"龙蛇",指《龙蛇歌》,又名《士失志操》,传为介子推失志欲隐而作,有"龙欲上天,五蛇为辅"云云,属古琴之歌。此处代指乐户所歌所演。

　〔三〕古称五日为一"候",三候为一气,一年二十四气,正"应"七十二候。

　〔四〕"里",通"理",指道理、条理、纹理、规律。"甚里",指甚合天理。此处用于"击梧桐",或应为"甚力",指用力过甚,亦通。

　〔五〕此句原本无,今依《赛乐食杂集》本对应补入,以使句式对称。以下类此而补,不再出注。

〔六〕"鹧鸪",在此指乐器名。据《宋史·乐六》载,南宋理宗朝姜夔言"雅俗乐"时,就指俗乐"有曰羌笛、孤笛、曰双韵、十四弦……有曰夏笛、鹧鸪,曰胡卢琴、渤海琴"。可见"鹧鸪"及再下见记的孤笛、双韵等,皆属宋元民间流行的乐器。

〔七〕以上四句皆言"阴阳乐"。见于《赛乐食杂集》本正有一篇"前行讲阴阳乐",其中说:"阴乐是会僧道场,阳乐是迎神赛社、天子祭天","阴乐者高僧高道,阳乐者伶伦乐户"。由于伶伦乐户又多女乐(属阴),故见此处有"阴人动其阳乐"一语。由于僧道(阳人)每见于"会僧道场",用于祭祀亡灵,属于"阴乐",故又有"阳人动其阴乐"一语。

〔八〕以上四句,与五行八卦有关。依其说,五行、五音、五方等均与八卦对应。从而五音之"商"对应"西",至"晚"太阳西落,恰与诸神告退有关,故"晚曲不动商调",不然"似槌擂打",有促其快退之嫌。类此,又见"早曲不动黄钟",盖因"黄钟"属金,金克木,木位东,"动黄钟"不利日出,故也"不敢奉神"。

〔九〕此段,属初抄者说明。其言"此者,费尽千思万想",与前"又想"相类,正见该本由"想"而抄,正如前注,与元代"禁赛"有关,正见明初恢复赛社需"询之故老",需其"千思万想";以至因其"难书难书",见特叮嘱后人"牢记"。这就再次证明,该本(乃至相关他本)内容由"想"而来,出自宋元。故见仍存宋元赛社特征。

又想一个四句〔一〕

一坐(座)古庙甚风流,当初本是鲁班修。
盖在九宫八卦上,年年享赛不断头。

【注释】

〔一〕此篇"又想"四句,民国赛社仍用。如长子县崔庄有位宋怀英老人,赛社时当过前行,笔者曾多次采访,就见其也仍"牢记"。依其讲,此篇用于末场"送神打彩"时,届时念此四句,再接"合唱"(前记)。潞城乐户后人王双云家传的"前行本",见记于"讲酒"一篇开头,又属活用。

[后续牛氏补加文字]

【按】此题为注者今加。盖因之前的《听命文集》用普通粗厚麻纸,由"堪舆堂李子欣"所抄,字迹稍差。以下所抄,其纸细薄,字迹较小较工,所记内容为清末民初在长子县"小张岭"办赛的实例文字。从而判断,其属"后续",应是该本转手到长子县东大关村牛氏手中,重新装订时所补。故立此题。

小张领(岭)单则〔一〕

玉皇　东岳　五土　二郎　本殿〔二〕　府君〔三〕　昭泽王〔四〕　龙王　风伯　牛王　五道　天地五分〔五〕　神农　皇(蝗)王〔六〕　五谷　关圣　三宗(嵕)五分　二仙两分〔七〕　雷公　土地　成汤　老君　孔子　西神〔八〕　太华龙王　太宿龙王　白云龙王　八仙〔九〕　夜明龙王　雨师　佛爷　仙翁　灵泽王　三圣公主〔一〇〕　龙主礼红二匹〔一一〕　太阳七分〔一二〕　太阴五分　直(值)符五分〔一三〕　鉴(监)斋二分〔一四〕　表幅三分:寿星、东王公、西王母〔一五〕　长牌十分〔一六〕　云鹤　回鹤　捧表手帕三个　拜席三条　省牲羊〔一七〕　鞍则〔一八〕　放生鸽　坐寿红布、坐寿白布六尺〔一九〕　赏红布足用〔二〇〕　挂纸张绳则足用　绢白三尺　南红纸三张　金表半刀　笔二支　墨一定(锭)　炮足用　十味香足用　檀香足用　檀炉香足用　烛足用　神锞　奠酒　茶叶炉一个　椅则　坐褥　大伞　围桌　盘则　鱼一个

　　盥漱用〔二一〕:铜盆二　梳则二　手巾二条　首(手)帕二　牙刷二　刮舌二　官粉二匣　胭脂二　翠花二对　帽则二　镜则二　金花二对　汗巾二条　梳匣二个　报晓鸡一只

【注释】

〔一〕小张岭位于长子县西北,因岭下小张村而名,其岭又称龙泉山。相邻的屯留县有三嵕山,传说为后羿射日处。后羿为三嵕爷,北宋已敕封为"护国灵贶王",故上党早多三嵕庙,历代赛社不绝。正因此,见前《唐乐星图》本仍记有清代屯留县为其办赛的实例;见牛家"民国拾肆年"抄立的《赛上杂用神前本》(以下简称"民国本")仍记有"龙泉山"(小张岭)办赛过程。依"民国本"记,其赛见由十八村轮流主办,分东、西、北三大社,每大社五村(小村附属),

称"十八村转赛",也记有类似单子,称"纸马单"。为何牛家阴阳每见开列此单?盖因其历任该赛主礼,就像"堪舆堂李子欣"所为,为"应用便事",也仍"萧规曹随"。依规,赛时主礼需要提前到庙,写好有关书表,安排各村各社赛社用物,故先将有关事项开列于单,以防届时疏漏有误。

〔二〕"本殿","民国本"记为"本殿娘娘",即三峻神的夫人,殿有其像,故称。

〔三〕"府君"即崔府君,亦即崔珏。当地传说,其唐代曾为长子县令,今仍留有"崔珏断虎"故事。宋金之际更有"泥马渡康王"一说,言河北某座府君庙的泥马,驮康王赵构逃脱金营,后南宋临安为其立庙,致使其名大振。上党地区各县至今仍多其庙。

〔四〕"昭泽王"属上党地方神。传说姓焦,唐代襄垣县人,生能鞭挞鬼魅,死后立庙,祈雨有灵。因此,宋徽宗宣和年间予以敕封,称昭泽王。

〔五〕"天地",指天地庙,因供"天地三界真宰"而称。由于该赛区各村共有五个天地庙,各需一份祭祀礼品,故见批注"五分"。以下类似者不注。

〔六〕"蝗王"指唐太宗。史籍有其餐蝗典故,上党多有"蝗王"庙殿。

〔七〕"二仙"前已介绍。不但上党各地多有其庙,而且其他庙赛也请二仙。

〔八〕"西神","民国本"所列龙泉山"纸马单"中称"西将军",其"排神"中又记为"西德将军",当即此神。来历未详。

〔九〕"八仙",在此指其"挂图"。后期赛社挂于香亭,以代"八仙庆寿"表演。

〔一〇〕"三圣公主",亦称"灵湫三圣"。盖因长子县有座发鸠山,山上有泉,为浊漳河的源头,正与《山海经》所记的"精卫填海"神话一致,泉上自古有庙,早因"女娲"塑有女神。北宋政和元年(1111)敕封为"灵湫庙",塑有女神三人,故称"灵湫三圣"。

〔一一〕"龙主",指"当今在位皇帝"。从而如前引,"正赛"之日,寿星一行要向玉皇、主神、皇帝祝寿,结束时需向扮者行赏,故见此处批注"礼红二匹"。

〔一二〕"太阳"指太阳神,赛社每日必祭,俗称"跑太阳"。赛社前后共祭七次,故需祭礼"七分"。之下"太阴"相类。

〔一三〕"值符",是与"值宿"相关的"符语",用以代替其神。由于赛社六天,共有五天"值宿"(下请一日不计),故需值符"五分"。

〔一四〕"监斋"名下批注的"二分",指其"下厨"表演时共需两份"刀首"(肉):一份祭祀监斋神(之后分给厨师),一份赏于扮监斋的乐户。

〔一五〕"表幅",指黄表纸写的祝寿书表。届时由寿星、东王公、西王母分别献上(各用类似手帕的红布托住),故见"三分"。

〔一六〕"长牌",是一种画有云状的牌板,俗称"云板"。"迎寿"时由十位"壮士"执此前行,表示寿星、八仙一行乘云而降,故需"十分"。

〔一七〕"省牲羊",指神前献牲所用之羊。"省"读 xian 音,言"祭",用如"秋省"。见《礼记·明堂位》言:"秋省而遂大蜡,天子之祭也。"郑玄注:"省,读为狝(xian)。狝,秋田名也。春田祭社,秋田祀祊。"

〔一八〕此"鞍子"与"省牲羊"有关。依上党赛社俗规,有些赛社因参与村社较多("十八村转赛"即是),为排迎神队伍先后次序(俗说排前者福大),每社牵一羊于神前,羊背配有纸鞍,以酒洗羊耳,使羊抖动,以鞍子落地先后决定次序。此俗,仍存"献牲"之义。

〔一九〕"坐寿",与"祝寿"仪式有关。届时,要将寿星、玉皇、主神的位牌置于香亭,神位前各置寿桌、寿椅,故需红布、白布各"六尺"。

〔二〇〕"赏红布",用于奖赏乐户表演,可多可少,但有些表演必有,故言"足用"。

〔二一〕"盥漱"仪式,赛社每日清晨必有。既用于大殿所宿男神,又用于殿外女神(表示另寝),如"二仙奶奶"等,故见之下记有女用的"梳子""胭脂"之类。

领牌一节〔一〕

上庙〔二〕:香、烛、锞、炮、边(鞭)。管账点执议(仪)〔三〕。毕,赛村社首焚香,领牌村社首、执议(仪)到后头跟上行礼〔四〕。

送到神场,接执仪〔五〕。【鼓乐,小伞则上香,鞠躬,拜、兴、拜、兴、拜、兴、拜不起,斟酒,初献礼;斟酒,亚献礼;斟酒,终献礼,俯伏、兴、鞠躬】〔六〕。

细乐,领牌人等、送牌人等到神场,领牌社首人等接执议(仪),元揖〔七〕。焚香,上香,排班,鞠躬,跪,执杯,酒师打签则(此句顺序有误,应为:打签子,酒师)斟酒有(由)前行念起[首],毕,吹酒,初献礼;打签则,斟酒念起首,毕,吹酒,亚献礼;打签则,斟酒念起首,毕,终献礼,俯伏、兴、鞠躬〔八〕。分班。执棍走,鸣金。酒师、亭则、提炉、薰炉、社首、香桌、大驾、大伞,到本村庙上〔九〕。

先安神位奉祀神马一分〔一〇〕。社首、薰提炉落下执议(仪)。东社首烧香,排班唱:排班,班齐,鞠躬,拜、兴、拜、兴、拜、兴、拜不起,初献礼,亚献礼,终献礼,俯伏、兴、鞠躬〔一一〕。

谢客盘三面、台盏三副。社首烧香,四人整香一束。三人三炷〔一二〕。

烧毕,排班唱礼:排班,班齐,鞠躬,拜、兴、拜、兴、拜、兴、鞠躬。分班,社首上来执炉,薰炉、提炉取执仪下,酒师上来执壶〔一三〕。

下马筵三盏:

分班上来打签则,听则(亭子)齐取盘,转步〔一四〕。供茶上来:站齐吹茶,跪,奠茶,兴,转步〔一五〕。供菜上来:达(搭)好筷则取抬(台)盏,转步〔一六〕。酒师下底下斟酒打签,三杯来〔一七〕:供酒押住,祝酒毕,上,站齐吹酒,跪,祭酒,兴,转步;供二杯酒押住,祝酒毕,上,站齐吹酒,跪,祭酒,兴,转步;供三杯酒押住,祝酒毕,上,站齐吹酒,跪,祭酒,兴,放下台盏,转步〔一八〕。供枣:站齐,进果,放下盘,转步,斟酒押住,放盏毕,上,跪,祭酒,兴,取盘退果,转步〔一九〕。供食:站齐,进食,放下盘,转步,押住,补空毕细乐站好吹头盏,上,奠汤,取盘彻(撤)簋碟〔二〇〕。供二趁果:站齐,进果,放下盘,转步,斟酒押住,放盏毕,上,跪,祭酒,兴,取盘退果,转步。供馒头汤食:站齐,进食,放下盘,转步,押住,补空毕,上,站齐,奠汤,取盘彻(撤)簋碟,转步。供三趁梨果:上,站齐,进果,放下盘,转步,斟酒押住,放盏,毕,上,站齐,跪,祭酒,兴,取盘退果,转步。供豆腐羹饭:上,达(搭)筷则,不放盘,转步下〔二一〕。供茶:献上,放下盘,转步下。薰、提炉落执仪,社首落下炉,下。排班唱礼:排班,班齐,鞠躬,拜、兴,拜、兴,拜、兴,鞠躬。分班,曲破,完揖〔二二〕。

【注释】

〔一〕"领牌一节"所记,实含"迎神"一天所有节次。所谓"领牌",指领取诸神位牌,属迎神前的准备仪式,故见此处以其为题。所记内容,因属主礼自用,有详有略,且未分段。今为醒目,依次分段如下。

〔二〕此"上庙"与"领牌"有关。其"庙"指小张岭上的三崚庙,由于各村皆在岭下,届时需带上"香、烛"之类用物上庙,故见之下特别提示。

〔三〕"管账",即办赛的账房先生,因账上记有人员分工,故由其点名。所谓"执仪",此处指执仪仗者,如抬神桌、神轿者,如执旗、打伞、亭帱等。

〔四〕"赛村社首"指主办村社首,"领牌村社首"指协办村社首。盖因小张岭赛社每年由"五村"(即五大社,小村附属)联办,届时一村主办,其余四村协办。主办村(较大)属于"赛村",设有"赛场";协办村提供"执仪"者,正与"领牌"有关。所记"焚香",用于大殿"禀状"。届时"赛村社首"上香,"领牌村社首"与有关人员"跟上行礼",主礼代念"禀状文",向主神禀告赛社之意,以示迎神活动即将开始。

〔五〕此句与"迎神"活动有关。届时,各村先将迎神所用的旗牌銮驾、神桌神轿等"送到神场",再由庙上供役人员"接执仪",从而开始迎神。

〔六〕此"鼓乐"云云一段,原本抄后又用毛笔圈掉。为存原貌,今置【 】内。究其所记,实用于一般赛社所见的"圆神",非"小张岭"所用,故见圈掉。

〔七〕"细乐……元揖"数语,言神场"接执仪"过程。"送牌人等"属于上年办赛人员,旗牌仪仗等正存其村,从而由其"送到神场",由"领牌社首人等接执仪",正属"领牌一节"内容。

〔八〕从"焚香"开始,经"初献礼""亚献礼""终献礼",直至"鞠躬"数语,仍类迎神时的"上马宴",见供三盏。"酒师"或称"酒司",其"斟酒"时,细乐以鼓槌(签子)敲击鼓边,以状酒声,称"打签子"。批注的"前行念起首,毕",指斟酒后先由前行"押盏"(不放盏)而念"起首"诗赞,念毕才"吹酒"献盏,仍依"放盏规矩"。

〔九〕从"分班,执棍走"开始,记其迎神回庙过程。既记有"走"的人员、次序,又见"到本村庙上"。"本村"即"赛村"。其"庙",或也属三崚庙,或供有三崚神的他庙,总之是在"本村庙上"举行"安神"仪式,正式赛社。

〔一〇〕"先安神位",即举行"安神"仪式。旁批的"奉祀神马一分",与小张岭的三崚庙有关。依今考察,该庙大殿外曾塑一匹"神马",称白龙马(或属后羿坐骑),传说非常灵应,赛时"奉祀"如神,故见"赛村"也仍如此。

〔一一〕以上所记,为"奉祀神马"的礼规(其"安神"礼规见后)。所谓"东社首",即做东的"主社首",即"赛村社首"。

〔一二〕此小段,与神棚摆放"长供"有关。所谓"谢客",指报谢神灵恩惠的来客,即各村社众。其"盘"实指放在神盘的蒸炸祭品,其"台盏"实指酒盏所用的菜肴。届时置于神桌,抬于殿前祭棚,先由协办的四村"社首烧香","四人整香一束",再由三位"香老"代表所有"香客","三人三炷"。

〔一三〕从"分班"开始,已与之下见记的"下马筵三盏"有关。故见"社首上来执炉",亭子、帏子也要"取执仪","酒师(司)上来执壶",指其上大殿执壶随下,与接下来的供盏有关。

〔一四〕"亭子齐取盘",指其先上大殿各取神盘,以端供品。依规,届时盘中放有"禁口花",亭子取含口中,从此不得言语。然后"转步"下,供"下马筵三盏"。

〔一五〕"供茶上来",指供盏开始先献"一茶"。

〔一六〕所谓"供菜上来",实代表"茶食",故见"搭好筷子",示神享用。批注的"取台盏",指亭子要将神前酒杯(台盏)取在盘中,以备下趟端酒。

〔一七〕"酒司下底下斟酒",即在大殿对面的厨棚斟酒,与之前"酒司上来执壶"有关。于是,亭子端"三杯来",献于大殿各神。两趟合称"一茶三酒"。

〔一八〕随着"三杯来","祭酒"三次,类如"酒过三巡"。"三酒"毕,亭子"放下台盏",之后变为神前斟酒。

〔一九〕"供枣",属正式供盏的头趟。每盏两趟,先果后食,"果为正盏,食为补空"。此时"转步,斟酒",因已变为神前斟酒,故其"转步"实为退而"转身"。

〔二〇〕此"供食",属头盏二趟"补空"。虽由"进果"变为"进食",然礼规相类。

〔二一〕所记"供豆腐羹饭",属供盏结尾的补空食品。既依惯例"搭筷子",示神以享;又见"不放盘,转步下",盖因接下"供茶",以代"奠汤",表示供盏收尾。

〔二二〕最后"排班"所记,属供盏结束仪式。随着主礼"唱礼",既见社众跪拜如仪,又见仍以"曲破"收尾,仍类供盏结尾的"收队"仪式。

安神一节[一]

社首烧香,站齐行礼:鞠躬、拜、兴、拜、兴、拜、兴、拜_{不起},长佛、初献礼,长佛、亚献礼,长佛、终献礼,化财[二]。移神,安下神,烧香,酒,四叩礼,毕[三]。

【注释】

[一]此"安神一节"所记,属前"领牌一节"所记的"先安神位"补充。盖因之前只记了"奉祀神马"礼规。此处所记,才是"安神"礼规。不过,比之古规稍有变化,可见应用中不断变通。

[二]以上属社首"站齐行礼"的具体礼规。依古规,迎神回庙,将众神位牌置于香亭,不但"社首烧香"叩拜,见有"四拜三献",而且每献酒先有前行"讲酒"。见于此处,每"献礼"(即"献酒")则见"长佛",即由跪于神前众人合掌长声"阿弥",实受佛教影响。

[三]"移神",指将神位由香亭移入大殿。依古规,届时先有"安神奏禀"礼规,之后才将神位移入大殿。移入大殿后,须按"排神簿"所定次序,将众神位牌从中间向左右排开,才算"安卜神"。此处或属省记,或为变通简化。

初祀应用队戏于后[一]:
卯筵三盏照规,粗乐、细乐[二]。
鉴(监)斋头面,值宿[三]。
狮虎冲坛,前行[四]。

【注释】

[一]此句及以下三句,写在该本最后残存的半页纸上,与之前"小张岭单子"相关,又见字迹大而粗劣,绝非同一人所写。而其所记,与"民国本"所言相合,显属另一牛氏后人对于"单子"的随手批记,或也与其"应用"有关。或因此,此句所记的"初祀"云云,类如题目,与之下三句相关。

[二]此句"卯筵三盏",正属每日赛社"初祀"。从而,仍"照规"用有"粗乐、细乐",细乐仍用于神前供盏,粗乐仍用于乐台歌舞,仍依"头盏吹、二盏唱、三盏舞"的古规。

[三]所言"监斋头面",正指扮监斋者所戴的"面具",与"跳监斋"相关,正用于头场卯筵

第三盏之"舞",属"监斋队戏"。所言"值宿",指当日轮值的宿神,或因仍戴面具,站于殿前,故仍记。

〔四〕所言"狮虎冲坛","民国本"又称"狮虎排场",盖因神殿之前属于坛场,头场卯筵每用狮虎开场,借以"冲坛"驱邪。既存"驱傩"古意,又与唐代五方狮子舞相关,仍属"排场"队舞。所记的"前行",也正与其用于"舞三盏"有关。

六 《赛场古赞》本校注

该本亦从长子县东大关村牛小五家发现,与《听命文集》本同时献出。全本用普通麻纸,毛笔竖抄,用纸捻右装成册。页高24.5厘米,宽27.5厘米。文字内容共二十六个双折页(五十二个单面),另加两层封皮。内封皮(如图)为原物,左上角写"赛场古赞",为本名;中间写"嘉庆戊午年甲子月吉日立",是抄立时间;右下侧未见抄立人或堂号。外封皮后加,属纸质稍厚的单面页,左上角写"赛场古赞本";中间写"道光二十五年三月初一日吉立",是补加封面重新装订的时间;右下侧写"迪吉堂牛宅",是东大关牛家堂号。由此断定,该本原抄于清嘉庆戊午(嘉庆三年,即1798年),道光二十五年(1845)又经"牛宅"重新装订。而"堪舆堂李子欣"抄立的《听命文集》也有两个封皮,"同治六年(1867)"重由牛家装订,或应原出一处。

或因此,该本与《听命文集》多有完全相同的篇目。以下凡与《听命文集》完全相同者,只依顺序列其篇名,内容从略。这样,既可避免重复,又可见该本原貌。具体如下。

细开八仙赞〔一〕

各官都赴临朝殿,宰相层层白(伯)侍郎〔二〕。

一簇大乐忙下拜,山乎(呼)万岁拜君王。

未曾开八仙,先开[中间]者(这)一位老仙〔三〕。[此仙]是浙江苦楚县(是楚国苦县)人氏,父是韩(瀚)天,母是青[系]野鹤,怀胎老祖八十余载,在涉县(苦县)赖乡村靠梨(李)树而生〔四〕。生下老祖,威威(伟伟)老相,荡荡神威。生的白丝白发,上下相亭,[头长一尺二寸,身长一尺二寸,腿长一尺二寸]。修仙在中(终)南山内,的(得)道在长寿坡前。大宋真宗[时]乞讨封赠,饬封注生大帝、紫寿(老人)星君〔五〕。有诗为证:

紫金冠头上带(戴),将经文手内轻(擎),

提挎(骑跨)仙鹤在空中。

本是蓬莱客,明月半(伴)清风。

蟠桃会他为第一,西王母转献金钟。

一对仙眼是留(似流)星,

归(龟)鹤都齐寿,南极老人星。

话表者(这)两位神仙,一个于尊前进表,一个于合社人添寿。恐君不信,有诗为证:

增福神领敕旨,长寿仙离天宫,

腾云驾雾在空中。

金童前引路,玉女下九重,

金阙宫领了玉旨,驾祥云来至坛中。

仙音亮凉(嘹亮)显神通,

奉旨来天(添)寿,钦差增福神。

[话表者(这)两位女仙,一个是东王母,一个是西王母。恐君不信,有诗为证:

粉(翡)翠冠头上带(戴),龙凤袍身边舞,

蟠桃会上也着数。

逍遥作神仙，云端知今古。

身不恋蓝(兰)堂华阁，将鸳鸯(阴阳)二气修补。

昼夜不眠不占(眨)眼，

东宫长寿殿，瑶池西王母。]〔六〕

话说者(这)两个耍仙，空中是清风明月；[落在]寺院里边，左文殊右普贤；[落在]酒馆里边，是和合二仙；[如今]落在八仙对(队)内，一个韩(寒)山，一个石(拾)得。二人打汴京所过，见人家抬轿娶妻，笑世人不知劫数，作诗一首：

打古(鼓)的擂爷皮，娶娘的叫做妻，

世上人多颠倒，因此上笑威威(微微)。

又曰："长的不长，圆的不圆。"(今按，言指世间没有规矩)未(唯)他[二人]失(识)破迷律(津)，一个那(拿)一个扫主(帚)，一个那(拿)一管笔；一个写不尽人间是非，一个扫不尽人间是非。各人自扫门前雪，休管他家瓦上霜。

将纸笔忙拿定，竹扫尘手内悬，

自又厘(幼离)家中(居)山岩。

手般尖(搬肩)角笑，闹市在云端，

身不恋蓝(兰)堂华阁，粗布袍紧挎身边。

游游荡荡作神仙，

修行右石的(拾得)，胖(伴)道左韩(寒)山。

夫[汉]钟离者，乃长安人氏。先在始皇手下[为将]，后投项羽，九里山[前用军之际]，项羽差他杀魔(摩)旗大将，名是笑埮(樊哙)。他出的营，看见汉明楚威(危)，总不如修仙胖(伴)道，影(隐)入终南山脱了凡胎，才的(得)了正果朝元。[有凌仙诗为证]：

双抓计(髻)青丝挽，巴焦(蕉)扇手中提。

老(络)腮须言福果齐(沿腹过脐)。

灰(徽)州内(丹)青化(画)，原到(道)落风吹(老逢春)，

蟠桃会他为第一，炼仙丹几(凡)人怎知。

抓计(髻)黄桃(绦)大肚皮，

神仙都领袖，招财汉钟离。

扶(夫)[吕]洞宾者，乃是洛阳人氏〔七〕。[本是儒流秀士出身]，大皆(比)之年上京应试，行至王化铺上，[不觉]一阵[风]，魂作脱(托)梦。钟离度脱，引入

终南山脱了凡胎,才的(得)了正果朝元。[有凌仙诗为证]:

> 寒窗下敖(熬)十载,千(赶)登科跳龙门,
> 离家出坟(境)到涂(途)中。
> 前至王化铺,勤俭放落尘(枕),
> 不多是(时)神仙来到,黄凉(梁)梦自转身。
> 八仙对(队)内最为尊,
> 本是分(风)流子,唐朝吕洞宾。

扶(夫)[韩]湘子者,乃是蓝灵(南阳)人氏。[先是上方左金童,他打了玻璃龙凤盏,玉帝大怒,乏(贬)他下方便(变)仙鹤。此仙在东海岸上独脚占(站)了一千五百年,有了仙根,奉敕旨文公家下投胎,名为湘子]。三度文公,有数(所)不失(识)。[后钟、吕二仙影(引)入中(终)南山脱了凡胎,才的(得)了正果朝元。[有凌仙诗为证]:

> 将妻子都迫(抛)了,自幼而(儿)离家乡,
> 他也胖(伴)道气尚(弃纲)常。
> 荣花(华)金(全)不恋,一心气(弃)蓝(兰)堂,
> 中(终)南山拜罢名师,根(跟)钟离朝见玉皇。
> 手提花蓝(篮)喷鼻香,
> 长(常)赴蟠桃宴,名子(字)是韩湘。

夫果老者,乃是西京人氏。一日[跨瘦见(蹇)]打赵州桥所过[八],见鲁班修桥,左盘右唤不能过桥。[鲁班修桥问曰:"君子何不过桥?"果老曰:"恐坊(妨)桥力不加。"]鲁班曰:"经商客旅过了多少,[你过无方(妨)]。"果老使了一颜(翳眼)法,将国家五座名山居(聚)来,[伏在瘦见(蹇)身上],上桥而过。[此桥]往东南代(待)倒,鲁班用手一托,[果老过桥而去]。鲁班自去左眼一只,[鲁班言曰:"他乃也是神仙,吾乃也是神仙。"]果老后影(隐)入中(终)南山脱了凡胎,才的(得)了正果朝元。[有凌仙诗为证]:

> 鬓间发银丝,海(颏)下鬓言(须颜)老,
> 要了(妻子)家乡都迫(抛)了。
> 口唱道清歌,鱼古(鼓)间(简)板晓,
> 一对眼都(珠)是留(似流)星,论荣(容)颜世上稀少。
> 白驴显(险)压州桥倒,

化来作神仙,骑驴张果老。

扶(夫)张四郎者,是□(洛)阳人氏[九]。幼而卖油,平等十六两秤,誓不哄人。玉皇差钟离(钟、吕)二仙引入中(终)南山脱了凡胎,才的(得)了正果朝元。[有凌仙诗为证]:

座(坐)下时身居正,但行动不癫狂,

观透世界自参详。

中(终)生何日尽,难敖(熬)日月长,

离民(难昧)心罢罢脚脚(确确),道不如影(隐)姓身藏。

一心跳出是非场,

铁笛吹音(律)吕,蟠(伴)道张四郎。

扶(夫)曹国舅者,乃是臣(陈)州人氏。见包公清廉正直,二下臣(陈)州害(杀)了二国舅。影(隐)入中(终)南山脱了凡胎,才的(得)了正果朝元。[有凌仙诗为证]:

紫罗蓝(衫)都脱了,皇家宣(衔)不肯受,

能知生死观前后。

布袍紧随身,草履安排就,

身不恋荣化(华)富贵,正(止)功名把了今袖(罢了锦绣)。

皂袍将来海上斗,

气(弃)职作神仙,辞朝曹国舅。

扶(夫)[铁]拐李者,是西京(另本记为洛阳)人氏,[乳名李公元]。各必怜(隔壁邻)人名是张才,[死后尸首为(未)化]。见(时)拐李以死,见了阎王,拿簿子一看,说他还[有]三十年阳寿。将李公元还魂,回来尸首以化。张才是他怜(邻)居,借尸[与]他[还魂]。张才尸首入休(体),心中害怕,将腿跌列(瘸),腥(醒)来说透前言(缘)。李家说是李家人,张家说是张家人,宣(喧)闹不明。拐李自去中(终)南山脱了凡胎,才的(得)了正果朝元。[有凌仙诗为证]:

铁拐李(将铁拐)忙拿定,每日在云端里,

一领布袍世不洗。

布袍紧随身,麻桃(绦)共草履,

一对眼都(珠)是留(似流)星,论行荣(形容)诸神无比。

蟠桃会上精神喜,

借尸作神仙,还魂铁拐李。

扶(夫)[蓝]采和者,是汴京人氏。[此人姓许],号曰白皆。善能散科,又能取笑,动(惊)动[上方]玉帝。玉帝曰:"何人度采和一遭?"吕祖曰:"小仙愿去。"吕祖[一驾祥云],到了汴京[城中],见白皆做厂(场),吕祖一座(坐)三日不起。白皆曰:"我与诸公取笑,你如何不笑?"吕祖曰:"张口完(元)气散,舌动是非多。"吕祖头前而走,采和随后根(跟)到中(终)南山,脱了凡胎,才的(得)了正果朝元。[有凌仙诗为证]:

落(乐)中仙,为第一,学才广,知(智)转多,
善知今古口张罗。
口唱道青(情)歌,人道我风蘑(疯魔),
长街市盘还(桓)作戏,打鱼古(鼓)口唱道歌。
白云对(队)内笑呵呵,
勾引儿童耍,歌唱蓝采和。

共(供)八仙恋诗一套[一〇]:

于混沌初分天地,盘古王为君治世。
且莫[说]外国他班(邦),且表咱中原之地。
按四季答报神灵,雷(垒)岁的庆贺天地。
今日是广阳正赛,说的是八仙队戏。
众群仙一家(字)排开,听前行开说仔细。
汉钟离秦朝将军,修仙在中(终)南山内。
吕洞宾唐朝秀士,岳阳楼三醒三醉。
韩湘子花落(篮)神仙,他也把蓝于血丕(关雪杯)[一一]。
张果老吕台树生(驴踏数声),赵州桥踏折分(粉)碎。
张四郎沽油曾卖,铁笛响神仙聚会。
曹国舅叶(弃)职辞朝,身不恋荣花(华)富贵。
铁拐李借尸还魂,两除胞(抛)家绿(缘)家计。
蓝采和乐中班头,东京城许家磨你(末尼)[一二]。
今日是贵降生辰,根(跟)定了长生大帝。
享赛罢增福添寿,合家人增家(加)百岁。
当今天子福厚,万里江山似(依)旧。

终南山勇(涌)出松柏,显神通八仙庆寿。

【注释】

〔一〕"细开八仙赞",用于正赛之日八仙队子庆寿表演,由前行讲唱,用以介绍所扮人物。此讲唱,《赛乐食杂集》本亦记,名"前行开八仙一转",盖因表演时寿星站在八仙中间,逐一由前行介绍,故称。两者文字基本相同,以下校注时用以参照,并称后者为"另本"。

〔二〕"白",古同"伯",可指官爵。"宰相层层伯侍郎",指由宰相直至侍郎的各级朝官。

〔三〕此"老仙",指"老子"李耳,与"寿星"附会,又称南极老人星君,主"寿昌"。与此相关,见老子早属道家祖神,汉魏已称"太上老君";唐皇尊其为始祖,倡导有关祭祀;宋徽宗自称"教主道君",以倡兴道教为己任,封其"长生大帝君"。

〔四〕依《史记·老子列传》言,"老子者,楚苦县(今河南省鹿邑县)厉乡曲仁里人也,姓李氏,名耳,字聃"。此处所谓"赖乡"或又记为"濑乡",实即"历乡",属河南苦县,而非河北涉县。

〔五〕依《续资治通鉴》记,由于宋真宗处处效法唐明皇,不但大搞"天书"下降、"圣祖"临凡的闹剧,且将"太上老君"敕封为"混元上德皇帝"。故见此处仍与"宋真宗"牵涉,仍言老子被其敕封为"注生大帝、老人星君",类宋徽宗所封的"长生大帝君"。由此正见,宋代早视老子为"寿星",早与皇帝"庆寿"有关。

〔六〕以上,"话表这两位神仙"与"话表这两位女仙"两段,该抄本原无,今依"另本"同篇而补。其中,"东王母"与"东王公""东华帝君"有关,与"西王母"对应。

〔七〕吕洞宾,一般认为是唐朝河中府永乐(今山西省芮城县永乐镇)人。或说其祖籍京兆(陕西长安),本姓李,属唐皇子孙,因避武后乱,改姓吕,隐居山中,名岩,字洞宾。后居蒲州永乐,创全真道,今芮城永乐宫有其遗迹。

〔八〕张果老,《新唐书·方伎传》见记。"蹇"指跛驴,即张果老所乘白驴,传说叠之如纸,置于巾箱中,乘则以水噀之,日行数万里。

〔九〕张四郎,传说属"送子"神仙,原名张远霄,四川眉山人,因游青城山成道。又说后蜀亡,其像传入中原,宋代苏老泉祀之得子,即苏轼、苏辙。

〔一〇〕"恋诗",又称"缴恋诗",接前而用,前后"缴恋",故称。

〔一一〕"蓝关雪杯"出自典故。传说,韩湘子为韩愈侄,一日宴集,其聚土复杯,使牡丹花开二朵,叶间有小金字,乃诗联,见写"云横秦岭家何在,雪拥蓝关马不前"。后韩愈贬潮州,至蓝关遇大雪,果应前诗。韩愈由此醒悟,亦得道。

〔一二〕"末尼",亦即"末泥",宋元杂剧角色。见南宋《都城纪胜》记:"杂剧中,末泥为长,每四人或五人为一场……末泥色主张,引戏色分付,副净色发乔,副末色打的诨,又或添一人装孤。"正因"末泥为长",属掌班者,见元杂剧今存《蓝采和》一剧,其仍属一班之主,正如此处所言。

贴篇诗祝赞[一]

玉皇敕令九重天,王母蟠桃宴群仙。
南山松柏株株绿,北海灵芝枝枝鲜。
东山猿猴来盗果,西山麋鹿把花衔。
上界八仙来庆祝,天宫九曜会长年。
醒来岩前三岛饮,醉后王母洞中眠。
龟鹤齐筭来庆寿,愿神圣寿万万年。

寿酒频频献,寿乐奏管弦。
寿山并寿(福)海,福寿万万年。

【注释】

〔一〕此"贴篇",《听命文集》在"正赛迎寿安寿杂集"中有相类记述,正属"贴篇",可作比较。

东华帝君诗祝赞——名东方朔[一]

东华帝君不计春,瑶池机(几)见蟠桃新。
西池昨夜启玳筵,尧天鱼贯玉群真[二]。

青云覆地香馥馥,碧桃异种皆成熟。
玉盘高荐庆此辰,分得当前祝空(实)有[三]。
好怀得此桃[四],不(可)比世间花天子。
桃成结实三千载,花有清香色更娇。

娇姿尽夺天生巧,四座笙歌声缥缈。
湌(餐)余自己出尘众,月白风清醉蓬岛[五]。

【注释】

〔一〕此"东华帝君诗祝赞",非"东华帝君诗",而是"前行"用的相关祝赞,用"勾"东华帝君(或"东方朔")出场,以接"八仙庆寿"。与前《听命文集》同类记述比照,见前者"八仙赞"之前,正批注"自此念东方朔赞,在后抄",其后抄"东方朔赞"正言,东方朔"原是蓬莱第一仙"。正因此,不但"八仙庆寿"之前应先念蓬莱第一仙"祝赞",之后再接"八仙赞""王母赞"等,且见此篇正类前《听命文集》记的"东方朔赞",故又提示"一名东方朔"。

〔二〕"群真",指"群仙"。

〔三〕"祝实",指祝寿用的果实,即"蟠桃"类。

〔四〕"怀",指"胸怀",借指心意、心情、情绪。

〔五〕以上四句,用勾"八仙庆寿"表演。

十供养　前行祝〔一〕

金阙白玉阶前,安排珍馔花筵。

左列妆花白玉瓶,右列珊瑚玛瑙器。

进酒仙童双双列,添香玉女对对齐。

喷香瑞兽金三尺,舞乐妖娥王(玉)一围。

排开供养般般异,进上香果件件奇。

玉液金浆夸紫府,龙肝凤髓献筵[席]。

香〔二〕:

檀桂明(名)香手内扶,青烟缥缈彩云图。

君从何地舍鸡[舌]〔三〕,吐出芳声(馨)绕玉炉。

花:

魏红姚紫锁烟霞〔四〕,尽日园中独自针(此珍)。

羡尔洛阳秄(籽)第一,移来锦肆韵无涯〔五〕。

灯:

高点银台照玉堂,依稀午夜青藜(黧)光。

仪晖(曦辉)朗耀明如昼,福寿花开报吉祥〔六〕。

水:

滔滔不绝盈江湖,一勺清流注玉壶[七]。
　　试此(比)金盘耳(尔)露冷,仙众拿上何于(豫)乎[八]。

果：

　　三千结实是(实)堪夸,味压梦生五色爪(瓜)。
　　供献凡品金玉质,怀妇一任种生芽[九]。

茶：

　　陆羽著传卢仝歌[一〇],秀叶冬生青味多。
　　忙(芒)大蒙山勤采摘[一一],瓷瓶满酌供菩萨。

食：

　　读罢蘋蘩蕰藻篇[一二],进馐何必到琼筵。
　　云厨馔具明忠信,石子(籽)松花入豆笾[一三]。

宝：

　　玉宝从来不一寿,夏铸九鼎园天球(愿千秋)。
　　鬼神不吐在明德,舍却心田何处求[一四]。

珠：

　　问君何日交趾(趾)来,陈设堂前压风灾。
　　不是孟尝高洁性,远离合浦无照回[一五]。

衣：

　　杳杳精灵何所依,春秋时祭设裳衣。
　　诸般皆供独无比,叹见齐焉柳亦希(斋宴留依稀)[一六]。

【注释】

〔一〕"前行祝"属说明语,意指此篇仍属前行祝赞。

〔二〕"香"字,原本外加墨圈,旁批在下记的四句诗赞之前,属批注说明,指所记四句言"香"。之后的花、灯、水、果等类此,合为"十供养"。

〔三〕"舍",言施舍、布施。"鸡舌"乃敬神用香的一种(见下"祝香文"),用以代指神香。

〔四〕"魏"通"巍","姚"通"窈"。"魏红姚紫"犹言"姹紫嫣红"。

〔五〕以上四句,实言牡丹,借指供神之花。

〔六〕"福寿花",实指供神蜡烛燃烧时的"烛花"。俗言"烛花爆,福来到",故言其"报吉祥"。

〔七〕"一勺清流注玉壶",实言敬神之"酒"。

〔八〕"豫",取喜欢、快乐意。

〔九〕以上四句,以"蟠桃"代指神前所献之"果"。不但"五色瓜"见有典故(详《述异记》等),且言及"怀妇一任种生芽",正含生生不息之义。

〔一〇〕"陆羽",唐代竟陵人,字鸿渐,嗜茶,著有《茶经》三篇,后世尊为茶神。"卢仝",唐代济源人,善品茶,曾作《茶歌》。

〔一一〕"芒",指昏昧无知。"芒大"或作"莽大",指农夫,含贬义。

〔一二〕"蘋"指《采蘋》,"蘩"指《采蘩》,皆为《诗经·国风》篇名,写女子野外去采白蒿(蘩)或青蘋以供祭祀。"蕴"指深奥,"藻"言文辞,"蕴藻"指其所言事理深奥而又文辞精美。

〔一三〕"石籽",指山石间的树木之籽,如榛子、核桃等,包括"松花"类。"豆笾",是古代祭祀盛食的器具,此处代指祭盘。

〔一四〕以上四句,言鬼神所用之"宝"在于"明德"。"不吐",指不弃。

〔一五〕此四句言"珠",故用了"合浦珠还"典故。"合浦"为汉代郡名,自古盛产珍珠。东汉时,孟尝为合浦太守,见之前太守贪秽,致珠渐徙交趾界,于是休养生息,去珠遂还。

〔一六〕由于祭神类如祭祀亡灵,也烧纸衣之类,故言"斋宴留依稀"。

十段锦〔一〕　前行念

一段寿星〔二〕:

亦(赤)面银须雪鬓,飘然盖世尊仙。

龙头柱杖手内悬,亲捧寿表谁(奉)献。

身穿一领鹤氅,登云草履[足]穿。

头戴七星一替(簪)冠,跨鹤来至金殿。

南极宫中长乐,年年添寿花(华)筵。

二段两义(仪)〔三〕:

无极而有太极,阴阳正相为根。

老公老母敖洪恩〔四〕,四象八卦横生。

天道流行下降,地气纲缊上腾〔五〕。

利贞静翕动元亨〔六〕,凿破乾坤一缝。

借问两仪何道,不(卜)式尽其才能〔七〕。

三段三星〔八〕:

洪范详陈五福〔九〕,瑞然寿考居先。

次序禀(廪)禄降自天,有德诸福周全。

也闻陶朱富厚[一〇],却见彭祖昌(长)年。

华封多福祝民间[一一],古来人人称羡。

而今三星照耀,福禄享用无边。

四段四逢头[一二]:

不衫不履披发,无拘无束仙真。

低垂玉搂(楼)笑一声,看透世人几层。

无益钱财万宝,哄的(得)劳碌营心。

任他往来且横行,但将冷眼观定。

背负铁帚自扫,哪管一世浮尘。

五段五岳:

石山支分派别,五方共凛一尊。

泰岱峥嵘坐木星,回雁谁复宁馨。

两两金水交映,巍巍恒(衡)华相临。

南北东西各自分,朝归嵩岳重镇。

太平天子驭世,北极岳镇安宁。

六段六律[一三]:

黄帝作乐继后,节音始自黄钟。

三分损益隔八生[一四],绿(六)律施柯(旋相)为宫[一五]。

长短疾徐适宜,清浊高下相通。

师涓灵妙师旷聪[一六],调阳鸟(焉)能不用[一七]。

而今本律乐奏,以成(诚)和悦龙神。

七段七星:

仰瞻稚(维)北有斗,七星照耀当空。

不层(北辰)一时隐地中,循次旋转无穷[一八]。

情异(移)毕见好雨,行殊箕出喜风[一九]。

一任往来走西东,口朝紫微不动[二〇]。

手擎攒星宝剑,威镇茸(戎)堂兴隆[二一]。

八段八仙朝玉皇:

玉皇大帝万寿,群仙共祝无疆。

鹤驭云轩齐忙忙,须臾来集当前。
　　瑶池冰桃雪藕,琼筵玉液金酱(浆)。
　　别有天地非人间,岂是尘凡梦见。
　　今日蟠桃盛会,但愿亿万期(斯)[年]。

九段九天[二二]:
　　大造一元迭运,八方朝拱中尖(间)。
　　苍旻联属艮震间,坎中独立玄天。
　　一自乾坤定位,已分幽朱成行。
　　兑女为皓离为炎,巽地阳天独现。
　　九天高明载覆,苍生四野安然。

十段十[美][二三]:
　　开(闻)道夏商倾国,皆因绝色为殃[二四]。
　　举火一笑社稷亡[二五],申生被祸非常[二六]。
　　楚馆腰肢安在[二七],吴宫花草凄凉[二八]。
　　白燕不敢非(飞)昭阳,金莲随步出现[二九]。
　　最恨父子聚麀[三〇],一曲歌舞电(霓)裳[三一]。

【注释】

　　〔一〕《十段锦》,因有十段诗赞而名,每段各言一事。此篇《赛古赞本》亦记,以下校注时将参照。

　　〔二〕"一段寿星"四字,非正文,抄本中写于该段开头,外加墨框,为该段小标题。以下各段类此,不另注。

　　〔三〕"两仪",在此指乾坤,即天地。《易经》言:"易有太极,是生两仪,两易生四象,四象生八卦。"以下所讲即源此。

　　〔四〕"老公老母",借指乾坤。《易经》言:"乾,天也,故称乎父。坤,地也,故称乎母也。""敖"作相交、交媾、交感讲。用如《管子·四称》:"诛其良臣,敖其妇女。"由于阴阳交感,才见"四象八卦横生",才有天地万物,故称其有"洪恩"。

　　〔五〕"细缊"又作氤氲,借指阴阳二气的密合状。正如《周易·系辞下》言:"天地细缊,万物化醇。"

　　〔六〕"元亨""利贞"皆属《周易》卦辞,有多种解说。此句,"利贞"指化生万物的地,即坤,属阴,故言"静";"元亨"指元阳之气,即乾,故言"动"。"禽",和谐也,言阴阳二气和谐而动,以育万物。

〔七〕"式",通"栻",指占卜用具。"卜式尽其才能",指由乾坤两卦可占卜万事万物。

〔八〕"三星",指福、禄、寿三星。

〔九〕《洪范》,属《尚书》中一篇,其中讲到人的"五福":"一曰寿,二曰富,三曰康宁,四曰攸好德,五曰考终命。"

〔一〇〕"陶朱",指陶朱公,即范蠡。《史记》载,其佐越王灭吴后,变姓名游于陶,称朱公,致富。后世善于聚财致富者,亦称陶朱公。

〔一一〕"华封",简曰"封",指"封禅",乃古代帝王前往泰山的祭天活动,以示皇权神授。

〔一二〕"四逢头",实指寒山、拾得二人。正如前记的《细开八仙》言,二人在"空中是清风明月;落在寺院里边,左文殊右普贤;落在酒馆里边,是合和二仙;如今落在八仙队内,一个是寒山,一个是拾得。"因二人可有四种变化称谓,所指实一,故称"四逢头"。

〔一三〕"六律",实指六律六吕,合称十二律吕。传说黄帝时,伶伦"截竹为管",始制律吕,早有了"管律"。由此制钟,就有了"钟律",依次见称黄钟、大吕、太簇、夹钟、姑洗等,属十二个标准音,互为半音关系。

〔一四〕"三分损益",属古代乐律的计算方法。就古代"管律"而言,早又有"黍垒"之法,即各管或减(损)或增(益),之间又有三分之一的计算关系。当"黄钟"管长确定之后,其他各律的管长就可计算确定,称"三分损益法"。又因先秦已可按七声音阶(五声又夹有半音关系的变徵、变宫)确定音高,故言"隔八生"。

〔一五〕"旋相为宫",指十二律吕都可作为"宫"音(基音)定调。不过,"施柯为宫"也可说通,盖因古代铸钟为律,用"柯"敲定。

〔一六〕"师涓"和"师旷",分别是春秋时卫国和晋国的乐师。所谓"师涓灵妙师旷聪"出自典故,言卫灵公与师涓赴晋途中,师涓学会了一支听到的琴曲,在晋国宴会上演奏,晋国的师旷立刻听了出来,不但说出其曲由来,且弹出很好的乐曲。

〔一七〕此"调阳"指调理阳间音乐,使与天地和谐一致。见《礼记·乐记》就言,"乐者,天地之和也","和,故百物皆化",正与风调雨顺、五谷丰登相关,正见祀神用乐之意。正因此,见说"调阳焉能不用"。

〔一八〕由于"北斗七星"总是围绕"北极星"旋转,北极星又称"北辰",故见"北辰一时隐地中",北斗七星也仍"循此旋转无穷"。

〔一九〕古人观察日月五星的运行,以二十八宿(恒星座)为背景,总结出一些天气变化的规律。有的符合实际,有的则加以附会。见如《尚书·洪范》中的"伪孔传"(假为春秋时孔安国所作,实为东晋人梅赜作)就言:"月经于箕则多风,离于毕则多雨。"言指,月亮经过箕宿(形似簸箕而名,附会簸扬)就多风,离开毕宿则多雨。于是见言"情移毕见好雨,行殊箕出喜风"。

〔二〇〕与"紫微"相关,见有"紫微星",即"北极星"。"紫微垣",又称"紫微宫",视如帝王居所,有星十五,不但正含"北极星",且与"帝王"牵涉,因此皇城也称"紫禁城"。对此,见《后汉书》卷四十八说,"天有紫微宫,是上帝之所居也";见唐代孔颖达在《尚书·说命中》又疏,"北斗环绕北极,犹卿士之周卫天子也。五星行于列宿,犹州牧之省察诸侯也。二十八宿布于四方,犹诸侯为天子守土也。天象皆为尊卑相正之法";见宋代《上清灵宝大法》卷四说,"北极大帝则紫微垣中帝座是也。按《天文志》云:南极入地三十六度,北极出地三十六度,天形倚侧。盖半出地上,半还地中,万星万炁悉皆左旋,惟南北极之枢而不动,故天得以动转也。世人望之在北而曰北极,其实正居天中。为万星之宗主,三界之亚君,次于昊天,上应元炁是为北极紫微大帝也"。不但正见"北辰一时隐地中"所由,正可附会"帝星"降世,且见北斗绕着紫微而转,正可类比其臣。

〔二一〕以上两句,牵涉二十八宿中的"斗宿",即"北方玄武七宿"中的"斗木獬"。盖因其由六星组成,也如斗状,称"南斗",正与"北斗"遥相呼应。于是,有了"南斗注生,北斗注死"之说。随着"斗宿"崇拜,"北方玄武"又与"帝王"附会。不但见其"手擎攒星宝剑,威镇戎堂兴隆",早与"玄武"象形"龟蛇"有关(位在北方故曰玄,身有鳞甲故曰武),且见随着宋代避讳(前述),改"玄"为"真",由"玄武"而"真武",由此而来的"真武大帝"早又与明成祖朱棣比附。

〔二二〕所谓"九天",除中央一天,另见八方八天,正与八卦对应。

〔二三〕所谓"十美",依以下所讲,见指历代十个所谓祸国的美人。

〔二四〕远古传说,夏桀有宠妃名妹喜,为之作酒池、糟丘,长夜饮于深谷,致诸侯归附商汤,终于亡国;至商纣王,又有宠妃妲己,致武王伐纣亡国。故言"夏商倾国,皆因绝色为殃"。

〔二五〕此句指周幽王宠褒姒,博其一笑事。

〔二六〕此句言晋献公宠骊姬,欲立其子奚齐,迫使太子申生居曲沃(今山西临汾曲沃),终于遭谗自杀事。

〔二七〕此句言楚灵王事。其好细腰美女,醉心于饮乐歌舞,结果却因穷兵黩武,众叛亲离,自杀于荒村,无伴而终。

〔二八〕此句言吴王夫差宠西施,终致越国灭吴。

〔二九〕以上两句当写汉成帝宠赵飞燕姊妹二人事。依史,成帝先宠赵飞燕,后将其妹接入昭阳宫,使飞燕居条远馆,二妃并宠。故说:"白燕不敢飞昭阳(言指赵飞燕),金莲随步出现(指其妹)"。

〔三〇〕"父子取糜",当指东汉末年董卓与其义子吕布共宠貂蝉事。

〔三一〕此句写唐玄宗宠爱杨贵妃事,言由"歌舞霓裳"导致"安史之乱"。

百寿赋老人星念[一]

南极赐寿一仙翁,添贺皇王寿遐龄。
两道寿眉膺醜祉[二],寿目一双如朗星。
寿鬟如雪而不改,寿须赛[过]霜以(亦)长。
头戴延寿冠一顶,身穿寿衣降瑶宫。
足踏朱履来庆寿,共祝南山福寿增。
吾本天壤长寿星,实权至凡寿算明[三]。
三星聚会寿为仙,五老化形寿在中[四]。
金童对对捧寿酒,玉女双双贺寿篇。
白鹤飞来寿筵落,麋(麋)鹿添寿把花衔。
灵龟新增千年寿,彩凤呈祥寿万年。
王母双手捧寿表,东华帝君祝寿筵。
八仙聚会来庆寿,寒山石(拾)得进寿丹。
灵筹[增寿]添海屋[五],奕世咸颂寿无边。
甲子旧造义廷(又延)寿,千年同歌寿长年。
寿供排得般般异,寿馔美味献[御前]。
寿香一炷香[馨]馥,帚(篆)结寿字气临轩。
寿花朵朵呈瑞色,插在瓶中寿长春(年)。
寿灯一盏光灼灼,焰开福寿花鲜鲜。
寿水一滴成甘露,洒遍乾坤福寿添。
寿果一颗馨香品,供在寿筵庆长年。
寿茶盏[内]浮雪浪,江南采摘祝寿筵。
寿食厨中调鼎鼐,供寿籥(禴)祠与蒸尝[六]。
寿宝今日开宝藏,普放金光祝寿延。
寿珠一粒灵光[殿],空悬在中福寿绵。
寿衣一套混元出,普献寿前祝长年。
寿酒三杯频祷祝,寿帛一方献神前。
寿礼常行八佾礼,寿乐八音奏管弦。

寿山年年南山祝,寿水长流东海源。
寿树南山松不老,寿柏四季绿川川。
寿草盆中长翠色,寿鸡报晓在人间。
寿猿献果香坛进,寿鸾声声歌好音。
天寿弘开来凤旆,地寿民歌乐土欢。
人寿彭祖亨(享)八百,蟠桃长献寿万年。
寿云一段(朵)呈五色,寿雨阵阵润丰年。
寿风吹嘘生万物,寿露成化滴九天。
今日皇王万寿期,寿星下降庆生辰。
凡民备设祝寿供,惟愿尊神降寿筵。
寿山福海年年万(盛),福寿无穷岁岁坚(添)。
愿神亨(享,以下径改)寿诸神筵,愿神享寿众圣[前]。
愿神享寿赐五福,愿神享寿祝三多〔七〕。
愿神享寿登(灯)花烛,愿神享寿享灵冉〔八〕。
愿神[享寿]歌大有〔九〕,愿神享寿贺丰年。
愿神享寿万民乐,愿神享寿无争战。
愿神享寿风雨顺,愿神享寿士民安。
愿神享寿皇朝固,愿神享寿社稷老(牢)。
愿神享寿降甘雨,愿神享寿去饥寒。
愿神享寿除灾害,愿神享寿天下安。
年年祝寿今朝日,上祝皇王万万(寿万)年。
寿酒频频醉(献),寿乐到管弦。
寿山并福海,福寿万万年。

【注释】

〔一〕《百寿赋》,因之下共百句,每句含一"寿"字而名。所谓"老人星念",实由"前行"念,因用于老人星(寿星)祝寿时,故见如此提示。《前后行讲说古有十论》本记有此篇,《赛古赞本》亦记,内容全同,正可参照校补。

〔二〕"膺",受也。"魗",在此作"比、同"讲。"祉",指福禄。全句大意为,其两道寿眉就像所受的福禄一样很长。

〔三〕"寿算"亦作"寿筭",指寿龄。

〔四〕"五老化形",言由五福化形而来的福、禄、寿三星,故见"寿在中"。

〔五〕"筹"指用竹记数的器具。"灵筹"即"龄筹",用以计寿。"海"言大,用如海涵、海碗。全句言寿命之长,"筹算"的竹签不断增添。另,"增寿"二字,参照《前后行讲说古有十论》本补。

〔六〕"禴"指夏祭,"祠"指春祭,"蒸"指冬祭,"尝"指秋祭。

〔七〕"三多",指福禄寿三者都多。

〔八〕"冉",言侵染、渐进。此句意指,祝神长寿无穷,永远有灵。

〔九〕"有"指有年,即丰年。"大有"即大丰收之年,见《周易》卦辞正有《大有》篇。

又老人星赞〔一〕

头戴金簪按七星〔二〕,初生下降鬼神惊。
两道湾湾长寿眉,一对仙眼似朗星。
左手拿着龙[头]杖,右手捧定一卷经。
名牌标题七个字,年年添寿老人星。

【注释】

〔一〕这是前行念的又一诗赞,亦用于老人星祝寿时。盖因届时供三盏,每盏一篇,共需三篇,故见之下又有一篇。另,之前《听命文集》本也有相似记载,可参考比照。

〔二〕"金簪",实指簪花之冠。其花闪烁如金,故称。

又老人星赞

远观南山紫雾,近趣(觑)北海光照。
门外一朵瑞云,南极老人星到。
身穿丹纱一领,王母敕降蟠桃。
年年祝寿在今朝,庆贺长生不老。

报晓文〔一〕

伏以金鸡报晓,同会(冲讳)圣驾〔二〕。玉兔禅(赡)光,余满争食(玉漫整室)〔三〕。其瞒(启幔)自祥烟初开,广圣言(俨)在出糊(酣)吟〔四〕。上请圣题(迪)〔五〕,礼谨香花然(俨)在;更整龙衣,伏以侍寝小爽。门外已朵(几多)赞心(簪新)〔六〕,正时(是)衣冠之祭(际);架上金鸡三唱,东方勇(涌)出太阳。社众殷勤,但(俱)列尊像,如尊神盥漱,敢不奏文(闻)。

【注释】

〔一〕与此"报晓文"大致相同,见《祝告文本》记有一篇,以下用以参校。

〔二〕"同会圣驾",指其赛会所请的众神。《祝告文本》见记为"冲讳圣驾",指冲撞惊动了应该避讳的众神,亦通。

〔三〕"赡"言充足,"玉兔赡光"指月光充盈明丽。"玉漫整室",犹言月光满屋。

〔四〕"广圣"指众神。此句意指,众神一夜休息好了。

〔五〕"迪",动也,作也。此句委婉表示,请众神起床。

〔六〕"簪新",指头上簪着新花,宋代盛行,此处用指"门外几多"社众。

请阴神文〔一〕

伏以神圣往来,昨日入寝[入]貌〔二〕,奉送尊神归寝。今者花(华)筵[再]整,仰渎神听(聪),幸喜见驾之休(庥)。曲劳圣意,伏顺凡请,今朝早请伏候圣意〔三〕。

【注释】

〔一〕"阴神",指女神。赛社俗规,每晚供盏毕,有"送阴神"另寝仪式,故第二天清早又有"请阴神"仪式,届时念此文。另,《祝告文本》也有基本相同一篇,可参照。

〔二〕"貌"通"邈",遥远也。由于女神每晚要回自己宫中就寝,路途遥远,故言"入寝入貌"。此句依《祝告文本》校正。

〔三〕依《祝告文本》,最后还有一句"逍遥出寝"才结束,正见此文属于女神"出寝文"。

祝香文〔一〕

扶(夫)香者,香烟为信,古今难明。通于天地,感于鬼神。百福氤氲,六殊(服)馥郁〔二〕。初焚宝鼎,才爇金炉〔三〕。瑞气腾空祥云作,盖化云化雾俱福俱祥。不凭此信,难达神明。各灵神之降鉴,感明圣沙(渺)齐临。用则祈福,则福无不至也;祷则散祸,则祸无不散也。一木有四香之名,根曰梅檀,节曰沉香,花曰鸡舌,胶曰薰炉(陆)。此四者,为香之宝也。诗曰:

此木丛中最为先,梅檀根作节沉香。

花曰鸡舌胶薰陆(蓼),贵宝将来献上苍〔四〕。

蔼蔼(霭霭)轻烟为寿篆,微微温火试馨[馥]。

如有明国荐微水(火),腾似宝州鹧鸪斑〔五〕。

慈(兹)者,今有人等报贺天宫雨露之恩,预赛于厶神圣诞享赛之辰,谨[请]黄(皇)天圣众升临宝殿,后土诸神降临香坛。祝尊神寿同天地,赞尊神圣[寿]无疆。

【注释】

〔一〕"祝香文",是上香时主礼先生向神祝告而念的表文,不止一篇。此篇,见记有"预赛于厶神圣诞享赛之辰"一语,可见原用于下请日。届时需向主神"奏禀",以告"预赛"之意,正需大殿上香,应念此"祝香文"。该篇亦记于《赛古赞本》,内容全同,以下用以参校。

〔二〕"六服"指王室之地,依远近分为侯服、甸服、男服、采服、卫服、蛮服,故称。此处借指全国。

〔三〕"爇",点燃、焚烧也。

〔四〕"将",取拿、用之义。

〔五〕此上下句中,"明"指神灵,"明国"即神国,指天国、上天、天宫。"鹧鸪斑"属香名,产于宝州(又称日南,在今云南楚雄境)。据《名香谱》载:"鹧鸪斑香……出日南,如乳香。"

正赛放生前行讲说

【按】此篇,见前《听命文集》本已记,内容全同,此处从略。

正赛迎寿安寿杂集小杂剧

【按】此目内容，从"启寿前行念"开始，接有"前行拿生"念、"妇人唱摇名（尧民）歌"、"接寿处扮钟馗镇宅"、"老人星"诗赞、"寒山"诗、"石（拾）得"诗、"张四郎"诗、"柳树精"诗、"蓝采和"诗、"吕洞宾"诗、"曹国舅"诗、"汉钟离"诗、"铁拐李"诗、"张果老"诗、"韩湘子"诗、"仙鹤"诗、"锦鸡"诗、"贴篇"诗、"后行"诗、"东华帝君"诗、"后行又曰"诗、"前行念"诗、"小杂剧"词，直至"又想祝皇一赞后添"，其顺序、内容均与《听命文集》本所记相同，故仍从略。

剖太阳

剖太阴

小队则

送神跳探子

送神打彩

前行讲三台

前行讲响杖

前行讲享赛（原无题名）

监斋押盏四句（二个）

值宿押盏四句（二个）

前行讲戏竹（又称"前行分戏竹"）

【按】以上又记大小十一篇。其顺序、内容皆与《听命文集》本所记相同，故仍从略，仅存题名，以便对照。

七 《赛乐食杂集》本校注

该本与《听命文集》本同时发现，亦由牛小五献出。本高 25 厘米，宽 23 厘米，右侧线装。正文为普通麻纸，墨笔抄写，共四十九个双折页，计九十八个单面页。外加封皮用纸稍厚，封底已毁，仅存封面。封面（如图）为灰蓝色，并在左中右贴有三条竖长红纸，以便墨笔书写，左条竖写"赛乐食杂集卷之"，"之"字后缺卷次，如"之一"等，故将该本名为"赛乐食杂集"；中间长条竖写"嘉庆岁次甲子年桃月日立"，可见抄立于 1804 年春；右下条竖写"崇道堂记"，乃牛氏堂号。所谓"赛乐食杂集卷之"，当出自抄者原来构想，拟将赛社所用的乐次、食次等"杂集"而抄，分"卷"而编，或未兑现，故见该本只留"卷之"，内容单一，基本属于前行讲唱所用的赞词。

也因此，该本所记内容，与前见的各本时有重复。凡重复部分，也仍仅存篇名，内容从略。又因该本遭过火烧（前述），见有残损，校注时将参考他本，尽可能补全。

[前行讲三台]

【按】此为该本开篇,原抄未见篇名,今依《听命文集》本所记而补。见于《听命文集》本,既记有《前行讲三台》一篇,见说"又名《楼台》";又记有《前行戏竹放盏规矩讲说》一篇,正属"书帽",其后正说"自此念……《楼台》……"正可加在"讲三台"之前。正因此,就见该本开篇先加"书帽",再接"讲三台"。为见其实,今将其开篇"书帽"与"讲三台"开头内容摘录于下:

鼓乐看成(堪称)第一功,一声锣响唤蓬先(先锋)。
得(笛)吹美令如鸾叫,板措(撒)六扇凤凰音。
金顶顶(钉钉)[就]驼皮鼓,玲珑(伶伦)敕赐在扣中。
上告恩官齐哑净(雅静),打一拍,千里灵声(神)摘(侧)耳听。

今日是广阳头场之日。广者,[呼]为大也;阳者,按了阴阳二气。[在上]住(主)神官掌了大礼,[在下]我前行掌了大乐。礼从天生,乐从地长。天有三才日月星辰,地有三才按了丙丁,人有三才生貌相,乐[有]三才凭献星[一]。天有五星,地攒五土,人有五德,乐有五音。天有五星者,是金木水火土。地攒五土,是常衡太玄(华)嵩;又有五方者,是东西南北中。人有五德者,是温良恭俭让。[乐]按五音,是宫商角徵羽。天气和,四时顺;地气和,万物生;人气和,五脏六腑皆安;乐器(气)和,打八音皆响。回转过来,天气不和,万物(四时)不顺;地气不和,万物不生;人气不和,五脏六腑不安;乐气不和,打八音不响,要响者乱响。

鼓乐从来按五音,按春按夏按秋冬。
当初本是轩辕治(置),万古流川(传)到如今。

古庙神明两边排,社首急早赴蓬(棚)来。
两下站有合社人,妆神扮鬼排上来。
上边掌礼主神官,五音律吕在正怀。
上告恩官齐哑净(雅静),举手开山讲路台[二]。

扶(夫)路台者,当是汉明帝固造[三]。者(这)台为(未)立,明帝驾崩,唐明王皇帝造为此台。内有二臣,名唤袁罡(袁天罡)、李顺(李淳风),上本说:"我主不可。此台当日汉明帝造为,此台为(未)立,明帝驾崩。我主若造此台,只恐江山不稳,社稷不牢。"明皇大怒,将二臣打了四十金头御棍,贬缚离朝,气绝身死,不在话下。单道唐明王皇帝,为造此台,听人(任)它人。御口亲封,一台有三名,一名叫路台,一名叫戏台,一名叫乐台。台高三丈三尺……

【按】以下与《听命文集》所记基本相同,最后也念"有诗为证"一段结束,今略。

【注释】

〔一〕"天有三才……乐有三才凭献星"一语,《听命文集》未记。全句意指,天地人皆有"三才",正如"乐有三才",早又借乐献神。从而见于"乐",如琴,就有了"岳(琴码)阔三分,以象三才"之说。

〔二〕"上告恩官"上下两句,《听命文集》也未见。其中"举手"指敲击乐器;"开山"言指开创(见如"开山老祖""开山之作"),此处借指开始;所言"路台"即"楼台",盖因庙内乐台建在山门之上,其下有路,其台如楼,故称。

〔三〕"固",指本来、原来。

[供盏时的前行念词]

【按】原文无此标题,而是直接抄记"吹头盏,唱二盏,舞三盏"有关的前行诗赞(不全),再接"十二元辰"乐舞名、"再撞再煞"词、"八宝妆腰带"遣队词,直记到"高摇戏竹,暂止乐声"。其所抄,属"供盏时的前行念词"(故立此名)。因《听命文集》本所记更全、更准确,故此处从略。

[上香诗赞三首]〔一〕

一炷香上告神灵,合社人谨法虔诚。
接神是香烟妙妙(杳杳),安神是紫雾滕滕(腾腾)。
降真香香烟不断,白坛(檀)香焚在炉中。

降罢香风调雨顺,降罢香天下太平。

清晨启(起)来一炉香,谢天谢地谢三光。
一谢皇帝[万万岁],二谢臣宰永无灾(殃)。
清茶酒果神前献,消(晓)朝乐奏安宫商。
满酒(杯)斟衔(献)三杯酒,奉神全凭一炉香。

年年享赛诸神禧(喜),一切神灵降福来。
先将雷公开雨部,后将细雨洒常皆(长街)。
炉内烧香真坛宝,每日常挂利市牌。
今年今月享赛罢,祸门永闭福门开。

【注释】

〔一〕原本无此标题,今依内容而加。以下类此不注。

[跑太阳、跑太阴各一首]

自从盘古立三皇,金乌玉兔月中望(王)。
亭台执盏朝东跪,半道霞光跑太阳。

自从盘古立初分,抱(剖)开天地整(正)人伦。
日落西山诸葛(光)亮,半道霞光跑太阳(阴)。

[讲酒诗赞六首]

赵目刘伶为朋友,神仙上下来往走。
虎头七品按宫商,尊神光(先)献头杯酒。

刘伶问杜康,造酒有奇方。

融辟(隔壁)三家醉,开潭(坛)十里香。

酒是人间美乐,神仙祖代传流。
三杯能和是万(万事),一醉善解千愁。

杜康能造好酒,全凭曲米相和。
三杯两盏不用多,醉倒了神仙已(几)个。
汉钟离东倒西歪,吕洞宾前阳(仰)后合。
别(拐)李吃酒脚南哪(难挪),醉倒在西江月卧。

仙家能造好酒,全凭曲米来架(加)。
三杯两盏赛河(荷)花,众神仙故来古(沽)价。
武(伍)子胥失落宝剑,王招(昭)君当下琵琶。
二人吃酒不归家,醉倒在西江月下。

九月菊花开放,家家造下穷酱(琼浆)。
每日欢乐入(如)洞房,秋后叶落无霜(妨)。
家家妻财子禄,好酒能解愁肠。
八仙醉倒在岳阳[一],好是满斟自唱。

【注释】

〔一〕此句实指八仙中的吕洞宾,言其岳阳楼"三醒三醉"事。

［东方朔赞］

【按】其内容与《听命文集》中"东方朔赞"全同,从略。

[何仙姑仙诗]〔一〕

不居利市不近都,终南山下有茅芦(庐)。
果老师夫(傅)来庆(度)[我],手拿笊篱入红芦(洪炉)〔二〕。
脱凡胎,换仙骨,群仙对(队)内女丈夫。
若知小仙名和姓,五(八)洞神仙何仙姑。

【注释】

〔一〕原本无此标题。该诗赞与《听命文集》中见记的"汉钟离仙诗"等八仙"仙诗"句式、用法全同,故加此标题。今考,最初的"八仙"并无何仙姑,而有张四郎,元代以后,才以何仙姑代替了张四郎。

〔二〕"烘炉",大炉也,借喻陶冶成神。

□(祝)山诗〔一〕

哎,
上的山又上山,山上有座姑的俺(庵)。
我与姑儿抱儿子,姑则与我洗布衫。

【注释】

〔一〕此标题,原本第一字缺损,由残迹辨认,应为"祝"字,故补。依所记,不但见属前行"祝山"诗赞,且含情节,似属《月明和尚度柳翠》舞跳时的念词,或正由其表演摘出,而由前行活用、乱用。

报晓文

【按】此篇,与《赛场古赞》本所记全同。另有《祝告文本》亦记(见后),且更准确,故此处从略。

前行讲古论[一]

鼓乐看深(堪称)第一功,一声锣响唤仙蓬(先锋)。
笛吹美令昔(似)鸾叫,半扇六昔(板撒六扇)凤凰音。
金顶顶(钉钉)就蛇(驼)皮古(鼓),金珑子止(伶伦敕赐)在手中。
上告恩官其亚音(齐雅静),[打一拍],千里龙神摘(侧)耳听。

今日广阳正赛之日。广者,何(呼)为大业(也)。常(阳)者,按了阴阳二气。殿上主神官掌了大礼,次(在)下我前行掌了大乐。礼从天生,乐从地一掌(地长)。礼云礼云,乐云乐云。礼云是接被人和之载(是玉帛云乎哉),乐云是钟古人之载(是钟鼓云乎哉)。天气和,四时顺;地气和,万物生;人气和,五脏六腑[皆]安;乐气和,打八音皆响。回赛人过来(回转过来),天气不和,四时不顺;地气不和,万物不生;人气不和,五脏六腑不安;乐气不和,打八音不响,若要响者胡为乱响。

六律调和按五音,安春安夏安秋冬。
休闲萧古(箫鼓)宣喧响,安(鼓)乐响处得太平。

[观　筵][二]

[高宣(悬)]起山水长(帐),捧(棚)挂下八仙图。善掉(桌)上龙花照面,[桌]椅上飞鸟盘(蟠)龙[三]。前板(摆)上庄胡(妆糊)玛树,后板庄(摆妆)花白玉瓶[四]。有几般不忍(认)唐食:红濮濮(朴朴)几(冀)州小枣,黄闯闯(状状)味(魏)州鹅梨,河羊(阳)县大柘(石)榴,阳(扬)州花建寺(事件)[五],美千千(倩倩)凉糖众则(粽子),软能能卸(澥)面花高(糕),白坛坛(团团)蒸饼,金散(金洒洒)玉禄苏(炉酥),巧手多栾(掇窝)满斝(珍)玉[六]。花帽廷(亭)台过钱(饯),进(锦)衣人来往凑是(奏事)[七]。叫饭育(教坊御)乐品新箫,红粉佳人歌美令[八]。这是二十四般其元(齐圆)全,这是六十[四]面前口得(全口德)[九]。内摆八阵(珍):黑熊长(掌)、笙(生)黑吐伏、龙肝、凤尾、景(豹)胎、台瑙、社(麝)须[一〇]。

八阵(珍)除了皇家有,走遍天下一家无。
斟酌蒲萄亮(葡萄酿),乐四(肆)醉梦常君(醉梦长)〔一一〕。

讲古论〔一二〕

乐中头管最稀生〔一三〕,鼓板针(轧)筝曲中寻。
甲子出声入(如)凤郊(叫)〔一四〕,宫商音美似鸡鸣。
有花开似千层闷(瑞)〔一五〕,冲乃音去万古春。
虽然不是伶伦造,依风依俗动清音。

夫古论者,轩辕皇(黄)帝所治(置)贻流(遗留)。三字称[道]:一名古论,一名古弄,一名古岭(领)。上路台穿的是品冠法衣,不离一席之地,讲论千载是非场。衣冠叩(扣)带,如大成君子一般。之论,论的是天地星辰、日月江渎、混沌清谈(浊)、阴阳造化、三教九流、四书孟子之言。以问(内),又有君臣父子、子孝顺孙。礼义周全,才为古论。夫古论者有十德,是那十德?一要礼乐,二要周全,三要宽弘,四要海量,五要角(教)小,六要材(才)学,七要答应,八要官场,九要牌(排)尊单(卑),十要乐中参详。[做]古论者〔一六〕,不寔(识)字,不计(记)书,不通礼,不寔(识)进退,如同是羊披虎皮,虎架(狐假)虎威,外刚内忧(柔),外发金内发草。见软则期(欺),见草则[飞,见柔则]喜,那做古论外无学识者也〔一七〕。

谈天论地,为之古论。喜之当场,为之古弄。朔岭和众(率领夥众),为之古岭(领)〔一八〕。

古伦(论)难成,古伦(论)难得,古伦(论)难学。古伦(论)前后皆通,伦(论)的是古今治世。反(凡)做古伦(论)者还有十伦(论),那十伦(论)?天论、地论、高论、同(通)论、谈论、道论、理(礼)论、见论、明论。

夫天伦(论)者,混沌清淡(浊),使(始)分三才,生长五星,才惟(禅位)五方,为之天伦(论)也。

夫地伦(论)者,九州分别(野),甲于(狄夷)四方,善能信德,晓惠温良,惟(为)之地伦(论)也。

[夫高论者,道字真实,语言宏亮,声如铜钟,四海名扬,为之高论也]〔一九〕。

夫通伦(论)者,相通古今,占扶正邦〔二〇〕,产(禅)龙谋位,折(册)位君[王],

惟(为)之通(论)也。

夫谈伦(论)者,谈天伦(论)地,于(玉)成帝王,律吕典调,曲按宫商,惟(为)之谈伦(论)也。

夫道伦(论)者,先道古今,后道国家,治国安邦,兴亡成败,惟(为)之道伦(论)也。

[夫礼]伦(论)者,《礼义(记)》《论语》,时刻温良,有尊必答(尊卑远近),一心底(日新礼)长,惟(为)之理伦(礼论)也。

[夫见]伦(论)者,见事成(诚)实,反(凡)且吹祥(推详),不离古礼,不误排场,惟(为)之见伦(论)也。

[夫议]伦(论)者,游(攻)习四书,圣点(典)参详,开口合道,的(出)语成章,惟(为)之议论也。

[夫]明伦(论)者,眼见事学,志高志德,学义聪明,调和仁义,[为之明论也]。此乃十伦(论)者也。

夫古伦(论)者还有五弄,是那五弄?把(若)弄、把弄、错弄、提(踢)弄、会弄。手内轻巧惟(为)之若弄,今立香烛(勠力相触)惟(为)之把弄,说有缺(却)无惟(为)之错弄,脚上提(踢)飞惟(为)之提(踢)弄,喜之当场惟(为)之会弄。此乃五弄者也。

夫古伦(论)者,要志高、志德、志能、志重者也。后有诗为证:

古伦(论)谈成古之名,分说经曲(典)自然成。
叚然〔二一〕习就真古弄(论),四海伶伦第一人。

角楼四座,大殿九间。金齐砖井(砖砌就)玉栏杆,[压栏四个]金狮[子],一面金牌黄金做(挂殿前)〔二二〕。恐君不信,后有诗为证:

(讲古论一篇)〔二三〕

天地未分混沌初,有灵有圣有贤遇(愚)。
祭神谨谨如神在,一炷名香奉玉炉。
祭天地明(名)山大川,祝人间五岳四渎。
奉尊神先献清茶,论四时阴阳星是(兴发)。
小人去天下多(遍)行,不层(曾)见这座庙宇。
三滴水尽是浑金,四撰果(转过)刻成占(湛)玉。

紫微微(巍巍)碧马(瓦)飞琰(檐),光绿绿(碌碌)刁(雕)梁玉柱。
凤翠阁照(罩)定珠廉(帘),半点柱惊天富户(端然柱擎天扶护)。
水岩(檐)石玉口金银(眼),阖丹池(墀)金行诸户(钉朱户)。
后乘哲(陈着)风辇龙驹(车),前边有玉鼎金炉。
正玉炉(御路)马瑙拴成(玛瑙壅成),两街起车具齐(横砾砌)就。
更有那五道丹青,众京响到金玄素(众圣像鎏金悬塑)。
左青龙风伯雨师,右白虎雷公电母。
上下有众位神灵,众朱雀都来赴会。
各家家花费钱粮,各人人换了衣服。
便请下三界主(诸)神,供献上真(珍)馐展(盏)数。
奠三杯散酒以(已)完,下四拜参神礼数。
不说你在上的恩官,且说俺伶笼(伦)奏乐。
大乐器谁人置来,听前行从头细说。
轩辕皇破了池牛(蚩尤),云风祥(风云阵)置下大鼓。
能(龙)笛是谁人置来,伶笼(伦)人去解细竹。
迫(拍)板是谁人置来,黄龙掉(旛绰)而道迫梭(拍数)。
头管是谁人置来,魏(卫)灵公竹节安炉(芦)。
杂剧出在前春秋,院本便问于上古。
春秋有个朱孩儿,他父母也层(曾)聚律(去鲁)〔二四〕。
若似(是)你今朝赛罗(罢),乞(祈)天宫早降甘露。
今日享赛祭神灵,鼓乐吹打按五音。
笛吹美令如兰樛(鸾叫),板杀(撒)六扇凤凰音。
休说在上恩官见(鉴),感的神灵摘(侧)耳听。
瑶池未献头一盏,此急恭段献(比及供端先)参神〔二五〕。

拾公能来拾公能,吹的打的甚好听。
前行今日不放盏,缺少一杆戏竹红〔二六〕。

【注释】

〔一〕此篇实分三段。先是"书帽",类前"前行讲三台"所见;接讲供盏筵席,另本《前后行讲说古论有十论》(详后)单列成篇,题名《观筵》;最后才属"讲古论",《赛古赞本》(详后)亦记,且只录"讲古论"正文,所记更完整,正可用以参校。

〔二〕"观筵"题名,依《前后行讲说古论有十论》本而加。其内容,大致讲述神棚摆设及供盏时所见。所谓神棚,即"山水帐",借以表示神灵所居的仙山仙水。棚内,有纸扎的花鸟玉树、面塑的"花祭"等,其棚或称"花棚";有社众献祭的食物,摆于供桌,可供观赏,俗称"常供"。这种棚帐,类似香亭、献殿,供盏时前行每见在此讲唱。或因此,就见"观筵"也类"书帽",也加在前行"讲古论"之前。

〔三〕以上两句,正写棚内所见(观筵),与"花祭"相关。所谓"花祭",又称"面祭""插祭",是用雕花而成的油炸面食彩扎而成,状似仙台楼阁,插以花鸟人物,犹如一面屏风,竖立棚底。其前摆着社众献祭的"善桌",桌上摆着油炸的"馓子"之类,犹如盘龙。由棚口望去,便见"善桌上龙花照面",不但桌围、椅围绣有花鸟,而且花祭犹如插在桌椅上,故言"桌椅上飞鸟蟠龙"。

〔四〕此两句,正写棚内具体摆设。

〔五〕"花事件",属宋代肉制的名食,南宋《西湖老人繁盛录》见载。前记的"冀州小枣""魏州鹅梨""河阳县大石榴"也都属宋代名产,也都见于《东京梦华录(外四种)》一书。可见此篇讲唱,或早出自宋代赛社。

〔六〕"胬"指将肉砌块。"掇胬",在此言指供盏食品的加工。全句意指,以上食品经过"巧手"加工,都像"珍玉"一样精美。

〔七〕此上下句,正言供盏。此处"花帽",指头上戴帽插花,借指供盏时的亭子、帏子一行;"饯"言"送",指向神"进食";"锦衣人",指走在供盏亭帏之前的"报食者"。届时,一行人行至香亭,前行讲唱,接着报食,再由亭子端着食品上殿,向诸神进酒献食,正如此处所言。

〔八〕以上两句,指供盏用乐,正类"教坊御乐"。

〔九〕以上两句,言指祭祀食品的丰盛和圆满,既按一年二十四节气"齐圆全",又按《周易》六十四卦"全口德",正言满足诸神口福而可积德。

〔一○〕"八珍",指八种珍贵难得的食物。具体所指,历来说法不一。后世八珍多指:龙肝、凤髓、豹胎、鲤尾、鸮炙、猩唇、熊掌、酥酪蝉。这里供参考。

〔一一〕此处"乐肆"实指"酒肆"。见如宋代,凡卖酒的地方均有女伎歌乐,故言"乐肆醉梦长"。

〔一二〕此"讲古论"三字,实为提示,言以下才是"讲古论"正文。

〔一三〕"稀生",指所用乐器(头管)稀罕、少见。

〔一四〕"甲子",在此实指乐声的开始。因"甲"为天干之始,"子"为地支之首,故用"甲子"借指开端、起始。

〔一五〕此句之"花",实指乐曲的"花拍",亦即乐曲加花的精彩部分。

〔一六〕此句原本残缺,少一字。今参照另本同篇而补。以下类似者不再出注。

〔一七〕此"外",作"无外乎"讲。"外无学识",即没有学识。

〔一八〕此段三句,涉及"前行"三种职能及其所由。其谈天论地的"古论",见类唐宋俗讲,多为长篇讲唱;其喜之当场的"古弄",见类唐宋"参军戏",属"调笑"表演,宋元称"古弄",金元属"院本"表演;其率领夥众而称"古领",见类唐宋"参军色",手执"戏竹"引领歌舞,又称"竹竿子",可从旁讲唱,金元早称"前行",早类赛社所见。总之,前行色的三种职能,唐宋早见,其源甚"古"。

〔一九〕此小段,原本无。可能原抄者不慎,抄时看错了行,致其丢失,故见"十论"中短少一论。今依《赛古赞本》补入。

〔二〇〕"占"指占卜,"扶"指扶乩。"占扶"又可引申为"预测"。

〔二一〕"叚"通"假"。"叚然",假若。

〔二二〕此句"金狮"以下不全,有误。按《赛古赞本》记,应为"压栏四个金狮子,一面金牌挂殿前",较准。意指,大殿以栏杆相围,四角有四个石狮,殿门上又挂着敕赐的金匾。

〔二三〕此"讲古论一篇"之语,属提示,指以下仍属"讲古论"。其实,从"角楼四座,大殿九间"起,实由前行讲《楼台》而来,类如之前加的"观筵",也属"另篇"。因此,今将此篇与前空开。

〔二四〕与"朱孩儿"相关,见宋代郑樵的《通志·氏族略·以国为氏》记:"朱氏,本邾也……邾既失国,子孙去邑以朱为氏。"邾国早附属于鲁,齐灭鲁,又有"小邾国","附从齐桓",称"小邾子","春秋后六世,而楚灭之"。对此,见《左传》早记有"鲁师入邾"云云。《孔子世家·相鲁》更记:"齐奏宫中之乐,俳优侏儒戏于前。"从而,随着"鲁师入邾","子孙去邑以朱为氏",就见其"父母也曾去鲁",子孙早属"朱孩儿"。随着齐国灭鲁,其宫中早以"俳优侏儒为戏",后世每称身材矮小者为"侏儒",正类"朱孩儿",仍可"为戏"。以至元代汉儒类如失国的"邾儒",早也与倡优为伍。或正因此,不但此处见将宋元"杂剧"与"院本"寻源头于"春秋""上古",且见由此引出的"朱孩儿"正与"乐户"相关,正也发端于先秦,正类齐桓宫中早见的"女乐"。

〔二五〕"比及",犹言"等到"。所言"瑶池未献头一盏,比及供端先参神",意指:头盏供品已经端来,献祭之前先需参神叩拜。至此,该篇正文结束。

〔二六〕以上四句,类似女乐索要"胭粉钱",是为索要"戏竹红"而加。所言"拾公",指第十等公民,即乐户,最为低贱。古代将人分为十等,依次为王、公、大夫、士、皂、舆、隶、僚、仆、台,且见元代具体分为"一官、二吏、三僧、四道、五医、六工、七猎、八民、九儒、十丐",乐户也称"丐户"。故见此处前行自称"拾公"。依规,其念毕,社首须赏一条红布,系于戏竹,称"戏竹红",以图吉利。然后"放盏",供头杯酒。

供八仙诗偏(篇)^{〔一〕}

头代(戴)金冠按七星,初凡下降鬼神惊。
撒撒两道扫帚眉,一对仙眼似流星。
左手拿着龙头杖,右手捧定一卷经。
门牌标写七个字,年年添寿老人星。

宴积盘(蟠)桃庆太平,开花结实整三千。
闲观山脚游山景,紫气广浮太诗(始)篇^{〔二〕}。
宾风降,来世上,鸟(凫)飞三日到人间。
前朝有个东方朔,原是蓬莱第一仙。

鹤鸣九(于)九皋^{〔三〕},南极叫仙童。
羽毛似粉妆,当顶头上红。
寿享三百六,玉庆野流(也留)形^{〔四〕}。
长随星君驾,共祝寿燕(筵)灵。

【注释】

〔一〕此"供八仙诗篇",也用于正赛庆寿表演时。前《听命文集》已有相关记载。此处所记三篇(段),除第一篇与《听命文集》重复(个别字句稍不同),其余两篇(讲东方朔、仙鹤)属于新见,故仍照录校注。

〔二〕"太始",指太初。见《列子·天瑞》记:"太初者,气之始也;太始者,形之始也。"

〔三〕此句出自《诗经·小雅·鹤鸣》:"鹤鸣九皋,声闻于天。"

〔四〕"玉",用为敬辞,喻其尊美。"玉庆",在此实指八仙庆寿。因此段讲及仙鹤,故言其"玉庆也留形"。

南极老人星诗^{〔一〕}

炉内香焚宝鼎,金杯内酒饭(献)羊羔^{〔二〕}。

天边一朵瑞云漂(飘),门外有八仙来到。
先献单沙(丹裟)一领,候(后)王母敕赐蟠桃。
年年庆寿在今朝,庆贺长生不老。

自古长安帝(地),周秦汉卫(魏)休(修)。
山(三)川花似锦,八水永长流。
起盖玄阳(咸阳)殿,凤阁对龙楼。
画彩图上看,天下最为头。

北斗七星共(拱)南针(真)〔三〕,西山岁岁长白云。
山中广有千年树,世上那(难)有百岁人。
青山绿水依然在,不见争君(名)夺利人。

九月菊花开放,家家造下穷酱(琼浆)。
每日欢乐入(如)洞房,秋后叶落无霜。

家家妻财子禄乐,好酒能解愁肠。
八仙醉倒在岳阳,好似那满斟自唱。

　　吹头盏,唱二盏,舞三盏。摆开这一堂女仙,各有花名。一个是杨妃晏单舞中曲(杨妃单舞盘中曲),两个鬓(并)头莲,三生不昧(薄媚),四不(北)和番,五花凉(梁)州,阳子皋代过六摇胥(王子高带过六么序),七天美圣(美天七圣),八难观音,九天仙女,十代明君,十一德福,按(末)了十二元神(辰)。
绵(锦)帐中初分抽代(绣戴),摆两行燕鹉(雁翅)齐排。
见一簇宫娥美女,逍遥乐体态(娇娆体态)身材。
头上官花插满,记(锦)腰肩铁(粉)满香腮,
绵(锦)衣花帽凤头鞋。
打一迫(拍)千里子(嚓)唬,食便(变)金钩(全勾)到来。

　　远看一座山,近看泪般般(绿斑斑)。

顶头风撒撒(飒飒),降下水般般。
美(麋)鹿成群走,远(猿)猴把[树]般(扳)。
青山依然在,人还(换)几千般。

【注释】

〔一〕此"南极老人星诗",乃南极老人祝寿时"前行"所念诗赞。不但《听命文集》本见有相类记载,可相互比较,且见以下所记,多由各处挪来活用。如其所记的十二个"花名",仍类《听命文集》本所见,正可参照比较。

〔二〕"羊羔",代指美酒,前已注。

〔三〕"南真",即南极星君,亦即寿星。

词谝(四边)静[一]

四边静天下乐民安国泰,混江龙行雨部五谷丰登。
正宫中圣落(药)王长生万岁,院(愿)诸邦朝天子拱手来臻。
包(鲍)老儿安排下香花烛果,尽都是五供养奉祭尊神。
请下个唐(倘)秀才前来掌礼,从小儿去(伴)读书学慧聪明[二]。
快乐山十八年(活三胡十八)同朝商议,
宰上个山坡羊去点(典)伶珑(伦)。
每一年十二月人人听赛,齐唱起摇鸣(尧民)歌户户安宁[三]。
吹的是得胜令今朝美乐,打的是十棒鼓庆贺当朝。
舞的是鬼三台逍遥体泰(妖娆体态),
唱的是妖名(尧民)歌护国安宁。
不要你小孩凶(耍孩儿)神前作戏,
若不信刀刀(叨叨)令斩在皆听(阶厅)。
□(忙)扶起上小楼节节高座[四],
沽美酒斟的满醉倒门庭(沉醉东风)。
□□(猛抬)头或听的村中雅(里迓)鼓,
即(集)贤宾来奉神与你标清。
□(只)吃的雁儿落西江月水(下),

江儿水又恐怕戴(带)了黄中(钟)〔五〕。
□(娶)了个乐仁义(人女)端正好看〔六〕,
遇(虞)美人腰系着小桃红裙。
小红娘赛观音世间无比,身穿着十样绵(锦)鼓板齐鸣。
要(耍)和尚要根(耍跟)头世间少有,
就地下拱(滚)绣球波(簸)土烟(扬)尘。
一绽(锭)金(银)柳春秋娘(柳青娘)休交(叫)怕了,
白鹤子那(拿)出来休忘(要)心疼。
挣(赠)上你金椒(蕉)叶连忙收住,
内中有鸟其板(搅筝琶)嘴似蟾公(宫)。
贺圣朝只听的人人有庆,造(皂)旗儿收江南雁雁(海晏)河清。
清(青)山口说与你人人知会,
院(元)和令太平令写的分明。
只恐怕到晚来就地起风(刮地风起),
进的庵夜瞧瞧(深沉)天进银灯。
普天乐万万载人民有庆,敢(感)皇恩万万岁洪福来真(臻)。
今日似一声雷风云聚会,排列下众八仙来贺生成(辰)。
看的是刀刀(叨叨)令条条节刺(次),休笑我无穷富祝赞神灵。

今日奉祭寿星君,彭祖寿命一般同。
天宫一时行雨部,普降甘霖管万民。
龙须不言常依旧,永座(坐)中花(华)万万春。
四海八方来进表,八方归流(统)圣明君。
文武享祭赛石崇,大明一统乐(落)烟尘。
四十八调宫音响,礼乐相和定太平。
黄卷脚此(节次)来呈献,一卷文章进表文〔七〕。

【注释】

〔一〕此《四边静》,与前《听命文集》所记大同小异,内容略简。不过,其记的《江儿水》《酒旗儿》《青山口》等曲名前者未见,其结尾"大明一统落烟尘"留着明代痕迹,故仍抄录。

〔二〕此句"慧聪明"三字,见抄本中曾旁改为"念文章"三字,又将旁改划掉。若依旁改,则与《听命文集》本对应之句全同。

〔三〕此处上下两句,也见原本旁补于空行间,与《听命文集》本所记相同,也见补后划掉。从而判知,《赛乐食杂集》抄写此篇时,参考过《听命文集》所记的同篇。

〔四〕此句开头,原本残缺一字,今对照《听命文集》本补入。以下类此而补者,不再出注。

〔五〕"带了"指"带过",属联曲体。从而,所言"黄钟"当指《黄钟尾》,与《江儿水》同属宋元令曲,正可连用。全句实指"江儿水带黄钟尾"。

〔六〕"乐人女"即女乐艺人。《端正好》亦属宋元令曲名。

〔七〕最后一段与《听命文集》所记基本相同。不过,《听命文集》见记的"大清一统",此本却记为"大明一统",仍留着明代赛社痕迹。

讲安天治世诗　讲混沌赞〔一〕

听我说混沌初分,我列讲开天辟地。
吾与那天地同生,那时节分开天地。
才显出东西南北,安(按)日月星斗定位。
伏羲氏三百余年,分于了五龙石(十)纪。
先立代千百余年,明君王二百余地(位)。
随人使(燧人氏)洪水泡(滔)天,淹四州八百余处。
无人民绝了后代,止(只)留下女娲伏羲。
想当初六合初成,也从那滚磨相配。
他二人祷告皇天,兄与妹配作夫妻。
伏羲氏属蛇己巳,女娲是癸酉属鸡。
己酉相一处配合,才成就配对之义。
乾生下三男为阳,坤生下三女配对。
震长男配定长女,坎中男配定离位。
艮少男配定少女,才把个乾坤所治。
后生下百姓人民,才分有三皇五帝。
后分开九州地面,才显出禹王治水。
治水是一十八载,三过了其门不入。
那时节洪水横流,府州县设官分职。

设官职安了天下,才有了父子情义。

推训德君臣上下,才论个夫妻离(礼)别。

从伦(重论)个长幼礼序,朋友信不可失其(欺)。

定下了三纲五常,伏羲制八卦之礼。

造书是(时)始制文字,始刑名(行民)眼目如飞。

神农氏口尝五谷,品百草才叫人吃。

惟有那小麦最毒,毒死人三分(番)在地。

将小麦腹内却(掐)破,才出了伤人毒气。

轩辕调耕牛战马,鲁班造犁耧沌(砘)石。

张勇造耙丈(杖)勾锄,种五谷黎民之食。

随人使(燧人氏)攒(钻)木取火,养人民用尽心机。

雷公电母润下降(土),引八洞神仙下世。

有韩(寒)山石(拾)得齐来,笑世人失了尊卑。

儿骑爷被上搭鞍,打鼓的自擂爷皮。

娘嫁儿配对成亲,儿娶娘配作夫妻。

为中(众)生迷人不惺(醒),四神洲度化群迷。

于中(众)生来添寿度化群迷,初来到东天东东大(胜)神洲。

于中(众)生来添寿度化群迷,又来在南天南南赡部洲。

于中(众)生来添寿度化群迷,又来到北天北北国鲁州(俱芦洲)。

于中(众)生来添寿度化群迷,上天宫虚神殿朝礼三清。

下地府阎(十)阎罗心寒胆碎,护国泰民安乐永享太平。

使(施)清风降细雨民无饥寒,天降福好收成五谷丰登。

祈愿的无灾难享赛神灵,古圣[留]春祈秋报,自古今夏赛冬祭。

文[闻]说请众神来临,紧赞(谨献)上仙桃仙味。

才有那寿酒灵丹,动一迫(派)仙音乐器。

列两行歌舞吹弹,祈尊神寿同天地。

【注释】

〔一〕此"讲安天治世诗",又称"讲混沌赞"。其内容,与前《唐乐星图》本所记的"又祝山歌"一篇大体相同,都从"听我说混沌初分"讲起,故只照录,说通即可。

供八仙诗　迎寿诗篇[一]

云端宝盖掌幢幡,来了长生不老仙。
谨尊玉帝丹书诏,三捣(岛)群仙出洞天。
南极寿星跨鹤至,庆寿灵丹手内悬。
钟离头挽双呱计(抓髻),纯阳洞宾降云端。
湘子花蓝(篮)妆(装)仙果,采和拍板振动天。
来了蓬头李孔目,果老骑驴颠倒颠。
辞朝修仙曹国舅,四郎吹的音品全。
东华帝君来上寿,西池王母添寿延。
刘海戏蝉(蟾)哈哈笑,行动步步洒(撒)金钱。
来了海外东方朔,手内提着福寿丹。
刘成(晨)来献祝寿酒,袁绍(阮肇)也献福寿乾[二]。
左有刘伶并杜康,右有长眉李代(大)仙[三]。
孙膑跨着青牛至,食(拾)得占(招)手叫寒山。
四海龙王来上寿,脚踏海底赖头元(癞头鼋)。
赐福天官亲到此,增福(禄)星辰降云端。
刘伶献上祝寿酒,杜康美酒献一坛。
宴前好酒薰薰醉,仙桃仙果摆的全。
今日好个蟠桃会,宴前醉倒八洞仙。
献果白猿吃个醉,柳树醉的颠倒颠。
群仙跨鹤归仙洞,喜庆良辰美庆(景)天。
四方明(宁)静民安乐,八方无事灭狼烟。
皇帝万岁登宝位,祝赞吾王万万年。

【注释】

〔一〕此篇"供八仙诗",提示属于"迎寿诗篇",所记与"八仙庆寿"有关。此处的八仙队中多了刘海、刘晨、刘伶、杜康、赐福天官等,正类后期上党赛社所见。后期的上党赛社,有的"正赛"已经从简,或见其"八仙队子"已用"挂图"代替,已无"迎寿""庆寿"过程;或用"戏班"代替"乐户","唱戏三天","正赛"日也在乐台"堆八仙"。有钱人家为"老人庆寿",也表演"天官赐福",扮"福禄寿三星"等。或因此,既见该篇属于"迎寿诗篇",又见类如民间"庆寿",言及"赐福天官""增禄星辰"等。

〔二〕刘晨、阮肇二人,相传是东汉初年两个书生,入天台山采药,遇二仙女,后成仙,南朝刘义庆所撰《幽明录》有记。"乾",音 gan,在此指"干"食,相对前句之"酒"而言。

〔三〕"李大仙",即《西游记》中的李长庚,传说商周时成仙。

好鹿也〔一〕

面似金山美玉,两耳点就征兵(珍冰)。
浑身上下粉妆成,四蹄如雪栋,尾上月芽生。
旦行动梨花标(飘)舞,九秋雪造满浑(辉)生〔二〕。
此鹿难描画,万般无其形。
好鹿也,耳目扇金铃〔三〕。

【注释】

〔一〕"好鹿也"一篇,用于赞颂八仙队中的仙鹿。《赞词集录》本亦记,全同。

〔二〕"九秋",即秋季。"造",猝也,至也。"雪造",犹言如雪而至。由于鹿皮黄褐如秋,皮上白斑如雪,鹿跑起来犹如秋天雪花飞舞,故言"满辉生"。

〔三〕此句言鹿耳如扇,目如金铃。

[祝寿山水诗赞两段]〔一〕

远看南山古路,近看无所云底(雾锁云低)。
正见的山林云柏(霾),远望见西其(稀奇)。
见(涧)水响川川(湍湍),贵(青)草绿衣衣(依依)。
万串(川)灵叹(潭)水,千块(般)古怪石。
狼虎狡加走〔二〕,野鹤来往飞。
川(穿)行者(这)孤路,桂(桧)柏满路须(墟)〔三〕。

桥(樵)夫丹栽(担柴)走,惊起白鹤飞。
山清并水秀,回手(首)白云底(低)。

革(割)断红尘一洞天,山穷(青)水秀近无面(尽吾眠)。
云出云见(现)知何在,花开花衔(谢)不计年。
朝入阁,会群仙(贤),为(唯)有神仙到此间。

【注释】

〔一〕此篇原无标题,且将两段诗赞连抄。与前《唐乐星图》所记比照,其也属"讲山祝水"诗赞,且用于正赛"祝寿"时,故如此标题。

〔二〕"狡"有多义,或指小狗,或指一种仙兽,或指一种祭祀名,或指狡猾,或指强健凶猛。此处当取最后一义较妥。

〔三〕"墟",指大土山。

[祝寿贴篇诗赞一首]

【按】此篇原无标题,记有"玉皇敕令九重天,王母娘娘宴八仙"云云,共八句,与前《听命文集》所记的"贴篇"之一完全相同,也属祝寿诗赞,故立此题,内容从略。

[祝山诗赞片段]

【按】此篇原无标题,且其内容单独抄在一页上,写有"遥望南山朱顶"云云三句,第四句仅写一个"更"字,余为空页,显未抄完。经查,为《唐乐星图》中"又祝山歌"一篇结尾四句。今立此题,内容从略。

迎寿应[用]物件〔一〕

红毡一条　马尾罗一张　麸面　人夫〔二〕　放生鸽一只　椅则一把　坐褥一个

寿听（亭）一名　酒杯一个〔三〕　盘二面　桌则一张〔四〕　抬大架（驾）三宗（嵕）听（亭）一名　酒杯一个〔五〕　寿供一桌　捧表手帕三个　绢白　坐寿红布

【注释】

〔一〕"迎寿应用物件"，依下记实用于三嵕庙，不但正与《听命文集》最后见记的"小张岭单子"相关，且记得更多更全，正可参考比照。

〔二〕"马尾罗、麸面、人夫"一项，实用于《猿猴脱壳》表演。届时，一人躺于红毡之上，蹲如"猿猴献果"状，再由他人在其身上筛以麦麸，扶其跃起，毡上留形，称"猿猴脱壳"。故见记有此项。

〔三〕"寿亭"指负责向寿星神位敬酒的亭士，需"一名"，需"酒杯一个"。

〔四〕"盘"指放置祭品的神盘，因放两种祭品而需"二面"，置于"桌子"之上。此属"寿桌"供品。

〔五〕"三嵕"指三嵕神，即后羿。因在三嵕庙办赛，故其"大驾"要亲往寿场迎接寿星、八仙一行。届时也需亭士一名，端酒杯一个。

[讲混沌赞另篇]〔一〕

想当初盘古初分，有（由）混沌剖开天地。
按日月星斗参晨，万物体一统太乙（一）〔二〕。
低有水高山成林，乾坤分阴阳二气。
天地人定就三才，有四象八卦分配。
日月循时刻有分，成三百六十周岁。
后生下天地人君，三皇祖为君治世。
人皇是弟兄九人〔三〕，才分了九州之地。
吴环（乌桓）氏冀州建都〔四〕，飞龙氏袁（兖）州成（称）帝，
朱襄氏雍州登基，潜龙氏清（青）州即位。
赫胥氏梁州掌国，昊英氏徐州君位。
粟龙氏豫州管位，晁连氏扬州统位。
葛天氏荆州收（牧）民，古圣建九州之地。
说罢了三皇圣祖，又说起五方五帝〔五〕。

大庭氏东方青帝[六]，柏皇氏南方赤帝。

丽连氏西方白帝，尊卢守北方黑帝。

中央是戊己尊神，这说是五方五帝。

又说起四大神洲，又有那河（江）河淮济。

多出些（产）海物珍馐，莫非（不）是圣人治世。

混沌管东岳（胜）神洲，殷康掌南赡部地[七]。

天差下四大明（名）山，权柄着神州之地。

历代有千万余君，听我数各王袭位。

三百二七万皇帝，传帝位五万之春。

至遂（燧）人为君臣义，时逢着风水火起。

然后有女娲伏羲，火焚了八百余里。

风吹散四百双岁，水淹了八百载春。

人遇着未……[八]

遭涂炭二千四百，天留下三灾降地。

那时节绝了人民，惟有着女娲伏羲。

他二人祷祝皇天，亲兄妹方才相配。

后梓（滋）生人民百姓，府州县设官分职。

设官职安了天下，相传下三皇五帝。

夏商周三十六主，秦灭汉五霸（灭五霸秦汉）出世。

魏蜀吴三分天下，有晋宋齐梁南北。

大清主一统为君，有当今圣朝出世。

自伏羲流传至今，千千万（千万年）万万皇帝。

南极星今晨降临，前引定寒山石（拾）得。

各使着群仙器宝，驾祥云队落风尘。

见世人个个愚痴，他二人冷笑嘻嘻。

笑世人皆因颠倒，笑凡夫却失尊卑。

儿娶娘鸾配成亲，母嫁儿却为夫妻。

儿骑爷背上达（搭）鞍，慢（鞔）大鼓自擂己皮。

为世人愚顽不醒，四神洲渡（度）化群迷。

东神（胜）洲终化不醒，西神（贺）洲度人不知，南赡洲教化不悟,北芦洲接引痴迷。
却来到中华境界,当今帝一统华夷。
周初有如来降生,周终(中)有老君治世。
周末生文宣圣人,为木铎惊觉斯生〔九〕。
教化得父子有亲,教化得君臣有义。
教化得夫妻有别,教化得长幼有序。
教化得朋友有信,才立下五常之礼。
今日是广阳正赛,众八仙代(带)领仙姬(集)。
动一派笙箫细乐,列两行吹弹仙姬。
韵叶的娇娇滴滴〔一〇〕。
宝鼎焚百味真(珍)香,金炉内瑞霭云起。
金童献长生异果,玉女进寿酒寿(数)杯。
庆尊神寿同日月,愿星君长生大帝。
合社人虔诚致祭,祈年年丰光时世〔一一〕。

【注释】

〔一〕此篇原无标题,因与该本前见的"讲混沌赞"大体相同,故用同一标题而称"另篇"。此篇见有"大清主一统为君"云云,说明清代又曾加工过。为与前记之篇比较,仍录校如下。

〔二〕"太一",亦作"泰一""太乙""大一",有多种含义。此处指"大道"为一,天地万物无所不包,无所不统。

〔三〕"人皇",是天地人三皇之一。据《补史记三皇本纪》:"人皇九头,乘云车,驾六羽,出谷口,兄弟九人,分长(掌)九州,各立城邑,凡一百五十世,合四万五千六百年。"

〔四〕"冀州"为九州之一。"乌桓"为部落名,属东胡别部。此句是指,人皇九人之一主冀州,为乌桓氏部落。其他类似,不细校注。

〔五〕"五方五帝",指东方青帝、南方赤帝、西方白帝、北方黑帝、中央黄帝,称"先天五帝",对应五方、五色、五行、五土、五音等。

〔六〕按五方、五行、五季的对应关系,"东方"对应五行中的"木"、五季中的"春"。依《礼记·月令》言:"孟春之月……其帝大皞。"按此,"大庭"或为"大皞"之误,本句或应为"大皞是东方青帝"。其他五帝不细校注。

〔七〕依佛说,佛祖居于须弥山,四周海中有四大神洲,分称东胜神洲、南赡部洲、西牛贺洲、北俱芦洲,可与"五方"对应。佛道杂糅,就见此处有了"混沌管东胜神洲,殷康掌南赡部地"一说。

〔八〕此句不全,并见其后空开,缺一句。当属该本抄立时,所据的原本已经残缺。今仍照旧。

〔九〕"木铎",即铎铃。按《周礼》"天官小宰"注:"文事奋木铎,武事奋金铎。"木铎又可代指文事。此句指,文宣圣人孔子是以文事"惊觉斯生"教化人的。

〔一〇〕此句似为下句,缺其上句。

〔一一〕"丰",多也。"光",广也。"丰光"指又多又广的收获,即五谷丰登。

二十八宿值日

【按】原本依"角木蛟""亢金龙"等二十八宿顺序,逐宿列出各宿装扮,与前《唐乐星图》等本所记大体相同,此处从略。

前行讲酒　尧王显圣酒诗〔一〕

[尧王留下主神管,因祭南郊起根源。
虞汉唐宗(宋)依在内,三本乐星至今传。
礼从天生乐地长,礼乐相和奉神前。
主神若是高台举,细把酒诗听一遍。]〔二〕

扶(夫)酒诗者,出入(自)尧王在位,改了二个年号。甲辰甲辰又甲辰,坐起天下东南〔三〕。四方明(宁)静,八方安然,枪刀计(寄)库,马奔南山。今(兹)有风坡(婆子)缺少香[烟]封赠,在东南角上刮了七七四十九日斗岸(陡暗)黄风〔四〕。尧王老爷设起早朝,聚就满朝文武,问道:"东南角上刮七七四十九日斗岸(陡暗)黄风,主何凶吉?"满朝文武奏道说:"刮风天宫之事,为臣不晓。不免我主到西北位祭起天地。"〔五〕尧王老爷准奏,排开整朝鸾(銮)驾,到西北位祭起天地。那风坡则(婆子)[心中大怒]说道:"我在东南角上刮风,他在西北位上祭起天地,我故显一段上竹(触)天下竹(触)地白气。"有镇殿将王义奏与(于)尧王老爷说:"出了妖怪!我主西北位祭起天地,东南角上上竹(触)天下竹(触)地一股白气。"镇殿将王义拿弓在手,搭箭当先,望东南角上射了一箭,[即刻]不见了白气。尧王驾落正宫,夜至三鼓,风坡则(婆子)与尧王老爷托了一梦。风坡则(婆子)言曰:"我在东南角上刮风,你在西北位上祭起天地。彼(被)你镇殿将王义将左目射了一只,我[怎]么肯与你干休!"尧王老爷梦中答曰说("说"字衍):"你居家几口?"那风坡则(婆子)答曰:"我居家四口。"尧王老爷梦中封他风伯、雨师、雷公、电母,那风坡则(婆子)谢恩而去。尧王老爷猛然惊醒,[却]是南柯一梦。复至天明,设起早朝,聚就满朝文武,说:"寡人夜晚做得一梦,梦见风坡则(婆子)乞讨香烟封赠,我梦中封他风伯、雨师、雷公、电母。"[当驾官奏道]:"既然我主封他风伯、雨师、雷公、电母,就该传出圣旨,行雨(于)普天地各州府县。"县到城池,村庄到店,凡祭神享赛者,先打三杯散酒。头杯酒祭天,二杯酒祭地,三杯酒祭风伯、雨师、雷公、电母。恐君不信,有诗为证:

讲酒诗[六]:

圣人能造千钟酒,除(出)了赵目最为先[七]。

茶家只说茶家话,酒家列表酒根源。

茶酒二人(样)合一处,好似浑(混)杂蜜一般。

江南进来春糯米,将来还在瓮中传(馔)[八]。

一打三年头一年(遍),酒熟还的整三年。

打开瓮口拮(揭)开坛,一坛好酒清盏盏(湛湛)。

先抱(报)上方都土地,满殿神灵甚喜欢。

刘伶打马往前走[九],只见酒晃(幌)半空悬。

刘伶下了龙驹马,赵目携手到堂到。

抹了桌儿定(订)上菜,我与刘伶饮几盏。

刘伶饮过头一盏,浑身上下软如眼(绵)。

刘伶饮过第二盏,合眼矇眬似神仙。

刘伶余代(欲待)饮三盏,又恐日落到玄山。

叫声家僮彼(备)上马,手内提定紫丝鞭。

行走不过二三里,头南脚北染黄泉。

家僮回告娘子说,男儿醉倒路旁边。

只说男儿身代(带)酒,谁知一命染黄泉。

抬在家中抱(刨)坟墓,一埋埋了整三年。

赵目取过酒账看,刘伶欠我酒价钱。

叫声家僮彼(备)上马,我与刘伶要酒钱。

见一老公年百岁，头戴一顶七星冠。

见一娘子来接迎，头戴一顶粉翠连（翡翠帘）。

赵目回告娘子说，男儿欠我酒价钱。

娘子回告赵目说，说的话儿都不端。

男儿死了整三年，何人欠你酒价钱。

赵目回告娘子说，说的话儿在眼前。

凡人吃了仙家酒，荒郊野外醉三年。

娘子听说不信平（凭），拿上钦（铣）镢抱（刨）坟墓。

抱（刨）开坟墓拮（揭）开棺，一股酒气冲上天。

刘伶翻身扒（爬）起来，满口紫岩杂（渍涎擦）不干。

别的话儿且莫说，我今还你酒价钱。

也无珍珠共玛瑙，也无绫罗共匹缎。

城南有座花果园，花果园内甚周全。

樱桃树底红噗噗，蒲桃（葡萄）架下紫岩岩（艳艳）。

一个吹，一个弹，惊动上方三教仙。

赵目刘伶问（为）朋友，神仙上下往来走。

虎头七品按官商，尊神先献头盏酒〔一〇〕。

【注释】

〔一〕此"前行讲酒"，又称"酒诗""酒词"，类如"讲路台"等，也属前行长篇讲唱，用于供盏开始。其内容，与"酒"有关，也与"风伯、雨师、雷公、电母"牵涉（详下），盖因每赛必供其神。因其中讲及"尧王"，正可用于"尧庙"赛社。依今见，长子县多有尧庙（传说，尧的长子丹朱封在该县，当地今有"丹朱岭"），且见该本正由该县牛家所献，正可用于该县"尧庙"赛社。或因此，此篇又称"尧王显圣酒诗"，不但见与另本《赞词集录》本所记全同，且见乐户传存的《前后行古论有十轮》本亦记，文字稍异，以下校注时一并参照。

〔二〕以上开篇八句诗赞，原本无，今依乐户传存本《前后行古论有十轮》所记而补，并将前后加以[ ]。

〔三〕此处"甲辰甲辰又甲辰"，犹言"一年一年又一年"；"坐起天下东南"，指尧王称帝。

〔四〕所讲"风婆子"故事，依《周易》言，"东南"属巽位，其《象》曰：随风，巽。君子以申命行事。"由此演义，就有了风婆子在东南角刮风以求封赠的故事。

〔五〕依《周易》言，"西北"属乾位，乾为天，其卦辞曰："《乾》：元亨、利贞。"象征大吉大利,亨通顺利。故见尧王"到西北位祭起天地"。

〔六〕"讲酒诗"三字,属提示说明语,指以下正式"讲酒"。

〔七〕"赵目"犹言"赵某",类称张三、李四。

〔八〕"将",持也,拿也。"馔"本指馔食,此处特指蒸熟的"糯米",将其放于瓮中可制酒。

〔九〕刘伶,晋时人,以豪饮闻名,作有《酒德颂》。

〔一〇〕最后两句,用"勾"接献的"三杯散酒"。此处"虎头",指很有气势的开头,其势如"虎"。此处"七品",指含七音的乐曲。

前行讲百花赋〔一〕

鼓乐看成(堪称)第一功,一声锣响唤先锋(仙朋)。

笛吹美令如鸾叶,板撒六扇凤凰音。

金钉钉就驼皮鼓,伶伦之字(敕赐)在扣中。

上告恩官齐雅静,打一拍,千里龙神侧耳听。

今日广阳正赛之日。广者,呼为大也;阳者,按阴阳二气。殿上主神官掌了大礼,在下前行掌了大乐。礼从天生,乐从地长。礼云礼云,乐云乐云。礼云玉帛云乎哉,乐云钟鼓云乎哉。天气和,四时顺;地气和,万物生;人气和,五脏六腑皆安;乐气和,打八音皆响。回转过来,天气不和,四时不顺;地气不和,万物不生;人气不和,五脏六腑不安;乐气不和,打八音不响,要响者胡吹乱响。

律吕调和按五音,按春按夏按秋冬。

休笑小(箫)鼓喧天闹,鼓乐响处必太平。

神农设祭起根源,文王郊次(祀)祭龙天〔二〕。

丙丁之日(地)安神位〔三〕,茶果香灯奉神前(花奉献)。

扶(夫)百花头盏,[出在周文王手内]。昔日周文王因祭南郊,于丙丁之地,上七里之内、下五里之外,起盖神堂大庙一所。每年二八月丁日祭祀,祭的是谷(国)朝社稷、天地山川、风云雷雨、五土五谷、大成至圣文宣王、照(昭)烈武成王、威灵大乐(罗)元君,都是当今(祭)之神〔四〕。祭祀神灵者:蒲州大龙王庙,解州义勇武安王,秦(泰)安州阜曲(曲阜)三灵侯,霍州出龙洞,滋(磁)州崔府君,平阳清江圣母,宁州伏祈(羲)大帝〔五〕。昊昊的苍天上帝,明明(冥冥)的地府王官,烈烈的阳间真宰,滔滔的江海龙神。凡祭祀神灵者,离不了五般祭物。是那五般祭物？茶、果、香、灯、花。

夫茶者，有数茶好奉神：金桂茶、白丹茶、脑射（龙麝）香、只必（紫碧）御燕（玉芽）茶。茶有[三]岛真仙用，何况（堪）神前不献茶。

茶宴先钟（献盅）酒宴成（陈），

玉（御）宴长占（诚展）鹅宴唇（娥先炊）。

有人打破（得）清凉味，一盏清茶好奉神[六]。

茶好奉神，敢（赶）不上果好奉神。

若论果者，各地而生。江（冀）州小枣，未（魏）府鹅梨，西川长（常）进琵琶（枇杷），河阴县大石榴，扬州常进花篮柿，广阳对（境）内出阳（杨）梅。四季看（堪）用桃杏梨，平卜李奈（干脯栗榛）好奉神。

桃枣橼（焦）梨柿饼臻，石榴龙眼梨（荔）枝新。

下卜李奈（干脯栗榛）枇杷果，四季成（呈）来好奉神。

果好奉神，敢（赶）不上香好奉神。

若论香者，有数般香奉神：金桂香、白丹香、瑙射（龙麝）香、苏州宁宁香、马牙香、万里终南地府香、云香、瑞香、木香、子母檀香。在神前献供，全凭一炷香。

谨法（发）虔心告上苍，年年享赛永无殃。

满斟御宴三杯酒，奉神全凭一炷香。

香好奉神，敢（赶）不上灯好奉神。

若论灯者，有四明灯好奉神，我佛面前万年灯，天子面前照岩（筵）灯，祭神享赛八仙灯，常明不灭绣球灯，金灯、银灯、水灯、转灯。日月光明照万里，晚间全凭一盏灯。

止（只）有灯光不顺（徇）情，不论贫富一般明。

有人识得灯光意，万里江山掌握中。

灯好奉神，敢（赶）不上花好奉神。

若论花者，有四季花。开头正月、二月、三月[为之春]，[桃花、杏花]初开[初]放[七]。土王用事一十八日，接土为尊。有（其）花蕊[心]大黄，堪[可]好奉尊神[八]。[有崔护]作诗一首：

去年今日此门中，人面桃花相映红。

人面不知何处去，桃花依旧笑春风[九]。

四月、五月、六月为之夏，有龙蛇花、石榴花初开初放。土王用事一十八日，

接土为尊。其花蕊心大黄,堪可好奉尊[神]。有苏子占(瞻)作诗一首[一〇]:

　　一枝花木出墙来,花出墙头遍地开。

　　若得一顶真纱帽,满川花色入城来。

七月、八月、九月为之秋,有黄白菊花初开初放。土王用事一十八日,接土为尊。其花蕊心大黄,堪可好奉尊神。有鲁秋胡作诗一首[一一]:

　　此花不发我不发,我发只是(之时)乱河沙。

　　等在来年花九月,满川都挂黄金甲。

十月、十一月、腊月为之冬,有广东(款冬)花、雪里梅花初开初放。土王用事一十八日,接土为尊。其花蕊心大黄,堪可好奉尊神。有苏东坡作诗一首[一二]:

　　代墨(黛梅)红光绺(侣),其花落色黄。

　　可惜冬花意,不免收(受)恓惶[一三]。

今有天花、地花、盖世琼花恋诗一首:

　　尊花是当今天子,桂花是龙子龙孙。

　　牡丹花是正宫皇后,池塘(地棠)花是六院三宫。

　　海棠花是三千美女,抹梨(茉莉)花八百娇容。

　　欲采就奇花万样,文武在万花丛中。

　　四时花常开不谢,八节景彩色花心(新)。

　　东收了花城百座,西边退(囤)花锦乾坤。

　　北收了花鲁之地,南收了花世清宁。

　　我佛座(坐)黄花(龙华)会上[一四],传花言十代高僧。

　　黄花(龙华)会香花供奉,奉三清花难(里)真君。

　　都仲(中)过皇化(华)金榜[一五],皇金榜书写花名。

　　官清正凭言花字,凭花言镇守花(化)民。

　　各花户人人安乐,柱(住)花梁斗拱房身(深)。

　　老爷爷花年高迈,老奶奶雪(萱)花年尊。

　　小哥哥花枝初放,小姐姐月貌花容。

　　花社首虔诚一举,排花宴聚合众神。

　　各家家花费钱粮,买办下花果香灯。

　　五花棚祥云笼罩,百花会安下尊神。

停则(亭子)们锦衣花帽,每人搭花布手巾。
伟则(㧑子)们花花响杖,花响杖惊起龙(蝇)禽[一六]。
写下俺花名散乐,花腔鼓有似雷鸣。
吹号筒花声响亮,盏内名花影(应)之声[一七]。
扮八仙湘子献花,做杂戏花段(谈)古今。
院本是五花妆点(扮)[一八],五花棚奉献尊神。
男子穿妆花织锦,女乐们苗(妙)似花容。
说的是百花头盏,唱的是花柳争春。
普天下花祭神喜,喜花穗五谷丰登。
花芽(衔)茶牙(衔)天地献[一九],花开何曾争早晚。
女人一似献花童,用手夺(托)开花箱(象)板[二〇]。
笛内吹的花自(字)真,七窍里边花自显。
花花美美凤凰音,每每(美美)花花鹦鹉转(啭)。
锦上添花赠一曲,百花会上献头盏。

【注释】

〔一〕此"百花赋",因最后诗赞每句带有"花"字而名。因用于"赛会"可称"百花会",又因用于"供盏",也称"百花盏"。类前《古论赋》等,也见用于赛社头盏,也加有相同的"书帽",之后才讲唱此篇。此篇,《赛古赞本》(见后)也记,正可对其明显的错漏加以校补。

〔二〕"郊祀",属历代皇帝祭天的活动。《孝经》就记:"昔者周公郊祀后稷以配天。"

〔三〕"丙丁"对应"南方",属火,示旺,故见其"丙丁之地安神位"。

〔四〕此句所言的"每年二八月丁日祭祀",早见用于祭祀孔子,称"丁祭",正与二八月"春祈秋报"相关,有皇帝参与,与"社稷"相关。此处见记的"文宣子"即孔子;"武成王"指姜子牙;"大罗元君"即元始天尊,因居大罗天而称,属道家最高神。

〔五〕以上"祭祀神灵者"所列,不但皆属民间祭祀活动,且见其神多由宋代敕封。如记的"武安王",指关羽,由宋徽宗敕封;如"三灵侯",与宋真宗泰山封禅有关,时正封在"泰安";如记的"崔府君",宋代磁州早有其庙,因有"泥马渡康王"一说,早又被宋高宗加封;如记的"霍州出龙洞",位于山西霍山,山有霍泉,早建有龙王庙,其神封"明应王",至今山下"明应王殿"(今属洪洞县)仍存元代戏剧壁画。

〔六〕以上四句言"茶"。按赛社供盏规制,开始先上一茶,接上三杯散酒,共称"一茶三酒",故有"茶宴献盅酒宴陈""一盏清茶好奉神"云云。

〔七〕此句缺字较多,皆依《赛古赞本》补,以下类似不注。

〔八〕此句与《周易》相关。依"五行"说,春夏秋冬四季分别对应木火金水,而"土"则见于四季,"四立"(立春、立夏等)之前各有"十八天"属土,归"土王"所管(忌"动土")。这样一来,不但可用"五行"将一年平分,可与"四季"对应,且见每两季之间有"土"居于正中,正可比作"花蕊"。

〔九〕所讲四句,正是唐代崔护所作的《题都城南庄》一诗。

〔一〇〕"苏子瞻"即苏东坡,之下四句非其作。

〔一一〕"鲁秋胡",指春秋时鲁国人秋胡,善戏谑,世有《秋胡戏妻》《秋胡过关》一类故事戏剧。其下四句诗实出自唐代黄巢原诗《不第后赋菊》。黄巢原诗为:"待到秋来九月八,我花开后百花杀。冲天香阵透长安,满城尽带黄金甲。"供参照。

〔一二〕之下四句非苏东坡作,照录供辨。

〔一三〕以上四句皆言梅花。"黛"指梅枝青黑,"红光"指梅花艳丽,"佾"言其花乖巧,"恓惶"言"惜黄"。

〔一四〕"龙华会"属佛会,因弥勒佛降生于龙华树下而称。《荆楚岁时记》就记:"荆楚以四月八日诸寺各设会,香汤浴佛,共作龙华会,以为弥勒下生之征也。"可见,此会早在南北朝时已盛。"华"亦通"花"。

〔一五〕"皇华",源出《诗经·小雅·皇皇者华》一篇,用以称颂皇帝使臣。"皇华金榜",指科举时的皇榜,盖因中举者皆属皇帝之臣。

〔一六〕每供盏,帅士手执响杖紧随端盘的亭士,摇杖以惊飞禽等,以使食盘不落污物,正如以上两句所言。

〔一七〕"名花"指有名的女乐,供盏时"靠乐歌唱",正见"应之声"。

〔一八〕"五花妆扮",另本又记为"五花般弄",实即"五花爨弄"。"五花"指五种角色,原出宋代;"爨弄"指其表演,类如唐宋"弄参军",属"般弄",需"妆扮",见于金元"行院",为院本表演。

〔一九〕"衙",本指府衙,引申为排列,凡排列成行者皆可曰"衙"。如成行排列的槐树、柳树,就曰槐衙、柳衙。此处"花衙"指排列的女乐"花队","茶衙"指献茶的亭子(其早期头上插花,后期口含"禁口花"),都与"天地献"有关。

〔二〇〕以上两句所言的"女人",仍指供盏时的女乐艺人。不但言其类如"献花童",仍如宋宫寿宴时的"女童队",头上插花,且言其仍如宋代所见,"靠乐歌唱",歌唱时手执的"简板"仍类"象板"。

[十样锦诸葛论功]〔一〕

五代荒荒乱如麻,布衣箭籍(戟)稳(隐)深沙。

山河处处归明主,一统华夷属赵家。

这四句话,单提赵太祖陈桥兵变,周恭帝禅位,改年号建隆元年,立帝号一帝太祖。在位一日,太祖驾设早朝,太祖曰:"朕自布衣而得天下,一赖祖宗积德,二赖神明保佑。朕与(欲)各庙行香,致谢神明,卿等意下如何?"班部中走出一人,红袍玉带,象简当胸,乃是丞相赵普,出班奏曰:"我主乃圣贤之心。先到太庙祭木水土之恩,次后到东岳庙、文庙行香。以下各庙遣祝祭,不必劳我主贵体。"太祖准奏,备銮舆先到太庙行香。有诗为证:

曲柄黄罗手内擎,两般(班)文武众公卿。

云笼四野高高起,五彩云开万万重。

宽将盖天高阔意〔二〕,蟠龙飞凤巧描成。

如何不见真天子,一轮红光顶上生。

驾行太庙、东岳庙,行香以毕,又至文庙行香,焚香以毕,太祖曰:"中者圣像有何功德,受朕之祭?"赵普奏曰:"正殿居中者,乃山东兖州府曲阜县人氏,姓孔名丘字仲尼,千古文章之祖,历代帝王之师,所以春秋祭祀。"太祖又问曰:"两边坐十四位,是何神圣?"赵普奏曰:"此乃四配十拆(哲),升堂入室。扶世之(有)功,所以祭祀。"太祖曰:"两廊有(又)七十余位,是何神圣?"赵普奏曰:"孔子有三千徒弟子。七十二贤人皆随孔子周游列国,受过困苦,皆是通明义道,德配其享。"太祖曰:"孔子师徒有功,受朕之祭,这是文庙。武庙在于何处,朕去群香〔三〕。"赵普奏曰:"历代以来正(只)有文庙,并无武庙〔四〕。"太祖曰:"自古太平用文,离乱用武,如何有文庙无有武庙?朕欲修武庙,撅撊(摘溯)朝有功之臣,功大者可居上位,功小者可居下位。谁替寡人代劳?"[赵普奏曰:"陛下乃圣贤之心,臣举一人堪任此事。"太祖曰:"卿举何人?"]〔五〕赵普奏曰:"翰林院学士杨关(工,以下径改)部。"太祖速选(宣)工部。太祖曰:"卿替朕代劳去修武庙,与文庙一般。宣(选)先朝有功之臣,功大者可居上位,功小者可居下位。不许错安坐位,日后有史官包(褒)贬,谈朕不明。"工部领旨,大驾还朝。工部入籍贤编修院,将历代功臣自上而下画成图样,奏于太祖。太祖曰:"朕不知此事,卿在金殿宣读于文武知道。如何差错,却好更改。"工部读曰:"正殿居中者乃周太公,姓姜名尚字子牙。左一位,姓张名良字子房。右首(手)一位,姓孙名逊字武子。左手二位,姓管名仲字夷吾。右手第二位,秦武安君白起。左手第三位,汉武侯诸葛亮。右手第三位,燕国乐毅。以下约次而坐。"众文武道:"不差。"太祖赐黄金百斤,刻(克)日兴工,盖造武庙。未乃数月,功果将终。[杨]工部自觉神思恍惚,身边发困,已(依)几而卧。只见众神前来让位。见一老翁出而言曰:"老夫先论其功。我乃东海许(徐)州人氏,姓姜名尚字子牙,道号飞熊。文王夜梦飞熊入帐,渭水访贤,尊吾为师。三月十五日金坛拜将,戊午日兵临孟津,甲子日洫剪(血溅)朝歌,兴周灭纣,一定周朝八百六十七年天下,此是吾之功也。"有诗为证:

蟠(磻)溪岸上一抡杆,不吊(钓)鳌鱼只吊(钓)贤。

当初不是蟠(磻)溪叟,谁立周朝八百年。

太公言毕,众神让太公居中坐了。只见左手一位出而言曰:"吾乃韩国人也,姓张名良字子房。因与韩国报仇,才弃韩而归汉。自投汉王,垒见(累建)其功。保汉王鸿门得脱,救汉王成皋之准(难),骗申杨吊六甲(调陆贾),撒(散)谣言霸王迁都,吓[项伯]刘项成口(亲),设(说)韩信返(反)楚归刘,一管箫吹散了八千子弟兵,数句言说六国反楚而归汉,得兴四百余年,吾之功也。"恐君不信,有诗为证:

红日初生(升)却半杆,谋成高奉机曾玄。

不是子房故卖剑,韩信怎得上将坛。

功成全赖黄金(公)法,养道须用俗间偏(篇)。

知己不受高皇笼(宠),逍遥自在洛(落)深山。

张良言毕,就坐了[左手]一位。只见又一位出而言曰:"吾乃吴司马孙武子是也。威镇(震)吴国,自造兵书十三篇,教演女兵,此是吾之功也。"恐君不信,有诗为证:

斩首皇姞(妃)镇军情,战国春秋显吾名。

古来多少英雄将,谁似当初教女兵。

孙武子言毕,又一位出而言曰:"吾乃齐仲父管仲是也。先有分金之义,后有安邦之策,相桓公为霸,一匡天下,九合诸侯,吾之功也。"恐君不信,有诗为证:

开疆展土是英雄,能文会武有谁通。

仗义双(执)言危晋国,独佐齐桓第一人(功)。

管仲言毕,又一位出而言曰:"吾乃秦武安君白起是也。自幼熟读兵书,广习谋略,捉廉坡(颇)于阵前,斩武英于帐下,是吾功也。"恐君不信,有诗为证:

忘仇存义辅秦君,破楚沉舟刺越人。

虽然他仇无兑孤,一朝刺杀(赐封)武英(安)君〔六〕。

秦武安君言毕,又一位出而言曰:"吾乃燕国乐毅是也。威镇燕邦,取齐城七十余座,吾之功也。"恐君不信,有诗为证:

运筹帷屋(幄)三千里,举手平收七十城。

一举能亵(泄)燕王恨,威镇燕邦第一人。

乐毅言毕,左手走出一位,羽扇纶巾,道服鹤氅,出而言曰:"贫道无功,只有八句诗,是平生之功也:

自幼躬耕在南阳,蜀主三顾请栋梁。

巴丘三气周瑜死,平蛮七擒孟获王。

散关八阵安天下,茅芦(庐,以下径改)一论定兴亡。

自从六出祁山吾死后〔七〕,在(再)无人上卧龙岗。"

孔明言毕,太公言曰:"吾知汝功最大,相让坐了。"只见右手下一人韩信大怒:"诸葛亮,休得无礼!我是前汉开国功臣,汝是汉末蜀主之臣,汝居吾上是何道理?听吾道来:

气冲斗牛贯青云,君王捧毂臣推轮〔八〕。

高皇亲捧黄金印,青史标名尧舜臣。

展土开疆三千里,一人掌握百万兵。

古今名士从头数,似我登坛有几人。"

韩信言毕,孔明哈哈大笑,说道:"上有尊师太公让吾此位,尔何多言。你说,似说(你)登坛有几人?上有张子房、孙武子、管夷吾、白起、乐毅、这几位尊师皆不曾登坛,未(为)何列于上座,道(倒)把你这位登坛的将军列于下位?不记当年之事,听吾道来:

自羡虽能夸大言,古今谁似你登坛。

只把英雄威风逞,不记当年危少年!"

韩信言曰:"你说我未遇之时,气食潭(漂)母,受辱胯下?大丈夫岂与他们小人作对。一日得地,职受齐王,人臣之位极矣!"孔明曰:"你职受齐王?听吾

道来:

  时来方才[遇]高皇,运退之时入未央。

  你说你是大丈夫,当初何请假齐王?"

韩信曰:"大丈夫岂与他们小人作对。立名一时,垂名万世。听吾道来:

  筑坛拜将是英雄,提兵吊(调)将有谁能?

  饶你总有千般计,难比韩侯十大功。"

孔明曰:"筑坛拜将,是萧何三举三荐。张子房卖剑,你道(到)底不识[时]务。在楚为执戟郎,未(为)何不投汉?[不识]时务不为英雄。却不似刘皇叔三顾茅庐之恩,[比]你如何?听吾道来:

  蜀主三顾出茅庐,贤者遇贤永不[求]。

  休笑南阳耕夫叟,压碎(亚赛)韩侯夸大口。"

韩信不伏,却与(欲)回言,孔明曰:"你且住口。你说你有[十大]功劳,我虽无功,你说一件我对一件。"韩信曰:"□□□□(我差樊哙)明修栈道〔一〇〕。"孔明曰:"我使赵云智取南郡。"韩信曰:"我引高皇暗渡陈仓。"孔明曰:"我征孟获夜过高丕。"韩信曰:"我差周勃夺了散关"。孔明曰:"我差邓义取燕郑邦。"韩信曰:"我淹废丘逼章邯自刎。"孔明曰:"我阀(伐)白河水泼(淹)曹仁。"韩信曰:"我吊灯球夜斩龙沮(且)。"孔明曰:"我举火号力诛费足。"韩信曰:"我广武山小会[垓]大战项羽。"孔明曰:"我木林(门)道万弩射死张郃。"韩信曰:"我吓燕邦收了赵国。"孔明曰:"我功(攻)白帝伏取巴丘。"韩信曰:"我席卷三秦。"孔明曰:"我平收四郡。"韩信曰:"我逼霸王乌江自刎。"孔明曰:"我武(乌)林智斩金宣王。"韩信曰:"数毕十大功劳,不信(伏)!"孔明曰:"你还有多少功劳?再数几件。"韩信曰:"平生只有这几件功劳,你还有多少功劳?"孔明曰:"我未出茅庐之时先安三分天下,博望坡火烧夏侯惇,在东吴舌战群儒,摆石阵惊伏陆逊,一奉(封)书气死曹真,数句言骂死王郎,骗张飞叚盟(葭萌)关战马孟起,度黄忠定军山斩夏侯元(渊),上方谷司马懿受困,锦囊计斩首魏延,揭(渭)河南擒捉郭淮,巴丘城三气死周瑜,造木牛流马运马(粮),死诸葛喝(吓)走生仲达,出师表忠义凛然,这是几件微功。"韩信曰:"功不在多少,只要忠节。我只十件功劳,却立了汉朝天下。你功虽多,只落了三分天下。"孔明曰:"你说的不是。你归南郑之时,高祖有强兵十余万,战将数千员。我出茅庐之时,先主无容身之地,兵不满千。我立功胜似了你立功。高祖一统,先主三分,况且是天数,其(岂)在人乎!

你归南郑去包(褒)中,将军似虎马如龙。

自夸你有功十件,全赖别人是你功?"

韩信不伏:"我怎么赖人之[功]也?当朝(面)言来。"孔明曰:"□□□□□(修栈道亏了)樊哙,渡陈仓靳强(疆)之能,淹废丘曹参用功,斩□□□□(龙且亏了王陵),广武山小会垓英布之勇,吓燕邦□□□□□(李左车之能),席卷三秦灌婴功首,取剑阁周勃之□□□□(智。逼蒯彻)自坠身死,逼霸王乌江自刎,皆是□□□□(诸将之能),这就是你的功劳么?"韩信曰:"似你这□□□□(等说起,我)管无有一件功劳?"孔明曰:"休说你有功,你还功(恐)□□(有罪)!"韩信曰:"我有何罪?当面言来。"孔明曰:"听信蒯彻□□□□(逼死郦生,不)等召(诏)命强挂齐王印,陈仓口杀了樵夫,[入]褒中恩放罪囚,既忠臣不该弃楚归刘,乌江岸臣逼君死,汉高皇乍(诈)游云梦你不该私怀歹意,这就是你的罪过!"一篇言语,语(说)的韩信默默无言,若若(诺诺)而退。

只见又一人言曰:"诸葛亮,你与淮阴侯争功,失(实)不如(与)我相干。你常说,巴丘城三气死周瑜。人之生死,皆系天定。当日颜回寿活三十二岁,夭寿而亡,是何人气死他来?长自己威风,灭他人志气。当日赤壁鏖兵,不是我定(订)火攻之计,你们都死于曹兵之手!"孔明曰:"你听我说当日之事,便见何人之功。

折戟沉沙铁未消(销),自将磨洗任(认)前朝。

东风不与周郎变(便),铜雀台深锁二乔。"

周瑜不伏:"当日亏了我的火,亏了你的风不成?"孔明曰:"听我说当日之事,便见何人之功。当日你想东南风,就得了一场大病。是我前去看病,在你我掌上写了十六字的药方儿。是:要破曹兵,须用火攻,诸事都备,缺少东风。我许借东南风三日三夜。不得吾之风,汝何成得大事?

谈笑周郎不是(识)功,看来都是(似)[韩]侯能。

饶你总有千把火,全仗吾当[一○]一阵风。"

话说的周瑜着急,太公曰:"休得大惊小怪,倘若惊醒[杨]工部,岂不泄露天机。"周瑜闻言大怒,指[杨]工部骂曰:"都是这狗作备(弊),不论高低上下。"[杨]工部曰:"怎么无高低上下,姜太公先师至孔明先师,皆是有功之神,礼(理)

该上位。"周瑜□□□□(曰:"这诸葛亮)有甚么功劳?"[杨]工部曰:"你说他无功,不如你,却怎么□□□□(巴丘城气)死你来?"一言将周瑜说恼,丈(仗)剑在手,望□□□(着工部)一剑砍来。工部一闪,将剑应在共(供)桌以□□□(上,咔嚓)一声,将工部惊醒,却是南柯一梦。

回□□□(到金殿)奏于太祖,太祖曰:"寡人有福,感得□□(诸神)降临。寡人择吉日,前到武庙行香。"

赵太祖立位登龙,修武庙□□□□(工部兴工)。

多(争)坐位韩侯斗智,十样锦诸葛论工(功)。

【注释】

〔一〕此篇,原无题。因其仍类"话本",今依"题目正名"惯例,取全篇结尾诗赞的最后一句,题名"十样锦诸葛论功"。与其相关,见金元"院本"早也有《十样锦》一目,见"元杂剧"早也有尚仲贤作的《武成庙诸葛论功》(均见于《录鬼簿》);以至今存的《孤本元明杂剧》仍载有《十样锦诸葛论功》一剧(属佚名作),其基本情节、主要人物及其诗语,乃至全剧结尾的"题目正名",都与此篇基本相同,正可相互比较。显然,此篇出自宋元"话本",不但金元早有"院本",早用于"搬演",且类元代"搬说词话",正可加工为"元杂剧"。另,见上党赛社今存的《赞词集录》本亦记此篇,与此处所记全同,亦无题;见上党乐户传存的《前后行古论有十论》本(以下简称"前行本")题名"修武庙",所记较全,正可用以参校。为与同名元杂剧比较,本篇仍依原文抄录,所缺字句先空开,以见原貌,再参照"前行本"将其空缺补齐。凡涉及历史人物事件,有依据则校改,未考知者仍存原貌。

〔二〕此句,"宽"言宽舒,"将"言持也,"盖"指伞盖。全句大意是,皇帝款款而行,上边罩着"黄罗伞"就像"天"一样,显出一种"高阔"之意。

〔三〕"群"指随俗。"群香"即随俗焚香祀神。

〔四〕武庙,实由唐始,初名太公庙;至唐玄宗时,太公封武成王,其庙已置"亚圣十哲"。至宋,既见"宋太祖赵匡胤幸武成王庙,历观两廊所画名将,以杖指白起曰:'起杀已降,不武之甚,何为受享于此?'"于是白起被清除;又见宋徽宗时其庙请回白起,列有七十二名将。显然,此篇讲唱应出自宋元之间。

〔五〕此句,依"前行本"补。以下类似不注。

〔六〕以上四句中,"仇"有两说。依《史记》说,白起出生于"郿",其地原属周邑,后被秦占,当有国仇。另说,白起是"白公胜"的苗裔,而白公胜正是楚平王之孙,其父太子建遭害,白公胜又与楚惠王争位自杀,正有家仇。从而,其最后两句意指:虽然有仇未报,却因战功卓著,早被秦王封为武安君。其"孤"取背负、辜负义。用如李陵《答苏武书》:"陵虽孤恩,汉亦负德。"

〔七〕"自从"二字似属衍入,"前行本"无此二字。

〔八〕《唐乐星图》所记"杂剧",正有"捧毂推轮"一目,详前释。

〔九〕原本中,在"明修栈道"前空开数字,属空缺(可能原抄者所依之本已残损),今参照"前行本"补入具体内容。故先以□□□表示原本空缺若干字,之后再将所补内容置于括号内。以下类同,不再出注。

〔一〇〕"当",引申为掌管、把持。如"一夫当关""当国"等。

前行讲五台山〔一〕

唐明王皇帝(汉明帝)出游五台山玩景〔二〕。

夫五台山者,出在汉朝。明帝在位,坐其天下,出游玩境(景)。游在此处,见一贫婆七(乞)饥,明帝赏于贫婆馒[头]一分。那贫婆曰:"我共四(五)口。手内扯者(着)一个,怀里抱者(着)一个,引者(着)一双大而(儿),共是四(五)口,还要三(四)分。"明帝[曰]:"与你一分(份)馒受(馊)〔三〕。还要四分(份)不成?"明帝心头大怒。那贫婆急走,明帝随后而更(跟)。赶在一个升(森)林里边,不见了贫婆。有一张石供桌,上放四分(份)馒受(馊),押者(着)一张白纸,后有诗为证:

苦瓜连根苦,恬苦(甜瓜)彻底恬(甜)。

诸佛朝三界,专光被离贤(霹雳仙)〔四〕。

明帝不谢(解)其意,又往前赶。只见莲花池内有男女二僧一处洗早(澡),明帝曰:"男女一处洗早(澡),是何道理!"拿弓在手,□(搭)箭当弦,照那一女僧左奶旁(膀)上射了一箭,不见男女二僧〔五〕。又往前赶,见一僧坐于树上,明帝曰:"朕当驾到,为何不下树接驾?"老僧曰:"无有贫僧一席之地。"明帝曰:"寡人千万里江山,就无有你一息(席)之地?你要那里,就赏与那里。"那僧将车(手)展开,举在空中,遮天隐(蔽)地,并无有一光。明帝差人四下厢打探了一番,方圆占了五百余里。□□□(明帝曰):"就赏与五百余里。"那老僧下树谢恩,□□□(化一道)光而不见。明帝不见那为(位)老僧,□□□(不由得)作诗一首:

五顶飞蛾(嵯峨)显(接)太虚,

真僧禄(轮)番□□□(示明帝)。
独龙池边出生草(云生懆),
猛虎暗(岸)前□□□(过客稀)。
风云(雪)洛(落)地云当散,
方元(圆)占了五百里[六]。

扶(夫)东台为望海峰,下对者(着)望海寺。恐君不信,上挂牌面,有诗为证:

条条(迢迢)云水设凤鸾(陟峰峦),
展开天底如画宽(渐觉天低宇宙宽)。
东北分明观大海,
西南角上(咫尺)望长安。
转光花献诸仙果(圆光化现珠千颗),
松柏树下(旭日初升)火一团。
东台景致观不尽,
哪哪(那罗)洞里有龙潭(蟠)[七]。

扶(夫)南台为翠岸(岩)峰,下对者(着)翠岸(岩)寺。恐君不信,上挂牌面,有诗为证:

条条(迢迢)路景(径)上南台,
不(北)望清凉把眼开。
一片霞光龙子付(一片烟霞笼紫府),
万年风景镇天台(万年松径锁莓苔)。
人见冷景往西走(人游灵境涉溪去),
我放(访)真客(容)上顶来。
前后三山(三三)知多少,
僧人到处议排(意徘)徊[八]。

扶(夫)西台者为挂月峰,下对者(着)挂月寺。恐君不信,上挂牌面,有诗为证:

宝顶高纵(耸)朝三界,狮子山上放毫光。
五色云中朝三界,九重天上观四方。
三寺二院云中冷,一时风飘月桂香。

西台景致观不尽,何劳菩萨放毫(豪)光[九]。

夫北台为血(叶)斗峰,下对者(着)血(叶)斗寺。恐君不信,上挂牌面,有诗为证:

北台高处龙夺魁,多少人来到此间。

一见目前生地狱,眼前耳边发风雷。

七星临岸能(沾)峰顶,六出初山又见碑(冰)。

若见黑龙人人怕,人上北山自然回[一〇]。

夫中[台]为锦绣(翠岩)峰,下对者(着)锦绣(翠岩)寺。恐君不信,上挂牌面,有诗为证:

中台急急(岌岌)最难(堪)观,

四面风吹共□□(四面林峰拥翠峦)。

文殊菩萨多显应,普贤菩萨□□□。

桥(樵)夫打柴路难过,五台山上□□□。

此山抬头望红日,大驾高赴□□□[一一]。

这就是五峰。说着八景,有内四京(景),有外□□(四景)。□□□□(内四景者):青(清)凉院无风自凉,七宝树无叶开花,八宫(宝)殿无水自滴,睡佛楼农人如寝[一二]。外四景者:清凉石天兵(冰)自宽,猫儿山无灯自明,西台上菩萨放光,北台上(山)后有万年冰[一三]。这为八景。建修以毕,作诗一首:

汉朝修造明帝传,我佛占化在此间。

五峰八景清凉院,北台后有万年冰。

【注释】

〔一〕此篇"前行讲五台山"他本未见。惜因该本残损,致有空缺字句。凡空缺处,有上下文可资参照者则补,无参照者则仍空缺。所讲五台山景观,今存;相关诗赞,见由北宋赵商英(崇佛,号无尽居士,曾任河东提点刑狱,游过五台)诗作化出,正可用以参校。

〔二〕此句属题目说明,然而说错。依下故事,此"明帝"出于"东汉",与"唐明王皇帝"(唐明皇)无关,故校。可能抄者不熟悉佛教历史,不知东汉时佛教已经传入中国,五台山早是佛教圣地,误认为"明帝"就是"明皇"。

〔三〕"饺",音豆。"馒饺"即馒头。

〔四〕以上属"文殊化贫女赶斋"传说,早见于唐代《古清凉传》一书。书中言,文殊在空中显了法身,唱有四句偈语:"苦瓢连苦根,甜瓜彻蒂甜。是吾超三界,却被阿师嫌。"正类以上四句。另,"光"在此指"光顾";"霹雳仙"指汉明帝,言其在天为"仙",与佛有缘,佛才特别光顾。

〔五〕以上"洗澡"故事早也见于五台。依佛说,文殊、普贤二菩萨由佛祖左右胁而生,故演义如此。另,原本残损,致"搭"字前缺一字,今先空开,再补其意于括号内。以下类似不注。

〔六〕"赏地"故事早也见于五台。北宋赵商英《咏五台》诗云:"五顶嵯峨接太虚,就中偏称我师居。毒龙池畔云生悚,猛虎岩前客路疏。冰雪满山银点缀,香花遍地锦铺舒。展开座具长三尺,方占山河五百余。"与此"作诗一首"比照,正可将其大意补全。

〔七〕五台山的东台,可观日出沧海,又称望海峰,峰顶有望海寺;东畔又有山洞,称"那罗延洞",即"那罗洞",传为文殊行宫。北宋赵商英《咏东台》诗云:"迢迢云水涉峰峦,渐觉天低宇宙宽。东北分明观大海,西南咫尺望长安。圆光化现珠千颗,聋日初升火一团。风雨每从岩下起,那罗洞里有龙蟠。"正见此"有诗为证"出处。

〔八〕此处"南台为翠岩峰"属古称,今称"锦绣峰"。宋代赵商英《咏南台》诗云:"披云蹑雪上南台,北望清凉眼豁开。一片烟霞笼紫府,万年松径锁莓苔。人游灵境涉溪去,我访真容踏顶来。前后三三知多少,衲僧到此甚徘徊。"正见此"有诗为证"所由。所谓"三三",指佛说中"三界""三生""三世"。

〔九〕西台为挂月峰,其水甘美,宣扬有八种功能,称"八功德水";台顶有法雷寺,供着文殊菩萨,其坐为狮子。北宋赵商英《咏西台》诗言:"宝台高耸近穹苍,狮子遗踪八水傍。五色云中游上界,九重天外看西方。三时雨洒龙宫冷,一夜风飘月桂香。土石尚能消罪障,何劳菩萨放神光。"与此处"有诗为证"也正相关。

〔一〇〕"北台叶斗峰",也称雾山,台顶有黑龙池,旁有灵应寺,北望塞外,与北岳恒山相接。赵商英《咏北台》诗言:"北台高峻碧崔嵬,多少游人到便回。怕见目前生地狱,愁闻耳畔发风雷。七星每夜沾峰顶,六出长年积涧隈。若遇黑龙奋霹雳,人间妄念自然灰。"所言"地狱"、"风雷"、"七星"、"六出"(指雪花,因六瓣而称),一如此处所记。

〔一一〕中台,今称"翠岩峰",上有"演教寺",供"儒童文殊"。传说,文殊菩萨曾变身儒童,演教于此,加之与"汉明帝"有关,故见其周寺庙群立,多有"圣迹";以至说,台顶每现圆形彩虹,中呈宫观,即所谓"圆光"。此处所言的"此山抬头望红日"正指此。另外,此"有诗为证"多有缺字,不能尽补,为见其意,仍引赵商英《咏中台》诗如下:"中台岌岌最堪观,四面林峰拥翠峦。万壑松声心地响,数条山色骨毛寒。重重燕水东南阔,漠漠黄沙西北宽。总信文殊归向者,大家高步向云端。"其所谓"大家",指其德行高远者。

〔一二〕所言"内四景"因在台怀镇之内而称。"清凉院"实指"显通寺",位于灵鹫峰(中台支脉)南侧,应"无风自凉";"七宝树"见于"罗睺寺",寺内后殿有木制大莲花,内坐四小佛,转动底盘,"开花现佛",即"无叶花自开"所指;"八宝殿"属于"大文殊寺",其寺位灵鹫峰顶,今称菩萨顶,八宝殿有一屋檐晴日可见滴水,故又称"滴水殿",正见"无水自滴";"睡佛楼农人如寝"见于"卧云庵",位中台西南,今存康熙御碑言"西有丽农瑶室",正指此。

〔一三〕所言"外四景",在台怀之外。如"清凉石"在清凉寺,位中台之南四十里处,其石现存,传说是由文殊从龙宫搬来,又称"歇龙石""曼殊床",无冰自凉,人多不隘。如北台之后正接北岳恒山,山顶常年积雪,正有"万年冰"。

前行讲八仙一转

【按】此篇,与前《赛场古赞》本第一篇"细开八仙"内容相同,故从略。

讲琼花名一篇(百花赋)〔一〕

尊花是当今皇帝,桂花是龙子龙孙。
牡丹花是[正]宫皇后,地棠花六院三宫。
海棠花三千美女,稻梨(茉莉)花八百娇荣(容)。
十样锦花花宫殿,杜竹花锦片(遍)京城。
一齐(玉砌)就一日(趟)花街,文武在万花从(丛)中。
南收了花鲁(落)之地,北赛(塞)降花世乾坤。
东鱼花(鲁化)花城百座,西荣(戎)顺花界之中。
四夷归花马之地,八蛋(蛮)花敬奉帝君。
风雨顺百花普降,五谷丰花柳争春。
四时花常开不谢,八郎花(节有)百花长生。
活世尊龙花(华)会上,传花言十代高僧。
法花(华)经一齐宣念,朝上祖莲台花生。
黄绿(垆)会香花供奉〔二〕,奉三清花利(里)真荣(容)。
聚有(众)僧花经齐念,朝天忏花语谈论。
都中了花中金榜,黄金榜标写花名。
月殿里桂花轻折,步蛋(蟾)宫花锦荣身。
尽高升花城百座,插宫花镇守黎民。
官清正花宴供延(筵),民安乐花然(染)和风。
喜花年今岁丰稔,五谷丰花草(果)全灯(登)。

幸本境风花雪月,且看那本处花明(民)。

老爷爷桑(椿)花根落(更乐),老奶奶雪(萱)花年尊。

[当家长]身花康见(健),正当年如花凤(逢)春。

小哥哥花枝开放,[小姐姐美]貌花荣(容)。

[各花户]人人如此,聚(居)花梁斗拱房深。

[花世界人人安]乐,[花世界乾]坤清平。

花社首齐心一举,[凭花言约]会众村。

主神官花文独念,南(来)龙花(华)泽降凡中[三]。

[厨后人花肴]制造,押盘果花样十分。

各家家花费钱财,[买办下花果香]灯。

[帏则是花]样高丈(响杖),亭则是花布手巾。

[五花棚彩云搭]就,[莲花]座安下尊神。

先(相)生花十分齐整[四],[造肴馔花]美诸珍。

写下俺花名散乐,花腔鼓响似雷鸣。

[奏]五音花言谨族(锦簇),按律吕花美仙音。

男乐们妆穿只(织)锦,女乐们一似花生。

院本排五花妆点(扮),做杂剧花谈古今。

标判(榜)是文花考卷[五],前后行花讲分明。

迎春花初开初放,夏河(荷)花爱杀(煞)人心。

秋海棠妖花得得(滴滴),冬梅花吐(土)内栽(藏)身。

看琼花失了炀帝,五花棒打死昏君。

烈(列)花言今朝赛罢,众社首荣花(华)万春。

大社首不用花说,准备下拖地花红[六]。

说的是百花头盏,凭花名巧语谈论。

一片(篇)家七言花语,百花会敬奉天地。

花落茶牙(衙)天地献,花落人心争早晚。

百花会上赴瑶池,人老何曾花自显。

笛内吹的花自(字)真,七窍里边花自献。

女人一似显(献)花童,玉手折(扯)开花厢(象)板。

花花美美凤凰音,美美花花鹦鹉转(啭)。

锦上天(添)花曾(赠)一曲,百花会上献头盏。

【注释】

〔一〕此篇"讲琼花名",与该本前已抄录的《百花赋》比较,为其最后"恋诗"。因所记不尽相同,故仍照录。由于原本部分纸页残损,个别字句不全。所缺字句,今参照其他各本同篇内容而补,不再出注。

〔二〕"黄垆",见《淮南子·览冥训》记:"上际九天,下契黄垆。"并见东汉高诱注曰:"上与九天交接,下契至黄垆,黄泉下垆土也。"所以,"黄垆会"本指超度亡灵使之升天的佛会,进而代指一般的祀佛活动,如"龙华会"一类。再引申,则借指一切祀神之会,如赛社。

〔三〕因诸神已降临"龙华会",即赛社神坛,故言"泽降凡中"。

〔四〕"相生"即"像生",指装扮者。"相生花",既指排列的"花队",又指头上插花的供盏人员。

〔五〕此"榜",指赛社时的各种"榜文",花花绿绿,正如"文花考卷"。

〔六〕以上两句,是前行色借讲唱之机向社首讨要"彩红"。所谓"大社首",指多村(社)联办时的主社首,即总社首。"拖地花红",是赏赐乐户的红布,长可拖地,故称。

前行讲戏竹一篇〔一〕

戏竹古王(往)至今留,先朝历代起根由。

随(虽)无降龙伏虎意(艺),[善治龙]蛇总后收〔二〕。

花帽丛中为总领,锦衣般(班)中最为头。

[五音律吕]宫商调,[鼓板]全凭话语周。

[夫三元]戏竹[者],天[元戏竹]、地元戏竹、人元戏竹。扶(夫)天元戏竹,[轩]辕皇(黄)帝所置,三百六十根散头,安(按)一年三百[六十日]。[夫]地元戏竹者,[卫灵]公所置,三十根散头,按一月三十[日]。[夫人元]戏竹者,[大唐明王]皇帝所置,二十八根散头,按上[方周天轮]二十八宿,按[了二十]八般宫调。长者五尺六寸,按五[音律吕]。四寸方圆,按一年四季,春夏秋冬。外长一尺二寸[按]一年十二个月。内管二十四气:立春,正月雨水、惊蛰,二月春分、清明,三月谷雨、立夏,四月小满、芒种,五月夏至、小暑,六月大暑、立秋,七月处暑、白露,八月秋分、寒露,九月霜降、立冬,十月小雪、大雪,十一月冬至、小寒,十二

月大寒。一百小香(杳)为一大沙〔三〕,十沙为一刻〔四〕,八刻为一时,十二时为一日,五日为一候,十日为一巡,十五日为一气,三十日为一月,四十五日为节,一年八节。何为八节？立春是一节；立春四十五日,春分是一节；春分四十五日,立夏是一节；立夏四十五日,夏至是一节；夏至四十五日,立秋是一节；立秋四十五日,秋分是一节；秋分四十五日,立冬是一节；立冬四十五日,冬至是一节。九十日为一季,四季为一年。日尽三年,大小日月,此为闰月也。上按九曜星官：一罗猴(睺)、二土星、三水星、四金星、五太阳、六火星、七计都、八太阴、九木星。上按九宫者：坎一、坤二、艮三、巽四、中五、乾六、兑七、震八、离九。八卦者：乾、坎、艮、震、巽、离、坤、兑。十干者是：甲、乙、丙、丁、戊、己、庚、辛、壬、癸。倒干者：癸、壬、辛、庚、己、戊、丁、丙、乙、甲。十二时者：子、丑、寅、卯、辰、巳、午、未、申、酉、戌、亥。如今[上]有清浊二气,清气为天,浊气为地。[戏竹]上有肖金绳头(销金头绳)两条,[一条长],[一]条矩(短)。长者按大尽三十日,矩(短)者按小尽二十九日。上[挂一个香]球儿,按二[十八]星(宿)。二十八宿：角、亢、氐(氐)、房、心、尾、箕,春三月。正月、二[月、三月]为之春也,桃杏花初开初放,[节土为尊〔五〕,土]王用[事十八日],可动七般宫调。斗、牛、女、虚、危、[室、壁,夏三]月。四月、五月、六月为之夏也,槐子花、石[榴花初开初]放,节[土为尊],土王用事十八日,可动七般宫调。[奎、娄、胃]、昴、毕、嘴(觜)、[参,秋三]月。七月、八月、九月为之秋也,[黄菊]花初开初放,节土为尊,土王用事十八日,可动七般宫调。[井]、鬼、柳、心(星)、张、翼、轸,冬三月。十月、十一月、腊月为之冬也,雪里梅花初开初放,节土为尊,土王用事十八日,可动七般宫调。安(按)四季动乐,宫商角徵羽。上有五般彩色,青红白黑黄,按东西南北中、金木水火土。雪里路(六)花成,江山河(何)日旧；使人不变(辨)真假,南北共西东。盘古氏治世,须是(俗世)有三皇,万民乐业,祭赛神灵。戏竹掌把天文,上和天文,下和地理,五方相合。五四二十(按,似缺字句),共成二十八宿,造下二十八般乐器。恐君不信,有诗为证：

　　唐明皇竹击梧桐,将竹板(斑竹)击散九分。

　　敕封为引头戏竹,分散头二十八根。

　　四根竹按了东方,甲乙木春徵(动)七官。

　　各值宿尽按乐器,角木蛟造下银筝。

　　井木犴造下水盏,奎木狼造下瑶琴。

斗木獬排笙曾造,各调动音美声青(清)。

四时顺阴阳和合,结束了春动七官。

四根竹按了南方,丙丁火夏羽之官。

[室火]猪造下云罗(锣),危(尾)火虎夏笛声青(清)。

[翼火]蛇造下□□,嘴(觜)火猴底(觝)笛声音。

[四时顺]阴阳和合,结束了夏羽之官。

[四根竹]按了[西方],庚辛金秋商之官。

[亢金龙]造下大鼓,鬼金羊丈(杖)鼓旋锋(风)。

[牛金牛]造下□□,娄金狗必动杀声。

[四时顺]阴阳[和合],结束了秋商之官。

[四根]竹按了北方,壬癸水冬角之官。

壁水鱼(貐)造下云箫,参水猿头管声哄(洪)。

轸水蚓造下龙笛,箕水豹道鼓声青(清)。

四时顺阴阳和合,结束了冬角之官。

四根竹按了中央,戊己土监中(林钟)之官。

底(氐)土貉造下土(水)盏,柳土獐造下月琴。

女土副(蝠)造下琵琶,胃土雉箫管之声。

四时顺阴阳和合,结束了林中(钟)之官。

四根竹按了太阳,正按了黄钟之官。

昴日鸡造下柏(拍)板,星日马造下胡琴。

房日兔造下凤笛,虚日鼠凤管之声。

四时顺阴阳和合,结束了黄钟之官。

四根竹正按月光(亮),正按了商调之官。

危月燕造下凤箫,心月狐造下亚琴(轧筝)。

毕月乌造下龙笛,獐(张)月鹿箫管之声。

四时顺阴阳和合,结束了商调之官。

一二三为之春季,春可动七徵(官)之官。

[夏四月]五月六月,夏七羽夏动分明。

[秋七月]八月九月,秋可动角调之官。

[冬十月十]一腊月,冬可动徵调之官。

按四季宫商角徵,古至今三本乐星。
〔周乐星〕四十〔八调〕,依调伦(论)传后乐名[六]。
〔宋乐星〕珍馐〔百味〕,按四季奉祭神灵。
〔祭神〕灵可动阳乐,除非是古伦乐人。
〔如若〕是动起阴乐,除非是和尚道人。
若还是叉(差)了曲调,教坊司祸害临身。
日来晚不动商调,早晨起不动黄钟。
动黄钟斯(似)捶擂打,动商调亵渎神灵。
若瞒时瞒过看的,瞒不过操要神灵。
众社首虔诚之(致)祭,各办下花果香灯。
美馔有高娄百宰[七],焚明香清酒奉神。
杀黑猪又杀白羊,造神盘白面清油。
社首们乾言(虔然)洁净,三昼夜不离庙门[八]。
乞愿得神灵保佑,乞愿得众圣来临。
乞愿得门(永)图富贵,乞愿得五谷丰登。
乞愿得风调雨顺,乞愿得福寿康宁。
乞愿得来格来享,乞愿得迪吉除凶[九]。
□□□□□□□[一〇]

【注释】

〔一〕此篇类前《听命文集》本见记的"前行分戏竹",亦讲戏竹的来历和作用,但内容稍有不同,多出一些信息,故仍照录。该篇因纸页缺损,有些字句不全,结尾处全失。凡缺损字句,今参考《听命文集》《赛古赞本》,乐户存留的《前后行古论有十论》本(简称"前行本")所记,比照补全。

〔二〕"龙蛇",见《听命文集》同篇之注。此处或又借指赛社中的"队戏",不但列队而舞犹如龙蛇,而且供盏最后必有"收队"仪式,正见"总后收"。

〔三〕"杳",通"渺"。按《算经》:"十漠为渺,十渺为埃。"又说:"十尘为沙,十沙为纤。"所以渺、沙皆属极小的计数单位,此处用以计时。

〔四〕"刻",指古代计时的"漏刻"单位。

〔五〕"节",在此指礼节,犹言"礼"。

〔六〕宋元以来,小令勃兴,有不同宫调的许多乐曲,仅元代《中原音韵》就记有"三百三十五"个乐曲。或因此,此处见说"依调论传后乐名"。

〔七〕"娄",应为"镂",即"釜",借指盛食器皿;或应为"偻",借指制作神食的膳夫。"百宰",泛指赛社中杀猪宰羊的献牲之食。

〔八〕以上两句出自赛社礼规。每赛,社首们要"洁净"沐浴,换上新衣;在赛期不得有男女房事,以示对神虔诚。故有此语。

〔九〕"迪",启也,接引也。"迪吉",犹言"迎吉""纳吉"。

〔一〇〕原本最后只存半页,故本篇以下全失。与《听命文集》等本的同篇比照,知所缺不多,无伤大体。

八 《赛古赞本》校注

该本亦发现于牛小五家,与《听命文集》等本同时献出。全本从封面到内容,用相同的白棉纸,同时抄立,双折页,右侧以纸捻装订成册。正文内容为四十五个单面页(中间有空页),页高二十四厘米,宽二十七厘米。后又附有两个单页,皆已破损为半页,记赛社"礼规"。

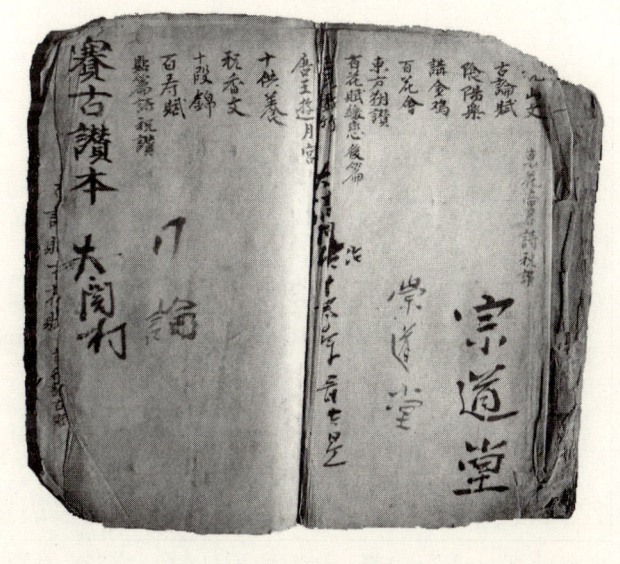

封面(如图)左上角竖写"赛古赞本",乃所立本名;与之平行,从右至左,顺次列有十五个具体篇名,类如目录。之外,封面又有另者笔迹(字粗劣),右下方竖写"崇道堂"三字,乃牛家堂号;中间偏下竖写"大清同治十三年三月吉日立",为另者书写时间;左下侧竖写"大关村"三字,为牛家居村;在原篇名之下竖写"17 论"三字,是对十五个篇目的指正,言其所记为十七篇。总之,封面既有原抄者所立的本名、篇名,又有后添的村名、堂号、年号等。由此推断,原本内容包括原封面本名、篇名,应抄立在"同治十三年"之前,之后才由另者在封面添加村名、堂号、年月,才又订正原抄为"17 论"。今核实所记,其篇名依次为:祝山文、古论赋、阴阳乐、讲金鸡、百花会、[三元戏竹开篇诗赞]、[前行念起首]、东方朔赞、百花赋缴恋后篇、三元戏竹、唐王游月宫、十供养、祝香文、十段锦、百寿赋、贴篇诗祝赞、东华帝君诗祝赞。其中"三元戏竹开篇诗赞""前行念起首"两篇,原封面未记,今补,故加方括号;其余则与封面所记的篇名、顺序相同,正见原抄为"17论"。除此之外,该本最后还记有"下请行礼节次""接神"礼规两段,因不属"古赞",今仍未列入"古论"篇名。

以下依正文内容,依次抄录校注。

祝山文

【按】此篇所记,见为"夫山者,丹青彩画,巧笔妆成"云云,与前《听命文集》所记完全相同,故从略。另外,见其题名之下,有人又重写了"祝山文"三字,字迹正类封面另者所写,功底较差,显系另者所为。这更证明,该本原抄在前,之后才由"大关村"牛家另人在封面加写了"大清同治十三年三月吉日立"等字。

古论赋 百花赋　前行讲古赋〔一〕

夫古论者,始自[轩]辕黄帝所置。遗留三字称道:一名古论,一名古弄,一名古领。夫古论者,上得四角楼台,[穿的品冠法衣,不离]一席之地〔二〕,讲论千古是非场。衣冠扣带,大成君子一般。之论,论得(的)是天地星辰、日月江渎、混沌清浊、阴阳造化、三教九流、四书五经、孟子之言,又有君臣父子、教子训孙,礼义周全,总为古论。做古论者有十德,是那十德?一要礼乐,二要周全,三要宽弘,四要海量,五不要压小,六要才高,七要答应,八要官场,九要排尊卑,十要压众参顺(乐中参详)〔三〕。做古论者不识字,不记书,不通礼,不识进退,那得是古论?如同羊披着虎皮,狐假虎威,外刚内柔,外发金内发草。见软则起(欺),见草则飞,见肉之(则)喜,那是古论?外无学识者也。谈天论地为之论,喜之当场为之弄,率领夥众为之领。古论难学,古论难成,古论难做。古者,前后皆通;论者,古今知识。凡做古论者还有十论,[那十论]〔四〕?是天论、地论、高论、通论、谈论、道论、礼论、见论、议论、明论。夫天论者,混沌清浊,始分三才,生长五星,禅位五方。夫地论者,九州分野,夷狄四方,善能信德,晓会温凉,为之地论。夫高论者,道字真实,语言洪亮,声如铜钟,四海名扬。夫通论者,相通古今,体(占)扶正邦[五],禅龙募(谋)位,册位君王。夫谈论者,谈天谈地,语称(玉成)帝王,律吕调和,曲按宫商。夫道论者,先道古今,后道国家,治国安邦,兴衰成败。夫礼论者,《礼议(记)》《论语》,时刻温良,尊卑远近,日新礼长。夫见论者,见事成(诚)实,凡且推详,不坏礼义,不误排场。夫议论者,攻习诗书,圣兴(典)参详,开口合道,出语成章。夫明论者,眼见是仙,不说狂语,调和仁义,善晓温良[六]。此乃是十论者也。[夫]古弄者,有五论(弄)。是那五论("论"字衍)弄?原来是把弄、错弄、若弄、会弄、手内轻巧弄,为之五论(弄)。弄人勐力相助(触),为之把弄。说有却无,为之错弄。脚上踢飞,为之若弄。喜之当场,为之会弄。攒枪抄手,把戏跟斗,为之轻巧弄。此乃是五弄者也[七]。夫古领者,无非是率[领]夥众,照顾大小,妆扮文武,不差一二。杨(揎)掇指示同行,是古领殷勤者也。凡做古领者,要志高、志德、[志能]、志重者也。恐君不信,有诗为证:

　　古论谈今古至明,分说经典自然成。
　　有人识得真古论,四海伶伦第一人[八]。

　　角楼四座大殿九,金砖砌就玉栏杆。
　　压栏四个金狮子,一面金牌挂殿前。
　　天地未分混沌初,有灵有圣有贤愚。
　　祭神谨谨如神在,一炷明香奉玉炉。
　　祭天地明(名)山大川,祝人间五岳四渎。
　　祭神明先奉清茶,论阴阳四时兴发。
　　小人去天下遍行,不曾见这座庙宇。
　　三滴水尽是混(浑)金,四转过刻成一所[九]。
　　紫巍巍碧瓦飞腾,圪(光)灼灼雕梁玉柱。
　　凤翠阁上罩珠帘,端然柱擎天扶护。
　　碌(落)地牌金青描就,合(阖)丹青(墀)金钉朱户。
　　后成(乘)者龙车凤辇,前边有玉鼎金炉。
　　正面是玛瑙甕成,两阶起(齐)横(红)砾砌就。
　　更有那五道丹青,众圣像流銮(鎏金)细塑。
　　左青龙风伯雨师,右白虎雷公电母。

前朱雀霞光云罩,后玄武鸾飞凤舞。
多亏了善士良民,塑一堂圣像普护。
众神明有灵有感,永保佑万民丰富。
喜今岁五谷丰登,旱涝苦灾殃俱无。
愿四时不起瘟癀,愿八节凶祸俱无。
才见得物阜民安,享赛谢无疆之福。

各家家花费钱粮,各人人换了衣服。
邀请下三界诸神,供献上珍馐盏数。
斟[三杯]散酒已完,下四拜参神礼数。
且莫说在上恩官,且说俺伶伦乐户。
大乐器谁人置来,听前行从头细数。
轩辕帝破了蚩牛(尤),风云阵造下大鼓。
龙笛是谁人置来,[伶伦人去解戏竹]〔一〇〕。
[迫(拍)板是谁人置来],黄幡彻(绰)而道拍所(数)。
头管是谁人置来,魏(卫)灵公竹节安炉(芦)。
杂剧出在前春秋,院本是开于上古。
春秋有个朱孩子,他父母也曾去卢(鲁)。
若还是今朝赛罢,祈天官早降甘霖(露)。
今日享赛祭神明,鼓乐吹打按五音。
笛吹美伶(令)如鸾叫,板上(撒)六扇凤凰音。
休说在上恩官鉴,感得神灵侧耳听。
瑶池未献头一盏,比及供端先参神。

古论赋终,七十八句〔一一〕。

【注释】

〔一〕此"百花赋 前行讲古赋",属说明语。意指,《古论赋》类同《百花赋》,都属"前行讲古赋"。如《听命文集》记的"书帽",就见之后接记有"古论赋""百花赋"等篇名。如《赛乐食杂集》记有"前行讲古论"一篇,其"讲古论"正属"古论赋",加有"书帽",且类"百花赋",都属"古赋"(前记),都用于赛社"头盏"。此篇《古论赋》与《赛乐食杂集》所记比较,不但未加"书帽",且内容不尽一致,故仍抄录。

〔二〕此处所补字句，依《赛乐食杂集》所记。

〔三〕此处校改字句，依《赛乐食杂集》所记。

〔四〕此处所补字句，依《赛乐食杂集》所记。

〔五〕按前《赛乐食杂集》所记，此句为"占扶正邦"较妥，详见前注。

〔六〕关于"明论"数语，与《赛乐食杂集》所记出入较大，可比较。

〔七〕关于"五弄"的具体说法，与《赛乐食杂集》所记出入较大，可比较。

〔八〕至此，"讲古论"实已结束。以下所讲，或属即景发挥，或属堆砌乱用。如"角楼四座大殿九"云云，实出自"讲楼台"；如"大乐器谁人置来"云云，实出自"讲戏竹"。为了区别与比较，将以下两段空开。

〔九〕此句，《赛乐食杂集》本记为"四转过刻成湛玉"，上下句对称，较妥。

〔十〕此句及其下句，依《赛乐食杂集》本补入。原文可能在传抄中错行，造成此种缺漏。

〔一一〕此句，属抄者所加的说明，言其诗赞共有"七十八句"。以下各篇类此，不注。

前行讲阴阳乐[一]

乐中鼓板最稀（惜）声，箫笛筝琴曲中寻。

角动出声如凤叫，宫商音美似鸡鸣。

女似开花千朵闹，胃（男）动乐音万古青。

须言（虽然）不是伶伦造，依动依宿（依风依俗）动清音[二]。

扶（夫）阴阳乐者，出在何方，起在何处？昔日南天门外有一株大树，树高千丈，上分五枝。上有七朵花：木蕊为花、紫罗花、地棠花、海棠花、母（牡）丹花、奈冬花、漫多罗（曼陀罗）花。此花[三]被阴阳风吹破，化一对素娥，驾云而只（直）至四大神州。呵（阿）难问世尊[四]曰："此素娥去四大神州化为堪莫（甚么）？"世尊答曰："先化为二童子，后化为阴阳二乐。"呵（阿）难问曰："阴乐若何，阳乐若何？"世尊又答曰："阴乐者乃高僧高道，阳乐者乃是伶伦乐户。"呵（阿）难又问曰："阴乐怎使，阳乐怎何（用）？"世尊又答曰："阴乐是会僧道场，阳乐是迎神享赛。"天子祭天地，用二十八般乐器，二十八宿所分。文武祭社稷，用八般乐器，按金、石、丝、竹、匏、土、革、木。金为钟，石为磬，丝为弦，竹为笛，匏为笙，土为埙，革为鼓，木为板。民间祭神一节，用五般乐器：大鼓、丈（杖）鼓、龙笛、头管、拍板。恐君不信，有诗为证：

东方甲乙木[五],大吉(鼓)能知曲,
涧(槛)下是(似)雷鸣[六],能知五音吕(语)。
南方丙丁火,头管能应我。
吹的音美清,时曲不能朵(躲)。
西方庚辛金,丈(杖)鼓似雷鸣,
差了板一字,误了学时工。
北方壬癸水,龙笛为第一。
因他气力为(威),差他下方里。
中央戊己土,拍板五音祖,
一板不相当,诗曲都解阻(组)。
大鼓本是皮若惊,秀追(槌)擂打振天横(轰)。
江(将)皮紧赠(缯)银钉定,正按上方牛金星[七]。
头管本是乐中将,吹出海棠音哓(嚓)亮。
九窍原来按九宫,声音又如钟声壮(撞)。
丈古(杖鼓)先逢(锋)为第一,两头尽是水晶皮。
前后打的山川响,一条大丈(杖)量天尺。
龙笛本是乐中声(圣),吹出南天齐(去)国中。
七巧(窍)原来按七吼(候)[八],里头吹出凤凰声。
拍板本是普铲介(榑桑解)[九],五音律吕谁不爱。
两眼尽是(系)红荣(绒)绳,干动神前成器解(械)。
箫管本是张月鹿[一〇],上边开着六个空(孔)。
宫娥美女爱吹箫,引的凤凰来下簇。
凤笙本是南天竹,巧匠原(用)来狌(笙)上做。
里头片片是笙簧,五音律吕有去处。
中间长向(细)曲吕(音)紧[一一],按其宫商角徵羽。
十指尖尖拿在手,吹出凉州十大曲。
琵琶本是金蝉背,上方天差来凡世。
三尺六寸按一年,五官(官)四品按四季。
面朝天,背按地,头有三山人之对。
海眼如同日月明,玛瑙砌就七星背。

厚三才(寸)按三才,天地神灵两边排。
本是蟾官折桂客,原是波罗彩(采)将来。
白玉背(配)上黄金面,象牙拍(拨)手金锁板。
红荣(绒)打就四条弹,金山砌就沉香断。
一声侵,一声天,又如梨花殿梯月(越)。
一声清,一声韵,又如金阳(扬)鼓声尺(驰)。
端公听的扑(拨)琵琶,准(追)了一十二年整。
阴阳调内透调玄(弦),[叮㘄]秋水闹宣宣(喧喧)。
曲曲弹的音美清,好似东海去朝[凤]。
金銮殿上朝圣凑(奏),消愁解闷是好听〔一二〕。
随(虽)是小人从头论,拿古至(比)今在书文。
从头至尾计(记)在腹,说于恩官攒事(暂是)听。

尽,八十四句。

【注释】

〔一〕此篇,乐户传存的《前后行古论有十论》本亦记,内容大体相同,校注时将参考。

〔二〕以上几句,属前行常用的开篇熟语。与前《赛乐食杂集》记的"前行讲古论"开头相似,可比较。

〔三〕"此花"指前说的"曼陀罗花"。相传佛祖传法时,手拈曼陀罗花,下起漫天曼陀罗花雨,于是其花象征宁静安详、吉祥如意,属佛教中的吉祥花。依佛说,其花又与阴阳两界相关,故言其被"阴阳风"吹破。

〔四〕"世尊"指佛祖释迦牟尼。"阿难"属其弟子之一,亦称"欢喜",以多闻见称。

〔五〕依《周易》言,"天干"中的甲乙,对应"五方"中的东方、"五行"中的木,故有此语。以下类此不注。

〔六〕"椎"指鼓槌,此句言擂鼓之声。

〔七〕"牛金星",指二十八宿中的"牛宿",即"牛金牛"。依"乐星说",二十八宿对应二十八种乐器,从而"牛金牛"对应牛皮大鼓,故有此语。

〔八〕此句中的"七窍"指笛子的七孔,"七候"指七种天候。依《汉书·律历志》记,古代确定十二律早已使用了"气候之法",即将不同长短的竹管,内放葭灰,随一年气候变化,以"气至灰去者"为一律,遂由十二月确定十二律。而笛属竹制,其音孔正可按"气候之法"确定,故言其"七窍原来按七候"。

〔九〕"榑桑",又称扶桑,传说是一种神木。该句意指:拍板原由榑桑木解板制成,是神仙所用的乐器。

〔一〇〕"张月鹿",属南方"朱雀"第五宿,居朱鸟两翅连接处,翅膀张开意味飞翔,主吉,民间见有"开张大吉"一说。而古代"排箫"正类张翅状,故言"箫管本是张月鹿"。

〔一一〕笙由多根竹管制成(少为十三,多达十九),长短粗细不同,从而每管音高不同。中间者长而细,声高,故言"音紧"。

〔一二〕由"琵琶"云云至此,皆讲琵琶。既有传说故事,又言构造声美,以至涉及以琵琶定音的"弦律"。有些字句无可参照,仍存原貌;有些则依《前后行古论有十论》校补。

前行讲金鸡[一]

混沌初分不记春,女娲伏羲立人伦。

神农创业立天下,留下金鸡报时晨。

夫金鸡者,出于神农皇帝手内。自从神农皇帝立起天下,昆[仑]山上有一青仙洞,内有子杨(紫阳)公老仙[二],修行万万余载,不知其数。洞内有聚仙石,上造先天太极之数。石下有一昆仑空石,此石者方圆九九之数,卯酉相交方成一器[三]。子杨(紫阳)公一见,将此石捧于手中,传其仙法,此石才得了先天真数,在此青仙洞中不拿自动,内显出声音。正遇神农皇帝步量天地之间,行至昆仑山上青仙洞中,见此石段(霞)光万道,瑞气千条,内有声音辽尧(缭绕)。皇帝曰说:"此石真乃是贵宝。"便问山(仙)人。山(仙)人答曰说:"此石,内有八卦阴阳之气。九九之数,合成天地气象,内有金鸡一只。"帝问曰:"如何他不出来?"山(仙)人答曰:"无有真人到来,仍(为)此他不出来。"皇帝曰:"朕当今到来,听朕封过:子午卯酉,出西(兮)入息(兮)。普照日光,九州大吉。太阳星君,日应时刻,夜应宿度。能有五德,善知人性。"皇帝封罢,扬常(长)去了。行走至三五之里,只听的青仙洞中霹雳响亮,飞出一只金鸡来。此鸡者,上知天文,下知地理,中知人[伦]。明夜周转,过了九九之数,所生下一群凡鸡。此鸡归天而去,头(投)入日光之内,封为太阳星君。若论鸡者,能晓五德。鸡头有文(纹),上通天向(象),只(之)为信也;足下有爪,能舞腾空,即为智也;口内餐食,有相让之道,只(之)为义也;能知阴阳交勾(媾),只(之)为仁也;两翅捞(扑)地,只(之)为礼也。鸡有四时六候八节齐鸣,上应天星,下合人形(性)。恐君不信,有诗为证:

金鸡生来世间稀,子午卯酉各东西。

金鸡归天照日月,凡鸡人间报时辰。

鸡头有文(纹)能主信,鸡足有爪智多生。

鸡口餐食多有义,阴阳交勾(媾)识仁论(人伦)。

两翅仆地乃为礼,算来鸡则彼(比)人能。

出卯入酉知天礼,金鸡报晓敬神灵。

神农皇帝敕封号,太阳星君按五行。

金鸡尽,十四句。

【注释】

〔一〕此篇可用于赛社清晨"报晓"。前《听命文集》有类此一篇,用于"放生"。

〔二〕"紫阳"多用于神仙封号,历代见有紫阳真君、紫阳真人等。"紫阳公"亦类此。

〔三〕"九九之数",源于《易》说,属"天道"之数。"卯"为晨时,日出,属阳;"酉"为昏时,月升,属阴。全句意指,"卯酉相交",受日月之精,合"天道"之数,就见其石化成了"金鸡"。

《百花会》前行念〔一〕

神农设祭起根源,文王醮酒祭龙天〔二〕。

丙丁之地安神位,茶果香灯花奉献。

夫百花头盏者,出在周[文]王手内。因祭南郊,在七里之内,五里之外,盖起龙神大庙一所,立一[明]门。明[门]者,明堂[之]门〔三〕。春秋二八月丁日祭祀,合(贺)寿皇帝。行香先祭国朝社稷,后祭五土五谷。大成至圣先师、昭列(烈)[武]成王、大职(罗)元君、解州义勇武安王、泰安州悟出(曲阜)三宁(灵)侯、霍州出龙洞、雌(磁)州崔府君、贯(灌)州清源妙道真君〔四〕、平阳府清江圣母、高高青天在上(上帝)、冥冥地府阎君,设(皆)列立神位。可用五班(般)供养,那五班(般)供养?茶、果、香、灯、花。神前未献美酒,先献清茶一钟。若论茶者,有几班(般)名茶:南京桂花茶、百丹茶、龙社(麝)香茶。茶有三道(岛)真(珍)馐味,何况(堪)神前不献茶。

茶叶(宴)先春(献盅)酒乐樽,

六晏(宴)常叹我要春(娥先炊)。

有人打的清凉味,一盏清茶可奉神。

茶好奉神,还敢(赶)不尚(上)果好奉神。若论果者,各地而生:江(冀)南小枣,魏府娥(鹅)梨,西川广出枇杷果,河阳县内大石榴。

  桃枣樵(焦)梨柿饼臻(榛),

  石榴龙眼荔子(枝)杏(馨)。

  西川进来枇杷果,四时呈来可奉神。

果好奉神,还敢(赶)不尚(上)香好奉神。若论香者,有几班(般)名香:宁山零零(灵灵)香,郊(交)趾国白檀香,湖广江南马芽香。神前未献诸班(般)供,先焚一炉明香。

  谨发虔心告上苍,年年享赛永无殃。

  满斟御乐(宴)三杯酒,奉神全凭一炉香。

香好奉神,还敢(赶)不尚(上)灯好奉神。若论灯者,燃灯不一。佛祖面前万年灯,帝王面前照筵灯,献香祝寿八仙灯,金灯、银灯、水灯、转灯。日月光明照万里,晚间全凭一盏灯。

  惟有灯光不顺情,不论贫富一般明。

  有人识的灯光意,万里乾坤掌握中。

灯好奉神,还敢(赶)不尚(上)花好奉神。若论花者,有四时花,按四季开放。正月、二月、三月为之春季,桃花、杏花初开初放。土王用事一十八日,其花垒(蕊)心大黄,看(堪)好奉尊神。

  去年今日伏蒙神,人面桃花杏色红。

  人面不知归何处,桃花依旧在春分。

四月、五月、六月为之夏季,石榴花初开初放。土王用事一十八日,其花垒(蕊)心大黄,看(堪)好奉尊神。

  一枝花没(木)出墙来,花发墙头满地开。

  若论(得)一枝曾(缯)纱帽,满传(川)春色入城来。

七月、八月、九月为之秋季,黄菊花、白菊花初开初放。土王用事一十八日,其花垒(蕊)心大黄,看(堪)好奉尊神。

  此秋花(他花)发来我不发,我发只是(之时)乱河沙(杀)。

  罢(等)到来年秋九月,满川都是挂黄架(甲)。

十月、十一月腊月为之冬季,管(款)冬花、奈冬花初开初放。土王用事一十八日,其花垒(蕊)心大黄,看(堪)好奉尊神。

冬花开正明(开时)见光瘦,其花叶黄实可连(怜)。

管(款)冬花开冬有意,奈冬不免受希慌(悕惶)。

天花地花概(盖)世群(琼)花,今作诗一首[五]:

中(尊)花是当今皇帝,桂花是龙子龙孙。

牡丹花正宫皇后,地棠花六院嫔妃。

海棠花三千美女,茉莉花八百娇容。

十样锦花花宫殿,社竹(芍药)花锦片(遍)京城。

玉砌就一条花街,文武在万花丛中。

南收了花鲁(奴)之地,北赛过花世乾坤。

东鲁退(屯)花城百座,西戎顺花界之中。

四夷归花马之地,八蛮地花锦神君。

风雨顺百花普降,五谷丰花柳争春。

四时花常开不卸(谢),八节有百花长(常)生。

活世尊龙花(华)会上,传花言十代高僧。

法华经一齐喧念,超(朝)上祖莲台花生。

黄碌(垆)会香花供养,奉三清花里真君。

聚众真花经齐念,朝天忏花语谈论。

琼林宴金花钦赐,儒学高花峡峥嵘(华夏争荣)。

都中了花文金榜,花金榜标写花名。

月殿里桂花举(攀)折,步蟾宫花锦身荣。

尽高升花城百(摆)座,插金花镇守黎民。

官清正花途林宴,民安乐花雨和风。

喜花年今岁丰稔,五谷成花草(果)全登。

幸本境风花雪月,且看那本处花名(民)。

老爷爷荣(椿)花便落,老奶奶雪(萱)花年尊。

当家身花康健福,正当年如花逢春。

小哥哥花枝开放,小姐姐月貌花容。

各花尹(户)人人如此,住花梁斗拱方身(房深)。

花世界人人安稳,镇乾坤花花清平。

花社首齐心一举,凭花言约会众公。

各家家花费钱粮,买办下花果香灯。
五花棚彩云搭就,莲花座安下尊神。
主神官花文宣念,离龙花(华)择(泽)降凡中。
厨役人花邀(肴)置造,押盘果花样十分。
相生花十分齐整,造饰(肴)馔花美诸珍。
典就俺花名散乐,花腔鼓响似雷鸣。
奏五音花攒锦族(簇),按律吕花美仙音。
男乐穿妆花织锦,女乐们一似花名(容)。
扮八仙湘子献花,做杂剧花谈古今。
院本排五花般(爨)弄,靠乐唱花柳十分(争春)。
花一攒锦成一族(簇),礼乐和花美奉神。
列花言今朝赛罢,众社首荣花才春(十分)。
大社首不要花说,准备下拖地花红。
说的是百花头盏,凭花言巧语谈论。
一篇家七言花赋,百花会敬奉天官。

(又颂)〔六〕：

花落茶清天地䃰〔七〕,化光人心争早晚。
龙花(华)会上赴瑶池,古老(来)花从(丛)争妙显。
女人一似献花童,玉手揭开花象板。
笛内吹的花字真,七窍七(之)中花自展。
花花美美凤凰音,美美花花鹦鹉转(啭)。
锦上添花奏一曲,百花会上献头盏。

终,九十六句诗。

【注释】

〔一〕此篇《百花会》,又称《百花赋》,俗称《百花盏》。见前《赛乐食杂集》记为"前行讲百花赋",不但加有"书帽",且重抄不尽相同的"恋诗"。可见随着传抄、传讲、理解的不同,早又加工为不同的传本,可提供一些不同信息。从而,见如本篇所记的"做杂剧花谈古今""院本排五花搬(爨)弄"等,传递出一些当年赛社的实情,故仍重抄,以资与前所记比照。另外,前已见有注释者,今均不再出注。

〔二〕此句,《赛乐食杂集》为"文王郊祀祭龙天",均通。"醮",祭也。

〔三〕"明堂"本指帝王居所,后成其祭天祀祖之堂,即庙堂。

〔四〕"灌州"在四川,即今都江堰市。"清源妙道真君"指赵昱,隋时人,曾在嘉州(今四川乐山)为官,传说为神,曾江中斩蛟,宋真宗封其为"清源妙道真君"。与李冰斗蛟故事相类,灌州有其庙,也称二郎神。

〔五〕此"作诗一首"所记,《赛乐食杂集》记为"恋诗一首",其后又见重抄。此本再后也有重抄,称作"百花赋缴恋",并强调"照这个缴恋念"。以下,参照其"缴恋"所记,用以校正此诗。

〔六〕"又颂"二字,属批注说明。意指,其属"又"加的"颂"段,非其正篇。为何又加?盖因正篇讲毕,接着要"献头盏",需"勾"细乐"奏一曲",故加。

〔七〕由于"百花赋"用于供盏献过"一茶"之后,正篇已经讲毕,故言"花落茶清";又因接着要献"三酒",头杯敬天,二杯敬地,三杯敬风伯雨师,故又言"天地管"。

[《三元戏竹》开篇八句诗赞]

【按】原本无此题,直接抄有"三元戏竹古今留,先朝历代起根由"云云,共八句,实乃《三元戏竹》开篇诗赞,故加此题。与其相关,见前《听命文集》所记"前行分戏竹",开篇正是此八句;见此本后有《三元戏竹》一篇,开头恰缺此八句,故此处内容从略,合并于后。

前行念起首

【按】此篇,记有"尧王在位留主神,因祭南郊起根由"云云,共十二句,与前《听命文集》所记全同,故从略。

东方朔赞

【按】此篇,记有"筵结蟠桃庆太平,开花结实整三千"云云,共八句,与前《听命文集》所记全同,故从略。

百花赋缴恋〔一〕

旧本《百花赋》前篇可用,后边缴恋不清,抄于此本。日后照这个缴恋念上。与衙衙(行院)同〔二〕。

尊花是当今皇帝,桂花是龙子龙孙。
……〔三〕

【注释】

〔一〕此"百花赋缴恋",已见于该本前抄的《百花赋》,即其后半部分"今作诗一首"的内容,亦即《赛乐食杂集》同篇所记的"恋诗一首"。

〔二〕此段,属原抄者加的说明。因其提供了一个重要信息,故仍照录于此。依其言,该本前抄的《百花赋》出自"旧本",因其"后边缴恋不清"才又抄此"缴恋",并强调"日后照这个缴恋念上。与行院同"。这至少说明,上党赛社前行讲的《百花赋》出自"行院",早属"院本",早有"旧本"不断传抄;此本抄者仍在强调"与行院同",仍要以"行院之本"为准。与此相关,见元人陶宗仪《辍耕录》所记的"院本名目"中,在"诸杂院爨"类,正记有《讲百花爨》一目,其"爨"正指"院爨"。正如《百花赋》强调其属赋体,内容实同,都在"讲百花"。显然,此篇出自宋元赛社,直至清代仍在传抄。

〔三〕从"尊花是当今皇帝"开始,接下共"九十六句"。将其与该本前抄的《百花赋》缴恋比照,唯个别字词有异。而前者已按此处所记校改,故此处只记其开头两句以示,其余全部省略。

又《三元戏竹》〔一〕

三元戏竹古今留,先朝历代起根由。
黄帝春秋卫灵公,大唐明皇月中游。
虽无降龙伏虎艺,善治龙蛇振千秋。
当初不是伶伦造,鼓板全凭活语周〔二〕。

夫三元戏竹者,有[三]根戏竹。何为三根戏竹?有天元戏竹、地元戏竹、人元戏竹。夫天元戏竹者,[出在轩辕黄帝手中]。昔日轩辕皇(黄)帝在位,有个蚩牛（尤）神作乱,吃得路绝人希（稀）。轩辕皇（黄）帝拜封侯（风后）为帅,亚服（父）孩儿作先逢（锋）,受章（寿张）县降了蚩牛（尤）[三]。轩辕皇（黄）帝心中大喜,就在金殿排酒设宴,赏贺封侯（风后）。酒至半干（酣）,轩辕皇（黄）帝手拿班（斑）竹柱（拄）杖,望梧桐及（击）之。及（击）碎了三百六十根散头,按一年三百六十日。上有[九]节,按了九星。何为九星？一罗[睺]、二土、三水、四金、五太阳、六火星、七计都、八太阴、九木星。上有一条肖（销）金头绳,一头长一头短,长者按天,短者按地。恐君不信,有诗为证：

轩辕[黄帝]摆尊号,蚩牛（尤）作乱山中闹。

先拜封侯（风后）为上将,亚服（父）孩儿都知道。

剥下皮,曼（鞔）成鼓,留下后人取还劳（欢闹）。

轩辕皇（黄）帝喜乐及（击）梧桐,天元戏竹衣（依）官调。

夫地元戏竹者,出在尧王手中。昔日尧王在位,甲辰年即位,坐起天下七十二年,寿活一百零八岁,眼观不见龙楼凤阁,耳听不得万岁山呼。只因己子丹珠（朱）不肖,将天下让与鼓叟（瞍）之子,是（使）舜择[日]继位。尧王有二女,长是娥皇,次是女婴（英）,赐与舜王为妻。尧王心中大喜,就在金殿排酒设宴,庆贺新君。酒至半酣,尧王手拿班（斑）竹柱（拄）杖,望梧桐及（击）之。及（击）开七十二根散头,按了七十二应候[四]。上有七节,按了北斗七星：贪、巨、禄、文、廉、武、破。上有一条肖（销）金头绳,一头长一头短,长者按阳,短者按阴。恐君不信,有诗为证：

尧王传旨两三番,羲和文武在殿前[五]。

有道之君让有道,舜王继位在金銮。

娥皇女婴（英）为皇后,文武百官排两边。

尧王大喜及（击）梧桐,地元戏竹按官商。

夫人元戏竹者,昔日唐明王皇帝在位[所留]。其王,德过尧舜,为圣（威胜）汤王；八方拱手,四夷奉（服）宾；黎民乐业,五谷丰登。一日有南蛮前来,进了八件宝贝。明皇大喜,就在金殿排酒设宴犒赏。舞了一[个]盘中之曲,敢（感）得文武喝彩,不计唬退蛮王。诗曰：

明王皇帝真有福,八千蛮王进宝物。

金鸾（銮）殿上夸大口,喜杀（煞）朝中文共武。

有道之君来（蛮）进宝,走到席前歌舞好。

明皇喜乐及(击)梧桐,杨妃舞曲在其中。

那杨妃舞了一盘中之曲,明皇大喜,手拿班(斑)竹柱(拄)杖,望梧桐树上及(击)之,按其节[拍]。将柱(拄)杖及(击)了二十八根散头,按上方二十[八]宿。上有[五]节,按了金木水火土。上有一条肖(销)金头绳,一头长一头短,长者[按]一月三十日大尽,短者按一月二十九日小尽。恐君不信,有诗为证:

明皇戏竹古今传,大小文武拉(立)殿前。

戏竹开是臣使(施)礼,戏竹摇使奏管弦。

五音律吕要相和,二十八宿(调)要周全。

瑶池会上放头盏,祝赞梧桐(吾皇)万万年。

【注释】

〔一〕"三元戏竹",前《听命文集》记为"前行分戏竹",《赛场古赞》与《赛乐食杂集》又皆记为"前行讲戏竹",都在讲"戏竹"来历,内容大体相同。故见此篇言"又"。由于此篇记了天元戏竹、地元戏竹的来历,恋诗却简单,仍有自己特色。故仍抄录,以便比较。

〔二〕以上八句诗赞,此篇原无,而是作为单独一段,抄于该本前边(前已按语说明)。为使此篇也如《听命文集》等本所记,今将前记的八句诗赞移于此篇开端,合为一篇。不过,见于《听命文集》《赛场古赞》《赛乐食杂集》所记的"三元戏竹",分别与黄帝、卫灵公、唐明皇相关,而此篇所讲的"三元戏竹"则由"尧舜"故事代替了"卫灵公"。穷其因,或因尧舜更早,声位更显,早有伶伦"截竹为管"可与"斑竹"牵涉;或因上党见有丹朱岭,正多"尧庙",其庙正多赛社,正宜讲唱"尧王"。或正因此,才见此篇言"又",属又一《三元戏竹》;才见将以上八句诗赞单列,此篇开头未用。今权合记,仍用其八句开篇。

〔三〕以上数语,出自"黄帝战蚩尤"故事,属远古神话,早见于《史记》等书。其中"风后",传说为黄帝臣子,正可为"帅"。所谓"亚父孩儿",当指传说中的应龙,传说其本是一条飞龙,曾从黄帝战蚩尤。按此,应龙属于龙子龙孙,正宜称作"孩儿","亚父"正属对其尊称(如范曾就被项羽尊为亚父),不但见其正属黄帝战蚩尤的先锋,正与黄帝牵涉,且与宋代皇帝有关,当时正该"避讳"(前述),加之其故事早有史载,故言"都知道"。显然,此篇讲唱应出自宋代。

〔四〕"候"指节候。旧称,五日为一候,三候为一气,六气为一时,四时为一岁。一年共七十二候。

〔五〕"羲和",指尧时的羲氏、和氏,属掌四时之官。《尧典》记有"乃命羲和"云云。

唐王游月宫[一]

先谈古今,后论帝代[二]。不论帝代今古,河(何)来话说那帝登基,何[人]

立位。话说昔日唐玄宗登龙立位,那官里有感[三]:四方无士马,八下罢刀兵狼烟;风调雨顺,国泰民安;五谷丰登,万民乐业,不闭门睡,正是快活之年。那官里聚集两班文武、九卿四相,商议国事。至晚牛羊赶下山来,闭(备)了活(好)酒,握揽住钓鱼般(船),佳人归画阁,仙子赴蓬来(莱)。金乌西坠没,银蟾放毫光。文武臣僚散了,那官里朝(昭)阳寝睡,一更无事,二更肖言(悄然),三更时分,半夜子时,昨(作)南柯一梦,只(直)游至广寒宫内。忽见月里嫦娥,大惊而言曰:"层问(曾闻)嫦娥之貌,今幸见之,果然颜色非常!"风流美貌,娇态百端,颜色如花,有倾国倾成(城)之[色]。生得额方顶圆,双眉入鬓,凤目铜铃(通灵),口鼻端正,长烟(胭)细项,恰似识(施)粉妆成。头代(戴)着金凤玲珑粉碎(翡翠)冠,脚穿着朱红乌油屦(履),身(上)穿着长生不老销(绡)衣,腰紧(系)着九宫八卦条(绦),身(下)穿着山河地理裙,臂带(戴)着长生筵(延)寿八方环。左手持着白玉桂(珪),右手侧着擎(擎着)云阳板。则(只)见那嫦娥轻移那(挪)步,钦感(款)金莲[四],走向金銮殿上,望宫(官)里花枝招展施拜。君臣礼毕,其(启)朱唇而言曰:"万岁我主,接待不着(周),勾(勿)令见罪。"玄宗举目观看嫦娥,有芙蓉海棠之容,有东(冬)莲桃古(杏)之貌,穿一套鸾凤缥沙(纱)之仙衣,系一条吕公桃(玉虹绦)绣[五]之珮带。那嫦娥其(启)朱唇而言曰:"梓童闻知,我主好乐知音,故来助我王一曲。"言罢,那嫦娥双晚(挽)罗袖,恰似春风飘舞一枝花;款步金莲,有(犹)水面漂游海棠走。则(只)听仙音嘹亮,鼓乐齐鸣,游游样样(悠悠扬扬)舞罢一曲。又见手内侧擎檀板,纤步款撒[六]之阳(样),俺(掩)朱唇,暗吕而祇祇(音语儿低低)阻出。樱桃上(张),喷出了嘹亮(绕梁)声唱一曲。那嫦娥歌舞罢,玄宗言曰:"娘[七]才舞了一曲,寡人不解此曲。"嫦娥奏曰:"歌舞者,一名[霓]商(裳)之曲,一名蟾宫之曲。"玄宗言曰:"妙也!何不与寡人饮酒作乐。"嫦娥言曰:"升(圣)上为人中之王,臣妾为仙中[之]女,我王其(岂)生一念之心,何动爱欲之意?我王且回,异日与我王相见。"玄宗撒(霎)然惊觉,原来是南柯一梦。玄宗作诗一首:

面颜芙蓉苦(若)海棠,身如花枝体酥香。
连面(联翩)娇婆(姿)真美色,美貌风流月里嫦。
头带(戴)凤凰金冠佩,脚穿朱红履一双。
柳眉凤目樱桃口,压尽天宫窈窕娘。

玄宗梦游至月里,广寒宫妙舞霓商(裳)曲,喷朱唇唱出嘹亮声,按本传明皇梦解蟾中(宫)曲〔八〕。那官里巴明盼晓,恨不得拈(展)手唤出扶桑日,双手补(扑)落满天星。则(只)见东海海水潮,架上金鸡把翅摇。响罢冬冬聚贤鼓,巍(危)楼撞罢金阳钟,拨(排)开香丧(伞)御椅正扇,开廉(帘)卷,奉出帝来。那官里驾坐朝(昭)阳宝殿,聚集两班文武、九卿四相。官里传圣旨,宣业请(叶静)天师〔九〕。天师则(只)听得传宣,有圣旨行至金銮殿上。只见身披着鹤厂(氅),头带(戴)簪冠,手执着玉圭,道袍双俺(掩),望官里其手之(稽首致)意曰:"万岁我主,宣贫道何用?"官里赐天师绣敦而(墩儿)坐定,言曰:"寡人三更前,半夜子时作南柯一梦,梦见游至广寒宫。忽见月里嫦娥之貌,生得容(雍)然体态,颜色如花。对寡人双挽罗袖,款步金莲舞了一曲;轻撒檀板,俺(掩)朱唇唱了一曲。那嫦娥言称霓商(裳)之曲、蟾宫之于(曲)。朕相见至今杳无音信,怎生得到广寒宫见月里嫦娥一面?"业靖(叶静)奏曰:"万岁我主,若要见嫦娥之面,我引教坊司黄番撒(黄幡绰)、武光头、刘色长动乐,急(及)近臣郭子仪、罗公远等排鸾(銮)。"〔一〇〕业靖(叶静)手执宝剑,含法水,踏罡步斗,披头昨(作)法。望空中喷了三口法水,即天昏地暗、日月无光。则(只)见祥[云]霭霭,瑞气氤氲,代(载)道之娇(轿)奏肃朝(箫韶)细乐,只(直)至天宫。

玉皇大帝闻知玄宗至,设一御宴,令光禄司(寺)进酒奏乐〔一一〕。排八盏八趁(衬)御宴,动金石丝竹匏土革木,谨(进)霓商(裳)之曲。诞(筵)宴以毕,玄宗辞了玉皇大帝,问业靖(叶静)天师:"寡人偶游月宫,见嫦娥一面。"业靖(叶静)恐失漏天机〔一二〕,奏曰:"我主不可见嫦娥,嫦娥乃是昊天之仙女,恐犯天条。"保驾云头而还。至下方,玄宗作诗一首:

雨(两)廊秉烛照天究,蹉跎顺(费)思庙边口〔一三〕。

御驾亲游至月宫,甘(干)闪嫦娥一场空。

玄宗言曰:"寡人宫内有三千粉代(黛),八百烟(胭)娇,内宣杨妃娘娘至金銮宝殿。"只见花枝招拈(展),拜罢官里。见那杨妃生得有沉净洛酒(沉鱼落雁)之容,闭日(月)羞花之貌,面如冬莲,唇似丹珠(朱),鼻如悬胆,眼似秋波,鬓如鸦翅,口似樱桃,鬓[插]金凤,耳坠金环,指如春笋,脚是(似)炉锤(露垂),眉如(柳眉)凤目,有倾国[倾]成(城)之貌。乾坤少有,边(世)上全无。有诗为证:

美貌风流一家(佳)人,端的倾国有(又)倾臣(城)。

乾坤少有艳箕(奇)女,世上无比最娇容。

腰系九官八卦条(绦),身穿山河地理裙。

御天仙女临凡世,赛过南海观世音。

玄宗言曰:"杨妃娘娘,你惠(会)舞霓商之曲?"杨妃奏曰:"梓童不知此曲,今(会)盘中之曲。"官里将丹盘来,令黄番撒(黄幡绰)、武光头、刘色长动乐,看(着)杨妃舞盘中之曲[一四]。殿有一株梧桐树,玄宗用手取班(斑)竹柱杖,及(击)梧桐树按其节拍。那杨妃舞罢盘中之曲,及(击)散班(斑)竹九分,结末(束)了盘中之曲。柱杖长五尺六寸,五尺者按五音,六寸者按其律吕。及(击)散了散[头]三尺六寸,按一年三百六[十]日。下留二尺,按阴阳二气。及(击)散班(斑)竹二十八根,按上方二十八宿。明皇敕赐柱杖攒为戏竹,加黄幡撒(绰)引领官、教坊司大士,敕赐梨园戏竹谏(监)司。这戏竹上按天、下按地,付于伶伦,五声八音。上[有]七星于(与)八卦,下有九耀(曜)九宫。上有日月往来,是为左右君(真),左真为太阳,右真[为]太阴;上有金石丝竹,下有匏土革木,有八音八乐。上有二十八宿,戏竹按二十八根分其日月,各置乐器。有诗为证:

　　唐明皇竹急(击)梧桐,将班(斑)竹急(击)散九分。
　　敕封为银头(人元)戏竹,分散头二十八根。
　　四根按东方甲乙,谨按着春动七宫。
　　角木蛟置下银筝,悬(弹)起来美韶和音。
　　头木獬置下龙(夏)苗,吹起来好似雷(鸾)声。
　　井木犴置下弦(箫)管,声声而(儿)吹得分明。
　　奎木狼置下弦琴,操起来神鬼皆惊。
　　四时顺阴阳和合,结束了春动七宫。
　　春动《新水》实风流[一五],急(及)至伶伦贯九卅(州)。
　　此曲依宫并合调,古来至今我当头。
　　四根按南方丙丁,夏按着七商之宫。
　　尾火虎置下云锣,打的是节泊(拍)之声。
　　室火猪置下凤笙,吹其(起)来幽哑(优雅)之声。
　　翼火蛇置下云镲,动其(起)来仙乐之音。
　　嘴(觜)火猴置下鹧鸪[一六],吹其(起)来美而中听。
　　四时顺阴阳和合,结束了七商之宫。
　　佛送《梁卅(州)》子开收,伦(注)定愿(原)来是根由[一七]。

堪叹节留(流)居(俱)合用[一八]，尊神喜乐无尽头。
四根按西方庚辛，秋动着七角之宫。
牛金牛置下大鼓，擂起来好似雷声。
亢金龙置下方响，动起来诵念经文。
娄金狗置下丝弦，合和动丝弦之音。
鬼金羊置下杨(羯)鼓，手擂着盖(阖)境皆鸣。
四时顺阴阳和合，结束了七角之宫。
六禾(么)从来古法传，压尽三曲敢当先[一九]。
四时分了各行曲，方知合调喜神天。
四根按北方壬癸，冬动着七羽之宫。
箕水豹置下杖鼓，衣(依)宫调相打分明。
壁水㺄置下双韵，吹其(起)来美音之声。
参水猿置[下]腔(羌)笛，吹其(起)来幽(优)雅之音。
轸水蚓置下凤管，和合着律吕五音。
四时顺阴阳和合，结末(束)了七羽之宫。
潮溃之相(象)出冬天[二〇]，四季和合锦相连。
玄宗梦解蟾中(宫)曲，后人造此(次)莫乱传。
四根按中央戊己，正按着林钟之宫。
柳土獐置下月琴，弦其(起)来调动五音。
氐土貉置下水盏，按仙乐奉献尊神。
胃土雉置下排箫，合正调吹的分明。
女土蝠置琵琶，弹其(起)来入耳中听。
四时顺阴阳和合，结末(束)了林钟之宫。
杨妃妙舞盘中曲，明皇梧桐急(击)班(斑)竹。
展开罗袖舞《三台》[二一]，恰似观音水上来。
四根按太阳之星，谨按着商调之宫。
房日兔置下胡琴，噪其(操起)来和乐合音。
昴日鸡置下拍板，乐中[封]他为班头。
虚日鼠置下狐(孤)笛，按戏竹二十八根。
星日马置下头管，八音响大乐为尊。

四时顺阴阳和合,结末(束)了商调之宫。
四根按太阴之星,谨按着黄动(钟)之宫。
心月狐置下押篆[二二],
噪其(操起)来幽(优)雅之声。
危月燕置下凤箫,吹其(起)来景(惊)动神灵。
毕月乌置下龙笛,吹其(起)来可献尊神。
张月鹿置下箫管,吹其(起)来丹凤之音。
四时顺阴阳和合,结末(束)了黄钟之宫。
晚动黄钟神明感,动木依宫合天心[二三]。
神感风调并雨顺,神灵保佑五谷丰。
戏竹分前名不(无)义,戏竹分着细分明。
周乐星二十八宿,三百六古调分明。
唐乐星四十大曲,依宫调奉献尊神。
宋乐星珍馐百味,按四季奉献尊神。
春正月二月三月,谨按着春动七宫。
夏四月五月六月,谨按着七商之宫。
秋七月八月九月,谨按着七角之宫。
冬十月十一腊月,谨按着七羽之宫。
按四季宫商角羽,结末(束)了五声八音。
祭神明可动阳乐,除非是古论乐人。
若还是动其阴乐,除非是和尚道人。
孔圣人文章之祖,置礼乐诗书为尊。
若还是叉(差)了曲调,教坊司灾祸临身。
占(至)晚间不动商调,早晚(晌)间不动黄钟。
若瞒时瞒过看得(的),瞒不过诸位神灵。

游月宫终。

【注释】

〔一〕此篇也属前行讲唱,早用于队舞队戏。如前《唐乐星图》本所记的"队子",就记有《得胜乐·唐玄宗梦进月宫》一目,舞罢,舞者造型当场(宋代称之"歇帐"),正可由前行从旁讲唱此篇,正属队戏。与此相关,见其故事出自唐代,《明皇杂录》《开天传信记》等书早有相关记述,早与《霓裳》歌舞牵涉;见《敦煌变文集》今存《叶净能诗》一篇,正写及玄宗游月,说明其故事早已盛传民间;见《辍耕录》所记金元院本,仍有《广寒宫》一目;见《录鬼簿》所记的"元杂剧",仍有白仁甫作的《唐明皇梦游月宫》;见《水浒传》八十二回写及招安宋江的御宴,也言"搬演的是《玄宗梦游广寒宫》";见明人张岱《陶庵梦忆》言,时有刘晖吉女戏,仍演《唐明皇游月宫》,"布景神奇"。由此可见,至迟宋金,其故事已用于"队子",已由前行从旁讲唱。或因此,见此篇仍存宋金痕迹(详见后注)。

〔二〕依惯例,此篇讲唱开头,也该先有一段诗赞,才接此处"先谈古今,后论帝代"。为何未见?或因该本前记的"三元戏竹古今留"云云八句,也可移于此篇开头;或因该本上篇正讲《三元戏竹》,正言"明皇戏竹古今传",正与此篇相关,正可上下两篇接讲。此篇最后的"恋诗"仍类《听命文集》所记的《前行分戏竹》恋诗。

〔三〕"官里",犹言"官家",在此特指"天子",属宋元流行用语。如元代乔吉甫(又名乔梦符,山西太原人)所作《唐明皇御断金钱记》杂剧(见《元曲选》),就见有"谁不知开元官里好奢华"语,其"官里"正指开元天子唐玄宗。另,"感"在此取感化、教化之义。"官里有感",在此指唐玄宗实行德政,以德感教下民。

〔四〕"钦",敬也,在此状写恭敬之态。"款",缓也。"钦款金莲",指恭敬地缓移脚步。

〔五〕"玉虹绦绣",言指腰系的绦带像彩虹一样美丽。

〔六〕"撒",指放开,在此特指脚步走动之状。也属金元习惯用语。如董解元《西厢记诸宫调》卷六有"懒别设的把金莲撒"一语,就与此处用法相同。

〔七〕"娘",古可用称"少女"。如王实甫《西厢记》头折,就有"颠不刺的见了万千,似这般可喜娘的庞儿罕曾见"一语,见指崔莺莺。

〔八〕"按本传"三字,属于唐宋"说话"的习惯用语,类如"插话"。言其所讲有"本"为据,所"传"不虚,早有"话本"可依,借以强调所讲的真实,用以引起听众的注意。所言"明皇梦解蟾宫曲"正指以下所讲故事,正见唐宋早有"话本",早与"说话"有关。

〔九〕"叶静天师",指叶静能,或称叶净,即叶法善,唐代道士,高宗召入京,玄宗时卒,曾入宫占卜施法,故称天师,唐史有传。唐人小说已讲玄宗游月故事,已和其关联。如《敦煌变文集》卷二有《叶静能诗》一篇,就讲其作法使玄宗游月事。

〔一〇〕此句所列数人,见"黄幡绰"属玄宗宫中乐人,善谐谑,甚得宠;见"郭子仪"属玄宗重臣,平安史之乱有功,受封汾阳王;"罗公远"早也见于唐人笔记,也与玄宗游月相关(以取代叶法善)。按此,所记的"武光头、刘色长"也当出自唐代,也类"黄幡绰",属于宫廷艺人,但历来认为其属金元教坊艺人。盖因《辍耕录》所列的"院本名目"中见说,"教坊色长魏、武、刘,三人鼎新编辑。魏长于念诵,武长于筋斗,刘长于科泛,至今乐人皆宗之"。元高安道《嗓淡行院》散套也说,"做不得古本酸孤旦,唇未煞驰名魏武刘","似兀的武光头、刘色长、曹娥秀,则索赶科地沿村转疃走"。而曹娥秀属元代京师名妓,《青楼集》有记。故一般认为,"武光头、刘色长"与曹娥秀同时代,甚至认为"刘色长"指刘耍和,与元杜善甫《庄稼不识勾栏》中所言"背后敷演刘耍和"相关。即便如此,也见本篇"武光头、刘色长"留着金元讲唱的痕迹。

〔一一〕光禄寺历代职能不一。唐宋以来,其职主管祭祀,以及宴会时的膳食陈设等,故言"令光禄寺进酒奏乐"。

〔一二〕此句所言"天机",与杨妃有关。言其是天仙下凡、嫦娥再世,玄宗虽可梦见,却不可月宫再见。从而引出之下杨妃单舞盘中曲,犹如月宫嫦娥所舞的《霓裳》。

〔一三〕"庙边口",属隐语,暗喻"月"。因繁体"廟(庙)"字的"边口",正是一个"月"字。在此借指月里嫦娥。

〔一四〕此处杨妃所舞的"盘中之曲"即"霓裳之曲",与"玄宗梦解蟾宫曲"有关。

〔一五〕《新水》属唐宋大曲,宋称《新水令》,属四十大曲之一。按《宋史·乐志》记,其属"双调"。在实际运用中,无论元杂剧中的北曲套数,还是元明南戏的南北合套,第一曲均用《新水令》,且用"正宫调",正对应"角木蛟"一宿,属七宫的"第一品",正宜"春动"。因此,既见此处言其"实风流",又见之下言其"古来至今我当头"。

〔一六〕"鹧鸪",在此指乐器名。见于《宋史·乐志六》,南宋姜夔言"雅俗乐高下(指乐律)不一"时就说:"今大乐外有所谓下宫调,下宫调又有中管倍五者。有曰羌笛、孤笛、曰双韵、十四弦……有曰夏笛、鹧鸪、曰胡卢琴、渤海琴。"由其说,不但可见当时雅俗乐律不一,且见民间俗乐已用有羌笛、孤笛、双韵、夏笛、鹧鸪等乐器,正宜编入讲唱,与二十八宿逐一对应,正类此处所讲。

〔一七〕以上两句与《梁州》曲由来有关。《梁州》,唐称《凉州》,由西域传入,正与佛教有关,故言"佛送"。"子",古代用于男人尊称,类今言"您"。"开收",言该曲西域开创而此地应用(收获),类如佛教传入,也属有缘,故言"注定原来是根由"。

〔一八〕"节"与"流"相对,正言《梁州》应用。"节"指节拍、节制、节取一段。"流"言放开、放纵、延长,即所谓"乐胜则流"(见《礼记·乐记》)。此句意指,该曲可放可收,或放开见有慢板、散板而属"大曲",或节取一段而成"曲破""小令","俱合用"。

〔一九〕《六幺》属唐大曲,宋代仍用,故言"古法传"。而宋元小令又见有《六幺序》《六幺令》《六幺遍》三曲,皆由其生,或因此,见言"压尽三曲敢当先"。

〔二〇〕此句实指《霓裳》之曲,典出白居易《长恨歌》。由其诗言,既见"渔阳鼙鼓动地来,惊破霓裳羽衣曲",正借《霓裳》而言安史之乱,正见玄宗仓皇而逃类如"潮溃";又见其言,玄宗出逃时"黄埃散漫风萧索","鸳鸯瓦冷霜华重",正"出冬天"。正因《霓裳》与安史之乱牵涉,招致祸乱,故见此篇之下又言"后人造次莫乱传"。实因宋元时《霓裳》已佚,托词而已。

〔二一〕《三台》,亦唐宋大曲。由于《霓裳》宋元时已佚,于是人们见到的《杨妃单舞盘中曲》(《唐乐星图》有记)只能以《三台》伴舞了。

〔二二〕篥,又名"轧筝",型类筝、瑟,以弓擦奏,早见于唐,宋元多用。《同话录》《乐书》

《都城纪胜》《武林旧事》等书均记,《元史·礼乐志》亦记。元以后,随着胡琴、板胡类的弦乐兴起,弓擦的轧筝渐被替代。

〔二三〕以上两句针对早晚用曲而言。见此篇前言,"四根按太阴之星,谨按着黄钟之宫",而太阴正指月亮神,因其晚上居于黄钟之宫,故见"晚动黄钟神明感",即言晚上宜用黄钟之乐。见前又言,"四根按太阳之星,谨按着商调之宫","太阳"对应"商调之宫",且因日出东方,东方属"木",故见又言"动木依宫合天心"。因此,见前《听命文集》所记的《三元戏竹》"晚曲不动商调,早曲不动黄钟",只是换了一种说法。

十供养

【按】此篇,前《赛场古赞》本已记,全同,故从略。

祝香文

【按】此篇,前《赛场古赞》本亦记,全同,故从略。

十段锦 前行念

【按】此篇,前《赛场古赞》本亦记,全同,故从略。

百寿赋 老人星念

【按】此篇,前《赛场古赞》本亦记,全同,故从略。

贴篇诗祝赞

【按】此篇,实记有两段诗赞。先记"玉皇敕令九重天,王母蟠桃宴群仙"云云,共十二句;后记"寿酒频频献,寿乐到管弦"云云,共四句。也与前《赛场古赞》本所记相同,故从略。

东华帝君诗祝赞—名东方朔

【按】此篇,前《赛场古赞》本已记,全同,故从略。

[下]请行礼节次〔一〕

先拈神位〔二〕。上香鼓〔三〕。排班,班齐〔四〕。鞠躬,行礼四拜,第四拜不起来,斟酒,讲酒,吹〔五〕,初献礼,亚献礼,执台,读祝文〔六〕,终献礼,俯伏,兴,平身。分班,上土地庙〔七〕。上香鼓土地、太阳〔八〕。排班,班齐,鞠躬,行礼四拜,第四拜喝就跪〔九〕。先到土地前,执爵跪下,斟酒,奠,兴;移到太阳前〔一〇〕,[斟酒],吹酒,初献礼,亚献礼,执台,读祝文,前行讲太阳毕吹,大杀鼓三遍〔一一〕,终献礼,俯状,兴,平身;移土地前跪〔一二〕,斟酒,前行[讲酒毕吹],初献礼,亚献礼,执台,读请状〔一三〕,[终献礼],俯状,兴,平身。分班[降]香花队则〔一四〕,前行讲曲破[降]香[花队则毕]〔一五〕,[斟酒],[讲酒],吹酒,初献礼,亚献礼,终献礼,俯状,[兴,平身]。分班,回下请处,散位牌〔一六〕。抬盏□□□□□(落执仪,元揖)〔一七〕。封(吩)付:明日午后,三遍地鼓齐人〔一八〕。

【注释】

〔一〕从此篇起,以下所记已非"古赞",故见原本与前空开一页。考其所记,依次见属赛社"下请""接神"礼规,当属传抄的主礼补加,以备其办赛参照。因此,凡主礼熟知的礼规,皆见从简;凡重要礼节或易疏漏处,则见详记,甚至再加旁批。本篇见属"下请行礼节次",用于赛社请神时。届时要往当境土地庙,请土地爷代劳邀请诸神,有一定礼规,即此处所记。另,本篇最后部分因纸张破损,个别字句脱失。幸有《千字文》本(详后),也记有"下请"礼规,用以参照校补。另,前《听命文集》最后也记有相关礼规,也可参考。

〔二〕"拈神位"属赛社的准备工作。由于赛社要请诸多神灵,每神有个位牌,各需一个"亭子"端其神位(供盏时负责其神的敬酒献食),故需有关人员事前"抓阄",确定每神对应的亭子（乃至相随的帏子），此即"拈神位"。

〔三〕"上香鼓"，指上香所用的鼓曲，用以配合上香叩拜，俗称"打拜鼓"，神前上香必用。此指向赛庙主神上香。届时社首一行进大殿，向主神上香禀告赛社之由，礼规见下。

〔四〕"排班，班齐"属主礼对亭帏人等的命令，每用于有关仪式开始。

〔五〕"吹"指鼓乐吹奏。盖因之下"献酒"时需吹曲配合，故提示"吹"。依上党赛社所见，每吹《劝倾杯》。

〔六〕此句属第三献的礼规。"执台"，指亭子手执的台盏（酒盏）。因与初献、亚献礼规不同，此处特别强调。届时酒杯斟满，亭子先不献，而是由主礼"读祝文"，读毕才献，所以特别强调"执台，读祝文"，是为"终献礼"。

〔七〕一般而言，先要"排班"（有关人员排队站好），才可"分班"（分成两列）。由于赛庙祝告时已见"排班，班齐"，故"上土地庙"下请时只言"分班"。于是排开仪仗，列队而行，前往土地庙。

〔八〕此句及下属土地庙礼规。届时，先向"土地、太阳"分别上香，故在"上香鼓"三字后特加批注。以下记其礼规。

〔九〕"第四拜喝就跪"，是指第四拜毕，主礼高喊："就跪！"

〔一○〕"移到太阳前"，指向太阳祭拜。因到土地庙后"先到土地前，执爵跪下"，其时香掉朝南，而祭太阳时则需朝南叩拜，香掉则需掉反向北，故言"移"。

〔一一〕"大杀鼓二遍"，指"打拜鼓"共二遍，与"吹"配合。因祭太阳需"三献"，每吹一遍，大鼓一煞（停住），故见"三遍"。这种跪拜之仪，随主礼喝礼之声，鼓乐配合，成固定程式，通称"四拜三献"。供盏叩拜亦皆类此。

〔一二〕"移土地前跪"，指香掉又移位换向，要向土地"三献礼"，礼规仍类太阳三献。

〔一三〕"读请状"，指主礼跪读《请状文》。因其文言请土地神代劳，去邀诸神（文末附有诸神花名），故称"请状"。

〔一四〕"香花队子"，一般称"降香花队子"，故补"降"字。因用于神前降香，由女艺人执花而舞，故称。

〔一五〕此"香花队子毕"一语，原本只记一个"香"字，可能抄者只为提醒自己而省，今依《千字文》本补全。此语提示，"香花队子'表演'毕"，才由"前行讲曲破"。按上党赛社所见，花队表演见用固定的"曲破"，表演毕前行接讲"八宝妆腰带"云云一套，最后"遣队"下场。后期已无花队表演，也仍"打曲破"，也仍照讲"八宝妆腰带"云云，正见其"讲曲破"所指。所讲内容，前《听命文集》已记。

〔一六〕"散位牌"，即散发各神位牌，与前"拈神位"对应相关，属下请后的准备工作，以备次日"迎神"所用。因其重要，怕有疏忽，故见主礼特记。

〔一七〕此句因原本纸张破损残缺不全，今对照《千字文》本所记补入括号内。其所言，实指下请结束时的礼规,即执旗、打伞、抬神桌等人先"落执仪",再同众人神前"元揖"(作揖),才算结束。

〔一八〕此句也属主礼自我提醒。指众人散前没忘"吩咐":"明日午后,三遍地鼓齐人。"强调次日午后正式"迎神",莫要迟到。所谓"地鼓",即"打地鼓",共三遍。届时由乐户敲锣打鼓,走街转巷,既有沿街驱邪之义,又含召唤社众之意,俗称"刮街"。头遍四人,简单敲打;二遍六人,加有唢呐;三遍八人,笙管俱全,故又称"四六八打地鼓"。三遍毕,社首、香老、亭帏、执仪等众到庙,点名"齐人",迎神活动正式开始。

接神　到神场〔一〕

上香鼓,流队戏〔二〕。排班,班齐,鞠躬,行四拜礼,第四拜不起;讲酒三次,第三次念上［马文］,［三献］礼,俯伏,兴,平身〔三〕。上庙,到庙门口,三杯两还。玉皇前念下马文,终献礼,俯状,兴,平身。进庙,奏禀,安神〔四〕。上香鼓,篆香〔五〕。排班,班齐,鞠躬,行四拜礼〔六〕。前后行上殿祝香,出来鞠躬,行四拜礼,兴,平身〔七〕。执棍、茶酒司、鸣金、局长,行四拜礼〔八〕。前后行喝,就位,鞠躬,行两拜礼,移香案前跪,［祝香］,俯伏,兴,平身,伏(复)位,鞠躬,行两拜礼〔九〕。分班,上殿,亭则取盘,转步下,端茶,茶碟,恭(供)酒三回,行四拜礼,吹,奠酒三次,读领羊文,终献礼,俯伏,兴,平身;曲破,完〔一〇〕。散花,封(吩)咐明日早三遍钟,神前伺候,完揖〔一一〕。祭风回来,亭则上殿,取盘,转步,下。端茶,茶碟。

(按,以下全部缺失)〔一二〕

【注释】

〔一〕此篇题名"接神",实即"迎神"。"到神场"三字,属说明语。所谓"神场",俗称"圆神地",是各路客神集聚的场所,以便统一接回大庙。此篇内容,前《听命文集》本最后"领牌一节"亦记,《千字文》本(详后)所记更与其相近,可供参照。

〔二〕此句,言迎神出发前的赛庙活动。因主神与玉皇大驾要亲往神场接神,出发前须先向其上香,故有"上香鼓";又因随行的乐户扮有"队戏"人物,为了检查其装扮如何,是否合规,先要在赛庙转上一圈,俗称"流队戏"。

〔三〕此句,言神场"上马宴三盏"礼规。从而类前《听命文集》所记,也仍"四拜三献",仍见"第四拜不起",不但也仍"三献"酒,而且仍见初献、亚献之后"第三次念上马文"。之后"请神上马",迎神回庙,接以下所记。

〔四〕"进庙,奏禀,安神"也有一套礼规,见前《听命文集》所记较详,可参考。以下所记也正与此有关。

〔五〕"篆香",原指一种形如篆字的香,唐代多见于寺庙,用以计时;宋代盛行民间,用模具(称"香篆")制成"福、禄、寿"等字,或梅花、莲花、祥云等,更多用于祈福。此处实指"打篆香",是一种"上香"仪式,故见用有"上香鼓"。这种仪式,赛社每用于集体上香,届时有关人员绕着香亭而"转",俗又称"打转香"。此处见用于迎神"进庙,奏禀,安神"时(有的赛社见用于头场"念听命文"之前),届时有关人员绕着香亭转成几排纵队,分类而列,正与接下上香有关。

〔六〕此句,正指安神之后的"上香"礼规。届时,有关人员"排班",再绕香亭转成几排纵队,分类列于香亭之下,"行礼四拜",然后依次"上香"。

〔七〕此句,用言"前后行"(又称双前行)。届时以其代表乐户"上殿祝香"(上香叩拜),此即有关礼规。

〔八〕此句,用言"执仪"人员,如"执棍"等,也要上香,"行四拜礼"。

〔九〕此句,与主礼上香有关。届时,其"喝礼"之责只好由"前行"暂代。又因用了"双前行",就见变为"前后行喝";就见主礼先"行两拜礼",之后"移香案前","祝香",再"行两拜礼",实际也仍"四拜"。

〔一〇〕以上,从"分班,上殿"直至"曲破,完",属"领羊"仪式,含"献牲"之义。其"亭子"也"端茶""供酒三回",仍类"供盏"开始的"一茶三酒"。其"行四拜礼","奠酒三次,读领羊文",亦属"领羊"仪式,且类前记的"上马宴三盏",也是"四拜三献"。以"曲破"结束,正合"供盏"之规,正含向神"献牲"之义。

〔一一〕此句仍属主礼的自我提示。此"散花"指散发"禁口花",盖因接有"下马宴三盏"(见下),届时供盏的亭子均需口含一朵小红花,不得神前言语;又需"盼付"有关人员,盖因"明日"属于赛社头场,清早"撞钟三次"之后,就有报晓、盥洗等仪式,故需叮嘱有关人员"神前伺候";"完揖",属一场结束时的礼规,届时有关人员需在神前作揖告退,或因主礼也怕有失,才又特别作记。

〔一二〕由"亭子上殿,取盘"起,对照《千字文》本所记,实乃"下马筵三盏"礼规。可惜此本最后一页破损,不全。所幸,前《听命文集》本最后也记有"下马筵三盏"礼规,都可参考。

九 《唐乐星图应用本》(残卷)校注

该本也发现于牛小五家,与《听命文集》等本同时献出,但残损极为严重(如图)。今经整理装裱,集成残卷。全本原为普通麻纸,双折页,右侧装订成册。本高约23厘米,宽26厘米,内容以毛笔竖抄。现含封面,共存六十八个单面页。因封面残缺,右上侧已失抄立的本名,中间仍存竖写的"[光绪]三十三年岁次丁未二月癸卯十五日吉立"("光绪"二字残损,今补),右下侧仍见竖写"崇道堂"。

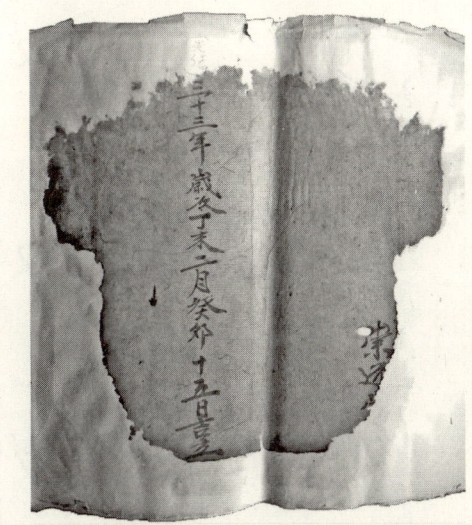

由此判知,这是东大关村牛氏后期办赛抄立的"应用本"。因此,凡后期赛社仍见应用的文字内容,该本基本见列,属以前各抄本内容的一次筛选集成。其仍循《唐乐星图》本体例,依次列有"听命文"、前行讲唱、队舞角单。其所记讲唱诗赞更多,多与《听命文集》等本相同,故将该本定名为《唐乐星图应用本》(残卷)。

由该本所抄,大致可见清代后期上党赛社的实况,故仍有抄录的必要。但因所抄内容多与之前各本重复,故又多列篇名,稍加说明。以下,依次列篇而记。

听命奏禀

【按】这是该本开篇。其所记,既类《唐乐星图》开篇的《听命文》,又与前

《听命文集》本开篇的题目、内容全同。由此可知,此乃后期赛社实用的"听命文"。今存的"民国拾肆年"抄立,用于长子县龙泉山赛社的《赛上杂用神前本》,仍记有与此基本相同的一篇。因其内容见前《听命文集》已有,故此处仅存篇名。

迎寿赞

又　赞

又　赞

又　赞

东方朔赞

八仙赞

王母赞

十字八仙赞

诗赞三首

【按】以上九篇,均见于《听命文集》本,不仅题目、内容同,就连前后次序也同,故仅录篇名,内容从略。

祝皇诗三首

请神上马文

请神下马文

安神升殿奏禀文

入寝文

归寝文

出寝文

祭太阳文

送寿文

祝山文

又一篇(今按,实含七篇)

【按】以上十一篇(实为十七篇),亦与《听命文集》本所记次序、内容同,故从略。

词篇(四边)静

【按】 该篇,前《听命文集》《赛乐食杂集》均记,内容相同,故从略。

古论赋　百花赋

【按】 该篇题目为"古论赋","百花赋"则属另篇。之所以两题并列,盖因用途相同,届时可选其一。前《赛古赞本》也如此记有《古论赋》,内容同,故从略。

前行念起首

【按】 此篇,前《听命文集》本已记,内容同,故从略。

东方朔赞

【按】 此篇,该本前已抄录,且《听命文集》已记,故从略。

百花赋缴恋

【按】 此篇,属《百花赋》一篇的"缴恋",与前《赛古赞本》所记全同。不但题目相同,且见开篇也有相同的说明语:"旧本《百花赋》,前篇(边)可用,后边缴恋不清,抄在此本。日后照这个缴恋念上。与衒衒(行院)同。"随后也抄了相同的缴恋诗九十六句。故从略。

前行戏竹放盏规矩讲说

【按】此篇所记，与前《听命文集》所记全同。其开头，也记有相同的"书帽"。其结尾，记有相同的说明："自此念《百花赋》《戏竹》《楼台》《古论赋》[《大排乐》]。"随后也记有"三盏不放盏念""放第一盏念""唱二盏""舞三盏"等，直至"八盏后上饭，打拜鼓。供茶毕，送阴神"。所记礼规、前行念词，包括题目、内容、序次，与前《听命文集》所记全同，故从略。

计开　十二元辰故事

【按】此篇，从"一个是杨妃单舞盘中曲""两个是并头莲"开始，依次列到"十二元辰"，共列十二个歌舞的剧名及其内容说明。所记与《听命文集》本同，故从略。

祭楼台下厨讲监斋

【按】此篇，与《听命文集》本所记同，有相关的说明提示，也有前行"讲监斋"内容。因前已记，故从略。

打太平鼓 名单杖鼓　毕前行讲说

【按】此篇，从题目到内容，乃至表演提示，与前《听命文集》本所记全同。不过该本残损严重，自"那里是仙乐来朝，不过是□□□"之下全失。因《听命文集》本已记，故从略。

［前行分戏竹］

【按】此篇因残损，仅存双折页半张（属两个相连的单面，各半张），记有三十六句诗赞，其他内容均失。其现存诗赞，与前《听命文集》本所记的《前行分戏竹》一篇比照，是其长段诗赞的前半部分，从"［唐明皇竹］击梧桐"写至"壬癸水七羽之官"，余全失。故今补出篇名，内容从略。

［十样锦诸葛论功］

【按】此篇，仅存单面页半张，共八行，每行约二十字。所记是《赛乐食杂集》本记的《十样锦诸葛论功》（简称《十样锦》）部分内容，故可补出篇名。因其残存文字不长，写诸葛亮与韩信"论功"片段，为与前记比照，今照录如下：

……（孔明曰……）上方谷司马懿［受困］，［锦］囊计斩首魏颜（延），揭河南擒住郭准，巴兵成（巴丘城）三气周［瑜］，造木牛流马运马（粮），死诸葛喝走生仲达，出师表忠义凛然，这是了几件微功。韩信曰：功不在多少，只要忠节。我只十件功劳，却立汉朝天下。你功虽多，只落了三分天下。孔明曰：你说的不是。你归南郑之时，高祖有强兵十余万，战将数千员。我出茅庐之时，［先］主无容身之地，兵不满千。我立功胜似了你立功。高……（今按，以下全失）

［队舞排场角单］

【按】该本最后残存半张双折页（即相连的两个半张单面页），存四个"队舞排场角单"，与《唐乐星图》本所记相合，是其部分内容。其现存角单的顺序、内容也与《唐乐星图》本完全相同。显然，该本所记的角单，与《唐乐星图》相关，应该记着二十八个角单。因此，既可补其题名，又可参照《唐乐星图》本所记，以校所存四个角单。为见其实，校录如下，所补字句，皆依《唐乐星图》本所记。

[《巫山神女阳台梦》一单舞]

[舞。屈源（原）宰相，楚襄王驾头，九天玄女，]崔怀保（宝），长（常）[子春]，[山神，城隍]，土地，巫娥女。上，散。

《五岳朝后土》一单

《齐天乐》曲破。夜义（叉）二个，开路鬼二个，监坛，关公，二郎，后土娘娘，五岳五个。四渎：江、河、淮、济四个。

《樊哙脚党（荡）鸿门会》一单

范增定计。陈平斟酒。丁么（公）、雍齿。项庄、项伯双舞剑。樊哙喝开鸿门会。西楚霸王，八千子弟兵，韩信执战（戟）郎官。汉王，张良保驾。上，散。

《二仙行道老子[开御]》一单

[毛女]，蓝采和，[八洞神仙，三清，汤药夫人，老子，青牛。接舞《剑器令》。上，散]。

国家古籍整理出版专项经费资助项目

上党赛社古钞本辑校

李天生——校注

下

山西出版传媒集团
三晋出版社

本项目由长治市委宣传部支持出版

十 《前后行讲古论有十论》本校注

1996年,笔者考察上党地区乐户时,在潞城西流村王进支家发现该本。据王进支讲,其父王计苟是平顺县西社村(旧属潞城)王姓乐户的女婿,此本可能是从西社王家抄来的,于是提供研究。依今见,平顺县西社王家乐户确有不少清代存本,抄有"前行词"、"杂剧"角单等,共献出十四本。但就前行词言,此本虽然抄记较晚,却更集中。

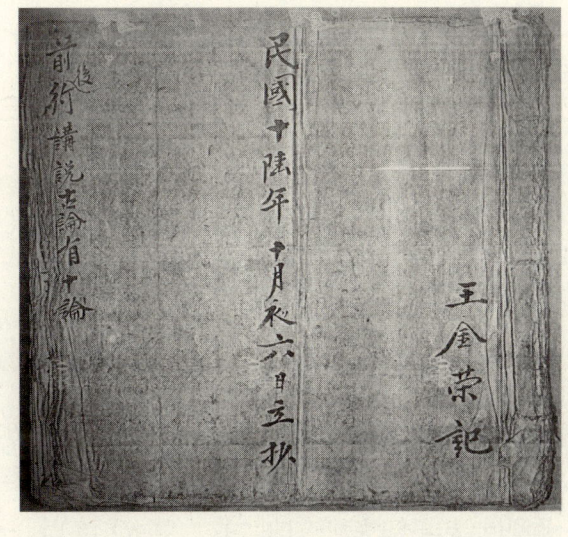

该本保存较好,毛笔竖写,字体工整,或由文人帮抄。本高约23厘米,宽约26厘米,麻纸双折页,右侧以细线装订成册。正文内容共五十二个双折页,计一百零四个单页。封面左上侧竖写"前后行讲古论有十论",其"后"字属旁右添加。盖因赛社伎乐见分"前后两衙",可有与前行相类的后行,俗称"双前行",两者可相接讲说所抄之词,故见旁加"后"字。所谓"十论",指所抄篇数,实际超过十篇。封面正中竖写"民国十陆年十月初六日立抄",即1927年抄立,赛社仍用。封面右下侧竖写"王金荣记",即抄本主人。

今考,王金荣为王进支的祖父,祖上原居王曲村,与平顺县西社村的王家乐户同祖同族,这一带原都属于潞城县。因此,既见王金荣居住的西流村今仍属于潞城县(市),与平顺县王曲村隔河相对,相距仅二三里;又见平顺县西社王家乐户清乾隆年间已从王曲村迁出,民国时也仍支应潞城赛社。从而正如王进支所讲,正见此本所由。

值得注意的是,该本属于潞城赛社的乐户用本,其"词"长子县牛家主礼传存的《听命文集》《赛乐食杂集》等本亦记。该本出自乐户口传,或字句变异,或明显误传,正见其应用中的真实。正因此,虽然该本诸多篇目之前已记,也仍照录,以与主礼所抄比较。

以下依原本顺序抄校。为存原貌,不作大的校改,文意说通即可。凡"变异"处,或在注中提示:可与前见的某本某篇比校。

前后行古论开细乐说诗[一]

尧王流(留)下主神官,因祭南郊其(起)根原(源)。
虞(周)汉唐宗(宋)依在内,三本乐星至今传。
礼从天生乐地长,礼乐相和奉神前。
主神若是高台将,细把酒诗听一遍[二]。

夫酒者,出于尧王在位坐起天下。四方宁静,八方安然;风调雨顺,国太(泰)民安。只有那风婆则缺少封赠,在此东南角下却就刮了七七四十九日陡暗黄风。尧王皇帝一日大设早朝,当家(驾)官奏到:"奏于我王的(得)知,东南角上刮风,却不知主何吉凶。我主就改(该)到西北位上祭其天地,如何不好。"尧王准奏,带领满朝文武,排了正(整)朝恋(銮)驾,到在那西北位上祭其天地。那一风婆则心中大怒,说道:"我在东南角上刮风,他在西北角下祭其天地。"风婆则故显一手段,显了个上竹(触)天、下竹(触)地一股白气。尧王驾前有一大将军名叫王义,拈弓挞(搭)箭,照定白气射了一箭,即刻不见白气。尧王驾回还朝,夜宿宸宫。正当夜半三鼓,那一风婆则来在尧王面前,口程(称)万岁:"你休推睡推梦,我不是邪魔怪道,我是风婆则,缺少封赠,因此上在东南方刮风。我主在西北祭其天地,是我显一股白气,我主驾前王义将我左目射了一只,此事我怎肯甘休?"尧王梦中急忙问道:"你居家几口?"风婆则答道:"居家四口。"尧王梦中封神:风伯、雨师、雷公、电母。那风婆则叩头谢恩而去。尧王忽然惊醒,却是南柯一梦。伏(候)至天明,尧王设朝说:"朕当夜做一梦,梦见风婆则急讨封赠。朕当[时]封他为风伯、雨师、雷公、电母。不知此梦主何吉凶?"当驾官奏道:"家

(我)主不免出下圣旨一道,晓谕天下各州府县、集市、道店、乡村,凡赛社者先打三杯散酒,头杯酒祭天,二杯酒祭地,三杯者,风伯、雨师、雷公、电母。"恐君不信,有诗为证:

> 圣人能造千杯酒,说起赵木最为先。
> 茶家只说茶家话,酒家立(列)表酒根源。
> 茶酒二样合一处,好似混胶(搅)蜜一般。
> 江南进来春糯米,长(常)将只在瓮中川。
> 一打三年头一便(遍),[酒熟还得整三年]〔三〕。
> 打开封皮揭开看,一股酒气冲上天。
> 先敬上方都土地,满殿神灵真喜欢。
> 刘陵(伶)打马门前过,只见酒幌半空玄(悬)。
> 反(翻)身下了能行马,赵木携手到堂前。
> 抹了桌子掇(端)上菜,怎(则)与刘陵(伶)饮几盏。
> 刘陵(伶)饮过头一盏,浑身上下软如绵。
> 刘陵(伶)饮过第二盏,合眼曚眬是神仙。
> 刘陵(伶)若代(待)饮三盏,又恐日落到玄山。
> 高叫家僮迁(牵)上马,手内拿定紫丝鞭。
> 未从(曾)行了数十步,酒醉躺在路旁边。
> 家僮回告娘子说,我家主人睡路边。
> 娘子听说不代曼(待慢),慌忙走在路旁边。
> 只说男儿身带酒,虽(谁)知一命染黄泉。
> 抬在家中埋殡了,不觉就是正(整)三年。
> 赵木那(拿)起酒眼(账)看,刘陵(伶)欠下酒价钱。
> 未从(曾)走了三二里,转湾(弯)摸角到门前。
> 家僮禀告娘子说,赵木来要酒价钱。
> 一见娘子来迎接,头带(戴)一定粉(顶翡)翠冠。
> 赵木这里开言道,叫声娘子你听言。
> 你家男儿吃了酒,我今上门要酒钱。
> 娘子听说心起火,[说的话儿却不端]。
> 自从吃了你家酒,男儿死了正(整)三年。

不因你的年纪老,定要携手到当官。
赵木这里忙赔笑,叫声娘子你听言。
凡人吃了仙家酒,慌(荒)郊以外醉三年。
娘子听说我不信,荒郊以外把墓开(看)。
抱(刨)开墓来揭开棺,一股酒气冲上天。
娘子一见儿夫面,嚎啕恸哭叫黄天。
娘子这里开言道,叫声赵木你听言。
三声叫活我夫主,典房卖地还你钱。
三声叫不活我夫主,想要逃走难上难。
赵木拿出灵丹药,下在刘陵(伶)口里边。
刘陵反(伶翻)身忙扒(爬)起,两眼此(眵)糊插(擦)不干。
别的话来且不表,只是还你酒价钱。
也无珍珠共玛瑙,也无绫罗共䌷(绸)缎。
城南有座花果园,花果园里甚周全。
英(樱)桃长的红璞璞,浦(葡)萄架上紫染染(艳艳)。
一个吹来一个弦(弹),惊动上方三教仙。
赵木刘陵(伶)为朋友,神仙上下往来走。
都(虎)头七品按宫商,奉神先献头杯酒。

【注释】

〔一〕此篇,前《赛乐食杂集》本有记,名《前行讲酒诗》,内容大体相同。见于赛社供盏,先献"一茶三酒",届时"细乐"吹奏,引领着端酒的亭子一行,至香亭,前行"高摇戏竹,暂止乐声",接着"开说",说毕,才往大殿向神叩拜敬酒。故见此篇又名《前后行古论开细乐说诗》。其中"赵木"前记为"赵目",因无考,不校。

〔二〕以上八句诗赞,属开篇所用的"书帽"。见前《听命文集》等本已记,题为《前行念起首》。正见"起首"每念此段诗赞。

〔三〕本篇传抄中可能脱漏下句,导致语句不顺,意欠完整。今对照《赛乐食杂集》本所记,对应补入下句。以下类此不注。

细开八仙〔一〕

文官都府(赴)临朝殿,宰相层层拜君颜。

一出大乐往下拜,山呼万岁叩至尊。

未开八仙,先开中间这位老仙。他是浙江苦处县(楚国苦县)人氏,父名韩(瀚)天,母乃秦氏(青丝)[野鹤],怀胎老祖,八十余载降生,左胁而崩,右胁而出。生下老祖,头长一尺二寸,身长一尺二寸,腿长一尺二寸,共长三尺六寸。白发白鬓,委委(伟伟)老相,堂堂身躯。昆仑山拜元始天尊为师,修行在终南山内,得道在长寿坡前。大宋三帝真宗在位,敕封南极寿星。恐君不信,有诗为证:

七星冠头上带(戴),将经文手内提,

胯(跨)仙鹤在空中。

本是蓬莱客,明月半(伴)清风,

蟠桃会他为第一。

西王母转献进忠(金钟),仙桃仙果奉仙饮。

庆贺都齐寿,南极老人星。

夫二位福禄仙者,一个增福,一个增寿,一个于神进表,一个于合社人等添寿。恐君不信,有诗为证:

福禄星领敕旨,长寿星离天宫,

腾云驾雾在空中。

金童前引路,玉女下九重。

金阙官领了敕旨,驾祥云来在坛中。

仙音嘹亮显神通,

奉旨来添寿,却(钦)差增福星。

夫二位女仙者,一个东王母,一个西王母。恐君不信,有诗为证:

粉(翡)翠冠头上代(戴),龙凤袍身边舞,

蟠桃会上也在数。

逍遥作神仙,云端知今古。

身不恋暖(兰)堂华阁,将鸳鸯(阴阳)二气修补。

昼夜不眠独占服(术),

东宫长朝(寿)殿,紧靠西王母。

夫二位耍仙者,一个名唤韩(寒)山,一个名叫石德(拾得)。一日二人往汴京所过,见民间娶亲,他二人拍手大笑。笑世上人,长的不长,园(圆)的不园(圆),因而作诗一首:

打鼓的擂着(爷)皮,娶娘的要做妻。

世上人多颠倒,因此上笑嘻嘻。

夫二位仙者,落在空中为清风、明月;落在寺院里边,为左文殊、右普贤;落在宝铺里边,为进(金)宝、钱龙;落在酒店里边,为合和二仙;落在八仙队内,为左韩(寒)山、右石德(拾得)。一个拿一杆笔,写不尽人间是非;一个拿一竹扫主(帚),扫不尽人间是非罪祸。恐君不信,有诗为证:

将竹笔忙拿定,竹扫主(帚)手内提。

自幼离家奔山里,手把金(手搬肩)甲笑,

每日在云端。

身不恋荣华富贵,粗布衣紧掩身边,

游游荡荡作神仙。

修仙右石德(拾得),伴道左韩(寒)山。

夫钟离者,长安县人氏。在汉(秦)朝为将,后根(跟)项羽。在九里山前错排阵势,因而弃官逃走,难回故里。他就入终南山修行,脱了凡胎,得了正果朝元。恐君不信,有诗为证:

双抓髻青丝挽,芭蕉扇手内提,

闹(络)腮资(髭)颜服呆(沿腹过)脐。

徽州丹青画,元道落风吹(老逢春)。

蟠桃会上他为第一,炼仙丹凡人怎知。

抓髻还桃(黄绦)大肚皮,

神仙都领袖,招财汉钟离。

夫洞宾者,洛阳县人氏。大北(比)之年,上京求取功名,前行至瓦华(王化)铺,被汉钟离点化。黄梁(粱)梦转意回心,根(跟)钟离上终南山修行伴道,脱了凡胎,得了正果朝元。恐君不信,有诗为证:

寒床(窗)下熬十载,赴登科跳龙门。

离家出境到途中,前至瓦华(王化)铺,

粉脸落灰尘。

不觉的(得)神仙来到,黄梁(粱)梦转意回心,

八仙队内最为中(尊)。

本是儒流士,唐朝吕洞宾。

夫果老者,心(邢)台县人氏,自幼修仙在终南山内。一日骑驴往赵州所过,见鲁班修桥。果老曰说:"我要过桥,只恐桥力不加(佳),如何是好?"鲁班言说:"此桥若毁,愿损左目一只。"说着果老心中大怒,二人急(击)掌打赌。果老故显神通,将国家四坐(座)名山格(搁)在驴上,正过(个)将此桥推歪,鲁班着忙用手撑住。鲁班曰:"原来你是一神仙,我也是一神仙,神仙认不的(得)神仙。"自损左目一只。恐君不信,有诗为证:

两鬓间寒(赛)银丝,海(颏)底下资(髭)颜老,

金眼(颜)童鹤世间少。

口唱道清诗(歌),渔鼓韧(简)板敲。

入终南山修行伴道,炼就了长生不老。

骑驴压倒赵州桥,

渡托西杨(度脱华阳)女,骑驴张果老。

夫国舅者,称(郑)州人氏。见包公在朝清亮(明)正直,劈(铁)面无情,下陈州要拿二国舅。自有曹国舅弃职入山,钟、吕二仙点化,拟(隐)在终南山修真学道。脱了凡胎,得了正果朝元。恐君不信,有诗为证:

紫罗监(衫)都脱了,皇家恩不肯受,

能知生死观前后。

布袍紧遂(随)身,草履足桃(踏)就。

身不恋荣华富贵,正(止)功名罢了锦绣。

皂袍将来海上斗,

弃职作神仙,辞朝曹国舅。

夫四郎者,襄阳人氏。自幼在家沽油为生,平秤十六两世(誓)不哄人。自幼好吹一杆笛。玉皇见他有仙体,差钟、吕二仙前去度托(脱),根(跟)入终南山修仙伴道,脱了凡胎,得了正果朝元。恐君不信,有诗为证:

坐下身躯正,身材(在)世不颠诓(癫狂),

观透世界自参详。

平生何日尽,难熬日月长。
为名利把把脚脚(巴巴确确),到(倒)不如隐性(姓)身藏。
一心跳出是非场,
铁笛吹音(律)吕,伴道张四郎。

夫彩(采)和者,卞(汴)梁人氏,号口(曰)白皆。善能卜科,又能取笑。玉皇见他有仙体,差纯阳去渡托(度脱)。走在长街市上,之(只)见白皆勾引儿童卜科取笑。白皆台(抬)头一看,一傍(旁)坐下一位白发老公,白皆言曰:"这位老公,人家都笑你为何不笑?"吕祖曰:"开口元气散,舌动是非生。"白皆解开其意,根(跟)入终南山修行伴道,脱了凡胎,得了正果朝元。恐君不信,有诗为证:

乐中仙为第一,学才广智转多,
善知今古口张罗。
逍遥作神仙,人道事非么(是疯魔)。
长市街潘(卜)文作戏,拍云板口唱清歌,
面容肤嫩笑呵呵。
勾引儿童耍,歌唱蓝彩(采)和。

夫湘子者,兰木(南阳)县人氏。乃是上方小白鹤降世,在此东海岸上独脚站立一千五百年,脱(托)生韩门为子。一日三渡(度)文公,文公有所不识。比(被)钟、吕二仙点化,到终南山修行伴道,脱了凡胎,得了正果朝元。恐君不信,有诗为证:

将妻子都迫(抛)了,自幼而(儿)离家乡,
修仙伴道弃刚(纲)常。
荣华全不恋,一心赴南唐(弃兰堂)。
终南山拜把明(罢名)师,根(跟)钟离朝见玉皇。
手提花蓝(篮)喷鼻香,
长(常)赴蟠桃会,名字是韩湘。

夫铁拐者,西京人氏,号曰[李]公元。家中贫寒,度日难过,夜晚在(往)邻居家中前去偷锅。回来家中,他妻最贤,将他咆哮几句。他又伏(复)送此锅到张员外家中,被人撞见,将他腿来打怀(坏),气绝身死。到在阴曹地府,阎君见他还有三十年阳寿,送他还魂,尸首以(已)化,借张才尸还阳。还阳过来,张家说是张家人,李家说是李家人。代(待)说是李家人,说的是张家话;说是张家

人,说是李家话。两家争让(嚷)不清。钟、吕二仙点化,终南山修行伴道,得了正果朝元。恐君不信,有诗为证:

> 将铁拐从拿定,每日在云端里。
> 布袍紧随身,仙桃(绦)共草履。
> 论容颜诸仙无比,蟠桃会上精神喜。
> 借死(尸)作神仙,还魂铁拐李。

【注释】

〔一〕此篇,《赛场古赞》本称《细开八仙赞》,《赛乐食杂集》本称《前行开八仙一转》,内容与此基本相同,可作比较。

又开众八仙恋诗[一]

> 于混沌初分天地,盘古王为君治世。
> 且莫说外国[他]邦,只表作(咱)中原之地。
> 按四季报答神明,累岁的庆贺天地。
> 今日是广飏(阳)正赛,扮的是八仙队戏。
> 众八仙一齐排开,听前行开说仔细。
> 汉钟离秦朝将军,修仙在终南山内。
> 吕洞宾唐朝秀士,岳阳楼三醒三醉。
> 韩湘子花蓝(篮)成(神)仙,他也把栏杆劈碎(兰关雪杯)。
> 张果老心(邢)台书生,赵州桥压个粉碎。
> 张四郎沽油为生,铁笛响神仙聚会。
> 曹国舅弃职辞朝,身不恋荣华富贵。
> 蓝彩(采)和乐中班头,卞(汴)梁城许下糯米(许家末尼)。
> 铁李拐(拐李)借尸还魂,两于州加言加祭(两抛之家缘家计)。
> 今日星(是)诸(主)神圣诞,后跟着长生大帝。
> 当今天子伏后(福厚),万里江山已就(依旧)。
> 终南山永出松柏,显神通八仙庆寿。

【注释】

〔一〕此篇,为前篇后部的"缴恋"诗赞,故称"恋诗"。

四边静[一]

四边静天下乐民安国太(泰),
混江龙行雨部五谷丰登。
正宫中圣王乐(圣药王)长生万岁,
原都(愿诸)邦朝天子拱手称臣。
包文正(鲍老儿)安排下香花灯烛,
尽都是五供养奉献尊神。
请下个唐(倘)秀才前来掌礼,
自小儿去(伴)读书习学聪明。
快乐山(活三)十八年(胡十八)同朝商议,
宰相(卜)个山坡羊去点玲珑(典伶伦)。
吹的是得滕(胜)令今朝美乐,
打的是十棒鼓庆贺当今。
舞的是鬼三台逍遥(妖娆)体态,
唱的是尧明(民)歌护国安宁。
不要那小(耍)孩儿神前作戏,
若不信刀刀(叨叨)令斩在阶厅。
凡夫(忙扶)起上小楼节节高坐。
沽万(美)酒斟的满醉倒门庭(沉醉东风)。
猛台(抬)头忽听的村中亚(里迓)鼓,
接(集)贤宾来奉神于(与)你标青(清)。
只吃的鹰(雁)儿落西江月水(下),
江而(儿)水又恐怕载了黄金(带过黄钟)。
聚(娶)了个乐美人(人女)端正好看,
遇(虞)美人腰锦者(系着)小桃红裙。

妖(耍)和尚栽金头(跟斗)世间少有,
就地下滚绣球波(簸)土扬尘。
一定金(锭银)纽秋(柳青)娘休交(叫)怕了,
白鹤子拿出来休要心疼。
小红娘赛观音世间无比,
身穿着十样景(锦)鼓板齐鸣。
挣(赠)上你金椒(蕉)叶连忙收住,
内中有鸟真板(搅筝琶)嘴是(似)蟾宫。
贺圣朝只听人人都(得人人)有庆,
皂旗儿牧(收)江南海晏河清。
青山口说与你人人知会,
原和会(元和令)太平春(令)写的分明。
只恐拍(怕)到晚来就起风(刮地风)[起],
进的庵夜瞧瞧(深沉)添进银灯。
普天乐万万载人民有庆,
受(感)皇恩万万岁供佛来真(洪福来臻)。
今日是(似)一声雷风雨聚(云际)会,
排列下众八仙来贺生辰。
看的是刀刀(叨叨)令条条节例(次),
休笑我无贫富税(祝)赞神明〔二〕。

【注释】

〔一〕此篇,在《听命文集》《赛乐食杂集》两本中均见,所记基本相同。比照中,凡属误传误记的字词、曲名,抄后径改于括号内。

〔二〕按《听命文集》和《赛乐食杂集》本所记,以上为《四边静》的主体,之后还应接有一个短篇,用"勾"寿星手持"黄卷"向主神进表添寿。

百寿福(赋)〔一〕

南极赐寿一老仙,圣寿无穷赴宴前。

两道寿眉迎百福,寿目一双照千年。

寿耳常怀(长环)如日月,口内常饮福寿宴。

寿发如雪终不改,寿须如霜身自安。

手内常(长)寿龙头杖,上卦(挂)福寿经一卷。

头代(戴)长寿冠一顶,身穿寿衣降延(筵)前。

口(足)登岁(朱)履来庆寿,共税(祝)南山福寿全。

八仙庆寿为领袖,我是天上长寿仙。

今日奉旨来添寿,苦劝世人寿无免(边)。

三星聚会饮寿酒,五老画(化)形寿南山。

金童对对捧寿酒,[玉女双双贺寿篇]〔二〕。

猿猴宴前献寿果,寿桃献上福寿千。

白鹤飞落寿宴前,寿宴台前把翅扇。

米(麋)鹿衔花来添寿,各色鲜花寿宴传。

祝寿全凭右石德(拾得),庆寿还的(得)左韩(寒)山。

今日新增千年寿,彩凤呈祥寿万年。

王母双手捧寿衣,东华帝君祝寿宴。

杜康也能造寿酒,二仙祝寿在宴前。

灵寿(筹)增寿海握天(屋添),奕世咸诵寿无边。

甲子日(旧)造羲(义)宴(延)寿,千年仝歌寿永远。

寿供排的般般异,寿宴万(美)味献神前。

寿香一炷香馥作,篆结寿字气临轩。

寿花朵朵成(呈)瑞色,金瓶法花寿长远。

寿灯一盏光明照,烛焰福寿万万年。

寿水一滴成甘露,洒遍天下福寿添。

寿果一株(桌)生(馨)香品,供在寿前庆安宁。

寿茶一杯浮雪浪,江南采来祝寿天(添)。

寿食厨中能人造,寿供司(祀)遍神桌圆。

寿宝今日开仓库,普照金光祝寿前。

寿珠一粒灵光电(点),献在食中福寿显〔三〕。

寿衣一套混元出,普献神前祝寿筵。

寿酒三杯频祝寿,寿面(帛)一方献神前。

寿礼九叩神安乐,寿乐八音奏管弦。

寿山年年南山祝,寿水长流东海远。

寿松年年长不老,寿柏四季发青烟。

寿草盆中长翠色,寿鸡报晓在人间。

寿猿献果香坛进,寿鸾歌唱好音传。

天寿江(弘)开来奉祀,地寿民歌乐土欢。

人寿彭祖享八百,蟠桃长寿万万年。

寿云一朵成五色,寿路成花道(通)九天。

今日皇王寿万(万寿)期,寿星降下庆无边。

凡民设下祝寿供,今日神前添寿宴。

寿山福水年年旺,福寿无穷万万安。

全社人等仝祝寿,祝把(罢)神寿保万年。

愿寿字众神来临,愿寿字天赐五福。

愿寿字海晏海(河)清,愿寿字屡年庆贺。

愿寿字五谷丰登,愿寿字偏邦朝见。

愿寿字永无战征(争),愿寿字君正臣贤。

愿寿字万岁当今〔四〕,

愿寿字风调雨顺,愿寿字国太(泰)民安。

愿寿字万民乐业,愿寿字天下太平〔五〕。

【注释】

〔一〕此篇,前《赛场古赞》《赛古赞本》亦记,但有些字句与前两者不同,属传承者依意加改。

〔二〕此句,原本无。今依《赛场古赞》和《赛古赞本》对应补入,以使上下句对应完整。

〔三〕此上下句指所献食品经过加工点染,其"点"类如珍珠。

〔四〕此句之后,似缺下句。因所念"愿寿字……"皆可依意添改,无可对照,故空下句。

〔五〕依《赛场古赞》《赛古赞本》记,《百寿赋》最后还该接有"寿酒频频献,寿乐奏管弦,寿山并福海,福寿万万年"四句,属"祝寿四句"。

观 筵[一]

高悬起山水帐,忙挂下八仙图。
善桌上龙花罩面,蛟(交)椅上飞凤翻(凤蟠)龙。
前摆珊瑚玛瑙树,后摆妆花白玉瓶。
善桌上摆的奚(稀)奇,有几般不认唐食。
红璞璞冀州烧(小)枣,黄霜霜魏府娥(鹅)梨。
河阳县内大石榴,兰(扬)州长进花元柿(事件)[二]。
美都都凉调棕(粽)子,软浓浓玉面花羔(糕)。
白团团蒸饼,精散子一堆苏(金撒撒玉炉酥)。
巧手多赖满微油(掇窝满珍玉),花帽子庭台执盏。
锦衣[人]往来奏事,红粉佳人歌美令。
二十四盏且完全(齐圆全),这是文武用的。
天子面前内摆八珍:黑熊掌、紫驼提(蹄)、僧心(生罴)、肚服(吐伏)、龙肝、凤尾、卝包胎、脑身虚(瑙麝须)[三]。
八珍除了皇家有,走遍天下一家物(无)。
满斟葡萄酒,若赛孟尝君(乐肆醉梦长)。

【注释】

〔一〕此篇,《赛乐食杂集》记在《讲古论》"书帽"之后,未立篇名,类如"插段"。此处称《观筵》,某些字句也有变动。此篇凡能说通者,一般不作校改。若不能说通,或重要字词失真,则依《赛乐食杂集》本校正。

〔二〕此句,依《赛乐食杂集》本校改。"花事件"详见前注。

〔三〕"八珍"的具体内容,历代说法不同,此处只对个别误字稍改。

杨保(宝)放生[一]

一日撒网在空中,拿住一个俊飞禽。

十(万)两黄金不曾卖,留落神前来放生。

夫放生者,出于杨保(宝)手中。杨保(宝)乃是花容(华阴)县人氏,家中贫寒,度日难过。一日在此花容(华阴)山打柴,见一黄鹊落地,浑身无毛,卢鸡杂字(蝼蚁嚼之)。常言俗语叫着马鸡(蚂蚁)。杨保(宝)手拿黄土一把,将那卢鸡(蝼蚁)急(击)散,谨谨包(紧紧抱)在家中。拿了一个金丝木笼,七七卷(圈)了四十九日,翎毛具(俱)全。清晨放出,午上以(巳)时归笼。杨保(宝)曰:"此鸟莫非有联(恋)笼之意?"杨保(宝)手提金丝木笼走在花容(华阴)山上,将金丝木笼打开,此鸟飞出。那一杨保(宝)在此满汉(颠顸)石上将木笼急(击)了个粉粉代(待)碎,此鸟腾空而去。那一杨保(宝)回家不表,当(单)说那黄鹊回在天宫。玉帝言曰:"贬你下方受百日磨难,未(为)何七七四十九日回转天宫?"黄鹊言曰:"下方出了杨保(宝)善人,养我翎毛具(俱)全,因此回上天宫。"玉帝闻言见喜,赐他三件宝贝,金环一对,宝珠二果(颗)。那一黄鹊口衔金环,蹄抓宝珠,夜至三鼓飞在杨保(宝)家中,说道:"你休推是睡,休推是梦,我是上方那一黄鹊。黄鹊不是黄鹊,我是玉帝左执书童子。只因三月三打了玻璃龙凤盏,玉帝恼怒,贬我下方受百日磨难。被你养我翎毛具(俱)全,玉帝见喜,赐你三件宝贝,金环一对,宝珠两果(颗)。"杨保(宝)梦中言曰:"我乃务农之人,不敢受上方之宝。"那一黄鹊口衔金环,蹄抓宝珠,飞回天宫奏上玉帝。言说:"他是务农之人,不敢受上方宝贝。"玉帝闻奏,已言(既然)如此,赐他三朝皇帝景象:随共帝、随文帝、随杨帝(隋文帝、隋炀帝、隋恭帝)。杨保(宝)放生,得了三朝皇帝景象。但(单)说合社人等,卖(买)生放生,不求三朝皇帝景象,只求其买卖和合,人口平安。恐君不信,有诗为证:

眼是(似)恋(鸾)铃爪是嘴(似锥),浑身上下白毛已(羽)。

我今将你放生去,九霄云外自在飞。

【注释】

〔一〕此篇,《听命文集》等本亦记。相互比照,见本篇少了"毛宝放龟"情节,"杨宝放生"情节也已简化,语言通俗,文字出入较大。以下凡可说通者,一般不作校改。

祝　赞

　　【按】以下所抄祝赞为两段,第一段取自正赛祝寿"贴篇",第二段取自正赛祝寿"东方朔赞",前《听命文集》本均记,然而变化较大。以下将两段分开作记(原本未分),以说通为准。

　　玉皇勒令九重天,王母娘娘筵八仙。
　　南山松柏根根绿,北海龙池(灵芝)朵朵香。
　　对对金童献寿酒,双双玉女献寿面。
　　寿香一炷金(今)神用,祝赞吾皇万万年。

　　筵及(集)蟠桃庆大年,开花结子正(整)三千。
　　仙官仙家游仙景,紫雾广布天世篇(光浮太史篇)。
　　冰风将(缤纷降),来是(世)上,俊鸟此日到云端。
　　前朝有个东方朔,本是蓬莱第一仙。

祝　香[一]

　　一炷香上告神灵,合社人等发虔诚。
　　接神时香烟渺渺,安神时紫雾腾腾。
　　降真香香烟不断,白檀香奉入炉中。
　　降罢香万民乐业,降罢香五谷丰登。
　　降罢香风调雨顺,降罢香天下太平。

　　夫一炷香者：
　　清晨早起一炉香,谢天谢地谢三光。
　　一谢皇帝万万岁,二谢臣宰用五阳[二]。
　　神前小(仙)果神前献,箫笙乐奏按宫商。
　　满斟御宴三杯酒,奉神全凭一炉香。

又夫一炷香者：

今年响（享）赛诸神喜，一切神灵降福来。
先将雷公开雨部，后将细雨洒长街。
炉内烧的檀宝香，门上长（常）挂利市牌。
今年今月响（享）赛罢，福门永进福门开。

【注释】

〔一〕此"祝香"诗赞，属于上香时的前行讲唱。通行上香三炷，每上一炷讲一次，故见三段诗赞。此篇，前《赛乐食杂集》亦记，大体相同，可比照。

〔二〕"阳"，通"扬"，此处借指声音清扬。"五阳"犹言"五声"，实指敬神音乐。

祝　赞

【按】以下"祝赞"共四段，前《听命文集》《赛乐食杂集》等本亦记，都用于正赛之日，但个别内容稍异。此处第四段句子顺序错乱，今加对照，改于各句之后。

此处好风光，冬暖夏天凉。
人人多清秀，个个赛孟尝。
绿水绕街过，荷花喷鼻香。
高楼往下看，雾罩小洛阳。
寿酒瓶瓶（频频）献，奏（寿）乐奏管弦。
寿山并福海，福寿万万年。

一去（取）一个金刚字，两个金刚把殿门。
山门左右素（塑）金刚，紧接天王坐四尊。
五方龙王朝金殿，六背（丁）哪吒金甲神。
七眼（年）砌就真金阁，八宝铜炉一块金。
九耀（曜）星官朝金殿，十代高僧金渡（镀）成。

头代（戴）金冠按七星，初凡下将（降）鬼神惊。

色色(刷刷)两道扫柱(帚)眉,一对仙眼赛流星。
左手执定龙头杖,右手捧定一卷经。
门牌标写七个字,年年添寿老人星。

只记江(红)尘不记都(不居利市不近都),
终南山上有茅庐。
果老师父来渡(度)我,
群仙队内女丈夫(手拿笊篱入洪炉)。
手拿罩(笊)篱入红(洪)炉(脱凡胎换仙骨),
换仙胎脱仙(凡)骨(群仙队内女大夫)。
要知小仙名姓,八洞神仙何仙姑。

祝　　山〔一〕

好山也。者(这)山中,东雾多,西雾多,日落平(坪),殿前何(鹤),日光洞里多是(赛)罗。好似吕王熊扫柱(吕望寻少主),四宫又唱太平歌。一的秋凹地,一的眼见(沿涧)池。人来粗轻(细)春柳树,皆砖粗轻同字河(臂膊粗细藤子蒿)。岭甲(菱角)花,店一百甲铺(店依尖角蒲)。水面上鸳鸯相斗,半阳(崖)上獐狍成群。成(池)水一未(味)碧,涧下足绿红。山水流下去,快用(有)二三身。高底(低)不等为止(之)山,只是(窄石)当道为之敬(径)。风吹忽(荷)叶霄霄(哨哨)响,雨洒南山滴滴明(鸣)。梭(蓑)草里(鲤)鱼吃(哧)立立跳,惊起山鸡圪积积明(鸣)。左必言(左壁岩),右必映(右壁硬),头边庄下也(头顶撞山崖)。请主(停住)往来看,高的是山,俊(峻)的是岭,陡的是岸(崖),阔的是涧。高山俊(峻)岭,陡岸(崖)阔涧。山高路不平,山花开满岭。山人请山客,山酒代(待)山宾。山前熊(寻)不见,山后又来熊(寻)。此山石崖显西邦(溪旁),樵夫斧落路安(岸)宽。行了多少代斗(太陡)路,未见者(这)坐(座)难行山。千江有水千江月,必沙(碧纱)笼罩终南山。

见一山青松影(隐)岭,长两行贵(桧)柏常青。山门后右素(又塑)金刚,四下相(厢)静(尽)是山水绕。五方佛殿永(涌)在了半玄空,六道龙辉(轮回)转湾(弯)人间[二]。吉(积)善的是七宝佛殿,新修八八(后一"八"字衍)角钟楼新。九间大殿供如来,十家糯米(阿弥)佛锦地。此处有十方禅院,九处高僧,八难观音渡(度)真僧,七佛祖师朝东都,六阳人(仁)里素(塑)的护法善神,五色云中常忙的降龙伏虎的罗杆(汉),四时果木不曾接(见),三朵片(天)花常色在,两块怪石节凡杆(番汉),一座宝塔青云现[三]。诗曰:

诗(寺)[内]宝塔青云现,凡杆尺天旗两(番汉升天去西)路。

护法金[塔]磨砖砌,间(凡)界自舞(悟)晓光辉。

寺东里,有串(穿)山糯米(阿弥)洞[四]。寺西里,有黑牙叉古怪太虎(湖)石[五]。寺南里,有一片片万杆金系竹[六]。寺北里,有超(朝)云摭(遮)雾的黑龙池[七]。远看山门十二座,近看僧房间。半空中雾罩文殊院,青云里现出五台山。

圣寿良辰上宝山,采去(取)仙花奉神前。

仙花不知在何处,只把山景说一番。

上的山来四下瞧,者(这)山更比那山高。

山鸟空中声潦(嘹)亮,米(麋)鹿豺狼满山跑。

金钱花豹山下走,巡山猛虎把尾摇。

兔儿寻食藏林内,猿猴摘果把(扒)树梢。

蟒蛇过道人惊怕,熊罴见兽即难逃。

凤凰落在宝山上,百鸟来朝飞的高。

【注释】

〔一〕此"祝山"题目之下,实含三篇(原本连记为一,今空开)。第一篇讲"终南山",比前《听命文集》所记略简,字句也有变异。第二篇讲"五台山",见前《赛乐食杂集》也有相关一篇,可参照。第三篇属通用的"讲山水"诗赞,见前《听命文集》等本也有相类的篇目。

〔二〕"六道",指天道、人道、阿修罗道、畜生道、饿鬼道、地岳道,属佛说。言众生善恶不同,可依次在六道中轮回转生。

〔三〕从"此处有十方佛院"直至"一座宝塔青云现",不但皆言五台山所见,山上正多"佛院",而且"两块怪石"正指"清凉石""翻龙石",正在中台的清凉寺,各有传说。由于该寺建于北魏,"番汉"皆敬,故言"两块怪石节番汉"。"节"在此作节制、征验讲。

〔四〕五台山的东台,台畔有山洞,传说为文殊菩萨显圣处,后世称"那罗延洞",本句即言此。

〔五〕五台山的西台,山间有泉出,故有"太湖石"一语。

〔六〕南台之南,属古南台,又称"系舟山",传说"昔尧遭洪水系舟于此",故名。本句所言"系竹",原该讲"系舟"之事,或传承有误而成此句。

〔七〕五台山的北台,台顶正有"黑龙池",水称"八功德水"。

又祝山〔一〕

秦王日(是)紫微帝君,天差下治世安民。

征追(除)了三五草寇,挡(扫)荡了七(二)九烟尘。

现于今下邦不顺,欲正国两路合兵。

侵夺他大唐天下,急差他去挡来兵。

前来在忙下夸(邙山脚)下,台(抬)头看景物绝伦。

石碑(牌)上题是(诗)攒(鏨)字,上写者(着)山水苗根。

盘古王初分天地,有天地就有山名。

先有那昆仑为主,后有者(着)五岳为君(尊)。

东岳乃太(泰)山绝顶,管阴府九死十生。

在(再)说其南岳衝(衡)山,管江河虾蟹鱼龙。

三(二)郎坐西岳华山,管的是铜铁金银。

在(再)说那北岳恒山,管的是虎豹豺狼。

共(嵩)山头为了中岳,长(掌)满院(园)树木果品。

东山上猿猴献果,南山上米(麋)鹿成群。

西山上狼虫虎豹,北山上鸦鸟飞禽。

这就是五座名山,在此地立表山名。

少林寺神拳神棍,灵山上出了世尊。

老峰山仙人如(访)景,武当山玄帝行宫。

花果山齐天大圣,捞茄(落伽)山南海观音。

伏牛山道童学艺,凤凰(扶桑)山出在海东。

太行山有头无尾,终南山湘子修仙(行)。

万岁爷当今皇帝,武(五)台山皆皆真僧。

赛过了蓬莱仙岛,压碎(亚赛)了王母昆仑。

一山未尽一山行,十里哪有半里平。

曾问老僧何处去,远观一带蟒(邙)山景。

【注释】

〔一〕此篇,《听命文集》本亦记。两相比照,本篇不太完整。本篇中"万岁爷当今皇帝,五台山皆皆真僧"两句,似与清顺治帝出家五台山的传说相关,留有清代艺人加工的痕迹。

阴阳乐[一]

夫阴阳乐者,出在何方,起在何处?当日南天门外有一棵大树,树高千丈,上分五枝。上有七朵花:木四时为花(木蕊为花)、紫罗花、地棠花、海棠花、牡丹花、奈冬花、多罗花(曼陀罗花)。此花被阴风吹破,花(化)为一对素娥,驾云而飞上四大神州。何(阿)难[问]世尊言曰:"此素娥去四神州花(化)为甚么?"世尊答:"此素娥去四神州化为一对童子,后化为阴阳二乐。"阿难又问曰:"阴乐若何,阳乐若何?"世尊又答曰:"阴乐者高僧高道,阳乐者乃是伶伦乐府(户)。"阿难又问曰:"阴乐怎使,阳乐怎用?"世尊答曰:"阴乐者,会经(僧)焚香道场。阳乐者,迎神享赛使用。"天子祭天地,[用]二十八[般]乐器,按上方二十八宿所分。文武祭祀者,用八般乐器,金、丝、石、竹、包(匏)、土、革、木,金为钟,石为磬,丝为弹(弦),竹为管,包(匏)为笙,土为缶,革为鼓,木为板。若民间祭祀享赛者,用五般乐器:大鼓、丈(杖)鼓、龙笛、头管、拍板。恐君不信,有诗为证:

东方甲乙木,大鼓能知曲。

涧(槛)下是(似)雷鸣,能知五音吕(语)。

南方丙丁火,头管能应我。

吹的音美清,时曲怎能躲。

西方庚辛金,丈(杖)鼓是(似)雷鸣。

误了板一字,差了学时空(功)。

北方壬癸水,龙笛为第一。

因他气力威,差他下方里。

中央戊己土,拍板五音祖。

一板不相当,时曲都解助(组)。

大鼓本是皮若惊,神捶雷(擂)打振(震)天鸣。

江(将)皮紧挣(绷)金钉锭(钉),正按上方牛金牛。
头管本是乐中将,吹出海棠声嘹亮。
九窍原来按九宫,声音又如钟声撞。
丈(杖)鼓先锋为第一,两头尽是水晶皮。
前后打的山川响,一条大杖量天尺。
龙留(笛)本是乐中圣,吹出南天齐(去)国中,
巧匠原来按七窍,里边吹出凤凰音。
拍板本是菩萨界(榑桑解),五音六吕(律)谁不爱。
两眼尽是(系)红荣(绒)绳,进于神前成器鲜(械)。
留(箫)管本是张月鹿,上边开着六个空(孔)。
宫娥美女爱吹箫,引的(得)凤凰来下簌。
[凤笙本是南天竹,巧匠用来笙上做]〔二〕。
稞(里)头片片是笙簧,五音六吕(律)有去处。
中间长[细]按曲宫(曲音紧),紧按宫商角徵羽。
十指尖尖拿手里,吹出凉州十六(大)曲。
琵琶本是金蝉具(蟾背),上方天差来凡世。
二尺六寸按一年,五官(宫)四品按四季。
面朝天,足(背)按天(地),取(头)上三山人之对。
海眼如同日月明,玛瑙如同(砌就)七星皆(背)。
原(厚)三才(寸)正按三年(才),天地神灵两边排。
本是蟾宫折桂容(客),原是波罗采将来。
白王(玉)阶(配)上黄金面,象牙拍(拨)手金锁板。
红荣(绒)打就四条代(弹),陈(沉)香绩就金山段〔三〕。
一声清,一声韵(沉),又如锦阳(金扬)钟声尽。
陶公听的小(卜)琵琶,准(追)了八十二年整。
阴阳对,透调弦,钉铛秋水闹喧喧。
曲曲弹的音品全,清好(好似)东海去朝凤。
金鸾(銮)殿上朝圣君,消愁解闷最好听。
从头到尾记在肚,说于恩官细听参。

【注释】

〔一〕此篇,《赛古赞本》亦记。二本基本相同,可比照。

〔二〕此上下两句,原本无。可能传抄中错行而丢,以致与下文不接。今依《赛古赞本》对应补入。

〔三〕此句及以下数句,用以夸说琵琶音声之美。个别字句或有不准,难以细校,大致仍存原貌。

说响杖[一]

花言(华筵)内酒色初分,一朵鲜花开满院。

神前献虎(琥)珀之杯,乐奏了长生之曲[二]。

夫响杖者,下(又)名桂(柱)杖,出在春秋越王在位。摆下八盏御宴,翰林[院]捧茶,光禄司(寺)进酒,教坊司奏乐,匀膳司(太常寺)掌礼,御厨司进(造)膳。进膳之时,飞禽抱(抛)粪,落于盏盘之中。越王大怒,要将进膳官斩首。文武奏曰:"飞禽野兽,其效(岂晓)仁义礼智。"天子准奏。传下圣旨,用沙(纱)笼罩定。近臣又奏曰:"用帏则响杖望空中一攒,飞禽不敢前进,何(岂)不是好。"越王又传旨意,普天下各州府县、镇店集市、乡庄村野,祭神响(享)赛,庶用沙(纱)笼果罩、帏则响杖。恐君不信,有诗为证:

春秋越王圣明君,古往今来执乾坤。

八盏御宴厨中造,珍馐百味奉当今。

飞禽野鸟来往过,抱(抛)粪落在盏盘中。

要将进膳官斩首,满朝文武奏当今。

文武奏说响杖好,空中响亮惊飞禽。

响杖惊起飞禽走,进膳速用一沙(纱)笼。

越王留下名摇杖,自古传流到如今。

百岁光阴一合中,何必区区苦用心。

万事对人休瞒昧,举头三尺有神灵。

【注释】

〔一〕此篇,亦见于《听命文集》《赛场古赞》等本。不过,此篇所记略简,字句也有变化,以至篇尾乱加"百岁"云云四句。

祝　赞[一]

自古奉祭寿星君,彭祖寿命一般同。
天宫若是行雨露,普降甘霖救万民。
龙须[二]不若(言)长似就(旧),永坐中华万万春。
四海龙王来进表,八方归顺圣明君。
文武享赛石崇富,大清一统乐(落)烟尘[三]。
四十八调宫商响,礼乐相和庆太平。
皇(黄)卷脚次来呈祥(献),一卷文章进表文。

云端宝盖执青幡,来了长生不老仙。
谨奉玉皇丹书昭(诏),山(三)岛群仙出洞天。
南极寿星胯(跨)鹤至,手内提着佛手干(福寿丹)。
钟离头挽双抓髻,纯阳洞宾在云端。
湘子花篮妆(装)仙果,果老骑驴颠倒颠。
辞朝修仙曹国舅,四郎吹笛音吕(吕律)全。
李拐借尸还魂去,采和献(撒)板震动天。
刘海保(戏)蟾哈哈笑,行动步步要(耍)金蟾。
老子骑着青牛走,石德(拾得)点首叫寒山。
又(右)有刘伶并杜康,左右(有)长眉李太(大)仙。
四海龙王来上寿,脚踏海底赖(癞)头猿(鼋)。
赐福天官请(亲)到此,增禄星君降云端。
刘伶来献祝寿酒,杜康美酒献几坛。
席前寿酒薰薰醉,仙桃仙果摆的全。
今日好个蟠桃会,宴前醉倒八洞仙。
献果白猿吃个醉,柳仙吃的颠倒颠。
群仙胯(跨)鹤归洞府,同治良辰美庆天[四]。
四海宁静民安乐,八方无是(事)灭狼烟。

皇帝万岁登宝殿，祝赞吾皇万万年。

南至洛阳北孟津，往来客旅痛伤情。
顶头（地下）青草年年绿，地下（顶头）浮云日日生。
细雨洒开名利眼，猛风吹透是非门。
石羊石虎依然在，不见周秦汉魏人。

初分天地三皇祖，清气为天浊气地。
三才四相分五行，九宫八卦排古今。
游在东海共四（西）夷，踏碎南蛮并北狄。
天下华夷四百州，风光不似何（河）南府[五]。

日月（一日）炼丹出府城，二来江浊山（上独）为尊。
三岛蓬莱寻伴吕（侣），四海诗（石）头影（隐）姓名。
五湖浪逃（迹）心不死，六在江边钩（钓）金鳌。
七弦琴断无人操，八仙问（闻）我也来通（迎）。
九霄是我安身处，十到黄泉不负恩。
[采药炼丹归山去][六]，哪有闲人（心）奉圣君[七]。

【注释】

〔一〕以下所记"祝赞"，为相对独立的五段（篇），均属正赛迎寿时的前行诗赞，故见该本未分段。今考，第一段取自长篇讲唱《四边静》的尾段，按前《听命文集》等本记，该段结尾原可"勾"出寿星祝寿的"节次"，故见此处先记。第二段是寿星祝寿时的讲唱，按前《赛乐食杂集》本记，为"供八仙诗，迎寿诗篇"。之下所记的三、四、五段，可用于迎寿供盏（共三盏），又见《听命文集》早有相关记述。第三段取自"邙山观景"长篇讲唱的结尾，稍加变化，四段、五段类此，亦见于《听命文集》，字句稍异。以下分段列记，以便比较。

〔二〕"龙须"，借指天雨（雨丝）。

〔三〕此句，《听命文集》所记相同，《赛乐食杂集》记为"大明一统落烟尘"。显然，"大明"早又改为"大清"了。

〔四〕此句，《赛乐食杂集》本记为"喜庆良辰美庆天"。此处为"同治良辰美庆天"，显然因"同治"年间办赛而改。

〔五〕此段，按《听命文集》记，题名为"又想祝皇一赞后添"，应是正赛日祝寿节次中"祝皇"供盏所用；其最后提示接念"祝寿四句"，即念"贴篇"祝赞四句"寿酒频频献，寿乐到管弦，寿山并福海，福寿万万年"。

〔六〕此句，原本无。今按《听命文集》本所记对应补入，使上下句对称完整。

〔七〕此段诗赞，按《听命文集》本记，最后亦提示"祝寿四句"。两者比照，都是"从一说到十"，只是字句略有不同。

混沌赞[一]

听我说混沌初分，我列将（讲）开天辟地。
吾与那天地同生，那时节初开天地。
才显出东南西北，按日月星辰定位。
伏羲氏三百余年，分就了五龙十纪。
先历代三（千）百余年，明王君二百余载（位）。
随（燧）人氏洪水滚尽，淹四州八百余春。
无人氏断了后代，止（只）留下女娲伏羲。
想当初六合才成，也从（曾）那滚磨相配。
他二人祝告皇天，兄与妹配作夫妻。
伏羲氏属蛇己巳，女娲氏癸酉属鸡。
己酉相一处相合，才结就配对之意。
乾生下三男为阳，坤养下三女为阴。
震长男配定长女，坎中男配就离位。
艮小男配成小女，才把个乾坤所治。
后生下百姓人民，才初有三皇五帝。
后分开九州地面，才显出禹王治水。
治水是一十八载，三过了其门不入。
那时节洪水桒（横）流，府州县设官分职。
设官职安了天下，才有那夫妻（父子）情意（义）。
惟（推）训的（德）君臣上下，才论个夫妻别离（礼）。
再论个长幼礼享（序），朋友信不可失期（欺）。

定下了三刚(纲)五常,伏羲治(制)八卦之礼。
造书时始制文字,始行(醒)人眼月(目)如飞。
神农氏品赏(尝)五谷,品百草才叫人吃。
为(惟)有那小麦最毒,药死人三分(番)在地。
将小麦肠内扒皮(腹内掐破),才出了伤人毒气。
轩辕留耕牛战马,鲁班治(置)犁楼(耧)砘石。
张勇造耙杖勾锄,种五谷黎民才食。
遂(燧)人氏钻木取火,养人民用尽心机。
雷云电雨润下降,开八洞神仙下界。
有韩(寒)山石德(拾得)齐来,笑世人失了尊早(卑)。
儿骑娘(爷)背上搭鞍,打鼓的自擂也(己)皮。
娘嫁儿配对成亲,儿娶娘作为夫妻。
为众生迷人不醒,四神州度化群迷。
于众生来添寿度化群迷,初来到东海东东大(胜)神洲。
于众生来添寿度化群迷,又来到南天南南赡部洲。
于众生来添寿度化群迷,又来到西天西西牛贺洲。
于众生来添寿度化群迷,又来到北天北北贝鲁州(北俱芦洲)。
于众生来添寿度化群迷,上天宫陵(凌)霄殿朝礼三清。
下地府阎罗殿心寒胆惊,护国太(泰)民安乐永宁(享)太平。
使(施)清风降细雨民无寒几(饥),天降福好收成五谷丰登。
祈愿的无灾难享赛神灵,
古人流(留)下春[祈]秋报,自古今夏赛冬祭。
又(闻)说请众神来监(临),紧赞(谨献)上仙桃仙味。
才有那寿酒仙丹,动一派仙人乐器。
列两行歌舞吹弹,祈尊神寿同天地。

【注释】

〔一〕此篇,亦见于《赛乐食杂集》本,文字基本相同,甚至某些错误字词也同。显然两者同源,以至见与《唐乐星图》本记的"又祝山歌"相类。

八仙诗[一]

双抓髻还桃(黄绦)大肚皮,闹(络)腮须颜(沿)腹裸齐(脐)。
福寿人间碎白发(增百福),一条柱杖量天尺。
人不识,世间稀,脚踏金丝鹿毛纲(绿毛龟)。
千年不老蓬莱客,招财利市汉钟离。
头带(戴)青沙(纱)一枝(字)巾,麻鞋草履布袍新。
渐且(剑弹)一阵黄梁(粱)梦,孟(岳)州货卖做营生。
渔鼓响,剪生明(剑声鸣),道清歌上接仙音。
岳阳楼三醒三醉,善(原)是唐朝李(吕)洞宾。
拜罢王母离三岛,大山去采灵芝草。
肉眼凡胎人不识,骑驴压散州桥倒。
面如玉,精神(胡须)少,赛过彭祖千年老。
手打渔鼓唱道情,度托(脱)花(华)阳张果老。
钟离点化我成就,我把世间都参透。
朝中文武共烟尘(有谗臣),神仙还的(得)神仙做。
天玉空(忘愁),地玉幼(忘忧),拜把(罢)王母金精寿(经授)。
千山万水去修仙,金枝玉叶曹国舅。
不在功夫(不再工苦)不在(再)忙,一心跳出事(是)非场。
散旦(淡)逍遥卢前现(龙泉县),连乐五对连乐光(炼药勿得炼药荒)。
渔鼓响,戏秋凉,蓬莱三岛是我乡。
笛吹美令羽(如)鸾焦(叫),久住蓬莱张四郎。
知人知面知生死,有然(缘)有福(分)福中取。
鲜花队内作神仙,蟠桃会上精神喜。
识凡机,笑(晓)凡时(世),磨湖山下神仙至(在府发下神仙志)。
十冬腊月牡丹开,能(篮)盛仙花韩湘子。
采上茶叶去过何(抹土搽灰去过活),善知今古口张罗。
手内执定云杨(阳)板,口内常念道情歌。
人笑我,是疯魔,当街引定小儿多。

蟠桃会上人不识,彻(撒)板高歌蓝采和。

生在人间天地里,玉言点化主中喜。

蓬莱山(三)岛是家乡,散旦(淡)逍遥虽是(谁似)你。

脚难挪,身难比,胆法蓬僧(头发蓬松)面皮灰。

谁知孔目是神仙,借尸还魂铁拐李。

家住瑶(岳)州瑶(岳)阳城,瑶(岳)阳城内有家门。

洞宾师父(傅)来度我,愚眼凡胎不是(识)人。

稍又大,根又深,小名就叫送(顺)河清。

衍地五道(炀帝无道)栽下我,千年不老柳树精。

一僧一道一儒仙,三教原来总一般。

佛流(留)生老病死苦,金木水火老君传。

儒留仁义礼智信,世上哪有不周全。

三圣齐归极乐国,一掉(钓)周朝八百年。

【注释】

〔一〕此"八仙诗",前《听命文集》《赛场古赞》《赛乐食杂集》亦记,或又称"细开八仙""细开八仙一转"。按前各本记,开始先有"老人星诗"一段,此处未记,最后却加了"一僧一道一儒仙"云云一段。另外,各仙顺序不同,个别字句也有变动。

踏　词〔一〕

众多古论曼曼(慢慢)行,听我前行那编(拿篇)生。

人家那(拿)生有古本,全凭服(腹)内细搜寻〔二〕。

四大奇书我看过,周汉唐宋记的清。

同治皇帝登金殿,掌管天下二十省。

那一府,那一县,那一县好黎民。

出的门来打一枝(址),就数着(这)里好黎民。

说其黎民多富贵,说其黎民好敬神。

择下好日要响(享)赛,择下日子要奉神。

麦子收了二百石(担),香油打下一千斤。
麻糖煮了铡床大,煮的馓子一条龙。
赛罢三朝共五日,一科(棵)麻上打半斤。
赛罢三朝共五日,生下一个好儿童。
孩子长了方七岁,送在南学把书功(攻)。
四大奇书都念过,五经四书尽皆通。
本县堂上取按(案)首,潞安府里挂头名。
太原省城科了举,北京城内就连登。
出任晚(宛)平作知县,连加五级作军门。
房上按着羊角兽,齿(呲)牙列(裂)嘴吓杀人。
亲戚朋友来道喜,骡马拴下一大群。
门外埋者(着)斗杆子,金字元扁(御匾)挂大门。
我把生财杀各主(煞克住),打开锣鼓进庙门[三]。

【注释】

〔一〕此篇,《赛场古赞》《听命文集》亦记(分别抄立于清嘉庆二年、三年),且列于"正赛迎寿安寿杂集　小杂剧"项下,内容大体相同。显然,此篇也该用于"正赛迎寿"时,不但是八仙队子踏歌起舞时的前行念词,可称之"踏词",且类"队戏",原属"宋杂剧"范畴,可称之"小杂剧"。值得注意的是,此篇与前所记比照,将"雍正老爷登龙位"改成"同治皇帝登金殿",正留着由"雍正"直至"同治"上党赛社沿用的痕迹;将"就数壶关老爷们"改成"就数这里好黎民",正留着由壶关传入邻县的痕迹。正因此,与壶关相邻的平顺、潞城,"这里"乐户也在应用,在应用中又有改动,不但开头、结尾有变化,且整体内容也已简化。

〔二〕以上四句,属平顺、潞城乐户应用中新加的开头。从而,既见该篇原属壶关乐户自编的"生"篇,又见用者接说"全凭腹内细搜寻",可知平顺、潞城乐户早将其记在"腹内",且"搜寻"出来仍在应用。

〔三〕此句,《听命文集》本记为"尧民歌儿唱几声",借以"勾"出一段唱有《尧民歌》的舞,舞毕进庙。此处则简化为"打开锣鼓进庙门"。

放　盏[一]

头杯酒,《寿南山歌》曲[子]成仙(呈献)。

江南树(数)根竹,鲜酒一滴参(选就一笛才)。

吹出天外去,正乐(镇压)八方盏(灾)。

吹头盏,唱二盏,少不的(得)无(舞)三盏。摆下一堂女仙,各有花名。一词(是)《杨妃雁担舞(杨妃单舞)盘中曲》,二词(是)《并头连》,《三生不美(薄媚)》,《四不(北)和番》,《五花凉(梁)州》,[六个是]《杨子瞻高代过六温婿(王子高带过六么序)》,《七天美圣》,《八难观音》,《九天仙女》,《十代明君》,《十一福德》,正按(接)《十二元辰》。

静章(锦帐)内初分绣带,排(列)两行言止(胭脂)齐排。

见一出(堂)宫娥彩女,逍遥乐体态身才(材)。

头上官花插满,细腰间(肩)粘(粉)满香腮。

锦衣花帽凤头鞋,吹一之(曲)仙音潦(嘹)亮,

按(舞)官调一齐上来。

二盏就到,吹打承(呈)献。

天边月亚(雁),地下伶伦,

三盏就到,戏子呈献。

酒为正盏,食为补空。

唐明皇大(一)人有庆,叫房(教坊)司歌舞比显(并),

丹池(墀)内急(击)散梧桐,食散(变)了漫(慢)词补空。

三盏以毕,再妆(撞)再上(煞)。

尧王圣明皇,四海来贡承(罢烟尘)。

吾主(王)多有道,献上五洛(舞乐)神。

纣(周)朝子牙汉张良,唐朝李靖宋苗光。

几人扑的天官(拨得乾坤)转,敢于阎王卖阴阳[二]。

三皇[氏]五帝才(传)朝,讲的是雨顺风调(禹舜唐尧)。

按(安)八方干戈宁静,敬天地雨顺风调。

奉神以毕,有曲破承献:

八宝装(妆)腰带,珍珠帽鬓钩(络臂鞲)。

笑杀美公鬐(笑时梅宫艳),五罗尽(舞罢锦)缠头。

万民乐业,五谷丰登。

皋陶(高摇)戏竹,盏子乐神(暂止乐声)。

《万花乐有(三)台》承献:

三台三台,百走(步)招牌。

天上有三台之星,地下有三台之曲。

炀帝官家齐(喜)开怀,神仙罗刹广补排(去看琼花汴河开)。

前边(殿)尊神献上寿,后行把盏(锣里)献三台。

刘伶问杜康,造酒有奇方,

各(隔)壁三家醉,开坛十里香。

刘伶问樵夫,前村有酒铺。

杜康家在此,且等客来饮。

杜康能造好酒,吃其(起)来美味多夸。

开坛十里赛荷花,众神仙都来沽价。

武(伍)子胥当下宝剑,王招群(昭君)失落琵琶。

二仙吃酒不归家,醉倒在西江月下。

杜康能造好酒,全凭者(着)曲米相和。

三盏两盏不用多,醉倒了神仙几个。

汉钟离东倒西歪,吕洞宾前仰后合。

李拐吃酒脚难糯(挪),醉倒在西江月下。

【注释】

〔一〕此篇"放盏",见前《听命文集》题名为"前行戏竹放盏规矩讲说"。两相比较,既见此篇所记盏次、念词错乱颠倒,简单不全,又见从"刘伶问杜康"起,之后多加了几段"酒诗"。其所加,与前《赛乐食杂集》所记的"讲酒诗赞"相类,可用于供盏时"讲酒"而属"放盏"诗赞。显然,随着清代末年赛社礼规不严,加之扮前行者识字不多,所记不全不准,且"酒诗"已可灵活变通,随意乱用。

〔二〕以上四句,他本未见,属新加。

春　词[一]

今日迎春春水流,只见春童牧春牛。

春牛敢(赶)在春山上,春鸟有(又)落春树头。

春山开,春水流,春来春去春回头。

今日迎罢新春节,春官春吏叩新头。

有老爷喜添鸿(洪)福,路(潞)城县广收五谷。

积(祝)老爷新春有喜,禀(愿)老爷加官进禄[二]。

进(晋)王马上的(射)箭高,领上鸦(衙)兵破黄巢。

只说一箭十(射)一个,俺(焉)知一箭种二办(中二叛)[三]。

潘(磻)溪岸上一笼(抡)杆,不钩(钓)鳌鱼只钩(钓)贤。

当初不是潘(磻)溪手(叟),怎立周朝八百年[四]。

爱[戴]青沙(纱)一枝(字)巾,身穿皂袍绣花亭(蕊)。

手拿金弓银蛋(弹)子,张仙打狗送麒麟[五]。

扑(拨)开云雾显青天,登仙桥上会同年。

万丈龙门只一跳,五金(吾今)魁手(首)夺状元[六]。

红孩妖精逞威风,火焰山下显神通。

遇见老拿(衲)[来]作主,南海童子拜观音[七]。

梆梆家是(家什)响,叮当锣鼓鸣。

风来多下雨,鬼怪闹新春。

食不虑(时布雨)西方,摆下莲花会。

若知队戏名和姓,大头和尚系(戏)柳翠[八]。

二仙长饮酒作乐,有猿猴献酒(桃)来合(贺)。

若知道队戏名姓,终南山猿猴脱壳[九]。

【注释】

〔一〕此"春词",属"迎春"活动所用的前行词。不属赛社诗赞,他本无。旧俗,立春日鞭打土牛,即"打春",表示新春来临,有劝农之意。各地风俗不尽一致,大致都有报春、演春、迎春、打春的过程。届时官府介入,当地乐户义务支官。此俗宋代已有,《东京梦华录》等书已记;直至清末民初,仍见盛行于山西各地,扮有春官、春吏、春婆等,有各种故事装扮和表演。此篇记有"潞城县"云云,乃当地乐户支应迎春活动的遗存,见如前述,与平顺、潞城两县的王家乐户相关。另,原词接连而记,为八段诗赞,各说一事。以下分段而列,并加说明。

〔二〕此段属"迎春"祝词,"潞城县"仍依旧例,由官府主办。因仍往东郊迎春,故仍见乐户装扮"春官春吏"。回到府衙鞭打春牛,要向官府老爷"叩新头",祝"老爷加官进禄"。因与"新春"相关,仍类"队戏"装扮,记有以下表演(或其列队行进的装扮)。

〔三〕此段念词,实用于晋王李克用"破黄巢"表演,仍类队戏装扮,由前行讲唱。

〔四〕此段念词,类前《十样锦诸葛论功》中的"姜太公"念唱,正宜表演与其相关的故事。

〔五〕此段所讲的"张仙",即八仙中的"张四郎",早有"张仙送子"一说。按清代所画,其穿黄马褂、绿大袍,携弓弹,作射天狗之姿,故言"张仙打狗送麒麟"。这种装扮或表演,寓意"吉庆"。

〔六〕此段言及"登仙桥上会同年",正类《十八学士登瀛洲》(见《唐乐星图》),正可祝颂官员"高升"。

〔七〕此段所讲,出自《西游记》,或正装扮"南海童子拜观音",仍属队戏。

〔八〕此段所讲,出自《月明和尚度柳翠》故事。金元院本已有《月明法曲》(见《辍耕录》),元杂剧也有《月明和尚度柳翠》(李寿卿作,见《录鬼簿》)。此处所记的《大头和尚戏柳翠》仍属"队戏",类宋元所见。

〔九〕此段所讲的"队戏",不但见属《猿猴脱壳》,正由赛社而来,且见扮有"二仙长饮酒",正类南宋史浩在《鄮峰真隐大曲》中所记的《剑舞》,早记有"别二人汉装者出"(表演鸿门会故事)、"复有两人唐装出"(表演公孙大娘舞),出自宋代宫廷,用来庆贺皇帝,与此处"有猿猴献桃来贺"相关。

太平鼓[一]

清晨早起不待(在)忙,速连打拌(塞勒打板)按宫商。

路台假杀官书按（鼓台假作攻书案），勾引伽蓝（权且勾栏）作教坊。

清晨早起，烧把（罢）一炉名香，奠把（罢）三杯清酒，有太平鼓板的（得）来承献。

清凉伞子把而（儿）长，罩了日头敝（蔽）了凉。

后行古论齐攒掇，太平鼓板着（踏）排长（场）。

[细乐全部走一回，排齐，打单杖鼓。三回九遍，毕，开说]〔二〕。

太祖凶星（雄心）不可当（挡），九朝八帝坐龙床。

[一根杆棒等身齐，创立新君在汴梁。]〔三〕

夫太平鼓板者，出于八帝徽宗在位坐其天下。交趾国缺少三年进奉，无有甚么奇珍贵宝进上，进来了一本书陈。天子折（拆）书一观，原是一本五味调和之书，要他中何代（待）用，赏于那御厨司官。御厨司看了一番，原是一本五味调和之书。虽（遂）使金丝木碗，米面调和，各（搁）秤盘称而兑就，看书于天子造了一屯（顿）早膳。进上膳去，天子说："往日进上膳来，不是酸了，就日（是）咸了。今日进上膳来，入口中吃，美味香甜。莫非是谗（私餐）朕当（的）御宴？"御厨司奏曰："臣家吃了黑的心豹的胆，敢私谗（餐）我主御宴？昨日赏于为臣那一本书陈，原是五味调和之书。臣家看书于我主造宴，因此上美味香甜，入口中吃。"天子说道："将朕当（那）新造（行灶）炉而（儿）抬在当殿，于（与）朕当再（面）造一饨（顿）午膳。于（与）早膳一般相役（投）就则罢了。若是有差，居（举）家该斩，活（祸）灭九祖（族）。"御厨司将新造（行灶）炉而（儿）抬在金殿，于（与）天子造一饨（顿）午膳，于（与）早膳一般相役（投）。天子曰："有功便赏，无功便罚。无有甚么奇珍贵宝赏下，赏你们半副汤羊，一坛春糯（醇醪）酒。"御厨司引（"引"字衍）叩头谢恩而去。回在厨下，白日里于（与）主上造膳，故（顾）不的（得）饮酒。夜晚间饮酒，有酒无乐，不大喜欢，你我动起乐来不（才）好。将那汤羊皮拨（剥）将下来，瞒（鞔）在新造（行灶）炉而（笋儿）上边，全当一面大鼓。谷碌锤（槌）应在案板上，全当六扇阴阳（鸳鸯）板。吹火筒烙了五个眼，全当五眼细斜（西夏）笛。他们吹了一通，打了一遍。吹了个上平西（曲）下平调，吹了个扭秋（柳青）娘、月而路（儿高）。天子夜晚游宫，只听的锣明（鸣）鼓响，想必是仙乐来朝。当家（驾）[官]奏到（道）："怎么是仙乐来朝，想必是教坊司不听圣旨，私动御乐，如何是好。"天子回在宫下，恨明不明，恨早不早，恨不的两手不梭了满天星斗〔四〕。

东方发凉(亮)海水潮(朝),架上金鸡把翅摇。

从东送出太阳星,正是天子设早朝。

天子设起早朝,分付两班刀伏(斧)手,将那教坊司挪(绑)出午门开刀。御厨司在此一傍(旁),口说冤屈:"夜晚间动乐,不是他们教坊司动乐,是我们御厨司动乐。"天子曰:"休说你们不会动乐,就会动乐,也无有者舍(这些)乐器。"御厨司奏到:"昨日里我主赏于为臣那半副汤羊,一坛春糯米(醇醪美)酒,白日里只故(顾)于我主造宴,故(顾)不的(得)饮酒。我们夜晚间饮酒无乐而不大喜欢,动起乐来才好。将那汤羊皮拨(剥)将下来,瞒(鞔)在炉(笋)儿上边,全当一面大鼓;谷碌锤(槌)应在案板上边,全当六扇阴阳(鸳鸯)板;将那吹桶(筒)烙了五个眼,全当五眼细下(西夏)笛。吹了一通打了一遍,吹了个上平西(曲)下平调,到想(倒像)那扭秋(柳青)娘、月而落(儿高)。"

刘中(厨司)打鼓世间希,汍(宛)然能造一杆笛。

正桶(心通)能造阴阳(鸳鸯)板,鼓不打民(鸣)主怎知。

天子言道:"计(既)然如此,将朕宝藏库打开,将龙箫凤(凤)笛、拍板、大鼓,你们吹的还吹,打的还打,于(与)夜晚一般相投就则罢了,若是有差,不论你们教坊司、御厨司,一理同罪。"御厨司将那大鼓抬在了金殿,他们吹的还吹,打的还打,于(与)夜间一里(理)相投。却说一面好鼓也:

百木转箱(攒腔)数在位(材围),也从(曾)领正(临阵)把君(军)催。

太平年不用高悬挂,鼓不打民(鸣)主怎知。

却说一面好鼓敢(赶)不上一块(串)[好]板也:

此板本是菩萨现(扶桑解),五音六吕(律)谁不爱。

两眼拴定红绒绳,赶(感)动神仙成气现(器械)。

却说一块(串)好板赶不上一支好笛:

江南村(数)根竹,箫要一点彩(选就一笛才)。

吹上(出)天外去,正乐(镇压)八方盏(灾)。

天子言说:"有功要赏,无功便罚。无有甚么琦(奇)珍贵宝赏下,赏你们十两黄金。"教坊师(司)口喊冤屈说道:"我主赏罚不公了。"说的天子默默无言。

十两黄金价不多,五音六吕(律)要相和。

清朝还动清朝乐,太平年还打太平鼓。

闹世伏忧忧(道事复悠悠),吹打最为头。

[后行]古论齐攒(撺)掇,娘子(浪子)[佳人]漂(抛)绣球[五]。

【注释】

〔一〕此篇,亦见于《听命文集》本,且较完整准确。本篇简略,却更留有乐户艺人讲说的痕迹。

〔二〕此小段,属提示说明,此本原无。为使上下衔接自然,今参照《听命文集》本补入。

〔三〕以上两句,原本缺失。今参照《听命文集》本补全,以成四句诗赞。

〔四〕"不梭"乃上党俗语,意即"捕落"。

〔五〕以上四句,按《听命文集》记,见属"抛绣球前行词"中一段,用以"勾"出《抛绣球》表演,记在《打太平鼓板》之后,故见此处多出此段。显属错记乱用,正可照前校改。

白雀寺[一]

三皇治世他为先,五帝为君世周全。

长中(江)有水多有道,在(再)表清朝一纯(统)天。

夫白雀寺者,出于康熙在位四十三年。圣主游到西宁府,白雀寺钟鼓齐鸣。圣上曰:"朕当(尚)未从(曾)烧香,之(此)时钟鼓齐鸣,是何缘故?"大臣吴曲(琠)[二]奏曰:"主公惊恐,最(罪)甚。"即选(宣)僧人来问。僧人跪到(倒),圣上问曰:"钟鼓齐鸣,是何缘故?"僧人奏曰:"未从(曾)打他,钟鼓自鸣。至(只)当初贫僧师父入殓之时,贸(曾)问我师曰:'今日离别,何日相会?'我师言曰:'钟鼓齐鸣,我即来矣。'"圣上曰:"你师父今在何处?"僧人曰:"在吾皇(师)神名涅盘殿后。"圣上曰:"领我到殿后去看。"未至殿后,圣上见有一座塔。将塔打开,见里边坐者(着)一位僧人,干皮粘骨,头上有八字:"四十三载,自来开启。"圣上自明,重修塔院。自笔留诗为证:

天下业林饭如山[三],衣钵到处任君餐。

黄金白璧非为贵,惟有袈裟披最难。

朕为山河大地主,忧国忧民事转烦(世转凡)。

百年三万六千日,不如僧家半时闲。

来时糊涂去时迷,空在世上走一回。

不如不来也不去,来时欢喜去时悲。

未从(曾)生我虽(谁)是我,生我之时我是虽(谁)。

长大成人方是我,合眼蒙眬又是虽(谁)。

每日清闲谁知晓,世人谁比出家人。

口中吃尽清和味,身上长(常)穿白纳(百衲)衣。

五湖四海为上客,逍遥佛殿任君走。

莫道出家容意的(易得),皆因累却(雷觉)种普(菩)提。

黄袍换却紫袈沙(裟),只因当初一眼差。

我是西方一纳(衲)子〔四〕,为何落在帝王家。

【注释】

〔一〕《白雀寺》一篇,他本无。其所讲,为宣扬康熙是转世活佛。其中提到的康熙重臣吴琠,正是上党人。显然,此篇当属清代后期上党赛社所用,由当地文人撰写。

〔二〕吴琠,上党沁县人,康熙时官至大学士,当地俗称"吴阁老"。

〔三〕此"业",乃梵语"羯磨"音译,意即作法、办事。佛家认为所作所为皆可称"业",有身业、口业、意业的"三业",故有"业林"一说。

〔四〕僧衣曰"衲",僧亦称衲。"衲子",佛子也。

监 斋〔一〕

展皆(脚)乾坤至,睁精(睛)日月明。

台(抬)头天外看,四下长愁云。

东海一滴水,太(泰)山一撮金(尘)。

天上和地下,缺少者(这)尊神。

夫监斋者,出于在元顺帝在位天下。辛卯十一年,洪军(红巾)造反,要夺州城府县,又抢良民,要谋天子大驾。今有小(少)林寺荣花(华)富足,先抢少林,火焚寺院,却(掘)打泥胎,满寺僧人一人不留。长老跪在大熊(雄)殿祝告我佛:"今有洪军(红巾)造反,火焚寺院,却(掘)打泥胎。坏了我寺中僧人道还罢了,坏了古佛金身如何是好?"祝赞以毕,回在禅堂。夜至三鼓,护法茄(伽)蓝于(与)长老脱(托)了一梦:"我不能救你满寺僧人,香吉(积)厨下有一烧火小僧,他能救你满寺中僧人不死。"忽然惊醒,却是南柯一梦。伏(候)至天明,长老列在法堂,鸣起钟鼓。众僧来到,齐言都的此梦。长老走在大熊(雄)殿,净手焚香,祝赞吾佛以毕,走在香吉(积)厨下,果有一烧火小僧。长老跪在了地下,说道:"今有洪军(红巾)造反,你出的寺山门外,挡他一阵。"那一师夫(父)言道:"自幼出家,不会抢枪舞剑,怎挡洪军(红巾)百万?"说的长老心头大怒,手拿禅杖笼头要打。小小行者出自无奈,火门进去,火(烟)洞出来,显出丈二金身,青脸红发,巨齿嘹(獠)牙,三头六背(臂)。说道:"拿我兵械宝物。"无有什么兵械宝物,将那破柴板斧血(楔)在杆(擀)面杖上,全(权)当兵器。领定满寺僧人,"根(跟)我出寺!"山门外,一只脚踏了松(嵩)山,一只脚踏在玉岭,大喊一声说道:"洪军(红巾)贼早退!若还不退,我杀下去,杀你来时有路去时无门。"洪军(红巾)贼台(抬)头一看,说道:"天子有福,惊动天神下降。"那些洪军(红巾)贼将红袍脱在田地,不战而自退。菩萨说:"洪军(红巾)贼退了,根(跟)我回寺。"来到山门外,身品教(较)大,难以回转,立化在山门外边。长老禀于登丰(封)县知县得知。知县打表,临朝奏于元顺帝。天子加封,速(敕)封[大慈]大悲紧那那(紧那罗)。恐君不信,有诗为证:

此位菩萨住少林,手拿板斧挡洪军(红巾)。

金容本是菩萨面,少林寺内引齐(隐其)身。

顺宗皇帝失仁政,天下荒荒起雄兵。

福建反了陈有亮(友谅),又反妖人刘复(福)通。

大胆刘全辽阳反,田贵毛凤住(驻)山东。

称皇称帝三五载,得兴得灭数十春。

招下雄兵三五万,反至中华(原)抢少林。

少林本是香火地,富贵荣花(华)有金银。

茄(伽)蓝脱(托)梦护长老,说于寺内众僧人。

香吉(积)厨下忙哀告,哀告菩萨护法神。

行者又把长老叫,一人怎挡许多贼。

说的长老心头怒,拿起禅杖下无情。

小小行者无其奈,香火之地显神通。

火门进去烟洞出,显出丈二一金身。

捧(棒)过打破天灵碎,斧过打的分分(纷纷)碎。

肩上横担金板斧,寺山门外显神通。
一脚踏了松(嵩)山寨,一脚又踏玉寒岭。
高叫洪军(红巾)休要走,我今救驾显神通。
洪军(红巾)一见逃命走,菩萨立化在山门。
知县奏于元顺帝,传出圣旨天下行。
敕封大悲紧哆哪(紧那罗),家家户户要用心。
吩咐厨下要干净,[感得菩萨下天宫]〔二〕。
清油白面多双封(爽利),哆哪(那罗)厨下监斋神。

天神归天,地神归地。
一切神灵,各归宝位〔三〕。

【注释】

〔一〕此篇《监斋》,即《听命文集》本所记的《祭楼台下厨讲监斋》,是其表演时的前行讲唱。此篇略简,并缺表演提示。

〔二〕原本此处缺少一句,依《听命文集》本记,应为"敕封菩萨八部神";依平顺县西社村王家乐户所存同篇,此句为"感得菩萨下天宫"。今依后者补。

〔三〕最后四句非原文,故空开。

修武庙〔一〕

五代荒荒乱如麻,布衣剑箱(籍)稳神(隐深)沙。
山河处处归明主,一春(统)花(华)夷属赵家。

这四句,说的是赵太祖陈桥兵变,周恭帝禅位,改国号建隆元年,立帝号一帝太祖。在位一日,太祖驾设早朝。太祖曰:"朕得天下,一赖祖宗积德,二赖神灵护佑。朕于各庙焚香祭谢神灵,卿等意下如何?"班部中走出一人,红袍玉带,象剑(简)当胸,乃是丞相赵普,出班奏曰:"我主乃圣贤之心,先到太庙祭天地、日月、水土之恩,次后来到东岳庙行香。以下各庙遣官祝祭,不可劳我主龙体。"太祖准奏,备恋(銮)舆先到太庙行香。恐君不信,有诗为证:

曲柄黄罗手内敬(擎),两班文武众公卿。

云电(笼)四野高高起,五彩云开万万重。

宽将盖天高阔日(意),蟠龙飞凤巧描成。

如何不见真天子,一轮红光顶上生。

驾到太庙、东岳庙焚香,又至文庙。焚香以毕,太祖曰:"中间神象(像)有何功德,受朕之祭。"赵普奏曰:"正殿居中者,乃是山[东]兖州府曲阜县人氏,姓孔名丘字仲尼,千古文章之祖,历代帝王之师,所以春秋二八享祭。"太祖曰:"两边者(这)十四位是何圣贤?"赵普奏曰:"乃是四配十折(哲)。升官(堂)入室,扶世功劳,所以享祭。"太祖曰:"左右[两廊]七十余位,[是何神圣?]"赵普奏曰:"夫子有三千徒弟子。七十二贤人皆遂(随)圣人周流(游)列国,受过心(辛)苦,皆是通明义道德,[配]其享。"太祖曰:"夫子师徒有功,受朕之祭,这是文庙。武庙在于何处?"赵普奏曰:"历代以来,至(只)有文庙,并无武庙。"太祖曰:"自古太平用文,离乱用武,为何有文庙,无有武庙?朕要修武庙,谁与寡人代劳?"赵普奏曰:"我主有圣贤之心,臣举一人。"太祖问曰:"卿举何人?"赵普奏曰:"翰林院学士杨关(工,以下径改)部。"太祖速选(宣)杨工部。钦差:"于(与)朕代劳,去修武庙。与文庙一般,先素(选塑)有功之臣,功大者居其上位,功微者可居下位。不许错安坐(座)位,日后史官褒贬,朕当不明。"工部领旨退出,圣驾还朝。工部速进编修院,将历代功臣至(自)上而下画成图像,奏于太祖。太祖曰:"朕不晓此是(事),卿在金殿读于文武知晓。倘有差处,速便更改。"工部读曰:"正殿居中者,此乃周太公,姓姜名尚字子牙。左一位,姓张名良字子房。右一位,姓孙名逊字武子。左首二位,姓管名仲字夷武(吾)。右首二位,秦五(武)安君白起。左首第三位,汉武侯诸葛亮。右首第三位,乐义(毅)。以下哲此(择次)而坐。"众文武说道:"不差。"太祖赐下黄金一百斤,刻木(日)兴功,盖造武庙。未数月,功过(果)将终。工部自觉心思慌忽(恍惚),身边发悃(困),依机(几)而卧,只见众神前来让坐(座)。见一老翁出而言曰:"老夫先论其功。我乃东海许(徐)州人氏,姓姜名尚字子牙,道号飞熊。文王夜梦飞熊入帐,渭水河访贤,敬我我是(尊吾为师)。二(三)月十五日登坛拜将,戊午日兵临孟津,甲子日血染朝歌,兴周灭纣,一定周朝八百六十七年天下,是我之功也。恐君不信,有诗为证:

潘(磻)溪庵下(岸上)一轮(抡)杆,不钩鳌鱼只钩贤。

当初不是潘(磻)溪叟,谁立周朝八百年。"

太公言毕，众位让太公居中坐了。只见左首一位出而言曰："吾乃韩国人也，姓张名良字子房。辞韩而归汉，至（自）投高祖，屡建奇功。保汉王鸿门得脱，救高祖成皋之难。骗申杨吊鹿角（调陆贾），撒（散）谣言霸王迁都彭城。吓项伯，刘项成亲。说韩信背楚归汉，韩信归刘。一杆箫吹散霸王八千子弟兵，散楚（数）句言说六国反楚而归汉。得兴四百年天下，此是我之功也。有诗为证：

　　红日初生（升）至半杆，谋成高凤（奉）机曾玄。
　　不是子房故卖剑，韩侯怎的上将台。
　　功成全凭黄公法，卷倒（养道）须用俗间编（篇）。
　　知己不受高皇宠，逍遥自在落深山。"

张良言毕，旧（就）坐二位。又见一位出而言曰："我乃吴司马孙武子也。威镇（震）吴国，自造兵书十三编（篇），教演女兵，［此是吾之功也］。恐君不信，有诗为证：

　　斩首皇妃镇军情，战国春秋显我明（名）。
　　古来多小（少）英雄将，谁是（似）当初教女兵。"

孙武子言毕，又一位出而言曰："我乃齐仲父管仲是也。先有封（分）金之意（义），后有安邦之第（策），相桓公霸诸侯，匡扶天下九合诸侯，此是我之功也。有诗为证：

　　开疆展土是英雄，能文能武有遂（谁）通。
　　丈（仗）义双眼（执言）危晋国，独佐齐桓第一人。"

管仲言毕，又一位出而言曰："我乃秦武安君白起是也。自幼苦读兵书，广习谋略。欺廉破（颇）立（于）阵前，斩武英在帐下，此乃是我之功也。有诗为证：

　　忘愁（仇）存义扶秦君，破楚侵州（沉舟）刺赵（越）人。
　　谁焉（虽然）他愁（仇）无对（兑）孤，一朝刺杀（赐封）武英（安）君。"

武安君言毕，又一位出而言曰："吾乃燕国乐义（毅）是也。威镇燕邦，取齐城七十余座，此是我之功也。有诗为证：

　　运寿（筹）为握（帷幄）三千里，举手平收七十城。
　　一举能报燕王恨，威镇燕邦第一人。"

乐义（毅）言毕，左首走出一位，纶巾羽扇，身披鹤厂（氅），出而言曰："贫道无功，有八句诗是我之功也：

　　自幼躬耕在南阳，蜀主三顾请栋梁。

巴丘三气周俞(瑜)死,平蛮七擒孟获王。

散关八阵安天下,茅庐一轴(论)定兴亡。

六出岐(祁)山吾去后,在(再)无人上卧龙岗。"

孔明言毕,太公曰:"吾于(知)汝功最大,相让坐了。"只见右首下一人大吓(喝):"诸葛亮,休的无礼!我是前汉开国[功]臣,你是后汉蜀主之臣,居我之上,是何道理?听吾道来:

气冲斗牛贯青云,君王捧毂臣推轮。

高王(皇)亲捧黄金印,青史标名要让情(尧舜臣)。

展土开疆三千里,一人能掌百万兵。

古今明(名)士从头论,似我登台(坛)有几人。"

韩信言毕,孔明哈哈大笑:"上有尊师太公让我此位,如(汝)何多言。似你登坛有几人?张子房、孙武子、[管]夷吾、白起、乐义(毅),者(这)几位尊师皆不曾登坛,为何史官列于上坐(座),到(倒)把你登坛列于下坐(座)?不记当年之事,听我道来:

自己虽能夸大言,古今谁是(似)你登坛。

只把英雄威风逞,不记当初危少年。"

孔明言毕,韩信曰:"你说我未遇之时,吃(乞)食漂母,受辱胯下?大丈夫其(岂)与小人作对。职受齐王,人臣之位极言(矣)。"孔明曰:"你说你职受齐王之臣(事),听我道来:

时来方才遇高皇,运退之时入未央。

你说你是大丈夫,当初何充假齐王?"

韩信说:"大丈夫其子(岂与)他小人作对。立名一时,垂名万世,听我道来:

登坛拜将是英雄,提兵调将有谁能。

饶你总有千般记(计),难比韩侯十大功。"

孔明曰:"登坛拜将,是萧(萧)何何(三)举三献(荐)。张子房夜访,到底是你不识时务。在楚为执戟郎官,未(为)何不投汉王?你不识时务,不为英雄。却不是(似)我,刘皇叔三顾茅庐之恩,北(比)你如何?听我道来:

蜀主三顾出草庐,贤者遇贤永不求。

休笑南阳耕夫叟,压碎(亚赛)韩侯胯下富(夸大口)。"

者(这)韩信不伏,却于(欲)回言,孔明曰:"你且住口,方才说你有十件大功,我谁(虽)无功,你说一件我对一件。"韩信说:"我差樊哙明修栈道。"孔明曰:"我是(使)赵云智取南郡。"韩信说:"我引高皇暗渡(度)陈仓。"孔明曰:"我征孟获夜过高丕。"韩信说:"我差周勃夺了散关。"孔明曰:"我使邓芝(义)取燕郑邦。"韩信说:"我淹非(废)丘逼章邯自尽。"孔明曰:"我观白河水淹曹仁。"韩信曰:"我高吊灯球夜斩龙沮(且)。"孔明曰:"我举火号立诛贾羽。"韩信说:"我九里山小会垓大战项羽。"孔明曰:"我木门道射死张郃。"韩信说:"我吓退燕邦[收了赵国]。"孔明曰:"我为(围)白帝力取巴丘。"[韩信曰:"我席卷三秦。"孔明曰:"我平收四郡。"]韩信说:"我逼霸王乌江自死。"孔明曰:"我在乌林智斩金宣。"韩信说毕十大功劳不言,孔明曰:"你还有多少功劳,再说几件。"韩信说:"平生只有者(这)几件功劳,你还有多小(少)功劳?"孔明曰:"我未出茅庐之时先安了三分天下,博望坡火烧了下候墩(夏侯惇),在东吴舌战群儒,摆石阵惊伏陆逊,一封书气死曹真,数句言骂死王郎(朗),骗张飞叚盟(葭萌)关夜战马孟起,交(度)黄忠定军山智斩夏侯渊,上方谷司马懿受困,锦囊记(计)斩首魏颜(延),劫渭南活捉郭淮,差张飞巴丘山(城)三气周喻(瑜,以下径改),造木牛流马运粮,死诸葛[吓]走生仲达,出师表忠义凛然,这就是几件微功。"韩信曰:"不在多少,只要忠节。我只十件功劳,却立汉朝天下。你功虽多,只落三分地界。"孔明曰:"你说的不是,你归南郡(郑)之时,高祖有强兵十余万,战将有千员。我出茅庐之时,先主无用(容)身之地,兵不满千,将只有关、张、赵云而矣(已)。我立功胜似你立功。高祖一纯(统),先主三分,况是天数,其在人乎!

你归南郑去褒中,将军似虎马如龙。

自夸你有功十件,占赖他人是何(你)功?"

韩信心中不伏:"我怎占赖[他]人之功,当面言来。"孔明曰:"修栈道亏了樊哙,度(渡)[陈]仓擒(歇)之能,淹废丘曹参用力,斩龙沮(且)亏了王陵,九里山大会垓英布之勇,吓燕邦李左车之能,卷三秦灌婴功首,取剑阁周勃之智。逼蒯彻坠海身死,逼霸王乌江自刎,皆是众将之能。这就是你十大功劳么?"韩信曰:"以你这等说起,我无一件功劳?"孔明曰:"你有十件大罪!"韩信曰:"我有何罪,当面言来。"孔明曰:"听蒯彻逼死利(郦)生,不听诏命强挂齐王印,陈仓口杀了樵夫,到褒州私放罪囚,记(既)是忠臣不该背楚归刘,乌江岸臣逼君死,汉高皇昨(诈)游云梦你不该私怀反意,这就是你的罪课(过)。"一偏(篇)言语,说的韩信默默无言秉秉(诺诺)而退。

又只见一人言曰："诸葛亮，你好无里（理），你于（与）淮阴侯争力（功），实不与我相干。你说巴丘城三气死周瑜，皆系天定。当日颜回寿数三十二岁，天（夭）寿而去（亡），是何人将他气死？说自己威风，灭他人的志气。当日赤壁鏖兵，不是我定（订）火攻之计，你们都死于曹兵之手。"孔明曰："你听我说当日之时（事），便见各人之功。

　　折戟沉沙铁未消（销），自将磨洗引（认）前朝。

　　东风不与周郎便，铜雀深台（台深）锁二乔。"

　　周瑜不伏："当日亏了我的火，亏了你的风不成？"孔明曰："听我说当日之事，便见何人之功。当初你想东南风，得了一场大病。是我前去探病，在你掌上写了十六个字全当药方。诗曰：[要]破曹兵，须用火功（攻），万事预（俱）备，只欠东风。是我借于（与）你东南风三日三夜。不得我的东南风，于（汝）何成的大事？

　　谈笑周郎不是（识）功，看来都是（似）伍候（韩侯）能。

　　饶你总有千把火，全凭吾等（的）一阵风。"

　　一夕（席）话笑（说）的[周瑜]者（着）急，太公曰："休的（得）大惊小怪，倘若惊醒大学士，其（岂）不失漏天机！"周瑜闻言大怒，指工部骂曰："都是[这]一狗官作备（弊），不论高底（低）上下。"工部说："怎么不论高底（低）上下？以（从）太公先师至孔明先师，皆是有的（功）之神，礼（理）该上位。"周瑜曰："者（这）诸葛亮有什么功劳？你说！"工部曰："他无功不与（如）你，怎么巴丘城三气死你来？"一言将周瑜说恼，周瑜大怒，丈（仗）剑在手，照工部一剑劈来。工部一闪，将剑应在供桌上边。大响一声，将工部惊醒，却是南柯一梦。回朝奏与太祖，太祖说："寡人有福，感的众神降临。寡人择吉日，前到武庙行香。"有诗为证：

　　赵太祖立位登基（龙），修武庙工部监功（工）。

　　争坐（座）位汉危间智（韩侯斗智），十样景（锦）诸葛论功。

【注释】

　　〔一〕此篇"修武庙"，其最后四句诗赞仍类"题目正名"，说明此篇原名该为《十样锦诸葛论功》(简称《十样锦》)，《赛乐食杂集》等本亦记，内容基本相同。故此篇缺失字句，皆对照《赛乐食杂集》补入，不再另注。

古论诗句〔一〕

尧王留下主神官,因祭南郊起根原(源)。
周汉唐宗(宋)依在内,三本乐星至今传。
礼从天生乐地长,礼乐和顺(相和)奉神前。
主神原(若)是高台(抬)举,人人皆是(精神)喜笑欢。
主神若要说一句(差一二),滚水拨来(泼菜)也一般。
全家(大小)夥伴立站定,知音通曲主神官〔二〕。

夫古论者,乃是轩辕皇(黄)帝所置以(遗)留。古论三名,一名古论,一名乐论(古弄),一名古韵(领)。上的四角话(楼)台,不离一席之地,可讲论千载是非,[上]场论(穿)的是衣冠口(扣)带,如同大成君子一般。之论,论的是天地星辰、日月江滩河汉(日月江河)、五岳四渎、孟子之言,还有教子训孙、君臣父子,礼义周全,才的(为)古论。做古论有十德。一要礼义,二要周全,三要宽弘,四要海亮(量),五要压众(五不要压小),六要才学,七要达终(答应),八要官场,九要尊卑,十要参顺(十要乐中参详)。古论者,不计识(不记)书,不识字,不通礼,不讲进退,那的是古论?如同是羊皮(披)虎皮,虎架(狐假)虎威,外冈(刚)内弱,外发金内外(发)草,见弱则欺,见草则飞,见内(柔)则喜,外无学习(识)者也。谈天论地,为之古论。喜之当场,为之古论(弄)。率领众夥,为之古论(领)。古论难做,古论难学,古论难成,古论难维(为)。古者,前后皆通。今(论)者,古今知世(识)。反(凡)做古论者有十论,是那十论:天论、地论、高论、[通论]、谈论、道论、礼论、建(见)论、议论、明论〔三〕。夫天论者,混沌清浊,始分三才,生长五星,禅为(位)五方,为之天论。地论者,九州分野,夷狄四方,善难信德,晓会温凉,为之地论。夫高论者,道字真实,五(语)音弘(洪)亮,声如铜钟,四海名扬,为之高论。夫通论者,善通古今,体伏(占扶)正邦,禅龙寡(谋)位,列为(册位)君王,为之通论。夫谈论者,谈天论地,吾承(玉成)帝王,律吕点(典)调,曲按宫商,为之谈论。夫道论者,先道其君,后道其臣,又道其家,治国安邦,兴礼(亡)成败,为之道论。夫礼论者,《礼义(记)》《论语》时刻温良,尊卑远近日数(新)礼长,为之礼论。夫见论者,见事成学,一切安详(凡且推详),不说故里(不离古礼),不务匪场(不误排场),为之见论。夫义(议)论者,教(攻)

习诗书,甚恩(圣典)参详,开口合道,出口成章,为之义(议)论。夫明论者,眼见是实,耳听是虚,不说狂语,调和仁义,为之明论。此乃是十论者也。夫五论(弄)者,是那五论(弄)？若论(弄)、姓论(错弄)、会论(弄)、摆论(把弄)、手内轻功(巧)论(弄)。论(弄)人之觔骨(力)相助(触),为之若论(把弄)。说有却无,为之姓论(错弄)。脚上畅气(踢飞),为之摆论(若弄)。畅论喜之当场,为之会弄。乐家道字少者(攒枪抄手,把戏跟斗),为之轻巧弄也〔四〕。夫古领者,飞(如非)要辛(率)大领少(小),妆扮文武不差三(一二),阳夺止于固行(撑掇指示同行),乃是古领殷勤者也。做古领者,要字(志)高、要字(志)德、要字(志)勋(能)、要字(志)重者也。

古论谈古今之明(名),分说经典自然成。

有人识的真古论,天下伶俐(伦)第一人。

角楼四座殿九间,金砖砌就玉栏杆。

压栏四个金狮子,一面金牌挂殿门(前)。

恐君不信,有诗为证:

天地分为混沌初,有灵有圣有贤愚。

祭神谨谨如神在,一炷真香奉入(玉)炉。

祭天地名山大川,论阴阳五岳四渎。

小人去天下行走,未从(曾)见者(这)座庙宇。

三滴水尽是浑金,四转过刻成一所。

雾腾腾碧瓶(瓦)飞檐,元元(圆圆)的椽梁王(玉)柱。

飞(翡)翠阁罩定珠帘,端然坐长天立扶(柱擎天扶护)。

绿石碑(底牌)金精[描就],合(阖)丹青(墀)金顶(钉)朱户。

后边有龙辇凤车,前面有玉鼎金炉。

正面上(是)玛瑙永(甕)成,四街市黄泉乐(两阶齐横砾)砌就。

更有那五道丹青,将圣像一齐妆素(塑)。

左青龙风伯雨师,右白虎雷公电母。

前朱雀后有玄武,多亏了善事(士)良谋。

观一堂好像神护〔五〕。

那圣灵有德有咸(威),永保护物阜民安。

祈愿的五谷丰登,享赛罢无疆之福。

合家户化费钱粮,喜人人换了衣服。

告(邀)请下三界神灵,才供上珍馐百味。

奠三杯散酒依(已)完,众社首恭神使(躬身施)礼。

不说你在上恩官,且说那(俺)伶俐(伦)乐户。

大乐器何人造来,听前行从头说开。

轩辕破了帝(帝破了)蚩尤,担风云治(风云阵置)下大鼓。

龙笛是何人造来,伶俐(伦)人去解祯祥(戏竹)。

[头管是谁人置来]〔六〕,卫灵公竹节安户(按芦)。

拍板是何人造来,[黄幡绰而道拍数]〔七〕。

杂剧出在前春秋,

黄翻作刘全细说(按,此属上补"黄幡绰"一句的错位、错写)。

院本是开(出)于上古。

春秋有个朱孩子,他父也(母)曾敬玉炉(曾经去鲁)。

若是今年响(享)赛罢,祈天官早降甘霖(露)。

今日响(享)赛祭神灵,鼓板吹的按五音。

笛吹美令羽凤叫(如鸾叫),宫商角微(徵)是鸡(似凤)鸣〔八〕。

不说在上恩官见(鉴),若(感)的神灵在上听。

瑶池宴罢(未献)头一盏,此急古论奉尊神(比及供端先参神)〔九〕。

【注释】

〔一〕此篇"古论",《赛乐食杂集》《赛古赞本》记为《讲古论》,也称《古论赋》,校注时已参照。

〔二〕以上开篇诗赞,即《前行念起首》,《听命文集》等本亦记,正可用于本篇开头。值得注意的是,其中"全家夥伴立站定"一句,《听命文集》中记为"大小夥伴立站定"。此处改为"全家",更有"乐户"特点。尤其后期的上党赛社,乐户"科头"多为家长,届时更需全家出动。

〔三〕"通论"二字原本缺漏,今照《赛古赞本》等本补,以构成"十论"。

〔四〕此句,依《赛古赞本》校正。

〔五〕此处缺一句,盖因之前将"朱雀""玄武"合写所致。依《赛古赞本》记,相关四句为:"前朱雀霞光云罩,后玄武鸾飞凤舞。多亏了善士良民,塑一堂圣像普护。"相互比照,正见此处所记不准,致缺一句。

〔六〕〔七〕所补之句,依《赛古赞本》,以使句意完整,上下对应。

〔八〕此句，《赛古赞本》记为："板撒六扇凤凰音。"

〔一〇〕最后四句，《赛古赞本》记为："休说在上恩官鉴，感得神灵侧耳听。瑶池未献头一盏，比及供端先参神。"正见本篇用于头盏"未献"时，故校改。

路　台〔一〕

古庙神灵两边排，神首急(及)早赴蓬莱(棚来)。

殿上立定主神官，五音六吕(律)在心怀。

两傍(旁)立定合社人，妆神摆(扮)鬼摆(搬)上来。

主神官是高台将，举手(起首)开山将(讲)路台。

夫路台者，出于汉明帝在位建修此台。此台未立，明帝驾崩。后传于(至)唐明皇坐其天下，又要修此台。有袁天罡、李淳风二臣奏上一本，言说当日汉明帝建修此台，台未修[成]明帝驾崩，我主又修此台，恐江山不稳、社稷不安。说的是明帝(明皇)心头大怒，将二臣才打了四十金头玉棍。二人出的午门气绝身死，不在话下。明皇出下冬(圣)旨，建修此台，台高三丈三尺，按上三十三天。台上有四角，按一年四季，乃是春夏秋冬。台上有柱顶石八块，按一年八节。何为八节？有明八节、暗八节。夫明八节：正月十五元宵节，二月二龙蛇节，三月三清明节，五月五端阳节，七月七荷花节，八月十五中秋节，九月九重阳节，十月一寒食节。者(这)为明八节。夫暗八节者：立春是一节，立春四十五日春分是一节，春分四十五日立夏是一节，立夏四十五日夏至是一节，夏至四十五日立秋是一节，[立秋]四十五日秋分是一节，秋分四十五日立冬是一节，立冬四十五日冬至是一节，冬至四十五日(按，此六字多余)。者未(这为)暗八节。台上界板石二十四块，按一年二十四气：正月立春、雨水，二月京折(惊蛰)、春分，三月清明、谷雨，四月立夏、小满，五月芒种、夏至，六月小暑、大暑，七月立秋、处暑，八月白露、分社(秋分)，九月寒露、霜降，十月立冬、小雪，十一月大雪、冬至，十二月小寒、大寒。者(这)为二十四气。台上有明柱、暗柱二十八棵，按周天龙(轮)二十八宿：角亢氐房心尾箕，斗牛女虚危室壁，奎娄胃昴毕觜参，井鬼柳星张翼轸。这为二十八宿。台上有砌地砖七十二个，按一年七十二应候。台上(顶)有筒瓦三百六十个，按一年三百六十日。唐明皇又传二道圣旨，将袁李二臣一个埋在东一壁，一个埋在西一壁。一个口朝上，上场张口；一个口朝下，下场合口。男乐上场来走了五步,按了五音;女乐上场来走了六步,按了六吕(律)。东古门道有[几]般乐器,西古门道有[几]般乐器。东古门道者:大鼓、铜锣、肤扒(钹)、号头、府(缶)瓦。西古门道有五般乐器者:笙、箫、笛、管、板。台上挂三面牌,一面路台,一面乐台,一面戏台。凡祭祀者,天子祭其社稷,文武祭其山川,百姓祭其宗祖,端功(公)祭其神鬼,乐家上场路台〔二〕。恐君不信,有信(诗)为证:

　　汉明帝广有铺排,唐明皇主祭到来。
　　立此台三个名讳,听前行细说安排。
　　真明主口传圣旨,普天下修盖庙台。
　　才留下响(享)赛神灵,会戏乐才为三台〔三〕。
　　上按了九宫八卦,下按了天地三才。
　　主神官殿上掌礼,伶伦人动起乐来。
　　掌礼是仁义礼智,动乐时鼓响锣筛。
　　吹的是五音律吕,打的是古论边(编)排。
　　喜今载五谷丰登,响(享)赛罢永无祸灾。
　　伶笼(伦)人台上奏乐,唐明皇敕封三台。

【注释】

　　〔一〕此篇,即《前行讲三台》,《听命文集》《赛场古赞》《赛乐食杂集》本均记。此篇略简,不太准确。
　　〔二〕此"乐家上场路台"一语,实言乐户艺人"上场"表演时先祭"路台"。见前各本所记:"享赛祭神,乐人先祭楼台。"
　　〔三〕此"会戏乐",指会台、戏台、乐台,因一台三名,故言"才为三台"。

戏　竹〔一〕

　　戏竹古往自(至)今留,先朝历代起根由。
　　总无降龙伏虎意(艺),善步(治)龙瑶(蛇)总后收。
　　花帽从(丛)中为总领,锦衣邦(班)内是(最)为头。
　　五音律吕宫商调,鼓板全凭语话(话语)周。
　　夫戏竹者,有三元戏竹:天元戏竹、地元红竹、人元戏竹。夫[天元]戏竹者,出自轩辕皇(黄,以下径改)帝在位坐起天下,四海安(宁)静,八方安然,海晏河清。有蚩尤作乱,轩辕黄帝拜风候(后)为印(帅),牙(迓)鼓孩儿作为先峰(锋)〔二〕。到寿章(张)县无影山降伏了蚩尤,将老皮扒将下来,瞒(鞔)成一面大鼓。鼓上四环八钉,四环按一年四季,八丁(钉)按一年八节。鼓上有铜丁(钉)三百六十五个,按周天三百六十五度。留于后人响(享)赛神灵使用。话说轩辕黄帝心中大喜,就在金殿罢(摆)酒,赏风候(后)、牙(迓)鼓孩儿。饮酒之时,轩辕黄帝手持班(斑)竹主(柱)杖,往梧桐一急(击),急(击)成三百六十根散头,按一年三百六十日。有锁(销)金头绳两根,一长一短,长者按天,短者按地。恐君不信,有诗为证:

  轩辕黄帝立宗庙,蚩尤作乱山中闹。

  先拜风候(后)为上将,牙(迓)鼓孩儿都知道。

  扒下皮来瞒(鞔)成鼓,传于后人取笑欢(欢笑)。

  轩辕黄帝击梧桐,天元戏竹以公道(依官调)。

扶(夫)地元戏竹者,乃是威(卫)灵皇帝所置以(遗)留。灵公未立戏竹,者(这)灵公驾崩〔三〕。传于尧王老爷坐起天下,三个年号:甲辰,甲辰,又甲辰。三年[号]坐其天下七十二载,寿活一百单八岁。眼观[不]见龙楼凤阁,耳听不的(得)山呼。急选(宣)四臣:高辉(皋陶)、许由、奚(羲)仲、奚(羲)和。许由承(丞)相辞职入山修仙去了,留下高辉(皋陶)访贤。访至历山,访见舜子,取进朝中。尧王有二公主娥皇、女英,与舜子为妃。尧王让位,舜子坐其天下。此乃一场大喜,就在金殿排(摆)酒搞(犒)赏文武。饮酒中间之时,舜(尧)王手拿班(斑)竹望梧桐一击,击成七十二根散头,按一年七十二[应]候。春木旺七十二日,属甲乙;夏火旺七十二日,属丙丁;秋逢金旺七十二日,属庚辛;冬水旺七十二日,属壬癸。中央戊己土,万物为地(地为)主也,第一阴阳之精也。春三月,正、二、三月,桃杏花初开初放。夏三月,四、五、六月,龙蛇花开放。秋三月,七、八、九月,黄菊花、白菊花开放。冬三月,十、十一、十二月,款冬花、奈冬花开放。乃是七十二应候也。上有七节,按北斗七星:贪、巨、禄、文、廉、武、破。百锁金(有销金)头绳两条,一长一短,长者按阳,短者按阴。恐君不信,有诗为证:

  尧王让位两三番,大小文武立殿前。

  娥皇女英为皇后,舜子祭基天下传。

  音领宫商角徵羽,五音律吕世周全。

舜(尧)王喜乐击梧桐,地元戏竹按宫商。

扶(夫)人元戏竹者,乃是唐明皇帝王所治(置)。明皇在位,四方安静,八方安然。西凉国缺少三年进奉,进来八个蛮王,能舞会唱。明皇犒赏蛮王,惊动杨妃,言曰能舞盘中之曲,就在金[殿]舞了一遍,唱了一曲,赫(吓)退蛮王。恐君不信,有诗为证:

唐明皇帝真有福,八个蛮王进宝物。

蛮王本是偏邦斗(头),英才女子天下无。

五音律吕世间稀,音按宫商角徵羽。

笑死朝中文共武,杨妃单舞盘中曲。

杨妃舞曲中间,击散九分之数,却(结)末盘中之曲。唐明皇手拿班(斑)竹(柱)杖,望梧桐一击,击成二十八根散头,按上方二十八宿,按下方二十八般宫调。谨按戏竹上边,上长五尺六寸,按下方五音律吕(六律);内有四寸方圆,按一年四季春夏秋冬;外班(端)一尺二寸,按一年十二个月。内管了二十四气:正月立春、雨水,二月京折(惊蛰)、春分,三月清明、谷雨,四月立夏、小满,五月忙(芒)种、夏至,六月小暑、大暑,七月立秋、去(处)暑,八月白露、分社(秋分),九月寒露、霜降,十月立冬、小雪,十一月大雪、冬至,十二月小寒、大寒。者(这)为二十四气。一百小香(杳)为一抄(沙),十抄(沙)为一刻,[八刻为一时]〔四〕,十二时为一日。一年为四季,大小月不足一年乃闰月也。按天上有八卦:乾、坎、艮、震、巽、离、坤、兑〔五〕。十天干者,甲、乙、丙、丁、戊、己、庚、辛、壬、癸。十二时者,子丑寅卯,辰巳午未,申酉戌亥。九曜星官者,一罗猴(睺),二土星,三水星,四金星,五太阴,六火星,七计都,八太阴,九木星。戏竹上边八般乐器,金、石、丝、竹、匏、土、革、木,金为钟,石为磬,丝为弦,竹为管,匏为笙,土为韵(埙),革为鼓,木为板。二十八宿者:角亢氐房心尾箕,斗牛女虚危室壁,奎娄胃昴毕觜参,井鬼柳星张翼轸。若论细说者,正、二、三月为止(之)春,桃杏花初开初放,旺其土王用事十八日,可动七般宫调,黄钟宫、林中(钟)宫、微中(应钟)宫、无射宫、[夹钟宫]〔六〕、中(仲)吕宫、大吕宫,按角、亢、氐、房、心、尾、箕。夏三月,四、五、六月,柘(石)榴花、太子花初开初放,旺其土王用事十八日,可动[七]羽调,黄钟羽、林钟羽、微中(应钟)羽、无射羽、角中(夹钟)羽、中(仲)吕羽、大宫(吕)羽,按斗、牛、女、虚、危、室、壁。秋三月,七、八、九月,黄菊花、白菊花初开初放,旺土王用事十八日,可动七般商调,黄钟商、林钟商、微(应)钟商、无射商、角中

(夹钟)商、中(仲)吕商、大吕商,按奎、娄、胃、昴、毕、觜、参。冬三月,十月、十一月、腊月,款冬花、奈冬花初开初放,[旺土王用事十八日],可动七般角调,黄中(钟)角、林中(钟)角、微中(应钟)角、无射角、角中(夹钟)角、中(仲)吕角、大吕角,[按井、鬼、柳、星、张、翼、轸]。戏竹上有香球子一个,按上方破军星。有锁(销)金头绳两条,一长一短,长者按大建三十日,短者按小建二十九日。上有五般颜色,青、红、白、黑、黄,按金、木、水、火、土。上有清浊二气,清为天干,浊为地支。雪雍户头,人过山川,世上人说真假,南北共西东[七]。戏竹古论,上通天文,下知地理。天上有五星,金、木、水、火、土。地下有五岳,衡、恒、太(泰)、华、嵩。人有五德,温、良、恭、俭、让。乐有五音,宫、商、角、微(徵)、羽。五方相合,左必太阳,右必太阴。四七共成二十八宿,治(置)下二十八般宫调,按了二十八般乐器。恐君不信,有诗为证:

  唐明皇竹击梧桐,将班(斑)竹击散九分。

  敕封为引头(人元)戏竹,分散头二十八根。

  四根竹正安(按)东方,甲乙木春动七官。

  东列宿尽按乐器,角木蛟治(置)下银凤笙争(银筝)。

  井木犴治(置)下土韵(埙),奎木狼治(置)下摇(瑶)琴。

  斗木獬排笙自造,东奏动风(声)美音清。

  四时顺阴阳和合,却(结)末了春动七官。

  四根竹正安(按)南方,夏丙丁火徵七官。

  室火猪治(置)下云罢(韵钟),尾火虎治(置)下凤笙。

  翼火蛇治(置)下腔(羌)笛,觜火猴留声清音。

  四时顺阴阳和合,却(结)末了夏徵七官。

  四根竹正安(按)西方,秋可动七商之官。

  牛金牛治(置)下大鼓,鬼金羊花(羯)鼓声音。

  亢金龙造下方向(响),娄金狗必动杀声。

  四时顺阴阳和合,却(结)末了秋商七官。

  四根竹正安(按)北方,壬癸水冬占(角)七官。

  毕水貐治(置)下云箫,参水猿治(置)下择琴(鹧鸪)。

  轸水蚓治(置)下腔(羌)笛,箕水豹丈古(杖鼓)先逢(锋)。

  四时顺阴阳和合,却(结)末[了]冬动(角)七官。

四根竹正按中央,戊己土林钟之宫。
氐土貉治(置)下水盏,柳土獐治(置)下月琴。
女土蝠治(置)下琵琶,胃土雉箫管之声。
四时顺阴阳和合,却(结)末了林中(钟)之宫。
四根竹正按月光,正按了越调之宫。
张月鹿造下风(凤)琴,心月狐治(置)下宗单(轧筝)。
毕月乌头管先逢(锋),危月燕月中越调。
四时顺阴阳和合,却(结)末了越调之宫。
四根竹正按太阳,正按了黄钟之宫。
房日兔治(置)下鸦(雅)调,虚日鼠置下风(凤)笛。
昴日鸡治(置)下拍板,星日马治(置)下胡琴。
四时顺阴阳和合,却(结)末了黄钟之宫。
论二十八般乐器,按周天例上接神〔八〕。
君君立(句句里)分的无差,一件件讲的无穷(分明)。
这便是阴阳和合,古往今三本乐星。
周乐星四十八调,三百八(又)六十曲名。
唐乐星四十大曲,一一的传后乐星。
宋乐星珍馐百味,按四季奉祭神灵。
正二三正按春季,甲乙木春动七宫。
四五六正按夏季,正按了夏微(徵)七宫。
七八九正按秋季,秋可动七商之宫。
十一二正按冬季,冬可动宫(角)调之音。
安(按)四季商徵角羽,此乃是春夏秋冬。
祭神灵可动阳乐,除非是古论乐人。
若还是奏动阴乐,除非是和尚道人。
孔圣人文章之主,乐星君留下五音。
尧王把主神留下,掌礼义敬奉天宫。
若还是差了曲调,叫房师(教坊司)祸害临身。
古往今不动商调,甲辰建不动黄钟。
动黄钟使捶擂打,瞒不过遭恶神灵。

好社首虔诚致祭,买伴(办)下花果香灯。

宰黑猪又杀白羊,造神盘白面油清。

祈愿的神灵护佑,祈愿的众神来临。

祈愿的来格来享,祈愿的降福除凶。

祈愿的皇图永固,祈愿的帝道遐昌。

祈愿的万民乐业,祈愿的五谷丰登。

祈愿的风调雨顺,祈愿的福寿康宁。

祈愿的边关宁静,祈愿的海晏河清。

祈愿的诸邦朝见,祈愿的永无战争。

祈愿的君正臣贤,祈愿的万岁当[今]。

明皇戏竹古今传,清(倾)朝文武立殿前。

戏竹台(抬)是臣使(施)礼,戏竹排动奏管弦。

依今(谨依)官商角徵羽,二十八宿要周全。

明皇敕封为戏竹,祝鑽(赞)吾皇万万年。

【注释】

〔一〕此篇《戏竹》,也称《三元戏竹》《前行分戏竹》,《听命文集》《赛乐食杂集》《赛场古赞》《赛古赞本》均记。然而只有《听命文集》与《赛场古赞》两本所记相同,其他各本或详或略内容各有出入。此篇倒像是综合各本内容的一次加工。因此,除对个别明显失误加以校改,其他不再细校。

〔二〕此句"迓鼓孩儿",他本记为"亚服(父)孩儿"。"迓鼓"起于宋代军中,属面具表演(亦指所用曲调),从而"迓鼓孩儿作为先锋"亦可说通。

〔三〕以上涉及"卫灵公"数语,既类《听命文集》《赛乐食杂集》所记,言地元戏竹属"卫灵皇帝所置遗留",又言"灵公未立戏竹"已经"驾崩",显然自相矛盾,且见之下接记"尧王所置遗留"云云,正类《赛古赞本》所记。显然,本篇讲唱曾参照各本所记,想"合理"两说。然而,言"灵公驾崩"才又"传于尧王",却颠乱历史,成了笑话。

〔四〕"八刻为一时"一语,原本无。为使上下语意贯通,今依《赛乐食杂集》所记补入。有关"杳""沙"等,详前注。

〔五〕此"八卦"一语,显得突兀。按《听命文集》本记,之前先说戏竹"上有八节",之下才对应说到"八卦"。以下还有类似情况,皆可比照《听命文集》所记,不再说明。

〔六〕"夹钟宫"原本缺漏,为成"七宫"之数,今参照其下所记补正。以下类似情况还有,不再出注。

〔七〕以上四句，《赛乐食杂集》本记为："雪里六花成，江山何日旧；使人不辨真假，南北共西东。"可参考。

〔八〕此句以下，论"二十八般乐器"与"二十八宿"的对应关系。但因历代传抄的失误和改动，致其各宿对应的乐器并不准确。以下所记乐器不够二十八件，并有重复，且与他本所记不尽相同，权存原貌。

百花盏〔一〕

古（鼓）乐看成（堪称）第一功，一声锣响唤先逢（仙朋）。
笛吹美令羽（如）鸾叫，板撒六扇凤凤（凤凰）音。
金钉定（钉）就兽（驼）皮鼓，伶珑（伦）之子（字）在其中。
上告恩官且雅静，千里龙神在上听。

今日是广飙（阳）正赛，广者，何（呼）为是大乐（也）；乐（阳）者，按者（着）阴阳二气。殿上主神掌了大礼，次（在）下是我前[行]掌了大乐。礼从天生，乐从地长。礼云礼云，乐云乐云。礼云是按被人和之载（礼云是玉帛云乎哉），乐云是钟鼓音和之载（乐云是钟鼓云乎哉）。天气和，四时顺；地气和，五谷生；人气和，五脏六腑[皆]安；乐气和，打八音皆响。会赛（回转）过来，天气不和，四时不顺；地气不和，万物不生；人气不和，五脏六腑不安；乐气不和，打八音不响，要响者乎（胡）为乱响。

六律条条（调和）按五音，按春按夏按秋冬。
休笑箫古（鼓）喧喧闹，古（鼓）乐响处的太平〔二〕。

神农设计（祭）起根原（源），文王交计（郊祀）祭龙天。
丙丁之地安神位，茶果香灯花奉神（献）。

扶（夫）百花头盏者，出于周文王首（手）内。因祭南郊，可用丙丁之地，上七里之内、下五里之外，盖明堂大庙一座。二八月丁日祭祀，祭的是国朝社稷、天地山川、风云雷雨、五土五谷。大成至圣孔子文宣王、昭列五（烈武）成王、威灵大乐元君，这都是当今（祭）之神。凡祭祀神灵者，要用五般供养，是那五般供养？茶、果、香、灯、花。扶（夫）茶者，有数般茶：金桂茶、白丹茶、脑射（龙麝）茶、香茶、紫碧玉银（芽）茶。茶有三岛真仙用，何况（堪）神前不献茶。

御宴先中(茶宴献盅)酒宴成(陈),述言(赴宴)常谈茶根深。

有人打的清凉味,一杯清茶可奉神。

茶好奉神,感(赶)不上果好奉神。若论果者,各地而生:江(冀)南小枣,魏府义(鹅)梨,河阳县柘(石)榴,西川常进琵琶(枇杷)果,杨(扬)州常进花蓝(篮)柿。四季要用桃杏李("李"字衍)梨,品卜李奈(干脯栗榛)好奉神。

桃杏李奈(栗榛)柿饼霜(珍),石榴龙眼荔枝新。

西川常进琵琶(枇杷)果,四季呈来好奉神。

果好奉神,感(赶)不上香好奉神。若论香者,有几般名香:杨(扬)州降真香,万里终南第一香,湖广江南马牙香,玉只(交趾)国白坛(檀)香。奉神千般用,先焚一炉香。

谨发虔心告上苍,年年响(享)赛用五杨(永无殃)。

满斟玉叶(御宴)三杯酒,奉神全凭一炷香。

香好奉神,敢(赶)不上灯好奉神。若论灯香(者),有季名(四明)灯,常滚不灭绣球灯,吾佛面前万寿(年)灯,天子面前照艳(宴)灯,金灯、银灯、水灯、肆(转)灯。一(日)月光明照万里,夜晚全凭一盏灯。

止有灯光不顺情,不论贫富一般明。

有人识的灯光意,万里江山常常隆(掌握中)。

灯好奉神,敢(赶)不上花好奉神。若论花者,分春夏秋冬四季开放。正、二、三月为止(之)春,桃杏花初开初放。土王用事一十八日,此花按土为中,此花蕊心大发,正可好奉尊神。今有杜甫作诗一首,有诗为证:

昔年今日此地中,人面桃花相映红。

人面不识春色老,桃花依旧美春风。

四、五、六月为止(之)夏,石榴花、太子花初开初放。土王用事一十八日,此花按土为中,此花蕊心大发,正可好奉尊神。今有苏子詹(瞻)作诗一首,有诗为证:

一朵花木出墙来,花出墙东满地红。

若的一顶真纱帽,满川花色入城来。

七、八、九月为止(之)秋,黄菊花、白菊花初开初入。此花披(按)土为中,土王用事一十八日,此花蕊心大发,正可好奉尊神。今有黄巢作诗一首,有诗为证:

被(彼)花发来我不发,我花被花(发时)乱河沙。

等到来年秋九月,满川都挂黄金甲。

十、十一、腊月,为止(之)冬,款冬花、奈冬花初开初放。土王用事一十八日,此花按土为中,[此花蕊心大发],正可好奉尊神。今有鲁秋胡作诗一首[三],有诗为证:

红女红光喜(黛梅红光佁),此花落色红(其花落色黄)。
学会终有意(可惜冬花意),必定寿西星(不免受恓惶)。

今有天花、地花、盖世穷(琼)花栾(恋)诗一首[四]:

尊花是当今皇帝,桂花是龙子龙孙。
牡丹花正宫皇后,地棠花三宫六院。
海棠花三千美女,稻梨(茉莉)花八百姣云(容)。
紫竹花绵片(锦遍)京城,一齐(玉砌)就一旦(条)花阶(街)。
十样景花花官殿,文武在万花丛中。
南收了花鲁之地,北赛就花世乾坤
东鲁退花城百座,西才顺花界之中。
四夷归花世乾坤,八满(蛮)花敢奉帝君。
风雨顺百花普降,五谷丰花柳争春。
四时花常开不射(谢),八节锦(景)冬地而(百花长)生。
活世尊龙花(华)会上,传花言十代高僧。
发花(法华)经一齐诵念,朝佛祖莲台花生。
皇宴(黄垆)会香花供奉,奉三清花丽(里)真容。
聚有(众)僧花(华)经齐念,朝天板(忏)花语谈论。
穷(琼)林宴天花敬赠,儒学高花样(华夏)争荣。
都过中(中过)文花(花文)金榜,黄金榜标写花名。
月殿里桂花香(攀)折,步蟾宫花锦荣身。
普(尽)高升花城百(摆)座,插宫花镇守黎民。
官清正花言问事,民安乐花言(雨)和风。
喜花言(年)今朝赛罢(会),五谷丰花果香灯。
扮杂剧风花雪月,莲花座安下尊神。
主神官花文宣念,先(献)生花十分齐王(整)。
礼乐和花美奉神[五]。

写下俺花名善(散)乐,有前行花论古今。
奏五音花宴谨奉,花厢(腔)鼓响亮雷鸣。
众社首不用花说,准备下犒赏花红。
五花棚仙云罩就,造御宴花美珍羞(馐)。
忏则酒(举)花花响杖,亭则门(子们)花布手巾。
厨下人花宴拌(办)造,直(置)盘果花样十分。
大(花)社首齐心一举,凭花言说(约)会众村。
各家家化(花)费钱粮,置伴(办)就花宴奉神。
各花户人人如此,夔花梁斗拱房深。
花世界人人安乐,锦乾坤花世清平。
老爷爷桑(椿)花更(便)落,老奶奶雪(萱)花年尊。
当家长神(身)花康健,正当年荣(如)花万(逢)春。
院本是五花坐点(妆扮),合社人荣花(华)长春。
分(扮)八仙湘子花蓝(篮),且看他本处花名。
迎春花初开初放,夏荷花爱杀(煞)人心。
秋海棠新花开必(毕),冬景花土内藏身。
看穷(琼)花失了杨(炀)帝,五花棒打死混(昏)君。
说的百花头一盏,凭花言巧语谈论。
一片(篇)是七字花语,百花会敬奉天宫。
花牙(衙)茶乐(衙)天地献,花乐人心增(争)早晚。
龙花(华)会上增(赴)瑶池,人老河从(何曾)花自显。
笛内吹的花字真,七巧(窍)里边花自献。
女人一似显(献)花童,用手卜开花香(象)板。
花花美美凤凰音,美美花花婴武转(鹦鹉啭)。
锦上添花奏一曲,百花会上献头盏。

【注释】

〔一〕《百花盏》,又称《百花赋》《百花会》,前《赛乐食杂集》《赛古赞本》亦记。为不失本篇原貌,基本照录,注释从简。

〔二〕以上乃所加的开篇,属"书帽"式引段,凡长篇讲唱均可套用。之下才是《百花盏》正文。

〔三〕所谓"鲁秋胡"诗,见前各本所记不尽相同,本篇所记更文理难通。故之下将较为相近的《赛乐食杂集》所记的对应句附后,以便比照。

〔四〕"恋诗"即"缴恋诗",《赛乐食杂集》《赛古赞本》特又再抄,强调"与行院同","照这个念",说明乐户艺人早有误传乱念者。此篇"恋诗"由乐户所传,可见其误传乱念的真实存在。以下,除校改某些字词,基本照录。

〔五〕此处实缺一句。因其叙述混乱,与他本差异较大,无法确知所缺何句,故不补。

[庆寿时讲二十八宿]〔一〕

山高风凉透九天,只因上寿到此间。
东山上星辰乱闪,角木蛟显出灵光。
斗木獬雄心抖抖(擞),奎木狼自称奇能。
斗木犴自在清凉,四宿星镇守东方。
南[山上]多能变化〔二〕,[尾火虎××××]。
[室火猪××××],觜火猴奔山跳涧。
翼火蛇绕火(山)乱川(串),四宿星守定南山。
西山上金风凛凛,牛金牛大显神通。
娄金狗金地出现,亢金龙八爪威风。
鬼金羊扶主定驾,四宿星落过凡尘。
北山上吹水沉沉,箕水豹怒气冲天。
壁水貐龙门出现,参水猿张目(牙)舞爪。
轸水蚓世相(像)龙形,四宿星注(住)在坎宫。
中心上岭高千丈,氐土貉住在中央。
胃土雉夕(栖)身展翅,女土蝠(蝠)飞上九天。
柳土獐杨(佯)狂乍舞,四宿星都在中央。
左山上狡(蛟)龙吐水,昴日鸡叫省(醒)人间。
星日马日行千里,房日兔占(沾)了月光。
虚日鼠夜晚行走,四宿[星]占定日宫。
右山[上]猛虎返身,危月燕腾云驾雾。
毕月乌不见身形,张月鹿衔花献寿。

心月狐以(亦)似熊形,四宿星都在天(月)宫。

言不尽此山星宿[三]。

【注释】

〔一〕此篇原与上篇接连抄记,无篇名。其中提到"只因上寿到此间",与"庆寿"有关;又提到"言不尽此山星宿",正讲及"二十八宿"。故将其单列为篇,立名"庆寿时讲二十八宿"。按赛社庆寿仪规,寿星、八仙一行要向众神祝寿添寿;与"玉皇"添寿(三盏)有关,见前《唐乐星图》本正记有《二十八宿朝玉皇·一单舞》。按此,不但本篇正可用于"庆寿"时,且可用于向"玉皇"祝寿时的第三盏之舞,正属《二十八宿朝玉皇》队戏歌舞的前行词。另,此篇他本无,有的缺字无可参照,只能空开。

〔二〕此句之前讲及"东山上",其后又讲到"西山上"等,故知此句实缺"山上"二字,今补。以下类此而补者,不再出注。

〔三〕此句原在"四宿星都在月宫"一语前,顺序颠倒,今调整。另,此句实非结束语,至少还该有个下句。

[庆寿时讲寿星献画][一]

一派仙音在丹墀,许多仙子降凡尘。

只有(因)众(尊)神今日寿,降出人间广寒宫。

夫星君者,吾(晤)领众仙,特来与诸神庆贺添寿。奈我仙家清冷淡卜(泊),以(也)无甚意(礼),此间有草庐野画一幅,奉与诸神。星君将此画奉上,尊神接画一观。上边也无有仙宫洞府、帝阁王都、龙虎毛翅(羽)[二]、楼台殿阁,以(也)[无]山川草木、琴棋书画,只有一座仙山。尊神冷笑,此画有何诹(趣)处?尊神谁(虽)无金语,心中斟量。南极星君早知其意,曰:"我这画,价值黄金万石,人间就是万国九州吾亦不换。此画抱(包)藏龙宫水府、仙洞神祠、四大神洲、森罗万象、日月星斗、万国千邦,有无穷无尽之贵处。"恐(诸)尊神不信,将此画复回于星君。南极公接画在手,用两手一展,纸上边(便)落一座仙山。初见时半明半暗,一时间不见了山中景色,凡间赛社现出一座城池[三]。仙公(尊神)看来看去,只见那山中高万顶,山间几千重重。其山,中长(高)的上接天宫,山顶上流者(着)水,银珠滚浪;山间下冰雪,占了乾坤。东山打鱼(渔)鼓仙童歌唱,西山上拍仙板仙女吹笙,南山上嘹亮英雄(麋鹿成群),北山上虎豹争荣(狰狞)。山岩前山兽咆哮,山后头山鸟叫亮(鸣),山左畔山猴扒串(蹿),山右畔狐狸撒欢。东山岭靠着南山岭,西山岩接着北山岩。又只见一条(片)串山云,一条蚰蜒小道。南极公请众神上山去观景界,诸神遂这(随着)星君上的山来,台(抬)头四顾,高山清秀,万紫千红,真来(乃)说不尽的气色,言不尽尽(的)佳景。恐君不信,有诗为证:

　　山是昆仑山,秀气不(乃)非凡。
　　世人也(若)能到,就是不老仙。
　　东大神州景色新,山远水绿水源通。
　　万载神仙居此处,紫宫玉阁山色稳(中)。
　　金殿玉楼海内风,仙桃仙果神前献(奉)。
　　千年花酒酒加封,只将画阁奉神灵。

【注释】

〔一〕此篇原与上篇接记,无标题。依记,见言"尊神今日寿",仍与"庆寿"有关,不但见言"许多仙子降凡尘",正可用于"八仙庆寿",且言"南极星君"(即寿星)时有"野画一幅,奉与诸神",正属"寿星献画"时的前行讲唱,故加此题。

〔二〕此句"毛羽",代指禽鸟。

〔三〕此句言指寿星所献画中的"仙山"已落在"凡间赛社",正指赛场所搭的"山棚",不但正类该本之前《观筵》诗赞所讲(前《赛乐食杂集》所记的"讲古论"也仍用作插段),正有仙山仙水、亭台楼阁之类,且与之下接记的多篇"祝山"诗赞相关。

祝　　山〔一〕

　　远观南山古路,近看林踈(疏)云底(低)。
　　曾(近)见的山林贵(桧)柏,远观见山林奚(稀)奇。
　　鸾鸟凤晚(宛凤)音,罗(挪)步鸟声啼。
　　涧下水曲曲,扒似(跋涉)打柴人。
　　山内亘山浑(辉),山鸟叫山人。
　　山鹿山头走,山狗随后根(跟)。

涧水想(响)班班,贵(青)草绿依依。

千块古怪石,狼虎交驾(加)走。

野雀来往飞,猿猴来摘果。

青山如静(靛)染,红山赛大红。

北山黑染成,黄山黄金棋(漆)。

五山五彩分〔二〕。

一山未尽一山新(行),十里全无半里平。

从(借)问老僧要此去(遥指处),远观一代(带)南山景〔三〕。

【注释】

〔一〕此类"祝山"诗赞很多,与前《听命文集》等本所记相类,可参照比较。

〔二〕此句之后至少缺一下句,不全。

〔三〕最后四句与前《听命文集》本"夫山者"一篇的结尾四句基本相同,故参照校改。

祝　山

古是(时)米(麋)鹿,世上罕奚(稀),怎(只)见的此山米(麋)鹿[成群]。白石林林,青草凄凄(萋萋)。白石林林,有腾云驾雾之相;青草凄凄(萋萋),有云华□秀(锦绣)之形〔一〕。林中烟医(翳),不见太阳之出没;百花开放,不知是春夏秋冬。有日光不临之地,有群仙游(幽)静之处。龙蛇绕山走,猛虎不住亭(行)。飞禽空中声,好语(与)朝廷作栋梁〔二〕。远观只在山顶上,近看通如齐天平。以(微)风一动林中响,细雨所洒花便红。谁言(虽然)是莆(铺)荒草地,也角(觉)古今世间稀。有人若到此山中,除非是串(穿)登云履。

【注释】

〔一〕此句原本留一空开处,实缺一字,今依意补。

〔二〕此上下句,未贯通。上句"飞禽空中声"之后,应有与其对应一语,而且之后接说山中林木之高壮,才可接"好与朝廷作栋梁"。按此,上下句之间至少缺失两句。

祝　山

　　山前风暖,岭后风寒。苍松贵(桧)柏,瑞草亭帏(苇)。石梁桥生的显(险)恶,虎头山长就巍巍(的巍峨)。成再(城寨)依山,方塘净水,有千米乱(年来)的蛟龙。成再衣(城寨依)山,有万载的好仙子。你看那班班响(竹)翠色苍苍,涧中流水响叮当。猿猴摘果,米(麋)鹿衔花。樵夫执斧半山坡,美(氓)老夫(扶)犁过俊(峻)岭。山岭如壁,山路奇渠(崎岖)。山前胃(曾)见百花飞,山后也见树好(和)鸟。此山不见[底],长生青云梯,樵夫失了脚,三年才到底。

祝　山

　　远看一座山,近看雷(绿)班[班](斑斑)。顶上风飘飘(飒飒),崖前树影寒。飞鸟林中起,走兽好难观。林中松千悬(崖),青青竹已干(杆)。咆嗽(哮)是仓(苍)狼,夺食吼叫,着饿争谗(馋)。猿猴日("日"字衍)常啸寻仙果,米(麋)鹿衔花上翠栏。风霎霎,水潺潺,暗斗(岸陡)有鸟无见(飞涧)观。几处铜锣帝文指(藤萝滴润脂),满池映草杂香兰。凌凌怪石,磊磊风寒。狐狸成群走,猿猴作对玩。行正愁,多显(险)处,奈何古道又连环。

祝　山[一]

　　赞叹此山凄凉(奇样)景,只(直)到东洋大海中。
　　山凹美景真绣(秀)色,万丈深滴(的)水津[津]。
　　重重垒垒(叠叠)面(高)山顶,曲曲湾湾(弯弯)永(水)又行。
　　青柏长在青云内,走兽獐狍半天空。
　　只看此山奚奚(稀奇)少,现出一厢碧天宫。
　　眼观山上垒垒重,万重山水水澄清。
　　山凹山尖生云雾,万重山雾雾腾腾。

山雨成河水声响,振(震)断山路无人行。

狼猴狐狸山上走,山鸟朝朝日日鸣。

走(有)山鹿衔花来奉献,桧柏长长世世青。

山来鹿住在山中[二]。

山大蟒山中出串,山中蛇赛过老龙。

山圪嘴赛过猛虎,山圪梁摆尾注形。

山桃树山中广有,山黄木长在山中。

山中景千千万万,论古迹无尽其名。

天下名山说五(武)当,神仙圣景(境)甚高强。

山堰(崖)盖者(着)山寺观,山里藏者(着)山道人。

到晚山僧房(访)禅室,山中只听念经(金)刚。

此山可有千万丈,松柏可有万丈长。

真武修仙居此处,正(镇)坐威威(巍巍)壬癸方。

北极玄天为上帝,征(镇)魔除邪师中王。

代管都天("都天"二字衍)诸天诸圣众,保佑江山万代长[三]。

诸神护佑增福寿,合社人等吉(积)安康。

虔心奉神有报应,田地(苗)茂盛万物生。

直月(值日)今日祝鑽(赞)罢[四],五谷丰登贺太平。

【注释】

〔一〕此篇《祝山》,实由两段构成。头段讲及"东洋大海中"的仙山,当是蓬莱仙山一类。二段讲武当山和真武大帝。原本连记,今分为二。

〔二〕此句之前,似缺一句。

〔三〕真武,源于二十八宿中的"北方玄武",因明成祖朱棣起兵燕京,以北统南,假名真武相助,才得帝位,致使真武崇拜盛极一时,既成了"镇魔除邪师中王",又可"保佑江山万代长"。见于上党赛社者,《唐乐星图》等本见列《真武降十帅》杂剧,清末民初仍有《真武降十帅》的队戏装扮。

〔四〕"值月"当为"值日",指赛社当天的值宿。届时,由乐户艺人装扮值宿,念此诗赞,正合"值日今日祝赞罢"所言。

祝 山

一座终南山美景,看不尽绿水青山。
显俊(险峻)岭青山分(翡)翠,山林中树木青(侵)天。
山顶上烟风(云)钻钻(卷卷),山涧下流水川川(湍湍)。
雾雾边边(云雾翩翩)到南山,青山绿水水班班(般般)。
山童把住山桃树,八仙童子庆寿宴。
今日庆贺神明喜,家家户户太平年。

十一 "书表"五本校注

"书表"五本,包括《告白文书本》《乾隆告白文一本》《乾隆告白文二本》《告白文通例本》《祝告表文》,皆从牛小五家发现,与《听命文集》等本同时献出。"告白文"属赛社公告,需张榜公布;"表文"属对神祝告,需写在黄表纸上念于神前。因皆属赛社主礼先生所抄的书表类用本,可互相比照参校,故总名之,一并校注。

(一)《告白文书本》校注

【按】该本高约24.5厘米,宽约27厘米,通为麻纸双折页,毛笔竖抄,右侧以细线装订。封面(如图)左上侧竖写"告白文书本",中间写"大清道光二十五年三月初一日吉立",右下侧竖写"迪吉堂牛宅",分属该本题名、抄立时间、牛家堂号。然而,"迪吉堂牛宅"五字又以墨涂盖,只能从墨涂中辨出字迹,或又与牛家堂号改为"崇道堂"(见前)有关。该本所记内容,前十八个双折页(三十六个单页)皆为书表类,与抄本题名大体相符,之后空开两个双折页(四个单页),又记"队剧花名"等。最

后所记"队舞角单"残损严重,总页数也难计算。所幸前边完好,残损的角单见类《唐乐星图》等本所记,无伤大体。该本虽抄于道光二十五年(1845),其内容却多雍正四年(1726)该县"小关馆"庙赛用文,故将其列为"书表"五本之首。

今考,"小关馆"指该县小关岭上的三嵕庙,祀三嵕神,其神与相邻的屯留县三嵕山相关,由后羿而来,宋代已封为"护国灵贶王",当地多建庙祭祀。宋金以来赛社不绝,民国时小关庙仍有十村轮流主办的大赛。其"十村",即大关(分东西大关)、小关、谷村、董村、常村、鲍村、李收、宋村、李庄、辛庄,并有小村(如河村)附属。牛家居东大关村,位于庙北五里处,属赛村之一,故见雍正、乾隆、道光牛家历任该庙赛社主礼。又因小关岭庙赛每年农历三月初六为正赛,从初三至初八共办六天,故见此本抄立于道光二十五年三月初一,正为当年筹备其赛而抄,仍在传承着相关的古规古例。以下顺次录校。

神传十村香老人等知悉〔一〕

兹因小关馆〔二〕护国灵贶王尊神神位前〔三〕,旧有祭赛之典,盖仿古者春祈秋报,以介我黍稷〔四〕,穀我士女之意而行者也,今已举行多载。庶几三时不害而民和年丰,此皆上帝降康,膏泽下民者也。目今东作之时,干耜举趾,雨雪纷纷,土膏沾足,有生我百谷之象也。社首人等特为布告:旧例定于三月初三日下请,初四日迎神,初五日头场,初六日正赛,初七日末场,初八日送神。各村香老听卫(亭帏)人等,待到初三日不过午时,齐赴厶村拈神下请〔五〕。初四日,各村备用旗伞、故事、神马亦不过午时,齐集此村迎神下馆。享赛三朝,终送神,事毕矣。

一香老听卫(亭帏)人等,理当沐浴斋戒洁净。衣冠俱要新[鲜],不可穿戴无缨素服。若趋事不诚,反以慢尝获罪。各宜省心,以受多祉。

一迎神之日,各村备用旗伞、故事、神马,必当件件精严,端端整肃。如用不堪之物亵渎神明,自取罪咎。慎之慎之。

雍正四年三月初六日〔六〕　谨传

社首厶人〔七〕

启众亲友台览:凡有尽情举贺者,不敢领受。谨止〔八〕。

社首厶人等仝具拜〔九〕

【注释】

〔一〕此标题为该文开头语。因单列,权作该榜之名。由于"小关馆"是由十村轮办的大赛,故称"神传十村"。"香老人等",包括亭子、帏子之类,属主要参赛人员。此篇以下的《乾隆告白文二本》《告白文通例本》也有类似记载,将用以参校。

〔二〕"兹因",另两本记为"照得",较妥。"小关馆",即小关岭上的神庙,因所祀灵贶王出自屯留县三嵕山,此庙属其客居之所,故称"馆"。

〔三〕凡涉"神"文字,依规需另起行,置于一行之首,以示敬重,或在其前空开二字,意同。以下类似情况按照今天的表述习惯,不依旧例。

〔四〕"介",在此作"保佑"讲。如《诗经·豳风·七月》:"为此春酒,以介眉寿。"

〔五〕"厶村"即"某村",指主办赛社之村,届时需写其名。"拈神",另两本记为"拈香",意思相同,实由"抓阄"确定亭帏(前注)。因在神前烧香叩拜,以示由神确定,故称。

〔六〕该庙赛社从三月三日开始下请,初六已是正场(正赛),此时出榜告白早误。依规,此榜应在"下请"之前早出。将其记为"三月六日",或是以主神"诞日"为期的记法。

〔七〕此"社首厶人",当指主办社首,届时需具体填写姓名。

〔八〕此句属附带告白。即顺便再告诉"众亲友"(社众),不要超越神规而"尽情举贺",以致酗酒闹事等,故言"谨止"。

〔九〕此处"社首厶人等",则要写出十村的社首,以便"仝具拜"。

告　白〔一〕

局长并厨下人等知悉:照得春祈大典〔二〕,理当诚心伺候,勿得怠情(惰)废弛。窃以礼之大者莫先于祭祀,人之尊者[无过于]神明〔三〕。祈赛之事,祭祀为首重也。庖厨务要洁净,碗碟务要新鲜。变生造熟,美味馨香,荤素二味清洁,果品个数一般。如有荤素不分,果品不一,盏数错乱者,同众处分。

【注释】

〔一〕此"告白"是对"厨局"人说的,届时张贴神厨门口。《乾隆告白文二本》与《告白文通例本》亦记,大体相同,并以"预白"或"谨预白"作为最后结语。

〔二〕"照得",另两本记为"恭惟",均为开篇启示语。

〔三〕"无过于"三字,原本无,属脱漏。另两本均见,故补。

告　白[一]

晓谕衎衎安(男)乐知悉[二]：照得神赛大典，理当诚心伺候，勿得怠慢废弛。窃以商廷作乐，官设太师；周宝(室)审音，歌颂有瞽。可知伶[工]之奏[三]，原为侑食而陈也。嗣后，乐府专属优人。尔等承揽赛场，宜尽厥心。蟒袍铠甲务要新鲜，标首袄生俱要缘(练)达[四]。男女乐有一定[之]数，不得以老幼[滥充][五]。

【注释】

〔一〕此篇"告白"，是对承应赛社的"男乐"说的，其下又有"女乐"一篇。见于《告白文通例本》，合记为"谕优伶人等知悉"一篇，内容大体相同。

〔二〕"衎衎"，即金元见称的"行院"，亦即乐户。《改并四声篇海·行部》引《俗字背篇》言："衎衎，上杭，下院，俗呼为衎衎，乐人也。"

〔三〕句中"工"字，原本脱漏，今照《告白文通例本》补。

〔四〕"标首"指一标演员的首领。见于男乐，如"前行"；见于女乐，如歌舞中的领唱、领舞。"袄生"，泛指穿着戏衣的男角。此句，《告白文通例本》记为"袄生壮士务要练达"，其"壮士"乃扮如军卒的男者。

〔五〕此句不完整，今依之下"女乐"一篇所记补正。

告　白

晓谕衎衎女乐知悉：照得神赛大典，理当诚心伺候，勿得怠慢废弛。窃以商廷作乐，官设太师；周室审音，颂歌有瞽。可知伶工之奏，原为侑食而陈也。嗣后，乐府专属优人。尔等承揽赛场，宜尽厥心。蟒袍铠甲务要新鲜，标首袄生俱要缘(练)达。男女乐有一定[之]数，不得以老幼滥充；尽(昼)夜有一定之规，不得以偷安干责[一]。卯筵供盏，曲调须按乎乐星；起队杂剧，排场须照于古谱[二]。如有丝竹垂(乖)音，遗漏脚数[三]，故犯不遵，轻则神前责处，重则禀官枷责，快(决)不宽饶。

一女乐伺候出恭入敬，不许与外来之人接面私言，亦不许与社内之人吃席陪酒。不然，执事有格之地，歹(殆)为牵情无忌之场矣。亵渎神明，获罪不浅。朝夕唱盏之时，穿戴俱要齐整。不特大衣外服，必须要即(系)头箍，腰裙亦须谨饬。或以不堪污衣任情搪塞,或以不全装束亵渎尊神位前者,重究不贷。

时谕

【注释】

〔一〕"干",在此指"犯"。用如《左传·文公四年》:"其敢干大礼,以自取戾。"故"干责"在《告白文通例本》中又记为"取咎"。

〔二〕此句以"卯筵供盏"代指每日供盏,以"起队杂剧"代指赛社演出,实言女乐应遵守的礼规。

〔三〕"脚数",指乐曲的拍数。

告　白〔一〕

十村香老并诸执事人等知悉:恭惟春祀大典,须克诚克敬,勿非礼非仪。理当斋戒沐浴,不可饮酒茹荤。衣帽务要洁新,不可穿戴无缨素服。各尽虔心,方可骏奔对越〔二〕。若趋事不诚,反以慢尝护(获)罪。所有诫条开具于后,如有故犯不遵者,即于神前,轻则议罚,重则议责,决不姑徇情面。各宜省心,以受多祉。

一正社首总管一切重务〔三〕。祭品酒茶,须要丰美;香烛桌椅,必须要新〔四〕。如有菲简不堪,以及赏罚不公者,同众处分。

二众社首分管一切事情。须逐日供职,不得远离;派定执事,不许失误。如有失误执事,点名不到者,议罚议责。

一厅卫(亭帏)站班,各照派定次序而立,不可挽(搀)越乱散〔五〕。凡[供]盏之时,须遵雁行而上;拜跪之际,不可喧笑吃烟。如违,议责。

一执棍巡风之役,所以整肃社规也。在外须前后巡查,在庙须不时整理。常行伺候,不得远离。如有犯而不举徇私隐讳者,议责。

一伞夫伺候,小心拥盖,各照次序,谨罩盏盘。若有左顾言他,失误盖罩,以致盘中所献风尘日晒者,议责〔六〕。

一殿上阶下合社执事人等。早听吹打三编(遍),午晚听钟三次,各个漱洗沐浴,诣于阶前伺候。如违,议责〔七〕。

【注释】

〔一〕此篇"告白",涉及"执事人等",届时榜示于庙。《告白文通例本》也有大体相同一篇。《唐乐星图》等本所记的"听命"文字也有类似的记述,也可参考比照。

〔二〕"骏奔对越",言指祀神的虔诚恭谨之状。典出《诗经·周颂·清庙》:"对越在天,骏奔走在庙。""对",本指奉诏应对(如奏对、对策);"越",指其声清澈激扬。"骏奔"言指行动勤快。

〔三〕"正社首"指主社首,即主办社首,相对于协办的"众社首"而称。

〔四〕此句,《通例本》记为"香烛等项,必须齐备"。

〔五〕祀神供盏时,一亭配有一帏,合称"亭帏"。届时,前有前行引领的细乐,后有社首、香老、报食等人随行,故有"亭帏站班""不可搀越乱散"之说。

〔六〕此段所言的"伞夫",可分两类。一者见于"迎神"之日,分执大小伞,大者或称"盖罩";一者见于供盏时,皆执小伞,用以罩食盘,以防不洁之物落入。依古规,每一亭子端盘而行时,前有一名帏子手执响杖,后随一名伞夫执伞。后期从简,只有打小伞者相随,也合称亭帏。

〔七〕结尾处,《通例本》也仍记有"谨预"二字。

宥罪文〔一〕

维大清国雍正四年岁次丙午厶(三)厶日("厶日"为衍字)月癸巳朔初八日庚子之辰,今据山西潞安府长子县钦崇乡河村都河村里〔二〕人氏见在厶村居住奉神。执香社首人暨领合村香老人等,敢照(昭)告于护国灵贶王尊神位前,曰:惟神有灵,感戴无既〔三〕。蠢尔小民,祈报赛三朝。献亨(享)器物或有不度,举动趋跄倘若不恭,尚期神明宥含(函),宽赦罪愆。降以祯祥,绥以福禄。尚亨(享)。

【注释】

〔一〕此"宥罪文"见用于小关庙赛社"初八日",实即"送神日"。依规,当日将诸路客神送走之后,社首、香老人等要往主神大殿叩拜谢罪,届时念此文。盖因开赛之前,社首一行也曾往主神大殿祝禀办赛之意(见下),从而前后呼应,有始有终。此篇正属"雍正四年"曾用的实例。

〔二〕"河村"也称"何村",包括西何、东何等小村,因皆居岚水河旁,又称"都河"。

〔三〕"既"作"尽"讲。"无既",无尽也。

三宗(崇)下请文〔一〕

维大清雍正四年岁次丙[午]三月癸巳朔初三日乙未之辰,今据山西潞安府长子县钦崇乡河村都河村里人氏见[在]常村居住奉神。执香社首厶人暨领合村香老人等,群安福宇(宁),共蒙神庇,诚惶诚恐,稽首顿首。谨言:缘为护国灵贶王尊神春祈亨(享)赛之辰,众圣咸宜格临。谨以清酌之奠,敢照(昭)告于护国灵贶王尊神,命请当地土地为其知客,五道将军开其圣路,天宫地府先传神祇。择于今月初四日在于小关馆护国灵贶王尊神庙内,严饬尊从(道纵),奉迓銮舆,就于本庙作乐致祭,献享三朝[三]。今者下民社首人等,无任惶恐,激切屏营之至。尚享。

【注释】

〔一〕此"三崚下请文"为下请当日的"禀状文"。依规,当日午后办赛人等齐集于庙,先向主神灵贶王焚香祝禀,念此文。因其属于下请日三崚神前用文,故称"三崚下请文"。之后往土地庙正式下请,所念才是"下请文"(见下)。

土地下请神[一]

维大清雍正四年岁次丙午三月癸巳朔初六日戊戌之辰[二],今据山西潞安府长子县钦崇乡河村都河村里人氏见在常村居住奉神。执香社首厶人暨领合村香老人等,群仰膏泽,共沐麻(麻)恩,诚惶诚恐,稽首顿首。缘为护国灵贶王尊神春祈亨(享)赛之辰,诸神皆宜来格。但神位崇高,愚情难达。今拜告于当处土地正神位前曰:百家之宰,一境之司,凡有所祈,必先预报。伏望正神速驰云御,远达神宫。择于今月初四日在于小关馆护国灵贶王尊神庙内,谨严道从,奉迎诸神,就于本庙设乐致祭。敬肃(肃敬)三朝之俎豆,虔供九献之裸将(果浆)。谨陈诸神圣号,惟冀鉴兹来临。

【按】接下具体开列有"诸神圣号",中间两行竖写"昊天金阙玉皇上帝尊神""神农炎帝尊神",左右依次各列十一位尊神,也仍竖写,每低一格,类前《唐乐星图》本所见"禹王庙排神"的格式,只是所排神名不尽相同,此处从略。

【注释】

〔一〕"土地下请神",属土地庙"下请"时所读的祭文,通称"下请文",也称"请状文"。依规,每赛需邀在境诸神齐来赴会,类如请客赴宴,需提前送去请柬,于是就有了前往土地庙"下请"仪式。届时向土地神供三盏,念此文。文中附有所请神名,即该庙"排神"名单。念毕,焚化于土地神前,就算交由土地神代请了。

〔二〕此句所记的"初六日",仍依"诞日"而记。

领羊文〔一〕

维大清雍正四年岁次丙午三月癸巳朔初四日丙申之辰,今据山西潞安府长子县钦崇乡河村都河村里人氏见在厶村居住奉神。执香社首厶人暨领合村香老人等,诚惶诚恐,稽首顿首。谨言:缘为护国灵贶王尊神春祈亨(享)赛之辰,谨以柔(茹)毛之祭〔二〕,敢照(昭)告于昊天金阙玉皇上帝尊神暨两班诸位神祇位前,曰:惟神,神人之主,造化之枢;福国庇民,古今永赖;御灾捍患,弘恩莫报;甘雨和风,至德难酬。兹值春祈享赛之辰,恪陈羊(茹)毛之祭。惟愿以牲以果,来格来歆。尚享。

【注释】

〔一〕此文每用于"献牲"时。此篇见用于"初四日",与"迎神"有关。届时将诸神迎回赛庙,安神就座,见有"下马宴三盏",正可"献牲"。依规,先将活羊洗净领在神前,念毕《领羊文》,以酒洗羊耳,就表示众神已享。

〔二〕"领羊"以祭,以示"茹毛饮血",故称"茹毛之祭"。

寿生(星)表〔一〕

维大清国雍正四年岁次丙午三月癸巳朔初六日戊戌之辰,护国灵贶王表回南极赐寿注生大帝星君位前,尝闻:惟精惟一,道统开两大之间;乃圣乃神,灵光充六合之内〔二〕。福群生之艰难,咸登寿域;护黎庶之疾苦,直跻春台。适际享祀之期,用伸稞将(浆)之诚,恭惟星君阙下圣中至圣功超千圣之尊,神内至神德迈万神之首。伏愿泛浩气以遥临,昭此积悃;乘青云而下降,鉴兹愚情。无任瞻仰,激切翘勤之至。谨复进表以闻。

【注释】

〔一〕此"寿星表",为赛社主神(灵贶王)"回复寿星"的表文。依规,正赛之日(三月初六)寿星赴筵祝寿时,先向玉皇进表添寿,玉皇回以表文;再向主神(灵贶王)进表添寿,主神也回表文,即此篇。该本次序颠乱,见将此表列为头篇。

〔二〕句中"两大"指天地,"六合"指天地与四方。

[朝天表]〔一〕

维大清雍正四年岁次丙午三月癸巳朔初三(六)日乙未(戊戌)之辰〔二〕,南极赐寿星君表朝昊天金阙玉皇上帝尊神御前:伏以于穆〔三〕流行,万物根宗于太极。精微赞化,三才鼓铸于元初〔四〕。云汉灿于千年,阴阳何极;海波澄于百代,日月无疆。配命兴歌,亶具周诗之福;考祥永吉,洵同义(羲)易之占〔五〕。人咏康哉,地献定尔〔六〕。兹当春祈之节,并分朝天之义(仪)。金阙辉煌,幸豫〔七〕鸣于白昼;玉堂肃穆,咸飏拜于下方。臣本方外星君,依南极以所居;蓬莱散客,住东海以添筹〔八〕。五老化形,旻下增山河之色〔九〕;万华稽首,空中闻嵩岳之呼。祥风[永]披,寿域拂柳;龙旌湛露,满天街花迎剑佩〔一〇〕。彤庭昼暖,鹤龄添碧落班中;翠帷香飘,荒盖架红云影里。伏愿雨旸时若,山海清宁。光耀九献之霞觞,麟凤呈祥,福禄集齐;再霭三阶之藻服,寿莫不增,与时无极〔一一〕。谨表以闻。

【注释】

〔一〕此表原无题名。其文,《乾隆白告文一本》亦记,且注"朝天表,不写乡贯",正合此处所记,故补此题。所谓"朝天表",属寿星向"玉皇"添寿时所进表文。

〔二〕此句"初三"应为"初六",即正赛日(一般为主神诞辰),寿星、八仙一行应祝寿。"乙未"也应改为"戊戌"。

〔三〕"穆",和畅也。如《诗经·大雅·烝民》言:"穆如清风。"

〔四〕赞,佐助也。"三才"指天地人三者。

〔五〕此上下句,典出《诗经·大雅·文王》:"永言配命,自求多福。"故见此处仍有"配命""周诗之福"云云。其中,"配命"指配合天命、合于天理;"亶""洵",言指诚然也、确实也;"羲易",即《易经》。

〔六〕"定",犹言"宁"。

〔七〕"幸豫"原用于帝王出游,言其巡行带来幸福、福气,此处用指神仙赴赛及其所乘的銮舆。

〔八〕"蓬莱散客",指寿星所率的八仙一行。

〔九〕"五老化形"云云,与《易》相关。依《易》言,"五"字的上下两横代表阴阳二气,中间如"×"表示二气相交、交午(舞)。于是,阴阳二气相交,构成"五行"(金、木、水、火、土),在天为五星,在地为五土,生成天地万物,正见"五老化形"所指,且与五方、五色、五音、五味、五脏、五体等对应关联,正见"旻下增山河之色"。"旻"即天也。

〔一〇〕此句,"永"字原本脱失,今依《乾隆告白文一本》补入。"湛露",本指浓浓的露珠,由于《诗经·小雅》有"湛露"一篇,写帝王宴饮,故见此处仍借"龙旌湛露"形容赛社寿宴。"天街"原指帝王所居的京都街市,此处实指众神聚会的赛场,故"花迎剑佩"。

〔一一〕"三阶"犹言"三台""三公",盖因"在人曰三公,在天曰三台(星)",在此借指众神,故言其"寿莫不增,与时无极"。

玉皇表〔一〕

维大清雍正四年岁次丙午三月癸巳朔初六日戊戌(戌)之辰,南极赐[寿]星君表朝昊天金阙玉皇上帝尊神御前,曰:惟神,神人之主,造化之枢。福国庇民,古今永赖。弘恩莫报,至德难酬。兹值春祈享赛之辰,恪陈豆登之祀〔二〕。恕愚诚之僭越,期佑享以居歆。无任瞻仰,悚惶启奏。谨表以闻。

【注释】

〔一〕此"玉皇表",他本无。依记,类似前面的《朝天表》,仍有寿星"表朝"玉皇之语,又有"恕愚诚之僭越""悚惶启奏"等语,不像寿星口气,倒类前记的《领羊文》用语、格式,似属社首呈表。究其因,盖因后期上党赛社从简,尤其小赛,多已省去寿星、八仙一行的祝寿表演,从而变为社首进表(主礼代念),就有了文中的"僭越""愚诚"云云(详下)。

〔二〕"登",指庄稼成熟、收获,如"五谷丰登"。"豆登"可代指秋收,"豆登之祀"指"秋报"。按上党后期所见,"秋报"多为小赛,从简,仅在神庙唱戏三天(称"秋报戏")。或因此,借"豆登之祀"代指小祀,属谦词。

三宗(崇)表〔一〕

大清雍正四年丙午三月癸巳朔初六日戊戌之辰,南极赐寿星君表赠护国灵贶王尊神位前:吾乃天埌之长星,实权圣凡之寿算。六合咸臻于福履,十方普济于吉康;充(允)和在于两间,祥瑞周乎四极〔二〕。今月初六日,欣逢尊神享赛之朝。灵筹新添,海屋奕世〔三〕。咸诵无疆,甲子旧造〔四〕。义廷(羲庭)〔五〕千年,同歌有庆。惟愿西桃长献,岁岁欣松柏长青。南(东)岳永临,时时祝岗陵永固〔六〕。保一方田禾茂盛,庇百室家盈户宁。无任瞻仰,激切翘勤之至。谨具表启以闻。

【注释】

〔一〕此"三嵕表",属南极赐寿星君向主神灵贶王祝寿所念的表文。《乾隆告白文一本》亦记。

〔二〕此句总言寿星之功,涉及福寿康宁。"六合"指天地四方,犹言宇宙,意同"十方""四极"。"臻",到也,至也。所谓"福履",意同"福禄",语见《诗经·周南·樛木》:"乐只君子,福履绥之。"所谓"两间",指两端中间,含折衷义,故见"允和"。

〔三〕"灵筹",指计算寿龄的竹签。"海屋",犹言"大屋"。"奕世",即累世。此句"海屋添筹",意指其寿无穷。苏轼《东坡志林》卷二言:"尝有三老人相遇,或问之年……一人曰:海水变桑田时,吾辄下一筹,尔来吾筹已满十间屋。"正类此。

〔四〕"甲子",指天干与地支相配的纪年,六十年一转,为一甲子。所谓"甲子旧造",即甲子再造,犹言亿万斯年。

〔五〕依《尧典》,"羲"是尧时大臣,负责观察日出,故又称太阳为"羲庭"。如南朝宋谢庄《宋孝武帝哀策文》就言:"羲庭薄蚀,紫路流飞。"

〔六〕此句的"南岳"应为"东岳",正可与前句"西桃"对应,乃是将"三嵕山"比作"泰山"。以"泰山封禅"比喻三嵕神的祝寿活动,就有了"东岳永临"云云。所谓"岗陵",《诗经·小雅·天保》早言:"天保定尔,以莫不兴。如山如阜,如冈如陵。"正有福寿连绵之义。

请寿文〔一〕

维大清雍正四年岁次丙午三月癸巳朔初六戊戌之辰,今据山西潞安府长子县钦崇乡河村都河村里人氏见在厶村居住奉神。执香社首厶人暨领合村香老人等,诚惶诚恐,稽首顿首。谨言:缘为护国灵贶王尊神春祈享赛之辰〔二〕,奉请南极赐寿星君位前,曰:惟星君尊临南极,寿算无疆。德与天地同流,恩与日月并丽。兹因社众合享上下神祇,恳乞尊星与会居歆,来格来临。伏惟降鉴。

【注释】

〔一〕"请寿文",又称"接寿文",乃正赛之日前往寿场迎接寿星、八仙一行时社首所念的表文。《乾隆告白文一本》《乾隆告白文二本》均见记。

〔二〕句中"春祈"一语,《乾隆告白文一本》记作"春祈、秋报",意即"或春祈""或秋报"均可应用此文。

祭风文[一]

　　维大清雍正四年岁次丙午三月癸巳朔初五日丁酉辰,今据山西潞安府长子县钦崇乡河村都河村里人氏见在厶村居住奉神。执香社首厶人暨领合村香老人等,敢昭告于风伯雨师尊神位前,曰:惟神,尊居巽地,位列辰宫[二]。掌风云造化之机,握阴阳祸福之柄。今因祈赛,昭告尊神,暂停三日之风,略住五朝之雨。执事有恪,得展虔诚。谨陈菲祀,惟乞尚享。

【注释】

　　[一]依赛社俗规,"早祭太阳,晚祭风"。"晚"指"晚晌",即下午。届时,社首、香老一行抬着香案,细乐前导,出庙朝西北方跪祭(仪式类祭太阳),每日下午如此。此篇用于三月初五日,即三日赛社的"头场",故又有"暂停三日之风"云云。

　　[二]此语与八卦相关。依其说,十二地支与十二月对应,三月正对应辰,且因"三月建辰,位当巽卦","巽"对应"风",故言风伯雨师"尊居巽地,位列辰宫"。

祭太阳文[一]

　　敢昭告于日宫炎光太阳帝君位前,曰:惟神,出自扶桑,照临四方,春月和光,秋气严凉。四时分其寒暑,八节升降阴阳。民感弘恩,薄薄奠一厥觞。启神纳鉴,来格洋洋。尚享。

　　出自扶桑,照临万国("国"字衍)方。四时分其寒暑,万("万"字衍)庶物资其暄(喧)旸。

【注释】

　　[一]此"祭太阳文",为两篇内容,今分两段而记,依规皆有固定格式。此处从简,头篇只记了"敢昭告于"以下的内容,另篇就连结尾的套话也都省去。

祭太阴文[一]

　　维大清雍正四年岁次丙午三月癸巳朔初五日丁酉之辰,今据山西潞安府长子县钦崇乡何村都何村里人氏见在厶村居住奉神。执香社首厶人暨领合村香老人等,敢昭告于月府素曜太阴皇[君]位前〔二〕,曰:惟神,秉阴德之精,含月德之光。日照月临,圆缺有常。高高在上,盈亏不爽〔三〕。民感弘恩,薄奠一觞。启神鉴纳,来格洋洋。惟乞尚享。

【注释】

〔一〕"祭太阴",即祭月亮神。见于上党后期赛社,多随"祭太阳"举行,先祭太阳,再朝西祭太阴。除头场外,多见省去。

〔二〕"君"字原本脱失,今依《乾隆告白文一本》《乾隆告白文二本》补正。

〔三〕"爽",作差错、违背讲。见如《诗经·卫风·氓》:"女也不爽,士贰其行。"

祈祷雨泽文〔一〕

维大清乾隆(雍正)四年岁次丙午七月辛卯朔越七日丁酉良辰〔二〕,今据山西潞安府长子县钦崇乡何村都董村里人氏见在大关村居住奉神。祈祷雨泽信士厶人等谨以清酌香褚之仪,敢昭告于护国灵贶王尊神位前,曰:惟神,居三宗(嵕)之巅,祛九乌之患〔三〕。六合之内咸被深仁,万井之中均沾惠泽。以故春祈秋报隆其礼,迎神赛社竭其诚。惟望由高曾以逮子孙,世享恬化;自今日以及异襀,永沐神麻(庥)〔四〕。无何而雨伏之间密云不雨〔五〕,百里之内何草不黄!嗟东作之难谋,那见商羊起舞〔六〕;怅西成之失望,徒云石燕难飞。鹄面鸠形,只恨旱魃之灾;鸿哀鼠泣,惟动云霓之望。伏愿:始而霢霂,既而滂沱,肇盈止宁止之祥;有渰萋萋,兴雨初初,开实颖实栗(粟)之瑞。解泽于乐安之域,处处平安;施恩于沾化之乡,人人沾化。则千秋之祀典常昭,万姓之焚顶无既矣。尚享。

【注释】

〔一〕此"祈祷雨泽文"非赛社所用,而是用于村民祈雨时。依下记,用于七月七日,且"密云不雨",正属村民祈雨曾用的祭文。

〔二〕此语中的年号与对应的干支有误。若是"乾隆四年",则该对应"岁次己未",若是"岁次丙午",则该对应"雍正四年",今依后者校正。

〔三〕"九乌"指九个太阳,与"后羿射日"的传说相关。上党地区早称后羿为"三嵕神",且因其"祛九乌之患",故又借其"祈雨"。

〔四〕此上下句,正言村民对三崚神的敬仰与期盼。"高曾"指高祖、曾祖,犹言祖辈。"恬"言安然,"化"指造化。"禩"同"禩",同"祀"。

〔五〕"无何",意指不久、没多久,如《聊斋志异·山市》:"无何,见宫殿数十所。"在此言指:前不久正是应该下雨的伏天,却"密云不雨"。

〔六〕"商羊"是传说中的一种鸟,单足。据说有一天该鸟飞在齐国殿前,齐派人往鲁问孔子,子曰:"此鸟名商羊,水祥也。昔童儿……谣曰:天将大雨,商羊鼓舞。"(见《家语·辨政》)。

祭风祝文〔一〕

维大清[雍]正四年岁次丙午三月癸巳朔初三日乙未之辰,今据山西潞安府长子县钦崇乡里奉神。社首厶人暨领合村香老人等,敢昭告于风伯雨师尊神位前,曰:惟神尊居巽地,位列辰宫。掌风云造化之机,握阴阳祸福之柄。今因祈赛,昭告尊神。暂停风雨,得展祈赛之诚,无罹亵神之罪。今陈菲祀,惟乞尚享。

【注释】

〔一〕此篇"祭风文",与前记的"祭风文"基本相同,属"初三日"(下请日)所用实例。之下还记有当天用的"祭太阳文""祭太阴文"。

[交排文]〔一〕

维大清[雍]正四(六)年岁次戊申正月壬子朔越二[十]六日丁丑之辰〔二〕,今据山西潞安府长子县钦崇乡河村都何、董二里各坊里不同人氏见在厶村居住〔三〕奉神。香社首厶人暨领合村香老人等,敢昭告于天地三界十方万灵真宰位前,曰:惟神,大哉乾元,万物蒙培植之功;厚德资生,群伦被长养之恩〔四〕。尊称底主,恩满于国。兹值春祈会馆之辰,恪陈菲祀。惟乞尚享。

【注释】

〔一〕此篇原无题名,因与《乾隆告白文一本》所记的"交排文"相类,故补。所谓"交排",也称"交牌",属一种多村轮办赛社的交接仪式。见于小关岭的三崚庙,因属十村轮办,例定每年三月初三开赛,故见提前于正月二十六"交排"。届时庙上置有酒筵,各村社首齐集,于"天地三界"神前叩拜焚香,念此"交排文",以示上年主办社首将主办权交给本年社首。接着商量赛社分工,当年筹备工作正式开始。

〔二〕开头年号有误。若是"雍正四年",该是"岁次丙午";若是"岁次戊申",则应是"雍正六年"。今依后者校正。

〔三〕"何、董二里"指何村、董村,分属上年、今年主办村,正属"交排"两方。

〔四〕此上下句,源于《易经》。《易·乾》言:"大哉乾元,万物资始。"《易·坤》言:"至哉坤元,万物资生。"

祭太阳文

维大清[雍]正四年岁次丙午[三月癸巳]朔初三日乙未之辰,今据山西潞安府长子县钦崇乡各里各甲人氏见在厶村居住奉神。执香社首厶人暨领合村香老人等,敢昭告于日宫炎光太阳帝君[位前],曰:惟神,出入分其昼夜,巡还(循环)转绕昆仑。普照四大神州,概察无边世界。未出居海,千山[为]之昏暗;才离(临)中天,万国[为]之辉煌。四时分其寒暑,八节升降阴阳。护佑众生,无灾无殃;福庇黎庶,有祯有祥。民感弘德,簿(薄)奠一觞。启神鉴纳,来格洋洋。尚享。

祭太阴文

维大清[雍]正四年岁次丙午三月癸巳朔初三日乙未之辰,今据山西潞安府长子县钦崇乡厶里厶甲人氏见在厶[村]居住奉神。执香社首厶人暨领合村香老人等,敢昭告于月府素曜大阴皇君[位前],曰:惟神,秉阴德之精,含月德之光。日照月临,圆缺有常。奠酒三杯,勿阻期陈之祭;焚香一炷,吉日禋祀无妨。伏乞尊神受其所献,来格洋洋。尚享。

正(末)赛送神表　两道〔一〕

维大清[雍]正四年岁次丙午三月癸巳朔初八日庚子之辰,今据山西潞安府长子县钦崇乡河村都河村里人氏见在厶村居住奉神。执香社首厶人暨领合村香老人等,各殚厥心,敬理禋祀,诚惶诚恐,稽首顿首。谨言:缘为护国灵贶王尊神春祈享赛之辰,因举古者合祀之典,恭迎众圣降鸾于本庙之坛。大享诸神,止辇于凡筵之上。虽三朝之内执事者各尽厥心,恐一时之间趋承者未必无过。或滋盛之不洁,或礼度之多愆,或优伶之鄙俚,或笑语之喧哗。种种失德,在愚民有犯而不知;事事省心,在众圣无感而不应。谨陈谢罪之表,跪请玉辂之前,敢昭告于昊天金阙玉皇上帝尊神暨两班诸位神祇位前,曰:惟神,天地为量,覆载为心。广上天好生之仁,赦此小过;鉴下民无心之失,施彼洪恩。万圣垂慈,仍赐田禾茂盛;百灵护佑,常保人物("物"字衍)马平安。家家生意亨通,户户子孙兴旺。消灾赐福,远祸成(呈)祥。惟望神麻。请罪。尚享。

【注释】

〔一〕此"送神表"见于三月初八日,属"末场",类前三月初八"宥罪文",也含"谢罪"之义。区别在于,此表是对要送的"客神"而言,届时香亭设案,焚香祝念;另者用于送罢客神,向大殿主神灵贶王焚香祝念,以求"宥罪"。两者前后相接,意思相近,故此处提示"两道"。

虔诚春祈享赛　肃静榜文〔一〕

伏以《礼》重祈年之典,孟春配祝勾龙〔二〕;《诗》歌报赛之章,季秋敬陈牲(犉)牲〔三〕。欲求农夫之庆,岂仅田祖有神〔四〕。兹者小关馆护国灵贶王尊神位前,正值春祈秋报享赛吉日〔五〕。思竭呼嵩之报,因修合享之仪。来年(年来)捍患御灾,普沐诸神默佑;近者和风甘雨,兼蒙圣众垂慈。合社人等,仰戴鸿恩,肃陈牺献。自念四以至念八,五昼夜日烛交辉;由一家以及百家,合童叟身心俱洁。鸣金击鼓,非媲箫韶之一成九成;华黍和羹,难言帝廷之亚饭三饭。社首听卫(亭帏),岂九重之济济跄跄;妥有(侑)灌将(浆)〔六〕,只寸忱之雝雝穆穆。始迓神,终雍散(彻),止求奏假无[言]〔七〕;[外备]物,内竭诚,惟期风(夙)[夜]匪懈〔八〕。伏愿龙施(旌)来莅,一天霭气布风云;鸾辂式临,四座霞光敷雨露。以享以祀,敢言卜景福而格神明;此社此方,实希黍稷而穀士女。保一方风调雨顺,庇百室家盈户宁。须至榜者,右榜通知。

雍正四年三月初六日　　　具〔九〕榜押

【注释】

〔一〕"肃静榜文",是为维护赛场秩序而公开张榜的告示。《乾隆告白文一本》《乾隆告白文二本》均记,《告白文通例本》也附有"嘉庆十七年"所记,内容皆类。

〔二〕《礼》指《礼记》。"勾龙"即"句龙",传说为神农氏后代,共工氏之子,当过土地神,故祀其为后土神。《左传·昭公二十九年》言:"共工氏有子曰句龙,为后土。"《礼记·月令》记:"中央土,其日戊己……其神后土。"

〔三〕与此句相关,《诗经·周颂·良耜》有"杀时犉牡"一语,"犉"指唇黑的黄牛,"牡"指公畜,其语意为"献牲"。

〔四〕"田祖"指农耕始祖。《诗经·小雅·甫田》曰:"我田既臧,农夫之庆。琴瑟击鼓,以御田祖。"

〔五〕此句中的"春祈秋报",应用时或选"春祈",或选"秋报",可择一。

〔六〕《诗经·小雅·楚茨》言:"以为酒食,以享以祀,以妥以侑,以介景福。"本句即源此。"妥"取安坐义。"灌"取献饮义。

〔七〕原本残破,失"言"字,今补。语出《诗经·商颂·烈祖》:"鬷假无言,时靡有争。""鬷假",指祷告。"鬷"通"奏","假"通"格",引申为祭祀。

〔八〕"外备"二字,原本因残破而失,今依《乾隆告白文》本补。"风",实应是"夙夜"二字,今亦校补。

〔九〕此"肃静榜文",初三日已张贴,如此才合"自念四以至念八"之说。此处记为"初六日",仍因该日属于"正赛"。另外,榜文最后有具体规定的"戒条",可另写。

虔诚春祈享赛　乐场榜文〔一〕

夫乐者,所以尊神之和者也。自古治定,功成之后,乃命太师播诸律吕,则乐作也。故虞廷万舞,干羽列于两阶;周庙肃雝,虡业悬于一序〔二〕。乐之作也,岂虚器欤〔三〕!自非执事有恪,胡以昭格罔愆〔四〕?兹值季春之候,乃尊神享赛之期,因而祀事聿修〔五〕,展下里祈赛之忱。喧天箫鼓,敢[云]〔六〕明德荐馨;匝地笙歌,必希典乐不紊。八音克谐,无相夺伦。将见备物告虔,合百神而禋祀;依韵赓歌,敛五福以赐民。仰庇神庥,又宁又艾〔七〕。须至榜者,右谕通知〔八〕。

雍正四年三月初六日　　　榜押

【注释】

〔一〕"乐场榜文"一般贴在乐台旁。与其相关,又有"乐次文",具体开列三场用乐的节目次序。此篇,《乾隆告白文二本》和《告白文通例本》亦记,内容大体相同。

〔二〕"虡",或写作"簴",本指钟磬类乐器的支架。业,本指悬挂钟磬类乐器的横木板饰。"虡业"引申为此类乐器。

〔三〕此句大意是说：神前作乐，岂可只有虚名，只图声响。实暗指"大乐与天地同和"，含有天人感应的深意。

〔四〕恪，敬也。格，法则也。此句大意是说：执乐者若非怀着对神的敬意，若无视明明白白的规矩去欺罔神灵，岂不是自招灾祸吗？从而强调，乐户艺人要虔诚地遵行"乐星"对应之规。

〔五〕聿，用作语气词。修，取进行义。

〔六〕"云"字，原本因残破而失，今参照另本补入。

〔七〕宁，安定也。艾，美好也。

〔八〕见于其他两本，结尾均又记有"科头厶人"。即将乐户的负责人（科头）写于榜尾，以示演出好坏由其承担责任。

虔诚春祈享赛　食局榜文[一]

祭祀之事，古今大典。庖厨之供，宁容或缓。春夏秋冬，禴祀蒸尝。乐既和奏，磬管将将。洗爵奠斝，[醓醢]以荐[二]。陈设簠簋，边（笾）豆有践[三]。既有肥羜，为豆孔庶[四]。既有肥牡，为俎孔硕。或燔或炙，嘉肴脾臄[五]。或剥或烹，苾苾芬芬。或肆或将，黍稷馨香。物其多矣，维其嘉矣；物其旨矣，维其偕矣；物其有矣，维其时矣[八]。祭以清酒，从以骍牡；执其鸾刀，以启其毛；取其血膋，享于神保[七]。神嗜饮食，来格来享。报以介福，神嗜饮食（此四字重复，属衍字），万寿无疆。须至榜者，右榜通知。

雍正四年　　月　　日

具榜示押[八]

【注释】

〔一〕"食局榜文"，张贴于神厨旁。与其相关，又有"食次文"，具体开列三场供盏食品。此文《乾隆告白文二本》和《告白文通例本》亦记，大体相同。

〔二〕此句源出《诗经·大雅·行苇》："或献或酢，洗爵奠斝。醓醢以荐，或燔或炙。"其中"斝"为酒器，形似爵而较大；"醓醢"指肉酱，这里指肉食，原文将二字写错，并在右侧打"×"，但却未改，今改正。

〔三〕"簠簋"分属两种食具，祭祀时用盛黍稷稻粱之类。"笾豆"分属盛放果品的器皿。

〔四〕"羜"指羔羊。此句的"既有肥羜"与上句的"笾豆有践"，源出《诗经·小雅·伐木》："既有肥羜，以速诸父"，"笾豆有践，兄弟无远"。另，"孔"作很、甚讲，"庶"指众多。"孔庶"意即丰盛。

〔五〕《诗经·大雅·行苇》正有"嘉肴脾臄"一语,"脾"指牛胃,"臄"指牛舌,代指祭祀美食。

〔六〕以上"物其多矣……维其时矣"三句,引自《诗经·小雅·鱼丽》。其中,"嘉"言物好,"旨"言味美,"偕"言齐全,"时"言及时。总言祭祀的酒食又多又好,新鲜味美。

〔七〕此句源出《诗·小雅·信南山》:"祭以清酒,从以骍牡,享于祖考。执其鸾刀,以启其毛,取其血膋。"其中,"骍"指赤色的马,"牡"指公牛,"膋"指牛肠之间的脂肪,总言献牲用的牛马之类。

〔八〕依另两本记,榜文最后有"执香社首、局长厶人",届时需写上主办社首、神厨制作负责人的名字,是为"具榜示押"的所指。

[赛社对联]〔一〕

门对(斋社门对)〔二〕:
　　明禋孚奏格〔三〕和风吹万物;
　　甘雨润千畴祀典祝君歆。
乐台:
　　声传白雪堪侑食累朝将相三更月;
　　舞动阳春可慰观历代帝王一局棋。
[戏台]〔四〕:
　　老叟闲来消白昼金榜题名虚富贵;
　　幼童归去话黄昏洞房花烛假夫妻。
大殿:
　　愚悃格穹苍无事牛羊歆俎豆;
　　溪毛昭敬信敢将黍稷荐馨香〔五〕。
大门:
　　甘雨不迷时随地尽成乐土;
　　和风能应候普天皆是春台。
大殿:
　　戴天覆地无一物不蒙生成之德;
　　报圣酬神属三农悉伸诚敬之心。

大殿：
　　弓降九乌乃神之妙策霎时间千秋事业；
　　箭伏百禽是圣之英雄方寸地万里山河〔六〕。

大殿：
　　协五臣佐二帝调和鼎鼐；
　　射九日缴一风燮理阴阳〔七〕。

厨者：
　　椒水香花殚微诚于微物；
　　稻粱黍稷介大福于大田〔八〕。

乐台：
　　高山流水雅韵非谐俚耳；
　　阳春白雪清歌堪娱神听。

[山门]〔九〕：
　　沐膏露之泽时和年丰胥长养其子孙迄今明禋祀事以祈雨赐寒燠欢呼报赛衍千秋；
　　神弧天之威地平天成用利济乎民物自昔经营相业以开虞夏商周赫濯元勋称第。

大殿：
　　会诸侯于涂山执玉帛者万国；
　　旬(甸)疆理于原隰奉血食者千秋〔一○〕。

大殿：
　　泥乘橇山乘樏水乘[船]八年于船(外)；
　　开九州度九山通九道四隩可居〔一一〕。

大殿：
　　耳目黑黎(黧)曾受十三年孔棘；
　　手足胝胼克诚亿万载伟勋〔一二〕。

【注释】

〔一〕原本无此题名，注者新加。盖因之下接记的是一组赛社曾用的对联，单成一类，故以"赛社对联"为题。赛社时，凡山门、大殿、配殿、社房、乐台等均在门上张贴对联。因此，主礼先生便把曾用的对联抄记，以备用时参照。长子县东大关村牛家有一本对联专集(《对联集录》),其中也录有与此相同的对联,校注时用以参照。

〔二〕"门对",指所抄的对联用于庙内门上。"斋社门对"四字,原见于此联的字行间,属小字批注,指此"门对"原用于"斋社门",今移至"门对"后的括号内。所谓"斋社",即"社房",因办赛人等均需斋戒沐浴后才能至此公办,故称。此种社房,多设在大庙前院或傍院,以供办赛人员使用。

〔三〕"禋"指祭祀,古因用烟祭天祭祖,故名。"明禋"指洁净虔诚的祀神宴飨。"孚",信也。"奏格",指神前念的表文,因有范式而言"格"。

〔四〕"戏台"二字原本无,因所记的对联在《对联集录》中记于戏台类,故补。戏台与庙内乐台有别。乐台用以敬神演出,赛社时专供乐户表演;戏台设在庙外,供剧团演出,用以娱人。见于上党地区,戏台或属固有,或临时搭置,庙门两旁各设一台,同时唱两班大戏(即上党梆子),作对台演出。

〔五〕此联所言,与大殿敬神有关。"悃"言忠诚,用如《楚辞·卜居》:"吾宁悃悃款款,补以忠乎?""无"作语助词,无实意。"事"指使也、令也。"溪毛"指酒。

〔六〕此联言后羿射九日事,当用于灵贶王殿。"九乌"即九个太阳,传说太阳中有"三足乌",故称。

〔七〕此联亦言后羿事。"缴"指一种特殊的箭,带着长线,射出后可以收回。传说后羿用这种箭射中了一只名为"大风"的鸟,因其伤害人畜,将其收回处死,故言"缴一风"。

〔八〕此联用于"神厨"。"介"取"佑助"义。用如《诗经·豳风·七月》:"为此春酒,以介眉寿。"

〔九〕"山门"二字原本无。因此类长句对联多用于大庙山门,故加。

〔一〇〕此联言大禹事,当用于禹王大殿。与其相关,《左传·哀公七年》见言:"禹合诸侯于涂山,执玉帛者万国。"《诗经·小雅·信南山》见有"信彼南山,维禹甸之"及"我疆我理,南东其亩"语,其中"甸"言治理,"疆"指治田画界,"理"指分理土地。古称南北向的土地为"南亩",东西向者为"东亩",故有"南东其亩"一语。

〔一一〕此联亦言大禹事。《史记·夏本纪》就记,禹治水"居外十三年,过家门不敢入……陆行乘车,水行乘船,泥行乘橇,山行乘檋……以开九州,通九道,陂九泽,度九山"。该联当本于此。

〔一二〕此联亦颂大禹治水。《史记·夏本纪》言其为此"居外十三年,过家门不敢入"。《韩非子·外储说左上》言:"手足胼胝,面目黧黑,劳有功者也。"故见此处言禹"耳目黑黧","手足胝胼"。另,"棘"通"亟",取急迫义,"孔棘"即很急。用如《诗经·小雅·采薇》:"岂不日戒,狁孔棘"。

队剧花名〔一〕

　　鸿门设宴,五虎下西川,三王□□(定正)〔二〕,观音斗六筹,赵氏八义〔三〕,杨六郎告御□(状),十面埋伏,四马投唐,三展(战)幽州〔四〕,大破蛮牛(尤),霸王封官,暗(按)巡河北,下河东,鞭打翰林判,私下三关,大安寺设宴,从(丛)台赴会,水淹张汉(章邯),三请诸葛,秋胡过关,风花雪月,古城聚义,七擒孟获,太祖立秦(契),陈桥兵变,斩华雄,三战吕布,三气周瑜,复桂午时牌,五关斩将,火烧上元(源)驿〔五〕,五虎锁秦王,火烧新野县,鞭打黄劳(痨)鬼,双揲纸,七狼八虎闹幽州,病协(挟)高鬼计(思继),存孝显魂,杨宗保取僧代卷(郡),诸葛祭风,孔明火烧□□□(葫芦峪),□(孔)明□□(六出)祁山,张飞大闹水南寨,存孝暗(按)巡河北〔六〕,五龙二虎擒颜(彦)章,周亚夫细柳营,杨宗保周(铜)台救驾,赵云救主〔七〕。

【注释】

　　〔一〕此"队剧花名",与前记的"对联"空开一页白纸(两个双面,或为继续收录对联而留)。所列"队剧",与前《唐乐星图》《周乐星图》《乐次全部》等本所记相类,也含队戏歌舞、诗赞杂剧、调笑院本三类。共计"花名"四十八个,总数较少,且剧名中出现错记现象,说明也未全用。这与清代花部兴起,赛社供盏用"戏"代"队"有关。另,此处所记的剧名,在前已见者,一般不再出注。

　　〔二〕由于该本最后部分残损严重,致使这一剧名缺损两字,故先空两格以示,之后再补其字于括号内。以下类似情况不再出注。

　　〔三〕《赵氏八义》,即《赵氏孤儿》。明传奇早有《八义记》,地方戏又有《八义图》。

　　〔四〕"三战幽州",当写杨家将故事。所谓"三战",或写"七狼八虎闯幽州"时的三战;或写李陵碑前杨业让六郎、七郎突围搬兵一节。待考。

　　〔五〕《火烧上源驿》,写五代时朱温欲害李克用事。见于《残唐五代传》第二十三回,正有"朱温火烧上源驿"一节。

　　〔六〕《存孝按巡河北》,不同于前记的刘秀《按巡河北》,故见题名特加"存孝"二字。见于《残唐五代传》第二十二回,"存孝力服王彦章"一节正写其事。

　　〔七〕《赵云救主》,写赵云救阿斗事,即《长坂坡》。

[队舞角单]

【按】此题今加,盖因以下所记类前《唐乐星图》等本"一单舞",仍属一组"队舞角单"。由于该本最后残破严重,多成碎片,已难知其全貌。不过,由其残片可以看出,与前《唐乐星图》《周乐星图》等本所记基本相同,未有新的发现。因此,今依残片所见,仅将仍存的角单名称列下(角单内容已不全,今省略):

齐天乐·鬼子母揭本(钵)·一单舞

关大王破蚩牛(尤)神·一单[舞]

习达太子游四门·一单舞

周琼姬[王]子道(高)遇三清·一单舞

二仙行道[朝]后土·一单舞

二十八宿朝三清·一单舞

泾河龙王难神谋·一单舞

武王伐纣·一单舞

【按】其他碎片已无法确知角单名称,不再作记。

(二)《乾隆告白文一本》校注

【按】该本为麻纸写就,小型开本,高17厘米,宽11.5厘米,右侧以纸捻装订。封面净白无字,所抄内容共十五个双面页,计三十个单面,可分为前后两部分。前部属主体内容,共十一个双面页,计二十二个单面,纸质细薄,字为工

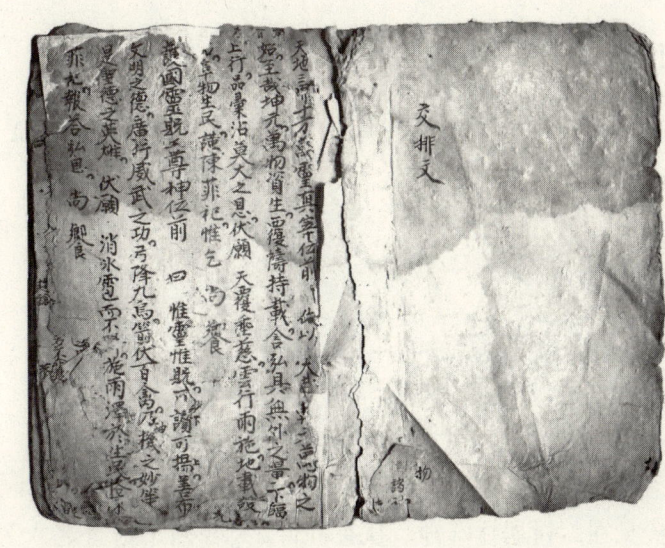

整小楷,显属同一人所抄,其中见有"乾隆"年一篇。后部见属补加,共四个双面页,计八个单面,纸质比前粗厚,墨色与前不同,字迹略带行草,显属又一人所为,最后一篇明记为"中华民国厶年"。因其前后部分同属"告白"文字,才见合订成册。封面无字,今依其前部主体内容,名为《乾隆告白文一本》(因还有另本)。

以下依次抄录校注。为免重复,凡前已见的内容只列篇名。

交排文[一]

天地三界十方万灵真宰位前:伏以大哉乾元,万物之始。至哉坤元,万物资生。覆帱持载,含弘具无外之量;下临上行,品汇沾莫大之恩。伏愿天覆垂慈,云行雨施。地载护佑,阜物生民。谨陈菲祀,惟乞尚享。

【注释】

〔一〕此"交排文",前《告白文书本》记有相类一篇,可比较。

[祈祷消冰雹文][一]

护国灵贶王尊神位前,曰:惟灵惟贶,可扬可赞。善布文明之德,广行威武之功。弓降九鸟,箭伏百禽,乃神机之妙策,是至德之英雄。伏愿[二]消冰雹而不降,施雨泽于生民。恪陈菲祀,报答弘恩。尚享。

【注释】

〔一〕原文无标题。因《告白文书本》有篇"祈祷雨泽文",正属同类,故今比照而加。《乾隆告白文二本》亦有相类一篇(简称"另篇"),以下将用以参照。

〔二〕"另篇"在"伏愿"二字之前,尚有"兹值会馆人员"一语,可知"小关馆"曾用此文。由于灵贶王可"除灾",故见旱灾、雹灾等均可向其祈祷。

祭风文[一]

维大清乾隆厶年厶月朔越厶日之辰,今据山西潞安府长子县厶乡厶里甲不同人氏见在厶村居住奉神。执香社首厶人暨领十村香老人等,谨以菲祀,敢昭告于风伯雨师尊神位前,曰:惟神,吹嘘万汇,鼓荡九垓。解我民愠,阜我民财。兹因春祈秋报享赛^[二]之辰,昭告尊神,暂停风雨,得展虔诚。谨陈菲祀,惟乞尚飨。

【注释】

〔一〕此"祭风文"记为"大清乾隆厶年",可见当年曾用,后来沿用。
〔二〕此处"春祈""秋报"原文上下并列,言指两者皆可选用此文。以下类似不注。

太阳文

日宫太阳炎光帝君尊神位前,曰:惟神,朝升阳谷,晓出扶桑。光耀中天之上,照临下土之方。运四时之节序,鉴万古之兴祥。民感洪恩,薄奠一觞。启神鉴纳,来格洋洋。尚飨。

祭太阳文

日宫太阳炎光帝君尊神位前,曰:惟神,朝出扶桑,夕入咸池。分其昼夜,运其寒暑。民感洪恩,薄奠一觞。启神鉴纳,来格洋洋。尚飨。

祭太阴文

月府素曜太阴皇君位前,曰:惟神,秉阴德之精,含月德之光。日照月临,圆缺有常。乾生坤成,盈亏不爽。民感洪恩,薄奠一觞。启神鉴纳,来格洋洋。尚飨。

又　文[一]

月府素曜太阴皇君位前,曰:惟神,晦朔弦望[二],日照有光。其行九道[三],其月周天。民感洪恩,薄奠一觞。启神鉴纳,来格洋洋。尚飨。

【注释】

〔一〕"又文",即又一篇"祭太阴文"。

〔二〕"晦朔弦望",实泛指一月。每月第一天称"朔",最后一天称"晦",大月十六或小月十五称"望","弦"指月为半圆时。

〔三〕"九道",指月的运行轨道有九。见《汉书·天文志》就言:"日有中道,月有九行。"

送神文〔一〕

某位尊神位前〔二〕,曰:惟神有灵,感戴无既。蠢尔小[民祈报赛]〔三〕三朝,献享器物或有不度,举动趋跄倘若不恭。尚期神明[宥含],[宽]赦罪愆。降以祯祥,绥以福禄。尚飨。

【注释】

〔一〕此"送神文",用于送神时,其所记类前《告白文书本》所记的"宥罪文"。

〔二〕"某位尊神"正指赛庙主神,因庙而异,届时写明。如前《告白文书本》用于"小关馆",就见明确记为"护国灵贶王"。

〔三〕因原本残损,此句缺失"民祈报赛"四字,今依《告白文书本》补。

禀状文〔一〕

暨领十村香老人等,群沾膏泽,共蒙神庇。[诚惶]诚恐,稽首顿首。谨言:缘为护国灵贶王尊神春祈秋报享赛之辰,众圣咸宜格临。谨以清酌之奠,敢昭告于护国灵贶王尊神,命请当处土地为其知客,五道将军开其圣路,天宫地府先传神祇。择于今月初四日在于小关馆,奉迓鸾(銮)舆,严饬导(道)从,诣于护国灵贶王尊神庙内,为其宴主。作乐致祭,享赛三朝。今者下民社首人等无任惶恐,激切屏营之致。尚飨。

【注释】

〔一〕此"禀状文",是向"主神"禀告赛社之由。因用于下请之日,前《告白文书本》又称"三宗(崇)下请文",内容基本相同。

请状文〔一〕

暨领十村香老人等,群沾膏泽,共沐庥恩,诚惶诚恐,稽首顿首。谨言:缘为护国灵贶王尊神祈报赛之辰,诸神皆宜来临。但神位崇高,愚情难达。今拜告于当处土地正神位前曰:百家之宰,一境之司,凡在所祈,必先预报。伏望正神,速驰云御,远达神宫。卜于今月初四日,在于小关馆,严饬导(道)从,奉迓鸾(銮)舆,诣于本庙,为其晏主,设乐致祭。敬肃三朝之俎豆,虔供九献之祼将(稞浆)。谨陈诸神圣号,惟冀鉴兹来临。

【按】接着开列有所邀"诸神圣号"。因仍用于"小关馆",仍依"排神"序位而列,与前《告白文书本》所记神名全同,今仍省略。

【注释】

〔一〕此"请状文",即前《告白文书本》所记的"土地下请文",内容基本相同。

领羊文

暨领十村香老人等,名(各)殚厥心,敬理禋祀,诚惶诚恐,稽首顿首。谨言:缘为护国灵贶王尊神春祈秋报享赛之辰,谨以柔毛之献,敢昭告于昊天金阙玉皇上帝尊神,暨两班诸位神祇位前。曰:惟神,神人之主,造化之枢。福国庇民,古今永赖。御灾捍患,弘恩莫报。甘雨和风,至德难酬。兹值春祈秋报享赛之辰,各(恪)陈柔毛之献。恐愚诚之僭越,期佑享以居歆。尚飨。

接寿文

【按】此篇,即前《告白文书本》见称的"请寿文",内容相同,从略。

表 朝天表,不写乡贯〔一〕

南极寿星表朝昊天金阙玉皇上帝尊神御前:伏以于穆流行,万物根宗于太极;精微赞化,三才鼓铸于元初。云汉灿于千年,阴阳何极;海波澄于百代,日月无疆。[配]命兴歌,宣具周诗之福;考详永吉,洵同羲易之占。人咏[康哉,地]献定尔。兹当春祈秋报之节,并分[朝]天之仪。金阙辉煌,幸豫鸣于白昼;玉堂肃穆,咸飏拜于下方。臣本方外星君,依南极以居所;蓬莱散客,住东海以添筹。五老化形,昊下增山河之色;万华稽首,空中闻嵩岳之呼。祥风永披,满天街花迎剑佩;彤庭昼暖,鹤龄添碧落班中。翠帷香飘芝架,宝盖红云影里。伏愿雨旸时若,山海清宁。光耀九献之霞觞,麟凤呈祥,福禄齐集;再霭三阶之藻服,寿莫不增,与时无极。谨表以闻。

【注释】

〔一〕所言"朝天表,不写乡贯",是对此"表"的说明。前《告白文书本》亦记(原无题名),内容大体相同。本篇因残破所缺之字,亦依其补。

表

【按】此表,即《告白文书本》所记的"寿生表",属灵贶王给寿星的回表,内容全同,从略。

食次文 不用念〔一〕

暨领十村香老人等〔二〕,谨以清酌庶馐之仪,敢昭告于昊天金阙玉皇上帝尊神,暨两班诸位神祇位前。谨奉前衔,合当表祭。备到金银纸马食味奉神。今命到膳夫某人。今有某村在小关馆护国灵贶王尊神位前,春祈秋报享赛之辰,诚隍(惶)诚恐,稽首顿首,百拜上启:窃以享祭多方圣众,饮食为先。虔诚洁净供献神祇,诚心者获福。杯盘屡洗,匙箸频楷(揩)。依大礼奉献诸神,按阴阳烹煎,美味馨香。殷勤降福,怠慢昭(招)愆。丝毛(毫)失度,罪责非轻。当该正傍(旁)侧逆等犯,未敢陈明,今开应用盏数于后〔三〕。

[头场]〔四〕:

第一盏〔五〕	补空	凤楼看盘寸金定则(钉子)	火炼金茶趁
第二盏	补空	桃花馒食	七宝天头羹
第三盏	补空	香酥饽脆	金丝粉趁
第四盏	补空	插花糖饼	甲(鸭)子羹
第五盏	补空	蛾眉侠儿	熊掌羹
第六盏	补空	金丝龟儿	散脆杂庄(装)羹
第七盏	补空	利(梨)花饭	煎鱼下饭趁

右件食次,按本宿当值〔六〕。务要虔诚洁净,勿得怠慢。丝毫失度,若有差

错,谨呈神圣,必昭(招)慢神之罪。尚飨[七]。

正赛:

第一盏	补空	化生看盘分心定则(锭子)	补气杏阳茶趁
第二盏	补空	鸳鸯馒饭(饺)	日月羹
第三盏	补空	银丝馎脆	鹅掌羹
第四盏	补空	自红糖饼	天花桑鹅羹
第五盏	补空	驼逢(峰)㑇儿	肚肺羹
第六盏	补空	三色耳鲁(露)饼	木耳竹笋趁
第七盏	补空	春虽(蛹)㑇儿	台(苔)苗羹
第八盏	补空	奈香食卷儿	河沌(豚)羹
第九盏	补空	撮五撚尖馒饺	珍珠粉趁
第十盏	补空	望口消定则	蜜汁汤趁
第十一盏	补空	延寿龟儿	缠丝玛瑙趁
第十二盏	补空	三色桃花饭	干煎肉下饭趁

末场:

第一盏	补空	七宝看族顶茶食	正海汤茶趁
第二盏	补空	景样馒饺	八宝云蒙羹
第三盏	补空	月样馎脆	雁汁汤趁
第四盏	补空	开落(烙)糖饼	头蹄羹
第五盏	补空	粉面㑇儿	鸡皮水花羹
第六盏	补空	鲍落耳鲁饼	香芹肺趁
第七盏	补空	八卦龟儿	红丝羹
第八盏	补空	粳米饭	白肉下饭趁

【注释】

〔一〕"不用念"三字,原以小字批注在标题"食次文"之下,属提示说明,今仍以小字置于同行。所谓"食次文",非神前念的表文,而是张榜公布的告白文字,故不念。此种文字也有书写格式,《唐乐星图》本所记的办赛"实例"即有完整的"食次文",《宋乐星图·供盏实例》本更有较详记述,均可参考比照。以下抄录时,除对个别食名中的明显误字稍校,一般照录不注。

〔二〕依例,此句之前仍有年月日、某里某甲、执香社首人等,因属固定格式的套话,此处未写。

〔三〕此句与"乐星"说相关,由二十八宿对应二十八调而来。故赛社每日有了"值宿",乐曲需用对应之调,有了正犯、旁犯、侧犯、逆犯的"犯调"。且因五音又与五味对应,神厨制作也有了"正旁侧逆等犯",各味食材也可"犯"用。如此一来,既显示神厨制作遵从了有关规则,又可不受规矩限制活用,所谓"未敢陈明"只是虔诚的虚语。

〔四〕因原本残损,"头场"二字缺失,今依之下"正赛""末场"之例而补,以合《唐乐星图》等本所记。

〔五〕原文"第一盏"三字之下见留空白。按理,该写出"头趟"所供的食物。但因每盏"头趟供果",皆是枣、梨、柿饼之类,大同小异,人皆熟知,故见每盏头趟所供均省略,只接记各盏"补空"的食品。

〔六〕此句是指以上所列"食次",遵从了当天"值宿"的有关规定。

〔七〕最后数语,顺序欠妥。实应为:"若有差错,丝毫失度,必招慢神之罪。谨呈神圣,尚飨"。另,"头场"结尾这段文字,可用于每场食次结尾。由于也属套话,以下"正赛""末场"食次结尾均见省略未写。

乐次文 不写香老〔一〕

谨以清酌庶馐之仪,敢昭告于昊天金阙玉皇上帝尊神,暨两班诸位神祇位前。谨奉前衙,合当表祭。备到金银纸马礼乐奉神。今典到大散乐伶工,[古]论科头某人〔二〕。今有某村在小关馆护国灵贶王尊神庙内,奏乐三朝。诚隍(惶)诚恐,稽首顿首,百拜上启:乐奏宫商异韵,丝竹音声。先验日之与辰,次验星之与宿。绥调律吕,欢奏笙簧,须舞治世之音,呈献安阜之曲,聊为节次或然。灵明于本月初五日值宿之神,正傍(旁)侧逆等犯,八音克谐未敢陈明。今开明盏数于后。

[头场]〔三〕：

第一盏	《寿南山歌》曲子	补空	周流三台〔四〕
第二盏	靠乐歌唱	补空	慢词
第三盏	《十美女藏阄会》〔五〕	补空	再撞再煞
第四盏〔六〕		补空	
第五盏		补空	
第六盏		补空	
第七盏		补空	选曲呈用〔七〕

右件等项,乐依古调,曲按宫商。奉神歌舞精严,供献箫韶韵美。衣甲新鲜,金冠整顿。双歌队舞,勿得失错。殷勤者降福,怠慢者昭(招)愆。丝毫失度,罪坐非轻。各谨伺候,神明照鉴。尚飨。

正场〔八〕:

第一盏	《寿南山歌》曲子	补空	《万花落三台》
第二盏	靠乐歌唱	补空	慢词
第三盏	《十美女藏局会》	补空	再撞再煞
第四盏		补空	
第五盏		补空	
第六盏		补空	
第七盏		补空	
第八盏		补空	
第九盏		补空	
第十盏		补空	
第十一盏		补空	
第十二盏		补空	选曲呈用

末场:

第一盏	《寿南山歌》曲子	补空	散水三台
第二盏	靠乐歌唱	补空	慢词
第三盏	《五花梁州》	补空	再撞再煞
第四盏		补空	
第五盏		补空	
第六盏		补空	
第七盏		补空	
第八盏		补空	选曲呈用

【注释】

〔一〕原本在题名"乐次文"之下,小字批注"不写香老",也属提示说明。意指,按正规书写格式,其文也应先写年月日、某村某里等程式文字,但"暨领十村香老人等"一语,在"乐次文"中不写"香老"二字。前《唐乐星图》本所记的"实例",正有一篇"三场乐次"文,程式文字一应齐全,可比照而知。

〔二〕此句开头缺漏"古"字,今依《唐乐星图》本所记补入。"古论科头",亦即科头,是乐户艺人的首领,相当于"班主"。按自古流传的俗规,科头既是总领,又是手执戏竹的前行色,负责说古道今的"古论"讲唱,故有"古论科头"之称。"某人",届时须写具体人名。

〔三〕"头场"二字,今加。由于本篇前已明言,是用于小关馆灵贶王庙初五日的乐次,故其省去"头场"二字。今依"三场乐次"惯例而补。

〔四〕"周流三台",实即《三台》曲。依前《听命文集》记,"殿上流三台","台上妇人舞调"用的也是三台曲。正因殿上细乐、乐台粗乐轮奏其曲,故言"周流"。

〔五〕与《十美女藏局会》相关,《听命文集》本在"十二元辰故事"中记有《十代明君》一目,正说:"此出后周武则天篡大唐天下。武三思姑侄通情,选十个宫女扮十美女,作乐夜饮。"不但正有"十美女",正属"藏局会",且见正属队戏歌舞,正宜此处用于"舞三盏"。

〔六〕"第四盏"及其以下,皆未列所演。盖因赛社俗规"三盏以后俱无所管",可自由选用节目,故见略而不记。

〔七〕此"选曲呈用",为四至七盏的总说明,与"三盏以后俱无所管"有关,届时可任选"队戏"或"出戏"。不过,第七盏作为供盏结尾,则仍用固定的"合唱、收队"程式,所以上党后期赛社仍见"打曲破"。

〔八〕因"正场"也类"头场",故省略了套话。"末场"也类此,实按"三场乐次"而记。若此,则不限于"初五日",正该前补"头场"二字。

送神文〔一〕

暨领十村香老人等,群沾膏泽,共沐麻恩,诚惶诚恐,稽首顿首。谨言:缘为护国灵贶王尊神春祈秋报致祭之辰,因举古者合祀之典。恭迎众神,降鸾于本庙之坛;大享诸神,止辇于凡筵之上。虽三朝之内执事者[各尽厥心]〔二〕,恐一时之间趋诚者未必无过。或滋盛之不洁,或礼度之多愆,或优伶之鄙俚,或笑语之喧哗。种种失德,在愚民有犯而不知;事事省心,在众圣无感而不应。谨陈谢罪之表,跪请玉辂之前。敢昭告于昊天金阙玉皇上帝尊神,暨两班诸位神祇位前。曰:惟神,天地为量,覆载为心。广上天好生之仁,赦此小过;鉴下民无心之失,施彼洪恩。万圣垂慈,仍赐田园茂盛;百灵护佑,常保人马平安。家家生意亨通,户户子孙兴旺。消灾赐福,远祸呈祥。惟望神麻。请罪。尚飨。

【注释】

〔一〕此"送神文",即前《告白文书本》所记的"末赛送神表",内容大体一致,唯开头省写了月日等格式文字。

〔二〕此句原缺"各尽厥心"四字，不全。今依《告白文书本》所记补。

【按】：以下属于该本"补加"内容，用纸比较粗厚〈前边纸细薄〉，字迹比前潦草，且见记有"民国厶年"办赛用文。〉

正请状文

并众耆老人等，各殚厥心，敬理禋祀，诚惶诚恐，稽首顿首。谨言：缘为护国灵贶王春祈秋报享赛之辰。择于厶月厶日，敬备音乐之礼，洁陈香火之仪，迎接昊天金阙玉皇上帝尊神，暨两班诸位神祇位前。诣于灵贶王庙内，为其晏主，设乐致祭。享三场之音乐，受一炷之明香。同赴香坛，共来居欣（歆）。伏望圣慈，完神圣号于后。

【按】此篇仍类该本前记的"请状文"，如《告白文书本》所记的"下请文"，接着仍依"排神"序次列着诸神"圣号"，今略。

扶（夫）山文〔一〕

夫山（香）者，上奉天界高真（贞），下供地岳惟（威）灵。五方行云布雨，得泽龙神龙宫。水府真宰，中请阳间。庙貌诸位尊神，供（共）临宝殿，会吾（晤）一坛。祈福者以香为信，以酒为先。香烟起虔（处），万圣淫（遥）知。府见反迫（俯鉴凡筵），增福延寿〔二〕。

【注释】

〔一〕此"夫山文"，为"上香文"，即《唐乐星图》本所记的"香文"。

〔二〕按《唐乐星图》本记，以下还有"香诗"一首，再接"祈福"数语，最后才以"伏惟尚享"告结。可比照。

送寿文〔一〕

恭惟南极赐寿注生大帝星君：南极寿算，保命长生。驾祥云而暂离紫府，乘白鹤而远至荒檀(坛)。共皇王之圣寿,赠尊神之(以)遐龄。前有猿猴献果,后有麋鹿衔花。仰劳尊星,云辂回驾。尚飨。

【注释】

〔一〕此篇与前《听命文集》本所记基本相同,可比较。

轮流周转神牌[一]

维中华民国厶年岁次厶厶二月朔越十六日厶厶良辰[二],今据山西潞安府长子县各乡各里甲不同人氏,现在厶厶村[居住][三]奉神,春祈享赛。兹因龙泉山[四]执香社首,护国灵贶王尊神位前,曰:惟暨领合社香老人等,群沾膏泽,共沐床(庥)恩。诚隍(惶)诚恐,稽首顿首。谨言:缘为谨以清酌庶馐之仪,敢昭告于护国灵贶王尊神位前,曰:惟神有灵,咸戴无既。蠢尔小民,祈赛三朝。献享器物或[有]不度,举动趋[跄]倘若不恭,尚期神明宥舍(含)。见(宽)赦罪愆,降以贞祥。领神牌社首[五]绥以福禄。尚飨。

【注释】

〔一〕此篇实即"交排文",与多村(社)联办赛社有关,正需"轮流周转神牌"。依记,"中华民国厶年"此文曾用于"龙泉山"赛社。今考,"龙泉山"位于长子、屯留两县交界处,距屯留三嵕山不远,也有灵贶王庙。其赛由周围"十八村"轮流主办,不但正需"轮流周转神牌",且见"民国拾肆年"办赛抄立的《赛上杂用神前本》仍存(见后),可与此篇比照参考。

〔二〕此句年月日之后的"厶厶",指其对应的"干支",届时需具体填写。依《赛上杂用神前本》记,该赛农历二月十三日下请,十四日迎神,十五日头场,十六日正赛,十七日末场。按此,"十六日"属其"正赛",正可以此代指该赛。另,此篇开头见类乾隆年间的"送神文",最后又类《告白文书本》所记的"宥罪文",以至见将两者"杂混"(详下),语句混乱,文理欠通。

〔三〕此句,依惯例缺漏"居住"二字,今补。以下类似情况不再出注。

〔四〕此句以下,有"杂混"形成的多余、错乱字句,权存原貌,以见其实。

〔五〕"领神牌社首",即下一年主办赛的社首,届时需填写人名。这种交接仪式,各赛不尽相同。或在当年赛完,或在来年办赛之前。另,此句与正文内容无关,位置并不固定,写在表文末端空白处即可。

(三)《乾隆告白文二本》校注

此本,与《乾隆告白文一本》同时发现,封面亦白纸无字,但开篇见有"乾隆厶年"云云(如图)。因而仍类"乾隆一本",定名为《乾隆告白文二本》。

该本亦为麻纸写就,小型开本,高21厘米,宽12.5厘米。毛笔竖抄的内容共十个双面页,计二十个单面。但比"一本"字体稍差,错处稍多,明显为粗通文墨者抄立。全本抄有十八件表文,所抄的内容多与《告白文书本》《乾隆告白文一本》重复。因而,凡重复者只列篇名,内容从略。

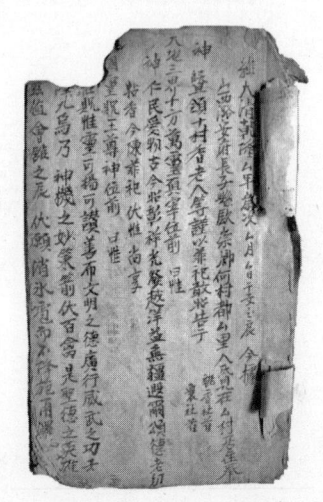

[交排文]〔一〕

维大清乾隆厶年岁次厶月厶日干支〔二〕之辰,今据山西潞安府长子县钦崇乡何村都厶里人氏见在厶村居住奉神。执香社首、众社首暨领十村香老人等,谨以菲祀敢昭告于天地三界十方万灵真宰位前,曰:惟神,仁民爱物,古今昭彰。祥光发越,洋溢无疆。遐尔颂德,老幼拈香。今陈菲祀,伏惟尚飨。

【注释】

〔一〕题名"交排文"原无,因与《乾隆告白文一本》开篇相类,用途相同,故加。
〔二〕"干支",指其所记"年月"还须写明对应的"干支"。

[祈祷消冰雹文]

【按】此篇与《乾隆告白文一本》所记的第二篇全同,故仅立同一篇名,从略。

祭风文

【按】此篇与《乾隆告白文一本》第三篇"祭风文"全同,从略。

三场太阳文

日光炎光太阳帝君位前,曰:惟神,日出扶桑,普照辉煌。万民赖德,群黎沾光。启神纳鉴,来格洋洋。尚享。

三场太阴文

【按】此篇与《乾隆告白文一本》所记的两篇"祭太阴文"头篇相同,从略。

三场乐次文[一]

奉神[二]。今典到科头厶人,并领古论人等。伏以在前诸神位前[三],曰:惟神,宫商异韵,丝竹殊声。绥调律吕,须舞治[世]之音;大奏笙簧,呈献安阜之曲。各宜祗候,神明照鉴。今开应用盏数于后[四]。

一盏 《寿南山歌》曲子　　《万花乐三台》
二盏 靠乐歌唱　　　　　　慢词
三盏 《五花梁州》　　　　再撞再煞
尚享。

【注释】

〔一〕此篇与《乾隆告白文一本》所记的"乐次文"实同,只是语言文字更见省略。
〔二〕此句之前,已省略了一些格式套话。
〔三〕"伏以在前诸位神前"一语,也属省简记法。意指,"伏以"二字之后,应写"在前"见记的"敢昭告于昊天金阙玉皇上帝尊神,暨两班诸位神祇位前"一语。
〔四〕之下所记"盏数",既属三场"合记",又属简记。不但"前三盏"所用相同,"合记"为一,且因"三盏以后俱无所管",所演自由,索性不记。后期赛社从简,每供"三盏"皆如所记。

[奏禀文]

【按】此文用于"迎神"之日,全称"安神升殿奏禀文"。前《听命文集》本已记,全同,从略。

下马文

伏望尊神,香请俯顺,早降凡陈(尘)。幽显莫测,圣意难知。奉请仙府,上其(启)仙宫,下游凡境。久烦车马之劳,远步路途之硕(顿)。谨请诸神下马。

【按】前《听命文集》本亦有相类一篇,可参考。

请寿表

【按】此表,《乾隆告白文一本》又称"接寿文",内容全同。《告白文书本》亦记,亦同,故略。

神传十村香老人等知悉[一]

照得小关馆护国灵贶王尊神位前。古有祭赛之典,盖仿古者春祈秋报,以介我黍稷,穀我士女而行之者也,今以举行多载。庶几三时不害而民和年丰,此皆上帝降康,膏泽下民者也。目今三春秋节届,禾黍穰穰(穰穰),西成有望,正当百室盈止[之]获,妇子宁止之本也。旧例,定于三月初三日下请,初四日迎神。待到,各村备用听卫(亭帏),午后齐赴神村拈香下请。初四日迎神,不过午时齐赴小关馆。各村备有神椅、旗伞、锣鼓等项,必当件件精严、端端整肃。迎神入馆,享赛三朝。待到初八日,筵终送神。各村备用香老听卫(亭帏),各宜斋戒沐浴。不可饮酒茹荤,衣帽务要洁新,不可穿戴无缨素服。若趋事不成(诚),反以怠慢获罪。各宜者(省)心,以虔(受)[多]祉[二]。

一迎神之日,各村备用神椅等物,由小关大路而来,不可走傍蹊曲径。速到速转,来回三转[三]。勿得迟缓,堤防风雨损坏。须至传者,右传通知。李庄转(传)大关、董村、鲍村、小关、谷村、李收、宋村、辛庄、常村神村[四]。

年号[五]　　谨传

执香社首等叩拜

【注释】

〔一〕此篇亦见于《乾隆告白文一本》,内容大体相同。不过此篇将春祈、秋报合记为一,既知小关馆两者日程相同,又对其迎神活动提供了更多信息。

〔二〕此句原文有缺误,今依《乾隆告白文一本》校正。

〔三〕此句之"转",指客神齐集神场的"圆神"仪式。届时,各村将诸神的神椅、旗伞送到神场,为表示受邀客神到来,由主礼阴阳率领,众社首、香老、亭帏排成一队相随,在鼓乐伴奏下"来回三转",先由外向内转,再由内向外转,最后转列成排,表示诸神均到。

〔四〕以上所列村名,即参与办赛的"十村"。每年一村主办,此文依序而"传"。可能"常村"时属主办村,故列在最后,时称"神村"。"轮流周转神牌",正合"神传十村"。

〔五〕"年号",指最后依格式写明"年月日"。

告白局长并厨局人等知悉

【按】 此篇《告白文书本》亦记,仅见题目中"厨下"变"厨局",开头"照得"变"恭惟",文中"祈赛"变成"春祈秋报",余同,从略。

虔诚享赛　食局榜文[一]

祭祀之事,古今大典。庖厨之供,宁容或缓。春夏秋冬,禴祀烝尝。乐既和奏,磬管将将。洗爵奠斝,醻醻以荐。陈设簠簋,笾豆有践。既有肥羜,为豆孔庶。既有肥牡,为俎孔硕。或燔或炙,嘉肴脾臄;或剥或烹,苾苾芬芬;或肆或将,黍稷馨香。物其多矣,维其嘉矣;物其旨矣,维其偕矣;物其有矣,维其时矣。祭以清酒,从以骍牲(牡);执其鸾刀,以启其毛;取其血膋,享于神保。来格来享,报以介福;神嗜饮食,万寿无疆。须至榜者,右榜通知。

年号　　榜押　　执香社首　　局长　　｜百㇗川[二]

【注释】

〔一〕此篇，前《告白文书本》亦记，基本相同，可比照。

〔二〕所记"｜百△川"属于计数用的"商码"，亦称"苏州码子"，意指此篇正文共"一百六十三"字，属抄者外加的批注。原加在"须至榜者"之后，今移最后。以下类此，皆移最后。

虔诚享赛　乐场榜文〔一〕

夫乐者，所以导神之和者也。古有治定：功成之后，乃命太师播诸律吕，则乐作焉。故虞廷万舞，干羽列于两阶；周庙肃雝，簨簴悬于二序。乐之作也，岂虚器欤！自非执事有格，胡以昭格罔愆？兹值春青阳　夏朱明　秋白藏　冬玄盈，届候届尊神岳降之期〔二〕。因而祀事聿修，展下里报赛之忱。拂天箫鼓，敢之（云）明德荐馨；匝地笙歌，必希典乐不棐。八音克谐，无相夺伦。将见备物告虔，合百神而禋祀；居韵赓歌，敛五福以锡民。仰庇神庥，又宁又艾。须至榜者〔三〕。

科头〔四〕　　｜百△川〔五〕

【注释】

〔一〕此文，与前《告白文书本》所记基本相同，可比照。

〔二〕"春青阳、夏朱明、秋白藏、冬玄盈"四者并列，仍存"合记"之义。"届侯"，即"届时"。全句意指，届时可分别选用，以代厶月厶日。

〔三〕此句不全，后缺"右榜通知"四字。

〔四〕"科头"之后，届时需填人名，并有具体"年月日"，此处省略。

〔四〕此句亦属批注，言指以上榜文共"一百六十八"字。

虔诚享赛　春祈秋报　肃静榜文〔一〕

伏以《礼》重祈年之典，孟春配祗（祀）勾龙。《诗》歌报赛之章，季秋敬陈犉牡。欲求农夫之庆，岂仅田祖有神。今在（"在"字衍）厶村在于小关馆护国灵贶王尊社位前，正直日毓灵告日（正值毓灵吉日）〔二〕。恩（思）竭呼嵩之报，因修合享之仪。年来御患捍尖（灾），普沐诸神默佑。近者甘雨和风，兼蒙众圣垂慈。合社人等，仰戴鸿恩，肃陈溪（牺）献。自初四日至初八日、十七日至二十一日统昼夜，香烛交辉。由一家以迄百家，合童叟身心俱洁。俳优杂剧歌舞献戏[三]，非比箫韶之一成五成；华黍和羹，难言帝廷之亚饭三饭。社首听卫(亭帏)，岂九重之济济跄跄；妥有(侑)灌将(浆)，祗寸忱之雝雝穆穆。始迓神，终雍彻，止求龥假无言[四]。外备物，内洁(竭)诚，惟期夙夜匪懈。伏愿龙旌来莅，一天霭气布风云；鸾辂式临，四座霞光敷雨露。以享以礼，敢言卜景福而格神明；以(此)社以(此)方，实希介黍稷而穀士女。保四方田园茂盛，庇百世室家盈宁。家家生意亨通，户户子孙兴旺。消灾赐福，远祸呈祥。更有肃静戒条，逐一开明另示。须至榜者，右榜通知。

年号厶月厶日

[谨榜示押][五]　　川百川夊[六]

【注释】

〔一〕此文与《告白文书本》所记基本相同。另有《告白通例本》(以下称《通例本》)亦记，更见一致，将用以参校。

〔二〕此句，原文误写难通。《通例本》言"春祈"时，正有"正值春祈致祭毓灵吉日"一语，故校改如此。

〔三〕此句，《通例本》记为："排(俳)优杂剧，队戏写；歌舞献戏，盏戏写。"意指：若供盏仍依古规只用"队戏"，则写"俳优杂剧"一语；若其供盏又用了"出戏"(即"盏戏")，则写为"歌舞献戏"。《通例本》见有"献戏榜文"一篇，明言"乐输南风之歌"，更见其"出戏"来自"南戏"。

〔四〕"雍彻"，指筵终。典出《诗经·周颂·雍》，后世每以"雍"言指帝王祭祀、宴飨，此处则指赛社祀神。"龥"通"奏"，详《告白文书本》所记及其注。

〔五〕"谨榜示押"四字，依《通例本》补。

〔六〕此指以上共"三百二十九"字。

[小关馆排神]

【按】原本接记有"小关馆"办赛神位，与前《乾隆告白文一本》所记的"排神"相同，故立篇名，内容从略。

[赛社对联]

【按】原本于"排神"之后，又用三个双面页，计六个单面，抄有三十八副对联。类前《告白文书本》所记，并有重复，亦属赛社所用的门对之类。故立篇名，不再逐一详记。唯有一副对联，值得一记，见写：

[明]假衣冠曾继叔敖重作相；

清投乐器方知子弟尚全忠。

其"明"字因原本残损而失，今补。此联所言，与明清乐户的历史有关。依史，明代朱棣以"靖难"之名，夺其侄建文皇帝位，曾将忠于建文的旧臣视为叛逆，大加杀戮，籍没其家属子女为乐户，永为贱民，致山西乐户大增。正像春秋时楚国优孟扮作"孙叔敖"，只能在戏剧中"重作相"。清代雍正初年诏令废除乐籍制度，提到"山西等省有乐户一项"，准其改业为良"投乐器"，"方知"明代一些旧臣"子弟尚全忠"。显然，此联应是雍正之后所作，本意或为歌颂清代皇恩，却与乐户历史相关。其余对联从略。

[会馆书式]〔一〕

因小关馆[护国灵]贶王尊神位前春祈秋报享赛事〔二〕。卜定厶月厶日会馆〔三〕。伏乞：

大德香老〔四〕至日早降焚香是幸　　执香社首厶人等叩拜

大禅师至日早降焚香是幸　　　　　等拜〔五〕

大局长至日早到莫阻　　　　　　　[等拜]〔六〕

大鼓（古）论至日早到莫误　　　　等具〔七〕

护国灵贶王尊神位前<small>春祈秋报</small>享赛事，旧例定于<small>初三日十六</small>日下请。伏乞〔八〕。

【注释】

〔一〕原文无题。因《告白文通例本》记有同样一篇，题"会馆书式"，故补。其"会馆"，指有关人员聚会"小关馆"，举办赛社"下请"仪式。

〔二〕原本边角残损，造成此句缺字，今依《告白文通例本》同篇而补。

〔三〕"卜定"指占卜而定，《告白文通例本》写作"言定"，皆言"下请"日期。虽然此处仍按通例，将其日期写成"厶月厶日"，但该文最后对其春祈、秋报却说"旧例定于初三日、十六日下请"，实为"言定"。

〔四〕"大德香老"，即德高望重的"香老"，属尊称。

〔五〕"大禅师"，指和尚、道士，有的居于赛庙，赛社活动也见参与。另，此句省略了前置的"执香社首厶人",下同。

〔六〕"大局长",泛指赛社四司六局的负责人。此句最后"等拜"二字,依《通例本》所记而补。

〔七〕此"大古论",用指赛社"前行",及其率领的"乐户"。令其"早到莫误",且见其书式最后记为"等具"(不拜)。《告白文通例本》记为:"衍衍写:随鼓乐至日早到莫误,社首厶人等具。"

〔八〕最后"护国灵贶王……伏乞"一段,为抄者对开头一段的补充说明。意指小关馆赛社春祈是(三月)十三日下请,秋报是(九月)十六日下请。

(四)《告白文通例本》校注

此本,也类"乾隆本",封面无名,但右下角残缺处存一"牛"字,知为长子县东大关牛家抄本。所抄内容,既属告白书表,又按通例抄记,无具体年号,故今立名《告白文通例本》。

该本亦为小型开本,高 23 厘米,宽 15 厘米,用粗厚麻纸毛笔竖抄,右侧以纸捻装订成册(如图)。全本文字共七个双面页,计十四个单面,余为空白页,待陆续补充。该本中间夹有两个单张,一者为嘉庆十七年(1812)写的《虔诚致祭肃静榜文》,一者记有一组剧名,或都正待补充此本,故将两个单张一并校注。

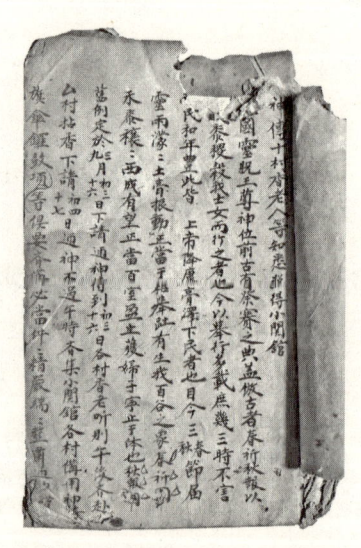

神传十村香老人等知悉〔一〕

照得小关馆护国灵贶王尊神位前,古有祭赛之典,盖仿古者春祈秋报,以介我黍稷,榖我士女而行之者也,今已举行多载。庶几三时不害而民和年丰,此皆上帝降康,膏泽下民者也。目今三春秋节届,灵雨濛濛,土膏振动,正当于耜举趾,有生我百谷之象_{春祈用};禾黍穰穰,西成有望,正当百室盈止,获妇子宁止于体也_{秋报用}〔二〕。旧例定于三月^{初三}_{九十六}日下请、迎神。待到^{初三}_{十六}日,各村香老、听则(亭子)

午后齐赴厶村拈香下请。初四/十七日迎神,不过午时齐集小关馆。各村备用神椅、旗伞、锣鼓等项,俱要齐备,必当件件精严、端端整肃。迎神入馆,享赛三朝。至初八/二十一日,筵终送神。各村香老、听则(亭子),各宜斋戒沐浴,不可饮酒茹荤;衣帽务要洁新,不可穿戴无缨素服。若趋事不成(诚),反以怠慢获罪。各宜省心,以受多祉。

一迎神之日,由小关村大路而来,不可走傍曲径。速到速转,来回三转。勿得迟缓,堤提防风雨损坏。须至传者,右传通知。

仍缴[三]

年号　　日　　谨传

执香社首厶人叩拜

【注释】

〔一〕此篇,见前《告白文书本》《乾隆告白文二本》亦记,大体相同。因其属于"通例",采用"合记",较有特色,故仍照录,以便比照。

〔二〕此上下句,加有抄者说明。言指:上句"春祈用",下句"秋报用"。故见其后又有三、九月合记的日程。

〔三〕"仍缴"的含义,对照《乾隆告白文二本》所记,与"李庄传大关、董村……常村神村"一段对应,指其十村也仍类此相传,故言"仍缴",属抄者简写。

虔诚享赛　乐场榜文[一]

夫乐者,所以导神之和者也。古有治定:功成之后,乃命太师播诸律吕,则乐作焉。故虞廷万舞,干羽列于两阶;周庙肃雝,簨簴悬于二序。乐之作也,岂虚器欤!自非执事有恪,胡以昭格罔愆?兹值春写青阳,夏写朱明,秋写白藏,冬写玄盈届候,乃尊神岳降之期。因而祀事聿修,展下里报赛之忱。拂天箫鼓,敢云明德荐馨;匝地笙歌,必希典乐不紊。八音克谐,无相夺伦。将见备物告虔,合百神而禋祀;居韵赓歌,敛五福以锡民。仰庇神庥,又宁又艾。

须至榜者　　科头厶人　　年号厶月厶日

【注释】

〔一〕此篇与《乾隆告白文二本》所记基本相同,可比照。

虔诚享赛　食局榜文

【按】此篇与《乾隆告白文二本》所记全同，从略。

[虔]诚 春祈/秋报 献戏榜文〔一〕

[夫]乐戏者，所以致祭而即告虔者也。古者，三时不害而庆祝有愿，土膏振动而祈春用百谷既登而报秋用赛有典〔二〕。今者，对越展诚〔三〕。闾阎共献西江之曲〔四〕，中和且平；亚旅乐输南风之歌，则唱随之〔五〕。岂[虚设]作也〔六〕？自非执事有格，胡以昭格罔愆。兹值春青阳夏朱明 秋白藏冬玄盈，[届候]乃尊神岳降之期〔七〕。聿修祀事，展下里报赛之忱。拂天[箫鼓]，敢云明德荐馨；匝地声歌，必冀神人胥悦。八音克谐，[无相]夺伦。将见备物告虔，合百神而禋祀；居韵赓歌，敛五福以赐民。仰庇神庥，又宁又艾。

须至榜者　　年号厶月厶日　　谨

【注释】

〔一〕此"献戏榜文"，也属"乐场榜文"，因乐台演"戏"而名。因此，与《乾隆告白文二本》所记的"乐场榜文"比照，也仍相类。

〔二〕此句仍属"合记"写法。盖因"土膏振动而祈"实指"春祈"，故言"春用"；"百谷既登而报"实指"秋报"，故言"秋用"。

〔三〕"对越"，语见《诗经·周颂》："对越在天，骏奔走在庙。"其也是对于在天神灵而言。

〔四〕"闾阎"本指里巷之门内外，借指村民百姓。"西江之曲"，借乐曲《西江月》泛指神前歌舞。

〔五〕"亚旅"，源于《诗经·周颂·载芟》："侯主侯伯，侯亚侯旅。"后世每借"主伯"指家长，以"亚旅"指子弟。由于明清南戏已非乐户特有，已多"良家子弟"，故称其班社为"亚旅"。全句实指，由南方传入的昆腔、弋阳腔之类。上党赛社仍由乐户"唱而随之"。

〔六〕"虚设"二字，原本因残而失。幸在牛家发现另一残本（太残未录）亦记此篇，恰好残存此句，故补。"虚"作副词，取"徒然"义。

〔七〕因原本残破，此句见缺"届候"二字，今依《乾隆告白文二本》所记的"乐场榜文"对应句而补。以下缺字，类此而补，不再出注。

虔诚享赛　肃静榜文[一]

伏以《礼》重祈年之典,孟春配祝勾龙。《诗》歌报赛之章,季秋敬陈犉牡。欲求农夫之庆,岂仅田祖有神。今厶村在于小关馆护国灵贶王尊神位前,正值春祈致祭,毓灵吉日。思竭呼嵩之报,因修合享之仪。年来御患捍灾,普沐诸神默佑;近者甘雨和风,兼蒙圣众垂慈。合社人等仰戴鸿恩,肃陈溪(牺)献。自初四日至初八日、十七日至二十一日,统昼夜香烛交辉。由一家以及百家,合童叟身心俱洁。排(俳)优杂剧队戏写歌舞献戏盏戏写,非媲箫韶之一成九成;华黍和羹,难言帝廷之亚饭三饭。社首亭帏,岂九重之济济跄跄;妥有(侑)灌将(浆),祇寸忱之雝雝穆穆。始迓神,终雍彻,止求黷假无言;外备物,内竭诚,惟期夙夜匪懈。伏愿龙旌来莅,一天霭气布风云;鸾辂式临,四座霞光敷雨露。以享以祀,敢言卜景福而格神明;此社此方,实希黍稷而榖士女。保四方风调雨顺,庇百室家盈[户]宁。家家生意亨通,户户子孙兴旺,消灾赐福,远祸□□(呈祥)[二]。更有肃静戒条,逐一开明另示[三]。须至榜者,右榜通知。

年号厶月厶日　　谨榜示押　　川百川夂[四]

【注释】

〔一〕此篇,《告白文书本》《乾隆告白文二本》亦记,大体相同。

〔二〕原本残损,缺失"呈祥"二字,今依《乾隆告白文二本》对应补入。

〔三〕此句所言的"肃静戒条",之下另篇有记,"逐一开明"。

〔四〕此句,与《乾隆告白文二本》所记相同,仍见共有"三百二十九"字。

局长并厨房人等知悉

【按】此篇前《告白文书本》亦记,只是题名记有"告白"二字,开头记为"局长并厨局人等知悉"。此篇结尾则多"谨预白"三字,乃榜文例行结语,并附"用揲五行"一语,属批注说明,指其全文除题目外,内容须折叠五行而写。余全同,故从略。

谕优伶人等知悉〔一〕

照得春祈祀典，理当诚心伺候，勿得怠慢废弛。窃以商廷作乐官设太师，周室番（审）音颂歌有瞽，可知伶工之奏，原为侑食而陈也。嗣后，乐府专属优人。尔等承揽此事，宜尽阙心。蟒袍铠甲[务要]新鲜〔二〕，祆生壮士务要练达。优伶有一定口数，不得以老幼滥充。[昼]夜有一定成规，不得以偷安取咎。卯筵供盏，曲调按[乎乐星]，[走]队杂剧，排场须至于古谱。如有丝竹乖音，遗漏脚数，故意貌（藐）视不遵，轻则神前责处，重则禀官枷责，决不宽饶。时谕。

　　用楪八行　　川二川〔三〕

【注释】

〔一〕此文与《告白文书本》所记"告白·晓谕衖衖女乐知悉"一文基本相同。主要区别在于，将"行院"（即衖衖）乐户改称"优伶"。或因清自雍正以后取消了乐户制度，又与明清以来"戏"的兴起并介入赛社演出有关。然而就上党地区而言，赛社演出仍由乐户承应，即使他们演出一些南戏类的出戏，地位却未变化，仍被视为低人一等的贱民。正因此，此文实质内容未有变化。

〔二〕因原本边角残缺，此句失去"务要"二字，今照《告白文书本》所记补入。以下类此，不再出注。

〔三〕最后两句仍属批注，言该文书写八行，共一百七十三字。

告　白〔一〕

合社诸执事人等知悉：恭惟[春]祈祀典〔二〕，必须克诚克敬，却勿非礼非仪。理当斋戒沐浴，不可[饮酒]茹荤。衣帽务要洁新，不可穿戴无缨素服。各尽诚心，方可[骏奔]对越。若趋事不诚，反以慢尝获罪。所有戒条，开具于后。如有故犯不遵，即于神前轻则议罚，重则议责，决不姑徇情面。各宜省心，以受多祉。

　　一正社首总管一切重务。祭品茶酒须要丰美，香烛等项必须齐备。如有菲简不堪，以及赏罚不公者，同众处分。

　　一众社首分管一切事情。须逐日供职，不得远离。派定执事，不许失误。凡有祀事不理，以及点名不到者，议罚。

一亭帏站班。各照派定次序而立,勿得搀越乱散。供盏之时,须遵雁行而上。拜跪之际,更依上揖下授之恭。不可饮酒吃[烟],亦不可喧哗笑语。如违者,议责。

一伞夫。小心拥盖,[各]照次序,谨罩盏盘。若有左顾右盼失误盖罩,以致盘中所献风尘日晒者,议责。

一管(棍)则。巡风之设,所以整肃祀典也。在外须前后巡查,在庙须不时督理。殷勤伺候,不得远离。如有犯而不举徇私隐讳者,议责。

一合社人等。殿上阶下伺候,谨慎香烛,小心大炮。早听吹打三遍,午晚听钟声三次。供盏之际,各宜漱洗沐浴,诣于阶下伺候。如违,议责。

谨预　　用揲十二行　　×百00〔三〕

【注释】

〔一〕此"告白",正如该本"肃静榜文"所言:"更有肃静戒条,逐一开明另示。"从而,既类《唐乐星图·听命文》所记的条规,又与《告白文书本》所记的"告白·十村香老并诸执事人等知悉"一文基本相同,正可比照。

〔二〕此句,因原本边角残缺,失一"春"字,今比照《告白文书本》所记对应之文补入。以下残缺也类此而补,不再注。

〔三〕最后仍为抄者批注,即全文以十二行书写,共四百字。

[会]馆祝文〔一〕

写年号〔二〕　　社首厶人暨领合社人等,敢昭告于护国灵贶王尊神位前,曰:惟神,弓降九乌,声传万古。箭伏百禽,圣德英武。敕封灵贶,永镇家固(国)。冰雹永息,万民庆福。兹值会馆虔诚祷祝,今陈菲祀聊伸愚腑。尚飨。

【注释】

〔一〕原本题名因残损缺"会"字,"馆"字尚见痕迹,今依意补全。

〔二〕此属提示。意指:本篇开头也要先写"年号",也类一般"祝文"所见,再接"社首厶人"云云。

会馆书式〔一〕

兹因小关馆护国灵贶王尊神位前春祈秋报享赛事,言定厶月厶日会馆。伏乞请:

大德香老至日早降是幸　　社首厶人等叩
大禅师至日早降是幸　　　社首厶人等拜
大局长至日莫阻　　　　　社首厶人等拜
衙衙写:随鼓乐至日早到莫误　社首厶人等具

【注释】

〔一〕此篇,前《乾隆告白文二本》亦记,内容大体相同,正可比照。

[八仙诗赞]〔一〕

身穿绿袍罗,口念道情歌,手拿鸳鸯板,逍遥蓝采和。
□天寿算高,踏倒赵州桥,唐脱花养(华阳)女,大罗张果老。
世事都参透,君恩全不受,深山去修真,皇亲曹国舅。
不恋相公家,修道叶(弃)荣华,身归终南地,冬景献仙花。
双双黑猛虎,对对闹成群,白云红光色,添寿老人星。
人不识〔二〕,首洞汉钟离,抛却将帅衣,与天寿无期。
世间□形怀(坏),借尸铁拐李,□案形(刑)无比,不幸阴司里。孔目〔三〕。
□□□先觉,唐朝吕洞宾,头戴一字巾,飞剑紧随身。
一心离家缘,养性到终南,跳出红尘路,玉洞何仙女。

【注释】

〔一〕原文无题,今依内容而加。其所记,与《听命文集》等本所记的八仙诗赞比照,用"何仙姑"代换了"张四郎",正属明清所见。另,原本残破致有缺字,今用□表示,不再校补。
〔二〕此句不全,原文如此。
〔三〕"孔目"二字多余,当属抄者批加,言以上四句实讲"岳孔目"。

【按】以下属于该本所夹的两个"单张",今仍照录如下。

虔诚致祭　肃静榜文[一]（单张之一）

伏以《礼》重祈年之典,孟春配祝勾龙。《诗》歌报赛之章,季秋敬陈犉牡。欲求农夫之庆,岂仅田祖有神。今本村在于关帝庙敕封协天大帝尊神位前,正值秋报致祭,毓灵吉日。恩竭呼嵩之报,因修合享之仪。年来御患捍灾,普沐诸神默佑;近者甘雨和风,兼蒙众圣垂慈。合社人等仰戴鸿恩,肃陈溪（牺）献。自二十三日至二十六日,统昼夜香烛交辉。由一家以迄百家,合童叟身心俱洁。歌舞献戏,非比箫韶之一成九成;华黍和羹,难言帝廷之亚饭三饭。社首亭围（帏）,岂九重之济济跄跄;妥侑灌将（浆）,祇寸忱之雝雝穆穆。始迓神,终雍彻,止求歆假无言;外备物,内洁诚,惟期夙夜匪懈。伏愿龙旌来莅,一天霭气布风云;鸾辂式临,四座霞光敷雨露。以享以祀,敢言卜景福而格神明;此社此方,实希介黍稷而穀士女。保四方田园茂盛,庇百世室家盈宁。家家生意亨通,户户子孙兴旺。消灾赐福,远祸呈祥。须至榜者,右榜通知。

嘉庆十七年九月二十三四五日

谨榜示押

【注释】

〔一〕此文,与前《通例本》所记的"肃静榜文"基本相同,却有特点。其属于"嘉庆十七年"所记的"秋报"实例,且见用于"本村关帝庙",而非十村共祭的"小关馆"。所谓"本村",即牛家所居的大关村。故仍照录。

队戏杂[一]（单张之二）

《霸王封官》至《水淹漳（章）邯》[二],《三捉》[三],《捧毂推轮》[四],《河中府会》[五],《巡接（按）河北》至《战邠彤》更史（始）刘秀[六],《贺亡秦》[七],《十里（面）埋伏》见《大会垓》[八],《潘杨征北》,《红（鸿）门设宴》,《岳飞征南》,《锁秦王》[九],《夺□□（状元）》[一〇],《箭射白虎》[一一],《三收岑彭》[一二],《金殿分兵》[一三],《红袍会跨海征东》[一四],《五侯反（犯）太原》,《夺魁》[一五],《赶杨龄

(令)》[一六]，《误入长[安]》，《出禁门》[一七]，《别云(虞)姬》，《大闹土地堂》[一八]，《熊精盗宝》，《二鬼偷油》[一九]，《疯僧扫秦》，《五鬼保伴(判)》，《双揲纸》[二〇]，《银(阴)五举》[二一]，《三作梁(立?)》[二二]，《见(饯)行》[二三]，《送带》[二四]，《拜帅》[二五]，《送印》[二六]。

【注释】

〔一〕此"队戏杂"所记，既有古传的"队戏""杂剧"，又杂含明清以来的出戏，与后期上党赛社相关，故仍照录。剧情熟知者，不再出注。

〔二〕与此目相关，《唐乐星图》本既记有《霸王设朝封官》《大会垓》，同属"一单舞"，早属大曲队舞；又见其"杂剧"类记有《鸿门会》《大会垓》《席卷三秦》，仍类宋元民间"搬唱词话"，早又将霸王"话本"用于搬演，正与金元"霸王院本"相关。上党赛社今存《鸿门会》《大会垓》《水淹章邯》等演员角单，仍属"诗赞体"，仍类宋元民间流行的"搬唱词话"，正与此处所记的"《霸王封官》至《水淹章邯》"相关。

〔三〕《三捉》，实即《勾捉》。故事出自宋元，演秦桧被地藏王勾捉至阴曹受审事。见前《东窗事犯》一剧言，地藏王既捉秦桧，又捉其妻，其亲党何宗立也被勾捉，正属"三捉"。

〔四〕《捧毂推轮》，见前《唐乐星图》本记于"杂剧"类，详其注。

〔五〕《河中府会》，与《残唐五代传》第十三回"李晋王河中会兵"同题材，写李克用在河中府会二十八镇诸侯平灭黄巢事。

〔六〕此目正演刘秀"巡按河北"故事。其在更始帝刘玄手下，巡按河北，有"铫期倒马战邳彤"一段故事。又因五代时的李存孝也曾"按巡河北"，为防混淆，故特别提示为"更始刘秀"。

〔七〕《贺亡秦》，与《席卷三秦》《霸王封官》相关。如前《唐乐星图》本所记的《霸王设朝封官·一单舞》，不但其"霸王设朝"与"亡秦"有关，且记有"子房献秦宝一十八件""百官上"，属《贺亡秦》情节。显然，此目表演与"队舞"相关，由宋代"队杂剧"而来。

〔八〕与此"《十面埋伏》见《大会垓》"一语相关，《唐乐星图》本记有《大会垓·一单舞》；其"杂剧"类又言，"十面埋伏队子是大会垓"。因《十面埋伏》早见于唐宋"队子"，类《大会垓》，属杂剧，不但此处言"《十面埋伏》见《大会垓》"，且见上党赛社今存的《大会垓》仍类宋元民间"搬唱词话"，属宋金杂剧。

〔九〕《锁秦王》即《五虎锁秦王》，前《唐乐星图》本记属杂剧。

〔一〇〕此剧名，因原本残破，缺"状元"二字，今比照《乐次全部》本记的"后期赛社剧目"而补。实即《岑彭马武夺状元》。

〔一一〕《箭射白虎》，与薛仁贵相关。据传说，薛仁贵与子薛丁山均为白虎星，难得并存。先是薛仁贵荣归故里，汾河湾箭射白虎，误伤其子；之后薛丁山遇白虎亦射，误伤其父，才引出

《薛丁山征西》。此目所演，或属后者。

〔一二〕《三收岑彭》，演刘秀收岑彭事。因岑彭曾属王莽将领，守棘阳关，刘秀攻关不下，先令杜茂收岑母归汉，继令马武收其妻，最后用计诱岑彭出战而收，故曰"三收"。此剧又名《棘阳关》《岑母归汉》，上党梆子称《收岑彭》。

〔一三〕《金殿分兵》，当写项羽、刘邦分兵灭秦事。史载，二人拥立的怀王，曾许二人"先入关中者王之"，应与此目相关。

〔一四〕《红袍会跨海征东》，当写薛仁贵跨海征东事。

〔一五〕《夺魁》，疑演《鸦关楼夺带》一事，或为《夺带》之误。若此，则与《河中府会》一剧相关（见前），写二十八镇诸侯会兵河中府，欲与黄巢大将孟截海战，诸镇皆惊，朱温"赌带"，才引出存孝生擒孟截海，夺了朱温玉带，也算在诸镇面前"夺魁"。《唐乐星图》本记有《存孝复挂午时牌》一日，属杂剧类。

〔一六〕《赶杨令》，《唐乐星图》所记的赛社供盏实例之一有记，注明"宋"，当演杨家将事。《乐次全部》本记有《皂勾旗》一目，写潘仁美故意让杨继业"黑道日"出兵，致其碰碑而亡，或正是"赶杨令"所指。另外，或是《赶杨林》之误，写罗成助秦琼追战隋将杨林事，供辨。

〔一七〕《出禁门》，《赛上杂用神前本》所记剧名中明确记为《藏孤出禁门》，可知属《赵氏孤儿》（又称《八义图》）片段。

〔一八〕《大闹土地堂》，简称《土地堂》，今有乐户艺人口传本，属"院本"。

〔一九〕《二鬼偷油》，简称《偷油》，前《乐部全部》本见记。

〔二〇〕《双揲纸》，与金元院本《双揲纸爨》（见《辍耕录》）实同，属二人借纸占卜的调笑表演。

〔二一〕《阴五举》，即《唐乐星图》本所记的《五鬼齐下生》，属杂剧，写司马貌阴司断案故事（详前注）。

〔二二〕《三作梁》，其"梁"字旁批一"立"字，当是原抄者又疑剧名应为《三作立》，故今如此而录。

〔二三〕《饯行》，写李世民在洛阳北邙山察看敌情时，王世充差驸马单雄信往捉，洛阳公主在后宫为其饯行。此剧属上党乐户传唱的"清戏"。

〔二四〕《送带》，亦属上党乐户传唱的"清戏"，演《杨六郎告御状》片段。写征北时杨业被潘仁美所害，六郎回京告了御状，太宗差御史傅鼎臣审理一段。时潘仁美闻讯，欲行贿于傅，差丫环王粉莲送"玲珑玉带"一条、黄金百两，路遇八千岁赵德芳，问明真相，将傅索绑。

〔二五〕可称《拜帅》的剧目今见有二。一指韩信登坛拜将，与《捧毂推轮》故事相同。而属"清戏"者，又有《诸葛拜师》，与诸葛亮《博望烧屯》有关，写其初出茅庐一段，本目或指此。

〔二六〕与《送印》相关，晋北耍孩儿剧种有《杨府送印》，演穆桂英挂帅事。

(五)《祝告表文》本校注

该本由牛小五之兄牛希贤献出。与其所献的《唐乐星图》封面相类,也是用写有文字的麻纸反折裱糊而成,也曾重新装订,且因封面麻纸透露着记账字迹,其上无法墨写,故不见本名。因其所记内容多是赛社祝告祭文,今命名为《祝告表文》(如图)。

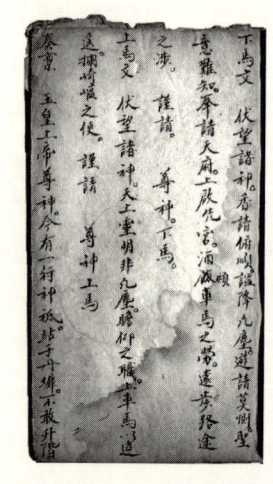

该本为小型麻纸本,高23.5厘米,宽14厘米,右侧用细线装订。有关内容共四个双面页,计八个单面。之后,又记了一些有关婚丧的文字,如择吉日的干支,择坟地的实例,因与赛社无关,今不取。以下,依序抄录校注。

下马文

伏望诸神:香请俯顺,谧降凡尘。游请(幽情)莫恻(测),圣意难知。奉请天府,上启先(仙)宫。酒(久)烦车马之劳,远步路途之涉。谨请尊神下马。

【按】《听命文集》本有相似一篇。

上马文

伏望诸神:天上灵明,非凡尘瞻仰之职(至)。上车马以逍遥,拦(揽)崎岖之便[策]。谨请尊神上马。

【按】《听命文集》本也有相似一篇。

奏 禀

【按】此篇《听命文集》本亦记,题名"安神上殿奏禀文"。内容相同,从略。

归寝文

【按】《听命文集》本亦记,内容相同,从略。

入寝文〔一〕

伏以香宵(销)宝升(鼎),酒奠金卮。朝朝入美(玉羹)更新,时时人弘(银红)夜(冶)容〔二〕。曲劳圣意,[俯顺凡请]〔三〕。明朝早请,伏候圣意。

【注释】

〔一〕《听命文集》本亦有相似一篇,题名相同。

〔二〕此上下句中,"玉羹"指酒,借指祀神盏食;"银红"指祀神香烛;"冶容"言烛光掩映下的姿容。

〔三〕此句原本缺失。今依《听命文集》本对应补入。

报晓文〔一〕

伏以金鸡报晓,冲讳圣驾。玉兔缠(赡)〔二〕光,玉满(幔)尽室。其满(启幔)自香烟初开,广圣严再出虎音(酣吟)〔三〕。上[请圣迪],[礼]锦(谨)秀(香)花严(俨)在〔四〕。再整龙衣,伏以时新小壮(侍寝小爽)〔五〕。门外几多攒(簪)新〔六〕,正是衣冠之际。架上金鸡三唱,东方未(涌)出太阳。社众殷勤,俱列尊像,于(如)尊神盥洗〔七〕。愿尊神圣寿无疆,敢不奏文(闻)。

【注释】

〔一〕"报晓文"用于赛社每日清晨,属"盥漱"仪节开头。《赛场古赞》《赛乐食杂集》两本亦记(两本相同),与此文个别字句稍异。

〔二〕此句"缠"字,另两本均记为"禅"。实应为"瞻",作充足讲,引申为博大亮丽。本句意指,月光(玉兔)使满屋明丽。

〔三〕"广",众也。"圣严",即圣尊,指诸神。上下两句言指,自赛社开始(香烟初开)已陈设帐幔,以便众神寝睡(酣吟)。

〔四〕此句原文有缺漏，今依另两本对应补全。"迪"，动也，作也。"俨"，端正也。本句恭谨地表示：请神起床，已将香花、香粉等洗漱用品备好。

〔五〕"侍寝小爽"，依另两本所记而校。

〔六〕"簪新"，指头上簪着新花的社众。宋代盛行簪花，民间赛社早已如此。如高平市西李门村二仙庙，今存金代石刻的赛社鼓乐图，其执乐者人皆簪花。故该文仍有此语。

〔七〕句中"于"字，今依另两本改为"如"字，或改为"与"字亦通。盖因要在神前演示洗脸、梳头等盥洗动作，正见"如尊神盥洗"。

盥洗文〔一〕

伏以晓色初分，整（正）束发沐浴之时；东方既白，乃洁身盥洗之期。是古有执［盆］捧水之勤，木梳、竹篦之次，且刷牙、刮舌同掠抿而皆备，烟（胭）脂、粉镜合（和）金花以俱全，概以对越，尊典主握，以（已）而握管奏文，敢或或与〔二〕？夫水者，天一所生，取于江心之中；地六所成，溢于清泉之内〔三〕。修容貌而理三关〔四〕，湿口体而合百神，盥洗所手（首）重也。夫手巾者，或希或乞出于西阳之地〔五〕，与锦与绣来得仙女织成，藏九宫而安八卦，分地理而别山河，盥洗而必用也。若府（夫）梳栉、竹篦者，黑连（佥）造就，金母琢成〔六〕，集膏木（沐）而头黑发，求旨（脂）水以整乌云，非盥洗之所不费乎？及而胭脂、粉镜，掠抿可用修身眉，脂粉可以傅身面，宝境可以照神容，金花可以壮神威。以此修于神明，祈祷千真永护。对越尊神，可卜万寿无疆。维此谨陈，顶礼上奉。

【注释】

〔一〕此文用于盥洗仪式开始前，仍由主礼先生拜读。

〔二〕全句意指：今依古规，备有木梳、竹篦之类的洗漱用具；尊古典，"对越"展诚；由盥洗者"主握"其具，各已"握管"；由主礼者神前奏告，岂敢错乱。句中"或或"通"惑惑"，指迷惑貌，如《史记·屈原贾生列传》言："众人或或兮，好恶积意。"

〔三〕天地四方共为"六合"，天属第一，故称"天一""地六"。

〔四〕此"三关"，指耳、目、口。语见《淮南子·主术训》："夫目妄视则淫，耳妄听则惑，口妄言则乱。夫三关者，不可不慎守也。"

〔五〕"希"，施也，摩也；"乞"，取也。"西阳之地"，借"西出阳关"典故而言其"地"，不但其地正位于丝绸之路上，而且正有神仙所居的"昆仑"。

〔六〕"金母"，即西王母。因西方属金，故称。

请阴神文[一]

伏以神圣往来,昨日入寝入貌[二],奉送尊神归寝。今者花严(华筵)再整,扬读(仰渎)神聪。幸喜见驾之麻,曲劳圣意,[伏顺凡请]。今朝早请,伏候圣意,逍遥出寝。

【注释】

[一]"阴神",即女神。如上党每赛见请的冲惠、冲淑二仙即是。俗规,赛期所请的女神另寝,每晚要"送阴神",第二日清晨又需"请阴神",即用此文。前《赛场古赞》本也记有"请阴神文",大体相同,正可比较。

[二]"貌",通"邈",遥远也。因要将女神送回原来的神宫就寝,路途遥远,故言"入寝入貌"。

祝 香[一]

夫香者,香焚百和,遍朝三界之中。炉炙沉檀,上达九霄云外。此香通此意,各得自霞光。增(缯)经须时(始)之首[二],皆在灵气之降。焚之者众圣皆知,闻之者诸神下降。

【注释】

[一]此"祝香"按之下所言,属"丧事"用文。盖因阴阳先生除主办赛社之外,每又主持民间婚丧仪礼,故见杂记于此。由此正见民间婚丧礼规与赛社相类,受其影响。

[二]"绖",是古代服丧者扎在头上、腰部的麻带。扎于头上者称"首绖",缠在腰部者为"腰绖"。"缯",扎也,绑也。显然,此文不属赛社所用。

[祝山文]

【按】原本接着记有两篇"祝山文",未写篇名。第一篇见曰:"夫山者,一派青山,景色幽幽……"与前《听命文集》本所记全同,今略。现将第二篇抄录如下:

夫山者,高不高顶磨(摩)云霄,深不深根辙(彻)黄泉。山前日暖,岭后风寒。三春花开早,聚积万年冰。一来山高路远,二来王母蟠桃。三生(声)虎啸风云聚,四面石崖万丈高。五色彩云遮山顶,绿(六)水涧下绿淘淘。七星随风观斗牛,八仙游走几千层。九天仙女临凡世,十面乾坤月下朝。高无可比,长在青云里。樵夫错了脚,半年才到底。

【按】以下接记一些婚丧吉日所用的干支。最后还记了一篇"立坟券砖"用文,写于"中华民国十一年"。今皆从略不记。

十二　《赛上杂用神前本》校注

该本由牛小五献出，属牛家最后抄录的赛社用本，保存也最完整。本高19厘米，宽23.5厘米，普通麻纸竖抄，右侧用细线装订。全本共四十个双面页，计八十个单面。其中，封面、封底各一个双面页；文字内容共二十八个双面页，计五十六个单面。余为空白页。

该本封面（如图），原贴着三条红纸，各写有字。左上角竖贴红纸条写"赛上杂用神前本"，为本名；中间红纸条竖写"民国拾肆年六月十叁日立"，是为抄立时间；右下方竖贴的红纸条已脱落，留有染红的痕迹，应为牛氏堂号或抄者人名。

所记内容分三大部分。第一部分，主记"龙泉山"办赛礼规。第二部分，记有八仙诗赞、赛社剧名。第三部分，记有办赛的神前用物及不同庙赛的"排神"等。三大部分之间，各留有空白的双面页，以备日后补充。由其所记，正可窥见清末民初上党赛社的演变及其特点。以下依序抄录校注。

[筹　帖]〔一〕

立筹帖文字人：乐人科头△△△同总催△△△〔二〕。

今承揽到△△村龙泉山有护国灵贶王尊神享赛。旧制，定于宣统三年二月十△日下请至十△日接神，细乐八名，前行，四文四武，趁（衬）队，筵终送神；享赛三朝，迎[送]六日〔三〕。承揽定男乐三十名，大杂剧二场，趁（衬）队戏九个，吹戏三场；出外有演乐队戏一场，迎神上马队戏一场，设朝（嘲）说比方三个〔四〕。迎神到龙泉山：上马宴三盏，下马宴三盏，排场文臣四扮、壮士十扮，按（接）头壮士在外，前后行二名〔五〕。到正赛，前后行二名、戏竹二根，鉴（监）斋、值宿二扮，报食二扮，细乐八名，俱要额则支巾，按挂（接褂）细氅；笙、箫、笛、管、锁（唢）呐、号头、锣鼓等项件，俱要鲜明呐亮〔六〕。外有祭台下厨，八仙迎寿，太平鼓板，放生〔七〕。一应吹打细事，听主礼先生调用。男乐俱要精壮，衣甲俱要新鲜。合社公议，赐腔价大钱△△文整〔八〕。若不听主礼先生调用，轻则神前责处，重则禀官究治，决不宽饶。恐口无凭，故立筹帖。文字人为证〔九〕。

中批：[头]场狮虎排场，摆驾内臣二个。二场卯筵，外加龙挂（褂）、绣支巾八件，镎钹一应在内〔一〇〕。

后批：下请、迎神之日，马前乐四名，俱要龙挂则红大帽；四文四武走队，驾头一名。到正赛，六文六武，驾头一名；头末两场，四文四武摆驾。俱要衣甲新鲜。红布△尺，打彩、画字一应在内〔一一〕。

后批：维（唯）绣花支巾、龙挂（褂）八仙正（只）许今回〔一二〕。其余不改旧规。此证。

【注释】

〔一〕此标题原无，因与今存的其他"筹帖"属于同类，故加。所谓"筹帖"，是筹划办赛者与乐户一方签订的一种合同。盖因清自雍正废除乐籍制度后，随着乐户改业从良，乐户日渐稀缺，执业也相对自由，一些大赛为依古规而办，事前就需与乐户一方商谈条件，立字为据，每由主礼代写此类"筹帖"，双方各存一份。因此，今在乐户之家也发现了多件筹帖。此件，见属清宣统三年（1911）二月龙泉山办赛筹帖，抄于该本，作为参照的范例。

〔二〕"乐人科头"属乐户负责人，即领班，一般由其签立筹帖。此处又记有"总催"，盖因有些大赛用人较多（如本帖记用三十人），非一家乐户所能承应，于是承办者须联络其他乐户共办，负责联络催办者便称"总催"。后来承揽者见称"揽头"。

〔三〕以上概述"旧制"，故依旧例补一"送"字。

〔四〕以上是对承揽者的要求。其中，"大杂剧"属大型的相对完整的杂剧，每用于赛社晚场，按今遗存所见，类如元代"搬演词话"，多属"诗赞体"；"吹戏"，指吹打戏剧片段，即用唢呐以吹代唱，每用于"供盏"，今仍多见；"演乐队戏"，相对"衬队"而言，属于大型完整的"队戏"，按今遗存所见，有《过五关》《调监斋》《鞭打黄痨鬼》等；"设嘲说比方"，类如"猜谜"，每借打比方嘲弄调笑，多有"荤谜素猜"，为"调笑院本"的遗存形态。

〔五〕以上属"迎神"之日要求。其"排场"，指迎神时的游行场面。届时"文臣四扮、壮士十扮"，用伴"大驾"，类如传统戏曲所见；"接头壮士"类如戏中的"报子"，有的迎神时头上扛一"小驾老爷"，不断往来，以示向玉皇大驾飞报情况；"前后行"，也称双前行，二人装扮相同，一正一副，并排而行。

〔六〕以上既属"正赛"要求，又与每日"供盏"有关。盖因正赛例属主神寿诞，供盏最为隆重，故见以其为例提出要求。届时，供盏队伍分东西两班，双列而行，有关人员皆要成双成对，监斋、值宿、报食也需"二扮"，且对乐户的装扮、乐器也有要求。其中"支巾"，依今遗存所见，类如裹头的布巾，"七折八扣"，为一种帽子；所谓"额子"，也称"额翼"，为一条绣有龙饰的额带，围于帽侧，合称"额子支巾"。额旁插一"雉尾"，属于乐户的特殊头饰。所谓"接褂"，俗称"龙褂"，类如龙袍，红色，前短后长，"前似马褂后似袍"，背绣一条竖龙；所谓"细氅"，即"开氅"，类如长褂，无领无袖，红底绣花，缝有或绿或蓝的宽边，每以质料精细的缎料制成，故称"细氅"。两者也属乐户特有衣着，故又合称"接褂细氅"。

〔七〕此句所言的"外有"，实指赛社"三场"通规之外的要求。即头场要加"祭台下厨"见用的《调监斋》表演，正赛要加"八仙迎寿""放生"表演，末场加"打太平鼓"。

〔八〕所谓"腔价"，属乐户一方所得的报酬。依古规，乐户例有"支官"义务，迎神赛社由当地乐户支应。但因大赛用人较多，即使本地仍有乐户依例"承应"，也需再去"雇揽"其他乐户，加之清代后期的乐户已相对自由，于是承揽者就可与之商谈"腔价"。然而，由于乐户地位仍低下，故用一"赐"字，仍含主人"赏赐"之义。

〔九〕"文字人"属省写，一般应写为"立筹帖文字人"，并要写上人名。

〔一〇〕此小段，属批注的补充要求，因其后还有类似批注，故称"中批"。所言"狮虎排场"，也称"狮虎冲坛"，即舞狮表演，借以驱邪，用于"头场"，每见"卯筵"开始借以"冲坛"。其与唐代宫廷的《五方狮子舞》相关，其中的"摆驾内臣"仍由乐户艺人扮如宫廷内官，以引舞狮上场。见其"三场卯筵"所用的"细乐八名"仍类宫廷所见，不但"外加龙褂、绣支巾八件"，且其所用的"镈钣"也称"响铁""方响"，见元马端临《文献通考》卷一百三十四载："方响，以铁为之，修八寸，广二寸，圆上方下。架如磬而不设业，倚于架上以代钟磬。人间所用者才三四寸。"早见于宋元民间。

〔一一〕此段属下请、迎神的补充要求。"马前乐"用于迎神，因走在神马之前而称，每加长号鼓吹。"四文四武，驾头一名"，扮如皇帝出行的队子，也称"走队"。"打彩、画字"都属赛社结束时的仪式，都与乐户有关，依规社方都有"赏红"，故见特别写明"红布厶尺"，"一应在内"。

〔一二〕依规，八仙各有不同装扮，或因乐户已无此类戏衣，于是协商用"绣花支巾、龙褂"代替，算是破例，故言"只许今回"。

［龙泉山迎盘］〔一〕

十八神村转赛，在于龙泉山。迎盘是吃毕早饭，听钟声三次〔二〕。

西五社：参韩、温家坪社（价钱三千文）；杨家岭、常庄社；三西沟社（价钱陆千文）；马烟社；杜家庄社（价钱大洋拾叁块）。推〔三〕。

东五社：草坊社（价钱大洋拾块）；南窑社；大刘西社；大刘后社；北窑社。推。

北五社：吴村东社（价钱）、吴村西社；东西草泊社；邵村社（后村价钱拾块）；艾庄社；宜家坪。推西五社。

迎盘信，执事出山门外：齐执役，执棍鸣金点兵。上殿取盘，盘照（罩）禁口花。走迎神停（亭）〔四〕。

叫：司香烛，烧香，上香鼓。跪，一跪三叩首。初献礼，亚献礼，终献礼，付（俯）伏，鞠躬。回香停（亭），落下盘〔五〕。

叫：茶酒司，茶司堪茶，酒司堪酒。三杯伞（散）酒。落禁口花，空下。排班〔六〕。

叫：司香烛，烧香，上香鼓。行礼四拜，初献礼，亚献礼，念祝文，终献礼。俯伏，起，鞠躬。完。

【注释】

〔一〕原本无题，今依所记内容而加。

〔二〕由此句可见，以下所写与"龙泉山""十八神村转赛"时的"迎盘"有关。今考，龙泉山位于长子县西北，其山原来有泉，泉上建有龙王庙；泉旁有寺，原称"甘泉寺"；其山建有"三峻庙"，故能形成周围"十八村转赛"，见前《乾隆告白文一本》所记十八村"轮流周转神牌"一文，便与此处所记相关。因其三崚庙建在山顶，距离周围各村较远，故其赛多了"迎盘"仪式。届时，庙旁设有"迎神亭"，类如神场，需将各神位牌置于亭中放的"神盘"，统一迎回大庙，实仍属于"迎神"仪式。其规，与一般赛社略有不同，详见下记。

〔三〕此段记"西五社"各村。如"参韩"属小村，与"温家坪"相邻，故见两村合为一社，原文旁批"价钱三千文"，今置括号内。此钱或是该社应该分摊的赛社开支；或因该社距龙泉山较远，届时不再派人支应，一并折成"价钱"。所谓"推"，指依此而推，不但"西五社"内部也可按此轮流主办，而且由此推至东五社、北五社，正属"十八村转赛"。以下类此不注。

〔四〕此段记"龙泉山大庙"迎盘时的准备工作。所谓"迎盘信"，正如该文前记"迎盘是吃毕早饭，听钟声三次"，此即其"信"。所谓"执事"，指各执其事者，正如接记的"齐执役"云云。

〔五〕此段记迎盘礼规。其"叫"，即主礼先生喝礼的喊声。其所记，仍类迎神回庙，仍见"回香亭，落下盘"。

〔六〕此段以及接下之"叫"，类一般"香亭"所见，仍属"下马宴三盏"礼规，故见此段记有"三杯散酒"的礼规，接下又与"三献"有关。

［下请礼规］〔一〕

二月十三日，到各村本社。先齐执役：排齐、点名、落账。叫师傅请老爷〔二〕。

叫：司香烛，烧香，上香鼓，四拜礼：酒司执爵，堪酒，初献爵，亚献爵，念《禀状文》，终献爵，付（俯）伏，起，鞠躬。毕，执役占（站）开〔三〕。

叫：社首取锡盘，盘照（罩）禁口花。起盘，走〔四〕。

叫：扛神庄（桩）头，老爷在后。扛神庄（桩）牌到龙泉山迎神亭等。执役排齐，烧香，上香鼓。四拜礼，第四拜不起。酒司堪酒，初献爵，亚献爵，终献爵，付（俯）伏，起，鞠躬。走到香亭，念《奏禀》安神。毕，执役排齐〔五〕。

叫：[司]香烛，烧香，上香鼓。拜，四拜礼。酒司执爵堪酒，初献爵，亚献爵，终献爵，付（俯）伏，鞠躬。毕。叫师傅请土地、五道老爷牌位，到迎神停（亭）下请。排开亭只（子），点名。流队戏，看衣服，前行开说。上香鼓，烧香。亭则排班，行礼四拜，第四拜不起，执爵，酒司（司酒）起：到土地前跪，打千只（签子）斟酒，起到太阳上（前），跪，初献礼吹酒，亚献礼，执爵，念《太阳文》，终献礼，前行《泡（跑）太阳》，吹煞鼓三遍。土地前跪：奠酒三次，讲酒三次，读《请状文》，兴，平身。分班，前行开流队戏。毕，行礼四拜，奠酒三次，吹酒三次，付（俯）伏，兴，平身。曲破。打执役（仪），走到庙上，落执役（仪）。行礼四拜，奠酒三次，曲破。完〔六〕。

【注释】

〔一〕原文无题，今依内容而加。

〔二〕此段所记，属下请前的准备事项。"二月十三日"为龙泉山赛社"下请"日。由于该赛由各村轮办，办完需要"交牌"，所以"灵贶王"位牌（及其神轿）已提前迎回主办村的庙中。届时"到各村本社"，即到各村的"主办社"，"先齐执役"人员，"点名、落账"加以落实；接着"叫师傅请老爷"，"师傅"指住庙的和尚或道士，随灵贶王神位所在之庙而异，由其请出主神位牌，随神轿送往龙泉山主庙，以便正式"下请"。

〔三〕此段所记，是在"本社"神庙举行的"念禀状文"仪式。届时，有"四拜三献"。其"堪酒"实即"斟酒"，其"禀状"言说赛社之由。

〔四〕此段，是"走"龙泉山之前的准备。"锡"通"赐"，届时社首锡盘于师傅，放上主神牌位，然后"起盘"，抬着主神的神轿"走"。

〔五〕此段，记主神（三崚神）由"本社"出发，直到进入龙泉山神庙的有关礼规。"神桩"，俗称"小驾老爷"，属开路神。其"神头"置在木架上，架以布围，届时由"壮士"扛在头上，类如"扛桩"，故称"神桩"。因其走在头前探路，故言"扛神桩头（前走）"。"神桩牌"，指与神桩一同走在头前的开路牌，一般两副，分写"肃静""回避"。因主神位牌入庙前也有类如"迎神"的仪式，故见众人在"迎神亭等"，也仍"四拜三献"，入庙后也仍"走到香亭""奏禀安神"。

〔六〕此段所记，属"下请"礼规。因三崚庙建在山上，距"各村本社"的土地庙较远，故其下请仪式也在"迎神亭"举行，"请土地、五道将军位牌"至此，才正式"下请"，且因后期已无女乐，下请时已无"花队"，权变为"流队戏，看衣服"，即由男乐各穿行头，在鼓乐伴奏下绕场而转，让社首、主礼等人审查，看其"衣服"是否合于"筹帖"要求，但仍类"花队"表演，仍属"流队戏"，仍见"前行开说"。之后，则依"下请"礼规，仍见"烧香""到土地前跪""读《请状文》"等仪式，最后"走到庙上"结束。

二月十三日　下请〔一〕

神轿壹乘　　　　　　　　麻糖盘三个_{坡下收}〔二〕

到山上下请　　　　　　　香桌盘三个_{坡下收}

天地前麻糖盘二个_{和尚收}〔三〕　夜演队

行神上（前）献供壹账（张）　　素供十个碗不分,打社〔四〕

神前祭食献席　　　　　　　　　馓盘、果桶（脯）、花草

【注释】

〔一〕此"下请"所记，属于前记的补充说明。

〔二〕所记"神轿壹乘"，用载灵贶王的"走像"，届时有"麻糖盘三个"置其神桌；"坡下收"属批注，言其用毕赏赐给"乐户"。盖因清雍正以后名义上已取消乐籍，官府为执业乐户划有地盘，上党地区每称这种地盘为"坡路"，故其办事乐户见称"坡下"。

〔三〕此"天地"，指龙泉山神庙所供的"天地三界真宰"神位。因其位牌是由山上寺庙端来，故其供品由"和尚收"。

〔四〕此"行神"，实指龙泉山神庙特有的"神马"，属灵贶王坐骑，庙中时有塑像，故见"素供十个碗"。所谓"不分、打社"，指其供品不分给他人，而是打入社房。

十四日　接神　篆香　留（流）队〔一〕

天地盘三个和尚收　　香桌盘三个坡下收

安神盘三十六个　　　蜜楼〔二〕三十六个亭士收

供茶、酒钟（酒盅,以下径改,不再出校）三十六个　　前行一名

细（戏）竹红〔三〕三尺

晚,上马宴：演队，素馔〔四〕

一盏：枣儿、寸金

二盏：枝（支）元、馒头各打社〔五〕

三盏：梨、稻米饭

夜,下马宴：晕（荤）馔，演队，三盏照下宴马（上马宴）办〔六〕。

【注释】

〔一〕所言"接神"，亦即"迎神"，故其所记为前记的迎盘补充说明。所言"篆香"，即神前上香，因香烟如篆，可通神灵，故称；又因伴有"上香鼓"，也称"打篆香"。所言"流队"，与迎神之日"上马宴""下马宴"有关，正如下记，届时皆供三盏，最后皆要"演队"。

〔二〕"蜜楼"，一种加有蜂蜜的油炸甜食，置于神盘，其状如楼。

〔三〕"戏竹红"，指前行戏竹所系的红布。

〔四〕此句，属提示说明。"晚"，指晚晌，即下午，相对早晌而言。"上马宴"，指"请神上马"前所供的三盏。依规，"上马宴"应在神场举行，然后游行回庙，再"请神下马"，在庙中供"下马宴"。由于该赛是在山上举办，其"迎神厅"与庙相近，于是权宜从便，"上马宴""下马宴"皆在赛庙举行，皆类"卯宴三盏"。所言"素馔"，见如下记。

〔五〕所批"各打社"，指三盏所供食品均打入社房，不分给他人。

〔六〕此属"下马宴"的提示说明。因用于回庙"安神"之后，不但已"夜"，且因上马的皆属男神（女神坐轿），故见其"下马宴"仍类"上马宴"，仍是"荤馔"。不过，仍类"上马宴"礼规，仍供"三盏"，也仍"演队"。

十五日　请二仙　篆香　领羊　寿面〔一〕

祭太阳盘：麻糖盘三个先生收

祭台下厨，吃桌壹账（张）：麻糖十五个，圪镖十五个，徽子十五把，刀首盘二个每分（份）半斤，乐户收〔二〕

祭灶吃桌壹账（张）：麻糖十五个，圪镖十五个，徽子十五把，刀盘壹个局长收

领羊画字礼：叩喜礼，在村过院〔三〕

午后祭风：麻糖盘三个乐户收

晚乐：晕（荤）馔，演队，三盏〔四〕

一盏：枣儿、寸金

二盏：枝（支）元、馒头

三盏：梨、稻米饭打社

夜盏：演乐，原（院）本

一盏：枣儿、寸金

二盏：白果、馒头亭士

三盏：柿饼、卜刁先生

四盏：枝（支）元、月牙买办

五盏：勋（熏）枣、红饼局长

六盏：青豆、毛圭（龟）乐户〔五〕

七盏：梨、稻米饭社打

送二仙以毕〔六〕

【注释】

〔一〕"十五日"属该赛"头场",题记"请二仙、篆香、领羊、寿面"实皆见于"前晌"(午前),故见之下接记"晚"(午后)供三盏,"夜"供七盏(详下)。一般而言,清晨"卯宴"三盏,午供七盏(正赛或供十二盏),晚供八盏,此赛见有变化。既见其"晚"(午后)供三盏,形同"卯宴",较简;又见其"夜盏"类同一般赛社的"午盏",变成七盏;其后所记"十六日"(正赛)、"十七日"(末场)也类"头场"而变,其"晚"(午后)也皆三盏,其"夜盏"也类"午盏",分别变为十二盏、八盏。之所以如此,盖因其庙建在山上,距村较远,办事不便,至"夜晚"或已回到"主办村"神庙供盏,才又依"前七、后八、中十二"古规而办。

〔二〕"祭台下厨",实指头场"祭楼台下厨讲监斋"表演。届时神厨供有监斋神位,以便"下厨"叩拜,正需"吃桌壹张"。所供"刀首",指"第一刀"割下的肉(以示对神敬重),一般而言,只要一刀割下即可,大约一斤。之所以又分二盘,盖因一盘赐给扮监斋者,另盘分给其他乐户,故见提示"每份半斤,乐户收"。

〔三〕此"画字礼"所记,属于"领羊"仪式的说明。意指,将羊领于神前"献牲"时,有"叩喜礼",表示神已享用。之后,再由羊的"在村"将其牵到"过院"宰杀。

〔四〕此"晚乐"所记的供盏食品,正类十四日"接神"所记的"晚,上马宴"所见。可见当时所供食品"各打社",正可重复使用。

〔五〕"毛龟",状如"绿毛龟"的蒸制面食,取延年益寿意,用以敬神。之所以将其分给"乐户",或与乐户被称为"龟家""王八"有关。

〔六〕此句意指,供罢七盏,"送二仙以毕"才算告一段落。结合前记"夜盏:演乐,院本"可知,之后才又演出"院本"。因其每含"荤谜素猜",妇女不宜,因此演前先要送走二仙之类女神,还要清场,以防妇女观看。

十六日　请二仙　接寿到寿厂(场)　篆香〔一〕

坐寿红白布各四才(裁)尺先生用〔二〕

进表手帕一条乐户用〔三〕

戏上用八仙、乐户八仙先生调用〔四〕

胭(猿)猴脱壳,报晓鸡一只,放生鸽一只。接寿回来,八仙进酒、进表〔五〕。

玉皇、三峻、寿星吃桌三帐(张)〔六〕:麻糖十五个,刀首一个,馓子十五把,圪鳔十五个,鸡只(子)一只

祭太阳:麻糖盘三个

祭井,供献一桌:神佛盘一个,麻糖盘三个〔七〕

交神牌:麻糖十五个,圪鳔十五个,馓子十五把,蜜楼一个,麻糖盘三个〔八〕

晚盏、卯筵:三盏,演队三个〔九〕

祭风:麻糖盘三个〔一〇〕

一盏:枣儿、寸金

二盏:枝(支)元、馒头

三盏:梨、稻米饭

夜盏:杂剧、原(院)本

祭太阴:麻糖盘三个〔一一〕

一盏:枣儿、寸金_{社首}

二盏:枝(支)元、馒头_{亭士}

三盏:栗只(子)、月牙_{先生}

四盏:柿饼、卜刁_{买办}

五盏:核桃、饼子_{管账}

六盏:勋(熏)枣、红饼_{看库}

七盏:帅饼、栾饼_{和尚}

[八盏]〔一二〕:

九盏:葡桃(萄)、红饼_{帏士}

十盏:糖人(仁)、饼子_{茶酒司}

十一盏:白果、圭(龟)头_{乐户}

十二盏:梨、稻米饭_{打社}

送二仙:麻糖、馓子各三个_{先生}

【注释】

〔一〕"十六日"属该庙"正赛",故见提示"接寿";其前见先"请二仙",与头场(十五日)结束"送阴神"有关。

〔二〕所谓"坐寿",也称"安寿",见类"安神",要将玉皇、主神(三崚)、寿星三者神位置于香亭,不但寿星、西王母、东王公、八仙频频向三者祝寿,且见玉皇、主神、寿星也有"贺表",均须主礼先生代念。故需"坐寿红白布"以衬贺表,并写明"先生用"。

〔三〕"进表手帕",用于乐户所扮的八仙一行祝寿。届时,进表者手持一盘,盘中衬帕,帕上再放寿表,故见提示"乐户用"。

〔四〕见于后期的上党大赛,除庙内乐户演出,庙外戏台尚有娱人的地方大戏(上党梆子)。至正赛日,不但乐户可装扮八仙队子,且见戏班也有"八仙庆寿"之类表演。因此,两者如何"调用"由主礼先生安排。

〔五〕此项,提示"接寿"活动的有关表演和用物。

〔六〕由于祝寿时香亭供着玉皇、三嵕、寿星三者神位,故置"吃桌三张"。

〔七〕此"祭井",属"取水"仪式,意在防旱。届时备一神桌,上置神盘、供品,正如所记。

〔八〕正赛之日的"交神牌",实指交接玉皇、主神、寿星的位牌,正为将其置于香亭。所列食品,与前"玉皇、三嵕、寿星吃桌三张"正见有关。

〔九〕此提示意指,"晚盏、卯筵"相同,皆供"三盏",由于第三盏皆舞,故又强调三场各需"演队三个"。

〔一〇〕"祭风"下午举行。接供"晚盏",正如下记。

〔一一〕"祭太阴",即祭月亮。之后接"夜盏",正如下记。

〔一二〕原本漏掉"八盏"内容,今仅补其盏名。

末场　太平鼓[一]

请二仙、篆香。

祭太阳:麻糖盘三个

晚盏、卯筵:三盏、晕(荤)馔

祭风:麻糖盘三个

一盏:枣儿、寸金

二盏:白果、馒头

三盏:梨、稻米饭

夜盏:杂剧、原(院)本、队戏

祭太阳(阴):麻糖盘三个

一盏:枣儿、寸金 社首

二盏:枝(支)元、馒头 亭士

三盏:粟只(栗子)、白饼 先生

四盏:柿饼、月牙 买办

五盏:白果、红饼 总管

六盏:核桃、饼只(子)局长
七盏:柿圪栾(挛)、圭(龟)头乐户
八盏:梨、稻米饭打社
送神:麻糖盘三十六个。前行打彩。社人盏衬,除人家取,共一处,神前执事役、理事人等均分,不可乱[二]。

【注释】

〔一〕由于赛神末场必打"太平鼓",故见题名中特别强调。

〔二〕最后一项"送神",届时将众神位牌请于香亭,见有划坛、跳探子、打彩等仪式。因龙泉山赛社共请三十六个神位,故见仍有"麻糖盘三十六个"。因"打彩"属送神结束仪式,届时由"前行"领念诗赞,一唱众和,故称"前行打彩"。所谓"社人盏衬",既指供盏的主副食品,又含村社献于神前的"食盘"(即摆在香亭的"常供"),乃至个人所献。因此,赛社结束后"除人家取"走个人的供品,其他"共一处",由"执事役、理事人等均分",为防哄抢,强调"不可乱"。

十四日夜晚　上下马宴三盏　一样办事[一]

夜晚,听钟三次,齐执役,点停只(亭子)。落执役(仪)。排班。

叫:司香,烧香,上烧香鼓。就位,拜,四拜礼,鞠躬。毕[二]。

叫:执棍鸣金,酒司执爵。叫:执香烛,烧香,上香鼓。祭太阳:麻糖、馓子各五把先生收。四拜礼,第四拜不起。初献爵,亚献爵,念《太阳[文]》,终献爵,付(俯)伏,起,鞠躬。毕[三]。

到香停(亭),恭(供)上马宴三盏[四]:

执役上殿取盘,盘照(罩)禁口花。下。

上殿,茶一杯,落茶中(钟)。茶司堪茶,酒司堪酒。三杯伞(散)酒。

第一回:衬枣。落枣,不落家伙[五]。

第二回:寸金定(钉)。落寸金,落家伙。空下。惟(为)一盏[六]。

第三回:掇(端)衬白果,落白果,不落家伙。

第四回:掇(端)馒头。落馒头,落家伙。空下。惟(为)二盏。

第五回:掇(端)黎(梨)。落黎(梨),不落家伙。

第六回:掇(端)饭。落饭,落家伙。空下。惟(为)三盏。

第七回：掇家伙，恭（供）一杯茶，完。空下，落执役（仪）[七]。

排班，烧香，上香鼓，四拜礼，送二仙[八]。

【注释】

〔一〕此题，与前"十四日"所记正可比照。因前已记，当日"晚"（下午）供"上马宴"，"夜"供"下马宴"，礼规相同，皆"三盏"。故见此处"夜、晚"合记为一，称"上下马宴三盏"，言"一样办事"。以下所记，正是"三盏"的通行礼规。

〔二〕此段所记，属清晨"上香"礼规。

〔三〕此段"叫"，属清晨"祭太阳"礼规。

〔四〕以下，从"执役上殿取盘"起，属"上马宴三盏"礼规。依规，凡供盏先上"一茶三酒"，即头趟供茶，再趟供酒三杯。届时，司茶司酒者下至厨棚堪茶、堪酒，由亭士端送神前。"三酒"也称"散酒"，有酒过三巡之义；由于每一端酒的亭子身后又有执伞的帏子相随，或又见称"伞酒"。

〔五〕依规，"一茶三酒"之后，正式供盏，变为神前司茶司酒，每盏也仍两趟，头趟供"果"，二趟供"食"，有"果为正盏，食为补空"一说。后期有的赛社出现颠倒，"果"反成了陪衬，故见此处记为"衬枣"。所谓"家伙"，指伴奏的吹打器乐；"不落"，指其不停。

〔六〕"寸金"，是一种油炸块状的食品。"为一盏"，指以上两回总为一盏，以下类此。

〔七〕此"第七回"所记，为供三盏结尾的说明。意指，供罢三盏（六趟），随着神前供品用食盘端下，再供一杯茶才算结束，故提示"掇家伙，供一杯茶"；之后"空下"，即空盘而下，茶盅依旧留在大殿神案；接着有关人员"落执仪"，供盏结束。

〔八〕最后此段，属当晚"送二仙"礼规。

三场卯筵盏　三盏开列于后[一]

三场卯筵盏一样行事。午后听钟声三次，恭（供）盏。

齐执役（仪），点亭只（子），落执役（仪）[二]。

排班。叫：司香烛，烧香，上烧香鼓。就位，四拜礼。

祭风井[三]：麻糖、馓子各五把，刀首一斤_{先生收}。

叫：司香烛，烧香，上香鼓。一跪三叩首。叫：酒司执爵，堪酒。初献礼，亚献礼，念《祭风文》，终献礼。付（俯）伏，起，鞠躬。

打执役（仪），走到香亭，篆步上殿[四]。

取盘,盘照(罩)禁口花。恭(供)茶一杯,落茶中(钟)。叫茶司酒司,茶司堪茶,酒司堪酒,三杯伞酒。

第一回:掇(端)衬枣,落枣,落家伙。科头走卯筵一回[五]。

第二回:掇(端)下枣,掇下家伙。

第三回:掇(端)上采(菜)。落菜,不落家伙。

第四回:掇(端)上寸金,落寸金,落家伙。空下。惟(为)一盏。

衬队戏[六]。

第五回:下寸金,掇家伙[七]。

第六回:掇(端)上枝(支)元。落枝(支)元,落家伙。甲(加)素馔二碗[八]。

第七回:掇(端)上馒头,落下家伙。空下。惟(为)二盏。

衬队戏。

第八回:下馒头,掇家伙。甲(加)素馔二碗[九]。

第九回:掇(端)上黎(梨)。落黎(梨),不落家伙。

第十回:掇(端)上菜。落菜,不落家伙。

第十一回:掇(端)上饭,落家伙。空下。惟(为)三盏。

衬队戏。

第十二回:掇(端)茶一杯。落茶,落家伙。落禁口花,空下。行礼四拜曲破。分伏(吩咐)乱散者,完[一〇]。

【注释】

〔一〕按下所记,不但见其"卯筵"移于"午后",且见供盏回数增多,其"三盏"竟记了"十二回",也不合于古规。盖因其神庙建在山上,距村较远,故其后期办赛已权变从宜。具体详下。

〔二〕此小段意指,先在赛村"齐执仪",然后上山,到神庙"落执仪"。

〔三〕"祭风井",指祭风、祭井,因其礼规相同,故可合记。以下既记其所供食物,又记其"叫"的上香、四拜三献礼规。

〔四〕此段,与以下供盏有关。届时,亭士一行"排开",分为东西两班,由香亭到大殿的来往路线,需绕"8"字而行,从而东班到西班、西班到东班,两班穿错,绕行如"篆",即所谓"篆步上殿"。

〔五〕"第一回"属卯筵开头,依规前行(科头)要讲唱一篇较长的诗赞,如《讲古论》《讲戏竹》等,正是"科头走卯筵一回"所指,正需"落家伙"(止乐)。

〔六〕"衬队戏",即陪衬供盏的队戏。依古规,"头盏吹,二盏唱,三盏舞",第三盏结尾才用队戏歌舞。此处破例,每盏结尾皆记有"衬队戏"。

〔七〕以上所记与古规比照,从"第一回"直至"第五回"结束,严格说才"为一盏"。其间,类"上下马宴三盏"所记,仍依"一盏:枣儿、寸金"的供三盏礼规;又见加有"供菜",加有"衬队戏",皆已破例;"下枣""下寸金"都要单走一回,共成"五回"。由于以下各盏也仍类此,才见共有"十二回"之多。

〔八〕"第六回"属二盏头趟,不但依规仍供"支元",且见"加素馔二碗",加有素食汤菜,与接下"供馒头"有关。

〔九〕此句言指,"下馒头"时,之前"加素馔二碗"同下。

〔一〇〕最后此段,属供盏结尾的提示。供盏结尾,依规需"曲破"伴舞,借以"收队"下场;后期赛社虽已无舞,也仍鼓乐齐鸣,称"打曲破"。此处实以亭帏等众"行礼四拜"伴以"打曲破"结束。所谓"吩咐乱散者",指主礼先生届时要嘱咐"乱散"的亭帏人等,宣布接下的有关事项,让其提前做好准备。

头场听命本(文)〔一〕

奏禀玉皇上帝尊神,今有诸执事者、大小社首、左右香老、膳夫乐人,叩于谐(阶)下,侍立听命,未敢擅专。玉皇尊神发旨,故敢曲(鞠)躬听命〔二〕。曲(鞠)躬听命〔三〕。前行答曰:两班香老,曲(鞠)躬听命〔四〕。

夫春祈秋报,夏赛冬祭,古与今同。今者庆贺雨泽,幸遇尊神圣诞之辰,谨请皇天圣众升临宝殿,后土诸神降临香坛。正社首当先谨敬,众香老各尽虔诚。今者礼义(宜)听命。

盖闻:威仪者,与天地同和之气,礼之大也。孔圣人(孔圣文章),仁义礼智。蜂有君臣,雁有次序,何况于人乎。国家以民为本,民以食为天。谓曰:今有社首,谨发虔诚,报赛天宫风调雨顺之恩。施云行雨,风吹万邦,稼田雨润,五土发生五谷;山川草木滋荣,园林茂盛,皆是风雨急(及)时顺阴(应)。西成有望,为人立命,无私无所报(无思所报)〔五〕天地之洪恩。诚心报赛,庆贺天宫雨露之恩。谨请管管("管管"应为"馆")下诸神,问(闻)香听乐。《语》云:"君子所贵乎,道者三:动容貌,斯远暴慢矣;正颜色,斯近信义(矣);出辞气,斯远鄙倍速矣。"此三者,修身之本,道之正也。训孝(教)于上,立教于下,吾(无)不敬(决)君[臣]上下父子兄弟。言非祷雨(于)神灵。不远不近(不庄不严),不恭不敬,即为小人。尊即以分明(樽节以明其礼),[即为君子][六]。比似(如)禽兽,鹦鹉能以言语(鹦鹉能言),[不离于禽;猩猩能语,不离于兽]。[《礼》云:]"非礼勿视,非礼勿听,非礼勿言,非礼勿动。"此四者,人之礼也。酒以为先,奉亲养老、祭祀鬼神、邀宾待客,岂不(可)悟(无)也!署而尽人(饮)之,大过(勿太过)。德行男女,乡里幼伯(乡间有别);赌博争讼,除恶积善。或贫或富,或老或少,[耕者让畔],行者让路。轻躲重,少避老。眼不观非礼之地。为人善,恶不处,贤良儒备社学(务避蛇蝎)。晓于四方君子,岂不知自己之心,忍耐万事。如违者,显(纤)毫失度,造恶诸神,降罪非轻。

夫赛者,所以报天地生成之德,而乐享丰年之庆也。自茭粮秬(自《戴芟》《良耜》)[七]举(祈)报,赛田事之乐,世代乡演,至今不废。盖国以明(民)为本,民以食为天,食之所赖,莫外五谷。谷之得熟,不过东作东("东"字衍)西成二者。东作之事,不过人力所为;西成之功,实本神明之赐。既享大有之利,干望降福之由。于是琴瑟击鼓,迎牙(迓)诸神而报赛焉。《语》云:"祭神如神在。"《诗》云:"神之格思,不可度思,矧可射思。"夫礼莫大乎祭,祭莫大乎敬。敬之神享,不敬神吐,慎勿忽也。今请[以]一,予等告之。汝等可项而听,遵吾约束,各发诚心。

香局者。香有数种,种种有(攸)分。花曰鸡古,焦曰赓动(廖薰),节曰占坛(梅檀),根曰降真。苓苓(灵灵)之香,十步可闻。安息之香,[避除妖氛。苏合之香],出于昆仑。今于南各(金郁暖阁),苾苾芬芬。王柱(圣贤)所造,通于天地,感于鬼神。百福氤氲,馥郁明香。宝鼎金炉,霭霭祥云。化云化雾,奉献尊神。

今日迎神答上苍,虔诚礼拜各惶惶。

问余何物可将至,全凭金炉一炷香。

食局者。祭祀之事,古今太(大)典。庖厨之供,宁容或缓。春夏秋冬,籥祠蒸尝。乐既合奏,磬管将将。洗酹奠斝,醯醯以荐。陈设篚簋,笾豆有荐(践)。既有肥羜,为豆孔庶。既有肥牡,为俎孔硕。或燔或炙,嘉肴脾臄。或剥或烹,苾苾芬芬。或肆或将,黍稷馨香。物其多矣,维其嘉矣。物其旨也,维其偕矣。物其有矣,维其时矣。祭以清酒,从以骍牡。执其鸾刀,以启其毛。取其血膋,享于神保。来格来享,报以介福。神嗜饮食,万寿无疆[八]。

每逢祭祀食(设)庖厨,器洁物精成大喜。

苾苾芬芬勤拜献,惶惶诚恐答明粢[九]。

茶局者。出于蒙山,茶有攸芬(分)。苓(灵)芽挽(采)就,妙手修成。云器琥珀,雪琅(浪)琉璃。青风盏内烹,双手谨捧钟。上可献天地,下可祭鬼神。

今日礼节式无议(差),先献江南茶一盏。

盏内斟时浮雪浪,瓯中点处落梨花。

酒局者。夷(仪)狄传方,杜康先通。千(田)家米曲,江水煎成。熬成酥蜜问(闻)香,煎成香素美味。孔圣人文章三千,李白有酒诗百篇。

味在江南新复(馥)香,黄流满献供上苍。

杜康传下神仙法,使我年年作灌[浆]。

纸马局者。蔡伦起造,万古流传。吾希奇宝,锦缎加张(瑞佳章)。罗纹之帛,京川之连。人元香(秀)气,亘古名扬。文房四宝,惟此居先。描成神像,如在其上。香老社首,道德五千。

金银纸马供诸神,五色妆成假亦直(真)。

焚尽灰飞烟直上,至今千载发蔡伦。

果局者。三皇治世,果木初生。西域的种,中国留名。荔芝(枝)元(龙)眼,勋(熏)枣苓(茯)苓。石榴柑榄,煮果春饼。人氏(依时)敬备,供奉千真。可作(佐)肴馔,五味八珍。

龙眼荔芝(枝)及柑榄,苓米鸡头人(银)杏端。

蒲桃(葡萄)松子榛与栗,进献尊神要新鲜。

灯局者。满部(铺)银灯,莲台高奉。千年暗室,一灯可明。以论长(人伦常)要光明,灯可供奉尊神。

今萧祭脂合檀(金宵祭祀合馨)香,番(燔)时气味答(达)上苍。

金盏银灯灿灼灼,下民一的(亦得)沐浴光。

陈设寝帐者。张挂旗旛,卫(围)屏插屏(瓶)。龙虎锦幔,桌椅排设。坐铺十样锦绣,花筵象床铺陈。西方圣境罗帐,设列供奉尊神。

大抵凡民要敬神,晚来寝处要铺陈。

象床设下尘不到,锦帐设列作神寝。

听(亭)子者。行趋脚步,语要低声。进食高捧,退食自恭。

卫(帏)子者。锦衣花帽,响杖谨攒。攒揖迎人(引),上下交正。

斟酒者。金瓶缺(款)倒,遇盏低斟。斋戒言语,恭敬奉神。

打伞者。奉神张盖,侍立停停(亭亭)。或冷热(令压)幔,执待(侍)虔恭。

管则(棍子)者。安排备马,安排道从。圪梁棍棒,高叫音声。各谨伺候,安排乱人。

报食者。神牌高捧,往来殷勤。进食报数,献酒分者(明)。

膳夫者。祭祀之事,古今太(大)典。庖厨洁净,碗碟新鲜。扮(办)生造熟,美味馨香。禀既(秉系)务要诚心洁净。

教坊司古论者。三本乐星,古圣遗留。率领大小记扮(伙伴),有名乐役。衍衍之祖,旦末于黄帆辙(幡绰),古本院本正案于老郎家。今朝圣会,邀请诸神坐于宝殿,以(依)乐星图内,春动七宫:一正宫,二中宫,三钟(中)吕宫,四道宫,五南吕宫,六仙吕宫,七林钟宫。夏动七角:一大石角,二双角,三小石角,四血枝(歇指)角,五林钟角,六曰(越)调角,七高大石角。秋动七商:一曰(越)调,二大石调,三高大石调,四双调,五小石调,六血支(歇指)调,七林钟调。冬动七羽:一钟(中)吕调,二正平调,三南吕调,四仙吕调,五黄钟调(羽),六班直(般涉)调,七高班直(般涉)调。上有凤鸣之声,其中有六(律)吕之云(韵)。律吕者,有六律,有六吕。六律者:太簇正月,姑洗三月,蕤宾五月,夷则七月,无射九月,黄钟十一月。六吕者:夹钟二月,仲吕四月,林钟六月,南吕八月,应钟十月,大吕十二月。律吕相合,呈四十大曲,十七宫调,奏八天乐事。金石丝竹,匏土革木。金为钟,石为磬,丝为弦,竹为笛,匏为笙,土为埙,革为鼓,木为板。天行曲,日月星。地行曲,万物生。日行曲,红鸾(轮)西坠。月行曲,玉兔东升。尽按者(着)二十八宿五音律吕。五音者,宫商角徵羽,木金土水火。花帽整齐,衣甲新鲜。歌舞呈献,恭端承应,音吕(依律)吹打宫商。前乐(衙)按文,丝竹[管弦]。晚乐(衙)按武,博(百)戏跳索,蛮牌迓古(鼓)。各调奉神,也要你踢弄上杆,也要你弄碗踢瓶,也要你攒枪妙手,也要你舞彝熟恋[一〇]。也胜(呈)仙桃仙果,也胜(呈)仙酒仙花,要好旦色抹眉,要好论古论今(要好"古论"吟古)。女记三千小令,男记四十大曲。列两行珠秀(朱袖)红裙,排一堂怪怪(乖乖)美女。一个个体态风流,一个个美貌人物。云(衣)轻脂(肢)轻,散散(撒撒)弹舞。单(旦)目唱其(起)来遥(嘹)亮之声,展罗绣裙双手舞其来好样之风(展罗裙袖扬好舞)。便(边)排乐鼓,各调奉神。

主礼者。微通五音,粗识律吕。以八卦排班,按五音(六壬)引礼。自周朝至于唐宋起立"乐星",奏皇天报后土。召(赵)上皇[一一]命翰林院选(撰)通五音,审清律吕,造经(精)曲成营(承应)。精传书表,写字无差,看重(堪通)上圣。

众香老惶恐诚意,无[物]可报皇天地(帝),无[物]可答后土神。只凭一炷明香,只凭香花灯烛,只凭三杯清酒,只凭纸马银钱。谢天地覆载之恩,报皇天(王)水土之功。中间有无迹(稽)之徒,不遵榜内规矩,不敬神灵,私自饮酒,以酒抛(撒)泼,夫(负)顽交头接耳,揪(籍)头有面语笑喧哗,婴儿入庙扰闹赛场,必招飞灾横祸。正社首当先谨敬,众香老各尽虔心(诚)。自今三日之后(内),各谨(尽)诚心。今日是头场之日,听命以毕,免礼平身。

【注释】

〔一〕此篇"听命文",《唐乐星图》本、《听命文集》本亦记,相互比照,见与"唐"本出入较大,与"听命"本相近,呈献出不同时期的应用情况。此篇校注时多参照"听命"本,语意尚通者不改,以存原貌。

〔二〕此句意指,由于玉皇"发旨",主礼先生才敢行此职权,发布以下命令。

〔三〕此句,正是主礼先生对于社众的命令。

〔四〕所谓"前行答曰",为前行对于主礼先生命令的重复强调。

〔五〕此句,依"听命"本校。其中,"思"为文言虚词,无实意。

〔六〕此句,依"听命"本校,并补全。以下类似者不再出注。

〔七〕《载芟》《良耜》,为《诗经》两篇之名,所言乃春祈、秋报祀神。

〔八〕以上"食局者"所记,又加有《告白文书本》等本所记的"食局榜文"内容。以下其他各项也类此,并加有前行的念词。这些添加,多与"听命"主旨无关,似有主礼先生"当众卖弄"之嫌。

〔九〕"粢",稷也,或代指谷物。"明粢"是祭祀用稷的专称,言明可交神。

〔一〇〕"彝",指常规或法度。"舞彝",指其舞蹈动作合乎规范。"熟恋",言其表演熟练而有情感。

〔一一〕"赵上皇"一句,指宋徽宗赵佶亲制大晟礼乐,颁诏天下应用事,所言与史相合。所谓"造精曲",主要指宋代规定的"四十大曲",因其用于队舞,故见"承应"神前供盏。

[八仙庆寿诗赞]

【按】:该本在"听命文"之后,空留两个双面页,计四个单页。之后接记的诗赞,《听命文集》亦记,实属"八仙庆寿"用的诗赞,故加此题。为方便比较,仍录如下。

东方朔祝赞：
晏集蟠桃庆太平，开花结实整三年。
祥光遥映南山酒，紫气光浮太史篇。
岳降有时来世上，凫飞此日到人间。
当朝汉殿东方朔，原是蓬莱第一仙。

寒山：
将纸笔忙拿定，竹帚尘手内悬。
自幼离家奔山岩，手攀肩角笑闹市，在云端。
身不恋鸾堂画阁，粗布袍紧跨（挎）身边，
游游荡荡作神仙。
修行右石（拾）得，辩（伴）道左寒山。

石（拾）得：
二人空中自叹嗟，自从下方（凡）不离别。
一个张着嘴儿哈哈笑，一个抿着嘴儿则不日。
写不尽人间是和非，左寒山牵定右石（拾）得。

张四郎：
不在工夫不在忙，一心跳出是非场。
散旦（淡）逍遥龙泉县，炼药勿使炼药璜（黄）。
渔鼓响，戏秋凉，蓬莱三岛是家乡。
笛吹美令如鸾叫，久住蓬莱张四郎。

柳树精：
家住尧（岳）州尧（岳）阳城，尧（岳）阳城内有家门。
洞宾师傅来渡（度）我，鱼（肉）眼凡胎认不得人。
稍又大，根又深，小名唤做顺河清（青）。
炀帝无道栽下我，千年不老柳树精。

蓝采和：
磨途踏灰（抹土搽灰）去过河（活），善知今古起张罗。
手内拿定鸳鸯板，口内常念道情歌。
人笑我，我疯魔，街前认得小儿多。

蟠桃会上人不识,拍板高歌蓝采和。

吕洞宾:

麻袍草履布袍新,爱戴青纱一字巾。

剑谈(弹)一阵黄泉(梁)梦,间(吕)州货卖做营生。

渔鼓响,简声鸣,仙童歌舞暗相云。

岳阳楼上饮三醉,乃是唐朝吕洞宾。

曹国舅:

麻袍草履布袍袖,我把世界都参透。

朝中宰相有谗臣,神仙还是神仙做。

天亡(忘)忧,地亡(忘)愁,拜罢王母金精(经)绶(授)。

千年石水(千山万水)去修仙,玉叶金枝曹国舅。

汉钟离:

盖(丫)髻幼讨(又绺)大肚皮,老(络)腮胡须不过脐。

福寿人间增百福,不恋朝中将帅衣。

人笑我,世间稀,脚蹅(踏)金线绿毛龟。

千年不老蓬莱客,首洞神仙汉钟离。

铁拐李:

生在人间天地里,钟离点化心中喜。

有福有分是神仙,散坦(淡)逍遥谁似你。

脚难那(挪),势难比,头发蓬松松面皮。

谁知孔目是神仙,借尸还魂铁拐李。

张果老:

拜罢王母离仙岛,入山去采灵芝草。

扬州渡(度)脱花养(华阳)女,骑驴踏得州桥倒。

面如玉,胡须老(少),赛过蓬莱千年老。

渔鼓简板唱道情,大罗神仙张果老。

韩湘子:

知人知面知生死,有缘有分福中取。

仙花对(队)内作神仙,蟠桃会上精神使。

识凡机,晓凡事,在府发下神仙志。

十冬腊月献牡丹,能(篮)盛仙花韩湘子。

[剧　目]〔一〕

存孝打虎	射白鹿(虎)
收岑彭	美良川〔二〕
入长安〔三〕	岳飞征南
五虎下西川	红袍会
藏孤出案(禁)门〔四〕	捉苏〔五〕
水淹废丘〔六〕	熊精盗宝
丛台赴会〔七〕	赵氏八义
三王定正	鸿门设宴

【注释】

〔一〕此标题原无,今依内容而加。所记"剧目",《唐乐星图》等本已记,一般不注。

〔二〕《美良川》写尉迟敬德投唐事。

〔三〕《入长安》,即《十八骑误入长安》,写五代李存孝事。

〔四〕《藏孤出禁门》,属《赵氏孤儿》片段。

〔五〕《捉苏》,即《罗士信鬼捉苏定方》。

〔六〕《水淹废丘》,即《水淹章邯》。

〔七〕《丛台赴会》,与"刘秀按巡河北"有关。时王郎据邯郸,扶汉宗室刘林称帝,与刘秀抗衡。此剧写刘林在邯郸丛台设宴,请刘秀赴会,类如鸿门宴,刘秀终得以谋脱险。上党乐户今存演出角单,仍类元代民间"搬演词话"。

【按】:该本接着又空两个双面页,之后见记如下。

纸马单　各村各社老爷开列于后〔一〕

玉皇　东岳　上元　中元　下元　关王　五土　灵显王　三峻三分〔二〕　五

龙王　风伯　雨师　雷公　电母　西将军　王元帅　土地三分　天地　神轿　玉清　真武　成汤王　皇(蝗)王　山川　社稷　仙师　大圣　二圣　三圣　府君　圣母　冲叔(淑)　冲惠　赵元帅　本殿　五道　太阴三分　太阳三分　直符三分〔三〕　监斋　寿星　东王公　西王母　长牌十分　云鹤　回鹤　表幅三分〔四〕　捧表手帕三方　拜席三领　放生鸽　坐寿红布五尺　坐神白布五尺　挂纸扎细绳足用　赏红足用　绢帛　双红纸二展　南红纸三张　京表陆十张〔五〕　笔二支　墨二锭　炮足用　十味香足用　檀香足用　檀炉香足用〔六〕　烛足用　神锞足用　奠酒足用　茶叶

【注释】

〔一〕所谓"纸马单"，因开列着赛社的纸扎用物而称。赛前由主礼先生开列，以便村社一方提前准备，属其职责，故见特记。"各村各社老爷"，即各村所敬的庙神，赛社俱要被请，主礼先生为防忙乱疏漏，故见"开列于后"。

〔二〕此句"三分"，是对三崚神的批注。由于该赛十八村见分西五社、东五神、北五社三组(详前)，赛时要各备一份礼物置于神桌，故见"三分"。以下类此者，不再细注。

〔三〕"直符"，指赛社每日的值宿神。由于"不写值日姓名，只开形容、衣色、物件"，故言"符"。又因三日赛社，共有三位值宿，故需"三分"。

〔四〕"表幅"，是写有祭文的表纸。此处实指祝寿书表。届时玉皇、三崚、寿星各有一份，故需"三分"。

〔五〕"京表"，指产地在"京"的表纸。表纸在赛神中用途颇多，故见开列了"六十张"。

〔六〕"檀炉香"属一种曲香，因用于檀炉而称。此炉每见挂在社首龙头杖上，随其而行。

盥漱用

铜盆三个　梳则三副　栲(拢)则三副〔一〕　镜则二面　手巾三条　首(手)帕三方　牙刷二件　抿则二件　刮舌二件　官粉二匣　胭脂二帖　翠花二对　帽刷一个　金花二对　汗巾二条　梳匣一个　报晓鸡三只　祭台鸡一只〔二〕　鱼尾〔三〕　红花足用

【注释】

〔一〕"拢子"，又称"篦子"，梳头用具，齿细而密。

〔二〕"祭台鸡"当用于"祭楼台",非盥漱用物。

〔三〕此"鱼尾"似指一种头饰。

碾张村社　排神簿老爷　在于紫云山庙〔一〕

西班:八、九、十、十二、十三、十四亭〔二〕

两班十六亭〔三〕

民国十年十月初一、二、三日赛

总管　社首　执爵三个人　酒司二个　茶司二人　执棍二人　鸣金二人　帏士四人〔四〕　司香烛二人　听用亭二人〔五〕

到碾张庙上:亭则到神前,分高低点名。排开亭则,四拜礼。打执役(仪)走,香烛,上土地庙。先到土地前点香,后到太阳上烧香,又到土地前烧香。酒司斟酒,上太阳上奠酒。回庙上,烧香,四拜礼。茶一杯,酒三次,四拜礼,毕〔六〕。

又到第二天:上一杯茶,三杯伞酒,恭(供)三盏,又四拜礼,打缺(曲)破,毕〔七〕。

又到午后晚:恭茶杯(供茶毕),三杯伞(散)酒,四拜礼毕,祭太阳回。点香上殿,打千则(签子);出外,到戏台根打壮(篆)香;回来,四拜礼毕,念上马文,缺(曲)破。土地、五道出山门外,两边晏(宴)驾。走,小老爷头走,大老爷后走,五道、土地在山(三)峻后走〔八〕。

【按】以下接记"紫云山老爷"排神,见后附表一。

【注释】

〔一〕碾张村位于长子县西北,与屯留县三嶕山相近,村旁有座紫云山,山上建有三嶕庙,与该村"在于紫云山庙"办赛相关。其村东,有温家坪等村,正属龙泉山"十八村转赛"的"西五社";其村北,有营里村,与屯留县相接,也参与紫云山办赛,至今见存《营里村于紫云山神簿》一本(详后),所记"排神簿老爷"与此本所记相同,正可相互比较。

〔二〕此处所言的"西班八、九、十、十二、十三、十四亭",依其"排神"记,依次对应大圣、二圣、三圣(即当地"灵湫三圣"),以及圣母、冲淑、冲惠,皆属"女神"。由于每晚需送,故特地标出。

〔三〕"两班十六亭",指"五道"(东班第十六亭)、"土地"(西班第十六亭)二神。因每晚女神需两者亲送,故也特地标出。

〔四〕"帏士"俗称"帏子"。依规,一亭相随一帏,合称"亭帏"。按其排神所记,东西两班共列三十四神,亭帏共需六十八人。该赛在"十月"举办,当属本村"秋报"小赛,故可权宜从便,见用"帏士四人"(亭子不能省)。按此,届时四人仅执伞罩,走于队前。

〔五〕"听用亭",言其随时听用,不固定某一神位。如用于每天祭风、祭太阳、早晚迎送二仙等。

〔六〕以上一段,记属"下请"事项。

〔七〕此"第二天"所记,与"迎神"有关,记有"供三盏"通例,正类每日"卯筵"所见。

〔八〕此段所记的"午后晚"活动,大致仍类龙泉山"迎神"。由于是在本村办赛,故加了"跑太阳"礼规。又因其神场设在庙外戏台根,故"出外""到戏台根打篆香"。"打篆香"实即"打转香",类"圆神"仪式,即在鼓乐伴奏下绕圈,回来仍念"上马文",类"上马宴"。强调"五道、土地出山门外,两边宴驾",不但需"请神下马",且强调了进庙时"走"的次序。

附表一

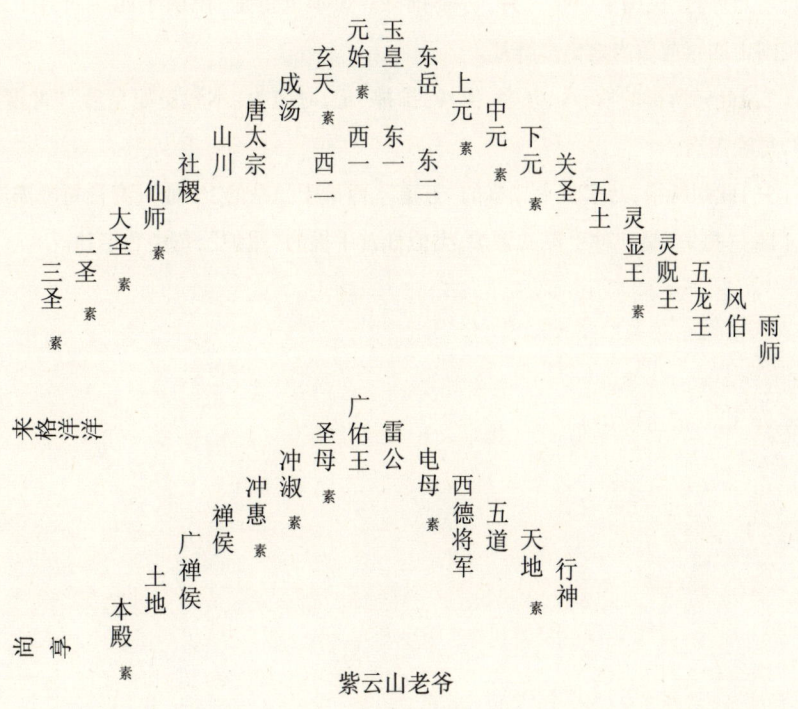

大关村　东老神社排神簿老爷[一]

在于王(玉)皇庙。

东班六亭,西班八、九亭[二]

两班十二亭[三]

民国十四年二月二十六日赛

总管　神首　执棍二人　鸣金二人　茶司二人　酒司二人　执爵　东西头亭二人　勋(熏)炉四人　提炉二人[四]　帏士八人　司香炉二人

【按】以下接记"东社老爷"排神,见附表二。

【注释】

〔一〕大关村分东西二村,"东老神社"即今东大关村,亦即献出该本的牛氏阴阳居村。以下所抄,乃该村"民国十四年二月"办赛排神。该本也正是"民国十四年六月十三日立"。显然,民国十四年前后当地仍多赛社。

〔二〕此句所指的六、八、九亭,依其"排神"记,对应为"本殿圣妃皇后""冲淑""冲惠",皆女神,每晚需送。

〔三〕此句所指,乃东班十二亭的"五道"、西班十二亭的"土地",赛社每晚需送女神。

〔四〕"提炉"是一种手提的香炉,类似社首手提的"熏炉",每由香老执。

附表二

神祇排列（以东社老爷为中心，呈弧形排列）：

- 勅赐广禅侯
- 风伯雨师
- 今岁行雨龙王
- 昭泽龙王
- 亚岳齐圣广佑王
- 本殿圣妃皇后
- 大唐仙师
- 清源妙道
- 大社五土
- 东岳仁圣
- 昊天金阙玉皇上帝
- 神农炎帝
- 大唐文武太宗
- 太稷五谷
- 敕封关圣
- 护国灵贶王
- 庆云龙王
- 会应五龙王
- 大罗冲淑真人 茶
- 大罗冲惠真 茶

- 天地三界真宰
- 文昌帝君
- 五道将军
- 蝼蚣八蜡
- 雷公电母
- 当处土地
- 北极奎星

东社老爷

邵村社　排神簿老爷　在于龙泉山〔一〕

东班十八亭不送〔二〕

西班十一、十二、十三、十四、十五亭〔三〕

两班十七亭〔四〕

执爵三人　执棍二人　鸣金二人　司茶二人　司酒二人　帏士四人　司香烛二人　勋（熏）炉二人　听用二人

【按】以下接记邵村社在龙泉山排神，见后附表三。

【注释】

〔一〕"邵村社"，见前已记，属于龙泉山"十八村转赛"的"北五社"之一。此篇所记，正是其"在于龙泉山"办赛时的"排神簿老爷"。

〔二〕"东班十八亭"，依其排神，对应"本殿娘娘"，故强调"不送"。

〔三〕此句所记的五亭，依其排神，对应灵湫三圣及冲淑、冲惠二真人，乃五位女神，每晚应送，故见特别提示。

〔四〕"两班十七亭"，对应东西两班第十七亭的五道、土地，每晚需其亲送女神，故也特别提示。

附表三

东一：
- 成汤圣帝
- 当今皇帝万岁
- 太清仙境道德
- 大成至圣文宣王
- 清源妙道真君
- 敕封关圣帝
- 护国显齐王
- 太华龙王
- 昭泽龙王
- 火宿龙王

西一：
- 昊天金阙玉皇上帝
- 神农炎帝
- 南无牟尼释迦文佛
- 文武唐太宗皇帝
- 东岳天齐仁圣君 茶
- 大社五土
- 大稷五谷
- 总圣仙翁 茶
- 护国灵贶王
- 齐圣广佑王
- 广德灵泽王
- 灵秋大圣 茶
- 灵秋三圣 茶

东二：
- 白夜明龙王
- 灵云龙王 茶
- 秋二圣
- 大罗冲淑真人
- 大罗冲惠真人 茶
- 雷公屯母
- 当处土地
- 行神

西二：
- 风伯
- 雨师
- 敕赐广禅侯
- 五道将军
- 本殿娘娘

十三 《千字文·曲谱·仪规》本校注

该本与《听命文集》同时发现,同由牛小五献出。不过,该本见类宋元"掌记册儿",属袖珍小本(如图)。本高12.5厘米,宽9.8厘米,通用绵纸双折页,右侧细线装订成册。纸质细匀,薄见纹路,毛笔竖写,字体工整。除封面与封底,内含二十四个双折页(四十八个单页),每双页折缝上依次标有页码"一、二、三、四……",仿类古印书册。其封面左上侧竖写"千字文"三字,当属该本初立时的本名,别无抄立时间等。所抄内容,见一、二两个双页抄有"千字文",但未抄完;见三、四两个双页抄有五个工尺曲谱,皆明清流行小曲;见五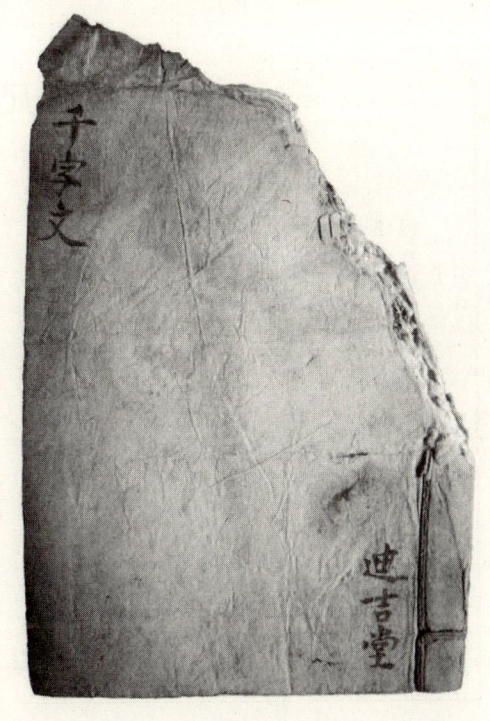至十六双折页抄有赛社仪规,接着十六、十七两页又抄《月儿高》一曲,余为空页。因其所记内容都与赛社相关,都属应用方便的"掌记",今依内容定名为《千字文·曲谱·仪规》。

由于该本原与他本捆在一起,置于旧屋梁头,致鼠啮全本右角,个别字句残缺。凡缺失文字,今先以□表示,再补其意于( )内。

以下,对所抄"千字文""工尺曲谱"只作说明,其余照录。

"千字文"说明

原本从第一页开始，抄有"千字文"内容，未再立题。开头便写："□□□黄（天地玄黄），宇宙洪荒"云云，直至"信使可覆，器俗欢（难）量"结束，实未抄完。主礼先生抄此，不但为了背诵，且与赛社有关。见如《辍耕录》所记的金元"院爨"，就记有《背鼓千字》《变龙千字文》《错打千字文》《埋头千字文》等，均以"千字文"为由，借以调笑。或因此，才见牛家主礼先生抄此。

"五个工尺曲谱"说明

该本三、四两个双面页（四个单页）抄有五个"工尺谱"，依次见名《□（靛）花开》（"靛"字今补）、《钉缸》、《太平年》、《剪剪花》、《银钮丝》，皆属明清小曲。按明沈德符《万历野获编》言，"自元人小令行于燕赵，后浸淫日盛"，民间流行的"时尚小令"早见有《闹五更》《银钮丝》之类，不但"不问南北，不问男女，不问老幼良贱，人人习之，人人亦喜听之"，且言"刊布成帙，举世传诵"，"其谱不知从何而来，真可骇叹"。显然，此类时尚小曲早用于民间赛社，故见此本也有抄记。

从第五页开始，接记赛社礼规如下。

□（头）场〔一〕

□（清）晨撞钟三次，发（伐）鼓三遍，打点三遍，吹打三遍。摆盥漱，排开亭士，行礼四拜，读《报晓文》，俯伏，兴，平身〔二〕。

分班，细乐上殿，读《盥漱文》，神前盥漱，毕。到二仙处盥漱，毕，跪念《阴神文》，俯伏，兴，平身；请二仙，细乐吹《迎仙客》。请土地、五道到香厅（亭）里（底）下。打千则（签子），收盥漱，完，念《奏禀》，安二仙，毕〔三〕。

篆香，行礼四拜；□□（前行）祝香，又行礼四拜〔四〕。

分班，执棍、□□、□□（鸣金、茶司）、酒司、局掌（长）行礼四拜，

□□□□(社首、香老)执香,毕,前后行行礼五拜。前后行祝香毕,前行答悦(曰),《听命》完,前后元揖[五]。

打执役(仪),泡(跑)太阳。前行《泡(跑)太阳》,吹煞鼓三遍,毕。

凡执役上殿,亭士取盘,恭(供)茶、菜碟;恭(供)酒三钟,前行讲酒三次;恭(供)寿面完,落执役(仪),行礼四拜;分班,做《鉴(监)斋队戏》完,前行开说毕,完,元揖[六]。

【注释】

〔一〕原本鼠啮,缺失"头"字,今依所记内容而补,以下类此不注。所记"头场"礼规,涉及清晨"报晓""盥漱""卯宴三盏"等,可与之前记述比照。

〔二〕以上所记,言及"报晓"仪规。

〔三〕此段所记,统属"盥漱"仪规。所谓"到二仙处盥漱",一般在大殿门外东侧重复盥漱仪式,并以代表所有"女神"盥漱,故念《阴神文》。最后,再将迎二仙的土地、五道神位送到香亭,就算各就其位。依规,在大殿盥漱前尚念有《出寝文》,此段只是记其大要。

〔四〕此段所记,用于清晨"香亭"上香时。届时,有关人员先要"篆香",即"打篆香",类如"流队戏",列队而转。最后绕列成排,立于香亭之下。

〔五〕此段所记,与主礼念《听命文》有关,用于"头场"。届时,有关人员"分班",依次执香叩拜,最后主礼念《听命》,仍见"前行答曰",一如之前《听命文》所记。

〔六〕此段,记属"卯宴三盏"礼规。因属"头场",其三盏结尾仍有《监斋队戏》,"前行开说毕"才结束。

正　赛[一]

清晨撞钟三遍。摆盥漱,排开亭士,行礼四拜,读《报晓文》,俯伏,兴,平身。

分班,细乐上殿,亭士上殿端盥漱,香老、□□□□(社首、茶司)、酒司执香上殿,跪,念《盥漱》,俯伏,兴,平身;照神盥漱,打千则(签子),完。要上二仙处盥漱,西班亭士落盥漱,东班亭士端盥漱到二仙处,盥漱毕,跪,念《阴神文》,俯伏,兴,平身,请二仙,细乐吹《迎仙客》;请五道、土地到香厅(亭)里(底)下;打千则(签子),念《奏禀》,安二仙,毕。

亭士上殿取瓶,茶酒司执爵,到寿厂(场)里。亭士还班,落瓶花。烧香,行礼四拜,打篆香,行礼四拜,诸跪,奠酒三次,前行□□(讲酒)三次,读《请寿文》,俯伏,兴,平身〔二〕。

分班,□□□□(寿星每旁八)仙四个。说上的山又上山,□□□□(扮大头和尚),又要仙二个,他脚(角)瞒(鞔)的头。□□(又舞)寒山、石(拾)得,又钟、吕二仙《猿猴脱壳》,又有八仙,又队戏二人,前行开说,毕。跪,奠酒,吹酒三次,前行讲酒三次,俯伏,兴,平身〔三〕。

分班,《曲破》,亭士取瓶花,前行那(拿)生,到庙门口。大驾、土地、五道三杯两还〔四〕。

到院的(里)。面向北,香桌烧香,前后行、老人星"祝山",毕,奠酒,俯伏,兴,平身〔五〕。

到香亭里。亭士放瓶花,摆寿桌,烧香,行礼四拜;□□(玉皇)上(前),进酒三回,行礼四拜;三崚上(前),□□(寿星)进酒三回,行礼四拜;寿星上(前),□□□□(社首进酒)三次,行礼四拜。皆跪,前行□□(开说),毕,俯伏,兴,平身〔六〕。

分班,打执役(仪),泡(跑)太阳。念《太阳文》,前行《泡(跑)太阳》,吹煞鼓,毕。

上殿。恭(供)茶、酒、菜碟,恭(供)寿面完,行礼四拜,分班,《曲破》,完。

送寿。回来,一切执役开(排)齐,毕。完,元揖。

【注释】

〔一〕以下所记的"正赛","报晓""盥漱"礼规仍与头场相同,重点在记"迎寿""庆寿"时的礼规。

〔二〕此段所记,与"迎寿"有关。不但见类"迎神"礼规,且因迎请寿星、八仙一行,特见"取瓶",插有"瓶花"。

〔三〕此段所记,皆属"寿场"活动的说明。所谓"上的山又上山",见前《赛乐食杂集》有记:"上的山又上山,山上有座姑的庵。我与姑儿抱儿子,姑则与我洗布衫。"正属前行念词,也属"说",用于《月明和尚度柳翠》表演,且因俗称《太头和尚戏柳翠》,正需"扮太头和尚"。正因此,就见接着强调"又要仙二个";就见"他角",包括扮"柳翠"者、扮"八仙"者,皆需"鞔的头",以巾缠头。另记有"舞寒山"、"八仙"、《猿猴脱壳》表演,且见"又队戏二人"与"又要仙二个"有关,正指《太头和尚戏柳翠》表演,正需"前行开说"。之后"奠酒"三献,正类神场"上马宴",正宜接着回庙。

〔四〕此段,记其回庙过程。八仙队子一路踏歌,用《曲破》。类如"接神","到庙门口"也要"接寿",不但仍见"土地、五道"出庙相迎,也仍"三杯两还",且因"主神"未去寿场,见其"大驾"也要亲迎。

〔五〕此为进到赛庙的礼规。届时,香桌置于院内,先面向北烧香。所谓"祝山",即念"祝山祝水"的诗赞。其中"老人星"祝山,依前记,每又展出一幅画图,使众神如临仙境,开始"祝寿"。

〔六〕此节记其祝寿仪规。届时香亭置有寿桌,放玉皇、主神、寿星三者神位,再由扮寿星、王母、八仙者依次祝寿添寿,"进酒三回",且要呈表、祝赞,礼节烦冗,前已注。

末　场

与头场一样行事,不《听命》。晚上恭(供)夜盏毕,送神。做队戏,供卯筵三盏。□(供)盏完,有食次文,社首、局长、科头画字。晚上,夜□□(供八)盏,完。供毕夜盏,送二仙,□□(排齐),元揖,散〔一〕。

到迎神厅(亭),排开亭□(子),□(上)香鼓,跪,打千则(签子)斟酒,初献礼,亚献礼,终献礼,俯伏,兴,平身。烧香,跪,茶酒司空放三次:上香鼓,行礼四拜,第四拜不起,酒司执爵,打千则(签子)斟酒,初献礼,亚献礼,执台,读祝文,终献礼,俯伏,兴,平身。末场完〔二〕。

【注释】

〔一〕此段总说"末场"通行的礼规,"与头场一样行事",区别只是不念《听命》。

〔二〕此段所记,为末场"送神"礼规。或因末场当晚送神,故见接记。或正因此,见类龙泉山送神,仍到"迎神亭"举办,需"三献"。所言的"茶酒司空放三次",与"四拜三献"有关,不但其间正需"读祝文",且因用于"送神",其三献酒需先望空祭拜,再洒地放杯,正见"空放三次"所指。

送　神〔一〕

两班亭士请位牌,请乐台下〔二〕。排开,烧香:上香鼓,跪,酒司执爵,打千则

（签子）斟酒茶，初献礼，亚献礼，执台，读《送神文》，□□□（终献礼），前行打采（彩），俯伏，兴，平身。□□□□□（再到迎神亭），烧香社首，鼓乐〔三〕。

【注释】

〔一〕此"送神"所记，为上篇的补充，主要记其庙内活动。

〔二〕所言"乐台下"，亦即"香亭前"。届时，先将众神位牌皆请于此，再接"送神""打彩"，礼规如下。

〔三〕此句开头约缺五字。对照之前"末场"所记，或为"再到迎神亭"五字。因前已记相关礼规，故见此处从简，只言"烧香"要用"社首"，最后以"鼓乐"结束。

□□（初祀）一应队戏开列于后〔一〕

狮虎卯筵，三盏照规〔二〕。

鉴（监）斋头面、值宿〔三〕。

一盏吹　　补空

二盏吹　　补空

三盏吹　　补空　　曲破〔四〕

晚乐：院本、杂剧

□□（前行）讲《酒词》《百花赋》《楼台》〔五〕。细乐，报［食］。

【注释】

〔一〕以下所记，《听命文集》最后的"补加"部分也有类似记述，称"初祀应用队戏于后"，正可比较，故知此题所缺为"初祀"二字。"初祀"，指三日赛社的"头场卯宴"。此处为何将其特记？盖因后期赛社从简，三日赛社早、午、晚皆可只供"三盏"，皆类"头场卯宴"用乐。按以下所记，前三盏皆"吹"，最后仍以"曲破"结束（实已变为"打曲破"），不但"晚乐"类此，也供"三盏"，且因晚上乐台仍有演出，故特别强调晚上接演"院本、杂剧"。

〔二〕所谓"狮虎卯筵"，实即"头场卯筵"，民国所抄的《赛上杂用神前本》有记，头场要用"狮虎排场"（详其"筹帖"的"中批"）。正因此，"头场卯筵"又可称作"狮虎卯筵"。

〔三〕此句强调头场仍有"跳监斋"，包括"值宿"，仍需戴其"头面"。

〔四〕由于"三盏照规"，仍需"舞三盏"，故见第三盏"补空"记有伴舞的"曲破"。而按后期所见，实已变为"打曲破"，仅以锣鼓敲击，无舞。

〔五〕此句所记的三篇，皆属前行长篇讲唱，内容前各本已记，正可分别用于三场卯宴，正见其属三场"合记"形式。

□（下）请[一]

到齐，排开亭士，点名。流队戏，请社首、总理看衣服，前行开队戏[二]。

烧香，亭士排齐，行礼四拜，就跪，前行讲酒三次，读《禀状文》，俯伏，兴，平身，《曲破》[三]。

打执役（仪）上土地庙，神前落执役（仪）。烧香，到（倒）香桌[四]，太阳上（前）先烧香，后到土地神前烧香，毕。亭士排班，行礼四拜，第四拜不起，执爵酒司到土地前打千则（签子）斟酒，起，到太阳上（前）跪，初献礼，吹酒，□□□（亚献礼），执爵，念《太阳文》，前行□□□（跑太阳），吹煞鼓三遍，终献礼；奠酒三次，前行讲酒三次。后到土地前，奠酒三次，吹酒三次，前行讲酒三次，读《请状文》，俯伏，兴，平身。分班，前行开队戏毕，诸跪，奠酒三次，吹酒三次，前行讲酒三次，俯伏，兴，平身，曲破。

打执役（仪）走到庙里，落执役（仪）。散位牌、手巾、伞，元揖[五]。

【注释】

〔一〕此处所记的"下请"礼规，之前各本也有类似记述，正可比较。

〔二〕此段所记的"流队戏"，实由乐户各穿行头，扮如"队子"，绕场而转，正如《赛上杂用神前本》所记的"筹帖"言（前记），届时乐户要按规定穿戴行头，故需"请社首、总理看衣服"，看其是否合乎规定。所谓"前行开队戏"，仍类早期下请时的"花队"表演，要讲唱一段，念"八宝妆腰带，珍珠络臂韝"云云。

〔三〕此段实记赛庙大殿"禀状"礼规。之后才去土地庙正式"下请"，具体礼规见下。

〔四〕所谓"倒香桌"，指香桌"倒换"方向，由朝北转向朝南。盖因之下先要朝太阳烧香。

〔五〕最后一句含有提示。言指：下请仪式结束时，乘亭帏人等未散，需将第二日"迎神"要用的"位牌""伞""手巾"提前发给有关人员。

迎 神

到神厂(场)里。抬神椅到〔一〕,点名。流队戏看衣服,前行开队戏,毕,上香鼓,烧香〔二〕。排班,□□□(行礼四)拜,酒司执爵,打千则(签子)斟酒,□□□(奠酒三)次,吹酒三次,前行讲酒三次,读《上马文》,俯伏,兴,平身,曲破〔三〕。点亭士跟神椅,各照次序而走〔四〕。

香桌、大驾到庙门口。五道、土地山门口接驾,烧香,三杯两还打千则(签子),读《下马文》〔五〕。

进庙里。亭士排开,念"奏禀"安神。毕,烧香,打篆香,行礼四拜,祝香,跪,俯伏,兴,平身,又行礼四拜;执棍、鸣金、茶酒司、局长行礼四拜,前后行行礼五拜,祝香,前后行元揖〔六〕。

亭士上殿取盘。□(供)茶、菜碟,恭(供)酒三钟,前行讲酒三□(次),□□(社首)烧香,行礼四拜,第四拜不起,□□□(读祝文),俯伏,兴,平身,曲破,元揖〔七〕。

领羊:行礼四拜,酒司执爵,打丁只(签子)斟酒,初献礼,亚献礼,执台,读《领羊文》,洗羊。领了羊,吃晚饭,做队戏,毕〔八〕。

撞钟三遍,执棍点亭士,台(抬)香桌,祭太阴:烧香,上香鼓,排班,诸跪,酒司执爵,打千只(签子)斟酒,初献礼,亚献礼,执台,读《太阴文》,终献礼,吹酒三次。

亭士排开,供下马宴三盏,完,行礼四拜,五道、土地送二仙至二仙处;跪,茶司执爵,打千只(签子)斟茶,初献礼,□□□(亚献礼),执台,读《二仙文》,终献礼,□□□(送出庙)便毕,回来,元揖。

【注释】

〔一〕所谓"神椅",代指所请各神。实际上,或用"神马"(牵马备以神鞍),或用"神轿",不尽一致。

〔二〕此"流队戏",既类"下请"所见,又含"圆神"仪式。

〔三〕从"排班"直至"曲破"所记,"四拜三献"念有《上马文》,与游行回庙有关。其回庙后,供"上马宴三盏"(详后),如之前龙泉山赛社所见。

〔四〕此句言迎神回庙。届时,亭士端着神位,跟随对应的"神椅",不能错乱,故须依次点名。实即点名列队,游行回庙。

〔五〕此段记"庙门口"礼规。所谓"三杯两还",指土地、五道接驾时共敬"三杯",每杯叩拜,第三盏不起(接读表文),故见"两还"。

〔六〕此段"庙里"所记,总属"安神"仪式。其"奏禀",前《听命文集》有记,属《安神升殿奏禀文》。其接记的"烧香""打篆香""祝香"礼规,又类该本之前"头场"所记,在"香亭"之下,也见众人执香"打篆香"而转,绕列成队再依次上香,有"四拜""五拜"之分,唯无"念听命",其他相同。

〔七〕此段所记,如龙泉山赛社所见的"上马宴三盏",为回庙举办,有"菜碟"。

〔八〕一般而言,"领羊"该用于"下马宴"开始,表示神前"献牲"。此处,实用于"上下马宴"之间,仍类龙泉山赛社所见,也仍权宜从便。于是,既见回庙后才供"上马宴",又见其后"领了羊,吃晚饭",接"做队戏"算一段落。后接以"祭太阴",才供"下马宴"(详下所记)。

《月儿高》曲谱说明

紧接上篇"迎神",有十六、十七两个双折页(四单页)记有《月儿高》一曲,仍属"工尺谱",谱前标曲名。与此曲相关,见明代周玄暐《泾林续记》言,明初"吴歌"已有"月儿弯弯照九州"云云。按此,该曲或出自元明民间。具体曲谱,此处从略。此曲之后,该本皆为空白页。

十四　"祭文"三本校注

三本祭文，分别为《祭文簿全书》《祭文簿》《祭文全本》(如下图)，与前《乐次全部》皆由李过卖老人献出。

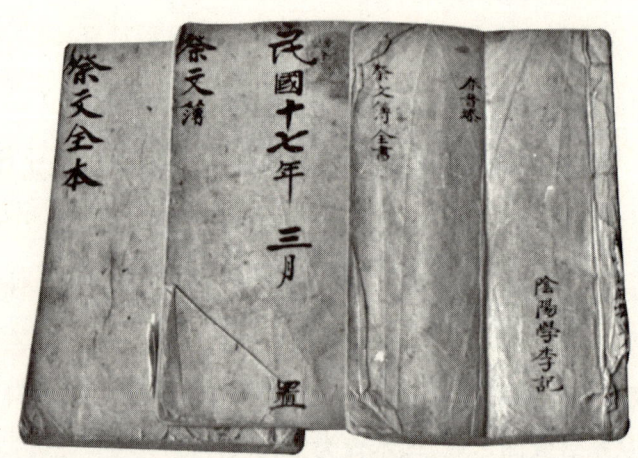

三本所记，又与同一"转赛"有关。考其赛庙，原位于潞城贾村南面的土岗，也称"南岗"。其庙俗称蝗王庙(今毁)，主祀唐太宗。岗周围有贾村、崇道、北舍、南舍、翟店、羌城、北庄、南庄、寨上、东天贡、小天贡等十二村，旧分八大社，每年三月十八轮流主办其赛。由于各村皆有神庙，每赛皆从本村神庙开始，然后才"转"，礼规同中有异。南舍、北庄等村后期已不参加转赛，各在本村自办。民国时，崇道、翟店、羌城、东天贡等村虽依古规仍"转"，也已从简，变成小赛。于是就有了"祭文"三本，不但同源，且见同为民国时所抄，同由"阴阳学李记"。为了便于相互比照，今放一起录校。

(一)《祭文簿全书》本校注

该本高约20厘米，宽约12.5厘米，细麻纸，毛笔抄写，字体工整，右侧以细线装订。封面左上侧竖写"祭文簿全书",右下侧竖写"阴阳学李记",中间竖写"春晋臻"三字,言该本于春天抄毕。

该本除封面外,内容共计二十个双折页,即四十个单页。前二十七个单页,记转赛礼规,今仍依序录校。之后抄有用于占卜的文字,多与选定红白事的吉日有关,而与赛社无涉,今从略。

崇道村三月十八日转赛[一]

十三日:晚上,游庙包封,进香应甲,南角殿焚香,九叩礼[二]。

十四日:早,本庙九叩礼;送出西村外,九叩礼[三]。

十五日:鼓地三遭,前响仰设庭(亭)帏。午后,土地庙下请,九叩礼。回东庙焚香,九叩礼。毕[四]。

十六日:早,鼓地一遭。午前人等去玄(太)宗庙,请皇(蝗)王驾,三跪九叩文。茶一杯,连酒献席一遭:果三盏,衬美食三回,献下马三盏毕[五]。

十七日:五更鼓地一遭,坡下响炮,起早齐备[六]。执生掇盘,将盥洗物件掇上,跪,念《盥洗文》,兴。引执生先至内场正位至(之)上,以下一位一揖,念"酌水净巾";内场毕,来前面"天地"前揖,以盥洗疏(漱),跪,将盥洗,叩首,兴,维首焚香,九叩礼毕[七]。转班,进茶食一回,恭(供)茶一杯,毕。到佛殿盥洗,与东庙一样。维首焚香、礼毕,分班,前行行四拜礼,讲香,毕。转班,进茶食:跪,献食,叩首,兴;转班,进食是粥叶(菜):跪,献食,叩首,兴;转班,进食:跪,献粥,叩首,兴。太平鼓毕,兴。转班,连进酒三杯:前行讲酒、奠酒,叩首,兴。转班,进食:跪,献寿面,叩首,前行细开八仙毕,兴。响枪[八],抛(跑)太阳:亭帏代(带)盏去东头,望太阳焚香,六叩礼,文一道,前行说小连(联)。回佛殿,代(带)酒恭(供)早三盏,换乐,参神,曲破,元揖。早饭在西庙,午前恭(供)前七盏[九]。执生填(斟)酒,打散酒:自己二人引亭帏,空转三回,开卯宴盏[一〇](按,以下记其午前七盏)。前三盏开说,后四盏奏乐,恭(供)茶一回,一同参神,分班,曲破,合班,元揖。午饭点心,每人二个。回东庙地(里)接香:将人齐就,起身,去北舍灵贶王庙内(按,以下记其去北舍灵贶王庙礼规)。接神人等入庙,先打馔香一个,每人执香一炷,东上西下,焚香,九叩神;奠酒三杯,恭(供)下马三盏。吃饭。齐香,恭(供)起马三杯酒:参神,焚香,文一道。将神马迁(牵)入庙内,以西上,往东下,请驾起身,回本村东庙。山门外,将神马、伞一排两行,故事、采扛各自归家,亭帏入庙;维首、执生跪门,将神马迁(牵)进庙内,从北上,往南下(按,因该庙坐东向西);请老爷进庙、升殿,跪门者兴,随后入庙参神。恭(供)茶一杯。齐备起身,走佛殿,将雨师位牌请上,去东南祭风文。回东庙,代(带)酒恭(供)晚三盏,一同参神。毕。

　　十八日:五更将人齐就,响炮起身,到佛殿,先盥洗。毕,维首焚香参神,四拜。维首、执生退位,亭转班,进茶一杯。回东庙,先盥洗,维首焚香参神,付(复)位。转班,进茶食一回:进茶、献茶、前行讲香、四拜礼毕,兴;转班,恭(供)粥菜,献粥,太平鼓。又恭(供)三杯酒。进寿面:跪,献食,前行细开八仙,毕,叩首,兴。代(带)酒抛(跑)太阳文,亭则对面叩首,兴。代(带)酒回东庙,恭(供)早三盏,恭(供)茶,参神。饭在东庙。午前人齐,恭(供)前七盏:打散酒,前三盏开说,后四盏奏乐,一同参神,曲破。午饭。到西庙恭(供)起马三盏:将人齐,亭则掇盘,掇香嗽(束);香齐,九叩礼,三奠酒。毕,将神马迁(牵)至庙内,从左上右下,起太宗驾出庙。按规矩而走:先自(至)东天贡,后至羌城、翟店,唱礼,维首焚香。走到南岗脚,烧入山香;到山门外,亭则入庙,维首、执生排两行跪门;将神马迁(牵)至庙院二门外,依西右边迁(牵)上,以东下。请诸神下马,请太宗驾入庙升殿,维首随后入庙。焚香安神,九叩礼,维首退位。恭(供)下马三盏。参神以毕,请东天宫(贡)、崇道一同焚香,九叩礼,恭(供)起马三杯酒。天宫(贡)维首焚"起脚香",崇道配(陪)跪,九叩礼,起驾:天宫(贡)驾前,崇道驾后;走岗脚,设香案,二村九叩礼,毕。崇道銮架(驾)送至山脚,乐户、香桌、维首、执生、亭帏皆至天宫(贡)东堂上;山门外下马,坐西向东,焚香,九叩礼;下马三盏,参神毕,各自回村〔一〕。北舍前十平(柄)伞进庙,神马、位牌、猪羊、香桌进庙,正价钱二千;西庙七百,赏钱二百;上北舍赏钱二百,南庙二百〔二〕。

【注释】

〔一〕今考,"崇道"也是大村,村东北与贾村相接,村东即贾村"南岗"。与之下所记相关,见该村东头有座关帝庙,俗称"东庙",其南角殿见属蝗王殿,轮到该村主办"转赛"时,先在该庙主办,三月十八日才往南岗,与各村共祭蝗王,具体如下记。

〔二〕"十三日"所记,属其赛前活动,所谓"游庙包封",指其当日先要去本村各庙烧香,需提前包好所用香烛之类用物。所谓"进香应甲",指其有关人员要在本村南角殿烧香,以示应役神前,以防反悔。故见在此"进香","九叩礼"。

〔三〕"十四日"所记，与"转赛"有关。由于崇道属本年转赛"神村"，"蝗王"神驾早随"交牌"接在该村，置于"南角殿"，为在"南岗"共祭，需先表示将其"送出"。而按东上西下古规，该东迎西送，故又由"本庙"送至"西村外，九叩礼"。

〔四〕"十五日"属其转赛"下请"日，见往"土地庙"，也仍"仰设亭帱"。其"仰"属于对神的敬词。所谓"鼓地三遭"，即"四六八打地鼓"，头回四人，二回六人，三回八人，由乐户击鼓敲锣沿街吹打，仍含驱邪之意。

〔五〕"十六日"仍类"迎神"，实往南岗蝗王庙接驾。依下记，见将"太宗驾"（神轿）接在该村"西庙"。其庙今存，原属"观音阁"，见有"佛殿"。

〔六〕"十七日"为转赛"头场"。所谓"坡下"皆类乐户，包括茶房、棚户等，皆属贱民类。此处实指"铳手"，届时由其点铳放炮，三声为号，执役"齐备"。依下记，由于"东庙"见有"蝗王殿"，"西庙"又有蝗王大驾，故见两庙交替祭祀，又往北边北舍村去接"灵贶王"，致其礼规交错频仍。

〔七〕此句属东庙盥洗礼规。其"内场"，指大殿内所供各神。

〔八〕枪指火铳。

〔九〕此句属提示说明，言其执事人等"早饭在西庙"吃，以便在此"午前供前七盏"。以下记其礼规。

〔一〇〕"打散酒"，即供盏开始的三杯散酒。因在西头佛寺设祭，佛不饮酒，故须办赛的"自己二人"领着亭帱"空转三回"，再"开卯宴盏"。

〔一一〕以上"十八日"所记，属"正赛"礼规，既类"头场"，东西两庙皆"盥洗"，午前仍供"七盏"；又见当天"饭在东庙"吃，"午饭"后再回"西庙"，"起太宗驾出庙"游三村，最后转到"南岗"正庙，仍属"转赛"；以至当日见类"交牌"，"天贡驾前，崇道驾后"，在"岗脚"交接蝗王神驾，强调"乐户、香桌、维首、执生、亭帱"相随送至"天贡东堂"。依今见，天贡又分东西相接的两村，"东堂"指东天贡的"观音堂"，三教共祀，宜放置蝗王大驾，故见仍类"接神"，仍有"下马三盏"。

〔一二〕最后小字属批注，言去北舍接灵贶王礼规，与"包封"行赏有关。

天宫（贡）村三月十八日转赛〔一〕

十五日：午后鼓地，三村转一边（遍）。去庙后土地庙下请，三九礼，读文。回大庙内，三九礼，讲酒，曲破，合班，元揖〔二〕。

十六日：早，鼓地二遍，去观音堂接銮驾（按，指唐太宗神轿），行二六礼，回到大庙。维首、亭帱、执生、銮驾去观音堂接驾，行三九礼，奠酒三杯，_{前行}讲酒，文一道，分班，献戏_毕，起驾，到大禹庙，山门外落驾，三九礼，下马文_毕，执生掇盘，请五道、土地到太宗位前,跪,三参礼,兴;东五道西土地跪门,请驾、安神,请五道、土地三参礼,将东上西下安神,维首人等焚香,行三九礼,酒三杯,安神文一道,前行讲香四拜礼,献戏。恭(供)下马三盏:先恭(供)茶一杯、酒三杯;献席两桌,太宗一桌、天地一桌;奏乐,一同恭(供)茶一杯,维首参神,分班,曲破。午后晚上(晌):南场地祭风,回来代晚三盏,参神,曲破,毕〔三〕。

十七日:早盥洗:执生四名,物件全,跪文,兴。先上太宗位前"酌水净巾";正殿内说一捷转,一上一下;回天地前,三位三转,将物收了。维首焚香,三九礼,前行讲香,四拜。恭(供)茶一杯,恭(供)食一回,恭(供)副食一回,恭(供)酒三回,恭(供)寿面,跪,前行讲开八仙毕兴。抛(跑)太阳:代(带)杯去东阁外,焚香,三九礼文。回大庙,恭(供)早三盏,参神,曲破。早饭。恭(供)前七盏:打散周鼓,执生酌酒,散酒三回,果一回,流乐开说:前三盏开说,后四盏奏乐三回,焚香、参神、曲破毕。午后晚上(晌),南场地祭风,回来代晚三盏,参神礼毕〔四〕。

十八日:早,各十七一同〔五〕。维首焚香,九叩礼,前行讲香四拜。恭(供)茶一杯,说寿前行讲说,打太平鼓毕。抛(跑)太阳,和十七同。早饭恭(供)前三盏。起身,起驾岗上〔六〕。下马三盏,茶一杯,戏;起(上)马,三杯酒;起驾,东下焚香:天宫羌城同时焚香,三九礼,羌城驾前接驾。走到大禹庙山门外,下马文三道,请驾入庙〔七〕。先打馔香一个:每人接香一炷,馔香鼓,东上西下,转西而东,东上揖,将香上炉内,西下,排至香案前〔八〕。请维首焚香,三九礼。分班,献戏,奏乐一回。恭(供)下马三盏:两村维首,曲破毕。回天宫(贡),晚上祭风。回庙,恭(供)晚三盏,参神,曲破毕,开杀(煞)戏,唱礼〔九〕。大字本庙五副,岗上二副。〔一〇〕

【注释】

〔一〕天宫村,今称天贡,分东天贡、西天贡,两村相接,其转赛在东天贡村东南的大禹庙主办。

〔二〕其"十五日"所记,仍属"下请"礼规。所言"大庙",即"大禹庙",其庙后有一座土地庙。

〔三〕其"十六日"所记,仍属"接神"。需要注意的是,见去"观音堂"两次,第一次去"接銮驾",即接"蝗王",因其属于主神,故先接回"大庙";第二次去接"大驾",指接观音堂供奉的"玉皇",以及其他各神,不但"銮驾去观音堂接驾",且类一般"迎神",接到"大禹庙"须"山门外下马",然后是"请驾、安神",供"下马三盏"。届时,因太宗神轿、天地位牌同在殿外,故又"献席两桌"。所谓"二六礼",即两跪六叩首,次于"三九礼"。

〔四〕其"十七日",也属"头场",故仍依例"早盥洗"。由于太宗属于该赛主神,其神轿又在殿外,故见"先上太宗位前"盥洗,之后才到"正殿内"盥洗,从中间开始,左右轮递,左上右下接转;最后出殿,"回天地前"盥洗,且因殿外还有土地、五道将军神位,共"三位",故又"三转"。接下所记,仍类"崇道"头场所见。所言"打散周鼓",指"打散酒"(共三杯)时的鼓乐。

〔五〕此句指十八日早上的报晓、盥洗等节次,与"十七日"相同。

〔六〕由于"十八日"仍属"正赛",仍类"崇道"所见,仍须回到"南岗",故仍"起驾岗上"。以下记其礼规。

〔七〕由于羌城村距东天贡较近(偏东南),"大禹庙"为两村共有,故见羌城接神后实仍接回大禹庙,其"下马文三道"仍含安神升殿之义。

〔八〕此句详记了"打馔香"礼规,实即"打篆香"。

〔九〕此句与"送神"相关。就"天贡"而言,将主神大驾送走之后,就可当晚送神。从而,既见其"回庙"接着供"晚三盏",唱有"煞戏",以示其赛煞尾,又因赛社结尾原有一套仪式(如打彩等),故见也仍"唱礼"。

〔一〇〕最后此句,属补充说明。所言"大字",指庙内张贴的对联之类。另,后期羌城村办此转赛时,由本村张家阴阳任主礼,至今仍存清代"咸丰"直至"宣统"所记的抄本。因此,北庄李家阴阳此本,接下未记"羌城"礼规。

翟店村三月十八日转赛〔一〕

十五日:午后鼓地一遍。晚上本庙焚香,三九礼讲酒毕。响枪〔二〕,亭帏掇盘;内坛,香炉京(进)香。天地炮起身,去土地庙下请,三九礼,讲酒文。去祭风文。回本庙,焚香,三九礼毕。

十六日:早饭毕鼓地一遍。本庙焚香,三九礼。响枪起身,乐户、銮驾、戏子、亭代(带)盘、维首、香老、香安(案)、四尊小驾、伞扇去土地庙。焚香,三九礼讲酒,请神文,献戏。回本庙,山门外下马,香案坐西,小驾站班,维首焚香,三九礼,讲酒,下马文三道;维首跪门,执生掇玉皇牌,小驾前走,玉皇后入庙、升殿;维首兴,随后入庙,伞扇进庙,銮驾不进庙。将伞二屏(柄)安在庙院当中,馔香鼓;每人接香一炷,打馔香一个毕。焚香,安神,三九礼,讲酒文,分班,献戏。恭(供)下马三盏,参神,曲破,元揖毕。晚上(响)祭风,响枪起身,亭则掇盘,到东南祭风。回来代(带)盏,恭(供)晚三盏,参神,曲破,元揖毕〔三〕。

十七日:五更发(伐)鼓,响三炮,请阴神入殿。执生掇盘噘(盥漱)物件,跪说盥漱文,兴,至(自)上而下揖,酌水净巾以盥洗,跪毕。将物件收了。请维首焚香,三九礼前行讲香四拜礼。恭(供)茶一杯,恭(供)付食一回,连酒三杯,恭(供)寿面一回:跪献寿面,前行开八仙。转班,执生执盏,起身抛(跑)太阳:焚香,三九礼文,一道小连(联)。回大庙,代(带)酒恭(供)早三盏:三换乐,参神,曲破。早饭毕。午前恭(供)七盏:散酒鼓,前三盏开说,后四盏奏乐,参神,曲破。晚上(响)祭风。回大庙晚三盏:参神,曲破。吃饭。寅夜,后三盏前行不讲酒;杀(煞)后,夜戏,将阴神送北角殿〔四〕。

十八日:五更发(伐)鼓,响三炮。接阴神入殿,盥洗以毕。焚香,三九礼,参神前行讲香。恭(供)茶食:茶一杯,饭菜,恭(供)粥;太平鼓,前行流(说)乐开鼓。抛(跑)太阳。代(带)酒回来,早三盏:三换乐,参神,曲破。早饭。前赏(响)起马三盏:打散酒,三回,参神,曲破。皆齐备,三炮起脚,焚香,三九礼,维首各自执香一炷,亭则掇盘,执生执盏,起驾。路次序枪手、细乐、銮驾、戏子、亭帏、香号、维首、执生、和尚、香案、四尊小驾、蝗王驾、伞扇,到村外焚香,独小驾回大庙。走到岗脚,朝东焚香。走至山门外下马,维首跪门,请驾入庙。升殿安神,三九礼。恭(供)下马三盏,不参神。另村上香:贾村上香毕。恭(供)起马三樽酒,二村一同参神。乐户锣鼓,起驾。出山门外。二村维首左右两行,走至岗脚,朝南焚香,贾村维首上香,三九礼。翟店维首在[驾]前走,贾村维首在驾后走,走到奶奶庙前,二村维首皆跪门,请驾入庙,维首随后入;驾上,正殿神三参毕,请到东廊下蝗王殿正位,二村维首一同焚香;恭(供)下马三盏,参神,元揖。诸盘人等各自随分而回。回来,晚上(响)祭风,回来代(带)酒恭(供)晚三盏,参神,曲破,开杀(煞)戏,皆要唱礼〔五〕。

正殿分前后,后场排神三十二位;中场蝗王独立观席;前面蜜祭,天地正位,太阳在左,风伯雨师在右。亭六名、帏六名、执生四名。盥洗物件:铜盘、镜子、花布手巾、梳笼、牙刷、皿则(抿子)、头绳、官粉、胭脂、阴神手幅〔六〕。

【注释】

〔一〕翟店也是大村,位于贾村东面约二里,与南岗蝗王庙相对。该村有座玉皇庙,坐东朝西,属其转赛主祭场所,赛规类前所见,不再详注。

〔二〕"响枪"实指放火铳。见以木杆绑着铁铳,分单眼铳、三眼铳,内装铁砂、火药,点火即响。

〔三〕其"十六日"活动,既类"下请",前往土地庙,读"下请文",又类"迎神",见"回本庙",即"玉皇庙",仍供"下马三盏"。两义皆有,又见戏子随行。所谓"銮驾不进庙",指金瓜钺斧、旗牌伞罩之类伴行者,游行至庙门就可散去。

〔四〕其"十七日"所记,属"头场"活动,仍见早、午、晚三次供盏。不过已见从简,不但前三盏皆"吹",第三盏已用"吹戏"代替"队戏",且见晚场已用"夜戏",已由"戏班"代替了"乐户"演出。

〔五〕其"十八日"所记,类前"崇道""天贡"所见,与"正赛"有关,见"二村"相互交接。其中,所言"四尊小驾",相对"玉皇大驾"而言,类其驾前文武四臣,故见送出本村即"回大庙";所言"走到岗脚,朝东焚香",盖因翟店位于"南岗"之东,"蝗王"从"玉皇庙"而来,属"辞行"之礼,然后上岗;所言"另村"即"贾村",属下年转赛主办村,故见其维首也仍到场"上香";所言"奶奶庙"即贾村"碧霞宫",其庙内有"蝗王殿"在"东廊下",故见两村同将蝗王送至其殿;所言"正殿神"即"碧霞元君",故见其迎蝗王也仍"三参"。

〔六〕此段总属提示说明。其"正殿分前后"云云,属翟店"排神"说明,其"后场"实指"殿内";其"中场"实指"殿前",时将"蝗王"神轿置此,合"独立观席"之义;其"前面"实指"殿外",如天贡村转赛所见,实也供着"三位",所供的"蜜祭",指其神桌供有"蜜盘",盘内放有蜜果、蜜食。其亭帏、执生(执爵、斟茶、倒酒者)人数,也从简。若依一亭对应一神的古规,其亭帏至少各需"三十二位",此处简化从便,属后期赛社所见。

打圈香鼓式 使大雷(擂)鼓〔一〕

一齐(切)维首、执生〔二〕,各执香一炷。生〔三〕引之西下,到院中树前转之,以西向南、以南向东、以东向北、以北向西转元(圆)。理(里)七个元(圆)圈。现有伞扇排之内中东西两厢,作为东门、西门,东进西出,于(与)圆神地香事转一同,出外八个圈退出。在院中转之东方,上殿东上西下,上殿前香炉内上香各上各人香,又引之转西,出殿屏门,不出殿[前]香停(亭),其(再)转东西拆(折)[而成几]路:东而西,西而东,又东到西,西到东。看人多少,人多多转,人少少转。将维首一切人等,转成东西几行,引至神前,一整一齐。几行人等,面向神前行礼,九叩礼。是为安神转香礼。毕。

【注释】

〔一〕所谓"打圈香",又称"打馔香""打篆香""打转香",每见用于"下请"、"迎神"、头场"听命"。届时,主礼先生领着维首、香老、亭帏人等,各执神香一炷,单列成行,里七外八转圈,最后排成东西几行,神前上香。因有鼓乐伴奏,故有"鼓式"。所用"大擂鼓",是神庙特有的大鼓,高近三尺,音色雄浑,上党今仍多见。以下所记的具体礼规,见前翟店村十六日打馔香记有实例,可相互参照。

〔二〕此"执生",泛指一切执仪人员,包括香老、亭帏、执茶酒者。

〔三〕此"生",指主礼先生,由阴阳担任。

【按】该本接下所记,乃占卜用文,包括婚丧礼规等,因与赛社无关,从略不录。

(二)《祭文簿》校注

【按】该本与前《祭文簿全书》大小相同,纸页、字体一样,也用细线右侧装订。封面左上侧写"祭文簿",右下侧写"李宅记",中间写"民国十七年三月置"。所抄内容,共二十一个双折页,即四十二个单页,主要记赛社祭文。其所记,既有八村"转赛"所用的书表,与《祭文簿全书》所记的礼规相关,又有"秋报"祭文,属小赛实例。其求雨、还愿等文,与赛社祀神相关。

依李过卖老人讲,三本"祭文"都是其亲手抄立。该本亦与八村"转赛"有关,且见此本与《祭文全本》(详后)记有相同篇目,可比照互校。今将此本依次录校如下。

三月十八日祭唐王文 闰三月用此〔一〕

大唐太宗皇帝尊神位前,曰:惟神,躬居九五,下民享其太平;心去四虫,良苗得其长盛〔二〕。恩施一时,泽流万世。所以我八村小民公议,建立神庙于岗,每岁三月十八日轮接圣驾。历年已久,匪朝伊夕〔三〕。今逢闰三月,在南庄村迎神赛社。谨备侑觞,虔诚致祭。伏愿三时不害,五谷丰登。其神有灵,来格来馨。右谨具表以闻。尚享。

【注释】

〔一〕此"祭唐王文"也仍用于"南岗",属"三月十八日"所念的祭文。之所以强调"闰三月用此",据李过卖老人讲,南岗转赛,平年只有七村参与,唯在"闰三月"之年,才加南庄(含北庄),是为"八村"。

〔二〕"心去四虫",出自唐太宗食蝗典故。依《资治通鉴》记,贞观二年,天下蝗灾,太宗在禁苑见蝗,"掇数枚"而食,并言"民以谷为命,而汝食之,宁食吾之肺肠",蝗灾竟灭。故见民间祀之为"蝗王",也称"虫王"。

〔三〕"伊"与"匪"连用,表示判断。"匪朝伊夕"言指:即使不在上午,也必见于下午。

八月初一日下请文〔一〕

护国灵贶王尊社位前,曰:惟神,三时不害,共仰神功。万实告成,咸赖圣德。兹于本月十四日,在本庙迎接圣驾,到昊天玉皇庙内设立香坛,崇德报功。伏望尊神至昊天玉皇上帝殿内奉陪上帝,享粢盛之馨香,听笙簧之盈耳。来格来享。尚享。

【注释】

〔一〕"八月"赛社,皆与"秋报"有关,多见一村自办,属于"小赛",其"下请"多从简,每到本村各庙直接祝告邀请。因此,此篇"下请文"直接用邀"护国灵贶王",之下接记相类一篇,也是"八月初一日"用邀"天仙圣母元君"。与此相关,在潞城南庄周边各村,唯贾村今仍见有碧霞宫(庙),其供的"碧霞元君"即"天仙圣母元君",该庙有"灵贶王"等神殿,可同日"下请",且该村有"玉皇庙",正宜诸神"八月十四俱赴玉皇庙",以便八月十五一并"秋报"。由此可知,此文(乃至以下数篇)与贾村有关,也属其"秋报"用文。

八月初一日请文

天仙圣母元君位前,曰:惟神,德施生民,功及社稷,宜有蒸尝之报;驱民瘟疫,庇荫嘉谷,岂无祀事之诚。况圣母护佑八方,泽润万姓,恩惠既久,礼敬宜虔。今月十四日,迎接圣驾,在昊天玉皇上帝殿内,设立香坛,崇德报功。伏望圣母驾祥云而至止(址),乘仙鹤而来临。鉴下民之微情,同上帝而配享。先期礼请,勿却幸甚。伏惟尚享。

八月初一日请神奏表〔一〕

奏禀于昊天玉皇上帝位前,曰:惟上帝,统周天之神圣,司遍地之众生。崇德报功,赏善惩恶。将神〔二〕奉法而进退,万物承命以始终。天理昭彰人心,所有君臣下民。司命诸神,理宜从祀阙庭,稍展答[报]之意。不敢擅请,合行禀奏。既顺诸神瞻拜朝贺之情,又洽兆姓祈福禳灾之愿,楮曷胜冀幸〔三〕。惶悚之至。

社首某姓名等,右谨具表。尚飨。

【注释】

〔一〕此"请神奏表",即下请前的"禀状文",用以向主神"奏禀"。

〔二〕"将"犹言"奉","将神"亦即"奉神"。用如《仪礼·聘礼》:"束帛将命于朝。"

〔三〕"楮"代指纸。"曷"用同"何"。"冀幸",含有希冀之意,用如《管子·君臣下》:"上无淫浸之论,则下无冀幸之心矣。"所谓"楮曷胜冀幸",言纸上难尽祭祀之情和愿望,属敬辞。

协天大帝位前表文〔一〕

神,盖世英雄兮,至大至刚。桃园结义兮,耳目昭彰。单刀赴敌兮,志锐锋芒。匹马冲突兮,丢鞬放韁。威震华夏兮,兔走蛇藏。力扶汉室兮,心赤行芳。争南占(战)北兮,义高名扬。崇王贱霸兮,日月争光。亘古亘今兮,浩气洋洋。蟠天际地兮,度量堂堂。当今敕封兮,是帝非王。到处显应兮,备食四方。右谨具表以闻。尚享。

【注释】

〔一〕"协天大帝"即"关帝",明代见封"协天护国忠义帝",故称。

玄天上帝〔一〕表文

神,精分水德,位镇北方。司人间造化之权,握乾坤福禄之尊,有求必应。焚香顶礼者遍八方,无微不炤;洒恩载德者满三界,身等久庇洪庥。常蒙覆荫,朝山既回〔二〕。醮事虔举,聊借优人之曲。伏惟尚享。

【注释】

〔一〕"玄天上帝",即"真武大帝",源出北方玄武之神。先是明太祖封其为"荡魔天尊",继有明成祖封其为"北极镇天真武玄天上帝",故有是称。

〔二〕"朝山",本指到山上朝拜神灵,此处实指"赛社"。"回",指回转,即又到了赛社之期。

八月十五表方〔一〕

昊天玉皇上帝位前,曰:恭惟上帝,统诸天之神圣,育遍地之众生。民莫不被其泽,物皆不(各)得其所。兼容并包,德洋恩溥〔二〕。诸佛神仙,胥循礼以侍宴;士农工商,各按民(名)分以抒情。嘉蔬与美酒俱进,伶工共俳优共陈。略表献芹之微,群仰来歆之□(会)〔三〕。伏乞三时不害,五谷丰登,四季平安,万民乐业。合社人等致敬致悫〔四〕,诚惶诚恐。右谨具表以闻。尚享。

【注释】

〔一〕此"表方",相当于正赛时的"寿表",需以"方帕"进呈,故称。
〔二〕"溥",大也,厚也,普也。
〔三〕此句,原文最后留有一字空位,疑缺一字,今以"□"示之。揣其上下句,似是"会"字。"献芹",喻其所献微薄如芹,属谦词。
〔四〕"悫",诚也,谨也,忠厚也。

送神文〔一〕

地祇在祀诸圣众,曰:盖闻施德不望报,圣[众]〔二〕之洪度;受恩不可忘,士民之隐衷。风调雨顺不愆,驱不若而不逢〔三〕。既蒙保赤之恩,宜有馨香之荐。所以本月十四日虔诚尽礼,迎神而至止(址)。今当终祀之期,工(恭)祝致告,送圣以回宫。俯鉴下情,永赐护佑。伏惟尚享。

【注释】

〔一〕此"送神文",见言"十四日"迎神,故亦用于"八月十五"祭祀。
〔二〕依上下对称,此处实缺"众"字,故补。
〔三〕此句"驱"指驱灾,含"驱傩"意;"不若",意即不如、比不上。

诸神开光表文〔一〕

神未曾开目,早已达听。神光普照,鉴我群生。预备资财,金妆圣像。卜吉今月△日,正逢天开黄道,大吉良辰。星宿值日,宜用△时开展神光。合社人等,敬献称觞。仰赖神功,至灵妙芒。佑一方清吉,保合社安康。尚享。

【注释】

〔一〕此表文非赛社用。所谓"开光",源出佛教"开眼光真言",言神从此有灵。后来变成神像塑成后的一种仪式,届时念此文,以示神眼从此睁开。

护国表文〔一〕

神功隆崇,感而随(遂)通。平雷驱电,射日缴风。护国护民,大有深功。兴云致雨,实无一空。敬献戏文,报德无穷。神其有灵,来格来享。右谨具表以闻。尚享。

【注释】

〔一〕"护国",指"护国灵贶王",即"三嵕神",亦即"后羿"。依下记,此表文见言"敬献戏文",当源出明清。

护国灵贶王表文〔一〕

神,时布恩德,屡降佳祥。威灵显赫,合境肃将。恭逢圣诞,妥具酒觞。保四季风调雨顺,佑一方物阜民康。神其有灵,来格来享。右谨具表以文(闻)。尚享。

【注释】

〔一〕此表文见用于灵贶王"圣诞",与其庙办赛有关。

护国榜文〔一〕

仰蛟水之钟灵,宜显赫于千载。观嵕山之呵护,当血食于万方。蒙膏泽者,动崇奉之念;被恩德者,勤豆登之觞。凡有血气者,莫不愿雨旸时若。弥天灾之不作，仓箱常满；保民命之延长，古台射日。犹时显辅之奇烈，今人礼祀讵不施长。民之异光〔二〕，神其不昧。尚享。

【注释】

〔一〕此"榜文"，见用于灵貺王庙赛社，与"出榜"有关。从而类前所见，也该有其格式、要求、注意事项等。此文皆省。

〔二〕"异光"，犹言"分光""沾光"。

关帝表文

义参天地兮，恩同四方。心同日月兮，普照天垠。斩妖除邪兮，救民降祥。彰善除恶兮，报应不爽。合社诚敬兮，乞安乞康。神其有灵兮，来格来享。尚享。

关帝缴愿文〔一〕

义参天地，忠贯古今。其庇护于万方、施布于千世者，无不如神保我平安。而盖益去佑我清太，而福自来。今值应愿之辰，恭缴昔日之心。神其不昧，来格来享。尚享。

【注释】

〔一〕"缴愿文"，即"还愿文"。民间还愿，多见于赛社之期。

关帝缴愿文

气配道义，塞天地以至大至刚。心同日月，亘古亘今而无声无臭。忠义而克尽矣，仁勇而兼全矣。幸今朝之显应，合昔年之默期。既降祥而锡福，宜隆仪以崇祀。献俳优而了愿，陈鲁酒而虔追。神其有知，伏惟尚享。

昊天金阙玉皇上[帝]表文

玉阙司衡，权掌三十三天之中。承天宣化，位极万法教主之尊。常垂好生之德,广施普溥之仁。今值厶之节,恭逢圣诞之辰,虔备酒醴,敬献讴歌[一]。伏惟尚享。

【注释】

〔一〕此句中的"今值厶之节",应与"恭逢圣诞之辰"并列,以供选用。后期乱用,以至如此。

上元一品赐福天官表文[一]

职覆职载,统制乾坤。抚育万物,福庇群生。圣德浩荡,报答难仲(伸)。今值上元佳节,恭逢圣寿之辰。洁陈不腆[二],仰答天恩,来格来享。右谨具表以闻。尚享。

【注释】

〔一〕由于道教奉天、地、水为"三元",就有了对应的"三官",天官即其一。"天官赐福",语见《梁元帝旨要》:"上元为天官司赐福之辰;中元为地官赦罪之辰;下元为解厄之辰。"道教以上元天官为正月十五日生,中元地官为七月十五日生,下元水官为十月十五日生,唐宋早有了"三元节"。明清各地多"三官庙",与民间赛社相关,每仍"圣诞酬神",且见民间每逢节庆早多了"天官赐福"表演,直至民国仍见。

〔二〕"腆",指多也,丰厚也。"洁陈不腆",言供品不够丰盛,属谦词。另,此句在《祭文全本》(详下)同名篇中,记为"爰洁酒醴",余同。

天地水府三官大帝表文

位列三官,各司一府。功施覆载,泽及生殖。不贰不测[一],广运乎六合;资始资生,默持夫三才。既有感而远通,宜虔诚而奉觞。故合村人等敬备酒醴,对越歌舞,以答神功。神其有灵,来格来享。右谨具表以闻。尚享。

【注释】

〔一〕"不贰不测",语出孔子《中庸》:"天地之道,可一言而尽也。其为物不贰,则其生物不测。"

夏祖大禹表文

神功在当时,恩及后世。辛壬癸甲,乘四载以图功;江淮河汉(济),积八年之勤劳。论其圣也,洋洋乎如在其上;论其德也,荡荡乎民无能名。今值仲秋之节,恭逢圣寿之辰,旨酒欣欣以祼以献,又有嘉肴以妥以侑。礼仪既备,钟鼓锵锵。神其有灵,来格来尝。尚享。

大禹夏后之神表文

克勤克俭,克冗克功。八年于外,九河是通。捍怀襄之大患,论声教于无穷。惟兹△月△日,礼宜报答。尚享。

北极玄天上帝表文

仁被六合,威感四方。文则报天,武则惟扬。金阙化身,号称无量,灵通北极。爰具酒礼,敢献称觞。祈四季黎民乐业,佑一方物阜民康。神其有灵,伏惟尚享。

大唐太宗虫王表文

尊居帝位,国号大唐。威平四海,雄镇八方。除人间蝗蝻之祸,救黎民蟊贼之禳。螟特远避,蜡虫潜藏。民安物阜,爰具酒觞。营黍稷之丕丕,贺麻麦之穰穰。神功浩大,庆贺无疆。敬备酒醴,来格来享。右谨具表以闻。尚享。

大唐文武太宗虫王表文

职司王鼎,声灵金玉。圣德崇隆分(兮),蟊贼畏除。神功浩荡兮,凶虫远阻。兹因季(仲)秋之节,恭逢圣[诞]之辰。合社人等虔备香烛,敬献讴歌。神其有灵,伏惟尚享。

四海龙王位前求雨表文[一]

位居壬癸,职司水府。既能喷气以成云,奚难吐津以生雨。兹值ム岁,竟遭太甚之灾。自春徂夏,甘霖不降;自南至北,灵雨无闻。ム月已过其半,夏至不远来临,旱魃任意而为虐,蕴隆何时可已?从(纵)目千里惟见赤地,耳闻数州几断青苗,虽有浮云之思功生,难当迅风即扫。岂众孽广,神明不佑,故降此残祸也耶?抑冥冥之中,亦如县之于府、府之于省、省之于京,虽有雨不得而私施也耶?果尔,则众生愿改过迁善,舍旧从新,以祈神佑。愿神转求上帝,普施膏泽,以苏四方之民,则民之功德岂能浅鲜。合社人等,恭请ムム尊神[二],驾坐ム处,至殿登坛赴位,大展赫[赫]之灵,广布好生之仁。几日内,果优渥沾足,遍于郊原,自欣欣鼓舞,是众百姓等睹青苗之在野,岂敢忘圣恩之有无乎!尚享。

【注释】

〔一〕凡求雨需接龙王,届时如赛社"接神",先将龙王神位接至当地某庙,"至殿登坛赴位",然后念此"表文"。也有类似赛社的"取水"仪式,可到某龙泉、龙潭、龙井、龙洞取上"神水"以祭。

〔二〕由于上党各庙龙王名字不尽相同,故写作"ムム"。

贺龙王榜文

神,功泽及生民,今喜上峻(浚)。下滩忽呈祥北陆,南亩顿然改观,至此而赏麦之恩既护盈之庆可期。洋洋乎如在其上,荡荡乎民无能名,正所为(谓)天无绝人之路。神有默佑之功,不诚然乎?小民有庆,神功宜酬。是以合社人等,敬备酒醴,幸酬圣德于浩荡;恭设香楮,鼓夸神功于普施。大哉,圣乎来格;妙哉,神乎来享。尚享。

谢雨文

职司雨泽,运化无方。油然而作云,霈然而下雨。佑禾稼之芃芃(芰芰),保民命之延长。今值良辰,具牲酒醴,敬献戏文,用神(伸)报答。神其有知,来格来享。右谨具表以闻。尚享。

送龙神表文

窃思神之为灵,昭昭也。以此言德,德无疆矣;以此言功,功甚深矣。凡我小民,安有一时之不便,被神庥哉。想前日禾稼枯槁,幸蒙尊神施恩,普降甘霖。东南西北顿然改观,浡然见兴。合社人等感戴不忘,今逢良辰,聊备薄馔,送神归殿。愿祈尊神,时展呵护之德,常享永赖之庥。右谨具表以闻。尚享。

康惠昭泽王[一]接神表文

神无往而不在,即闻祷以遥知;有感则通,随虔诚而降福。兹者,因合社维首奉请尊神,离天宫而下降,驾龙车以来临。诣本境ㄙ庙内,设立香坛。古乐致祭,对越展诚。神其有知,来格来享。右谨具表以闻。尚享。

【注释】

〔一〕此"康惠昭泽王"属上党地方神。与其相关,今长治市区捉马村见存大明嘉靖三十一年(1552)《重修昭泽王庙记》碑,言"王姓焦,潞之襄垣人",唐昭宗天复二年(902),"妖气横天下",太守榜招术士,"王能鞭挞鬼魅,祛逐蛟螭,其害遂息,王亦化白光趋于一洞。太守上其事,加其号曰风雨将军"。宋"宣和间封王为昭泽王","汾泽辽沁诸州县时或遇旱,皆诣王,祷之洞中取水",并言捉马村"有王庙建于后唐清泰二年(935),重修于(元)大德五年(1301)",明嘉靖时再修而立此碑。今考,碑中所言之"洞",见在黎城与襄垣两县交界的马鞍山,直至清末民国时尚"祷之洞中取水",类如赛社以瓶"取水",在旱时去洞"求雨"。

安神文[一]

职司风雷,德布甘霖。巍巍在德,粒我蒸民。浩浩威灵,佑我群生。稼穑永赖滋培之泽,万物尽仰侵润之功。今值ㄙㄙ之节,恭逢报祀之辰,洁辟陈鲁[二],仰答神庥。右谨具表以文(闻)。尚享。

【注释】

〔一〕依下记,此"安神文"不只用于"接神"时,其神"职司风雷,德布甘霖",应与"求雨"

相关。又言"今值ㅿㅿ之节,恭逢报祀之辰",不只与"秋报"相关,还见用于"某节",也可用于"八月十五"祭祀。

〔二〕"鲁",嘉美也。此句言指,届时陈以洁净的美酒佳肴。

护国灵贶王接神文

功高五帝,德并三皇。司殄冰雹,掌握雨旸。膏泽群黎,惠民无疆。岁岁大有,物阜民康。年年食德,没世不忘。献戏三朝,秬(秬)酒三鬯〔一〕。神其有知,来格来享。右谨具表以文(闻)。尚享。

【注释】

〔一〕"秬"指秬黍,即黑黍,可作酒。"鬯"本指郁金草,因入酒有香气,古代每用郁金草酿黑黍成酒,用以祭祀,故也代指祭神之"酒"。

九天圣母元君接神文

总理九天,德布八荒。泽溥群黎,惠民无疆。今值ㅿㅿ之节,恭逢圣寿之辰。爰洁酒醴,敢献称觥。祈四季雨阳(旸)时若,祝本境物阜民康。因各将肃其志,用神(伸)报享之章。神其物(勿)吐,于焉来尝。右谨具表以文(闻)。尚享。

安神文〔一〕

德著谢日,有巡平雷之功;甘雨时降,有去冰雹之力。万姓咸受其福,群生均沾洪恩。今值ㅿㅿ之节,恭逢圣寿之辰。爰洁酒醴,敢献称觥。祈四季风调雨顺,祝本境物阜民康。士民等无任瞻天仰圣,激切屏营之至。右谨具表以文(闻)。尚享。

【注释】

〔一〕此"安神文"记有"去冰雹"云云,前"护国灵贶王接神文"也有"司殄冰雹"云云,两者相关。

祭风文

职当巽地之位,任守乙辰之方。无形无影,能开四季之花;有信有声,可动甘霖之木。怒之吹沙扬石,喜之舒柳开花。视之不见,听之不闻,托万物而成形,依八卦而成声。天地霹雳,山河澄清,吹云卷雾,扫荡乾坤,妙用莫测。伏惟尚享。

祭风文

春为鼓物和风,夏为长物薰风,秋为成物金风,冬为肃物朔风。无形无影透人怀,四季能吹万物开。就地作将黄叶去,入山推出白云来。吐气成云,造化千里。能行雨露之号,德配乾坤之令。伏乞尊神,天朗气清。伏惟尚享。

祭风文

风息大块,发散威刑。有(百)象昭震动之力,万汇滋鼓元之功。既能八节以调和,保佑四时以均安。伏乞尊神,风雨有序,来格来享。右谨具表以文(闻)。尚享。

祭风文〔一〕

在天其毕(箕壁),以巽而变化为风;从龙为云,以坎而沛然下雨。万物滋润,生民膏泽。右谨具表以文(闻)。尚享。

【注释】

〔一〕依下记,此文与《易经》"八卦"相关。由于二十八宿中"箕"代表风,"壁"代表水,其下所言的"在天箕壁"实指"风雨"。《易经·说卦》言,"巽东南也","巽为木,为风","坎者水也,正北方之卦也",故见其又言"以巽而变化为风","以坎而沛然下雨"。

祭风文

位居巽地,权操甘霖。万物滋润,生民膏泽。今值祀神之辰,报答尊神之恩。伏望狂风止息,暴雨休行。虽无格天之德,而尽至诚之心。右谨具表以文(闻)。尚享。

祭风文

职司巽地,位列辰宫。掌握风雨,变化多能。暂请黄风而("而"字衍)息地,惟祈红日当天。凡事无虞,诸属平安。尚享。

祭风文

职司呼风唤雨,位居震巽之方。今值小民谢神酬愿,虽无格天之德,而有至诚之心。祈尊神雨定风息,天从[人]愿。须至表者。伏惟尚享。

祭风文

神万物感应,显赫吹嘘。遂八卦而明象,托万物以成形。掌风雷而尤,均圣力以善。伏祈尊神,天朗气清,来格来享。右谨具表以文(闻)。尚享。

抛(跑)太阳文

职司世界,掌理乾坤。抚育万物,普照生民。今值ㄙㄙ之节,欣占日御之辰,虔备香烛,酬报星君。神其有灵,来格来享。右谨具表以文(闻)。尚享。

抛太阳文

朝生(升)东海,暮入西山。幹(斡)旋造化,游度循环。上照周天之影,下临遍地之形。无影不触,有祷必从。今兹大祭之期,献一杯竹叶之清酒,吹一曲太平之佳韵。永保万民之吉[祥],常享普照之辉煌。俯垂朝鉴。伏惟尚享。

抛太阳文

巍巍荡荡悬于覆载之间,赫赫煌煌出入照鉴之下。庶民有感,岂上苍之无知;日月无私,凡客光而必触。凡有血气,罔不瞻依。光明宇宙,照耀江山。伏惟尚享。

抛太阳文

巍巍大德,荡荡乾坤。抚育万物,普照生民。抚(无)物不仰,照鉴之功。今值仲秋之节,欣占阳德之辰。虔备香烛,报谢神灵。

抛太阳文

惟天育物,惟日暄暄。照临下土,轮转鸿钧。喜值厶厶之节,欣占阳德之辰。合社人等,礼拜咸尊,旭日始旦,祭奠于哉(斯)。来格来享。右谨具表以闻。尚享。

祭风文〔一〕

职司箕宿,宅位巽宫。翌朝厶厶,适值归窀〔二〕。今夕致告,竭力尽诚。祈神庇佑,悉止飘风。伏惟尚享。

【注释】

〔一〕依下记,此"祭风文"用于"丧事",比赛社更简。
〔二〕"翌朝"指明日;"窀"指窀穸,即坟墓。

省晨式〔一〕

合班,行探廉(帘)礼凡三〔二〕。作嚘歆凡三〔三〕。吹门启户,撤寝具,恭(供)明水、浴具、清茶、碟菜、金粥、寿面,付(副)食,素好〔四〕。

【注释】

〔一〕"省晨式",属丧葬时清晨用于灵堂的仪式。届时,亡者类如生前,仍有苏醒、起床、盥洗、吃早饭一套程序,与赛社清晨盥洗、上香、卯筵的礼规大同小异。

〔二〕"合班"是对执乐者而言,"行探帘礼"是对孝子一行而言,届时两者配合,请"灵"苏醒。"凡三",指礼行三次,实即三拜九叩。

〔三〕"作嚘歆",届时用乐模拟,以代亡灵发出如嚘的鼾声,亦三次。

〔四〕从"吹门启户"开始,仍类赛社"出寝""盥洗""卯宴"之礼。

(三)《祭文全本》校注

该本与前《祭文簿全书》《祭文簿》两本的规格、用纸相同,只是抄立时间稍晚。本高约19.6厘米,宽12.3厘米,右侧用细线装订。值得注意的是,全本有两层封面,用纸相同。外层封面(见前图),左上侧竖写"祭文全本",右下侧竖写"阴阳学李六",无抄立时间。内层封面,左上侧竖写"祭文全部",右下侧竖写"李兰芳记",中间竖写"中华民国二十二年置"。今考,李兰芳时居潞城县城关,继承祖上"阴阳官"之责,曾主持过城关、南庄赛社;李六为其族侄,即移居北庄的李过卖,曾随李兰芳参与办赛,抄写过有关文字。显然,该本原属李兰芳用物,后由李六重抄成册,并加了自己办事的内容,后又加了外封皮,并将抄本主人由"李兰芳"变为"李六"。因此,今仍取外层封面之名,称《祭文全本》。

该本除两封面,文字内容共五十个双折页,即一百个单页。所抄祭文,以及"三月十八"转赛,以及"秋报"之类小赛,还抄有民间红白等事祭文。究其实,是对"民国十七年"所抄《祭文簿》的再次补充和整理,是李家阴阳执业备用的祭文集成,故名"全本"。因此,凡该本重抄于《祭文簿》的内容,只列篇名,内容从略;若个别字句变动,必要时加"按"说明。至于所记的红白等事祭文,虽非赛社用文,但因沿袭赛社祭文而来,可见其内在联系,故仍照录。

诸神开光表文

【按】此篇,前《祭文簿》已抄,只是结尾稍有不同。前者结尾为:"佑一方清吉,保合社安康。尚享。"此处写作:"神其有灵,来格来享。右谨具表,伏惟尚享。"其余全同,从略。

大唐太宗蝗王表文闰三月用

【按】前本已抄,内容全同,从略。

昊天玉皇上帝表文八月初一日请神表文

【按】前本亦抄,从略。

护国灵贶王八月初一日下请文

【按】前本亦抄,从略。

天仙圣母八月初一日下请文

【按】前本亦抄,从略。

康惠昭泽王接神表文

【按】前本亦抄。唯前文"古乐致祭"一语,今增作"古乐致祭,献戏三朝"。其余全同,从略。

安神文

【按】此篇,即前"职司风雷,德布甘霖"云云一篇,内容全同,从略。

护国灵贶王接神文

【按】此篇,即前"功高五帝"云云一篇,从略。

九天圣母接神文

【按】此篇,即前"总理九天"云云一篇,从略。

安神文

【按】此篇,即前"德著谢日"云云一篇,从略。

风伯雨师祭风文

【按】此篇,《祭文簿》直接题名"祭风文",即"职当巽地之位"云云一篇,内容全同,从略。

祭风文

【按】此篇,即前"春为鼓物和风"云云一篇,从略。

祭风文

德化古称君子,雄威久比大王。阜财解愠歌南方,万物赖以长养。时则无微不入,时则有感斯彰。酒醴豆边(笾)杂笙簧,神明来格来享。右谨具表,伏惟尚享。

祭风文

【按】此篇,前《祭文簿》亦记,即"风息大块,发散威刑"云云一文。将"有象"校正为"百象";结尾处"风雨有序"一语增为"风雨有序,天朗气清"。余同,从略。

祭风文

【按】此篇,前《祭文簿》亦记,即"在天箕壁"云云一文。唯结尾"生民膏泽"之下,又加"暂黄风而永息,掌风雨而均安。伏望尊神,天朗气清",之后再以"伏惟尚享"作结。余同,从略。

祭风文 还愿文

【按】此篇"祭风文",即前"职司呼风唤雨"云云一文,从略。其中因有"今值小民谢神酬愿"一句,知为雨后"还愿"所用,故见此处题名注说"还愿文"。

太阳火德星君 抛(跑)太阳文

【按】此篇,前《祭文簿》亦记为"抛太阳文",即"职司世界"云云一文。唯见"欣占日御之辰"改为"欣占阳德之辰";"神其有灵,来格来享"改作"合社人等,礼拜咸尊"。余同,从略。

抛太阳文

【按】此篇,即前"朝生东海"云云一篇,从略。

抛太阳文

【按】此篇,即前"巍巍荡荡"一篇,从略。

抛太阳文〔一〕

巍巍大德,荡荡乾坤。抚育万物,普照生民。无物不仰生成之德,旭日始旦照鉴之功。今值ΔΔ之节,欣占阳德之辰。虔备香烛,报答星君。毕麈一酌,伏惟尚享小连〔二〕。

【注释】

〔一〕此篇,《祭文簿》亦有相类一篇,但字句稍异。

〔二〕"小连"二字,属批注说明。意指:主礼先生念完"抛太阳文",接着该轮前行讲唱一篇较短的诗赞(一般为四句),俗称"小连"或"小恋"。

抛太阳文

【按】此篇,即前"惟天育物"云云一篇,从略。

关圣帝君表文

【按】此篇,即前"盖世英雄兮"云云一篇,从略。

昊天玉皇上帝表文

【按】此篇,前题名为"八月十五表方",开篇有"昊天玉皇上帝位前,曰:恭惟……"的格式用语,之后内容为"统诸天之神圣"云云。此处省其格式用语,以"昊天玉皇上帝表文"为题,以"统诸天之神圣"开头,所记内容实同,故仍从略。

昊天玉皇上帝表文

【按】此篇,即前"玉阙司衡"云云一文,从略。

护国灵贶王表文

【按】此篇,前题名为"护国表文",即"神功隆崇"云云一文。其"报德无穷"一句之后,此处又加"威灵显赫,合境肃将。恭逢圣延(诞),妥具酒觞"。余同,从略。

护国灵贶王榜文

【按】此篇,即前"仰蛟水之钟灵"云云一文。结语由"尚享"改作"须为榜者。年号。榜押"的榜文格式。余同,从略。

天地水府三官大帝表文

【按】此篇,与前题名、内容全同,从略。

又表文〔一〕

吾修小民,原属无知之辈。是戏仅之献两日三晨,只觉此心之未尽。惟愿神膏下民,保合村之安乐,佑四季之平安。虽曰无知小民,感戴莫忘。尚享。

【注释】

〔一〕此篇与上篇关联。上篇所记,见用"歌舞"(详前);此篇所记,献之以"戏",故称"又表文"。由此可见,后期民间赛社的歌舞逐渐被戏取代。

夏祖大禹表文

【按】此篇,即前"功在当时"云云一篇,题名、内容全同,从略。

上元一品赐福天官表文

【按】此篇,即前"职覆职载"云云一篇。唯前"洁陈不腆"一句,此篇记为"爱洁酒醴"。余同,从略。

玄天上帝表文

【按】此篇,前题名为"北极玄天上帝表文"。唯前"金阙化身,号称无量,灵通北极"一语,今作"金阙化身,壬癸灵神;灵通北极,号称无量",更显对仗工整。余同,从略。

玄天上帝表文

【按】此篇,即前"精分水德"云云一文。唯前本开头多一"神"字,属"曰:惟神"套话的省语。余同,从略。

关圣帝君表文

【按】此篇,即前"义参天地兮"云云一文。唯其结尾"来格来享,尚享"改作"伏惟尚享"。余同,从略。

关圣帝君表文 关帝缴愿文

【按】此篇,即前"气配道义"云云一文。因可用于"还愿",故此篇注称"缴愿文"。全同,从略。

关圣帝君缴愿文

【按】此篇,即前本"义参天地"云云一文,从略。

大唐太宗蝗王表文

【按】此篇,前本称"大唐太宗虫王表文",即"尊君帝位,国号大唐"云云一篇,全同,从略。

四海龙王位前求雨表文

【按】此篇与前本同题,即"位居壬癸"云云一文。前文中"厶月已过其半,夏至不远来临。旱魃任意而为虐,蕴降何时可已",此篇简记为"厶月已过,何时可以(已)",不受"夏至不远"的局限。另,原结尾处"岂敢忘圣恩之有无乎",也简化为"岂敢忘圣恩乎"。余同,从略。

谢雨文

【按】此篇,即前"职司雨泽,运化无方"一篇,从略。

贺龙王榜文

【按】此篇,即前"神功泽及生民"云云一文。唯前结语"尚享"改作"须至榜者。年号。榜押",更合榜式要求。余同,从略。

送龙神表文

【按】此篇,即前"窃思神之为灵"云云一文,从略。

祷雨文

神之有灵兮,无微不通。凡有祈祷兮,有求必应。兹值岁旱兮,野不见青。恭请尊神兮,驾坐厶殿。既清旨酒,复洁粢盛。朝夕跪奠兮,克敬克恭。夙夜惟黄兮,胥抒虔诚。神鉴愚衷兮,大展威灵。云行雨施兮,滂沱俄倾。优渥沾足兮,雨细风清。伊谁之力兮,厥惟神功。众生蒙泽兮,孰云无情。敬献阳德兮,雅奏太平。再祝神惠兮,有始有终。大沛甘霖兮,五谷丰登。衣食有赖兮,众方聊生。神其有灵,伏惟尚享。

贺雨榜文

圣德宏深,洋洋乎如在其上,荡荡乎民无能名,猗欤盛哉!其默[佑]生民曷报哉!想曩日丙丁司位,壬癸无权,值旱魃任意为虐,时不逢商羊之雨,睹枯槁之苗,几无丰登之期〔一〕。厶村小民等效桑林故事,祝圣之沧涟〔二〕。今日瞻彶(彼)昊天,果其灵雨。暨领合村人等,奉请厶尊神,以及四海五方行雨龙王尊神。谨备香烛酒醴,复陈一点虔心,报答神功。须至榜者。年号。榜押。

【注释】

〔一〕此句言"曩日"之旱。按《易经》,"丙丁"为火,"壬癸"为水。"商羊",传说为一种预示"水祥"之鸟,一足,有"天将大雨,商羊鼓舞"之说(见《孔子家语》)。

〔二〕"桑林故事",指商汤遇旱祷于桑山之林的典故。"沧涟",本指风吹水而小波不断,此处指风雨。

护国榜文

伏以盖谓天地之生成,东西南朔咸歌大德;神祇之呵护,父老子弟悉庆宠恩。况厶尊神位前,伏以功堪谢日,德足平雷。赫声濯灵,振国祚于永固;阴庇默佑,奠民生于无疆〔一〕。固在在崇其明烟(禋),人人乐为照格者也。今值圣诞之辰,恭备香烛,敬献酒醴,称觞献戏,对越展诚。伏愿优渥广布,年年雨顺风调;甘霖普施,岁岁民安物阜。载咏东作,胥睹乐利之休;聿庆西成,共赖升平之福。格思严翼,共竭肃[敬]〔二〕。须至榜者。年号。榜押。

【注释】

〔一〕此句中"厶尊神",指"护国灵贶王",届时需写具体神名。另,此句中的"位前""伏以"四字与开篇意思重复,应去掉。又,"濯"在此取"大"之意。

〔二〕"严翼",出自《诗经·小雅·六月》:"有严有翼,共武之服。"意指威严敬慎,亦即"肃敬",故依意补一"敬"字。

禹王榜文

伏以神平成著绩,代尧舜而奉神功;精一传心,较商周而无惭德。虽衹台之圣人不可复睹,而八年之勤劳难以契署。遏洪水而(如)天下猛兽而百姓宁,迄今数百岁下莫不称之。则(击)埌城(成)赋,见其取民之有制;下车从(泣)罪,见其舜(绥)民之洪仁〔一〕。已蒙神圣之休,敢不报德。敬献之诚,备粢盛果品,聊以神(伸)悃忱之志;刚鬣柔毛,庶以展格恭之德〔二〕。须至榜者。年号。榜押。

【注释】

〔一〕此上下句出自典故。"击埌成赋"出自《击壤歌》,言帝尧之世,天下大和,百姓无事。有埌父八十余,击埌于道,歌曰:"日出而作,日入而息,凿井而饮,耕田而食,帝何力于我哉?"有观者曰:"大哉!帝之德也。"此处借示帝德宽厚,向民索取有限,故言"取民之有制"。"下车泣罪",出自汉刘向《说苑·君道》,言"禹出见罪人,下车问而泣之"。后世以此典故说明帝王仁慈,故言"绥民之洪仁"。

〔二〕"刚鬣",本指有刚硬鬃毛的动物,此处代指猪;"柔毛"与其相对,代指羊。总指"献牲"。

诸神榜文〔一〕

伏以神功浩荡,美利溥于不言〔二〕;同德宠深,大化徵于有象。均沾膏泽,孰不仰覆庇之仁;共赖生成,咸宜伸报享之枕(忱)。兹逢△△△尊神圣诞之辰,正属庆祝良辰。于豆于登虽不足酬圣恩于万一,以妥以侑聊可以答神泽于毫末。是故年年此月不忘对越之虔,献戏三朝,拒(粔)酒三鬯,致诚致敬。共祈风调雨顺,同庆五谷丰登。保四境黎庶乐业,佑八方物阜民宁。到处血食,万代灵应。万里如尺寸,自享祀千秋如一日矣。须至榜者。年号。榜押。

【注释】

〔一〕依下记,此"诸神榜文"用于后期赛社,仅"献戏三朝""粔酒三鬯"而已,已向庙会过渡。

〔二〕此处"美"作"丰"讲,"利"作"功"讲。"美利",犹言丰功伟绩。

秋报榜文

伏以盖谓天地之生成,东西南朔咸荷大德;神祇之呵护,父老子弟悉庆宠恩。恭逢秋报之节,金风司令,玉粒告成。歌东郊之大有,乐南亩之丰享。遗穗遗秉,宇宙之太平有象;多黍多稌,闾阎之盈宁可欣。猗欤休哉!四时迪行,天道著仁受之德;百物生成,地利获丰稔之休。仰神功之浩荡,感圣泽之恢宠。酒醴是荐,敢荐馐以灌。献粢盛心洁,窃格夅乎苾芬。神其不昧,来格斯馨。须至榜者。年号。榜押。

娲皇圣母回香榜文〔一〕

伏以乾坤离坎,匪不赖天地之生成〔二〕。感应北顶,朝山进香,虔诚祷祀。神祇之默佑,敢不思报本也哉。今值圣母,号称娲皇,名为圣母〔三〕。坐虚宫圣德巍巍,留玉殿神功浩荡。一点仁威,广布千载。鸾车宣化,福国庇民。卜吉今月△日,天开黄道大吉良辰,回香谢顶,告陈执礼。勤享庆祝,礼行节文。须至榜者。年号。榜押。

【注释】

〔一〕"娲皇",即女娲,传说她创世造人,被奉为求子之神,也称"圣母"。与此文相关,见河北涉县索堡村附近有座凤凰山,顶有娲媓宫,至今保存完好,因与上党相邻,距潞城不远,历代多朝山进香者,故有此"回香榜文"。

〔二〕此句与《易经》有关。依其言,天地二气相交生成万物,天为乾为父,地为坤为母,乾坤相配,离为中女,坎为中男。

〔三〕此句凌乱有缺。其"今值圣母"之后,或缺"之期"(或之辰)二字。

庆贺井渊泉表文

位居渊泉,掌握壬癸,职司源之水。前日之所取虽云无几,而今之成功浩荡莫测。故下民等聊备香烛,以答井渊泉之功。神其有灵,伏惟尚享。

五龙王表文_{接神通用〔一〕}

圣德巍巍,神功赫赫。雄镇八方,名扬四海。雨顺风调,万物皆生。职当年年之雨,唯神功德难量。兹逢大祭之期,恭备香烛酒醴,祈四季黎庶乐业,佑一方物阜民宁。神其有灵,伏惟尚享。

【注释】

〔一〕今考,长治市区东南有座五龙山,传说西燕慕容永时五龙显应于此,于是立五龙庙。宋绍圣元年(1094)所立《重修五龙庙记》言:"四时祷请辄应,故一方之民恃五龙以为衣食。"可见当地早祀五龙王,或赛社或求雨"祷请",故言"接神通用"。又因其庙距离潞城不远,故此处有记。

昊天玉皇上帝表文_{成家川四月初四日接神文〔一〕}

混元启教神中之主无上至道大罗天尊:恭届酹神之辰,礼逢报祀之典。爰洁酒醴,敢献称觞。祈四季风调雨顺,祝本境物阜民康。因各将肃其志,用伸报享之章。右谨具表以闻。尚享。

【注释】

〔一〕"成家川"为潞城大村,位于城东南。此表属其赛社用文。

虫王表文

恩施万姓,驱逐飞蝗。三时不害,八节降祥。田野大有,阡陌芬芳。螟螣消灭,蟊贼俱亡。神功赫之,民享无疆。今陈酒醴,敬祭蒸尝。神其有灵,伏惟尚享。

祭冰雨文〔一〕

变(燮)理阴阳,四时和畅。雨旸时若,万物发祥。恶雾冰雹,勿入我疆。迅雷风烈,调化清良(凉)。小民祈祷,聊备优觞[二]。众圣有灵,来格洋洋。右谨具表以文(闻)。尚享。

【注释】

〔一〕依下记,所谓"冰雨"指"冰雹",其"祭"为消灾。
〔二〕"优觞",指借优人表演以饮酒。如《左传·襄公二十八年》:"饮酒,且观优。"

祭瘟神表文[一]

节宣六气[二],显佑八方。克除瘟疫,威灵斯张。兹因时行,勿入我疆。自祭之后,民咸熙康。祈伏尊神,紫气宠庥,天朗气清。伏惟尚享。

【注释】

〔一〕"祭瘟神"源于驱傩活动,早与赛社相关。传说有五瘟使者,即春瘟张元伯,夏瘟刘元达,秋瘟赵公明,冬瘟钟仕贵,中瘟史文业。
〔二〕所谓"六气",指阴、阳、风、寒、暑、湿,古人认为它们是影响身体的六种因素,过或不及,称"六淫",则病。

又表文

神之以灵,洋洋乎如在其上,荡荡乎民无能名。相其方隅,而有常福临祥。兹之瘟疫施行,小民难安,祈尊神紫气宠庥。愿神施恩,永保安康。小民有庆,岂敢忘哉。神其有灵,伏惟尚享。

又表文

除灾资夫圣德浩荡,赖乎神功保佑八方。祈神功之锡福,祷圣德之降祥。保四季以均安,佑本境以安康。神其有灵,伏惟尚享。

又表文

神之为灵,感之皆应。驱百族之瘟疫,免万姓之灾殃。斋明盛服,致祭祈禳。

酬圣德之威灵,报神功于无疆。伏祈尊神,天朗气清。伏惟尚享。

祭玄天上帝表文

年号之辰[一],岁逢大旱。今在厶处,香老、水官同合社人等,恭请厶神。宝殿乞,祈祷雨泽念[二]。灵官数五百,灵灵可济苍生;神将有十帅,神神可惠下民[三]。今小民等斋戒沐浴,□意心敬[四]。敢昭告于厶厶神:威灵有感,普济群生。况,披发,天下(为)冠,可冠者即可雨也;赤足,云为履,可履者即可雨也[五]。祈尊神,宝剑一指而旱魃逐矣,神旗一摹(摩)而旱灾消矣。伏惟尚享。

【注释】

[一]"年号",指"今值厶年厶月厶日"云云的格式文字。

[二]此句属提示说明,本属旁批,或因传抄而衍入正文。其言指,此文应该用于真武大帝(玄天上帝)"宝殿",并为"祈祷雨泽念"。

[三]与此句相关,见潞城赛社原有"真武降十帅"表演。

[四]此处似缺一字,今以□示之。依文意,所缺似为"诚"字。

[五]此上下句,与真武大帝(玄天上帝)画像有关。从而,既见其"披发",可视为以天为冠,"可雨";又见其"赤足",可视为以云为履,"可雨"。究其实,盖因玄武大帝属于"荡魔天尊",可降除旱魔。

祭渊泉表文

年号之辰,岁逢大旱。今在厶处,香老、水官同合社人等,恭请厶尊神。在厶殿内乞,祈祷雨泽念[一]。天一生水,地六成之。须天地之水相济,而后甘霖普降。今小民等虔诚致祭,意取渊泉之水以救生人之大旱。敢昭于厶厶厶神:威灵浩荡,普济群生。今赐一勺之水,如同九江之河。油然作云,沛然下雨,润我田苗无疆矣哉。神其有灵,伏惟尚享。

【注释】

[一]此句原为提示说明。以下仍有类似者,不再出注。

祭观音表文[一]

年号之辰,岁逢大旱。今在厶处,香老、水官同合社人等,恭请厶神。在厶殿内乞,祈祷雨泽念。水瓶有专司,乃上天之泉渊。杨柳无假借,水洒遍乾坤。念小民等外焉威服,敢昭告于厶厶厶神:至灵有感,八难可救。况今时逢大旱,岂不慈悲我一村小民乎。祈圣母赐瓶中一勺之多,庶几四海江河。尚享。

【注释】

〔一〕由于观音有"净水瓶"装神水,正与赛社取水借以求雨相关,故见"岁逢大旱"每"祭"之。

复设坛表文

年号之辰,岁逢大旱。今在厶处,香老、水官同合社人等,伏祈尊神位前。已过厶日,奈云犹未兴。旱魃之虐仍然,雨犹未降如故。小民等不忍坐视听死,伏(复)设坛位,就于厶处殿内,亦(以)厶日为期,礼行其旧,志肃其新。各务洗心涤虑,饬貌恭容,乞神再转求转告厶厶上帝:然天上好生之心,今苗已枯死,何不苏我一方耶;天有回生之功能,今禾已稿(槁)亡,庶岂(几)活矣我亩田耶。小民等稽首顿首百拜谨言,望尊神转达:祈上天仁惠下民,速降甘霖,雨(恕)我无知之逆,宽我不赦之罪矣。尚享。

又表文

神功浩大,灵应四海。小民悔过亦无及矣,奈何救苦大士所为。众生孽广,天神不佑,降灾大旱。虽有油然之云,亦无沛然之雨。每日大风起,似火烧田。小民惊恐,禾苗将稿(槁)。合村人等祈祷于尊神,登坛赴位。五岳四渎、水府龙宫、五方行雨龙王、六合雷公电母、注风注雨尊神:幽显神通,善纳清风;普降甘霖,救济苍生。保佑丰年,合社人等愿许香烛褚(楮)马。卜吉良辰吉日,龙神护佑,均沾圣恩。伏惟尚享。

土地正神表文

掌握一方,护佑万民。福力甚大,威灵至尊。合社人等敬展丹诚,仰酬素愿。窃于厶月厶日,就于神司宝殿设坛焚香,虔诚致祭。伏惟尚享。

当境土地正神表文

保佑万方,保障护佑群生。兹值季秋秋报之期,酬答诸神之功。祈神驾风云而转达,邀众圣以来临。今具文疏,预为神闻,来格来享。伏惟尚享。

送神文

【按】此文,前《祭文簿》已抄,从略。

鲁班祖师合同诸神表文 修造起盖神堂庙宇以及民间庶人修盖立柱上梁〔一〕

兹因本宅起盖某圣殿几间、厶楼房几处,卜吉于今月厶日厶时上梁,正合厶星主事。天开黄道,三奇到位〔二〕。斗母下照,吉星来临。惟神护佑,地脉兴隆。工匠取利,宅兆安稳。尚享。

【注释】

〔一〕此语原属篇名之下旁批的注文。意指,盖庙或修房"立柱上梁"时,均可用此表文。

〔二〕"三奇到位",指天上"三台六星,两两而居",属"黄道"吉日。

霜神娘娘表文 祭霜文

德分阴精,职司雪霜。幸夏麦之既熟,佑秋禾而登场。庶几大有之可望,感佩神恩之无疆。虔备柔毛一只,聊陈溥(溥)奠三觞。祈无怨而无恫,期我将以我享。右谨具表以文(闻),尚享。

马牛王位前请表文〔一〕

神灵有感，圣意非凡。今者，奉请尊神，初登宝殿。踏虚宫前赴本境，奉设神局以安神麻。神其有灵，来格来享。右谨具表，伏惟尚享。

【注释】

〔一〕所谓"请表文"，与赛社"下请文"相类，又有区别。不是去土地庙求其去请诸神赴会，而是直接去请各神赴宴，故见读在所请之神"位前"。此文用于马牛王庙，或其他神庙的马牛王殿。这种表文，或用于一村独办的小赛，或用于节庆日向神烧香献供。以下"表文"类此。

马牛王菩萨表文

德庇数（富）庶，泽及群牲。阴护骅骝，三千来牝；默佑大力，九十其犉〔一〕。知恩有自，报答难酬。兹值厶厶之期，恭逢圣诞之辰。洁陈不腆，聊答神麻。酧已往之洪恩，迓将来之福庇。惟愿水草均匀而无灾厄之疾〔二〕，更欲牛马蕃盛而有茁壮之隆。岂不可效牧马于非子，贩牛于宁戚乎〔三〕！合社人等于是乎共幸矣！神其有灵，来格来享。右谨具表，伏惟尚享。

【注释】

〔一〕"骅骝"指马，"大力"指牛，总言牲畜。
〔二〕"水草均匀"，言牲口吃草正常。
〔三〕此"非子"又作"飞子"，周时人，其祖乃舜、禹时善畜牧的伯益，赐姓嬴。至非子亦善养马，周孝王又赐土于秦，乃秦国之祖。"宁戚"亦春秋时人，原为牧童，后投齐国，得齐桓公重用，曾为农官，著有《相牛经》一卷。

马牛王表文

威灵显赫，默佑万民。其耳湿湿九十其犉，其角濈濈三百为群〔一〕。祈四季牛马兴旺，佑合境六畜亨通。歌舞礼拜，虔诚鞠躬。神之格思，鉴兹微衷。伏惟尚享。

【注释】

〔一〕《诗经·小雅·无羊》云:"谁谓尔无羊,三百维群。谁谓尔无牛,九十其犉。尔羊来思,其角濈濈。尔牛来思,其耳湿湿。"可见此句出处。

关帝同子孙表文[一]

浩气塞天地,精灵贯古今,久沐神恩,敢不虔诚而抒悃;抚育遍群黎,恩及赤子,素蒙圣泽,敢不于豆而于登[二]。醴酒虔设,庶酬无祷;弗灵之祝,俳优恭奉。斯彰有求必应之名,致齐存乎一志。来格来歆,堂乎二神。神其有灵,来鉴微情。伏惟尚享。

【注释】

〔一〕此"子孙"指"子孙娘娘"。其神关乎生育子孙及其健康,故名。今见潞城贾村碧霞宫(庙)仍有子孙殿。之所以"关帝同子孙"二神共祀,既因关帝亦可庇佑子孙,又因二者同庙。

〔二〕此语,上句言"关帝",下句言"子孙娘娘"。

痘痱麻疹疮还愿文

神功默佑,恩敷天壤。小儿康泰,合家吉祥。功德宜报,敬择良辰。猥愿既酬,圣德日彰。望神有灵,来格来享。右谨具表,伏惟尚享。

又表文

神功浩荡,保佑万方。婴童咸若,痘疮无恙。愚愚耿耿,感戴不忘。卜吉佳期,敬备郁鬯。圣母有灵,伏惟尚享。

子孙嗣(祠)表文

克昌厥后,启我后人。有求必应,无祷不从。虔诚致祭,卜吉良辰之日,恭逢尊神之恩。爰洁酒醴，聊表寸心。右谨具表，伏惟尚享。

又表文

德主广生，保彰乾坤。功颛大造，默佑万民。黎庶感戴，无可报答。虔备香烛讴歌之献，聊表下民毫发之心。伏惟尚享。

广生帝君酬愿表文〔一〕

维开国成家之圣，启燕翼诒（诒）谋之统〔二〕。江汉化行，关雎载咏〔三〕。保赤大德，民无能名。有血气者，莫不尊亲。于年月日或小儿或小孙痘疹甚艰，吾叩祈厶尊神位前，遂至于今，疾瘳有喜。今择良辰吉日，沐手焚香，敬献戏文，歌舞吹弹。虔诚致祭，聊表寸心，伏惟尚享。

【注释】

〔一〕"广生帝君"，原属五方五帝中的东方青帝。由于东方属春，主生，宋真宗泰山封禅时早立碑言："节彼岱宗，蕚兹东十，生育之地，灵仙之府。"从此，其神与"生育"相关，"德主广生"，遂称"广生帝君"。

〔二〕此句源出《诗经·大雅·文王有声》，曰："丰水有芑，武王岂不仕？诒厥孙谋，以燕翼子。"言文王、武王相继为谋，庇荫子孙。

〔三〕"江汉"，乃《诗经·大雅》篇名，赞美周宣王能兴衰拨乱而平淮夷。"关雎"乃《诗经·国风》篇名，早被文人视为"王教之端"的颂歌（今人认为，实乃歌颂男女自由相爱）。

子孙嗣（祠）还愿文

神功无穷。螽斯者，美圣德广运，瓜瓞呈祥〔一〕。今逢厶厶之良辰，于豆于登，了结昔日口愿。以妥以侑，聊尽今日之虔诚。惟圣有灵，伏惟尚享。

【注释】

〔一〕"螽斯"，即蝗虫类，《诗经·周南·螽斯》借其以喻子孙之多。"瓞"即小瓜，《诗经·大雅·绵》早有"绵之瓜瓞，民之初生"云云，借"瓜瓞"喻子孙繁盛。

请子孙表文

保我桂子,何也不克通。神佑前孙,随时皆日施仁。既向神殿以恭请,欲临神棚以鉴悯。伏惟尚享。

迎亲祭天地文

伏以乾坤定位,阴阳以分。男婚女配,六礼告成。夫唱妇遂(随),琴瑟同音。百年佳偶,千载良缘。宜室宜家,永皆康宁。天长地久,夫妇一同。伏惟尚享。

五土五谷合境诸神表文

威灵显赫,恩膏无穷。保佑群生,感而遂通。幸逢三十六雨,喜得七十二风。万宝告成,应受无疆之福;百宝盈止,罔非造化之功。既有求而必应,宜感格而献优。故合村人等报答神功。敬备酒醴,虔诚鞠躬。神其有灵,伏惟尚享。

娶亲告知(祖)文

三代宗祖之神主:祖父母之音貌矣难追,祖父母之神气依然在望。功德常留,深恩难报。妥具酒醴,致献敬意,欲尽二三。明值ムム岁届,成童择吉受室。今日聊备薄奠,敬告位前。如其有知,尚享。

祭中堂文〔一〕

皇皇堂中,职司无疆。迎亲设馔,报主虔诚。先灵入宅,永保吉祥。今请神主,宜设一觞。神其有灵,尚享。

【注释】

〔一〕此篇也用于娶亲。届时中堂置祖宗神位以祭,称"祭中堂"。

行奠告知(祖)文[一]

曰:呜呼我祖,贻谋无疆。年虽远矣,恩德难忘。木则有本,本固而枝荣;水则有源,源远而流长。明朝扶轮,窀穸兆域。先朝捧酒,布告祖堂。聊备薄献,对越以将。尚享。

【注释】

〔一〕"行奠"言指"丧事"。以下各篇,皆白事用文,不再详注。

行奠祭文

深念鞠育,恩勤难报。回思劬劳,罔极无了。当亲之在时,不克供子职以言叹;值亲之没候,亦未奉含饭于终天。知吾父先游,虽贸易获万金亦不肯向洛阳而就食。今值就敛之辰,聊舒哀恸之将。尚享。

行奠祭文

哀哀吾父母,竟长往也!想音容如何在,思遗言而难忘。治家之勤俭,持己之端庄,应寿世于百年,胡(忽)然一疾而遽亡。呜呼!天夺善父,孰不悼伤。痛幽明之永隔,陈薄奠之一觞。尚享。

祭后土表文

厚德载物,恩光无边。今值考妣迁彼牛眠,避凶趋吉,窀穸永安。伏惟神佑,俾无后艰。子孙荣盛,亿万斯年。山明水秀,长发其详。卜云其吉,百世其昌。尚享。

祭父母表文

哀哀吾父母,倏而亡亡。维予小子,情切感伤。思昔在日,训子有方。光始孝矣,恸切衷肠。出则衔恤,入则安往。终天之恨,罔极不忘。兹值殡期,宜设一筋。尚享。

祭父母文

呜呼！吾父母命归黄泉,儿当昼夜睡不能眠。想父母之德如阜如冈,想父母之恩如山如川。哀声震地,哭泪连天。早晨沐浴,哭奠灵前。祈父母有灵,伏惟尚享。

灵前祭文

哀哀吾父母,生我劬劳。欲报深恩,昊天罔报。今夕晨致告,肆筵设席。从兹别离,神游奄歺。入则靡至,出则衔恤。父母有灵兮,伏惟尚享。

祭棚文

借地起盖灵棚,恐有误犯尊神。即（及）时奠祭,赖神默佑。棚则为用避日遮风,绅作屋赟（脊）,缎作瓦儱（棱）,金屏画柱,亦奉先灵。敬备酒醴,诸神来闻。尚享。

茔中祭祖父

痛吾厶之仙游兮,历乎数年。心悽怆以怵兮,竟欲见而无缘。今值我厶临奄[歺]兮,绝哭告于墓前。冀灵爽爽不昧兮,庶陟降乎凡筵。尚享。

祭中堂文

呜呼,吾祖父母竟舍孙等而长逝耶！念其淑德,固不堪悉指,有不胜仰天推心者焉。想其事父母也以孝,其相夫君也以敬,其持家也有道,其教孙也有方。阃内仪范无不周详,似此淑人宜享无疆。胡天不佑,倏尔黄粱（泉）。聊备薄奠,来格洋洋。尚享。

回灵祭中堂文

形归窀穸,神返室堂。临(灵)则在上,质则在旁。如闻忾然,惟予小子曰(日)笃不忘。尚享。

回灵祭门文

职司启闭,濯濯之威攸昭,赫赫之声还著。善止匪人之来,克杜群邪之人。今者,灵柩既掩郊外,幽魂宜返于堂中。恐冒犯进之愆,用神昭告之奠。尚享。

回灵文

昨夕告虔,报灵辀之将驾;今晚致祝,祈幽魂之先容。马鬣既封于牛眠,灵气宜返乎堂中。有肴在俎,有酒在樽。神其不昧,伏惟尚享。

祭门文

显考　府君讳　之神主,职当大门,分守晨昏。职司启闭,扫荡妖氛。陈菲奠敬,伏望高真:因丧出宅,而恐冲犯一切尊神。即以祭告,伏惟尚享。

祭灶文

职司水火,位列九阳之尊。察人间之善恶,作上帝之耳目。普六合以沛泽,合四时而降康。今因厶音之家,安历有期[一]。至祭神明,伏愿来格来享。尚享。

【注释】

〔一〕"厶音"指已故某人,因已无形而言"音"。"安历有期",指依日历推算的服丧日期,即头七、二七……七七、周年等。

回灵祭灶文

职司火德,合宅呈祥。吾父母安历,千古永康。灵因故居,岁享蒸尝。香烛祭告,佑我无疆。尚享。

首七祭文

哀哀吾父母,恩得难忘。忆昔在日,训有义子(训子有义)。淑身淑世,无德不全。宜享大寿,竟尔遽亡。兹当首七,薄祭一觞。父母其有灵,伏惟尚享。

告迁祭文

哀哀父母,辞世多年。葬非其地,家道不安。死止(之)相继,疾病连绵。路清(请)堪舆,另择牛眠。谷辰即届,即日告迁。有酒载樽,有肉载笾。父母有灵,鉴儿运艰。谨告尚享。

告祖文

伏缘厶氏,立坟造圹,庇神之章。今值十周三生请灵受享。祈神仰厚德宽容,系先灵千欣,归于室堂。竭城(诚)以告,神恩无疆。尚享。

十周年文

谨以薄奠,请主返堂。致敬于皇清待赠府君之墓前,曰:惟神,佳城卜吉,数载允藏。垂裕后昆,恩泽难忘。今当明晨十周之期,妥备蒸尝。丝觞是献,奠以琼浆。父母灵不昧,来格洋洋。敢请。

酒行初献文

神惟有灵,圣泽无疆。乐舞笙歌,钟鼓喤喤。将享妥侑,敬献一觞。尚享。

酒行亚献文

忽而神兮,忽而灵兮,甘霖霏霏,万民喜神。恩必报礼之宜,再酌清酒[以]酬圣德。尚享。

酒行三献礼(文)

享献虽云有尽,圣泽终望无穷。乐既合奏,三献更祝。顺雨调风,那时方显神功。尚享。

祭姑娘文

闺门严谨,能守不字之贞;持家勤俭,爰有女德之誉。惟吾姑娘,端容正肃,松筠节操。凡吾兄弟,无不受其规戒;即在乡党,亦属沾其恩泽。今值满七之日,谨具茶馔,聊陈侄心。姑娘有灵,尚其来临。呜呼,尚享。

祭伯叔及母文

嗟吾厶母,坤禀天然。淑柔慎行,恬静寡言。治家勤俭,孰及待人和易。谁先守闺中之规矩,为妇道之大贤?正宜享寿于百年,岂期遽梦于九泉。幽冥永诀,涕泪涟涟。灵其不昧,降鉴诚虔。尚享。

[瘟神之神位]〔一〕

	功(劝)善太(大)师	陈	
	南方行瘟	李	
	东方行瘟	周	
供奉	主瘟部正神	吕	尊神位
	西方行瘟	朱	
	北方行瘟	杨	
	和瘟道士	孙(李)	

【注释】

〔一〕此标题原无，今依所记内容而加。依记，其"神位"所列，与《封神演义》所言一致，以"吕岳"为主瘟大帝，也见瘟部共有六神。如果对应此处排列，从上到下，其名依次应为陈庚、李奇、周信、吕岳、朱天麟、杨文辉、李平。另，明代以前又有"五瘟"一说，也称五方力士，隋唐以来见祀。

十五　民国十四年潞城赛社用本

此本原由潞城市南舍村曹满金（即曹占鳌）老人保存，后由其孙曹绍令将其抄件提供给笔者（按，其抄件实由上党戏剧院栗守田老先生依原本所抄）。原本高约 24 厘米，宽约 14.5 厘米，麻纸双折页，毛笔竖抄，内容共三十二个双面页，实抄六十三个单页。封面题名已毁，仅存"阴历六月立"及"王宅"二字痕迹，"王宅"又被改为"王明远"三字。其开篇记有"大中华民国十四年"，"潞城县潞川乡里人氏"云云，从而判知，该本原由潞城合室村（与贾村同属潞川乡）王家阴阳抄立，如《周乐星图》本的发现过程（详前），也与贾村赛社相关。由于王家阴阳曾经主持过该县城关大赛，其所抄并不只用于贾村赛社，故其月日处或空开，或记为"某月朔某日"，届时具体填写，就可用于不同赛社。以下顺次录校。

正殿禀状[一]

维大中华民国十四年岁次乙丑月朔越日之辰，今山西潞安府潞城县潞川乡里人氏，现在村居住士民合社人等，愚民微生，里社告虔，敬设岁时之祭。神明护佑，当遵往古之盟，诚惶诚恐，稽首顿首百拜，谨言：缘为庆贺雨泽，祭善雷风，春祈有望，秋报之诚。敬循旧例，今有下民社首人等，谨以清酌庶馐之奠，敢昭告于神位前，合行奏禀。伏为今　月　日幸遇请日神圣诞秋报之辰[二]，资以届期诣于日，就于本境神祠内设立香坛，鼓乐致祭，三日期辰。禀奏尊神，圣凡瀇纥[三]匪肉眼以能通，礼法详明岂尘心而可测，赍此心香，遥空祈请。钦惟合境之诸神，同降宫庭（廷）而配享，未敢擅便。伏望圣慈，大赐灵贶，俯顺凡情，至期来格。为此恭具表奏，启达圣知之至。

右谨具牒奏禀

某年　　月　　日　　士民社首人等

【注释】

〔一〕"正殿禀状"用于主神大殿禀告赛社之由,与当天"下请"(请神)有关。值得注意的是,此文见请主神"至期来格"。显然,主神也类客神,届时需请。见如贾村"六月六"赛,届时主神"三峻"需到史回村三峻庙去请,在其"正殿禀状"后,才又接回贾村碧霞宫(该庙见有三峻殿),属"至期来格"。余如贾村"二月二""三月三"赛社,也皆类此,故见其不同一般"禀状"。

〔二〕"请日"二字,是对当日所请"主神"的批注说明,届时需具体填写。如贾村"六月六"赛,其"请日"的主神需写"护国灵贶王",即"三峻神"。其后所写"圣诞秋报",意指:其赛或因主神"圣诞"而办,或为"秋报"而办,"请日"并不相同,届时还需填写具体月日。

〔三〕"灊",通"潜","纥"属俗写的"毫"字。"灊毫"为"纤毫"之误,意指纤细如毫毛。

[下请文]〔一〕

又,头同前〔二〕。敬循旧例,于今月日幸遇神圣诞秋报之辰,祈赛预祝合境诸神。盖闻,神圣往来必在杳冥之际,尘凡迎接应于影响之间。愚情难达于神聪,拜请必资于宰职。今者,下民社首人等,谨以清酌庶馐之奠,敢昭告于当境土地正神位前,曰:惟神,一郡之宰,百家之司,内怀正直之数,外执灾祥之柄,凡有所祈,必先预报。伏望正神速驭风驰,远达神宫,敬持诏请之明文,愿赴虔诚之共会。期以今　　月　　日在　　处神庙内,设乐致际(祭),献享三朝,豫陈配享,祭毕罢散。谨请诸神圣号于后自上下排神位〔三〕。伏望奉迎诸神,不弃凡情,俯从愚愿,斩(暂)离天宫圣境,驾龙驹宝马而下降,乘鸾翼鹤羽以来临。实式之凭,鉴享斯诚。尚享。右谨具状以闻

民国某年　　月　　日　　士民社首人等

【注释】

〔一〕此标题原无,今加。因其记有"当境土地正神"云云,属"下请文"。

〔二〕"又"指"又一篇"。"头同前",指其开头格式文字与上篇相同

〔三〕"自上下排神位",是对"谨请诸神圣号于后"的解说。依规,下请文最后,都要附上所请"诸神圣号",以便土地神去请。由于各庙排神都从中间开始,依各神地位尊卑,向两边排列,故见此处也仍"自上而下"排列(原文缺"而"字)。

圆神文

又,头同前。祭善雷风,幸遇神圣诞秋报之辰。敬循旧例,昔年各有预愿。伏以下民蒙天地之洪恩,咸(感)神明之大德。图报难忘,专心拜请。今岁阴阳有序,风雨依时,夏秋将见于收成,百谷咸登于畅茂,暨(既)蒙厚德,宜答洪庥。是以率诸社众,丹诚虔恳,预择于今月日,就于神庙内设立坛场。普备香筵,动乐致祭。钦惟本境庙内之诸神,宜请宫庭(廷)而配享。以神主其祀事,土地为其知客,兹以预期是日,合行谨请诸神,于今月日诣于 　　处或本村某庙。谨严导纵,奉迎诸神;诣于祭所,献享三朝。伏冀尊神不弃凡情,俯从愚愿,共赐来临。下民社首人等,下情无任激切拜迎之致,谨请诸神圣号于后自上而下排圣名。伏望奉迎诸神,乘鹤辂凤辇以来临,驾龙车宝马而下降。社首人等,无任瞻天拜圣激切屏营之至。右谨具状以闻。

年号

请寿文〔一〕

又,头同前。敢昭告于南极注生大帝老人星君位前:恭惟星君,灵悟妙道,丹养贞元,清净法身。普照九天,亦有时而化现;浑[沦]全性〔二〕,乃无日而不存。恭惟神圣诞秋报之辰,拜请君星身披鹤氅,头顶金冠,乘白鹤以下降,驾紫气而临坛。不辞黍稷之非馨,来享苹蘩而泊荐。伏望仙慈来临,圣驾早降,不胜屏营之至。伏惟尚享。右谨具表以闻

大中华民国十四年　　月　　日　　士民社首人等

【注释】

〔一〕"请寿文"用于正赛"迎寿"。届时寿场供有寿星神位,念此文。

〔二〕此句缺"沦"字,今补。《列子·天瑞》言:"气形质具而未分离故曰浑沦。""浑沦"亦作"混沦",未分明也。由于寿星源于天元之"气",早又"形质"兼备,见为"注生大帝",故言其"浑沦全性"。

寿星赠筵主表〔一〕（用红写,依此直写,不用乡贯）〔二〕

南极注生大帝老人星君,表赠神位前:恭惟皇天后土、日月星辰、社稷祠庙、一切神圣,南极老人星君于民国年月日,幸遇神圣诞秋报之辰,合进寿表,敢不先祷于上苍,圣寿无穷。更愿神祇之安乐,上下清宁;日月循环,川岳效灵;风调雨顺,水火潜行;干戈偃息,边鄙和平;普天率土,田瑞安宁;万民乐业,五谷丰登;家给人足,永享太平。盖闻,天清地浊,阴阳有序;清风细雨,万物皆生。瑞气祥云,统神明圣诞秋报之辰;电光霞彩,霭圣寿长生之节。华祝南山之固,嵩呼北斗之坚。巍巍圣德,配乾坤之广大;永固皇图,与天地之长久。圣寿无疆福无疆,万寿万寿万万寿。右谨具表以闻。

年　　月　　日　　南极注生大帝老人星君

表赠西王母〔三〕

【注释】

〔一〕"寿星赠筵主表"用于寿星向"主神"祝寿时。依规,届时有"寿星与筵主上寿""与合庙诸神上寿""筵主与寿星回酒"等节次,每一节次供三盏,每盏或读表文,或念祝赞,礼节繁仍。此表用于"寿星与筵主上寿"第一盏。

〔二〕此句属对该"表"说明,今置括号内,以下类似不注。所谓"红写",即用红色写于黄表纸上。既需"直写",又属寿星所用,开头"不写乡贯"一套。

〔三〕"表赠西王母"一语,属提示说明。意指"寿星赠筵主表"并非寿星亲自呈献,而是由西王母代劳,交由主礼代读（属"用表赠表"）,故有此语。

社首奉筵主表〔一〕

由（又）,头同前。敬循旧例,于今月日幸遇神圣诞秋报之辰。枢电呈祥〔二〕

之表,圣哲千龄之庆,布云示宴,睦交臣邻,四海之欢,共集神庭,同修善祝。臣人等俯磬(罄)愚诚,仰酬先愿。惟神圣慈,恩行万国,道冠百王。山河带励(厉),万国车书之同轨;九州岛岛岛八荒,一统乾坤之大柄。臣人等庸俗,冒渎灵聪。九品乐奏,声腾海阁(阔)之欢;一瓣香烟,赞祝天齐之寿。仰祝千秋千秋,嵩岳三呼:圣寿无疆福无疆。下情无任瞻天拜圣,激切屏营之至。右谨具表以闻。

　年　　月　　日　　士民社首人等
　　老人星祝语〔三〕

【注释】

〔一〕此表,属社首代表社众向主神祝寿的表文,依规,用于"寿星与筵主上寿"第二盏。

〔二〕"枢电呈祥"出自典故。按《史记·五帝本纪》言,黄帝之母见大电绕北斗枢星,感而怀孕,生黄帝。故每以"电绕枢光""大电绕枢"以示吉祥。

〔三〕"老人星祝语"乃提示说明。意指此表念毕,接有老人星(寿星)扮者念一段祝寿之语。类如前行"祝赞",再接"寿星与筵主上寿"第三盏。

筵主回赠寿星表〔一〕（不用乡贯）

某神〔二〕回贺南极注生大帝老人星君:恭惟君等,得长生美酝,见黄河九度之清;服不老灵芝,更碧海三番之渴(谒)。灵龟白鹤衔天表,玉女金童列寿筵。仰谢尊神,再报宏庥,谨具表以闻。赞祝星君:寿星奉敕下天关(阙),按落云轩到此间,王母蟠桃来添寿,老君妙药献灵丹。休言彭祖夸年迈,谩(漫)说蟠桃不改颜。日月南山如松柏,纪(祀)神同率一时班。恭惟南极注生大帝老人星君,暂离星阙,即便还宫,伏望圣慈无任激切屏营之至。右谨见表以闻。

　年　　月　　日　　(某)神回贺
　　东王母〔三〕

【注释】

〔一〕此表,属主神(筵主)"回赠"寿星的表文,用于"筵主与寿星回酒"第一盏。从而有来有往,也供三盏。

〔二〕"某神",即主神(筵主)。不同赛社填写不同神名。

〔三〕"东王母"类如"西王母",此表由其转呈。

社首奉寿星表〔一〕

又,头同前。敬循旧例,于今月日幸遇神圣诞秋报之辰,谨以清酌庶馐之奠,敢昭告于南极注生大帝老人星君位前,曰:惟神,煌煌于("于"字衍)在于混沌之前,郎郎(朗朗)于("于"字衍)显于宇宙之内。神恩广大,与天地之齐年;圣寿无疆,同乾坤而永固。皇图永("永"字衍)国祚,赖之安宁。伏望星君,万寿万寿。

太上玉皇(皇帝)诏〔二〕,飘飘下九高(霄)。

仙童捧寿酒,玉女进仙桃。

来添神圣寿,国祚永坚固。

绿毛龟前引,朱顶鹤飞绕。

圣寿无疆福无疆,万岁万岁万万岁。

右谨具表以闻

年　　月　　日　　士民社首人等

东华帝君〔三〕

【注释】

〔一〕此表,用于"筵主与寿星回酒"第二盏,属"士民社首人等"向寿星敬献的表文。

〔二〕此句中的"玉皇",依《唐乐星图》本所见,应为"皇帝",故改。其"太上皇帝诏"云云,与宋徽宗诏令频频,"令赛社"有关。

〔三〕"东华帝君"亦属提示,言指此表由其扮者呈于寿星位前。之后,也类"寿星与筵主上寿"第三盏,也见"无表",也接"祝赞"。

普祝众圣表〔一〕

由(又),头同前。于今月日,幸遇神圣诞秋报之辰,谨以清酌庶馐之奠,敢昭告于昊天玉皇上帝暨阖境诸神位前,曰:惟神,皇穹(穹)益算(算),上帝(寿)增添,与天地之长久,共乾坤之齐年。握权宇宙,当北极造化之尊;抚掌华夷,享南山无疆之寿。皇图永固,帝道遐昌,使国祚长延,乃圣德难量,其功莫测。普济群生,早(旱)赐细雨清风,润稼墙(穑)之茂盛;年年风调雨顺,岁岁五谷丰登。皇清瞻仰,设坛而重祀于南郊;历代钦崇,荐位而配于后帝。今者,兹逢神圣诞秋报之辰,愿神海岳之遐龄;幸遇圣辰,祝众神金石之弥寿。香烟起处,两厢摆列龟齐;瑞气分时,左右排班鹤羽。金童擎长生旨酒,玉女进益寿仙桃。巍巍圣德如日之恒,赫赫神庥如月之明。绵绵化化,同天地之长久;赫赫辉辉,共乾坤以延长。伏愿诸神,圣寿无疆福无疆。右谨具表以闻。

  民国年 月 日 士民社首人等 汉钟离

【注释】

〔一〕此表,用于"与合庙诸神上寿"第一盏,属"士民社首人等"向玉皇、寿星、主神包括在位诸神祝寿的表文,故见"普祝众圣"。届时,由"汉钟离"呈于玉皇位前,仍由主礼代读。其二盏、三盏"无表",以"祝赞"结束(详后)。

祭太阳文

  太阳普照星君位前,曰:惟神,明明在上,普照四方;赫赫在下,灵显万邦。辙迹不到之区,咸有金乌照耀;人烟不通之境,亦有赤乌翱翔。兹届生明生亮,敬具酒醴笙簧。尚享。

太阳文

  朝出扶桑,随干行而不息;暮薄虚泉,倡坤德而相旋。瑞应重轮之象,祥征合璧之年。庶民有感,赖德保全。兹当大祭,昭告神前。尚享。

太阳文

  明明在上,众阳之宗。八方照临,无微不通。浴咸池而出扶桑,始终不二;夏可畏而冬可爱,刚柔互呈。兹当　　之朝,尚赖日旦之明。尚享。

太阳文

朝升震地,暮入兑宫。幹(斡)旋造化,照临仓(苍)生。上游周天之境,下临遍地之形。无影不触,有祷宜成。吹梅花之落落,献柏酒之清清。尚享。

祭风文

风伯雨师尊神位前,曰:惟神德化,古称君子,雄威久比大王。阜财解愠歌南方,万物赖以长养。时则无微不入,时则有感斯彰。酒醴豆边(笾)杂笙簧,明神来格来享。尚享。

祭风文

文明柔顺,律应八方。阜财解愠,惠我无疆。不遗冠婚宾宴,奚择士农工商。兹当　　之期,敬具酒醴笙簧。尚享。

又[祭]风文

位列辰方,宅藏天宫之里;象居巽地,数归皇极之中。被四[野]而[息]鼓动,度五日而协太平。歌终风兮永(宁)息,赋谷风兮暂停。尚享。

祭风文

惟神,职当巽地,位列东南。去来无迹,变化多端。祈黄(狂)风之永息,求暴风而终安。八方享太平之福,四野乐恩惠之宽。神其有灵,来格凡筵。尚享。

三门外下马文〔一〕

头盏:伏以尊神,动劳圣驾,屈降凡尘。诚心遥空祈请,不胜屏营之至。伏望尊神,暂脱玉镫,款离金鞍,请诸神下马。

二盏:伏以迎接诸神,请诣行宫。聊备薄酌,祭献神明。乘鹤辂凤辇以来临,驾龙车宝马而降会。伏望尊神,暂离宝鞍,请诸神下马。

三盏:伏以尊神,同宫配亨(享),不弃凡情。请诸神早降瑶阶,乞众圣须(徐)登宝殿。伏望尊神离鞍下马,俯从迎道。

【注释】

〔一〕此文,用于迎神之日。依规,迎神队伍游行至大庙门前(三门外),社火队伍散去,诸神仪仗(神桌神轿等)在庙门前作"下马"仪式。届时有土地、五道将军(亭子端其神位)由庙内迎出,献下马三盏,依次念此文。然后进庙。

升殿文〔一〕

生跪玉皇前,说:伏以尊神,临于玉阶,宜升宝殿。今者华筵已展,绣幕皆齐,敬请尊神登殿上坐。西下,请正主坐下〔二〕。诸神及两班站。生跪正殿禀奏:禀奏尊神,今有诸神在于阶下,未曾掺(参)礼,不敢自专,复后(伏候)圣意。进旨:玉皇上帝旨赐,诸神参礼〔三〕。生西下喝:诸神参礼!再参!三参!已毕。生从东上,奏禀尊神,诸神参礼已毕,未敢升殿,复后(伏候)圣意。进旨:昊天玉皇上帝旨赐,诸神升殿上坐。西下,引东西各二位,共四位上坐。生唱:谨参,再参,三参,已毕。次序上坐,节节依次,各神坐下。奏禀尊神,今有五道、土地在于门外,伺候多时,不敢擅进,复后(伏候)圣意。进旨:玉皇上帝尊神旨赐,五道、土地进门。生西下,引五道、土地到庙院内跪下,生东上,奏禀尊神:今有五道、土地叩于阶下,未曾参礼,不敢自专,复后(伏候)圣意。进旨:玉皇上帝尊神旨赐,五道、土地参礼。生西下,唱:谨参,再参,三参!生东上,奏禀尊神,今有五道、土地微臣,职卑位小,不敢升殿,礼当侍立,伏祈上位尊神,旨赐五道、土地升殿,下位侍立。生西下,引二位东上,总中间参礼,三参已毕,生引进殿内:先玉皇位,生作揖,二人执牌位打一肝(躬);一左一右参神,至天地位下,毕。

【注释】

〔一〕"升殿文",用于迎神进庙后的"安神"仪式。届时,亭子端着诸神位牌站立香亭前,主礼先生念此文,依次将各神位排安放大殿。此文,既有主礼先生的念词,又有相应的礼规说明,相互夹杂如下。

〔二〕以上,是请玉皇首先登殿安坐。"生跪玉皇前说"属提示语(以下类似),意指,主礼(即"生")先是跪在玉皇(神轿)前念,再由香亭"西下"而念,以遵"东上西下"之规。

〔三〕此句,指主礼得到玉皇"旨赐",已可命令诸神。所谓"进旨",与前"生跪正殿禀奏"有关。届时主礼先在大殿跪拜,得到玉皇"旨赐",再出来发令,即所谓"进旨"。于是令诸神依次升殿,具体详下。

安神文[一]

伏以明香一炷,千里遥闻。东方甲乙,展开山水之图;南方丙丁,摆列鸾歌凤舞;西方庚辛,卷起夤沉之帐;北方壬癸,高悬清翠珠帘;中央戊己,朵朵天花乱坠。铺陈绫锦,绣褥花毡。凡俗未知圣位尊卑,伏望尊神论职而坐。社众虔诚。初献礼[二]。伏以龙车暂降,凤辇初开,敢劳诸神而降会,伏愿圣意而开怀。东海日出金乌,西台蟾光玉兔。南观万象森罗,北望鸿门斗宿。上有天河雨露,下有黄河九曲。琉璃砌地旭光生辉,筵前洁净物器新鲜。社众虔诚。亚献礼。伏以炉燃千(十)味,鼎焚百和,上达三天之圣众,下通四海之神灵。谨请诸神,降于祭所。尊者上位正坐,卑者下位升临。敬陈华筵,同宫配享。社众虔诚。终献礼。

【注释】

〔一〕此文用于安神之后的下马宴,供"三盏",比较简单,三献酒即可,称初献、亚献、终献。每献伴有鼓乐(俗称"打拜鼓"),祭者上香,接以四叩拜,第四拜不起,祭者捧杯、酒司斟酒,接以前行讲酒(诗赞四句),再由主礼代读一段祭文(旁跪),然后奠酒、平身(起),是为一献。具体如下记。

〔二〕"初献礼"属提示。以下类似不注。

盥洗文

伏以金梳钦献,照耀珊瑚之影;玉笼(拢)上陈,动献碧霞之光。神鬟彩结于瑶台,圣容重整于天府。紫气辉煌,伏招(复昭)炳焕。下民无任虔恭之至。

省令文〔一〕

香老、社首、停伟(亭帏)各执事人等听令〔二〕:

伏以尊神,合行奏禀:今者,香老、社首、诸般执事人等参礼已毕,叩于阶下〔三〕。听令打躬〔四〕。须当省令:今者,下民修龙亭而祭献,设香坛而奉神。华筵已展,绣幕皆齐;执事摆列,伞扇张轮。正香老当前谨敬,众下民各要诚心。厅上厅下、神前神后、社首左右各局、诸般执事人等,各要斋戒沐浴净身;凡且大小祭祀,早晚须要尽诚。有其诚必有其神,无其诚则无其神。同心协力,侍奉尊神。凡在几席之间,谨守礼法,勿得非言苟且;衣冠整齐,忽得蓬头垢面。出(往)来有忠信之言,出入无暴慢之气。只当谨心,不可亵渎。若不预先省令,惟恐触犯天颜。虽目前不降于阳愆,过后必加于阴责。为此省令,殷勤慎行。

省令局长〔五〕:

伏以尊神,合行奏禀:今有膳夫参礼已毕,叩于阶下。听命打恭(躬)。须当省令:自从盘古初分,伏羲以来原有肴馔,始立庖厨。每逢祭祀之辰,戒酒断淫,沐浴净身,切莫怠慢,着意谨慎。变生造熟,务要精鲜;凡入厨司,必先净手;临于锜釜,堤(提)防咳嗽;合用器皿,洗刷洁净。造餐者闭唇胶口,作馔者仰面低声。盏用羹趁谨依食次,烹蒸各物五味调和。造成品馔,堪为供养(献)。若不预先省令,惟恐丝毫之失,招愆惹祸。他未知神已先知,人不见而神先究。为此省令,殷勤慎行。

省令乐人:

伏以尊神,合行奏禀:今有乐人参礼已毕,叩于阶下,听命打躬。须当省令:

掌乐之人、前行后行，需要管理男女整齐，各有精神。衣帽新鲜，古乐齐备。男记四十文（大）曲，下（女）记三千小令。谨按五音，宫、商、角、徵、羽；又按八乐八音，金、石、丝、竹、匏、土、木、革。按词章而动鼓乐，依宫调而歌舞和音。早不动商调，晚不动黄钟。早动商调神灵不悦，晚动黄钟不敢奉神。院本、杂剧、队则、词曲，早晚奉神不可差乱。各要诚心，切莫急慢。坛上掌握之神，明明鉴察是非；神前书表之司，暗暗启奏善恶。为此省令，殷勤慎行。

【注释】

〔一〕"省令文"，即"听命文"，用于头场开始。届时，香老、社首、乐户、亭帏、厨师等办赛人员集齐香亭之下，主礼假借"神旨"发布有关命令。此为后期办赛所用，已见简化。

〔二〕主礼念此"听令"毕，众人齐跪香亭之下。

〔三〕此句，是主礼向"尊神"奏禀。届时，主礼需转向大殿跪奏。

〔四〕此句表示，主礼已领受神旨，将要发布命令，故让众人"听令打躬"。

〔五〕宋元以来的赛社，每设四司六局，含厨局、酒局、茶局、棚局等。届时，主礼每念一局，该局人员先往神前上香，再由主礼假借神旨向其宣布命令，礼规同前。此处从简，唯以"膳夫"代表。以下"省令乐户"相类。

开封文〔一〕

造就清香异味，宴筵用酒开封。执壶者双手高举，倾台者〔二〕低头打恭（躬）。并不敢未食餐破，并不敢抛撒伶仃。明有青天照见（鉴），暗有鉴（监）察神明。要诚心而供献，自上下而奉承。有其诚而必有其神，无其诚则无其神。敬神如在，希圣降临。奉神上献，无任虔恭。神前奏禀，才敢开封。

【注释】

〔一〕"开封文"用于神厨开酒坛时。因神厨供有"监斋神"，届时向其叩拜，念此启封文。类此，又有"开铛文"（用于油炸供品时）。

〔二〕"台"指"台盏"，即酒杯。"倾台者"即斟酒者。

讲山文﹝一﹞

头盏：夫山者，高不高顶磨（摩）云汉，深不深根彻黄泉。山前日暖，岭后风寒。山前日暖，千千岁草木常年不冻；岭后风寒，万万年冰雪永不消。一峰岭上仙鹤辽（缭）绕。二峰岭上藤来迧（缠）葛。藤葛相迧（缠），千千条青云瑞气，万万多（朵）紫雾毫光。松柏霭霭，树木森森，东西成行，南北成林。东西成行遮天地，南北成林彻云霄。且不说林中景致，只说地下走兽：獐狍、野鹿、猛虎、豺狼。獐狍野鹿寻（巡）山过，猛虎豺狼串山行。又只见树上飞禽，鸦鹊噪，孔雀鸣，杜鹃啼，黄莺叫。黄莺落在树梢头，百般飞鸟空中闹。一山未罢一山行，百里全无半里平。五湖云瑞安舟处，只看图画不看形。这山，朝是云、暮是雨，香的是花、流的是水。弄风虎，赤哩哩摇头摆尾；戏水龙，勿（忽）嗽嗽展爪翻身。恐君不信，有诗曰为证：

山高无可比，长在空云里。

樵夫失了脚，三年才到底。初献礼。

二盏：夫山者，遥望南山翠巍巍，遮藏着蓬莱仙岛；远观天台清洁洁，掩映着洞府仙宫。这山是群山之祖，这山是万［岭］之宗。翠巍巍高过岱岳，绿班班景接昆仑。清洁洁高山万丈，碧绿绿峻岭千层。钻天彻须弥山顶，嵯峨接碧岳天宫。高耸耸山冲牛斗，雾腾腾下彻黄泉。观山，山叠叠；看岭，岭层层。山掩隐（映）钟楼佛殿，岭摭（遮）藏古寺禅僧。绿竹攒僧寺道观，青松簇洞府仙宫。险峻路盘盘曲曲，之字道转转巡巡。看陡崖惊惊战战，观深涧摄了人魂。古青松湾湾（弯弯）形势，看见他（它）却似苍龙。山湖石框框尖尖，窟窿石窍窍玲珑。透碧天青松满眼，彻云霄绿竹无边。山巍恶（峨）陡岩（崖）难走，路崎岖凹凸难行。虎狼乱跑，獐狍成群；鹊噪林木，百鸟飞腾。能飞海青，三展翅飞不上山顶；快飞鹞子，五复羽飞不上山峰。这山巧，丹青难绘塑；这山［妙］，吴道子画不成。大罗神仙看（堪）赏玩，真人道众可居存。嵯峨险峻苍空接，自古从（至）今不变容。东西锦绣八百里，南北叠翠数千层。老松枝上猿猴叫，古石岩前虎狼声。多年尘土风来扫，自生云雾顶头笼。寿生（仙）今日来下降，祝赞南山万万松（春）。

诗曰：

一来山绕路又深，二月山花发满林。

三景山雪飞片片，四时山水绿沉沉。

　　五更山鸡啼鸣叫，六月山蟾（蝉）守树鸣。

　　七返山僧寻山寺，八方山客绕山门。亚献礼。

　三盏：夫山者，山南东有青松柏桧，山北西有绿柳红桃。闹哨哨（吵吵）山禽对语，舞翻（翩）[翩]仙鹤齐飞。香馥馥珠（诸）花千样色，青冉冉杂草万般奇。涧下有滔滔绿水，崖前有朵朵祥云。祥云笼山顶，碧沙（纱）罩山尖。红霓冲北斗，清洁照（青气罩）南山。万道霞光豹狼（射琅）苑，千条瑞气照瑶池。空谷传声山中应，恰似山中有人知。红石岩（崖）前，麋鹿衔万种之奇花；青松影里，猿猴献长生之异果。云端里，天仙进云鹤仙衣；碧霄中，飞仙奉延年寿酒。左右排金童玉女，前后有灵龟仙鹤。南山仙境，清幽而浪（琅）苑逍遥；妙道幢幡，风飘而飞扬宝盖。这山是天台三岛影，压尽了须弥昆仑峰。青松闪绿竹，桧柏映山林。桃花胭脂染，杏花粉妆成。正是仙家居住处，堪为道士可安身。诗曰：

　　翠岭苍空两接连，陡崖深漳彻黄泉。

　　嵩巍上钻昆仑顶，嵯峨直中（冲）到广寒。

　　颠倒倒颠颠倒岭，跳踢踢跳跳踢天。

　　青石养就千般玉，碧纱红（笼）罩万岁山。终[献礼]。

【注释】

〔一〕此"讲山文"，用于寿场"迎寿"时。届时，向寿星神桌献三盏，故也记有三段念词。

祝皇文[一]

　头盏：伏以皇帝万岁万岁万万岁：智同日月，寿并乾坤。万邦歌有道之长，四海乐无穷之化。恭惟太上皇帝圣体永安，太后皇后重增瑞算（筭），文武官僚咸臻禄位。河清海晏，五谷丰登，干戈偃息，边鄙和平。伏乞圣寿无疆福无疆，万岁万岁万万岁。古论祝皇，女乐《普太平》。〔二〕

　二盏：伏以皇帝万岁万岁万万岁：乾坤并寿，日月齐明。常居九重之宫，永镇千秋之殿。天慈广传（博），圣知（智）渊深。天元太后，福祉如海阔山高；中宫国妃，寿龄同天长地久。宏垂圣训，四维罩着于门庭；大布严风，八表皆成乎轨范。慈（兹）当保佑太子诸王，寿令（龄）并于山河，福祉通于江海。人民安堵，帝裔流长。朝中仪式,四海不动烟尘;阁下论文,一国咸遵法度。伏愿寿算(筭)延如太(泰)山,福禄坚如盘(盘)石。出言典之(则),行事有规。风调雨顺,国太(泰)民安。家家享丰稔(稔)之年,户户贺太平之世。伏乞圣寿无疆福无疆,万岁万岁万万岁。女乐《拜君王》。

三盏:伏以皇帝万岁万岁万万岁:明并日月,德合乾坤。万邦仰一人之庆,兆民占(沾)无穷之恩。九重端拱,万国咸亨。正人正己,常行仁义之金章;为瑞为祥,永作(祚)国家之玉柱。皇图巩固,帝道遐昌。伏乞圣寿无疆福无疆,万岁万岁万万岁。女乐《朝靴》。

【注释】

〔一〕正赛祝寿时,香亭同时供有皇帝位牌,故又有此"祝皇文"。依笔者调查,清末民国仍然。见如长子县,仍供"当今在位皇帝"位牌,仍类宋徽宗将其神位列于"万寿宫",仍要"祝皇"。届时供三盏,念此文。值得注意的是,以下所抄内容,竟与长子县发现的《唐乐星图》本所记的三个《祝皇文》全同,正见上党各地赛社相互关联。

〔二〕此句属提示。所言"古论祝皇",即上"祝皇文",见于《唐乐星图》本,记称"古论对",故见此处又称"古论祝皇";所言"女乐《普太平》",是指"头盏"念毕,接以"女乐"舞唱,所用曲目为《普太平》。以下类此不注。

祝赞文〔一〕

寿星与筵主上寿:一盏用表赠表_{西王母持来承献}。二盏社首奉[筵]主表_{老人星祝语}。三盏无表文,祝赞语〔二〕:

头带(戴)冲天一字冠,未分天地我生前(先)。

南极圣君添人寿,年年下届上寿筵〔三〕。

诸仙临宝会,众真降香坛。

宝鼎分瑞霭,金炉起祥烟。

一派仙音奏,两处歌舞弹。

星君奉寿表,王母献寿篇。

金童进寿酒,玉女捧灵丹。

祝赞星君寿,圣寿等齐天。

伏乞圣寿无疆福无疆,万寿万寿万万寿〔四〕。

暂停乐部,慢品笙簧,贴边(篇)古论祝语,曹国舅致词〔五〕。

筵主与寿星回酒:一盏回贺表**东王母持来承献**。二盏社首奉寿[星]表**东华帝君祝语**。三盏无表,赞语〔六〕:

望南山祥云霭霭,观南极紫雾腾腾。

空中里仙音响亮,彩云内仙乐齐鸣。

幢幡宝盖前头行,龙凤花扇后随身。

金线绿龟前引路,朱顶白鹤后随跟。

八仙扶老人星南极下界,排鸾(銮)驾乘凤辇早降香坛。

垂白发[寿]银眉胡须三绺,额楼高面红粉貌似童颜。

头带(戴)着透玲珑七星冠子,脚上穿云凤履踏着云端。

穿一领云鹤氅长生仙服,包天地日月星海岳山川。

取一根龙头杖喷烟吐火,持一本救苦经度道升仙。

上天宫下地府神通广大,游海角走天涯变化多端。

斩邪魔降妖怪神鬼皆惧,与人间降吉祥益寿延年。

有麋鹿衔天花竟来上殿,有猿猴献仙果来赴金銮。

有金童并玉女来谨表(来进)仙酒,有王母持寿表添寿退延。

排两行窈窕女齐动仙乐,摆一行(堂)[风]流女歌舞吹弹。

宝鼎香百味香一炉三柱(炷),香烟起通圣意紫雾祥烟。

庆遵(尊)神年年添寿,愿尊神寿等(筭)齐天。

愿尊神寿同日月,万寿万寿万万寿。

暂停乐部,慢品笙簧,贴边(篇)古论祝[语],吕洞宾持来承献。

与合庙诸神上寿〔七〕:

一盏普祝[众圣]表**汉钟离持来承献**。

二盏赞语:伏以尊神,神心意感,天耳遥闻。敬焚百味之真香,共祝诸神添寿酒。南极星君降,乘鸾下九天。

绿毛龟前引,朱顶鹤后边。

金童持丹诏,玉女捧寿篇。

王母奉寿酒,星君添寿筵。

八仙来赴会,祝神寿万千。

庆贺诸神寿,圣寿等齐天。

伏乞圣寿无疆福无疆,万寿万寿万万寿。暂停乐部,慢品笙簧。玉女寿词承献。

三盏赞语:伏以尊神专祈:天地气和,阴阳之正;国家道(通)泰,雨顺风调。诸虫不作,蚂蝗不生;田蚕万倍,五国(谷)收成。家家乐业,户户安康。人口进禄,牛马成群。托上天圣众布慈祥之德,赖下界诸神垂阴佑之恩。无物可酬皇天,无物可酬后土,天地之恩实难上报。只凭一柱(炷)明香,只凭三杯清酒;只凭金纸银钱,只凭花果灯烛。排一堂笙簧鼓乐承献,列两行歌舞吹弹奉神。谢皇天及时雨露,谢后土[五]谷滋荣;谢神佑八方宁静,谢神佑四海升平;谢神佑干戈永息,谢神佑盗贼不生;谢神佑舟船稳重,谢神佑境土安宁;谢神佑诸[灾]扫荡,谢神佑瘟疹不生。乞年年庆贺雨泽,愿岁岁鼓乐常明(鸣)。酬天地好生之德,报有感有应神明。伏乞圣寿无疆福无疆,万寿万寿万万寿。暂停乐部,慢品笙簧,寿词承献。

【注释】

〔一〕此文,也用于正赛"祝寿"时。见如前记,届时"寿星与筵主上寿""筵主与寿星回酒""与合庙诸神上寿"各三盏,有的盏次"无表文",则需念此"祝赞文"。

〔二〕此段,属"寿星与筵主上寿"三盏的总提示。从而,见其"一盏"要念"寿星赠筵主表",不但在前已记,且强调"表赠西王母",故见此处提示"用表赠表",由"西王母持来承献";见其"二盏"又有"社首回筵主表",不但见前也记,且需再接"老人星祝语",故见此处提示"老人星祝赞语",并记如下;见其第三盏"无表文",不但也有"祝赞语",且见也记如下。

〔三〕以上四句,即其二盏时的"老人星祝语"。

〔四〕以上一段,属其三盏时的"祝赞语"。按下提示,届时由"曹国舅致词"。

〔五〕此小段,既属上段提示说明,又属主礼"喝礼"之词。盖因每供盏伴有细乐,每"祝语",需"暂停乐部,慢品笙簧",所谓"贴篇古论",即再加一篇"古论",见如上记,属"祝语",不但见由"曹国舅致词",且见其词正属"贴篇诗赞"。以下类似提示不注。

〔六〕此段,属"筵主与寿星回酒"的总提示,也供三盏。既见其"一盏"需要"回贺表",即前所记的"筵主回赠寿星表",正由"东王母持来承献";又见其"二盏"需用"社首奉寿星表",见前也正有记,与"东华帝君"有关,正可由其"祝语";以至见其"三盏无表",也有"赞语"如下。

〔七〕以下所记的"与合庙诸神上寿"有关内容,见其"一盏"用的正是前记的"普祝众圣表";见其"二盏赞语"既有散说的"语",又有类诗的"赞",不但提示"玉女寿词承献",且见其"语"属主礼代读表文的念词,正属"祝语";以至"三盏赞语"记为"伏以尊神专祈"云云,属主礼代念的"表文",不但突破了"三盏无表文"之规,且见提示"寿词承献",至于由谁"呈献"更加自由灵活。

送神文

伏以[尊神]:上登云路,回马升天。今有下民祭祀已毕,筵中茶寒酒冷,案上食馔消疏;莲炬烛灭,炉内香消,不敢久留圣驾。伏望尊神,来时[有]下马之杯,去时送[上]路之酒。社众虔诚。

奉神规矩榜[一]

切(窃)以生民蒙天地之洪恩,感神明之厚德,今同设祭圣宴之辰,合出明帘(廉)之榜。若不先行约束,惟恐误犯阴条。兹者下民社首人等,纠本处之蚁民,祭当今之众圣,祭神如在,获福无疆。告一社行礼之人,及两班执事之辈,各恭乃事,各谨乃职,同心协力,报谢神明。专祈天地气和,阴阳之正;国家道太(通泰),雨顺风调。故下民无亢旱之灾,皆上圣布慈祥之德。境无疫疠,户免瘟殃。豆麦皆赖于当岁,禾麻有赖于今秋。耕夫有托,织女存生。同享大有之年,共乐太平之日。常怀修省,报答无由。今　月　日,幸遇神之辰,诚心收买香信果品,诣于当境神祠内,陈设香坛。伏乞尊神暂离天宫,驾龙车凤辇而下降,乘鸾翼鹤羽以来临。奉神之处,社众可以致敬而殷勤。居之世上,必赖神明而默佑。神居苍空,鉴察日行。晓谕合社人等,凡在几席之间,神前神后须要谨言而正色,亭上亭下勿得秽语而乱谈。切戒饮酒癫狂,不可贪淫作乐。勿得放肆喧哗,不要蹇裳裸袒。亦不可蓬头垢面,亦莫要赤足越规。往来有忠信之言,出入无暴慢之气。谨守礼法,[切]勿非为。社众当其谨敬,执事各任恭勤。严而(尔)言貌,慎而(尔)威仪,整其衣冠,尊其瞻视。殿上纠坛之神,明明鉴察是非;神前书表之词(司),暗暗启奏善恶[二]。奠酒盏(者),倾竹叶之清。侍香者,炉焚烂(兰)煌[之]气。进食者,供珍馐之品。奉茶者,点(献)建溪之色[三]。献果者,荐时[新]之物。燃灯者,[点]烛炬而明。纸马者,蔡伦之楮,唐世留风[四]。钱财者,周室遗俗,邓氏之铜[五]。寝位者,严陈绣褥、帐幔、帏屏。各存肃敬之心,勿起讪谤之意。有其诚必有其神,无其诚则无其神,可不谨乎? 倘有急慢之人,跪于阶下而罚;不服责者,对神奏闻,虽目前不降于阳愆,过后必加于阴谴。凡百(且)执事之人,各加谨慎。[示]为榜文,谕众通知。须至榜者。

  年号 各局社首 人[六] 榜押

【注释】

  〔一〕此"榜"赛前写就,张贴于庙,告诫有关人员,需遵赛社"规矩"。
  〔二〕此上下两句中,所谓"殿上纠坛之神",正指"二十八宿值日"者,正有"鉴察是非"之责;所谓"书表之司",正指主礼,正可"启奏善恶"。
  〔三〕此处"建溪"代指名茶。盖因"建溪"出在福建,其茶著名。
  〔四〕此句中的"楮"代指纸;"纸马"言指神前供奉的"纸扎"祭品。盖因汉代蔡伦发明造纸之后,至唐"赛神"已有此风。
  〔五〕此句,言周代兴起钱币之后,至汉代已有邓氏铜钱。"邓氏",指西汉邓通,汉文帝赐其铜山,自铸钱,于是邓氏钱见行天下。
  〔六〕"各局社首"之后,届时要填写具体"人名",故空开一格。

讲山文[一]

  夫山者,千峰列急(载),万映(峡)开屏。日影蛮光(峦岗)青竹翠,雨收带(黛)色冷寒清。枯腾蟾(藤缠)老树,古杜(都)界幽城。奇花睡草,修竹乔松。[修竹乔松],万载长青起伏地;奇花睡草,四时不舍赛萌英。幽鸟蹄(啼)声过,源泉响流清。重重谷壑芝兰瑶(摇),处处巉崖苔萱生。起伏鸾(峦)头龙脉好,必有高人引(隐)姓名。高的是山,峻的是岭,陡的是崖,深的是涧,鲜的[是]花,响的是泉。么(呒)山高不高,顶上接青霄。着(看)涧深不深,底中(下)见地府。山前面有圪睹睹(朵朵)白云,圪磴磴怪石,说不尽千丈万丈却(怯)魂崖。崖后有弯弯转转藏龙洞,洞中有叮当叮当滴水岩。岩下有牙牙叉叉(桠桠杈杈)带角鹿,又有些迷迷凄凄看人獐,盘盘曲曲红鳞蟒,耍耍玩玩白[毛]猿,自晚把(扒)山寻穴虎,带(待)晓翻㧱(波)出水龙。登(蹬)的洞门勿嗽嗽(嗀崍崍)响,洞中紫雾圪朵朵生。草里飞禽扑卢卢(棱棱)起,林中走兽拘律律(趋溜溜)行。一群狼虫圪滚滚过,吓的人心圪噔噔惊。正是么:当倒动,当当倒动;动当当,倒动当声〔二〕。千石养就千般玉,碧桃红杏罩山林。

又山:

夫山者,山根连地脚,山顶接天心。山水滚浪响,山凤喧尽声。东山云罩西山雾,南山雾所(锁)北山云。山前白莲(柏连)山后白(柏),左山松塌(沓)右山松。山顶上盖着山寺,山和尚念着山经。山涧下水长流盘盘曲曲,山顶上打柴人转转寻寻。山仙呼山伴,山客叫山人。山狍山头走,山鹿山下行。山虎山前卧,山狼山谷存。山狗邦邦咬,山鸡哏哏鸣。山农谋山地,赶着山牛耕。山妻送山饭,引着山孩童。一阵山风起,山云朵朵生。山上下山雨,山下水浪声。山林满山会,山花遍山红。青山如靛染,红山火炎(焰)生,白山粉妆就,黑山是墨精,黄山黄金样,五山五样行(形)。五岳名山不敢比,四大部州也有名。不说此山生的咸(险),山上林浪长的凶。

又山:

夫山者,东西墨(密)摆,南北成行。东西墨(密)摆遮天地,南北成行沉墨韩(陈墨翰)。墨尖经次(此)周逢脚(触峰角),了却(鸟雀)缠枝上下盘。腾(藤)来蟾(缠)葛,葛去蟾腾(缠藤)。腾(藤)来蟾(缠)葛,东西客旅难行走;葛去蟾腾(缠藤),南北京祥(商)哪过林。着(这)林中,住半年哪分日月,行数里不见斗星。你看那背阴之处千般景,向阳之所万重花。又有大虫摆尾,老虎搭(嗑)牙,多年狐貉装狼子,日久苍狼喧尽林。就是托塌(塔)天王来到此,总会降妖也失魂。诗曰:

　　山中山路转山林,山寺山僧念山经。
　　山客山旅看山好,山桃山果满山红。
　　山禽山鸟飞山舞,山客山鹿山下行。
　　山泉山水滚山浪,山云山雾罩[山]峰。

【注释】

〔一〕此"讲山文",也用于"迎寿"时,故所记有两次"又山",为三段,分别用于"三盏"。与此相关,见前已记有"讲山文",也正三段,也正用于三盏。依记,前者较文雅,当属主礼所念;此文较粗俗,甚至错误较多,当属前行所讲。两者一递一接,正属"对山水"。或因此,才见分别记于两处。

〔二〕"当倒动"云云,乃象声语,借喻山中飞禽走兽的响动之声,犹如音乐一般美妙。正合乐户前行色讲唱的口吻。

预 白[一]

　　停(亭)子者何,停(亭)立神前以荐其馨香也。《书》曰:明德荐馨香。其齐(举)动轻狂,语戏言,或饮酒,或茹荤,或吃烟,无德矣!何荐馨为?须之(知)须之(知)。违者罚。

　　奉神晓谕各局社首、停(亭)帏、香老、一切执事人等知悉:每年敬神享赛,原为[祈]福保安。自本月某日起、某日止[二],凡百(且)执事者,须要小心谨慎,不可视为戏玩。侍候奉神,勿得失误。若遇供盏参神不到者,定行责罚。棍,又罚大元宝、大烛,再罚跪香,决不宽贷。倘有不服责罚,对神奏闻,虽目前不降于[阳]愆,过后必加于阴责。若不恭敬,恐加灾害。勿生致恕(怨),各宜懔遵。慎之慎之。为此,奉神晓谕,右仰通知。

　　实贴香停(亭),勿坏[三]。

【注释】

　　[一]预白,即预先告白,属告白文字。类如榜文,也要张贴于庙。以下所抄,为二则应用实例,一者告白"亭子",一者晓谕"一切执事人等"。由于"亭子"也属执事者,故见原文连记,今将两者分开如下。

　　[二]此句中的"某日",届时要具体填写。

　　[三]此句属批注说明,非正文。

[祭文封皮][一]

　　禀状皮:神位前,年月日,士民社首人等谨封[二]。

　　请状皮:当境土地正神位前,年月日,下民社首人等谨封[三]。

　　圆神皮:昊天玉皇上帝暨阖境诸神位前,年月日,下民社首人等谨封[四]。

　　表赠皮:神位前,年月日,老人星君表赠谨封[五]。

　　奉主皮:神位前,年月日,下民社首人等谨封。

　　回贺皮:南极注生大帝老人星君位前,年月日,神回贺谨封。

奉寿皮：南极注生大帝老人星君位前，年月日，士民社首人等谨封。

普祝皮：昊天玉皇上帝暨阖境诸神位前，年月日，士民社首人等谨封。

【注释】

〔一〕此标题今加，盖因以下所记同属"祭文封皮"。其格式如同书信，读时打开。

〔二〕此属"禀状文"的封皮。其文用于开赛时，向赛庙主神禀告办赛之意。其封皮格式，类其祭文一头一尾所写。届时，"神位前"须写赛庙主神之名，写如"××正神位前"。

〔三〕"请状皮"用于"请状文"（即下请一天往土地庙所读祭文）。

〔四〕"圆神皮"用于"圆神文"（即迎神一天在圆神地所读祭文）。

〔五〕"表赠皮"用于"用表赠表"祭文，即寿星向筵主祝寿文。以下类此，皆属祝寿祭文的封皮，不再出注。

请（安）寿文[一]

惟神，权秉天箓，职司斗钧；算握长生，纪历无垠。欲迓庥于群圣，先告虔于帝[君]。碧桃攀来，敷光华于天地；玉液进去，合日月以照临。祝星光兮灿烂，庆延寿兮军民。南极有灵，来格歆（来）歆。尚飨。

【注释】

〔一〕此篇为"安寿文"，与前所记的"请寿文"用途不同。盖因迎寿类如迎神，先在寿场读"请寿文"，回庙后再在香亭"安寿"，读此文。

送神文疏[一]

诚祭三日已毕，筵中茶寒酒冷，案上食馔清疏。莲炬烛灭，一切荒荒。神无常享，圣不久留。驼舆献以阶前，海马留于案下。天神驾风辂祥云，上升碧落天宫；地祇乘宝马香车，归于华堂玉殿。谨献金纸银钱，以作酬恩微礼。达神明之感应，通圣德之昭彰。阳间凭花笺而通天下，阴府倚纸钱而达神明。酬雨露之洪恩，只凭纸钱而祭祀；欲减罪之消愆，亦用花笺而奉诚。乃唐朝之遗风，乃周氏之遗俗。遵以古圣之遗礼,时为今人之表意。天地之恩别无可酬,神圣之德金纸报应。伏望诸神,来时降福,去后留恩。年年风调雨顺,岁岁五谷丰登。家家乐业,户户安宁。右谨具状以闻。

年　　月　　日　　士民社首人等

疏样即内请状〔二〕

【注释】

〔一〕此"送神文疏",类前"送神文",也用于最后一天送神时。区别在于:"送神文疏"用于送神仪式开始,向"主神"禀告,之后将诸神位牌请于香亭,焚化纸钱以祭,故有"只凭纸钱而祭祀"云云;"送神文"用于送神仪式结束时,届时将诸神送出庙外念,见有"送路之酒"。

〔二〕此句属提示说明。所谓"疏样",指文疏开头、结尾的书写格式与内容,此文未写,故见提示。所谓"内请状"相对"请状皮"而言,指其格式与"请状文"(即下请文)相同。而请状文如前见,又同"禀状文"格式。

[请状文]〔一〕

伏以阴阳有序,皆赖神明之德。风雨依时,总属天地宏功。是日率诸社众,丹诚虔恳,上请神。年月日行。

【注释】

〔一〕此标题今加,盖因文中见有"上请神"一语。与此相关,见前已记有"下请文"。显然,此篇以及下篇"接神文",皆属又记的应用实例。

接神文

有感即应,无地不然。兹当大祭,旗旄导前。清宫除道,乐舞喧喧。望神早降,来享豆笾。尚享飨("享"或"飨"字衍)。

队　名〔一〕

《斩华雄》《战吕布》《过五关》《雅官（压关）楼》《封官》《拜帅》《大会垓》《长坂坡》《鸿（红）袍会》《征南》《征北》《征东》《勾捉》《问卜》《洗马》《皂刁旗》《跳涧》《扫秦》《戏判》《清戏》〔二〕《泗（氾）水关》,（后加）〔三〕《泗水关》《扫［秦］》《打招牌》。

【注释】

〔一〕以下所列"队名"，不但与宋元"队子""队戏""队杂剧"相关，且类元代"搬演词话"，多属"诗赞体"。其所列，应属当地赛社曾用的剧目，具体内容不再详注。

〔二〕"清戏"非剧名，而是一种戏剧形态，详前注。

〔三〕括号及其内容今加。盖因之下字迹与前不同，显系"后加"。故见其所记剧名也有重复上抄者。究其因，当属后期所写，或与民国十四年贾村赛社有关。或因此，不但新加了《打招牌》，且见支应贾村赛社的平顺县西社村王家乐户仍遗存着该剧的"丫环"角单。依其角单所记，其"唱"多为十字句，已属清末民初的民间小戏，大意写，一个员外为选女婿，出了个"招夫牌"，被路过的杨小将把牌打碎，反而因此成亲。

十六　《尧庙山大赛底账》本校注

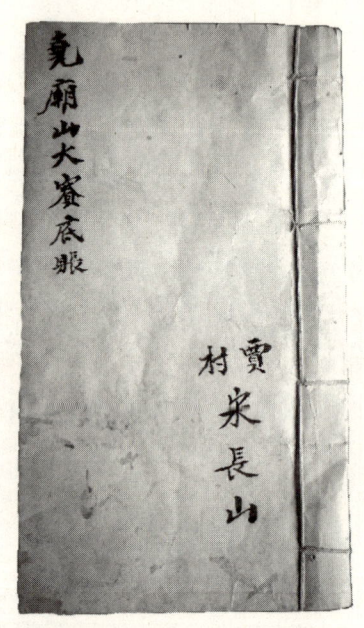

该本由长子县贾村(又称西贾村,非潞城的贾村)宋长山老人献出,原属该村参加"尧庙山赛社"用本。宋老粗通文字,热爱文艺,会油漆裱糊,当年曾参与赛社纸扎、插祭制作,熟知民国年间尧庙山办赛情况。1997年,笔者在潞城市贾村举办"仿古大赛"时,邀请宋老参加,宋老遂将此本献出。据宋老讲,尧庙山旧有尧王庙,其赛历由周围六大社(十三村)轮办,依十二辰次轮转:子午年,北三村;丑未年,贾村;寅申年,西四村;卯酉年,南两村;辰戌年,南李村;巳亥年,东两村。为了筹办,每年农历三月二日先要"会馆",届时各村社首等聚会于庙,"一碗好粉(菜)两蒸馍"一吃,办赛分工就告敲定。至三月二十七,主礼先生请到,管账先生进庙,正式筹办;四月二十八日至五月初三,会期五天或六天。其赛规模较大,为了维持秩序,专有"巡风"人员,以至县里警察、捕班也都参与,属于民国仍存的典型赛社。

需要说明的是,该本原属尧庙山办赛主礼抄本,留有纸捻装订痕迹,记有"民国七年"办赛实况,以便之后用时参照。可惜原封面不存,其办赛主礼的传承情况已难详知。笔者见到的封面属宋老新加,并以细线重新装订,封面写"尧庙山大赛底账""贾村宋长山"。与此同时,宋老复抄一本,封面写"尧王山大赛底""守德堂记",并加写"送南贾村",赠予潞城县贾村。由于原封面不存,今取宋老所加封皮之名,称"尧庙山大赛底账"。

该本高 22 厘米,宽 12 厘米。除新加封面,共三十一个双折页,计六十二个单面。所记内容基本完好,以下依次抄校。

鞠躬听令[一]

伏以太极初分,两仪三才;四象五行,虚盈乾坤;八卦定位,万物从此发生。三皇安茔立宅,五帝治世明君。先生山川草木,后有历代人伦。四时八节有准,春夏秋冬无穷。古有獭祭鱼日,更有豺祭兽牲,鹰祭鸟禽如此[二]。人为万物之灵,若不依时答祭,何以感戴神明。春祈秋报祭祀,亘古与今相同。设立祭品享赛,香老各要虔诚。虔备金银纸马,更备油烛明灯。献食清茶酒果,六局俱要虔诚。厨局膳夫诚敬,命点鼓(古)乐伶伦。般般各要洁净,件件恪惧澄清。再嘱诸般执事,勿得怠惰慢轻。执香者时时着意,各社首尽各恪恭。主神者严加谨慎,写表张字字分明。掌局者出入洁净,厨丁者熬煎烹蒸。山棚者山青水绿,铺陈者绸缎纱绫。乘鸾者龙举(舆)凤辇,乘马者龙驹辔鞍。执伞者金顶花盖,打旗者五彩妆成。神坐处周围列帐,锦被褥后靠围屏。摆供者扫(少)得喷唾,洒扫者休荡灰尘。洗刷(涮)者清净泉水,帐幔者铜勾丝绳。帏则者上下次序,亭则者凝(款)步慢供。司香者香烟勿尽,司烛者昼夜长明。盥漱者净巾洁水,纸局者件数分明。诸执事各要诚敬,冒犯神惹罪非轻。再嘱你伶伦夥伴,奏宫商如鼓瑟琴。带(戴)冠服俱要齐整,前后行依古奉神。大家要尽心尽意,同祈著一境安宁。一愿得江山永固,二愿得四海澄清。乞其年风调雨顺,保今岁五谷丰登。大家要悉令遵行。尚享。

【注释】

〔一〕此篇"鞠躬听命",即"头场听命文"。按前《唐乐星图》等本所记,届时主礼先生先要奏请玉皇,言得"法旨",然后才要"鞠躬听命",才宣布有关命令。此处见以"鞠躬听命"为题,与之前所记"听命文"比照,内容更简,抑或有关仪式也已省略。

〔二〕"古有"云云一句,语出有典。见《礼记·月令》的"孟春之月"项下,有"东风解冻,蛰虫始振,鱼上冰,獭祭鱼"语;"孟秋之月"项下,有"白露降,寒蝉鸣,鹰乃祭鸟"语;"季秋之月"项下,有"鞠(菊)有黄华,豺则祭兽戮禽"语。本意是,随着季节变化,初春早见獭扑鱼,初秋多见鹰扑鸟，秋末初冬多见豺狼捕获的禽兽，古人将其与祭祀附会，就有了"獭祭鱼""鹰祭鸟""豺祭兽"之说，简称"獭祭""鹰祭""豺祭"，不但将其视为动物的祭祀活动，且见《礼记·王制》言，"獭祭鱼，然后虞人入泽梁；豺祭兽，然后田猎"，早又与人类渔猎活动乃至相关祭祀关联，形成了一种"王制"。

陶唐文[一]

致祭于陶唐圣帝尊神位前，曰：惟帝，功同覆载，德比古今。光被四表，启中天文明之运；中传一心，历万世道统之宗。敦典明伦，彝开千古之纪；危精微一，法传百王之道。田食井饮，莫非深沐帝力；耕耘稼穑，岂不仰赖神功。今兹圣诞，爰修祀典，以对以越，来格来烟（禋）。尚享。

【注释】

[一]"陶唐"正指"尧王"。因其初封于陶（今山东定陶），后徙于唐（今河北唐县），又称陶唐氏，故称。此文见有"今兹圣诞"云云，显属"尧庙山"赛社用文。另外，见下依次记有"开铮文""禀状文""请状文"等，皆属正式办赛之前文字，此篇或也用于赛前社首"会馆"时。

开铮文[一]

九天云厨鉴（监）斋正直大神位前[二]，曰：惟神，德被千载，职司九天。神通广大，法力无边。调水火而清吉，保合社以均安。今值享赛之期，理应俎豆常鲜。敬具薄奠，报答神眷。以对以越，来格来烟（禋）。尚享。

【注释】

[一]赛社"开铮"，与赛前神厨制作有关，不但用其油炸各种神食，且见每插一座类如屏风的"花祭"，其花也属油炸面食，也要用铮。从而为求安全顺利，"开铮"时先对厨神以祭，届时读此文。

[二]"监斋正直大神"，即依佛说的"紧那罗王"。依前《听命文集》所记的"讲监斋"，正见其神属于"厨神"。

禀状文稿

维山西潞安府长子县各坊厢里不同人氏,现在厶厶村居住奉神祈福。主邕社首引领合社人等,谨以香楮清酌庶馐之奠,敢昭告于陶唐圣帝尊神位前。曰惟神,兹者社首恭为时境(敬),恪修享赛之诚。卜享期于大小月初一初一日正祀。恪遵圣典,设筵三朝,迎送五日。兹因四月二十七日齐神聚圣,奉请上帝合境三十三位尊神,来临宝殿,共振尘心,以答景贶。谨启尊神,为其席主。戒严内外,清净殿宇,合社人等效豺獭报本之意,即(及)野人献芹之诚。若不预先敬启,诚恐冒犯神祇。凡人未知,圣意难忖,为此谨告。右谨具禀。

民国七年四月二十七日　　奉神社首　　合社人等

请状文稿[一]

维山西潞安府长子县各坊厢里不同人氏现在厶厶村居住,奉神祈福。主邕社首引领合社人等,谨以香楮清酌之奠,敢昭告于当方土地五道将军之神。窃以豺将祭兽,獭岁荐鱼,凡物有知,皆思报本。人灵于物,胡不告虔?睢兹县境,当安益求安;值乃时和,宜瑞中迎瑞。是用消吉采芹,合白叟黄童而曝愫;允当勾辰涤劳,尽簪绅亿庶而抒诚。卜享期于大小月初一初一日正祀,预迎圣于四月二十七日。敢烦土地五道二位,转赍文牒,移发请疏于各神祠之下。奉请上帝、合境三十三位尊神,届期预赴陶唐圣帝庭前。圣驾森集,徐从导于席主;尊神殿内,神旆严临,洁诚抒乎三辰。列三山之野,款车驾送之,五日合五岳以匡扶。谨启尊神:

  玉皇上帝尊神　　伏羲皇帝尊神　　神农炎帝尊神
  轩辕黄帝尊神　　有虞舜帝尊神　　夏禹圣帝尊神
  成汤圣帝尊神　　昭烈皇帝尊神　　唐文皇帝尊神
  东岳天齐尊神　　昭惠灵显尊神　　西岳金天尊神
  广德灵泽尊神　　护国灵贶尊神　　漳山总圣尊神
  齐天广佑尊神　　七佛祖师尊神　　关圣帝君尊神
  灵湫三圣尊神　　会应五龙尊神　　冲淑真人尊神

北方夜明尊神	冲惠真人尊神	西方白云尊神
蚕三圣姑尊神	今岁行雨尊神	本殿圣妃尊神
风伯雨师尊神	广禅大王尊神	雷公电母尊神
本处土地尊神	五道将军尊神	陶唐圣帝尊神

云车飞集，皆百神而降光；风辇飚临，合万有而提福。虽尘羹不敢辱于贝阙，而稠志亦可格及琼宫。俯鉴愚悃，仰霁神颜，颛心具疏。须至牒者，右谨具请。

民国七年四月二十七日　　奉神主邑社首_{某姓名}

【注释】

〔一〕此"文稿"正为土地庙"下请"而用，其中所列神名正由"排神簿"而来，只是书写方式略异。具体写时，仍以"玉皇"居中，依次左右排开。之所以将"陶唐圣帝"列于最后，盖因其属"主神"，赛社时神位列置"殿外"，以示由其"请客"。

迎神文

山西潞安府长子县各坊厢里不同人氏现在厶厶村居住奉神。主邑社首引领合社人等，谨以香楮清酌庶馐之奠，敢昭告于昊天金阙玉皇上帝满位尊神位前：昨缘谨请，已伸愚恳。仰渎神聪，幸蒙造物之功，暨赐依奉之望。即日谨缘（严）仪仗，迎导圣真。虽不歆于菲类，庶有享于克诚。仰望灵明俯垂，降于陶唐圣帝尊神庭前。设立香坛，严修净供。享赛三朝，迎送五日。奉请先年原献上帝合境三十三位尊神，伏冀尊神或从空而降止，或乘辇以来临，暂离仙境，同格凡筵。敢烦圣驾，鉴我愚衷。尚享。

　年四月二十八日　　奉神社首

上马文

伏以尊神：或从空而降止，或乘举（辇）以来临。先期奉表以告知，今日备马而恭迎。位尊者乘鸾而共驾，位卑者及（即）骑马而前行。轻摇玉辔，稳赴（扶）金鞍，休辞云路之逍遥，暂离上方之境界。谨请诸位尊神，逍遥上马。

下马文

伏以尊神：一行鸾驾初离宝殿，赴凡筵之会。方临管筵之下，席主恭候多时。乞鸾驾以来临，望龙车而赐降。谨启尊神，暂离金鞍，通共下马。

安神文

伏以尊神：初离宝殿，略赴琼宫。东方甲乙，展开青色麒麟；南方丙丁，摆列鸾歌凤舞；西方庚辛，锦绣银瓶（屏）宝帐；北方壬癸，高挂翡翠珠帘；中央戊己，朵朵天花乱坠。五色俱以设陈。谨启诸位尊神，高登宝座，受其所献。尚享。

酒文　连三[一]

夫酒者，杜康佳照（造），夷狄仙方。全凭曲米之功，造作香醪之味。上则安天祭地，下则恭敬神明。此酒凡事难消，堪献众位神祇。恭惟尚享。

夫酒者，喜逢冬月围炉，夏天解喝。两朵桃花上面，三杯竹叶穿心。点滴珍珠声响，琥珀回真（斟）作喜。能解愁肠，清香美味。堪奉神祇，恭惟尚享。

夫酒者，天垂甘露，地涌体（醴）泉。上味醍醐，饮者长醒而不醉；圣人糟粕，得之以有而归无。一口吸西江，容颜不老；三怀通大道，法体长存。恭惟尚享。

【注释】

〔一〕所谓"连三"，指以下连记的三篇"酒文"。

抛盏文[一]

夫酒者,杜康佳照(造),夷狄仙方。声声流滴珍珠颗,盏盏味似秋菊香。王母蟠桃设宴饮,醉倒八仙共四方。神圣未曾奉一盏,先执一盏奉太阳,恭惟尚享。

【注释】

〔一〕"抛盏文"用于"抛太阳"时,亦属"前行"所念的"酒文"。

报晓文

伏以诸位尊神:鸡鸣架上三唱,楼头昼角初明(鸣),道儒诵念教典,释子讽诵经文。惊醒列位众圣,礼当劳神而起。

盥漱文

伏以诸位尊神:金钟响亮,角鼓更终。金乌将出入(于)扶桑,玉兔乍禽(寝)于河汉。金鸡架上三唱,行人进(尽)赴途中。众圣整衣冠之际,实诸神盥漱之时。长者执梳捧镜,少者取水着巾。预告启告,不敢奏闻。尚享。

出寝文

伏以诸位尊神:衣冠整顿,礼义(仪)初分。东方日高三丈,宴前礼乐从新。伏乞尊神,逍遥出寝,降赴朝元之会。恭惟尚享。

接二仙文

伏以尊神：东方初动，晓色降生。架上金鸡三唱，楼头昼角初明（鸣）。炉焚清瑞之香，乐奏和音之曲。谨请尊神，再赴朝元之会。尚享。

祭风文

伏以尊神：初横宇宙，始判乾坤。凭造化而发生万物，藉吹嘘以养育群修。遂春秋而分律吕，应四睺（候）而定阴阳。谨请尊神，停止四时之狂风，可酬神圣之大德。尚享。

祭太阳文

伏以尊神：出入阳谷，升自扶桑。使群生而尽伏，照万物而皆依。作周天之缠度，为律吕之循环。或升或降，有暑有寒。一往一来，为昼为夜。酬赫赫照临之德，贺炎炎披赖之光。上居君位，光照万方。下民三口〔一〕，仰答上苍。尚享。

【注释】

〔一〕原文此处空开一字，今以□示之。依上下句或为"俯"字，意为拜谢。

祭太阴文

伏以月府素曜太阴星君尊神：原居天上，内设蟾宫。玉兔形象，半隐半明。初三后光辉显曜（耀），旬六后晦魄还昭。朔时与太阳相对，望时与金乌同高。下民三釜（俯）感戴，祈赐雨顺风调。

送二仙文

切今(窃见)银河耿耿,朗月辉辉。茶寒无味,食冷无气,香尽烟消,酒尽无力,不敢久留神纸。伏望尊神各归本殿,明辰再请复赴凡筵之会。尚享。

入寝文

伏以诸位尊神:切(窃)见金乌西坠,玉兔东生(升),明星灿烂于普天,皎月婵媚(娟)于遍地。茶寒酒冷,烛尽灯辉(昏),香尽烟消,食冷无气。谨请满位尊神,各归寝位。尚享。

接寿文

维山西潞安府长子县各坊厢里不同人氏,现在厶厶村居住奉神祈福。主邑社首引领合社人等,谨以香楮之仪,致祭于南极长生大帝寿星真君尊神。曰:惟神,象垂南极,首五福而呈祥;瑞映中天,合三星以曜光。以星君之尊,居斗杓魁罡最上;曷太阳之精,益人间天上寿长。乾坤赖以悠久,幽明(冥)托以无疆。兹因陶唐圣帝圣寿之辰,合社人等欲被神泽于万年,祷祝无量;乞冈陵于长生,锡福孔昌。谨修香楮之仪,敢请仙驾,格筵祝寿。以永神德,以益仙等(筹)〔一〕。俯鉴愚悃,永锡安康。尚享。

年四月　　日　　奉神社首　　合社人等

【注释】

〔一〕所谓"仙筹",即南极仙翁所赐的"寿筹",与"添寿"有关。

接寿表文〔一〕

　　维民国山西潞安府长子县各坊厢里不同人氏,现在ΔΔ村居住奉神。主邕社首引领合社人等,谨以香楮清酌之仪,敢昭告于南极长生大帝寿星真君尊神。曰:惟神,象垂南极,瑞映中天。首五福而呈祥,合三星以曜光。筹满海屋,修龄与天地并永;核齐昆仑,遐算同日月无疆〔二〕。鉴兹下土,作善降祥。惠迪增以年纪,积德锡以绵长。今兹合社人等,荷蒙驾临,俯锡安康。既妥神而宁人,亦福国以兴邦。伏愿:尊居缠野〔三〕,永佑下方。如山兮如阜,如陵兮如冈。时享千秋之福,岁进万年之觞。尚享。

　　年　月　日　奉神社首

【注释】

　　〔一〕此篇"接寿表文",与前篇"接寿文"用途不同。前篇用于"寿场",以接寿星、八仙一行进庙。此篇用于"庙中",属于"寿宴"用文,与之下所记的"玉帝表文""席主表文"属于同类,分别献于寿星、玉帝、席主(尧王)位前,届时各献三盏而念。

　　〔二〕此上下句,用以歌颂寿龄无疆。"筹"指计算寿龄的筹签,"海屋"犹言"大屋"。见苏轼《东坡志林》言:"尝有三老人相遇,或问之年……一人曰:海水变桑田时,吾辄下一筹,尔来吾筹已满十间屋。"此处也正用此典故,不但见言"筹满海屋",且言"核齐昆仑","核"指核算,犹言"寿比南山"。

　　〔三〕"缠",叚借为"躔",践历也。"躔野",在此特指日月星辰在天运行之野,即黄道上的度次,分野。

玉帝表文

　　山西潞安府长子县各坊厢里不同人氏,现在ΔΔ村居住奉神。主邕社首暨领合社人等,谨以牲醴庶馐之奠,敢昭告于昊天金阙玉皇上帝尊神御前。曰:惟神,位居霄汉,德溥好生。主宰五岳,庶司权衡。四渎群灵,运大造于周天;二曜合度,妙元气于冲漠〔一〕。七政顺行,雨旸寒燠俱依时;以咸若作,讹成易悉尊令以告成〔二〕。至德巍巍而莫测,大化荡荡而难名。兹者合社人等,生居下土,久荷弘恩,聊陈野贶,谨献寸诚。伏乞二气合德,五行交通。阳无愆,阴无伏,既物阜而民安;雨以润,风以散,又时和而年丰。亿姓普沾化育,千载永荷帡幪〔三〕。尚享。

　　年　　月　　日　　奉神社首

【注释】

　　〔一〕"四渎",既指"江、河、淮、汉"四水,又对应天上四星。"二曜",既指九曜中的日月,又与阴阳二气相关。"大造",言指天地、大自然。"妙"通"眇",微远也。"冲漠",虚寂恬静也。上下两句意指:天地万物,源于清虚缥缈的阴阳二气,从而在天有群星,在地有"群灵",类如日月交合,皆由造化而生。

　　〔二〕"七政",即日月又加五星(金木水火土),属七大行星。古人视由天帝所管,故言七政。从而见其有序"顺行",阴晴冷暖依时交替,兴化成变依令而行。"讹",取"化"义。

　　〔三〕"帡幪",即屏蒙,借言天帝(玉帝)覆盖之恩。

席主表文

　　山西潞安府长子县各坊厢里不同人氏,现在厶厶村居住奉神,庆贶圣寿。社首暨领合社人等谨以牲醴庶品之奠,敢昭告于陶唐圣帝尊神位前。曰:惟神,兹者合社(社首)人等恭率社众,各秉虔诚。聊具香供庶品,仰惟南极老人星君降临宝殿,延年益寿。正祝:当今皇帝常为万岁之君,永做千邦帝主;辅朝文武、佐国公卿、本郡官僚高增禄位。十方界五谷丰登,合境内万民乐业。八仙聚会赴华筵,一驾云雾降凡间。采取蓬莱苓(灵)芝境(草),祥云霭霭罩金冠。鹦鹉杯中添寿酒,宝鼎金炉缭绕烟。松柏齐寿松柏寿,万岁万岁万万年。南山北海来添寿,永祝吾皇福寿延。头戴金冠按七星,幢幡宝盖引金童。王母来赴蟠桃宴,与人添寿老人星。右谨具奏。尚享。

　　年　　月　　日　　奉神社首

抛(跑)太阴文

夫酒者,天垂甘露,地涌醴泉。李白闻香下马,刘伶一醉三春。先抛(跑)太阳一盏,次盏来抛(跑)太阴。恭惟尚享。

小香文[一]

夫香者,金炉香袅,紫雾腾空。祥云上结于太虚,瑞气以升于仙界。乃山川之秀气,伏日月之精华。熟(爇)向金炉,起腾腾之瑞气;焚向宝鼎,达袅袅之祥云。恭焚宝香,上奉众圣。尚享。

【注释】

〔一〕"小香文",相对下记的"大香文"而言,较短,用于较简的上香仪式。

大香文

夫香者,明香一炷,发金炉瑞气腾空。此香一位(味),清净诸神,齐受明香。又受龙脑射(麝)香,又受细粉木膏之香,又受沉坛(檀)如降(绛)之香,又受木桐真香。降真香一炷,愿祷祝一国安康。一炷香,达上苍中天星主;二仪香,谨奉于二气阴阳;三才香,谢三元有感有应;四真香,庆四时风雨讽(顺)畅;五龙香,致谢于五方五帝;六味香,上供与(于)六甲神王;七坛(檀)香,谢北斗七星朗照;八宝香,保八方赤子安康;九品香,谨供与(于)九天圣母;十味香,上奉与(于)十帝明王。香烟起处请圣至。万里神明:本此(次)香,愿当今皇帝万岁万岁;本此(次)香,愿朝中太子千秋千秋;本此(次)香,愿两班文武忠正;本此(次)香,愿天下士庶安康;本此(次)香,愿家家人口清泰;本此(次)香,愿户户五谷丰收。自今降香以后,寿年高万万余秋。伏乞尊神,受其所献,恭惟尚享。

放生文

　　尝闻：君子之心，常存乎恻隐；君子之德，莫大乎好生。昔简子曾酬乎献人，沛公因集于免井[一]。杨保曾放黄雀，后有四世三公之位；毛宝曾放白龟，得免右虎将军之倾[二]。今有野鸟翔集，孤鹜为群，与世无求，与人无争，幸遇龙虎圣寿，正值神人偕兴。大哉金笼，放灵禽于万里，宏开蜜（密）网，永仙鹤于遐龄。共祝圣寿，覆育群生。尚享。

【注释】

　　〔一〕此句，援引了两个典故。"简子"即开创赵国的赵鞅，曾仕晋国，时范氏、中行氏、赵氏等六卿相互争斗，有个叫公孙龙的人为范氏收田税，被赵氏获，属下请杀之，赵简子却说"他是为了主人，有何罪？"未杀，竟赐土地。后来赵简子与郑国交战于铁丘（今河南濮阳西北），公孙龙带领五百人夜袭郑军，并夺回简子旗帜以献，以报其恩，正是"昔简子曾酬乎献人"所指。所谓"沛公因集于免井"亦有典故，"沛公"即刘邦，"井"借喻法度（因古有井田制度），"免井"即免于刑法。盖因刘邦曾为沛县亭长，押送劳役往骊山，途中多逃亡，至丰西泽中，其索性纵余者皆逃，遂有壮士从刘，集百数人，致其斩蛇举事。

　　〔二〕此句所言杨保放雀、毛宝放龟故事，见前《听命文集·正赛放生前行讲说》已记。

安席主文[一]

　　伏以尊神：祭祀已毕，祈求已终，香烟消于玉鼎，美酒已冷金钟。返轾鸾驾，伏回仙宫。夏麦芳荣之贵，秋农五谷丰收。家家乐业，户户康宁。深荷厚惠，顶戴无穷。尚享。

【注释】

　　〔一〕此文见言"祭祀已毕"云云，当用于赛社结束时。届时送走客神，还需将主神位牌送回大殿，故念此文，见称"安席主文"。

送寿文

伏以尊神：来临宝殿，以赴宴宫。龙旗绰约，引仙仗而诣青都；鸾驭飘摇，乘飞云而归碧落。返归仙界，倾驾回宫。尚享。

送神文

伏以尊神：灵通四海，威镇万方。祀周三献，乐奏宫商。然贡丹诚难以久住，重酌美酒再上名香。红日三杆，不尽虔诚之意；清风一阵，全凭祈祷之心。来有下马之杯，去有前（钱）途之酒。伏乞诸位尊神，天神归于天上，地神归于地祇，应祀神明各归本殿。尚享。

又接寿文

伏以尊神：巍巍南极，以寿明君。秋分垂象，光曜丙丁。寿龄莫测，神算无穷。群黎仰望，驾鹤来临。尚享。

（又）大香文

夫香者，生于九天之上，长于海岛之中。昔者神农，始尝百草。在天有蟾桂月华之香，在地有苓（灵）芝益寿之香；在山有降真檀乳之香，在木有百般木膏之香；在田有百谷日精之香，在园有资福馨兰之香。众香共来作成一味，百般研成细腻之材。一作金丝千条之香，二作玉线万根之香。名标千年万古，价值白玉黄金。玉炉初焚，巍巍（微微）而吐雾成云；云鼎才热（爇），岛岛（袅袅）而为烟作盖。太清殿上，缭绕而众圣皆知；兜率宫中，氤氲而诸神和悦。祥云上结于太虚，瑞气以升于仙界。乃山川之秀气,伏日月之精华。上通云汉真境,下辙阆苑仙乡。一日(曰)道德清净,二曰性情无为;三界闻知离瑶台,四圣真人降玉阶;五方五帝传仙旨,六丁六甲赴香斋;七宝树头花色锦,八洞神仙祝寿来;九天仙女齐赴会,十方真宰拨云开。诸位尊神降临宝殿,伏乞尊神受其所献。尚享。

又小香文

每日清晨一炉香,谢天谢地谢三光。但求岁岁田禾熟,每愿户户得安康。国有贤臣扶社稷,家无逆子拗爹娘。四方宁静干戈息,满斗焚香答上苍。尚享。

三场食次文

维　　年　　月　　日,据山西潞安府长子县各坊厢里不同人氏,现在村奉神。社首等,盖因庆贺圣寿,报答阖境神祇,命到膳夫等。今将奉神祭品食次:

头场七盏开列于后

第一盏	看花大茶食	衬	撒星相和茶
第二盏	鸳鸯馒饺[一]	衬	银丝细粉
第三盏	金火食	衬	集善羹
第四盏	丁香盏罗	衬	七宝羊头羹
第五盏	双连龟儿	衬	杂粒羹
第六盏	松花糖饼	衬	细肉羔羹
第七盏	稻米饭	衬	烧羊下[二]

正场十二盏开具于后

第一盏	宝妆茶食	衬	上品高茶

第二盏　平坐馒饺　　　　　衬　银丝细粉
第三盏　荔芝(枝)饼　　　　衬　金丝肚羹
第四盏　二色看花饼　　　　衬　玉蟾羹
第五盏　长寿龟儿　　　　　衬　木耳竹笋羹
第六盏　金顶两熟鱼　　　　衬　青亲(芹)过海羹
第七盏水晶角儿　　　　　　衬　细油鲤鱼羹
第八盏满面薄翠(脆)　　　　衬　烂熟羊头羹
第九盏白红糖饼　　　　　　衬　肚肺羹
第十盏胭脂肉油饼　　　　　衬　鸡皮水花羹
第十一盏海棠油酥　　　　　衬　云梦羹
第十二盏稻米饭　　　　　　衬　片白羊煎肝下

末场八盏开具于后

第一盏化生茶食　　　　　　衬　蜜调茶
第二盏京样馒饺　　　　　　衬　银丝细粉
第三盏茶花饼　　　　　　　衬　南蛮苗子羹
第四盏堆化糖饼　　　　　　衬　软肉羔
第五盏月样薄翠(脆)　　　　衬　软肉羹
第六盏金丝龟儿　　　　　　衬　糖烂羹即松花〔三〕
第七盏金定(锭)望口清　　　衬　耳花羹即腰肚
第八盏稻米饭　　　　　　　衬　烧羊下

右件前项,谨按次序,勿致错乱。如有怠慢不洁,自招罪愆。

年　　月　　日　　奉神膳夫

【注释】

〔一〕"馒饺"即馒头,用于供神见有多种花样。

〔二〕句末"下"字,属说明提示。言指供盏最后,端下所供食品。以下类似,不再出注。

〔三〕"即松花"属批注解说。意指,"糖烂羹"也叫"松花羹"。以下类同。

三场乐次文[一]

维　　年　　月　　日，今据山西潞安府长子县各坊厢里不同人氏，现在村奉神。社首等，盖因^{庆贺圣寿}_{春祈秋报}，答报阖境神祇，点到乐部古伦等。今将奉神宫调乐次：

头场七盏开具于后

第一盏　南山利市歌曲子[二]　　　　补空　金枝三台
第二盏　靠乐歌唱　　　　　　　　补空　慢词
第三盏　唐明皇击梧桐[三]　　　　　补空　再撞
第四盏　全场细乐[四]　　　　　　　补空　缠令[五]
第五盏　太平鼓板[六]　　　　　　　补空　再杀（煞）
第六盏　单呈独献　　　　　　　　补空　美令
第七盏　接舞变太（泰）[七]　　　　补空　队子

正场十二盏开具于后

第一盏　老人星歌曲子　　　　　　补空　万花三台
第二盏　靠乐歌唱　　　　　　　　补空　慢词
第三盏　五花梁州　　　　　　　　补空　再撞再杀
第四盏　笙管呈献　　　　　　　　补空　缠令
第五盏　双猿献果　　　　　　　　补空　把戏
第六盏　单舞盘中曲　　　　　　　补空　太平歌
第七盏　群筝合唱　　　　　　　　补空　美令
第八盏　翰林判　　　　　　　　　补空　杂耍
第九盏　双舞皂彫旗[八]　　　　　　补空　时兴令
第十盏　琵琶合唱　　　　　　　　补空　把戏

第十一盏　单呈独戏　　　　　　补空　美令
第十二盏　全场队子　　　　　　补空　收队

末场八盏开具于后

第一盏　寿南山歌曲子　　　　　补空　三台
第二盏　靠乐歌唱　　　　　　　补空　满(慢)词
第三盏　道宫薄媚　　　　　　　补空　再杀
第四盏　五眼西下(夏)笛〔九〕　　　补空　把戏
第五盏　全场大乐　　　　　　　补空　缠令
第六盏　十样锦小乐〔一〇〕　　　　补空　杂耍
第七盏　群箫合曲　　　　　　　补空　美令
第八盏　打散曲破　　　　　　　补空　揭(歇)帐〔一一〕

右件前项，次序莫违。如有错乱怠慢，自招罪愆。

年　　月　　日　　奉神前后行古伦弄姓名〔一二〕

【注释】

〔一〕此"三场乐次文"，见只记其"午盏"乐次，早晚皆已省略未记。盖因后期赛社从简，早晚只供三盏，属于每用的熟套。按此，其具体所列的乐次，或正是"民国七年"长子县尧庙山办赛实例。从而由其所列的宋元"缠令"、明清多见的"时兴令"，乃至某些古规的变异，正可与《唐乐星图》等本所记比照，以见上党赛社的不断流变。

〔二〕"南山利市歌"，即《唐乐星图》等本所记的"寿南山歌"。因其用于开场"第一盏"，类如开市大吉大利，故见又加"利市"二字。

〔三〕"唐明皇击梧桐"用于第三盏，依规应"舞"。从而如前《唐乐星图》等本所记，或与"杨妃单舞盘中曲"有关，属其遗变形态；或后期从简，只用前行讲唱加以"打曲破"代替。

〔四〕"全场细乐"属说明语，由于"三盏以后俱无所管"，可唱可舞，其曲也已不限。以下类似不注。

〔五〕"缠令"指一种联曲形式，宋元多见，前已见注。

〔六〕"太平鼓板"即"太平鼓"，源出宋代，见前已注。

〔七〕"接舞变泰"，言指接舞一段"否极生泰"的队舞。举如《武王伐纣》《关大王千里独行》等队舞，都见逢凶化吉，以庆"变泰"。

〔八〕"皂彤旗"，当即《乐次全部》所记的"皂勾旗"一目。"彤"，通涮，通叨。

〔九〕"西夏笛",因源于西夏而名,宋代见称。此句指,以其吹奏一曲。

〔一〇〕此"十样锦"属一套吹打曲牌,至今上党仍存,由十曲组成,故名。

〔一一〕"歇帐",见前《乐次全部》本亦记,参看其注。

〔一二〕此处见将"前后行"分称"古伦"和"古弄",届时各填"姓名"。与此相关,见前《讲古论》正又讲及两者关系,不但"古伦"与"古论"相关,正指说古道今的"前行",且见其源出唐宋"参军色",金代已称"前行",正如金元"五花爨弄"所见,也仍参与"古弄",正属"后行"。见于一般赛社,或称"前后行",或称"双前行",以至一人可兼二职。此处之所以分开而记,或又因后期赛社的前行已难胜任"古弄"表演,届时需要特请会此表演者。

香　文

夫香者,奥(粤)从太古之初,一枝挺出。奚待三皇之后,几劫流芳。下愚有鼻而无闻,上士闻香而分臭。如圣师之稌土,处处苾芳;以道德而强名,人人受用。再拜致恭,上进寿香。尚享。

茶　文

夫茶者,先春雀舌,谷雨枪旗。斟蟹眼汤,白花浮于碗面;的(滴)龙泉水,仙风引于蓬莱。卢同(仝)七碗而通仙灵,赵(湖)州一瓯而参佛性〔一〕。提醒渴睡,僕(仅)发明矇。瞳〔二〕仙再拜,进茶。尚享。

【注释】

〔一〕此句言及茶仙、茶圣,皆出自唐代。其中,卢仝善品茶,曾作《茶谱》,世称"茶仙",有《七碗茶》一诗传世。另有陆羽,本孤儿,时被龙盖寺的智积大师收养,善煮茶,著有《茶经》,世称"茶圣"。传说其善品水,湖州刺史李季卿曾命军士取扬子江南零水让陆羽煮茶,陆羽尝了一下,说这不是南零水,似是岸边水。倒掉半桶又尝,说剩下的才是真正的南零水。军士大惊,以实相告,原来取水归途不慎荡出一半,只好在岸边加满提回。此故事与"湖州一瓯而参佛性"一语相关,故后世将其祀为"茶神"。

〔二〕"瞳",在此作看见讲。

安玉帝文[一]

伏以昊天金阙玉皇上帝御前，曰：惟神，位尊九五，殿列天宫。三十三天之主，无极上圣之尊。众圣尽在丹墀，未敢升阶上殿。请命上圣法旨，礼当以敬恭参。尊者居于上位，卑者列于下班，方敢左右叙位安坐。伏乞尊神，受其所奏。恭惟尚享。

【注释】

〔一〕此"安玉帝文"，以及下篇"土地、五道太尉告坐文"，均属"迎神"之日"安神升殿奏禀"用文（见前《听命文集》本）。届时，将诸神迎入大庙，升殿排座时念此文。

土地、五道太尉告坐文

伏以昊天金阙玉皇上帝尊神并满位尊神：云某神微神位卑[一]，叩于丹墀之下，未敢上殿升阶。禀命诸圣法旨，方敢左右侍坐。伏乞诸位尊神，受其所奏。尚享。

【注释】

〔一〕"云某神"三字，属提示说明。盖因安神仪节礼规烦冗，先向玉皇奏禀，再将所请诸神按东西两班依次排于大殿，最后才请土地、五道将军入座。二者又须各向玉皇奏禀一遍，用文相同。因此，届时只须在"云某神"处分别填上"土地"或"五道太尉"即可。

领羊文

伏以尊神，德配日月，道合乾坤。御灾捍患，阜物康民。风雨依时，准蒙圣恩。幸无物以感戴，誓以羊而报德。谨启诸位尊神，用申领纳。恭惟尚享。

又入寝文

金乌西坠,玉兔生(升),送神寝位暂安宁。酒瓶杯阖迎锦帐,茶罢瓯干歇金瓶(屏)。宝烛煌煌明锦院,金灯灿灿射仙庭。三斋七戒诚心祭,感应丰年贺太平。尚享。

又接二仙文

伏以尊神:香烟表信,炉内初焚。金童传言,玉女跟随。仰劳淑像,再赴龙宫,复赴凡宴之会。恭惟尚享。

又祭风文

伏以尊神:位居巽地,执掌东南。能开万物之花,可长千般之叶。仙风过处,有吹千林之动;急雨行时,能助万倾(顷)波流。今则社首人等,恭焚清香黍稷之酒。谨启尊神,狂风化为清风,恶雨化为细雨。有劳圣德。深感厚惠。尚享。

又祭太阳文

伏以尊神:上天盖戴,日月照临。高明在上,照熠群生。出扶桑而明于万国,入西位而没于西沉。普天下无不周遍,盖世界运转乾坤。光临四海,德照万邦。诚心敬祭,仰答人苍。尚享。

二十八宿姓名诗[一]

平生猛烈志气高,人间祭祀显英豪。
天门星宫第一品,姓邓名禹角木蛟[二]。

天庭二品按五星,祭祀招财百事通。
驾云行雨风调顺,姓吴名汉亢金龙。

天府宫中笑呵呵,下临宋地镇山河。
人间享祭多吉利,姓贾名复氐土貉。

天星五度能消毒,定立乾坤辅万国。
敕封享祀祭吾身,姓耿名弇房日兔。

天生宫中按山河,默与皇家定机谋。
三星四度第五品,姓冠(寇)名恂心月狐。

山中兽王胆气粗,天鸡宫中世全无。
善助祭祀生吉利,姓岭名彭尾火虎。

天津宫中悟仙道,燕地立功无不妙。
冥辅祭祀家户吉,姓冯名翼(异)箕水豹。

手执金瓜显豪杰,天庙宫中安世界。
保佑人间尽安康,姓朱名郁(祐)斗木獬。

敕封二品镇诸侯,天机星宫我为头。
佐烈世界神通广,姓蔡(祭)名尊(遵)牛金牛。

头戴凤冠降吴国,能置琵琶和万物。
志气轩昂天女星,姓景名丹女土蝠。

天卿星宫吾为主,祭祀招祥顺风雨。
金刀在手诛奸盗,姓盖名延虚日鼠。

威灵赫赫登宝殿,扫荡凶邪消灾难。
天钱宫中雨润通,姓坚名谭(镡)危月燕。

天廪宫中过太虚,下临魏(卫)地是吾居。
本宿二星第六品,姓耿名纯室火猪。

心中包藏万卷书,云游天下乐自如。
消灾降福第七品,姓藏(臧)名宫壁水貐。

巡行山河自为王,平生精猛把名扬。
天将星宫是总领,姓马名武奎木狼。

天岳宫中吾为首,送福除祸世间走。
手取曲尺度宇宙,姓刘名龙(隆)娄金狗。

精猛勇力多豪杰,掌握乾坤临赵地。
天仓星宫保万民,姓乌(马)名成胃土雉。

身出扶桑又转西,光辉显曜谁不知。
天目行宫神童爽,姓王名良(梁)昴日鸡。

威镇诸邦德不孤,能除罪祸使民苏。
赵地八星第五品,姓陈名俊毕月乌。

纵横逍遥任风流,山中戏耍永无忧。
天屏宫中观景象,姓傅名俊觜火猴。

天水宫中喜自然,欣享祭祀显威权。
搜捉邪怪人安乐,姓杜名茂参水猿。

天井宫中登宝殿,能进人间财万贯。
本宿卜(八)星第一品,姓姚(铫)名其(期)井木[犴]。

立国安邦争战场,祭祀领牲免灾殃。
十二宫中第二品,姓王名霸鬼金羊。

天厨宫内是家乡,下临周地把名扬。
治国安邦定天下,姓任名光柳土獐。

精光朗曜概(盖)世夸,天库星宫是吾家。
万国九州皆被泽,姓李名忠星日马。

天秤宫中十一度,善赐人间财满库。
闲游山野第五品,姓万名修(脩)张月鹿。

双女宫[中]佛法奢,人间祭祀扫凶邪。
安身不见生楚地,姓邳名同(肜)翼火蛇。

天阶星宫第七品,昼游宇宙夜楚寝。
祭祀享赛保安平,姓刘名直(植)轸水蚓(蚓)。

【注释】

〔一〕由于"二十八宿"对应东汉开国"二十八将",故有"姓名"。之所以又有其"诗",应与赛社"值日"有关。

〔二〕此四句言指,"邓禹"对应东方七宿中的"角木蛟",按其七宿顺序属"第一品",居

"天门宫",属"天门星"。以下各宿类此,不再详注。

十二元神诗[一]

神后元神字属鼠,鼓舞和风降甘雨。
专在人间消灾难,加官进禄作财主。

功曹元神字属虎,震动山林红叶舞。
祈风祭祀风雨顺,永护黎民不受苦。

天罡元神字属龙,金鳞玉爪紫雾腾。
银汉清波能变化,润雨泽民恩不穷。

胜光元神字属马,腾云驾雾如戏耍。
精神辉辉乐天衢,辅理乾坤福遍洒。

传送元神字属猴,王母桃园撊扬搜[二]。
醉卧青云观碧汉,藤萝松桧秀岩游。

河魁元神字属狗,祭祀除凶世罕有。
也曾千里把书传,展草垂恩天下走。

体态丰肥性温柔,喜会织女结缘由。
祭祀之中消灾难,大吉元神字属牛。

行动腾云又驾雾,保佑人间民康阜。
祭祀场中领牺牲,太冲元神字属兔。

耳听世上乱咨嗟,专在人间斩凶邪。
朝游暮走升仙去,太乙元神字属蛇。

心慈口善性如常,海量宽宏志气刚。
凌烟阁上标名惟(讳),小吉元神字属羊。

初出扶桑是家基,贵列三公天下知。
身披五彩光宇宙,从魁元神字属鸡。

形腾紫雾过太虚,江河湖海把凶除。
保佑天下民安乐,登明元神字属猪。

【注释】

〔一〕"十二元神",既与日月运行有关,与十二辰、十二宫、十二月、十二地支、十二生肖牵涉;又类古代驱傩的"十二神兽",见由子鼠、丑牛、寅虎、卯兔等各造一神,称"十二元神",属十二生辰之神;分居"十二宫",与日月、五行、二十八宿对应关联,与《易经》牵涉,可占卜人的吉凶祸福。举如道藏《太上洞玄灵宝天尊说罗天大醮上品妙经》就言,"十二元辰,寅生属虎,功曹元辰。卯生属兔,太冲元辰。辰生属龙,天罡元辰。巳生属蛇,太乙元辰。午生属马,胜光元辰。未生属羊,小吉元辰。申生属猴,传送元辰。酉生属鸡,从魁元辰。戌生属犬,河魁元辰。亥生属猪,登明元辰。子生属鼠,神后元辰。丑生属牛,大吉元辰。十二相属,注命六神",以至见言"持念罗天大醮真经者,瘟灾不染,横祸不侵""一切不祥之事,闻其灵文之名,悉皆消灭"。由此,既见"赛""傩"相关,早类"十二神兽"有了"十二元神",早可用于面具表演;又见其"诗"也类前见的"二十八宿姓名诗",也可自我表白;以至用如"八仙庆寿"表演,也可戴着面具舞跳,并作自我介绍。

〔二〕"搊扬搜",指猴子摘桃时的三种动作,即摘、扔、寻。

八仙庆寿诗

南极腾辉瑞气凝,人间五福寿为隆。
德星独居常乐位,家祝户颂庆长生。

沉醉黄粱梦转迷,玄机神妙有谁知。

造化幽微人难识,招财利市汉钟离。

头戴青纱一字巾,金龙飞剑紧随身。
升天入地神通广,扶立唐朝吕洞宾。

天地同生寿算高,骑驴踏倒赵州桥。
扬州度托(脱)花杨(华阳)女,大罗神仙张果老。

功名富贵都参透,龙楼凤阁皆不就。
白云深处学修仙,金枝玉叶曹国舅。

神通广大神间稀,蓬头身穿破衲衣。
蓬莱海角亲游遍,借尸还魂铁拐李。

【按】或因该本原来封皮早失,早已造成缺页,见此八仙之"诗"并未列完。依例,至少还该再有一页,再记蓝采和、韩湘子、张四郎[或何仙姑]各四句。今依其记,至此该本结束。

十七　"享赛"三本校注

此三本，发现于长子县慕学村（该村原称墓穴村，今又称"慕容村"，盖因此地原属西燕慕容永墓地），1996年由关小五老人献出。据其讲，其父关喜春曾任本村办赛主礼，三本皆属其父所抄。故见三本内容相互关联，皆与本村办赛相关，以下一并校注。

（一）《享赛用》本校注

【按】该本为大型麻纸本，高27厘米，宽22.5厘米，双折页，右侧用细线装订。封面左上侧贴一红纸条，毛笔竖写"享赛用"，是为本名；右下侧也贴红纸条，写抄立人"关喜春"；中间未贴红纸，写"中华民国贰年四月吉立"，即抄立时间。今考所记内容，为慕学村"玉皇庙"办赛礼规。由于该赛例以五月初八为正赛日，故见"四月"抄立此本，为办赛而抄。以下依序抄录校注。

初六日〔一〕

前上（响），老社头、司香烛、帏则、大弟兄到三官庙先祭。跑到三门外打伞，司香烛发烛上香，就外拜兴四次：跪、三奠酒四叩首，兴〔二〕。

回来，排亭则，同接水。各执京香，到河则（河边），跪，叩首，起，接水。

回来，到殿内上香，水楼上香，社首行礼，就外拜兴四次：跪，三奠酒，四叩首，兴。取水香老画字，跪，斟酒，长佛，奠酒三次，三叩首，兴。阴阳、老社头、司香烛、大弟兄放炮则〔三〕。

同到前房院用饭。

迎神戏：兑（队）戏，笔（毕）〔四〕。

先祭风。打伞，风伯牌则、帏则头行。到三门外，桌则向东南〔五〕，发烛上香，就外拜兴四次：跪、奠酒二次；斟酒、读祭风文、奠酒，四叩首，兴。回来，安下祭风牌则。

打伞、祭太阳。发烛上香，就外拜兴四次：跪，斟酒，前行浆（讲）酒，斟酒、浆（讲）酒，斟酒、浆（讲）酒，读祭太阳文，三奠酒四叩首，兴。前行太阳兑（队）则〔六〕。

回天地前。发烛上香，就外拜兴四次：跪，斟酒、浆（讲）酒、奠酒，斟酒、浆（讲）酒、奠酒，斟酒、浆（讲）酒，读迎神启驾文、奠酒，四叩首，兴〔七〕。

到殿内。发烛上香，就外拜兴四次：跪，斟酒、浆（讲）酒、奠酒，斟酒、浆（讲）酒、奠酒，斟酒、浆（讲）酒、奠酒，四叩首，兴。将桌牌（排）开，大弟兄端牌位。阴阳叫：亭则一对，左右一同牌（排）院。到玉皇前叫：辞神，社首上香，跪，三奠酒四叩首，兴；司香烛上香，老社头就外拜兴四次：跪，斟酒、浆（讲）酒、奠酒，斟酒、浆（讲）酒、奠酒，斟酒、浆（讲）酒，读上马文、奠酒，四叩首，兴。叫：乐户，上马兑（队）则。笔（毕）叫：即（接）神。社首上香，跪，三奠酒四叩首，兴。前行打曲破，停（亭）则手执经（京）香，禁口即（接）神。社首后底（后边）楼财。司香烛，每人香炉妆坛（装檀）香，起身走。西班头行，东班二家，左右一齐牌（排）院，一同起身水在玉皇后底（后边）〔八〕。

到在河只（子）。次局社首各执香，老道抱本殿牌则，同到河只（河边）接驾。阴阳跪，念接驾文，叩首，起参，同到庙内，左右安下〔九〕。

上香停（亭）上香。水楼上香，社头就外拜兴四次：跪，三奠酒四叩首，兴。

取水香老传（转）上，通叩首，兴。取水香老笔（毕），底下玉帝前（按，言指香亭下边的玉帝"走像"前，即其"神轿"前）上香，就外拜兴四次：跪，三奠酒读下马文，四叩首，兴。大弟兄抱土地、五道，老道抱本殿牌则，上殿安下（按，象征土地、五道配送玉帝安坐），就外拜兴四次：跪、奠酒二次，斟酒，读安玉帝文、奠酒，四叩首，兴。左右（按，指东西两班亭子所端的其他神位）同到殿内，东班到西班，西班到东班安下，就外拜兴四次：跪，奠酒二次，斟酒、读土地、五道告座文、奠酒，四叩首，兴。大弟兄抱土地、五道牌则上殿，对玉帝打三参，左右三参；天地下三参，本殿（按，指本殿娘娘）三参，安下土地、五道[牌]则。天地前就外拜兴四次：跪，三奠酒四叩首，兴，打曲破。次局社首、总管、管账、局长、大小弟兄、司香烛、各执役，通参神，笔（毕）〔一〇〕。

次局社首上殿安决则（爵子）。司香烛上香，香停（亭）行礼，就外拜兴四次：跪，三奠酒四叩[首]、兴身。帏则上来，停（亭）则端上空盘则〔一一〕。

茶上来，吹茶。空盘则端酒三回。空盘则恭（供）三盏：上来端上酒盅则，酒上来，端上茶盅；茶上来，吹茶。上香，就外拜兴四次：跪，三奠酒四叩首，兴。打曲破。次局社首、局长、大小弟兄端卜盏。执盏、巡风通叩首，兴；次局社首传（转）上，通叩首，兴，笔（毕）〔一二〕。

用了黑来（黑夜）饭，乐户、前后行画字。

大弟兄抱上三仙位牌，到东南角上。社头跪，三叩首，兴；跪，读送三仙文，又三叩首，兴。安下三仙位牌，翻传（转）。到玉帝前：跪，三叩首；跪，读入寝文，又三叩首，兴，笔（毕）〔一三〕。

【注释】

〔一〕"初六日"，指农历五月初六。所记乃该村玉皇庙"迎神"礼规。依下记，见其开始加有"接水"仪，与当地多旱有关。

〔二〕此段所记，与"接水"有关。由于该村见有"三官庙"，供着天地水三官，故见接水前先祭。其中，"老社头"即老社首；"大弟兄"即端着三官神位的亭子，类前所记的"常用亭"（余属"小兄弟"，合称"大小兄弟"）。

〔三〕此段，属接水回来的礼规。其"水楼"即接水用的神楼，供有水神。因"取水香老"抱有"水瓶"，瓶装接的"神水"，故需"画字"交接。

〔四〕此"迎神戏"，即前所记的"流队戏看衣服"。

〔五〕因"祭风"时要朝西北而跪，故见"桌子向东南"。

〔六〕"前行念太阳队子",指"祭太阳"时前行所念的诗赞。因古规念毕伴有"花队"表演,后期虽无花队,却仍"打曲破",故称。

〔七〕此段所记,已回庙内,与迎神有关。由于"天地"神位设在赛庙大殿外,旁有"玉皇"神轿(置其走像),迎神时正需抬其伸桥,故见在此"读迎神启驾文"。

〔八〕此段记其"接神"前的礼规。"阴阳叫"所记,皆属主礼念词。其说明提示的"前行打曲破",指前行念完诗赞后接以"打曲破"。其记的"楼财"指装饰着金银玉器"财楼"之类,包括"皇扛""银伞"等。

〔九〕因其"神场"也在"河边",故又来此"接神"。

〔一〇〕此段,记其"安神"过程。

〔一一〕此段,记其供盏前的准备。

〔一二〕此段,记其"下马三盏"礼规。所谓"端卜盏",即端下神前所供的盏食。"卜",赐予也。因供盏食物神已用过,已可赐予社众,故称"端卜盏"。

〔一三〕此段所记,与神"入寝"有关。所记"三仙"属女仙,即长子县见敬的"灵湫三圣",也类"二仙奶奶"需另寝,故也送至大庙"东南角上"。所言"翻转",指将三仙位牌"背转"朝后。届时,也仍将其位牌置于大殿原处,但因"翻转"朝后,表示此神已不在其位。

初七日〔一〕

清晨,叫乐户〔二〕。老社首天地前跪,三叩首,兴;读报晓文,又三叩首,兴。到殿内,玉帝前跪,三叩首,兴;跪,出寝文,又三叩首,兴。大弟兄端上盥漱盘则,各(搁)在玉帝前,跪,三叩首,兴;跪,盥漱文,又三叩首,兴。大弟兄端上盥漱盘则,对玉帝三参;左参,右参;天地下三参,本殿三参。各(搁)下盥漱盘则请三仙〔三〕。

乐户"说比方",厨则下场,大弟兄卦(挂)榜。神榜,言(檐)底;乐榜,乐楼上;厨榜、局榜,在东彦(檐)底卦(挂);规矩榜、廷(亭)帏榜,在西彦地卦(西檐底挂)〔四〕。

用清晨饭。

半前上(晌),乐户下厨〔五〕。

笔(毕),迎盘。起身,帏则、大小弟兄、司香烛同去。到院,喝场以笔(毕),司香烛发烛上香,就外拜兴四次:跪,奠酒二次,斟酒、读迎盘文、奠酒,四叩首,兴。帏则头行罗古(锣鼓)二家,小弟兄每人根长桌则(跟张桌子)小兄弟各执香,到在香停(亭),将盘献上。发烛上香,到香停(亭)就外拜兴四次:跪,三奠酒四叩首,兴〔六〕。

水来了同去。各抱京香,到西口上跪下,叩首,兴。回来香停(亭),水楼上香。社头行礼,就外拜兴四次:跪,三奠酒四叩首,兴。社头退位,取水香老上跪,斟酒、长佛、奠酒三次,兴。取水香老传(转)上,通叩首,兴。毕〔七〕。

祭太阳。打伞,发烛上香,直(值)宿帖(贴)〔八〕。就外拜兴四次:跪,斟酒、浆(讲)酒、奠酒,斟酒、浆(讲)酒、奠酒,斟酒、浆(讲)酒、读祭太阳文、奠酒,四叩首,兴。叫太阳兑(队),笔(毕)。

上香停(亭),上香。

恭(供)三盏。就外拜兴四次:跪,三奠酒四叩首,兴身。空盘则,茶上来,吹茶。空盘则,酒三回。空盘则,盏上来,古(鼓)乐过堂;迎辰(衬)上来,奏乐。古(鼓)乐迎二盏上来,迎辰(衬)上来,奏乐。古(鼓)乐迎三盏上来。三盏都浆(讲)盏。迎辰(衬)上来,端上酒盅;酒上来,端上茶盅;茶上来,吹茶。发烛上香,就外拜兴四次:跪,三奠酒四叩首,兴。打曲破。叫次局社首、局长、大小弟兄、端卜盏、执盏、司香、巡风同叩首;次局社首传(转)上,同叩首。笔(毕)。

用午饭。

半晚上(晌)祭风。打伞,各执京香,小弟兄抱土地、五道牌则,香桌上各(搁)风伯牌则。帏则头行,老道抱本殿牌则,同到祭风场。发烛上香,就外拜兴四次:跪,奠酒二次,斟酒、读祭风文、奠酒,四叩首,兴。本殿、土地、五道对风伯三参。回来,安下神牌则。笔(毕)。

用黑来(夜)饭。

头场食次,局长、次局社首画字。头场乐次,前行、后行画字。

乐户原(院)本。

笔(毕),恭(供)七盏。发烛上香,就外拜兴四次:跪,三奠酒四叩首,兴身。空盘则,一茶三酒。空盘则,恭(供)七盏上来,端上酒盅,酒上来;端上茶盅,茶上来吹茶。发烛上香,就外拜兴四次:跪,三奠酒四叩首,兴。次局社首、局长、大小弟兄、端卜盏、执盏、巡风同叩首;次局社首传(转)上同叩首,兴。笔(毕)。

杀笔(煞毕)大戏送神〔九〕。大弟兄抱上三仙牌则,到东南角上。社头跪,三叩首,兴;跪,读送三仙文,又三叩首,兴。贝传(背转),到殿内安下三仙牌则。到玉帝前跪,三叩首,兴;跪,读入寝文,又三叩首,兴。笔(毕)。叫:准备潄羊整(蒸)水〔一〇〕。

【注释】

〔一〕"初七日"属于该赛"头场"。依下记,除清晨"盥漱"仍依古规,其他则有变化,已见因地制宜多了地方特色,具体详下。

〔二〕"叫乐户",仍指清晨叫其"吹打三遍",用以集人,准备头场盥漱。

〔三〕"请三仙",属说明提示。意指,大殿盥漱毕,再去请其升殿。

〔四〕此段所记,属盥漱后的活动。其中"说比方",也称"设朝说比方",类如"猜谜",多有"浑话",俗称"荤谜素猜",属"院本"表演,一般用在晚上乐台演出,此处记于清晨,或提醒"乐户"准备;或因俗众所好,盥漱之后竟用。所谓"厨子下场",指厨师下到神场,在乐台前的"厨棚"摆好供盏食品。所谓"挂榜",即张挂各种"告白"榜文,按理早应挂好。由此判断,其"头场"尚在准备,故见从简,以至省去卯宴三盏。

〔五〕所谓"乐户下厨",与《祭楼台下厨讲监斋》(前见)相关,此处见在"半前晌",仍与"祭厨神"相关。

〔六〕此段所记的"迎盘",仍类前记的"龙泉山"赛社所见,盘置食品(属常供),先放某"院"(类如神场),再迎回赛庙"香亭"。依规,迎盘多见于迎神日,该赛移于头场,也属于准备工作。

〔七〕此段所记,属于"迎水"仪式。届时,将之前取的神水(水瓶)正式献于玉皇大殿。

〔八〕"值宿贴",指装扮当天"值宿"神的乐户艺人同去祭太阳。一般而言,扮值宿神者站在大殿前,祭太阳属于"贴陪",故称。

〔九〕"大戏",指当地"上党梆子"(相对当地落子、秧歌等小剧种而言)。清末民国,随着地方戏盛行,每赛社,既见庙内乐台仍由乐户演出;又见庙外每以"大戏"娱人;以至该赛"煞毕大戏送神",或其"大戏"也已用于酬神,已类"献戏三天"的庙会。

〔一〇〕最后此"叫",属主礼先生的叮咛提示。盖因次日见有"领羊"仪式,届时要用"蒸水",故需提前打好招呼。

初八日〔一〕

清晨。到香停(亭),社头跪,三叩首,兴;跪,读报晓文,又三叩首,兴。到殿内,玉帝前跪,三叩首,兴;跪,读出寝文,又三叩首,兴。大弟兄端上盥漱盘则,各(搁)在玉帝前,跪,三叩首,兴;跪,读盥漱文,又三叩首,兴。大弟兄端上盥漱盘则,对玉帝三参,左三参,右三参,天地下三参,本殿三参。大弟兄各(搁)下盥漱盘则,端上三仙位牌则,到东南角上,社头跪,三叩首,兴;跪,读请三仙文,又三叩首,兴;翻传(转)三仙牌则,安到殿内。将东班四位翻传(转)〔二〕。

司香烛玉帝前上香,就外拜兴四次:跪,奠酒二次,斟酒、读放生文,前行端上放生鸟跪下放生,笔(毕),奠酒,四叩首,兴〔三〕。

到香[亭]低(底)下,安香桌。叫管猪羊拽羊,发烛上香。叫总管、管账、局长、次局社首、老道,同面向正北,就外拜兴四次:跪,奠酒二次,斟酒、读领羊文,乐户家潄羊,将羊领了奠酒,四叩首,兴。同与总管、管账尽情,笔(毕)〔四〕。

前行"说比方",局长下场,笔(毕)〔五〕。

用了清晨饭。

迎寿。大小弟兄、司香烛、打伞、抬上寿楼,帏则头行,到兴福寺。寿桌向北,通发烛上香,打伞就外拜兴四次:跪,斟酒、前行浆(讲)酒、奠酒、斟酒、浆(讲)酒、奠酒、斟酒、浆(讲)酒、读请寿文、奠酒,四叩首,兴。将寿桌抬在柏树根(跟)前,向南,乐户家功事,办笔(毕),同喝寿场。笔(毕),发烛上香,就外拜兴四次:跪,斟酒、前行浆(讲)酒、奠酒、斟酒、浆(讲)酒、奠酒、斟酒、浆(讲)酒、奠酒,四叩首,兴。曲破。帏则头行两即(节)家伙〔六〕。

到庙后(按,指迎寿者一行回到庙门之后)。老道抱上本殿牌则,次局社首各执香,接寿。发烛上香,就外拜兴四次:跪,奠酒二次,小弟兄斟酒、读接寿文、奠酒,四叩首,兴。抱本殿(按,指玉皇)牌则,对寿三参。帏则头行,到香停(亭),安下寿。发烛上香,就外拜兴四次:跪,奠酒二次,斟酒、读安寿文、奠酒,四叩首,兴。本殿对寿三参,安下本殿牌则。天地前发烛上香,就外拜兴四次:跪,三奠酒四叩首,兴。打曲破〔七〕。

将三刀(道)表文占(展)开,老社头画字进表。香停(亭)底下准备桌则二长(张),表文三刀(道),蜜盘九个。香停(亭)上香,低(底)下上香。先从香停(亭)行礼,就外拜兴四次:跪,三奠酒四叩首,兴。到香停(亭)低(底)下拜表,拜兴四次。前行端玉帝表文从东边上,小兄弟端上三面蜜盘则根(跟)上,从东边到玉帝前,各(搁)下玉帝表、蜜盘则;叫前行、后行报(念)当今上临宫(天)、下临地三皇寺(诗);老人星、东华帝君、西华地(帝)君、铁边(贴篇)金鸡,丝竹管弦;读玉帝表文,四叩首,兴,从西边下来。拜表,拜兴四次,前行端本殿表文,从东边上,小弟兄端上三面蜜盘则根(跟)上,到在本殿前,各(搁)下本殿表、蜜盘则;叫前行,张果老、讳(韩)湘子、讳(汉)钟离、吕洞宾、曹国舅、监(蓝)采和、铁拐李、河(何)仙姑、柳树精,丝竹管弦,读本殿表文,四叩首,兴,从西边下来。拜表,拜兴四次,前行端上寿表文,从东边上,小弟兄端上蜜盘则根(跟)上,到寿前,各(搁)下寿表、蜜盘则;叫前行,东王宫(公)、西王母、寒山、食(拾)得、梅花禄(鹿)、铁边(贴篇)金鸡,丝竹管弦;读寿表文,四叩首,兴。打曲破。笔(毕)[八]。

用午饭。

香会下来。老道抱本殿牌则,各执京香,同接会到河则(边)。香会过来,到大驾前跪,读接驾文,叩首,兴。同到大驾头,到河乐驾厂(场)。小驾参毕,发烛上香,就外跪三叩首,兴;跪,又三叩首,兴;老道抱本殿牌则,三参。同回来[九]。

恭(供)三盏

先祭太阳。打伞,发烛上香,就外拜兴四次:跪,斟酒、前行浆(讲)酒、奠酒,斟酒、浆(讲)酒、奠酒,斟酒、浆(讲)酒,读祭太阳文、奠酒,四叩首,兴。太阳总则(队子)。

上香停(亭)。发烛上香,就外拜兴四次:跪,三奠酒四叩首,兴身。端上空盘则,一茶三酒。空盘则,盏上来,古(鼓)乐过堂,浆(讲)盏;古(鼓)乐迎辰(衬)上来,奏乐。迎上二盏上来,浆(讲)盏;迎上二辰(衬)上来,奏乐。迎上三盏上来,浆(讲)盏;迎上三辰(衬)上来,奏乐。端酒盅则,酒一回;端上茶盅,茶上来吹茶。发烛上香,就外拜兴四次:跪,三奠酒四叩首,兴。打曲破。叫次局社首、大小弟兄、局长端卜盏。执盏、司香烛同叩首,兴。寿前上香,就外拜兴四次:跪,三奠酒四叩首,兴[一〇]。

送寿。老道抱上本[殿]牌则,打伞,各执京香,抬上寿桌,帏则头行,到在庙后。发烛上香,就外拜兴四次:跪,奠酒二次、斟酒、读送寿文、奠酒,四叩首,兴。本殿牌则对寿三参。帏则头行,回来。

祭风。小弟兄抱上土地、五道牌则子,抬风伯牌则,帏则头行,到在河则。发烛上香,就外拜兴四次:跪,奠酒二次、斟酒、读祭风文、奠酒,四叩首,兴。本殿、土地、五道对风伯三参。回来,笔(毕)。

用了黑来(夜)饭。

正场食次,局长、次局社首画字。正场乐次,前行、后行画字。原本(院本),笔(毕)。发烛上香,恭(供)十二盏。就外拜兴四次:跪,三奠酒四叩首,兴身。空盘则,一茶三酒。空盘则,十二盏上来:端上酒盅则(盅子)酒上来;端上茶盅茶上来,吹茶。发烛上香,就外拜兴四次:跪,三奠酒四叩首,兴。次局社首、局长、大小弟兄端卜盏。执盏、司香烛同叩首,兴;次局社首传(转)上同叩首,兴。

笔(毕)。

杀笔(煞毕)大戏送神。大弟兄抱上三仙牌位到东南角上。社头跪,三叩首,兴;跪,读送三仙文,又三叩首,兴。贝传(背转)三仙牌则,上殿安下。玉帝前跪,三叩首,兴;跪,读入寝文,又三叩首,兴。将东边四位牌则贝传(背转)。准备盥漱水,笔(毕)〔一〕。

【注释】

〔一〕"初八日"属其"正赛",故见也有"迎寿"之类。

〔二〕此段"盥漱"礼规类前。因其初七晚上送三仙时曾将其位牌"背转"朝后,故又需"翻转"过来,示其重新升殿就坐。又因"东班四位"也属女神,故也须"翻转"位牌。

〔三〕此段所记属"放生"礼规。一般而言,放生仪式应在"迎寿"回来举行,此处记在迎寿之前,稍显不同。

〔四〕此段,记其"领羊"仪式。按一般赛社所见,届时将羊牵在神前,将酒浇在羊耳,致羊觳觫,以示"献牲"。因此,不但此处记有"乐户家漱羊",仍示"献牲",且言"同与总管、管账尽情"。所谓"尽情",即各尽敬神之情,与前记的"准备漱羊蒸水"有关,正指将羊"杀"后用于祭祀。

〔五〕此段中的"说比方"见其头场已记。此处又用于正赛"领羊"之后,正如前段领羊所记,正见乐户"尽情"所指;以至强调"局长下场",正见包括"厨局"制作,也属对神"尽情"。

〔六〕此段记其"迎寿"过程。其中的"兴福寺",显属该赛"寿场"。所言的"乐户家功事",正指乐户家装扮的寿星、八仙一行及其表演。所谓"同喝寿场",指其有关人员还需一同下跪作为寿场的寺庙,高声"阿弥"。批注的"两节家伙",言指用有两班鼓乐:一班在前,大锣大鼓大唢呐,属粗乐;另班在后,笙箫笛管细吹细打,属细乐。

〔七〕此段记其回庙"安寿"过程。

〔八〕此段,记其赛场"庆寿"活动。依记,届时香亭置有神桌,供有玉皇、寿星、"本殿"主神的神位,依次向其"进表"祝寿;同时香亭下(即香亭对面乐台"厨棚"处)摆有"桌子二张",放有"三道表文""蜜盘九个",不但每进表一次,献蜜盘三个,且类前见的"民国十四年潞城赛社本"所记,也伴有相关的念词和表演。从而,既见"前行、后行"(又称双前行)要念"上临天、下临地三皇诗"(如《安天治世诗》《讲混沌赞》等);又见"老人星、东华帝君"等仍要"祝寿",仍类前见的《听命文集》所记,仍见"寿酒频频献,寿乐到管弦",仍属"八仙庆寿"表演。

〔九〕此段记其"香会"活动,属该赛特有。盖因慕学村傍河,河的对岸见有龙王庙,与该赛"取水"有关,故见对岸时有"香会下来"。于是,河边见设"河乐驾场",不但玉皇属于"大驾",仍类"迎神"到此接神,且见龙王属于"小驾",相见"三参",最后"同回来",一同享祭。

〔一〇〕此段所记属"早三盏"礼规,故见强调"先祭太阳"。

〔一一〕此句,仍属提示语。强调明日清早的"盥漱水"需提前"准备"。

初九日

清晨。到香停(亭),社头跪,三叩首,兴;跪,读报晓文,又三叩首,兴。到殿内,玉帝前跪,三叩首,兴;跪,读出寝文,又三叩首,兴。大弟兄抱上盥漱盘则,各(搁)在玉帝前,社头跪,三叩首,兴;跪,读盥漱文,又三叩首,兴。大弟兄端上盥漱盘则,玉帝前三参,左右三参,天地下三参,本殿三参,各(搁)下盥漱盘则。端上三仙位牌则,到东南角上,社头跪,三叩首,兴;跪,读请三仙文,又三叩首,兴。翻传(转)三仙牌则,到殿安下。叫前行"说比方"。小弟兄打少(扫)殿,厨则下场。笔(毕)。

用清晨饭。

乐户打笔(毕)太平古(鼓),先祭太阳:打伞,发烛上香,就外拜兴四次:跪,斟酒、前行浆(讲)酒、奠酒,斟酒、浆(讲)酒、奠酒,斟酒、浆(讲)酒、读祭太阳文、奠酒,四叩首,兴,叫前行太阳兑(队)则。香停(亭)上香。

恭(供)三盏。就外拜兴四次:跪,三奠酒四叩首,兴。空盘则,一茶三酒。端上空盘则,盏上来,古(鼓)乐过堂,浆(讲)盏;迎上辰(衬),上来奏乐。迎上二盏,上来浆(讲)盏;迎上来二辰(衬),奏乐。迎上三盏,浆(讲)盏;迎上三辰(衬),端上酒盅,酒上来;端上茶盅,茶上来吹茶。发烛上香,就外拜兴四次:跪,三奠酒四叩首,兴。打曲破。叫次局社首、局长、大小弟兄端卜盏。执盏、巡风、司香烛通叩首,兴;次局社首传(转)上,同叩首。笔(毕)。

用午饭。

祭风。打伞,桌则上抬风伯牌则,老道抱本殿牌,小弟兄抱上土地、五道牌则,帏则头行,次局社首各执京香,到河则。发烛上香,就外拜兴四次:跪,三奠酒,读祭风文,四叩首,兴。本殿、土地、五道对风伯三参。回来,安下牌则。笔(毕)。

用了黑来(夜)饭。

末场食次,局长、次局社首画字;末场乐次,前后行画字。原(院)本,笔(毕)。

恭(供)八盏。发烛上香,就外拜兴四次:跪,三奠酒四叩首,兴。端上空盘则，一茶三酒上来。端上空盘则，八盏上来。端上酒盅，酒上来；端上茶盅，茶上来，吹茶。发烛上香，就处拜兴四次：跪，三奠酒四叩首，兴。次局社首、局长，大小弟兄端卜盏。执盏、司香烛、巡风同叩首，兴；次局社首传（转）上，同叩首，兴。笔（毕），下榜〔一〕。

杀笔（煞毕）大戏送神。次局社首，大小弟兄同送神。停（亭）则立在各人牌位前，司香烛发烛上香，跪。小弟兄安盏斟酒，乐户打十方古（十番鼓）〔二〕。老社头在天地前跪。乐户打一方（番），斟一次，奠酒一次；打十方古（十番鼓），斟十次，奠酒十次。四叩首，兴。社头到殿内，就外拜兴四次：跪，三奠酒四叩首，兴。大弟兄引上停则（亭子），东班到西班，西班到东班，引到香停（亭）低（底）下，将牌[位]安在桌上。发烛上香，就外拜兴四次：跪，奠酒二次，斟酒、读送神文、前行曷（喝）彩〔三〕、奠酒，四叩首，兴。老道抱本殿牌，小弟兄抱土地、五道，对玉帝三参，左三参，右三参，还安下牌。放边（鞭）炮，化祇（纸）火榜。将牌[位]贝传（背转），大弟兄引上，东班到西班，西班到东班，引到殿内安位牌，老道抱本殿牌[位]安在正位。司香烛发烛上[香]，就外拜兴四次：跪，三奠酒四叩首，兴。天地前就外拜兴四次：跪，三奠酒四叩首，兴。笔（毕）。

【注释】

〔一〕所谓"下榜"，即卸下赛庙各种榜文。盖因该赛从简，"末场"当晚就要"送神"，以便届时火化（见下）。

〔二〕"十番鼓"属曲牌联奏的鼓乐，明代已有，上党地区今存。

〔三〕前行"喝彩"与送神"打彩"有关，前《听命文集》记有具体内容。

初四日下请〔一〕

司香烛，通发烛上香。社头到香停（亭），就上拜兴四次：跪，斟酒三次，浆（讲）酒三次、奠酒三次，四叩首，兴。到殿内玉帝前，就外拜兴四次：跪，斟酒、浆（讲）酒、奠酒、斟酒、浆（讲）酒、奠酒、斟酒、浆（讲）酒、读禀状文、奠酒，四叩首，兴。到土地、五道前，就外拜兴四次：跪，斟酒、浆（讲）酒、奠酒、斟酒、浆（讲）酒、奠酒、斟酒、浆（讲）酒、读请状文、奠酒，四叩首，兴。到左门军，就外拜兴四次：跪，三斟酒、浆（讲）酒三次、三奠酒，四叩首，兴。到右门军，就外拜兴四次：跪，斟酒、浆（讲）酒、奠酒、斟酒、浆（讲）酒、奠酒、斟酒、浆（讲）酒、奠酒，四叩首，兴。

到厨房鉴(监)斋爷,就外拜兴四次:跪,斟酒三次、浆(讲)酒三次,奠酒三次,四叩首,兴。回到天地前,就外拜兴四次:跪,斟酒三次,浆(讲)酒三次,奠酒三次,四叩首,兴。叫前行戏祝(竹),到殿内玉帝前,就外拜四次:跪,斟酒三次,浆(讲)酒三次,奠酒三次,四叩首,兴;到土地、五道前,就外拜兴四次:三斟酒、三浆(讲)酒、三奠酒、四叩首,兴;到左门军,就外拜兴四次:跪,三斟酒,三浆(讲)酒,三奠酒,四叩首,兴;到右门军,就外拜兴四次:跪,三斟酒,三浆(讲)酒,三奠酒,四叩首,兴;到厨房,就外拜兴四次:跪,三斟酒,三浆(讲)酒,三奠酒,四叩首,兴;回到天地前,就外拜兴四次:跪,三斟酒,三浆(讲)酒,三奠酒,四叩首,兴。打曲破。笔(毕)。

【注释】

〔一〕一般"下请"仪式见往当地土地庙。该赛略有不同。依下记,不但见"到土地、五道前"跪拜,读"请状文",仍类一般赛社所见,且见接着又祭左右"门军"(即门神)、"监斋"、"天地",并令"前行戏竹"(即"前行")再祭一遍。真可谓"礼多人不怪",显属主礼先生乱加。

(二)《享赛文疏》本校注

【按】该本所记的"文疏",是主礼先生在神前读的祭文,与前本《享赛用》关联。它不是祭文全部,而是常用的短文。为了携带方便,随时翻看,其形似旧时记账的"折子",可以折叠、伸拉。本高17.2厘米,每折宽9厘米,封面写"享赛文疏"四字,以下依序录校。

入寝文〔一〕

伏以金乌西坠,玉兔初升,送神安寝不解(懈)恭。酒瓶杯盒(阖)迎锦帐,茶罢瓯干歇金钟。空烛煌煌明锦院,银灯[灿灿射仙庭]〔二〕。

【注释】

〔一〕此文与前《尧庙山赛社用本》所记的"又入寝文"大体相同。盖因慕学村与尧庙山相距不远,其"入寝文"属同源。

〔二〕此句原本只抄"银灯"二字，以下未记。今依《尧庙山赛社用本》，将此句补全。余下缺失未补，可参看"尧庙山"本所记。

领羊文

伏以昊天金阙玉皇上帝并满位尊神位前，曰：惟神，切（窃）以羊而（儿）生就，长在乾坤。羊而（儿）百草养命，天水滋润其身。圈中选就，体角相应；身无杂色，一体同生。众神聚会，喜气重生。伏愿：年年吉庆，岁岁安宁。伏乞尊神，受其所献。恭惟尚享。

放生文〔一〕

盖闻：君子之心，常存乎恻隐；圣人之德，莫大乎好生。今有兽野（禽）高飞拂（俳）侧；寻食水（鱼）游，急遇罗网。昔郑子产有归鱼简，曾子放鱼得乐，位列三台，冲放（仲仿）井（并）幸。杨宝曾放黄雀，后有四世三公之位；毛宝曾放白龟，得免右虎将军之难。古人放生比比之然也。幸遇上帝今接寿仙，什过阶前。大启金笼，放鸟禽于万里。共资圣寿于乾坤，以覆育于群生。伏乞尊神，受其所献。恭惟尚享。

【注释】

〔一〕此篇"放生文"使用了一些典故。其中"郑子产"，即春秋时的郑国公孙侨，字子产，《孟子·万章上》记有其"归鱼"典故；"曾子"即曾参，孔子弟子，以孝闻名，《荀子·大略》记其食鱼故事，与"放鱼得乐"相关。杨宝、毛宝故事见前已注。篇中的"什过阶前"，正言过者之多。盖因"什"指"十"，概言其多、杂。

放赦文〔一〕

伏以昊天金阙玉皇上帝位前：位下诸神，尽在丹墀之内，未敢上殿升阶。请命上帝赦旨，已合参礼，方敢上殿升阶。伏乞尊神，受其所献。恭惟尚享。

【注释】

〔一〕此"放赦文"，以及下篇"又放赦文"，皆属迎神日"安神升殿奏禀文"。之所以称"放赦",盖因奏禀玉皇之后各神才能就位。

又放赦文

伏以金阙并满位尊神位前：土地、五道二位神祇，尽在丹墀之下。请封（奉）赦旨，采然（未敢）上殿升阶，已合参礼，后赴其位。伏乞尊神，受其所献。恭惟尚存。

酒 文

夫酒者，喜逢冬月围炉，喜遇夏天解渴。三杯竹叶穿心，两字（朵）桃花上面。瓶内斟时流琥珀，滴洛（落）盏内似珍珠。一杯能依（溢）喜，三杯解心忧。伏乞尊神，受其所献。恭惟尚享。

又酒文

大酒者，君君臣臣乃立人伦之道，父父子子[皆]于地理相生。更愿一人有庆，再乞五谷丰登。伏乞尊神，受其所献。恭惟尚享。

茶 文

夫茶者，东吴佳瑞，北苑先春。摘处两旗香可爱，贡来双凤品充珍[一]。卢仝也（七）碗，之陆（羽）三陈[二]。色分满顶之雪，味敌建溪之春[三]。金鼎乍烹云作浪，水壶初透玉飞卢（炉）。受其所献，恭惟尚享。

【注释】

〔一〕此上下句，各言一种名茶。前者指旗尖茶，宋称"旗枪"，因清道光皇帝钦点赐予"上三旗"而得名；后者指贡尖茶，因进贡而得名，宋代已有皇帝见用的"龙凤茶"。

〔二〕卢仝、陆羽的典故，前已注。

〔三〕"建溪之春"，指建溪茶，即武夷茶。宋陆游《建安雪》诗已见"建溪官茶天下绝，香味欲全须小雪"云云。

上马文

伏以在位尊神:万事其(齐)命已备,未敢轻祝圣驾。诚至奉圣齐临,暂离仙境,请赴凡筵。祝之敬之。谨请尊神同众上马。伏乞尊神,受其所献。恭惟尚享。

下马文

伏以诸位尊神:不(今)为凡清,速离金鞍,请赴凡筵。同席饮配,共享疏筵。会乐三朝,迎送五日。谨请满位尊神,同共下马。伏乞尊神,受其所献。恭惟尚享。

请三仙文

伏以三位真人位前:炉香乍爇,气霭氤氲。金童执幡前引,玉女使者后跟。谨请三仙真人,暂离本殿,请赴香坛。伏乞尊神,受其所献。恭惟尚享。

送三仙文

伏以三仙尊神:银河耿耿,皓月辉辉。茶寒无味,酒寒无力,食寒无气,香尽无烟。不敢久劳圣体,暂离云司,明晨请赴凡筵。伏乞尊神,受其所献。恭惟尚享。

安神文

伏以尊神:四牡骓骓,已离灵应之宫;入幔洋洋,幸临会馆之庭。义执玉配(瑴),或下金銮。共享笾豆之荐,玄扶名号之尊。敬乞尊神,同安享配。伏乞尊神,受其所献。恭惟尚享。

接驾文

接驾臣本境广佑王，诚惶诚恐，稽首顿首，百拜上启：上帝万岁万万岁。小神接驾来迟，望祈（乞）恕罪。恭惟尚享[一]。

【注释】

〔一〕此"接驾文"，正用于前记的"香会"。"广佑王"乃"龙王"。

报晓文

伏以尊神：钟声响撞，谨（金）鸡报晓。金乌欲出扶桑，玉兔送归汉外。商贾欲出店门，客旋（旅）早登送路。儒人读典之时，禅子诵经之际，谨请满位尊神，圣驾早赴（起），请赴凡筵。伏乞尊神，受其所献。恭惟尚享。

出寝文

伏以尊神：衣冠楚楚，威仪纷纷。复赴凡筵，礼乐从先。恭迎出寝，复位照前。伏乞尊神，受其所献。恭惟尚享。

盥漱文

伏以尊神：金钟响亮，角鼓更钟。金乌出乎扶桑，玉兔离玉（于）银汉。谨启诸位尊神，盥漱升殿。长者端镜执梳，少者取水着巾，各尽其诚，勿得怠慢。受其所献，恭惟尚享。

（三）《享赛祭文》本校注

【按】该本为麻纸本，高约24厘米，宽约23厘米，毛笔竖抄，保存尚好。封面未见所立本名、抄立时间、抄立人等，只有乱涂的"福禄祯祥""福禄寿"等无序文字。因其内容与前《享赛文疏》本相似,记有更多赛社祭文,故将其命名为《享赛祭文》本。另,该本除赛社祭文外,又记有婚事对联、婚丧择日、丧事礼规及其祭文,因与赛社无关,内容从略。

以下,依次录校。

秋报榜文〔一〕

京表一张,一张六行,一行六十个字〔二〕。

伏以祀典之设,自古为昭。灌献之诚〔三〕,于今为烈。迄今,西成有望,闾里颂其德;万宝告成,遐迩蒙其林(庥)。品物咸亨,人人庆神功之有赖;百谷用成,处处乐圣德之无疆。所以,祭祀之典不可忽也。由此观之,事当虔诚而谨慎,理宜整肃以奉神。祈福之举,岂不彰明较(佼)著哉!今据山西潞安府长子县各坊厢里不同人氏,现在厶村居住奉神,祈福保安。信士、社首择吉八月初一日,于本庙虔诚设供。仅以香楮清酌供品之仪,陈樽酒簋□□□(俎豆之)庥(馐)〔四〕。兹者,叮咛众社(社众),倍加业斋〔五〕。辑其器物,专一其意〔六〕。沐浴其身体,戒慎其服食。勿疑,勿戏愉(娱),勿怠慢,勿简亵。牺牲在前,俎豆在列。以享以荐,既芬既洁。礼成乐备,吉祥自若。须至榜者,右榜通知。

大清同治几年八月初一日　　　敬悬殿前

榜文押

【注释】

〔一〕依下记,此"秋报榜文"用于该村佛寺,即前所记的兴福寺,故见其中记有"信士",用有佛说。

〔二〕以上数语原本写在题名之下,属批注说明,指其用纸、书写要求。

〔三〕"灌"指神前酌酒,"灌献"代指祀神。

〔四〕由于原本边角破损,此句中间缺字。依意,今补"俎豆之"三字。

〔五〕"业"指修炼功业,佛家有身、口、意三业之说。

〔六〕此句亦出自佛说。"辑",敛也,"辑其器物"即敛弃外界的一切事物,从而"专一其意"于佛、于神。

享赛榜文序

　　京表七长（张），一张八行，一行七字。

　　北方夜明龙王圣寿[一]。龙之为灵，昭昭也；龙王之为神，亦昭昭也。有求必应，无感不灵。其示于人者，不已（亦）大哉？其及于人者，不已（亦）深乎？试观雨润日暄，洵神功之有永；雷动风散，歌圣德于无疆。而且春生夏长，其默为培植者人莫得而测；物阜年丰，其阴为呵护者又谁得而知？赫赫之功，咸以为无能名也；芸芸之众，孰不思有以报之哉！或笙歌，或刚鬣[二]，报之之礼固宜厚；或司香，或司烛，报之之人亦必多。兹合四社而湍流，亦越三年而享赛。今因大清国山西潞安府长子县厶坊厢里甲不同人氏，现在厶村居住奉神。信士、社首厶厶厶等，念大众均沾圣惠，偕同人仰答神庥。心存恭敬，既式礼之莫愆；意秉虔诚，亦执事之有恪。香老尽有德之祷，亭士无敢慢之状。果品堆盘，不过荐其时食；香会载道，适以壮其神威。凡我同人，各恭其事。宜有严而有翼，慎勿怠而勿荒。庶几神如在而来格来享，神有感而降福降祥。将见百谷之顺成可卜于今日，百室之盈止更兆于来秋。《大雅》之诗曰：神罔时怨，神罔时恫[三]。不可为是村颂也哉！是为序。榜文押。

【注释】

　　[一]"北方夜明龙王"，为慕学村龙王庙所奉之神，即当境河神。今考，此庙亦有赛，属本村（四社）小赛。

　　[二]"刚鬣"本指有鬃的野兽，每又借指猪，《礼记·曲礼》就言"豕曰刚鬣"。此处借指神前"献牲""献食"。

　　[三]此句与《诗经·大雅·桑柔》有关。该篇写周厉王无道，民不聊生，有语曰："天降丧乱，灭我立王。降此蟊贼，稼穑卒痒。哀恫中国，具赘卒荒！"此处所言"神罔时怨，神罔时恫"正为警示社众：切勿因人之过引起神怒。

席主表[一]

　　北方夜明龙王尊神位前，曰：惟神，兹者合社人等，恭率社众，各秉虔诚。聊具香供，仰惟南极老人星君降临宝殿，延年益寿。正祀当今皇帝，常为万岁之君，永做千邦之主；辅朝文武、佐国公卿、本郡官僚，高增禄位。祈其年风调雨顺，保今岁五谷丰登。八仙聚会赴花（华）筵，一驾云雾降凡间。采取蓬莱苓（灵）芝境（敬），祥云霭霭罩金冠。鹦鹉杯前添寿酒，宝鼎金炉缭绕烟。松柏齐寿松柏寿，万岁万岁万万年。尚享。

【注释】

〔一〕依下所记，其"席主"正是该村所祀的"龙王"。此表用于为其庆寿，也"正祀当今皇帝"。以下两表也都用于"庆寿"。

玉帝表

昊天金阙玉皇上帝尊神位前，曰：惟神，位尊九五，德垂奕世。主宰穷埌简册庶，司连大造于普天〔一〕。荡荡难名，妙元气于冲汉；巍巍无莫，与历数洞大神〔二〕。人遵其指麾，生成民物；国家赖其安养，神机默运，大化显行。合社人等生居下土，久荷宏庥。兹者仲夏，正逢北方夜明龙王尊神圣诞。今辰各秉虔诚，聊具香供，仰惟南极老人星君降临宝殿，延年益寿。正祀当今皇帝，常为万岁之君，永作千邦之主；辅助文武、佐国公卿、本郡官僚，高增禄位。祈其年风调雨顺，保今岁五谷丰登。八仙聚会赴花（华）筵，一驾云雾降凡间。采取蓬莱苓（灵）芝境（敬），祥云霭霭罩金冠。鹦鹉杯中添寿酒，宝鼎金炉缭绕烟。松柏齐寿松柏寿，万岁万岁万万年。尚享。

【注释】

〔一〕"穷"言极也；"庶"指众多；"大造"指大自然，总歌玉帝之功。

〔二〕"无莫"，无薄也。"无适无莫"，出自《论语·里仁》："君子之于天也，无适也，无莫也。"此处言指玉帝对人无厚无薄。

寿表文

南极长生大帝老人星君，曰：惟神，像（象）垂南极，首五福而呈祥；瑞映中天，合三星以曜光。星君之尊，居南斗酌（杓）魁而最上。秉太阳之精，益人间之寿。乾坤赖以悠久，幽明托以无疆。兹因厶厶尊神圣寿之辰，合社人等欲被神泽于万年。祷祀无量,聊乞冈陵于长星,锡福永昌。谨修香[楮]之仪,敢请仙驾格筵祝寿。以永神德,以益人寿。俯鉴愚悃,永锡安康。尚享。

禀状稿

北方夜明龙王尊神位前,曰:惟神,云行雨施,槁苗浡兴。功施社稷,泽润生民。神功千载难忘,血食万年常新。兹值仲夏,薄奠宜愨。神其有知,来格来馨。尚享。

请状文

当方土地尊神位前,曰:惟神,保障一方,通行五路。承天地之威灵,掌神祇之牒度。兹当夜明龙王尊神圣诞,卜享期于五月十五日正祀,选迎神于十三日。敢烦圣驾转赍文牒,移发请疏于本庙各神祠之下,奉□□□(请于各)庙尊神位前〔一〕。伏惟众圣降临宝殿,俯鉴愚悃。右牒具请。

【注释】

〔一〕此句因原本边角破损残缺。今依意补"请于各"三字。

迎神文

【按】此文,与前《尧庙山赛社用本》所记"迎神文"基本相同。唯"尧庙本"中"降于陶唐圣帝神位前"一语,此本改作"降于诸(某)神庭前",以便其他"某"庙适用。余均同,故从略。

祭风文

风伯雨师尊神位前,曰:惟神,位居巽地,执掌东南。可长千般之叶,能开万物之花。先(仙)风过处,有吹千林之动;急雨行时,能助百亩生涯。垂恩罔报,感戴孔嘉。敬修菲仪,望告云霞。神其有知,伏惟尚享。

又祭风文

　　风伯雨师尊神位前,曰:惟神,初洪(横)宇宙,始判乾坤。凭造化而发生万物,藉吹嘘以长育群修。[遂]〔一〕春秋而分律吕,应时(四)候而定阴阳。启告尊神,停止四时之狂风,可酬神圣之大德。恭惟尚享。

【注释】

　　〔一〕由于此篇与"尧庙本"中一篇"祭风文"基本相同,故此处参照补一"遂"字。

祭太阳文

　　【按】此篇开头为"日宫炎光太阳星君,曰:惟神,上天覆载,日月照临……""尧庙本"中的《又祭太阳文》为"伏以尊神:上天盖载,日月照临……"除开头稍异,以下全同,故从略。

又太阳文

　　日宫炎光太阳星君,曰:惟神,出于阳谷,生(升)自扶桑。使群众而进福,照万物而皆宜。作周天之缠度,为律吕之循环。或生(升)或降,或短或长,有寒有暑,为昼为夜。酬赫赫之照临之德,贺炎炎备来(披赖)之光。上居君位,光照万方。下民三俯,仰答上苍。尚享。

祭太阴文

　　【按】此篇开头为"月府素曜太阴星君:曰,惟神,原居天上……""尧庙本"的《祭太阴文》开头为:"伏以月府素曜太阴星君尊神:原居天上……"除开头稍异,以下内容全同,故从略。

迎盘文

天地三界十方万灵真宰位前,曰:惟神,乾恩有永,坤德无疆。职覆职载,运阴运阳。合社顾以清太,一村荷以安康。庇群黎之永宁,保社内之发祥。敬陈薄奠,来格洋洋。尚享。

庆祝圣寿文

北方夜明龙王尊神位前,曰:惟神,职司雨泽,志切安民。致虔致敬,敢告龙神之灵;亦斋亦慎,聊修盏盏之将。圣驾云临,鉴此鄙诚。薄奠是陈,此日诚享。今逢圣诞,仰答神光。如对如越,来格来洋。尚享。

本庙请神文〔一〕

昊天金阙玉皇上帝位前,曰:惟神,灵昭天府,泽沛下方。兹当设奠,伏望降康。俯仰如在,左右陈觞。神其有灵,来格洋洋。尚享。

【注释】

〔一〕"本庙",指办赛之庙。依下记,此"请神文"用于请"玉皇",正可用于慕学村玉皇庙赛社。从而如前所见,既可用于该庙"迎神"时,又可用于该庙"香会"时,该村龙王庙也可类此而用。

送神文

昊天金阙玉皇上帝位前,曰:惟神,灵通四海,威镇万方。然贡丹诚难以久留,重斟美酒再上明香。来有下马之筵,去有前(钱)行之浆。伏乞尊神,天神归于天上,地神归于地乡。应祀神明,各归本堂。尚享。

虫王祭文〔一〕

　　八蜡尊神位前,曰:惟神,御灾捍患,护国佑民。迎猫迎虎,逐鼠逐鼠(害)无存。昆虫毋作,仁至义尽。惟兹今岁旱魃虐深,凡我下民不恩见问;加以昆虫又食禾心,非食禾心食民之身。惟我尊神,大施厥仁。迅扫虫族,烟火千村。聊备菲酌,来格殷殷。尚享。

【注释】

　　〔一〕依下记,此"虫王"指"八蜡尊神",源于先秦"蜡祭",祭有八种农神,且见《礼记·郊特牲》早言,"蜡之祭也,主先啬而祭司啬也……祭百种",其中正有"迎猫,为其食田鼠也。迎虎,为其食田豕也","迎而祭之也","昆虫毋作"云云,与此处所记相符。

秋报祭文

　　昊天金阙玉皇上帝尊神位前,曰:惟神,德配天地,道合乾坤。御灾捍患,物阜康民。神机莫测,妙化难明。岁时报祀,万代无穷。虔陈物仪,各秉精诚。去凶孽而为吉兆,化冰雹而作甘霖。遣诸虫于万里,收烈风于九霄。雨旸时若,西成有望。东作之获,仰答神明。以对以越,来格洋洋。尚享。

秋报送神文

　　昊天金阙玉皇上帝,曰:惟神,兹值孟秋结秀之期,正当百谷成熟之际。共持寅畏〔一〕,各秉虔诚。敬备薄奠,报答神明。岁时顺序,五谷丰登。不尽虔诚之意,全凭祈祷之心。来有下马之杯,去有前(钱)行之浆。伏乞诸位尊神,天神归于天上,地神归于地乡。应祀神明,各归本堂。尚享。

【注释】

　　〔一〕"寅畏",敬畏也。语见《尚书·无逸》:"严恭寅畏,天命自度。"

三峻祭文

乡贯[一]护国龙(灵)贶王尊神位前,曰:惟神,出云降雨,为山之祥。缴风射日,治佐陶唐。黍稷麦秀,山阴河阳。敬备菲奠,大显阙光。神其有灵,来格来洋。尚享。

【注释】

[一]"乡贯",指其开头应写的"山西潞安府……"格式文字。

玉皇祭文

玉皇上帝位前,曰:惟神,操乾坤之命脉,万类赖以长养;司覆载之权衡,庶汇于以滋昌。一元保合(和),百灵皆其效佑;二气永奠,斯民共沐休畅。敬修菲仪,聊表衷肠。如对如越,来格来洋。尚享。

观音祭文

曰:惟神,功成南海,惠遍兹航。指迷亨屯[一],普救万方。莲台化瑞,杨柳垂祥。虔备菲仪,以展神光。惟圣有灵,来格来洋。

【注释】

[一]见于《易经》,"亨"言通,"屯"指难。"亨屯"可指刚柔相继、阴阳相交,由困厄而通达。此处用于观音,因其属送子之神,与阴阳相交有关,故言"指迷亨屯"。

谢雨祭文

曰:惟神,职司雨泽,效灵上苍。有求必应,笃厚一方。惠露涣于九天,恩泽遍及八荒。槁而复兴,草木亦蒙再造;无年有年,吾侪能不报将。昊天罔极,聊申衷肠。鉴此盏盏,福祉无疆。尚[享]。

广生祠祭文

曰：惟神，代天行化，职司生成。资生资始，成气成形。喜螽斯之不绝，庆绪业之缵承[一]。芝英并茂，桂子皆荣。常念圣德广大，久期黎民致诚。神其有灵，来格来盈。尚享。

【注释】

〔一〕"螽"为蝗的幼虫，"螽斯"指蝗类。此处借指子孙繁衍。

结秀祭文[一]

曰：惟神德配日月，道合乾坤。御灾捍患，物阜民康。神机莫测，妙化盛昌。善兴云而致雨，能布润以呈祥。南亩发生，西成有望。敬具薄奠，祈告灵长。岁时顺序，来格洋洋。尚享。

【注释】

〔一〕依上党风俗，旧时各地均有配合农时的小赛，五六月称"结秀"，七八月称"秋报"，九十月称"打窖"。禾吐华曰"秀"，五六月正值小麦秀穗，届时祭神可用此文。

关帝祭文

曰：惟神，德配天地，道合圣贤。仁至义尽，正气同天地不秀（朽）；诚一不二，精忠与日月常光。默佑发福生财，阴庇日增月盛。神功浩大，圣德无疆。敬修菲仪，聊竭衷肠。神其有知，来格洋洋。尚享。

白云龙王祭文

曰：惟神，职司雨泽，兑地当权[一]。护灵泉于不涸，掌水府于有绵。云行雨施，百谷因而长养；远沐近沾，万类赖以滋昌。今逢圣诞，仰答神光。以对以越，来格来洋。尚享。

【注释】

〔一〕依八卦,"兑"对应西。此句言指,"白云龙王"正分管西方降雨之事。

还愿祭文

曰:惟神,乾刚有道,坤德无疆。御灾捍患,物阜民康。谨以有求必应,自尔无微不彰。虔备牲牷、肥腯〔一〕,更进酒醴称觞。惟囗(乞)以安以祐,行见(健)来格来尝〔二〕。帝鉴不远,伏惟尚享。

【注释】

〔一〕"牲牷"指毛色纯一的牛,"肥腯"即肥猪。因其皆可用于献牲,此处借指祭祀供品。
〔二〕"行健",出于《易经·乾》"天行健"。言天道刚健,借指众神。

因为儿还愿祭文

曰:惟神,行健不息,厚德无疆。善则降祥,不善降殃。乾父坤母,鉴观有常。念我仲孟、季〔一〕子,时当弄璋,曾有微愿,祈保安康。兹近弱冠,体胖气昌。用以肯构,菽水可将;用以肯堂,门闾可光。敬修菲仪,聊伸寸肠。高厚不远,来格来洋。尚享。

【注释】

〔一〕原本见将"仲、孟、季"三字并列,意指届时择一。

执事榜文

从来祭祀之典,报神功,酬圣德,非以娱心志、悦耳目也。特恐村人无知而玩忽介意,无虔诚之心致于神谴,安能以蒙神之旨。兹因五月十五日,北方夜明龙王尊神寿诞,凡我执事人等理宜斋戒虔诚,勿得戏渝(娱)怠慢。倘敢临时失误,鸣金不至者,定行议罚,决不宽宥。今将执事人等,开列于后。

混祭文〔一〕

曰：惟神，德同天地，泽沛苍生。上天之功，用于神而显；下土之膏，泽于神而施。故时雨降而民大悦，甘露垂而万汇荣。风调雨顺，无一物不得其所；足国富民，无一处不沐其恩。其神妙莫测，功专造化而无迹；化运无方，曲成而万物不遗。况乎赫赫厥声，民生之祸福于神系之；濯濯厥灵，社稷之安危于神主之。当兹圣光大开，愈加显应，敢不虔［诚］以荐馨香。洋洋如在，来格来尝。尚享。

【注释】

〔一〕依下记，此文用于"圣光大开"时，即为某神塑像开光时。届时，既为某神举行开光仪式，又因在庙各神同祭，故言"混祭"。

牛王祭文

曰：惟神，六畜之首，独推厥德。犉畜之命，维神能佑。角之濈濈，借以蒙休；耳之湿湿，亦向神求〔一〕。窃愿硕大而蕃滋，惟期瘯蠡之不有〔二〕。洁修豆笾，聊备庶馐。神其有知，来格洋洋。［尚享］。

【注释】

〔一〕"角之濈濈""耳之湿湿"，语出《诗经·小雅·无羊》："尔羊来思，其角濈濈。尔牛来思，其耳湿湿。"此处皆指牛。

〔二〕"瘯蠡"，指六畜的疫病。语出《左传·桓公六年》："博硕肥腯……谓其畜之硕大蕃滋也，谓其不疾瘯蠡也。"

牛马王祭文

曰：惟神，仁民有德，爱物为□（心）。阴扶我马，默佑其犉。三千维众，九十成群。祥生騄耳，瑞产麒麟。威名有耀，惠化无垠。衔恩衔德，以祀以烟（禋）。馨香既荐，籥舞亦陈。神其享之，庶风来临。尚享。

祖师庙开光文

曰：惟神，迹标西域，功成南岳。心超万有，行高志洁。折梅寄榔，磨杵心折。剑气冲霄，前空后绝。普天焚顶，智慧共悦。今值开光，有馔粗设。神其有知，来格泄泄。尚享。

土地开光

曰：惟神，目击万姓，保障一方。福善祸淫，降祥除殃。魑魅潜踪，虎狼遁藏。恪具薄奠，以展神光。神其有知，来格洋洋。［尚享］。

龙王开光文

曰：惟神，职司雨泽，志切安民。油然作云，立沛甘霖。有求必应，无屈不伸。山河洋溢，黍稷欣欣。设为庙祖，栋宇一新。光明开放，黍稷维馨。聊表虔诚，来格殷殷。尚享。

观音开光文

曰：惟神，发迹南海，名震万方。极溺亨屯，福善卫良。功成磨杵，惠遍慈航。容光必照，群黎安康。虔备菲祀，来格洋洋。尚享。

黄龙王开光文

曰：惟神，职司雨泽，位列中央。后屏前案，麟山太行。左环右绕，鹿谷龙岗。庙貌巍峨，年远时茫。物换星移，颓败殊常。上无完瓦，下多倾圮。惟我下民，目击心伤。鼎新革故，经营傍皇（彷徨）。日积月累，土木成章。丹青彪炳，金碧辉煌。敬蠲吉日，报答神光。来格洋洋。尚享。

闭神文[一]

曰：惟神，恩及万姓，保安一方。一方之民，感戴无疆。睹神像之无光，欲革故而新妆。祈圣灵之有永，早辞位而闭藏。敬陈薄仪，以奠神光。神在其上，来格来尝。尚享。

【注释】

〔一〕此文用于修庙时。届时，或因神的旧像残缺需要重塑，或将旧像重加彩绘，皆有"闭神"仪式，与"开光"相对。

牛马王开光文

曰：惟神，爵应天象，职司民牧。洵美且武，助万姓耕云黎雨；既倨且闲，资庶民逐电追风。生而长，长而育，盈厩满野；一而十，十而百，结驷成群。借马而乘，识民风犹敦古谊；饲牛而相，知力大尚可耕田。栋宇辉煌，或在左而在右；黍稷维馨，宜竭诚而尽敬。神其有知，来格来盈。尚享。

祭瘟灾（神）文[一]

曰：惟神，奉天司令掌人间之灾侵（祲），阿禁不祥除无边之瘟殃。万民咸宁，惟神是望。一方清泰，薰沐无量。鉴此盏盏，来格来尝。尚享。

【注释】

〔一〕此篇及以下数篇，皆与瘟灾有关，用祭瘟神。

又

曰：惟神，寒暑不时，乖气酝酿；阴阳失宜，灾侵（祲）飞伤。惟我尊神，职司瘟疫，禁之方张；权可驱除，奠人无恙。敬备菲献，祈保安康。神其有灵，来格洋洋。尚享。

瘟疫榜文

念瘟疫之来也，半由天降，亦半由人作。而灾禳之流也，惟神能散，亦惟神能收。因当瘟疫传衍之初，为此先事预防之计。设坛以祭，恪备律吕声容之奏；祷祀而求，敬陈酒醴粢盛之仪。感格维诚，咸期转祸为福；其德不爽，何难以危得安。不独一家之人免灾免害，且使合村之众亦良亦宁。神功之阴庇，群生感戴于无穷矣。

瘟疫对

祈顺天康泰雍护乾坤嘉千载道德广大；
祷治国熙安正直隆昌庆万年光辉久长〔一〕。

【注释】

〔一〕此"瘟疫对"上下联有其特点，上下对应的"祈祷"二字小写，而且上下对应有"顺治""康熙""雍正""乾隆""嘉庆""道光"年号，故见特记。由此可见，该本应该抄立于"道光"之后，属清末民国用本。

又瘟灾榜文

品物咸亨，庶汇皆在仁育之列。大德曰生，天地无不爱物之心。虽剥复相循，五福必继以六极；灾祥互乘，福善必兼以祸淫。要不过一时之惊觉，以振愚蒙，以肃人情；曾未有灾侵（祲）遍野，瘟疫比户，如今日也是。即二五之气机，实亦群生之孽障。为是，合村人等以严以肃，致敬致诚。借声歌以祈祷，真欲叫通天耳；备薄奠而酝酿，冀以感格上苍。伏愿惠露遍洒于宇宙，秽浊尽化为嘉祥。凡我下民，莫不蒙神之保佑矣。

牛马王瘟疫祭文

曰：惟神，质本天角，恩治民生。黑如牡丹，百亩是易；赤似桃花，千里横行〔一〕。阴阳不调,牛喘是闻;寒暑为灾,马病是呈。未雨绸缪,惟有虔诚。可秉先事而防,只凭祈祷为情(请)。敬具菲仪,合社虔诚。瘟疫迅扫,灾害不惊。神其有知,来格盈盈。尚享。

【注释】

〔一〕此上下两句,分言牛、马之功。

瘟疫大字〔一〕

祈福保安	除瘟扫祸	千祥云集	报答神功
合境均安	百福骈臻	人口平安	合境清太
普扫不祥	社首虔诚	自求多福	默佑群生
祈福迎祥	瘟灾远离	介福方来	远去千里
四季平安	迅扫瘟疫	祈福福至	禳祸祸消
合村清吉	人眷安宁	驱魑除魅	周境安宁
瑞气来临	神功默佑	消灾免祸	

【注释】

〔一〕所谓"瘟疫大字",类如对联,写在方纸上,赛社时贴在门上、墙上,用以祈福禳灾。多因瘟疫流行而用,故称。

五瘟牌位〔一〕

中央太阴湿土司黅天土气　　之神位
东方厥阴风木司苍天木气　　西方阳明燥金司素天金气
南方少阴君火司丹天火气　　北方太阳寒天事玄天水气
掌理五季五瘟尊神　　　　　和瘟教主匡阜真人

【注释】

〔一〕"五瘟牌位"排列时,从中央开始,然后一左一右依次分列两侧。

珏山牌位[一]

北极万法教主玄天上帝

左班	右班
圣父净乐国王明真大帝	圣母善胜天后琼真大仙
圣师丰乾大帝尊神	圣友文昌梓童帝君
神龟圣蛇水火将军	金吾屯卫二大将军
六丁六甲五雷八卦大帝	天罡河魁拥前合后使者
执纛捧剑科车交吉力士	掌印执珪擎冠捧衣玉女
珏山得道诸灵官众	本境庙貌灵祠山神土地五道

【注释】

〔一〕"珏山牌位",属珏山赛社的排神,届时竖写,从中间"北极万法教主玄天上帝"开始排列,下分"左班""右班"。

【按】以下记有一组丧事用文及礼规。依次为《丧事祭风文》《祭门文》《祭棚文》《司灵文》《丧事终献礼祭文》《告祖文》《祭后土文》《回灵文》,以及灵前叩拜礼规。之后,接记"丧事对"一组。再后,接记一组赛社用的"香亭对",以及"乐台""亭士""面厨房""西厨房""戏房""库房""茶棚"的对联。再后,又记一组"秋报对",以及"龙王""三峻""三官""祖师""子孙"等殿专用对联。最后,又记"娶亲对"十六副。今均从略。

秋报牌位[一]

左	右
昊天金阙玉皇上帝	天地三界十方万灵真宰
三教文昌奎光尊神	历代圣帝明王贤后哲相
敕封神武灵佑关圣大帝	当今万岁万万岁
社稷山川并一切祀典尊神	灵湫三圣并一切真人
敕封护国灵贶王尊神	北方夜明水德龙王尊神

日月星辰并司作化成昜（汤）位	当年行雨龙王一切威灵
南方火宿龙王尊神	是日云空过往一切诸神
八蜡虫王牛马王尊神	赵爷
瘟爷	当境城隍土地五道尊神

【注释】

〔一〕此"秋报位牌"，下记有"北方夜明水德龙王尊神"，正属慕学村秋报排神，仍记有"八蜡、虫王、牛马王"，从中间而分左右排列。值得注意的是，该文记有"当今万岁万万岁"神位，可见直至清末民国，当地赛社仍供奉着"当今在位皇帝"神位，仍存宋代遗风。

【按】以下接记一组阴阳先生常用的《易经》"八卦"常识，以及婚丧择日的时辰。如"八门九星歌""相克歌""论数歌"等，均从略。

寿表文

【按】此表文，与前"尧庙本"所记的"接寿表文"全同，从略。

玉帝表

【按】此表文，与前"尧庙本"所记的"玉帝表文"全同，从略。

席主表

【按】此表文，同"尧庙本"所记的"席主表文"相比，只是将其主神由"陶唐圣帝尊神"换成"北方夜明龙王尊神"，其余全同，从略。

香停（亭）晓论（谕）〔一〕

兹因北方夜明龙王尊神圣诞享赛，十三日午后鸣罗（锣，以下径改），各社人等到庙齐集。如有一名不到者，失误定罚。十四日早上，鸣锣到庙。如有一名不至者，定罚。午上，一遍鸣锣，乞诚（起程）响二炮；第二遍鸣锣，到神厂（场）齐集;第三遍鸣锣,响炮起身。各执役人等知悉。如有一名失误,定罚。

【注释】

〔一〕此属告白文字。届时张挂香亭,晓谕有关人员,故称。

【按】以下接记《庙中白虎》《神号鬼哭日》等,均与"择日"祭祀有关。最后又杂记一些对联,今均从略。

十八 《赛场杂选》本校注

该本发现于长子县石哲村,由李培鸿先生(1942年生)提供。石哲属于大村,在慕学村之西,旧有乐户,也曾办赛。

据李培鸿先生讲,其家世执阴阳业,其祖李士俊办过横水镇崔府君庙

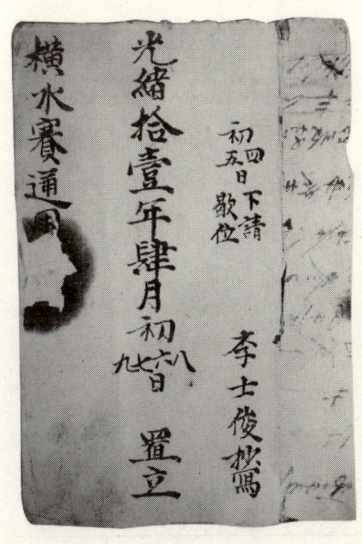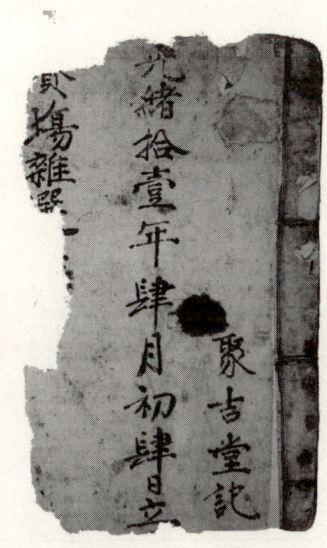

赛,故存此本。该本高约19.5厘米,宽约13厘米,右侧以细线装订。封面(右图)用白麻纸裱成厚纸,左上角毛笔竖写"赛场杂选",右下角竖写"聚吉堂记",中间竖写"光绪拾壹年肆月初肆日立"。内容分两大部分,又各置内封面。第一部分内封面(左图),左上角竖写"横水赛通用",右下角写"李士俊抄写",人名上端批写"初四日下请,初五日歇位(指停歇一天)",中间通行竖写"光绪拾壹年肆月初六、七、八、九日置立"。第一部分最后空开两个双折页,接第二部分封面,其左上角竖写"对联祝文通用",中间竖写"光绪拾壹年四月初六、七、八、九日立",记有赛社对联、书表、日程等。显然,该本属"横水赛"应用文字,乃为其赛抄立。全本用棉麻簿纸双折成页,除去两个内封面,具体内容为九十三个双面页,计一百八十六个单页,每页抄写八行,保存完整。

笔者曾考察横水镇,该镇位于长子县西南端,距石哲村较远,与沁水县(今属晋城市)相接,周围大山环抱。镇有小河穿过南北,河上建一座石桥,分其村为河东、河西。其河东,距石桥数十步路南,即崔府君庙,旧庙已毁,庙基仍存;该庙对面,路北高处有福兴寺,为当年赛社"寿场"。其河西,有龙王庙、关帝庙,又有北寨村,北寨村头有三官庙,为当年赛社接水处。当年崔府君庙赛,正如该本所记,由河东、河西、北寨轮流主办。

以下依次校录该本,凡之前各本已注者,不再重复注释。

(第一部分)

横水赛通用

光绪拾壹年肆月初六、七、八、九日置立

初 四 日 下请　　李士俊抄写
　　五　　歇位

大殿奉神榜文

切(窃)以人在尘寰,必赖神而默佑;神居幽冥,须依人而血食。今据山西潞安府长子县各坊乡里不同人氏,现在横水村居住奉神。祝筵圣寿,合社均安。社首厶人等,恭率社众,谨具凡筵,伏为致祭。合境神祇,专祈一方,风调雨顺,五谷丰登。为此,理合备榜晓谕。随祭香老及上下一切执事人等,宜着鲜洁衣服。不吊丧,不问疾,惟礼祭祀;不饮酒,不茹荤,谨发虔心。拜揖升降,勿交首以喧哗;进退周旋,勿秽浊而怠慢。三斋七戒,切要虔心,必见所祭者诚至之也。洋洋乎如在其上,如在其左右焉。呜乎,有其诚则有其神,无其诚则无其神,可不慎乎?不然,获罪于天,无所祷也。凡执事之人,各宜精白乃心,格恭乃事。倘有懈怠,自招愆罪矣。至祭之后,交腾瑞气,遍布祥云,群黎乐业,百福咸臻。须至榜者,右榜通知。

光绪ム年ム月ムム日榜文　　社首ムム人

戒厨榜文

膳夫庖馔,始自伏牺。因祭祀而用牲牢,后割烹而陈俎豆。礼存圣典,职备厨人。或宗庙之蒸尝,暨朝廷之享宴,亦又变生造熟,又须按节依时。捆一念而正一身,协五行而调五味,莫致幸差。凡于锜斧之间,及在钻刀之上,胶唇闭口,虑嚏防涎。诸[事]下气低声,出入更衣盥手。暑天蝇哂(蚋),暗地虮蜉(蜉),般般素切用祝,处处要明开眼〔一〕。恐义(仪)毫失,度罪衅以非轻。他未知而自先知,人未见而神先见。究兹所以,可不慎乎!儿(尔)当俯首以前(潜)思,无幸速于后悔。故此榜示。

光绪ム年ム月ム日榜文　　腾(膳)夫ムム

【注释】

〔一〕此句中,"素"作副词用,指预先、提前;"切"指贴切、贴近。全句意指,要预防蝇蚋、虮蜉之类接近供品,时时都要睁大眼睛。

寝　榜

盖闻:敬神人(人敬神)而祈福有永,神依人而血食无穷。人心有献奠之诚,神祇有归宿之地。夫寝者,安身之所,体歇之处。既有寝室,必有帘幕,珍珠琥珀,堪以为忱。锦绣纬巾,玉烛荧煌,诸神各安寝室。今据山西潞安府长子县各乡都坊里不同人氏,现在ム村居住奉神。祝延(筵)圣寿,祈众切安。社首ム人等,恭率社众,谨具凡筵。虔修享祀,合行榜文。停伟(亭帏)以禁,出入所止。修司以严祀举,祀以格神马(焉)。凡有事于祀者,各宜谨慎,勿起怠意,恐招愆罪。须至榜者,右榜通知。

光绪ム年ム月ム日榜文

局　榜

切(窃)以人赖神而默佑,神依人而血食。既有品献,必有其美酒。若夫酒非曲蘖不成,曲多则太苦,蘖少则太甜,必得其中,然后成酒。方祭之时,总曰用欝鬯之酒,灌地以降神祇。然又以观人之诚与否耳。凡局内诸品献食,各样果品、黍稷、牺牲等项,须要洁净整齐,勿行龌龊。出入则更衣盥手,语言则背面低声。但期澡雪于心,务致馨香,以达神明。《书》云:黍稷非馨,明德惟馨[一]。神无常事,享于克诚。今社首厶人等,恭率社众,严修祀事,享祭合境神祇。专祈风调雨顺,国泰民安。凡执事人等,合先晓谕,各宜虔诚乃心,恪恭乃事。勿致怠慢,自招愆罪。须至榜者,右仰通知。

光绪几年几月几日　　亭帏士榜文

【注释】

〔一〕此句出自《尚书·君陈》:"至治馨香,感于神明。黍稷非馨,明德惟馨尔。"

庭帐榜

夫礼之大者,莫于祭;祭之大者,重于诚。一为祈祷雨降,严修祭祀。神之享与不享,亦在乎人之诚与不诚耳。呜乎!有其诚则有其神,无其诚则无其神,以是知诚者亦人之所当虔也。今将本月初六、七、八、九日,在本境府君庙享赛三朝。凡有执事人等,务使衣服新鲜,冠裳齐整,沐浴斋戒,洗心涤虑。勿耽于酒,勿纵于心。屏气似不息,举足如有循循。当尽奉神之礼,昼夜恭心,早晚伺候,勿得失误。怠以致亵慢神明,灾逮夫身矣。预先出示晓谕,各令知悉。须至榜者,右榜通知。

光绪十一年四月初六、七、八、九日榜文　　社首某人

乐　榜

盖闻:乐者,曲自夔龙传之[一]。至今可以悦其神明而乐其庶人者,莫过于乐。夫乐始自轩辕,曲在后夔(夔后)周师掌之,克谐八音,而协六律,以为清浊高下之声。五音者,则宫、商、角、徵、羽也。六律者,乃黄钟、太簇、姑洗、蕤宾、夷则、无射、大吕、夹钟、仲吕、林钟、南吕、应钟是也。协之管弦,播之声音,不相侵夺。五色成文而不乱,八风从律而不奸。奏之朝廷,可以感格神明。《书》曰:

"声依咏,律和声,八音克谐,无相夺伦,神人[以]和。"诚哉是(斯)言也！圣人作乐以养性情,以和上下,以悦神祇,其功效广大深远如此,可不慎欤!

光绪十一年四月初六、七、八、九日榜文　　点到鼓乐人

【注释】

〔一〕所谓"夔龙",依《十三经·舜典》记,"夔、龙"为二人,皆为舜臣,且见"(舜)帝曰:'夔！命汝典乐。……诗言志,歌永言,声依永,律和声。八音克谐,无相夺伦,神人以和。'夔曰:'於！予击石拊石,百兽率舞'"。

神榜文[一]

夫义礼之大者,莫先如祭,祭所先者,莫要于诚。诚之至与不至,神之享与不享系焉,可不慎欤！凡于祭祀之人,当尽奉神之礼,须洁衣裳而出入,宜整冠履而往来。在之守礼,人人听令,务要鞠躬如也,色勃如也。屏气似不息者,举足如循循然。齐庄中正,上如揖,下如授,祭神如神在。何也？消其灾祸。盖祭者,神之所享也,身交于神,其心敢有不敬乎？是故,能祭者神必赐其吉祥,失敬者神亦人(必)处尘中,全赖神之默佑。神居虚空,亦依人而后行。兹因祈祷寸泽,合出明廉之榜。叮咛晓谕一班奉神之人,各执其事,供应殷勤。不许喧哗,不许饮酒,不许茹荤；不可金銮殿上往来,不可五凤楼前言语；勿交头而语,勿对日而唾,勿倾冠而侧；未盥而莫令上殿,按服而莫的(乱)升阶。合社当以此而敬矣！引礼生亦勿寒(含)糊传宣,不许混淆,书表字字无差,虽片纸可道上圣；礼赞必言言有据,是(虽)俗语自服众人。今开执事于后：秉烛者,灯光灿烂,照耀神祇。焚香者,香烟缭绕,感恪众圣。倘有亵渎,神明吐之。茶为上品,精洁为先；酒为天禄,可以格神。神无常享,享于克诚；纤毫失度,罪者谁归？合社人等,殷勤莫怠,敬事众圣,奏格无言,时靡有争。祭品之设,历历馨香；声容之盛,秩秩肃雍。严命膳夫,或茶或果切须精洁,或肴或馔务要虔诚。祀典以悦神明,以祈祯祥,而后可也。须至榜者,右榜通知。

光绪几年　月　日榜文　　社首某人

【注释】

〔一〕此"神榜文",需贴在神场,所记类头场所念的"听命文"(见前《听命文集》等本),所

记条规类同,且也强调"人人听命"。之所以如此,或为省掉头场有关节次,以免届时再念。

又厨榜

夫敬神者,应酒血食,人以敬祭为先也。祀典既兴,庖厨为事。膳夫庖馔,始自伏羲。因祭祀而用牲牢,后割烹而陈俎豆。礼存圣典,职备厨丁。或宗庙之蒸尝,或神明之享宴,亦必变生而造熟,又须按节而依时。抲一念而擢一身,无有怠慢;协五行而调五味,莫至乖讹。苟或起怠心,秽污邋遢,人未见而神先见,人未知而神先知。呜呼!可不慎欤?今据山西潞安府长子县漳德乡田甫里横水村居民奉神,社首厶人等恭率社众,严备祭祀。今于合境神祇供奉一方,祷祝风调雨顺,国太(泰)民安。既陈六局,以备厨丁。凡执事人等,宜预先晓谕。各宜沐浴,肴馔精白,乃心恪恭乃事。勿致怠慢,自招愆罪,恐有过矣。须至厨榜者,右榜通知。

又乐榜

夫礼者,祀神之本也;乐者,行礼之具也。礼者可叙而已矣,乐者可和而已矣。礼叙而乐和,则人悦而神格矣。柳(聊)考轩辕,制礼之余遂命伶伦作乐,协和五音十二律吕,以为清浊高下之声。五音者,则宫、商、角、徵、羽也。十二律吕者,黄钟、太簇、姑洗、蕤宾、夷则、无射、大吕、夹钟、仲吕、林钟、南吕、应钟也。协之律吕,播之声音,不相侵夺,既得伦次。可以奏之朝廷,用之邦国,用之乡人。用之奉神,则神人为之胥悦焉。《书》曰:"声依律吕,以和音声,无相侵夺,而达之神明。"呜乎,诚哉是(斯)言也。圣人作乐,以养性情,以事神祇。今将夏动七角音。夏属于南方,为之火。万物生长,具因以火为火,用赤木取火也。角不正行,孟动三角,一高宫角,二双调角,三小石调角。夏孟月也,二十九日。已下三场,二十八宿值日、好食、临期开列于后。呜乎!正邪禁乱,无非庄敬之仪;移风易俗,无非中和之礼。礼既先行,乐须后奏。合用宫商次序,莫敢稍有差讹,自招愆罪。预启晓谕,各宜知悉。须至乐榜者,右榜通知。点到乐部古论(今按,届时需写人名)。

又厨榜

切(窃)以古垂圣典,明陈祭祀之仪;职备庖丁,当展精严之礼。膳夫庖厨,始自伏羲。因祭祀而用牲牢,后割烹而陈俎豆。或宗庙之蒸尝,或神明之享宴,亦必变生而成熟,又须按节而依时。制造诸品,以祭其神。总未明精细之功,亦须别鲜败之分。盐梅调和,始成五味;品目节制,然后成羹。或在斫刀之上,或在铸(锜)斧之间,恒缄锅以尝咂,勿闻香以作嚏。出入必盥帨其手,问诺则谨慎其言。天气融和,常窥慕羶之蚁;时光暑热,专睹隐迹之蝇。般般用心,件件行细,丝毫失度,罪雪非轻。呜乎!人可欺而神不可欺,人未见而神先洞见,由是思之可不慎欤?凡在执事者,当俯首以潜思,勿速辜而后悔,各令知悉。须至榜者,右榜通知。膳夫(今按,届时需写人名)。

寝　榜

盖闻:人敬神而祈福有永,神依人而血食无疆。人心有献奠之诚,神明有寝歇之所。是以在位诸神,筵享方毕,须当安寝,暂回锦帏,寄梦蝴蝶。玉烛荧煌,金乌已坠,斗转星移,月朗星稀,各宜寝歇。理合张挂庭帏,以禁出入。所谓修伺,以严祀举,以格神焉。凡有执事者,各宜谨慎,勿起怠心,以招阴愆。须至榜者,右榜悉知。

某年某月某日
严刑科罚开列于后:

　一盥漱不洁者罚　　一拜神失礼者罚　　一诚心不专者罚
　一争斗为非者罚　　一语言喧哗者罚　　一烧香不到者罚

规矩榜

切(窃)以人在尘寰,必赖神而默佑;神居幽冥,须依人而血食。谨具凡筵,致祭合境诸神。专祈一方风调雨顺,国太(泰)民安。为此,理合备榜晓谕。随祭香老以及执事人等,俱着鲜洁衣服,不吊丧,不问疾,惟理祀事;不饮酒,不茹荤,各发虔心。拜揖升降,勿交首以喧哗;进退周旋,勿秽浊而怠慢。七日戒,三日斋,克尽虔诚。而神始洋洋乎如在其上,如在其左右焉。呜乎! 有其诚则有其神,无其诚则无其神,可不谨乎? 不然,获罪于天,无所祷也。凡有执事之人,各宜精白乃心,恪恭乃事。倘有懈怠,自招愆罪。须至榜者,右榜通知。

光绪十一年四月初六、七、八、九日榜文

三[头]场乐次[一]

先王雅奏,治世遗音。后夔典此而克谐八音,周师掌之而协和律吕。明可通于天地,幽能赞于鬼神。尊卑品列,分成四十八曲之明(名);清浊贵贱,宜按二十八宿之位。既有音律主,须照乐星图。勿起怠心,自招愆罪。

今将四月初七日头场乐次供神七盏开列于后。

一本值宿某,宫调几品,正犯、傍犯、则(侧)犯,上临某宫,下临某地,置下某乐[二]。

光绪厶年四月初七日头场乐次　　乐人厶厶厶批字[三]

春头场斋数乐次

一盏	长寿利市曲[四]	补空	三台
二盏	靠乐歌唱	补空	谩(慢)词
三盏	三牲(生)薄媚	补空	再撞
四盏	笙、头管、西夏笛[五]	补空	缠令[六]
五盏	金(全)场坠(队)舞	补空	再煞
六盏	单呈独献[七]	补空	美令[八]
七盏	变大接舞[九]	补空	揭(歇)帐队子[一〇]

夏头场乐次

一盏	歌曲子	补空	三台
二盏	靠乐歌唱	补空	谩(慢)词
三盏	王子高带花六么序	补空	再撞
四盏	夏笛黄龙[一一]	补空	美令

五盏	"得胜歌"全唱〔一二〕	补空	十样锦
六盏	美（羌）管"菩萨蛮"	补空	缠令
七盏	接舞大变	补空	队子

秋头场乐次

一盏	南山歌曲子	补空	三台
二盏	贺新郎	补空	再煞
三盏	单舞盘中曲	补空	再撞
四盏	五眼西夏笛	补空	把戏
五盏	双猴献果	补空	时行美令
六盏	"醉胡林"拖白莲〔一三〕	补空	杂耍
七盏	接舞变大	补空	队子

右件前项乐次，谨按宫商，不许差错。若有差错，自招愆罪。

【注释】

〔一〕因之下所记为"春头场""夏头场""秋头场"乐次，故将其题名补一"头"字，以与之下接记的"三末场乐次""三正场乐次"统一。另，以下所记之"乐"，沿袭前代，后期赛社并未全用，有的又有变化。

〔二〕此段所记，与"二十八宿值日"相关，届时其"某"需具体填写。

〔三〕"乐人ムムム批字"，届时乐户头人（科头）需填姓名。

〔四〕"长寿利市曲"即"寿南山歌"曲子，前已注。

〔五〕"笙、头管、西夏笛"，指用这些乐器吹奏一曲。因用于"四盏"，已无严格限制，所以曲名不作规定。以下类似不注。

〔六〕"缠令"早见于宋，之前各本也多有记。按后期上党赛社所见，已变为曲牌"吹打"。

〔七〕"单呈独献"，本指单独演奏或歌舞，此处指"独奏"。

〔八〕"美令"，即美好的"小令"，指"吹奏"。

〔九〕"变大接舞"，与之下所记的"接舞大变""变太（泰）接舞"类同，皆与"大曲歌舞"相关。由此而"变"，变为"吹打"，称"打曲破"，且因用于供盏最后"收队"时，前行领念有"国泰民安"云云，故言"变泰"。

〔一〇〕此"歇帐队子"，类宋代队戏歌舞，可借以"收队"，且如后期赛社"变泰"所见，已称"打曲破"。

〔一一〕"夏笛黄龙",指笛吹《降黄龙》《降黄龙滚》之类乐曲。
〔一二〕"得胜歌",即《得胜令》,此处强调"全唱",即只唱不舞。
〔一三〕"醉胡林"前已注,此处只表演"拖白莲"片段。

三末场乐次

夫乐者,顺天地之体,成万物之性,动荡血脉,流通精神。是以八音克谐,六律和平。谨按乐次,依其次序。勿得差错,自招愆罪。今将本月△日乐次奉神△盏开呈于后。

一本日值△宿,同前〔一〕。

春末场乐次

一盏	利市曲破	补空	三台
二盏	靠乐歌唱	补空	谩(慢)词
三盏	暖席曲破〔二〕	补空	再煞
四盏	群箫	补空	把戏
五盏	大乐曲破	补空	缠令
六盏	歆管	补空	缠令
七盏	单呈独献	补空	再煞
八盏	变太接舞	补空	揭(歇)帐

夏末场乐次

一盏	歌曲子	补空	三台
二盏	靠乐歌唱	补空	谩(慢)词
三盏	三牲(生)薄媚	补空	再撞
四盏	歆管	补空	时行美令
五盏	金管金圣乐〔三〕	补空	杂耍
六盏	群筝各(合)唱	补空	把戏
七盏	凉扇〔四〕	补空	缠令
八盏	接舞	补空	队子

秋末场乐次

一盏	寿山利市歌子曲	补空	三台
二盏	靠乐歌唱	补空	谩（慢）词
三盏	五花梁州	补空	再撞
四盏	龙笛	补空	美令
五盏	单儿（兜）子双蝉[五]	补空	把戏
六盏	抈古（迓鼓）儿[六]	补空	缠令
七盏	小百素	补空	杂耍
八盏	接舞太变	补空	队子

右件乐次，谨按宫商。若有差错，罪孽非轻。而已（按，当属衍字）。

【注释】

〔一〕此"同前"，类前值宿，仍需填写有关事项。

〔二〕所谓"暖席曲破"，类前各本所记的"温习曲破"，第三盏也可用头盏时的大曲"曲破"，早可伴舞，后期也多变为"打曲破"。

〔三〕"金管金圣乐"，似仍留着金代痕迹。若此，当指管吹金代"贺圣"类曲子，如《贺圣朝》《朝天子》《大圣乐》等。

〔四〕"凉扇"，当指执扇而舞。

〔五〕"单兜子双蝉"，另本又记为"单斗子"，属戏耍表演，前已注。

〔六〕"迓鼓儿"，属《迓鼓令》伴奏的乐舞。

［三正场乐次］[一]

夫乐者，清明以象天，广博以象地，终始以象人，是赖乐以娱神，因乐以悦圣。祈赐雨泽，培养禾稼。是以社首某人等，谩（慢）调律吕，雅奏神前，谨呈正场奏乐之次。值宿某。不依次序，自招愆罪。今将本月厶日乐次十二盏开呈于后。

一本日值某宿。

计开：［春］正场乐次

| 一盏 | 南山歌曲子 | 补空 | 三台 |

二盏	五花梁州	补空	再煞
三盏	靠乐歌唱	补空	美令
四盏	凤笙呈献	补空	缠令
五盏	全场大乐	补空	再撞
六盏	单舞盘中曲	补空	再煞
七盏	变太队子	补空	揭(歇)帐
八盏	笙箫细乐	补空	把戏
九盏	龙笛呈献	补空	再撞
十盏	群送[二]	补空	再撞
十一盏	单呈独献	补空	再煞
十二盏	全场队子	补空	三台

计开:夏正场乐次

一盏	万年欢[歌]子曲	补空	三台
二盏	道宫薄媚	补空	再煞
三盏	唐明皇击梧桐[三]	补空	再撞
四盏	方响	补空	缠令
五盏	箫管"保金板(枝)"	补空	压秦再撞[四]
六盏	揭(歇)指云霄[五]	补空	太平歌
七盏	黄钟梁州	补空	美令
八盏	五眼西夏笛	补空	谩(慢)词
九盏	龙笛呈献	补空	美令
十盏	群送	补空	再撞
十一盏	单呈独献	补空	再煞
十二盏	全场队子	补空	队子

右件乐次,依法奏献。若有怠慢差错,速降罪戾厥躬。伏乞神明,俯垂朗鉴。

【按】依前惯例,接着应有"秋正场乐次"文,原本缺。

【注释】

〔一〕此标题原无,今依之前惯例而补。

〔二〕"群送","群送箫管"的省写。

〔三〕"唐明皇击梧桐",因用于"舞三盏",可知为《杨妃单舞盘中曲》。

〔四〕"压秦再撞",仍属"再撞再煞"类的队舞。"压秦",当指"鸿门会"中项庄、项伯双舞剑之类。

〔五〕"歇指云霄",指《云霄》一曲用"歇指调"。

[三场食次文]〔一〕

盖闻:烹龙炮凤,乃物外之家风;刺豕蒸羊,即人间之品味。未明精细之功,有败鲜肥之气。盐梅慢下,愧无调啻之才;刊刃徒施,稍积牲牢之枝(技)。幸遇圣诞,备役厨丁。但心洁雪,干诚心务。致馨香于庶品,聊为供养,式荐灵明。今将本月初七日供神盏数开列于后。

初七日　头场食次七盏

一本日值某宿,好食[某]〔二〕。

一盏〔三〕	酥小茶食	金顶杏茶汤
二盏	珠顶馒头	银丝粉羹
三盏	月样菠胞(薄脆)	荔枝羹
四盏	金大食荔枝饼	肚肺连花羹
五盏	虎瓜蒸饼	软羊羹
六盏	乳香三色饼	金丝粉羹
七盏	金丝龟儿	细丝挂面羹

右且(具)前项食次,谨按其经,调成五味。如有膳夫所怠者,自招愆罪。

切(窃)以盐梅置品,晢鼐调和。或承大祭,或备奉神之享宴。须依品目烹蒸,按时而置造。明书俱备,祀典常存。今则岁时大祭,虽无百味珍馐,可按品经造制。今将本月初八日供神盏数开呈于后。

初八日　正场食次十二盏

一本日值某宿,好食[某]。

一盏　宝妆茶食　　　　　　　云梦杏汤
二盏　鸳鸯馒头　　　　　　　细丝粉［羹］
三盏　月样菠胞(薄脆)　　　　七宝羹
四盏　荷叶盏罗　　　　　　　金丝肚羹
五盏　锦文奈香儿　　　　　　长寿簇项
六盏　合(金)蝉油饼　　　　　龟鱼羹
七盏　嵌花银饼　　　　　　　羊头看花羹
八盏　春茧儿　　　　　　　　对妆肚羹
九盏　三色糖饼　　　　　　　顶花锦带羹
十盏　梨花果食征　　　　　　蜜蝶趁
十一盏　桃花角子　　　　　　群仙羹
十二盏　雪花板　　　　　　　片白肝

右具前向(项)食次,谨按食经,调成五味。如有膳夫懈怠者,自招愆罪。

切(窃)以炉当(铛)调鼎,切须去垢无尘；百味珍馐,可按品经造制。烹茶炉馎,全凭一点专意；供养奉神,能洁雪心于神。今将本月初九日奉神盏数开呈于后。

初九日　后场食次八盏

一本日值某宿,好食［某］。

一盏　金丝饺子　　　　　　　散星菜［羹］
二盏　睡馒头　　　　　　　　聚宝头羹
三盏　香酥薄胞(脆)　　　　　荷叶羹
四盏　酥皮胡角　　　　　　　金丝嵌玉羹
五盏　二色糖饼　　　　　　　玉蝉羹
六盏　笑脸儿　　　　　　　　甘花羹
七盏　常(长)寿龟儿　　　　　珍珠羹
八盏　桃花饭　　　　　　　　煎肝趁

右具前向(项)食次,谨按食经,调成五味。如有膳夫所怠者,自招愆罪。

五脏　神所用之物[四]

甲乙日用肝　　丙丁日用心　　戊己日用脾
庚辛日用肺　　壬癸日用肾

【注释】

〔一〕此小标题原无,今加。

〔二〕此小段类如"乐次文"所见,届时具体填写值宿"好食"内容。

〔三〕依供盏规制,每盏两趟,头趟供果,再趟供食,有"果为正盏,食为补空"之说。此处供果内容皆省,所列皆属"补空"内容,以下类此。

〔四〕依《易经》,五行、五音、五味、五脏对应相关,故有此记。

二十八宿宫调[一]

角木蛟:正宫,第一品。正犯越调,傍犯中吕宫,侧犯越调,逆犯南吕宫。二星,十三度九十九分。上应天秤宫,下临郑地。置下净水(置下筝),正宫。好食青龙过海羹,天花蕊头饼。

亢金龙:南宫,第二品。正犯石调,傍犯正宫,侧犯高石调,逆犯南吕宫。四星,九度七十四分。上应天秤宫,下临郑地。置下方响。好食云梦羹,天花饼。

氐土蛤(貉):中吕[宫],第三品。正犯高石调,傍犯正宫,侧犯高大石调,逆犯黄钟羽。四星,十度二十六分。上应天蝎宫,下临宋地。置下(按,缺乐器名)。好食(按,缺食名)。

房日兔:道宫,第四品。正犯双调,侧犯调(按,缺字,未言何调。以下又缺字,未言该宿共几星)。六度五分。上下同前(按,指同前"上应天蝎宫,下临宋地"一语)。置下月琴。好食群仙羹,奈香儿。

心月孤(狐):南吕调,第五品。正犯小石调,傍犯黄钟羽,侧犯双角,逆犯盘(般)涉调。三星,六度四分。上下同前。置下漠子,南吕宫。好食蓁汉子,细肉羹。

尾火虎:仙吕调,第六品。正犯歇指,傍犯般涉调,侧犯歇指角,逆犯中吕宫。八星,十二度九分。上应人马宫,下临燕地。置下笙,仙吕宫。好食脊髓羹,珍珠盏酪。

箕水豹:黄钟羽,第七品。正犯伤(商)调,傍犯般涉调(按,缺侧犯),逆犯正平调。四星,九度十三分。上下同前。置下月琴,道宫。好食头蹄羹,金丝龟儿。

斗木獬:中宫,第一品。正犯越调,傍犯正宫,侧犯越调,逆犯黄钟羽。六星,二十二度半。上应磨(摩)蝎宫,下临吴地。置下七星子,越调。好食圆鱼羹,龟背糖饼。

牛金牛:正平调,第二品。正犯大石调,傍犯高宫,侧犯大角,逆犯般涉调。六星,六度十二分。上下同前。置下(按,缺乐器名),大石调。好食浮油虚食,桃花饭。

女土蝠:南宫,第三品。正犯大石调,傍犯[高]宫调,侧犯大石角,逆犯般涉调。四星,九十五度。上应宝瓶宫,下临齐地。置下琵琶。好食如意羹,满面娇。

虚日鼠:仙吕宫,第四品。正犯双调,傍犯正宫,侧犯双角,逆犯中品宫。二星,九度二十八分。上下同前。置下美笛,双调。好食(按,缺食名)。

危月燕:黄钟羽,第五品。正犯小石调,傍犯南宫,侧犯小(大)石调,逆犯宫调(正平调)。三星,十六度一十六分。上下同前。置下双韵子,小石调。好食玉蝉羹,穰花饼。

室火猪:般涉调,第六品。正犯高平调,傍犯越调,侧犯黄钟羽,逆犯正平调。二星,十八度四十五分。上应双鱼宫,下临魏地。置下钩(管)箫,歇指[调]。好食二香饼(羹),嵌花糖饼。

壁水㺄:般涉调,第七品。正犯商调,傍犯黄钟羽,侧犯双调,逆犯仙吕宫。二星,上下同前。置下凤笙,林钟调。好食荷菜锦带羹,沙糖鱼儿。

奎木狼:越调,第一品。正犯正宫,傍犯仙品[宫],侧犯大石角,逆犯般涉调。上应白羊宫,下临鲁地。置下琴瑟。好食玉菜羹,嵌花油肉饼。

娄金狗:大石调,第二品。正犯正平宫(调),傍犯南[吕]宫,侧犯大石调,逆犯林钟羽。三星,十四度半("半"字衍)二十五分。上下同前。置下笙簧,大石调。好食五软羹,驰(驼)峰角儿。

胃土雉:大石调,第三品。正犯中宫,傍犯南吕[宫],侧犯大[石]角,逆犯仙[吕]宫。三星,十四度二十八分。上应金牛宫,下临赵地。置下厌策(觱篥)。好食科斗(蝌蚪)羹,嵌花糖茧儿。

昴日鸡:双调,第四品。正犯道宫,傍犯仙吕[调],侧犯双调,逆犯仙(南)吕宫。六星，十二度。上下同前。置下柏木板（拍板）。好食珍珠粉［羹］，红霄饼。

毕月乌：小石调，第五品。正犯南［吕］宫，傍犯黄钟羽，侧犯小石调，逆犯（按，缺所犯之调）。八星，七十度。好食松花饼，锦肚羹。

觜火猴：歇指调，第六品。正犯中宫，傍犯般涉调，侧犯歇指调（角），逆犯南［吕］宫。三星，四十度。上应阴阴（阴阳）宫（按，即双子宫），下临晋地。置下韵管。好食银丝羹，榴花饼。

参水猿：林中羽，第七品。正犯黄钟，傍犯般涉调，侧犯南（商）角，逆犯仙吕［宫］。四星，九度半。上下同前。置下姜（羌）笛。好食长寿羹，聚仙糖饼。

井木犴：大石调角（大石角），第一品。正犯正宫，傍犯中宫，侧犯高［大］石调（按，缺逆犯）。八星（按，缺度数）。上应巨蟹宫，下临秦地。置下玉浆。好食聚仙宝羹。

鬼金羊：双调角（双角），第二品。正犯中宫，傍犯南［吕］宫，侧犯双调（按，缺逆犯）。五星（按，缺度数）。置下鼓儿。好食积善羹，金火食。

柳土獐：小石调，第三品。正犯道宫，傍犯仙品［宫］，侧犯小石调（角），逆犯（按，缺字）。［上应］狮子宫，下临周地。置下捉（羯）鼓。好食春茧一苗羹，芙蓉饼。

星日马：歇指调，第四品。正犯道宫，傍犯仙［吕］宫，侧犯小石调，逆犯高［大］石调。上应狮子宫，下临周地。置下葫芦琴。好食树（榆）钱［羹］，荔枝饼。

张月鹿：高调（角），第五品。正犯南吕［宫］，傍犯黄钟宫，侧犯歇指调，逆犯商角。上应狮子宫，下临周地。置下箫管。好食七［宝］羹，八宝糖饼。

翼火蛇：越调（林中）角，第六品。正犯仙吕宫，傍犯般涉调，侧犯商调，逆犯双角调（双角）。上应双（室）女宫，下临楚地。置下筝笙。好食日月肠子羹，白红糖饼。

轸水蚓：大石调角（按，实应为越角），第七品。正犯（按，缺字），傍犯（按，缺字），侧犯（按，缺字），逆犯越调。置下凤笙。好食蜜清茶，蕊头食。

【注释】

〔一〕此篇所列，《唐乐星图》《周乐星图》等本亦记，不尽相同，可相互参考。不再详注。

十二元神[一]

老人诗：
　　头戴金冠接(按)七星，未分天地我先生。
　　德人(仁)福禄居南极，年年添寿老人星。

鼠：
　　专在人间消灾障，加冠(官)进禄作财主。
　　神后元神自属鼠，鼓舞和风降甘雨。

虎：
　　功曹元神自属虎，镇(振)动山林红叶舞。
　　祈福祭祀风雨顺，拥(永)护黎民不受苦。

龙：
　　天罡元神自属龙，金鳞玉爪紫雾腾。
　　银河清波能变化，润雨泽民恩不穷。

马：
　　胜光元神自属马，腾云驾雾如戏耍。
　　精神辉耀乐天衢，辅理乾坤福边要(耍)。

猴：
　　传送元神自属猴，王母桃园显杨柳。
　　醉卧彩云观碧汉，藤萝松桧秀岩游。

狗：
　　河魁元神自属狗，祭祀降凶世罕有。
　　也曾千里把书传，展草垂恩天下走。

牛：
　　体态丰肥性温柔，喜会织女结缘由。
　　祭祀之中消灾难，大吉元神自属牛。

兔：
　　行动腾云又驾雾，保佑人间家户富。
　　祭祀场中领牺牲，太冲元神自属兔。

蛇:
  耳听世上乱咨嗟,专在人间斩妖邪。
  朝游暮走升仙去,太乙元神自属蛇。

羊:
  心慈口善性如常,海量宽宏志气刚。
  凌烟阁上标姓名,小吉元神自属羊。

鸡:
  初出扶桑是家(佳)期,贵列三宫天下知。
  身披五彩光宇宙,从魁元神自属鸡。

猪:
  行腾紫雾过太虚,江河湖海把凶除。
  保佑天下人安乐,登明元神自属猪。

【注释】

〔一〕此文前"尧庙本"亦记。值得注意的是,此处开头又记有"老人诗"一段。显然也类"八仙"队子,用于"老人星"率而表演。

中八仙左右次序〔一〕

汉、洞、张、蓝　　徐、曹、李、韩

汉钟离芭蕉扇面色娇红,在朝中都总兵曾管三军。
拜东华传妙诀成仙得道,众神仙来聚会朝见寿星。

[又]〔二〕

沉醉黄粱梦转迷,玄机神妙有谁知。
造化迷微人难识,招财利市汉钟离。

(又)〔三〕

仙中总领道中稀,八仙内里有谁知。
行处只登东洋海,能消万祸汉钟离。

吕洞宾在唐朝秀士出身,垂杨下黄粱梦赴去幽冥。
遇神仙来点化回心学道,一心儿去修行不跳龙门。

[又]

头带(戴)青纱一字巾,龙泉飞剑紧随身。
升天入地神通广,扶立唐朝吕洞宾。

(又)

神仙道号自洞宾,头戴金纱一字巾。
腾云只到东洋海,脚踏宝剑过江心。

张果老驴儿小神通广大,踏倒了赵州桥更有神能。
鲁班修他不识神仙到此,至如今千万载后代留名。

[又]

天地同生寿算高,骑驴踏倒赵州桥。
扬州度脱花杨(华阳)女,大罗神仙张果老。

(又)

我今为仙有几朝,脚踏渔鼓海上飘。
云游四海神广显,古记(迹)印在赵州桥。

曹国舅在朝中他是皇亲,夺取他板一馏(班衣衔)美儿佳人。
抱(包)龙图断国舅交收我去,去修行成正果足入仙宗。

[又]

功名富贵皆参透,龙楼凤阁都不就。

仙分幸遇吕纯阳,玉叶金枝曹国舅。

(又)

老仙国舅本姓曹,六音铁笛江中摇。
为仙曾赴蟠桃会,歌声不离九云霄。

徐圣公(神翁)铁牌儿天地同生,药葫芦在偕(胁)上常放光明。
想当初行癫狂回心转意,得仙道去朝元拜见三清[四]。

[又]

常在红尘沽酒浆,识破机关不压强。
龙入深山修仙道,凤管龙笛张四郎。

(又)

道号四郎字(自)姓张,深山人(人)道神仙乡。
成仙显圣升天去,脚踏行(竹)罩过长江。

蓝采和鸳鸯板声入龙宫,三月三赴蟠桃大显神通。
有龙王他无理夺去玉板,惹起我众神仙争战交兵。

[又]

头戴展角衣绿罗,曾共孩儿笑呵呵。
神通显化腾云去,拍板高歌蓝采和。

(又)

道号采和妙玄机,烧丹炼药有谁知。
脚登云板江中走,遇见水怪蛇龙池。

铁拐李想当初借尸还魂,他曾见阴府中十帝阎君。
因地(世)上见善恶修仙办(伴)道,成正果腾云路仙传标名。

[又]

李翁铁拐为世高,气毒伤身显英豪。
蓬头海角亲游遍,人间天上自逍遥。

(又)

神通广大世间稀,蓬头身穿衲蓝衣。
脚踏铁拐过江去,借尸还魂吾姓李。

韩湘子年七岁离去双亲,蒙叔父并婶母恩养成人。
十四上去修行真心不退,得仙道度叔父早去天宫。

[又]

父祖敕封宰相家,身穿破衲药(衣)丹霞。
冬天手提花蓝(篮)走,盛放双头牡丹花。

(又)

刘仙海底戏虾蟆,气毒无伤概(盖)世夸。
灵丹妙药能消病,颏开生死富荣华(花)〔五〕。

【注释】

〔一〕"八仙"之说,宋元早有,历代说法不一,明清更有上八仙、中八仙、下八仙之说。因此,此处"中八仙"仍类赛社"八仙队子",列在"寿星"两旁,强调"左右次序"。其中未见宋代早有的"张四郎",也未用明代"何仙姑"替代,却有一位姓"徐"的神仙,指宋代"徐神翁"(详下),留有元明过渡的痕迹。每仙记有三段诗赞,第一段皆为"十字句",乃后期才有,已可用于戏班的扮八仙,且记有格式相同的两段,可相互替代。

〔二〕此"又"字今加,因其仍属"汉钟离"诗赞。以下类似不注。

〔三〕此"又"字为该本原有,今加括号。以下类似不注。

〔四〕以上四句,言"徐神翁"。其人原名徐守信,《宋史》《道藏》等书有传,言其曾受宋徽宗亲封,或属早期的八仙之一。因"徐"谐音"续",可解为"二人有余",正合"送子"之意,类似宋代"张仙",故见之下"又"记有"张四郎"四句,二者可相互替代。

〔五〕此"刘仙"四句,出自"刘海戏蟾"故事,韩湘子也可由其取代。

又一诗诀[一]

世有无踪道休闲,修行住在五蓬山。
谈笑浮世人不识,韩湘脚踏花毛蓝(篮)。

借尸还魂铁拐李,神通广大无可比。
除凶除祸消灾障,知仁知义知廉耻。

韩(寒)山闲到世间游,笑破轮回不断头。
拙笔提诗深可取,懒为天下共王侯。

江上消(逍)遥笑微微,竹帚随身拂尘灰[二]。

【注释】

〔一〕此"又一诗诀",用于"八仙庆寿"表演,故加"又"字。依下记,似又不全。
〔二〕此段写"拾得",缺二句。

二十八宿星诀[一]

平生猛烈志[气]高,人间祭祀显英豪。
天门星宫第一品,姓邓名禹角木蛟。

天庭二品按五星,祭祀招财百事通。
驾云行雨风调顺,姓吴名汉亢金龙。

天府宫中笑呵呵,下临宋地镇山河。

人间享祭多吉利,姓贾名复底(氐)土貉。

天星五度能消磨,定立乾坤辅万国。
敕封祭祀祭吾身,姓耿名甘(弇)房日兔。

天王宫中按山河,默与皇家定机谋。
三星四度第五品,姓寇名恂心月狐。

山中鸟五(兽王)胆气鹿(粗),天赐星宫世金(全)无。
善助祭祀生吉利,姓岑名彭尾火虎。

天津行宫悟仙道,燕地立功无不妙。
冥辅祭祀家户吉,姓冯名翼(异)箕水豹。

手执金瓜显豪杰,天妙宫中按世界。
保佑人间尽安康,姓朱名郁(佑)斗木獬。

敕封二品镇诸侯,天机星宫我为头。
佐烈世界神通显,姓蔡(祭)名尊(遵)牛金牛。

头戴凤冠降吴国,能置琵琶和万物。
志气轩昂天女星,姓景名丹女土蝠。

天乡星宫吾为主,祭祀招祥顺风雨。
金刀在手诸(诛)奸盗,姓盖名延虚日鼠。

赫赫威灵登宝殿,扫荡凶邪消灾难。
天钱行宫雨润通,姓坚名镡危月燕。

天廪宫中过太虚,下临魏地是吾居。

本宿二星第六品,姓耿名纯室火猪。

心中包藏万卷书,云游天下乐自如。
消灾增福第七品,姓臧名宫壁水㺄。

巡行山河何自王,平生精猛把名扬。
天将行宫为总领,姓马名武奎木狼。

天岳宫内吾为首,送福降祸世界走。
手取曲尺度宇宙,姓刘名隆娄金狗。

精猛勇烈多豪气,掌握乾坤临赵地。
天仓星宫保万民,姓马名成胃土雉。

身出扶桑又转西,光辉显耀谁不知。
天月星宫神通广,姓王名良(梁)昴日鸡。

威镇诸邦德不孤,能除罪祸使民苏。
赵地八星第五品,姓陈名俊毕月乌。

纵横逍遥人(任)风流,山中戏耍永无忧。
天屏星宫观星象,姓傅名俊觜火猴。

天水星宫喜自然,欣享祭祀显威权。
搜捉邪怪人安乐,姓杜名茂参水猿。

天井宫中登宝殿,能尽(进)人间财万贯。
本宿卜(八)星第一品,姓姚(铫)名棋(期)井水(木)犴。

立国安邦争战场,祭祀领生(牲)免灾殃。

十二宫中第二品，姓王名霸鬼金羊。

天厨宫中是家乡，下临周地把名扬。
治国安邦定天下，姓任名光柳土獐。

精光郎耀盖世夸，天库宫中是吾家。
万国九州皆被泽，姓李名忠星日马。

天秤宫中十一度，善赐人间财满库。
闲游山野第五品，姓万名修张月鹿。

双女宫中佛法奢，人间祭祀扫凶邪。
安身不见生楚地，姓初（邱）名全（仝）翼火蛇。

天阶星宫第七品，昼游宇宙夜楚寝。
祭祀享赛保安康，姓刘名直（植）轸水蚓。

【注释】

〔一〕此篇，"尧庙本"记为"二十八宿姓名诗"，可比照。

二十八宿姓名面貌开呈于后〔一〕

邓禹：

角木蛟，一品，二星十一度，喜高宫调。女面，黄衣，白身（裙）朱履，手执鞠（曲）尺。正犯越调，傍犯中吕，侧犯高宫，逆犯南［吕］宫。上应天秤宫，下临郑地。乐置笔（筝）。好食天花藻头食，青龙过海美（羹）。妙（好）戏：《同（周）亚夫西（细）柳宫（营）传》，［即］《将沌（屯）西（细）柳衣（营）》。后宿皆有正傍侧逆犯，不染，度此马仿〔二〕。

吕（吴）汉：

亢金龙，二品，五星九度，高宫调。披头空壮（妆），金妆销锦（金）白衣裙，手执展于（錾玉）剑。正中调，大石调，角宿〔三〕。［上应］天秤宫，下［临］郑地。［乐置]方响。好食天花饼,出蒙美(云梦羹)。戏同前。

贾复:

底(氐)土貉,三品,四星十六度,道宫调。披头,宝花,殿中黄金妆衣,左手执花,右手执剑。高丕(高大石)调,南宫吕(吕宫),高大石,黄中(钟)宫。上应天蝎宫,下[临]宋地。一是(置下)水盏。好食天花饼,南国美(羹)。[戏]《二郎大搜山》。

耿甘(弇):

房日兔,四星五度,道宫调。牛头人面,青衣白裙,左手执莲剑,右手执刀。双调,南[吕]宫,双调,般涉调。天蝎宫,下[临]宋地。杖鼓。奈香饼,群仙美(羹)。戏同前。

寇恂:

心月狐,三(五)品,五星四度,南吕宫。黑面,毡冠巾,紫罗衣,禄(绿)金裙,左手执金鞭,右执镜。小石调,黄中(钟)宫,双角,般涉调。天蝎宫,下[临]宋地。好食蓁汉子细肉美(羹),厌见荔枝要(腰)子羹(按,缺戏)。

岑彭:

尾火虎,八(六)品,六星十七度,喜公(宫)调。红面,青衣,八宝冠,左手执镜,右手执战(戟)。歇指调,傍侧逆者犯中吕。上香又马(上居人马宫),[下临]燕地。凤笙。珍珠路(露)拽(炖)骨髓美(羹)。[戏]《圣天王破引(伊)州》。

冯翼(异):

箕水豹,七品,四星十八度,黄钟吕(羽)。女面,人形,八卦冠,赤衣禄(绿)裙,手执铁鞭。商调,般涉调,斗(正)平调。上应人马宫,下临燕地。月琴。金丝龟儿,头蹄羹。[戏]《独赴单刀》。

朱郁(佑):

斗木獬,一品,六星十四度,中宫。男面,红衣,左手执花,右手执金瓜。越调,般涉调,越调(角),黄钟羽。上应磨蝎(摩羯)宫,下临吴地。七星龟背糖饼,园(圆)龟羹。[戏]《招(昭)君和番》。

蔡尊(祭遵):

牛金牛,二品,六星七度,正平调。女面,长角,红衣白裙,左手执花,右手执棍。大石调,高宫调,般涉调。上[应]天蝎(摩羯)宫,[下临]青(吴)地。大鼓。桃花饼,荣虚汁。[戏]《三请诸葛》。

景丹：

女土蝠，三品，四星十一度，南吕宫。男形，凤冠，紫罗衣，手执鞭。大石调，高宫调，大石角，般涉调。上应宝平(瓶)宫，下齐地。乐造(操)琵琶。好食满面娇，意美羹。[戏]《观音阁绿绸(观音斗六筹)》。

盖延：

虚日鼠，三星十度，仙吕调。女面，长角，青衣，手取金刀。正犯双调，傍道宫，侧双调，逆中宫。上宝(应)宝瓶宫，下齐地。乐造(操)龙笛。好食三香饼，一字羹。按安(按，或指出戏《安安送米》)。[戏]《九(清)江圣母》。

坚谭(镡)：

危月燕，五品，三星九度，黄钟宫。皂衣(带)，青身，手执剑，奴(女)面，红衣。正犯小石，傍南吕宫，侧犯大石调，逆正平调。上应宝瓶宫，下齐地。乐[置]双韵子。穰花饼，肉蝉羹。[戏]同前。

耿纯：

室火猪，六品，二星十七度，般涉调。女面，红妆，青衣，白花裙，左手执棍，右手执镜。正犯高宫调，傍越调，侧黄中(钟)羽，逆正平[调]。上应双鱼宫，下临魏地。乐造箫。好食花糖饼，三香饭。

藏(臧)宫：

壁水㺄，七品，一星十七度，高平调。男形，头戴毡巾冠，赤衣，皂带，绿领，手执象简。正犯商调，[傍]黄钟羽，侧双调，逆仙吕。上应双鱼宫，下临魏地。下带美油饼。乐造(按，缺字)。[戏]《五虎下西川》。

马武：

奎木狼，一品，九星十七度，正平调。女面，长角，赤面(衣)黑领，手执花。正犯宫，傍犯宫，侧犯石调，逆犯盘调(般涉调)。上白羊宫，下吴(鲁)地。乐造琴。好食嵌花肉油饼，玉叶饰[羹]。[戏]《薛答(悉达)太子游四门》。

刘隆：

娄金狗，三(二)品，四星十一度，大石调。云凤霞冠，赤衣(身)绿衣，青裙，左手执秤，右手执鞠(曲)尺。正平调，傍南吕，侧大石，逆犯中调(林钟羽)。上应白羊宫，下临鲁地。乐造筝簇(筷)。好食驼峰角儿，五软羹。[戏]《二郎降八怪》。

马成：

　　胃土雉，三品，三星三度，大石调。女面，长角，手执丝鞭。正犯中吕宫，傍南吕宫，侧大石角，逆仙宫。上应金牛宫，下临赵地。乐造莘策（觲箓）。好食嵌香糖丹虫儿（茧儿），科头（蝌蚪）羹。[戏]同前。

王良（梁）：

　　昴日鸡，四品，七星十二度，喜双调。奴（女）面，人形，白裙绿衣，手执战枪。正犯道宫，傍犯仙吕，侧犯双调，逆南吕。上应金牛宫，下临赵地。乐造拍板。好食红霄饼，珍珠针（趁）。戏《大闹罡王殿》。

陈俊：

　　卑（毕）月乌，五品，八星十六度，喜双调。奴（女）丑面，毡冠，赤衣朱履，手执弓。正犯南吕宫，傍犯同前，侧犯小石调，逆正平调。上应金牛宫，下临赵地。乐造龙笛。好食松花饼，锦（肺）肚羹。戏《单舞皂调棋（刁旗）》。

傅俊：

　　嘴（觜）火猴，三（六）品，六星一度（三星四十度），歇指调。人面，赤衣，黄裙，青冠，手执弓。正犯南吕宫，傍盘（般）涉调，侧歇指调（角），逆南吕。上阴阳宫，下晋地。乐造管则。好食掬（菊）花饼，银丝羹。戏《唐葛[周]三灵会》。

杜茂：

　　参水猿，一（七）品，七星九度，林钟商。男面，披头，白带，左手执鬼气（器），右手执黑剑。正犯黄吕（钟）宫，傍犯盘（般）涉调，侧商角，逆仙吕。上应阴阳宫，下临晋地。乐造龙笛。好食聚八仙糖饼，长寿羹。[戏]《乐真》。

桃其（铫期）：

　　井木犴，一品，八星十三度，大石角。牛头窄（马）面，赤衣金甲，手执花杖。正犯宫调，傍犯中吕，侧大石角，逆天秤宫（高宫）。上应巨解（蟹）宫，下临秦地。乐造玉阶（土埙）。酥白饼，聚仙羹。

王霸：

　　鬼金羊，五（二）品，二星十二度，双角调。羊头，白身，赤金妆，手执金剑。正犯中吕宫，傍犯同上，侧双角调。上应巨蟹宫，下临秦地。乐造鼓子。尖馒饭（饺），精善羹。[戏]《酒（鸿）门会》。

任光：

　　柳土獐，三品，五星十四度，小石调。人形恶像，绿短衣，左手执剑，右手执镜。正犯中吕宫,傍犯南吕宫,侧逆双角。上应狮子宫,下临周地。乐造葫芦琴。好食荔枝饼,榆不(叶)羹。[戏]《伯(霸)王大会垓》。

李忠:

星日马,四品,九星七度,歇指调。恶面,红衣白裙,左手执桃花,右手执金爪。正犯道宫,傍犯仙吕宫,侧小石调,逆歇指调。上下同前。乐凤(双)韵子。好食芙蓉饼,眷(春)苣笘笛(苗)美(羹)。[戏]同前。

万脩:

张月鹿,五品,八星十一度,喜商角。女面,长角,赤身,手执叉。正犯南吕宫,傍黄中(钟)宫,侧歇指调,逆商角。上下同前。乐造箫管。好食八宝妆(糖)饼,七宫(宝)羹。[戏]《八蛮进宝》。

邳全(彤):

翼火蛇,六品,九星十六度,喜越调。女面,长角,青衣白裙,手执搉揲(骨朵)。正犯仙吕宫,傍盘(般)涉调,侧逆犯商调。上应双女宫,下临赵地。乐造排笙(箫)。好食自(白)红糖饼,日月伤(肠)子羹。[戏]《太祖立秦(契)》。

刘直(植):

轸水蚓,一星,七品。正犯黄钟宫,傍犯高宫调,侧犯越调。上应双女宫,下临楚地。置下凤笙。男面,金冠,绿衣白裙,手执花。好食清茶,蕊头食。

【注释】

〔一〕此篇所记,与该本前记的"二十八宿宫调"相关,《唐乐星图》《周乐星图》等本也有相关记载。与前不同的是,此处又加了各宿对应之"戏",正属后期赛社的实例。

〔二〕此段中,该宿所"好"之"戏",称"周亚夫细柳营传",因其又可称之为《将屯细柳营》,故今加一"即"字,前《唐乐星图》本有记,已注。所言"后宿皆有正傍侧逆犯"云云,意指以下各宿类此,皆有"正傍侧逆"四犯,此处省略不写,即所谓"不染"。盖因该本前记的"二十八宿宫调"已见写有各宿"正犯××调,侧犯××调……",届时比照模仿即可,正所谓"度此马仿"。

〔三〕此句所记的"正中调,大石调"与"正傍侧逆"四犯有关,前"二十八宿宫调"对应记为"正犯石调,傍犯正宫,侧犯高石调,逆犯南吕宫"。其记的"正中调"指"傍犯正宫调","大石调"指"侧犯高大石调"。另,由于"亢金龙"仍属"七角"之一,故又强调其属"角宿"。以下类此,不再详注。

乐戏都本[一]

小五虎[二]	六郎
二鬼	三清进宝
二郎朝玉帝	一下河东
二下河东	三元神
打单子	三皇位五星朝玉[皇]
金阙	破他（池）牛[三]
二郎（仙）朝紫团[四]	吕布
五番太子谤唐僧	九星宫
真武[五]	五龙朝仙会[六]
水府三官	凡花生分子[七]
十八国[八]	秦玉（王）游地狱[九]
府君[一〇]	大会盖（垓）
唐葛[周]三灵会[一一]	大闹森罗鼓（殿）
游四门[一二]	九（清）江龙王朝王毒（圣母）
十八学士[一三]	王母下瑶池
救母[一四]	八仙过海
十六（八）罗汉捉圣僧	跃马跳澶（檀）溪[一五]
昆阳[一六]	五鬼齐不（下）生前汉转后汉[一七]

【注释】

〔一〕所谓"乐戏"，泛指乐户所演之戏，属于俗称。见于上党赛社，除含队戏歌舞，又指诗赞体杂剧等。所谓"都本"，既有"总本"之义，又为标榜其本出自京都。所记的杂剧仍类元代民间"搬演词话"，源出宋元话本，宋代"京师老郎家"早见用于讲唱，且南宋的杭州、元代的大都多刊印此类话本，与"搬演"相关，属于"都本"。另，以下所记剧名，凡前各本已有抄记者，以及一些杜撰的神戏，如《三清进宝》《二郎朝玉帝》等，皆不出注。

〔二〕因《三国演义》有"五虎上将"，《隋唐演义》也有"瓦岗五虎"，故此"小五虎"当指后者，演隋唐故事。

〔三〕"破池牛"，应为"破蚩尤"，即《关大王破蚩尤神》，前已注。

〔四〕"二仙朝紫团"，出自上党特有的故事。"二仙"即"二仙奶奶"，指冲惠、冲淑二真人。当地传说，姐妹二人在壶关县紫团山采药升天，故有此剧。其神其事，唐代已经流传，《唐乐星图》本已记有《二仙行道朝后土》队舞角单。

〔五〕"真武"，即《真武降十帅》。

〔六〕"五龙朝仙会"，也与上党地方相关。当地有五龙山，传说因五龙显圣得名。《唐乐星图》本亦记有《五龙朝圣母》队舞角单。

〔七〕"凡花生分子"，疑应为"卖花声队子"之误。"卖花声"即"升平乐"，属曲名。

〔八〕"十八国"，即《十八国临潼斗宝》。

〔九〕"秦王游地狱"，演李世民故事，长子县仍有传抄本。

〔一〇〕"府君"，指崔府君，传说唐时曾为长子县令，有"崔珏断虎"故事流传。该目或演此。

〔一一〕"唐葛周三灵会"，与《唐乐星图》本所记的《庆云乐·迎仙客·三灵侯五瘟使者》相关，详前注。

〔一二〕"游四门"，即《悉达太子游四门》，《唐乐星图》本记有队舞角单。

〔一三〕"十八学士"，即《十八学士明立文学馆》，亦称《十八学士登瀛洲》，《唐乐星图》本记有队戏。

〔一四〕"救母"，当演"沉香子斧劈华山"救母事。《唐乐星图》本记有其队舞角单。

〔一五〕"跃马跳檀溪"，演刘备于襄阳脱险事，《三国演义》有记。

〔一六〕"闹昆阳"，即《二十八宿闹昆阳》，《唐乐星图》本所列杂剧中有记。

〔一七〕本目即《报冤殿五鬼齐下生》，前已注。"前汉转后汉"一语，属对其所演故事的说明。

大　字〔一〕

正殿：诸神赴会

两边：以妥以侑　以享以祀

香庭（亭）：龙虎庆寿

两厢：风调雨顺　国太（泰）民安

东壁：神之格思　圣德无疆　敬神如在在其左右

西壁：神功有永　圣德天长　如在其上洋洋如在

正大门:合社均安　众圣临轩　迎銮接驾
天何言哉时和岁稔　物阜民康　物阜财丰
五谷丰登圣寿无疆　庆祝圣寿　圣德无私

来格洋洋威灵显赫　斋明盛服　虔诚敬祭
威灵有应有求必应　无祷不从　享赛神祇

利益均沾一方清吉　迎迓诸神　设供享赛
供果供馔万圣朝宗　祈福保安　合社清太

【注释】

〔一〕此"大字"或属对联,或属方对,届时贴于赛庙各处。

神　对〔一〕

痴儿何求惟望神沐共沐；
稚子有幸特待圣惠均沾。

秉烛焚香祈东作雨旸时若；
设供献享报西成五谷丰登。

东作方兴万姓欢呼颂圣德；
西成有望一方歌舞赖神功。

着意存诚务必三牲五鼎；
虔心致敬须要七奏九成。

【注释】

〔一〕此神对,特指贴于赛庙神殿的对联。

(第二部分)

对联祝文通用

光绪拾壹年四月初六、七、八、九日立

[对　联]

黍稷馨香祈一方雨旸时若；
粱盛苾芥(芬)愿四序物阜民康。

惟慎惟勤片念能通天地；
必敬必戒寸诚可格神明。

惟黍惟稷耿耿人心舒诚格；
在左在右洋洋天德降吉祥。

仰答天神全凭香烛时起；
俯酬地祇须仗茶酒常馨。

圣德无私保一方风调雨顺；
神威有感佑合境五谷丰登。

神功赫濯巍巍精英千古；
圣德照垂绵绵享祀万年。

神有高远之德荡荡乎难名；

人存精意之诚默默然感通。

圣德无私门外青鸾拥至；
神功有感天边白鹤飞来。

诸神赴会朵朵祥云捧凤辇；
迎（众）圣来临腾腾紫雾罩龙车。

有意烧香何须远求圣境；
奉神礼拜此处就是名山。

圣德来应保本境人民康太（泰）；
神功有感佑合社五谷丰登。

辅国安民万世雅风如在；
事唐佐治当年遗泽犹存。

功业立人间四境尊亲通地久；
德泽施冥府宇宙血食与天长。

圣德巍巍保一方清太；
神功荡荡佑四境均安。

献爵献茶视规绳而肃恭肃敬；
供果供馔遵古制而循礼循乐。

吁圣祈丰年五日一风十日一雨；
答天保赤子南亩如京北亩如坻。

恭请合境诸神而来临法会；

迎接一方众圣而齐集香坛。

神享威灵千载盛；
人蒙惠泽万年春。

金炉焚香酬圣德；
银台秉烛报神恩。

高设馐馔成祀典；
广沛笙歌荷神庥。

肆筵设席昭神通；
鼓瑟吹笙洽众心。

酌水荐毛酬圣德；
搬词演像答神庥。

明禋照格嘉祥集；
精白感通福履崇。

香烟缥缈神威肃；
玉烛辉煌人意诚。

宴享调元化；
笙歌际太平。

寿楼对：
迎请南极来添寿；
奉迓众圣赴香坛。

阴阳局：
　　阴心常思神明鉴；
　　阳面莫失礼节规。

词（司）茶局：
　　双手恭恭粢盛具；
　　一心懔懔神圣临。

账库房对：
　　账清何妨十手指；
　　库充只要一心诚。

乐对：
　　宫商迭奏金石可明帝德；
　　歌舞悉陈伶伦以睹王风。

　　钟鼓管籥声音可通天地；
　　干戚羽旄蹈舞能格神人。

　　明君治世黎庶共享升平乐；
　　清朝有道万姓齐唱福寿歌。

　　尧舜生汤武旦桓文丑末古今来无非故事；
　　日月灯云霞彩风雷鼓板天地间尽是戏场。

　　晋叶阳春歌依咏和声漫道巴人下里；
　　法传霓裳舞更班按部疑是凝碧池头。

　　白云坡下韵悠悠漫鼓黄钟雅调；
　　绿水亭中声细细牧歌碧玉清音。

神对：

　　以神会神神必聚；

　　惟圣邀圣圣难名。

戏楼对[一]：

　　小小楼台可家可国可天下；

　　粗粗人物能文能武能鬼神。

　　紫袍金带未受寒窗辛苦；

　　挂印封侯无有汗马功劳。

　　假像传真演古今之奇事；

　　虚情作实谈历代之余文。

　　似真乎似假乎真假皆由才子笔；

　　若有矣若无矣有无尚出古人书。

　　白叟闲来消白叟；

　　黄童归去语黄童。

三益班对：

　　三国人多有机智；

　　益友交再无桃园[二]。

乐楼对：

　　无可酬神暂借新声了微愿；

　　有何答圣所凭雅唱达庶情。

　　一视同仁默佑家家传清太；

　　三关毕渡永保个个报平安。

伶伦以王风调律吕角徵；
歌舞去奏神按五音宫商。

听听宫商角徵羽做出英雄真面目；
看看丑末净旦生写成天地大文章。

戏乎戏哉戏出无穷世故；
曲者曲也曲尽不了人情。

讽经扫瘟对[三]：
经声嘹亮唯求疫疠默化；
醮礼肃雍但愿瘟瘴潜消。

逐疫何须咏膏雨圣有灵随挩免患；
解瘟无用歌薰风神无应射念消灾。

圣德唯酬欲酬毫末九成奏；
神恩莫报略报纤微一曲弹。

【注释】

〔一〕所谓戏楼，既属庙外戏台，又类庙内乐楼，与地方戏兴起相关。清末民国的上党赛社，庙外每也搭台唱戏，以供娱人，有时同时可请两班甚至三班，称"对台戏"，且多临时搭台，木架彩妆，状类乐楼，时称戏楼，至今上党仍见。

〔二〕今考，"三益班"时演上党梆子，属当地有名戏班。此对联也正用于"戏楼"，且见其上下联开头类如"藏头诗"，正藏"三益"二字。

〔三〕此"讽经扫瘟对"，用于和尚念经处。见于"横水赛"，因"福兴寺"也参与其中，故有此对。

["横水赛"所需用物][一]

正殿神榜一架，乐榜一架，厨榜一架，停（亭）帏榜一架，规矩榜一架，大字二十三副,对则十四副,供养五个[二],牌位四十二位,停(亭)子二十一人,一人端二位,帏则十二名。

【按】以下接记该赛"排神",中间列"玉皇上帝",左右各列二十一位,未写具体神名,合称"牌位四十二位"。其主神崔府君又称"广佑王",将其神轿列在下座,以示陪席,其旁又有"水楼"。殿外又分三层排神,一层先列"五道、土地",二层再列"天地三界位""寿桌",三层列"三仙位"。因其排神类前所见,故今从略。

【注释】

〔一〕此标题今加。所记内容皆需提前准备,故此处特记。

〔二〕此"供养",指供在神前的食盘,与"迎盘"有关,属于"常供"。如摆在香亭的神盘,摆在"天地"前的神盘等,皆属此,共需"五个"。

["横水赛"所需祝文][一]

初四日:

下请祝文,请状祝文。

初六日:

北在(寨)三官庙,取水祝文画字不读、祭风祝文、祭太阳祝文、牌神祝文、上马祝文。半路河东接神祝文。本庙下马祝文、玉皇放赦祝文、五道土地放赦祝文、安神祝文、主席祝文、本庙祭太阳祝文。黑夜盏毕,送三仙祝文、入寝祝文[二]。

初七日:

五更,报晓祝文、出寝祝文、请三仙祝文、盥洗祝文。前晌,迎盘祝文、祭太阳祝文。晚上(按,指下午),祭风祝文。黑夜盏毕,送二仙祝文、入寝祝文。

初八日:

五更,报晓祝文、出寝祝文、请三仙祝文、盥洗祝文。[前晌],放生祝文、领羊祝文、请寿祝文、接寿祝文、安寿祝文、玉皇进表祝文、广佑王祝表文、寿表祝文、祭太阳祝文、送寿祝文。[下午],祭风祝文。黑夜,送三仙祝文、入寝祝文。

初九日:

五更,报晓祝文、出寝祝文、请三仙祝文、盥洗祝文。前晌,祭太阳祝文。晚上(下午),祭风祝文。黑夜盏毕,送神祝文。

初十日:

前晌,读辞神祝文。

共祝文八十。共"次"文六篇:头场食次乐次,正场食次乐次,末场食次乐次[三]。

【注释】

〔一〕此标题今加。以下所列"祝文"只有篇名,以便主礼提前准备。其中,"初五日"未列,正如前记,当天"歇位",届时当境土地爷需要暂离本位"请神",故歇一天,此乃"横水赛"特有。从"初六日"开始迎神,共办六天。

〔二〕由上所记,知其迎神也有特点。因其主神的"本庙"位于河西村,先到北寨三官庙、河东村,依次"取水""接神",再回本庙,仍类一般迎神过程。其礼规特殊,三官庙有"祭风""祭太阳",也有"牌神祝文",且其仪式(详后)又类"交牌",故"半路"又有"河东接神祝文"。另,其言的"三仙",即当地敬奉的"灵湫三圣"(前已注),因属女仙,"黑夜盏毕"需送,故也有祝文。

〔三〕此小段属其说明。所言"乐次、食次"见前,所言"祝文"内容见下。

本庙下请状文

维同前[一]当处土地尊神、五道将军之神位前。曰:惟神,兹因时逢孟夏,一方清太,居民乐业,皆蒙天地神祇之佑,无能报答各处神祠之下。是以合村社首某人等,纠领众社香老,各捐己资,谨备香灯果馔,享赛本境诸位尊神。今先告启当处土地、五道二位神祇,乞劳圣体,转将请神之意,亲持遍祝于各神祠下。原设四十二位尊神,请于齐圣广佑王庙内云聚其会。谨祝一炷明香,奉奠三杯美酒。或驾龙车,或乘凤辇,或赴神马,或至本境,同赴香坛之会。奉献三朝,迎送五日,同享蔬筵。今将请神名号开列于后,焚香拜请昊天金阙玉皇上帝尊神并满位尊神,请赴香坛,仝临享赛。伏望尊神受其所献,百拜上享。

【注释】

〔一〕赛社祝文开头每有"××省××县××乡××村居住奉神"之类。因属主礼熟悉的套话,故以"同前"代之。以下类似不注。

禀状祝文

维同前奉神社首某人等,兹因祈祷雨泽,报答神明,谨备薄奠,致祭于尊神。

神殿内设香坛,启请先年奉献几十几位尊神(按,届时填写具体数字)。奏禀本殿尊神,乞为席主。供献三朝,迎送五日。当报生成之德,共酬雨露之恩。圣前禀知,几日(按,届时具体填写)邀接天真地圣,同赴香坛之会。须至禀者。

祝水文

夫水者,甘泉汲涌,龙延(涎)霄霈。佳人致入琉璃瓮内,风流盛在白玉盆中。涤尘滴泥,洗荡山川,长养万物,润滋于农。如斯洁净,大有神功,于尊神的来盥漱。伏惟尚享。

牌神祝文〔一〕

伏惟尊神灵通,圣德威镇群方。略贡丹诚,难祈久住。重斟美酒,再上名香,祀周三献,乐奏宫商。红日三杆,不尽虔诚之意;清风一阵,难命(明)祈祷之心。来时有下马之杯,去后有临岐之酒。伏望天神归天,地神归地,本境神祇各归本殿。自享赛以后,保佑合村香老人等春安夏太、秋吉冬宁。人口无瘟疫之灾,六畜无倒悬之难。伏乞尊神,来时降福,去后留恩。伏望尊神,各归本庙。辞神再拜,尚享。

【注释】

〔一〕此"牌神祝文",如前记,用于该赛初六"迎神"时;又见此文记有"伏望尊神,各归本庙""天神归天,地神归地""辞神再拜"等语,类如"送神"。究其实,正如再后的"诸神礼叙"所记(详下),初六日"早晨,将本殿神牌交住庙,送至北寨村三官庙,将神牌安正殿两厢",接着在此"接水""祭风""祭太阳",最后类如迎神,将诸神位牌迎回河东"本庙",且见"到半路,河东接驾。社首一同跪下,阴阳读接神祝文",与河东、河西交接神牌相关,正类"交牌"仪式。

上马祝文

伏以满位尊神:万事已备,未敢轻祝。圣驾或至,圣众齐临。暂离仙境,诸赴凡筵。祝之敬之,敬请尊神,仝众上马。伏乞尊神,受其所献。恭惟尚享。

（又）上马祝文

伏以满位尊神位前：万事齐位（备），以候銮仪。未敢自专，谨以百拜诸位神祇。或乘云而腾空，或驾鸾而就地。上祝表于天心，下降临于庶民。意恐愿力未周，以致驿骒之生不为凡请。伏愿满位尊神，俯垂兹心。请旨上马，以至疏（蔬）筵，同配祭筵。伏乞尊神，受其所献。恭惟尚享。

（又）上马祝文

伏以诸位尊神：门外干旌刁刁，檐前鼓钟将将，丹墀多士济济，楼台万舞洋洋。圣驾高临兮未敢轻屈，小民心诚兮曷胜斗仰。暂离真宇兮请赴豆觞，祈神上马兮和铃央央。受其所献，恭惟尚享。

接神祝文

兹因祈祷雨泽答报神明，卜于四月初六在于尊神殿内，聚集先年四十二位尊神，迎至齐圣广佑王殿内，谨备薄奠，设立香坛之会。筵享三朝，迎送五日。当报生成之德，共酬雨露之恩。祈风调雨顺，保国太（泰）民安。虫灭风休，霜雾延远；白雨不侵，诸物安稳；家家乐业，户户安宁。右谨具疏，邀接诸神。伏乞圣慈，洞惠照格。谨疏。

下马祝文

伏以诸位尊神：方为凡情，速离金鞍，请赴筵前。同席饮配，共享疏（蔬）筵。会乐三朝，迎送五日。谨请满位尊神，仝共下马。伏乞尊神，受其所献。恭惟尚享。

（又）下马祝文

伏以满位尊神：祝融司令兮盛德在火，夏日可畏兮薰风南来，知彼至兹兮路途匪遥,乘于驾马兮跋涉惟艰。谨请圣驾速离金鞍,惠然肯来受其所献。尚享。

玉皇放赦祝文乞旨[一]

伏以昊天金阙玉皇上帝:部下诸神,尽在丹墀。特未乘(奉)上帝之命,不敢升此堂阶。乞赐敕旨,使赴凡席,受献三杯,广运帝德。

【注释】

〔一〕"乞旨"属说明语,言指此文用于向玉皇乞求圣旨,然后才可放赦诸神。此为"安神"时主礼所念祝文。以下"放赦祝文"类此。

请命放赦祝文

伏以昊天金阙满位尊神位前:五道、土地二位神祇,同行偕立,犹在丹墀。谨请诸命,使赴凡席。伏乞神圣,受其献礼。

(又)[玉皇]放赦祝文乞旨

伏以昊天金阙玉皇上帝位前:位下诸神,尽在丹墀之内,未敢上殿升阶。请命上帝敕旨,各自参礼,方为(敢)上殿升阶。伏乞尊神,受其所献。恭惟尚享。

(又)请命放赦祝文

伏乞金阙并满位尊神位前:土地、五道二位神祇进在丹墀之下,请奉敕旨方为(敢)上殿。升阶参礼,后赴其位。伏乞尊神,受其所献。恭惟尚享。

安神祝文

伏以诸位尊神:圣驾洋洋,已离蕊珠之宫;神德荡荡,幸临管籥之庭。各安其位兮,次分左右;共赴其筵兮,序列西东。会乐三朝,献酬交错;迎送五日,祀事孔明。莫怨具庆,是享是蒸。

（又）安神祝文

伏以尊神：四驷骓骓，已离灵庆之宫；八幔洋洋，行临会管（馆）之庭。义执玉佩，忽下金銮。享边豆之臻，立扶（夫）名号之尊。祝之敬之，谨请尊神，同安配享。伏乞尊神，受其所献。恭惟尚享。

（又）安神祝文

伏惟尊神：乍别仙宫，降临凡会。初离紫府，略赴香坛。绣褥补（铺）帐，左右分别于东西；绵（锦）旗幡设，横斜挑挂于南北。伏望尊神，休甜（恬）筵会。消疏享厚，劳神安座。伏乞尊神，受其所献。恭惟尚享。

（又）安神祝文

奏禀玉皇尊神：今有一行銮驾众位诸神，在丹墀排班伺候，不敢升临宝殿。禀知尊神，升阶上殿。

安席主祝文〔一〕

伏惟尊神：首者上座，卑者下位。荒坛有感，迎接众圣。序座以卑（毕），惟席主者升阶上殿。

伏惟尊神：万民祈祷有感，南极星君尊神亦来忝（添）寿，进奉表文。宝鼎内香烟消并火灭，金瓶中酒冷供（共）花残。肴馔消疏，杯盘交错。不敢久留尊神，送回南极天宫。如承恩奏，仰答神庥。恭惟尚享。

[某]等，兹因祈祷雨泽，答报神明。修书奉请土地、五道二位尊神，迎至本馆。修书奉表，转香启请天真地圣众位诸神。伏望之（主）神，明展邀接神祇。须至请者，尚享。

【注释】

〔一〕依下记,此文含三篇,皆与"席主"有关,故记在一处。席主即主神,此处指崔府君,亦称"广佑王"。其头篇可用于"迎接圣众",与"迎神"有关,且"升阶上殿",即"安神"时,以安主神席位。其二篇与南极星君"添寿"有关,用于将其"送回"时,向席主祝禀。其三篇用于"下请"一天,届时需先向席主禀告,属"禀状文"。

迎盘祝文

夫食者,金盘成(盛)满,须应先(仙)食蟠桃;玉案注(诸)簇,总是神食贵品。茶(香)如凤髓,色发鹅黄。罐内煮出羔羊,甑中蒸就鹿脯。厨士(师)显手段,裁成万朵之花;膳夫驰花名(施本领),煮就蛟龙戏水。砲成(炮制)美味,可供尊神。尚享。

放生祝文

盖闻:君子之心,常存乎恻隐;圣人之德,莫大乎好生。今有兽野(鸟)高飞拂羽,为寻食水游,急遇罗网。昔郑子产有归鱼简,曾子放鱼得乐,位列三台。赵酬献于沛公,因集免于井(并)幸〔一〕。杨宝曾放黄雀,后有四世三公之位。毛宝曾放白龟,得免右虎将军之难。古人放生些(皆)然也。幸遇上帝,今接寿仙,什过阶前,犬(权)启金笼,放灵于万里。共资圣寿于乾象,久(以)覆育群生。伏乞尊神,受其所献。恭惟尚享。

【注释】

〔一〕此句或与沛公刘邦有关,或记述有误。"享赛三本"中也有一篇"放生文",类如此篇,此句更简化为"冲放(仲仿)井(并)幸",供参考。

(又)放生祝文

盖闻:君子之心,常存乎恻隐;圣人之德,莫大于兹(慈)祥。左欲左,右欲右,网开三面;上亲上,下亲下,飞适四方。杨宝放黄雀,后居位以至公卿;隋侯放朱蛇,后获珠以称夜光。自古好生不一,而其仁爱共彰。受其所祝,恭惟尚享。

领羊祝文

伏以昊天金阙玉皇上帝并满位尊神位前:切以羊而生就,长在乾坤。羊而百草养命,天水滋润其身。圈中选就,体角相应;身无杂色,一体同生。众神聚会,喜气重生。伏愿年年吉庆,岁岁安宁。伏乞尊神,受其所献。恭惟尚享。

(又)领羊祝文

伏以昊天金阙及满位诸神位前,曰:恭以奉神明,要必三斋七戒;敬以申妥侑,务必五鼎三牲。今选饩羊,体角相应,正中乎牺牲之例,可以将灌献之诚。祈圣佑一方清太,庙神保四季丰享。伏祈尊神,是享是蒸。

(又)领羊祝文

伏以昊天金阙并满位尊神位前:前布地该神,至贵享为王为帝。名非(分)列章,静中(旌忠)表节,造化难量。神此(自)升降,下民莫忘。今朝享赛,同赴庙堂。乐奏和汁(济),律按宫商。奉其纸马,敬其香灯。乞收柔毛,祷献刚鬣。为臣薄奠,恭惟尚享。

请寿祝文[一]

敢昭告于南极长生大帝老人星君位前,曰:惟神,升临宝殿,王母赴坛,诸尊神擎托寿酒,众神仙齐降羡丹。刘(列)金童捧拨日月,排玉女歌舞吹弹。宝鼎中香焚瑞霭,金炉内然(燃)降香烟。祝尊神寿似日月,赞尊神寿比万年。

【注释】

〔一〕正赛之日,要抬寿星神位去往寿场,届时念此"请寿文"。之后回庙,又有"接寿""安寿"仪式,其文见下。

接寿祝文

敢昭告于南极长生大帝老人星君位前,曰:惟神,神明布列,遐迩钦崇。兹者,幸遇穀旦良辰,共振尘心,咸输忱悃,聊陈菲奠,仰祝威灵。伏愿朝列仙阶,上至东华之远;圣箓南极,允享无疆之寿。保命长生,驾云轩而暂离紫府;降赴香坛,跨白鹤而速至尘寰。祝皇王之圣寿,添众圣以遐龄。伏气尊神,受其所献。恭惟尚享。

安寿祝文

敢昭告于南极老人星君位前,曰:惟神,祝圣延寿,天地之明。正祝当今,天长地久。万代山河之主,千载有赖之君。四海宁静,国太(泰)民安。天下山河,五谷丰登。星移斗转,社稷平宁。八仙聚会来临,云头直至凡间。五色祥云遮圣体,腾云紫雾罩金冠。鹦鹉杯中添寿箓,乘龙车而赴香坛。当今圣寿,似比南山。北海南山来添寿,永祝吾皇万万岁。王母来赴蟠桃会,尊神添寿老人星。诚惶诚恐,百拜尚享。

玉皇表文

祝延圣寿,春祈秋报。社首某人等,各捐己资,严备祀事,恪恭菲祭。敢昭告于昊天金阙玉皇上帝尊神位前,曰:惟神,神尊九重,德垂亿世。妙元气以冲霄汉,巍巍大范;历数逊于大神祇,人人尊旨。生成民物,国家安养,神机默佑。社众人等,生居中土,久赖洪休。今当夏赛,谨献丹诚。乞鸾(銮)驾以来临,望龙车以赐降。保吉宁地,延及万方。一境神祇,同临配享。愿祝当今圣寿,国太(泰)民安,山河永固,四海澄清,雨旸时居(若),五谷丰登。臣等下情无任,仰天圣悦(祝),感戴之至,诚惶诚恐。稽首顿首,谨上表文。百拜尚享。

广佑王表文〔一〕

神,祝延圣寿,庆贺雨泽,答报神恩。社首某人等,谨以清酌庶馐之仪,即日拈香,敢昭告于广佑王尊神位前,曰:惟神,位临本境,一方岁稔。春苗正茂,秋禾方登,旬霖甘雨,五降清风。年无小大之灾,月有吉祥之兆。蚜蝗俱灭,福禄齐生;民康畜壮,蚕倍田丰。此皆神明之护佑,各禀圣德之恩光。今者,合村等众,各捐己资,共振尘心,谨卜本月ム日恭请众位诸神。伏望尊神至日同赴香坛,共乐音声。攻(恭)请当处土地之神,亦备随请。若不预先焚香祈禀,恐有触犯廷(往)来之神。凡人无知,圣意必从。谨以百拜,伏惟尚享。

【注释】

〔一〕此"广佑王表文",也用于横水镇的崔府君庙,应与前记的"玉皇表文""南极老人星表文"同用于庆寿时。然而,其中记有"恭请当处土地之神"云云,类如"下请"表文,或为错记,或为乱用。

南极老人星表文 白表〔一〕

神,祝延圣寿,春祈秋报。神首某人等,各捐净钱,严备香馐祀品,恪其菲祭。敢昭告于南极长生大帝老人星君位前,曰:惟神,职司寿录,玉仙拿(掌)龄。上居玉府之宫,下镇三界之外。运太阳茂盛之方,度星辰长生之位。垂光玉局,高坐万城。永息尘烟,感贺厚德。乾坤永固,社稷坚牢。保万年之国统,佑百姓之康宁。三灾不起,四象无衰。仗尊仙之厚德,赖五福以咸臻。今当圣诞之辰,寿烛焚香缭绕,金童玉女供捧蟠桃。天长王母添瑞色,天宫敕赐下琼瑶。臣等下情无任,仰祝威灵,诚惶诚恐。稽首顿首,谨上表文。百拜尚享。

【注释】

〔一〕所谓"白表",指其表不用"表封",届时神前直接展读。下记与"臣"奏请有关,或白纸书写即可,可不用黄表纸,故特提示。

送寿祝文

南极长生老人星君位前,曰:惟神,宴罢蟠桃出洞天,凡筵非感(敢)久留仙。龟鹤齐筹无量寿,瑞霭烟霞镇(锁)大贤。圣迹来时洪宇宙,腾空临去意绵绵。凝然香迹星神老,不知尘寰万万年。伏望尊神,请返琼宫,速(伏)皈宝阙。仅乞尊神,受其所献。恭惟尚享。

（又）送寿祝文

伏以尊神:仙南极主筭,保命得久长生。驾云轩而暂离紫府,乘白鹤而速至尘寰。祝皇王之圣寿,添众圣以霞灵（遐龄）。仰劳仙体,四陟云程。前有猿猴献果,后有麋鹿衔花;左金童双双伴侣,右玉女时时相随。龟鹤引路,返上云霄,伏皈仙境。伏乞尊神,受其所献。恭惟尚享。

送神祝文

维同前昊天玉皇上帝尊神并满位配享神祇:幹（斡）旋造化,妙用神机;御灾捍患,抚养群黎。今当享赛三场告终,不敢久劳圣驾,请归复迎本位。伏愿风调雨顺,五谷丰登;群黎饱暖,百福咸臻。又恐所奉之时或语言不慎,或出入不周,倘有怠忽冒犯尊神,若不敬启,诚恐罪临。凡人无知,乞神宽宥。致祭之后,交腾瑞气,遍布祥云,四民乐业,万户康宁。望神受献,恭惟尚享。

初十日辞神祝文

伏惟尊神:霖雨应祈,深恩普儁（备）。福有西成之望,幸无荣茂之灾。以瞻亿兆之恩,永[怀]丝毫之报。今者回銮,伏（复）初列圣。此地怀倾慕之成（诚）,谨备尽诚之祭。云驼细马,宝辇香车,少陈香绵之宣（宜）,各（略）备贤财之疏。行布鉴纳,仰答神休。尚享。

祭风祝文

风伯尊神位前,曰:惟神,春秋（玉）夏炎,秋金冬朔。吹虚（嘘）宇宙,刮极乾坤。无形无影,巽位神宫。今辰祭赛,供献神明。诚恐风飚吹起,播土扬尘,殿（玷）污神食,众圣生嗔。乞告威灵,将风入宫三日,筵满任意而行。伏乞尊神,受其所献。恭惟尚享。

（又）祭风文

伏以齐天风伯尊神位前，曰：惟神，位居巽宇，执掌东南。能开万物之花，可长千般之叶。狂飚起处，有飞沙走石之势；猛烈微动，显禾偃水涸之形。谨设茶酒，奉献三杯。乞愿狂飚化作清风，猛烈变为和风。苗赖茂盛，谷藉丰登；千家饱暖，万户康宁。神其不吐，来格来盈。尚享。

（又）祭风文

风伯尊神，曰：惟神，显朝严赐（祀），历代迎风。聊天地生展之德，赞乾坤长养之功。致雨驱雷，救亢旸（阳）以更大旱，变阴晦以复清明。除云扫雾，日朗清风（风清）。

（又）祭风文

风伯雨师尊神，曰：惟神，职克其宿，位列巽宫。吹虚（嘘）之力，无影无形。穿窗透户，灭烛燃灯。今为祈祷，祝告威灵。狂风停止，免却惊尘。

（又）祭风文

风伯雨师尊神，曰：惟神，温寒暑热，四季常明。荡在云霄之上，垣居紫府之宫。提调风部，掌握风云。祭祀以后，岁稔时丰。

祭太阳文

维同前伏以尊神：时辰布刻，刻刻而周流；昼夜列时，时时而运转。积日而成月，三旬就候而有准。积月而成岁，四时寒暖而无差。亘古至今，万代常明。玉盏高捧，仰答上穹。伏乞尊神，受其所献。恭惟尚享。

（又）祭太阳文

伏以尊神：出兔口霞光万道，入鸡肠瑞气千条。瞻之莫及，仰之弥高。于穆不已，万恶潜消。琼浆一酬，养暮（仰慕）神祇。尚享。

（又）祭太阳文

伏以尊神：天地初分，合乾坤之内鸿濛始判。光刻宇宙之间，照临山川社稷。普辉四大神洲，仝欣日照。伏乞尊神，受其所献。恭惟尚享。

（又）祭太阳文

日宫太阳火德星君尊神，曰：惟神，自从混沌盘古初分，日出于扶桑之地，照世界朗朗之明。分四时阴阳省（有）准，按八节春夏秋冬。

（又）祭太阳文

日宫太阳火德真君尊神，曰：惟神，东生西没，升降光明。自古朝明之照，万物生成。今辰祭祀，光辉朗净。天无浮云，地无妖邪。祭祀以后，月朗清风。

（又）祭太阳文

日宫炎光太阳星君，曰：惟神，转清云之像，运天地之中，自东方渐渐落于西沉。金乌飞入，空中普转。[金]光世界照，和气满乾坤。

送三仙文

伏以三仙尊神：银河耿耿，皓月辉辉。诸神可寝，圣体宜飯。清晨请驾，再赴凡筵。乞受所献，恭惟尚享。

（又）送三仙文

伏以三仙尊神：银河耿耿，皓月辉辉。酒寒无力，茶寒无味。肴核既尽，杯盘狼藉。久劳圣驾，恭送暂归。晨钟时鸣，请赴筵会。伏乞尊神，受其献礼。

（又）送三仙文

谨启尊神：切念银河耿耿，朗月辉辉。当日夜饮，醉而后归。今宵暂别，明晨再会。尚享。

入寝文

伏以尊神：金乌西坠，玉兔东升。送神寝位，暂歇安宁。酒停杯合迎金（锦）帐，茶罢瓯干饮金瓶（引锦屏）。奏神寝入黄金院，金灯灿灿舍（设）仙亭（庭）。奉请满位尊神，受其所献。恭惟尚享。

（又）入寝文

谨启尊神：金乌西坠，玉兔东生（升）。星烂于天，月皎于地。恭惟不（下）塌，聊貌圣意。伏乞遵神，各归寝殿。尚享。

（又）入寝文

伏以尊神：金乌西坠，玉兔东升。茶寒食尽兮乃安斯寝，酒停杯合兮既安且宁。奉神入寝，暮鼓是鸣。受其所献，是享是蒸。尚享。

报晓祝文

伏以尊神：金钟响彻，锦鸡报晓。银烛辉煌，香烟飘渺。东方既明，太阳复照。受其所献,以孔之昭。

（又）报晓祝文

谨启诸神:金鸡三唱,东方初明。亭帏聚班,神首恭迎。敢请圣驾,悠而劳兴。尚享。

（又）报晓祝文

伏以尊神:钟口响橦（撞）,谨（金）鸡报晓。金乌欲出扶桑,玉兔返归汉外。商贾欲出店门,客旅早登程路。儒人读典之时,禅子诵经之际。谨请满位尊神,圣驾早起,请赴凡筵。伏乞尊神,受其所献。恭惟尚享。

出寝祝文

伏以尊神:衣冠楚楚,威仪粉粉（纷纷）。重设凡筵,礼乐从心（新）。恭迎出寝复位,照前尚享。

（又）出寝祝文

伏以诸神:东方既白,曙色初明。入息继以出作,乃寝复言乃兴。小民待于帘外,乐佾列于殿中。肆筵设席,鼓瑟吹笙。乞神出寝,受献于庭。

请三仙文

伏以三仙真人位前:香烛灿灿,鼓钟喤喤。玉兔还归于殊谷,金乌复出于扶桑。肆筵设几,乞仙来降。受其所献,恭惟尚享。

（又）请三仙文

谨启尊神:东方初动,晓色降生。金鸡三唱,画角初明（鸣）。炉焚清香,乐奏和声。恭迎仙驾,再赴凡筵。尚享。

（又）请三仙文

伏以三仙真人位前:德禽报晓,筵席方兴。诸神共(恭)候,前来告请。伏望金童引路,玉女相随,暂离宝殿,速赴香坛。乞神受献,恭惟尚享。

盥洗祝文

伏以尊神:金钟响亮,角鼓咚咚。金乌出于扶桑,玉兔离于银汉。伏乞诸神,长者捧镜之(执)梳,少者取水着巾。各尽其执,勿得怠慢。尚享。

（又）盥洗祝文

夫水也者,得一润万,载地浮(覆)天。其止(址)可鉴,其淡可迁。斋口如斋心也,洁体亦洁口焉。祈神盥漱,受其所献。

（又）盥漱祝文

伏以诸神:既定寝于昨夜,复当省于今晨。取阴阳之洁气,行沐浴以维新。少者捧水,长者捧巾。诸神盥洗,受其三樽。

（又）盥洗祝文

夫水者,上清下浊,原非一气之中;内音(阴)外柔,以作三才之德。添精神而有格,去垢泥而无倚,奉神早晚可提。谨请满位尊神,各行盥漱。伏乞尊神,受其所献。尚享。

（又）盥洗祝文

伏以尊神:架上谨(金)鸡三唱,楼头昼鼓初鸣。谨杨(景阳)钟撞三声,供乐帘前诚奉。长者奉巾，少者奉水。以具行奏，敢不上文（闻）。谨请满位尊神，各行盥洗。伏乞尊神，受其所献。恭惟尚享。

（又）祭太阳文

伏以太阳三星火德真君位前，曰：惟神，出扶桑而明通万国，运中天而光映十方。普天下无不周围，盖世界运转乾坤。光临四海之退，德照万邦之外。恒济群生，感号大德。诚心敬祭，太阳三星。伏乞尊神，受其所献。恭惟尚享。

祭太阴文

月府太阴水德星君位前，曰：惟神，高明在上，照靚（耀）群生。盖世界运转乾坤，普天下无不周遍。光临四海，德照万民。兹因享赛，聊祈威灵。酬赫赫普照之德，谢浩浩朗耀之功。伏乞尊神，受其所献。恭惟尚享。

（又）祭风祝文

风伯尊神位前，曰：惟神，累朝筵赐，历代迎风。宣天地生成之德，赞乾坤雨露之功。今辰祭祀，日朗风清。以对以越，来格来盈。尚享。

（又）祭太阳文

太阳帝君位前，曰：惟神，人君之象，火气之精。出于阳国，登于扶桑。周天躔度，律吕有常。照耀万物，群黎沾仰（光）。敬陈菲奠，来格来尝。尚享。

（又）祭太阴文

太阴星君位前，曰：惟神，后妃之象，水气之精。上弦下弦，半魄半明。辉光照夜，晦亏望盈。下民感戴，三鉴申诚。以对以越，来格来盈。尚享。

（又）出寝文

伏以诸神：东方初动，署（曙）色江（将）明，社首皈于殿下，供乐等在帘前。炉焚南地之香，北意中山（钟声）每显。谨请满位尊神，劳神早起，遣（逍）遥出寝。伏乞尊神，受其所献。恭惟尚享。

香 文

夫香者，种在九天之下，主居五岳之先。自神农初尝百草，炎皇帝（炎帝）始拍（排）勋隆（熏炉）。奇（其）味有酸甜苦辣之意，奇（其）气有香臭美恶之主。在兽有龙脑、麝齐（脐）之香，在禽有花高、泥粉之香，在草有芝兰、训海（雪梅）之香，在木有沉檀、丁叶之香。千珍百味，宝珠奇香。千香各就盘，龙香百味，研成细粉。香炉中一捏，灌（贯）透地府，通彻九天。此香，一名清净，二号无为。三岛神仙往日求来，四大海内诚心采得。五花炉中，六叶园中。七珍殿上边（遍）香文，八宝街前度（都）香头。九霄云外遍布，十方尊神可表。十方尊神下瑶台，九天仙女降玉阶。八仙每赴蟠桃会，七圣真人降临来。六丁六甲传仙旨，五方五帝尽和谐。四圣真人朝上帝，三界神仙福满怀。两轮二仪东西转，一群黎民永无灾。伏乞尊神，受其所献。恭惟尚享。

（又）香文

夫香者，春祈秋报，礼当诚敬。夏赛冬祭，古与今同。今因庆贺雨泽，答报天恩，谨请皇天圣众升临宝殿，后土地祇降赴香坛。众社首当前恭敬，众香老执事两班排列，六局者恭敬神仙。立棚者山青水绿，展设者打扫韦（帏）屏；伟则（帏子）者攒伟（帏）迎接，执伞者张盖奉神；香局者香焚宝鼎，茶局者巧设熬烹；果局者南北品味，食局者肴馔筵新；停则（亭子）者行须缓步，主神者掌礼验工；厨则（子）者庖厨洁净，读祝者口须低声；掌乐者乐部齐整，前行后行依古奉神。无物可谢皇天，无物可答后土，无物可敬神祇，无物可报风云雷雨，只凭一炷明香，只凭三钟美酒，只凭金纸银烛。愿年年庆贺雨泽，愿岁岁鼓乐长明（鸣）。愿（酬）

皇王好生之德,答后土有感有应。伏乞尊神,受其所献。恭惟尚享。

（又）香文

夫香者,主居海岛,采至蓬莱。轻飘三炷明香,热(爇)向炉中,诚心奉供。伏乞尊神,受其所献。恭惟尚享。

（又）香文

夫香者,香烟一炷,人祈虔诚。发金炉瑞霭滕(腾)空,热(爇)炉中专为奉献。伏乞尊神,受其所献。恭惟尚享。

（又）香文

夫香者,一气初分,三才以足。清气生而为天,浊气降而为地。大化者为圣,不测者为神。三皇治世,五帝典文。三都传于典籍,万姓主于人伦。香烟起处,众圣皆知。

（又）香文

夫香者,一气初分,二号无为,三圣将来,四海虔心,五花炉内,六仪天宫,七星殿上,八宝阶前,九霄云外,十帝灵祇。香烟起处,众圣皆知。

（又）香文

夫香者,香笑百和遍三界。腾腾而上,透九霄云外;霭霭而下,通幽冥地府。曾经徐氏(市)之中,引解灵祇之降〔一〕。焚之香(者)诸神悉至,艺(爇)之者众圣来临。

【注释】

〔一〕此句中的"徐市",当指"徐福"。依《史记·秦始皇本纪》,徐福带着一群童男童女,曾为秦始皇出海求长生仙药,故有"引解灵祇"之语。

(又)香文

夫香者,香焚宝鼎,烟起遥(瑶)宫。临于神明,顷刻而通于圣境;结成华盖,氤氲而通布十方。篆作云台,复入而普薰三界;上朝下轮,天宫下彻无涯之祭。

(又)香文

夫香者,香烟一炷,人祈虔诚。发金炉瑞霭腾空,热(爇)向炉中,专为奉献。伏乞尊神,受其所献。恭惟尚享。

茶 文

夫茶者,东吴佳瑞,北苑先春(炊)。摘处雨旗香可爱,真(摘)来双凤品九珍。卢仝七捥,项(陆)羽三陈。色分满顶之雪,味敌建溪之春。金鼎乍烹云作浪,冰壶初透玉飞尘。尚享。

酒 文

夫酒者,杜糠(康)制拌,赵母(目)传方。底心酝就酌金杯,着意邹(酌)斟浅玉盏。全凭妙曲酿成美酒,压德(雅得)精浓之偏(篇)。滴滴珍珠之颗,金樽垒起,众圣无〔一〕天恩。

【注释】

〔一〕无,通"忓"。

(又)酒文

杜糠(康)制拌,夷狄传衣(方)。全凭曲米之切,造作香醪之味。上可抛(陪)天祭圣,下则祀鬼邀神。至于待客,献堪邀宾。天神垂雨施露,地祇降福留恩。此酒凡世难消,圣前堪献。

(又)酒文

夫酒者,乌里美酝,白堕香醪。斟葡萄之在上(觞),酌鹦鹉之杯中。酒中有悟道之心,醉里有神仙之路。玉(王)孙歇处,百行之仪;公子筵寿,五味之礼。今为祈神之功,答报天地之德。此酒凡世难消,圣前堪献。

表　文[一]

今维玉皇表[二]大清国山西承宣布政使司潞安府长子县漳德乡田甫里人氏,现在横水村居住奉神。执事礼生某人,诚惶诚恐,稽首顿首。今为本村社首厶人等,伏愿本境风调雨顺,物阜民康。兹者,时当孟夏,气序清嘉。四野讴歌,三农正宜乐业;播种正时,正桑麻长养之际。非凭圣力,曷遂生成。于是社首等,恭率社众,各捐资财,即于今辰严修祀事,恭陈菲祭。敢[昭]告于昊天金阙玉皇上帝位前,曰:惟神,尊居九五,道冠诸天。主宰穹苍,简册庶司。运大造于普天,荡荡难明;妙元气以冲霄汉,巍巍无与。历数润大神,人遵其指麾。民物生成,万民国家赖其安养。神机默运,大化显行,惠日常临。下情无人(任),瞻天仰圣,曷胜忻跃感戴之至,谨具奉表,称贺以闻。

光绪十一年四月初八日　　　具表社首厶人

敢昭告于[广]佑王表齐圣广佑王尊神位前,曰:惟神,唐世勋良,漳源父母。佐国雍熙,救民疾苦。累代褒封,名彰今古。御灾捍患,万方恩簿(溥)。今因享赛,称觞列脯。仰乞上恩,保安下土。神其有知,推陈篚篛。诚惶诚恐,稽首顿首。谨具奉表,以进上闻。

敢昭告于寿表南极注生大帝老人星君位前,曰:惟君,生居紫府,祥应人间。骑青鸾速离虚无之境,乘丹凤以赴华钘(忻)之筵。灵龟后送,珠(朱)顶前仰。金童捧定长生录,玉女频拈永寿香。幸垂洪福,德威灵重。拈金炉宝肃(鼎)之明香,祝南极齐天之大寿。诚惶诚恐,稽首顿首。谨具奉表,以进上闻。

【注释】

〔一〕以下"表文"为三篇，依次为"玉皇表""广佑王表""寿表"，且同属赛场庆寿表文，同为"光绪十一年"所抄，同属横水赛用文。故头篇抄得较为完整，其余两篇格式已省。

〔二〕"玉皇表"三字，属于批注说明。以下类似不注。

祭马鸣（明）王文〔一〕

马鸣（明）王菩萨尊神位前，曰：惟神，职司驰骤，功在调良。逐电追风，堪佐皇华之选；稭（偕）驷连骑，足增邦家之光。今因享祭，惟荐馨香。伏乞尊神，来格来洋。尚享。

【注释】

〔一〕"马明王"，也称"马鸣王菩萨"，有多种传说。一说属于"蚕神"，也称蚕花娘娘、马头娘、蚕姑、蚕皇老太等，《山海经》《搜神记》《太平广记》等书有记；一说属于"马神"，"明王"言其属于"明圣"，即三只眼的"马王爷"，其说出自汉代。也指唐末"马燧"，因其平叛有功，山西临猗县旧时建有"马燧庙"，也称"马明王庙"，言其也属"明圣"。供辨。

祭祖师文〔一〕

玄天上帝位前，曰：惟神，帝镇天大德，治世福伸。三台仗神锋而咸行，九地剪坎怪而除精。迅秋今（令）于雷霆，扶良善于眷恩。圣德齐降，日月同明。伏惟尚享。

（又）

兹因玄机莫测，妙化难名（明）。御灾捍患，佑我漳民〔二〕。恭惟报祭，庇我群黎。伏惟尚享。

（又）

兹因［大帝］告妙行真人曰：常念众生，三毒十恶之世，福天魔鬼，五府瘟曹，不以尊卑，年（枉）致伤害。或男（老）或少，或女或男，未尽天年，徒为（违）人世〔三〕。伏惟尚享。

【注释】

〔一〕此"祖师"指真武大帝,源于北方玄武,与"龟蛇"有关。随着佛道杂糅,明代已有《太上说玄天大圣真武本传神咒妙经》。依其说,真武大帝属于太上老君第八十二次变化之身,托生于大罗境上无欲天宫,生在佛地,是净乐国王善胜皇后之子。且言其修道于武当山,或称玄天上帝、佑圣真君上帝,或被民间奉为荡魔天尊、报恩祖师、披发祖师。因其位北,属坎,主水,与"雷雨"有关,可象征阴阳交感,属司命之神。又因佛道杂糅,其又变成披发仗剑的荡魔除妖之神,主宰人间一切祸福,南北各地均有祭祀。另,以下所抄为三段,各属一篇。

〔二〕所言"漳民",指漳河沿岸之民,借指长子县民。盖因漳河源头之一正在长子县。

〔三〕以上此段,依《太上说玄天大圣真武本传神咒妙经》校改。

接玉皇驾祝文

接驾臣本境广佑王,诚惶诚恐,稽首顿首。香烟飘渺,圣驾来临。臣接来迟,万乞恕罪。启奏上帝,万岁万岁万万岁。

抛太阳酒文

夫酒者,杜康制拌,夷狄传方。全凭曲米之功,造作清香美味。诸神来荐(鉴),先奉太阳。谨奏乐声,仆头〔一〕圣(呈)献。尚享。

【注释】

〔一〕所谓"仆头",即"叩头"。

抛太阴酒文

夫酒者,百花治造,糯米温(酝)成。上可抛(陪)天祭圣,下则祀鬼宴神。共结丹悃,先奉太阴。谨奏乐声,仆头圣(呈)献。尚享。

谨将诸神礼叙开载于后〔一〕

四月初四日

先到天地位前_{焚香祀烛}。就位拜_兴、拜_兴、拜_兴、拜_兴、跪^{执盏献爵}_{前行表酒}，初献爵_{表酒}，亚献爵_{表酒}、读祝文、执爵，三献爵，叩首、叩首、叩首、叩首、兴。

正大殿位前。行礼四拜^{奠酒三杯}_{表酒三次}，读祝文，又四叩礼_毕。仝前〔二〕。

_{五道}_{土地}位前。行礼四拜^{奠酒三杯}_{表酒三次}，读祝文，又四叩礼_毕。仝前。

天地位前。行礼四拜^{奠酒三杯}_{表酒三次}，又四叩礼_{毕，队子}。仝前。

厨局鉴（监）斋位前。行礼四拜^{奠酒三杯}_{表酒三次}，又四叩礼_毕。仝前。

天地位前。行礼四拜^{奠酒三杯}_{表酒三次}，化表祝文，又四叩礼_毕。仝前。

正大殿位前。行礼四拜^{奠酒三杯}_{表酒三次}，化表祝文，又四叩礼_毕。仝前。

_{五道}_{土地}位前。行礼四拜^{奠酒三杯}_{表酒三次}，化表祝文，又四叩礼_毕。仝前。

内殿正东：四拜礼_{拜、表、酒}。仝前。

内殿正西：四拜礼_{拜、表、酒}。仝前。

殿外正东：四拜礼_{拜、表、酒}。仝前。

殿外正西：四拜礼_{拜、表、酒}。仝前。

天地位前：四拜礼_{拜、表、酒}。仝前。

厨局鉴（监）斋前：四拜礼_{拜、表、酒}。仝前。

天地位前：四拜礼_{拜、表、酒}。仝前。

下香庭（亭）_{到外院}：谢孝（效）劳众位、厨局，毕。

初五日歇位

初六日_{水来有祝文，画字不读}

早晨，将本殿神牌交住庙（按，指其人），送至北蹇（寨）村三官庙，将神牌安正殿两厢【毕】（按，此"神牌"包括所请各神，以便统一迎回），在庙外祭（放）炮，行四拜礼【酒三杯】，又四叩，兴【毕】。水到，接水行四拜礼【奠酒三杯】，又四叩，兴【毕】〔三〕。

吃午饭以后，演戏以完【乐戏做大队子】，毕。然后抬桌，到山门外东南上祭风：烧香行四拜礼【酒三杯，表三次】，读祝文，又四叩，兴毕。回至庙内本院（按，回至三官庙院内）。

东南祭太阳：四拜礼【酒三杯，表三次】，读祝文，四叩兴【毕】。到天地前，四拜礼【奠酒三杯，表酒三次】，读排神祝文，又四叩兴【毕】。

上正殿请神。阴阳执二单【东一单，西一单】，西叫东庭（亭）名号，各端二牌位，【左先右后】端，从东西走，皆从两边端，将神安桌上，焚香烛，毕〔四〕。

到天地前。叫旧社首（按，指去年社首）辞神，行礼四拜；叫明年社首辞神，四拜礼；叫本年神首辞神，四拜礼（按，以上三社首，正与河东、河西、北寨三社相关）。【奠酒三杯，表酒三次】读上马祝文，四叩兴，毕。做队子，起身。右神先出，左神后出，一提（替）一位出完。

又到正殿，交（叫）取水香老行四拜礼，毕。请驾一同起身。

到半路，河东接驾。社首一同跪下，阴阳读接神祝文；住持（按，指住庙道士类）抱广佑土（按，即崔府君）牌位，参接玉皇神驾。毕。

回到本庙（按，即崔府君庙）。【左神居右于西，右神居左于东】（按，即"左神居右于西，右神居左于东"，以下类此不注），排列两边；玉皇驾（按，指载有走像的神轿）座（坐）南向北【五道安香庭（亭）东、土地安西】。

上殿先安水楼。

社首一同朝正南神驾（按，指玉皇走像）行四拜礼【奠酒三杯，表酒三次】，读下马祝文。叫取水社首行四拜礼，请玉皇神位，安大殿正中，行四拜礼【奠酒三杯，表三次】，读玉皇赦文，四叩兴。下殿，又请众位神牌：庭则（亭子）各请各神上殿，【五道土地不请，西东神往东西】，一提（替）一位安下，社首四拜礼【酒三杯，表三次】，读请命赦文，又四叩兴。下殿，叫大弟兄抱【五道土地】上殿，先参正中，【左参右西】，再参广佑王尊神。参神以毕，将【五道土地】安【东西】。社首行四拜礼【奠酒三杯】，读安神文，四叩兴；香老四拜礼，一同下殿。到天地下，四拜礼【奠酒三杯】，四叩兴。完，表队子。

大弟兄叩头,司局叩首,阴阳叩首,小弟兄叩首,厨则(子)叩首,庭(亭)帏叩首,毕。

遂手午后供盏亦可(按,指两者皆可)。

天地下四拜礼酒表三杯次,读安主席文,四叩兴。恭(供)茶一杯,恭(供)酒三杯;恭(供)三盏,恭(供)三称(衬);恭(供)一酒,恭(供)一茶,毕社首行礼,司局礼,同一礼。

黑夜戏毕,送三仙:将三圣牌位三位端上,到香庭(亭)东南柱下,跪,叩首、叩首、叩首读送三仙文,叩首、叩首、叩首,兴。

到大殿,将三圣奶奶三位、菩萨四位,共七位,播(拨)安朝里〔五〕。行礼四拜,奠酒三杯,读入寝文,叩首、叩首、叩首、兴,毕。

初七日

五更发亮,住持鸣钟,乐楼发(伐)鼓。

天地下三叩礼读报晓文,又三叩,兴。上大殿,行三叩礼读出寝祝文,又三叩,兴。请三仙礼:三叩读请三仙文,又三叩,兴。上大殿跪,三叩读盥洗文,又三叩,兴。大弟兄端盥洗盘,二(两)面往正中打躬,左右参神以毕,后至天地下行四拜礼完毕。

前上(晌)。起身迎盘到某处,礼四拜奠酒三杯,读起盘文,又四叩,兴。起身回至本庙无礼,将盘献安下毕。

然后再去接水到厶处,四拜礼;回至本庙,到天地下,社首四拜礼,香老四拜礼。响锣,掌佛毕〔六〕。

晚上(晌)到下院,祭太阳就位,四拜奠酒三杯表酒三次,读祝文,四叩兴,毕。

恭(供)盏:一茶三酒,三盏三称(衬)奏乐二次,表队三次,一酒一茶,毕。

日邦(傍)落时,到河东祭风:四拜礼酒三杯,读祝文,四叩兴,毕。仝前。

黑夜恭(供)盏七次。

天地下四拜礼酒三杯,四叩,兴。伟则(按,实为"亭子")上恭(供)一茶,酒三杯做队子,七盏七称(衬)。酒一杯,茶一杯,四拜礼三酒,四叩兴。毕,同行一礼。

戏毕,送三仙仝前,入寝仝前。

初八日

五更住持鸣钟,乐楼鸣鼓。早报晓仝前、出寝仝前、请三仙仝前、盥洗仝前,同上大殿。

放生：四拜礼﹙酒三杯﹚，读祝文，又四叩，兴。

下香庭（亭）外院，领羊：行四拜礼﹙酒三杯 读祝文﹚，又四叩，兴，毕。

早辰（晨）饭后，接寿。将寿桌、寿星请至福兴寺后院，座（坐）南向北，大弟兄烧香，行四拜礼﹙奠酒三杯 表酒三次﹚，读请寿文，四叩兴。又将寿桌安引路东﹙树下﹚，座（坐）北向南，烧香毕，四拜礼﹙酒三杯 表三次﹚，读祝文，四叩兴。做大队子《太山打（扛）鼎》，同喝寿汤（场）。然后又到寿桌前，行四拜礼﹙奠酒三杯﹚，四叩兴。起身出庙。又到北古（鼓）楼后安寿桌，坐北向南，行四拜礼﹙酒三杯 表三次﹚，读接寿祝文，四叩礼，兴。住持端广佑王位牌参神，一同起身﹙毕﹚。

回至本庙，将寿楼安至（置）前香庭（亭）东柏树下﹙烧香﹚，四拜礼﹙酒三杯 表三次﹚，读祝文，四叩兴。到下院，牌（排）正进表，酒桌正﹙西东﹚一张，前一香桌﹙按，共三桌﹚。正表，安正殿玉皇﹙西白表安寿人（星）东表安广佑王﹚前，行礼四拜﹙奠酒三杯 表酒三次﹚，四叩兴；前行端表从东边走，小弟兄端酒盘上，到大殿前行跪，安正表，安﹙三酒盘 表三次﹚阴阳（即主礼）叫八仙厶个、叫老人星，叫伺（丝）竹管弦四拜礼﹙奠酒三杯 表酒三次﹚，读祝表文﹙不化﹚，四叩礼兴。到下院﹙端表，照前﹚。上安广佑王，全前。再至下院﹙端表﹚，上香庭（亭），安﹙寿前﹚，皆同前﹙毕﹚。天地下四拜礼，兴。皆行一礼。

午上（晌）以后，﹙下院东南祭太阳全前﹚。

晚上（晌）恭（供）盏。

天地前行四拜礼﹙酒一杯 表三次﹚，四叩兴。帏则（亭子）上殿，恭（供）一茶，酒三杯﹙有大队子﹚，三盏三称（衬）﹙三奏乐﹚，毕。又一酒又一茶，完。皆叩一头。

遂（随）手送寿：将大殿表疏二道端香庭（亭）天地下，行四拜礼﹙酒三杯 化表疏﹚，四叩兴。在（再）到寿前，四拜礼﹙酒三杯 化表疏﹚，四叩兴。送寿到北台后﹙按，即北边乐台后，实即庙门外﹚，向南烧香，四拜礼﹙酒三杯 读祝文﹚，四叩，兴；广佑王﹙参寿﹚，毕，起身，到本庙。

祭风，端［广］佑王参神﹙全前﹚。

黑夜，言盆（院本）、队则（子）。恭（供）盏：天地下四拜礼，恭（供）一茶，恭

（供）三杯酒，十二盏十二称（衬），恭（供）一杯酒、一杯茶_毕，四拜，酒三杯，四叩兴。送三仙_{仝前}，入寝_{仝前}。

初九日

五更钟鼓齐鸣，上大殿报晓_{仝前}，出寝_{仝前}，请三仙_{仝前}，盥洗_{仝前}。

早晌_{古(鼓)}乐《打太平鼓》。前晌接香会，阴阳有礼〔七〕。毕，祭太阳_{仝前表酒}、祝文。

恭（供）盏：恭（供）一茶，恭（供）三杯酒_{队子}，恭（供）三盏三称（衬）_{二奏乐}。又一酒又一茶_{皆叩头}。

晚上（晌）祭风_{端风伯雨师牌位，端广佑王牌位}，照前行礼_毕，参神。

黑夜恭（供）盏：天地下四拜礼_{酒三杯}，四叩兴。恭（供）一茶，恭（供）三杯酒，又八盏又八称（衬），酒一茶一_毕。执盏_{上大殿}，庭（亭）帏_{各照各神各奠各酒各叩各头}。药（乐）户说_{一更古(鼓)罢 二更古(鼓)起}说至_{九更古(鼓)罢〔八〕 十更古(鼓)起}。说完，庭（亭）帏一同将神牌请到下院丹墀_{座(坐)南 向北}，牌（排）正，庭（亭）帏各端各神_{左一往东走 右一往西行}，到下院立正，行礼四拜_{酒三杯 表三次}，读祝文，四叩兴。焚化_{榜文 纸火}毕，住持端广佑王_{参神}。然后，将神位请上殿内，照先安起，四叩礼。盏礼通完。

初十日

前上（晌）辞神：天地下四拜_{酒三杯 读祝文}，四叩兴，毕〔九〕。

每年十月初十日会馆：天地下四拜礼_{酒三杯 有祝文}，四叩兴。上社、中社、下社，合社一梯（递）一年大赛〔一〇〕。

【注释】

〔一〕此"礼叙"记横水赛社礼规，依次而叙，是为了让主礼应用方便。

〔二〕此"仝前"，意指其"行礼四拜""又四叩礼"，类前所见，也是四拜三献，以"执爵，三献爵，叩首、叩首、叩首、兴"结束。以下"仝前"类此，不再出注。

〔三〕此段写去北寨村三官庙以及接水的过程。接下祭风、祭太阳、请神、上马也在三官庙，直至河东接驾才回本庙。

〔四〕此段"请神"即"迎神"。由于之前已将各神"神牌安正殿两厢"，故见主礼手执东西"二单"叫亭子"名号"，从"东西"两边走。届时，亭子分东西两班，各取神的牌位，按"左先右后"顺序端到殿外,"将神安桌上,焚香烛",以便"上马"迎回河东本庙。

〔五〕"拨安朝里",指将有关位牌"背转",以示该神已走,不在其位。

〔六〕"掌佛",指众人双手合十,口念"阿弥"。

〔七〕此句言指,当日早晨"打太平鼓"之后,上午又接有"香会"活动。由于当日(初九)属于该赛"末场",其"香会"实与社众"还愿"有关。届时要唱一种"愿戏",由于人多如"会",见由乐户简单吹唱即可,三五分钟就可结束一回,且见阴阳(主礼)呼名喊姓、依次喝礼,故又提示"阴阳有礼"。

〔八〕此"乐户说"实即"前行说",既见其用于"送神"时,可由"一更"说到"十更",又见其说时用"鼓",正属"鼓词"。强调"一更鼓罢,二更鼓起",说明两者"鼓曲"不同,说至"十更",需用十曲。与此相关,见前《享赛用》本中"送神"记有"乐户打《十番鼓》",或正与此相关。

〔九〕由于该赛"初九日"实已"送神",故见"初十日"只有"辞神"仪式。

〔一〇〕此段属于附记的说明。所谓"会馆",指有关人员(社首、管账等)会于馆(庙)内,商讨赛社筹备工作,备有酒席。从而,既见横水镇每年"十月初十"已开始筹备来年赛社,又见上中下三社"一递一年"轮办,正合前记。

十九 《牒疏抄本》校注

该本发现于高平市沙壁村李得喜家,由其献出。麻纸墨抄,高 25 厘米,宽 14.5 厘米,右侧以细线装订。封面(如图)左上侧竖写"牒疏抄本",为其本名;右下侧竖写"二郎庙记",为该庙祭祀存本。封面未写抄立时间,但其内容写有"大民国山西省中路高平县佛教会"云云,知是民国年间抄本,与高平县佛教会有关,为二郎庙用文,仍类赛社礼规,表现出佛道交互影响的特点。与此相关,高平古有秦赵"长平之战",秦将白起曾"坑赵卒四十万"于此,至唐玄宗时仍见遗骨遍野,于是收集遗骨堆于山谷,名"省冤谷"。玄奘法师也曾亲临超度,且当地赛社也早有佛教参与。据李得喜老人讲,其家原属乐户,其曾祖、祖父都是出名的把式,其父李屹丁也从事吹打行业,故存此本。

以下,依原本顺序抄录、校注。

礼请监斋文牒[一]

恭闻:寻声示现,莲花期化于火池;咒钵来临,尘饭思除于皂(灶)内[二]。惟烹饪为粒食之需,而水火有典司之职。爰有南赡部洲大民国山西省中路高平县佛教会〔某寺〕，秉释迦如来遗教，奉行法事。沙门今据本邑奉佛〔某人〕暨家眷、蓝人等，是旦诚抒心九叩[三]。主司焰慧紧那罗王，职衡二化，敕命九灵。作帝之喉舌，善恶仰达于天庭；念人之身心，坎离俯济乎下上。意者，伏惟信心信士正荐当斋切（窃）虑，致斋散斋宜乎清净，饮斯食斯贵于苾芬。由是，于今某月〔某〕日，就〔圣地家庭〕启建〔吉祥荐扬〕道场。凡永日于内，谨具香花，特伸礼请。紧罗那（紧那罗）圣，灶府灵聪，察斯善斯，各用神通。当使美馔馨香，逐日整肃。上奉诸佛，中献万灵，下及众生，普沾余分。牒到奉行。须至牒者，右牒。

监斋使者火部威灵准此

【注释】

〔一〕"监斋"，由佛说的"紧那罗王"演义而来，既是"厨神"，又是"乐神"，其故事元末明初出自河南。或因上党地区与河南相邻，高平尤近，上党赛社早有"监斋队戏"，且见此文所记，高平或"某寺"，或"家庭"，民国年间仍设"道场"、"礼请"其神。

〔二〕此上下两句，与赛社所见的前行"讲监斋"有关，正言"紧那罗王"曾降少林寺的故事。其中，"莲花"正言其属于佛神，"火池"正言其曾为少林寺厨僧一事。"厨"正属"火宅"，《法华经·比喻品》记："三界无安，犹如火宅，众苦充满，甚可怖畏，常有生老病死忧患，如是等火，炽燃不息。"正可比喻其"厨"，且与"众苦"有关。于是，其在"灶内"一变，变为"监斋神"，如"莲花期化"，"示现"正为救众。

〔三〕"沙门"，指佛门信徒，正包括"蓝人"（伽蓝中人）、"信士"等。

预报城隍文牒[一]

伏以幽宰一邑，福善祸淫都是报；冥司百里，畏威怀德悉承恩。上而佛国，阴骘者愚忠大孝；下而庇民，暗夺者巨怼元凶。今有南赡部洲大民国山西省中路高平县佛教会〔某寺〕，秉释迦如来遗教，奉行法事。沙门今据本邑〔某里某甲〕居住奉佛。〔某〕暨合〔家眷家眷〕等，是日灌沐焚檀，虔诚顶礼。城隍真宰，俯察凡情，仰伸圣德。意者，伏惟〔正荐当斋信士弟子某〕切（窃）念，人居斯世，既多攸好德之诚；士念生平，岂无敬胜义之志。由是，于今某月〔某〕日，恭就〔某〕处启建〔荐扬吉祥〕道场。凡永之期，法筵早建，必须恭报神聪。慧烛初燃,更宜肃抒精悃。伏愿乘云驭而瞬息来临,依佛敕而须臾俯降。屏邪扶正,护法卫坛。同垂利物之心,克赴所求之愿。须至牒者,右牒。

城隍真宰准此

【注释】

〔一〕此文用于该县城隍庙,类如"下请文"。盖因城隍也类土地神,总管在境之事,需"预报"当境祀神之事,正如以下所言。凡所请之神"须至牒者",仍需其"乘云驭"提前通知。

礼请水府文牒〔一〕

爰有南赡部洲大民国山西省中路高平县佛教会,秉释迦如来遗教,奉行法事。沙门今据本邑奉佛修斋。某是日灌沐焚香,肃诚上叩尸德龙王〔二〕,俯察凡情。意者,伏惟信士(正荐)切(窃)以,云汉昭回,上示一生六诚(陈)之象;昆仑孕秀,下分千波百派之奇〔三〕。润泽之功莫测,长养之德难穷。一点先春,必须此而香达九霄;四方蘋藻,更借兹而特伸万圣〔四〕。由是,于今某月某日就于某地,启建荐扬道场。几永之期,严备斋仪。敬陈蒲(薄)馔,特申召请。扶桑大帝娑竭罗[龙]王〔五〕,尽江河之职掌,括湖海之权衡。池潭川泽之神,溪涧井泉之宰,水府主司诸龙等众,仗凭佛力,用已神通。暂别龙宫海藏,略辞水府川源。匡部从,同乘玉辇金车;整威仪,共驾祥云彩雾。光临法会,密助香坛。恩师(施)顽秀,利及怀生。伏望圣聪鉴斯,恳祷。须至牌者,右牒。

扶桑大帝娑竭罗[龙]王准此

【注释】

〔一〕此"水府文牒"正为祭祀水神。

〔二〕此"尸"字,属繁体字(有别于繁体"屍"字),指其神。"尸德"即"神德"。

〔三〕"云汉"即银河,借指天。"昭",光也。"回",运转也。"云汉昭回",出自《诗经·大雅·云汉》:"倬彼云汉,昭回于天。"全篇言天降旱灾,民饥国乱,周宣王祭祀事。"六陈"指六种谷物,即米、大麦、小麦、大豆、小豆、芝麻,此处借指粮食。按《易经》讲,六者皆源一气,故言"一生六陈"。"昆仑"既属诸水之源,又可借指仙山,故言其"孕秀"。

〔四〕此上下句皆言祭祀。所谓"一点先春",指点香敬神,故见"香达九霄"。所谓"蘋藻",指献食。《诗经·国风·采蘋》言:"于以采蘋?南涧之滨。于以采藻?于彼行潦。"因其采蘋、采藻"于以奠之",故见后世每以"蘋藻"代指献食。

〔五〕"娑竭罗龙王"为佛说的八大龙王之一,管降雨,民间祈雨每请。

消灾文疏

南赡部洲大民国山西省中路高平县秉释迦如来遗教奉行法事。沙门今据本邑奉佛修因。即日沐手拈香,一心归命;娑婆教主俯鉴,凡情投词。伏惟切(窃)念,消灾增福,须凭三宝之威神;拔苦超凡,惟仗一乘之妙利。欲标心而克果,宜竭心以修因。教所当遵,诚无不愿。弟子感佛法之难逢,惜光阴之易过,仰凭清众,早植良因。借忏悔以灭罪源,仗经功而修福因。本坛得此,依教奉行。由是,以今本年已月已日恭就某处,修设某道场已。永之期日,于内所积微勋,开具于后。消灾吉祥,神咒化炼金资;云驭功德,一心回向十方。三世佛菩萨、五果六通圣贤圣众、三天八部、九地万灵、佛光注照厶厶当生本命星君。伏愿诸佛垂慈,介千祥而吉庆;万灵密佑,集众善以延生。福禄增崇,身躬康泰,家门清吉,人眷咸安。保财产以兴隆,进公私而顺利。永坚净业,同证菩提;恭惟三宝,洞明功德。[谨]疏。

呈供疏文

伏以应供随缘,十六位留形尚在;利生为业,百千劫弘法无期。伊蒲作桑门之设,禅悦出天厨之脩。钦仰高风,爰投胜品。南赡部洲大民国山西省中路高平县佛教会秉释迦如来遗教奉行法事。法门今据本邑某里奉佛,修因某道场。信士某人等,是日灌沐焚香,虔诚上叩。娑婆教主,俯鉴葵(悃)诚。伏为(惟)^{信士正荐}窃惟(闻),涧蘋溪藻,仰圣德而维馨;玉饭金浆,献天人之法食。茗碗列瑶坛,漳水滩头悬日月;熏炉陈法案,行山阜上布云霞〔一〕。以法喜而供心,王秉一真而延等觉。恭惟三身教主、两足慈尊,施妙化以多方,惟日巾而一食。兹者,詹今月几日,恭就某处修设。今此时维停午,虔设酥酡。伏凭清众,梵贝加持。汲阿耨之净水,僭香积之珍馐[二]。灯燃莲炬,花散优昙。海藏珠,信手采来;祇园果,随心拈出。衣严宝具,香和旃檀;盏盛琼浆,普申奉献。佛法僧,无穷尽之三宝;天地水,有感应之万灵。同降华筵,印知法事。伏愿化现十方而兴慈化,运心三界而来格来歆。锡无限之福祉,保有情之生民。除历劫之沉愆,给当来之正果。均沐宏仁,同沾利乐。谨疏。

【注释】

〔一〕"漳水"即源出上党的漳河,发源于长子县的发鸠山,其山与高平市交界;"行山"指太行山,高平市也在其境。

〔二〕"阿耨"即"阿耨达",梵语。梵书言,四大水出于阿耨达山,其下有阿耨达池。考之,即西藏阿里。"香积"本为佛名,因其居于"香国",一切皆香,故佛厨亦称"香积厨",言其饭食亦香,亦属"珍馐"。

礼请三界文牒[一]

伏闻(惟):说法四十九年,语语言言无非欲人见性;谈经三百余会,章章卷卷总是念我思空。凡情弗通圣意,而世俗岂达幽微。爰借介绍之请,特伸缁素之诚。今有南赡部洲大民国山西省中路高平县佛教会,秉释迦如来遗教,奉行法事。沙门今据本邑奉佛,修因某道场,某人等暨阖 人等,是日恭投慈化,[娑婆教主],俯察凡情。意者,伏为(惟)信士窃念:叨逢盛世,忝入中图,由障滞以萦缠,因物情而影惑。不凭梵化,曷出尘寰? 由是,于今 月 日,恭就某处,启某道场,几永日于内。今则阐行法事,肃致蘋蘩,仰冀三界空行持符灵官、四直使者,伏请详审赍持疏文,速移云路。一瞬息顿,河沙佛国皆临;再刹那间,十方法界普达。遍诣香水海内、华藏境中、珍宝殿前、琉璃阶畔,邀请圣众咸莅法筵。鉴此丹诚,皆获妙利。伏愿彩雾蒙身,来受法王牒敕;香云衬足,奉奏幽显灵祇。胜事克谐,不忘效信。须至牒者,右牒。

三界往来赍文使者准此

【注释】

〔一〕此文也类赛社"下请文"。依下记,"持符灵官、四直使者"要"速移云路","邀请圣众咸莅法筵",仍类赛社时"当境土地"所为。此文与前见的"城隍文牒"区别在于,一者用于县城,一者用于各地。

骷髅真言[一]

以此振铃伸召请,孤魂鬼子愿遥闻。
伏承三宝力加持,此夜今时来赴会。
清净法身毗卢佛,圆满报身卢舍佛。
三类化身释迦佛,当来下生弥勒佛。
十方三世一切佛,西方接引阿弥陀佛。

昨日荒郊去玩游,忽睹一个大德骷髅。荆棘丛中草没丘,冷飕飕,风吹荷叶倒,愁骷髅。骷髅,你在滴水河边卧,洒清风,萃草为毡月作灯;冷清清,又无一个来往弟兄。骷髅,骷髅,你在路傍(旁),这君子,你是谁家一个先亡?雨打风吹似雪霜,痛肝肠,泪汪汪。骷髅,骷髅,看你只落得一对眼眶。堪叹浮生能几何,金乌玉兔来往如梭,百岁光阴一刹那,莫蹉跎,早求出离苦海劫麽(磨)。今宵,施主修设冥阳会,金炉内才焚着宝香,广召灵魂赴道场。消罪障,受沾福利,速往西方!

南无步部帝哩哆利怛他(都)也多耶[二]。
荐往生菩萨摩诃萨[三]!

【注释】

〔一〕"骷髅真言",用于佛家超度孤魂野鬼。之所以见于高平,盖因当地古有秦赵"长平之战",白起曾"坑赵卒四十万"于此。据当地方志载,唐玄宗为潞州别驾时,此地仍遗骨遍野,遂集于山谷,谷名"省冤谷",山称"骷髅山",并说玄奘法师也曾亲来超度。因此当地佛会不绝,山上仍存"骷髅庙",近处有"尸骨坑"。因古战场在丹水河畔,故此篇有"滴水河边"云云。

〔二〕此句是梵文的音译。"南无",有归命、敬礼、归依、救我、度我等义,每用在诸佛、菩萨及经典名前,以示尊敬或皈依。"步部帝哩哆利怛他(都)也多耶",属于"普召请真言"的读音,用召十方恶鬼就食。如《救拔焰口饿鬼陀罗尼经》结尾就念:"南无步部帝哩伽哩哆利怛都也他耶。荐往生菩萨摩诃萨!"

〔三〕"摩诃萨"亦属梵文的音译,全称为"摩诃萨陀"或"摩诃萨埵"。有两义:一为菩萨或大士的通称;一指萨陀王子,名摩诃罗陀,因其舍身喂虎,修成正果,终为菩萨,故称。此处当指后者。

二十　"筹帖、盏单、排神簿"校注

笔者在民间采访时,收集到一些筹帖、盏单、排神簿。其中"排神簿"皆由阴阳先生(主礼)所献,均装订成册;"筹帖""盏单"或又发现于乐户之家,原为单张。为与之前赛社抄本比照,也为见后期上党赛社的实况,今再分类选列,依次录校。

一　"筹帖"八张

"筹帖"类似合同,赛前由村社一方与乐户方签立,或与清代废除乐籍制度有关。清雍正之前,由于乐户隶属官府,民间赛社多属官差,或无契约。雍正时诏令废除乐籍,乐户名义上已属平民,即使仍执旧业,也皆遣散乡野,官府不再供其衣食。见于上党地区,则为这些执业乐户划一活动地盘,靠承办红白等事维持生计,因此乐户每称地盘为"衣饭",或又称为"乡道""坡路"等。于是,就见当地赛社有了多种形态,承应赛社的乐户已可得些报酬。凡官府介入的"官赛",当地乐户仍有"支官"义务,可得些官府"赏钱"。凡村民所办的"大赛",包括多村联办的"转赛",所在地盘内的乐户仍有义务支应。乐户"科头"每与村社商量"腔价",签有类似合同的"筹帖"。尤其一些大赛,用人多至几十人、上百人,每由乐户"科头"或"揽头"雇请同行,更需事前言明腔价,签订筹帖。届时一式两份,签字画押,各执为凭。由于这种筹帖多由主礼先生起草、见证、执行,故其每每"留底",以备日后写时参照。

因此,类前《赛上杂用神前本》所记的筹帖,仍在主礼先生或乐户家中发现一些应用实例。为见其实，今再选其筹帖八张，录校如下。

[苗庄郭家乐户揽赛筹帖]〔一〕

立承揽人：郭辅清

今揽到本村赛场事。三月二十日下请起，二十五日送神止。用人口三十名，俱要精壮。衣服新[鲜]齐整，合事妆扮〔二〕。接神走队，细乐六名，赛场队戏，四文四式。当日言明，价钱拾陆千整。总催、接寿、下厨，赏钱壹千五百文。料豆三斗〔三〕。赏红布二匹。定钱壹千整。恐口无凭，立献揽为证。

乾隆五十年十月初十日立　　承揽文字人□□□〔四〕

维首人　郭师辙　郭　瑛　王积现　马　省　刘校卒　郭正考　程义顺　刘校仁

【注释】

〔一〕此标题今加，以下类似不注。"苗庄"隶属平顺县，该村郭家乐户今存后裔。此筹帖写于"乾隆五十年十月"，正为该村下年三月办赛而立。依下记，由本村乐户郭辅清承揽用乐，又因用到乐户三十名，显非郭家所能胜任，故写明"揽到"，需请同行。而平顺西社村王姓乐户距苗庄不远，应属帮忙者，故见此筹帖遗存于王家，今由西社乐户后人王开堂所献。献出的筹帖有五张，最晚一张为"嘉庆十九年十月二十九日"所立，皆属郭王两家合办苗庄赛社的筹帖。

〔二〕此句"衣服"，指赛社乐户艺人穿戴的"行头"。所谓"合事妆扮"，言指符合赛社各事的装扮，属概而言之。盖因郭家属于本村乐户，每年承揽其赛，有例可循，筹帖无须细言。

〔三〕"料豆"，指喂牲口的豆子，一般为黑豆。盖因邀请西社村王姓乐户，要用牲口拉其演出的"戏箱"、出名的"把式"，还有"女乐"。

〔四〕因原纸破损，此句人名已失。依前文，当为"郭辅清"三字。

[小关馆赛社筹帖]〔一〕

立筹帖文字乐人科头：闫双会、闫女成、杨富群

今承揽到十村在于小关馆护国灵贶王神前享赛事。定于闰三月初四日迎神，初八日送神。享赛三朝，迎送五日。迎神：四文四武走队，细乐八名，粗乐四名；前行早乐三场，壮士前后拾扮，接头在外〔二〕。卯筵三盏照规：前后行二名，鉴

(监)斋、值宿二扮,报食二名。三场:衬队九个,吹戏九出,晚乐院本、杂剧三场。下厨祭台、八仙迎寿、八仙安寿、猿猴脱壳、太平鼓板齐整,细乐八名,前后行二名。细乐细氅,红大帽,额则,接挂(褂),尾则〔三〕。笙、箫、笛、管、锣鼓等事,一切乐器俱要新鲜,皆鸣响亮。男乐俱要精壮,衣甲务要新鲜。神厂(场)上马队戏一场。一应吹打等事,听主礼先生调用。合社公议,赐腔价大钱肆拾千文整。赛事以毕,照数领取。如有临时缺少一名,跌钱壹千文。如要不听调用,轻则神前责处,重则禀官究治。恐口无凭,立筹帖为证。

  光绪二十四年前三月十七日 立筹帖文字乐人科头闫双会、闫女成、杨富群
  后批:吃油二斤,黄黑茶叶半斤,正赛每人吃面半斤。
  社首 苗永明
  主礼先生 牛东林〔四〕

【注释】

〔一〕"小关馆赛社",前《告白文书本》已有相关记载。"小关馆"指小关岭(位于小关村旁)的三峻庙,清代该庙仍有十村轮办的大赛。时由东大关村牛氏阴阳任主礼,其家遗存的赛社文字较多,此筹帖从其家发现,为光绪二十四年赛社的实例。

〔二〕"接头",指"接头壮士",每用于迎神之日。届时,由年轻力壮者头顶木制神驾(神头、木架,架上披衣,俗称小驾老爷),在前探路,与赛庙接头联系,故称。因其不属乐户装扮的"壮士前后拾扮",故强调"在外"。

〔三〕此句言"细乐"穿戴。"细氅"指用料精细(如缎面)的开氅,无领无袖,似褂,长可及膝,红色为底,上绣花草,接以另色(绿或蓝)作边,也称"接褂"。"额子",又称抹额或龙抿,是一条绣有龙饰的布带,由前向后系于额头。"尾子"指雉尾,插于额子旁,属乐户特有的标志。

〔四〕牛东林,是东大关村牛氏阴阳的重要传人,曾在当地许多赛社任过主礼先生。据献此筹帖的牛小五讲,其父是牛振国。由此推断,牛东林可能是其祖父。

[碾漳社紫云山赛社筹帖]〔一〕

  立筹帖文字乐人科头
  今承揽到紫云山在于碾漳社护国灵觋王尊神秋报享赛之辰。定于九月二十一日下请,二十二日接神,二十六日送神。享赛三朝,迎送六日。迎神之日,前后行二名,细乐八名。鉴(监)斋、值宿二扮。三场吹戏九出,晚乐、卯筵三盏、祭台

下厨、八仙迎寿、猿猴脱壳、太平鼓板、打采、放生一应在内。细乐细氇，红大帽，额则，接挂（褂），尾则。笙、箫、笛、管、锣鼓等项，一切乐器俱要新鲜，皆鸣响亮。男乐俱要精壮，衣甲务要新鲜，神氇，红大帽，额则[二]。上马宴，三盏一场。一应吹打等事，听主礼先生调用。合社公议，赐价钱　文整。赛事已毕，照额领取。如有临时缺少一名，跌钱壹千文。如要不听调用，轻则神前责处，重则禀官究治。恐口无凭，立筹帖为证。

　　宣统元年七月　日　立筹帖文字乐人
　　社首
　　主礼先生　牛东林

【注释】

　　〔一〕此筹帖也从东大关牛小五家发现。其记的"碾漳"，今称"碾张"，属紫云山三峻庙赛村之一。

　　〔二〕此句所记，均属"衣甲"要求。由于后期已无女乐，所记实为男乐演出服饰。此服饰既类"细乐"装扮，仍穿"神氇"（即"开氇""龙褂"类），戴"红大帽"，围"额子"，又因用于"演出"，少了头上雉尾。

[石室村义济王庙赛社筹帖][一]

　　立筹帖乐户：赵成林

　　今搅（揽）到护国义济王尊神前春祈报赛祭祀之大典。自古额定，明年二月二十八日，到土地庙下请，白龙淹（庵）下禀，本庙演乐摆驾[二]。二十九，石室村接神[三]。三十日头场，三月初一日正场，初二日末场，初三日送神。下请头一日，有八人鼓地一次；本庙，细乐八名、前后行二名、马前乐四名，本庙赛乐队[戏]一场。迎神之日：马前乐四名，四文四武，驾头一个，扢然狮虎[四]三名，细乐八名，前后行二名，十狮十九名；四文四武、粗乐细乐、六名走队、神场杂队，石室村一场；安神，大杂队一场。头一场之日：卯筵、监斋、值宿、报食、两班前行随盏到底，细乐八名，狮虎排场，比方一个，下厨祭台，衬队四个，大杂剧一场；晚乐，本院大杂队一场。到关帝庙迎寿。正场之日：八仙安寿、祝寿，猿猴脱角（壳），讲山表水，狮虎卯筵，值宿、报食，杂队[五]四个，正队一场；晚乐，本院大杂队一场。末场之日：太平鼓板，卯筵狮虎，衬队四个，正队一场；晚乐，本院大杂队一场。初三到关帝庙送神:奏乐一场,细乐八名,前行二名;安新社首[六],细乐八名,前行二名。以上宴筵三朝。迎神之日,细乐、队戏,前行、后行可穿龙褂、蟒袍、朝靴、帽俱新鲜齐整,不得破旧顶补。二月二十八日地鼓七遭。每日五更发(伐)鼓三通,听钟为令,不得失误。捎代(带)吹后台、迎盘迎供,三天六次。一切吹打杂事,一切祭风、祭太阳、讲路诗[七]、迎送二仙,每日听主礼调用。迎神之日,本村、石室村游庙。锣鼓二名,三天鼓地[八]。细乐俱以主礼调用。合议(社)公议,乐户米一石八斗,白面三百斤,贡尖茶一斤,牛烟十包,煤炭社内领取;牲口料豆一升,水草足用。言明抱(包)干调和、颜色、纸张、一应杂赏,写头腔价钱六十五千文[九]。恐口无凭,立筹帖为据。

中华民国二年阴历十二月　　□□□乐户赵成林具[一〇]

维首　刘辛盛　王海云　王玉堂　王焕文　郝丙全　郝和顺　证

【注释】

〔一〕"石室村"原属潞城县,今属屯留县,与长治郊区相接,位于三者交界处。其赛的"义济王"即"白龙王",因属宋徽宗所封的五龙王之一,故见当地有庙;因与佛教有关,故见早又建庵。由于石室村属于乐户赵成林的"衣饭"地盘,故见此筹帖由其所立;又因其属"揽到"者,曾请西社王家乐户帮忙,故见此筹帖由平顺县西社村王开堂所献。

〔二〕今考,石室村附近原有白龙庵,正属佛寺,因其供奉的"白龙王"即"义济王",与"本村"(石室村)赛社相关,故见其"下请"时特别规定:"白龙庵下禀(按,相当于在本庙'禀状'),本庙演乐摆驾。"

〔三〕此"接神",既属"迎神"活动,又在强调,要接"白龙庵"之神。

〔四〕"圪然狮虎",指舞狮的引领、引逗者(见下有十九人扮为十个狮子)。所谓"圪然",属俗音俗语,指舞狮者手持舞具借以"粘"引狮子。由于"粘"的俗音通"然",故又读为"圪然"。

〔五〕所谓"杂队",相对于大型完整的"正队"而言,如走队、补队(片段),包括杂耍,均属。此处指"衬队",因其杂用于供盏之中,故称。

〔六〕"安新社首",与"交排"仪式有关。凡多村转赛,每在"送神"之后见有交接仪式,由再年主办社的社首接牌,从而成为再办时的"新社首"。

〔七〕"讲路诗",泛指祭风、祭太阳之类的前行诗赞,多在庙外路途中念唱,故称。

〔八〕"三天鼓地",指赛社三场中每天都要"打地鼓"。但因细乐时在庙内,故见只用"锣鼓二名"。届时敲锣打鼓,沿村转街,借以召唤社众。

〔九〕"写头"指写帖的科头,即"乐户赵成林"。所写"腔价",即支付乐户的总报酬。

〔一〇〕因原纸破损，此处缺字。依意，应缺"立筹帖文字人"六字。

［前窑社龙泉山赛社筹帖］〔一〕

　　立筹帖文字人，乐人科头左

　　今承揽到前窑社龙泉山护国灵贶王尊神享赛。旧到（例），定于民国六年二月下请，细乐［八］名，至前行、文武、趁（衬）队，筵终送神。享赛三朝，迎［送］六日。承揽定男乐　　名，大杂剧　　场，趁（衬）队戏　　个，吹戏三场；出外［有演乐队戏］〔二〕一场，迎神上马队戏一场，设朝（嘲）比方三个。迎神到龙泉山，上马宴三盏，下马宴三盏，文臣四扮，壮士十扮，按（接）头壮士在外，前行二名。到正赛，前后行二名，戏竹二根，鉴（监）斋、值宿　　名，报食二扮。细乐八名，俱要额则支巾，按（接）挂（褂）细氅。笙箫笛管、唢响（呐）号头、锣鼓等项，俱要鲜明响亮。外有八仙迎寿、太平鼓板、放生。一应吹打细事，听主礼先生调用。男乐俱要精壮，衣甲俱要新鲜。合社公议，赐腔价　　。若不听主礼先生，轻则神前责处，重则禀官究治，决不宽饶。恐口无［凭］，故立筹帖文字为照。

　　中华民国陆年二月十　日　　立筹帖文字乐人

【注释】

　　〔一〕此筹帖，由长子县东大关村牛小五献出，为该县"前窑村"办赛筹帖，乃牛氏任主礼时留的底稿，以备参考。其中办赛人数、腔价等均空开未写，以待到时确定后再填。另，见前《赛上杂用神前本》正记有"龙泉山"转赛时的"筹帖"范例，"前窑村"正也参与其赛，其筹帖正可与此比照。

　　〔二〕此处原留空白，今依《赛上杂用神前本》所记"筹帖"对应处而补。

［大关村东老社赛社筹帖］〔一〕

　　□□□（立筹帖文字人　　乐人）科头侯永和，同总催杨永盛、左金泰〔二〕

　　今承揽到大关村东老社享赛。旧例，定于道光二十四年二月初三下请，至初八日筵终送神，享赛三朝，迎［送］六日。□□（地鼓）四名，大杂剧七场，趁（衬）队九个，戏九出。外有演乐杂剧一场，神场上马队戏一场，设朝（嘲）□□□（说比方三个）。关帝庙，上马宴三盏，排场文臣四扮，壮士十扮，按（接）头壮士在外,前行一名。到正赛,前行二名。□□□(监斋、值宿)二扮,报食二扮,细乐八名,俱要额则支巾,按挂(接褂)细氅。笙箫笛管、锁(唢)呐号头、锣鼓等项件,□□□(俱要鲜明响亮。外)有祭台下厨、八仙迎寿、太平鼓板、放生。一应吹打细事,听主礼先生调用。男乐俱要精壮,□□□(衣甲俱要新鲜。合)社公议,赐腔价大钱贰拾九千五百文。赛事已毕,照数领取。如有临时缺少一名。跌□□□(钱壹千文。若要不)听调用,轻则神前责处,重则禀官究治,决不宽饶。恐口无凭,故立筹帖□□(为照)。

　　□□□(中批,头场狮虎排场),摆驾内臣二个;三场卯筵,加龙挂(褂)绣花支巾八件。

　　□□□(道光二十四年正月二十)五日,立筹帖文字乐人科头侯永和,同总催杨永盛、左金泰。

　　□□□(后批,下请迎神之日),马前乐四名,俱要龙挂(褂)则、红大帽;四文四武走队,驾头一名。到正赛,六文六武,□□□(驾头一名,头末两)场,四文四武摆驾。俱要衣甲新鲜。三场红布三十尺,打彩画字一应在内。此照。

　　□□□(后批,唯绣)花支巾,龙挂(褂),□□□(八仙只)许此回,其余不改旧规。此致(证)。

　　社首　王加卯　黄德成
　　总理　温占鳌　王全元　关卿云　牛　成

【注释】

　　〔一〕此筹帖,乃东大关村牛氏为本村办赛所写,是该村道光二十四年(1844)办赛实例。既类之下接记之例,又见皆与之前《赛上杂用神前本》所记的"龙泉山"赛社筹帖类同。因此,本筹帖虽有破损造成的缺字,均可对应补全。

　　〔二〕此文开头缺失若干字,今先空开三格,再依《赛上杂用神前本》筹帖的对应文字补于括号内。以下类似,不再出注。

[大关村东老社又一筹帖]〔一〕

　　□□□(立筹帖文字乐人,科)头:杨福群
　　今承揽到大关村东老社在于玉皇庙□□□(享赛。旧例,定于……)享赛三朝,迎送五日。揽定男乐壹拾贰名。择于二月二十日,四名地鼓一便(遍)。二十一日,四名地鼓三便(遍);四、六、八地鼓以毕,下请。□□□(二十五)日送神。迎神:细乐八名,前后行二名,监斋、值宿二名。供卯筵,三盏三趁(衬)。早晚三天:六吹戏,下厨祭台,八仙□□(迎寿)、八仙安寿、太平鼓板齐整;细乐八名,前后行二名;在外放身(生)、打采(彩)、画字。细乐:细氅、红大帽、额则、接挂(裓)、尾则。笙箫笛管、锣□□□(鼓等项件,俱)要新鲜,皆鸣响亮。男乐俱要精壮,衣甲俱要新鲜。不得以老幼滥充,不得以破旧塘(搪)塞。上马队戏一□□□(场。一应吹打细事,听)主礼先生调用。合社公议,赐腔价包干大钱壹拾肆千文整。赛事以毕,照数领取。如有临时缺□□□(少一名,跌钱壹)千文。不听调用,轻则神前责处,重则禀官究治。恐口无凭,立筹帖为证。

　　□□□年正月二十八日　　立筹帖文字乐人科头杨福群

　　社首　张文德　张大荣　温胖孩　朱来和

　　□□□□□(主礼先生牛)东林

【注释】

〔一〕此筹帖,也是为"大关村东老社"(即今东大关村)赛社所写,但因纸张破损,缺失年号。所幸,见其主礼记为"牛东林",与前"光绪二十四年""宣统元年"两张筹帖的主礼相同。可见牛东林为光绪、宣统年间人,此筹帖也当写于当时,比前"道光二十四年"(1844)东老社筹帖应该晚出。从而,将此前后两张"东老社"筹帖比照,大致相类,只是日程要求、腔价之类又有变化。

[灵贶王庙赛社筹帖]〔一〕

　　□□(立筹)帖文字乐人科头厶人,同总催□□□□□(厶人)

　　(今承揽到厶厶村在于)护国灵贶王尊神位前,旧例定于□□□(厶月厶日)享赛。□(厶)月厶日下请,至□□□(厶日筵终送神。享赛三朝,迎送)六日。承揽定男乐三十名。大杂剧七场,趁(衬)队九个。扮(排)场文臣四扮,□□□(壮士十扮,报食二)扮。细乐八名,俱要额则支巾、接挂(裓)细氅。□□□(笙箫笛管、唢呐号头、锣鼓等项)件,俱要鲜明响亮。外有祭台下厨、八仙迎寿、八仙安寿、太平鼓板、放生。□□□(一应吹打细事,听主礼先生)调用。男乐俱要精壮,衣甲俱要新鲜。合社公议,赐腔价大钱　　。□□(若有)临时缺少一名,跌钱壹千文。若要不听调用,轻则神前责处,重则□□□(禀官究治,决不宽饶。恐口无凭),故立筹帖为照。

　　□□(大清)道光二十七□(年)厶月厶日　立筹帖文字乐人□□(厶人)

【注释】

　　〔一〕此筹帖,也由牛小五家发现,为"道光二十七年"所写,应与之前"道光二十四年"的筹帖同出一人之手,当为牛东林父辈所写的实例。此当为"范例",人名、时间均以"厶"字代之。因此,见前《赛上杂用神前本》所记的筹帖与此相类,也为范例,通过比照,可见牛家阴阳由"道光"直至"民国",历任当地赛社主礼。

二　"盏单"三张

　　【按】所谓"盏单",是依赛社日程开列的供盏乐次纸单,以供乐户艺人行事,故称。此处所列的三张,皆属平顺县西社村王家乐户遗存,从王开堂家的旧纸文字中拾得。其中开列的日程、礼规,与前筹帖所记比照,正可相互印证,以见王家乐户支应赛社的实况。

　　依今考察,平顺县西社村王家乐户原居该县王曲村,清雍正废除乐籍制度之后,至乾隆年间,其仍执旧业的一支已迁至西社村,后随着人丁兴旺,分为东西两院。后来又不断分支,有迁邻县者。因此,直至清末民国,王家乐户仍多承揽平顺、潞城、壶关等县赛事,仍存办事盏单。其中一张明确题写"记(计)开盏单",另两张无题,但内容相类,仍属"盏单",故归一类录校如下。

记(计)开盏单〔一〕

　　前三盏,前行讲说。第四盏,队。第五[盏],队。第六盏,队。第七盏,吹戏〔二〕。

　　下请土地庙。出庙(按,指赛庙)四叩拜,进土地庙;外祭门,进庙(按,指土地庙)打巽(篆)香,两叩两拜。回庙祭门,上香拜,讲酒。

　　接神。出庙,上香、讲酒。元(圆)神地:打巽(篆)香,钱(前)行祝香,供菜、茶、酒,上马三盏。回庙祭门。入庙,供菜、茶、酒,下马三盏。以毕,两叩两拜,打曲破。

头长(场)。早:上香,戏(细)乐上殿,广素(盥漱)三回,接二仙。三盏:主礼读表,钱(前)行讲小莲(联),供菜、茶、酒。早三盏以毕,四叩礼。前七盏。

正赛。早,接二仙。接寿:打巽(篆)香,礼拜九叩;上香,三盏,主礼读表;猿猴托甲(脱壳),出(曲)破;钱(前)行戏(细)开八仙。回庙,祭门,上香,三盏酒。进庙,钱(前)行祝南山、主礼祝南山,三扁(遍);钱(前)行祝南山三扁(遍)、老人星祝南山三扁(遍),吹管,献,以毕。西王母:通上香,进酒上殿,钱(前)行讲酒以毕,讲酒下殿;第二盏上殿,钱(前)行进表;三盏上殿,主礼读表,吹酒,西王母进酒,钱(前)行讲酒,吹酒。祝皇:九叩礼,主礼祝皇三次,钱(前)行讲酒祝皇,吹管,献。祝皇以毕下殿,九叩礼三次。供菜、茶、酒,供寿面,早三盏晚(完),送寿。祭风,回庙,供茶、三杯酒。以后八盏,打算(散)酒。八盏以毕,送二仙。

目(末)赛。广素(盥漱)以毕,上香,接二仙回庙。供菜、供茶、供酒,供竹(共祝)寿,打太平鼓。以毕,供早三盏。以毕,停(亭)帏,社首四叩四拜,打出(曲)破。

送神时,酒三杯,打采(彩),主礼读表。

宣统元年七月十五日立

【注释】

〔一〕依下所记,见此"盏单"抄立于"宣统元年七月十五日",涉及下请、接神、头场、正赛、末赛、送神的礼规,正可与前"筹帖"所记比照,可见当年王家乐户支应赛社的实况。

〔二〕此段所记,属"供七盏"礼规。其中"队"指队戏;"吹戏"是以唢呐吹奏的戏曲片段,多见于清代后期赛社,每以取代供盏结尾的"收队"歌舞。由于"供七盏"可代表赛社供盏的通行礼规(八盏或十二盏亦皆类此),且多用,故见单独列出,以示每日供盏礼规大致如此,以下不再细说。

[潞城县城隍庙赛社盏单]〔一〕

迎神接会。细乐四名,前行一名,神厂(场)酒三杯,表一张。马前乐四名,血赛(十帅)十名,迎神到东[山]上,三盏酒〔二〕。到元(圆)神地,下马三盏。进庙,安神酒三盏,又下马三盏,对(队)戏一回。晚送二仙。

头厂(场)。起早,光素(盥漱)、打篆香。抱(跑)太阳、讲小连(联)。早三盏,太平鼓一个。祭风:酒三杯,表一张。打算(散)酒,午前七盏,对(队)戏三回,打出卜(曲破)一个。后八盏。以北(毕),元(院)本一个。送二仙。

正赛。早光素(盥漱)。接寿:八仙八个,老寿星,前行一个,开八仙,出卜(曲破)一个,说路(潞)吏[三]。进庙。前行助(祝)南山三偏(篇),篆寿进表三道。以北(毕),放生。工金助(供金粥)寿面[四]。咽候掇甲(猿猴脱壳)。送寿以北(毕),抱(跑)太阳、讲小连(联)。工(供)早三盏。祭风,表一张。打算(散)酒,午前七盏,对(队)戏三回。午后八盏,打出卜(曲破)一个。以北(毕),元(院)本一个。送二仙。

木(末)赛。光素(盥漱),打篆香,抱(跑)太阳、讲小连(联)。工(供)早三盏,太平鼓一个。祭风,酒三杯。前七盏,对(队)戏三回。后八盏。元(院)本一个。送二仙。

送神。早光素(盥漱),□□□(打篆香,跑太阳,供)早三盏。打采(彩)以北(毕),□□(送神)[五]。

【注释】

〔一〕此标题原无,今依所记内容而加。因其记有"血赛""迎神到东山上"云云,有潞城县城隍庙赛社特征,且与平顺县西社村王家乐户相关,从而判知,其属"潞城县城隍庙赛社盏单",故加此题。

〔二〕此句,正见潞城县城隍庙赛社(四月十五正赛)特点。所谓"血赛",属"十帅"的俗音误传,与队戏《真武降十帅》有关。见于潞城县城隍庙赛社,每用于四月十三"迎神",届时扮有真武大帝、周公、桃花女、十帅等,正类队戏,为面具装扮的游行队子。所谓"迎神到东山上",指其先到潞城县城关外面的东山。盖因山上有座泰山庙,先要接该庙玉皇等神。从而,扮作"十帅"前往,又如下记,见到"圆神地"之后游行回庙,与考察情况相符。

〔三〕所谓"说潞吏",属前行讲说,用以夸说潞城县出了好官。从而如前所记,《前后行讲古论有十论》本记有具体内容,正用于潞城县。《听命文集》本记有相类一篇,也用于"接寿"进门时,其中夸说"壶关老爷们",皆为迎合当地官府所加。

〔四〕所供"金粥寿面",依办赛厨师说,即米粥、寿面。

〔五〕因原纸残损,最后"送神"一项缺字。参照之前所记,仍可大致补全为:"送神。早盥漱,打篆香,跑太阳,供早三盏。打彩以毕,送神。"

[壶关县城关赛社盏单]〔一〕

初八日到庙。

初九日晚上,出地鼓一遭。

初十日,出地鼓三遭,午后下请,夜演对(队)戏。

十一日,出地鼓三遭,午后请神:排驾,前后行,六文六武,排对(队)戏到神场,公(供)上马演(宴),对(队)戏;到庙,公(供)下马演(宴),对(队)戏。灯上,演乐对(队)戏〔二〕。

十二日,头场。早卯演(宴),三吹表,后下厨、祭路台〔三〕。前晌卯筵公(供)正盏:狮虎冲殿,踏朵(跥)对(队)戏,前后行真服乐盏(整赋押盏)〔四〕。午前,踏朵(跥)排驾对(队)戏〔五〕。灯上,公(供)夜盏,对(队)戏。送二仙。

十三日。光诉(盥漱),卯筵,接二仙〔六〕。接寿,到神(寿)场上,开八仙,猿猴托(脱)壳;到庙,到(倒)酒、管表〔七〕。午前公(供)正盏,排驾对(队)戏。午后,踏朵(跥)对(队)戏。灯上,吹菊蓬(炬棚)〔八〕,对(队)戏,公(供)夜盏,说演盆(院本)〔九〕。午后狮虎冲坛,夜送二仙,领生、放生〔一〇〕。

十四日。早卯筵,管表,打太平鼓,公(供)正盏。午前,对(队)戏。午后,踏朵(跥)奏正乐戏(队)戏。灯上,公(供)夜盏,对(队)戏。

十五日。早卯演(筵),观(管)表。送神,公(供)上马演(宴)。到庙,公(供)下马演(宴)。下厨,对(队)戏一回。

民国三年闰五月十三日　　壶关县

【注释】

〔一〕此标题原无,今依内容而加。见其文末明记"壶关县","闰五月十三日"为其正赛,与该县城关的关帝庙赛社相合,故知为"壶关县城关赛社盏单"。其存于西社王家乐户,可见"民国三年"该赛仍请王家帮办。

〔二〕此段记"十一日"迎神过程。其"灯上"指"夜晚";其"演乐队戏",按后期上党赛社所见,类宋元民间"搬演词话",属诗赞体"杂剧"。

〔三〕此句所言,指"跳监斋"表演。其"三吹表",正指其祭祀焚表时需要"三吹",以应三拜九叩;其"下厨、祭路(楼)台",类前《听命文集》所记的"祭楼台下厨讲监斋",用于"头场",属头场"卯宴"的前奏。因此,此处将其归入"早卯宴"范畴,且见接下记有"卯筵供正盏"礼规,其"正盏"正属卯筵三盏。

〔四〕此句所言,皆与"卯筵供正盏"相关。其"狮虎冲殿",为舞狮表演,因有驱邪之意,仍存唐代"五方狮子舞"的遗韵。其"踏跺队戏",类宋代所见,也仍"转踏",且按上党后期所见,多类"流队戏,看衣服",乐户穿着行头,随鼓乐节奏转圈。还有其前后行"整赋押盏",指前后行(多只用前行)要讲说一篇完整的"赋"(如《古论赋》《百花赋》等),因用于卯筵开始,借以"押盏",故称。

〔五〕此"踏跺排驾队戏",强调"排驾",即排列的队伍见有皇帝"驾头",类如潞城遗存的队戏《过五关》,为用人较多的队戏。

〔六〕此句顺序欠妥,应先"接二仙",之后才开"卯筵"。

〔七〕所谓"管表",类如头场见记的"三吹表",言指届时乐户仍管吹奏。

〔八〕"炬棚",又称"烛棚",盖因"烛,蜡炬也"。见于上党的炬棚,多搭在赛庙两廊,一般每个村社搭有一棚,棚下陈设古玩、字画、金银首饰等稀罕之物,每晚棚内燃烛,鼓乐吹奏,以示敬献,见称"吹炬棚"。

〔九〕"说院本",属于以"说"为特征的院本表演。见于后期的上党赛社,既类唐宋参军戏,以调笑见长,又受宋元"猜谜""比方"影响,每多加有"荤谜素猜"。

〔一〇〕此句是对"十三日"正赛的补充说明,既可言其"狮虎冲坛",又可用于此日"午后",且见强调"领生、放生",正与"正赛"有关。

三 "排神簿"四本

【按】赛社"排神",即将诸神位牌依序排列于大殿。此属主礼先生之专责,不可错乱,否则视为亵渎神灵。由于不同庙赛所供的神位不尽相同,各依旧例,各沿旧规,各有不同的排神,为防错乱,办赛主礼先生立"簿"以记,作为底本,以便届时参照。其排神序次,如皇宫寿宴,也依职位高低而排,分主客座次,而且要标出食"素"者,以免供盏献食时出现不当。从而,由中间向两边排开,一东一西,分为两班。见于长子县东大关牛氏阴阳家存的排神簿,清代以来仍有多本,均由牛小五献出。今选四本,以见当年"排神簿"实况。

营里村于紫云山《神簿》〔一〕

熏炉〔二〕:万永来 王敬中

司香烛:田大孩　万云来

执爵:王长生　万聚只　万又只

酒司:常存只

茶司:郑进才

围(帏)士:王五女　万小孩　万交秋　王毛孩

鸣金:常金泉

执棍:王永祥

(按,以下为具体"排神")

行神[三]	左十八	万贵善
(茶)[四]天地	左十七	王聚六
五道	左十六	万金山
西蜀将军	左十五	万锁只
(素)电母	左十四	张秋只
雷公	左十三	万根成
雨师	左十二	张顺昌
风伯	左十一	常孝仁
五龙王	左十	万小孩
灵贶王	左九	万德海
(茶)灵显王	左八	常羊存
五土	左七	常海只
仁勇	左六	万三只
(茶)下元	左五	常梦只
(茶)中元	左四	万德兴
(茶)上元	左三	万五全
东岳	左二	苗道只
玉皇	左一	冯金水
(茶)元始天尊	右一	万文富
玄天	右二	万稳只
成汤	右三	万士英

唐太宗	右四	王根成
山川	右五	万秋只
社稷	右六	万元通
(素)仙公	右七	张聚命
(素)大圣[五]	右八	郗德龙
(素)二圣	右九	张小狗
(素)三圣	右十	王聚只
广禅侯	右十一	王添仓
(茶)圣母	右十二	孟丙文
(素)冲淑	右十三	王根只
(素)冲惠	右十四	张三狗
广佑王	右十五	万稳存
土地	右十六	常讨吃
(茶)本殿[六]	右十七	常休只

执棍：宋昍

鸣金：万好存

围(帏)士：韩不伦　万法善　王毛毛　王存柱

茶司：

酒司：

熏炉：王履中　李顺昌

【注释】

〔一〕此"排神簿"，右侧以纸捻装订成册，本高16.5厘米，宽28厘米，麻纸双折页，保存尚好。其封面左上侧贴红纸条，写"神簿"二字，即"排神簿"；右下侧贴红纸条，写"营里村"，乃办赛村名；中间红纸条贯通上下，写"光绪九年十月初四日"，乃抄立时间。除封面外，全本含七个双折页，实写五页（十个单面），余为空白。今考，营里村位于长子县西北，与碾张村相邻，同与紫云山三峻庙"转赛"相关。故前《赛上杂用神前本》亦记有相类排神，可比照。

〔二〕"熏炉"之后所记人名，即"光绪九年"办赛时执此炉者（即社首）。以下类似不注。

〔三〕"行神"，是该庙主神（灵贶王）可以抬着出行的神像，即其"神轿"，每见用于"迎神"。之后，多置于大殿神位一侧，故也见列。

〔四〕"茶"字，原本以小字批注于"天地"神位之前，今再加以括号，言指该神供盏时献茶而不献酒。以下类似不注。

〔五〕"大圣"，包括之下所记的"二圣""三圣"，总称"灵湫三圣"。属长子县特有的地方神。该县西南有发鸠山，山上有泉，旁有灵湫庙，古传"精卫填海"即此，故祀三圣。

〔六〕"本殿"与主神相关，指"本殿娘娘"。

前窑村于龙泉山《排神簿》〔一〕

执香维首：柴占魁　占启文
司香掉（桌）：申考文　柴广仁
执爵：柴幼孩　柴思洪
司茶：柴春木　柴凌霄
司酒：柴黑只　柴成只
端熏炉：柴重华　柴进群
帏士：柴邦丑　柴昌后　柴龙喜　柴二元
执棍：柴太平　柴洪德
取神转（馔）：柴新发

本殿	东十八	张众锁
五道	东十七	柴廷文
敕赐〔二〕	东十六	常保先
雨师	东十五	柴胖只
风伯	东十四	柴锁成
夜明〔三〕	东十三	柴毛孩
白云	东十二	李启后
火宿	东十一	张八只
昭泽	东十	柴树芳
太华	东九	柴廷行
护国〔四〕	东八	关来成
敕封	东七	暴存柱
清源	东六	柴松山

大成[五]	东五	柴廷福
大清[六]	东四	常长生
当今[七]	东三	柴喜存
成汤	东二	鲍花成
玉皇	东一	柴连喜
神农	西一	申步云
南无[八]	西二	柴聚山
大唐[九]	西三	柴振东
东岳	西四	吴九来
大社	西五	柴喜乐
大稷	西六	柴喜木
总圣	西七	王群盛
护国	西八	柴三瞪
亚岳	西九	柴维众
护国	西十	李黑孩
灵湫	西十一	柴林山
灵湫	西十二	柴有情
灵湫	西十三	李清和
冲淑	西十四	柴七孩
冲惠	西十五	柴白孩
雷公	西十六	柴喜英
当方[一〇]	西十七	柴胖则
行神	西十八	李中和

执棍：

鸣金：

帏士：

司酒：

司茶：

端熏炉：

执爵：

打旗：柴保盛　柴扎根　柴进只　柴三黑

打伞：李常清

打扇：柴聚魁

打高罩：柴广义　柴富起

夯(扛)牌：柴根来　柴有英

夯(扛)神牌：柴四斤　柴常有

打月罩：柴六斤

彻馈(馔)

【注释】

〔一〕该本高 16.5 厘米，宽 23 厘米，麻纸双折页，右侧以纸捻装订，保存完好。封面左上侧贴红纸条，写"排神簿壹本"；右下侧贴红纸条，写"前窑村记"；中间贯通上下的红纸条写"大清光绪三十一年二月十五吉立"。除封面外，全本内容共七个双折页，计十四个单面。依今考察，前窑村又称南窑，相对于后窑(又称北窑)村而言。前后两窑村，均属龙泉山"十八村转赛"的东五社辖村，因而仍可与《赛上杂用神前本》所记的龙泉山内容比照，并见不同村赛的区别。

〔二〕"敕赐"，指敕赐封号的某位神灵。此处或当指"西蜀将军"。以下又有"敕封"亦类似，不再详考具体所指。

〔三〕"夜明"，指"夜明龙王"。接记的"白云""火宿"，亦指龙王。

〔四〕"护国"，指"护国灵贶王"。另，之下又有两个"护国"，盖因该赛参与的村社又有本村的灵贶王庙，各送神位，同奉并祀，实为平衡村争，属权宜之举。其神实一，这与之下的三个"灵湫"("灵湫三圣")不同。

〔五〕"大成"，当指大成至圣先师孔子。

〔六〕"大清"，当指"大清先圣"，即光绪之前诸帝的总神位。

〔七〕"当今"，指当今在位皇帝，即光绪帝。

〔八〕"南无"，即南无佛，指一切度我之佛。

〔九〕"大唐"，当指大唐太宗皇帝。

〔一〇〕"当方"，指当境的地方神，即土地、五道神。

信义等村于武定山《排神延(筵)簿》[一]

主礼先生言明，工价钱陆千文。如郭师傅言明，社之不管，会馆前六月初一日到信义村。写筹帖三张,科头言明,工价钱捌拾伍千文[二]。

总理:
鸣金:辛成亥(孩)
执爵:
酒司:
提炉:靳成孩　郭进仁
熏炉:辛成孩　尹昭关
帏士:王贾女　原昭关　梁金福　高福增　靳海水
执棍:靳甫眼

五道将军	东十四	高玉印
风伯雨师设二席二桌	东十三东殿外檐下,设二席二桌	靳二旺
轩辕黄帝信义本殿	东十二	赵起锁
轩辕黄帝小信义[三]	东十一	王天配
轩辕黄帝宋家庄南庄	东十	靳双喜
齐圣广佑	东九	原保成
直年行雨	东八	靳守梓
康会(惠)昭泽	东七	李永祥
会应龙王	东六	郭桂馨
大唐太宗	东五	靳胖狗
成汤圣王信义	东四	张双孩
轩辕黄帝寨子村	东三	李进财
伏羲皇帝	东二	靳德盛
昊天金阙玉皇	东一	梁平安
	香厅对坐三宗(崚)一位,独一桌[四]	
神农炎帝	西一	靳现荣
东岳仁圣	西二	李鱼金
周祖后稷寨子村	西三	郭金牛
三界伏魔宋家庄	西四	靳廷万

三界伏魔信义	西五	朱光子
护国灵贶王香厅对坐	西六	张保宣
(茶)碧霞元君信义	西七	刘水晏
(茶)大罗冲淑	西八	王聚来
(茶)大罗冲惠	西九	靳维芳
轩辕黄帝宋家庄西庄	西十	王新盛
(茶)羊刀首[五]葛仙翁信义	西十一	李聚泰
雷公电母	西十二	赵鱼台
当处土地宋家庄	西十三	段辛年

西殿外檐下设席对坐

三峻行神信义	西十四	宋景张

执棍：申常临

鸣金：

帏士：王玉庆　靳贵旺　靳柏林　李存仁　许四孩

提炉：赵五孩　尹丙成

熏力(熏)炉：辛过顺　秦海水

茶司：

酒司：

听用[六]：

【按】该本中间，又见夹有两个单张写的"排神"，分用红纸、白纸而抄，内容与上相同，各有用途。上抄为"簿"者，是为底本；抄于"白纸"者，则由底本转抄，主礼自带，以便排神时自用；抄于"红纸"者，类似"红帖"，赛前送于各村，通知其将有关神位提前送到，以便统一排神，同时写明"五龙乡各里甲不同"。为见其实，也为了相互比照，今将红白两纸所抄抄录如下。

（红纸）五龙乡各里甲不同

五道将军　　风伯雨师　　　　东殿外檐下设筵席二桌
机神[七]　　　　　信义

机神	小信义		
机神	宋家庄		
齐圣广佑王			
直年行雨龙王			
康会（惠）王			
会应五龙王			
大唐太宗			
成汤圣帝	信义		
轩辕黄帝	寨子		
伏羲皇帝			
玉皇 _{香厅对坐三宗（崚）一位，独一桌}	信义		
东班			
西班			
炎帝			
东岳			
周祖后稷	寨子		
三界伏魔	信义		
三界伏魔	宋家庄		
灵贶王 _{在香听（厅）对坐}			
（茶）碧霞元君			
（茶）冲淑			
冲惠			
机神	宋家庄		
雷公电母　土地	宋家庄	西殿外檐下设筵二桌	
三崚行神	信义	对坐	

东班十四、西班十三亭不送，西班八、九亭送〔八〕

("白纸"所抄见下)

大　　殿

周祖后稷　东岳仁圣_{寨子}　西神农炎帝_东　玉皇上帝　伏羲皇帝　轩辕黄帝_{寨子}

大殿外排神

葛仙翁_{信义}　轩辕黄帝_{宋家庄}　素大罗冲惠　素大罗冲淑　素碧霞元君_{信义}　三界伏魔_{信义}　三界伏魔_{宋家庄}　成汤圣帝　大唐太宗　会应五龙王　康惠昭泽　直年行雨　齐圣广佑　轩辕黄帝_{宋家庄南殿}　轩辕黄帝_{小信义}　轩辕黄帝_{信义本殿}

外　檐　下

当处土地　雷公电母　三峻行神_{信义对座本殿}　风伯雨师　五道将军

【注释】

〔一〕该本见立于宣统三年(1911)，属信义、寨子、宋家庄等村(共八社)在武定山三峻庙(祀灵貺王)办赛时曾用的排神。本高18.5厘米，宽25厘米，麻纸写就，双折页，右侧以纸捻装订，保存完好。其封面左上侧贴红纸条，上写"排神延(筵)簿"；右下侧贴红纸条，上写"信义、寨子、宋家庄"；中间贯通上下，亦贴红纸条，上写"大清宣统叁年六月初五、六、七日立"。另外，其封面右上端横写"武定山"三字，其下又竖写两行小字：右写"东班十四亭，西班十三亭"，正对应五道、土地两神位，实言其"不送"(见后)；左写"西班八、九亭送"，正对应冲淑、冲惠二神(二仙)，实言其每晚需送。除封面外，该本共有十个双折页，实写六个双折页(十二个单面)，余为空白。依今考察，所谓"武定山"，乃长治县鲍村西边的土岭，岭上原有三峻庙，今存遗址。据当地老人说，该庙历史悠久，早有十三村转赛，见有顺口溜："鲍辛司冯王黑店，东西南北陆上看。"言指鲍村、辛庄、司马、冯村、王董、黑店、东呈、西坡、南呈、北呈、陆家、上村、看寺，共十三村参与。其中，鲍村属大村，离武定山最近，每年办赛，其余十二村随年轮办。若逢"闰六月"之年，则加信义、寨子、宋家庄等村，最多可达三十余村。该赛每年六月六为正赛，五月初开始筹备。由于宣统三年正好"闰六月"，故由"信义、寨子、宋家庄"主办其赛，立有此簿。

〔二〕此段属主礼先生写的筹办附记。第一句指，"主礼先生言明"，其自身"工价钱陆千文",已经讲妥。第二句指,本年办赛不同往常,郭师傅已经言明,"社之不管",即鲍村社不管,而是由"信义"等村主办,故强调"六月初一日到信义村"。第三句指,时写"筹帖三张",已与乐户"科头言明",其"工价钱捌拾伍千文"。其中的"郭师傅",实为具体筹办的联系人,或为三嶕庙的道士,故称"师傅"。

〔三〕"小信义",属信义村的附属小村。因该村神庙亦供有"轩辕黄帝"神位,届时亦送往武定山三嶕庙享赛,故见有此批注。以下类似不注。

〔四〕此句属旁批的说明。言指:与大殿的玉皇神位相对,殿外香厅设有三嶕(灵贶王)神位,与其"对坐",独置一桌。盖因三嶕属本庙主神,供盏时需其陪客,故与首席玉皇对座。

〔五〕"羊刀首",指一刀割下的一块羊肉。可能"葛仙翁"(葛洪)只吃羊肉,故见有此批注。

〔六〕"听用",指"听用亭",即随时听从使用的"亭士",比一般亭士多用。

〔七〕所谓"机神",即坐有神轿的走像,与之前排神比照,此指"信义本殿"的"轩辕黄帝"走像(神轿),故见其后仍记"信义"。以下类似。

〔八〕此句与该本封面所记的"东班十四亭,西班十三亭""西班八、九亭送"言指相同,属赛社送神的批注说明。"东班十四亭"对应五道将军,"西班十三亭"对应土地神,故言"不送";"西班八、九亭"对应冲淑、冲惠二仙,属女神,故每晚皆"送"。

碾张村于紫云山《排神簿》[一]

【按】 该本开篇,先写碾张赛社"下请"和"迎神"两天的礼规,之后才记"排神"内容。以下顺次录校。

到碾张庙上,亭则到神前,分高低点名。排开,四拜礼,打执役(仪)走,香烛上土地庙。先到土地前点香,后到太阳上烧香,又到土地前烧香。酒司斟酒,上太阳上奠酒。回庙上烧香,四拜礼,恭(供)茶一杯,酒三次,四拜礼,毕。

又到第二天。一杯茶,恭(供)三杯伞(散)酒,恭(供)三盏,又四拜礼,缺坡(曲破),毕。又到午后晚,缺坡(曲破),毕。又到午后晚,一杯茶,三杯伞(散)酒,四拜礼,毕。念上马文,缺坡(曲破)。土地、五道出山门外,两边宴驾。走:小老爷头走,大老爷后走,五道、土地在三[嶕后走][二]。

总管:
社首:

执爵：李保顺　范廷选　杨小肉
酒司：范保鱼　范信元
茶司：范长林　范五荣
帏士：范明则　杨香景
鸣金：汤大成
执棍：范存鱼

行神	东十八	范达公	
(素)土地	东十七	卫偏则	
五道	东十六	李三保	
西德将军	东十五	柳保平	
电母	东十四	郭湘刘	李讨吃
雷公	东十三	范粪孩	郭湘刘
雨师	东十二	李讨吃	范粪孩
风伯	东十一	邰大奎	
五龙王	东十	杨保住	
灵贶王	东九	汤德贵	
(素)灵显王	东八	郭长德	
五土	东七	范里英	
关圣	东六	李俊恒	
(素)下元	东五	杨连喜	
(素)中元	东四	郭进好	
(素)上元	东三	范达寿	
东岳	东二	范宝柱	
玉皇	东一	范富龙	
元始	西一	杨进云	
玄天	西二	范时曾	
成汤	西三	范天喜	
唐太宗	西四	范春柱	
山川	西五	范积发	

社稷	西六	郭金锁
（素）仙师	西七	杨群好
（素）大圣	西八	杨兆喜
（素）二圣	西九	范山孩
（素）三圣	西十	汤里英
广佑王	西十一	郭长好
（素）圣母	西十二	范保英
（素）冲淑	西十三	范福鱼
（素）冲惠	西十四	郭同锁
广祥侯	西十五	郭保家
土地	西十六	范保昌
（素）本殿	西十七	范宽则

执棍：范根富

鸣金：郭富好

帏士：范英则　郭长山

巡风：

茶司：

酒司：

执爵：

司香烛：范德本　范满昌　培　发

听用亭：范文英

【注释】

〔一〕该本高23.5厘米，宽26厘米，麻纸写就，双折页，右侧以纸捻装订成册。其封面左上侧写"排神簿"，右下侧写"碾张村"，中间从上至下写"民国拾年拾月初一、二、三日吉立"。封面右上端又横写"紫云山"三字，其下竖写两行小字，左写"两班十六亭"，指东西十六亭所列的"五道""土地"两神，仍言其"不送"；右写"西班八、九亭，十、十二、十三、十四亭"，见所列皆女神，仍言其每晚需"送"另寝。依今考察，"碾张村"乃长子县北端大村，与前记的营里村原属同一"转赛"，且见此本所记排神，与前《赛上杂用神前本》所抄的碾张庙赛排神实同，三者所记正可比照。

〔二〕与"走"相关的此句,最后未写全,以至"崚"字只写了一半(或因难写而止),今依《赛上杂用神前本》补全。其"走",指迎神回庙时诸神行走的次序。其中的"小老爷",是由"接头壮士"顶在头上的小驾老爷,负责开道、接头联系,故见"头走";"大老爷"指主神"三崚",故见"后走","五道、土地"又在"三崚后走"。

二十一　山西赛社碑刻选

　　山西各地多有与上党赛社相关的碑刻,涉及赛社礼规、乡俗、乐艺等方面。为见其实,今选唐宋以来山西一些碑刻,并以上党地区现存者为主。凡所选碑刻,先加按语说明,再加标点,并加以注释。碑残或磨泐之处,皆以"□"或"……"表示;凡涉及神名、帝王等所见的空格、顶格格式,不再保留;凡与赛社有关的文字,均画线提示。

（唐）娘子关妒神颂碑

　　【按】娘子关位于山西平定县东北,东临河北井陉县,自古属于长城关隘。唐高祖李渊之女曾领娘子军在此设防,得此关名。关上设城,城旁有泉,泉边建有妒神祠。唐大历十三年(778)立此碑。其祠今毁,此碑于民国初年移于太原,现藏于太原纯阳宫碑廊。碑高四尺六寸七分,宽二尺七寸三分,前刻序颂二十四行,每行五十三字,后列职名七行,每行三十九字,行书。

　　《山右石刻丛编》卷七亦记,并言"妒女"即春秋时介子推之妹,因"妇人不得靓装彩服至",故称"妒"。今两者参照,录其原文如下。

（碑额）
妒神碑
（碑题）
妒神颂并序

判官游击将军守左清道率府率赐紫金鱼袋上柱国李諲撰

（碑文）

粤若稽古，征诸陈迹，虽年移代谢，而损益昭然。是以宋玉《高唐》之辞盛传于南国，曹王《洛神》之赋永播于东周〔一〕，莫不事载图书，名标史册。晋东之美者，有妒神之祠焉。其神周代之女，介推之妹。初，文公出国，介推从行，有割股之恩，无寸禄之惠，誓将毕命，肯顾微躯，仪形飘殒于没烟，名迹庶几于不朽。后纵深悔，前路难追，因为灭焰之辰，更号清明之节。妹以兄涉要主，身非令终，遂于冬至之后，日积一薪，烈火焚之，以其易俗。谚云"百日斫柴一日烧"，此之谓也。阖境之内，畴敢不恭？顺之则风雨应期，违之则雷雹伤物。兄则运心以求合，我则处室以全真；兄则禁火以示诚，我则焚柴以见志。惟兄及妹，与世殊伦。《传》曰：介之推终不言禄，禄亦不及〔二〕。《浑天记》曰："着寒食者为助阳气，用厌火星。"所说不同，互有得失；其来远矣，安可阙如？纵因事之宜，亦自我作古。《祭法》曰："其有废之莫敢举也，其有举之莫敢废也。"东北自土门之口，西南距盘石之山，方圆百里别成一境。天宝中一贼臣背化〔三〕，国步犹艰，涂炭生灵，焚烧甲第，伊我遗庙，岿然独存。簪裾近叶于当时，庭宇更新于往日。性惟孤直，虚见授于妒名；姓本坚贞，实堪垂于令范。今幸边尘不动，海水无波，蕞尔小贼曷足为患。昔虞舜至圣，尚有苗人之诛；殷汤至明，岂无葛伯之伐？盖以君为元首，臣作股肱，飘摇辕门，藩屏王室。乃命河东节度副大使兼工部尚书太原尹北京留守薛公讳兼训，警此禁闱。公，掌握衡镜，心韫韬钤，势若转规，谋如泉涌。运筹帷幄，孙吴讵可比其能；料敌戒旗，卫霍不足方其妙〔四〕。浙江遗爱，但美还珠；汾浦来苏，惟欣去兽〔五〕。申命我承天军使节度副使前永平军节度右厢兵马使银青光禄大夫试鸿胪卿同山南东道节度经略副使上柱国党公讳升，镇兹巨防。公，天子忠臣，元戎外甥（婿），志惟清而惟谨，行不谄而不骄，往来清台，职居惣（总）统，近归本道，位处专城。投胶之义远闻，挟纩之情久著，爰自至正，星管再周，路不拾遗，人皆乐业。长筵继日，士忘其劳；细柳垂阴，众歌其美。水碾成而永逸，聚米难传；军井达而少闲，伏波不竭。君依神以傲福，神依君以庇躬。事势相因，理亦条贯。固宜书其以往，播于将来。贞石既磨，斯文可作。尔其泉涌祠下，蓄为碧潭，飞入大河，喷成瀑布。潋滟泫濎，杂雷霆之声；荡云泼日，类风水之会。经冱寒而气蒸万象，处炎燠而清润一川。灌木扶疏，引柔条而接影；纤苗霍靡，夹高岸而随风。自古及今，非军则县，未尝不撰月撰日备其享礼，春祈秋赛，庶乎年登。巫觋进而神之听之,官寮拜而或俯或仰。既而坎坎伐鼓,五音于是克谐;峨峨侧弁,三军以之相悦。公之德也如此,神之应也如彼。且河北数州,山西一道,或衣以锦绣,或奠以珍羞,无昼夜而息焉,岂翰墨之能谕。咸以商者求之而获利,仕者祷之而累迁,蚕者请之而广收,农者祈之而多稔。不然,则奚能远迩奔凑奉其如在。盖闻,有而不言谓之隐,无而言之谓之诏。又闻,夸目者尚奢,惬心者贵当。承命述事,敢不勉旃。谨因退食之余,窃比陈其梗概也。铭曰:

  凡有异行,宗之曰神;匪害于物,实利于人。
  兄则禁火,妹乃积薪;共为佳节,在乎芳春。
  今古千龄,方圆百里;德音无斁,蒸尝不已。
  祭具珍馐,服先锦绮;所求必应,高山仰止。
  将军塞下,细柳营边;晴开朝镜,雾杂炉烟。
  神理昭昭,灵草芊芊;纪诸令范,光我承天。
  井陉西南,太原东北;妒祠之水,澹为黛色。
  跳波喷埌,如有可则;古往今来,源流不忒。
  兴云致雨,侔造化力;颙颙昂昂,象君之德。
  或祈或祷,永无休息;神之歆之,福善宁极。

大唐大历十一年岁次丙辰五月丁亥朔十六日壬寅巳时建

【按】以下官职人名略。

【注释】

〔一〕此"东周",出自曹植《洛神赋》所言的"东藩",原指曹植的封地鄄城(即今山东鄄城县),城在洛阳东北方,故称东藩。此处由东藩改言"东周",或为泛指东边周围,包括娘子关一带,借以与春秋时的"东周"牵涉,以言之下"介推之妹"故事。

〔二〕此句出自《左传》,原语为:"介之推不言禄,禄亦弗及。"

〔三〕此指"安史之乱"。

〔四〕"孙吴",指隐居吴国的"孙子"。其著兵法十三篇,经伍子胥推荐,共辅吴王,故称。"卫霍",指汉代卫青、霍去病。

〔五〕此句亦赞美薛兼训。依史,其曾镇守浙江,故借"还珠"典故以赞;其为河东人,出生在汾河边(今万荣县),而来镇守娘子关,故言"汾浦来苏,惟欣去兽"。"苏",取苏醒、恢复义。

（唐）壶关县乐氏二女父母墓碑

【按】长治市东为壶关县，县东南九十里有紫团山，山有紫团洞，古传"乐氏二女"在旁采药，得道升天，是为"二仙"，也称"二圣"。洞西有神郊村，建有真泽宫，实为二仙庙，坐北向南，下临神郊涧。对岸森掌村（古名"樱桃掌"）有二仙父母墓，今存土丘，上有小庙，庙墙嵌有《乐氏二女父母墓碑》，立于唐乾宁元年（894），正言及"春祈"与"花队"，与赛社相关。神郊村西又有洞南村，今存宋太祖开宝八年（975）所立《重建二圣之碑》，又有宋真宗大中祥符五年（1012）所立的《再修壶关县二圣本庙记》碑。宋徽宗敕封二仙为冲惠、冲淑真人，赐庙号为"真泽"，将神郊村本庙改称"真泽宫"，今仍存敕赐的《真泽庙牒》碑。大概因此，上党各县遍建二仙庙，无庙不赛，各赛仍类此碑所记的"春祈"云云。此碑高约二尺五寸，宽约一尺八寸，共二十二行，楷书。

《山右石刻丛编》卷九亦记其文，且考云："乐氏女，春秋宋戴公之后有乐氏，微子之后。本屯留李村人，后徙紫团乡益阳里，因采灵芝，遇风雨升，土人立祠，祈祷悉应。"今两者参照，录其碑文如下。

（碑额）
□当兴　　□□君　　□堆记
（碑题）
大唐广平郡乐公之二女灵圣通仙合葬先代父母有五瑞记
（碑文）
师巫□奈通语，□灵在樱桃郊东塍王家地内，其灵一也。又三月七日，村人等再将酒脯香火于所通去处，乞灵验，尝有旋风指引此□□□，其灵二也。取石之日，于古任村西山便见此石，下有白蛇，其灵三也。又载石之日，有仙鹿二□于车前过，其灵四也。又卜地之日，闻空中悲声，其灵五也。

夫闻通天者，日月星辰而著象；观地者，山川海岳以成形。然则四时生焉，百物兴□。□□之愚，彼灵历春秋肃肃，凡道（道）庸潜过岁月。椎论感应，几种澄祥，神祇昭彰，未有不遵乐氏二神之圣德而者矣。不知□□年也，不委化现何时，古墟任村园□□废踪留洞口。庙立兹川,坠落金钗,犹呈绣履。求恩者寀寮皆至,乞福者俊豪咸臻。岁俭求之即丰,时旱求之即雨。名传九府,声布三京。致谢而有似云屯,列筵而如同雾集。昨者春祈之际,巫女通言,□父母魂灵苦要重葬。虽云此语意甚□疑,即显明师请通灵验。当行应瑞,异种祯祥,敢不虔诚修营。葬礼棺椁备制,碑□□□仪注皆成。奔驰道路,地名山号,已有前衔选择,明堂永记。乐翁,讳山宝,母杨氏,起立之松柏其景也。生蛇屈曲,凤翼回翔;前□□□,后似群羊;一低一昂,状如走虎。具标仙景,史籍常存。缘有六雄,壶关上望;地连三峦,灵药紫团;寺额雄山,仍通麦积;静林□□,上党荒城;莹接秦关,川呈赤壤。是日也,感得祥云五色,慧日重轮;莺啼谷响,猿叫山昏;灵禽异兽,悲号惨闻。助葬者□□五县,赠财者千村万村。英雄秀士,文武官勋,排比威仪;花队辇舆,斗帐罗衣,绣衣烟霄;逸路车马,骈阗莫□,□数若乃。考寻奥义,不委何代而兴;史籍无虞,未审何君而灭。既道名讳,姓氏咸衣。为缘祥瑞频生,皆从指引;□□古人之语,万户钦尊。二女化身之时,寻至罗神之曲,红裙绣履,便实本身。凡圣难明,几经视现,违之者灾祸交至,□之者恩福俱兴。迁葬先□,□酬兹愿。村人刘刿、王美,合邑长幼等,村南二里地亦有愚众立封疆壹亩贰分,属以摄提格之岁,六合之年,天地同隆。阴阳并运,累代深远,今始显扬,万人归心,敢不从政!农夫罢业,织妇停梭,云馔千般,各施献礼。经过王仙芝异乱,□□长聚兵,柴存起在江西,黄巢集于淮北,国章否泰,天下荒残,离落□西,分张南北。此地缘仙宫隐迹,神女呈威,虽度危亡不至伤戮。今以妖氛已息,百郡咸宁,韩魏停征,燕赵罢战,尚恐贤良未辩,难保岁寒,海变桑田,改移山岳。粤以乾宁元年甲寅之岁,为余之月,节候朱明,甲午良辰,茰生二叶,瑳磨宝器,著思成文。琢石镌题,将为永记。其词曰:

猗欤圣女,感德成仙;或游十地,或归九天。

创置松柏,广集群贤;故立碑记,徒探岁年。

感应诗五十六字:

圣女嘉祥推感应,葬仪伤恸九般情。

林中愁听黄莺转,岩下惟闻白鹿鸣。

慧日流光重抱戴,瑞云频现五花成。

莫言此地栽松柏,刊石留将记姓名。

乡贡进士张瑜撰

都虞候司十将冯□书

镌匠□□□武

（宋）万荣县后土圣母庙记碑

【按】该碑立于山西万荣县桥上村后土祠，今庙废碑存。该村西南六十余里即黄河，河中原有小丘称"脽"，因汉武帝祭祀"汾阴后土"，故建有庙。至宋真宗大中祥符四年（1011），效法唐玄宗，曾亲祭"汾脽"，今仍存其御制御书《汾阴二圣配飨之铭》碑。受其影响，桥上村也建后土庙，天禧四年（1020）立有此碑。碑高约五尺八寸，宽约二尺四寸。从其所记，"春祈秋尝"的赛社应与真宗倡导有关。当时民间祀神已建起"舞亭"，比"露台""乐棚"已有发展。

其文，《山右石刻丛编》卷十二亦记，今仍参照，录其原文如下。

（碑阳）

（碑额）

后土圣母庙记

（碑题）

河中府万泉县新建后土圣母庙记

（碑文）

乡贡进士裴仅撰

征事郎行县尉周渭书并篆额

勾当庙人毛守中

左氏《传》曰："国之大事，在祀与戎。"且祀者有国之徽猷，化民之至教，故王者以父道事天、母仪事地。郊祀之礼三载一举，故无阙焉，莫不粢盛丰洁，牲牷肥腯，器币毕陈，金石交奏，所以昭其孝而息乎民也。皇上（按，宋真宗）嗣位之十一载，天下无事，百谷告成。先是东兖士庶章奏继陈，乞登岱勒封，以纪太平之功，我后乃勉徇舆情，颁诏海内，告有事于岱岳。越三载，举坠典，备法驾，复展义于汾脽。是时，稼穑之瑞，草木之祥，灵鹤庆云，靡不迭现。盖以圣君虔奉柔祇，恭孝祖考，轸孤恤物之所昭感也。有以见大宣皇明，以烛其幽。鲜行之礼告毕，龙鸿之庆普施。遐迩同欢,鸟兽咸若,故能致社稷之延长,跻黎元于福寿者也。今当县圣母庙者,本脽上后土之祠,从其新号,今谓"太宁"。在昔,圣王亲遇灵应,扫地以祭,精□(诚)上达,实受其福。千载而下,经汉历唐,躬谒之君,国典所载,此不复书。且王化之攸行,政教之所及,民之法则若草从风。盖上能恭事天地,常命中贵大臣亲诣灵祠,秘传圣祝,春祈秋尝,为民祈福,岁不愆期,故庶民观上勤心恪志,亦以四时设祭而陈其荐也。故不渝于风雨,展于寅奉,倚倦绝闻。忽一日,耆耋相谓曰:今吾辈仓廪实,衣食足,田无灾害,家获乂安,无征戍以役乎丁,务耕桑以成其业,虽承帝力,岂非神降之福哉!且汾脽本庙,地遥三舍,奈褰残之步艰于往来,今欲率群情,懋众力,揆吉位,创新祠,奉蘋蘩以达其心,致潢污以表其意,使不乏其祭享,岂不为禀灵秀而重阴骘耶?众闻厥议,忻怿佥同。于是召信士以谋其始,祝灵蓍以卜其方,遂得县之坤兑隅为吉地,乃命剪除荆棘,划削榛芜,经经营营,以严以饰。于以见神聪降灵,人习响答,商农工贾靡不乐推。一之岁,板筑之功设。二之岁,瓦木之用兴。三之岁,堂殿之修备。四之岁,塑绘之像成。陈力者子来,施财者雾集。欢声动而谷响,喜气积而云浮。长廊远布以翼舒,画栋高横(广)而虹起。朱碧交映,罗仙仗以骈阗;帐幄深严,仰神仪而端晬。孤峰俯峙,共起嶔岭;洪浪西流,遥连浩瀚。则一境之内,比屋之人,睹良缘之告成,贺大功之克就,无不洁诚而来。既望之俨然,咸祭之如在。乘福介祉,知暗然而彰也。今邑长□公,下车以来二周星律,以清白廉勤为己任,示劝化正直以临民。吏畏于明,奸服其政,绰然有古令尹之风。且乡中仰盻之灵,睹庙貌之胜,谓:"不扬盛事何以示将来,不刻贞珉何以传不朽?亦由成山九仞,复亏功于一篑也。"因告于闻,以蒇厥事。县僚贵在钦承祭祀,祗肃阴灵,咸顺其欲,且梅仙周公早善篇章,尤精翰墨,众伸厥意,愿请挥毫。仅射鹄未成,来游是邑,沐故人见托,以著斯文。深谢其才不惊人,更愧其字不睹奥,聊述浅昧,用纪岁时。其助缘多士,并刻石于后。

时大宋天禧四年五月十五月建

【按】以下有关人名略。

（碑阴）

　　（碑题）

　　后序

　　　　（碑文）

　　县尉周渭述并书

　　《易》曰：积善之家，必有余庆；积不善之家，必有余殃。是故福善祸淫，盖闻天道昭然，此不复述。其有承国家水乳之恩，怀忠孝臣子之道，而重于阴骘者，异也。若乃五常之礼，先禀信于人伦，然后福不求而自至也；有昧神聪，行非孝悌，祸不召而自来也。今助缘多士，或官裳继世，或方学□通，或职绾县曹，或□钦神圣，并怀恭谨，各慕良缘，乃率净财，成兹庙貌，有已见重阴德而孝家国矣。既勒贞珉于当代，辄扬名姓于将来。故述片言，用光不朽云耳。

　　　助缘县前行　张　真……
　　　后行　宋　信……
　　　手力节级　孟仲明……
　　　厅子　卫用志
　　　弓手节级　陈　恭　贾　通
　　　书手　畅□恭……
　　　里正　刘　显……
　　　客司行首知酒务　张元正
　　　右都押卫知税务　陈廷福
　　　郭下助缘人　马用忠……
　　　修大殿并后宫都维那头　柳文遂……
　　　修舞亭都维那头　李廷训……
　　　修真武殿并装塑维那头　王文政　同勾当头杨普

　　此庙于景德二年岁次乙巳七月三日，郭下柳文遂等诣天台祖庙，迎请后土圣母，就当县多人供养祈福。行至于此处，神马不往前进，却行往此地，立马多时。遂乃地主赵智元启心发愿，舍施此地充为庙基。后乃三载之间，庙貌完备矣。

　　　施地主　赵智元
　　　修二郎殿都维那头前押司　李文正　杨　钦　丁仁甫
　　　修中三门维那头县前行　皇甫义　皇甫霭　杨　顺

修花园、娘子殿施主……

修六甲殿施主　薛延嗣　薛文友

修崔相公殿施主　张守义　弟张守顺

修大门楼维那头　宋延密　赵　遵

薛赵村助缘人　李　均　弟李仁禧　弟李美　侄李舒

(宋)沁县新建关侯庙碑

【按】长治市沁县,古又称沁州,宋属威胜军,祈赛遍兴。宋神宗元丰三年(1080)"新建关侯庙",且修"舞楼一座",比之当时"舞亭""舞厅"又有发展。其庙虽毁,该碑仍存,今藏于沁县博物馆。该碑高三尺六寸,宽二尺二寸余,楷书,字有漫漶。

今参照乾隆《沁州志》所记,录其原文如下。

(碑阳)

(碑额)

威胜军关帝侯新庙记

(碑题)

威胜军新建荡寇将军汉寿亭关侯庙记

(碑文)

夫辰象之精,岳渎之灵,天地融粹,爰生英烈。英而秀者,华国以闻;烈而毅者,卫时以武。将军关侯,秉武之烈,而为虎臣,遗风可仰,庙貌兴焉。汉道微于建安之间,二袁方锐,三主未定,四方锋扰,英雄驰骛,谋臣猛将如云如雨,斗智角力,水陆并攻,未决成败。当是时也……(按,所省略者较长,乃言三国形势与关羽之功)<u>迄今,江淮之间尊其庙像,尤以为神</u>。向也,交趾入冠廉白。<u>熙宁九年,今上(按,指神宗)矜恻下民,诏元戎举兵问罪。铜川(按,指沁州)神虎第七军以趫健应募者,由任真而下凡二百三十七人,隶于左第一军前锋之列,拟金伐鼓,行逾桂州,驻旌荔浦。过将军之祠下</u>,询其居民,对曰:"皇祐中(按,仁宗时),侬智高陷邕州,祷是庙,妄求福助,掷杯不应,怒而焚之。狄丞相(按,指狄青)破智高,表乞再完。仁宗赐额,以旌灵贶。"众骇其异,罗拜于庭,与神约曰:"一军瞻假威灵,平蛮得依,长歌示喜,高躐太行而北归旧里,当为将军构饰祠宇。"复请木刀绘马,执为前驱。入践贼界,余众骁锐。武威镇叠,蛮将闻钲鼓望风乞降,余众弃城而遁。进军临富良江,蛮酋遣将乘蒙冲斗舰,举楫若飞,急驱争岸,迎官军陆战。江北神虎军鼓噪先登,强弩雨射,贼大奔溃,自相腾轹,斩首级及溺死者数万人。既捷,策勋爵赏者二十六人。任真、贾信、董宽并指挥使,余以功之高下迁补有差。先是,我军之行也,广源以南地多深林,密于栉比,蛮人预伐,横绝其路,结营息众,势莫能前。夜有大风,暴发怒号之声若挝万鼙,迟明视之,卧木飞尽,九军得以并进。我军之战也众,与虏均俄有阴兵旗帜戈甲弥亘山野,敌人顾望,惴恐而败。精诚所召,助顺之灵,暴风夜至,阴兵昼见,神以符效,应人之祷。神虎军踊跃请行,深入万里,果立战功。<u>归而建庙,人以享祀,答神之休,庙制一新</u>。高堂峻庑,雕焕深严。费逾千计,出于众心,悦助其资,成之不日。事有极异,不著于辞,久则寂无所闻,乃砻石镂记,永传嘉应,于神无愧负矣。人之生也,种繁类殊……(按,所略为一段较长的议论,最后言及关羽)殊灵伟迹,未摭其详,请观诸碑。

　　大宋元丰三年孟夏望日

　　乡贡进士李汉杰记

　　进士王汝翼书

　　武威贾奭篆额

　　左骐骥副使兼阁门通事舍人知威军兼管内劝农事及管勾本军驻泊军马公事王文郁

(碑阴)

　　(碑额)

　　修关王庙施主题名记

　　(碑文)

　　立石都维那孔目官韩同　勾押官耿良　开坼官陈进　正勾复官郝经　副勾复官路遵　上名押司官王烙　正名押司官常智　次名押司官徐俊　下名押司官□□

　　前行……

施碑石施主……

后行……

神虎第七指挥,先于熙宁九年五月内选募,往安南道战蛮。至熙宁十年三月内回到桂州南荔浦县,去本祠下请到刀马,至当年六月内到军(按,指威胜军,即沁州)。立庙元初,□□基钱一百七十二贯文,并是安南道回人出办。所有殿宇,系众合营修盖。其合上石,姓名如后。周围地基,深三十七丈五尺,广一十一丈四尺。正殿三间,舞楼一座,南北廊上下共二十□(楹)。

……

重立石人　张　诚　张　宣　李　□

重立石人　张　进　元　平　王　圆

(宋)平顺县九天圣母庙碑

【按】平顺县西北七十里有河东村,旧称东峪沟,宋属潞城县。村有九天圣母庙,宋代重修而立此碑,言"创起舞楼"。至今,其庙仍存历代重修碑三十多通,此碑仍立于殿前香亭,保存尚好。其螭首、龟趺不计,碑高五尺六寸,宽二尺四寸,楷书,其中"心"字篆书。

今录其文如下。

(碑阳)

(碑额)

重修圣母之庙

(碑题)

潞州潞城县三池东圣母仙乡之碑[一]

唯大宋国大都督府潞州潞城县圣母仙乡之庙

(碑文)

撰文人进士张孝先

书文字人王净林

粤以天地盖载,神明照临,韫济于廊州媚景,潜通于沙界风光,有信而雷风迅烈,无私而云雨飞沈。出没向壶中天地〔二〕,威灵在物外仙乡,助玄风荡荡,护帝境明明。牡桑田后,毛吞巨海;现神通时,芥纳须弥〔三〕。鳌宫自在,鲸浪逍遥,权大道之枢机,占长生之真际。于上党郡潞州潞城县三池里东,老云号圣母之仙乡。有宫庭耸丽,存灵象幽奇。金凤台高闲于卫骑,海仙殿奥列于云兵,此是大唐时未遇卫公投宵之所〔四〕。得圣母重赐之宴,驾祥云□(游)太虚之天,兴雷雨涤中华之国。故有东溟严丽,洪涛下隐,华藏乾坤,彼土中现洞天淳柄。东枕于丘,朝马武圣景,控大赵之桑田,看太虚之日月〔五〕。西观盖井,葛仙公炼药之宫,广□(天)帝聚金之地〔六〕。南临没虎之境,此乃终南山灵公学业之洞,围棋客归,洞天岁远,烂柯仙抛,乡故年深〔七〕。北望灵台秀峪、白鹿仙山,有八山共荐于灵宫,泛二浪永敷于圣地〔八〕。韫化无穷,施恩旷劫,浸泽长兴于九城,风雷每荐于遐方。巍巍未测,荡荡难量,丹霄住九霞之宫,灵府隐八宝之殿。《语》云:"钻之太厚,仰之弥高。"于有民心求伟,风部添恩,立匪右赞重于圣母尊佑者心。于有圣母仙乡,众心跻跻,旅意彬彬,掌明珠于智海,藏美玉在玄山,便乃瑾会住下。乡党中一盖遵依,银贿尤以弥丰。命良工再修北殿,<u>创起舞楼</u>,并东廊绘饰和西位严华。盖门楼,耸碧束□(金),阶砌盘花,乃得琉璃翠雅、楹栱希奇,愿尊神降祐者也!阴阳只在于壶中,云雨长兴于境内,故有图经具载,圣日照临,千千年为宫商之院,万万春作锦乡之郊。圣母者,授天符震雨,朝玉帝奔雷。《黄帝书》云:"地气上腾为云,天气下降为雨,灵之必掌焉。"轩渠渺渺,浸蓬莱长寿之仙乡;天浪依依,涤蛟舍延龄之圣会。上游桂月,排□旆长拥旌幢;远看桑田,列角徵深层侍卫。神之富贵,洞天有秀浪城池,山色列玉京世界,击剑动险谷之龙地,抚琴送太虚之日月〔九〕。圣日与舜日齐明,海云共尧云等布。莲花香里,龙蛇展天子之书;绿水声中,鸳鸯启股肱之慕〔一〇〕。牧羊于桃林之野,归马于华山之阳。休兵四海,倒戟三边。<u>圣宋岁次庚辰元符三年十二月十有五日立贞珉纪之矣</u>〔一一〕。向无何乡赴会长新于桑田国,佳名永崇。物华冠韩甸之雄藩〔一二〕,人义控漳川之瑞景。时逢盛德,运偶清平,修神宫周备,乃庆赞俱圆。人间之千载,灵府之半香。握红霄造化,标大地升沉,化现在于一时,馨香美于千古。又为词曰:

　　海藏涛深,洞天构茸。耸碧危峨,凝金丽熠。

　　殿芜再严,绘画新立。威美长春,恩沾遐邑。

　　圣母于兹,卫公到彼。云起灵宫,雷惊天地。

　　电影盘空,菌倾甘味。大夏丰登,弥丰茂翠。

舜日重轮,尧云万叠。永助寰区,普令乐业。

清世文繁,皇风武接。四海俱清,千春罢猎。

双屦移云,六珠拂月。笑傲莲城,怡情宝阙。

瑶圃长登,蓬莱镇歇。电转云飞,鸾迎凤悦。

环翠烟山,中兴祠岛。丝竹无穷,香云佳妙。

遍构七珍,永铺八宝。今立贞珉,遐崇圣道。

建中靖国元年正月　日

县尉刘唐锡

主簿刘宗

和州防御推官知县事晁明之

（碑阴）

（碑额）

重修圣母之庙

（碑文）

元符三年庚辰岁十一月癸巳朔二十三日辛卯刻字毕。修舞楼老人苗庆、刘古、秦灵,行廊砖砌老人申钦、王璘、常定,庙子张定。潞州潞城具三池管东,终南山下陈家庄,众社重修圣母之庙,创起舞楼、行廊共五十间,砖砌,共使用钱五百贯,立碑铭。再:

修本殿乳廊维那张升、常定、秦一、王澄,买梁二条维那王准、刘霭、张升、王遇、张信。

饰白大殿老人申钦、常定、刘吉、苗亮,维那王璘、常定、张谨、马端。

修舞楼维那一十五人,秦一、王璘、申钦、常定、刘吉、苗庆,秦一施南屋地,王安、张文进、秦政、牛准、陈俊、秦文、王准、张贵、李安〔一三〕。

程莒施补檐砖。斫木人秦意。斫诸船（椽）化到树木……

崇宁二年五月初五日竖碑

老人　苗　庆　秦　一　张　资

三池老人……

瓦匠人　李　海

潞州木匠人　李　弁　三池陈谏　陈　福

潞州砖匠人　王　吉
石匠人　张　定　王　真　三池打石阶陈资
建中靖国元年岁次辛巳正月朔壬戌十五日丙子日
竖碑老人　王　璘　申　钦　常　定
庙子　张　定

【注释】

〔一〕"三池"为古村名，今有黄池村距庙不远，仍属潞城。直至民国时，黄池村的阴阳秦氏仍任此庙办赛主礼。

〔二〕此庙往西三十余里接壶关县，古有壶口关，故言此庙处在"壶中"。

〔三〕"毛吞巨海""芥纳须弥"出自佛说。意指天地神灵造化万物，形可变化，神则相通，小可见大，细可知巨。

〔四〕"卫公"指初唐李靖，因封卫国公而称。依唐李复言《续玄怪录》记，李靖"未遇"时打猎山中，误宿龙宫，曾助龙婆行令降雨。此处则依当地传说，言李靖原籍潞城，将其误宿龙宫事附会于九天圣母，故称此庙为"卫公投宵之所"，即"圣母仙乡"。

〔五〕"东枕于丘"，指平顺县东南的陵川县，因其县东有马武寨遗址，古为一景，故有"马武圣景"一说。又因其地古属赵国，故又有"控大赵之桑田"一语。

〔六〕该庙之西有葛井山，当地俗音读"葛"为"盖"，俗称"盖井山"。传说葛洪曾在此炼丹，故称"聚金之地"。今山上仍存葛井寒泉。

〔七〕此句所言皆见于该庙南临的陵川县。其县东有个棋子山，也称箕子山、谋棋岭，传说商周时的箕子隐居于此，占卜天文而创围棋。山存古洞，洞中仍有棋盘痕迹，山石多天然棋子，今已被定为围棋发源地。"烂柯"典故早在当地流传。此碑碑阴记有"潞城县三池管东，终南山下陈家庄"云云，说明这座"终南山"便在当地，"终南山灵公"正指李靖，潞城早建其庙，五代已封灵显王，宋代又封灵泽王。且陵川棋子山下有个潞城乡，今称潞城镇，传说是其射猎时的"没虎之境"。因此，参照该碑记，"终南山下陈家庄"可能早就参与该庙重修。

〔八〕平顺北接潞城，崇山峻岭，有潞河、漳河流过，正合"泛二浪"之说。

〔九〕"击剑动险谷之龙地"一语，亦出自传说。当地俗传，真武大帝欲占此地为庙，插剑于此。九天圣母后至，将其剑拔起，插以绣鞋，复埋土中。两人争论先后，拔剑而视，剑插在绣鞋上，真武认输，于是立圣母庙。

〔一〇〕"天子之书"，言皇帝敕封事；"股肱之慕"，言大臣敬拜。与此相关，唐武则天曾追尊圣母为"先天太后"，宋真宗时又加封为"元天大圣后"，并于天禧元年（1017）三月在兖州太极观行册封礼（详《三教源流搜神大全》）。

〔一一〕该碑记有不同年号。元符三年(1100)，宋哲宗亡，再年宋徽宗继位，改元建中靖国元年(1101)。

〔一二〕"甸"，指郊外。因上党(潞州)战国时属韩，故言"韩甸"。

〔一三〕以上"修舞楼维那"所记的"十五人"，其中的"秦一施南屋地"属说明，言此庙重修与其献地有关，故其名重复。

（宋）长子县紫云山灵贶王庙碑

【按】长子县东南约五十里有紫云山，上有灵贶王庙，庙已破。此碑俯卧于大殿一侧，碑础已无。依此碑言，宋徽宗宣和四年(1122)在此建庙。或因金兵来犯，故碑末未写年号。

此碑高三尺六寸，宽二尺，楷书，字迹清晰，今依拓片照录其文如下。

（碑额）

灵贶庙记碑

（碑题）

紫云山新建灵贶庙记

（碑文）

紫云山居士张曦撰

进士王翰书并篆额

下民之命，明神所司。有功于民则祀之，先王之法也。非所祀而祀焉，名曰淫祀，淫祀无福。<u>从古以来，凡祀典所载，上自郡守县令，下逮乡党庶民，皆得通祀。是以崇建庙貌，春秋祷祀，为民祈福</u>。潞之长子县紫云山灵贶庙者，实出屯留三峻，盖山神也，或谓后羿，或曰三王，语尤不经，莫可考据。<u>有司以灵应事上之朝廷，赐名庙额</u>〔一〕。蓬村〔二〕陈彦以愿心建庙，先塑像于家。东西蓬、和谷三村共成之，择山林高胜地，鸠工度材，为殿三楹及左右廊庑，护以石阶，高敞宏丽，<u>实宣和四年也</u>〔三〕。由是，神有燕宁之位，民有归依之所，祈年谷、递时雨、救旱灾、弥疠疫，一乡之民檜禳祷祝无不如志，乃建庙之便利也。俗传，神主风雹，故民敬畏异于他神，<u>灵贶之庙在在有之。</u>或未庙者，请神行马，大兴供献，仪仗法物僭儗王者，百戏伎乐所费不赀。官司莫之禁，习以为常。夫神聪明正直，依人而行者也。徼福之民巧伪求媚，神岂易悦而私锡之福哉？幽冥之事吾不得而知之。设若主风雹，当祸淫罚恶如世刑官，禀主命、守国法，按罪施刑，不敢以私意轻重而为之。使国无滥刑，人无幸免，刑官之职耳！神监昭昭在上，岂不尔耶？又言神之威灵，苟不敬信，则出怪异以惊惧之。呜乎！以道莅天下者，其鬼则无所出，其灵响诏尔多福而已，何独与灵贶而疑之？乡首领孙发、张约砻石于庭，吾友和时蘧协谓：俗人附着，怪诡禨祥难以取信，属余为记。因辨事神之意，并作献神之歌，贻之使镵诸石。其词曰：

　　风黑兮云黄，瑷䬞兮飘扬。

　　金蛇掣兮激电光，雷车硫磕兮声连长。

　　神之怒兮猛马四张，白云飞兮流矢中伤。

　　草木糜烂兮积恶余殃，民畏威兮肃庄。

　　今也悔过兮允臧，神霁威兮降福祥。

　　晰旸隐兮飞龙翔，雹潜消兮甘雨其滂。

　　苗稼兴兮岁丰穰，羞嘉肴兮洁尔羊。

　　缩旨酒兮奠斯觞〔四〕，耆寿舞兮歌乐章。

　　神之乐兮血食一方，其德交归兮永永不忘。

乡首领孙发、张约立石

何深、庞应、王允、蘧旦、郭尹资刊

【注释】

〔一〕灵贶庙额由宋徽宗所赐（详后），与此处"新建灵贶庙"有关。

〔二〕此处所言的"蘧村"，今仍位于紫云山脚，分为东西两村，即下言的"东西蘧"。

〔三〕"实宣和四年也"一语，值得注意。依史，北宋宣和四年（1122）四月，随着金兵夺取辽的西京（洛阳），上党已降金，故有此语。或因此，该碑最后未有年号，仅借此语以记。

〔四〕"缩"，指"滤去酒滓"，此处指酒。

(金)长子县成汤庙记碑

【按】长子县城东南数里,有上坊村,分东西两村,西上坊有汤王庙,立有此碑。该碑也由"紫云居士张曦撰""漳源进士王翰篆",正可比照两碑。此庙早已破败,碑仍竖立于殿侧。

碑高五尺六寸,宽二尺六寸,楷书。今录其文如下。

(碑阳)

(碑额)

成汤庙记

(碑题)

潞州长子县重修圣王庙记

(碑文)

自古帝王,其进为抚世,则道德施于当年,除残去暴;其厌世上仙,则功利贻于千载,降福弭灾。是故建庙祀神,威灵常在。祭法所记:"法施于民,则祀之。"汤以宽治民而除其虐,载在祀典。此特叙成汤克宽克仁放桀之一事耳。汉武帝制策,问禹汤水旱厥咎何由,公孙弘对以"若汤之旱,则桀之余烈也",桀以行恶受天之罚。昔汤之旱也,祷于桑林之野,以六事自责,而天遂雨,盖禹汤罪已,其兴也勃焉。唯能行咎自责,克享天心,至诚感神则应若影响矣。刘向《说苑》曰:汤立时,大旱七年,使人持三足鼎而祝山川,辞未已而天下大雨。岂非恐惧修省获感应之速哉?《吕氏春秋》以谓:殷汤克夏而大旱,汤乃身祷于桑林,于是剪其发,磨其手,自以为牺,用祀福于上帝,民乃甚悦,雨乃大至。是不然,圣人以道事神,以德动天,岂若流俗轻祷,徒焚身灼臂以徼福于神,干誉于人哉?吕不韦当秦焚书之后,招纳游士以口说为能,造此无稽之言,眩惑聋瞽以售其说,无知之民恐为口实。惜乎,不遭柳宗元掊击之也!谨按《史记》:汤之始祖殷契,母曰简狄,为帝喾妃,吞鷃卵而生契,天授命而降祥也。帝舜命契为司徒,封于商,赐姓子氏,天乙为"成汤"。成汤居亳,以七十里而兴,始征诸侯。夏桀为虐,遂伐桀,乃践天子位。汤为天子十三年,年百岁而崩。谥法曰:"除虐去残曰汤。"今俗呼汤为圣王,而不从其谥。汤冢在济阳(阴)亳县,冢四方各十步,高七尺,上平。汉哀帝建平元年遣使案行水灾,因行汤冢,则冢固知所在矣。刘向曰"殷汤无葬处",岂非羽化仙去,则所葬者其衣冠欤?载籍不明,后世莫知其详焉。巫觋云:"汤寿九十七,皇后姓莘氏。"古老相传,析城山(按,在上党地区阳城县境)汤之遗迹,庙貌见存,有圣及皇后、太子,凡三位。太子即太丁也,未立而卒。《禹贡》:析城,城隅四门,取象得名,中有塘泊,号汤王圣水池,复有皇后、太子池。泽潞间凡遇旱暵,遍走群望,若不获应,必躬造析城,挈瓶请水,信心虔祷,始得美雨。其或愿心供养,必立祠宇。由是,圣王庙在在处处有之。潞州长子县上坊村,旧有圣王庙,局促隘陋,岁时祈祷,乡人以为不称事神之意。皇统元年七月十九日,因旱致祷,好事者同发誓愿,鸠工度财用宏资赀。中建大殿,高六十尺,其广七丈五尺,深六丈八尺。后殿并左右挟殿,广九丈五尺,深三丈八尺,中高三丈一尺,左右减十之一。前建门楼,高七十尺,其左右挟屋相连,阔二十有八步,南北八步有奇。东西廊屋相对,各十九间。庭中建献殿五间,高广深邃,足以容乐舞之众。是时,檀越喜施,曾无难色;材木云委,斧斤雷动。工巧之妙,神施鬼设;石柱屹立,虹蜺交横。仰而望之从天际飞来,远而视之擘坤隅而涌出。民大和会,拭目改观。落成于天德二年十月晦日,塑像画绘罔不周备。祭祀祈赛,殆无虚日;神降巫觋,指期获应。以是人益敬信。且天灾流行,国家代有水饥火旱,五行之常数。时雨稍愆,必诣庙致告,是以俗传圣王能救旱降雨,其所注意异于他神。外县殊境,若远若近,皆归赖于神。其请信马者,鼓乐迎接,香火表诚。苟或傲庚,心生疑惑,立见显异,以警惧之。由是回心革虑,不敢怠慢。上坊村地势爽垲,距县城六里。后有青龙岗,前有浊漳水,庙基隆起,真吉壤也。余见宫观寺院以及神庙,峻宇雕墙,世人莫不崇奉。若奉道者求登真之果,奉佛者求来世之果,求神者求见在之福。若夫事圣王神,急则投告,速于求效。阳乌铄空,旱魃为虐,苗将槁矣,草木焦然,耆老咨嗟。轸菜色之怀,忧壮夫逃遁,知力穑之无功,虹霓是望,一溉何施于斯时也?念神力之可依,信其甘泽之必致,祝史陈信于前,酒罍奠设而跪,仰观扶寸之云,曾不崇朝而雨,霈澍滂沱,苗稼复苏,转祸为福,变忧为乐,岂不荷神之恩德灼有明效欤?然则修庙之功其利不赀矣!维那及庙官等,辛苦历年,铢积寸累,木材工匠口食之费,无虑数万贯。劳神耗力,其勤亦至矣。是诸人等,累求余文为记而未暇也。余尝读道书《枕中记》,历叙前代帝王各自所治,汤治玄极山。余以管见,推原其本:下民之命,明神所司,所属分野,各有常职。亦犹守土之臣受命于天子,剖符折珪,临莅其民,其有兴利除害敷奏取旨,非敢自专。故知一方水旱疫疠为灾,运气使然。地分灵官,具实以闻,降雨分数必秉天符。天人一道,幽明一理,岂异乎哉?愚意:圣王血食此土,惠爱一方之民,因民之辞请命于帝,不然何独私于乡曲而孚佑焉?乡中耆老知余敬信神道,请为庙记,意欣然许之。曦告之曰:公等建庙,为民祈福,非营一己之私,其己心仁爱盖亦至矣。凡我居民,平原易野,膏壤腴田,连阡陌比乡村屡获丰穰,曾无□歉,屡给人足,饱食暖衣,岂非神之所赐欤?今记尔营造之劳,土木之胜,非所夸耀而矜大之也,亦欲传示后人,不忘一日必葺,如尔用心。其或朽蠹,易旧为新,则殿宇完备常如今日矣。若因循苟简,忽倾弗支,非所望也。众皆敬应曰:诚如先生言,则记不虚设矣。曦以檀越恳请,不敢芜累为辞,辄系铭诗,告夫后之人。铭曰:

　　下民之命,明神所赐。名山大川,分职允厘。
　　皇皇上帝,日监在兹。至圣汤王,析城是依。
　　山顶遗迹,圣水之池。一方旱嘆,竭厥奔驰。
　　瓶罂请水,洁志祷祈。一勺之微,甘泽普施。
　　暴巫冥益,徒市冥悲。求之有礼,云荣坛壝。
　　漳源信士,唯神是思。爰建庙貌,漳水之湄。
　　依人而行,大显灵威。材木云委,般输运机。
　　鬼神冥福,宝殿翚飞。观者骇目,云映罘罳。
　　翼殿夹辅,廊庑周围。檀越尽力,工毕应期。
　　为民祈福,仁者所为。乡人奉祭,巫觋陈辞。
　　有求是得,神不汝违。歌欢鼓舞,民乐熙熙。
　　有酒既旨,有羊既肥。奏乐于庭,神喜赐禧。
　　血食此土,永有依归。一日必葺,千载无隳。
　　告尔后人,刻此铭诗。

紫云居士张曦撰

朝散大夫河中府推官骑都尉太原县开国男食邑三百户赐紫金鱼袋王良翰书

陕西西安府咸阳县由进士知长子县事刘诰重修

漳源进士王翰篆

　　……(按,以下依次记有上坊村维那四人,两水村维那三人,韩坊都维那一人、庙子一人,大李村维那六人,桃杨维那一人及庙子李元妻胡氏,人名今略)

阴阳人霍宁

武德校尉行长子县尉骁骑县尉张轸

昭信校尉飞骑尉行潞州长子县主簿卢马佐

广威将军行潞州长子县令上骑都尉彭城县开国子食邑五百户刘顺忠

大金正隆元季岁次丁丑闰八月十八日潞州长子县重修圣王庙记立石

上党任才同男任真刊

（碑阴）

（碑题）

长子县上坊村汤王庙碑阴　题名记

……

（金）陵川县重修二仙庙碑

【按】陵川县古属泽州，今属晋城市，与壶关县（今属长治市）相邻。故其城西二仙庙与壶关真泽宫相类，历代重修，有历代重修碑刻保存。金代该县状元赵安时所撰此碑，今仍立于殿前，言及赛社，正可与壶关县所见的唐宋碑刻比照。该碑高六尺六寸，宽三尺二寸，楷书。

今参照《山右石刻丛编》卷二十所记，抄录其文如下。

（碑额）

重修真泽之庙

（碑题）

重修真泽二仙庙碑

（碑文）

中散大夫前南京路兵马都总管判官上骑都尉天水县开国子食邑五百户赐紫金鱼袋赵安时撰

中靖大夫行潞州潞城县上骑都尉太原县开国子食邑五百户赐紫金鱼袋王良翰书

凤山居士程良佐篆额

窃闻：一气既判，三境攸分。上曰玉清圣境，下通无色；次曰上清真境，下通色界；三曰泰清仙境，下通欲界。泰清神宝仙君，说洞玄十二部经教；泰清十二仙天，接引通方，随在显化，则仙圣之道其来尚矣！厥后，天帝之女西王金母与九天玄女上元夫人，传玉笈金书凡十二事。有云，阿环受书以来，凡传六十八女子，则女仙之流亦已久矣！皆因宿植德本，久种善根，世积良缘，行满功成，方能飞升金阙，游宴玉京矣！真泽二仙，显圣迹于上党郡之东南、陵川县之界北，地号赤壤，山名紫团。洞出紫气，团团如盖，故谓之紫团。所居任村，俗姓乐氏，父讳山宝，母亲杨氏，诞降二女，大娘同释迦下降月日，二娘同太子游门是数。生俱颖异，不累凡庶，静默不言，七岁方语，出言有章，动合规矩，方寸明了，触事警悟，有识知其仙流道侣。继母李氏，酷虐害妒。单衣跣足，冬使采茹，泣血浸土，化生苦苣，共得一筐，母犹发怒。热令拾麦，外氏弗与，遗穗无得，畏母捶楚，踏地凌兢，仰天号诉。忽感黄云，二娘腾举；次降黄龙，大娘乘去。俱换仙服，绛衣金缕，绘以鸾凤，宝冠绣履；又闻仙乐响空，天香馥路，超凌三界，直朝帝所。大娘仙时，年方笄副；二娘同升，少三岁许。贞元元年六月十五，田野见之，惊叹瞻顾；远近闻之，骇异歆慕。声播三京，名传九府。岂比夫为云巫山，凌波洛浦；两妃企舜于湘川，二女解佩于交甫。虽姮娥月奔、弄玉凤翥，皆不足以俪遐踪而蹑高步也。遂于南山共建庙宇，迄今洞口留其手痕，村傍老其镰树，琵琶泓之圣字，了了可睹。自后赫灵显圣，兴云致雨，凡有感求，应而不拒。亢旱者祈之，遥见山顶云起，甘霖必霂。疾病者祷之，立睹纸上药零，沉疴必愈。求男者生智能之男，求女者得端正之女。苟至诚以恳祝，必随心而界予。至宋崇宁间，曾显灵于边戍。西夏弗靖，久屯军旅，阙于粮食，转输艰阻，忽二女人，鬻饭救度。粮无多寡，皆令餍饫；饭瓮虽小，不竭所取。军将欣跃，二仙遭遇，验实帅司，经略奏举，于时取旨，丝纶褒誉。遂加封冲惠、冲淑真人，庙号真泽。岁时，官为奉祀，勒功丰碑，至今犹存。正所谓"载在祀典，有功于国与民者也"。先是百年前，陵川县岭西庄张志母亲秦氏，因浣衣于东南涧，见二女人，服纯红衣，凤冠俨然，至涧南弗见。夜见梦曰："汝前所睹红衣者，乃我姊妹二仙也。汝家立庙于化现处，令汝子孙繁富。"秦氏与子志，创建庙于涧南（按，即今壶关县涧南村，今存宋初重建碑），春秋享祀不怠。自尔，家道日兴，良田至数十顷，积谷至数千斛，聚钱至数百万，子孙眷属至百余口，则神之报应信不诬矣！逮至本朝，皇统二年夏四月，因县境亢旱，官民躬诣本庙，迎神来邑中,祈雨未及浃旬,甘雨霶霈,百谷复生。及送神登途,大风飘幡,屡进不前,莫有喻其意者,乃托女巫而言曰:"我本庙因红巾残毁,人烟萧条,荒芜不堪。今观县西灵山之阴,郁秀幽寂,乃福地也。邑众可广我旧庙而居之。"灵山东北高,自龙门尖西南,横自栖凤掌,冈峦坡陀,小顿大起,屈曲奔腾,有龙蟠凤翥之势。因栽松数百株,今并小松百千株矣。其庙之东南溪,石壁有甘泉飞流,漱玉溅珠,琅琅然若鸣琴环佩之声。宋秘书学士张文潜曾作文以记之,名曰"响泉"(按,即《响泉记》)。其山灵水秀、草木蓊勃,真神仙所居之圣境也。张志子权,与子侄举、愿等,敬奉神意,又不忘祖父之肯基,乃率喻乡县,增修县南之庙(按,即陵川县此庙)。未及成而权化,权之子举与侄愿等,从而肯构之。先舍资财,次率化于乡村及邻邑。于时,神赫厥灵,处处明语,近者施其材木,远者施其金帛,有愿施粮食者,有愿施功力者,无有远近咸云奔而雾集,不数年而庙大成。重建正大殿三间,挟殿六间,前大殿三间,两重檐梳洗楼一座,三滴水三门九间,五道、安乐殿各一座,行廊前后共三十间。举之堂兄闯,独办后殿塑像。堂弟椿等,重翻瓦前殿。其诸廊庑,各有塑画像;其楼殿峥嵘,丹青晃日。远近来观者,咸叹其雄壮伟丽,左右神庙无有出其右者。其檀越增修之意犹未已,将见庙宇增加永千祀弗坠矣,举等屡求作文以纪其实。仆以奔走仕途,不暇搜访遗迹,至天德四年因任太常职事,于寺扃检讨旧书,偶见二仙墨碑,乃唐乾宁年进士张瑜所撰(按,即前见唐代"父母碑")。其略云,"罗神之曲,红裳绣履,系是本身",方信昔年张权祖母所见服纯红衣者乃真容也。其碑文又云"岁俭求之即丰,时旱祷之即雨","违之者灾祸交至,顺之者恩福俱兴",益知神之灵应,福善祸淫昭然有验矣。其末又载,既仙之后葬父母之五瑞。惜乎,先传道史遗逸而不载,本庙古碑又多散亡,其本因略见于唐之墨碑,故并序于后。

神地面:东至修填到南北天河,东楞至张灏;西至填垤外张溁,并出入道;北至大河;南至高崖内。裁到(按,指裁决)诸杂树木系神所管,施主张通。

翻瓦前殿维那小张琳等

大定五年九月二十有八日鸡鸣乡鲁山村南庄重修真泽庙都维那张举同化缘人赵达立石

从仕郎主簿兼县尉高德裔

忠武校尉县令云骑尉李彦说

石匠　秦　衍　申彰刊

(金)陵川晋阳里汤王庙记碑

【按】陵川县城东约十里,旧属晋阳里,山上建有汤王庙,宋元丰七年(1084)立此碑,金大定五年(1165)重立。与前城西二仙庙金碑呼应,均涉及民间赛社。依《山右石刻丛编》卷二十记,碑高三尺四寸三分,广一尺七寸七分,二十行,行四十八字,楷书。

今录原文如下。

(碑题)

大金国泽州陵川县晋阳里重建汤王庙记

(碑文)

德泽流于民深,风教被于世厚,则万世无穷之日,人仰而思之曰:古之有道之君,而不可忘也。惟天生民,有欲无主乃乱。惟主聪明,惟民时乂。盖王者民之倡,上者下之仪。民听倡而应,下视仪而动。一治一乱,一善一恶,实由上之所为而下之所效。苟非成德之君子,恶能治世之宜乎?夫王之为王也,不以土地之广狭、人民之众寡,修其道、行其义。鉴兹治乱,明乎善恶,兴天下之同利,除天下之同害,明礼义以道之,致忠信以爱之,以德利仁,以宽治民,而民之归仁也犹水之就下、兽之走圹,然而卒有天下,其成汤之谓乎!故汤以七十里之地而得天下,以国齐义,一日而白,非权谋之所事,而利泽之所获也。盖汤之始,征自葛载,十一征而无敌于天下。东面而征西夷怨,南面而征北狄怨,曰:"奚为后我?"民之望之,若大旱之望雨也。当是之时,有夏昏德,民坠涂炭,天乃命成汤降黜夏命,以救其民。于是攸徂之民室家相庆曰:"徯我后,后来其苏。"岂非克宽克仁,应天顺人之所致邪!《易》称"宽以居之,仁以行之",有君之成德而至于此。《诗》颂"何天之休,何天之龙",则美成用利无以加焉。《礼》之所记"汤以宽治民而除其虐","去民之灾,有功烈于民者也",迹其所记,后世宜有祀焉。观今天下,国家邑乡里皆立其庙,信乎德泽风教之深也。世虽去远,仁焉得忘?然祭有其制而民有其诚,则神亦所享焉。泽之陵川之东十里,北山之上有汤王庙,邑人享祀,继于今日。遍询耆旧索其石刻,□□立之。岁月之始,天圣间重修其殿,景祐中增修廊庑、五道殿。其山之高,四顾豁然,宜为庙之所立。年祀浸远,庙貌肃寂,时因祀享,彷徨不忍去。今有里人某、太原郡王永进等率会其属,聚缗召工,继而复新。始于元丰癸亥,终于甲子,殿已备,塑绘已周,请执中为记,义不能辞,乃书其成功之日及告其作庙之意。夫神依人存,人赖其福,至诚感神,无为烦怠,祈报钦慎,以闻来者。

时元丰七年九月戊戌朔二十有二日戊午

长平赵执中旧撰

本庄化口食神童张氏(按,由"岁月之始"而下,记该庙宋代复新过程)

时大定五年岁次乙酉十一月戊子朔二十八日癸酉本庄税户(按,金有"税户"制度)申大重立

四堰村赵宣施石

延川天水布衣赵夔篆额

同申大门馆乐安任甫书　侄男李□　男小二　本邑路城村儒术忝习翰林扶风马斯木　平城村知乡事杨显　申大　男申□　申著　三教村知乡事李胜　安阳村司牛山

从事郎行簿尉高

忠武校尉行县令李

高平县下石末村石匠李一刊石

(金)潞城县重修灵泽王庙碑

【按】该碑现存于潞城神头岭旧庙遗址,同存的还有宋绍圣元年(1094)重修碑,皆完好。依记,原庙建于五代后晋,时封李靖为灵显王。今存宋金两碑皆高大,后者亦涉及前碑内容,故今仅录金碑。其碑除碑趺外,高一丈,宽二尺九寸,大字楷书。

原文如下。

（碑额）

敕重修灵泽王庙记

（碑题）

大金潞州潞城县重修灵泽王庙记

（碑文）

礼非功不备，功非人不大，人非志不勇。志勇然后立亡原之功，功大然后加不检之礼，此古今之通议也。志所谓勇者，不过乎果于临机；功所谓大者，不过乎能于捍患；礼所谓备者，不过乎列于常祀。兼此三者而有之，非灵泽王尚谁哉！王，唐人也，其姓氏勋业笔之史册，其响报征应铭之旧石，乃略而不言。王布衣时，尝谓所亲曰："丈夫遭遇，要当以功名取富贵，贸何至作章句儒！"又以书上西岳，其间有云："斩鲸鲵而清海岳，扫氛祲以辟山河，使万姓昭苏，庶物昌运。"迹其奋志若此，则功盖区宇，名耀竹素，使后人牲牢禋祀岁时不绝，宜哉。五代石晋时，已尝答王之阴贶，进封"灵显"。距宋宣和二年，复加赠"灵泽"。《诗》云"文王有灵德"，又曰"灵雨既零"，岂非以王德神灵，协民之祷，时雨沾足，苏我憔悴，泽我枯槁，□"灵泽"之号意以此乎？迨主上即位之三年，礼乐法度制作一新，褒德显功靡神不举。尚虑勋臣烈士而祠宇有未称者，乃诏郡国各以状闻。是时，前参政马公节度潞事，披阅图经，躬□旧址，嘉王之勋绩显奕如彼，悼王之殿庑湫隘若此，叹曰："甚不称明天子褒显之意也。"遂以闻上。符下所在，出外府金泉，以给经营之费，方议兴功，移守开封。继而资政大夫李侯来镇我邦，署事未几，议毕斯役，命潞邑主簿孟公监董其事。征匠度功，经始有日，乡民闻之，皆曰："赖王之休荫有素，所恨扱礼未尽。各输所有，赞成厥功，不亦可乎？"于是富者施其财，壮者效其力，以至土木瓴甓之用云合雾集，不日而备。自大殿而下无虑百楹，皆更而新之。丹臒之剥者复炳，垣墉之颓者再植。尊雄宏奥，望之俨然，其壮观也哉！即役于明昌三年十月，毕功于次年正月。簿公率居民献享于祠庭，以告厥成礼也。是岁，阖境无凄风苦雨，百谷用成，人不疠疫，畜无瘵蛊。民欣然相告曰："昭昭然斯祉也，不写诸琬琰，曷以彰神之休贶，抑无以见国家褒显之礼。"因辇石东山，砻为之碑。一日，住持道士王可、门人路元祯暨乡民李茂等索文于仆，将纪其实。仆以才劣恳辞。牢请再四曰："是碑之作亦岂徒然？将置诸庙左，使士庶往来瞻王之像，览王之碑，无不敬仰威灵、遐思勋业，则知王享庙食，册王封不为虚矣。仍知主，异代功臣尚加旌宠，而今有人将如之何？忠义者于以奋志，缩朒者为之汗颜,若是其可辞乎?"应之曰"公等用心若此,敢不以所闻序其本末"云。

时泰和二年岁次壬戌重九前三日

前乡贡进士王陛臣记

古黎进士路享书丹

文林郎邓州观察判官兼提举学校常平仓事武骑尉赐绯鱼袋贾用晦题额

信武将军行县尉骑都尉金源县开国男食邑三百户兼管勾当平仓事夹谷虫枣

(按,人名"虫枣"与其姓"夹谷"字体与前不同,类似自写的行草)

宣武将军行主簿骑都尉金源县开国男食邑三百户兼管勾当平仓事完颜忠

昭武大将军行县令上轻车都尉金源郡开国伯食邑七百户兼管勾当平仓事完颜德玉

知广德庙道士路元祯立石

平定王玉同男全镌

(元)壶关县重修真泽庙记碑

【按】壶关县神郊村真泽宫(庙),前唐碑、金碑已记,庙祀二仙。宋徽宗敕封碑仍存,涉及宋元赛社。该碑现立于庙前殿东侧,笏头龟趺,保存尚好。笏头高二尺,题有篆额,字已漫漶;其下碑高五尺,宽二尺八寸,楷书,字亦难辨。幸有《山右石刻丛编》卷二十五亦录其文,今录其原文如下。

(碑阳)

(碑题)

重修真泽庙记

(碑文)

祀典:法施于民,以劳定国。能御大灾,能捍大患者,祀之。四方名山大泽,林谷丘陵,为邦域之望,能出云为雨、生财资民者,宜有神守之,以血食其土,尚矣!上党之俗,质直好礼,勤俭力穑,民勇于公役,怯于私斗,自昔称为易治,然独丰于事神。凡井邑聚落之间,皆有神祠,岁时致享。其神,非伏羲神农尧舜禹汤,则山川之望也。以雩以禜,先穑邮畷,皆于是奔走焉。岁正月始,和农事作,父老率男女数十百人,会于里中祠下,丰牲洁盛,大作乐,置酒三日乃罢。香火相望,比邑皆然。至十月农事毕乃止,岁以为常。壶关县紫团山,有两女仙祠。居人传:仙人姓乐,学道此山,得不死而去。相与率而奉祀之,灵应如响。宋大观中旱,守臣祷之而雨。请之有司,得庙额曰"真泽",仙人号曰"冲惠、冲淑",大建祠宇。金末亡乱,风雨倾圮,盖什三四。国朝至元五年,魏人郓朗来守邑,霁禜之请,应不逾夕。乃曰:"濡泽敷惠,神明之职。兴滞补弊,守令之事也。"遂约里人杨端、张山、丁福,道士连信英辈,鸠功补完之。踵门谒予,乞记其事。予以中统三年秋七月西归,尝道出祠下而止宿焉。峻岭峙前,重阜环后,茂林郁如,内外严邃,殿堂廊庑凡百余间,如大邦君之居。信列仙之灵区,神明之伟观也。特列而直书之。至若仙人族世、雨旸灵异,具于政和诰词,县令李元儒之刻文详矣,兹不复赘。

七年七月壬寅

上党宋渤记及书

邑人李泽民题额

乡贡 马成 靳广 丁义

典史 王珍

司吏 冯济 刘甫 李珪 盖信

主簿兼尉李

从仕郎壶关县尹郓

达鲁花赤末儿木花

杨端篆立石

同修人 陈□ □□ 冯德

木匠 郭全 冯□

铁匠 □□

石匠 王赟刊

瓦匠 □ □ 刘□□

(碑阴)

乡贡进士韩仲元撰

【按】以下写其神"灵应在人,不可胜纪。血食此方,有自来□。然值金季陵夷,天兵南渡,惟庙貌仅存,而余皆灰烬。虽乡民稍为营葺,终未完备"。言"县尹郓公者","在至元中,自邢台县移莅是邑,下车以来,首以事神训民为务","吁邑人遍加补完"。还记其"致祷祠下",免旱蝗之灾,"适合众愿,乃相率而来谒予为记"。大意如此,今略。

　　至元七年岁在庚午闰十一月十五日记
　　乡贡进士刘天佑书篆
　　石匠　王瓒儿　王荣刊
　　典史　王　珍
　　司吏　冯　济　刘　甫　李　珪　盖　信
　　主簿兼尉李
　　前典史　秦　秀
　　从仕郎壶关县尹郓
　　监修　陈　温
　　达鲁花赤末儿不花

【按】其余人名漫漶,今略。

(元)潞城县合室村武安王庙碑

【按】潞城合室村属于古老大村,位于县城北约十里处。清末民国时期,该村仍有阴阳先生主持县里的城隍庙赛社,且由此碑所记,可知当地赛社出自宋元。该碑被发现时,卧于古庙废墟旁,尚完整。碑高二尺八寸,宽一尺四寸,楷书(局部如图)。今依拓片录其原文如下。

(碑题)
创建武安王庙并门楼记
(碑文)
县导教谕梁栋撰
里人田旺刊
<u>国家屡颁诏旨</u>,历代圣帝明王、忠臣烈士载在祀典者,岁时致祭焉。汉寿亭

侯以劳定国,有功于民,追宋追号武安王,在在立祠而得祀之。潞城阁室聚落[一],人民富庶,教有礼义之风。迨丙辰[二],耆老武庆、张实、李兴、马进、王进、张换倡里众,村西卜地,可安神妥灵。创建王之庙貌,新立圣像,巍然轮奂之美,俨然金碧之容。俾乡人岁时展勤,致诚献享,有所归欤。厥后至元十九年,武庆暨王进等,相集筑垣墉、限栏,楯构门楼三间。富者捐其财,贫者助其力,功能鸠僝。落成之日,众皆礼祀而昭告之,曰:"是庙兴也,恃以风雨应期,百谷用成,民无疠疫,国祚洪休,惟神之所赖。"仆善乡人能尽事神报本之心,尽力修建,故书其始末云。

时大德九年乙巳孟夏吉日

关智、张厚、李仲等立石

【注释】

〔一〕阁室,即今合室村,俗音"geshe"。

〔二〕丙辰指1256年,属元宪宗时,元尚未正式立国。

(元)洪洞县明应王庙碑

【按】今山西洪洞县,含旧时赵城县。赵城东南约四十里有霍山,原为洪赵两县分界。霍山建广胜寺,分上下两寺,下寺临霍泉,泉旁又有水神庙,其殿今存,即明应王殿。殿前仍存此碑,螭首龟趺,通高八尺四寸,宽二尺余,楷书,记元延祐六年(1319)重修事。殿内有著名的"忠都秀在此作场"壁画,为元泰定元年(1324)所绘,与此碑所记相关。

今参考《山右石刻丛编》卷三十一所记,照录其文。

（碑额）

重修明应王殿之碑

（碑题）

重修明应王殿之碑

（碑文）

承事郎晋宁路赵城县尹兼管本县诸军奥鲁劝农事王剌哈剌撰并书

将仕郎晋宁路赵城县主簿崔友闻题额

赵城之为邑，其来尚矣。斯东有山巉岩，积而能大，峻而能乔者，霍岳也[一]。其下有波汹涌，挠之不浑、用之不竭者，霍泉也。山之兴宝藏、育品物，主中之镇，崇德应灵，王爵褒封，皇帝遣使岁时致祭；壮国阜民，兴云泄雨，非南山有台有莱兴乐贤之比（按，借《诗经·小雅·南山有台》而言），实能为邦家立太平之基矣。夫泉之始，渠曰南北二霍，而所由来者有渐也。其大，如天如渊，泛涛不舍乎昼夜，溉田何啻乎亿余，济民岂不溥博者！兴而鬐沸，流淇浸彼苞稂。奚又同时而语耶，南北二渠七之而三[二]？土人相传，此例比定，尝经朝廷争理数年。而后，已见有丰碑在县可考，定其陡门、来口、堤堰，设其渠长、沟头、水巡，俾富豪强不敢恣其情，次上中下乃得即其便。岁中值霖雨涨溢，防埃缺壤，验民之富贫、役立之多寡，即塞实之。颇有稍缓而堕者，科罚无虚示也。而旧立条款，班班若日星，又谁敢增减一字哉？泉之北，古建大刹精蓝，揭名曰"广胜"，不虚誉耳。视其佳丽绝秀，非大雄能楼此乎？殿廊斋舍仅可百楹，僧行称是世祖薛禅皇帝御容、佛之舍利、恩赐藏经在焉，乃为皇家祝祷之所由[三]。右松杉怪异，花竹参差；左山色重重，前水声沥沥。砌重而基峻，画栋含烟，珠箔蔽日，璘珣鸳瓦，灿烂龙文。金碧著乎楗题，镂彫显乎斗栱，重檐翚而飞直如棘者，明应王殿也。度其境，真降神之乡；语其方，尽祈祷之地。惟王，济黎元之利大也，非宫不可居；报家国之功深也，非王不可爵。钟其山名水秀，必如是而后得庶几也。询之故老，每岁三月中旬八日，居民以令节为期。适当群卉含英、彝伦攸叙时也，远而城镇，近而村落，贵者以轮蹄，下者以杖履，挈妻子、舆老羸而至者可胜记哉！争以酒肴香纸聊答神惠，而两渠资助乐艺、牲币献礼，相与娱乐数日，极其厌（餍）饫，而后顾瞻恋恋，犹忘归也。此则习以为常。佥曰："古今之胜游嘉赏，根其人心所同。然设以厉禁，没能也。此与'神之格思，不可度思，矧可斁思'不侔矣！"[四]缘其旧，殿宇、门廊、像绘犹备。不幸，至大德七年八月初六日夜，地震河东，本县尤重，靡有孑遗。《书》云"火炎昆岗,玉石俱焚",奚尝有二哉！上下渠堰陷坏,水不得通流,当年十一月,渠长廊下郭髦,告蒙本路总管府,差委霍州倅李承务、县尹刘承事董其役,开淘依旧灌溉。至大德九年秋,本路万僧都宣差祀香,省会渠长史珪并本县官,将殿即便重盖。县委主簿申公提调,珪与南霍杜玉、胡福渠长鸠工,各量使水村分计置修造。富有者施财,贫薄者出力,创起正殿木装。始经营之也,时有寺僧聚,提点亦尝施工,继而刘思直塑像结瓦,郭景信造门成趣。至延祐六年,渠长高仲信募工,殿内砌□造沙壁完备[五]。南霍渠长王显、许亨同心津助,及山之僧妙潜添力,赞成其事。焕然为之一新,谤者杜其万口。仲信切思之曰:"从草创讨论、修饰润色者,非出一手,恐久而湮没,刊诸金石,以寿其传,庶有激劝于将来。"府吏段士良屡注意,于是一日率老而德者史珪、郭景文、郭翔、高仲实、石克明、翟天赐、天宁宫提点赵思玄等,踵门求记于予。予辞之曰:"吾家本东鲁泰山农业,滥得尹是邑,已及半任,殊无异政膏泽加民,于治体兼无小补,常有愧于同列。始习译字,不解作文。"恳至于再,聊采所见,故书之。仍系之以铭曰:

　　惟中之镇,其山曰霍;德泽所生,养物溥博。

　　岳麓涌泉,浩浩其渊;兴我国利,溉我民田。

　　为浆愈疾,蕴秀含灵;岁时致祭,黍稷非馨。

　　尽水之达,往古来今;地非爱宝,胜布兼金。

　　相彼巨泉,非浊即清;远沾品类,大慰群生。

　　兴于明时,摧于地震;殿宇以空,不余煨烬。

　　前人草创,后继润色;一手难成,众皆竭力。

　　大殿重檐,金翠光辉;美乎黻冕,绣裳袗衣。

　　谚语大郎,王封明应;亿万斯年,永居广胜。

延祐六年八月初六日

北霍渠长高仲信　渠司翟天锡　水巡孔兴

南霍渠长许亨　王泽　渠司王温　立石

广胜寺尊宿胜提点住持春讲主　宝严寺尚座行开

登仕郎晋宁路洪洞县主簿刘思孝

晋宁路洪洞县尉贾邦杰

典史郭景行

晋宁路赵城县尉许谅

典史田广

司吏赵宇　王通　冯居孝

将仕郎晋宁路赵城县主簿崔友闻

承事郎晋宁路赵城县尹兼管本县诸军奥鲁劝农事王剌哈剌

从仕郎前晋宁路赵城县达鲁花赤兼管本县诸军奥鲁劝农事麦力吉沙

本县孔村下郭信男郭玟瑛刊

【注释】

〔一〕"霍岳"即霍山，又名霍太山、太岳山，位于山西霍州市与洪洞县交界处，古属中国五大镇的中镇。

〔二〕古传，洪洞、赵城两县争水，诉讼于官，官府设油锅，锅内置钱，依双方捞钱多少而断。结果赵城得七，洪洞得三，按此分水，是为"七之而三"。

〔三〕广胜寺始建于东汉建和元年（147），初名俱卢舍寺，亦称阿育塔院。唐大历四年（769），汾阳郡王郭子仪整修扩建，取佛"广大于天，名胜于世"之义，奏请改名"广胜寺"。寺建飞虹塔，也称"阿育王塔"，藏"佛之舍利"。金皇统间，有《大藏经》存此，今移国家图书馆，即所言"恩赐藏经"。所谓"世祖薛禅皇帝"，即元世祖忽必烈，汉人称其"薛禅皇帝"，与"皇家祝祷"相关。

〔四〕依史，蒙元统治者早有禁令，禁止"祈神赛社"，以防聚众作乱，延祐年间尤甚。故见此处三月十八的赛社只能"询之故老"，早"设以厉禁，没能也"，而众人都说此与古今人情"不侔"，仍在"重修"其庙。

〔五〕此"沙壁"，与重修明应王殿相关，延祐六年（1319）已见"完备"，且见泰定元年（1324）早又绘成"大行散乐忠都秀在此作场"的壁画，至今仍存。所绘"大行散乐"，仍类唐宋"散乐"，正属元代流行于民间的大型"行院"。或说明，延祐六年之后当地已有赛社，所绘壁画或是当时演出写照。

（元）长治县崔府君庙碑

【按】该碑原立于长治县（今长治市）东门内的崔府君庙。其庙今为学校，此碑已佚，《山右石刻丛编》卷三十二记其文。因其立于元延祐七年（1320），正逢元代严禁民间祈赛之时，其中却记"祷谢日丰"，可证宋元赛社相继，屡禁不止，有其独特价值。依记，该碑高三尺九寸二分，广一尺九分，二十一行，行四十字，正书。其文如下。

（碑额）

亚岳庙外门记

（碑题）

灵惠齐圣广佑王新建外门记

（碑文）

奉元路醴泉县儒学教谕上党贾志道书

潞州儒学直学李章篆额

王之祠在所有之，为之显应王，为之亚岳。迨及元朝，钦崇典礼，怀柔百神，旷绝之祀无所不究，优封"灵惠齐圣广佑王"（按，事在元初元贞元年，即1295年），载于祀典。王，祁州人，崔姓，子玉字也。唐初为滏阳令，又为长子令，太宗以梦见征，拜蒲州刺史。先，长子为府君时，有异政之称：适遇虎害，言一孝子被所食，以牒摄虎至，使伏其罪，民以为神而祠事之，世之所传盖以此也（按，今长子县仍传此说）。庙之在潞郡者，峙于东门之内，由古及今，封加享祭，恩礼不衰。远近之人奔走祈祷，敬信不怠，其灵验可知矣。观其庙貌崇深，门墙坚整，像设俨然。其兴治之始末，具于参政杨中奉石刻，兹不复赘。惟于外门阙焉。上党县尹石承事□通甫，晋宁洪洞人，自临本邑，百姓乂安，五事备举，割鸡制锦之功人难能也，真可谓栖鸾展骥耳。终更之后，人尚思之，及于事神之礼，无不尽诚。率乡曲巨家张玘、贾以直、李温等一十七人，姓名具列如左，同谋协虑，输财于己，雇工于民，楮币几四千余缗，创立外门，横跨通衢之上。云霞照映，金碧炫耀，轮奂翚飞，骇人之目，不惟壮神祠之气□，抑亦增乡里之光荣。经始于延祐戊午之春，落成于是年之九月也。玘等即以其事请予记之，辞不获已。窃谓《传》有之曰："有功于民则祀之，能御大灾则祀之，能捍大患则祀之。"夫郡县之良吏，血食一方者多矣，卓茂之于密鲁，仲康之于中牟，朱邑之于桐乡，召信臣之于南阳，未能有达之天下四方者。如王之祠，何其盛欤！呜乎，祀典之废久矣，人心所存□逃祸徼福在耳！其事神也，刲羊豕，具酒食，巫觋优乐杂然而前，祷谢日丰，乖礼越分，鄙俗相传，不以为过。岂事神之道哉？虽疾病请祷古人之所不废，殊不知诚则感神，祭则受福，冥冥之间自有阴相。若夫悖理□欲要求于神者，宁无愧乎？故有其诚则有其神，无其诚则无其神。惟王福善祸淫，御灾捍患，有祷辄应，功不为细,神千载而下血食宜矣。噫,庙之兴废在乎人!则一门之役固不得为全功,异时有全功任之者,安知如其不自石尹等而□□?是可纪也,故为之书。

  延祐庚申仲秋朔日前鄂州路崇阳县主簿上党进士李天禄记

  管军百户张玘　武　瑞　贾以直　李　温　李公黻　王　德　张思贞　樊　信　苏　敬　郑祯翰　裴良佐　秦　郁　郭克恭　王德辅　郭温公　赵维恭　助缘武济民等立石

  司庙人　杨司敬

  石匠　提控王思仁同男王温刊

(元)长治县神霄玉清万寿宫记

【按】依史,北宋末年,宋徽宗倡兴道教,道士林灵素进言:"天有九霄,而神霄为最高,其治曰府。神霄玉清王者,上帝之长子,主南方,号长生大帝君,陛下是也。既下降于世,其弟号青华帝君者主东方,摄领之。已乃府仙卿褚慧,亦下降佐帝君之治。"于是,徽宗自称"教主道君皇帝",令天下遍建"神霄玉清万寿宫",中祀长生大帝君(即徽宗)、青华大帝君,将"在位皇帝"与诸神并祀。徽宗亲制"大晟"礼乐,"与天下共之",致民间赛社类同为其庆寿。宣和元年(1119),徽宗以"御笔手诏"碑本赐天下,令各地一如京都,照刻其诏于碑,以严奉祀。至元代,长治县东门内仍存"神霄玉清万寿宫"以及元代重刻的宋徽宗"御笔手诏"碑,可见其对宋元赛社的影响。此碑今已不存,其文见存于清《山右石刻丛编》卷三十三。

依记,此碑时在潞安府(今长治市),高一尺五寸九分,广五尺三寸三分,六十五行,诏每行十六字,跋每行二十字,楷书,其文如下。

(碑题)

誊录宣和御笔手诏

神霄玉清万寿宫诏

御制御书

神霄玉清万寿宫记

(碑文)

道者,体之可以即至神,用之可以挈天地。推之以治天下国家,可使一世之民举得其恬淡寂常之真,而跻于仁寿之域。朕思是道,人所固有。沉迷既久,待教而兴。俾欲革末世之流俗,还隆古之纯风。盖尝稽参道家之说,独观希夷之妙。钦惟长生大帝君、青华大帝君,体道之妙,立乎万物之上;统御神霄,监观万国无疆之休。虽眇躬是荷,而下民之命实明神所司。乃诏天下,建神霄玉清万寿宫,以严奉祀。自京师始,以致崇极,以示训化;累年于兹,诚忱感格,高厚博临。属者,三元八节按冲科启净,供风马云车来顾来飨。震电交举,神光烛天,群仙翼翼浮空而来者,或掷宝剑,或洒玉篇,骇听夺目;追参化元,卿士大夫侍卫之臣悉见悉闻(按,指其政和三年冬祀南郊,有"天真降临示见"事,详《续宋编年资治通鉴》)。叹未之有,咸有纪述,著之简编。呜呼,朕之所以隆振道教,帝君之所以眷命孚佑者,自帝皇以还,数千年绝道之后乃复见于今日,可谓盛矣! 岂天之将兴斯文以遗朕,而吾民之幸适见正于今日耶? 布告天下,其谕朕意,毋忽仍令:京师神霄玉清万寿宫刻诏于碑,以碑本赐天下,如大中祥符故事(按,指真宗以天书下降为由,手诏天下令建天庆观事),摹勒立石,以垂无穷。

宣和元年八月十二日　　奉圣旨立石

(跋)

王文考作《鲁灵光殿赋》,每韵兴感,止说圣哲之明。洪景卢作《唐选德殿记》,每节极论古今得失、纪纲法度。宋抑庵翁(按,即宋代王直)为《长春观碑》载:上党土俗好古,文士以笃实才能,武臣以勇悍忠义,方士以纯纯朴素,各守其一,缙绅于功名之场。俾后人持守者,贵乎取信也。神霄宫有道士曰刘知演,长子县之北军人民(氏),髫年出家,礼本宫宗门提点,武时晏为,时执巾栉,席□修炼道业,徒众愈兴。公丛林首出,锡嘉号曰冲真玄静大师,为潞州道正,赐法衣上品,掌教数年。又曰,同辈提点许知柔、冲虚大师本州提举李知微、知宫李知章、冲靖大师董知简、本宫提举李知常、赐紫金襴体真德静通妙讲师武知宁、本州提举齐知容、提领本宫王知明等,管领宫中事。内外成迹,既而许武鹤飞。暇日,道正语之余曰:"宣和御书手诏摹刻碑记,经兵火后,访之已无。今石本金文玉轴,笥中尚在。"遂出而观之,神笔灿然。谓曰:"若命工复刊诸石,且览之者不待推寻岁月,自知神霄玉清万寿宫之梗概也。"逮我国家大元圣朝,崇道通玄之诚意又见。前代御书至宝不与烟尘俱灭,物之废兴、文之显晦,盖亦存乎数耳!

  壶林龙溪东野仅庵王天利跋

  雄山遗人贾志道摹写刻石

  本宫道众管领事务(按,共列十九人名,今略)

  道门习业童子一十五名

  勤劳人崔子忠乔得用

  大元国至顺改元岁次庚午夏六月下弦癸卯吉日

  冲真玄静大师前潞州道正刘知演同知宫王得信等重立石

  【按】此文亦见于乾隆《长治县志》卷四"金石"。

(元)平定县灵赡王庙碑

  【按】山西平定县,古称平定州,今属阳泉市。市郊西北十里,即蒲台山,又称狮瑙山。山因生长菖蒲,建有蒲台庙,主祀灵赡王。据清《平定州志》载,该庙始建于宋徽宗崇宁元年(1102),金元明清皆见重修。今存遗址,仍有金大定二十六年(1186)、明昌三年(1192)及明清碑刻,惜此碑不存。依《山右石刻丛编》卷三十八记,此碑高四尺五寸,广四尺二寸七分,二十八行,行二十四字,楷书。因其所言元代祈赛更详,故照录如下。

(碑题)

蒲台山灵赡王庙碑

(碑文)

前中书左丞吕思诚撰文题额并书

  蒲台山灵赡王庙,前有巨石如帽,既崇且广,上有池天成。蒲生于中,虽甚旱,水未尝渴(竭),故蒲之丛郁然翠润可爱,是以名其山云。四月四日□享庙上。前期一日迎神,六村之众具仪仗引导,幢幡宝盖、旌旗金鼓,与散乐社火层见叠出,名曰起神。明日,牲牢酒醴香纸,既丰且腆,则吹箫击鼓、优伶奏技;而各社各有社火,或骑或步,或为仙佛,或为鬼神、鱼龙、虎豹,喧呼歌叫,如蜡祭之狂,日晡复起,名曰下神。神至之处,日夕供祀惟谨,岁以为常。祭之日,或时有露渭然生蒲上,圆若水晶丸,忽尔飞缀树端;又有黑蛇蜿蜒而出,金睛紫舌,盘绕几筵,吞烟吸酒。金大定间,东山赵怀允之记曰:"初因天旱,有数童子戏祷石下,见露泛蒲生,雨遂沾足。后有祷辄应,宋时与嘉山石瓮相并封,封曰灵赡。"今庙额曰王,是□亦在金宋之间乎?神有二,或曰犹东岳之炳灵也。每见祭时又具献物,望石瓮山拜,岂以石瓮险阻不能上合祭于斯乎?耆老等曰:"我国家平承百年,民物丰阜,时或有旱暘之沴,以红罗幕瓶口,置石上,而拜于下,或即时有露,或一日二日,或至连日终不得者。露既渭然而出矣,须臾不见,下瓶而探,其中已满溢。迎置坛所,随行而雨。其或不恭,泛然飞去;又或蛇出,直入怀中,以惩不恪。此则共闻共见也。"惟山之蕴,能兴云致雨,神发著见,天地之分有山之初而然也。因此,童子之诚而相因,人以为神之初也。川沉而山庋,礼也庙焉而享,尊而亲之也。六村之众,亦不知其所从来矣。《传》曰"深山大泽,实生龙蛇",《易》曰"山泽通气",露生蛇出又何为怪?但水自入瓶,何其神哉!《易》之"象":乾曰天行,坤曰地势,坎曰习坎,艮曰兼山,震曰洊雷,巽曰随风,离曰明两,兑曰丽泽。盖自震而坎而艮,天行也;自巽而离而兑,地势也。莫非乾坤之所为也,曰习,曰兼,曰洊,曰随,曰两,曰丽,惟乾与坤但曰行曰势,而未尝有所分也。"说卦"云:健也、顺也、动也、入也、陷也、丽也、止也、说也,性情也;为天、为地、为雷、为风、为水、为日、为泽,形体也。夫所谓主宰者,出乎震,齐乎巽,见乎离,役乎坤,说乎兑,战乎乾,劳乎坎,成乎艮。《系辞》云:精气为物,游魂为变,故知鬼神之情状。屈伸往来,造化功用之谓乎,其曰神也者,妙万物而为言者也,斯其至矣。或曰(按,引《庄子·外物·杂篇》):阴阳错行,天地大骇,有雷有霆,水中有火,乃焚大槐。又曰(按,引《麻衣道者正易心法》):自有宇宙,便有此山,世曰山者地之物,以所见者言之也,至月风雷雨自地出也;世曰月风雷雨天之物,以所见而言之也,盖亦有所本欤?且平定属冀宁,在地则为赵魏之交,在天则为昴毕之分,彼其唐风化德,雨师降灵,山川之秀,民物之茂,又不在于兹乎?刻石著辞,昭示永久,孰曰匪宜?于是,干河人匠提领王仲美之子小提领让平潭□□义,西河冯成甫与赛鱼李教谕(按,干河、西河、赛鱼,皆村名),裡相与纠,率六村分社,社各有疃,疃下分人,人各有长,并勒于碑阴。其别处好事君子来者,或前或后,从便而书。乃先列本州之官吏者,敬所统也。敢再拜而为之诗,曰:

  青青者蒲冒石巅,帽石屹立神宇前。
  时虽大旱水不涸,神之神兮不可言。

蓦尔有人祷其下，蒲上津津露湑然。
　　倏忽变则水晶圆，望之飞上松枝悬。
　　有时有蛇出几下，矫首吐舌来蜿蜒。
　　红纱方幅幕瓶口，瓶口满溢理何玄。
　　随行下雨云雷合，桃江相接流长川。
　　枯槁须臾起生意，吉蠲之报年复年。
　　季季乃至四月四，六村父老来骈阗。
　　再拜献享神祠下，一心无二亦无偏。
　　灵赡之赡岂惟此，肤寸而出应普天。
　　惟此六村为最近，尊而亲之情且专。
　　子子孙孙藉阴庇，更望笃生哲与贤。
　　上为国家下民物，无疆之休惟绵延。
　　琼瑶山拱不敢前，狮子山立不敢连。
　　神之来兮神之去，雨余旭日开晴烟。
时至正十三年岁在癸巳四月吉立
六村耆老人等立石
　　庙官　范　津
　　平定州同知和尚　判官沙的　吏目二宁瑞　司吏王宜　郑德辉　邵希道　刘士贤　张凤仪　侯贤甫　任继诚
　　石匠　李　泰　李　显　男思忠　文质门人杨子珍　张诚等刊
　　石匠　刘亨甫　□□门人时伯臣　魏仲玉

（明）屯留县重修三嵕庙碑

【按】长治市西为屯留县，县西北四十五里有三嵕山，因三峰鼎峙而称。主峰在东，又称麟山，建有三嵕庙，古祀山神。当地传说，山即"后羿射日"处，山神即后羿。与此相关，《淮南子》记，尧使羿射九乌于三嵕之山，杀九婴于凶水之上，缴大风于青邱之泽；《新唐书·地理志》记，"屯留，有三嵕山"；地方志记，宋崇宁间（1120—1106）当地祷雨有应，徽宗敕封其神为显应侯，赐庙额曰灵贶，上党各地遍建护国灵贶王庙。该庙现存明代碑刻两通,分别为正德八年(1513)、万历七年(1579)重修碑。此碑属于前者,高四尺一寸,宽二尺。通过碑记,知该庙祈报祀神历代相承,属官府介入的官赛。

今录其文如下。

(碑额)

重修三嶕庙记

(碑题)

重修三嶕庙记

(碑文)

文林郎乡进士知陕西镇原县事邑人郭钊撰

屯留县儒学教谕古雍宋介校正

文林郎乡进士知山东寿光县事邑人张良弼撰额

山东东平州吏目邑人郭世芳书丹

去县西北三十五里许,有山品列三峰,巍然若地轴排空,秀拔高耸,上彻云霄,峻而且奇,诚一方巨镇之胜景。俗传,以为羿射九乌之所,恐未然也。粤稽志记,及询故老,咸曰:"亘古号称三嶕。"其山鼎立,中有神阙,累代修建不一。肇自国朝天顺间,前后殿宇宏大,楼阁翬飞,两廊整饰。怪石巉岩,上可以应星斗;异槐披拂,下可以避炎蒸。殆与东岱、西华成一脉耳。凡其兴云致雨,插剑列屏,皆山之灵应之所钟。即所谓名山大川,镇奠一方,可尊可仰。自昔迄今殆六十余年,岁月深风雨久,弗堪栖神萃灵。其善士徐代昶辈,纠合四处乡人,伐木凿石,捐财鸠工,故其塑像以金以碧,以朱以赤,文采灿然。梁栋雕刻,垣墙完具,视昔有加。俾其坚者仍之,蠹者易之,倾者植之,颓者直之,缺者完之,卑者垲之,残者新之,奂焉轮焉。森然之严肃,邃邃□之深远,则神有所止,人有所仰,敬有所伸。国制,以春秋时行祈报,县以官而主祀,学以生而相礼。适友人王公昆、程公云与其事,因徐代昶恳求勒石□求不朽,请事为记。予以神之感应捷于影响,匪直屯留然也。凡上党一郡六邑,旱干水溢,祷之应□皆然。况规制广大,增饰精密,奂然维新,可谓知神之默佑斯民其功不小,宁无述乎?于是乎为记。

□(正德)八年癸酉仲春吉旦[一]

知县张激　县丞武建　主簿张茂祖　典史左钦　儒学训导王宝　高　岳

生员王昆　程　云

代书人　杨　杲　巡检司吏冯良

顺天府□□（潞）城县五瓒山巡检路麒〔二〕

襄垣县石匠　常晓　侄男常梅诚镌

【注释】

〔一〕所缺"正德"二字，由"八年癸酉"判断而知，故补。

〔二〕五瓒山，与三峻山相邻，古有五瓒关，明代置有巡检。《清一统志》记：五瓒关，在襄垣县西南七十里五瓒山之阳，五峰环绕，为南北之咽喉。明洪武间置巡司，后裁，正统初置关。清《潞安府志》记："五瓒山，在（襄垣）县西南七十里，高七十丈。五峰环立，周三里。南连屯留三峻山五里，中为南北往来之冲，有关。明正统间设巡检司，后废。"

（明）翼城县曹公村重修四圣宫庙碑

【按】山西翼城、垣曲、沁水三县交界处有历山，古传"舜耕历山"之处。翼城县西阎镇的曹公村在其山下，村东北有庙，集尧、舜、禹、汤而祀，称四圣宫。至今，庙存元代祀神舞台，以及明嘉靖三十八年（1559）所立石碑。该碑高五尺四寸，宽二尺四寸，其碑阳正文如下。

（碑额）

重修四代明君庙记

（碑题）

西阎曹公里重修尧舜禹汤之庙记

（碑文）

乙卯科本里举人历峰侯九臣撰文

癸卯科本邑举人乾庄张银书字

乙卯科本邑举人进士文庵杨纬篆额

粤稽自享祀之说昉于礼，流而为迎神赛社之风。自萃涣之卦画于《易》，广而为建庙塑像之事。盖享祀所以尽春祈秋报之典，而庙宇所以为居鬼率神之地，其诸并行不悖之义也。自隆古以及今日，由王都以达穷乡，无地无神，无神无庙。

而我曹公里,乃古历山之脚,舜建业之名地也,独可废此义乎?虽然,卜郊三望,难逃鲁史之讥[一];过鲁一祀,深取汉□(儒)之义。以此见,见义不为为无勇,而祭非其鬼,不免失之谄也,矧又有劳民伤财之嫌乎!是故,狄仁杰巡抚江南,奏毁吴楚淫祠千七百所;胡颖经略广东,所□(至)淫祠则必焚之[二]。潘氏曰"此万代之所瞻仰也",讵不信夫[三]?我曹公里庙神,脱今亦似吴楚、广东之淫,方将焚毁之不暇,而矧可以重修,徒劳民□(伤)财耶?今观厥神,尧、舜、禹、汤,天下之大圣君也;关、包、杨、苏,天下之大贤相也。尧都平阳,禹都安邑,舜、汤都蒲、亳,莫非吾里密迩沾化之地,□(沾)其化、感其德而缺其报可乎?关辅汉帝,杨辅唐宗,包、苏辅宋室,莫非前代忠义流芳之人,歆其芳、敬其行而乏其祀可乎?呜乎,我里之庙,神在此而不□(在)彼!此庙,起于至正,建于村北,分社人为三甲,尽享祀于二时,致诚致悫,致斋散斋,为最得矣。惜也,遁世已远,为庙几废,神灵将无所栖,祀典将不之□(存),社人可以坐视而不为之所乎?耆民侯世昂为首起□谋,督众兴工。坠者兴之,缺者补之,圮者振之,陈者更之。殿宇廊庑土木更新,灿灿然耸人之观瞻;圣君贤相形象非旧,昭昭然耀人之耳目。自是而神灵有栖,自是而享赛不废。自是而可以免商受之谓"祭无益";自是而可以免楚人之"王祭不供";自是而可以免葛伯之放纵无其道;自是而可以免鲁禘之怠惰,以足观报德报功;自是而可以无尽祭内祭外;自是而可以如在[四]。后之人,当举行成规、遵守定礼。清明取水,半途邀盘;先日送□(庙),次日迎神,音乐为之喧哗,神马为之纵横,旗彩为之飞扬,带枷、执扇、拖铁索者各随所愿而尽乃心。既而底庙大赛三日,乐人动至百口,神筵轮以三甲,饮食、乐钱依派散而不违。赛罢,将软案输至何村,每岁献猪羊十二。此皆在后人世守之而勿失焉尔!慎毋曰:郑侨,惠人也,而以何神弃于弗祷;文仲,大臣也,而祀爰居失于不智[五]。顾吾辈果何人,斯而敢以菲薄之仪、乡村之赛亵渎神明乎?宜思:报恩不以分限,伸敬不以礼拘,苟有其诚则有其神。虽以多为贵,而百物俱备可也;虽以少为贵,而三篚用享亦可也。嗟夫,庙一修而众美咸集,则重修之举甚盛也。兹举也,倡以□□之,而始事者耆民侯世昂也。和而乐其事者,侯孟余、侯孟洪、侯孟津、侯万庄、王得盈、王得保、李付周、侯孟弼、张得周、侯世赟、秦朝碧、侯世利、侯九爱、王尚锦、王鸿、朱仲学等也。助之而成其事者,监生侯九昱,举人侯九成,生员侯九晃、侯九州,及本村、十字河、堡子村、上河、核桃园,各随贫富而施财有等也。此其大略耳。若其详,则有碑阴所述可考矣。谨记。

玉工　郑伯通　李　壮　梁　来　绛县段刁　陈　善

大明嘉靖三十八年岁次己未三月戊辰吉日建

【注释】

〔一〕此句言指，"卜地三望"（指祭祀山川、日月、星辰）虽含大义，却像孔子依"鲁史"而作《春秋》，断割了历史，王安石早有"断烂朝报"之讥，即所谓"鲁史之讥"。

〔二〕"狄仁杰巡抚江南"事，唐史有记。胡颖，南宋理宗时人，曾为广东经略安抚史，事见《宋史》。

〔三〕此"潘氏"似指宋代潘美一族流寓江南者，不但与江南"淫祀"有关，且见其族元明甚盛。如明代张居正为江西婺源桃溪《潘氏族谱》撰序，既言元代潘荣曾作《史要通论》，又言明代潘氏"一门九进士，六部四尚书""二科六举人，两榜四进士"。或因此，才见此处记有"潘氏曰"。

〔四〕此句多用典故。"商受"即"商纣"，见《尚书·周书·泰誓》记，武王伐纣时曾谴责说"今商王受""谓己有天命，谓敬不足行，谓祭无益，谓暴无伤"。所谓"王祭不供"，出自《左传·齐桓公伐楚》。"葛伯之放纵"云云，出自《孟子·滕文公章句下》，言葛国的国王无道，被商汤所灭事。"鲁禘之怠惰"，见《左传·襄公十年》记有"诸侯宋鲁，于是观礼。鲁有禘乐，宾祭用之"云云。《论语·八佾》又言"或问禘之说，子曰：不知也"，或与"鲁禘之怠惰"相关。"如在"指"祭如在"，也见于《论语·八佾》。

〔五〕此句也有典故。郑侨，字惠叔，谥忠惠，南宋人，孝宗时官至吏部尚书。其少时在教忠寺受冤，曾发誓要火烧教忠寺。文仲，越王勾践的重臣，曾献"九策"灭吴，其一即"尊天地，事鬼神"，灭吴后却被赐死，即所谓"不智"。

（明）长治市重修昭泽王庙碑

【按】长治市城北原有捉马村，曾称廓马或郭马，今属市区。村东北仍存昭泽王庙，殿外东侧仍存此碑。依记，该庙始建于后唐清泰二年（935），所祀之神原为唐代襄垣县人，宋代被封为昭泽王。类如前见的二仙，上党也多其庙。明嘉靖三十一年（1552）修庙立此碑。碑高四尺二寸，宽一尺九寸，保存尚好。

原文如下。

（额题）

昭泽王庙

（碑题）

重修昭泽王庙记

（碑文）

沈府（按，指朱元璋之子朱模的沈王府）

南二府（按，沈府子孙又封南北各地，故有此指）

潞安城北三里许有郭马村，村有王庙，建于后唐清泰二年，重修于大德五年，纪亦不备，甚非垂远之意也。按，王姓焦，潞之襄垣人，其父祖阴阳术数。王生而颖悟，及长，形貌魁伟，丰彩神异，济人利物，神变莫测。至唐天复二年，妖气横天下，上党居民震恐，诸法不能禁。府太守出榜，榜招术士得王，能鞭挞鬼魅，祛逐蛟螭，其害遂息，王亦化白光趋于一洞。太守上其事，加其号曰"风雨将军"。王不受封，遂遗尸于兹，惟衣一袭，众莫能举。太守异之，为之礼葬。自王遗尸之后，威灵显应，屡有功泽于民。宋大观间封王为□（昭）泽侯，至宣和间封王为昭泽王。王之功泽，见褒崇于前代，宁非报功之典宜尔耶！予少闻诸长者，尝称王之灵显。凡遇岁旱，男妇疾疫，即于王所，有祷辄应，捷于影响。以故岁无凶荒，民鲜灾疫，其庇佑我一方者如此。暨汾、泽、沁、辽诸州县，时或遇旱，皆诣王，祷之洞中取水。水至境，雨既降，其庇佑远方者又如此。吾忆王之灵感在天，无所不临，无所不覆，则其雨露之降、福泽之施，于天下者必不择地而后尔也。嘻，王之泽溥矣，庇祐乎我民者，可谓至矣。尔来殿庑圮毁，墙壁倾颓，圣像为风雨日敝，不堪栖神。于是社首王相、杨影、赵文魁等歉然，既而谋诸众，乃为募缘修营之举。正殿三间，东西角楼各一间，舞楼三间，东西门二座；东庑三圣公主祠一间，风云雷雨祠五间；西庑鲁班、药王祠二间，子孙祠五间，新构也。其它因旧为新，颓者固，祧者直，丹青漶漫者图饰之。又因殿后深邃，鼎建碧霞元君殿三间。见之者，皆讶神之赞成也。肇造于嘉靖二十七年二月初一日，落成于嘉靖三十年七月初五日。焕然一新，夺目改观矣。庶神有所依作而人不忘祀也，相等乃请记于予。窃惟君子乐道人之善，而不没人之善也，苟或无石以纪之，则王之功德与夫民之报之者，不其沦没矣乎？于是乎诺而志之。

大明嘉靖三十一年岁在壬子仲秋吉日

后学阴阳术士龙山人张朝阳书丹

立石碑社首　王　相　杨　影　赵文魁等
玉工　常进忠刊

(明)长治市重修崔府君庙碑

【按】长治市古称潞州，城有崔府君庙，元代《长治县崔府君庙碑》曾记。明弘治《潞州志·祠庙》记，"崔府君庙，在城东门内丽泽坊，祀唐长子县令崔元靖"；明万历二十四年(1596)该庙重修，又立此碑。该碑今存于原庙旧址之西的城隍庙(今为文管所)，位于献殿西侧。螭首龟趺，通高九尺三寸，螭首高二尺六寸，碑高六尺七寸，宽二尺八寸，两面有字，楷书。其所记，类前元碑所言，实仍"祷谢日丰"，不但详列祭祀用物，仍与赛社相关，且见碑文撰者力主"黜去侏儒、俳优、媟亵之戏"，说明其戏正在流变。

与此相关，见该碑记有"任环"。《明史·任环传》记其事迹，长治柏后村(今属市区)有其墓，曾有《任公墓表》《复庵任公墓志铭》(今已不存)。依记，任环(1519—1558)于嘉靖三十二年(1553)任苏州同知，沿海抗倭，直抵松江、上海，历时七年，因为母丧而归，两年后去世，年仅四十岁。皇帝诏赠光禄大夫，苏州立有任公祠。而苏州与南京相近，其文人墨客受"南教坊"影响，偏爱时兴的"传奇"，又见昆山魏良辅正在打磨"时曲"，时正兴起昆曲。上党文人如杜斅者，明初招为"四辅官"，辞官后从南京带回一班"家乐"，早与上党地区"乐输南风之歌"有关。

正沿此，就见为此碑作记的文人对于"里巫村祝"仍有微词，立主"黜去侏儒、俳优、媟亵之戏"。为见其实，今录其文如下。

(碑阳)

(碑额)

重修府君庙记

(碑题)

重修府君庙碑记

(碑文)

郡城东,盖有府君庙,云胜国时已莫知始建。府君姓崔名珏,字子玉,山东祁州人[一]。李唐贞观中,一为长子令,再迁泽阳,补蒲州刺史,所至辄以异政报。先是,庙益泐,封君任翁翱者稍拼赀葺治之[二]。后翁子参政,赠光禄卿还,偕里耆郭天章、李麒、张镇等三十六家,各输锱泪所积,诸布施金钱,大营造焉。家六番、番六家(按,即三十六家),跋更葳事,矢心业款,勤苦父老甚。中央正殿六楹新其旧,岿然尊也。前传广厦曰献殿,其背为燕殿,如正殿而尊,少弗敌。又弗厦左右庑,共十间。正殿两序实四倍焉,肖诸鬼神像其中。序穷处而上,洞上为舞榭,下洞处则中门也。东西两翼角门,供祭飧庖厨、廪舍,列十室。最外馗道,对树皋楔二[三]:显应通门一,神明大道一。最后(按,最北)临高台,台下窭而穴,台上飞而阁,阁上奉玄武。一登览焉,则诸献胜递,奇者可目,摄手扶而神鬯(畅)也。若夫其殿之角、垣之隅,逶迤屈曲,随形面势,结为小院闲门,以待骚雅宴游与泛扫僧羽。玄台谭压其后以控上游,正殿宅中以驭四面,高墉大垣胪列以包络乎其外,曲房密室星分以藏蓄其中,此全庙大概也。历万历戊子夏四月,始告成事。计首葳事,凡三十有一,祀功浩金,钱诎且止也;所称前三十六人者,止五人在耳,悲夫! 社首冯堂、崔林、郭江、陈谟、张应元,以碑记来问。朱大京兆乡、郭行太仆少卿邦骥,而挟府君政绩一帙,所记幽冥神怪之事诞诬弗经,不足取。二大夫复驾其役于李尚实。据祀典,君以血食无愧色。若律以乡贤名宦于潞罡中,讵独缘长子令? 故得兼收其管内支郡耶。然精爽响应者,固不限于地也。且也,穷乡下里、三家之聚,亦□以广狭崇神祠焉。岁时伏腊,有司不问,即先圣不废蜡与傩,萃涣而谐俗,亦默资其用也。何也? 百姓日用而不知,可愚而不可解也。有如悍夫之犷也,妒妻之狠也,冥顽蠢愚之弗化也,奸雄狡黠之强戾而足智也。彼其于官府之刑政、世主之礼乐、圣人之经传,弁毛之藐如也。至见里巫村祝设为荒诞之说,接土木诡怪狞恶之状,冥冥报阴谴之无稽,莫不咨嗟诧叹。或自惟其歉于心者,泚颡恐怖,涕下不收,稽首忏悔,岌岌乎刀剑舂剉加其身颈,永堕劫轮而弗脱也。于是畏鬼神真于畏官府,尊信其说甲仝,圣经不如也。彼且谓官府如我等人也,灵不胜威,以黠诒而佞移也,术逃而巧避也;神鉴罡近,而终忘其为己之心,而妄归之神也。夫圣人教人,劝善远恶之外,蔑术矣! 神以冥道,赞之使悔罪而向善,是神则为圣人用。犹大明丽天,而野火渔灯所独照者,亦以济光之所不到者也。况如府君,治绩昭昭,非它淫祠比者哉! 三十六家领其宗,郡高义施舍协其成,邕神体,坤□□皇化,功不伟哉! 虽然,社二三耆旧推长年一人为祭酒,立摈赞,正仪注史,纪善纠过。岁时幅巾白帢,率里父老子弟,裸献升歌,黜去侏儒、俳优、媟亵之戏[四]。诸配飨附祠无当者稍汰正焉,则尤纯乎尊府君矣。灵将曳云旗、蹑虬驾、举而歆,可必也。《传》称"涧溪沼沚之毛,潢污行潦之水,可荐于鬼神",此之谓也[五]。

　　赐进士出身通奉大夫顺天府府尹郡人忠齐朱兆乡序绩
　　乡进士奉训大夫河南裕州知府郡人养虚李尚实撰文
　　钦差提督陕西等处马政中宪大夫行太仆少卿兼按察司佥事泼泉郭邦骥篆额
　　长治县乡社教读张朝相书丹
　　万历二十四年岁在丙申秋七月蕡荚生十五叶之吉立
　　玉工　常守安　常应春　常应厦　同男常和　常□　常仲仁刻

（碑阴）

　　本庙殿庑腐坏重修,自嘉靖丁巳始立,三十六家捐资,轮班督工,至万历戊子社首继亡,止存四人耳。踵乡士大夫泼泉、忠齐、养虚三公门下,拜请识之,撰赐碑记珍收。迨至万历丙申,社首止留二人,年迈不欲历事,未择周直者以主之,始终计四十载。于是,社首之后张应元、冯科,方以碑记立石,继志述事之意尽矣。皆称:助缘施财,簿籍焚失无稽。慎思,上有潘亲、郡贤王、各宗仪官宰、士庶贤良、善信人等,岂无布施一旦沉溺[六]？乃潞郡向善者多,内有施舍金银、财物、米粮、木植、砖瓦、金青、颜料等物者不少。碑内虽不显名位、尊号、尊讳,阴功愈甚,默佑福寿绵远、子嗣永昌。掩人善果,一毫之欺,难免阳报阴谴之太速。列额设四里之奉祀三十六家,社首之督工约数十人,恐来去不常,未敢拘石各捐分资。遇供盏食,弦歌奉奠。同立。

　　誓言后开：

　　庙内伞扇、神轿、炉瓶、祭器、盘盒、旗棍、瓷器、桌椅、绢灯,一切家活等件,私作面情借与人者,速死速灭。社首非庙中事,私用者亦然。

　　诸贤观览此誓,体惜物命,自此止之。

　　计开：

　　额设春阳,一、二、三、丽泽一里,每岁遇神诞,里老率同该管耆旧,常规以礼奉祀[七]。

　　社首：赠光禄寺卿任环、张镇、崔林、李宗汤、谢寿、李洪、路仁、刘智、张进宝、屈廷用、程珊、韩进忠、赠中宪大夫郭天章、冯镗、牛椎、张恩昌、张汉、王月、郭江、原成、危廷受、屈廷美、刘庆元、王潭、潞州卫仪官李麒、秦相、陈谟、刘天相、王凤、杨昶、程恭、李汉、郝文理、刘汝昌、秦儒、梁应奎〔八〕。

庙内家活等件：

红漆轿一乘，大小红伞五柄，红漆大龙扇二柄，旗棍一副，红漆帽带盒二件，红漆衣箱一架，铁钟磬炉四十四数，镜金一口，握扇三把，大红漆桌二张，小红漆桌二张，油小红条桌十八张，大鼓三面，手持木炉十五个，锡执炉二对，大竹帘一挂，脚踏十五个，小锡香炉、烛台三十件，红漆方圆食盒二架，红漆圆盘十面，红漆小盘五桌，红漆台碟二十个，红漆春盛一架，红漆碟四十个，节二十杆，红漆大条桌四张，带牌二十六面，头巾二十顶，红漆杖一对，衣刷、手巾各一件，青绢销金围桌九个，贴金香玉带四条，绸坐褥十个，贴金大炉瓶一副，连盖六件，锡重一百五十二斤，锡鼎罐、茶壶二件，纱灯十三盏，塑灯二对，大书柜一顶，红油衣箱一个，铁锅蒸笼一副，锡执炉二把，铜罗（锣）二面，瓷碗五十个，瓷碟二百五十个，瓷汤碗、茶钟三十个，瓷酒瓯二十个，铁挑一根，滑车一个，木茭石杵〔九〕。

以上家活等件，损失一件，管庙事者捐补一件，务足原设，违者以侵盗论。

灶司　张廷玉　男张松

【注释】

〔一〕"祁州"属河北，位于太行山之东，与上党相邻，故称其"山东"。

〔二〕与"任翁翱"相关，"翁子参政，赠光禄卿"。又见其碑阴记有"赠光禄寺卿任环"。显然，任翱可能是任环的父亲。

〔三〕"尴道"指庙外的神道。"桌楔"指庙门两旁所立的木柱，状如有楔的桌腿，故称。

〔四〕所谓"侏儒、俳优、媒亵之戏"，指明代流行于社会下层的"土戏"，正类元代赛社所见的"搬唱词话"，"淫哇"乱唱，仍为"诗赞体"。与之对应的，则是上层偏爱的"曲牌体"戏剧。因此，此碑言"纠过"。

〔五〕其所引之句，出自《左传·隐公三年》。

〔六〕据明弘治《潞州志》，时长治城内有沈王府，旁近又有其分支陵川王府、平遥王府等十六家王府；之外又有镇国、辅国、奉国将军府，计三十余处。这些正是"潘亲、郡贤王、各宗仪官宰"所指。

〔七〕此"额设"，即碑阴记的"列额设四里之奉祀三十六家"，正见其"四里"包括"丽泽一里"。所谓"春阳"，也称"春青阳"或"青阳"，既可指春光明媚，又可借指"春祈"，不但神降恩泽，其里有称"丽泽"者，且见该庙"每岁遇神诞"也仍祭祀，属民间赛社。

〔八〕以上所记"社首",正合"三十六家"。其中"赠光禄寺卿任环",属抗倭名将,《明史》有传,墓在柏后村,今属长治市区。

〔九〕以上"庙内家活"多与赛社相关。如"红漆轿",用载主神走像;如"脚蹅",属踏跷用具;如"春盛",指神前献食之盘,因分格而置不同食品,又称"春盛格"。

(明)洪洞县明应王庙碑碣

【按】此碑碣用石九块,今嵌于明应王殿东墙外侧。前八块石大小基本相同,高约一尺八寸,宽约一尺七寸。最后一块石高一尺九寸五,宽一尺六寸,皆楷书,所记为赵城县管辖的"北渠"规定。与前记的元《洪洞县明应王庙碑》比照,神前献艺仍用"乐户",且记有新的规定,故录其文如下。

(碑文)

赵城县知县刘为妥神恤民,定画一以垂万世事,照得霍山明应王水神,北霍渠旧有盘祭,每岁朔望节令,计费不下千金,皆属值年沟头摊派地亩,每亩甚有摊至四五钱者。神之所费什一,奸民之干没什九,百姓苦之。本县 入境,即闻知此弊。及查阅祭品血食,止具一羊,余悉属面鱼、面蛇等糜滥无用之物。无论民财可惜,即神亦必吐。本县深为痛恨,校正月朔酌定:银四两,牲一羊一豚,果品等物比旧精洁,不事烦缛,余祭尽皆裁革。据此永行,神其可歆,民不称艰。又访得一等奸民,仍复科派,照旧不减。询之绅衿,皆称:无籍沟头借口,祭减恐水小,其弊牢不可破。夫祭因水设,以功报德,非先有祭而后有水也。若以祭之烦简定水之大小,假令陈牺牲于旱荒之野可得涌泉乎?"二簋可用享"〔一〕又何说也?举此一语,真可发一笑。复行查选历年公直渠长,协同条议,校正季祭,并在渠各项费用,逐一细开明白。总计一年所费银若干,十年一周,每亩摊银若干,值年渠长陆续收入,备办支销;再严行禁约,即奸民纵欲如旧派科,亦百法无孔矣。著成二簿,本县除一簿记卷以备稽查;一簿付渠长,轮流收执。仍勒石永为定例,以便遵守。倘有故违,定计赃治罪,须如议者。

计开:

一项,每月初一日一祭。酌定银四两:猪一口,重五十斤,银一两五钱;羊一只,重二十五斤,银五钱;馒头五盘、各处献食,银二钱;合文一百、砖箔一筒,银一钱五分;酒银三分;油烛银五分;四处龙王、海场、关神、郭公纸马等[二],银二钱一分;各门神、上下寺纸箔,银一钱四分;每月常明灯油四斤,银一钱二分;每月细香、盘香银三分;渠长公费银一钱,渠司、水巡公费银四分,廊下沟头公费银五分[三];屠户口饭工钱,银八分;厨子口饭工钱,银五分;供役人公费,银一钱四分;调料银五分;<u>男乐四名,银一钱六分</u>;十五日纸箔银三钱,渠长公费银一钱。一年共计银四十八两。

一项,清明、端午、六月、九月四节令。三牲一,设纸马等银二两六钱。六月加羊一只,八月十五日已有公祭,额设银四钱顶补。

一项,二月初一日"开沟祭"。各处陡门、大小堰,每一处刀头一斤,银三分;献食银二分;纸马等,银五分。共酌处银三两,渠长等公费在内。

一项,<u>三月十八日"圣诞"</u>。天财二对[四],银二钱;宗猪一口,重五十斤,银一两七钱五分;副猪一口,重四十余斤,银一两三钱;宗羊一只,银五钱一分;副羊一只,银四钱;大盘五桌,蒸炉食二桌,银一两;果子三桌,银五钱;牌花一桌,银五钱;鸡、兔、鸽、鸭、鱼(按,均属面食祭品),银三钱;合文一百、砖箔一筒,银一钱五分;六处祭品纸马,银四钱二分。海场:猪一口,重四十斤,银一两五钱;羊一只,重二十斤,银五钱。郭公祠:羊一只,纸马,银三钱六分;另,猪一口,重四十斤,作各处刀头用,银一两二钱;酒银三钱;蜜银一钱四分;香油十斤,银二钱;大烛一对,小烛五十根,油蜡银三钱;厨子口饭工钱,银一钱五分;屠子口饭工钱,银二钱四分;调料,银二钱;吹手四名口饭工钱,银二钱四分;飨赛男女乐二十人,银三两;供役办祭人六名,银三钱。渠长等人公费银五钱:渠长二钱四分,渠司、水巡一钱四分,廊下沟头一钱二分。以上共计银一十六两五钱。

一项,<u>辛霍峪龙王四月十五日"圣诞"</u>。小胡麻村沟头伺候,各村不用。羊一只,银三钱;馒头三盘,银三钱;纸箔银八分;油烛银三分;酒三海,银三分;供事费用,银六分;乐户杂剧,银二钱。以上共计银九钱,渠长等公费保祭物。

一项,八月十五日。猪一口,银一两五钱;羊一只,银五钱。海场:猪一口,重四十斤,银一两五钱;大盘三桌,蒸炉食二桌,银七钱;果子,银二钱;酒,银一钱五分;牌花,银三钱;天财一对,银五分;合文一百、砖箔一筒,银一钱五分;香油七斤,银二钱一分;蜜,银一钱;大烛一对并小烛,银二钱;关神等七处,银二钱一分;厨子口饭工钱,银一钱二分;屠子口饭工钱,银一钱;乐人四名,银二钱四分;调料,银七分;供役办祭人六名,银三钱;渠长公费,银一钱八分;渠司、水巡,银一钱二分；廊下沟头，银一钱。以上共计银七两。

一项，正月元旦。备绝大油蜡二对，一对在广胜寺供献，一对在城行宫供献〔五〕，务点正月终，银一两五钱。

一项，水巡上下往来。巡水偏苦，量处银八钱。

……（按，类上"水巡"一项，又列十六项，涉及廊下沟头、渠长等，及其"工食银"，今略）

一项，三年一"御祀"。"朝使"盘缠无额设。在值年八月十五日。胙肉备办，或在官芦苇变价得摊〔六〕。

一项，三年淘渠一次。渠长等费用无额设，量给余银一两。渠长一半，渠司、水巡、廊下沟头一半。不得骚扰各里沟头，亦不得假称科派地亩。夫照旧例，租种人应当谢神，动支余银一两。以上，共费银一百四十六两二钱五分六厘五毫。

一项，上下二十四村，共派银一百五十七两一钱一分九厘五毫。除费外，余银一十两八钱六分三厘，备闰月修理滚堰灰费，并海场、上下寺宇。

以上银两，渠长等收贮。临时仝值月沟头备办，务一一登记明白，不得侵渔丝毫，余付下年渠长收贮。轮值桂林坊渠长，修理庙宇支销〔七〕。

北霍渠禁约

一各里轮值沟头年份，早备纹银，齐赴渠长处备办。毋得临期抵银搪塞，失误祭祀。

一北霍渠各坊里水地，据志共五万九千二百有余，今止报三万余，虽有□结，隐匿尚多。今后入夫簿办祭者，得公明用水。如系隐藏者，其旧例无夫地同罪。

一值月沟头备办祭牲，务与渠长眼同验过。不得临时刁难，以致复行摊派。

一渠长等备办祭具，时估不一，止就中酌处。不得克内克落，亦不得数外增减。

一渠长每出，已有额设公费，不得骚扰各里沟头酒席，沟头亦不得借应承渠长摊派地亩。

一廊下沟头已有工食等费，不得在各里绰收秋夏。

一各村沟头已有额设工食盘费，不得仍附科派地亩。

一各村沟头已领工食，须用心看守陡门。不得偷惰，以致浸破渠堰。如有浸破，本名承当，许□地亩。

一各村沟头浇灌地完，即闭塞陡口，挨次兑流，不许重浇，亦不得以余水骗钱射利。

一三月、八月祭祀，渠长率领沟头致祭，不许杂项员役掺入亵神。

一各村地亩，值乡宦生员宗室姓名，令家人代替，其余必须殷实正身，不许无籍光棍包揽。

一下寺之设，原为看守霍泉、应承庙祀人等，往常科敛无数。今已酌定住歇公费，出持僧再不许在各里绰收秋夏。

一乐户享赛，已有公费，不许照旧绰收秋夏。其乐妇止供妆扮，不许黉夜入庙亵神。

一北霍渠一带，渠条内载有堆土，地阔一丈二尺，不征粮，被地邻侵种，以致修理渠堰取土不便。今后许值年沟头耕种，以便修理，地邻不得强种。

一北霍渠一带上下树木，原为护渠，以防浸破。除本县公用，民间敢有擅自伐取者，渠长禀县究罪。

一元旦、圣寿节令，渠长不许与道觉等村往来筵会、摊派地亩。

一无夫地本不得用水，但既征得水地粮，姑将余水照本等日期浇灌，渠长不得需索揞勒。未征水地粮者，不准此例。

一渠长每年春季率领沟头，沿渠空闲处补栽树木。共栽若干，如数执结报县，以凭稽查，如违究罪。

一北霍渠一带、上下一带芦苇，除公用，余存贮，以备修庙、柴栈之用，庙户收掌。

一二十四村，共水地三万四千九百一十一亩。一年每亩摊粮四厘五毫；十年一轮，每年该地（按，该摊粮之地）三千四百九十一亩一分，每亩摊银四分五厘，共摊银一百五十七两一钱一分九厘五毫。

计开：

上节柴村，五陡口，沟头四名，共地一千九百五十一亩。十年一轮，该地一百九十五亩一分，摊银八两七钱三分。

……（按，以下类上节柴村，将其他各村陡口、沟头、地亩、摊银逐一列出，与上共列二十四村；接着强调"逐月沟头伺候"，又将各村依十二月分列，并言"节令听候渠长差拨"；再接"分胙定规"，见列"每月朔祭""三月十八""八月十五"三项，将其献神之"胙"如何分给渠长、沟头、水巡、庙户，直至"正堂老爷"细列。今皆略，再接下。）

一节令祭物,俱供事人用,不分胙。

一三坊条例,载在城大郎庙石碑[八]。

赐进士第文林郎知赵城县事汝南息县刘四端校正立石

赵城县知县邢州吴道明　主簿邓俊科　典史于世杰　儒学署教谕张大忻　训导马履祥

山东莱州府高密县知县邑人和阳王应豫　儒学生员杨守节　李附风　卫之屏　李嘉祥等仝立石

万历四十八年正月吉旦

渠长　张五美　李希白　高荣恕　王三乐　崔光甫　卫国光　李成廉　续光祐

【注释】

〔一〕此语出自《周易·损》。

〔二〕所言"四处"皆与广胜寺周围神庙有关。龙王,指"辛霍崌龙王"。"海场"即霍泉出处形成的池塘。关神,即关公。郭公,即唐汾阳王郭子仪,与广胜寺扩建有关(前注)。所谓"纸马",借指祭祀用物。

〔三〕因主渠设有"陡口"(闸门),再由此放水入"沟"(支渠),故设有渠长、渠司、水巡、沟头,祭祀时参与公办,故有"公费"。其中"廊下沟头"属城郊沟头,更要参与城中大郎庙、关庙等祀。

〔四〕所谓"天财",指用于放生的飞鸟,积福行善,谐音"添财"。

〔五〕此行宫又称"大庙",供明应王。因洪洞县有其本庙,至今仍存明应王殿,故称赵城大庙为其行宫。

〔六〕"御祀"指皇帝派官祭祀,故有"朝使"。"胙肉"指祭祀时供神的肉,祀后有地位的人可以分得。因其属于御祀,由官府操办,故可将"官芦苇变价",用于胙肉等项开支。

〔七〕此"桂林坊"属赵城县城,所言"庙宇"正在城内。

〔八〕其"三坊"正含前记的"桂林坊"。所言的"大郎",乃霍泉水神的初称,实即明应王,其在城之"庙"即前见称的"行宫"。所言"石碑"即此碣石。显然,此碑碣原应立在赵城县大郎庙,之后明应王庙重修,才又移嵌于今见的庙墙。

(清)长子县重修神农庙碑

【按】长子县城北有土丘,因形而称"熨斗台"。上建有庙,俗称北高庙,主祀炎帝神农。与此相关,其县东南有羊头山,传为神农尝百草之地,今仍有神农井、神农庙遗迹。其县西有发鸠山,传为精卫填海之地。其县东北的长治市区有百谷山,也有神农洞、炎帝庙。因此,上党赛社每供神农氏炎帝,长子县此庙至清顺治十六年(1659)仍在重修,碑记"历元明以来,岁时报赛,相似也"。此碑由明代某碑磨平后重刻,隐约仍显原碑所刻的嘉靖年号,今仍存于熨斗台。该碑高四尺六寸,宽二尺四寸,正书。

今录其文如下。

（碑额）

重修炎帝神农庙碑记

（碑题）

重修炎帝神农庙碑记

（碑文）

盖闻:祀典所载,先世有功于民者,则为立庙貌,以禋祀之。凡以昭美,报之不朽也。治东南有神农井,东北有百谷山,世传炎帝神农于兹获秬黍、尝百谷,遂教民稼穑,粤种下土。夫以九州万世之功,肇端于近郊,德泽在人,宜崇厥祀。金天德四年,邑人建庙于熨斗台之上,历元明以来,岁时报赛,相似也。迨至皇清,岁时久远,殿槛颓圮。恂于顺治十六年来尹兹土(按,"恂"即长子县尹名),捐俸募资,庀材鸠工,易旧址而重构之。栋宇规模,视古昔所作稍宏敞而曼硕焉。维首董其事者,有荐绅裴光美、孔述益、贾复真,庠生贾梦鲸、曹之珍,义民郑本道、吴承功、冯时通等。经始于己亥(按,即顺治十六年)七月,告竣于辛丑(按,即顺治十八年)十月。增修正殿五间,寝宫五间,东西殿各三间,周围蔽以长廊,围以砖槛。台之前香亭三间,东西钟鼓楼各一间。前增台,阔三丈,长五尺,两旁砌石为梯各三重。台下增修八蜡殿三间、香亭三间,东西阁楼二间、廊三间。前为舞楼三间,楼之南重修公主殿三间、香亭一座、观音殿三间、子孙殿五间、山门三间,东阁建角殿二间,门垣楝角焕然一新。因勒之贞珉,并为文以颂之。曰:粤自玄黄肇造,仪象初分,天地得一以至大也,日月得一以至暴也,雨露得一以至润也。百谷未播,人不知耕。大如天地不能自为生成,暴如日月而不能自为长育,润如雨露而不能自为滋息,林林总总,惟是茹毛饮血、草木衣食已尔。自炎帝神农,起而尝百草、降嘉种、斫耒耜、教稼穑,作种植之书,撰医药之方。举茹毛饮血、草衣木食,之子食易,而为烹葵食藿,枡馨湮醴,之民猗欤!至德,后天地而生,开天地之始,先天地而没,亘天地之□□。日非月暴,之所被者远,不雨不露润之所□。□博旷观,域内高原下隰之地、胼手胝足之人、方苞颖栗之景色、墉擗仓箱之积蓄,皆农也,则皆神也!之神无往而不乎农,农无在而不有夫神也!迨后厥姞〔一〕,精卫填海,将欲变沧溟为桑田,虽厥功不竣,衔木之心依□,训农之心,故□祀之。谓熨斗一台与国之员丘、方泽诸坛,之礼天地日月雨露者,典并重可也,岂止一邑之家尸之祝云尔。

顺治十八年岁次辛丑孟冬吉日

赐同进士出身文林郎知长子县事都门鹿园一毓恂撰并书

邑增广生裴日章篆额

县谕张尊美　训导陶克懋　县丞杨日荣　王永命　典史徐进卿　□春元 乡宦王日祥　朱家屏　崔自晋　冯良弼　冯台星　贾董侣　贡士陈昌言　李秉让　冀晓义　贾璃升　武举崔钟瑁

维首　孔述益　裴光美　贾复真　庠生□买□　贾梦鲸　曹之珍

义民……

木匠　任之来　郭应响

泥水匠　陈高明

石匠　闫朝宾　男闫日发

画匠　高瞻星

铁匠　马守全

住持道人　张来发

玉工　王丘君　王升元

【注释】

〔一〕姞,指瑶姬,传说是炎帝长女、精卫之姐。

(清)高平县建宁村春祈秋报之粟碑

【按】高平建宁村属古老大村,原分前里、后里。村北有山,古设关口,村处要道,古街犹存,古庙仍多。此碑今移于该村文庙,高四尺七寸,宽一尺四寸,楷书。清乾隆三十一年(1766)立,记有"春祈秋报计亩出谷"情况,"之为成法,永作定制",正类之前洪洞县明碑所记。

今录其文如下。

(碑阳)

(碑额)

春祈秋报之粟碑

(碑题)

春祈秋报计亩出谷碑记

(碑文)

今夫立一法、创一制,非不欲奉行者之率由罔外,永久勿替也。而无如合于此者未必即宜于彼,通于前者未必率从于后。实岂习俗之不一,人情之无恒哉!抑亦法制未善,以至于斯耳。善之将何如,厥惟公乎?盖公则在此服,在彼亦服,行之一日而便,行之百年而亦便。率由罔外,永久勿替,职是故矣。吾等建宁前里,春有祈,秋有报,灯社、水社、秋社数大端,其来已久,诚不曾以旦夕废也。而连年来几经停止,曷故?大抵分资执常规,越数岁,贫者多而富者反寡,首事无移易,阎一乡,当者苦而观者自如。法制之不公一至于斯,无惑乎?停止而不行之也。兹者即其弊,思其所以革正之方;以其穷,求其所以变通之道。人家之薄厚难穷,耕地之多寡易是,祈报仍遵乎春秋,捐输新按诸畎亩。处丰则田亦丰,多取原非出额;处约则田亦约,少收岂系违条?土壤以时迁,有增而有减,社各缘起,自无党而无偏。之为成法,永作定制,人无不从,神无不享。《易》曰:"穷则变,变则通,通则久。是以自天佑之,吉无不利。"此之谓也。尚何彼此之不齐,前后之各异哉?爰立石以志。

时乾隆三十一年岁次丙戌南吕月穀旦

首事人……　　仝洁诚勒石永垂不朽

邑庠生张立纪代撰并书

(碑阴)

建宁前里灯社、水社、秋社一年公费,合社同议,出自地亩。

计开:

地三十五顷有零,秋后每亩出谷一升半;未守口(按,指守山口)者,出谷二升半。所收谷石变钱充公。如年丰谷贱,不足费用,仍照地亩加增。

一灯社,用钱十五千正

一接水之年,用钱六千正

一取水之年,用钱四十千正

一秋社,用钱三十千正

四项共费钱九十一千,计三年取收之款方能足用。

以上数条,永为定例。不得任意更改,立石以垂不朽。

(清)平顺县北社村重修关帝庙碑

【按】平顺县北社村,西接西社村,南接南社村,东数里即东峪沟九天圣母庙。因此,之前宋碑已记以上四村参与圣母庙重修时"创起舞楼"。北社村建有关帝庙,与东峪沟庙赛相关。其庙仍存,庙存清代此碑,今已移于东峪沟九天圣母庙,保存尚好。此碑高四尺八寸,宽二尺一寸,楷书。

其文如下。

(碑额)

绍前启后

(碑题)

重修关帝庙广生祠三曹殿十王殿梳妆楼十师殿戏楼东西厨房煤马房记

(碑文)

尝检思:简狄吞卵而奄有九,有商膺六百载之景命;姜嫄履拇而积功累仁,周建八百年之洪业。掩卷而思,未尝不喟然而叹:神之为灵昭昭也!余观庙之胜状,在乎山水之间,诸峰叠叠绣错绮绾,二水溶溶交流若带,朝晖夕阴气象万千,此则斯庙之大观也。前人之述备矣,余亦无容复赘。窃思,庙貌巍然固赖底法维谨,而积久不堕尤需补修之维殷。盖庙宇雉堞圮毁,一村之耻也。况三月春赛(按,指东峪沟赛),四村神楼悉排于庙内;四月朔四(按,属后期圣母庙正赛日),一乡善人焚香于庙中。是元君(按,即碧霞元君,亦即九天圣母)之庙原所以壮九庄之观瞻,而观四村之仰望也。"靡不有初,鲜有克终",昔人垂成,良非偶也,顾可听其倾覆乎？岁在辛丑,旧社首日省月试,督工已毕,置酒于亭,爰举新社首一十九人,为之嘱曰:"庙之建造起于何年,杳不可考矣。自李唐来规模始大,代有修葺,历久弥新。公等既膺是任,与我同志嗣而葺之,庶斯庙之朽不也。"众社首曰:"唯唯,置身局中自不得游心局外。努力殚心尚恐不称其任,敢不竭蹶以从事。"于是,花雨几度,俟丰年乐岁每亩捐谷一升；又迟三载,兼滋利息,本利得钱百贯有余。自鸣鸠拂羽(按,即谷雨时节)而择日起工,迨榴花(按,即五月)照年而工乃告竣。当帝君赴会之日,嘱余为文。余本鸠性管见,更兼俗冗纷纭,纵费尽心血恐不能如命。但世居宇下,难辞固陋,不得不邯郸学步,妄逞坐井之识,以志不朽。

府学生员牛冬林撰

乡学生牛庄王启东书丹

住持　王景隆

维首人……

泥水匠　陈时道

金工　程万粮

木工　王开泰

丹青　胡　起

大清乾隆五十五年岁次庚戌榴月赴会之日立

南社村玉工张聚刊

（清）晋城市五聚堂纪德碑

【按】今晋城市城区,清代设有泽州府、凤台县两衙,其中周元巷设有官房,由于乐户、戏班等"五属梨园者"同聚于此支应官差,时称"五聚堂"。其中供有梨园祖师唐玄宗、乐户崇祀的"咽喉神"等,五者属于同类,且因"差事日增,苦累不堪","所增官戏"日多,五者要求"裁革"。后经府、县两级"老爷恩准"。咸丰元年(1851)立此碑,言为府、县大人纪德,实是立碑为证,以防再变,故碑中详记戏班斗争过程与胜利成果。该碑现存于晋城市博物馆,高五尺七寸七,宽二尺,楷书。

其文如下。

(碑阳)

(碑额)

惠我无疆

(碑题)

五聚堂纪德碑序

(碑文)

丹川翟冲霄撰文并书

五聚堂者何？梨园寓所也。梨园何以有寓？为支差而设也。堂何以五聚名？五属梨园皆得寓于斯也。中奉开元皇帝，梨园所自始也；左祀三官，祈赐福也；右配财神，祝多富也。曲辨铿锵，人苦跋涉，是以大王、咽喉、山神附焉。其先官戏一役，除给口食外，每日只发戏价钱一千文。时久，口食被蚀□(侵)、顶□(冒)，重复之弊更多，子弟苦之。庚戌□国制[一]，遏□音乐，苦愈甚。时觉罗万公祖署泽，□班赴辕，吁恳裁除。蒙恩裁去官戏十二台，仍旧酌给口食，复严禁顶冒、重复之票。及檄下县属，宝坻李县尊又大沛特恩，再裁一十七台，饬以轮流支应，以均苦乐。诚盛德也！二公德政何止于此，此特波及梨园耳，乌可以不纪？因将谕示勒石，以垂永久。是为序。

具禀状人：文盛班张百耐、长盛班翟正昌、协春班樊正斌、贵升班翟起林、庆升班郭长庆、永魁班郭小银、春元班郭富余、玉盛班赵嘉玉、昌盛班张永林。为差事日增，苦累不堪，恳恩饬除，以正祀典事。窃人生各有执业，赖以养家糊口。凤邑西南一带山多土薄[二]，梨园一行大抵皆自幼迫于饥寒所致。业虽不同于农工商贾，而恃以仰事俯畜则无有不同。早年官戏一役，每岁犹只万寿节，文昌宫、关帝庙、城隍庙、火神、马王等庙数处而已。近来增至六十余台，每天仅给官价钱八百文，本属苦累不堪，而吏役更加舞弊。有一次祭祀而出票叫戏三四班，挨次索取打点，终使一班支奉者；有此衙门已经出票，彼衙门又复出票者。纷纷滋扰，并无定期筹备。遂至写戏之家或因失误日期纠众抢箱，或因缚捆掌班而聚众攒殴，几于酿成案件者屡矣。小的等，因在城内设立五聚堂寓处，雇觅班头一人支应差务，期于公私两便。奈积弊已深，难以剔除，竟有一岁支应五六次差务不能告竣者,亦有终岁不支一差即可无事者。伏查所增官戏,皆是以先不列祀典,后来在官人役偶起社会朦混增添之戏,岂足以昭诚敬而娱鬼神?昔狄梁公巡抚江南,毁淫祠一千七百余所,至今啧啧人口。宪天表率五邑,生佛万家,若肯于在祀典之外大施裁割,来年传戏酬神之时,定以轮流支差,免其传票,再酌加口食使公私两便,其颂声当不在梁公下也。为此,备列条款,叩恳宪天大老爷恩准,饬县备案,出示遵行。戴德无既!

道光三十年六月初六日在泽州府投递。初七日先发朱谕一纸,十五蒙批:

查演戏酬神,例所不禁。惟称官戏每年增至六十余台,内有不在祀典者十二台,应行裁除。至称尔等轮流支应,以昭平允,以杜出票之弊,亦属可行。但尔等所雇班头,恐更换不常,致误公事,亦当报名存案,以便期年后传唤。又称不论何班,每日领价十千,殊属非是。查戏班子弟,有多至七八十人,少至二三十人不等,断无一概笼统给价十千之理。应计口授食,每人每天发给饭食钱四十文,庶于尔等不致有亏。姑仰凤台县存案,出示晓谕。尔等亦当遵谕投县,报明班头姓名,毋违。粘单附原呈,并发。

应支官戏列后:□照壁,正月十四日三天;府隍庙,正月十四日三天;县隍庙,正月十四日三天;拦车司,正月十四日三天;箭道,正月二十七日三天;府仪门外,二月初二日三天;县仪门,二月初二日三天;文昌祠,二月初二日三天;府隍庙,五月□日三天;箭道,五月十二日三天;经厅,五月十二日三天;关帝庙,五月十二日三天;龙王庙,六月十二日三天;府马号,六月二十二日三天;箭道,六月二十二日三天;县马号,六月二十二日三天;拦车,六月二十二日三天;文昌祠,七月初七日三天;县隍庙,七月十二日三天;府隍庙,八月二十一日三天;东关帝庙,九月十二日三天;县隍庙,十月初一日三天;骡马会,十一月初二日三天。

大清龙飞咸丰元年岁次辛亥正月朔日泽州府五属戏班同勒

玉工王永魁镌

(碑阴)

(额题)

德洋恩溥

(碑文)

署府正堂觉罗万谕文盛等班知悉:尔等呈恳裁除每年额外增添官戏十□台,

致尔等受累难堪,本府已批,饬裁除矣。至称轮流支差,尔等公寓设立班头应差事,各衙门不必出票滋扰,俟期年后传戏献神之时,各衙门均不必传票,亦准报明班头姓名支应。又称尔等赔累过多,除戏价外,每人酌给饭钱四十文。各宜凛遵,不可有误。

六月十七日谕。实贴该班等寓所。

特调凤台县正堂加五级记录十次李为晓谕事:

案,蒙前署府宪饬审,府属土戏文盛等班,禀请裁除新添官戏等情到县。蒙此,当经讯。据该戏班等咸称:实缘旧应各衙神戏之外,尚有新添数台;近年以来,班少戏多,委难支应,是以由府呈恳裁除。据此,随饬各该班头,即将每年支差神戏逐一开单,具禀到案,本县逐加详察,应可裁者二十余处。今将裁汰演唱日期、处所,合行分晰胪列,出示晓谕。为此,示仰各该戏班知悉:自示以后,尔等即当遵照。除后开裁汰之外,所有演唱之处,自当预为传知,按期轮流支差、领价,小心伺候。勿再托故耽误,致干咎戾。各宜凛遵毋违,特示!

计裁:县马号,正月十五日三天;县隍庙,二月初四日□□(三天);七佛门,二月十八日三天、五月初八日三天;东关帝庙,五月十五日□□(三天);骡马会,改为四台;府快班,六月二十四日三天;府仪门外,七月十二日三天;县隍庙,七月二十□二天;春秋阁,七月二十日三天;府仪门外,七月十二十□日三天;县仪门里,七月二十九日三天;府大堂,八月初十日三天;万寿节,八月初十日三天;箭道,九月十二日三天;经厅,九月十五日三天;府快班,九月十二日三天;县隍庙,九月二十四日三天、十月初四日三天;万寿节,十月初九日三天;箭道,十月初九日三天;县马号,十月初九日三天;晏公庙,九月十六日三天。

右仰通知

道光三十年九月十七日(印)

告示押　　实贴五聚堂

【注释】

〔一〕即道光三十年(1850),时帝亡。

〔二〕"凤邑"即今晋城市。

(清)平顺县东峪沟重修舞楼碑

【按】此碑现存于平顺县东峪沟九天圣母庙,嵌于大殿西墙外侧,属该庙清代最后一块碑刻。见前记,该庙现存宋、元、明、清碑刻仍多,宋碑早记"创起舞楼",此碑属重修舞楼碑,其所记的"四景车会"仍属赛社之会。该碑高一尺一寸,宽四尺五寸,楷书。

其文如下。

(碑题)

重修舞楼赋

以同治四年重修舞楼为韵

(碑文)

太行之北,婴城之东〔一〕,北邱顶上,东峪村中,元君庙古,霓羽楼崇,三楹矗立,两夹连通。溯厥经营,不知昉于何代;勤为修葺,端有赖于群公。前后十里之沟,十八庄有名无实;大小九社之首,三十三人意合心同。原夫东峪之有元君庙也,襟山带河,辨方正位,结构森严,规模完备。虽创始难稽,而碑铭可识。考王净林之书,读张孝先之记,<u>拓基于宋元符之三,重造于元中统之二</u>〔二〕。而斯楼也,背水纤青,面松拥翠,屋角鸾骞,檐牙犀利。盖以清平叶调,步李太白之流风;歌咏传声,谱唐明皇之政治也。洎乎大明,厥有良吏,贤同知著其官衔,秦良弼标其姓字,劳苦不辞,嫌疑不避,恃一柱以擎天,散千金而铺地。父为创而子为因,述其事而继其志。墙皆易土而为砖,事悉勒铭而永志。助不须乎将伯,视之若难;筑不待于道谋,成也何易。即年湮代远,也不记其百千,而缺补残修,功已至于再四。逮我朝之世,爰有父老之贤,悯坍塌之势甚,发修筑之心虔,仍旧而情不容已,改作而工莫大焉。是以制缘外募,按亩均捐,兴工卜吉,焚香告天。无地下临,东西铺于亭上;重霄上接,星辰列于檐前。忆前番谢去迂倪,当乾隆癸巳之岁;抚今日招来匠石,正同治乙丑之年。其修之坚也如竹,其修之固也如松,其华美如翚飞鸟革,其细密如烟锁之封,其峻且高如山之叠叠,其明且亮如水之溶溶。可谓奠安盘石,可云造极登峰。纵历代补葺有人,不能比其一二,而吾曹高广是务，直不知其几重。于是携来童妇，约遍交游，夸刻桷雕梁之美，羡山节藻棁之幽。果然楼外有楼，拟西湖之妙舞；听到曲中度曲，俨齐右之清讴。三面玲珑，艳夺兰宫桂殿；七间缥缈，景□方丈瀛洲。山门外地剩半弓，只深尺许；夹楼中墙移两堵，约长丈□。当年古庙深山，曾宿卫公之驾；此日神工鬼斧，疑是鲁班之修。鸠工庀材，就班按部，其楼聿新，其制非古。移来天上琼宫，成就人间玉宇。镜花月水，即是而求；幻境奇观，当前可睹。匾悬"阳春白雪"，长唱阳春白雪之词；牌挂"广寒清虚"，恍游广寒清虚之府。缅梨园之子弟，尽态极妍；被优孟之衣冠，式歌且舞。逍遥庙口，瞻望楼头，奇形顿现，俗气全收。传之者称其壮丽，见之者讶其清幽。可以酬圣母之德，可以给百姓群黎之求。轮焉奂焉，庆流芳于万古；高矣美矣，垂不朽于千秋。妆成一座神宫，随在龙飞凤舞；绘出千般妙态，俨然海市蜃楼。

梳妆楼[三]：
峭立梳妆百尺楼，重修已历几千秋。
层檐日射辉亭殿，绝顶云浮逼斗牛。
气接东山龙脉远，爽朝西极葛峰幽。
焚香得上凭栏眺，前后人家一望收。

四景车会[四]：
四景神车不记年，八村五社会流传。
赛期例卜三春暮，宴酒先尝二月天。
廿四马楼排列后，几重社鼓列当前。
东下南北西轮转，崇奉丹霄太乙仙。

甲寅岁进士吏部即选儒学训导牛联奎敬题
潞安府学生员杨得溪书丹
王安和石　　王沧海□
大清光绪元年岁次乙亥四月四日

【注释】

〔一〕"婴城"即潞城，古属潞子婴儿之国，故称。

〔二〕"王净林之书"指今存的宋碑，"张孝先之记"指今存的元碑，都言及该庙舞楼，说其"拓基于宋元符之三，重造于元中统之二"。以下"洎乎大明""逮我朝"所言，亦皆依据该庙"碑铭可识"者，其碑仍存。

〔三〕梳妆楼今存,立于大殿之西。

〔四〕四景车会,即该庙赛会,因"四景神车"而名,民国时仍有。

(清)黎城县王家庄创建社房碑

【按】为体现清至民国赛社的流变,特举黎城王家庄此碑。王家庄在其县城北四十余里山中,旁有古道通城,今修建有公路。清宣统二年(1910),该村为迎神赛社创建社房,并立此碑。

其碑今存,其文如下。

(碑题)
创建社房碑记
(碑文)
昔圣王立祀典以驭天下,凡所以播诸诗歌、奏乎音乐者,无非敬穆肃雍,以对越乎神明之前。平王东迁以后,王者之迹既息,而献诗之风已邈。降及秦汉,风气愈下,民间迎神赛社、昏冠礼祭,动以演戏相尚。有虚文而无实敬,未始非人心世教之弊也。王家庄春祈秋报亦数十世矣,庙宇神列,乐楼依然。独社房未立,似有不合体。向者我思,古人非无建立之意,必当年时有所未遇也。尝见演戏之期,梨园子弟班马毕集,人无休息之所,马无喂养之厩,执事者俯首无策,艰于办理。此岂独为社首者忧,即村人亦无不共忧。予,范氏会齐者〔一〕,年六旬有余,生于斯,长于斯,累世族于斯,岂熟视夫艰辛而不加意耶?乃向村众曰:"社内所最要者,莫先于建立社房。古人有云:'若考作室,既底法,厥子乃弗肯堂,矧肯构。'〔二〕由古人之言思之,必建立社房,乃可谓善继前人之志。"众皆曰:"汝言诚是矣。"余于是贾其衰老之勇,卓然起兴筑之思。幸而遇合有期,竟将昔年僧舍基址买入社内,平其荒芜,除其旧秽,新建房一十八楹,四围特起,合为一院。又于南马厩新置石槽八项,为长久之计。夫而后奉神演戏宽然有余矣。余不敏,聊为小试,上补前人未竟之志,下立后世方便之所,亘古常新,岂不美哉!

邑儒学增广生员会齐范友文撰书
维首　范给俊　范永仁　范友文　董梓材　张东柱
社首　李义和　董梓材　孔繁俊　杨　胖

鸠刻石社首　范永仁　李克恭总领工

匠事木工　韩发瑞

玉工　张丰年

大清宣统二年岁次庚戌荷月望日之吉

【注释】

〔一〕范氏家族的会首、社首。

〔二〕此语出自《尚书·大诰》。

（民国）长子县西范村重修唐太宗庙碑

【按】长子县南约三十里有范村，分东西两村。村东北数里有岭，俗称天神岭，盖因岭多神庙。其中，唐太宗庙例有"大赛"，由十二村分为六大社轮办，其余各庙亦有"小赛"。民国三十二年（1943）重修唐太宗庙立此碑，今存于西范村内，保存尚好。由其记，当时立的"赛社条规"，仍强调"以资遵守"，"献戏三天"，变成庙会，规定"大小赛均须演唱大戏，不得以秧歌充数塞责"。其所谓"大戏"，指上党梆子，当地秧歌和上党落子皆属"小戏"，故不能"充数"献神。由此可见，当地赛社已多变成"献戏三天"的庙会，其戏也变成上党梆子，而且时有"以秧歌充数"者。

录其文如下。

（碑题）

重修唐太宗庙记

（碑文）

兴废之□，虽曰天命，岂非人事哉？吾邑城南三十里，有峰□山，山岭建唐太宗庙及□王祠、高禖祠、龙王等庙，春秋享祀，有求辄应。灵迹赫奕，远近蒙庥，故相传咸称天神岭。年久失修，屋漏垣圮。西范村程君步云，好善事也，触目悯心，不仅感慨系之，乃集合六赛维首，倡议修葺。即以程君董其事，六赛维首襄助之，鸠工庀材，积极开工。惟以时局不靖，时作时辍，于中华民国二十六年四月经始，至三十一年七月告竣。殿宇舞楼，□亭僧舍，焕然一新。并创建东西两侧敞棚五十六间,西舞楼三间,东西耳房四间。历时五载,需一万二千一百余元,其工之艰巨可知矣。窃以数年来战祸燎原,阴霾弥漫,神宇之免于兵燹者几希,而斯庙屹然无恙,冥冥之中盖有天意存焉。然设无程君等肩此重任,不辞劳瘁,擘划经营,视五年如一日,必至堂皇神宇变为废墟,将何以妥神栖乎?此又关乎人事者也。工竣勒石,爰为文,记其端末,用彰有功,而为后起者劝。并由六赛公议,新订赛社条规五项,分列于后,以资遵守。

一、嗣后大赛,演戏二台。主献村献戏一台,由他村邦戏一台。如郜村、东范主赛时,由东西田良邦戏一台。仍照赛会顺序推移周转(按,仍照"转赛"顺序由六村轮流献戏、邦戏)。

二、大小赛均须演唱大戏,不得以秧歌充数塞责。

三、大赛时邦戏花费,得以六赛租谷及敞棚地址各项收入开支,不足时由村补贴。

四、大小赛献戏三天,均须在山演唱,不得擅自回村。

五、所辖地区以内,有旧植松树七十余株,禁止私行砍伐,犯者由六赛从严议处。

大学毕业法学士程蕙生撰文并书丹

总经理　程步云　冯聚财　程蕙生　薛根安　申根保　郭俊仁　申柏锁　申信则　王进保　杭士美　赵尚义　田□　申前约　赵热狗　申胖则

副经理(共六人姓名,略)

东西田良维首(共十二人姓名,略)

崇仁南北社、郭家庄维首(共十二人姓名,略)

郭村维首(共十六人姓名,略)

西范维首(共十六人姓名,略)

崔庄、贾村、马户维首(共十六人姓名,略)

郜村、东范、西张沟维首(共十九人姓名,略)

木匠(五人姓名,略)

丹青(三人姓名,略)

玉工　李张保　土金

中华民国三十二年七月榖旦

参考文献

专著部分

1.《十三经》,燕山出版社,1991年版。

2.《四书五经》,岳麓书社,1991年版。

3.《春秋左传注》,中华书局,1981年版。

4. 汉司马迁撰,《史记》,中华书局,1982年版。

5. 汉班固撰,《汉书》,中华书局,1975年版。

6. 北齐魏收撰,《魏书》,中华书局,1974年版。

7. 北魏杨炫之撰,《洛阳伽蓝记》,上海古籍出版社,1982年版。

8. 梁萧统编,《文选》,中华书局,1977年版。

9. 唐李延寿撰,《北史》,中华书局,1974年版。

10. 唐魏征等撰,《隋书》,中华书局,1977年版。

11. 后晋刘昫等撰,《旧唐书》,中华书局,1975年版。

12. 宋欧阳修等撰,《新唐书》,中华书局,1975年版。

13. 唐刘肃撰,《大唐新语》,中华书局,1984年版。

14.《唐律疏议》,光绪十七年春钱塘诸可宝书版。

15. 唐王溥撰,《唐会要》,中华书局,1955年版。

16.《大唐开元礼》,民族出版社,2000年版。

17. 唐郑处诲撰,《明皇杂录》,中华书局,1994年版。

18. 唐赵璘撰,《因话录》,古典文学出版社,1957年版。

19. 唐杜佑撰,《通典》,中华书局,1988年版。

20. 唐崔令钦撰,《教坊记》,《中国古典戏曲论著集成》(1),中国戏剧出版社,1982年版。

21. 唐段安节撰,《乐府杂录》,《中国古典戏曲论著集成》(1),中国戏剧出版社,1982年版。

22. 唐南卓撰,《羯鼓录》,《中国古典戏曲论著集成》(1),中国戏剧出版社,1982年版。

23. 清董诰编,《全唐文》,中华书局,1983年版。

24. 宋欧阳修等撰,《新五代史》,中华书局,1974年版。

25. 五代孙光宪撰,《北梦琐言》,中华书局,2002年版。

26. 元脱脱等撰,《宋史》,中华书局,1974年版。

27. 宋司马光撰,《资治通鉴》,中华书局,1974年版。

28. 宋李昉撰,《太平御览》,中华书局,1960年版。

29. 宋李昉撰,《太平广记》,中华书局,1959年版。

30. 宋王钦若撰,《册府元龟》,中华书局,1960年版。

31. 宋沈括撰,《梦溪笔谈》,文物出版社,1975年版。

32. 宋陈旸撰,《乐书》,《四库全书》册二一一。

33. 宋徐梦莘撰,《三朝北盟汇编》,海天书店,1939年版。

34. 宋高承撰,《事物纪原》,《四库全书》册九二〇。

35. 宋吴曾撰,《能改斋漫录》,中华书局上海编辑所,1960年版。

36. 宋孟元老等撰,《东京梦华录·外四种》,中华书局,1962年版。

37. 宋耐得翁撰,《都城纪胜》,《东京梦华录·外四种》,版同上。

38. 宋西湖老人撰,《西湖老人繁胜录》,《东京梦华录·外四种》,版同上。

39. 宋吴自牧撰,《梦粱录》,《东京梦华录·外四种》,版同上。

40. 宋周密撰,《武林旧事》,《东京梦华录·外四种》,版同上。

41. 宋周密撰,《齐东野语》,中华书局,1983年版。

42. 宋赵彦卫撰,《云麓漫钞》,中华书局,1996年版。

43. 宋陈元靓撰,《事林广记》,中华书局,1963年版。

44. 宋朱彧撰,《萍洲可谈》,《四库全书》册一〇三八。

45. 宋王灼撰,《碧鸡漫志》,《中国古典戏曲论著集成》(1),中国戏剧出版社,1982年版。

46. 宋史浩撰,《鄮峰真隐漫录》,《四库全书》册一四一。

47. 宋陈淳撰,《北溪大全集》,乾隆四十八年版。

48. 元脱脱等撰,《辽史》,中华书局,1974年版。

49. 元脱脱等撰,《金史》,中华书局,1975年版。

50. 上海商务印书馆,《董解元西厢记》,1937年版。

51. 蓝立蓂校注,《刘知远诸宫调校注》,巴蜀书社,1989年版。

52. 明宋濂等撰,《元史》,中华书局,1976年版。

53. 明王圻撰,《续文献通考》,上海商务印书馆,1936年版。

54. 元王恽撰,《秋涧集》,《四库全书》册四〇一。

55. 元杨朝英辑,《朝野新声太平乐府》,上海商务印书馆,1920年版。

56. 明郭勋辑,《雍熙乐府》,上海商务印书馆,1920年版。

57. 元陶宗仪辑,《说郛三种》,上海古籍出版社,1988年版。

58. 元陶宗仪撰,《南村辍耕录》,中华书局,1997年版。

59. 元周德清撰,《中原音韵》,《中国古典戏曲论著集成》(1),中国戏剧出版社,1982年版。

60. 元夏庭芝撰,《青楼集》,《中国古典戏曲论著集成》(2),版同上。

61. 元钟嗣成撰,《录鬼簿》,《中国古典戏曲论著集成》(2),版同上。

62. 元无名氏撰,《录鬼簿续编》,《中国古典戏曲论著集成》(2),版同上。

63. 明朱权撰,《太和正音谱》,《中国古典戏曲论著集成》(3),版同上。

64. 明徐渭撰,《南词叙录》,《中国古典戏曲论著集成》(3),版同上。

65. 明王骥德撰,《曲律》,《中国古典戏曲论著集成》(4),版同上。

66. 明凌濛初撰,《谭曲杂札》,《中国古典戏曲论著集成》(4),版同上。

67. 明魏良辅撰,《曲律》,《中国古典戏曲论著集成》(5),版同上。

68. 元燕南芝庵撰,《唱论》,《中国古典戏曲论著集成》(1),版同上。

69. 元燕南芝庵撰,《五杂俎》,台北伟文图书出版社,1977年版。

70. 明沈德符撰,《万历野获编》,中华书局,1997年版。

71. 明田汝成撰,《西湖游览志余》,中华书局,1958年版。

72. 明汤显祖撰,《汤显祖集》,上海人民出版社,1959年版。

73. 清张廷玉等撰,《明史》,中华书局,1974年版。

74. 清俞理初撰,《癸巳类稿》,台北世界书局,1970年版。

75.《皇朝(清)文献通考》,上海商务印书馆,1936年版。

76.《(清)续文献通考》,上海商务印书馆,1936年版。

77.《四库全书存目丛刊》(子部一〇二册),齐鲁出版社,1995年版。

78. 清李调元撰,《雨村曲话》,《中国古典戏曲论著集成》(8),版同上。

79. 清李调元撰,《剧话》,《中国古典戏曲论著集成》(8),版同上。

80. 清李斗撰,《扬州画舫录》,中华书局,2001年版。

81.《山西通志》(光绪版),中华书局,1990年版。

82.《山右石刻丛编》,山西人民出版社,1989年版。

83.《晋政辑要》,清光绪十四年版。

84.《潞安府志》,清乾隆三十五年版,1980年排印本。

85.《隰州志》,清康熙四十八年版,1982年排印本。

86.《蒲州府志》,清乾隆版。

87.《长治县志》,清光绪版。

88.《浮山县志》,清乾隆版。

89.《定襄县补志》,清光绪六年版。

90.《闻喜县志》,1918年版。

91.《泽州府志》,清雍正版,1979年排印本。

92.《分类古今笔记精华》,上海古今图书局,1914年版。

93.《明成化说唱词话丛刊》,上海博物馆影印,1973年版。

94.《大唐三藏取经诗话》,上海商务印书馆,1925年版。

95. 清毕沅撰,《续资治通鉴》,中华书局,1986年版。

96. 王季思主编,《全元戏曲》(一、二卷),人民文学出版社,1990年版。

97. 钱南扬校注,《永乐大典戏文三种校注》,中华书局,1979年版。

98. 李天民辑,《南征汇录》,中华书局,1988年版。

99. 阎凤梧主编,《全辽金文》,山西古籍出版社,2002年版。

100. 王晓传辑,《元明清三代禁毁小说戏曲史料》,作家出版社,1958年版。

101. 袁珂校译,《山海经校译》,上海古籍出版社,1985年版。

102. 叶德钧撰,《戏曲小说丛考》,中华书局,1979年版。

103. 王重民等编,《敦煌变文集》,人民文学出版社,1984年版。

104.《孤本元明杂剧》,上海商务印书馆,1941年版。

105. 刘永济辑,《宋代歌舞剧曲录要》,上海古典文学出版社,1957年版。

106. 钱南扬辑录,《宋元戏文辑佚》,上海古典文学出版社,1956年版。

107. 徐沁君校,《新校元刊杂剧三十种》,中华书局,1980年版。

108. 王季思等注,《元散曲选注》,北京出版社,1985年版。

109. 王国维著,《王国维戏曲论文集》,中国戏剧出版社,1957年版。

110. 胡忌著,《宋金杂剧考》,中华书局,1959年版。

111. 周贻白著,《中国戏曲发展史纲要》,上海古籍出版社,1979年版。

112. 张庚、郭汉城主编,《中国戏曲通史》,中国戏剧出版社,1980年版。

113. 胡士莹著,《话本小说概论》,中华书局,1980年版。

114. 杨荫浏著,《中国古代音乐史稿》,人民音乐出版社,1996年版。

115. 唐文标著,《中国古代戏剧史》,中国戏剧出版社,1985年版。

116. 谭正璧撰,《话本与古剧》,上海古籍出版社,1985年版。

117. 张泽咸著,《唐代阶级结构研究》,中州古籍出版社,1996年版。

118. 廖奔撰,《宋元戏曲文物与民俗》,文化艺术出版社,1989年版。

119. 武艺民著,《中国道情艺术概论》,山西古籍出版社,1977年版。

120. 《中国大百科全书·戏曲曲艺卷》,中国大百科全书出版社,1983年版。

121. 《中国戏曲志·山西卷》,文化艺术出版社,1990年版。

122. 《中国民族民间器乐曲集成·山西卷》,中国ISBN中心,2000年版。

123. 《中国十大古典悲剧集》,上海文艺出版社,1982年版。

124. 墨遗萍著,山西省文化局戏剧工作研究室编,《蒲剧史魂》,1982年内部发行。

125. 郭士星等注,山西省文化戏剧工作研究室编,《孔尚任平阳竹枝词浅释》,1982年内部发行。

126. 朱瑞熙等撰,《辽宋西夏金社会生活》,中国社会科学出版社,1998年版。

127. 任半塘撰,《唐戏弄》,上海古籍出版社,1984年版。

128. 陶慕宁著,《青楼文学与中国文化》,东方出版社,1993年版。

129. 李乔撰,《行业神崇拜》,文联出版社,2000年版。

期刊部分

1. 赵万里,《崇高的友谊》,《文物参考资料》,1958年第七期。
2. 赵景深,《谈明成化刊本"说唱词话"》,《文物》,1972年第十一期。
3. 黄竹三,《我国戏曲史料的重大发现》,《中华戏曲》,1987年第三辑。
4. 王兆乾,《池州傩戏与成化本"说唱词话"》,《中华戏曲》,1988年第六辑。
5. 王兆乾,《贵池傩舞"舞伞"考析》,《中华戏曲》,1992年第十二辑。
6. 李天生,《唐乐星图校注》,《中华戏曲》,1993年第十三辑。
7. 何昌林,《乐王·戏祖·拳宗·医圣》,《中华戏曲》,1994年第十五辑。
8. 杨孟衡,《青阳逸响在万泉》,《中华戏曲》,1995年第十五辑。
9. 龚国光,《江西弋阳腔的产生与流变》,《文史知识》,1998年第一期"赣文化专号"。

后 记

《上党赛社古钞本辑校》所录的资料，并非上党赛社今存资料的全部。譬如平顺县西社村王家乐户早已献出的十四个钞本、潞城张家阴阳（曾任赛社主礼）保存的清代钞本，本书皆未收录，即使长子县牛家献出的钞本，也未全部选用。不过，未录者所记的内容与本书所录钞本大体一致。可以说，由本书所选的资料已可看出唐宋以来上党赛社的概貌。这些资料，有的保存在阴阳世家，有的传存于乐户后人，有的曾转手他人。具体献出人（或提供发表者）有长子县的牛希贤（小名黑女）、牛小五兄弟，以及宋长山、关小五、李培鸿等老人；有潞城曹占鳌、曹占标兄弟，以及李过卖、王进支等老人；有平顺县王福云、王双云兄弟，以及曹祖彭等老人；有高平市李得喜等老人。

该书的出版，首先得到了长治市委宣传部的重视和支持，继而由三晋出版社原社长张继红先生亲自筹划申请，获批"国家古籍整理出版专项经费资助项目"。其间，长治职业技术学院及其院长卫崇文先生，更是鼎力相助，始终如一。

在此一并致谢。

图书在版编目（CIP）数据

上党赛社古钞本辑校／李天生校注．—太原：三晋出版社，2021.3
　ISBN 978-7-5457-2232-1

Ⅰ．①上… Ⅱ．①李… Ⅲ．①风俗习惯－文献－汇编－长治－古代 Ⅳ．① K892.425.3

中国版本图书馆 CIP 数据核字（2021）第 166954 号

上党赛社古钞本辑校

校　　注：李天生
责任编辑：薛勇强
责任印制：李佳音
装帧设计：段宇杰

出 版 者：山西出版传媒集团
　　　　　三晋出版社（山西古籍出版社有限责任公司）
地　　址：太原市建设南路 21 号
邮　　编：030012
电　　话：0351 - 4956036（总编室）
　　　　　0351 - 4922203（印制部）
网　　址：http://www.sjcbs.cn

经 销 者：新华书店
承 印 者：山西新华印业有限公司

开　　本：787mm×1092mm　1/16
印　　张：55.5
字　　数：800 千字
版　　次：2021 年 11 月　第 1 版
印　　次：2021 年 11 月　第 1 次印刷
书　　号：ISBN 978-7-5457-2232-1
定　　价：380.00 元（上、下）

如有印装质量问题，请与本社发行部联系　电话：0351-4922268